最新玛莎拉蒂汽车
结构原理与经典实例

王钟原　金　雷　陈志军　主编

辽宁科学技术出版社

沈　阳

图书在版编目（CIP）数据

最新玛莎拉蒂汽车结构原理与经典实例/王钟原，
金雷，陈志军主编. —沈阳：辽宁科学技术出版社，
2019. 1

ISBN 978-7-5591-1042-8

I. ①最… II. ①王… ②金… ③陈… III. ①汽车—
结构 IV. ①U463

中国版本图书馆 CIP 数据核字(2018)第 283967 号

出版发行：辽宁科学技术出版社
　　　　　（地址：沈阳市和平区十一纬路 25 号　邮编：110003）
印　刷　者：辽宁新华印务有限公司
经　销　者：各地新华书店
幅面尺寸：210 mm×285 mm
印　　张：53. 25
字　　数：1200 千字
出版时间：2019 年 1 月第 1 版
印刷时间：2019 年 1 月第 1 次印刷
责任编辑：高　鹏
封面设计：杜　江
版式设计：辽宁新华发排中心
责任校对：徐　跃

书　　号：ISBN 978-7-5591-1042-8
定　　价：180. 00 元

联系电话：024-23284626
邮购热线：024-23284626

本社法律顾问：陈光律师
咨询电话：13940289230

前　言

　　玛莎拉蒂汽车结构复杂，技术含量和电控集成度高，是世界一流超级跑车。近两年玛莎拉蒂汽车销售火爆，随之汽车维修市场对玛莎拉蒂维修类资料的需求较大。最近车型又刚刚升级，维修难度大，市面上几乎没有维修资料，因而应广大读者要求，我们特意邀请具有一线维修经验的技术人员编写此书。

　　书中系统介绍了新款玛莎拉蒂发动机、底盘、电气系统的结构、工作原理、控制流程及检修方法，着重说明玛莎拉蒂的技术特点，深入分析新款玛莎拉蒂车型的故障诊断思路，使读者通过本书能尽快掌握玛莎拉蒂车型的维修方法。编写时，结合作者多年的工作经验进行介绍，在一些章节中给出了维修实例，实用性强。本书介绍了V8发动机系统、V6发动机系统、自动变速器系统、制动系统、传动控制系统、悬架和车轮、安全部件和电气系统及装置。对于相同或相似的系统，优选新款车型进行介绍，读者阅读后可举一反三，融会贯通。本书内容新颖、图文并茂、数据准确、通俗易懂，是一本价值很高的玛莎拉蒂维修图书。

　　本书由王钟原、金雷和陈志军主编，鲁子南、胡志涛、裴海涛、路国强、王海文、孙德文、何广飞、延福标、李洪全、宁振华、钱树贵、杨正海、陈文辉、杨金和、孟研科、汪义礼、张效良、李德强、马见玲、武瑞强、赵会、徐高山、钱峰、尤淑江、钱川、陈海新、张海龙、胡正新、李辉、李德亮、徐勇、郑文资、薄令涛、白艳森、范子茜、匡运尧、李晓东、王康威、邢志盛、郑涛、陈建宏、倪红、伍小明、林可春、毛暖思、徐浩、任慧娜、郭倩、郭建宁、张晓尚、李宗尧、郭瞒、郝建薇、雷响、谷密晶、王卓、王树礼和陈东波参与编写。由于作者水平有限，书中难免有错误和不当之处，敬请广大读者批评指正。

编　者

目 录

第一章　车型介绍

玛莎拉蒂车系共有总裁（Quattroporte）、吉博力（Ghibli）和莱万特（Levante）目前在市面上销售。

第一节　总裁

新款 Quattroporte 的发布对于玛莎拉蒂以及与玛莎拉蒂品牌相联系的每个人来说都是一个特殊的历史时刻。这款全新汽车（车型代码 M156）代表半个世纪内第六代玛莎拉蒂旗舰车型。全新 Quattroporte 是新车系的首款车型，将于不久的将来发布，这款车在许多方面都与 M139 Quattroporte 有所不同。更大的外形尺寸、更宽敞的车内空间以及更为豪华的内饰都使其占据市场的制高点，并且还提供了一系列与众不同的传动系统选装件。全新 V6 和 V8 发动机系列，均装备直接燃油喷射和双涡轮增压技术，代表了发动机设计领域的最新技术；在玛莎拉蒂的历史上首次提供全轮驱动选项。此外，许多方面，如底盘和悬架以及车辆的电气系统，也都是全新设计。新款 Quattroporte 装备的许多系统和部件在玛莎拉蒂的未来车型上都将会看到。

一、车辆纵览

1. 理念

凭借第六代 Quattroporte，玛莎拉蒂在超级豪华轿车市场上迈出了坚实的一步。它具有同级别汽车中领先的舒适车内空间和实用性，带有典型的 Quattroporte 元素，如性能、驾驶乐趣和设计，这也是 Trident 品牌始终闻名于世的原因。第六代 Quattroporte 的独特卖点可归结为以下方面。

意大利设计和造型风格：Quattroporte 兼具无限美感，在细分市场上也表现出完美和谐的最佳平衡比例。外饰和内饰的精美造型风格源自优雅和动感的完美融合。

驾乘体验和纯粹性能：全新的 3.8L 双涡轮增压 V8 发动机由玛莎拉蒂设计、法拉利制造，最大功率 395kW，最大扭矩高达 710 N·m，具有令人震撼的性能，此 V8 动力轿车的最高车速可达 307km/h。

最高级别的乘客空间和舒适性：全新 Quattroporte 与前一代车型相比在总尺寸尤其是后排乘客空间方面进行了重大改革。与几乎全部采用较短轴距的竞争车型相比，Quattroporte 的较长轴距使其成为同级别汽车中最为舒适的产品，并可与这些竞争车型的加长版（LWB）相媲美。更大的尺寸使其成为所在细分市场的新标杆［与梅赛德斯奔驰（Mercedes Benz）S 级加长版（LWB）相比，宽度＋77mm，轴距＋6mm，长度＋18mm］。与前一代 Quattroporte 相比，后排乘客享有 105mm 的更大腿部空间，而行李舱容积也增加了 103L。

尺寸的增大并没有伴随重量的增加，事实上，与前一代 Quattroporte 相比，重量反而减轻了 90kg。重量分配也通过新的结构设计而保持平衡，在承载驾驶员时，前后轴几乎为 1∶1。尽管燃油箱（更加靠前）腾出了更大的行李空间，轴距增大，前部重量由于中间冷却器和尺寸更大的散热器而增加，但仍然实现了这个目标。

"玛莎拉蒂目前处于史无前例的战略和行业飞速发展的边缘，到 2015 年预计我们将达到每年 50 000 辆的产量。这种发展对于玛莎拉蒂是个挑战，玛莎拉蒂已经准备好并期待它的到来。这种发展基于造型风格、优雅气质、质量和性能的评价，在过去将近 100 年的历史中，玛莎拉蒂始终以此为标志并备受好评。凭借位于两个不同国家的两个新的生产基地和位于意大利 Modena 的中心工厂（同时也是我们的根源所在），这种令人兴奋的发展将使全新玛莎拉蒂成为真正的全球竞争产品。这种发展基于进入两个新的汽车细分市场的 3 款新车型，它以全新 2013 玛莎拉蒂 Quattroporte 为起点。"

2. 全新 Quattroporte 与其前代车型相比较（图 1-1）

图 1-1

燃油消耗降低。综合驾驶工况下的油耗为 11.9L/100km，与前一代 Quattroporte 相比，燃油经济性提高超过 20%。

加速性能提高。标准加速能力（从 0 至 100km/h）仅需 4.7s，比前一代 Quattroporte 的最快车型 MY12 Sport GTS 还要快 0.3s。从静止状态起步加速行驶 1km 仅需 22.7s，提高达 1.4s 之多。

最高车速更高。最高车速为 307km/h，比 2012 年 Quattroporte Sport GTS 要快 20km/h。

NVH 性能改善。在整车设计过程中，特别关注车辆的 NVH 性能，以便将噪声、振动和声振粗糙度保持在最低可能程度。例如，所有车内零部件均设计有大于 40Hz 的谐振频率，以使其不会达到传动系振动频率。

装备更丰富。包括音响、导航、空调和多种车辆配置、高级和高端音响系统、车载 WIFI 和多媒体连接、大型后部视频屏幕和 DVD 播放器、选装型四区空调系统，以及其他更多选择。

重量减轻。与前一代 Quattroporte 相比，重量减轻 90kg，这要归功于铝材的大量应用，尽管其尺寸更大。

车内空间更大。后排乘客腿部空间增加 105mm。

行李舱空间更大。行李舱容积为超大的 500L，与前一代 Quattroporte 相比增大 100L。

C_x 减小。空气阻力系数仅为 0.31，与前一代 Quattroporte 相比，提高 12%。

外形尺寸更大。全新 Quattroporte 与前一代 Quattroporte 相比更长（增长 166mm）、更宽（增长 63mm）且更高（增长 58mm）。

实用性更强。新增装备（如无钥匙进入和无钥匙启动）、40/60 分割式可折叠后排座椅和车内宽敞的储物空间。

轴距更长。轴距增大 100mm 以上，是同级别汽车中最长轴距之一。

排放降低。CO_2 排放量为 278g/km，综合驾驶工况下，与前一代 Quattroporte 相比改善 20%。

3. 外饰

自 1963 年起，玛莎拉蒂 Quattroporte 中运动款轿车的概念彰显着尊贵和荣耀。自那时起，Quattroporte 即成为其平衡形式的参考点，将高质量工艺和超级跑车性能融为一体。从由 Pietro Frua 设计的首个车型开始，这款汽车的造型风格始终由顶级设计师打造：1974 年 Bertone、1979 年 Giorgetto Giugiaro、1994 年 Marcello Gandini、2003 年 Pininfarina。玛莎拉蒂 Quattroporte 通过其精细的机械性能和独特的造型风格巩固了豪华运动款轿车的尊贵声誉。全新 Quattroporte 的设计卓越而尊贵，将优雅造型和运动性能和谐统一且不失一定的张力。汽车的体积包含在其形式上的平衡线中，体现了车身优雅和运动个性。至于玛莎拉蒂 Quattroporte，由于其完美结构，这种特点完全成为可能。V8 发动机是其造型风格的起点，带有修长的、令人印象深刻的发动机罩和较短的前悬，同时符合最严格的安全要求。外部特征包括富有张力的肌肉型线条，但也不失汽车的天然优雅风格。轮廓线从前照灯开始，沿前翼子板的上部边缘，横穿整个汽车延伸至第三制动灯。这条线以及玛莎拉蒂后部立柱形状特征确定了类似双门轿车的外形轮廓。后部立柱造型风格从最初的 1963 年 Quattroporte 上即可看到，通过第三车窗和 Saetta 圣像标志而得到增强。3 个侧面通风口为典型的玛莎拉蒂特征，是加强筋的起点，它沿汽车的整个侧面延伸，加强了后翼子板的强度。这款汽车比前一款尺寸要大，无论是轴距、前后轮距，还是总长，使得全新 Quattroporte 更加引人注目，但是其外形设计很好地弥补了较大尺寸的不足，并使这款汽车展现出运动风格。外部特征包括带垂直凸形片的前格栅，其灵感来自 GranTurismo 和之前的著名车型（A6 GCS）。它带灰色光泽及变化的截面，与周围镀铬和中央的三叉戟符号相映生辉。全新 Quattroporte 是一款高性能运动豪华 4 门轿车，它以当代的设计语言重新诠释了玛莎拉蒂经典轿车的设计风格。这一风格源自玛莎拉蒂的主导设计原则，这一风格遵循了玛莎拉蒂的指导性设计原则：和谐的形态、动感的线条和优雅的意式风格。与前一代车型相比，全新 Quattroporte 拥有了更大的空间尺寸，在设计上集优雅与力量于一身，强化了该车与生俱来的运动基因。上一代车型中的一些经典元素被特意保留了下来：前格栅、3 个侧通风口以及三角形 C 柱。同时引入了全新设计和功能特点：贯穿整个车身侧面的腰线设计改变了 Quattroporte 的外观，并给人感觉更为强健，还有无边框的侧门及 3 块侧挡风玻璃。Quattroporte 的内饰设计旨在针对根本，强调简洁的线条和仪表盘的全方位功能。功能性元素融合了由高级木材和高档皮质的软质表面。

（1）外部颜色。

拥有多种全新颜色可供选择。新车发布时有 8 种颜色可选：白色和黑色（纯色）、亮银色（金属质感）、铜色和米色（半透明金属外观）、丝绸黑、珍珠蓝和枣红色（云母色）。

（2）照明和可见度。

本车外形因风格而备受瞩目，在零件上，采用双氙气前照灯和 LED 日间行车灯。前照灯集成了自适应前照明系统（AFLS）作为标准配置，由于具有驾驶员激活的前照灯深度自动调节功能，驾驶员能够清楚看清前方路面。

通过将次级功能集成在 LED 中，全新 Quattroporte 的双氙气前照灯将一流技术与时尚外形完美融合在一起。前照灯单元包括：

LED 日间行车灯，在白天和夜间驾驶时提供高识别度，同时也用作位置灯。

图 1-2

带有集成 AFS 模块的双氙气前照灯可以更好地自动管理远光和集成到前照灯设计中的压力透镜洗涤器喷嘴。

转向指示灯和 LED 示廓灯，以及 1 个集成在前照灯注塑件中的侧反光板。

另外，全新 Quattroporte 的前照灯具有专为高速公路驾驶设计的光束控制系统，这得益于后视镜上安装的可以无须手动远光激活即可自动将光束深度最大化的摄影机。该解决方案考虑了安全性和实用性。均匀的强光束、前照灯深度和宽度的自动调节功能使驾驶员可以在任何情况下清楚地看清路面。

（3）全 LED 尾灯（图 1-2）。

为了提供最大限度的可见性和具有可辨识的风格而设计的尾灯。这些全 LED 灯包括位置灯功能，有一光圈围绕尾灯。圈内是制动灯、转向灯、倒车灯和雾灯。此单元由外侧反光板和侧 LED 位置灯包围。

尾灯位于侧板上的固定部分，集成到挡泥板上。它们延伸到行李舱盖上，伸入车牌架。后者具有镀

图 1－3

铬上框，映衬出前端隔栅的外形。扰流板在顶部集成到行李舱盖，为其提供动感并提高 Quattroporte 的空气动力性能。一凹面穿过中央部分，照亮后端大部分并覆盖各端的反射器。在后部，V8 发动机具有梯形终端，带有双抛光不锈钢管。

（4）轮辋和轮胎。

Quattroporte 上市时有 4 种新车轮设计可选，范围 48.3～53.3cm（19～21 英寸）。全新 Quattroporte 的标配为大粒金属烟熏黑的 7 轮辐、50.8cm（20 英寸）轮辋，带有明显的金刚石抛光边缘，如图 1－3 所示。

（5）制动钳。

玛莎拉蒂 Quattroporte 的一个典型风格元素是制动钳。包括黑色（标配）、鲜红、深蓝、银灰和磨砂铝。

4. 内饰

新一代 Quattroporte 的内饰融合精致整洁的风格和无限的运动特性及高科技。内饰为流线型曲面风格，使得仪表板和通道带有轻盈的崭新感觉。仪表板带有宽大的中央区域，采用大量高级木材。整个宽度均为木制表面，这种造型元素突出了全新 Quattroporte 的精致特性。中央通道的上部完全由木材覆盖，也反映出全新玛莎拉蒂旗舰车型的尊贵和声誉；与全面大量使用高级木材相比，前后车门面板装饰有对比效果的嵌入件。客户可选择带开启把手的新式木材、涂漆木材和运动性装饰。真皮舒适而豪华。在后部，宽敞的舒适型 3 人长座椅拥有宽敞的腿部空间，在其等级汽车中属于非常宽敞的设计。为了彰显出色的舒适性和声誉，开发有两个单人座椅，带通风和电动移动功能，用于在长旅程行驶中提供无与伦比的舒适放松。内饰全部带镀铬细节处理和电刷铝镶板，例如"玛莎拉蒂 Touch Control（玛莎拉蒂触控系统）"的周围。选挡杆和方向盘由铸铝制成。车载装备带有白色背光、运动风格仪表板，先进工艺的白色与发动机转速表的红色指针相映衬。即便在夜间，内饰也能因为其高度精致的白色、夜间设计照明而引人注目，内饰设计可唤起如家般温馨舒适的感觉。全新 Quattroporte 提供非凡程度的个性化定制，材料范围宽广，客户可选择碳纤维、真皮、Alcantara 和其他众多选项，此外还有高级标准装备。全新 Quattroporte 的目标从开始时就非常明确：不仅提供舒适的材料，还提供舒适的乘员可用空间。特别关注后排乘客，其腿部空间在同级别汽车也位列前茅。此外，内部具有大量宽敞的储物空间，两个位于仪表板底部（一个空调、照明式乘客手套箱，另一个为驾驶员使用）一个带软开启机构的大型前排扶手，它带空调、内部照明和一个 12V 电源插座。照明式后排扶手也带一个储物箱。所有 4 个车门均带宽敞的储物袋。行李舱具有 500L 的超大空间，带内部照明、一个 12V 电源插座和一个高度可调式侧网。

在全新 Quattroporte 中，组合仪表上、下两部分和内饰件包覆有精致的 Poltrona Frau 真皮，将柔软性和强度融为一体，如图 1－4 所示。标准装备包括带 8 向电动移动和 4 向腰部辅助调节的加热式前排座椅以及可调踏板盒（仅限左舵驾驶市场）。驾驶员座椅带有两个座椅位置存储器。3 个后排座椅均带加热功能，后车门板装备电动遮阳帘以及后窗遮阳帘。后排扶手带有一个用于为移动设备充电的 USB 插孔，此外还带有两个可折叠杯托。后排座椅也非常实用：它们可折叠至 40/60 分割样式，进而允许将较长的物品放置在背后。车内带有大量高科技设备，可通过方向盘或使用位于组合仪表中央的大型触摸显示屏 [21.3cm（8.4 英寸）玛莎拉蒂触控系统] 连同仪表板中央的 17.8cm（7 英寸）显示屏直接控制。这些系统包括导航、音频和视频 DVD 播放器、蓝牙、音频流和兼容系统的 Apple 麦克风的 Apple 设备、10 个扬声器、760W 音响系统、USB 接口、Aux－In 接口和 1 个 SD 读卡器。

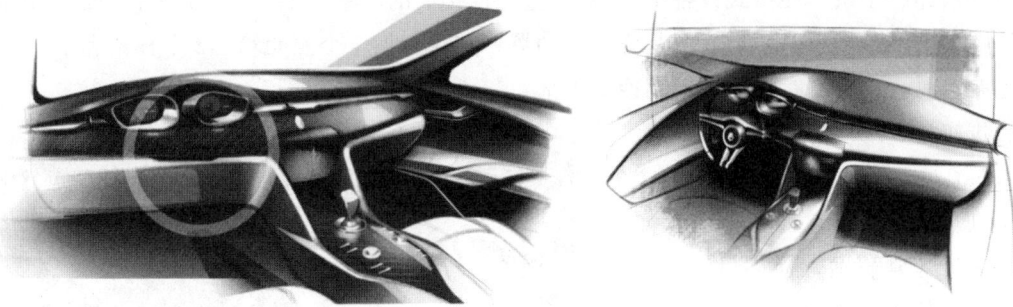

图 1－4

全新 Quattroporte 设计在每个方面都非常出色和易于使用。所有车载电子设备都设计带有用户友好界面，通过控制不会使内部超载。动态信息显示在仪表板中央的 17.8cm（7 英寸）TFT 显示屏上并可使用方向盘控制按钮进行控制。其他车载设置可由客户通过组合仪表中央的玛莎拉蒂触控系统进行设置。大多数车辆设置都可通过选挡杆侧面的按钮进行控制。

（1）座椅及其功能（图 1－5）。

图 1－5

图 1－6

全新 Quattroporte 符合人体工程学的环绕式座椅提供了卓越的舒适性，并且在富有挑战的驾驶条件下能够提供良好的侧向约束。8 向电动座椅调节可在高度、深度、靠背和座椅角度上达到完美配合。腰部支撑具有 4 级调节，也为全电动式，连续可调，为驾驶员和乘客提供优越的舒适性和支撑。控制器位于座椅底座，符合座椅本身的轮廓，因此使其易于理解。为了给客户在调节驾驶员位置上提供完全的灵活性，坐垫也采用 2 向电动调节，可摇上和摇下，从而为下肢提供完美配合。踏板控制器位于驾驶员座椅的前下区域。驾驶员座椅采用两个存储器，当客户选择首选座椅、踏板箱、转向柱和外后视镜设置时，可将其存储，以便日后使用。

全新 Quattroporte 的前排座椅为加热式；加热可设置为两级，用 MTC（玛莎拉蒂触控系统）显示屏选择，也可选配座椅通风功能。前排座椅由木质表面的中央通道分隔开，通道上带有 2 个杯架和 1 个隐藏式点烟器，其内还有手机、便携式设备 USB 和可选配件接头的箱室，如图 1—6 所示。此通道带有一个整体式扶手，在弹簧的辅助下，开启后像是张开的两翼；它还包括 1 个照明箱、2 个杯架和 1 个 12V 电源插座；同样还有通风口，需要时可使用空调冷却内部。

（2）后排座椅。

全新 Quattroporte 的后排座椅为一个舒适的 3 座椅长椅，标配带加热功能，如图 1—7 所示。座椅非常舒适，提供足够的放脚空间。座椅装备扶手，扶手内部为 2 个折叠式杯架、1 个照明箱和带电源的 USB 插座，用于为移动设备（智能手机、平板电脑、笔记本等）充电。

全新 Quattroporte 另外一个创新是 40/60 分体折叠式后排座椅。使用皮革包裹的拉带可以部分或完全降低靠背，从而进一步增加原本已经宽敞的载物空间。最后，座椅装备 ISOFIX 连接件、通用儿童座椅固定系统。

（3）两个独立后排座椅选件。

图 1—7

如果想使全新 Quattroporte 后排乘客获得最大的舒适性，可以选择后排舒适座椅系统，带有由控制台部件分离的两个独立座椅和与其他内饰相搭配的木质饰件。两个后排座椅用 Frau 皮革装饰，就像内饰的其他部分一样，都提高了后排乘员的舒适性，使车辆看起来极其奢华和高贵。后排座椅为环绕式，为乘客提供足够的脚部空间，带有电动座椅和靠背调节，可以达到完全放松的位置。该座椅配置包括加热和通风功能以及柔软的穿孔皮革。采用了四区空调系统和独立温度控制显示屏来获得舒适性。主要控制按钮位于安装在两个座椅间的中央扶手上的数字面板上。在此两座配置中，前排乘客座椅可以移动以进一步增大后排乘客的腿部空间。该配置的另外一个部件是带电源的 USB 插座，用来为最常用的移动设备（智能手机、平板电脑和笔记本等）充电，两个折叠杯架和扶手内的两个额外杯架内带有一个 12V 的电源插座和点烟器。扶手下的大空间具有照明设施并可以通过通风口提供新鲜空气。后搁板上覆盖有皮革，具有优雅的触感。

（4）后排桌子。

具有后排桌子（需要选配全皮内饰），具有伸缩性开启机构，可以提供较大支撑面。表面覆盖精致的 Frau 皮革，方便支撑笔记本电脑、文件及其他工作出行可能用到的物品。

（5）遮阳帘。

电动后侧面遮阳帘可保证隐私并避免阳光直射。遮阳帘由车窗控制器控制；按下按钮使遮阳帘从门板伸出并升起玻璃窗，防止外部人员看到车辆内部。按钮操作分两挡：一挡升/降车窗；二挡控制，先后执行。后窗遮阳帘保证隐私并减少阳光直射，可以通过气孔下的后控制面板控制，也可由驾驶员通过 MTC 显示屏控制。

（6）手套箱。

全新 Quattroporte 具有多个宽敞的手套箱，用来给乘员储藏驾驶过程中经常使用的物品，手套箱上覆盖有触摸材料。驾驶员侧仪表板上有一个深的手套箱，乘员侧有一个大抽屉。过道和两个折叠式杯架覆盖一个用于外接设备（可选配件和 USB）的空间。过道端部是一个大的带软口机构的扶手（如果装配四区系统，空间容积减小），具有温度控制且带照明功能，具有一个12V的电源插座和两个额外的杯架。前后车门面板上也带有储物袋。除非另有配备，一般情况下，在前排座椅靠背上有两个口袋，中央通风口（如果采用四区系统或座椅加热/后罩，该空间换成系统控制面板）下有一个小的开口空间，皮质带盖扶手下有一个宽敞的空间（带USB插座可以为移动设备充电，还具有两个折叠的杯架）。

（7）天窗。

为了给车内提供更多光线，全新Quattroporte配备有单层茶色安全玻璃的天窗，带有手动遮阳板。天窗可以上翘或完全打开，完全打开时，天窗全部缩进车顶内。

（8）吸烟套件。

玛莎拉蒂Quattroporte选配同样细心设计的烟灰缸，此选件同样精心设计并由精选材料制成。烟灰缸带有磨光铝盖，放在车辆杯架中。

（9）夜间环境照明。

全新Quattroporte的内饰不仅风格独特、材质显得尊贵，而且当夜间行车时还采用灯光进一步提升内饰的外观和驾乘体验。系统沿仪表板和车门，以及车门把手和车门侧置物袋布置光纤，营造优雅、时尚的车内氛围，如图1-8所示。

（10）白色仪表背光照明。

全新Quattroporte采用白色光进行背光照明；技术性的冷光设计与车内温暖明朗的气氛形成对比，甚至位于其他背光控制之上，使其在车内灯关闭抑或夜间驾驶时亦清晰可见。

（11）内部照明。

前后顶灯包括一个散射照明灯和两个独立的

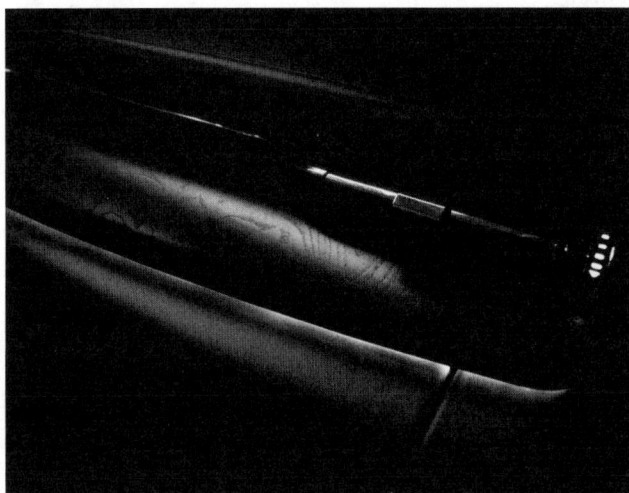

图1-8

阅读灯。除此之外，两个顶灯内隐藏的LED可以为下部提供持续的柔光，包括脚部区域。车灯亮度可通过调光器调节。

（12）内饰设计、颜色和客户定制。

内饰采用流线型曲线设计，使仪表板和通道给人一种空前明亮的感觉。仪表板宽大整洁，带有皮质软垫且顶部和底部带有匹配的压线。仪表板、车门、通道和（选配）方向盘共有3种形式，分别由3种不同的木材制成。客户可以选择时尚的亚光粗纹木料，纹理和枝节可以看到和感觉到；或者选用传统典雅的漆木；或者选用更具运动气息的有光泽的碳纤维。仪表板具有大的中央嵌条，可以选用多种材料制成。完全覆盖木材或碳纤维的中央通道顶部彰显了新玛莎拉蒂旗舰产品的尊贵，优质木饰也安装在前后车门面板上。前排座椅舒适且具有全电动调节功能，后排座椅舒适且显得热情洋溢。整洁的设计线条和宽敞的座舱使整个内饰令人愉快，增加了意大利式的驾驶乐趣。一些标准设备进一步提升了这种感觉，例如漫射环境照明，在夜间尤其有效。另一个传统的玛莎拉蒂特征是带蓝色表盘和白色背光的模拟时钟，时钟带有铝制点缀物和铬制环绕，位于仪表板中央。全新Quattroporte内饰的特点是采用优质皮具。标准配置采用的PoltronaFrau皮革无论在质量上还是材料的使用上，都是意大利工艺的象征，且装饰有压花，给乘员提供了视觉和触觉上的双重享受。另外，可以选择升级版的更为精致的内饰。优质的皮具特别光滑柔软。采用此种皮料，靠背的中央区域带有双缝线的Y形设计，车门上带有与之搭配的缝线贯穿车门扶手，强调了材料的质量。这种皮革也使用在中央座椅内衬和靠背上，靠背的上部区域采用Alcantara，具有柔软的触觉、精致的外观和良好的身体贴合性。驾驶舱车顶内衬通常由织物制成，也可以选用Alcantara。Alcantara覆盖车顶、上柱、顶灯周围灯罩，给内饰增添了绝对的深度和精致度。

（13）内饰颜色组合。

全新 Quattroporte 具有多种内饰颜色组合，同时也有多种材质和覆盖物可选，无论在理性还是感性上，都是一件令人满意的产品。颜色和材料方案在大区域内以仪表板分开，搭配车门上区域、方向盘，仪表板下区域搭配车门中央面板、中央通道及其扶手，并与地毯/地毯覆盖区域融为一体。内饰风格可以通过彩色的车顶内衬和嵌件使其更为饱满。大型线性仪表板和车门上区域可选用 4 种皮革颜色；黑色、新棕色（Testa di Moro）、鸽子灰和深蓝色（Blu profondo）。仪表板上部区域和下部区域的颜色选择范围广泛，应与车门中央面板、中央通道及扶手相搭配。对于一种颜色，整体外观顾客可以选择黑色、新棕色和鸽子灰。如果想选择双色调的内饰，可以选择米色和酒红色（皮革）。对于座椅，通常选择与仪表板下部区域一样的颜色，除非选择双色调内饰。全新 Quattroporte 的安全带有 4 种颜色可供选择，与地毯颜色相匹配。最后，织物的车顶内衬可以选择黑色、米色和浅灰色。如果选择 Alcantara，也可以再选择鸽子灰。全新 Quattroporte 的内饰遵循特殊的配置流程。从上部仪表板开始，可以选择特殊搭配的多种不同颜色。

选择的配置区域包括：

上仪表板（连同上车门饰板）；

下仪表板（连同中央车门饰板、扶手、中央通道）；

地毯（连同车门下部区域、地图袋和地垫）；

方向盘（连同上、下仪表板颜色）；

座椅；

顶棚（连同上柱）；

饰板。

选用木料搭配全新 Quattroporte 符合玛莎拉蒂经典的典雅、时尚、成熟和运动基因的特点。这些是引导内饰插件选择和创作的指导理念。第一处创新是采用两块亚光粗纹木料，富有纹理和枝节，具有强烈的触觉感受。标准的饰板选用枫木，一种经典且长青的木材，带有复杂枝节的木材，完美搭配多种内饰颜色，带有优质光泽面。也有多种选配内饰件。首先是白栓树瘤，一种自然的棕色木材，带有深色纹理和协调的枝节。作为深色木料的替代品，也可以选用一种新型的浅色带孔木材：米色，一种迷人的"概念木材"（如图 1-9 所示），有阴影区，看起来更加生动立体，象牙白色看起来更加时尚。有 3 种有光泽的面漆可供选择。

Tanganyika 是一种新型的特殊替代品。它以波浪形的柔软运动（起绒效果）而出名，使其看起来像一种柔软的织物，并通过表面喷漆来获得立体效果。

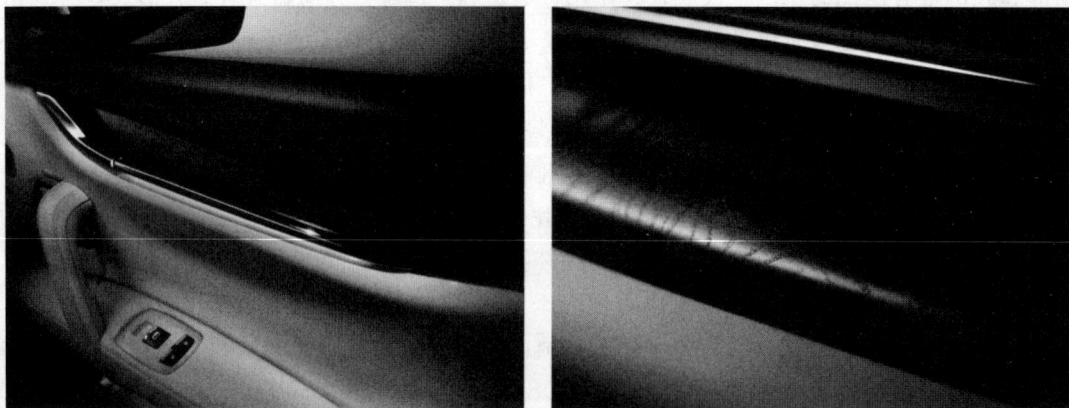

图 1-9

另外一种搭配经典和运动型颜色的木材为乌木。这是一种具有水平结构的概念木材，将深色木料与其他如火的暖色相结合。这是一种特殊的木材，面漆使其看起来特别时尚且富有活力。全新 Quattroporte 还有一个特点是有光泽的碳纤维表面，我们选择了一种更为时尚、运动的色调，使其完美搭配具有运动特色的黑色/皮革内饰和 f7 k 传统的颜色方案。

（14）方向盘和运动踏板。

全皮方向盘作为标准配置。客户可以自己选择方向盘颜色。5 种可选颜色为黑色、新棕色、鸽子灰、米色和蓝色。全新 Quattroporte 可以选配更优质皮具制成的方向盘，整个外缘带木质或碳纤维嵌条。嵌条有 5 种木质可选，搭配内饰嵌条和方向盘本身的颜色。方向盘另外一个选配功能是轮缘加热，该选配功能仅适用于带木质嵌条的皮质方向盘（不适用于全皮或皮质/碳纤维方向盘）。选用的拉丝钢运动踏板使全新 Quattroporte 的内饰更具运动气息，改进的手柄带有橡胶嵌条，特征为椭圆形的玛莎拉蒂标志。该选件包括一个脚踏板和拉丝钢罩。

（15）行李舱。

全新 Quattroporte 行李舱的设计在于提供宽敞有用的空间。行李舱形状规则、容量超过 500L，很容易装下大件行李物品。其特点还在于具有 12V 电源插座、用于装小物品的侧网、用于挂接载物吊网的镀铬孔眼以及两个内部灯。载物台下方是存放 OPT 备胎和附件设备的空间。行李舱地毯的颜色有 3 种（黑色、米色和鸽子灰），以匹配内部地毯的颜色（例外：如果内部地毯为深棕色，行李舱地毯为黑色）。

（16）注重质量。

玛莎拉蒂为全新 Quattroporte 的内饰质量做出了诸多努力。以下仅是部分例子：

所有仪表板和其他内饰零件都旨在降低车辆重量并提高刚度。二者的终极目标都是降低整体重量，改善噪声、振动与舒适性（NVH）。所有内饰零件设计共振频率高于 40Hz。这防止了车辆内饰造成动力系统和底盘振动。车门饰板由坚固质轻的自然纤维结构制成。

所有车型中，和座椅一样，所有可见的内饰件（仪表板上下部、车门饰板、中控台饰件等）都带有天然皮革装饰。内饰皮革纹理有两种质量可供选择。

所有可见零件都由黑色塑料制成，转向柱饰件、后视镜支架盖板、一些控制器周边饰件等都采用特制的无刮痕漆面。

所有木质镶嵌饰板采用天然木料，所有车型标准配置（还可以选配碳纤维饰件）。中控台和仪表板饰件为铝制外加木质胶合板。用户在触摸中控台上的折叠盖板时不仅感觉厚重而且高档。对于车门面板而言，天然木质胶合板固定在后部嵌入的塑料结构上。这种设计可以在遇到侧面撞击时保护乘员安全。

带有软抛光处理的金属内饰件，如信息娱乐系统周围结构和换挡杆周围区域，由电镀软抛光处理的压铸锌基压铸合金制成。车门饰件上的高光泽的镀铬零件具有塑料结构，可以在遇到侧面撞击时保护乘员安全。

所有储存区域（手套箱、中控台内、驾驶员侧）都装饰有优质软材。储存区域和杯架采用 LED 照明。驾驶员侧的储存区域能够储存一把雨伞，前后带有 LED 照明。中央扶手（配备双区空调系统的车辆）及后排中央扶手内的储存区域（四座车辆）是冷藏区域。

后排乘客的折叠桌子（选配）和电视屏幕（选配）极其坚固，安装在前排座椅的镁制靠背上。

5. 技术

（1）动力传动系。

创新的双涡轮增压 V8 发动机，完美诠释了玛莎拉蒂的传统，为玛莎拉蒂最大扭矩和动力方面提供最优性能，如图 1—10 所示。

新一代发动机给予 Quattroporte 出色的性能质量，无论是在最初加速、挂挡加速还是在最高车速上，V8 发动机创造了同级有史以来的最高纪录。该全新的发动机是全新 Quattroporte 的一个突出特点，完全由玛莎拉蒂自主设计并由法拉利制造，是玛莎拉蒂曾使用的技术最先进的发动机。此 V8 发动机容量为 3.8L，转速在 $2000 \sim 4000$ r/min 时输出功率为 395 kW、扭矩为 650N·m。由于其低

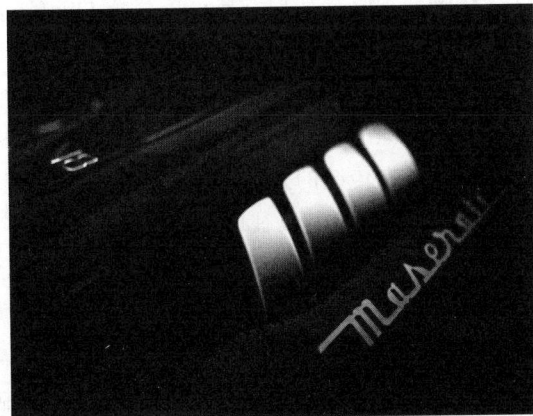

图 1—10

惯性平行布置的涡轮增压器，它能够使增压扭矩输出到710N·m。所有玛莎拉蒂发动机都按高度精细的技术方案进行仔细设计，旨在在所有发动机转速内，结合燃油消耗和排放，提供突出的性能。该新型发动机装备高滚流汽缸盖和4个VVT，每根凸轮轴一个VVT。此方案由玛莎拉蒂动力部门进行改进，在气门升程管理和最优燃烧控制上获得更大灵活性。机油泵是一种电子控制、可变排量装置，可两级工作，优化燃油消耗和性能。此发动机采用两个平行布置的低惯性双涡管式涡轮增压器，提供预期的发动机高性能，同时几乎消除涡轮迟滞。在研发此发动机期间，玛莎拉蒂动力工程师的一个目标就是使它就像一部自然吸气发动机一样，具有线性动力输出并能够达到最高发动机转速。精密的工程方案也用于与涡轮增压器集成的排气系统，从而使结构更紧凑、重量更轻。此玛莎拉蒂发动机系列的另一个性能特点是高压直喷系统（20 000kPa）。该非常高的压力将燃油雾化，从而在发动机高转速时提高混合气并优化燃烧。整个系统由最新一代Motronic发动机ECU进行控制。此发动机为主要V8/V12竞争对手的基准，并达到了同级最佳的功率和扭矩输出。而且在最好的玛莎拉蒂血统中，全新Quattroporte的排气系统由气动阀进行控制，具有两种工作状态。在正常模式（钥匙启动）下，在3000r/min内气门关闭，使发动机声音听起来舒适温和。在运动模式下（通过运动按钮选择），排气门打开，达到最大发动机性能以及发出玛莎拉蒂独特的发动机声音。全新Quattroporte采用最新的ZF8速自动变速器，控制精确、性能高；轻于当前的6速装置（轻4kg），效率更高（燃油消耗下降6%），具有2种超速传动比。此8速变速器结合了模块化变速器轴和机械防滑差速器。变速器具有两种基本使用模式。

自动—正常（默认）：流畅换挡的舒适变化；发动机低转速时换挡，提高舒适性并降低燃油消耗。

自动—运动：快速换挡的运动变化；发动机高转速时换挡，齿轮接合明显，提高车辆的运动性和响应性。

在每种模式下，都会识别驾驶风格和路面条件，通过精密的自学习过程来确定所选模式内的最佳换挡策略。此变速器可使用中央换挡杆或方向盘拨片在手动—正常和手动—运动模式下进行完全控制。动力传动系新增了一种驾驶模式：I. C. E.（控制和效率增加）。在此模式下，变速器换挡柔和，无论升挡还是降挡，燃油效率得到优化。

（2）底盘。

全新Quattroporte的底盘经过了从无到有的开发过程，提供了几种以前从未用于玛莎拉蒂批量生产车辆的解决方案。车辆底盘采用带有副车架结构，并使用高强度钢材和铝材的双材料结构。悬架，包括减震器和穹顶结构，完全使用铝材制造。在前端，选用双重上部双横臂结构，确保转向精确、轻便、直接；在后端，采用了多点连接5杆式的创造性设计，以获得异常的舒适性和稳定性。通过大量的努力，将非弹簧承载质量降到可能的最低位置；使用了轮毂支架，前端和所有悬架杆件都使用铸铝制造。前后悬架都通过钢制防倾杆连接；防倾杆的设计使得整个结构刚度更大，并增加了驾驶乐趣。全新Quattroporte使用铝制气弹簧减震器，减震器带有独立的动态电子控制器。系统监测多个参数包括车辆动态参数（车速、横向加速度、纵向加速度），车身和车轮的运动参数，减震器的动态参数（压缩、伸长、杆速），并根据客户通过换挡杆控制台上指定按钮选择的设置，为每个车轮独立选择适合于当前操作状况的理想阻尼条件。车辆的独立悬架控制器也是全新Quattroporte的一个突出特点。使用伺服助力的液压系统，可以防止方向盘快速转动时出现不适感。电动助力可变速：这个功能可以确保低速操纵时只需要很轻的操纵力，并能确保高速时的稳定性。转向机构箱整个使用铝材制造，并按照前悬架的特殊结构设计，几何结构精确，确保精准的转向操作和灵敏的转向/弯道进入操作。复铸制动系统的设计综合了重量轻和制动功率高的特点，具有传统的整体式铸铁制动盘无法提供的良好散热能力。玛莎拉蒂和Brembo公司在全新Quattroporte中延续了其以往的合作，不仅致力于为系统提供卓越的整体性能，而且共同开发了一种在车辆的舒适性和动力性这两个关键特性之间取得平衡的低噪音解决方案。前制动钳较大，通过6个活塞作用在380mm的多孔制动盘上；系统尺寸越大，制动面的热交换能力越好，冷却效率也会越高，并能在运动用途中提供连续的制动能力。后制动系统使用4活塞铝制卡钳和350mm的多孔制动盘。当然，制动系统还配置有集成的ABS系统、牵引力和稳定性控制系统；这些系统都是最新的产品系列，并经过校核，可以与每个玛莎拉蒂的驾驶特性相匹配。制动系统还配置了电动驻车制动器（EPB）：这种方案提供了更强大的功能（自动接合、预先释放、动态制动），还增强了机械式驻车制动杆所在的车内中控台区域的灵活度。

（3）电子系统和设备。

全新 Quattroporte 使用全新的电气系统，其中采用了由多个高速通信线路连接起来的 40 多个 ECU 和电子控制器。这样既可实现大量的集成舒适和豪华特性，同时还不会增加重量和复杂度。Quattroporte 车系部分卓越技术特性综述：

①触屏设备：通过使用带 213cm（8.4 英寸）触摸屏的 MTC（玛莎拉蒂触控系统），用户可方便地实现对大多数车载设备的互动式控制。系统包含收音机、导航系统和 DVD 播放器，并且具有蓝牙连接功能，以及供手机和苹果系列设备连接的功能。通过使用 Aux-in、USB 插口和 SD 读卡器，用户可播放音乐、观看电影或浏览图片。MTC 还控制前排座椅的加热和通风，方向盘加热以及后车窗遮阳板的运行。MTC 菜单中含有对车辆主要设置进行配置的选项。系统的各个菜单始终可以通过显示屏底部显示的图标进行操作。

②高端音响系统：全新 Quattroporte 的标准音响系统可以提供卓越的功放和优质的音响效果。系统含有 10 个扬声器和 1 个 600W 放大器。系统包含：仪表板上安装 1 个 80mm 的中音扬声器和 2 个 25mm 的高音扬声器，每个车门安装 1 个 165mm 的低音扬声器，后门上还额外安装了 2 个 25mm 的高音扬声器，后行李架上安装了 1 个 180mm×250mm 的低音炮。

③高端宝华音响系统：有宝华音响系统可选，提供最高标准的随车 hi-fi。元件、15 个扬声器的布置以及 QuantumLogic™ 环绕立体声逻辑的最佳配置等，均经过长时间严格的音响工程分析。最终开发出的系统可以最好地复现音响的每一个细微变化，并且具有最高水平的纯度和动态响应，可提供完全真实的全新随车音乐体验。QuantumLogic™ 一个 环绕立体声系统包含音频播放的所有元素；可以对乐器、声音和车内回响进行识别、分离和处理，从而实现了格外真实和精准的环绕音响场，提供清晰且完美的音响画面。系统含有 15 个扬声器和 1 个 1280W 放大器。车门和后行李架上的扬声器风格与基础系统所使用的扬声器不同，具有可以清晰区分的特性。整个体系包含 1 个 100mm 的中央芳纶鼓膜中音扬声器和 3 个分别位于仪表板中央和两侧的 25mm 铝网高音扬声器。前门中安装了 1 个 165mm 的低音扬声器和 1 个 100mm 的芳纶鼓膜中音扬声器，后门中安装了 1 个 165mm 的芳纶鼓膜低音扬声器和 1 个 25mm 的铝网高音扬声器。后行李架上安装了 2 个 100mm 的芳纶中音扬声器和 1 个 350mm×200mm 的低音炮。

图 1-11

④后排座椅娱乐系统：车辆可配置可选的后排座椅娱乐系统，如图 1-11 所示。其特性包括 2 个 25.9cm（10.2 英寸）的倾斜 LCD 显示屏；2 个供乘员使用的 USB 端口，可独立或同时连接外部资源，播放主流格式的图片、音频/视频文件（MPEG 1、MPEG 2、MPEG 4、WMV、Xvid、MP3、WMA、AAC 等）。系统还包含功能强大的 A/V-IN 连接器，可用于进一步连接外部设备，例如视频游戏控制台、数字摄像头、摄像机、笔记本电脑等。另外，系统还可以配置数字电视调谐器（仅欧洲、中国和日本）。两个显示器分别配置有各自使用的遥控器和无线耳机。

⑤Wi-Fi 热点：全新 Quattroporte 提供选配型 Wi-Fi 热点车辆数据链接系统。WLAN 路由器带有供数据传输使用的 SIM 卡，可接收来自互联网的信号，可以在车上实现对互联网的无线访问。无线设备可同时连接，例如可连接一台笔记本电脑和两部手机。车载 Hotspot 系统支持 HSDPA、UMTS、EDGE

和 GSM。

⑥新钥匙和无钥匙进入/无钥匙离开系统：Quattroporte 使用风格与车辆匹配的新钥匙。新钥匙主体为铝制，经过抛光。新钥匙更有质感、更优雅、更精细。钥匙上有 4 个按钮：车门解锁、车门上锁、行李舱打开，以及外部车灯的遥控功能。持续按住解锁/上锁按钮还可以关闭/打开 4 个车窗。

⑦增加了遥控报警功能（仅美国）：连续将这个按钮按下两次将打开喇叭/蜂鸣器和 4 个转向灯，这个设计可以在紧急情况下引起对车辆的关注。

⑧全新 Quattroporte 包含标配的无钥匙进入/无钥匙离开系统。在车辆停下，车门上锁的情况下，完全可以将钥匙放入兜里。将手放在车门把手或行李舱按钮上即可解锁车辆。这样便不需要使用遥控器，极大方便了进入车辆所需要的操作。该系统还可以延伸到后门。钥匙的铝制主体内装有应急钥匙，可以在钥匙电量不足时打开车辆。

⑨遥控启动发动机（仅中东）：这个系统代替了具有遥控启动发动机功能的遥控器上的外部车灯功能。在 150m 的距离内按下按钮即可启动发动机，同时还可以打开自动空调功能（根据不同设置可制冷/加热），从而能够很轻松地进入驾驶舱。

⑩雨量传感器和功能：车辆配置了风挡玻璃自动雨刮器，雨刮器使用雨量传感器检测降雨强度，并自动启动雨刮器。自动功能可通过 MTC 取消。前风挡玻璃配置了热水洗涤器。洗涤器安装在发动机舱盖下面。

⑪含集成转向指示灯的自动调光后视镜：新款 Quattroporte 的外后视镜为电致变色型，具备电动调节和倒车时自动降低功能，可以帮助驾驶员看清路沿和所有靠近车辆侧面的物体。其中还含有 1 个 LED 方向指示灯和 1 个位于玻璃表面的门控车内灯。内后视镜也为电致变色型；该技术可以减少由后方车辆前照灯导致的炫光。

⑫自动空调系统：标准双区空调系统，使用了 13 个送风口（其中 4 个位于后面）和 1 个日光传感器，可提供卓越的乘车舒适性，并能高水平地维持选定状态。可独立用于驾驶员和乘客的温度调节功能，既可以通过 MTC（玛莎拉蒂触屏控制），也可以通过位于显示屏下面的物理控制面板控制。系统具有 455m³/h 的送风能力，因此具有比上一代设备更好的性能，可以更快输送冷风/暖风，并且很容易保持设定条件。系统由多个车载传感器控制，湿度传感器检测乘客舱的湿度百分比，并在需要时增大除霜/除雾口的送风流量。右侧的日光传感器根据阳光照射情况和车外温度调节送风口输送的空气温度。

⑬四区空调系统（选配）：四区自动空调系统大幅度提高了后排乘客的乘车舒适度。通过后部空气分配单元的控制面板可实现温度的独立调节。这个面板还可以用于更改气流分配，驾驶员还可以通过车辆前部的 MTC 修改车内气候设置。系统共有 15 个出风口：1 个用于风挡玻璃除雾，4 个位于仪表板上，2 个位于前立柱和车门上框的连接处，2 个位于前排乘员脚部，2 个位于后控制台中央，2 个位于 B 柱上，2 个位于后排乘员区域。

6. 性能

全新 Quattroporte 对于豪华高级轿车细分市场的性能设定了新的标准。由于其搭载的双涡轮增压 V8 发动机可输送 395kW 的功率和 710N·m 的扭矩，节气门全开时的加速度让人震撼不已。从静止状态起步加速至 100km/h 仅需 4.7s 即可完成，比 MY12（2012 年款）Quattroporte 运动 GTS 还要快 0.3s；从静止状态起步加速行驶 1km 仅需 22.7s，与其前一代最运动车型相比，还要快 1.4s。这些加速性能数据在数年之前还只是双座超级跑车的专属领域。但是，更加让人震撼的是 Quattroporte 的最高车速。在可能和允许时，它能够达到 307km/h 的最高车速。这比 MY12（2012 年款）Quattroporte 运动 GTS 还要快 20km/h，比目前在售的任何其他 V8 动力三厢轿车都要快。这些数据使得全新 Quattroporte 成为玛莎拉蒂制造的汽车中最快的产品，是公路上最快的汽车之一。当然，这些出色的性能需要一个能够胜任的制动系统。全新 Quattroporte 的 Brembo 性能制动套件使汽车从 100km/h 制动到 0 的制动距离仅为 34m。全新 Quattroporte 提供的转向性能也同样令人印象深刻：轻便，自信且不失沉稳。在高速公路上以 120km/h 的车速在 8 挡下巡航时，发动机转速低于 1800r/min，导致车内噪音降低而燃油经济性提高，与前一代 Quattroporte 相比，油耗降低超过 20%。而令人震撼的加速性能可始终立即响应驾驶员的请求，在强制降挡时，可一次自动降挡多达 5 个挡位。全新 Quattroporte 将意大利优良传统中的超级跑车性能和舒适、美学造型风格和尊贵完美融于一体。

7. 发动机罩下方视图（图 1-12）

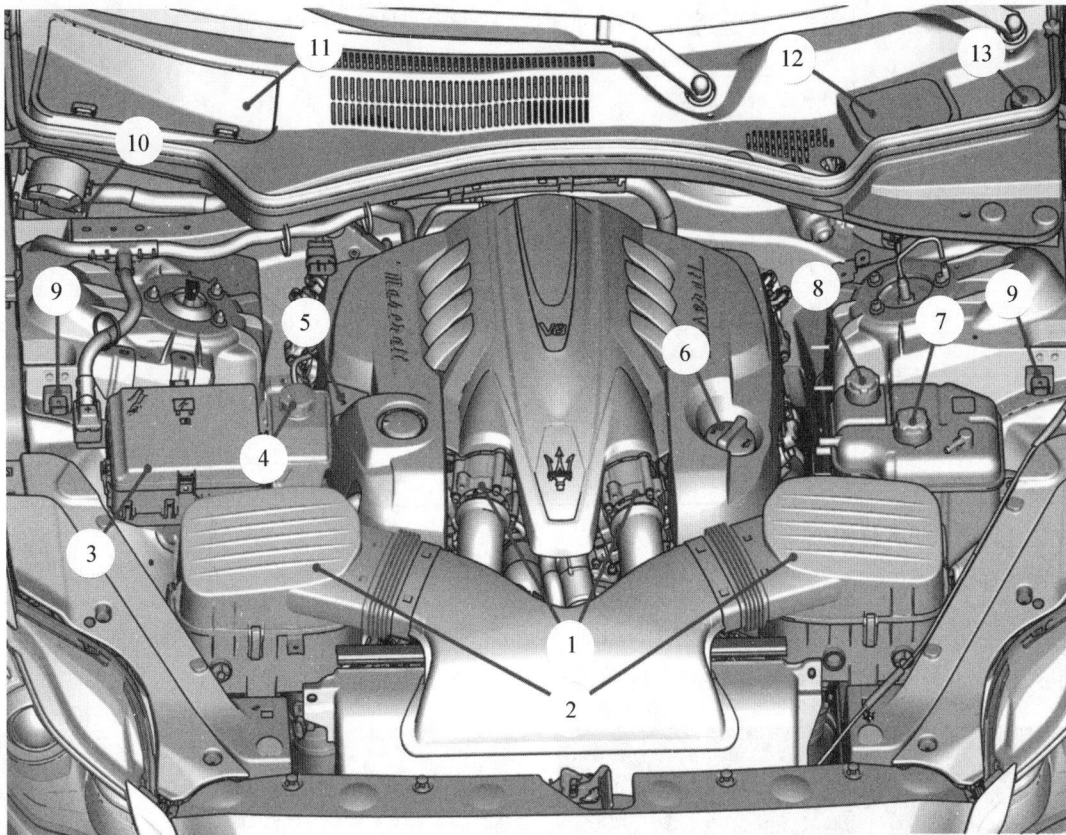

1—双节气门首次使用在玛莎拉蒂发动机上　2—空气滤清器易于检修　3—前部配电中心（PDC）内包含保险丝和继电器　4—动力转向液储液罐　5—机油油位表（护盖下面）　6—加机油口塞　7—初级冷却液回路储液罐（发动机冷却）　8—次级冷却液回路储液罐（变速器和动力转向系冷却）　9—车身加速度传感器（用于 Skyhook 主动式阻尼控制，对于所有车辆均为标准装备）　10—新一代 Motronic MED17 ECM　11—车内空气滤清器检修盖　12—制动液储液罐检修盖　13—风挡玻璃清洗液加注塞

图 1-12

二、概述

1. 车型信息（表 1-1）

表 1-1

车型	M156
设计师	玛莎拉蒂设计中心，Lorenzo Ramacciotti 领导设计
车辆类型	4 门轿车，5 座（带后排中央控制台选装的 4 座椅配置）
车辆细分市场	G
V8 发动机代码（设计）	F154A
V8 发动机代码（认可）	M156A
车型发布	北美国际汽车展览会（NAIAS），底特律，2013 年 1 月
开始生产	2012 年 12 月
生产地点	意大利都灵
开始销售	2013 年 1 月（欧洲，左舵驾驶），2013 年 3 月（中国、亚太、中东、非洲），2013 年 4 月（日本），2013 年 6 月（北美、拉丁美洲），2013 年 7 月（英国，右舵驾驶）

2. 市场技术参数和排放标准（表1-2）

表1-2

市场技术参数	国家及地区
EU	欧洲（英国除外）、土耳其、俄罗斯、以色列、黎巴嫩、中国台湾省、突尼斯、阿尔及利亚、摩洛哥、约旦、阿塞拜疆、伊朗、叙利亚、阿根廷、智利、玻利维亚、哥伦比亚、厄瓜多尔、秘鲁、菲律宾、巴西、委内瑞拉
UK	英国、中国香港、新加坡、泰国、马来西亚、印度尼西亚、南非
USA/Canada	美国、加拿大、墨西哥、波多黎各、委内瑞拉、韩国
Australia	澳大利亚、新西兰
Japan LHD	日本
Japan RHD	日本
Middle East	沙特阿拉伯、阿曼、卡塔尔、巴林、科威特、埃及、阿联酋
China	中国
India	印度、巴基斯坦

3. VIN码和识别牌位置

（1）车辆识别号码。

VIN冲压在右侧前部地板区域内车架横梁上，打开地毯上的塑料盖可看到此号码，如图1-13所示。也可从外面透过风挡玻璃在仪表板的左前角看到VIN号码，如图1-14所示。

图1-13

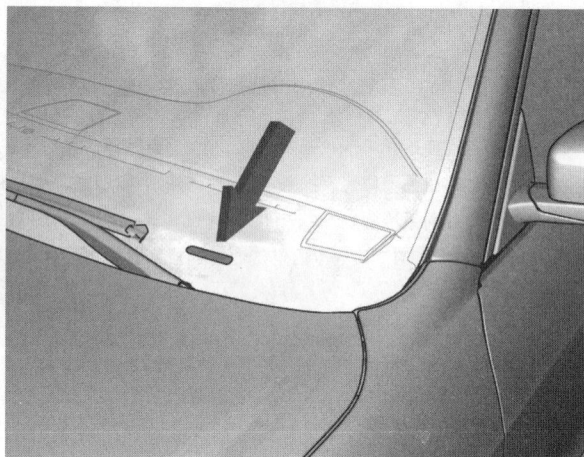

图1-14

（2）车辆识别铭牌。

粘贴标签位于驾驶员车门立柱上，指示以下详细信息（图1-15）。

制造商名称；

认可编号；

VIN；

最大允许载质量（总/前/后）；

发动机形式；

车辆版本代码；

装配编号（N°表示备件）。

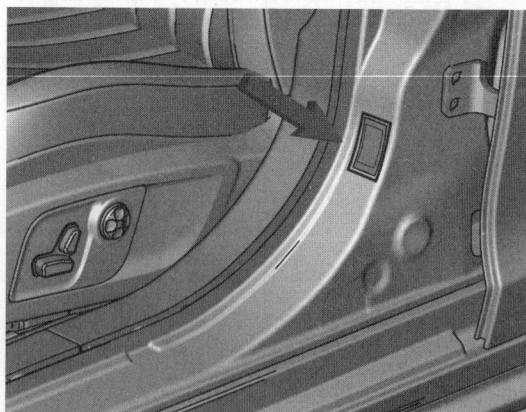

图1-15

（3）油漆识别代码。

一个带油漆代码的标签贴在发动机舱盖的下面，如图 1—16 所示。

4. VIN 编码系统

车辆识别码（VIN）由 17 位字符组成，始终位于两个星号之间，如图 1—17 所示。部分说明如表 1—3 所示。

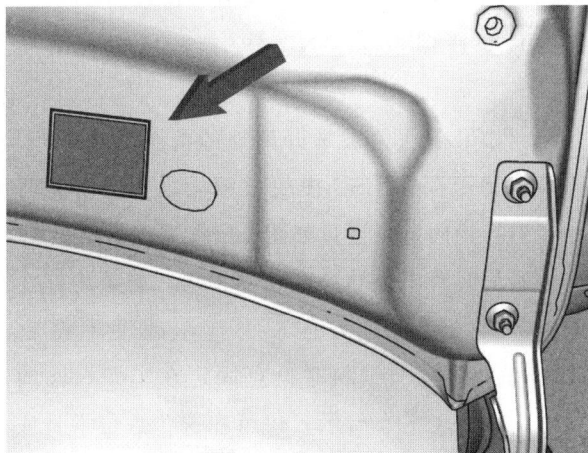

图 1—16

图 1—17

表 1—3

部分	说明	备注
1	制造厂分配识别代码	ZAM＝玛莎拉蒂
2	发动机类型	P＝V8 双涡轮增压，395kW
3	防护系统	P＝前：带卷收器和双预紧器的三点式手动安全带，驾驶员和乘客侧高级安全气囊和头部气囊。后：带卷收器和预紧器的三点式手动安全带；中间座椅三点式手动安全带（如果可用）。后轮驱动车辆
4	车型类别	56＝Quattroporte M156
5	版本	A＝美国/加拿大 B＝欧洲 C＝英国、日本（右舵驾驶）、印度 D＝澳大利亚 E＝中国 F＝中东 J＝日本（左舵驾驶）
6	检验数*	VIN 检验数代码
7	车型年款（MY）**	2001＝1，2002＝2，2003＝3，2004＝4，2005＝5，2006＝6，2007＝7，2008＝8，2009＝9，2010＝A，2011＝B，2012＝C，2013＝D，2014＝E，2015＝F，2016＝G，2017＝H，2018＝J，2019＝K，2020＝L
8	总装工厂	1＝OMG
9	生产顺序号	6 位顺序号（"Matricola"）

＊：仅用于美国/加拿大、中东、中国车辆版本和韩国市场。对于其他版本/市场，此位字符为 0。

＊＊：仅用于美国/加拿大、中东、中国车辆版本和韩国、巴西、智利和阿根廷市场。对于其他版本/市场，此位字符为 0。

5. 牵引、举升与顶升

一个拧入式牵引挂钩随附在车辆上。需要牵引车辆时，将牵引挂钩完全拧入牵引挂钩固定点中。牵引车辆时，确保满足以下条件：

（1）发动机关闭。

（2）点火开关位于"RUN（运行）"位置。

（3）EPB 分离。

（4）变速器位于"N"（空挡）且驻车制动器分离。

注：如果在前轮被举升离地的情况下牵引车辆，始终检查是否存在 ESC 模块故障码，必要时将其删除。牵引挂钩固定点通过如图 1—18 箭头指示。

为避免润滑不足导致变速器损坏，必须将拖车距离限制在 50km 以内，且最大拖车速度不得超过 50km/h。指定硬质塑料举升点固定在车架纵梁前部和后部，如图 1—19 所示。仅可在这些点位举升或顶升车辆。

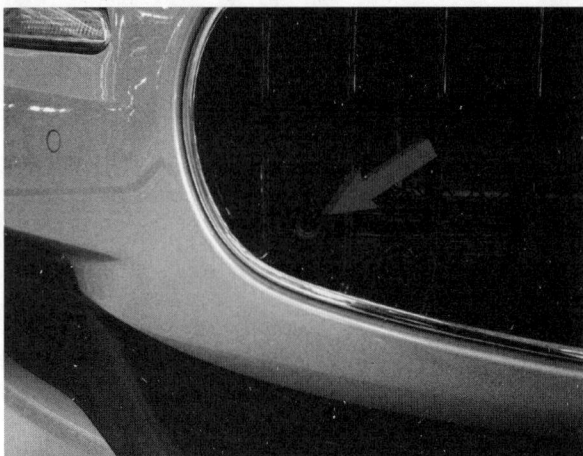

图 1—18

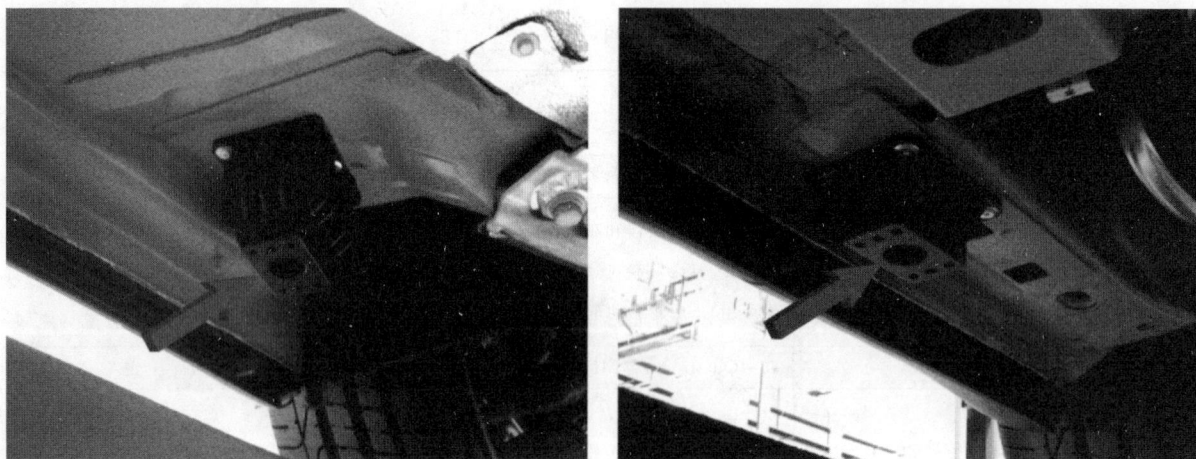

图 1—19

6. 紧急开启与释放功能

以下操作可在蓄电池电量耗尽或出现系统故障时手动执行。

（1）使用紧急钥匙开启驾驶员车门。

驾驶员车门可使用遥控钥匙内的机械紧急钥匙开启。

注：如果车辆警报系统进入警戒状态，则当通过机械方式开启驾驶员车门时报警蜂鸣器将触发。

报警蜂鸣器仅可通过以下方式停用：

①车辆识别到有效遥控钥匙。

②使用备用程序开启点火开关或启动发动机。

③使用 MD 进入遥控钥匙编程程序。

④可将紧急钥匙从遥控钥匙内拔出，如图 1—20 所示。

（2）加油口盖开启。

加油口盖可通过拉动位于行李舱左侧的盖后面的红色拉索手动开启，如图 1—21 所示。

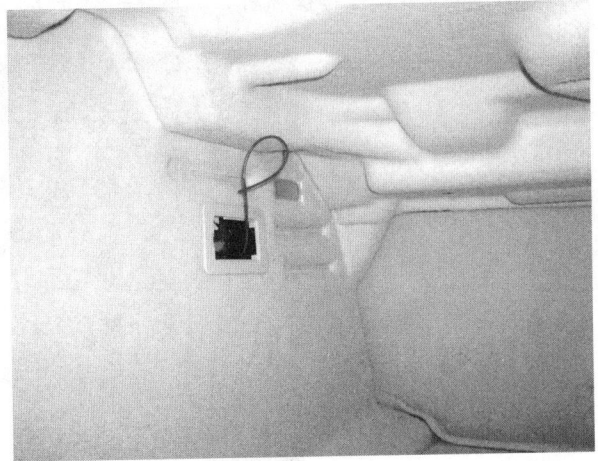

图 1-20   图 1-21

（3）手动燃油加注。

如果需要手动从油桶内加注燃油，必须使用专用漏斗。由于采用无盖式燃油加油口，所以才需要使用专用漏斗。漏斗随附在车辆上，位于行李舱地板下面区域内，如图 1-22 所示。

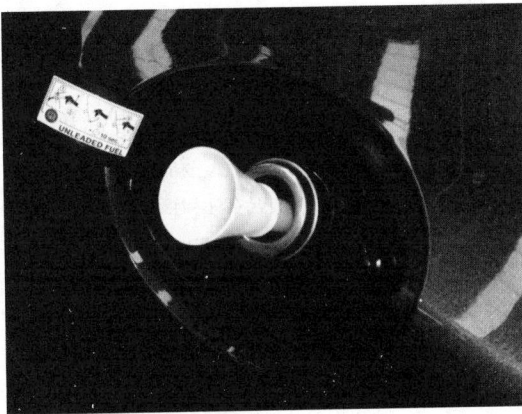

图 1-22

（4）手动 EPB 释放。

电子驻车制动器（EPB）可借助于紧急工具套件中包含的专用工具手动释放。必须拆下行李舱地板上的盖板，才能够到 EPB，如图 1-23 所示。

图 1-23

（5）变速器空挡位置。

变速器可通过紧急释放拉索及操纵杆手动置于空挡位置。它可通过拆下前部地板区域内左侧的盖够到。拉动红色拉索，操作操纵杆，如图 1—24 所示。用于变速器驻车锁止的手动释放拉索。

图 1—24

第二节　总裁 V6 & Q4

一、序言

在发布搭载 V8 发动机与后轮驱动型全新 Quattroporte 后，该车型现已补充了 V6 发动机与全轮驱动配置。玛莎拉蒂在制造融合了双涡轮增压技术的 V6 发动机方面有着悠久的传统。新 Quattroporte 所采用的 V6 发动机（设计码：F160）代表了发动机设计领域的最新科技，并以双涡轮增压与燃油直喷技术为特点。同样在 Quattroporte 的姐妹车型 Ghibli 上也可找到此类发动机的身影。玛莎拉蒂车辆首次采用了全轮驱动系统。该设计引入了先进的全电子控制化系统，可根据实际附着力以优化方法在前后桥之间分配传动扭矩。

二、车辆纵览

1. 前言

配备 3.0L 双涡轮增压 V6 发动机的新款 Quattroporte 有 3 个版本可供选择：246kW（330hp，后驱）、306kW（410hp，后驱）、306kW（410hp，全轮驱动），如图 1—25 所示。

尽管 V8 被视为 Quattroporte 的经典发动机选择，但之前还采用过 V6 发动机。第二代（如图 1—26 所示）和第四代 Quattroporte（如图 1—27 所示）均采用过 V6 发动机。

图 1—25

图 1—26

18

标配 48.3cm（19 英寸）Tritone 轮胎的 Quattroporte V6 车型聚焦于其优雅的外形及驾驶舒适度，如图 1—28 所示。

图 1-27

图 1-28

就加速性与最高车速而言，306kW（410hp），Quattroporte V6 与前代 Quattroporte Sport GT S 相比具有同等水平。从外形来看，可从双椭圆形抛光不锈钢排气管对 Quattroporte V8 与 V6 款进行区分。玛莎拉蒂首次采用智能型四轮驱动系统，从而增强了新款 Quattroporte 的驾驶安全性及全气候驾驶能力。可以通过后备箱上低调的 Q4 标识区分是全轮驱动版本还是后驱版本，如图 1—29 所示。

图 1-29

图 1-30

V6 型 Quattroporte 的车内部件设计独特并与 V8 旗舰款的配置相同：多种 Poltrona Frau 皮革与内饰选择（图 1—30）、带加热与通风功能的舒适型座椅（图 1—31）、四区自动空调系统、高级 Bowers & Wilkins 15 扬声器音响系统、带后中央控制台和后排座椅娱乐系统的四座椅配置、全套多媒体接口和车载 Wi—Fi 均可为 Quattroporte V6 提供。

图 1-31

Quattroporte V6 的标准座椅可通过垂直肋形设计加以区分。带双缝线的全细粒面皮革和全细粒面皮革/Alcantara 混搭配置可供选择。

2. 新款 QuattroporteV6 与 V8 旗舰版对比（图 1-32）

图 1-32

燃油消耗降低：306kW 车型的综合油耗为百公里 10.5L，246kW 车型的综合油耗为百公里 9.7L。油耗比前代 Quattroporte4.2L 下降了 27% 和 33% 以上。

加速性能提高：因采用了 Q4 AWD 系统，新款 Quattroporte 的 0~100km/h 加速时间仅有 4.9s，比 2012 款 Quattroporte Sport GT S 快 0.2s。246kW 版本的百公里加速为 5.6s，与配备 4.2L 发动机的前代车型一致。

同等车速下发动机更小：3.0L V6 RWD 可达到 285km/h 的最大车速，与 4.7L V8 2012 款 Quattroporte Sport GT S 相同。玛莎拉蒂新款 V6 发动机提供了同级别车辆中最佳的性能表现。

排放降低：与搭载 4.2L 发动机的前代 Quattroporte 相比，在综合行驶工况下的 246kW 版 226g/km CO_2 与 306kW 版 246g/km CO_2 实现了 28%~33% 的提高。

全轮驱动：可与新款 V6 306kW 发动机配套提供，玛莎拉蒂首次采用四轮驱动系统。该系统体积紧凑、重量轻，可在全天候条件下优化发动机牵引力、扭矩及驾驶舒适性。

独特的座椅设计：V6 版的座椅可通过中部的垂直肋形设计加以区分。V6 座椅设计优雅而传统，而 V8 型的设计则彰显出更为运动与灵巧的一面。

独特的排气管尾管：Quattroporte V6 安装了 4 个椭圆形抛光不锈钢排气管尾管。这是 V6 Quattroporte 和 V8 款之间仅有的明显外观区分特点。

独特的制动系统：V6 款采用了独特的制动系统：306kW 版本为前轮 6 活塞卡钳，配备 360mm 双材料铸造制动盘；后轮 4 活塞卡钳，配备 350mm 铸铁制动盘。246kW 版本为前轮 4 卡钳，配备 345mm 制动盘；后轮 2 活塞卡钳，配备 320mm 制动盘。

高度舒适与豪华水平：新款 Quattroporte V6 与 V8 旗舰版一样风格独特，豪华舒适。全细粒面皮革内饰、带后中央控制台的 4 座椅配置、后排座椅娱乐系统、四区空调系统、Bowers & Wilkins 高级音响系统和诸多其他舒适性功能同样可为 V6 版提供。除椭圆形排气管尾管外，两种版本间的显著差异可通过发动机罩下方的布局加以区分。

48.3cm（19 英寸）轮辋：48.3cm（19 英寸）Tritone 设计轮辋为所有 V6 版的标配。50.8~53.3cm（20~21 英寸）为选装。

3. 发动机罩下方视图（图1-33）

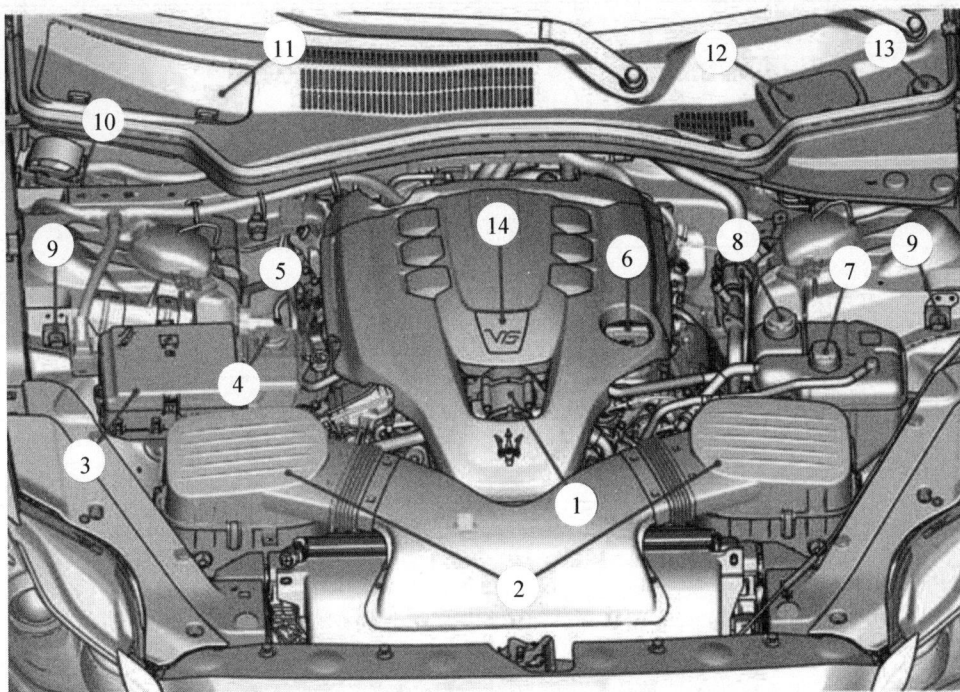

1—V6发动机单个节气门　2—易拆卸型空气滤清器　3—内置保险丝和继电器的前部配电中心（PDC）　4—动力转向液储液罐　5—机油尺　6—机油加注口塞　7—主冷却液回路储液罐（发动机冷却）　8—辅助冷却液回路储液罐（变速器和动力转向系统冷却）　9—用于Skyhook主动式减震控制系统的车身加速度传感器（为所有车辆标配）　10—新一代Motronic MED17 ECM　11—空调滤清器盖　12—制动液油壶检修盖　13—风挡玻璃清洗液加注塞　14—蓝色V6标志

图1-33

三、概述

1. 车型信息（表1-4）

表1-4

车型类别	M156
设计师	玛莎拉蒂设计中心，Lorenzo Ramacciotti领导设计
车辆类型	4门轿车、5座（带选配型后中央控制台的4座椅配置）
车辆细分市场	G
V6发动机代码（设计）	F160AM（306kW RWD） F160AN（306kW AWD） F160AO（246kW RWD）
V6发动机代码（认证）	M156B（306kW） M156C（246kW）
车型发布	底特律北美国际汽车展览会（NAIAS）——2013年1月
开始生产	2013年3月
生产地点	意大利都灵
开始销售	2013年6月（欧洲左舵、中国），2013年7月（欧洲右舵、美国），2013年8月（中东），2013年9月（日本）

21

2. 市场技术参数和排放标准（表 1-5）

表 1-5

市场技术参数	国家及地区
EU	欧洲（英国除外）、土耳其、俄罗斯、以色列、黎巴嫩、中国台湾省、突尼斯、阿尔及利亚、摩洛哥、约旦、阿塞拜疆、伊朗、叙利亚、阿根廷、智利、玻利维亚、哥伦比亚、厄瓜多尔、秘鲁、菲律宾、巴西、委内瑞拉
英国（UK）	英国、中国香港、新加坡、泰国、马来西亚、印度尼西亚、南非
美国/加拿大	美国、加拿大、墨西哥、波多黎各、委内瑞拉、韩国
澳大利亚	澳大利亚、新西兰
日本左舵驾驶（LHD）	日本
日本右舵驾驶（RHD）	日本
中东	沙特阿拉伯、阿曼、卡塔尔、巴林、科威特、埃及、阿联酋
中国	中国
印度	印度、巴基斯坦

3. VIN 码和识别牌位置

（1）车辆识别号码。

VIN 冲压在右侧前部地板区域内车架横梁上，打开地毯上的塑料盖可看到此号码，如图 1-34 所示。

图 1-34

也可从外面透过风挡玻璃在仪表板的左前角看到 VIN 号码，如图 1-35 所示。

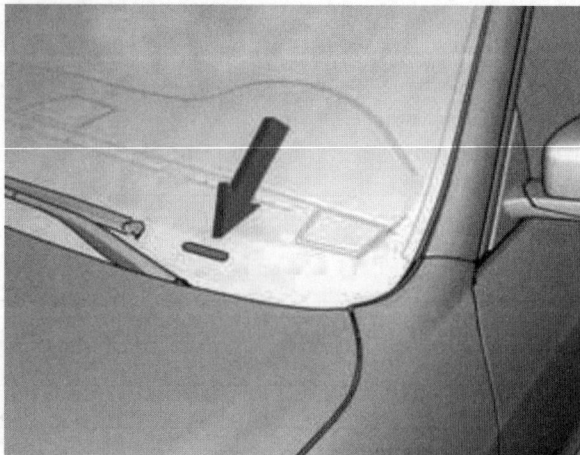

图 1-35

（2）车辆识别铭牌。

22

C柱上的胶粘标签显示有下列信息（图1－36）。

制造商名称；

认可编号；

VIN；

最大允许重量（总/前/后）；

发动机类型；

车辆版本代码；

装配编号（N°表示备件）。

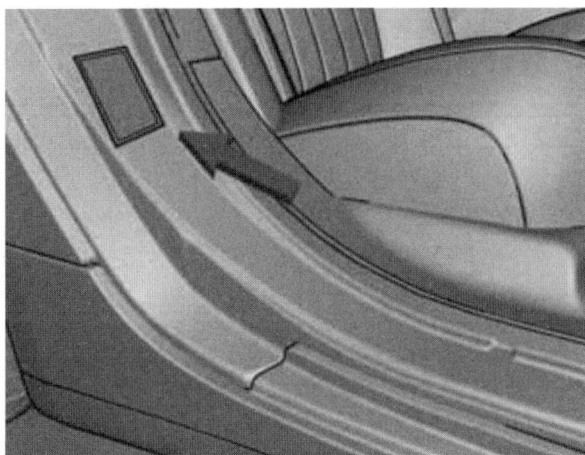

图1－36

（3）油漆识别代码。

在发动机舱盖下面张贴了一张带有油漆代码的胶粘标签，如图1－37所示。

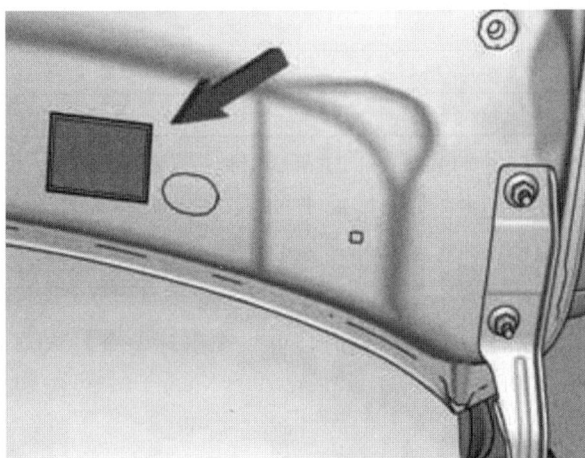

图1－37

4. VIN 编码系统

车辆识别码（VIN）由17位字符组成，始终位于两个星号之间，如图1－38所示。各部分说明如表1－6所示。

ZAMXX56XXX1000001

1　2 3 4 5 6 7 8　9

图1－38

表 1-6

部分	说明	备注
1	制造厂分配识别代码	ZAM＝玛莎拉蒂
2	发动机类型	P＝ V8 twin turbo 395kW R＝ V6 twin turbo 306kW S＝ V6 twin turbo 246kW
3	防护系统、变速器	P＝前：带卷收器和双预紧器的三点式手动安全带，外加驾驶员和乘客高级安全气囊和头部气囊。后：带卷收器和预紧器的三点式手动安全带。中间座椅三点式手动安全带（如配备）。后轮驱动车辆。 R＝上述防护系统。全轮驱动车辆
4	车型类别	56＝Quattroporte M156
5	版本	A＝美国/加拿大 B＝欧洲 C＝英国、日本（右舵驾驶）、印度 D＝澳大利亚 E＝中国 F＝中东 J＝日本（左舵驾驶）
6	检验数*	VIN 检验数代码
7	车型年款（MY）**	2001＝1，2002＝2，2003＝3，2004＝4，2005＝5，2006＝6，2007＝7，2008＝8，2009＝9，2010＝A，2011＝B，2012＝C，2013＝D，2014＝E，2015＝F，2016＝G，2017＝H，2018＝J，2019＝K，2020＝L
8	总装工厂	1＝OMG
9	生产顺序号	6 位顺序号

＊：仅用于美国/加拿大、中东、中国车辆版本和韩国市场。对于其他版本/市场，此位字符为 0。

＊＊：仅可用于美国/加拿大、中东、中国车辆版本和韩国、巴西、智利和阿根廷市场。对于其他版本/市场，此位字符为 0。

5. 牵引、举升与顶升

（1）车辆牵引。

车辆配备了拧入式牵引环。在需要牵引车辆时，可将牵引环完全拧入牵引环固定点内。在牵引车辆时，确保满足以下条件。

发动机关闭；

点火开关位于"RUN"；

EPB 分离；

变速器位于"N"（空挡）且驻车制动器分离。

注意：如果在前轮被举升离地的情况下牵引车辆，始终检查是否存在 ESC 模块故障码，必要时将其删除。牵引环固定点由箭头提示，如图 1-39 所示。

车辆牵引不得超过 50km 最大距离和 50km/h 最高车速。不建议在前轮离地时牵引 AWD 车辆。由于润滑不良会导致分动箱受损，应将车辆放置在装载平台或在所有 4 个车轮位于地

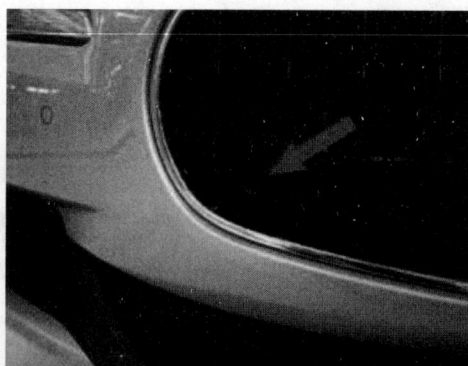

图 1-39

面时牵引。如果没有其他替代牵引方式，可以该方式牵引，但必须严格遵守最大距离和最高车速限制。

（2）举升和顶升车辆。

专用硬质塑料举升点固定在车架纵梁的前部和后部，如图1—40所示。仅可在这些点位举升或顶升车辆。

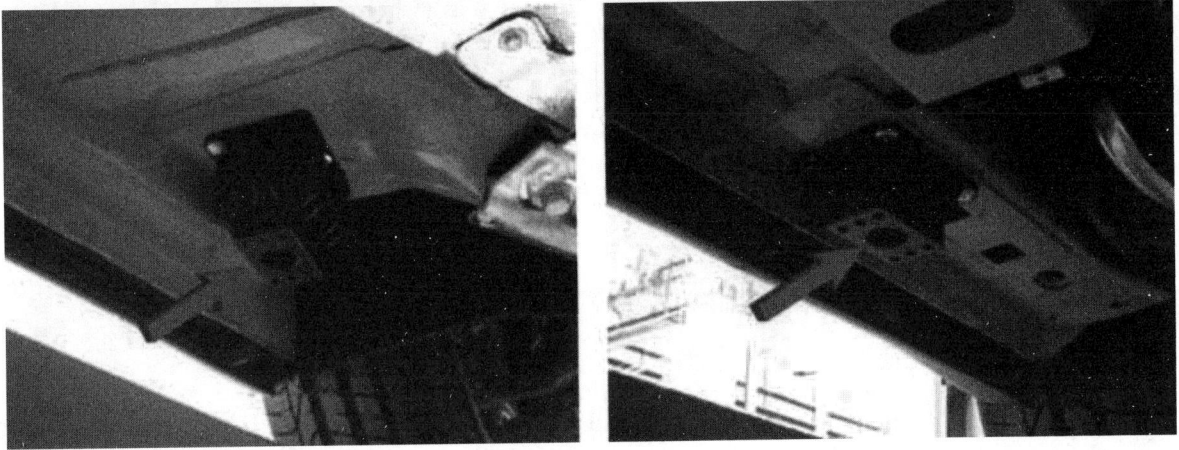

图1—40

6. 紧急开启与释放功能

以下操作可在蓄电池电量耗尽或出现系统故障时手动执行。

（1）使用应急钥匙开启驾驶员车门。

使用遥控钥匙内的机械应急钥匙可开启驾驶员车门。

注意：如果车辆警报系统位于警戒状态，当通过机械方式开启驾驶员车门时会触发警报器。

警报器仅可通过以下方式关闭：

车辆识别到有效遥控钥匙；

使用备用程序开启点火开关或启动发动机；

使用MD进入遥控钥匙编程程序。

可将应急钥匙从遥控钥匙内拔出，如图1—41所示。

（2）加油口盖开启。

加油口盖可通过拉动位于行李舱左侧盖板后方的红色拉索手动开启，如图1—42所示。

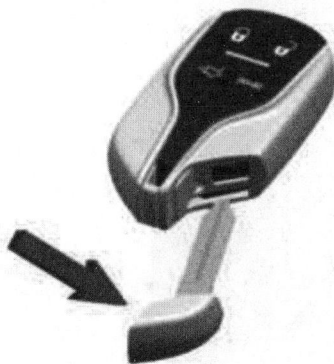

图1—41

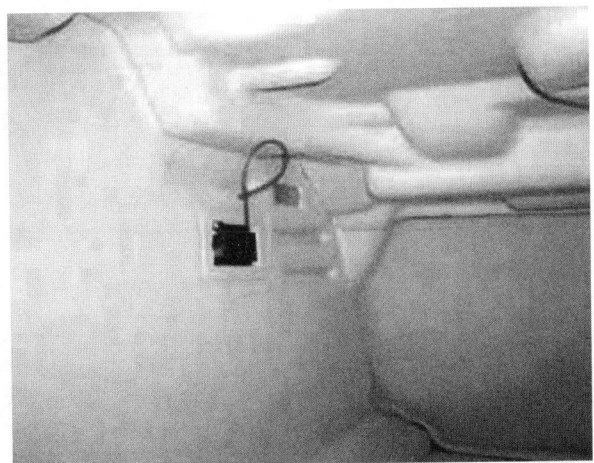

图1—42

（3）手动燃油加注。

如果需要手动从油桶内加注燃油，必须使用专用漏斗。由于采用无盖式燃油加油口，所以才需要使用专用漏斗。漏斗随附在车辆上，位于行李舱地板下面区域内，如图1-43所示。

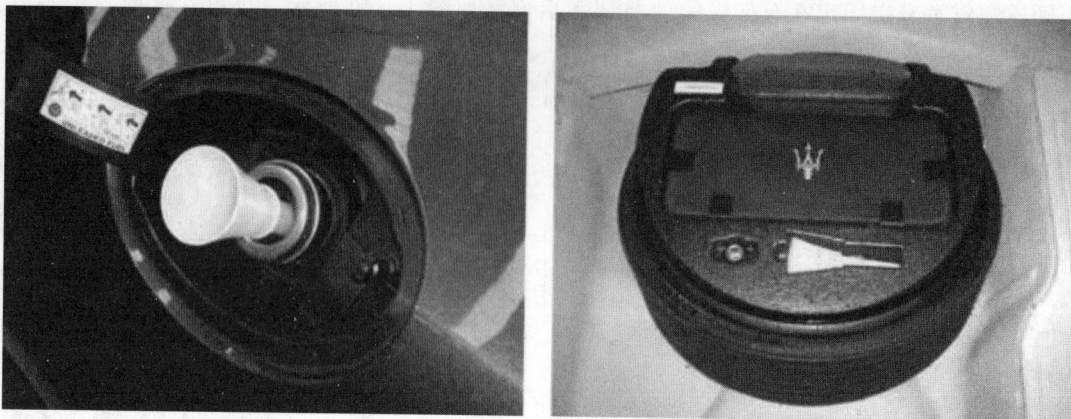

图1-43

（4）手动释放EPB。

可借助紧急工具包内的专用工具手动释放电子驻车制动器（EPB）。必须拆下行李箱地板内的盖板，才能够到EPB，如图1-44所示。注意：在手动释放后，必须使用MD测试仪对EPB重新校准。

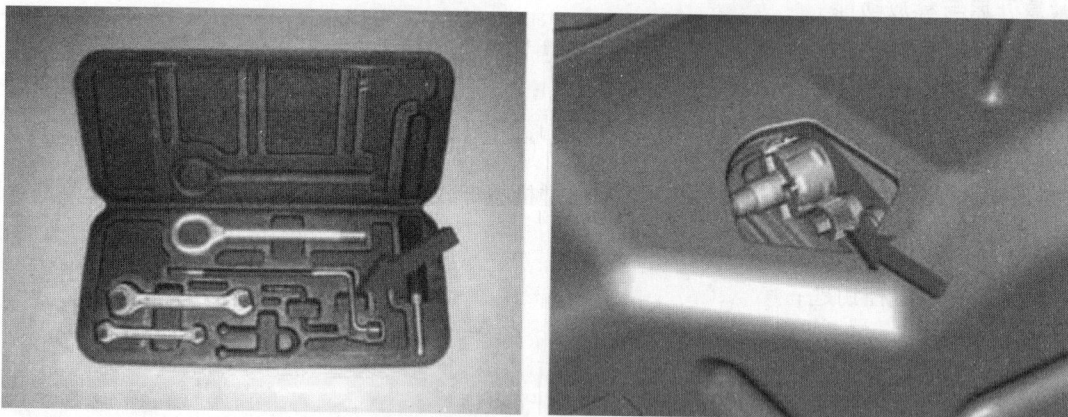

图1-44

（5）变速器空挡位置。

变速器可通过紧急释放拉索及操纵杆手动置于空挡位置。它可通过拆下前部地板区域内左侧的盖够到。拉动红色拉索，操作操纵杆。用于变速器驻车锁止的手动释放拉索，如图1-45所示。

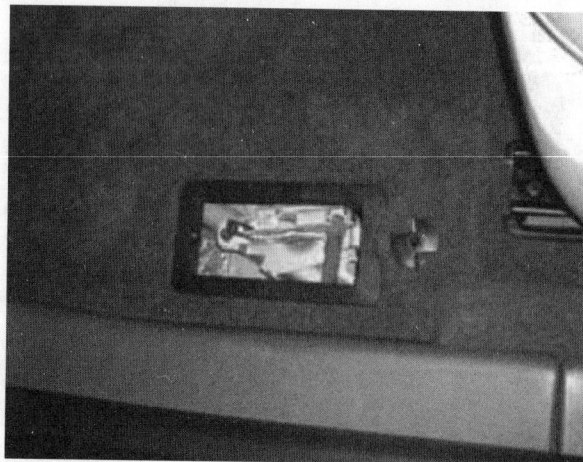

图1-45

第三节　吉博力

新款 Ghibli（车型代码：M157）为第二款采用首先引入 M156 Quattroporte 的全新车辆构架的车辆。Ghibli 基于 Quattroporte 平台打造，但轴距缩短 173mm。除了在两款车型间众多显著的技术相似性外，新款 Ghibli 还具备超然于 Quattroporte 之外的独特驾驶体验和特性。5.26m 的车长使 Quattroporte 卓立于当前豪华轿车领域的顶端。Ghibli 的长度仅略低于 5m，位于高端 E－segment 轿车系列。对比 Quattroporte，其更加以驾驶员为核心，以及配置更趋于运动型。新款 Ghibli 在玛莎拉蒂随后数年的宏伟增长计划中扮演着重要的角色。Ghibli 配备 V6 发动机（全涡轮增压和燃油直喷），并包括一款全新柴油发动机。这是玛莎拉蒂历史上首次采用柴油发动机。与 Quattroporte 相同，所有 Ghibli 车辆均配备了 8 速自动变速器，同时适用于后轮驱动和全轮驱动配置。

一、车辆纵览

1. 理念

现在即可每天享受到高级豪华轿车带来的乐趣与激情：新款玛莎拉蒂 Ghibli 集潮流、运动性和舒适性于一身，为日常驾驶带来了动感体验。在设计车辆时，玛莎拉蒂吸收了其在生产顶级 GT 车辆的所有经验，并赋予了驾驶动感和舒适水平。种种一切最终打造出了这部独特、耀眼和卓越的轿车，如图 1－46 所示。车辆的优雅和动感神韵通过受玛莎拉蒂传统强烈激发的车身外形和鲜明的廓线而展露无遗。宽敞的极简抽象内饰点缀以精选材料，使 Ghibli 卓立于其他同级车辆之外。

图 1－46

2. 车型定位

Ghibli 代表了设计、性能和舒适性的绚烂组合。该车型沿用了玛莎拉蒂在 Quattroporte 系列中的经验，为在主流 E－segment 竞争对手中的不二选择。新款 Ghibli 结合了独特的驾驶体验、与众不同的魅力和鲜明的意大利风格。一款同时适合商务和休闲的车辆，并能为日常用途赋予独一无二的驾驶体验。Ghibli 的产品理念在以下方面与 Quattroporte 互补。

（1）增强的运动特性。

外部：强调运动性的设计（雕刻型 coupe 风格和猫眼仿形前照灯）。

内部：带双色皮革的双控制台式仪表板营造出运动氛围。

敏捷性：更轻的车身和更紧凑的外形。

操纵性：以运动为核心的悬架/转向调教。

（2）更多合理选择。

更低的燃油消耗。

更合理的价格定位。

更灵活的操纵性：短轴距和紧凑型车身尺寸。

安全：满足美国和欧洲新车评估测试规定的 5 星标准。

3. 新款 Ghibli 主要特点（图 1-47）

图 1-47

所有版本标配 4 根排气管：所有版本中的 4 根椭圆形抛光钢制排气管突出了 Ghibli 的运动特性。

标配真皮座椅：所有 Ghibli 车型均标配真皮座椅。全真皮内饰和上等 Poltrona Frau 皮革可选配。

可选配全轮驱动版本：与 306kW（410hp）发动机配套，智能主动 Q4 系统为玛莎拉蒂首款专有全轮驱动系统。该系统体积紧凑、重量轻，可在全天候条件下优化发动机牵引力、扭矩及驾驶舒适性。

顶级性能：最高 284km/h 车速和约 5s 的 0～100km/h 加速时间（视版本而定）使 Ghibli 的驾驶性能超然于同级车辆之上。就加速性能和最高车速而言，Ghibli S 车型通常可击败 V8 竞争对手。

标配氙气大灯：双氙气大灯和 LED 尾灯为所有 Ghibli 车型标配。同样可选装全自适应 AFS 前照灯。

全新 V6 双涡轮增压发动机：如同新款 Quattroporte，新款 Ghibli 采用了一系列全新双涡轮增压 V6 发动机。由玛莎拉蒂动力系统部门设计和法拉利制造的全新 V6 发动机系列代表了发动机设计领域的最高水平。

8 速自动变速器：所有 Ghibli 车型均标配来自 ZF 的高级 8 速自动变速器。

完美的重量分布：50％前－50％后（Ghibli S Q4 为 51％前－49％后）为理想的重量分布，可给予 Ghibli 中性和平衡的操纵特性。

同级别最长：4971mm 的车长使 Ghibli 达到同级车辆的最长水平。

限滑差速器：机械限滑差速器（玛莎拉蒂车辆的主要特性）为所有 Ghibli 车型的标准配置。

如同新款 Quattroporte，Ghibli 车型由都灵附近的新建 OMG 工厂生产。尽管生产数量在满足玛莎拉蒂标准的条件下大量增加，然而车辆总装仍然主要依靠人工。

4. 外饰

由简洁线条勾勒的雕塑型外形和清晰体积极具动感。Ghibli 的炫目设计如同在 1967 年发布的首款 Ghibli，着重强调了动感魅力，并以其强烈的个性而令人倾倒。前部由凹面格栅所占据，其设计灵感来源于 GranTurismo 和前代玛莎拉蒂跑车（诸如 A6 GCS）。其带可变截面的亚黑色调与缎面镀铬围框和中央三叉戟标志相映生辉。格栅的设计由前翼流动感而突出，着重强调了发动机舱盖的外形特点，并在前部延伸入前照灯围框。前照灯与格栅中部的三叉戟标志汇聚。在 Ghibli 上，极具特色的三叉戟标志插件强化了后侧立柱，如同在 1963 年初见 Quattroporte。侧面轮廓由腰线所界定，其从前部独特的侧通风口起贯穿整个车长，并在后翼上方结束，强调和界定了车辆的外形和强度。虽然新款 Ghibli 的设计结合了最强的运动性和 E 级车优雅的外观，但其轴距和车长均位列同级车型的顶端。

（1）外部涂装。

Ghibli 可提供 13 种外部涂装色（5 种为全新颜色）和 5 种不同的油漆类型：纯色、金属、半透明金属、云母和珍珠。

（2）照明和可见度。

Ghibli 在外形上的瞩目，部分上也得益于采用的双氙气大灯和 LED 技术。前照明系统可选配 AFS（自适应前照明系统），由于可自动调节前照灯光束，因此 AFS 可适应各种路况（城市光线，动态折射光，公路、城镇和恶劣天气光线）提供高效安全的视野。

前照灯单元包括如下部件。

同样可用作前位置灯的 LED 日间行车灯，这就确保了车辆在日间和夜间行驶时具有极高的识别度；

选配 AFS 双氙气大灯可更好地管理光束；

与保险杠一体的高压头灯清洗器喷嘴；

4 个 LED 转向指示灯；

LED 示廓灯；

与前照灯体集成的反射器。

此外，Ghibli 的前照灯可借助安装在后视镜支架上的摄像头提供专用于公路行驶的光束控制系统，该系统可自动将光束深度最大化，而无须使用手动激活远光。

（3）LED 日间行车灯。

LED 日间行车灯（DRL）设计提供最大亮度和优雅醒目的风格。由于其亮度水平，日间行车灯可在日间和夜间使车辆前部释放出空前的运动和高雅气息；灯光呈现出的独特白色营造了一种恒定、简洁的灯光视觉效果。除具有日间行车灯功能外，该系统还可设置为驻车灯。在日间行驶时，如果远光/近光关闭，DRL 会以最大亮度开启；在远光/近光开启时，DRL 会以低功率运行，但仍然非常醒目。当激活转向指示灯时，DRL 会维持开启，但亮度变暗。

（4）LED 尾灯。

LED 尾灯同样采用了高度创新技术；它不仅可提供良好的可见度，还有助于确定同级车型的外形风格，如图 1—48 所示。

图 1—48

（5）轻合金轮辋。

Ghibli 的合金车轮不仅具备重量轻和运动性强等特点，还借助与轮辐完美融合的三叉戟设计反映出玛莎拉蒂的设计语言，如图1—49所示。45.7/48.3/50.8cm（18/19/20英寸）轮辋采用流动成型技术生产而成，从而降低了核心厚度和重量，而不影响刚度和强度。45.7cm（18英寸）轮辋（Ghibli 标配）采用12辐设计，确保了动态效果。在 Ghibli 和 Ghibli 柴油机版中，前后轮的尺寸相同。48.3cm（19英寸）轮辋采用15辐设计，增添了时尚性和优雅气质，并增强了 Ghibli 的操纵性。Poseidone 和 Proteo 两种不同风格的轮毂可满足不同用户的品位。这两款钢圈均属于前后轮胎尺寸不同的设置。50.8cm（20英寸）轮辋以单一的风格专为完美匹配运动和舒适性而设计。抛光版为选配。该钢圈同样为前后胎不同的尺寸设置。53.3cm（21英寸）轮辋融合了重量轻、款式新颖和高性能的特点。其金属亚黑涂装色形似液态金属，无明显颗粒感。与小尺寸轮辋不同，53.3cm（21英寸）轮辋在开发时采用了锻造技术。高科技解决方案的引用将重量轻和高强度特点最大化，而53.3cm（21英寸）轮辋的重量的确与50.8cm（20英寸）轮辋不相上下。就车辆操纵性而言，其优势显而易见。低扁平率轮胎和低簧下质量有助于改善悬架的性能和附着力。所有尺寸轮辋均可安装倍耐力（Pirelli）和马牌（Continental）轮胎。48.3cm 和 50.8cm（19英寸和20英寸）轮辋可安装邓禄普（Dunlop）轮胎。

图1—49

图1—50

（6）制动钳：固定式 & 着色。

玛莎拉蒂 Ghibli 的制动钳具有独特的风格元素。Ghibli S／Ghibli S Q4 版本以经典黑作为标配，并可选配运动亮红、优雅深蓝、动态银或抛光铝（随后可供）。

5. 内饰

Ghibli 融合了醒目的外观和典型的意大利风格，并具备卓越的舒适水平，如图1—50所示。长轴距为乘客提供了在轿跑车级中最宽敞的车内空间之一，而不影响车辆的时髦设计。强调座椅性能：借助弧线外形，提升了内饰运动感，并提供了顶级舒适度。软质真皮内饰具备天然颗粒和奢华触感，其同样用在了仪表板和车门上，而在光滑面上所采用的原始双色调组合使内饰更具运动感和美感，如图1—51所示。更无须提及其作为传统手工艺象征的精美缝线。

仪表板的流畅线条营造出一种独特的奢华气息：两侧面板在中部汇聚，并穿经顶部，同时装点了带蓝色表面和铝制精组件的传统玛莎拉蒂时钟。在中部，21.3cm（8.4英寸）玛莎拉蒂触摸屏可操作多个车载设备，驾驶模式等操作可通过换挡杆旁的按键进行操作。根据需要，可选择 Bowers & Wilkins 高级 HiFi 系统，以确保无与伦比的音响效果。该系统的15个扬声器分布在仪表板、车门和后置物架上，并具有一个1280W 功放，因此就车内娱乐性而言，设定了新的标准。对音源布局和 QuantumLogic™ 环绕声系统配置的深入研究实现了前所未见的车内逼真音响水平。

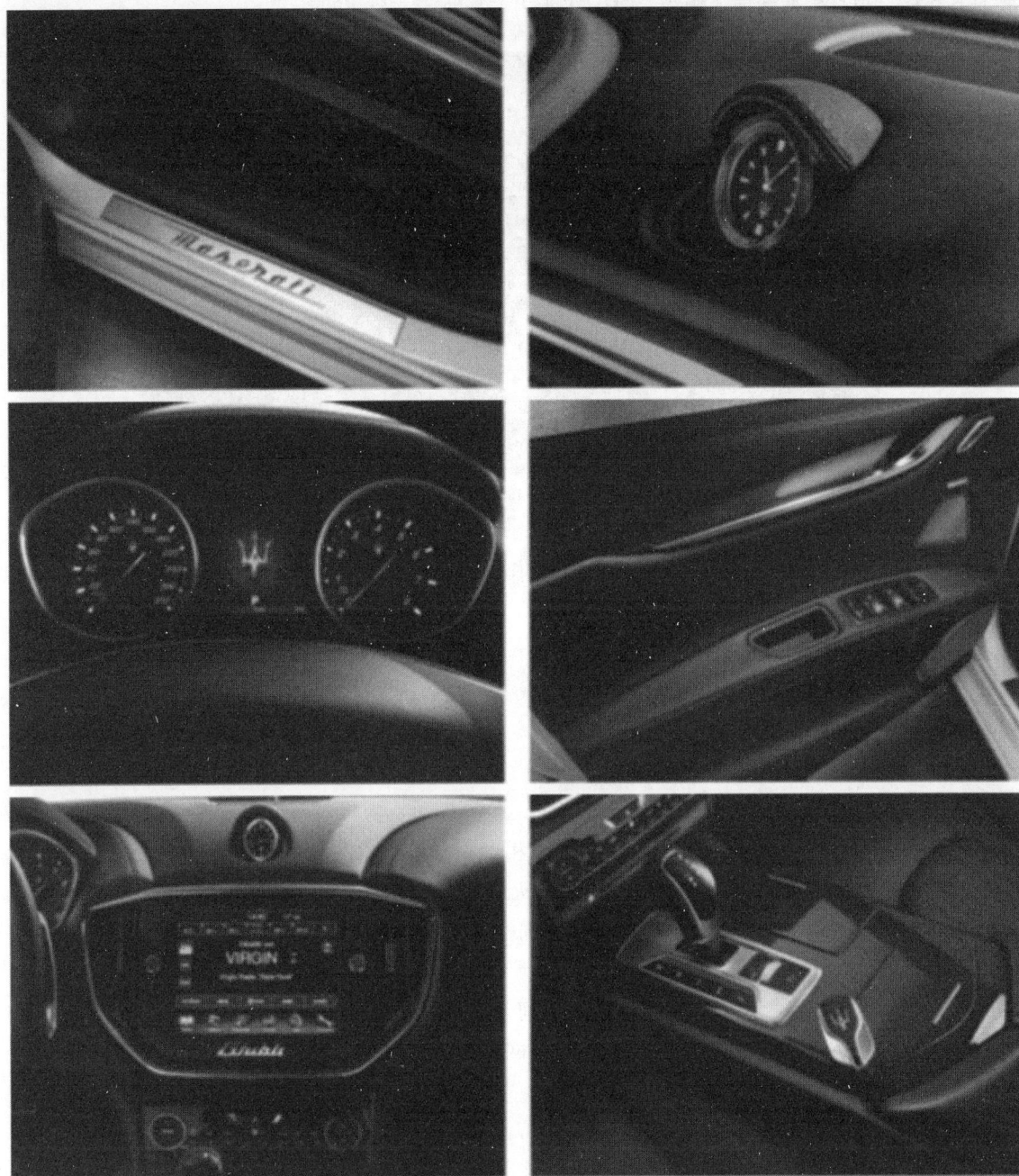

图 1-51

（1）内饰设计、颜色和个性化。

Ghibli 内饰设计的独特性不仅因标配真皮座椅而强化，还因采用了双色皮革覆层仪表板。总共可提供 19 种内饰颜色组合，其数量今后还会增加。为使 Ghibli 更为出众，还可选择全真皮内饰和 Poltrona Frau 高级精细真皮内饰。全精细 Poltrona Frau 皮革的选择开启了额外颜色组合，例如红色仪表板垫和仪表罩、车门扶手和座椅。全精细 Poltrona Frau 皮革强调了内饰的独特性并融合了柔软度和强度，而其天然质地给予了极佳的触感。该皮革设计就原材料质量和传统处理工艺的使用而言，为意大利手工艺的缩影。如果选装了前排座椅通风功能，皮革会带有穿孔。仪表板顶部可以皮革覆面。中控台的顶部可整体以天然薄木片或碳纤维覆盖，从而强调出 Ghibli 的豪华度；同样的元素还可用在前后门饰板上，如图 1-52 所示。另一个传统的玛莎拉蒂特征是带蓝色表盘和白色背光的模拟时钟，时钟带有铝制点缀物和镀铬围框，位于仪表板中部。采用柔软面料（Guilford）的车厢顶棚同样可采用 Alcantara（与天窗配套）。Alcantara

31

还包覆了上立柱、顶灯围框和前遮阳板，进一步为内饰增添了文雅气息。

图 1-52

（2）车厢内饰。

位于中控台和前后门饰板上的标准饰板可以豪华饰板替换。在两款 Ghibli S 版本（和所有 RHD 版）中，标准饰件为 Radica（Ash Burl Dark 开孔木）。

用户可在传统或现代色系之间选择。

双开孔：Radica（Dark Ash Burl，Rovere Chiaro）。

漆木：Ebano（高亮光黑檀木）。

碳纤维表面处理：Carbonio（高亮光碳纤维）。

亚光面开孔木可赋予浓郁的天然触感：Radica（Ash Burl）为带有深色纹理的天然棕色木材。亮面 Rovere 的特点在于采用了暖色调，并与整体饰木交相辉映。黑檀木与传动和运动色调相得益彰。此为一种具有水平结构概念的木材，将深色木料与其他如火的暖色相结合。该特有木材在经过喷漆工艺后具有鲜明的动感和现代感。作为该木材的代替，Ghibli 同样可配备亮光碳纤维饰件。

（3）行李舱。

Ghibli 的行李舱设计可提供大而完全实用的空间（500L）。借助常规外形，可轻易容纳大件行李。行李舱还配备了 12V 电源插座、用于装小件物品的侧网、用于悬挂网袋的镀铬环眼和一个内部照明灯。载物台下方是存放备胎和附件设备的空间。

6. 技术

Ghibli 的机械部件为深度研究成果，旨在重铸该品牌 GT 车辆的典型行驶动感，并为动力澎湃的发动机辅以贯穿整车的创新性工程解决方案。从车架到变速器，直到悬架和制动钳，每个部件在传递无与伦比的舒适性和性能组合方面均扮演着重要角色，而仅在驾驶玛莎拉蒂车辆时才能享受到该体验。

（1）V6 发动机。

Ghibli 由创新性 3L 双涡轮增压 V6 发动机提供动力，由玛莎拉蒂动力系统工程师设计和在马拉内罗的法拉利工厂制造，该款发动机作为高效率装置，在实现更低的油耗和排放基础上仍然可传递极佳的运动性能。峰值扭矩和动力值极为出色，该款发动机能够为 Ghibli 输出 246kW（330hp）、为 Ghibli S 车型输出 306kW（410hp）。在驾驶员按下中控台上的 Sport 按钮激活超增压功能时，可自 1750r/min 发动机转速起提供强劲的 500N·m 扭矩（Ghibli S 车型为 550N·m）。

借助铝合金曲轴箱和汽缸盖，Ghibli 的 6 缸发动机同样极度紧凑和重量轻，可确保更好的操纵性。安装在 Ghibli S 车型上更为强劲的单元专门设计了曲轴和喷油器，并结合了不同发动机特性曲线。这些改进可进一步提高性能，增强车辆的灵活性，而不影响燃油经济性。其他改进功能包括涡轮增压系统：其采用的两个中冷器以离主散热器相同的距离安装在下游位置，从而确保了恒定的新鲜气流。

（2）变速器。

新型 8 速 ZF 自动变速器（与发动机为一体安装在前部）重量轻、性能卓越及换挡精确，并由自适应软件控制，能够识别驾驶风格和道路条件，因此能自适应换挡模块。总共有 5 种运行模式（使用换挡杆旁的按钮即可选择）：自动正常、自动运动、手动正常、手动运动和 I. C. E.（增强型控制和效率模式）。

（3）全轮驱动。

玛莎拉蒂在设计全新 Ghibli 时的目的即为向每日在所有条件下使用车辆的用户提供独特的体验。Ghibli S Q4 通过采用创新型 "on demand" 全轮驱动系统充分满足了这些标准，并能融合顶级驾驶乐趣和在所有路面下的绝对安全性。Q4 系统结构紧凑、重量轻、效率高且由电子控制，并因采用了可处理大量车辆动态参数的专用算法，从而可持续改变 4 轮的驱动扭矩的分配。正常情况下，后轮驱动系统负责将 V6 的动力传递至路面，但如果路面打滑或后桥失去附着力，系统会瞬间（在 150ms 内）将必要驱动力传递至前轮，直到前后桥之间的扭矩得到均匀分配。

（4）底盘。

Ghibli 继承了玛莎拉蒂的一贯传统，以管理操纵性作为根本任务，而着力引进了极为先进的悬架系统。高位排列的双横臂前悬架铝制控制臂可实现更精确的操控，而在后桥采用的 5 臂多连杆系统为舒适性和性能之间的理想折中设计。该悬架可按要求配备最新版的 Skyhook 电子系统，其减震特性基于连续阻尼变量。液压动力转向系统可确保车轮传递极佳的"触感"，并在高速过弯时无任何人为辅助的效果。其专为驾驶乐趣而设计，并在任何时候均轻便流畅，即使在泊车时。在所有情况下的有效性通过全新铝制转向器（专门在前悬架布局的基础上开发）得到了进一步加强。

7. 发动机罩下方视图（图 1-53）

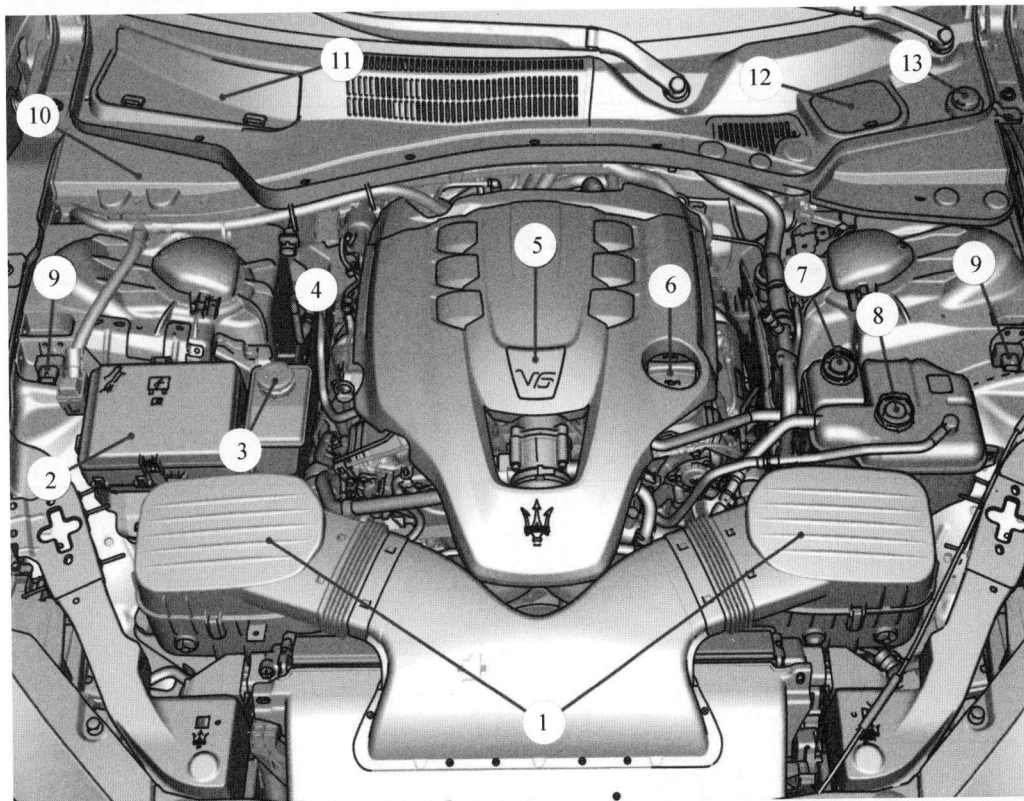

1—易拆卸型空气滤清器　2—内置保险丝和继电器的前部配电中心（PDC）　3—动力转向液储液罐　4—机油尺　5—发动机盖上的 V6 标志（246kW 版为灰色，306kW 版为蓝色）　6—机油加注口塞　7—辅助冷却液回路储液罐（变速器和动力转向系统冷却）　8—主冷却液回路储液罐（发动机冷却）　9—Skyhook 主动减震控制系统（选配）的车身加速度传感器　10—Motronic MED17 ECM 检修盖　11—空调滤清器检修盖　12—制动液储液罐检修盖　13—风挡玻璃清洗液加注塞

图 1-53

二、概述

1. 车型信息 (表 1-7)

表 1-7

车型代码	M157
设计单位	玛莎拉蒂设计中心，Lorenzo Ramacciotti 领导设计
车辆类型	4 门 5 座轿车
车辆细分市场	E
V6 发动机代码（设计）	F160AM（306kW RWD） F160AN（306kW AWD） F160AO（246kW & 261kW RWD）
V6 发动机代码（认可）	M156B（306kW） M156C（246kW） M156D（261kW）
车型发布	上海国际汽车展——2013 年 4 月
开始生产	2013 年 7 月
生产地点	意大利都灵
销售起始日期	2013 年 8 月（欧洲左舵），2013 年 9 月（欧洲右舵、美国、中国），2013 年 10 月（中东），2013 年 11 月（日本），2014 年 2 月（澳大利亚），2014 年 3 月（印度）

2. 技术参数和排放标准 (表 1-8)

表 1-8

市场规格	国家及地区
EU	欧洲（英国除外）、土耳其、俄罗斯、以色列、黎巴嫩、中国台湾省、突尼斯、阿尔及利亚、摩洛哥、约旦、阿塞拜疆、伊朗、叙利亚、阿根廷、智利、玻利维亚、哥伦比亚、厄瓜多尔、秘鲁、菲律宾、巴西、委内瑞拉
UK	英国、中国香港、新加坡、泰国、马来西亚、印度尼西亚、南非
USA/Canada	美国、加拿大、墨西哥、波多黎各、委内瑞拉、韩国
Australia	澳大利亚、新西兰
Japan LHD	日本
Japan RHD	日本
Middle East	沙特阿拉伯、阿曼、卡塔尔、巴林、科威特、埃及、阿联酋
China	中国
India	印度、巴基斯坦

3. VIN 码和识别牌位置

（1）车辆识别码。

VIN 冲压在右侧前部地板区域内车架横梁上，打开地毯上的塑料盖可看到此号码，如图 1-54 所示。

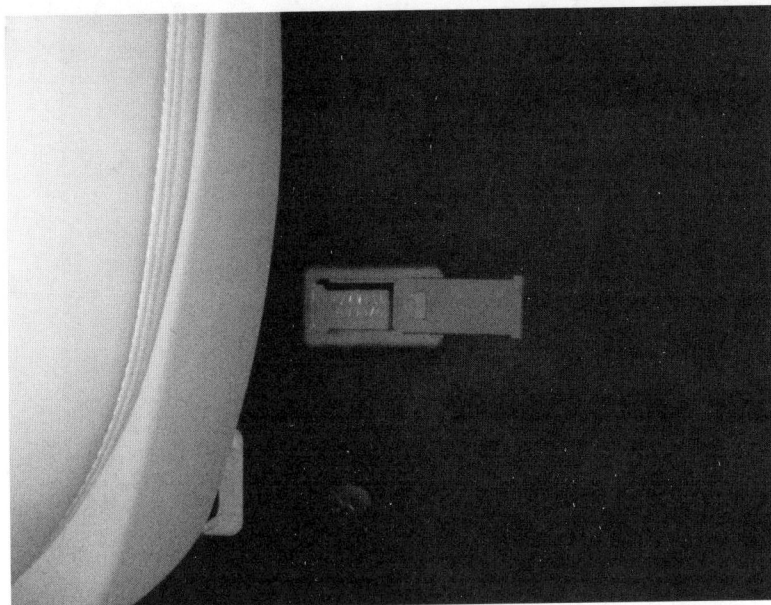

图 1-54

也可以从外面透过风挡玻璃在仪表板的左前角看到此 VIN 码，如图 1-55 所示。

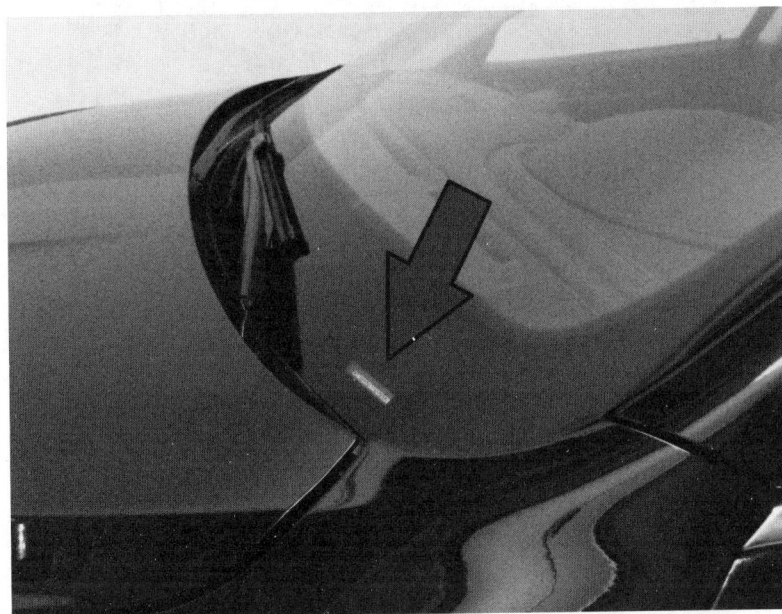

图 1-55

（2）车辆识别铭牌。

粘贴标签位于右后车门立柱上（图 1-56），指示以下详细信息。

制造商名称；

认可编号；

VIN；

最大允许重量（总/前/后）；

发动机类型；

车辆版本代码；

装配编号（N 表示备件）。

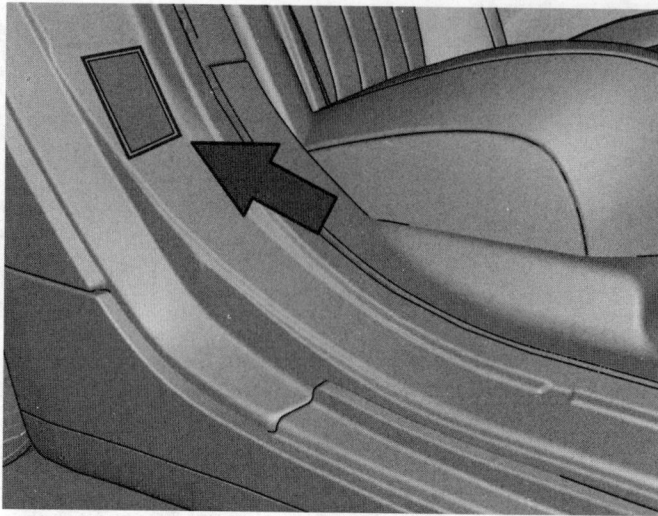

图 1—56

对于美国/加拿大规格车辆，车辆识别标贴位于驾驶员车门立柱上，如图 1—57 所示。

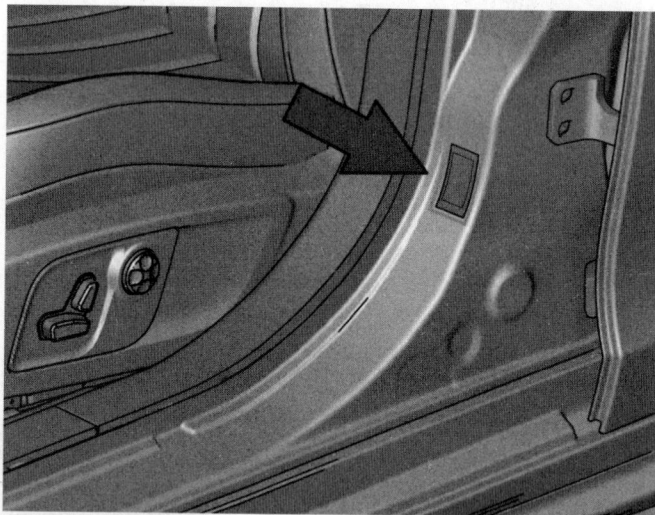

图 1—57

（3）油漆识别代码。

带有油漆识别代码的胶粘标签张贴在发动机舱盖下方，如图 1—58 所示。

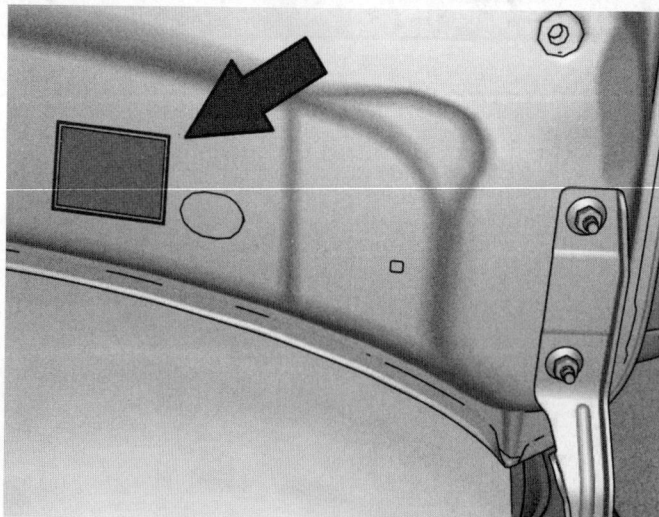

图 1—58

4. VIN 编码系统

车辆识别码（VIN）由 17 位字符组成，始终位于两个星号之间，如图 1—59 所示。部分说明如表 1—9 所示。

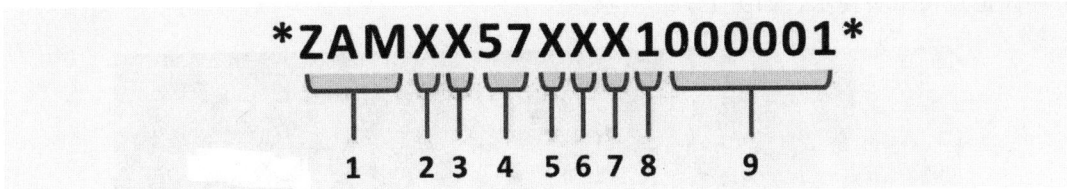

ZAMXX57XXX1000001

图 1—59

表 1—9

部件	说明	备注
1	制造厂分配识别代码	ZAM＝玛莎拉蒂
2	发动机类型	R＝V6 twin turbo 306kW S＝V6 twin turbo 246kW X＝V6 twin turbo 261kW（仅限美国/加拿大规格车辆）
3	防护系统、变速器	S＝前：带卷收器和双预紧器的三点式手动安全带，驾驶员和乘客侧高级安全气囊和头部气囊、驾驶员膝部安全气囊。后：带卷收器的三点式手动安全带。后轮驱动车辆。 T＝上述防护系统。全轮驱动车辆。
4	车型类别	57＝Ghibli M157
5	版本	A＝美国/加拿大 B＝欧洲 C＝英国、日本（右舵驾驶）、印度 D＝澳大利亚 E＝中国 F＝中东 J＝日本（左舵驾驶）
6	检验数*	VIN 检验数代码
7	车型年款（MY）**	2001＝1，2002＝2，2003＝3，2004＝4，2005＝5，2006＝6，2007＝7，2008＝8，2009＝9，2010＝A，2011＝B，2012＝C，2013＝D，2014＝E，2015＝F，2016＝G，2017＝H，2018＝J，2019＝K，2020＝L
8	总装工厂	1＝OMG
9	生产顺序号	6 位顺序号

*：仅用于美国/加拿大、中东、中国车辆版本和韩国市场。对于其他版本/市场，此位字符为"0"。

**：仅可用于美国/加拿大、中东、中国车辆版本和韩国、巴西、智利和阿根廷市场。对于其他版本/市场，此位字符为"0"。注意：对于美国/加拿大规格车辆，VIN 字符 2、3 与 4 位置互换。

5. 牵引、举升和顶升

车辆配备了拧入式牵引环。在需要牵引车辆时，可将牵引环完全拧入牵引环固定点内。在牵引车辆时，确保满足以下条件。

发动机关闭；

点火开关位于"RUN"；

EPB 分离；

变速器位于"N"（空挡）且驻车制动器分离。

注：如果在前轮被举升离地的情况下牵引车辆，始终检查是否存在 ESC 模块故障码，必要时将其删除。

牵引环固定点由箭头提示，如图 1－60 所示。

图 1－60

为避免润滑不足导致变速器损坏，必须将拖车距离限制在 50km 以内，且最大拖车速度不得超过 50km/h。不建议在前轮离地时牵引 AWD 车辆。由于润滑不良会导致分动箱受损。应将车辆放置在装载平台或在所有 4 个车轮位于地面时牵引。如果没有其他替代牵引方式，可以该方式牵引，但必须严格遵守最大距离和最高车速限制。

专用硬质塑料举升点固定在车架纵梁的前部和后部，如图 1－61 所示。仅可在这些点位举升或顶升车辆。

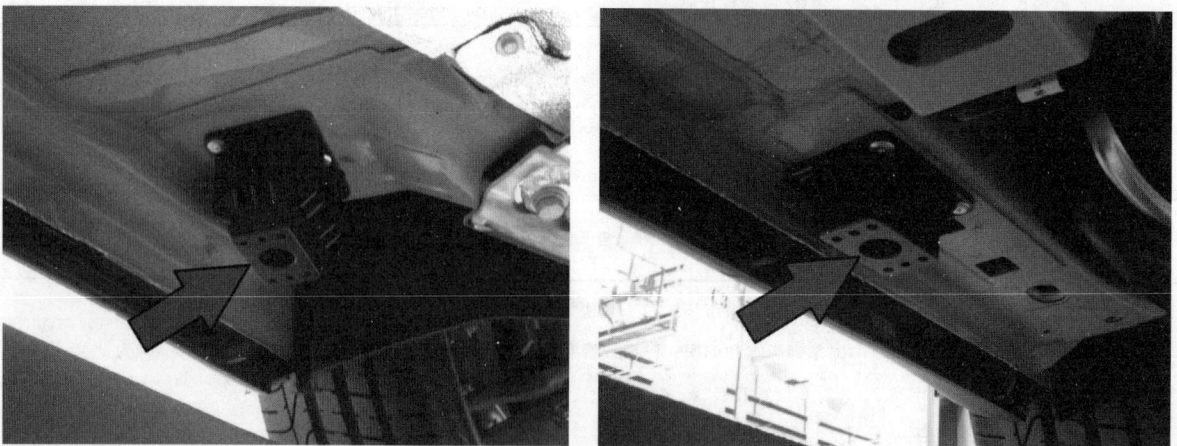

图 1－61

6. 紧急开启与释放功能

以下操作可在蓄电池电量耗尽或出现系统故障时手动执行。

（1）使用应急钥匙开启驾驶员车门。

使用遥控钥匙内的机械应急钥匙可开启驾驶员车门。注：如果车辆警报系统进入警戒状态，则当通过机械方式开启驾驶员车门时报警蜂鸣器将触发。

警报器仅可通过以下方式关闭。

车辆识别到有效遥控钥匙；

使用备用程序开启点火开关或启动发动机；

使用 MD 进入遥控钥匙编程程序。

可将应急钥匙从遥控钥匙内拔出，如图 1－62 所示。

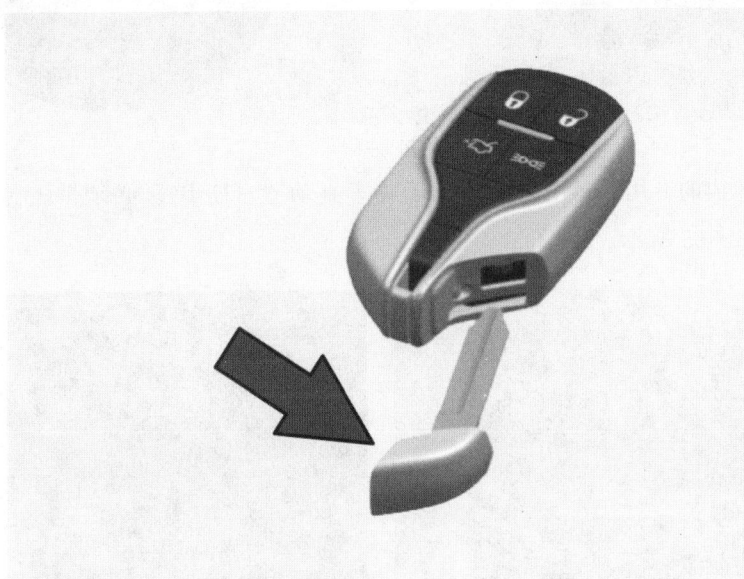

图 1－62

（2）加油口盖开启。

加油口盖可通过拉动位于行李舱左侧盖板后方的拉索手动开启，如图 1－63 所示。

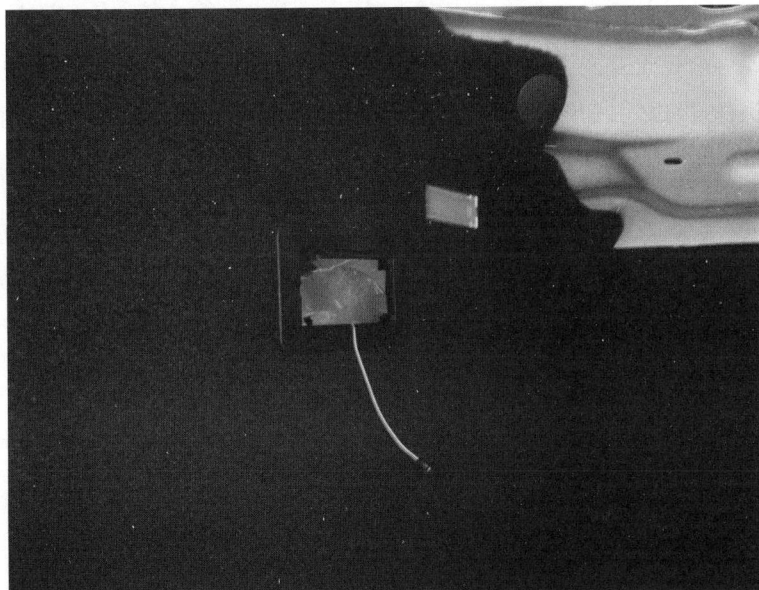

图 1－63

（3）手动燃油加注。

如果需要通过油桶手动加注燃油，必须使用专用漏斗。由于采用无盖式加油口，所以才需要使用专用漏斗，如图 1－64 所示。漏斗随同车辆提供，位于行李舱地板下方区域内。

（4）手动释放 EPB。

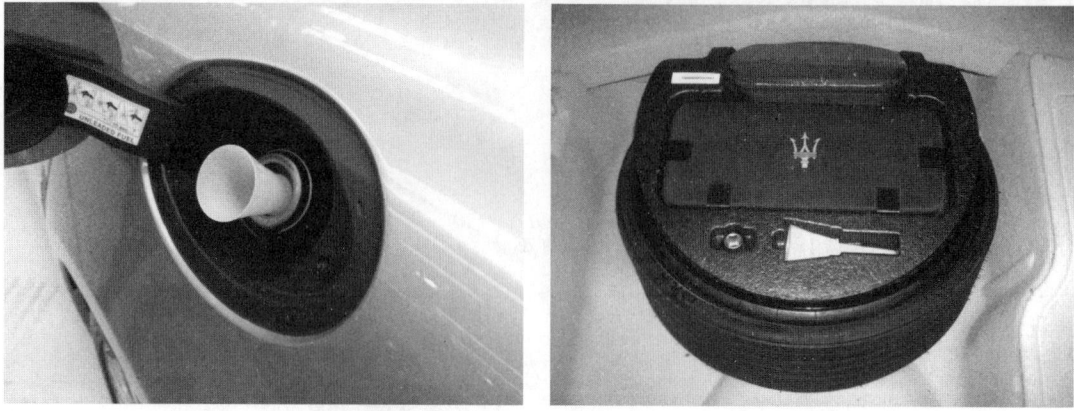

图 1-64

可借助紧急工具包内的专用工具手动释放电子驻车制动器（EPB）。必须拆下行李箱地板内的盖板，才能够到 EPB，如图 1-65 所示。

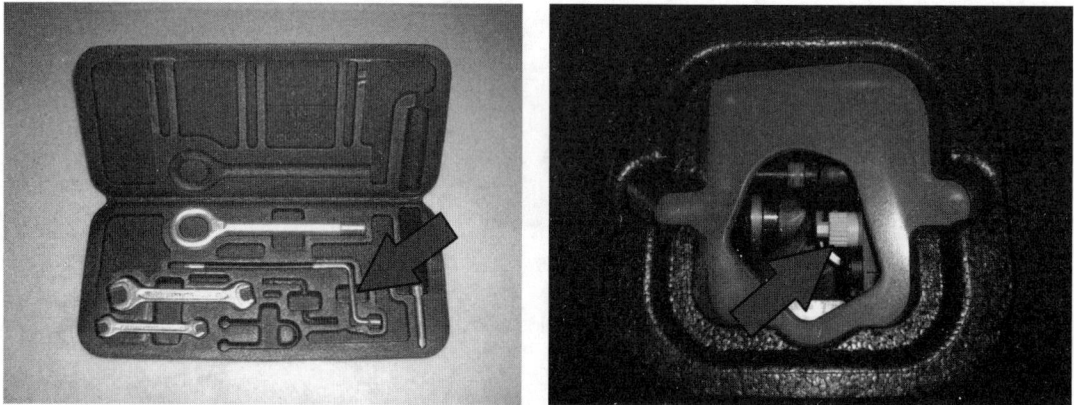

图 1-65

（5）变速器空挡位置。

变速器可通过紧急释放拉索及操纵杆手动置于空挡位置。它可通过拆下前部地板区域内左侧的盖够到。拉动红色拉索，操作操纵杆，如图 1-66 所示。用于变速器驻车锁止的手动释放拉索。

图 1-66

第四节　2016年总裁和吉博力车型技术更新

一、2016年总裁和吉博力轿车进行了升级

2016年Quattroporte和Ghibli轿车进行了如下升级。

全系列的汽油发动机和柴油发动机均符合欧6标准；

启停系统（Start&Stop）现已作为标准配置安装在所有车辆上，从而提高了燃油经济性并减少了CO_2的排放；

所有车辆均采用了AGM电池和交流发电机智能管理；

对仪表板进行了升级；

提供了全新的车轮设计；

为行李箱配备了电动行李箱盖和感应式自动启闭功能；

提供了盲点警报和车尾盲点监测系统；

为驻车辅助系统的驻车传感器提供了音量调节功能；

为Apple设备提供了SIRI智能个人协助；

配备了全新的Harman/Kardon高级音响系统；

配备了升级的Bowers&Wilkins环绕声音响系统（带有Clari-fi功能）；

对隔音效果的改进有效降低了车内噪音；

改进了车门关闭效果；

在头枕上缝制了三叉戟徽标；

Ghibli车型可选用钢琴黑内饰；

可选用Zegna内饰套件。

除非另有专门说明，否则上述所有特点均针对Ghibli和Quattroporte车型系列。

1. 全新车轮设计

Ghibli车型有两种全新的车轮设计可供选择。

48.3cm（19英寸）Apollo轮辋，机器抛光，如图1-67中左图所示。

50.8cm（20英寸）GTS Anthracite锻造轮辋，如图1-67中右图所示。

此外，2016车型年份中对Ghibli S和Ghibli S Q4车型上标准配备的45.7cm（18英寸）Vulcano轮辋采用了新的喷漆处理。

图1-67

Quattroporte 车型采用了两个全新的车轮设计。

48.3cm（19 英寸）Poseidone，作为标准配置安装在配有 V6 发动机的 Quattroporte 车辆上，如图 1—68中左图所示。请注意，Quattroporte 没有沿用 48.3cm（19 英寸）Tritone 和 Apollo 车轮设计。

50.8cm（20 英寸）Urano Diamond 车轮作为标准配置，安装在 Quattroporte GTS 车辆上，如图 1—68 中右图所示。

图 1—68

2. 头枕上缝制的三叉戟标志

在选配了高级（B 款粒面）对比拼接全皮革内饰的车辆上，其前排与后排头枕上均缝制了玛莎拉蒂标志性的三叉戟徽标。独具一格的内饰与对比缝制的徽标相得益彰。共有以下颜色组合可供选择。

黑色皮革上采用红色、棕褐色或灰色缝制徽标。

红色皮革上采用黑色缝制徽标。

3. Ghibli 车型采用了钢琴黑内饰

中控台下部和车门嵌板上的内嵌饰条采用了钢琴黑面漆，这是 2016 年 Ghibli 的新特点之一。钢琴黑色的内嵌饰条与钢琴黑色的方向盘边缘处理浑然一体。高光泽面漆增加了 Ghibli 内饰的运动感和雅致触感。采用了钢琴黑装饰面漆的 Ghibli，如图 1—69 所示。

图 1—69

4. Zegna 内饰套件

我们在 Ermenegildo Zegna 限量系列汽车的基础上，针对 Ghibli 和 Quattroporte 车型设计了独特的内饰套件。这款选配的 Zegna 内饰套件是顶级豪华内饰风格的代表之作，在已有的标准皮革内饰之外，为您提供了高级皮革内饰的新选择。Zegna 内饰套件具有以下特点。

座椅和车门嵌板饰有高级皮革（B 款粒面）和 Zegna 丝绸。

扶手和上部/下部仪表板饰有高级皮革（B 款粒面）。

顶棚和遮阳板饰有 Zegna 丝绸。

采用对比拼接设计，在头枕上缝制了三叉戟徽标。

遮阳板上贴有玛莎拉蒂专用 Ermenegildo Zegna 标签。

车顶支柱采用了 Anthracite 灰色的 Alcantara 装饰。

Zegna 内饰套件共有 3 种颜色组合：

棕褐色/黑色高级皮革/ 深灰色 Zegna 丝绸/ 浅灰色对比拼接。

红色/黑色高级皮革/ 深灰色 Zegna 丝绸/ 浅灰色对比拼接。

黑色/黑色高级皮革/ 深灰色 Zegna 丝绸/ 浅灰色对比拼接。

请注意，使用 Zegna 内饰套件需要搭配 8 向电动可调前排座椅。配有 Zegna 内饰套件（棕褐色皮革）的 Ghibli，如图 1－70 所示。配有 Zegna 内饰套件（红色皮革）的 Quattroporte，如图 1－71 所示。

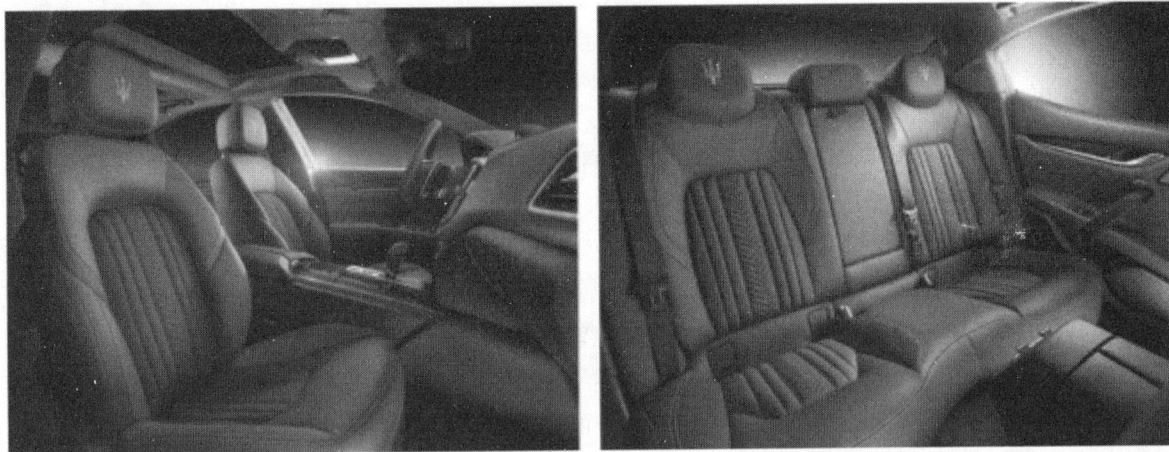

图 1－70

图 1－71

二、一般信息

1. 车辆识别

17 位 VIN 码中的第 10 个数字表示美国/加拿大、中东、中国的车型年份，以及用于韩国、巴西、智利和阿根廷市场的车型年份。F＝2015 车型年份；G＝2016 车型年份。

对于其他所有车辆版本/市场，该字符为"0"，且不代表车型年份。

在所有遵循欧洲排放标准的国家，可查看位于车门框内车辆识别标签上的车型代码，以识别符合欧 6 标准的车辆。如果车型代码中包含字母 W（图 1－72），则表示该车辆符合欧 6 标准。如果不存在字母 W，则车辆符合欧 5 标准。

2. 上市车型

除了现有的 Quattroporte 和 Ghibli 上市车型外，MY16
还增加了以下车型。

针对美国市场的 Ghibli S 和 Quattroporte S（306kW，
RWD）。请注意，MY15 之前（包括 MY15）美国市场的车
型中，306kW 发动机仅可与 AWD 搭配。

针对日本市场的 Ghibli 柴油版和 Quattroporte 柴油版。

专为越南、哥斯达黎加、巴拿马和乌拉圭研发的全新上
市车型。

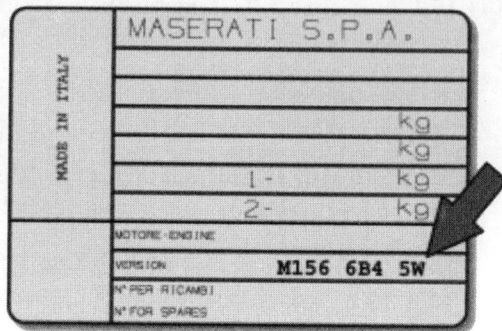

图 1-72

第五节　莱万特

一、概述

新莱万特（车型代码 M161）是玛莎拉蒂生产的首款 SUV，标志着玛莎拉蒂在为所有追求高端豪华车
车主提供更多产品选择和多样性方面迈出了重要一步。在豪华 SUV 细分市场中，莱万特无论在性能、优
雅和舒适性方面都十分出色，令大多数竞争对手望尘莫及。莱万特配备的发动机、变速器和大多数技术
内容与新款 Quattroporte（M156）和 Ghibli（M157）车型相同，而在此基础上还进行了重要的技术更新
和附加。结合柴油发动机的全轮驱动传动系统、带电动驾驶高度控制装置的空气悬架系统、新一代信息
娱乐系统和大型全景天窗。此外，还有许多高级技术更新体现在驾驶辅助领域：基于雷达的自适应巡航
控制、前方碰撞警告和可提供车辆周围 360°实时全景的摄像机系统等。

1. 运动型多用途车

现代运动型多用途车（简称 SUV）的概念很难精准定义。可通过几个共同特征来描述此类车辆的
特点。

越野功能，通常通过全轮驱动变速器系统和增加离地间隙来实现。

车内空间宽敞，能够为 5 个成年人及其行李提供足够空间（相当于一辆旅行车）。

与传统汽车相比，舒适度明显提高，仅在驾驶性能和操作方面稍作妥协。

通常（但不一定）会采用 4 门加 1 个后备箱门的车身造型。

现代 SUV 因其优越的多功能性而变得普及，其出色的驾驶特性能够驾驭正常的道路驾驶和偶尔的越
野驾驶。舒适、空间宽敞且能够携带大型物品。SUV 因其大小与传动系统，通常非常适用于牵引拖车。
上述特点使得 SUV 成为与运动和休闲为主的活动（例如户外运动）相关的日常使用的理想车辆。此外，
与传统汽车相比，许多人喜欢较高的驾驶位置。如今，SUV 在豪华汽车市场中完全站稳了脚跟。几乎所
有高级汽车制造商都会在其车型系列中提供至少一款 SUV 车型。在奢华度和乘客舒适度方面，此类车辆
通常可媲美市场上最豪华的轿车。

全球 SUV 销售曲线显示，自 2000 年开始，SUV 的销售额一直保持着令人惊叹且持续增长的势头，且增长
幅度明显高于行业整体。从 2010 年开始，全世界的 SUV 市场增长近 50%，如今势头依旧正旺。现代 SUV 之所
以得到普及，是因为它采用了基于汽车的一体式结构（图 1-73 中左图），从而集精致性、舒适性和操纵品质于
一身。这与采用源于轻卡的底盘（图 1-73 中右图）的传统 SUV 或越野车大相径庭。

2. 符合玛莎拉蒂要求的 SUV

运动豪华 SUV 细分市场中的新款玛莎拉蒂车辆代表着玛莎拉蒂在扩大其产品范围和增强其运动豪华
市场地位方面的必然方向。通过引入 SUV，玛莎拉蒂抓住了使其车型系列多样化的机会，从而为更大范
围的客户提供了种类更多的产品。

图 1-73

莱万特凭借以下优势，成为豪华 SUV 市场中令人振奋的新选择。

精妙的意大利式设计；

出色的性能；

独特性与工艺；

媲美同类竞争佼佼者的全路况功能；

越野驾驶条件下的一流舒适性。

这一完美混搭使得莱万特稳稳占据同级别车辆市场的领先地位。莱万特的构思和制造理念围绕 3 个主要支柱：设计、性能和独特性。其目的是呈现 SUV 世界中的这三大元素的最佳融合。

设计：一致的设计语言；进取、运动的姿态；采用无框车门的前卫设计。

独特性：独特的玛莎拉蒂音响系统；高级别标准设备和个性化设置；高级意大利皮革和内饰。

性能：智能 AWD 系统、提供最佳牵引；用于优化动力学的标配限滑差速器；标配空气悬架，一流的空气动力学（$C_x=0.31$）；无可比拟的动态灵活性；最低重心以及近乎完美的重量分布；一流的制动距离（Levante S 从 100km/h 降为 0 的制动距离仅为 34.5m）。

新款莱万特量产车型在 2016 年 3 月举办的日内瓦车展上发布，随后在整个欧洲市场销售，并在这一年中逐渐销售到全球其他市场。发布会上，莱万特的所有型号均可选配符合欧 6 标准的涡轮增压 V6 汽油和柴油发动机（柴油款仅适用于特定市场）和全轮驱动。新款莱万特车型是在位于都灵中心的米拉菲奥里生产工厂中生产的，该工厂与生产轿车车型 Grugliasco 工厂仅一步之遥。为了在 2016 年 2 月开始生产莱万特，米拉菲奥里生产工厂经过了完全重组。两款概念车（第一款于 2003 年发布，纯粹进行造型实践；第二款于 2011 年发布，更侧重于生产的型号）均预告了莱万特量产车的上市。玛莎拉蒂首先利用由 Giorgetto Giugiaro 设计并于 2003 年的底特律车展上发布的 Kubang GT Wagon 概念车探索 SUV 理念。玛莎拉蒂是首批将动感且动态的套件融入 SUV 概念的先驱者之一，真正诠释了三叉戟品牌的意义，如图 1-74 所示。

玛莎拉蒂于 2011 年法兰克福车展上发布了一款改良版 Kubang 概念车。尽管仍旧是一款概念车，但是很明显它是确认量产车型的前身，如图 1-75 所示。

45

图 1-74

图 1-75

3. 车辆外观

（1）莱万特的主要功能（图 1-76）。

图 1-76

所有型号标配全轮驱动。所有莱万特车型标配智能主动型全轮驱动系统。该系统是 Quattroporte 和 Ghibli Q4 车型中系统的进化版。所有汽车还标配有 ZF 提供的 8 速自动变速器。

标配空气悬架。所有莱万特车型均标配具有自动水平控制功能和 6 种不同驾驶高度水平的最先进空气弹簧悬架系统。该系统始终与 Skyhook 连续可变阻尼控制结合使用。

V6 涡轮增压汽油和柴油发动机。莱万特配备 Ghibli 和 Quattroporte 车型中普遍采用的涡轮增压 V6 汽油和柴油发动机的升级型号。汽油发动机在功率输出方面有进一步的提升。所有发动机均符合欧 6 标准且采用启停系统技术。

标志性的排气声浪。得益于排气旁路阀（汽油版）和有源音响系统（柴油版），运动模式下会发出强烈的玛莎拉蒂式排气声。

一流的动力学性能。接近1∶1的前后重量分布且在同级别车型中重心最低，使得莱万特具有中和且平衡的操纵特性。

限滑差速器。所有莱万特车型均标配有机械限滑后差速器，这是所有玛莎拉蒂车辆的主要特征。

主动式空气动力学性能。空气动力学是通过位于散热器机组前面的空气调节阀进行优化的。0.31的超低阻力系数（C_x）在同级别车辆中最佳。

高级驾驶辅助系统。例如，扭矩矢量管理系统、自适应巡航控制、陡坡缓降控制、车道偏离警告、前方碰撞警告、全景摄像机等。

同类车辆中最长。莱万特长5m，是其所在细分市场中长度最长的汽车。

标配真皮座椅。所有莱万特车型均标配真皮座椅内饰。可将内饰升级为全高级真皮或高端Zegna套件。可提供种类繁多的个性化内饰选件。

全景天窗。可选配全尺寸全景天窗。玻璃天窗面板和遮阳帘均为电动操作。

新款信息娱乐系统。名为MTC＋的全新系统可提供触屏控制、旋转控制和智能手机镜像功能。

运动和豪华套件。特定的运动和豪华套件可令内饰和外饰明显与众不同。

（2）外部。

①设计。从灵感源自Alfieri的威风凛凛的前格栅到后车肩的"肌肉形"外观，可以清楚地看到莱万特继承了玛莎拉蒂风格。无框车门是所有玛莎拉蒂现代车型的特征。从灵感源自猫科动物的汽车两侧前大灯到典型的玛莎拉蒂后立柱，莱万特的外观轮廓看起来就像双门跑车。

前端由凹陷格栅主导，设计灵感源自Alfieri概念车和过去的高级玛莎拉蒂跑车。格栅设计加强了前翼的流线型，突出了发动机舱的形状并与前大灯的前侧边缘融为一体。然后，利用位于格栅中央的三叉戟徽标聚拢两个前大灯，如图1—77所示。莱万特的后立柱上嵌入的独特Saetta徽标（首次出现在1963年Quattroporte上）更彰显了其特点。侧面轮廓主要为贯通整个汽车长度的锻压线，从前端独特的侧通风口一直到凸显和定义车身形状以及力量感的后翼。此设计不仅拥有豪华SUV市场中最动感、最优雅的外观，而且其轴距和总长度也是同级别车辆中的顶级配置。

图1—77

②照明与能见度。前大灯因造型独特而引人注目，且照明效果佳，这是因为它们采用了氙气远光灯和近光灯，以及适用于日间行驶灯（DRL）、转向指示灯、侧面标志灯和雾灯的LED技术。集成的自适应前部灯光系统（AFS）将作为可选设备提供。前大灯光束自动调节功能可在所有驾驶条件（乡村道路、高速公路、城镇内和恶劣天气）下提供出色的视野，安全高效。此外，采用带有自动水平控制装置的高级空气悬架系统，可在所有路面或驾驶条件下保持车辆水平，从而使得传统前大灯自动调节控制系统过时。

③LED尾灯。全LED尾灯同样高度创新，不仅可以提供出色的能见度，还能凸显造型，加强对此类

车辆至关重要的安全性，如图1-78所示。

图1-78

④车轮。在发布会上，将看到莱万特可选配的4种不同车轮。这些铝合金车轮均为莱万特车型所特有，不仅重量轻，且外形动感，还将三叉戟设计巧妙地与辐条融为一体，反映了玛莎拉蒂的设计理念。为了在不降低硬度和强度的前提下减小轮芯厚度从而减轻重量，所有莱万特车轮都采用流动成型技术制造。莱万特261kW汽油和柴油型号均标配有45.7cm（18英寸）车轮。前后轮胎尺寸相同。可选配48.3cm（19英寸）、50.8cm（20英寸）和53.3cm（21英寸）车轮。为了迎合增强的性能，324kW莱万特S标配了48.3cm（19英寸）车轮，并在后方使用更宽的轮胎（前后交错）。所有车轮（21英寸型号除外）均提供可选的四季胎。这些轮胎可保证在夏季和冬季实现最佳整体性能水平，且符合M+S评级。请注意，要在干燥的沥青路面上实现最佳性能，建议使用夏季轮胎。莱万特的四轮设计理念赋予了全新内涵，如图1-79所示。

图1-79

⑤制动卡钳。玛莎拉蒂莱万特制动卡钳是令莱万特从大多数竞争对手中脱颖而出的另一个独特元件。莱万特柴油型号和261kW汽油型号上的标准卡钳采用氧化灰色。在性能方面，321kW型号制动系统采用交叉钻孔制动盘和位于前侧的固定式6活塞卡钳（喷涂经典黑色喷漆）。可为所有型号上的卡钳指定不同的颜色：动感十足的亮红色、黄色，优雅的深蓝色和充满活力的银色。可选配红色制动卡钳，如图1-80所示。

⑥车顶行李架。莱万特可选配镀铬车顶行李架。亮黑色车顶行李架将作为运动套件的一部分提供。最大承载能力为80kg。

图1-80

⑦前后车底保护板。这一受欢迎的 SUV 选件有两种不同的颜色可选：针对运动型号为亮黑色，针对其他型号为镀铬色。亮黑色车底保护板将作为运动套件的一部分提供。其作用是保护汽车的下端（尤其在越野行驶期间）以及令车辆外观更加独特。它们成为莱万特不可或缺的设计特点。

（3）内饰。

①独特性。新莱万特主打其独特性。凭借汽车的高水平标准设备和个性化配置，其内饰也延续了独特性：意大利高级真皮座椅有 5 种不同颜色可选；真皮仪表板有双色可选；而 Zegna 内饰有 3 种颜色可选。莱万特独特的内饰设计与标配的真皮座椅相得益彰，更因双色可选真皮仪表板而增光添彩。莱万特内饰的设计灵感源自玛莎拉蒂 Ghibli 配备的内饰，同时还得益于能够更好地容纳 SUV 乘客的新解决方案和创新技术。发布会上将提供共计 23 种内饰颜色组合。客户可以对内饰进行个性化配置和升级。标准升级包括仪表板和门板上的拼接。

②全高级真皮内饰。也许，个性化莱万特配置的最佳方式是选择全真皮内饰选件，这意味着门板、扶手和仪表板将完全覆盖精美真皮。之后，客户可以选择各种各样的内饰颜色和组合以及适用于在座椅和头枕上进行对比拼接的选件。所有人都能轻松找到适合个人风格的最佳解决方案，享受专业的工艺和高质量的材料。

③Zegna 套件。莱万特还可以选配高端 Zegna 套件。该套件将意大利高级真皮与 Ermenegildo Zegna（全球领先的时尚设计师之一）设计的定制丝绸相结合。Zegna 套件是全真皮选件的升级版，将作为豪华套件中的选件提供。

④标准座椅。包裹式形状的真皮座椅兼具动感外观和舒适性。不仅舒适性优越，还能在汽车转弯时提供出色的横向约束。驾驶员可通过 6 向电动调节装置（范围、深度和座椅角度）以及手动调角器找到最舒适的位置。前排乘客可进行 4 向手动调节（范围和倾斜度）。前排乘客座椅与驾驶员座椅相同，可选配 6 向电动调节装置。

⑤舒适座椅。还可选配更加豪华的 12 向电动座椅调节装置，来调节座椅高度、深度、靠背、腰部支撑和座椅角度。其设计与标准座椅设计稍有不同。所有调节操作均可通过位于座椅底座上的控件实现。控件分布在座椅轮廓上，因此更易为用户所操作。电动座椅调节装置可以包含针对驾驶员的两个记忆位置。

⑥运动座椅。玛莎拉蒂为莱万特引进了更具动感的新型前排座椅（运动套件的特别组成部分）。此类座椅非常适合想要使自己的汽车彰显真正运动 GT 风格的客户。可以为运动座椅配备种类齐全的皮饰和颜色，且标配有 12 向电动调节装置。

⑦可调式脚踏板。要为双腿提供最舒适的位置，可为踏板箱订购双向电动调节装置。踏板控件位于驾驶员座椅下半部的前侧区域。在驾驶员确定座椅位置、踏板、转向柱和外部后视镜的首选设置后，可以保存这些设置，之后根据需要使用位于前车门把手旁的记忆按钮进行调用。

⑧便捷进/出车辆。此选项可自动定位驾驶员座椅和方向盘，以方便驾驶员进出车辆。此选项与 12 向电动座椅和电动可调方向盘一起提供。

⑨前排座椅加热与通风。前排座椅加热装置能够让驾乘人员在寒冷的冬季感到舒适。可通过 MTC 显示屏将加热装置设置为两个级别。前排座椅通风装置可保证炎热天气下长途驾驶的愉悦感。座椅通风装置配备钻孔真皮。

⑩后排座椅。莱万特的后排座椅最多可容纳 3 名乘客，且该座椅可选配加热装置。后排两个外侧座椅的配置设计可提供最大舒适度和横向约束。后排座椅配备可折叠的中央扶手，可容纳 2 个杯座。后排座椅按 40%：60% 的比例分割，如图 1—81 所示。使用覆盖真皮的肩带，可降低靠背，从而增加装载空间。还可以通过调节杆更改座椅靠背的角度。最后，后排的外侧座椅配备了 ISOFIX 配件，即通用的儿童安全座椅安装系统。

⑪储物箱。莱万特的车厢内配备了许多储物箱，可用于储存各种各样的物品。

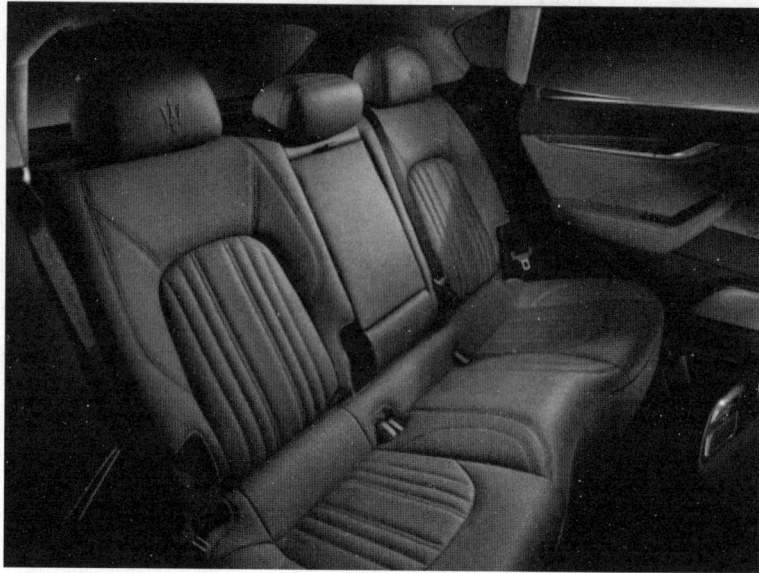

图 1—81

位于仪表板下方较大的前排乘客手套箱（由空调控制，有照明）包括 2 个 USB 充电端口。

前侧中控台上的 2 个大杯座（可指定木质或碳纤维材质）。

容纳用于外部连接的 Aux—in、USB 和 SD 卡端口的中控台内的储物箱。

具有局部打开机构的较大中央扶手内的储物箱，由空调控制，有照明，并包含 1 个 12V 电源插座和 2 个附加杯座。

前排座椅靠背上的 2 个网袋。

包覆真皮的后排扶手下的储物箱中有 2 个杯座。

前侧和后侧车门饰板内的开放式储物箱。

⑫白光仪表照明。莱万特的仪表采用白光照明。这一动感十足的技术光线与热情的暖色调内饰形成鲜明对比，方便用户在关闭内饰灯后和夜间驾驶时读取和查看仪表。

⑬内饰灯。前后顶灯由一个漫射照明灯和两个单独的阅读灯组成。除此之外，隐藏在顶灯内的两个 LED 为下方区域提供持续的柔光照明。可使用位于方向盘左侧、下侧仪表板内的调光器调节灯光亮度。

⑭车厢饰条。中控台、手套箱和前后门板均标配有钢琴黑饰条。可将其替换为豪华内嵌饰条。具有亚光表面的两种开孔木材为内饰平添了一种富贵、自然和质感。Radica（白栓树榴）是一种天然的棕色木材，具有深色脉纹。重量较轻的 Rovere Chiaro 主要为米色，具有和谐、温馨的细微差别。光滑的喷漆木材 Ebano（乌木）和 Erable 令内饰变得朝气蓬勃、现代时尚。可使用光滑的碳纤维饰面代替木材来装饰莱万特。Ebano 木质饰面（图 1—82 中右图）和碳纤维饰面（图 1—82 中左图）。

图 1—82

⑮多功能方向盘。多功能方向盘标配真皮饰条，可选配电动调节装置。有3种颜色的方向盘可供选择：黑色、深棕色和米色。莱万特可选配包裹高质量真皮，外缘周围带木质镶件或碳纤维镶件的方向盘。镶件可采用3种木材和碳纤维，以匹配车厢饰条。

⑯运动方向盘。莱万特首次配备玛莎拉蒂新款运动方向盘。该方向盘可提高莱万特的运动性，并与汽车内饰完美配合。运动方向盘可搭配碳纤维饰条。运动方向盘上的控件与多功能方向盘上的相同。多功能方向盘（图1-83中左图）和带碳纤维饰面的运动方向盘（图1-83中右图）。

图1-83

⑰全景天窗。玛莎拉蒂为莱万特引入了全景天窗。通过两块面板，打开范围变得更大，从而提供更好的车顶视野。前侧面板将滑动到后侧固定面板上，形成一个大小可调的窗口。客户可利用拱座上的按钮控制天窗以及遮阳帘。

⑱行李箱。莱万特的行李箱设计可提供较大的多功能装载空间（580L）。由于其形状非常规则，因此可轻松地容纳大型行李物品。它还具有12V电源插座、用于勾住拦物网的镀铬圆孔眼以及内部照明。载物台下有一个储物箱，用于储存可选的备胎和辅助设备。滑橇固定装置属于标准功能。莱万特标配有网兜。它可帮助固定后侧的任何行李或物品。不使用时，可轻松地将其折叠到行李箱的地板下。行李箱可选配货物轨道，以便更轻松地管理行李。此类轨道可帮助车主更好地管理后侧装载空间和可容纳的行李。它由2个金属轨道和4个可移动环组成。每个环可固定在轨道长度方向上的多个位置，还可以固定在两端。带可选货物轨道的行李箱，如图1-84所示。

图1-84

⑲其他车内设备。

4个12V电源插座：一个位于前侧杯座区域内，一个位于前侧扶手内，一个位于后侧中控台区域内，最后一个位于行李箱内。

吸烟套件（可选）：利用高质量材料制作的烟灰缸安装在杯座内。

后侧电动遮阳帘（可选）：一体化设计，通过后侧车窗控件启用。

标准柔软织物车顶内衬（Guilford）。

Alcantara 车顶内衬（可选），进一步美化车辆内部。

经典的玛莎拉蒂模拟时钟：位于仪表板中央，具有背景为蓝色的钟面、白色背光灯，且配有铝制内饰面和镀铬边缘。

HomeLink（可选）：当车辆靠近时，用于自动操作车库门、大门或安全照明系统的远程控制装置。该控制装置集成在车顶控制台中。最多可对 3 个自动系统进行编程。

镀铬行李箱底框和门边踏脚板（可选）：额外增添雅致格调。门边踏脚板还可以发光。

主动换挡拨片（可选）：由固态铝制成并与转向柱连接。

拉丝不锈钢脚踏板和带橡胶垫的脚部休息区（可选）。

（4）运动和豪华套件。

玛莎拉蒂被视为以最佳方式融合豪华与运动的品牌，现在这一点通过两种特定的套件得到增强。这些套件令内饰和外饰明显与众不同。

①豪华套件。

镀铬前格栅。

镀铬车门和行李箱底框（运动/豪华套件中的专有部件）。

Zegna Edition 内饰（运动/豪华套件中的专有部件）或高级全皮革内饰。

采用不透明色的车身下半部。

48.3cm（19 英寸）机器抛光的车轮。

黑色喷漆制动卡钳。

Harman Kardon 高级音响系统。

木质内饰。

后侧电动遮阳帘。

②运动套件。

亮黑色前格栅（运动/豪华套件中的专有部件）。

亮黑色前后防滑板（运动/豪华套件中的专有部件）。

采用不透明色的后侧运动车顶扰流板（运动/豪华套件中的专有部件）。

镀铬门边踏脚板（运动/豪华套件中的专有部件）。

12 向电动运动座椅（运动/豪华套件中的专有部件）。

运动方向盘（运动/豪华套件中的专有部件）。

亮黑色车顶行李架（运动/豪华套件中的专有部件）。

采用不透明色的车身下半部。

升级后的皮革（在仪表板和车门扶手/双色仪表板上进行缝制）。

50.8cm（20 英寸）机器抛光的车轮。

红色喷漆制动卡钳。

主动变换换挡拨片。

拉丝不锈钢脚踏板和带橡胶垫的脚部休息区。

（5）驾驶模式。

对于所有玛莎拉蒂汽车，莱万特的驾驶员可以选择不同的驾驶模式，如表 1—10 所示。莱万特的驾驶模式是专为此车型设计的，结合了 SUV 功能与典型的玛莎拉蒂驾驶动力学。采用驾驶员可选择的驾驶模式的原因一共有两个，即适应驾驶员的驾驶偏好和适应环境（路面和地势条件）。

这样便可以选择适用于所有可能条件的最佳驾驶配置。莱万特车型中已添加特定的越野模式。驾驶模式配有自动驾驶高度控制功能，从而为所有驾驶环境提供最可行的操作、舒适度、空气动力学和离地间隙配置。可通过位于中控台的换挡挡板上的一排按钮选择驾驶模式。驾驶员使用位于变速器选择器杆左侧的按钮选择所需驾驶模式，如图 1—85 所示。再次按下该按钮可禁用设置并恢复默认驾驶模式（正常）。

表 1—10

驾驶模式	激活	备注
正常	点火时的默认设置	发动机、驾驶高度、阻尼和稳定性控制系统都是在正常模式下运行的。变速器是在自动模式下设置的
I. C. E.	选择"I. C. E."按钮	增强控制和提高效率：适用于最佳燃油经济性、轻松驾驶和车辆的最佳控制（甚至在抓地力极差的条件下）的模式。加速器踏板图是在舒适模式下设置，发动机控制的目的是提高燃油经济性（无超增压）。驾驶高度是在正常模式下设置，无法修改。变速器在自动模式下运行
动作	选择一次"运动/悬架"（Sport/suspension）按钮	高度敏感的加速踏板图、可用的满超增压、强大排气声、运动模式下的变速器、ESC 的特定校准。驾驶高度是在正常水平下设置，阻尼是在正常模式下设置
越野	选择"越野"（Off Road）按钮	适用于越野驾驶的特定配置。驾驶高度提高 25mm。将应用针对阻尼控制和 ESC 的特定校准。请注意，每种驾驶模式与其他驾驶模式无关

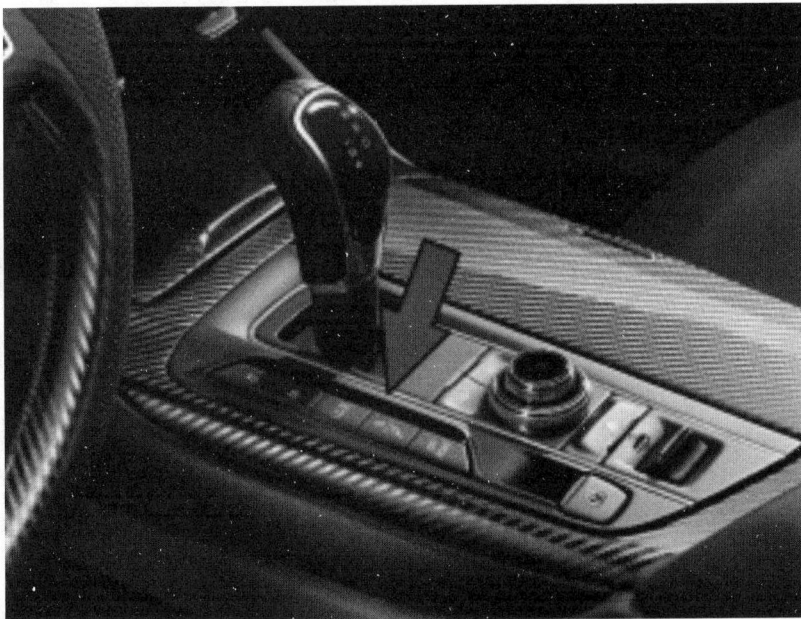

图 1—85

①其他驾驶设置。除了 4 个可用的驾驶模式之外，驾驶员还可以选择一些其他设置，如表 1—11 所示。

表 1—11

设置	激活	备注
手动换挡模式	选择"M"按钮	变速器将切换到手动换挡模式（默认为自动模式）。手动换挡模式与所有驾驶模式兼容，I. C. E. 模式除外
ESC 关闭	选择并短暂按住"ESC 关闭"（ESC off）按钮	为 ESC 设置增加的干预阈值。牵引力控制、拖车摇摆缓解和陡坡缓降控制均遭到禁用。ESC 关闭设置可与所有驾驶模式兼容
硬阻尼设置	在运动模式下选择"运动/悬架"（Sport/suspension）按钮	将驾驶高度降低 20mm（空气动力 1）并激活 Skyhook 系统的硬阻尼图谱。此设置仅可与运动模式结合使用

②驾驶高度选择器。可通过中控台上的专用摇臂开关手动来更改由空气弹簧悬架系统控制的车辆驾驶高度。默认情况下，将根据以下内容自动选择处于最佳水平的车辆驾驶高度：选定的驾驶模式；行驶速度。

但是，可使用换挡挡板上的摇臂开关手动调节驾驶高度。可选择6个不同的驾驶高度位置（5个针对驾驶的位置，1个驻车位置），总的高度调节范围为85mm。用于选择不同驾驶高度位置的摇臂开关，如图1−86所示。

图1−86

③驾驶模式信息屏幕。车辆信息菜单中的专用屏幕概述了选定的驾驶模式。如果选择了硬阻尼器设置，阻尼器将与运动模式下的其余机械部件一样，变为绿色。还可以查看所选的驾驶高度和瞬时前后扭矩分配，如图1−87所示。

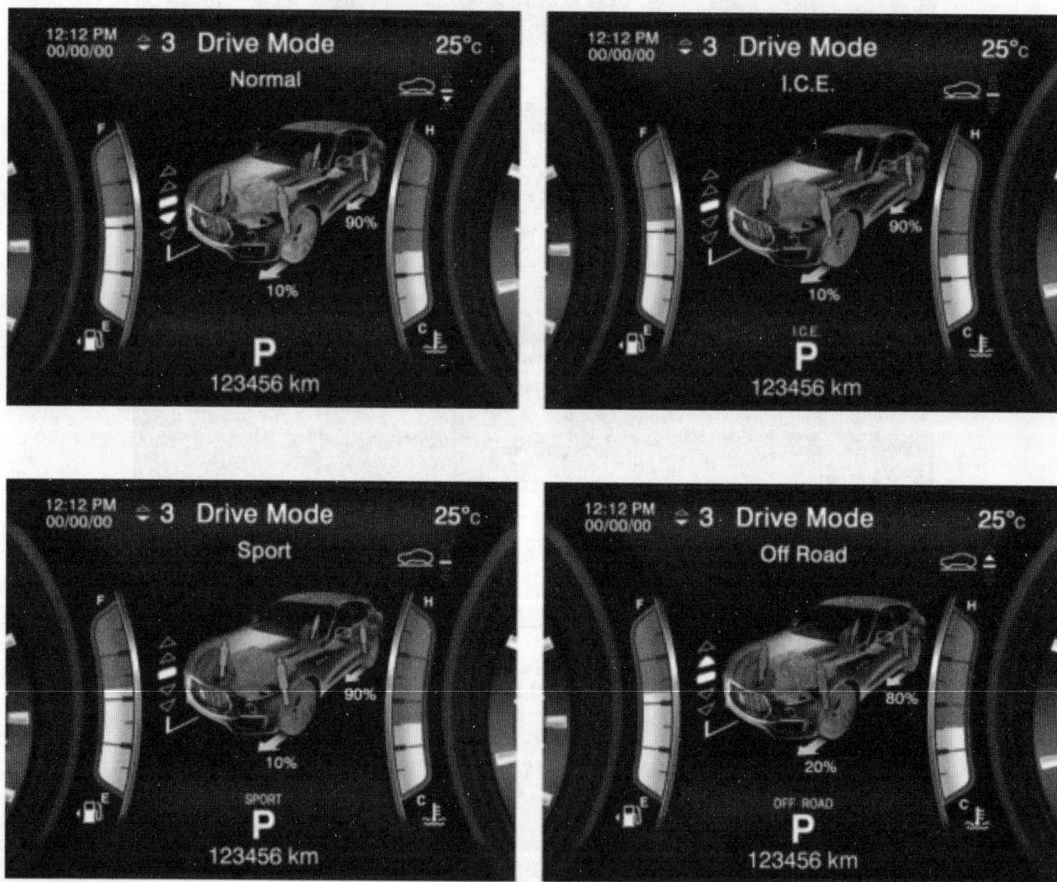

图1−87

（6）技术与设备。

下面概述了莱万特车辆的技术设备（按照车辆功能分组）。有关每个系统的更多详细信息。请注意，出于技术和商业原因，各市场之间的车辆设备策略（标准/可选）可能不同。

①发动机。

符合欧 6 标准的发动机。

散热器格栅调节阀。

所有车辆标配的启停技术。

排气旁路阀（汽油版）和有源音响系统（柴油版）。

正常/运动驾驶员可选择的操作模式。

②变速器。

ZF 提供的带自动/手动操作模式的自动 8 速变速器。

可选的主动换挡拨片。

带连续可变扭矩控制的智能全轮驱动系统。

机械限滑后差速器。

③制动系统。

标准和性能制动系统。

提供以下功能的玛莎拉蒂稳定性程序（Bosch ESP9 Plus 硬件）：ABS、EBD、ESC、TCS、MSR、HBA、上坡防退器、陡坡缓降控制、翻车缓解、液压衰减补偿、拖车摇摆缓解、扭矩矢量管理系统（DWT－B）和电子驻车制动器（Motor on Caliper 设计）。

针对不同的可选驾驶模式的特定校准驾驶控件。

电动速度感应液压助力转向。

带记忆功能的可选电动可调转向柱。

带记忆功能的可选电动可调脚踏板。

④悬架和车轮。

介于 45.7～53.3cm（18～21 英寸）之间的轻质铝合金车轮选件。

高级 TPMS。

带锻造铝杆的双叉臂前悬架。

带全铝杆的多连杆后悬架。

带自动水平控制和不同驾驶高度设置的电动空气弹簧悬架设置。

自动进/出功能（驻车后降低车辆，以方便进出）。

带舒适/运动校准的 Skyhook 连续可变阻尼控制系统。

⑤安全性部件。

带 6 个安全气囊的辅助约束系统（两级前侧安全气囊）。

适用于前排座椅的脊椎防护反应式头枕。

带预紧器和碰撞锁紧卡舌（CLT）的前侧安全带。

安全带提醒器（SBR）。

适用于后排座椅的 ISOFIX 儿童安全座椅固定点。

⑥电气系统和装置。

带 21.3cm（8.4 英寸）显示屏以及电容式触摸控件和旋转控件的新一代信息娱乐系统；通过 Apple CarPlay 或 Android Auto 进行的智能手机镜像；AUX、USB 和 SD 存储卡输入；蓝牙；Siri 智能个人助理；卫星导航；Pandora 网络收音机。

带 8 个扬声器的基础音响系统。

带 13 个扬声器和 600W 放大器的 Harman/Kardon 高级音响系统（可选）。

带 16 个扬声器和 1280W 放大器以及 Clari－Fi 功能的 Bowers&Wilkins 高级环绕声系统（可选）。

无钥匙进入/无钥匙启动系统（可选择将无钥匙进入功能扩展到后侧车门）。

适用于特定市场的远程启动功能。

感应式自动启闭（踢动传感器）功能的电动尾门（可选）。

用于自动激活雨刮器的雨水感应器。

带微光传感器、可选的自适应前侧照明系统的双氙气前大灯。

带电动调节和折叠、加热、倒车时自动降低、电致变色的自动调光功能（可选）、集成的转向指示灯和门控灯的车门后视镜。

可选的电子变色车内后视镜。

带空气质量传感器的全自动双区空调控制系统，还可选配四区空调控制系统。适用于柴油型号的额外车舱加热器。

巡航控制。

带启停功能的雷达控制的自适应巡航控制（ACC）（可选）。

盲点警报（BSA）和车尾盲点（RCP）监测功能。

车道偏离警告（LDW）。

前方碰撞警告。

用于倒车的带动态网格线的后视摄像头。

全景摄像头（可选）。

驻车辅助系统。

防盗系统。

⑦车身。

符合"世界"标准的多材质承载式车身结构、单独的前后副车架。

无框车门。

前侧窗标配有双层隔音玻璃，后侧窗可选配。可选的后隐私车窗。

可选的全景天窗。

可选的牵引杆，搭配车身稳定控制系统的拖车牵引模块（TTM）。

（7）莱万特原厂配件。

玛莎拉蒂原厂配件专为满足客户需要而贴心设计，现已新增了为莱万特车型特别研发的产品。原厂配件完美地再现了设计理念和实用功能性，共分为五大类别。

①养护和保护。

室内车罩：高质量、定制式。

室外车罩：防水、透气、可伸缩，在车辆停放于室外时提供保护。

品牌脚垫：可提供不同颜色的脚垫，以配合内饰。

四季脚垫：防止车内出现水、雪和泥巴。

装载边缘保护膜：该保护膜将用于后保险杠，以保护外露部分免受因装载物品而可能导致的刮擦和损坏。

侧边保护膜：可在最有可能受到砾石或其他外在物体撞击的车身区域提供最佳保护。

电池充电器和保持器：使电池一直保持充电状态。

汽车保养套件：包含 9 种优质产品。

②运输和装载解决方案。

车顶行李架（改装套件）：原厂配件中包含的可用作改装套件的选配配件。

车顶横梁：用于安装车顶安装式配件的基础部件。

车顶行李箱：轻量型，采用动力空气学设计，容量为 410L。

车顶行李箱起重机：用于快速安装及拆卸行李箱的实用通用型系统。

车顶自行车架：可以附装于顶梁上，极为实用且轻便。

牵引杆安装式自行车架：可以安全运输多达 3 辆自行车。

车顶冲浪板安装架：用于将冲浪板及两个桅杆安装在顶梁上。

车顶雪橇及滑雪板安装架：可以装载多达 6 对雪橇或 4 个滑雪板。

滑橇和滑雪板包：整洁且安全地储存多达 3 对滑橇。

拖车挂接装置欧盟和美国版（改装套件）：原厂配件中包含的可用作改装套件的选配配件。

牵引用扩大视野后视镜：两面后视镜可便捷地安装在车门镜上，并与车辆的设计完美契合。

车底保护板（改装套件）：原厂配件中包含的可用作改装套件的选配配件。

行李箱可折叠箱：整洁地储存各种设备和中等大小的物品。

行李箱垫：由耐水洗且防水性材料加工而成。

行李箱网：固定物品。

货物轨道（改装套件）：原厂配件中包含的可用作改装套件的选配配件。该产品必须安装行李箱自适应隔杆。

行李箱自适应隔杆：安装在货物轨道上的刚性杆，用于固定物品。配备行李固定带和易用的锁定机构。

③舒适性和通信。

适用于第 4 代 iPad 的 iPad 托架：可调节且可快速安装与拆卸。包含 iPad 电池充电器。

儿童安全座椅和 Isofix 底座：经欧洲型式认证且可提供 3 种规格。

折叠式婴儿车：折叠后可轻松存放在行李箱内。

④安全性。

应急包：处理意外情况。还包含紧急情况三角警告牌和急救包。

跨接电缆：存放在可放入备胎箱内的便携箱中。

⑤轮胎与车轮。

玛莎拉蒂原厂轮胎：可提供夏季、冬季和四季轮胎。

车辆装置组合：使用 MGT 冬季轮胎组装全部莱万特车辋。

安全双头螺栓套件：用于莱万特铝合金车轮的防盗双头螺栓套件。

品牌阀盖：个性化、防锈。

二、一般信息

1. 车型信息（表 1-12）

表 1-12

	莱万特	莱万特 S	莱万特柴油
车型代码	M161	M161	M161
设计师	Marco Tencone（玛莎拉蒂 Centro Stile）	Marco Tencone（玛莎拉蒂 Centro Stile）	Marco Tencone（玛莎拉蒂 Centro Stile）
车辆类型	5 门 5 座、AWD 运动型多用途车（I3 细分市场）	5 门 5 座、AWD 运动型多用途车（I3 细分市场）	5 门 5 座、AWD 运动型多用途车（I3 细分市场）
发动机代码（设计）	F160AU	F160AT	B630WM
发动机代码（审批）	M156D	M156E	M16164D
车型发布会	日内瓦国际车展（2016 年 3 月）	日内瓦国际车展（2016 年 3 月）	日内瓦国际车展（2016 年 3 月）
开始生产	2016 年 3 月	2016 年 2 月	2016 年 5 月

	莱万特	莱万特 S	莱万特柴油
生产地点	位于意大利都灵的米拉菲奥里制造工厂	位于意大利都灵的米拉菲奥里制造工厂	位于意大利都灵的米拉菲奥里制造工厂
开始销售	2016 年 5 月	2016 年 5 月	2016 年 6 月

2. 市场规范和排放标准（表 1-13）

表 1-13

市场规范	国家/地区
EU	欧盟（英国和爱尔兰除外）、阿尔及利亚、阿根廷、阿塞拜疆、白俄罗斯、玻利维亚、巴西、智利、厄瓜多尔、格鲁吉亚、以色列、约旦、哈萨克斯坦、黎巴嫩、摩洛哥、菲律宾、俄罗斯、叙利亚、中国台湾省、突尼斯、土耳其、乌克兰、越南
英国	塞浦路斯、中国香港、印度尼西亚、爱尔兰、马来西亚、新加坡、南非、泰国、英国
美国/加拿大	加拿大、哥伦比亚、哥斯达黎加、多米尼加共和国、危地马拉、墨西哥、巴拿马、秘鲁、波多黎各、韩国、乌拉圭、美国、委内瑞拉
澳大利亚	澳大利亚、新西兰
日本 LHD	日本
日本 RHD	日本
中东	巴林、埃及、伊拉克、科威特、阿曼、卡塔尔、沙特阿拉伯、阿拉伯联合酋长国
中国	中国
印度	印度、巴基斯坦

请注意，出于技术和商业原因，各个国家/地区之间的车辆设备和规范可能不同，甚至在遵循相同市场规范的国家/地区之间也是如此，如表 1-14 所示。

表 1-14

市场规范	驾驶侧	车速表	排放标准
EU	LHD	公制	欧 6b
英国	RHD	英里单位仅适用于英国市场，其他国家/地区采用公制单位	欧 6b
美国/加拿大	LHD	英里（加拿大、墨西哥和韩国采用公制单位）	Tier 3（第三阶段）
澳大利亚	RHD	公制	欧 6b*
日本 LHD	LHD	公制	Trias
日本 RHD	RHD	公制	Trias
中东	LHD	公制	欧 6b*
中国	LHD	公制	Phase V（第五阶段）
印度	RHD	公制	欧 6b*

*：欧洲欧 6b 标准的优先级高于适用于这些市场的当前排放要求，但是车辆符合欧 6b 标准。

3. 技术参数

（1）性能特点（表 1-15）。

表 1-15

型号	莱万特	莱万特 S	莱万特柴油
发动机最大功率	5750r/min 下为 261kW（350hp）	5750r/min 下为 321kW（430hp）*	4000r/min 下为 205kW（275hp），186kW（250hp）**
发动机最大扭矩	1750～4500r/min 下为 500N·m	2500～4250r/min 下为 580N·m	2000～2600r/min 下为 600N·m
最大转速	251km/h	264km/h*	230km/h（225km/h）**

型号	莱万特	莱万特 S	莱万特柴油
0－100km/h 加速时间	6.0s	5.2s	6.9s
100－0km/h 制动距离	36m	34.5m	36m
阻力系数 (C_z)	0.31	0.31	0.31
整备质量	2109kg	2109kg	2205kg
允许的最大总重量	2780kg	2780kg	2895kg
允许的最大前/后轴重量	1285kg/1495kg	1285kg/1495kg	1348kg/1547kg
功率重量比	124kW/t	151kW/t	93kW/t（84kW/t）**

＊：仅限在运动模式下且使用 98 RON 燃油。

＊＊：仅限意大利市场的型号。

（2）外部尺寸。

莱万特车型的水平尺寸（长度、宽度、轴距和轮距）与 Ghibli 的非常相似，仅相差几厘米，如图 1－88 所示，尺寸如表 1－16 所示。

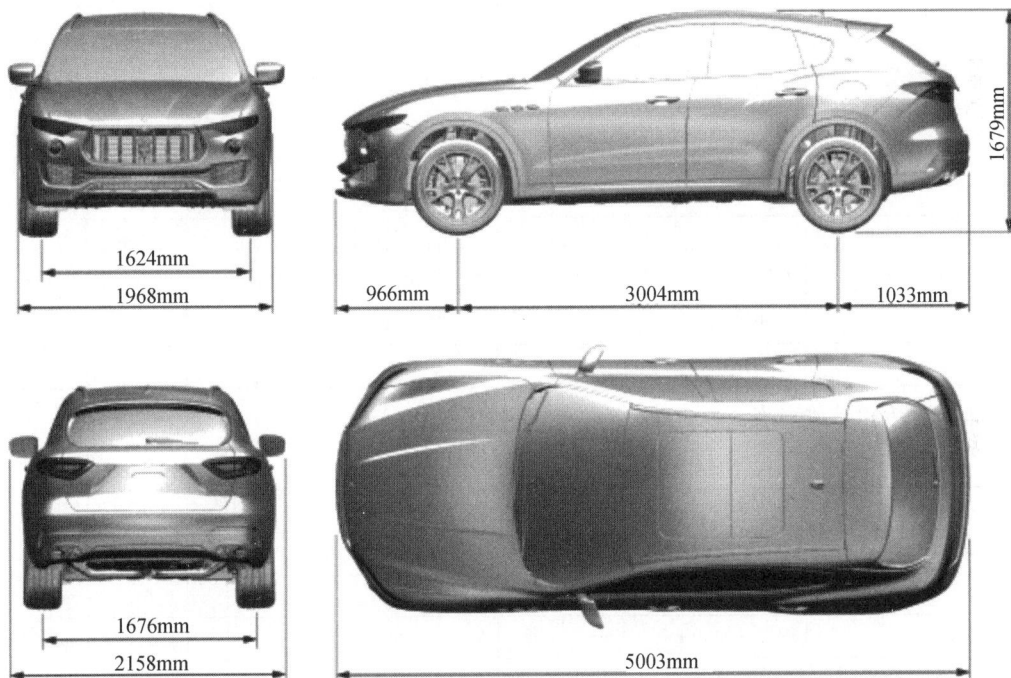

图 1－88

表 1－16

长度	5003mm
宽度（不含后视镜）	1968mm
宽度（含后视镜）	2158mm
高度＊	1679mm
轴距	3004mm
前轮距	1624mm
后轮距	1676mm
前悬架	966mm
后悬架	1033mm
离地间隙＊	208mm

＊：包含正常设置下悬架的高度控制。

（3）装载与牵引（表1-17）。

表1-17

行李箱容量	580L
车顶行李架的最大装载量	80kg
最大牵引载荷（带制动器的拖车）	2700kg
最大牵引载荷（不带制动器的拖车）	750kg
牵引钩上的最大垂直载荷	135kg

（4）涉水（表1-18）。

表1-18

流水	最大50cm〔在"越野模式2"（Off road 2）模式下，减速〕
积水	最大60cm〔在"越野模式2"（Off road 2）模式下，减速〕

（5）液体容量（表1-19）。

表1-19

型号	莱万特	莱万特S	莱万特柴油
油箱	80L（含储备容积16L）	80L（含储备容积16L）	80L（含储备容积16L）
发动机油	8.3L	8.3L	8.8L
发动机冷却液（配备双区空调控制系统的车辆）	9.2L	9.2L	13L
发动机冷却液（配备四区空调控制系统的车辆）	10L	10L	13.8L
挡风玻璃和前大灯清洗器	5L（配备前大灯清洗器的车辆），3.5L（不带前大灯清洗器的车辆）	5L（配备前大灯清洗器的车辆），3.5L（不带前大灯清洗器的车辆）	5L（配备前大灯清洗器的车辆），3.5L（不带前大灯清洗器的车辆）
AdBlue还原剂	—	—	20.5 L

（6）燃油消耗和排放（表1-20）。

表1-20

型号	莱万特	莱万特S	莱万特柴油
油耗，市区循环	14.8L/100km	15L/100km	8.2L/100km
油耗，郊区循环	8.3L/100km	8.5L/100km	6.6L/100km
油耗，整个NEDC*	10.7 L/100 km	10.9L/100km	7.2 L/100 km
CO_2排放量，整个NEDC*	249g/km	253g/km	189g/km

＊：新版欧洲行驶循环，由市区行驶循环和郊区行驶循环组成。市区循环涉及非常频繁的停车和低速（平均车速18km/h）；郊区循环包含介于50～120km/h（平均车速63km/h）的车速，中间不停车。

4. 车辆识别

（1）VIN编码系统。

VIN（车辆识别码）包含17个字符，始终位于两个星号之间，如图1-89所示，各位参数含义如表1-21所示。

图1-89

表 1-21

路段	含义	莱万特的可能特征
1	世界制造商标识符（WMI代码）	ZN6＝玛莎拉蒂（仅限莱万特。美国法规要求MPV的其他制造商标识符）
2*	发动机型号	X＝3.0L V6汽油型号，261kW（M156D） Y＝3.0L V6汽油型号，321kW（M156E） T＝3.0L V6柴油型号，205kW（M16164D） W＝3.0L V6柴油型号，186kW（M16164D）
3*	约束系统和GVWR	始终为"U" 前排：带收缩器和两个预紧器的三点式安全带、高级安全气囊、头部保护气囊和侧气囊 后排：带收缩器的三点式安全带 GVWR范围：2722～3175kg
4*	车型	61＝莱万特（M161）
5	车辆型号	A＝美国和加拿大（基本套件） B＝欧洲LHD C＝欧洲RHD、日本RHD和印度 D＝澳大利亚 E＝中国 F＝中东 G＝韩国 J＝日本LHD L＝美国和加拿大（豪华套件） S＝美国和加拿大（运动套件）
6	校验数位	用于验证整个代码，通过其他所有字符算得。仅限在美国、加拿大、中东、中国和韩国型号中使用。对于其他所有型号，不使用（始终为"0"）
7	MY（车型年份）	H：2017年，J：2018年，K：2019年，L：2020年；仅限美国、加拿大、中东、中国、韩国、巴西、智利、阿根廷市场。对于其他所有型号，不使用（始终为"0"）
8	制造工厂	X＝米拉菲奥里工厂（都灵）
9	序列号	6位序列号，被称为玛莎拉蒂车辆的"Matricola"

＊：对于美国和加拿大版车辆，两位数的车型标识符（第4部分）与发动机和约束系统标识符（第2和3部分）互换位置。

（2）Matricola和装配编号。

"Matricola"（VIN的后6位数）是在为车辆下订单后发布的渐进式序列号。另一方面，装配编号是指与车辆从制造工厂装配生产线上下来时的顺序相关联的序号。Matricola和装配编号相当于序号，并随时间增加，但是因物流要求，其进度不会高度匹配。通常，将从某个装配编号开始在装配线上引入与车辆的客户配置（例如部件质量改进）无关的技术细节变更。装配编号也被称为"备件编号"，因为它是特定车辆中使用的部件的最佳指示。因此，玛莎拉蒂技术服务部门所发布的服务公告通常是指相关车辆的装配编号，而不是其Matricola。当在ModisCS＋的在线技术文档中查阅车间手册或备件目录时，可通过插入序列号（Matricola）或装配编号选择正确的车辆。

（3）VIN位置。

VIN刻印在右后侧地板区域的底盘横梁上。可通过打开后侧乘客地毯内的塑料盖进行查看，如图1-90所示。

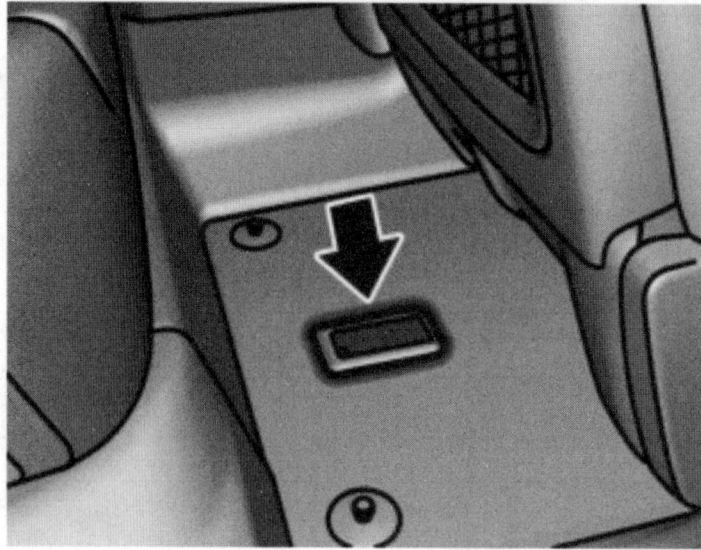

图 1−90

通过挡风玻璃左侧可立即看到 VIN，如图 1−91 所示。

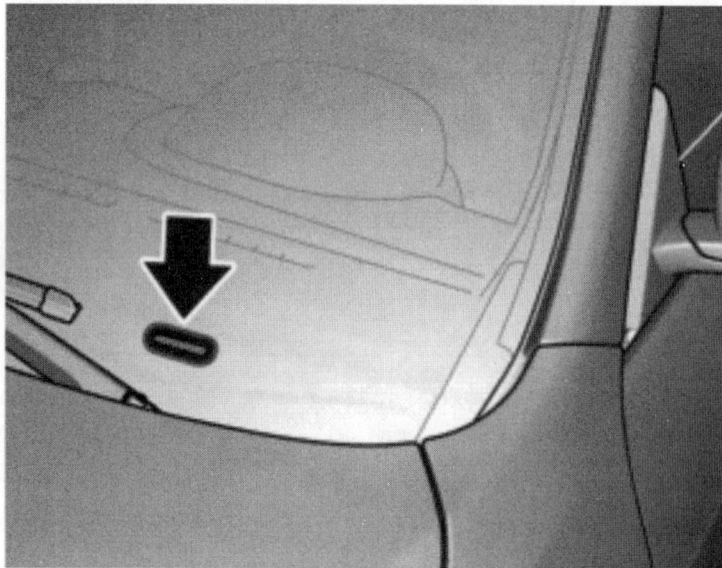

图 1−91

（4）车辆标识牌。

驾驶员侧车门立柱上的标签包含以下详细信息（图 1−92）。

制造商名称。

审批编号。

VIN。

允许的最大重量（总重量/前侧/后侧）。

发动机型号。

车辆型号代码。

装配编号（对于备件为 N°）。

（5）喷漆标识代码。

包含喷漆代码的标签粘贴在发动机舱盖的下方。

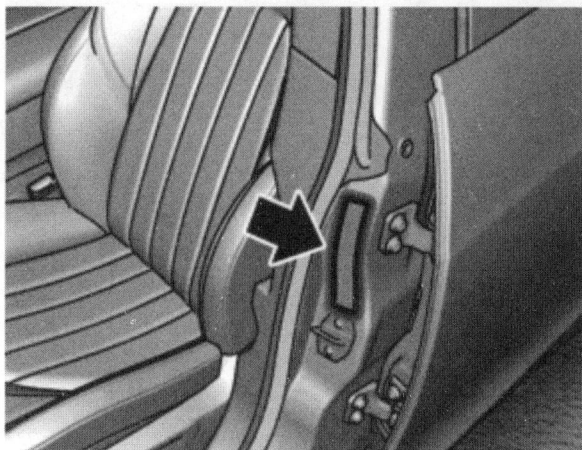

图 1—92

5．定期保养

莱万特车型与轿车车型的定期保养计划一致。必须按指定的时间或里程数完成定期保养服务，以保护车辆保修和确保最佳车辆性能和可靠性。对于在恶劣工作条件（如多尘区域、越野驾驶和超短行程）下行驶的车辆，可能需要更频繁的保养。任何时候怀疑出现故障都应进行检查和维修。

6．应急功能和操作

大多数操作的执行方式与 M156—7 车辆完全相同，驻车制动是一个例外。

（1）机械车门锁定和解锁。

可以使用从电子钥匙中抽出的机械应急钥匙来锁定和解锁驾驶员车门。注意：如果车辆配有警报系统，则机械解锁后打开车门时将触发警报器。

只能通过以下方式禁用警报器。

当车辆识别出有效的电子钥匙后；

通过备用程序打开点火装置或启动发动机后；

通过 MD Evo 进入电子钥匙编程程序后。

电子钥匙中包含一把传统机械钥匙，可在车辆熄火或电子钥匙电池电量用完时用来锁定和解锁驾驶员车门，如图 1—93 所示。

图 1—93

（2）蓄电池电量耗尽后为车辆供电。

可以通过直接接线至后部电池的远程正极端子从发动机舱加电和跨接启动车辆。可以将负极夹钳连接到发动机缸盖（汽油发动机，如图 1—94 所示）或散热器支架（柴油发动机）上的螺钉。莱万特车型没有机械应急打开尾门的功能。如果车辆的蓄电池电量耗尽或断开连接，可将助力器或蓄电池充电器连接到发动机舱中的指定点来为车辆的电气系统供电。然后，可以打开尾门以检修车辆的蓄电池。

图 1-94

(3) 手动解锁燃油箱加油口盖。

如果电子锁出现故障,可以通过拉动位于行李舱左侧塑料盖后方的绳子来手动解锁燃油箱加油口盖,如图 1-95 所示。

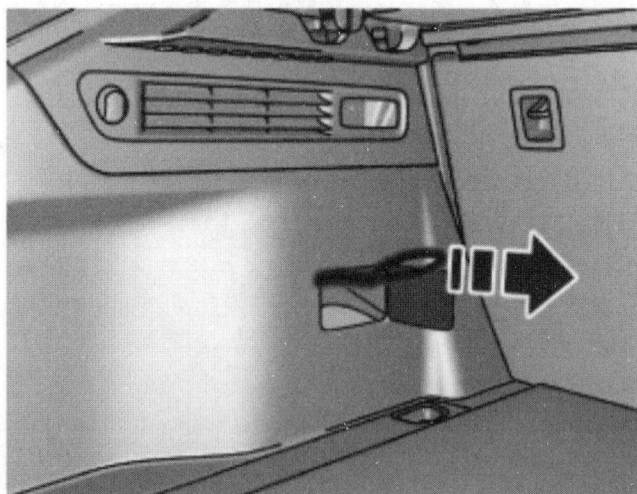

图 1-95

(4) 从外部油箱加注燃油。

柴油车的无盖加油口(图 1-96 中左图)与汽油车的传统加油口盖(图 1-96 中右图)。如果需要从燃油罐手动倒入燃油,应该使用特定的漏斗。(汽油车和柴油车特定)漏斗随车辆提供,位于行李舱地板下方的区域中。请注意,汽油车使用带盖的传统加油口颈,而柴油车采用无盖设计。

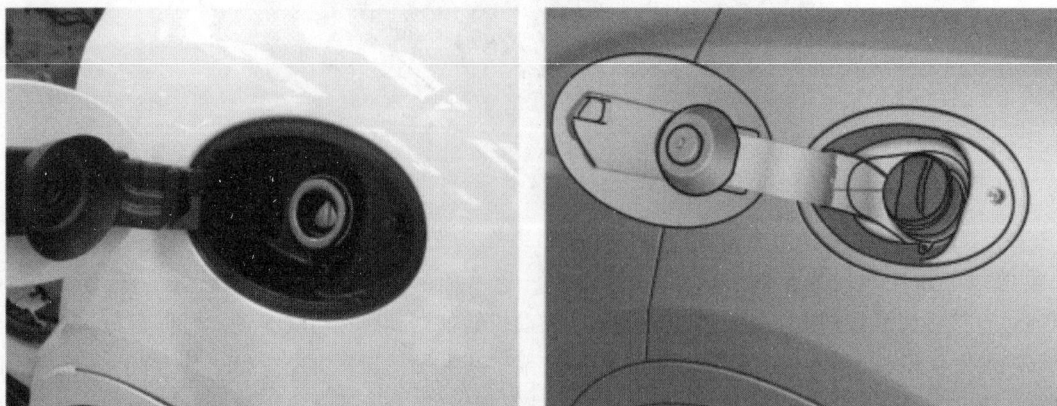

图 1-96

从燃油罐给车辆加注燃油仅适用于极端情况需要。燃油是易燃物质，必须采取最大限度的预防措施以避免火灾危险。

（5）驻车制动器故障。

莱万特车辆配备新一代电子驻车制动器（EPB）。此系统不使用中央拉线收紧器，而是使用集成在后制动卡钳中的驻车制动器执行器。因此，驻车制动器没有手动释放功能。如果驻车制动器发生故障，需要对后卡钳进行维修，则必须由经过培训的技师在车间中执行该维修操作。

（6）变速器空挡位置。

可以通过带操纵杆的紧急释放拉索将变速器手动置于空挡位置。拆下左侧前方地板区域中的盖板即可触及该装置。拉动红绳可操作操纵杆。变速器驻车锁的手动释放拉索如图1-97所示。

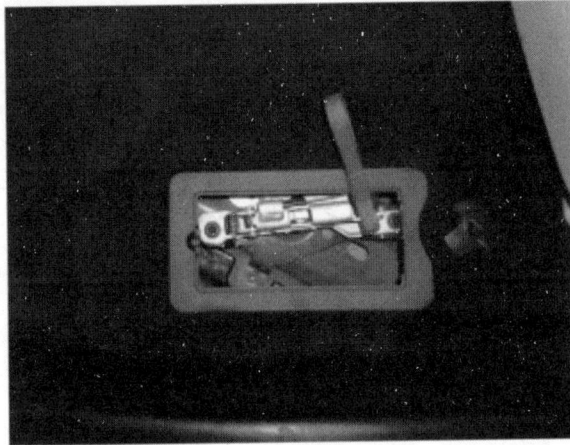

图 1-97

（7）牵引车辆。

牵引环的前连接点（图1-98中左图）和后连接点（图1-98中右图）。车辆附带旋入式牵引环。如果需要牵引车辆，请将牵引环完全旋入牵引环连接点。莱万特配有两个牵引环连接点，一个位于车前，一个位于车后。

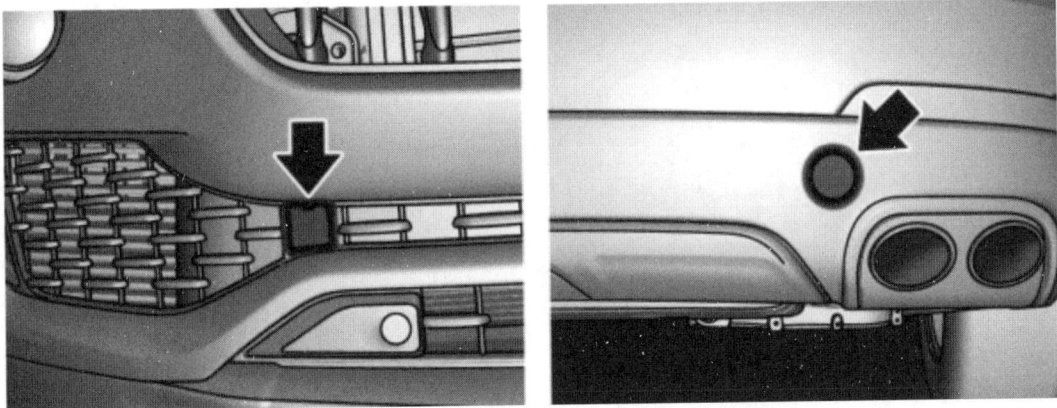

图 1-98

牵引车辆时，请确保满足以下条件。

发动机关闭；

点火装置位于"RUN"位置；

EPB已释放；

变速器处于空挡位置。

移动故障车辆时，应该将其置于拖车平台上，使其四轮离地。如果不可行并且没有替代方法，可以在故障车辆四轮接触地面的情况下进行牵引，但是必须严格遵守最大速度为 50km/h 且最大距离为 50km 的限制规定。如果不遵守这些限制，将导致变速器损坏。切勿在前轮举升的情况下牵引故障车辆；否则，由于润滑不充分将导致分动箱损坏。切勿使用单轴牵引的牵引台来牵引故障车辆；否则，举升的轴仍会受到一些残余扭矩的作用，这会导致车辆滑离牵引台。

（8）举升和顶升。

硬塑料千斤顶可用于车辆顶升和举升，没有损坏车辆底面的风险。只能使用这些点来举升或顶升车辆，如图 1-99 所示。要顶升汽车，首先需要禁用空气悬架系统的自动水平控制功能。可在 MTC+菜单中选择"更换车轮模式"（Wheel Replacement Mode）。

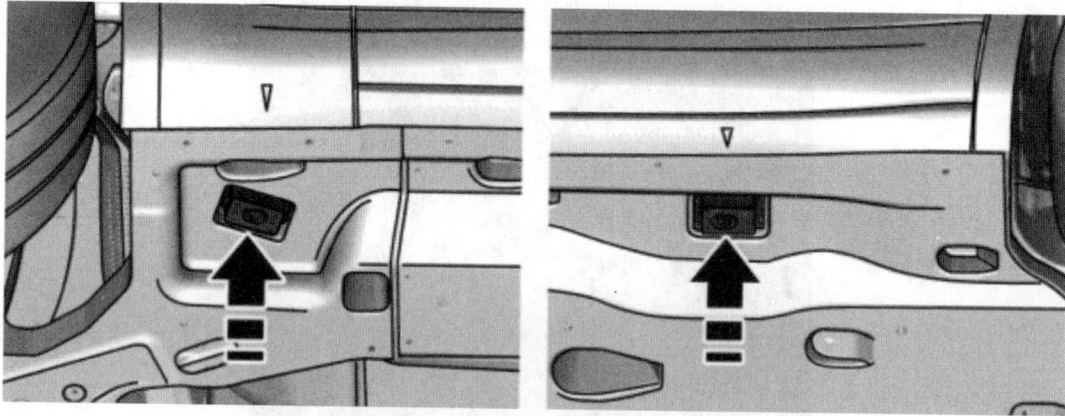

图 1-99

第二章 发动机系统

第一节 3.0 V6 双涡轮增压发动机系统

一、介绍

（一）前言

2013 年新一代 M156 总裁使用了本款设计规范为 F160 的全新 3.0L 双涡轮式 V6 发动机。新款 M157 吉博力轿车不久之后也使用了本款发动机。玛莎拉蒂制造双涡轮 V6 发动机的历史可追溯到 1981 年，那一年，首款双涡轮增压型发动机问世。然而，全新的 F160 发动机与 20 世纪八九十年代生产的 V6 发动机截然不同。高压燃油直喷、全部凸轮轴连续可变气门正时技术、最新一代的发动机电子控制系统以及符合欧 6 标准车辆的启停技术赋予了这款发动机全新的特点。

（二）关键技术功能

F160 发动机的特点是在最低转速下可保证充沛的扭矩输出率，此外，其特定输出功率在同类产品中最高。在该 V6 双涡轮发动机上可以发现许多与 F154 V8 双涡轮发动机相同的前沿革新技术。以下简要概述了本款全新发动机的突出特色。

全新型轻合金 60°V6 发动机。

每个铝制汽缸的缸盖上均配有 4 个气门和高滚流进气道，配备有 4 个连续凸轮正时调节器、用于限制机械摩擦的滚柱摇臂式随动器以及液压间隙调节器。

高效的流体动力学结构和燃烧室。

可耐受 1020℃ 高温的涡轮歧管，上面配有低惯性、真空操作和电子控制的废气阀门和调压阀。

低压降的进气和排气系统，以及高效的中冷器。

高燃烧效率：发动机采用 20 000kPa 燃油直喷系统（GDI），并配有多孔喷油器，可使燃烧更完全、启动更轻松。其与 4 个凸轮正时调节器共同确保排放量更低，此外，还显著提高了燃油经济性。

降低了内部摩擦，其与电子控制机油泵降低了燃油消耗量和排放量。

可变化排量的电子控制机油泵和低黏度机油在降低了燃油损耗的同时提高了燃油经济性。

交流发电机具有智能充电控制功能。

新一代 Motronic MED17 发动机控制系统和发动机校准系统具有舒适/运动驾驶性能选项。

符合欧 6 标准的启停技术。

根据输出功率和驾驶配置的不同，F160 V6 发动机具有多种版本。此外，本款发动机还根据不同的废气排放要求推出了欧 5 和欧 6 两个版本。

1. 发动机型号

V6 发动机范围和设计规范如表 2—1 所示

表 2—1　V6 发动机范围和设计规范

V6 双涡轮 246kW（330hp），后轮驱动，欧 5/欧 6	F160AO
V6 双涡轮 261kW（350hp），后轮驱动，欧 5/欧 6	F160AS

V6 双涡轮 306kW（410hp），后轮驱动，欧5/欧6	F160AM
V6 双涡轮 306kW（410hp），全轮驱动，欧5/欧6	F160AN

与 246kW/261kW 型号相比，306kW 型号具有以下 3 点优势：

凸轮轴具有特定凸轮轮廓；

特定喷油器容量更高；

特定的发动机校准软件。

261kW 与 246kW 型号发动机的不同之处在于特定的发动机校准软件。新型号已对 AWD 车辆（F160AN）所使用的发动机进行了修改，对其新增了 AWD 系统。该款发动机采用完全不同的油底壳设计，其集成有发动机支撑座。对某些发动机周围部件（如排气系统和进气管）的布局进行了修改，以便为 AWD 系统留出必要空间。最后，与 RWD 型号相比，AWD 车辆发动机在发动机舱内的安装位置要更高。

2. 欧5和欧6版本

F160 V6 发动机于 2013 年引进，该款发动机符合欧洲"欧5b"排放标准。从引进总裁 MY16 和吉博力车型（2015 年中期投产）开始，就已对发动机进行了升级，以使其符合"欧6b"排放标准。自 2015 年 9 月开始，在欧洲国家首次注册必须执行欧6标准。与符合欧5标准的发动机相比，符合欧6标准的发动机具有以下方面的优势：

应用启停系统；

全新 ECM（Bosch Motronic MED17.3.5）配备了新款校准软件；

全新下游氧传感器；

优化了排放控制策略和 ECM 管理氧传感器的方式；

智能交流发电机管理。

可通过查看位于车门框内车辆识别标签上的车型代号对符合欧6标准和符合欧5标准的车型加以区分。车型代号是一组字母和数字组成的代码，用于识别车辆注册所需的所有技术特点。如果在此代号中添加了字母"W"，则表示车辆符合欧6标准。欧5b 与欧6b 版本的 F160 发动机符合美国排放限制（LEV 类别）LEV Ⅱ 标准。

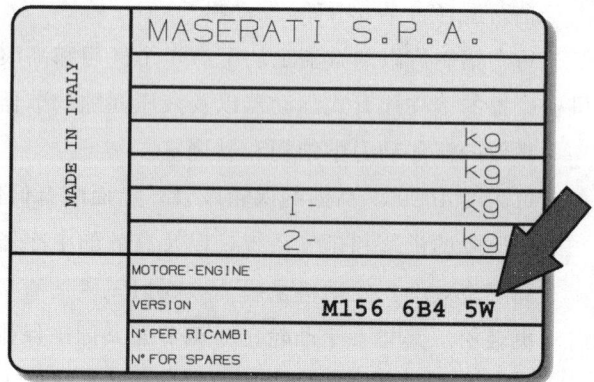

图 2-1

区别车辆是符合欧6标准还是符合欧5标准的最简单方式是检查车门框内车辆识别标签上的车型代码（图 2-1）。如果车型代码中包含字母"W"，则表示该车辆符合欧6标准。

3. 启停

使用启停系统不仅可使配备有 F160 V6 发动机的车辆进一步降低燃油消耗，此外，还可以降低多达 7% 的 CO_2 排放量，启停开关如图 2-2 所示。启停系统的原理是在汽车停止后关闭发动机，并在踩下加速踏板后自动启动发动机。自动模式和 ESC 关闭模式自动禁用启停系统，其他模式下驾驶员可手动禁用启停系统。安装启停系统需要添加或重新设计大量车辆部件。

图 2-2

（三）发动机盖内部示意图（图2-3）

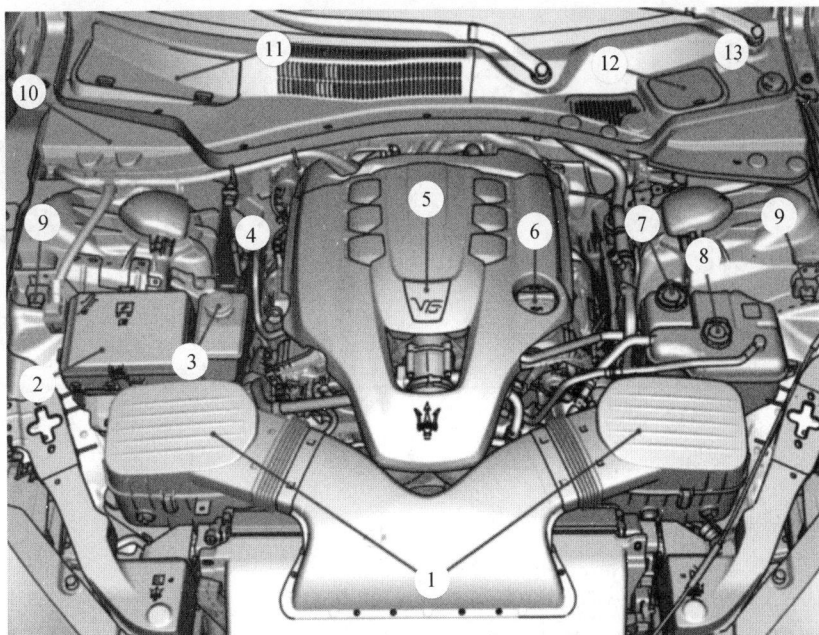

1—易于使用的空气滤清器　2—配电装置（FDU）外壳、保险丝和继电器　3—动力转向液储液罐　4—机油尺　5—两种动力型号发动机盖上的 V6 标志不同：330hp（246kW）型号为灰色，410hp（306kW）型号为蓝色　6—机油加注口盖　7—副冷却管路水壶（用于变速器和动力转向机构的冷却）　8—主冷却管路水壶（用于发动机冷却）　9—Skyhook 缓冲控制模块的车身加速度传感器（可选）　10—Motronic MED17 ECM 检修盖　11—车内空气滤清器检修盖　12—制动液壶盖　13—风挡玻璃清洗液壶盖

图2-3

（四）F160AM/AO/AS 发动机视图（图2-4和图2-5）

图2-4

图2-5

（五）F160AN 发动机视图（图 2-6 和图 2-7）

图 2-6

图 2-7

（六）发动机布局

所有型号的 F160 V6 发动机均纵向安装在车辆上，并与自动式 8 速变速器进行连接。适用于后轮驱动和全轮驱动两种选择。在全轮驱动车辆上，发动机在机舱内的安装位置要略高一点。

1. 汽缸编号

发动机的 6 个汽缸按照以下方式分布（图 2-8）。

汽缸列 1（汽缸 1-2-3），从前到后列于右侧。

汽缸列 2（汽缸 4-5-6），从后到前列于左侧。

V6 发动机汽缸编号的排列方式与 V8 发动机相同。请注意，这种情况下汽缸列 1 的位置更靠前。

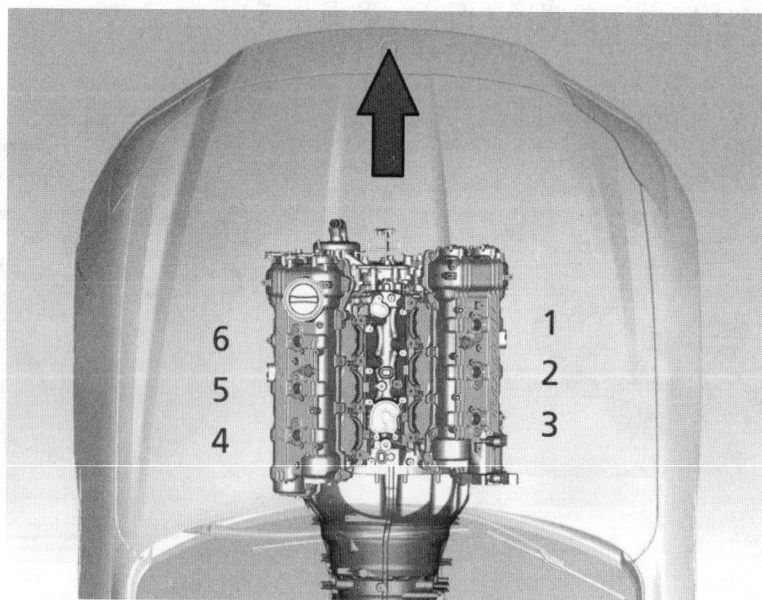

图 2-8

2. 发动机标志

发动机标志编号位于曲轴箱后方，右侧汽缸盖的后侧靠近变速器壳体处，如图 2-9 所示。

3. 发动机支撑座

V6 发动机位于铝制副架结构（一种由挤压件和铸造件制成的焊接组件）上，如图 2-10 所示。所有发动机型号的副架基本相同，只在机器加工上存在差异。发动机支撑座根据变速器的具体配置安装在不

图2-9

同位置。AWD车辆的支撑座靠前，为前驱轴留出空间。AWD车辆的后变速器支架同样也为分动箱留出了空间。

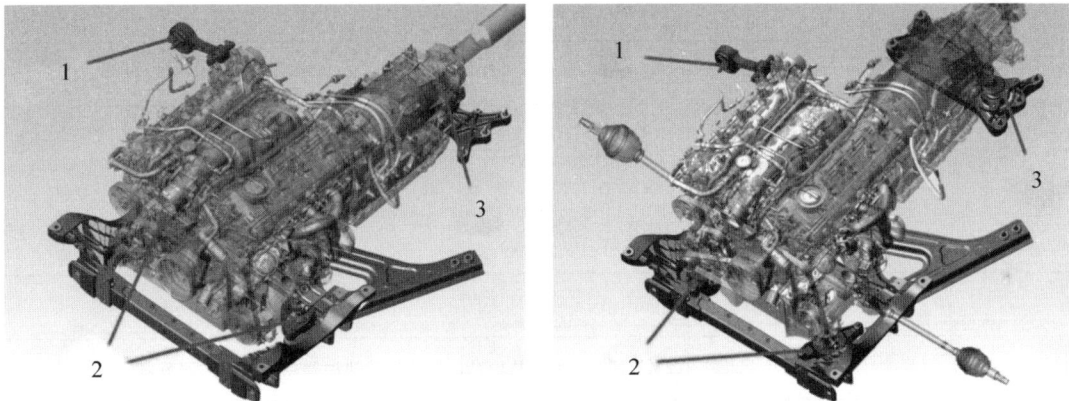

1—发动机稳定杆　2—充油式发动机支撑座　3—充油式后变速器支撑座

图2-10

自下而上可清楚看见RWD（图2-11左图）和AWD（图2-11右图）车辆发动机支撑座和特制后变速器托架的不同位置。

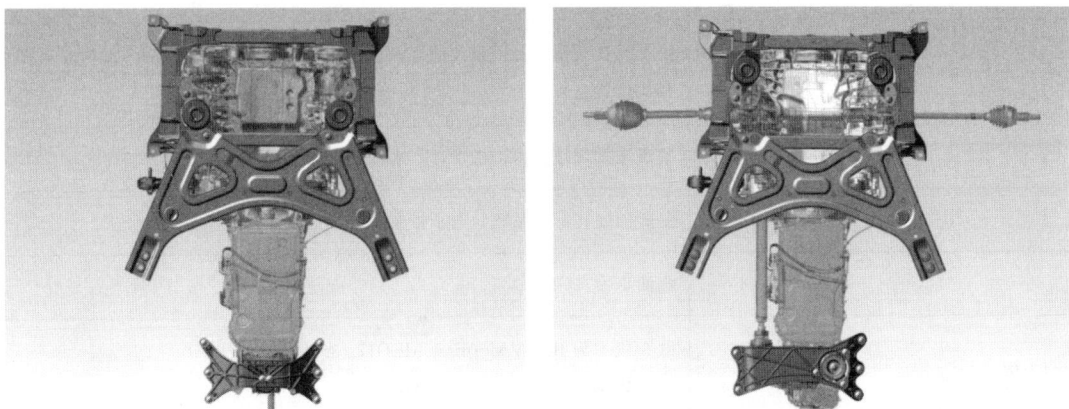

图2-11

（七）F160AM- F160AN- F160AO- F160AS 技术参数（表2- 2）

表2－2

技术参数	F160AM－F160AN－F160AO－F160AS
配置	60°V6，24气门，双涡轮
排气量	2979mL
缸径×行程	86.5mm×84.5mm
压缩比	9.7：1
最大功率	5500r/min 转速下（AM/AN）306kW（410hp） 5000r/min 转速下（AO）246kW（330hp） 5500r/min 转速下（AS）261kW（350hp）
最大扭矩	转速在1750～5000r/min（AM/AN）时550N·m 转速在1750～4500r/min（AO/AS）时500N·m
发动机最大转速	6500r/min
急速	700r/min
发动机特定功率	102kW/L（AM/AN） 83kW/L（AO） 87kW/L（AS）
点火次序	1－6－2－5－3－4
配气机构	24气门，4顶置凸轮轴，滚柱摇臂随动器和液压间隙调节器
正时配气	发动机前侧配有双正时链条，可为进气和排气提供连续可变气门正时（进气和排气均为50°正时变化）
进气门正时	进气门在活塞经过上止点后16°开启（相对气门升程0.6mm），此时正时调节器位于默认位置
排气门正时	排气门在活塞经过上止点前8°开启（相对气门升程0.6mm），此时正时调节器位于默认位置
涡轮增压器	集成于排气歧管内，低惯性，水冷式，IHI生产
润滑系统	湿式油底壳润滑系统，电子控制可变排量机油泵
燃油系统	汽油直喷（GDI）
发动机控制系统	欧5版本为 Bosch Motronic MED17.3.4 欧6版本为 Bosch Motronic MED17.3.5

(1) 性能曲线 F160AM－F160AN，如图 2－12 所示。

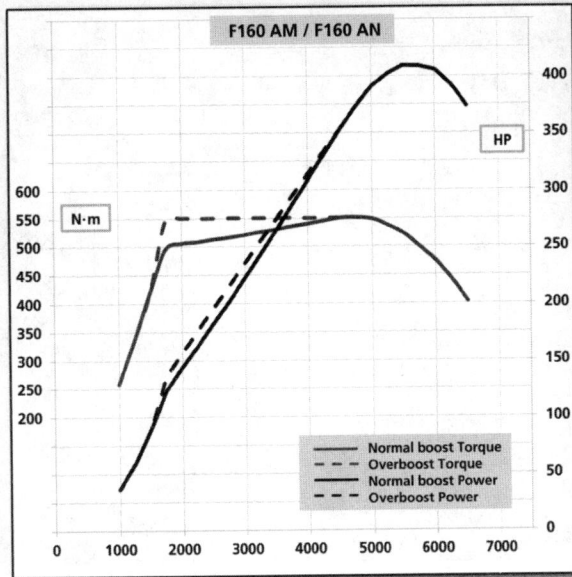

图 2－12

(2) 性能曲线 F160AO，如图 2－13 所示。

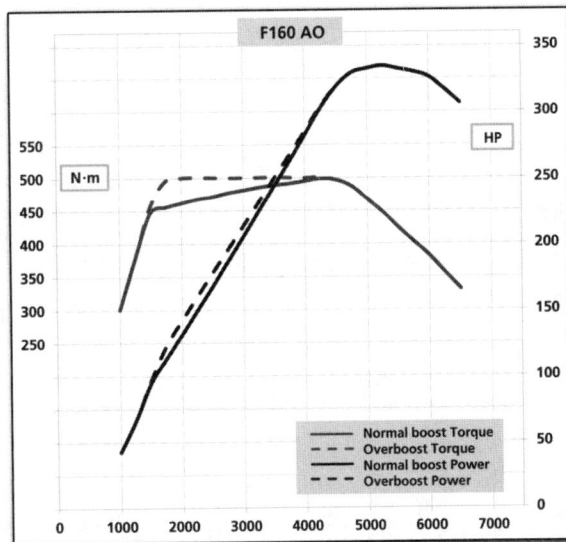

图 2－13

二、汽油发动机基本原理

（一）火花塞点火式发动机

火花塞点火式（SI）发动机使用四冲程循环和外源式点火，如图 2－14 所示。此种发动机燃烧空气/燃油混合气，在此过程中，燃油中的化学能将转化为动能。火花塞点火式发动机可使用包括汽油、液化石油气（LPG）、甲烷在内的多种燃料。在本书中，我们集中讨论汽油，也就是 F160 发动机所用燃料。长久以来，化油器的作用一直是向进气歧管提供空气/燃油混合气，随后，下行的活塞会导致混合气被吸入汽缸。对尾气排放的立法限制促成了燃油喷射技术精确计量燃油量这一技术突破。燃油直喷技术的发展还具有更多其他优势，其中在提高燃油经济性和输出功率这两方面尤为明显。直喷系统在恰当的时刻将燃油直接喷入燃烧室。

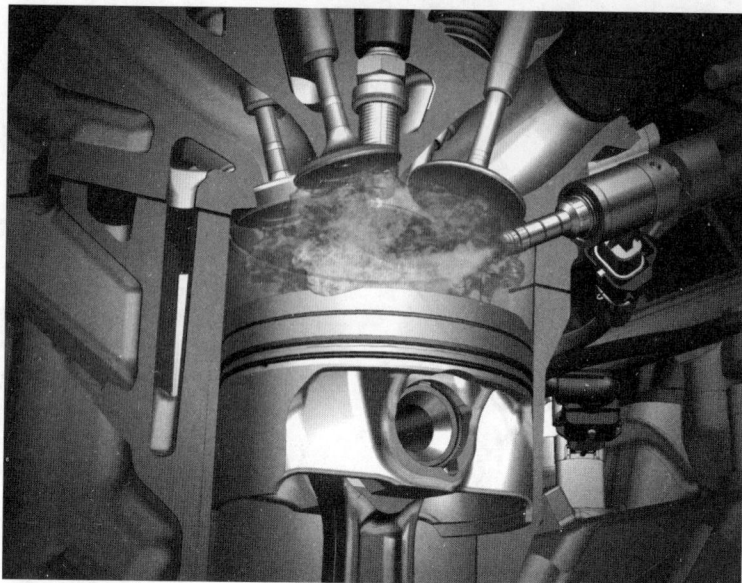

图 2－14

1. 压缩比

压缩比指活塞位于最低位置［BDC（下止点）］时容积与活塞位于最高位置［TDC（上止点）］时容积的比值。发动机的压缩比对确定以下内容至关重要：

功率和扭矩的输出；

燃油经济性；

污染物排放。

汽油发动机的压缩比在 7∶1～14∶1 之间浮动，具体取决于发动机的设计配置和所选的燃油喷射方式（PFI 还是 GDI）。柴油发动机使用的高压缩比（14∶1～24∶1）不适用于 SI（火花塞点火）发动机。必须避免此类高压缩比和由此类压缩比产生的高温，以防止空气/燃油混合物产生无法控制的自燃（爆炸）。与柴油相比，汽油更易发生爆炸。直喷式发动机（GDI）将燃油喷射到燃烧室中，吸入汽缸的空气在与燃油雾滴混合汽化后吸收热量，随后汽缸内的温度降低。也就是说，与歧管燃油喷射式发动机（PFI）相比，这种情况下汽缸内压缩空气/燃油混合物的温度更低。因此可以选择较高的压缩比，以提高发动机热效率。

2. 气门正时

气门正时决定进排气门的打开和闭合时间。由于气门正时与曲轴转角相关联，因而采用"曲轴角度"表示正时。对气流和气柱振动效应的利用提高了燃烧室的进气和扫气能力。这就是在一定的曲轴转角范围内进排气门的打开和闭合时间重叠的原因，如图 2－15 所示。

3. 空气/燃油混合气

空气/燃油混合气能否燃烧完全取决于混合比配比是否理想。汽油混合配比的理想情况是 14.7kg 的空气搭配 1kg 的汽油，即混合比为 14.7∶1。空气/燃油比率 λ 表示实际进气量与理想燃烧时所需的进气量的比值，也将 λ 称为过量空气系数。λ＝吸入空气量/理论所需空气量。

需对以下三种情况加以区别。

λ＝1：进气量等于理论上燃烧所有喷入燃油所需的空

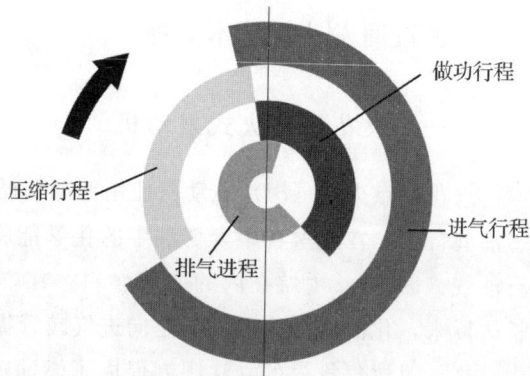

图 2－15

气量，此时 λ 系数为理想状态下的配比比率。

λ<1：进气量小于理论上燃烧所有喷入燃油所需的空气量，这种情况下，混合气过浓。

λ>1：进气量大于理论上燃烧所有喷入燃油所需的空气量，这种情况下，混合气过稀。

如果混合气浓度低于稀燃极限，则无法点火。过量空气系数决定燃油消耗率和未经处理的污染物排放量，如图 2-16 所示。

4. 点火和火焰传播

火花塞在间隙处释放电火花，从而点燃空气/燃油混合气。火焰传播是否可靠、燃烧是否安全很大程度上取决于空气/燃油比率 λ，λ 的数值应介于 0.75～1.3。初始点火后形成火焰前缘。火焰前缘的传播速度随燃烧压力的增加而上升，并在燃烧过程趋于结束时下降，该传播速度为 15～25m/s。

5. 混合气过浓和过稀

混合气略微过浓、λ 为 0.8～0.9 时燃烧速度达到最高峰值。快速燃烧可在高发动机转速的情况下提供令人满意的全油门行驶性能和满载行驶性能。混合气略微过稀、λ 为 1.05～1.1 时将产生高燃烧温度，这种温度可实现高热力效率。

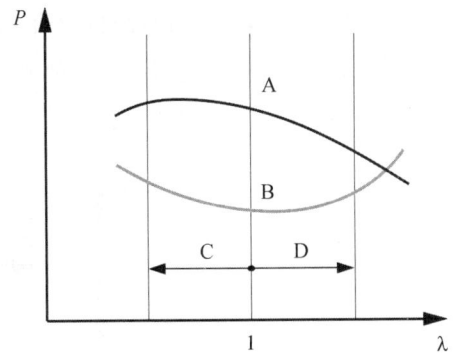

A. 功率 B. 燃油消耗率 C. 空气/燃油混合气剩余 D. 空气/燃油混合气不足

图 2-16

（二）汽缸充气

汽缸充气指进气门闭合后吸入到燃烧室内的混合气体量。汽缸充气由新鲜空气和部分残余气体组成。在 λ≤1 的情况下产生的扭矩大小与新鲜空气充气成正比。也就是说，要使扭矩最大化，可以在空气进入汽缸之前对其进行压缩。F160 发动机应用了涡轮增压技术，即通过废气驱动式空气压缩机增加汽缸充气。

1. 容积效率

发动机容积效率指标准状态下（1 个大气压力，空气温度为 0℃）实际进入汽缸的空气体积和汽缸容积确定的理论空气体积的比值。现代自然吸气式发动机的容积效率约为 1。充气系统（涡轮增压）可显著提高容积效率。使用此系统后容积效率将大大提升，其值将远大于 1。

2. GDI 和 PFI

对于传统的 PFI 发动机而言，刚刚吸入到汽缸中的混合气由吸入的新鲜空气和其夹带的燃油组成。所有燃油均已在进气门上游与新鲜空气进行了混合。而对 GDI 发动机而言，吸入到汽缸中的只有空气，燃料直接注入燃烧室中。

3. 残余气体

汽缸充气的残余气体由已参与了燃烧过程的汽缸充气组成。残余气体为惰性气体，不包含任何氧气，因此不参与下一燃烧循环的燃烧过程。然而，它会导致点火延迟并降低燃烧速度，因此，残余气体不仅会使发动机效率略有下降，还会导致峰值压力和温度降低。精确控制混合气中的残余气体含量可有效减少氮氧化合物（NO_x）的排放量。

4. 气门重叠和内部 EGR

气体交换或进气循环指的是使用新鲜空气或新鲜混合气替换燃烧残余废气的过程。该过程由打开闭合进气门、排气门以及活塞行程共同控制。气门重叠对后续动力循环的残余气体含量具有显著影响。在气门重叠过程中，先打开进气门，再关闭排气门。在此过程中，如果进气歧管中的压力低于排气歧管中的压力，则残余气体会回流进气歧管。由于在这种情况下回流的残余气体会在排气门关闭后再次流入汽缸，因而会增加残余气体的含量（内部 EGR）。内部 EGR 适量可降低峰值燃烧温度，进而减少 NO_x 的排放量。

（三）发动机特性

1. 传动系扭矩

物理量扭矩是力与杠杆臂"l"的乘积。在车辆的动力传动系统上，我们可以通过不同的测量位置对不同类型的扭矩加以区分。

发动机扭矩：连杆通过曲轴行程将活塞行程转化为旋转运动。随着空气/燃油混合气的膨胀，将产生一种驱动活塞向下运动的力，这种力在曲轴行程的作用下由杠杆臂转化为扭矩。用于转化扭矩的杠杆臂是垂直于该力的杠杆部件，如图 2—17 所示。

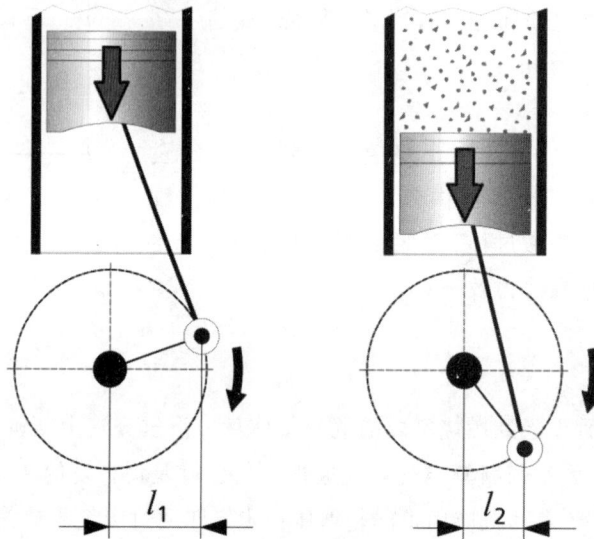

l—用于曲轴传动的杠杆臂

图 2—17

离合器扭矩：此扭矩为飞轮处的有效扭矩。该扭矩需在发动机扭矩基础上减去摩擦扭矩（发动机的摩擦损失）、泵气损失以及驱动辅助设备所需的扭矩。

驱动扭矩：该扭矩作用于驱动轮。离合器扭矩减去变速器产生的损耗可得到该扭矩。

2. 发动机功率

发动机功率由可用离合器扭矩和相应的发动机转速确定。发动机功率随发动机转速的增加而增加，直到扭矩开始下降到转速的提升不能再为其提供补偿的程度为止。这也是最大功率转速总是高于最大扭矩转速的原因。

3. 发动机性能

燃烧过程由许多因素决定，主要因素包括如下。

燃烧室和进气歧管的几何结构；

喷射时刻；

点火时刻；

注入燃油和空气流量之间的关系。

重点在于在低发动机转速下使扭矩最大化，并使之达到燃油的最佳经济效果。配有废气涡轮增压器和扫气策略的发动机可达到上述需求。输出扭矩和功率的大小取决于进气量和所注入的燃油量，动力传递如图 2—18 所示。

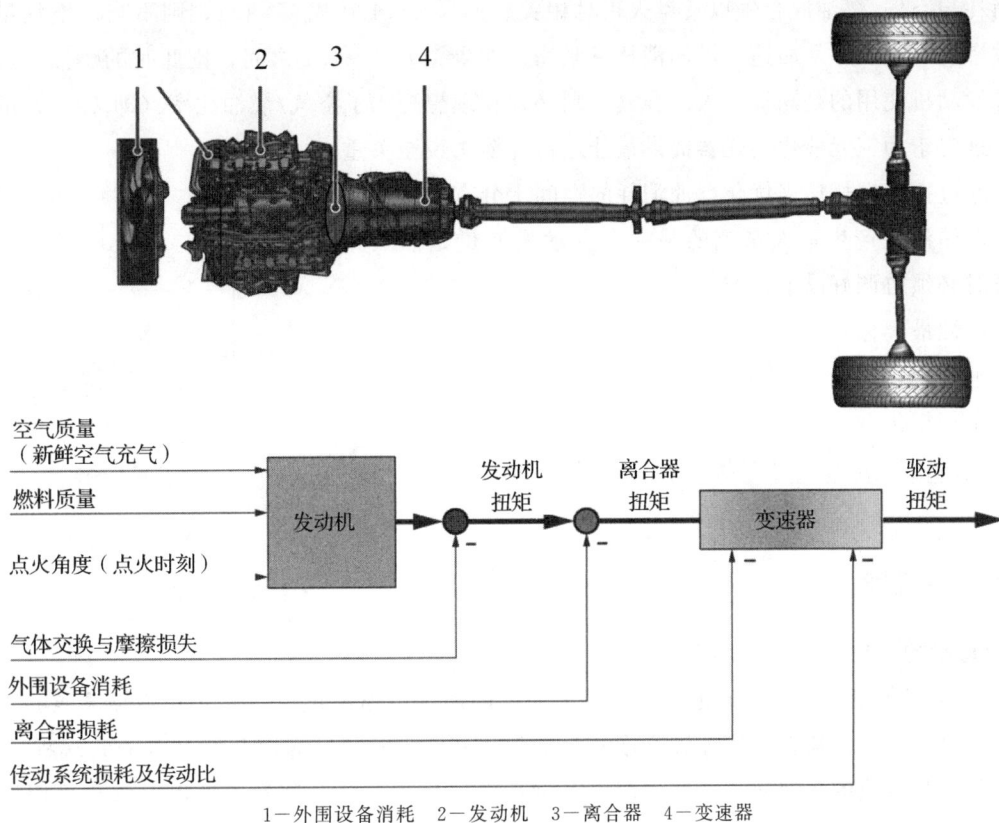

1—外围设备消耗　2—发动机　3—离合器　4—变速器

图 2-18

（四）发动机损失

1. 热损失

燃烧过程中产生的热量会加热汽缸壁和汽缸盖。此中一部分热能会因散热而损失。对于 GDI 发动机而言，靠近火花的空气/燃油混合气由一层不参与燃烧过程的气体隔层包围。这种气体隔层会阻止热量传递到汽缸壁上，从而减少了热损失。产生大量热损失的原因是冷凝在汽缸壁上的燃油没有完全燃烧。而气体隔层的绝热效应恰恰在一定程度上降低了这种原因造成的热损失。

2. 泵气损失

在气体交换过程中，为将气体更换为新鲜气体，会以泵气损失或换气损失的形式消耗所做的功。这种现象会消耗产生的部分机械功，因而会降低发动机的有效效率。

节气损失：在活塞下行行程进气阶段的过程中，进气歧管的压力可能会低于活塞下方的压力。活塞必须消除这种压差。

排气损失：在活塞处于上行行程的过程中，排放燃烧废气时，燃烧室中会产生动压力（特别是发动机处于高转速和高负载的情况下）。活塞必须消耗能量以克服该压力。

3. 摩擦损失

摩擦损失为发动机自身活动部件及其辅助部件活动部件之间产生摩擦而造成的损失。随着发动机转速的增加，摩擦损失以指数的方式增加，这就是发动机在低转速下效率更高的原因之一。

（五）燃油消耗率

燃油消耗率指发动机做一定数量功所需的燃油质量。使用做每千瓦时功所需的燃油克数对其进行表示 [g/（kW·h）]。使用该参数测量从燃油中提取的能量从技术上而言更加准确。燃油消耗率是对发动机效能进行评估的极佳方式。

燃油消耗与空气/燃油混合气以及点火正时相关。如果 $\lambda < 1.0$ 或 $\lambda > 1.1$，则不当的空气量和燃油量比例将导致燃烧不完全，从而造成燃油消耗量激增。如果 λ 在 $1 \sim 1.1$ 之间，则此时的燃油消耗处于最低水平。如果发动机使用的是同种吸入混合气，则必须在理想配比了空气/燃油比率（即 $\lambda = 1$）的情况下使用发动机。这对于为三元催化转化器提供最佳运行环境来说至关重要。因此，通过操纵空燃比来优化燃油消耗的空间十分有限。

能够对燃油消耗产生重大影响的另一个发动机变量是点火正时。点火正时必须协调好以下内容。

燃油经济性最大化；

排放水平最低化；

输出功率理想化。

过量空气系数和点火正时对特定燃油消耗的影响如图 2—19 所示。

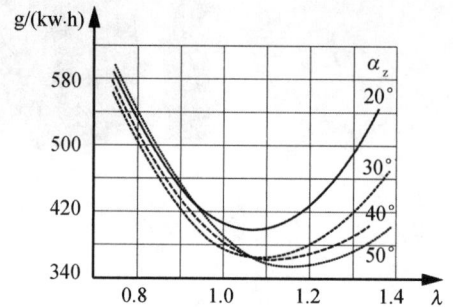

图 2—19

（六）燃油直喷

1. 燃油直喷的历史

20 世纪末深度研发出了车用火花塞点火式发动机的燃油直喷系统后，人们开始寻求能够实现更高特定输出功率、更低燃油消耗和更优排放策略的驱动力方式。但是燃油直喷系统却并非首次提出。20 世纪初，法国的里昂与瑞典的乔纳斯·赫塞尔两位开创性的工程师，联合制作了世界上首台采用燃油直喷的汽油发动机。二战期间，一些战斗机装备了燃油直喷发动机，以防止在高速空中机动过程中失速。使用汽油运行的首套汽车直喷系统由博世研制，并于 1952 年由 Goliath 与 Gutbrod 公司首先推出。早在 1953 年，玛莎拉蒂首先在 4 缸式发动机样机（该款发动机拟生产用于 2L 方程式赛车等级的 6 缸发动机 A6GCM 的备用样机）上对燃油直喷进行了测试。在这款代号为 4CF2（图 2—20 中左图）的发动机上，玛莎拉蒂的首席工程师朱利奥·阿尔菲采用了完全自主研发的高压燃油系统。1956 年，玛莎拉蒂再次测试了在 250F 一级方程式发动机（图 2—20 中右图）上采用的燃油直喷系统，但结果不太令人信服，并最终放弃了这一项目。由于技术上的复杂性与所用材料的要求限制，因此在随后的四十年里，在批量生产采用燃油直喷技术的汽车领域，并未取得突破性进展。1961 年，玛莎拉蒂为批量生产 3500GTI，转向了传统的（间接）燃油喷射技术。

图 2—20

2. 原理

直喷系统的特点是在高压下直接将燃油喷入燃烧室，如图 2—21 所示。对于柴油发动机而言，空气/燃油混合气在燃烧室内形成（形成内部混合气）。在进气行程中，经过打开进气门的只有气流。

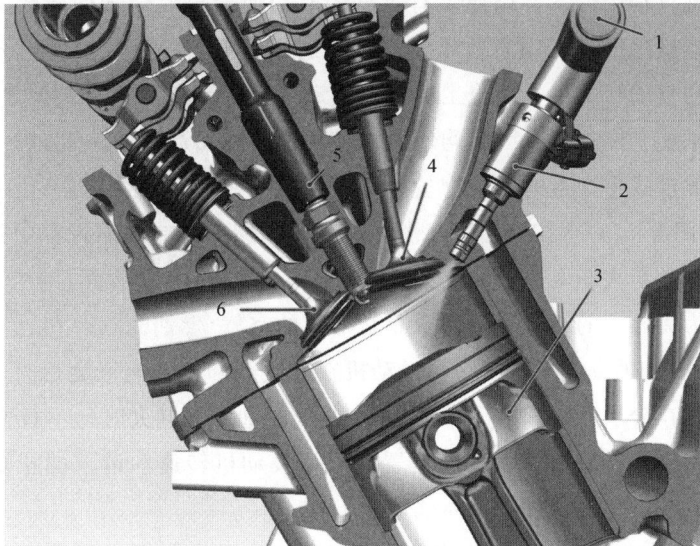

1—燃油轨　2—高压喷油器　3—活塞　4—进气门　5—点火线圈和火花塞　6—排气门

图 2—21

3. 高压的形成和传递

可将燃油直喷的各个步骤总结为以下几点。

（1）位于燃油箱内的电动燃油泵以预供给的压力将燃油输送至高压泵。

（2）高压泵根据发动机工作点（主要参数为请求的扭矩和发动机转速）形成系统压力。

（3）经过高度加压的燃油进入燃油轨准备喷射。

（4）燃油压力通过高压传感器进行测量，并在闭环内通过集成在高压泵中的阀门进行调节。油压范围为 3000～20 000kPa（符合欧 6 标准的发动机为 4000kPa/5000kPa）。

（5）喷油器受发动机 ECU 驱动，将燃油喷射到汽缸的燃烧室内。喷油器位于汽缸盖上，与燃油轨相连接。

①运行模式。燃油直喷式发动机有多种运行模式。可通过发动机管理系统根据不同的发动机工作点设置适当的运行模式。

图 2—22

a. 均质燃烧模式（图 2—22）。PFI 发动机的吸气系统在整个燃烧室内扩散均质的空气/燃油混合气。整个吸气充气过程的过量空气系数 λ 恒定，其配比比率为 14.7∶1。此外，扩散的均质混合气也可以作用

79

于直喷系统。燃油在进气行程中喷入，以便留有足够的时间使全部混合气均质化。进入的空气有助于燃油快速蒸发，此外，还能确保混合气均质效果良好。可通过滚流与涡流效应实现这一过程。为达到保护催化转换器和提高满载功率的目的，在部分工况下，发动机会控制燃油喷射量使之略微过浓（λ＝0.98）。由于均质燃烧充分利用了整个燃烧室，因此均质燃烧模式用于输出高扭矩。此外，由于空气/燃油混合气经过了理想配比，因此此模式下产生的污染物量也相对较低。三元催化器对这些污染物进行了充分转化。

b. 分层充气模式（图 2—23）。在分层进气燃烧过程中，燃料先在压缩行程中被喷入燃烧室，然后以分层充气油雾的形式被运送至火花塞。触发点火开关时火花塞尖端周围充满了 λ≈1 的可燃混合油雾。此时燃烧室内的剩余气体为无燃油的不可燃气体或非常稀薄的空气/燃油充气。在这一理论下整个燃烧室中混合气平均比率极低（λ 最高可约等于10）。当发动机在低负载和低转速下运行时，可在发动机的某一特定工作点进行分层喷油。在分层充气模式下，喷油时机非常重要。点火时，不仅需要分层充气油雾充分均质化，还需要油雾达到火花塞位置。喷油点位置取决于发动机转速和请求的扭矩。压缩过程中燃烧室内产生的高温和高压有助于准备混合气。具体优势如下。

燃烧室内的空气/燃油比普遍大于1。这使得发动机可以在更大范围的无节流状态下运行（即更大的节气门开度），从而减少了泵气损失，提高了发动机效率。

降低了燃油消耗。

分层充气降低了发动机爆燃的概率。

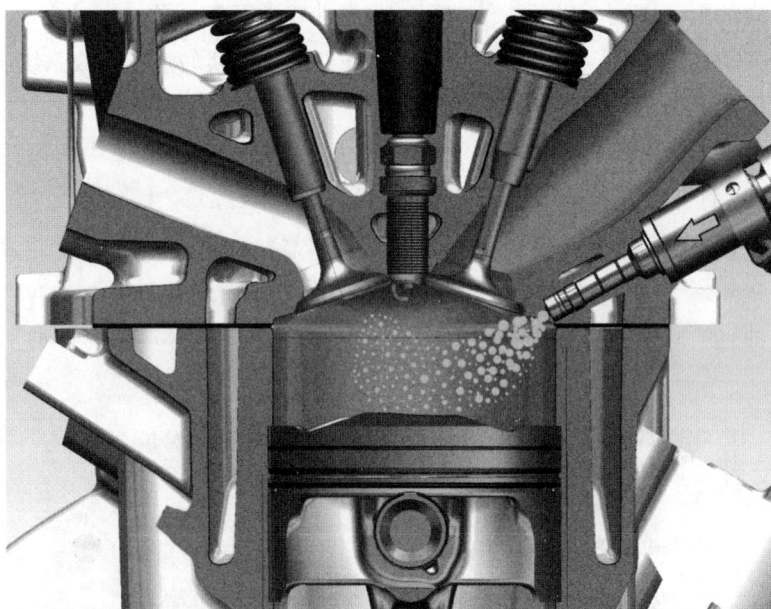

图 2—23

c. 均匀分层充气模式。在均质分层充气模式下，整个燃烧室内充满了稀薄的均质基本混合气。进气行程中喷入的基本数量的燃油形成了这种混合气，同时在压缩行程中将再次喷入燃油。这样一来，火花塞附近区域的混合气更浓。此分层充气易于点燃，此外，它还可以点燃燃烧室内剩余的稀薄均质混合气。此模式的烟灰排放量低于分层进气模式，燃油消耗低于均质燃烧模式。

②混合气的形成。可将燃烧室一定区域内的混合气看作完全均质化的混合气，将燃烧室内其余区域的气体看作惰性气体或新鲜空气。当气体/燃油混合蒸气中的所有燃油完全蒸发后，才可以将其称为均质气体。蒸发受许多因素的影响，其中包括：

燃烧室温度；

燃油雾滴大小；

蒸发可用时间；

气流状况。气流状况是能否形成理想空气/燃油混合气的关键因素。充气气流的流动（滚流/涡流）强劲有力可以确保空气/燃油混合气充分融合，从而实现理想的燃烧条件，如图2—24［滚流（左）和涡流（右）］所示。

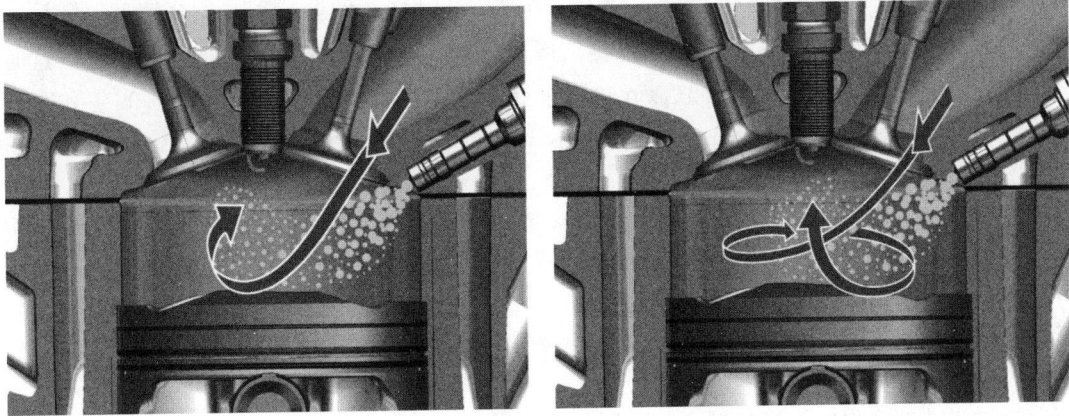

图2—24

理想状态下，点火时燃烧室内的空气/燃油混合气已进行了充分均质化。在汽油发动机中，向火花塞电极施加高电压会产生一种高温火花等离子体（电离气体），该等离子体将点燃混合气。等离子体周围的空气/燃油混合蒸气受到剧烈加热，巨大的点火能量引发了不断加速的链式反应。因此，温度迅速上升，火焰前缘形成。点火过程受以下因素影响：

造成点火的能量；

火花持续时间；

燃烧室内靠近火花塞电极处的局部气体流动情况；

空燃比λ；

火花塞的几何结构以及燃烧室的结构。

随着大量的热损失，靠近燃烧室壁的火焰会熄灭。这导致汽缸将排放部分未经燃烧的燃油。

（七）异常运行状态

1. 失火

术语失火通常用于表示未燃烧的情况。ECM上的失火探测器对每个汽缸中相隔两次燃烧循环之间的失效时间（分段时间）进行评估。该时间来源于转速传感器提供的信号。转速传感器负责测量一定数量齿轮通过曲轴传感器轮的所需时间。燃烧失火会导致曲轴速度降低，转速传感器可探测到此变化。失火检测器还会使用爆燃传感器和氧传感器提供的信息。失火不仅会损坏催化传感器，还会增加废气（尤其是HC和CO）的排放量。ECM将失火分为两类。

与排放相关的失火：此类失火与转速传感器和爆燃传感器检测到的异常状态有关。

催化转化器破坏性失火：此类失火与转速传感器和爆燃传感器检测到的异常状态及空燃比的异常现象有关。

2. 自燃

自燃是一种不受控制的点火过程，该过程伴随着燃烧室升温，这种升温可对火花塞和发动机造成严重损坏。满载运行可在以下区域形成局部热点，进而引发自燃。

火花塞绝缘体小头处；

排气门处；

汽缸盖密封垫片的突出部分；

81

剥落的积炭上。

3. 发动机爆燃

发动机爆燃或爆震时燃烧过程不受控制，并且汽缸内压力急剧升高。造成爆燃的原因是火焰前缘（通常由电火花点燃）尚未达到区域的混合气发生了自燃，其燃烧速度远超正常燃烧速度。随后，达到极高压力峰值的高频压力脉冲与标准增压曲线重叠，所产生的压力波传播并敲击在汽缸壁上，这时就叫作燃烧爆燃。巨大的压力梯度使机械部件暴露在极大的热负荷下。爆燃的最初迹象表现为火花塞接地电极表面出现点状腐蚀。影响燃烧爆燃的主要因素如下。

点火正时；

喷油正时；

增压压力；

燃烧室温度；

燃烧室内和活塞顶的热点。

燃烧爆燃对火花塞产生的影响如图 2—25 所示。爆燃压力分布图如图 2—26 所示。

图 2—25

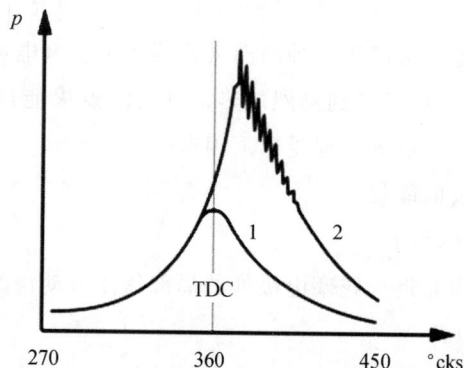

1—正常燃烧压力分布图　2—爆燃燃烧压力分布图

图 2—26

在直喷式汽油发动机内，在直喷过程中燃油蒸发带来的冷却效果会将汽缸内空气的温度降低到相比使用歧管喷射方式的汽缸温度更低。直喷系统以此有效地减少了发动机出现爆燃和自燃的概率。

（八）汽油燃料

选择高品质的燃油对降低车辆故障率和废气排放量有着非常重要的作用。汽油燃料主要由链烷烃和芳香族化合物组成。可通过使用含氧的有机成分和添加剂这两种方法优化汽油燃料的基本属性。

1. 燃油标准

欧洲标准 EN 228 中规定火花塞点火式发动机必须使用无铅汽油。ASTM（美国材料试验协会）D 4814中包含了规定火花塞点火式发动机所用燃油的美国标准。表 2—3 中显示了 2004 年 3 月颁布的 EN 228标准中规定的汽油燃料基本特性。

表 2—3

特性	上限	下限
抗爆燃性能——特级	RON 95 / MON 85	—
密度	720kg/m³	775kg/m³
硫含量	—	50mg/kg
苯含量	—	1%

特性	上限	下限
挥发性——夏季蒸气压力	45kPa	60kPa
挥发性——冬季蒸气压力	60kPa	90kPa
挥发性——夏季 70℃ 下的蒸发体积	20％	48％
挥发性——冬季 70℃ 下的蒸发体积	22％	50％
挥发性——100℃ 下的蒸发体积	46％	71％
挥发性——150℃ 下的蒸发体积	75％	—
挥发性——终沸点	—	210℃

2．发热值

发热值指燃料的能量含量，相当于完全燃烧过程中释放的可用发热量。汽油燃料的净发热值范围在 40.1～41.8MJ/kg。由于键合在燃料中的氧不会对燃烧过程起到促进作用，因此含氧燃料成分的发热值要低于纯烃类燃料。可燃空气/燃料混合气的发热值决定了发动机的输出功率。

3．密度

欧洲标准 EN 228 中将汽油燃料的密度限制在 $720～775kg/m^3$ 的范围内。与普通汽油相比，优质燃油包含的芳香族化合物比例通常更高，因此，此类燃油的密度更大，发热值也略高。

4．抗爆燃性能和辛烷值

辛烷值决定了汽油燃料的抗爆燃性能。辛烷值越高，发动机的抗爆燃性能越强。根据不同的测试方法可将辛烷值分为两类：RON 和 MON。

研究法辛烷值，即 RON：此类辛烷值是评估加速爆燃（高负载）的重要指标。

马达法辛烷值，即 MON：此类辛烷值能够在发动机处于高转速时指示爆燃倾向。

MON 测试法与 RON 测试法的不同之处在于前者使用的混合气需要预先加热，并且还需要较高的发动机转速和可变的点火正时，因此对燃油的热量要求也更加严格。MON 的数值要低于 RON。可通过向燃油中添加含氧成分提升燃油的抗爆燃特性。

5．挥发性

汽油燃料具有挥发上限和挥发下限。一方面，为确保能够正常进行冷启动，汽油燃料必须包含比例适当的高挥发性成分。但是其包含成分的挥发性又不能过高，以防在高温环境下产生启动和性能问题（气阻）。另一方面，出于保护环境的考虑，需要将蒸发损失保持在低水平。

6．沸腾曲线

EN228 中规定了燃油在 70℃、100℃ 和 150℃ 时的蒸发体积限制值。燃油在 70℃ 下的蒸发体积必须达到能够确保发动机可在冷却状态下轻松启动最小值。燃油在 100℃ 下的蒸发体积决定了发动机的预热特性，以及发动机预热到正常运行温度后能提供的加速和响应能力。燃油在 150℃ 下的蒸发体积应达到能够将发动机润滑油的稀释控制在最小化的程度。

7．蒸气压力

EN 13016-1 中规定的在 37.8℃（100°F）下测量的燃油蒸气压力是可将燃油注入车辆油箱和从车辆油箱抽出燃油的主要安全指标。配置燃油系统时，了解燃油在高温（80～100℃）下的蒸气压力也很重要，这是因为高温下燃油的蒸气压力会明显上升。这可能会形成气泡，进而引发故障。

8．气液比

气液比是对燃油形成气泡趋势的测量指标。它指特定数量的燃油在规定压力和温度下形成的蒸气量。

9. 硫含量

由于硫可对活性催化剂的表面造成损害，因此催化剂只能处理无硫燃料产生的废气。为减少 SO_2 排放量并保护催化转换器，从 2009 年开始，欧洲已将汽油燃料中的硫含量限制在 $10mg/kg$。符合该标准的燃油被称为"无硫燃油"。

10. 添加剂

为提高燃油质量，可在石油精炼厂加油站中向各个品牌的燃油添加燃油添加剂。通常会在包装上注明各种添加剂及其属性。

去垢添加剂；

缓蚀剂；

氧化稳定剂。

（九）排放产物

适用于所有发动机的基本准则是：发动机汽缸内无法进行绝对完全的燃烧。效率较低的燃烧会导致废气中含碳的有毒成分增加。发动机产生的废气中除含有大量的无毒成分外，其中的部分副产物（至少在浓度较高的情况下）对环境存在潜在的威胁。这些物质被列为污染物。假设有充足的氧气并处于理想的条件，完全燃烧是可以实现的，理想燃烧产物如表 2-4 所示。

表 2-4

名称	化学表达式	对大气的影响
氮气	N_2	洁净
二氧化碳	CO_2	洁净
水蒸气	H_2O	洁净，但会加剧温室效应
氩气和其他物质	—	洁净

由于无法达到理想燃烧条件，加之燃料自身成分的原因，除上文列出的主要燃烧产物外，燃烧过程还会产生一定数量的有毒成分，实际燃烧副产品如表 2-5 所示。

表 2-5

名称	化学表达式	对大气的影响
氮氧化合物	NO_x	污染物
一氧化碳	CO	污染物
未燃烃	HC	污染物
微粒物质和烟灰	PM	污染物
二氧化硫	SO_2	污染物（仅适用于含硫燃油）
非甲烷烃	NMHC	污染物
非甲烷有机气体	NMOG	污染物

平均情况下，$\lambda=1$ 时汽油废气体积的成分如图 2-27 所示。可以看到，仅有 1% 的废气体积包括污染物，但是废气成分的实际浓度可能受发动机工作条件和环境因素的影响而发生改变。图 2-27 显示了平均情况下，$\lambda=1$ 时，汽油发动机在工作过程中所产生的废气体积的成分情况。

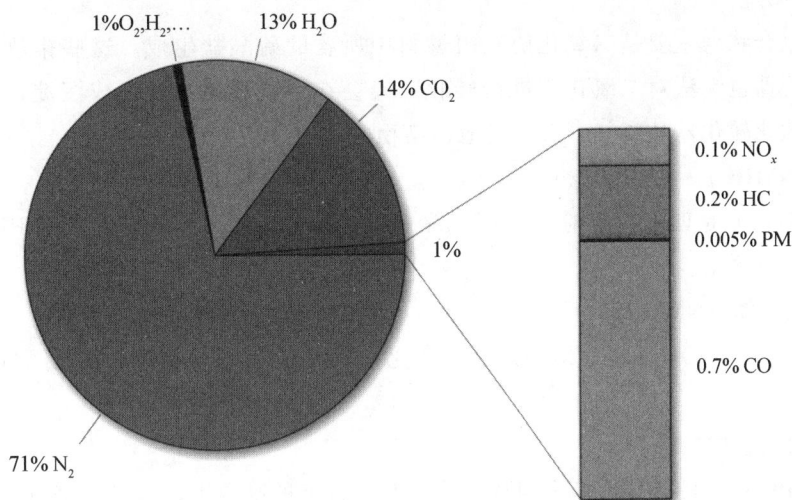

图 2-27

1. 水（H_2O）

燃烧过程会将化学键合在燃油内的水转化为水蒸气，而大多数水蒸气会在温度下降时遇冷凝结。这就是天气寒冷时可以在汽车后看见排气尾流的原因。废气中的水的比例由工作点决定。

2. 二氧化碳（CO_2）

在完全燃烧情况下，会将燃油化学键内的烃类物质转化为二氧化碳。二氧化碳的比例同样由工作点决定。废气中转化后的二氧化碳含量与燃油消耗成正比。因此减少二氧化碳排放的唯一方法就是减少耗油量。二氧化碳是大气中的一种天然成分，汽车尾气中的二氧化碳并没有被列为污染物。但是，它能够导致温室效应并造成全球气候变化。

3. 氮（N_2）

氮是由发动机吸入的空气中的主要成分（78%）。虽然不直接参与燃烧过程，但是它是在废气中占比最大的单一成分，大概占 69%～75%。

4. 一氧化碳（CO）

在进气不足的情况下，空气/燃油混合气过浓会导致燃烧不完全，进而形成一氧化碳。由于燃油雾滴无法汽化，因而形成了不能完全燃烧的过浓混合气。如果燃烧时空气过量，则一氧化碳浓度会降至最低。一氧化碳是一种无色无味的气体，它能够阻止人体血液吸收氧气，从而引发窒息。

5. 总烃（HC）

HC 是各种碳氢化合物的一种统称。HC 排放物是因支持空气/燃油混合物燃烧的氧气不足而产生的，燃烧过程同时会产生原燃料中没有的、新的烃类化合物。一些烃类化合物被认为在长期接触过程中存在致癌风险。

6. 氮氧化物（NO_x）

燃烧产生的高温和过量空气（$\lambda>1$）促进了 NO_x 的生成。氮氧化物（或称氧化氮）是含有氮和氧的化合物的统称。NO_x 主要在氧气浓度和温度较高的区域内进行快速燃烧（预混合）的过程中产生。内燃机废气的主要成分是一氧化氮（NO）和二氧化氮（NO_2），以及少量的一氧化二氮（N_2O）。

7. 一氧化氮（NO）

无色无味。在大气中，它会逐渐转化为二氧化氮。氮氧化物会使森林遭到破坏（酸雨），并与烃类化合物结合形成光化学烟雾。NO_2 是一种有毒的红褐色气体，有刺鼻的气味。当它存在于高度污染的空气中时，会对黏膜造成刺激。

8. 二氧化硫 （SO_2）

废气中的含硫化合物（主要是二氧化硫）由燃料中所含的硫酸盐生成。这些排放物不在官方的排放限制之列。催化转化器也无法对二氧化硫进行转化。硫会在催化转化器内生成沉淀，并与其中的活性化学物质反应，削弱催化转化器从废气中清除其他污染物的能力。

9. 非甲烷烃 （NMHC）

非甲烷烃（NMHC）是四氢大麻酚（THC）除去甲烷部分后的产物。通常采用 FID 检测器根据气相色谱分析法对甲烷进行测量。

10. 非甲烷有机气体 （NMOG）

非甲烷有机气体（NMOG）是 NMHC 与含氧化合物的统称。含氧化合物通常包括醇类和羰基化合物。

11. 颗粒物和烟灰 （PM)

烟灰由燃烧过程中产生的碳颗粒杂质组成。在 500℃ 以上的高温下，未经燃烧或部分燃烧的烃类化合物沉积于烟灰上，形成颗粒物。由此可见，颗粒物是一些在燃烧过程中产生的、悬浮在尾气中的固体和液体颗粒。烟灰本身对人体无害，但上面附着的 HC 沉积物会使颗粒变得有损健康。颗粒的危害性是由它微小的尺寸（$0.1\sim10\mu m$）所带来的，这使得它更容易被人体吸入而滞留于肺泡内。烟灰可在直喷式火花塞点火发动机内生成，这一过程主要发生在混合气稀薄的过渡阶段。未经燃烧或部分燃烧的烃类化合物在烟灰上形成沉积，如图 2-28 所示。

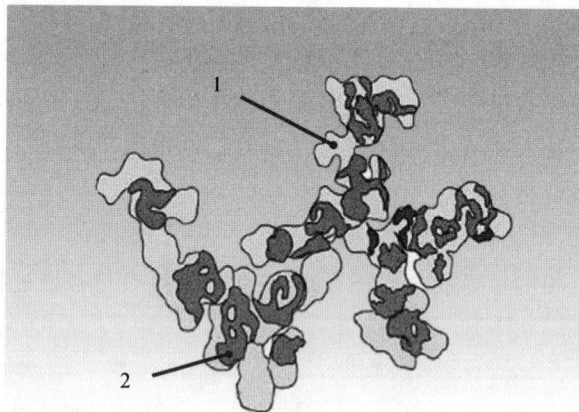

1—HC　2—烟灰

图 2-28

总悬浮颗粒物由三部分组成，如表 2-6 所示。

表 2-6

总悬浮颗粒物	构成
SOL	固体部分，炭＋灰末
SOF	有机物部分，来自润滑油和燃油
$SO_2 - SO_3 - H_2SO_4$	硫沉淀物、硫酸和 H_2O

由颗粒引起的已知不良反应主要有呼吸道过敏、炎症和致癌作用。颗粒越小，在人体呼吸道内沉积得就会越深。人们通常根据 PM 的直径将其分类，如表 2-7 所示。

表 2-7

总悬浮颗粒物	构成
PM10	也叫作可吸入颗粒物，是指直径不到 $10\mu m$ 的颗粒
PM2.5	是指直径不到 $2.5\mu m$ 的颗粒。它占 PM10 中的 60%

图 2—29 为 PM 尺寸和平均人体毛发横截面（60 μm）的对比。颗粒越小，在人体呼吸道内沉积得就会越深，如图 2—30 所示。

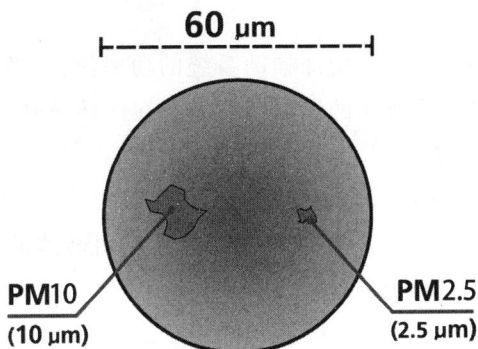

图 2—29

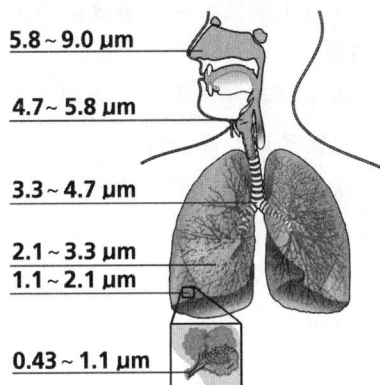

图 2—30

（十）影响未经处理的排放物的因素

以下部分针对影响汽油发动机内未经处理的排放物的因素进行了概述。

1. 空燃比

能够决定发动机有毒废气排放量的一个主要因素就是空燃比。为使三元催化转化器获得理想的减排效果，汽油发动机在大多数的工作条件下都应以混合气空燃比（$\lambda = 1$）运行。

在空气不足（$\lambda < 1$）的条件下运行时，不完全的燃烧会导致生成未经燃烧的烃类化合物。在混合气稀薄（$\lambda > 1$）的条件下，燃烧室边缘处的不完全燃烧也增加了 HC 的排放量。当 $\lambda = 1.1 \sim 1.2$ 时，HC 的生成量最小。

在混合气充足的条件下，CO 的排放量随着较低的过量空气系数一同增长。这是因为碳在空气不足的情况下没有完全氧化的缘故。在混合气稀薄的环境中，CO 排放量维持在一个极低的水平，且过量空气系数变化产生的影响也最小。

在 $\lambda = 1.05 \sim 1.1$ 的情况下，空气的轻微过量使 NO_x 的排放量达到最高水平。在混合气稀薄或充足的条件下，如果峰值燃烧温度降低，NO_x 的排放量就会由于燃烧过程不佳而减少。

注意：尽管在稀薄燃烧的过渡阶段 NO_x 的排放量要低于 $\lambda = 1$ 时工作点的排放量，但此时催化转化器的效率很低。受过量空气系数 λ 影响的未经处理的排放物排放量如图 2—31 所示。

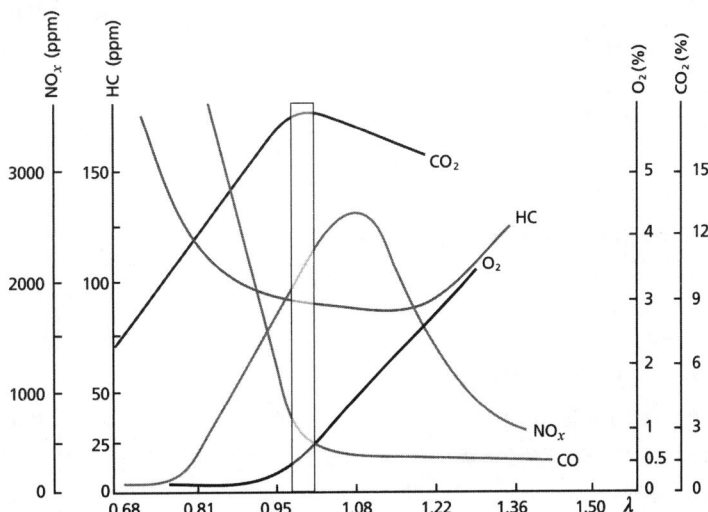

图 2—31

2. 混合气的均匀性

为提升燃烧效率，用于燃烧的燃油应完全扩散，以便与空气共同形成均匀的混合气。持续向所有汽缸输送均匀混合气对于降低污染物排放量至关重要。

3. 发动机转速

发动机高转速在导致发动机内摩擦损失加大的同时，也会增加辅助系统的功率消耗。发动机的工作效率会随着发动机转速的升高而降低。发动机在高转速下所耗的燃油，要高于在低转速时输出同样功率所耗的燃油量，这会导致排放更多的污染物。

由于准备混合气的时间缩短，汽油发动机的 HC 和 CO 排放量会随着发动机转速的升高而增加。

由于在高转速下生成 NO_x 的反应时间较短，所以 NO_x 的排放量会随着发动机转速的升高而减少。此外，残余气体含量会随着发动机转速的升高而降低，这也会抵消上述影响。

4. 发动机负载

发动机负载（或称发动机产生的扭矩）对污染物的各种成分有着不同的影响。

高扭矩所致的高运行温度会使 CO 和未经燃烧的 HC 的生成量减少。

燃烧室内的温度会随着扭矩的增加而升高，这促进了 NO_x 的形成。随着扭矩输出的增加，未经处理的 NO_x 的排放量会急剧上升。

5. 点火正时

火花从产生（闪燃）到形成稳定火焰前缘的一段时间，对于燃烧过程有着决定性的意义。

由于增大点火提前角会使排气通道内的温度降低，限制 HC 在排气通道内进行二次反应的燃烧过程，因此会使未经燃烧的 HC 排放量增加。

点火时刻对 CO 的排放量几乎没有影响，CO 的排放量几乎完全取决于过量空气系数 λ。

由于早期的点火正时会提高燃烧室的温度，因此 NO_x 的排放量将随着点火提前角的增大而增加。

表 2-8 概述了火花塞点火式汽油发动机产生的废气中最主要的污染物成分，以及如何避免和修复方法。

表 2-8

污染物	如何避免	如何修复
CO_2	降低燃油消耗	—
CO	持续向所有汽缸输送均匀混合气； 降低发动机转速； 稀薄混合气工作条件	使用三元催化转化器
HC	持续向所有汽缸输送均匀混合气； 降低发动机转速； 最佳工作范围 $\lambda=1.1\sim1.2$； 确保排气通道内的温度始终够高	使用三元催化转化器
NO_x	降低燃烧温度； 降低压缩比； 避免运行在 $\lambda=1.05\sim1.1$ 的区间内； 持续向所有汽缸输送均匀混合气； 确保汽缸内存在较高水平的空气紊流（涡流、滚流）； 降低点火提前角； 使用内部 EGR	使用三元催化转化器

污染物	如何避免	如何修复
SO$_x$	使用无硫燃油	—
PM	提高燃油均匀性（通过增大油压、减小喷油器孔径）； 确保为高效混合气的形成留出充足的时间； 限制发动机在混合气稀薄状态下的运行，以降低发动机转速； 增强汽缸内的空气紊流（涡流、滚流）	—

（十一）排放控制与立法

目前，几乎所有工业化国家都颁布了限制燃油发动机和柴油发动机尾气排放的排放控制法规，同时开展了审查达标程度的相关测试。在过去的几十年中，这些法规日趋严格。最重要的尾气排放法规如下。

CARB（加利福尼亚空气资源委员会）法规；

EPA法规，适用于未实行较为严格CARB法规的美国各州；

欧盟委员会制定的EU（欧盟）法规；

日本法规。

其他大多数工业国家所颁布的排放法基本上都是根据欧盟或美国法规制定的，如图2－32所示的世界地图所示。

US CARB
US FED
EU
日本
排放标准依据
US FED（南美等）
EU（欧盟国家等）

图2－32

推行机动车排放法律限制的国家将车辆分为多种类别，如客车、小型卡车和重型卡车。玛莎拉蒂汽车使用符合欧5b和欧6b排放标准的F160发动机。F160发动机的欧5b和欧6b版本均符合美国排放限制（LEV类别）的LEVⅡ标准。

1. 新排放标准的引进

1970年颁布的欧洲命令70/220/EEC首次对废气排放进行了限制，自那时起其中的条款便一直处于更新之中。一个新的废气排放标准的引进通常分两个阶段进行。

型式认证（TA）：第一阶段，在新的型式认证下，各车型必须符合全新制定的排放限制标准。

首次注册（FR）：在第二阶段中（通常是12～18个月后）每辆新车必须按照新的法规进行注册，如表2－9所示。

标准	欧 5a		欧 5b		欧 5b＋		欧 6b		欧 6c	
	TA	FR	TA	FR	TA	FR	TA	FR	TA	FR
引进日期	2009 年 9 月 1 日	2011 年 1 月 1 日	2011 年 9 月 1 日	2013 年 1 月 1 日	2011 年 9 月 1 日	2014 年 1 月 1 日	2014 年 9 月 1 日	2015 年 9 月 1 日	2017 年 9 月 1 日	2018 年 9 月 1 日

相关部门也可对批量生产的车辆进行检查，以验证其是否符合排放限制标准［生产一致性（COP）］。欧盟（EU）命令允许在新废气排放标准实施之前对符合新标准的车辆实行税收优惠政策。

2. 排放限制

新排放标准的引进对乘用车发动机的燃烧过程提出了更为严格的要求。未经处理的废气中的污染物含量主要取决于发动机的工作条件。在过去的几年内，我们通过实施相关技术措施，实现了机动车污染物排放的大幅削减。此外，燃烧室的形状、气流通道以及燃油喷射系统也对减排做出了一定贡献。在采用汽油发动机的乘用车上，配备了三元催化转化器的车辆也起到了至关重要的作用。只有 CO_2 的排放量没有显著减少，这也在一定程度上说明了 CO_2 的排放与耗油量成正比，如表 2－10 所示。

汽油发动机的欧洲排放限制（SI）	欧 4	欧 5a	欧 5b/b＋	欧 6b	欧 6c
NO_x（g/km）	0.08	0.06	0.06	0.06	0.06
CO（g/km）	1	1	1	1	1
THC（g/km）	0.1	0.1	0.1	0.1	0.1
NMHC（g/km）	—	−0.068	−0.068	−0.068	−0.068
PM（g/km）	—	0.005	0.0045	0.0045*	0.0045*
PN**（Nb/km）	—	—	—	$6×10^{11}$	$6×10^{11}$

＊：只适用于 GDI 汽油发动机。

＊＊：PN 是与颗粒物排放有关的试验参数。它是测量与基于质量限值无关的颗粒物排放的另一种方法。启动欧 6c 进程前，制造商可选择认可 $6×10^{12}$ 限值。

3. 美国排放限制

加利福尼亚州有着全美最为严格的排放法规。加州空气资源委员会（CARB）于 1990 年首次采用了低排放车辆（LEV）标准。最近一次的加州低排放车辆（LEV）LEV Ⅲ 修正案于 2012 年 1 月颁布，并将对 2015 至 2025 年度生产的车型逐步推行。LEV Ⅲ 在几个重要方面上比先前的 LEV Ⅱ 标准更为严格，并提高了对排放控制系统的耐久性要求。PM 质量排放标准将在 LEV Ⅲ 的实施下得以强化。对 2016 年生产的车型将实施 6.25mg/km（10mg/mi）的限制标准。在 2017 至 2021 年度将逐步推行 1.9mg/km（3mg/mi）限制标准，截止到 2021 年，所有新车型都将符合新的 1.9mg/km（3mg/mi）限制标准。可将排放标准 LEV Ⅲ 总结为表 2－11 和表 2－12 所示，其中：

ULEV：超低排放车辆。

SULEV：实施管制的超低污染车辆。

车辆耐久性基准（km）	车辆排放类别	NMOG＋NO_x（g/km）	CO（g/km）	甲醛（g/km）（与 HC 排放成正比）	微粒（g/km）
193 000	LEV	0.1	2.6	0.011	0.006
	ULEV	0.08	1.3	0.007	0.006
	SULEV	0.02	0.6	0.003	0.006

车辆耐久性基准（km）	车辆排放类别	NMOG＋NO（g/km）	CO（g/km）	甲醛（g/km）（与HC排放成正比）	微粒（g/km）
24 100	LEV160	0.1	2.6	0.0025	0.006
	ULEV125	0.078	1.30	0.0025	0.006
	ULEV70	0.4375	1.1	0.0025	0.006
	ULEV50	0.3125	1.1	0.0025	0.006
	SULEV30	0.0186	0.6	0.0025	0.006
	SULEV20	0.0125	0.6	0.0025	0.006

4. 欧盟乘用车 CO_2 减排法规

指令 EC 443/2009 规定了欧盟注册的制造商的 CO_2 年均排放量。截至 2012 年，新乘用车的 CO_2 平均排放限量已达到 120g/km（NEDC 循环测试）。从 2012 年至 2015 年期间，制造商必须完成中期减排目标，确保将车辆的平均 CO_2 减排量从 65％（2012 年 1 月）增至 100％（2015 年 1 月）。根据各制造商超出平均限值的数额征收超额排放税。欧盟法规 443/2009 号对客车的减排目标进行了修订，规定 2020 年新型汽车的平均 CO_2 减排目标为 95g/km。

三、发动机机械

（一）曲轴箱

F160 发动机采用 3.0L 6 缸 60°V 形布置，如图 2－33 所示。曲轴箱和发动机油底壳由高压铸铝制成，而铸铁汽缸套则采用曲轴箱的模具在曲轴箱内模铸成型。4 个曲轴支撑轴颈在曲轴与汽缸体之间建立了稳固的连接。支撑轴颈通过 2 个直螺栓和 2 个侧螺栓固定在汽缸体上，以增强刚度。安装在曲轴下方的铸铝隔板可避免油底壳机油直接接触旋转部件，并增强了 4 个主曲轴支撑轴颈的刚度。

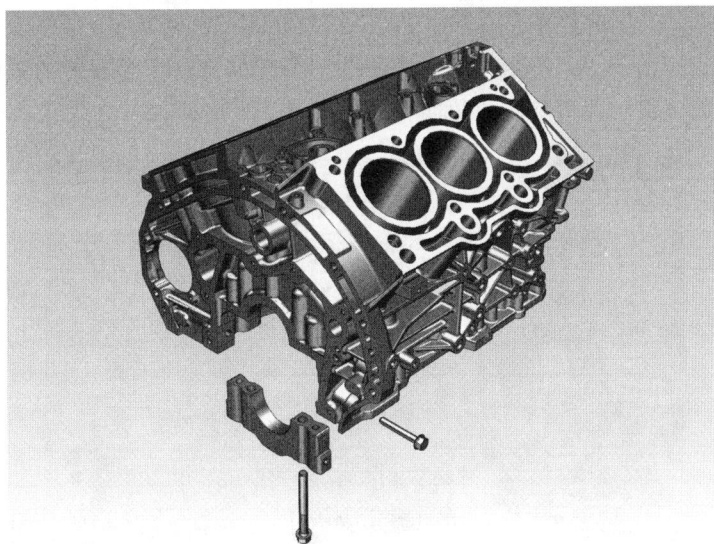

图 2－33

油底壳隔板通过 8 个螺栓固定在支撑轴颈上，如图 2－34 所示。

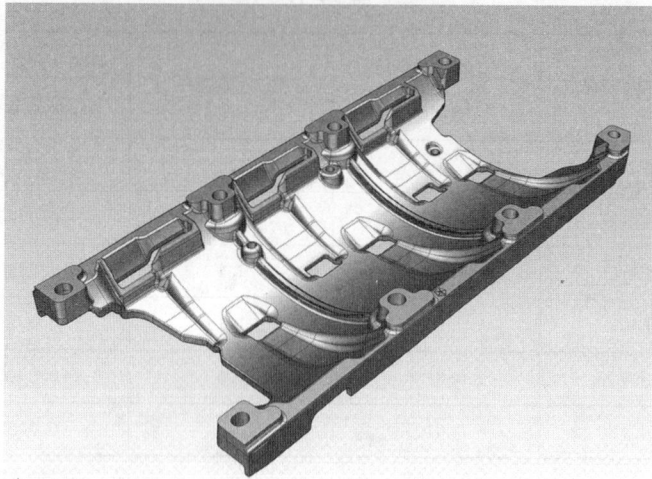

图 2-34

湿式汽缸套由铝制曲轴箱中的同模铸铁制成。两个汽缸列的活塞都是专用的，如图 2-35 所示。

图 2-35

曲轴安置在 4 个主支撑轴颈上，每个轴颈盖均通过 4 个直螺栓和 2 个额外的侧螺栓安装在曲轴箱上，以增强刚度。注意曲轴箱内部转速传感器的脉冲轮，如图 2-36 所示。

图 2-36

（二）油底壳

F160 发动机配有铝合金材质的油底壳，如图 2—37 所示。油底壳及油底壳集滤器的位置采用了专用设计，以保证在任何动态驾驶条件（如急转弯或急停）下都能实现充分的发动机润滑。油底壳上配有专用的油底壳隔板。油底壳通过硅酮密封剂密封在曲轴箱上。

图 2—37

油底壳上配有专用的油底壳隔板如图 2—38 所示。

图 2—38

F160AN 发动机油底壳（针对 AWD 车辆）较后轮驱动车型的油底壳有了很大程度上的改进。它在通往油底壳的前驱轴中央设有一个开口，并在右侧安装了前差速器装配法兰，同时在左侧安装了驱动轴支撑轴承。还配备了两个发动机底架。由于这些改进，全轮驱动车辆的发动机在底盘上的位置要相对高一些。注意 F160AO/AS/AM 型号（图 2—39）和 F160AN（图 2—40）之间的发动机油底壳和发动机架在设计上的差异。

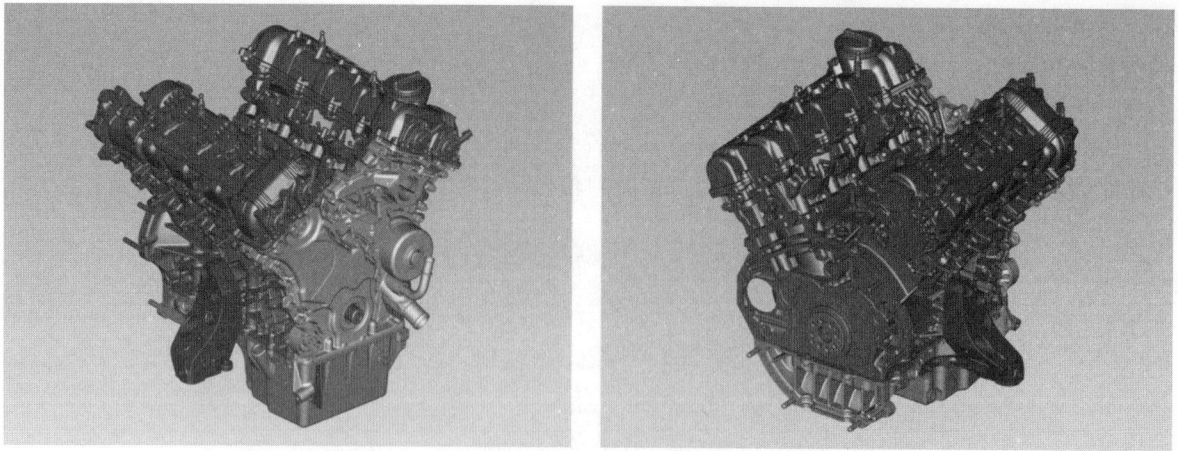

图 2－39

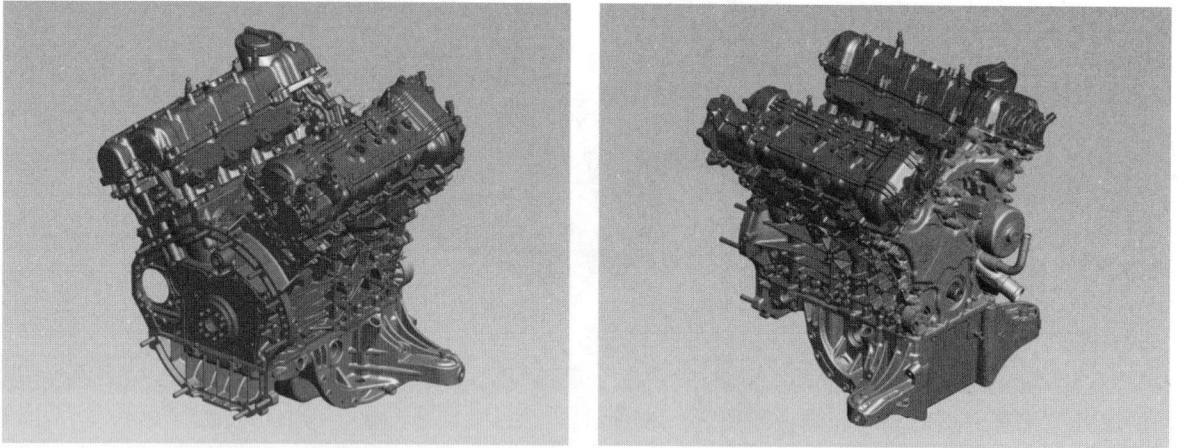

图 2－40

在 F160AN 发动机油底壳的右侧，可以看到前驱动轴的通道和前差速器装配法兰，如图 2－41 所示。

图 2－41

发动机油底壳起到法兰的作用，它用于固定左侧前驱动轴的中央支撑轴承，如图 2－42 所示。

图 2-42

（三）旋转部件

与 F154A V8 发动机一样，F160 发动机曲轴机构的部件设计旨在总体上减少旋转时产生的摩擦力。曲轴安置在 4 个主轴颈上，配有 9 个平衡块；主轴颈轴承采用无铅材质制成。钢制连杆轴向与汽缸套对中，连杆大头与主轴颈连接，轴瓦同样采用无铅材料制造。石墨涂层阳极氧化铝合金活塞为铸件，具有独特的嵌入式"Heron 形"活塞头设计，可促进燃烧室内的滚流。实际上，在 GDI 发动机中，进气歧管和活塞头的设计可产生气体的涡流或滚流运动，使燃料输送至火花塞。喷嘴将机油朝汽缸方向向上喷射至活塞裙和活塞头，从而使活塞在下方冷却。旋转连杆的零件视图与分解视图如图 2-43 所示。

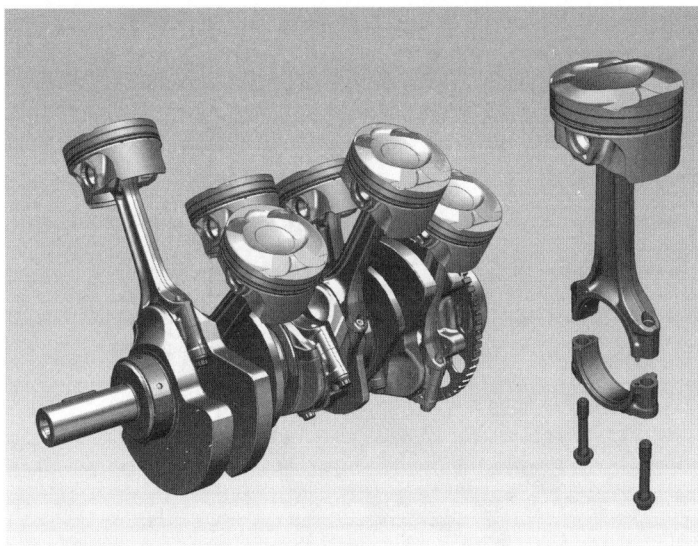

图 2-43

装在发动机前端的两条楔形传动带可将曲轴运动传递至各个附件。第一条皮带将对动力转向泵、水泵和空调压缩机进行传动，并通过弹簧张紧器张紧。另备一条未经调整的"伸缩皮带"，可用于驱动发电机。这种皮带必须每次更换，切勿移除后再次使用。曲轴皮带轮通过键和键槽连接件安装在曲轴的前端，并且由中心螺栓固定。F160 发动机采用两条前端附件传动带：一条是配有用于水泵、空调压缩机和动力转向泵的张紧器的传统皮带，另一条是用于发电机的伸缩皮带。如图 2-44 所示。

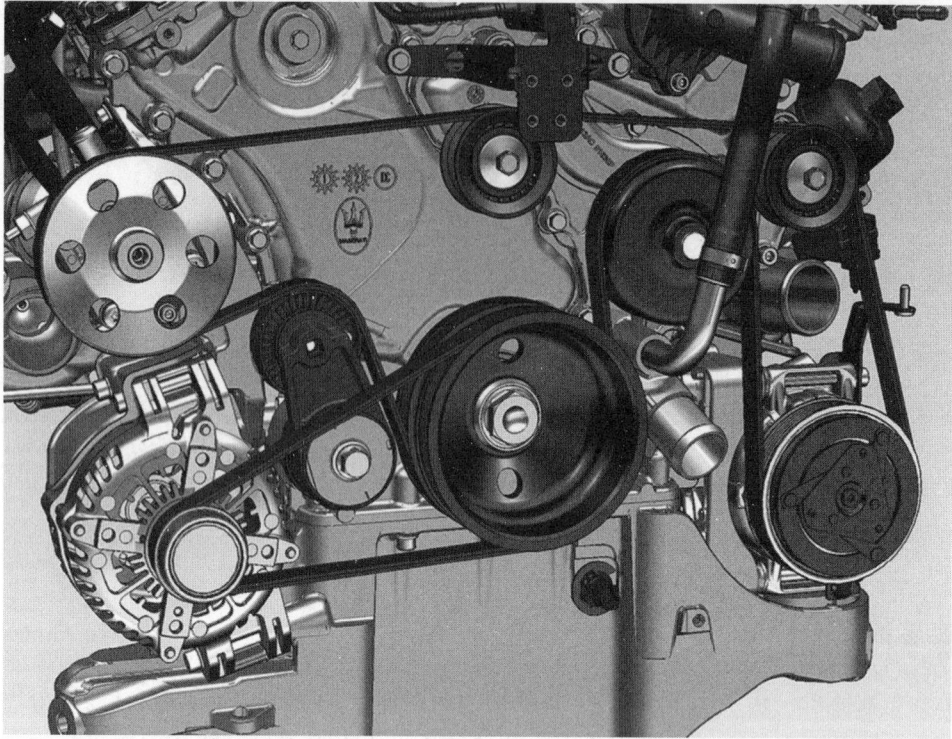

图 2-44

（四）汽缸盖

左右铝合金汽缸盖皆为铸造加工，每缸 4 气门，如图 2-45 所示。双顶置式气门机构设计采用滚柱摇臂式随动器以及液压间隙调节器来减少接触面上滚动造成的能量耗散。这种设计可减少内部的总体噪音与摩擦。每个汽缸配有 4 个气门及高效进气导管，旨在燃烧室内生成紊流。

图 2-45

半球形燃烧室包括 4 个充分利用可用表面的大型气门、1 个放置在中央的火花塞以及 1 个放置在侧面的高压喷油器，如图 2-46 所示。

96

图 2-46

滚柱摇臂随动器以及液压间隙调节器有助于减少发动机内部的摩擦及噪音，如图 2-47 所示。

图 2-47

1. 阀罩

F160 发动机的铸铝阀罩（图 2-48 中 1），内置正时调节器的油控阀（OCV）（图 2-48 中 2）以及用于各个凸轮轴的位置传感器。与 F154A V8 发动机不同的是，F160 发动机的阀罩没有集成凸轮轴盖。

1—铸铝阀罩　2—油控阀

图 2-48

2. 凸轮轴

凸轮轴是合成而且空心的，并且根据不同干扰安装了不同的凸轮，如图 2—49 所示。F160AM/F160AN 和 F160AO/AS 发动机的凸轮轴具有特殊的外形。

此外，凸轮轴还包括以下部件：

每个凸轮轴都配有用于凸轮轴位置传感器的脉冲轮；

1 个用扳手使凸轮轴旋转的六角体，以及 1 个用专用工具将凸轮轴锁定在参照位置的螺纹孔；

1 个用于驱动汽缸列 1 排气凸轮轴后端高压油泵的三叶凸轮；

1 个真空泵驱动齿轮，在汽缸列 1 排气凸轮轴的后端也有安装；

进气凸轮轴末端连接离心式机油分离器；

每个凸轮轴上的正时调节器都集成在凸轮轴链轮齿中。

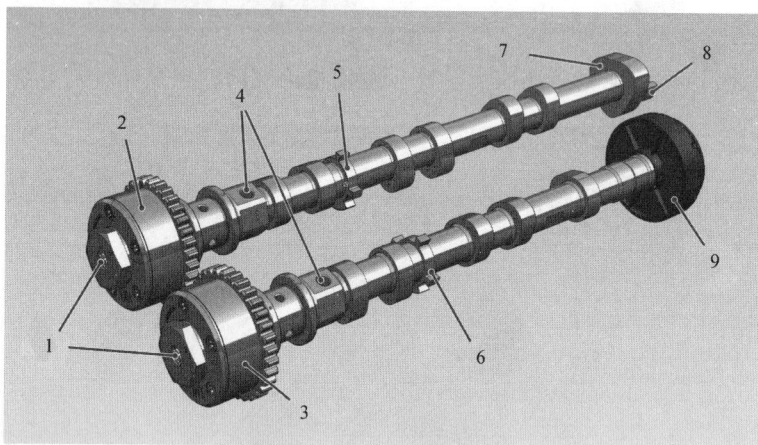

1—固定螺钉和油控阀 2—排气正时调节器 3—进气正时调节器 4—用于正时维修的带凸轮轴固定孔的六角体 5—用于排气凸轮轴位置传感器的脉冲轮 6—用于进气凸轮轴位置传感器的脉冲轮 7—用于油泵启动的三叶凸轮 8—真空泵驱动齿轮 9—离心机油分离器

图 2—49

3. 可变气门正时

F160 发动机的 4 个凸轮轴上都安装有正时调节器，如图 2—50 所示。每个正时调节器可产生最大 25°的凸轮轴变化，对应曲轴 50°。正时调节器通过内部紧固螺栓中的油控阀（OCV）进行液压操作。各个油控阀通过 ECM 控制 PWM。F160 发动机将可变气门正时应用到了进气和排气系统。油控阀安装在各正时调节器的紧固螺栓中。

图 2—50

4. 正时链罩

发动机前罩由铸铝制成。此前罩集成了前曲轴密封件、水泵、冷却剂 U 形管、附件传动带张紧器以及恒温器。放气装置位于恒温器罩内，可在装填冷却系统时使用。前罩上没有上止点指示器。注意：在维修前正时罩时，无须将水泵拆除。仅有 7 个紧固件能够完全通过前罩到达汽缸体，必须将它们拆除。但有必要拆除机油泵。图 2—51 显示了正时链罩。将正时链罩与发动机缸体连接时，请注意不要损坏曲轴密封圈。

图 2—51

（五）正时配气

F160 发动机使用 4 条静音链。

其中 1 条用于驱动机油泵、弹簧加载张紧器和摆臂位于机油泵驱动链条的游隙间。链导板和张紧臂由玻璃纤维尼龙制成，且表面为尼龙质地。

正时系统的主链条使用不带棘轮的油压控制张紧器，用于连接曲轴链轮与中间链轮。该中间链轮还与两个次级凸轮轴链条连接。

使用不带棘轮的油压控制张紧器的右侧次级凸轮轴链条。

油压控制张紧器（可在失去油压时使用带棘轮装置限制链行程）的左侧次级凸轮轴链条。

油压控制张紧器会通过张紧臂的开口喷洒润滑油，这两个次级正时链则通过张紧器孔中喷洒的润滑油得到润滑。正时配气图如图 2—52 所示。

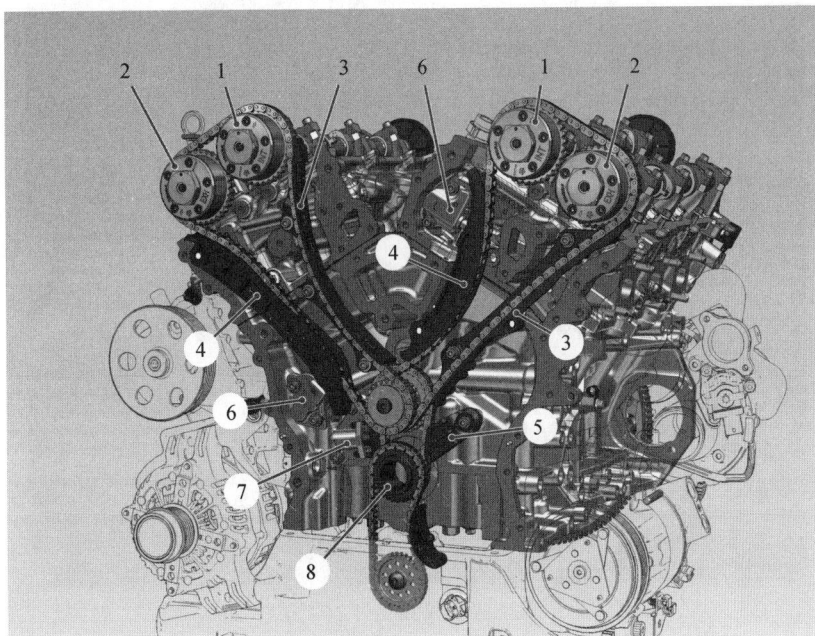

1—含全套正时链轮的进气正时调节器 2—带全套正时链轮的排气正时调节器 3—固定的链导板（特定于左右两侧导板） 4—张紧的链导板 5—固定的下部张紧器 6—液压紧链器（特定于左右两侧） 7—液压紧链器（下链条） 8—曲轴链轮

图 2—52

正时链使用油压控制的紧链器。左右两侧标记的紧链器不可互换，如图2—53所示。

图2—53

1. 发动机正时验证

在验证发动机正时时可以不用拆除发动机前罩。但是，必须将阀罩拆除。F160发动机的正时检查涉及3个千分表。必须将承载千分表的凸轮轴正时适配器工具（零件编号：900028262）安装在汽缸2上，以检查右侧缸排气门的正时，安装在汽缸5上以检查左侧缸排的气门正时。两个千分表用于直接测量凸轮的斜度，它们分别测量每个凸轮轴，而第3个千分表用于通过火花塞孔识别活塞相对于上止点的参照位置，如图2—54所示。正时验证程序要求检查两个汽缸列的正时，并从右侧汽缸列开始检查。图2—54显示了正时验证的设置，其中涉及3个千分表以及一个专用适配器工具（p/n 900028262）。

图2—54

在对F160发动机进行正时验证时，需要使用专用适配器工具（零件号：900028262），它是发动机正时工具套件（零件编号：900028273）的一部分。如果拆除了正时链，而汽缸盖却仍然保留，则在找到正确的曲轴安全位置之前，不要旋转凸轮轴或者曲轴，若没有按上述要求执行，则会对气门和/或活塞造成损害。始终顺时针旋转的曲轴使发动机运作。

2. 发动机正时维修

如果在发动机正时验证程序中出现了发动机正时不合格的情况，则需要执行发动机正时维修程序。正时维修程序的简要说明如下。

将链罩和阀罩拆除。

顺时针旋转曲轴使其达到安全位置。安全位置在12点钟方向曲轴键所在的位置。

在这个位置，可以将曲轴固定工具（零件编号：900028263）固定以便牢牢地锁紧曲轴。

将链条张紧器锁止以便松开链条。

松开正时调节器固定螺钉。

旋转凸轮轴至参照位置，以便通过凸轮轴专用固定工具（零件编号：900028363）锁止凸轮轴。

在每个汽缸盖上安装两个专用凸轮轴固定工具（零件编号：900028363）。

松开链条张紧器。

将正时部件一并安装回原位并将所有固定螺栓按规定的扭矩值拧紧。

再次验证发动机正时。

如果发动机正时不合格，请再次按上述步骤进行正时维修流程。

图2—55显示了曲轴固定工具（零件编号：900028263）的安装，以及与键一起处于12点钟方向安全位置的曲轴。

图 2—55

正时维修所需凸轮轴固定工具（零件编号：900028363）的安装，如图2—56所示。发动机正时维修需要一套专用维修工具：凸轮轴固定工具（零件编号：900028363）、曲轴固定工具（零件编号：900028263）以及正时验证转接头工具（零件编号：900028262）。

图 2—56

（六）润滑系统

F160 发动机采用全流过滤润滑系统。叶片式机油泵由安装在曲轴上的链轮齿通过从动链条传动，传动比为 1：1。为了将机油泵导致的功率消耗降至最低，并优化不同发动机工作条件下的润滑性能，机油泵采用电子控制并具有可变排量功能。润滑系统主要由以下几个部分组成。

位于曲轴下方的电子控制机油泵，可从油底壳抽油；

安装在曲轴箱顶部的油/水热交换器；

用于冷却活塞的喷油器；

位于曲轴箱左侧的筒形机油滤清器；

位于热交换器背面的油压传感器；

安装在发动机油底壳内侧的油位开关。

通过使用根据发动机冷却液温度和油压信息而得出的图谱，ECM 可以计算出油温，润滑系统特性如表 2—13 所示。

表 2—13

润滑系统类型	湿式油底壳润滑系统，带挡板的油盘
机油泵	可变排量型号，通过发动机 ECU 进行电气控制
机油量（对应于最大油位）	7.2L（F160AM—F160AO—F160AS） 8.29L（F160AN）
最低和最高油位之差	1.07L（F160AM—F160AO—F160AS） 1.09L（F160AN）
机油规格	符合 API SL/CF 和 ACEA A3、B3、B4 规格的全合成多级润滑油 SAE 5W/40 推荐机油：壳牌 Helix Ultra 5W—40 或 Q Horsepower 5W—40
润滑压力	电气控制的两级润滑压力
冷却	位于曲轴箱顶部、两个汽缸盖之间的油/水热交换器
机油滤清器	筒形外观、注重环保、易于更换，内置回流抑制阀，横向置于曲轴箱左侧。滤清器配有密封环

请注意，由于油底壳形状不同，因此 F160AN 型发动机包含的发动机机油量多于 F160AM/AO/AS 型发动机。

1. 油路

机油从泵经机油滤清器滤芯流至热交换器。机油经过滤和冷却后，进入主油路。然后，被加压的机油从主油道流至 4 个主轴颈，从而润滑曲轴主轴承及连杆轴承。机油从 1 号主轴承油道流至右侧紧链器，然后流至主从动轴。加压机油经曲轴主轴颈流动至十字形钻孔处，随后将机油供应至连杆轴颈。主油道将机油供应给 3 组活塞冷却喷嘴。机油从汽缸体经油道流进左汽缸盖。然后，机油依次供应至左侧正时紧链器、凸轮轴轴颈、液压间隙调节器以及正时调节器。机油从汽缸体经油道流进右汽缸盖。机油将流经凸轮轴轴颈、液压间隙调节器以及正时调节器。加压机油通过固定在相

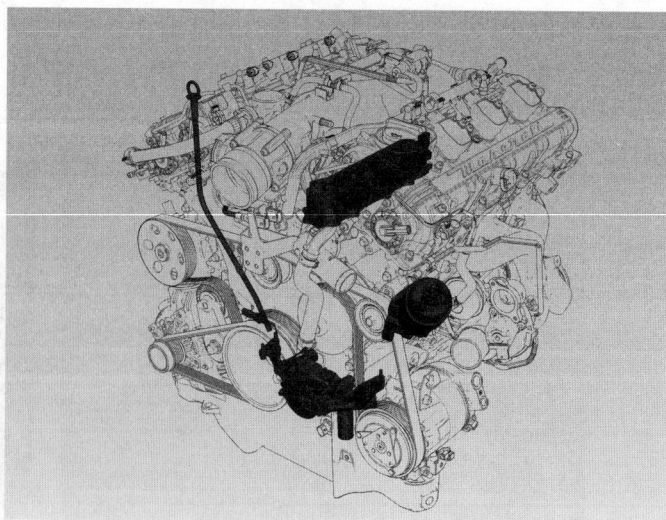

图 2—57

应汽缸盖上的两条供油管线，流至两个涡轮增压器的轴承。机油流入轴承座，并对轴和轴承进行润滑。

轴承座底部的两条回油管会将发动机机油输送回发动机油底壳。机油从主油道流至右侧紧链器，并从紧链器流回泵。图 2-57 显示了机油泵、机油滤清器装置、油位表、热交换器以及油压传感器的放置。

油喷嘴可对活塞头及裙部进行冷却，F160 发动机上采用了 3 个双喷嘴，如图 2-58 所示。

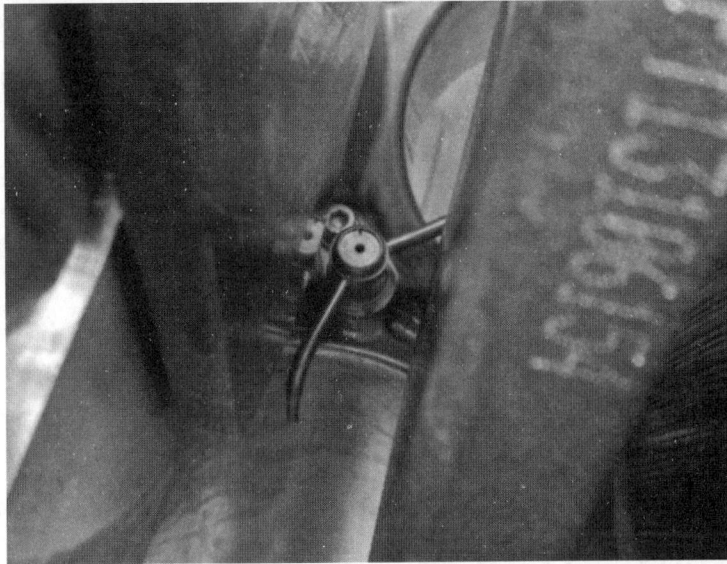

图 2-58

2. 电子控制的机油泵（图 2-59）

叶片式机油泵由安装在曲轴上的链轮齿通过从动链条传动，传动比为 1∶1。泵装有可改变排量的滑动机构以及一个用于紧急防护（如高速发动机运转下的冷启动）的安全阀。该安全阀为机械球阀并配有弹簧。它会将机油注入油底壳，以防发动机内产生过大的压力。安全阀的压力极限为 700kPa。

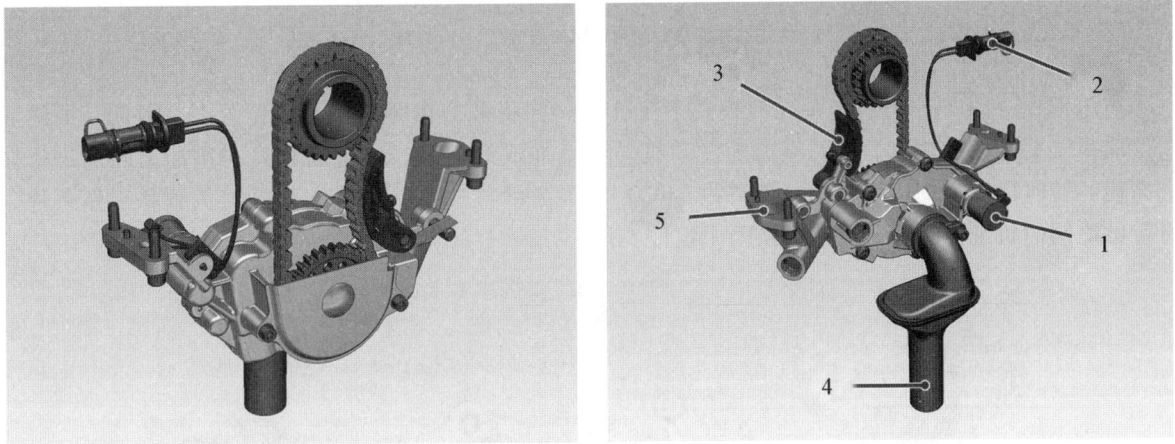

1—电磁阀　2—电磁阀连接器　3—链条张紧器　4—集滤器　5—油路

图 2-59

3. 机油泵工作原理

可变排量叶片式机油泵配有一个可调移动元件，可保证规定的油压供应。可以相对于叶片室在泵转子的同心与偏心位置之间移动，来对泵的排量进行调节。这两个位置如下：

完全同心位置：最低排量与低速油流动。

完全偏心位置：最高排量与高速油流动。

机油泵配有集成的开/关控制电磁阀，它具有两个由 ECM 控制的调节级。ECM 根据下列参数使泵在两级之间切换：

油温；

所需的油流速（根据发动机的负载而定）；

发动机转速。

最终油的流速取决于泵的工作模式和发动机的转速。机油泵按下述两种模式工作。

①低压模式（图2-60）。泵在此模式下运行时，一小部分供油与右侧链张紧器的油量将用于闭合回路。机油泵的转子逐渐从偏心向同心位置移动，产生的作用力与内部的弹簧作用力相抵消。由于转子的运动，相对于发动机转数，油的流速以低于直线斜率的速度增长。当油温处于适当范围时，此模式将在KOER条件下（3100r/min左右）被激活。如果油温超过120℃或所需油的流速超过70％，该阈值将调整为1000r/min。

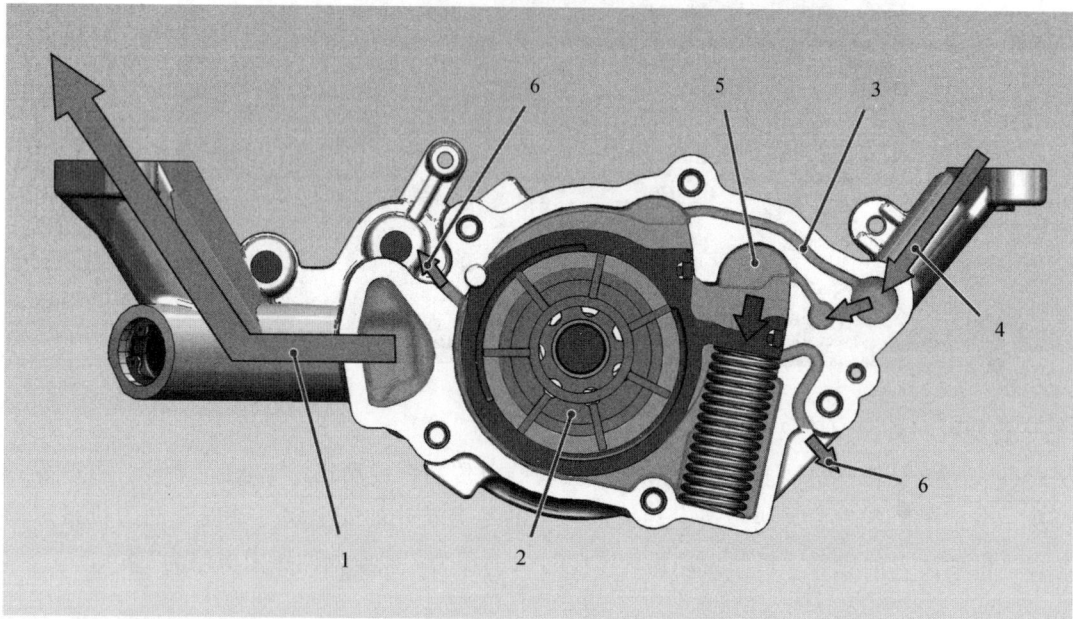

1—主油路　2—转子　3—通往次级油路和闭合回路的通道　4—回油路　5—平衡室　6—安全回路

图2-60

②高压模式（图2-61）。当泵在此模式下工作时，它将被挡在完全偏心的位置上，因此，最终油的流速仅取决于发动机的转速。油的流速随发动机转数增加成线性增长，进而以高速供油。此模式将在发动机高速运转时以及发动机冷启动（最高约54℃）时被激活，具体取决于发动机的负载和工作条件。不得将带电磁阀的机油泵拆解，只能更换整个组件。

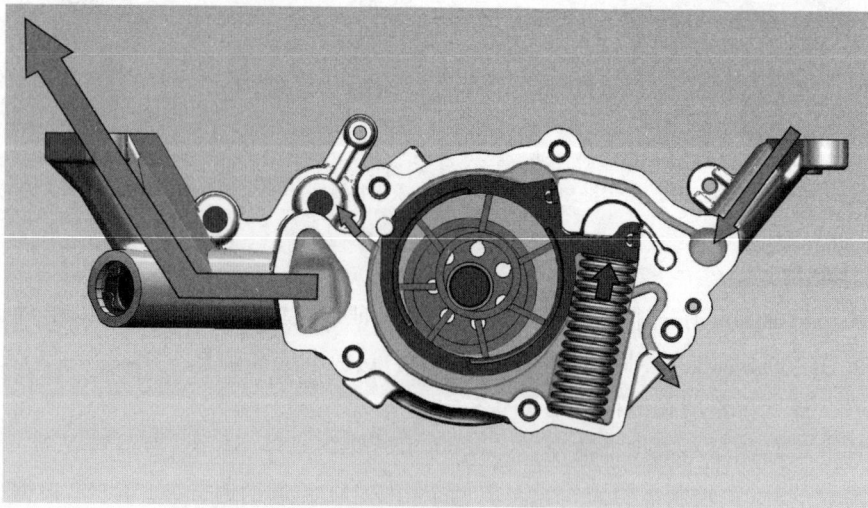

图2-61

4. 润滑系统的MD参数分析

与润滑系统有关的MD参数，如表2-14所示。

表 2-14

激活油压泵（激活/未激活）	显示机油泵的实际工作模式 未激活：高压模式 激活：低压模式
油压引擎	显示测得的流入主油路的油压。在 KOER 条件下允许的此参数范围介于 100～350kPa 之间

①ECM 控制机油泵。ECM 使用低电平信号控制电磁阀，而在另一个引脚处电磁阀接收来自主继电器的 12V 恒定电源。控制逻辑如下所示。

引脚 1 通过 ECM（0）接地：电磁阀已激活，机油泵在低压模式下运行。

引脚 1 未通过 ECM（12V）接地：电磁阀未激活，机油泵在高压模式下运行。

如果发生电路故障，则电磁阀将默认进入高压模式，从而提供最高油压。

②润滑系统接线图（图 2-62）。

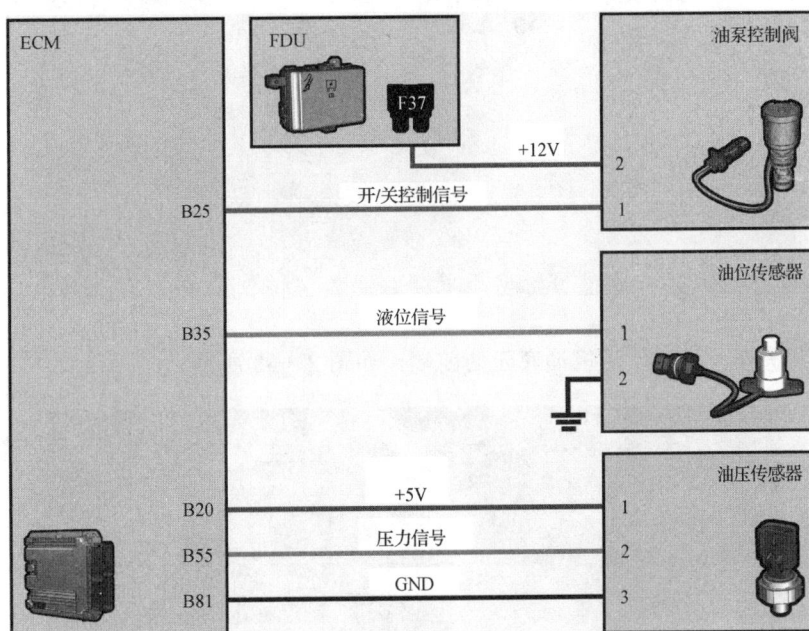

图 2-62

机油泵电磁阀插头位于曲轴箱右侧，交流发电机正上方，如图 2-63 所示。

图 2-63

③油位开关（VDO － 被动式油位开关）。此被动式油位开关采用漂浮原理，位于油底壳的下半部分。开关中的浮子的密度小于周围液体密度。浮子中的磁环将根据油位高低关闭或打开电路。如果检测到油位过低，则系统将显示一条消息，用于向驾驶员发出警告。连接插头安装在发动机油底壳的前端区域，靠近 A/C 压缩机的位置，并以簧环固定。请注意，油位开关不适用于检测过高的油位。

a. 发动机油位开关如图 2－64 所示。

图 2－64

b. 发动机油位开关插头位于发动机油底壳的前端，如图 2－65 所示。

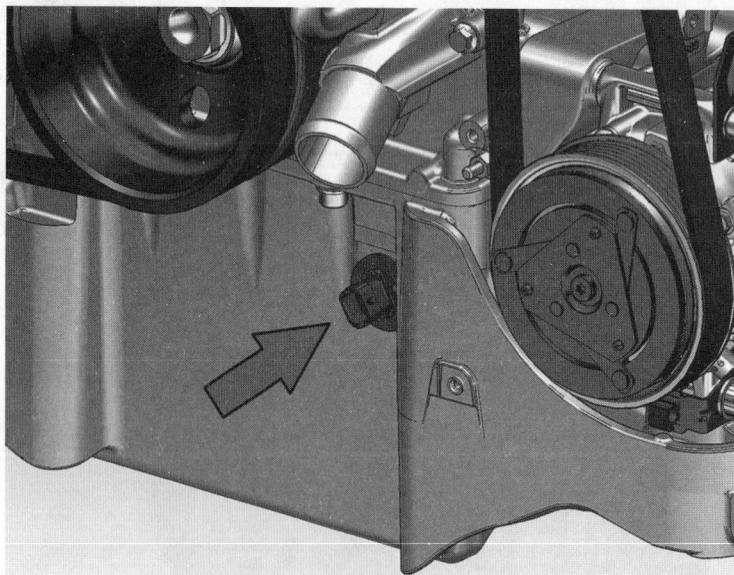

图 2－65

④测试 3.1（通过 PicoScope 测量油位信号）。PicoScope 连接和设置如表 2－15 所示。

表 2－15

通道 A，负极探针	ECM 接地（引脚 A02 ECM）
通道 A，正极探针	油位开关信号（引脚 B35 ECM）
通道 A，范围设置	± 20V DC
时间范围设置	500ms/div

可以使用传统的万用表执行此测量过程。结果如表 2—16 所示。

表 2—16

状况	测得的电压信号
油位正常	12V
油位过低	0V

请注意，在发动机冷启动后的最初几秒内，油位测量结果可能出现异常。

⑤油压传感器（Sensata 技术）。模拟压力传感器可测量润滑回路中的绝对压力，并提供介于 0.5～4.5V、与压力成比例的线性输出信号。ECM 会为该传感器提供稳定的 5V 电源并将传感器接地。如果油压过低，则系统将发送消息进行警告，还将开启专用警告灯。低压极限介于 150～400kPa 的绝对压力之间且取决于以下参数。

油温；

发动机转速。

图 2—66 显示的是位于热交换器背面的油压传感器。

图 2—66

a. 油压传感器输出特性（图 2—67）。

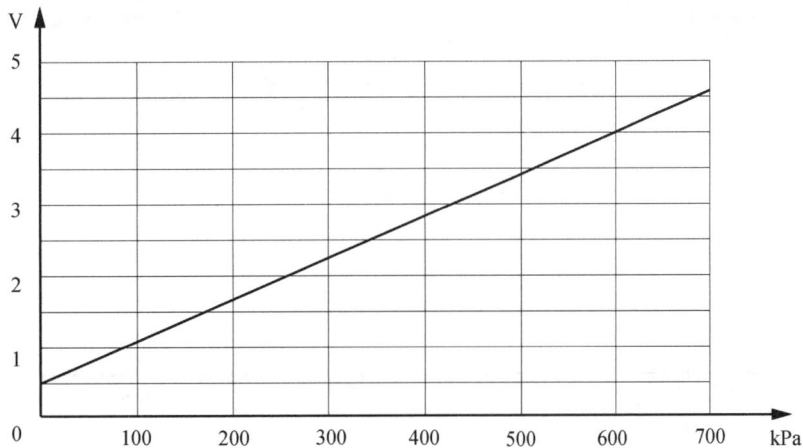

图 2—67

b. 测试 3.2（使用 PicoScope 测量油压信号）。PicoScope 连接和设置如表 2—17 所示。

表 2—17

通道 A，负极探针	油压传感器接地（引脚 B81 ECM）
通道 A，正极探针	油压传感器信号（引脚 B55 ECM）
通道 A，范围设置	± 5V DC
时间范围设置	500ms/div

还可以使用传统的万用表执行此测量过程。实验结果如表 2—18 所示。

表 2—18

状况	测得的电压信号	对应值
KOEO	0.5V	0
KOER	1.8V	224kPa
KOER 冷发动机（高压模式下的机油泵）	4V	600kPa
极限转速	3.65~4.5V	543~690kPa

c. 测试 3.3（通过 PicoScope 测量油压信号）。PicoScope 连接和设置如表 2—19 所示。

表 2—19

通道 A，负极探针	油压传感器接地（引脚 B81 ECM）
通道 A，正极探针	油压传感器信号（引脚 B55 ECM）
通道 A，范围设置	± 5V DC
时间范围设置	2s/div

下面的图 2—68 所示显示了缓慢加油门阶段的油压信号。如果将电压曲线（表示油压值）与发动机转速（未显示在以下插图中）进行比较，则此测试可以帮助理解机油泵工作原理。可分为以下阶段。

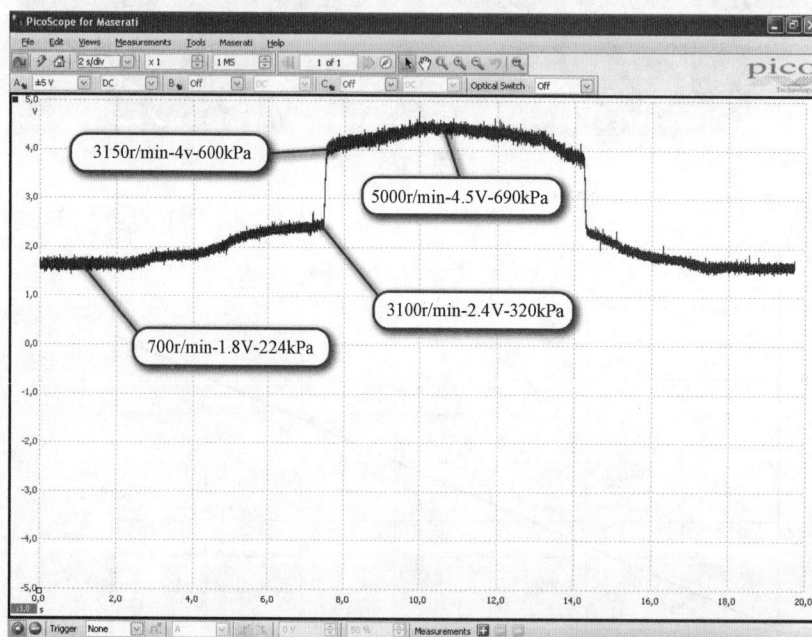

图 2—68

在 2~7s 期间，发动机转速从 700r/min 增加到 3100r/min。在此时间范围内，机油泵在低压模式下工作。油压信号从 1.8V 变为 2.4V，其对应的油压值范围介于 224~320kPa。油压相对于发动机转速几乎呈线性增加。

ECM 将机油泵切换到高压模式（大约 7s 时）后，油压信号将从 2.4V 突增到 4V。其对应的油压值从 320kPa 增加到 600kPa。

在 7.5～10s 期间，发动机转速从 3100r/min 增加到 5000r/min。油压相对于发动机转速继续呈线性增加。油压信号从 4V 变为 4.5V，其对应的油压值范围介于 600～690kPa。

在 10s 后，释放加速踏板，油压以及发动机转速随即降低。

图 2－68 显示了缓慢加油门阶段的油压信号。

d. 过热保护策略。ECM 将利用油温信息来确保发动机的工作温度在允许的范围内，并避免过热情况造成的可能损坏。发动机能够在油温最高为 130℃ 的情况下正常运行。如果达到临界油温，系统将发出消息来警告驾驶员。驾驶员还可以通过仪表板中央信息显示屏上的指示灯监测发动机油温。根据含有发动机冷却液温度信息和油压信息的数学模型，可以计算出油温。

5. 曲轴箱通风系统（图 2－69）

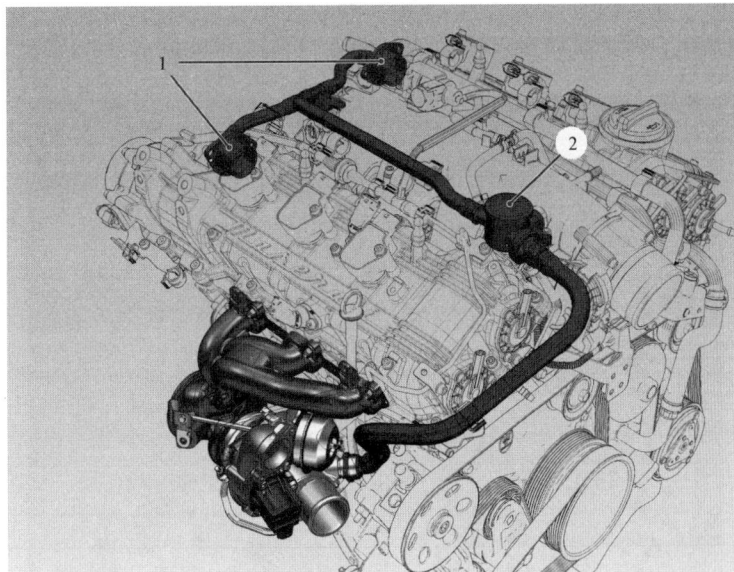

1—曲轴箱通风阀　2—单向阀

图 2－69

燃烧过程中产生的一小部分气体将通过活塞环和气门油封逸出到曲轴箱内。这些气体（称作漏气）可能降低发动机机油的品质。在将漏气引入进气歧管之前将使用离心器分离悬浮在该气体中的发动机机油油滴，以达到降低油耗的目的。曲轴箱通风系统会将这些气体从曲轴箱中排出，并将其引入右侧涡轮增压器的进气侧。这样便可以再次将这些气体送入汽缸内进行燃烧。这是一个封闭系统，能够避免排出的废气被排放到大气中。曲轴箱通风系统能够维持曲轴箱中的微真空环境。进气歧管中的真空可以起到排气作用，而曲轴箱通风阀可确保在发动机的所有工作条件下均保持适当流速。每个汽缸盖罩的背面都连接一个曲轴箱通风阀。该阀配有端面密封，能够防止汽缸盖罩处发生漏油。该阀还配有凸轮轴密封，能够防止阀罩内侧的机油进入阀内。通过弹簧调节的节流系统（PCV 阀）将通过进气歧管真空度调节曲轴箱窜气流量。离心式机油分离器可分离曲轴箱气体中悬浮的机油油滴。每个进气凸轮轴上均安装一个机油分离器。凸轮轴转动时机油油滴将借助本身的惯性和离心力分离出来。含油气体将进入用于分离出机油的离心器。这些无油气体随即将进入凸轮轴，然后流入曲轴箱通风阀。凸轮轴密封件是曲轴箱通风阀的一部分，能够防止任何机油溅入曲轴箱通风阀。

每个进气凸轮轴上均安装一个离心式机油分离器，如图 2－70 所示。

图 2-70

图 2-71 显示了气体流过离心式机油分离器和曲轴箱通风阀的过程。

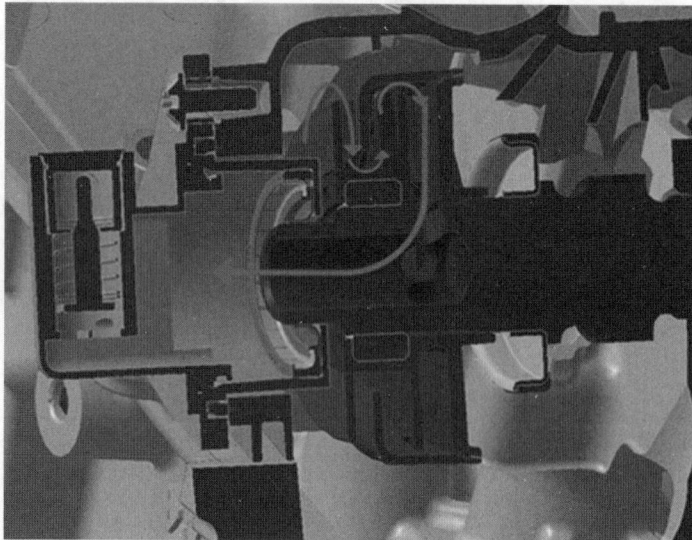

图 2-71

（七）冷却系统

1. 冷却系统的作用

冷却系统用于排出以下各项产生的热量。

燃烧；

发生相对运动的零件之间的摩擦。

需要冷却的发动机部件包括：汽缸套、气门和火花塞座、排气口和垫圈。发动机外部的涡轮增压器也需要冷却，油/冷却液热交换器用于冷却发动机机油。

冷却回路的设计方式能够阻止发动机在所有运行条件下过热，同时允许发动机尽快达到其正常工作温度。它还能进一步加热乘客舱。

2. 冷却液

F160 发动机将使用有机添加剂技术（OAT）防冻液/冷却液。OAT 冷却液与蒸馏水或去离子水按 1：1 的比例混合时能够为发动机提供最佳保护。使用水与冷却液混合溶液的原因如下。

添加冷却液可增加相同压力下的水的沸腾温度。在任何情况下，发动机中的水/冷却液混合溶液均不得发生沸腾。

冷却液可充当防冻液。

冷却液可充当缓蚀剂。

请注意，将 OAT 冷却液与其他类型的冷却液混合后会极大地降低冷却液的防腐性能。冷却系统特性如表 2—20 所示。

表 2—20

冷却系统类型	强制加压回路
冷却液泵	离心型 70mm 注射成型的 9 叶片泵轮；前驱式辅助传动带
冷却液泵流速	300L/min（发动机转速 4000r/min）
恒温器全开时的温度	88℃
冷却液量（带双区温度控制系统的吉博力和总裁）	9.2L
冷却液量（带 4 区温度控制系统的总裁）	10L
冷却液规格	按 1∶1 比例配置的水和冷却液混合溶液。冷却液：含有缓蚀剂的保护型乙二醇基防冻液。推荐油液：Paraflu up FO2 Petronas 或壳牌长效 OAT
冷却风扇电功率	650W 或 850W

3. 冷却系统布局（图 2—72）

配有 V6 汽油发动机的玛莎拉蒂车辆的动力传动系统使用双冷却回路。

主冷却回路专门用于冷却发动机。

次级冷却回路（配有电动辅助水泵）适用于冷却变速器和动力转向系统。

这两个回路相互完全独立，即使将膨胀罐集成到一个组件中。

冷却系统将得到增压并使用离心水泵循环整个系统中的冷却液。将使用独立冷却液增压膨胀罐。

1—主散热器 2—次级冷却液温度传感器 3—恒温阀外壳 4—膨胀罐

5—至热交换器的水管 6—冷却液温度传感器

图 2—72

4. 冷却系统部件（图2-73）

1-空调热交换器和油/水热交换器回水管　2-散热器回水管　3-水泵滑轮　4-散热器供给管路　5-恒温器外壳上的排放阀　6-膨胀罐的溢流管　7-油/水热交换器组　8-主ECT传感器

图2-73

5. 冷却液膨胀罐

膨胀罐可发挥多个功能。该罐可充当冷却液的储液罐，用于盛放溢出系统的冷却液并为在发动机运行期间与冷却液混合的空气提供泄漏空间。主冷却回路和次级冷却回路相互完全分离，尽管从外观上看将膨胀罐集成到一个组件中。注：用于涡轮冷却的水循环在外部进行，因此冷却液回路将涡轮增压器连接到膨胀罐的顶部。F160发动机上的涡轮增压器冷却管路，如图2-74所示。

主冷却回路和次级冷却回路的膨胀罐集成在一个组件中，如图2-75所示。

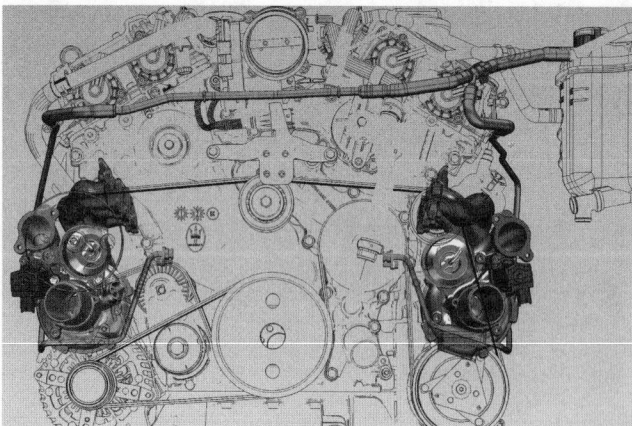

图2-74

图2-75

6. 冷却液流动

图2-76显示了发动机冷却且恒温阀关闭后的冷却液流动情况。水泵驱动冷却液循环通过发动机、涡轮增压器、油/水热交换器和内部的空调热交换器。油/水热交换器和空调热交换器的回水管可充当旁通回路，以便在恒温阀关闭后允许冷却液循环。从汽缸盖溢出的所有冷却液和来自涡轮增压器的冷却液回流均会分流到冷却液膨胀罐。来自膨胀罐的回管将连接到散热器回管，并与冷却液泵的吸入端连接。

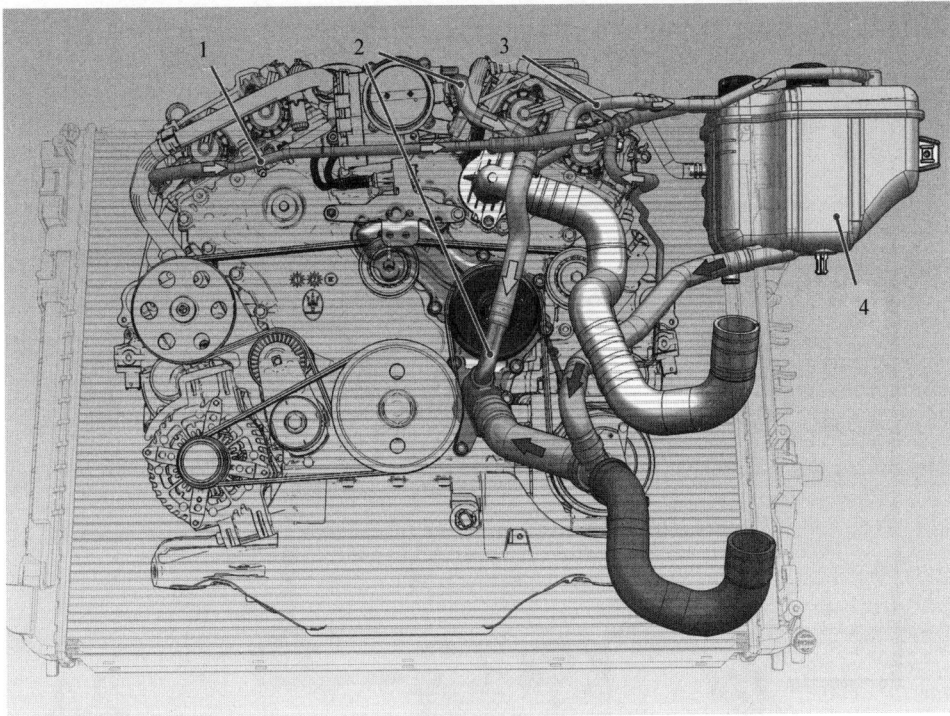

1—来自涡轮增压器的回管　2—来自油/水热交换器和空调热交换器的回管　3—膨胀罐的溢流管　4—冷却液膨胀罐

图2—76

图2—77显示了发动机升温且恒温阀打开后的冷却液流动情况。从汽缸盖流出的高温冷却液将直接经由打开的恒温阀送至散热器中。

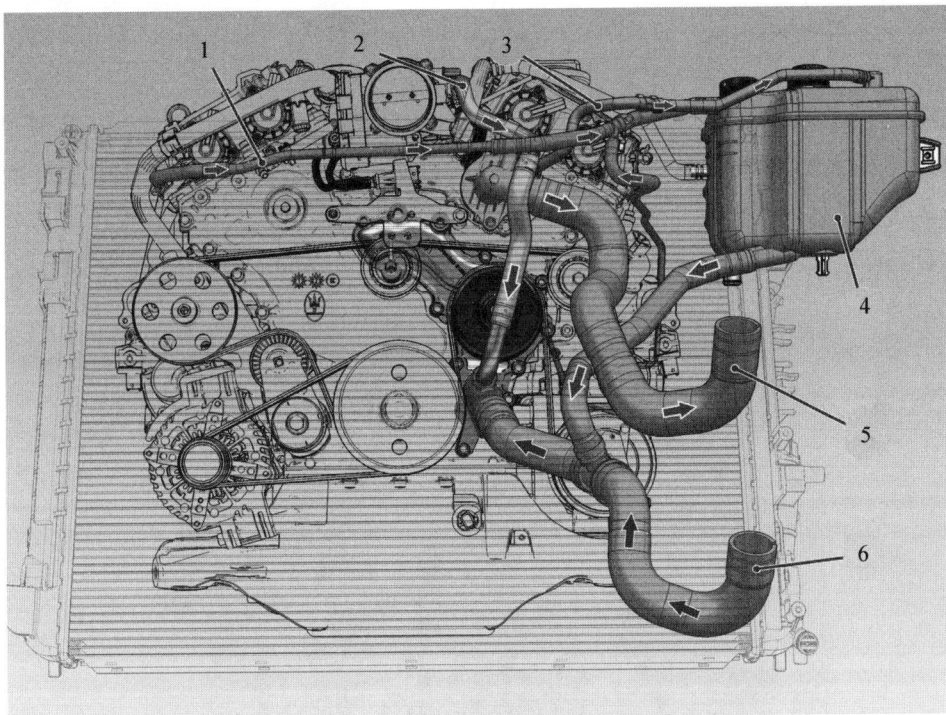

1—来自涡轮增压器的回管　2—来自油/水热交换器和空调热交换器的回管　3—膨胀罐的溢流管　4—冷却液膨胀罐　5—散热器供给管路　6—散热器回管

图2—77

113

7. 冷却系统流程图（图2-78）

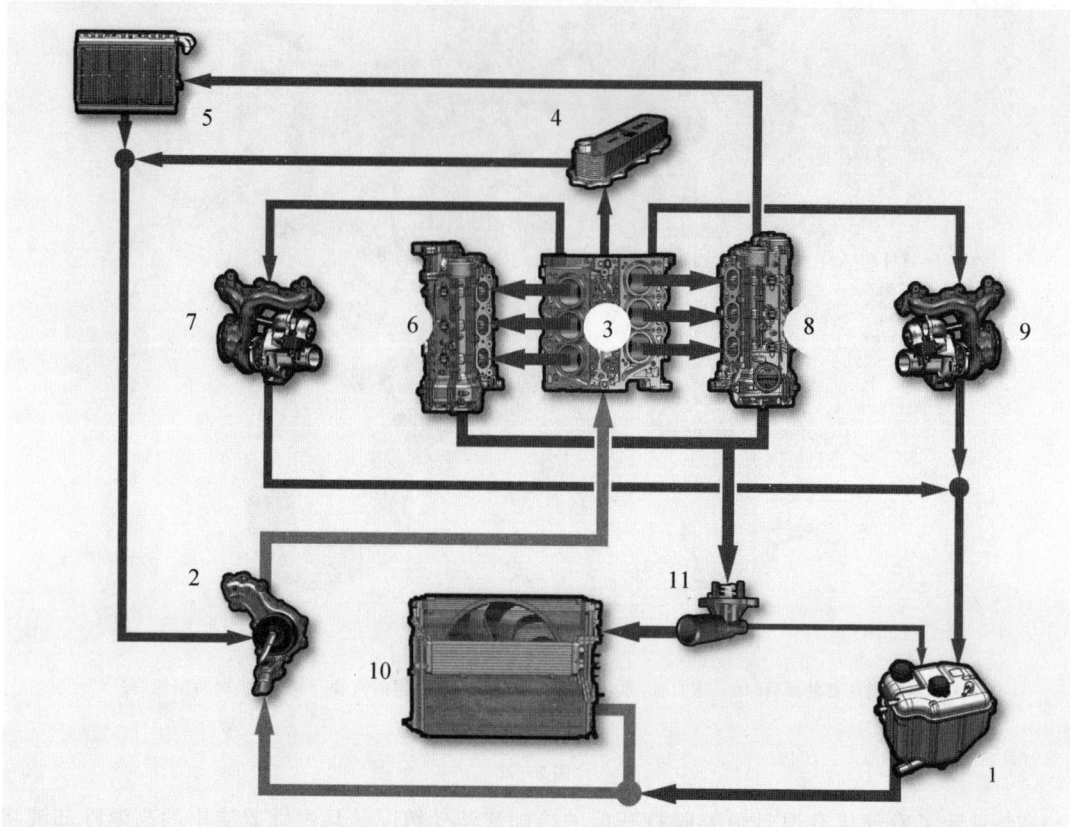

1—冷却液膨胀罐　2—水泵　3—曲轴箱　4—油冷却装置　5—车舱空调热交换器矩阵　6—汽缸列1　7—1缸列涡轮增压器　8—汽缸列2　9—2缸列涡轮增压器　10—主散热器　11—恒温器组件

图2-78

8. 水泵

水泵采用压铸铝泵体和塑料叶片泵轮。该泵通过螺栓直接固定在正时齿轮盖上，并利用包覆橡胶的钢骨架垫圈进行密封。水泵滑轮压接在泵轴上。滑轮遮挡住出水口。辅助传动带驱动泵。两个泵入水口与散热器和空调热交换器回管连接。维修前端正时齿轮盖时，不需要拆下整个水泵。某些水泵紧固件旋入缸体中，而另一些仅旋入盖内。发动机上的水泵位置如图2-79所示。

图2-79

9. 恒温阀

蜡式恒温阀位于正时链盖上，用于控制从汽缸盖流向散热器的冷却液。它直接与散热器进液管连接。温度达到 88℃ 时恒温阀将处于全开位置。恒温器和复合外壳将充当一个组件。在拆下恒温器外壳后，必须更换垫圈。冷却系统放气螺钉位于恒温器外壳上。当填充冷却系统时，至少将放气螺钉转动两到三整圈以将其打开。恒温阀和带放气阀的外壳如图 2—80 所示。

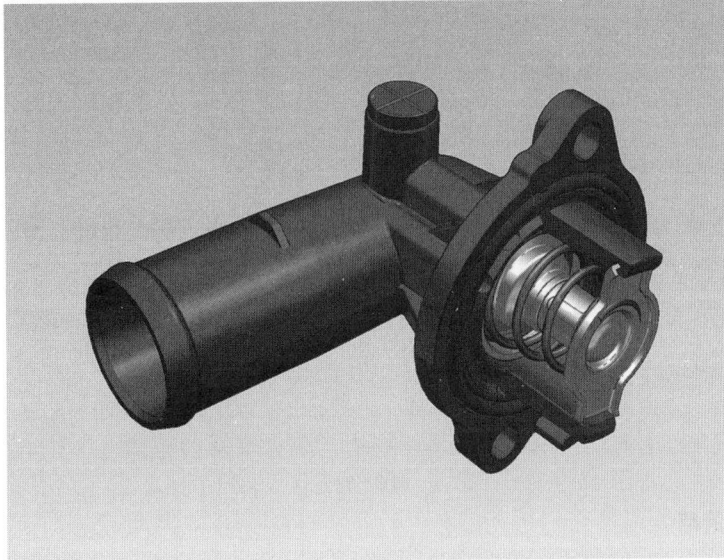

图 2—80

10. ECT 传感器（Bosch TF—W）

ECM 需要发动机温度信号才能保持冷运行期间和暖车阶段的驾驶性能以及启动冷却风扇。F160 发动机使用安装在左侧汽缸盖背面的主发动机冷却液温度（ECT）传感器。散热器上靠近热冷却液进液管处会安装一个次级发动机冷却液温度传感器，这仅适用于美国和加拿大市场。对于上述车辆，ECM 执行由两个传感器测得的温差可信度检查。ECT 传感器（Bosch TF—W）是一个双线负温度系数（NTC）传感器。随着发动机冷却液温度升高，传感器中的电阻将减小。反之随着温度降低，传感器中的电阻将增加。ECT 传感器安装在左侧汽缸盖的背面，如图 2—81 所示。

图 2—81

散热器上靠近热冷却液进液管处会安装一个次级发动机冷却液温度传感器，这仅适用于销往美国和加拿大的车辆，如图2-82所示。

图2-82

11. 发动机冷运行策略

当发动机冷启动时，在达到正常的运行温度前，ECM将采取一系列措施以尽快升温。

增加喷油时间：为了保证燃烧过程可靠以及当燃烧室温度较低时，需要较浓的混合气。

点火正时延迟：燃烧将尽可能延迟开始时间，并在做功阶段进行。它可以持续到排气通道的第一段气道，从而加热催化转化器。

提高怠速（增大节气门角度）：此举将增加废气流量。发动机转速升高后还允许延长点火正时延迟。

12. 过热保护策略

ECM将利用冷却液温度信息来确保发动机的工作温度在允许的范围内，并避免可能由过热情况造成的损害。发动机能够在最高125℃的冷却液温度下正常运行。如果达到临界冷却液温度，系统将发出消息来警告驾驶员。驾驶员还可以通过仪表板中央信息显示屏上的指示灯监控发动机冷却液温度。出于安全考虑，ECM将不会在过热时自动关闭发动机。

13. ECT传感器的接线图（图2-83）

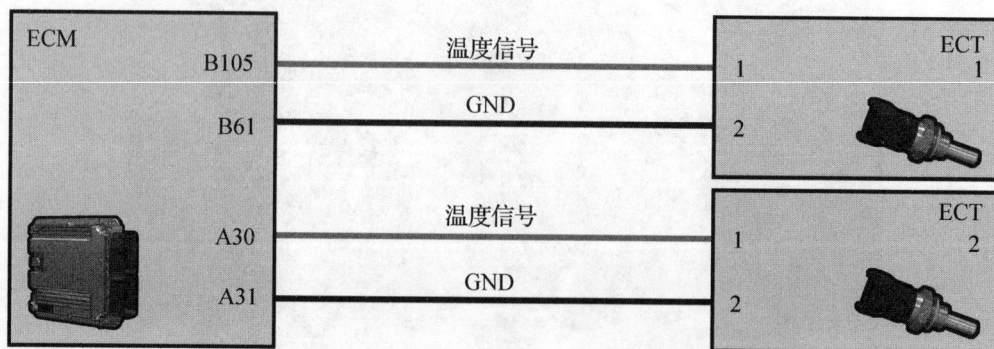

图2-83

①冷却系统的 MD 参数分析。与冷却系统有关的 MD 参数如表 2-21 所示。

表 2-21

发动机温度	显示主 ECT 传感器测得的实际冷却液温度。在 KOER 条件下此参数的允许范围为 83~98℃
经线性化及转换处理的温度散热器出口	显示次级（散热器）ECT 传感器测得的实际冷却液温度
风扇 1，控制	显示风扇激活继电器是否处于激活状态。1：激活；0：未激活
风扇 1，工作	显示与冷却风扇要求有关的可变百分比值。在 KOEO 条件下且风扇处于关闭状态时，该值为 8%，风扇速度越高对应的百分比越大

电动风扇用于形成气流来冷却车辆的热交换器组。系统将根据从 ECM 接收的命令，通过调节用于带动风扇的无刷直流电机的电压/速度，提供所需的气流。ECM 通过 PWM 信号控制无刷风扇电机。可以在配备 F160 发动机的玛莎拉蒂车辆上安装两种不同的冷却风扇。

P/N 670033754（最大使用功率 850W）。配备 F160AN/AM 发动机的所有车辆。配备 F160AO/AS 发动机和四区空调控制系统的车辆。

P/N 670033757（最大使用功率 650W）。配备 F160AO/AS 发动机和二区空调控制系统的车辆。

为进行测试，可通过玛莎拉蒂（玛莎拉蒂）Diagnosi 发出的主动诊断命令激活冷却风扇。单个的变速冷却风扇内置一个风扇 ECU，用于接收来自 ECM 的 PWM 命令信号，如图 2-84 所示。

图 2-84

②冷却风扇模块的接线图（图 2-85）。

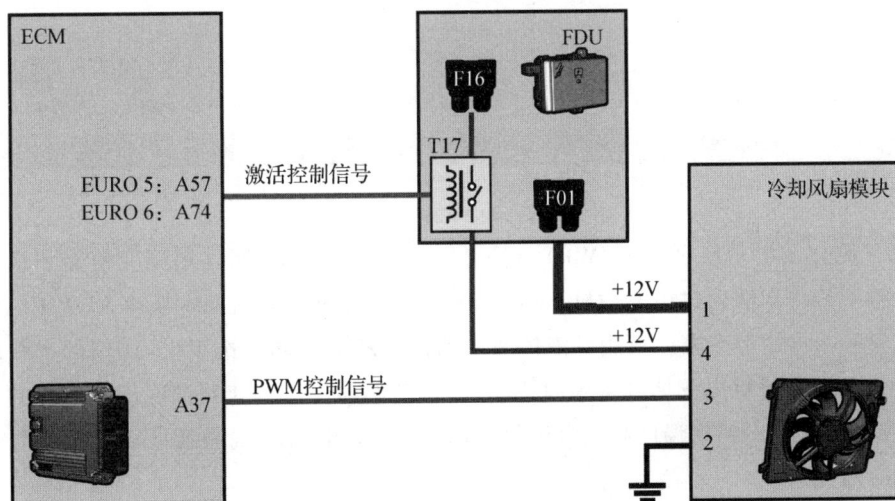

图 2-85

a. 冷却风扇控制信号（850W 型号）。

冷却风扇模块将由从配电装置（FDU）引出的大截面电源线进行永久供电，并利用一个 70A 保险丝进行保护。风扇模块将接收来自专用继电器的＋12V 激活命令信号，该继电器反过来将由 ECM 激活，从而在引脚 A57 处设置 0V 信号。前 PDC 也内置了此继电器。风扇速度连续可变且由 ECM 通过 PWM 信号控制，带有可变占空比控制信号与大约 130Hz 的频率。冷却风扇速度将根据发动机冷却要求和 HVAC 系统要求进行控制。

b. 测试 3.4（使用 PicoScope 测量风扇 PWM 控制信号）。PicoScope 连接和设置如表 2－22 所示。

表 2－22

通道 A，负极探针	ECM 接地（引脚 A02 ECM）
通道 A，正极探针	冷却风扇速度控制（引脚 A37 ECM）
通道 A，范围设置	± 20V DC
时间范围设置	2ms/div

此截屏显示了 KOER 条件下的冷却风扇 PWM 控制信号。占空比百分比主要取决于工作温度，如图 2－86 所示。

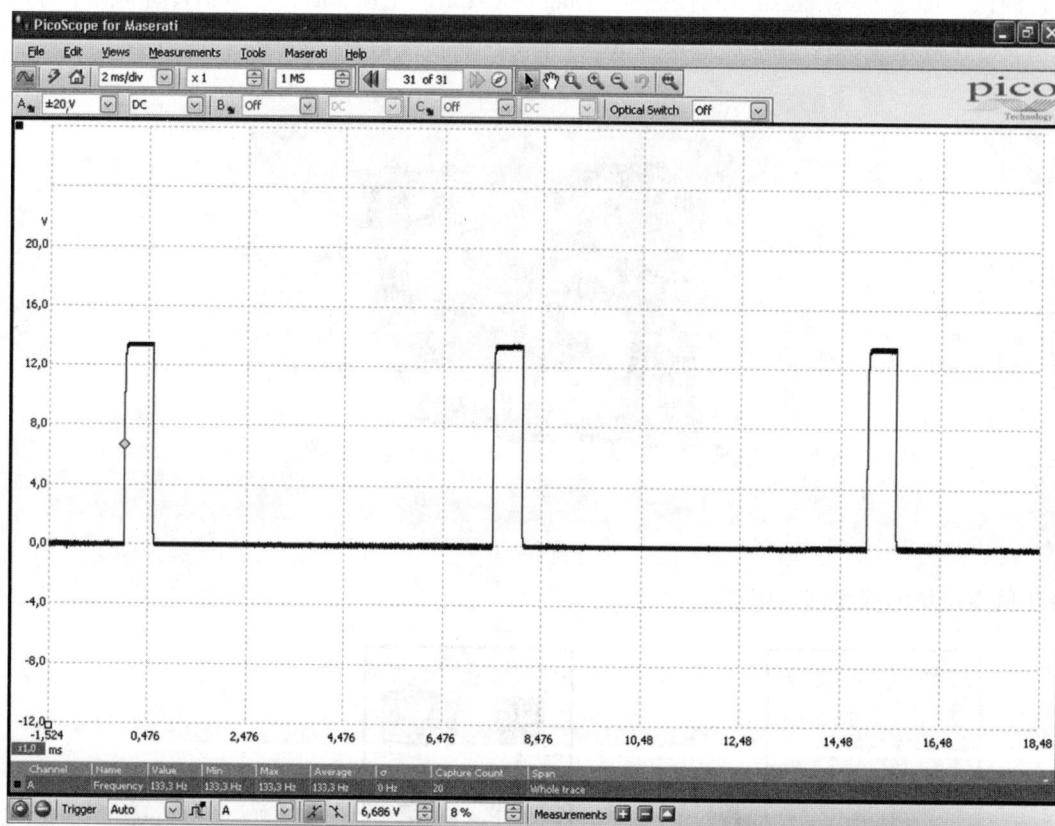

图 2－86

c. 次级冷却回路以及电动水泵（AUWP）（图 2－87）。次级冷却回路用于变速器和动力转向系统冷却。次级冷却回路中的冷却液通过由发动机 ECU（ECM）激活的电动辅助水泵（AUWP）驱动循环。主散热器前端将放置一个专用散热器。所用的液体与发动机冷却液相同（按 1∶1 比例的水和乙二醇基防冻液的混合溶液）。TCM 通过机电阀体装置中内置的 NTC 传感器测量变速器油底壳温度，并将温度值通过 CAN－C 总线发送到 ECM。如果温度超过目标值，ECM 将通过 LIN 线激活电动水泵。如果温度仍旧过高，则还会激活冷却风扇。

油温传感器安装在动力转向系统的热交换器的出液管上，并与 ECM 电气连接。此外，在该情况下，如果温度升得过高，则 ECM 将激活次级冷却回路的电动辅助水泵，以提高冷却性能。

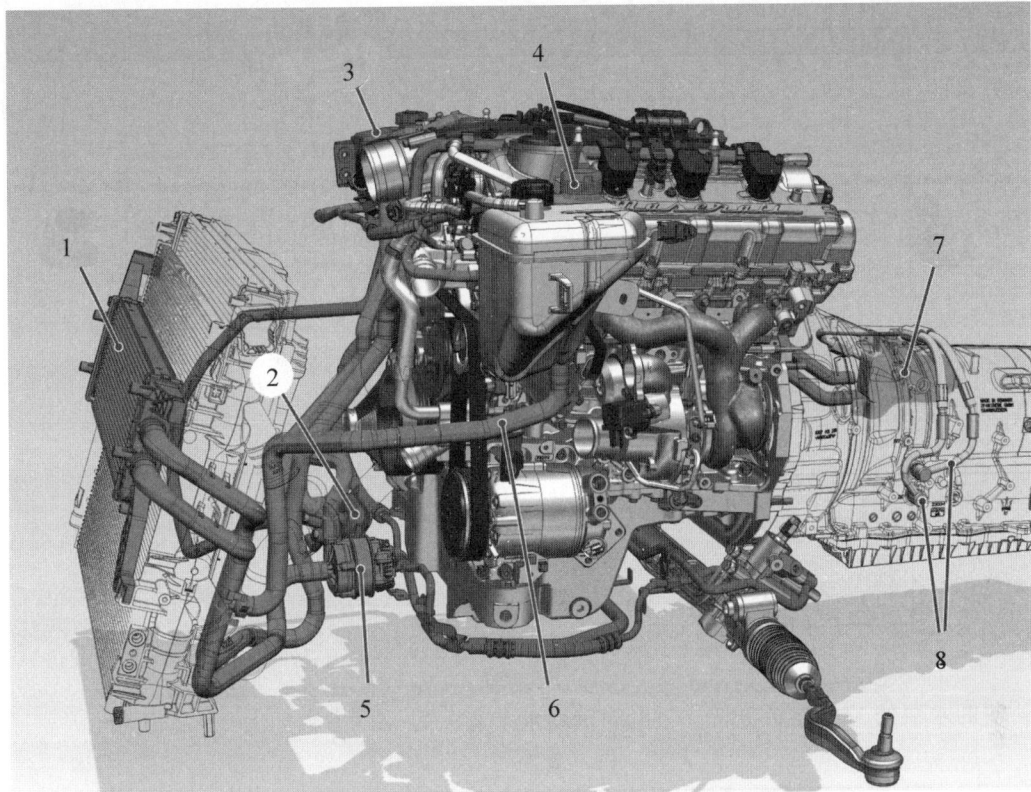

1—次级冷却液回路散热器　2—动力转向系统的油/水热交换器　3—动力转向液储液罐　4—冷却液膨胀罐

5—电动辅助水泵（AUWP）　6—来自膨胀罐的回管　7—变速器油/水热交换器　8—变速器油管

图 2—87

同一条 LIN 线将用于交流发电机控制和激活或 AUWP。进行测试，可通过 MD 发出的主动诊断命令激活电动辅助水泵。

动力转向系统液体温度传感器安装在动力转向系统热交换器的出水管上，如图 2—88 所示。

图 2—88

③电动辅助水泵的接线图（图 2—89）。

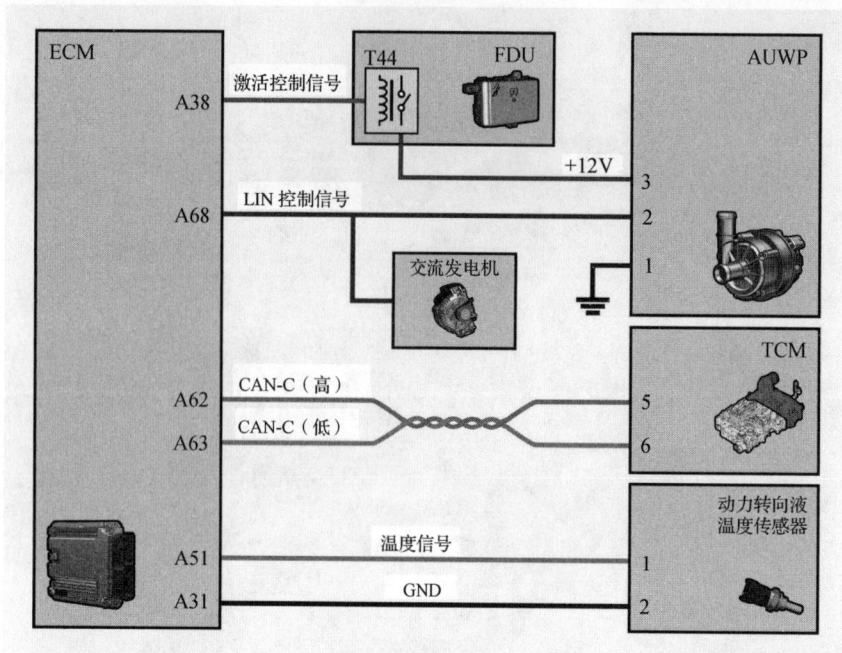

图 2-89

④电动辅助水泵的 MD 参数分析。与电动辅助水泵有关的 MD 参数如表 2-23 所示。

表 2-23

变速器的附加水泵（工作周期）	显示与 LIN 线上的次级回路冷却 PWM 信号有关的可变百分比值。在 KOEO 条件下且风扇处于关闭状态时，该值为 0，风扇速度越高对应的百分比越大。注意：如果出现 LIN 故障，则该参数将显示固定值 40.01%

（八）真空回路（图 2-90）

使用进气充气的逻辑结果为在某些发动机条件下，无法提供发动机真空。真空将用作能量载体以运行车辆中的某些辅助系统和子系统。因此，F160 发动机上安装了真空泵。真空泵安装在发动机的后侧，通过右侧汽缸排的排气凸轮轴进行驱动。铝制真空罐安装在发动机舱的前部下方。

1—凸轮轴驱动的真空泵 2—涡轮增压废气旁通阀的真空调节器 3—制动助力器单向阀 4—真空罐 5—尾部消音器旁通阀控制装置管路

图 2-90

以下系统和子系统使用真空。

制动助力器；

涡轮增压器排气旁通阀；

尾部消音器旁通阀。

在右侧汽缸盖的后侧装有一个真空泵，该真空泵由排气凸轮轴通过复齿驱动，如图2—91所示。

图2—91

1. 通过压力波动分析进行故障检测

我们将介绍如何通过测量特定点处的波动气压调查一系列可能的发动机机械故障。介绍的测试会针对发动机的机械健康状况提供可靠指示。可以利用这些测试定位可能的发动机机械故障，而无须拆卸任何发动机部件。

测试利用 PicoScope、WPS500X 多功能压力传感器（PicoScope 套件的一部分）和一些适配软管。

一些可辨别的可能机械损坏如下。

活塞密封圈磨损或损坏；

进气门和/或排气门泄漏；

凸轮轴凸轮磨损。

可在发动机的不同位置测量发动机压力波动。从而允许在诊断过程中直接关注故障的起因。可在KOER 条件和/或加油门阶段执行这些测试。可通过一系列单独测试对发动机的机械健康状况执行完整的分析，之后可对所得结果进行比较。这些测试如下。

使用"PicoScope 诊断"应用设备执行"相对压缩测试"和"绝对压缩测试"，以识别一个或多个工作不良的汽缸。

使用连接到火花塞座（请参阅"测试3.5"）的 WPS500X 和适配软管 TA184，检查工作不良汽缸的燃烧室压力波动。

使用连接到歧管上（请参阅"测试3.6"）的 EVAP 系统连接管路的 WPS500X 和适配软管 TA085，检查进气歧管的压力波动。

使用安装在油位油尺座（请参阅"测试3.7"）内的 WPS500X 和适配软管 TA085，检查发动机油底壳的压力波动。

使用安装在排气尾管（请参阅"测试3.8"）内的 WPS500X 和适配软管 TA085，检查废气压力波动。

WPS500X 多功能压力传感器和 TA085 与 TA184 适配软管如图2—92所示。每次启动 WPS500X 压力传感器后，该装置将根据大气压力校准其零参照值。这意味着读数0对应于环境压力。

接下来将详细介绍每个测试。由于使用的时标固定，因此所得结果可相互比较。可在发动机以不同转速运行时执行此分析。相对于传统的比较测试（在启动条件下执行），此测试顺序具有多个优点。

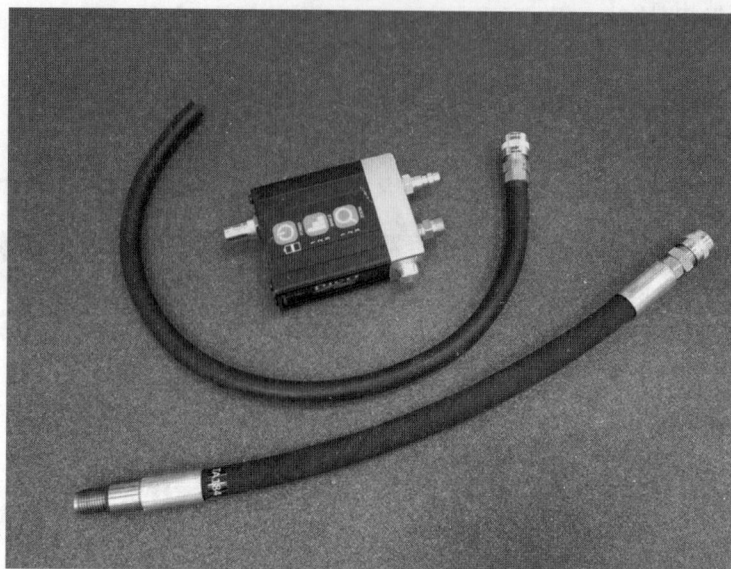

图 2-92

发动机转速比在启动条件下更稳定。

压力值和波动更能体现发动机运行状态。

喷射和点火过程处于激活状态。

2. 不同发动机转速下的特性时间间隔

当使用 PicoScope 执行测试时，拥有要测得的时间间隔的指示很有用。这将有助于设置 PicoScope 时标。测得的时间间隔取决于需要监控的内容（完整的发动机周期或单个冲程）和测试发动机转速。有关参考值，请参阅表 2-24。

表 2-24

发动机转速 （r/min）	曲轴转速 （r/s）	完整的发动机周期持续时间 （ms）	单个冲程持续时间 （ms）
700	11.6	172	43
800	13.3	150	37.5
850	14.1	140	34.8
1000	16.6	120	30
1500	25	80	18
2000	33.3	60	15
2500	41.6	48	12
3000	50	40	10
3500	58.3	34	8.4
4000	66.6	30	7.5
4500	75	26	6.3
5000	83.3	24	6
5500	91.6	21	5.4
6000	100	20	4.8
6500	108.3	18	4.5
7000	116.6	17	4.2

①测试 3.5（使用 PicoScope 测量燃烧室压力波动）。在此测试中，执行了燃烧室内的压力波动分析。压力传感器 WPS500X 和适配软管 TA184 将连接到要检查的汽缸的火花塞座。另一个汽缸的点火线圈激

活信号将用作触发器参考。该测试是在 KOER、加油门和极限转速条件下执行的。如下表所示设置 Pico-Scope。请注意，指明的时标适合怠速发动机。对于较高的发动机转速，可以增加时标。PicoScope 连接和设置如表 2－25 所示。

表 2－25

通道 A，探针	WPS500X 压力传感器（范围 1）＋ 火花塞 1 座上的 TA184
通道 A，范围设置	在 KOER 条件下为－153.3kPa/1380kPa 在瞬态和转速极限条件下为－383.3kPa/3450kPa
通道 B，负极	探针 ECM 接地（引脚 A02 ECM）
通道 B，正极	探针点火线圈 2 激活信号（引脚 B52 ECM）
通道 B，范围设置	± 20V DC
时间范围设置	20ms/div

WPS500X 压力传感器与安装在汽缸 1 的火花塞座上的适配软管 TA184，如图 2－93 所示。

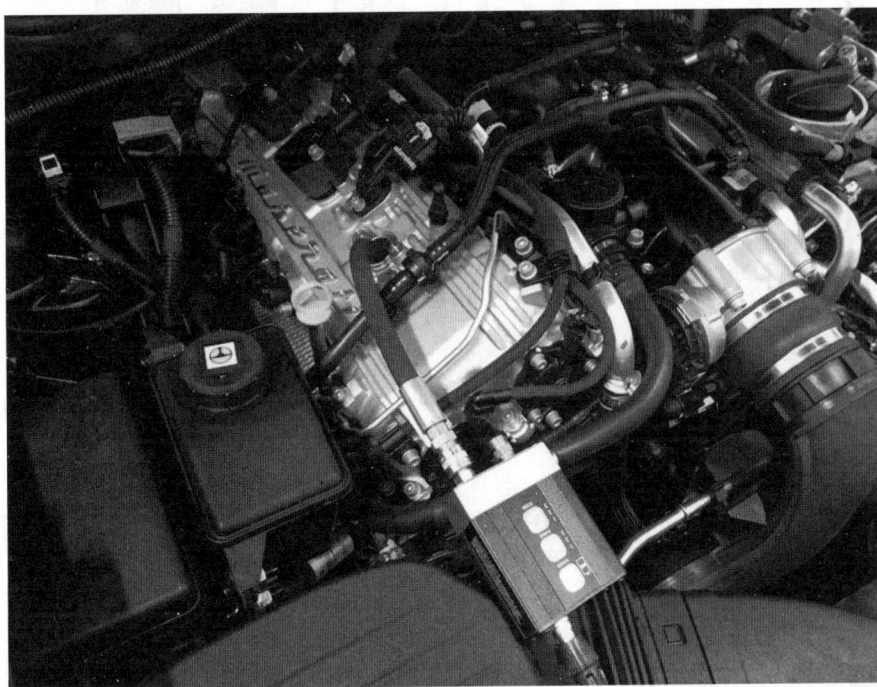

图 2－93

图 2－94 所示的截屏中显示了在 KOER 条件下汽缸 1 的压缩室压力波动以及用作触发器参考的汽缸 2 的点火线圈激活信号。可得出以下结论。

进气门打开后，压力将立即降到参照值 0 以下，且在进气阶段保持低于参照值 0 的大小。这取决于进气歧管中形成的真空，因为当活塞向下运动时节气门几乎闭合。

在进气门关闭且活塞向下运动时，压力将开始增加（直到大于大气压力）。

在压缩阶段，燃烧室内的压力将增加到 500kPa 左右。

汽缸 1 的压缩冲程在汽缸 2（用作触发器参考）的点火事件之前进行。请注意，F160 发动机的点火次序为 1－6－2－5－3－4。

当活塞再次向下运动时，压力将降低。当活塞到达约一半冲程时，受几乎闭合的节气门影响，压力将降至参照值 0 以下。

在排气门打开后，压力将立刻增加到参照值 0。

进气门将在排气门闭合后立即打开。

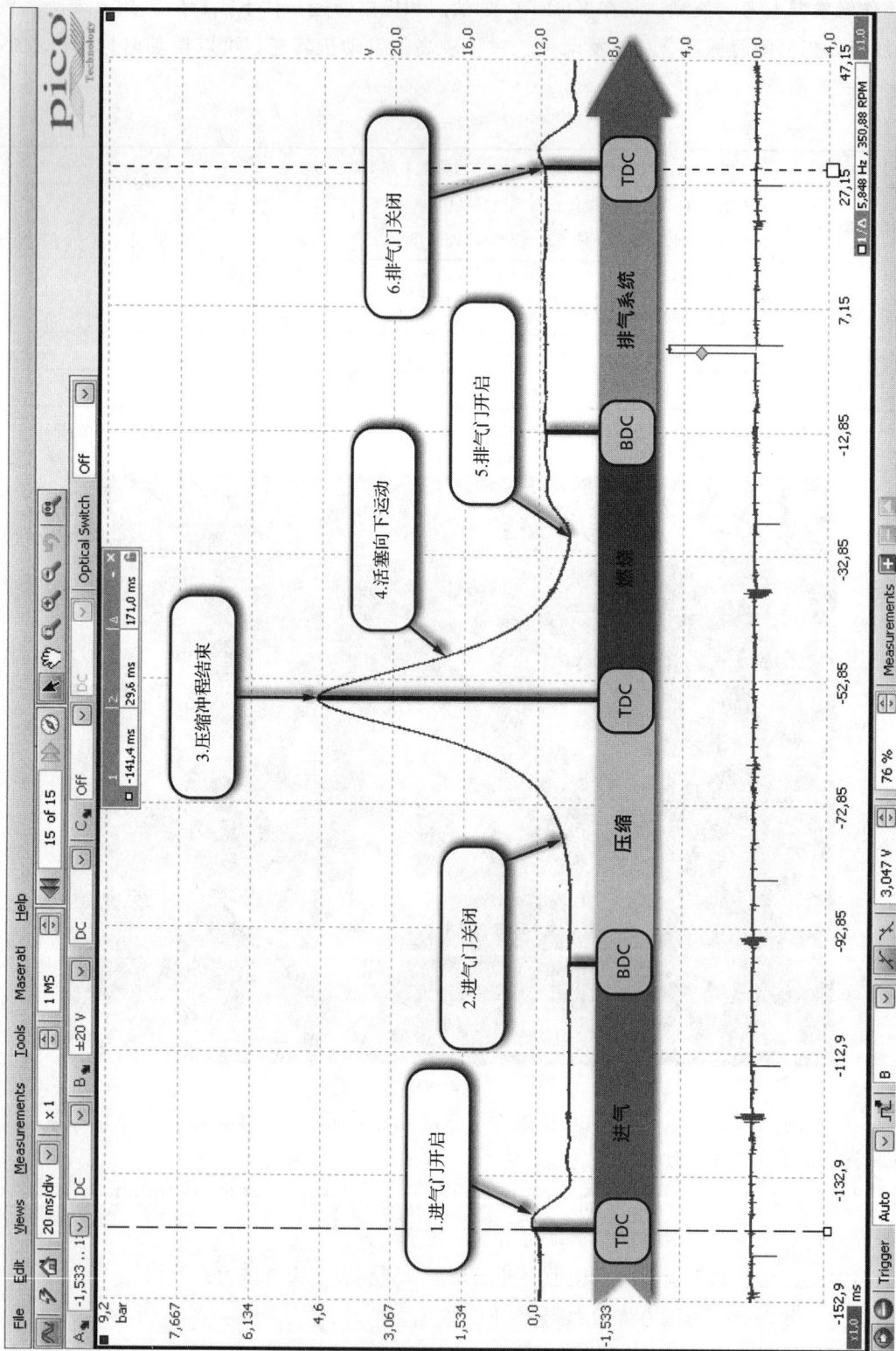

图 2-94

图 2-95 的截屏中显示了在加油门阶段汽缸 1 的压缩室压力波动以及用作触发器参考的汽缸 2 的点火线圈激活信号。可得出以下结论。

保持时标不变，可观察到多个发动机周期。

汽缸 2 的点火线圈信号曲线与汽缸 1 的压力曲线更加接近。这是由较高发动机转速下的高级点火正时引起的（点火信号向左偏移）。

在进气阶段，压力不会降至参照值 0 以下。这是由打开程度更大的节气门和较高的增压压力造成的。

在压缩阶段，燃烧室内的压力将增加到 2000kPa 左右。由于汽缸充气较多，因此此值相对于 KOER 条件高出很多。为此，必须在 PicoScope 中设定较高的压力等级。

进排气门重叠百分比可通过以下事实推导得出，即在下一发动机周期中，排气门闭合点位于进气门打开点之后。

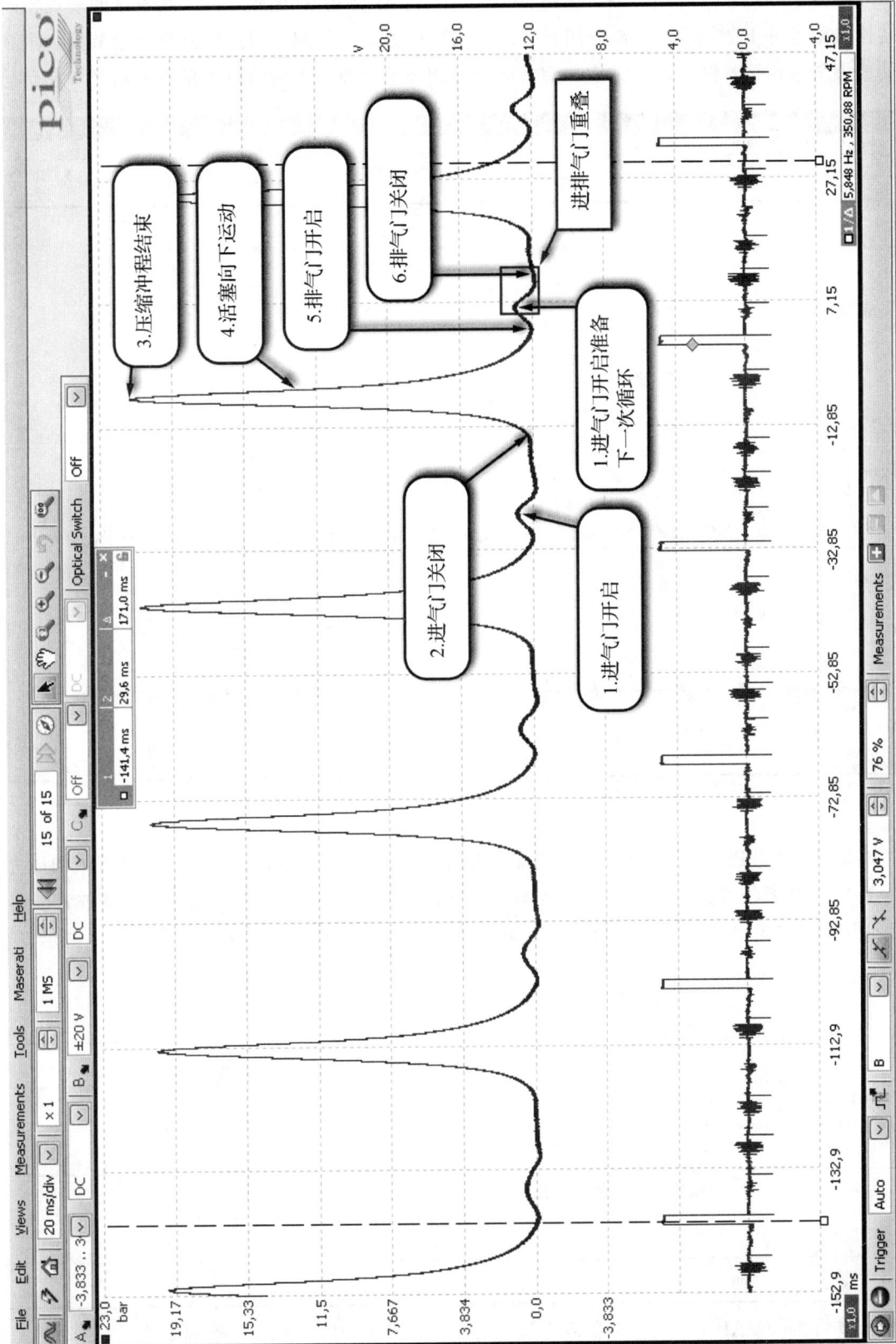

图 2-95

图 2-96 的截屏是在转速极限条件下截取的。可得出以下结论。

即使显示多个发动机循环，也要保持采用相同的时间范围。

在进气阶段，压力会降至参照值 0 以下。这与在 KOER 条件下观察到的表现相同。实际上，在转速极限条件下，节气门也处于几乎闭合的状态。

在压缩阶段，燃烧室内的压力将增加到 500kPa 左右。这与在 KOER 条件下观察到的表现相同。这是因为在转速极限条件下节气门处于部分闭合状态，增压压力受到限制，因此汽缸充液会减少。图 2-96 显示了在转速极限条件下汽缸 1 的压缩室压力波动以及用作触发器参考的汽缸 2 的点火线圈激活信号。

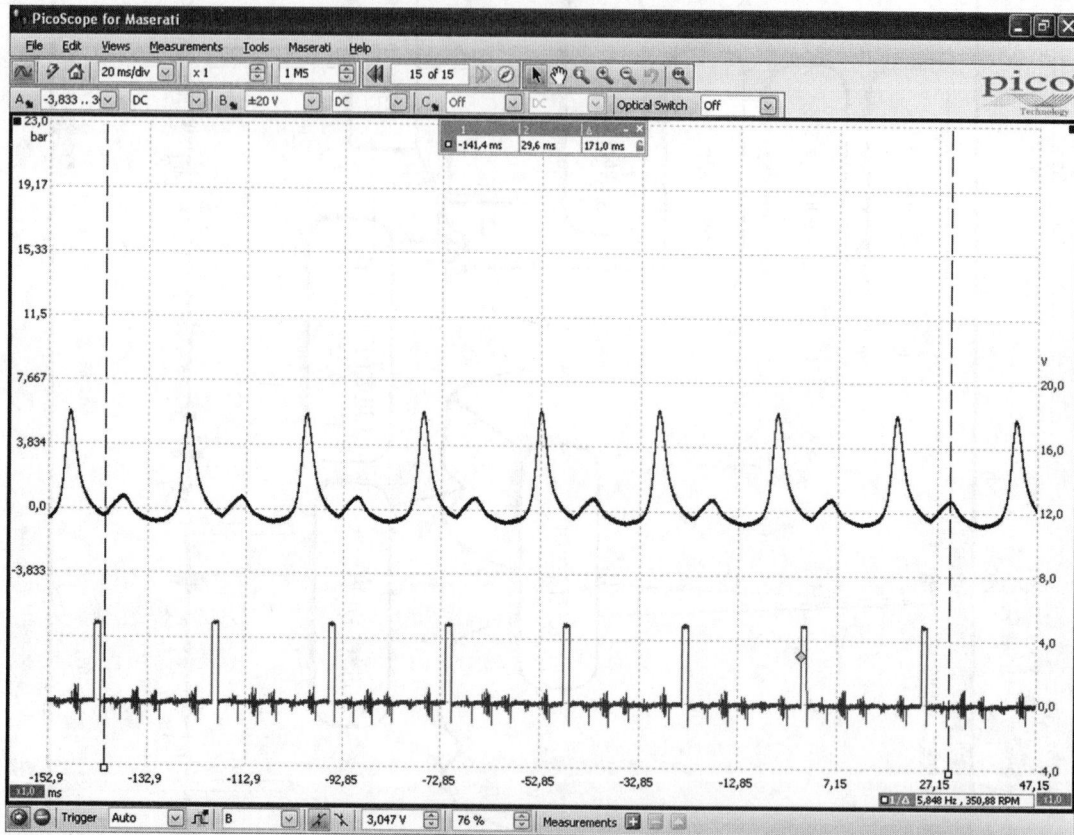

图 2-96

②测试 3.6（使用 PicoScope 测量进气歧管压力波动）。在此测试中，执行了进气歧管内的压力波动分析。在拆下 EVAP 系统管路后，压力传感器 WPS500X 和适配软管 TA085 将与进气歧管连接。另一个汽缸的点火线圈激活信号将用作触发器参考。该测试是在 KOER 条件下执行的。如表 2-26 所示设置 Pico-Scope。

表 2-26

通道 A，探针	进气歧管的 EVAP 系统连接管路上的 WPS500X 压力传感器（范围 2/缩放 2）＋ 适配软管 TA085
通道 A，范围设置	±69kPa
通道 B，负极探针	ECM 接地（引脚 A02 ECM）
通道 B，正极探针	点火线圈 2 命令（引脚 B52 ECM）
通道 B，范围设置	± 20V DC
时间范围设置	20ms/div

与进气歧管的 EVAP 系统连接管路连接的 WPS500X 压力传感器（范围 2/缩放 2）和适配软管 TA085，如图 2-97 所示。

126

图 2-97

图 2-98 所示的截屏是在 KOER 条件下截取的。可得出以下结论。

受压力传感器的缩放功能影响，平均压力值将自动设置为 0。

每个汽缸都会导致进气阶段的歧管内出现压降。可观察到所有汽缸的压力波动（在完整的发动机周期中为 6 个）。所有汽缸的压力波动行为必须相似。

如果汽缸出现泄漏或进气门关闭错误，则将导致燃烧阶段歧管内的压力峰值较高。有关汽缸识别的信息，请参阅"测试 3.9"。

如果某一汽缸吸入的空气量比其他汽缸的少，则相关的进气阶段将指示压降减小。有关汽缸识别的信息，请参阅"测试 3.9"。

截屏显示了在 KOER 条件下的歧管压力波动以及参考汽缸上的点火线圈激活信号（用作触发器参考）。

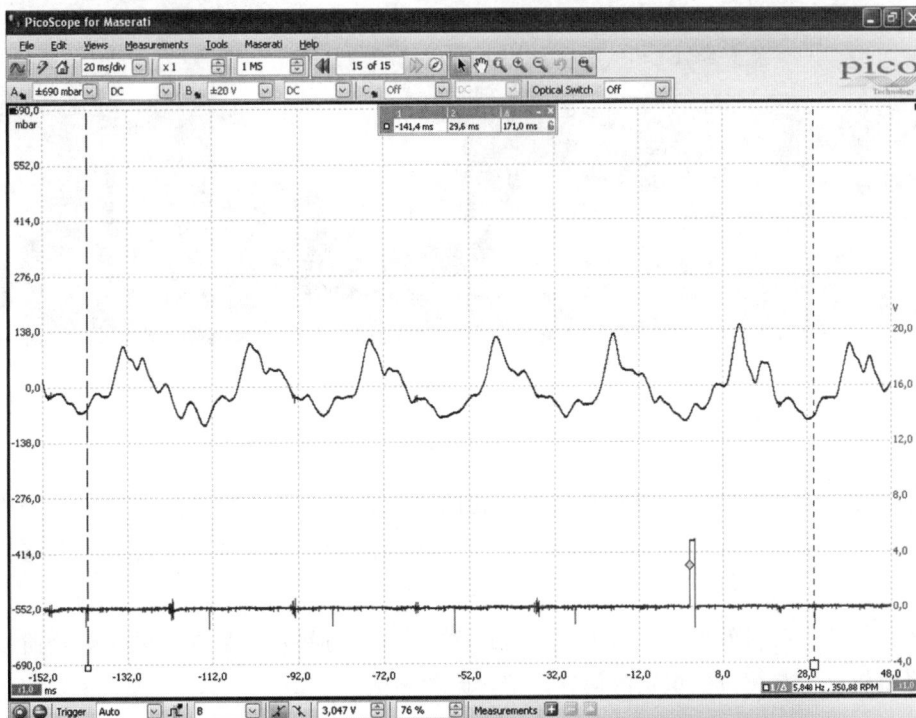

图 2-98

③测试 3.7（使用 PicoScope 测量发动机油底壳压力波动）。在此测试中，执行了发动机油底壳内的压力波动分析。压力传感器 WPS500X 和适配软管 TA085 与油位油尺座连接。另一个汽缸的点火线圈激活信号将用作触发器参考。该测试是在 KOER 条件下执行的。如表 2-27 所示设置 PicoScope。

表 2-27

通道 A，探针	安装在油位油尺座上的 WPS500X 压力传感器（范围 3/缩放 3）＋ 适配软管 TA085
通道 A，范围设置	± 6.9kPa（通道可视化缩放系数＝5）
通道 B，负极探针	ECM 接地（引脚 A02 ECM）
通道 B，正极探针	点火线圈 2 命令（引脚 B52 ECM）
通道 B，范围设置	± 20V DC
时间范围设置	20ms/div

在此测试过程中，WPS500X 压力传感器（范围 3/缩放 3）和适配软管 TA085 与油位油尺座连接，如图 2-99 所示。

图 2-99

图 2-100 所示的截屏是在 KOER 条件下截取的。可得出以下结论。

受压力传感器的缩放功能影响，平均压力值将自动设置为 0。

每个汽缸都会导致处于燃烧阶段的发动机油底壳内出现较小的压力峰值。无法轻易辨别与不同汽缸有关的压力波动。实际上，汽缸导致的压力峰值将通过其他活塞的运动抵消一部分。所有汽缸的压力波动行为必须相似。

如果某个汽缸的活塞密封效果差（由于活塞密封圈损坏或磨损），则将导致处于燃烧阶段的发动机油底壳内的压力峰值较高。有关汽缸识别的信息，请参阅"测试 3.9"。

截屏显示了在 KOER 条件下的发动机油底壳内的压力波动以及参考汽缸上的点火线圈激活信号（用作触发器参考）。

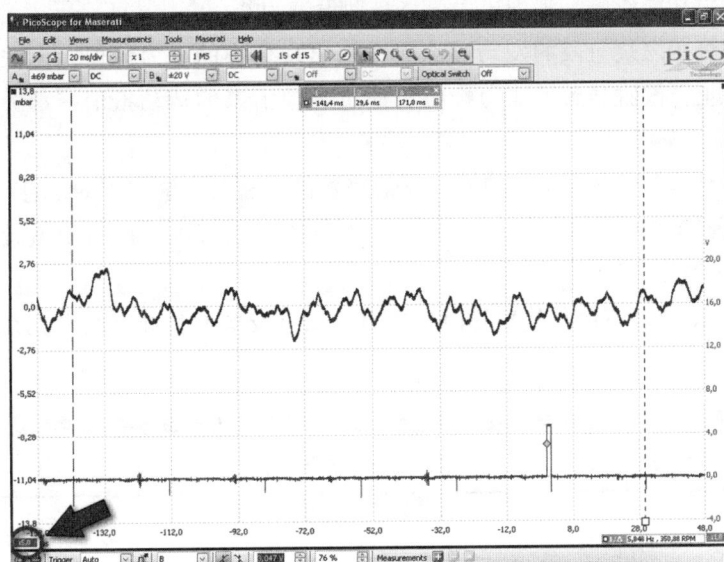

图 2-100

④测试 3.8（使用 PicoScope 测量废气压力波动）。在此测试中，执行了排气系统内的压力波动分析。压力传感器 WPS500X 和适配软管 TA085 与排气尾管连接。另一个汽缸的点火线圈激活信号将用作触发器参考。该测试是在 KOER 条件下执行的。如表 2-28 所示设置 PicoScope。

表 2-28

通道 A，探针	插入同一排气尾管中的 WPS500X 压力传感器（范围 3/缩放 3）＋ 适配软管 TA085
通道 A，范围设置	± 6.9kPa
通道 B，负极探针	ECM 接地（引脚 A02 ECM）
通道 B，正极探针	点火线圈 2 命令（引脚 B52 ECM）
通道 B，范围设置	± 20V DC
时间范围设置	20ms/div

插入同一排气尾管中的 WPS500X 压力传感器（范围 3/缩放 3）与适配软管 TA085，如图 2-101 所示。

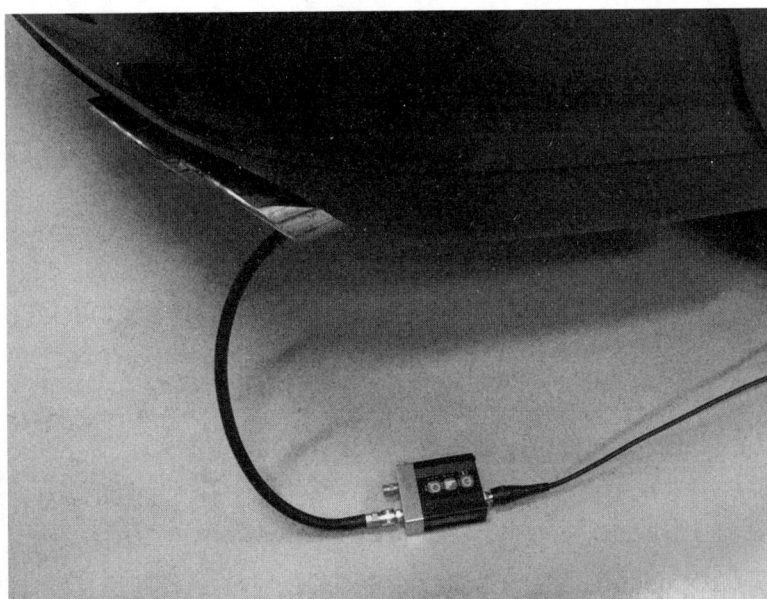

图 2-101

图 2-102 所示的截屏是在 KOER 条件下截取的。可得出以下结论。

129

受压力传感器的缩放功能影响，平均压力值将自动设置为 0。

每个汽缸都会导致处于燃烧阶段的发动机油底壳内出现较小的压力峰值。无法轻易辨别与不同汽缸有关的压力波动。实际上，汽缸导致的压力峰值将通过其他活塞的运动抵消一部分，所有汽缸的压力波动行为必须相似。

点火失效时，可观察到较低的压力峰值对应于故障汽缸。有关汽缸识别的信息，请参阅"测试 3.9"。

如果汽缸出现泄漏或排气门关闭错误，则将导致燃烧阶段歧管内的压力峰值较高。有关汽缸识别的信息，请参阅"测试 3.9"。

截屏显示了在 KOER 条件下的排气尾管内的压力波动以及参考汽缸上的点火线圈激活信号（用作触发器参考）。

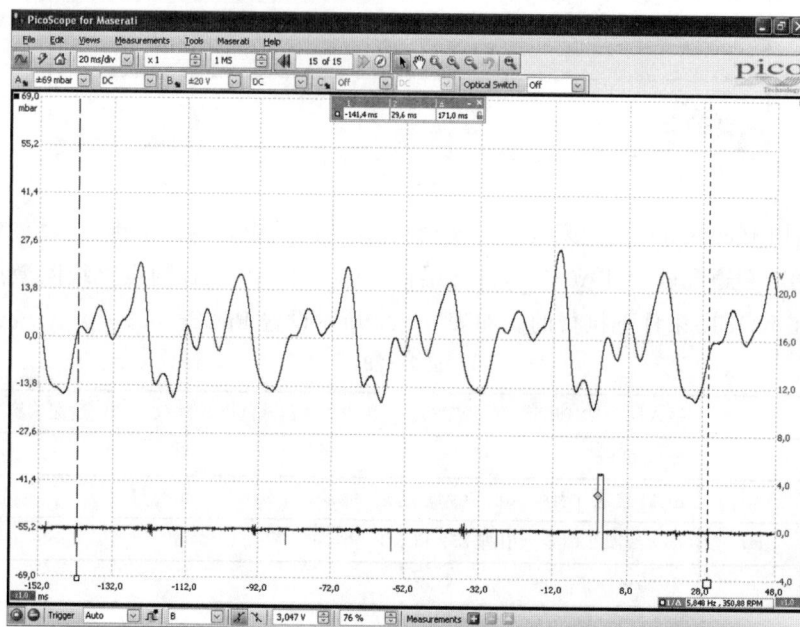

图 2-102

⑤测试 3.9（比较不同的发动机压力测量结果）。在此测试中，将在一个范围视图中查看在 KOER 条件下不同发动机点处测得的不同压力波动值，从而比较不同的结果，并得出有关发动机机械健康状况的结论。

将以下测量值整合到一个屏幕中。

所调查的汽缸（在此测试中为汽缸 1）的燃烧室压力波动；

进气歧管的压力波动；

发动机油底壳的压力波动；

废气压力波动。

该测试是在 KOER 条件下执行的，且所用设置与之前的测试相同。将使用 WPS500X 压力传感器和适配软管 TA085，且汽缸 2 的点火线圈激活信号将用作触发器参考。

为了在一个截屏中观察不同的压力波动曲线，请执行以下步骤。

a. 对要调查的汽缸（汽缸 1）执行第一次采集（请参阅"测试 3.5"）。

b. 在 PicoScope 的工具菜单中将测得的压力曲线储存为参考波形。这样可以创建自己的波形库。

c. 重新安装汽缸 1 的火花塞和点火线圈。

d. 采用相同的时间范围与相同的触发器参考（在相同的位置），执行其他 3 项测试。每次重复在参考波形库中储存波形这一步骤。

e. 在 PicoScope 工具菜单中的参考波形库中选择已保存波形，以便所有波形显示在同一屏幕中。

f. 使用垂直拖动功能分离屏幕上的波形，以便可以清晰区分。延迟或提前波形，以使其适合实际屏幕视图。

可在如图 2-103 所示的截屏中查看结果。在本次测试中，我们将关注汽缸 1。将进气管、排气管和发动机油底壳内的压力波动与汽缸 1 的燃烧室压力波动进行比较，可得出以下结论。

与汽缸 1 有关的进气歧管内的压降表明汽缸 1 的进气门打开点存在相对较短的延迟。

在排气门打开之前，与汽缸 1 有关的发动机油底壳压力波动可在其燃烧冲程过程中观察到。

从与汽缸 1 有关的废气压力波动可观察到排气门打开点存在相对较短的延迟。

如果存在气门泄漏或活塞密封圈磨损/损坏情况，则将在故障汽缸的燃烧冲程过程中的不同测量点处观察到异常压力波动。

在如图 2-104 所示的截图中重复了相同的测试，但是现在在汽缸 1 中模拟了失火（断开点火线圈或喷油器）。可以从排气波动曲线中清楚地看出汽缸 1 存在问题。观察紧接着汽缸 1 的排气门打开点之后的曲线。

⑥测试 3.10（比较不同汽缸中的燃烧室压力波动）。

在此测试中，我们将互相比较不同汽缸的燃烧室压力波动。该测试是在 KOER 条件下执行的，且汽缸 2 的点火线圈激活信号将用作触发器参考。为在同一截屏中观察不同汽缸的压力波动曲线，请执行以下步骤。

a. 使用 WPS500X 压力传感器和 TA184 适配软管（参见"测试 3.5"）测量汽缸 1 内的燃烧室压力。

b. 在 PicoScope 的工具菜单中将测得的压力曲线储存为参考波形。这样可以创建自己的波形库。

c. 重新安装汽缸 1 的火花塞和点火线圈。

d. 针对要调查和比较的其他汽缸执行测试。在此测试中，我们将比较 3 个汽缸的压力波动。每次重复在参考波形库中储存波形这一步骤。请注意，不会限制要储存和比较的波形（汽缸）的数量。

e. 在 PicoScope 工具菜单中的参考波形库中选择已保存波形，以便所有波形显示在同一屏幕中。

f. 使用垂直拖动功能分离屏幕上的波形，以便可以清晰区分。

可在如图 2-105 所示的截屏中观察到此测试的结果，请注意如下内容。

所有分析的汽缸的压力波动（振幅和持续时间）必须相似。

当点火次序已知（1-6-2-5-3-4）时，可将汽缸分配给不同的压力曲线。汽缸 1 的压缩冲程在汽缸 2（用作触发器参考）的点火事件之前进行。汽缸 4 的压缩冲程是在汽缸 1 的压缩冲程之前发生的。汽缸 3 的压缩冲程是在汽缸 4 的压缩冲程之前发生的。

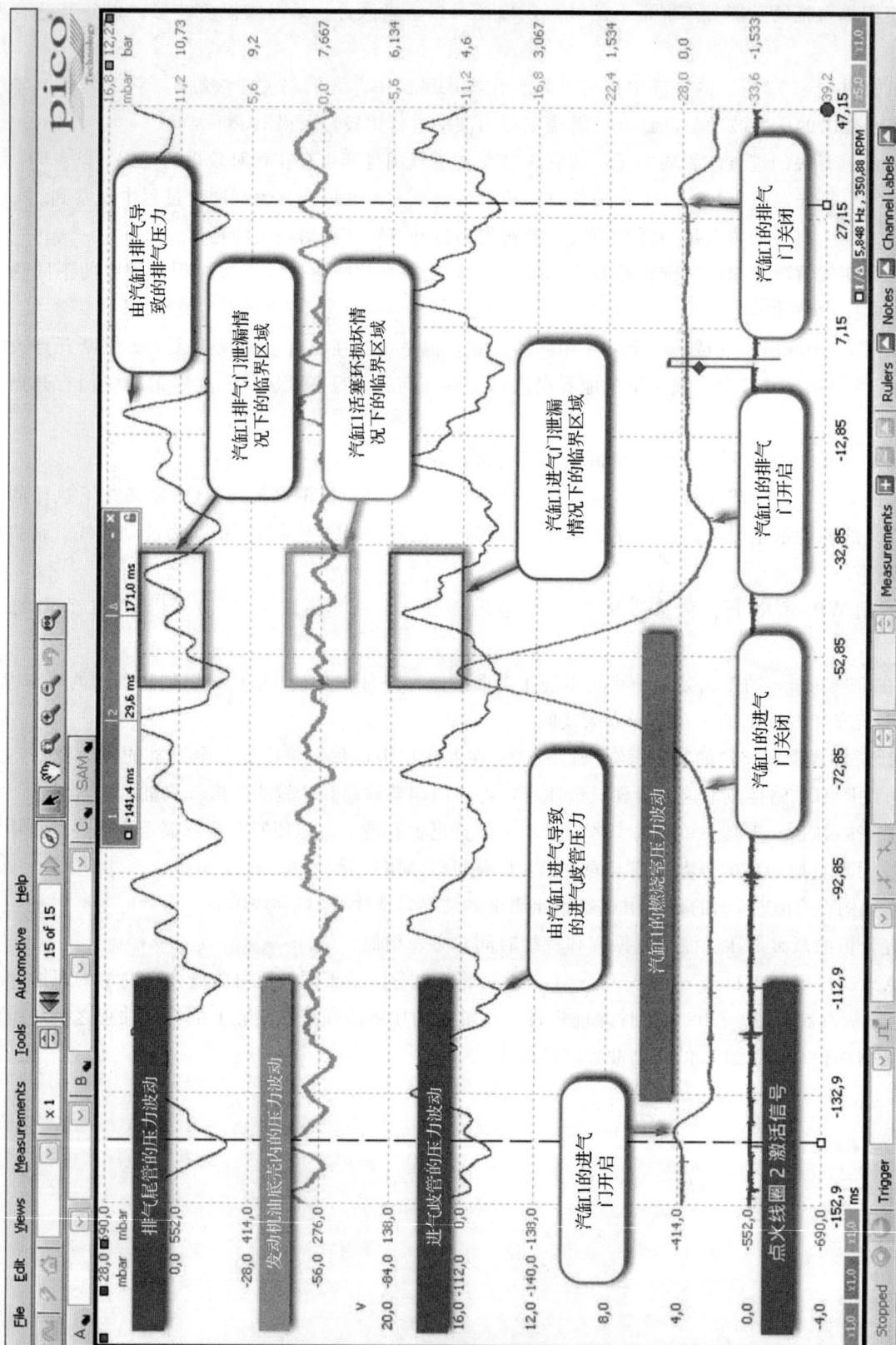

图 2－103

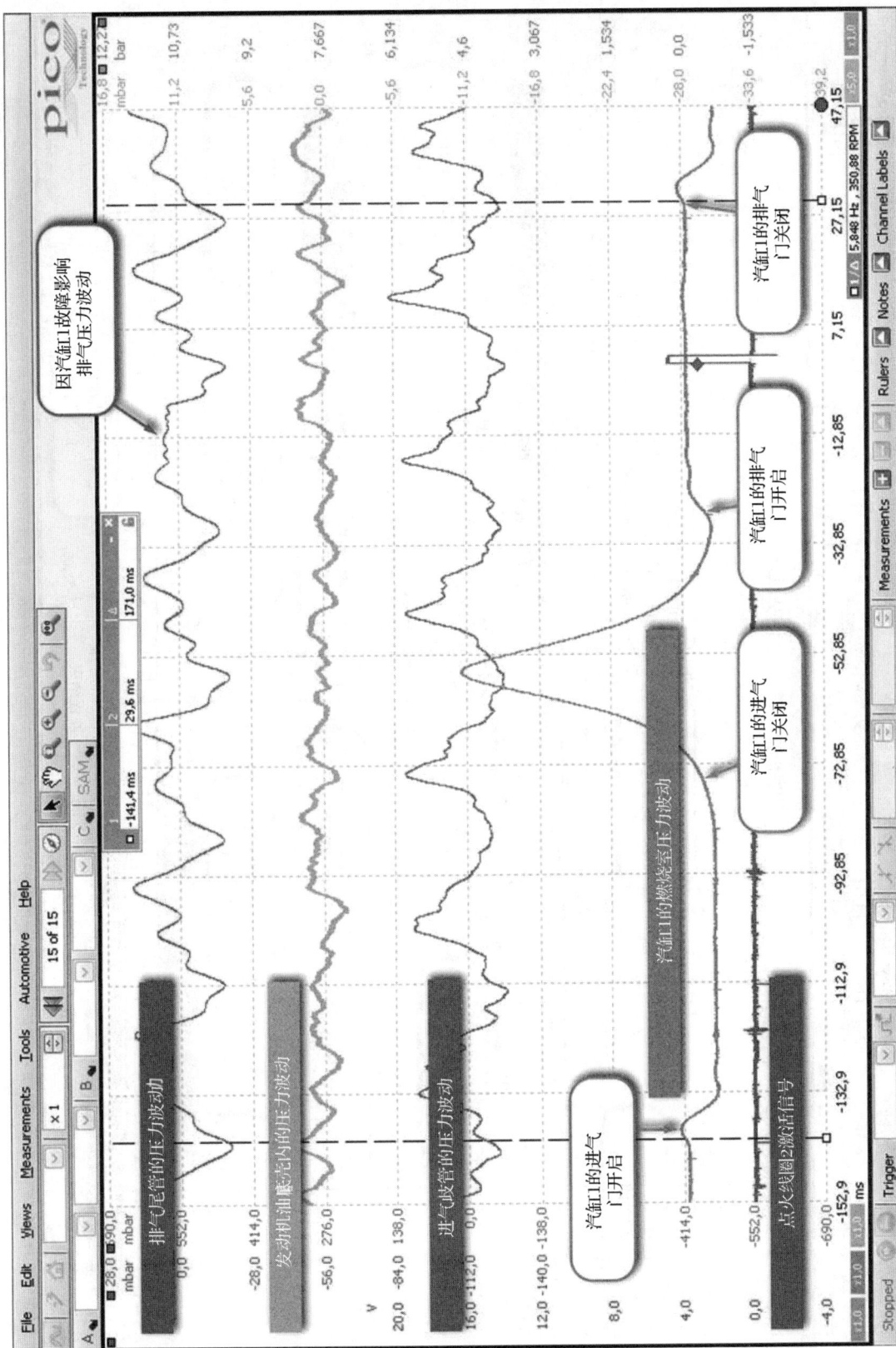

图 2-104

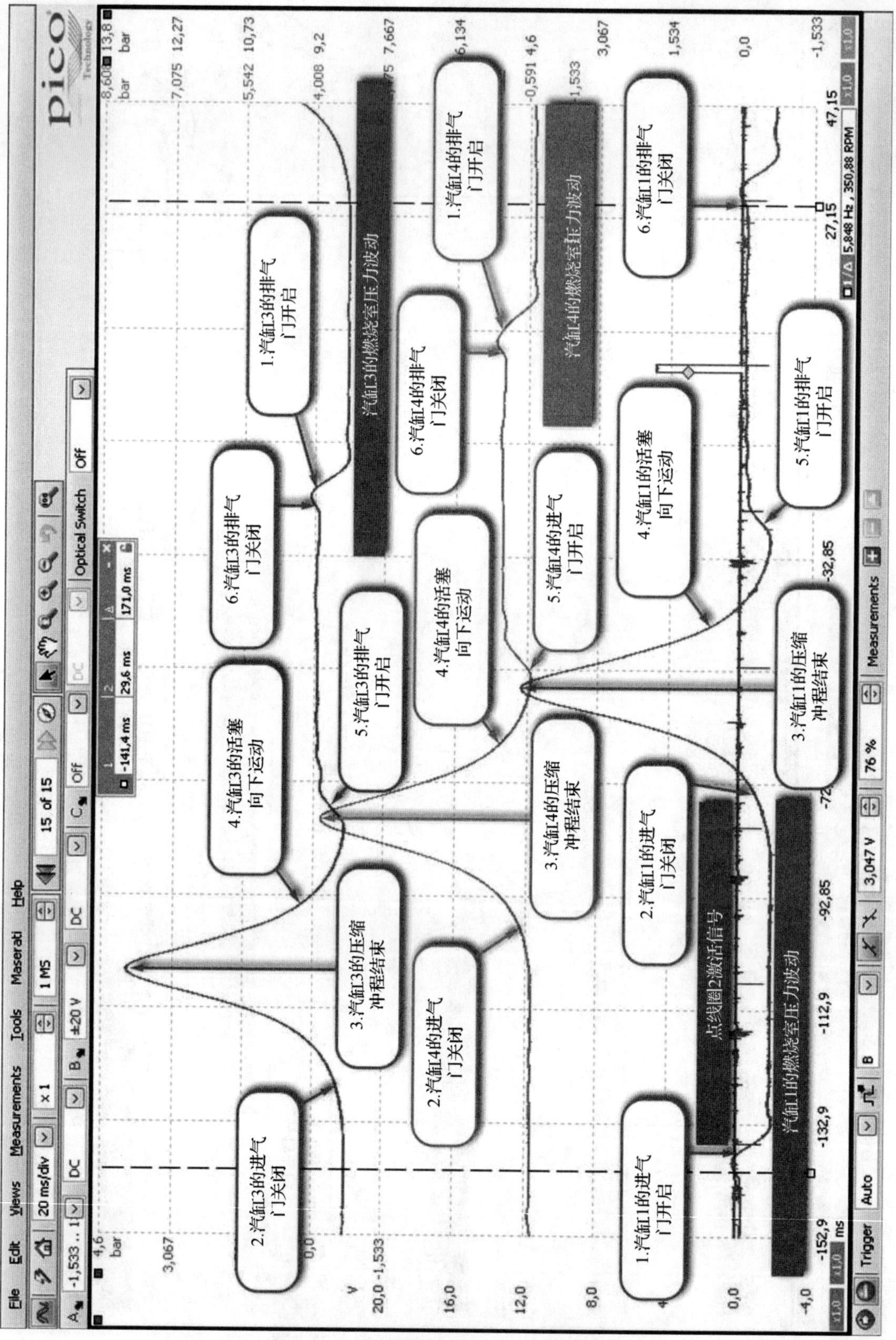

图 2－105

四、点火系统

（一）介绍

1. 点火系统的主要工作原理（图 2—106）

电感式点火系统在每个动力循环的混合气点火过程中提供产生火花飞弧和维持火花所必需的高电压。火花转换的点火线圈能量将火花塞附近的压缩混合气立刻点燃，所产生的火焰前缘随即扩散并将整个燃烧室内的混合气点燃。

点火系统包括下列主要部件。

配有点火时刻图谱和控制逻辑的 ECM；

带有集成激励级的点火线圈，独立点火式；

火花塞；

发动机转速传感器；

凸轮轴位置传感器；

爆燃传感器。

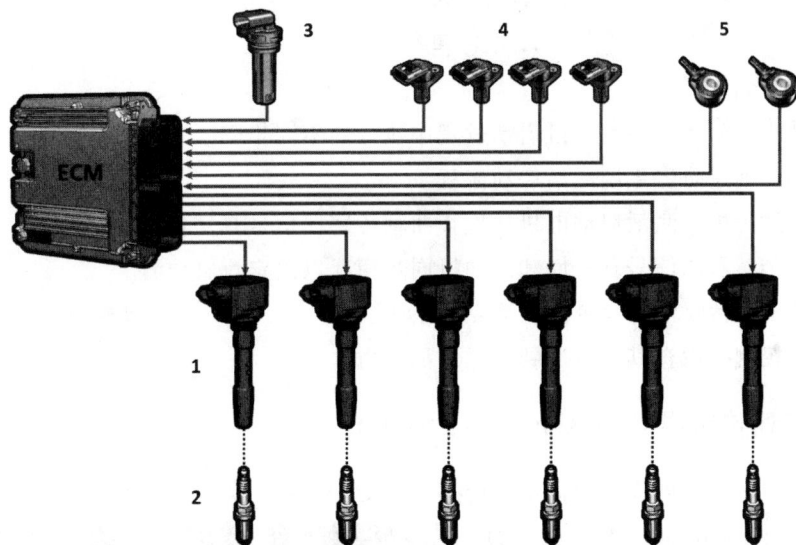

1—带有集成激励级的点火线圈，独立点火式　2—火花塞　3—发动机转速传感器　4—凸轮轴位置传感器　5—爆燃传感器

图 2—106

2. 电子发动机正时（图 2—107）

电子发动机正时是指通过 ECM 识别发动机旋转部件（曲轴、活塞、凸轮轴、气门）的位置，以便控制那些需要与这些旋转部件正确同步才能运行的系统。尤其是以下部分。

点火；

喷油。

因此，点火线圈和喷油器的激活直接取决于瞬时发动机位置。F160 发动机上的位置识别是通过一组 5 个传感器执行的。

1 个针对发动机转速和曲轴位置（CKP）的发动机转速传感器。

4 个凸轮轴位置传感器（CMP），1 个凸轮轴对应 1 个传感器。

此外，凸轮轴位置信息还用于可变气门正时系统的闭环控制。

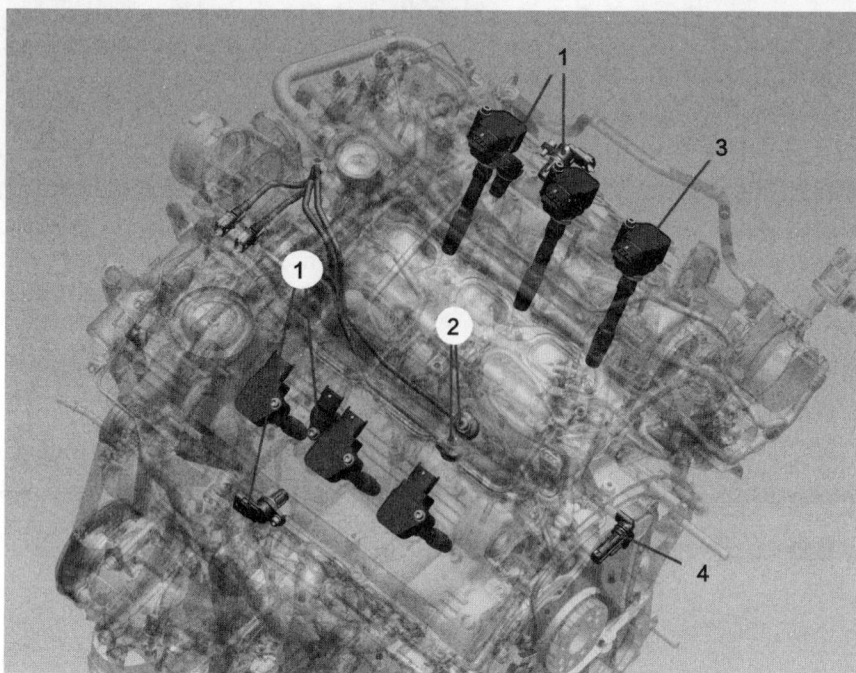

1-凸轮轴位置传感器　2-爆燃传感器　3-点火线圈　4-发动机转速传感器

图 2-107

3. 发动机启动

下面列出了发动机控制系统在发动机启动过程中执行的不同步骤。

（1）检查钥匙码，通过防盗系统激活启动流程。

（2）在转动曲柄过程中，激活启动电机并检查曲轴传感器信号真实性。

（3）检查凸轮轴传感器的信号真实性和发动机同步情况以决定汽缸位置。

（4）在低压条件下激活喷油器命令并激活点火系统。

（5）激活高压泵控制并检查其是否达到目标燃油压力。

（二）发动机转速传感器 （ Bosch DG- 23- Ⅰ ）

发动机转速传感器芯，也可称为曲轴定位传感器或 CKP 传感器，是一种霍尔效应探头。转速传感器位于发动机缸体的右侧。它从 58 个槽（60－2）铁磁脉冲轮收集转速信号，该脉冲轮安装在曲轴箱内的曲轴上。这种解决方案的优势是：该轮比安装在曲轴箱外的脉冲轮的设计要更紧凑。转速传感器被用于测量发动机转速以及识别上止点的位置。对上止点位置的识别基于脉冲轮上两个缺齿所产生的间隙。此间隙为 ECM 提供了电子零基准位置，且它与机械上止点之间存在一种固定关系。发动机转速传感器位于右侧的曲轴箱上，如图 2－108 所示。

转速传感器的脉冲轮有 58（60－2）个槽，并且该轮安装在曲轴箱内的曲轴上，如图 2－109 所示。

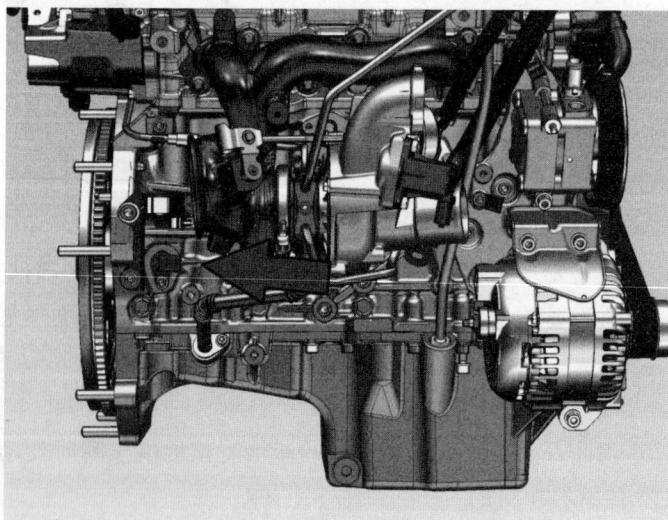

图 2-108

图 2-109

1. 转速传感器信号

通过在转速传感器前面旋转铁磁脉冲轮，在传感器差分霍尔探头的位置调节内置磁体的磁场。此调节会造成传感器输出信号发生变化。同时此传感器能够检测到曲轴旋转的方向，它可以在向右（顺时针）旋转或反向（逆时针）旋转时生成不同的电子信号。此功能使得发动机在关闭后能够快速启动，从而使系统适应启停功能。

因为下列传感器信号的特性，ECM 可以识别曲轴旋转方向。

当曲轴向右旋转时，传感器以 $45\mu s$ 的"低"脉冲宽度输出信号，并在发动机反转时，以 $90\mu s$ 脉宽向目标槽输出信号。

传感器在发动机向右旋转或反转时，为齿中心和信号下降沿提供不同的时间偏差。

脉冲轮的形状和曲轴前、后方向上的转速传感器信号之间的关系，如图 2-110 所示。

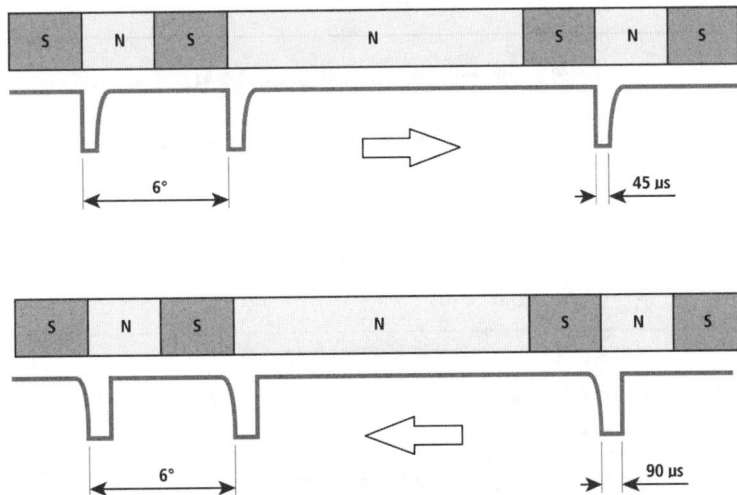

图 2-110

脉冲宽度不取决于发动机转速。此解决方案可行是因为两个连续边缘的时间差始终远远大于 $90\mu s$，

137

即便是在发动机高转速下也是一样。两个连续边缘间的时间差是随发动机的转速而变化的，ECM可利用该时间差计算转速。

2. 电子发动机零基准位置

ECM需要有一个电子零参照位置，才能够控制需要发动机同步的系统，尤其是喷油器激活、点火激活以及可变气门正时控制等系统。

ECM用转速传感器信号，尤其是两个缺齿造成的大间隙，来为发动机确定电子零参照位置。

电子零参照位置位于缺齿行程的较大齿隙开始第2个齿隙的后边缘。

汽缸1的机械上止点位于ECM的电子零参照位置之前30°的位置。

发动机电子零参照位置位于汽缸1上止点后30°的位置，如图2－111所示。

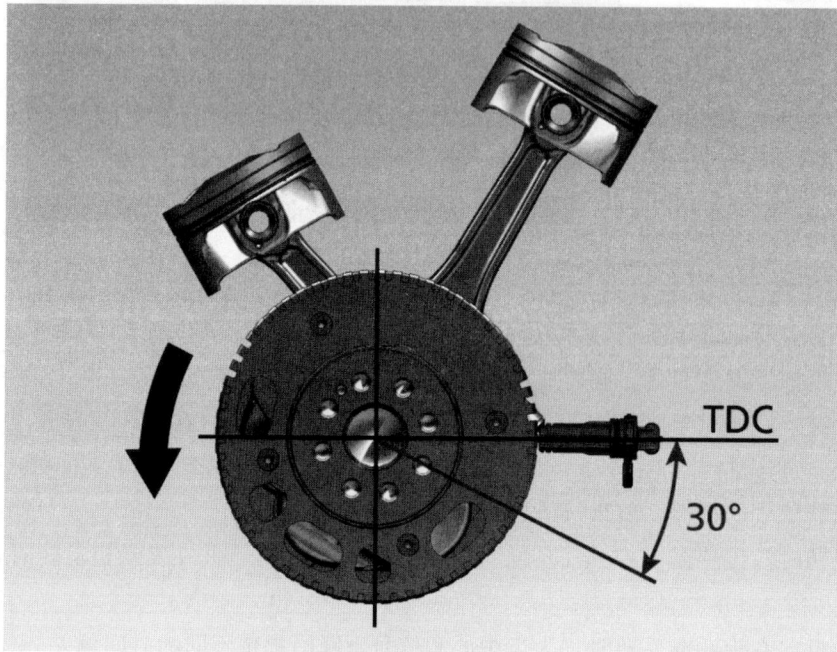

图 2－111

①转速传感器的MD参数分析。转速传感器相关的MD参数，如表2－29所示。

表 2－29

发动机转速	显示所测的发动机转速。在KOER状态下，该参数的可接受范围在660～740r/min
每分钟目标转速	显示ECM需要的目标急速。在KOER状态下，该值固定为700r/min。在更高的发动机转速下，该值会在700～2550r/min
自适应曲轴/曲轴运转（进气）	显示是否已对曲轴和进气凸轮轴进行匹配 真：已进行匹配 假：尚未进行匹配
自适应曲轴/曲轴运转（排气）	显示是否已对曲轴和排气凸轮轴进行匹配 真：已进行匹配 假：尚未进行匹配
发动机转速条件：$n >$NMIN	显示发动机已达到维持急速最低转速状态 真：发动机已达到维持急速最低转速状态 假：发动机尚未达到维持急速最低转速状态

②转速传感器接线图（图2－112）。

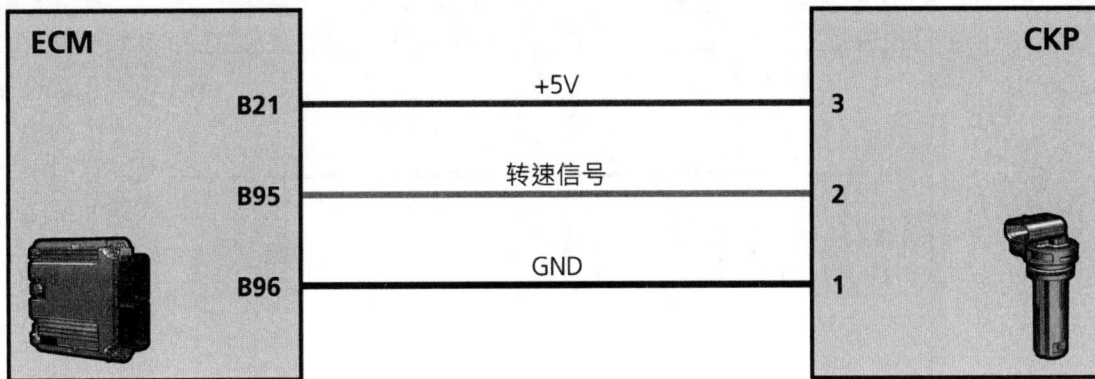

图 2-112

a. 测试 4.1（用 PicoScope 测量转速传感器信号）。PicoScope 连接和设置，如表 2-30 所示。

表 2-30

通道 A，负极探针	曲轴速度传感器接地（引脚 B96 ECM）
通道 A，正极探针	曲轴速度传感器信号（引脚 B95 ECM）
通道 A，范围设置	±10V DC
时间范围设置	1ms/div

在 KOER 状态下的转速信号中，负峰值之间的较大间隙是由信号轮上的两个缺齿造成的，如图 2-113 所示。

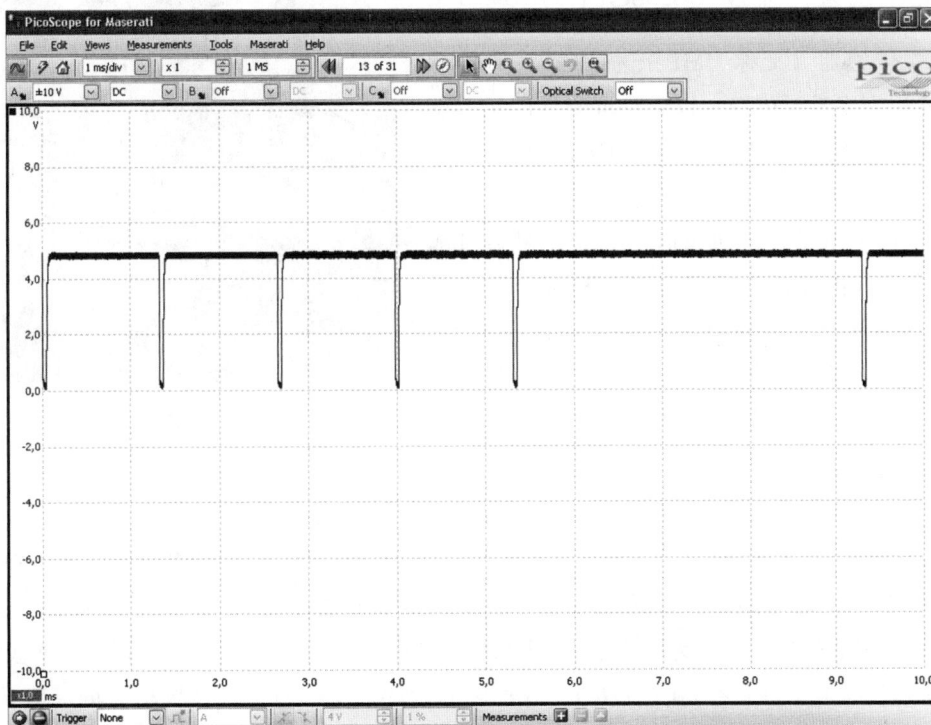

图 2-113

转速限制状态下的转速信号。可以再次观察到较大间隙。两个大间隙之间的时间对应发动机的一次旋转。注意，更高的发动机转速与 KOER 条件有关，如图 2-114 所示。

139

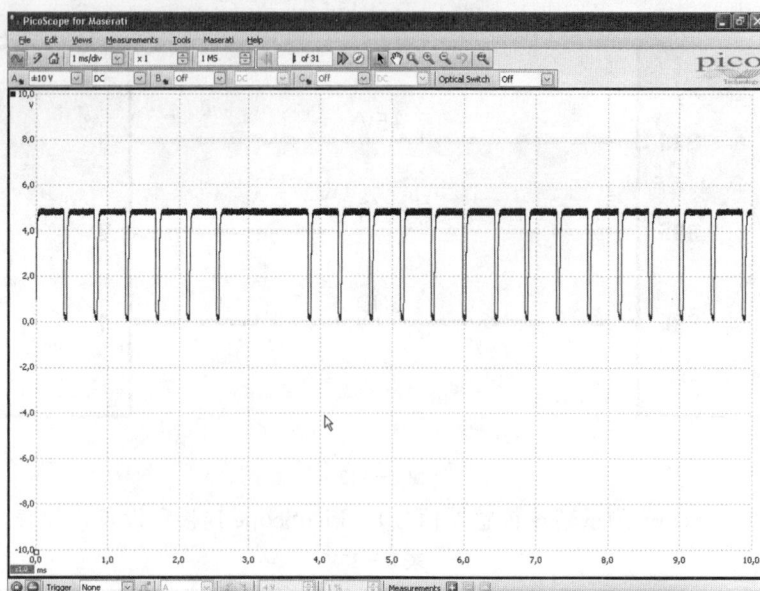

图 2－114

③测试 4.2（转速传感器故障状况）。如果没有从转速传感器上接收到信号，则发动机会在几次启动失败和长时间的曲柄启动后启动。此条件会产生以下系统状况。

ECM 将会设置一个特殊的 DTC 并在发动机限速条件下激活安全恢复模式。

可变气门正时控制将禁用。

所测得的与 CMP 传感器相关的 MD 参数将不处于活动状态。

如果在发动机运行过程中检测到了电子传感器故障，发动机将会熄火。

（三）凸轮轴位置传感器（Bosch PG- 3- 8）

凸轮轴位置传感器（又称 CMP 传感器或正时传感器）可使 ECM 识别发动机位置，以便对可变气门正时系统进行闭环控制。凸轮轴位置传感器使用霍尔效应元件，并从安装在各个凸轮轴上的 4 齿脉冲轮上拾取信号。这些传感器可用于检查电子发动机正时。此操作可通过测量发动机电子零位（由转速传感器提供）和各个凸轮轴位置信号传感器后缘之间的角度（凸轮轴每转一圈 4°）进行。每个正时传感器的脉冲轮上有 4 个齿（2 个为 40°，2 个为 140°），如图 2－115 所示。

图 2－115

1. 凸轮轴位置传感器信号

CMP 传感器是三线霍尔效应传感器，它能接收 5V 的稳定电源并从 ECM 接地。传感器提供的数字信号，根据脉冲轮检测的具体部分（"齿"或"间隙"），在 0V 电压和约 4.6V 电压间切换。在 KOEO 条件下，信号稳定在 4.6V。信号跟踪脉冲轮的形状，该形状的特点是 2 个小齿（40°）和 2 个大齿（140°）。同样，这 4 个齿之间的间隙的间距为 40°（2 个间隙）或 140°（2 个间隙）。这会导致曲轴总共旋转 720°，或凸轮轴旋转一周（4×40°+4×140°=720°）。脉冲轮的设计，使得凸轮轴位置信号的后缘始终与上一个和下一个后缘之间存在 40°+140°=180°的偏移。凸轮轴位置信号的 4 个后缘再次使曲轴旋转了 720°或使凸轮轴旋转一周。

2. 电子发动机正时值

ECM 对发动机电子零位（由转速传感器提供）与每个凸轮轴定位传感器信号后缘（凸轮轴旋转一周

发出 4 个信号）之间的角度进行测量，以确定凸轮轴的精确位置。可在此参数环境下使用玛莎拉蒂诊断，对这些角度进行验证。请参阅带有凸轮轴位置传感器相关参数的表格。进气端和排气端的原理相同。注意不但这些进气和排气凸轮轴的电子正时角不同，而且在不同发动机之间甚至同一发动机上的不同汽缸排之间的电子正时角也可能略有不同。但是上述值应始终保持在特定的公差范围之内。请参见以下表格，如表 2-31 所示。

表 2-31

CMP 信号上测得的后缘	进气凸轮轴	排气凸轮轴
第 1 行程	46°~66°	167°~187°
第 2 行程	226°~246°	347°~367°
第 3 行程	406°~426°	527°~547°
第 4 行程	586°~606°	707°~727°

3. 匹配

在每次发动机启动后的前几秒钟，发动机怠速时，ECM 检查电子发动机正时值。在此条件下，进气和排气正时调节器都处于静止位置。如果系统测得的一个或多个值在公差范围之外，则会设置一个特定 DTC。ECM 将使用这些已检查的值（每个凸轮轴有一个值）校准可变气门正时操作。如果已进行正确的检查，则参数"自适应曲轴/曲轴运转（进气）"与"自适应曲轴/曲轴运转（排气）"设置为"真"。

①凸轮轴位置传感器的 MD 参数分析。与凸轮轴位置传感器相关的 MD 参数，如表 2-32 所示。

表 2-32

进气凸轮轴边缘相对于曲轴第 1 排的角度	表示汽缸排 1 上发动机电子零点与进气凸轮轴脉冲轮每个后缘之间的角度。在 KOER 条件中（正时调节器处于静止位置）此参数可接受的范围介于 46°~66°。该值可按 180°、360°或 540°扩大，这取决于用于测量的是 4 个后缘中的哪一个
进气凸轮轴边缘相对于曲轴第 2 排的角度	表示汽缸排 2 上发动机电子零点与进气凸轮轴脉冲轮每个后缘之间的角度。在 KOER 条件中（正时调节器处于静止位置）此参数可接受的范围介于 46°~66°之间。该值可按 180°、360°或 540°扩大，这取决于用于测量的是 4 个后缘中的哪一个
排气凸轮轴边缘相对于曲轴第 1 排的角度	表示汽缸列 1 上发动机电子零点与排气凸轮轴脉冲轮每个后缘之间的角度。在 KOER 条件中（正时调节器处于静止位置）此参数可接受的范围介于 167°~187°。该值可按 180°、360°或 540°扩大，这取决于用于测量的是 4 个后缘中的哪一个
排气凸轮轴边缘相对于曲轴第 2 排的角度	表示汽缸列 2 上发动机电子零点与排气凸轮轴脉冲轮每个后缘之间的角度。在 KOER 条件中（正时调节器处于静止位置）此参数可接受的范围介于 167°~187°。该值可按 180°、360°或 540°扩大，这取决于用于测量的是 4 个后缘中的哪一个
自适应曲轴/曲轴运转（进气）	显示是否已对曲轴和进气凸轮轴进行匹配 真：已进行匹配 假：尚未进行匹配
自适应曲轴/曲轴运转（排气）	显示是否已对曲轴和排气凸轮轴进行匹配 真：已进行匹配 假：尚未进行匹配
角度：相对于参考位置台 2，进气门完全打开	用曲轴角度表示测得的第 1 缸排进气凸轮轴相对于参照位置（相对于上止点）的移动量。KOER：约等于 16° 负值："提前"方向 正值："延迟"方向
角度：相对于参考位置台 2，进气门完全打开	用曲轴角度表示测得的第 2 缸排进气凸轮轴相对于参照位置（相对于上止点）的移动量。KOER：约等于 16° 负值："提前"方向 正值："延迟"方向

角度：相对于参考位置，排气门完全关闭	用曲轴角度表示测得的第1缸排气凸轮轴相对于参照位置（相对于上止点）的移动量。KOER：约等于−8°
	负值："提前"方向
	正值："延迟"方向
角度：相对于参考位置台2，排气门完全关闭	用曲轴角度表示测得的第2缸排气凸轮轴相对于参照位置（相对于上止点）的移动量。KOER：约等于−8°
	负值："提前"方向
	正值："延迟"方向
预设凸轮轴角度进气门完全打开（相对于参考位置）	用曲轴角度表示所需的第1缸排进气凸轮轴相对于参照位置（相对于上止点）的移动量。KOER：约等于16°
	负值："提前"方向
	正值："延迟"方向
预设凸轮轴角度进气门完全打开（相对于参考位置台2）	用曲轴角度表示所需的第2缸排进气凸轮轴相对于参照位置（相对于上止点）的移动量。KOER：约等于16°
	负值："提前"方向
	正值："延迟"方向
预设凸轮轴角度排气阀完全关闭（相对于参考位置）	用曲轴角度表示所需的第1缸排气凸轮轴相对于参照位置（相对于上止点）的移动量。KOER：−8°
	负值："提前"方向
	正值："延迟"方向
预设凸轮轴角度排气阀完全关闭（相对于参考位置台2）	用曲轴角度表示所需的第2缸排气凸轮轴相对于参照位置（相对于上止点）的移动量。KOER：−8°
	负值："提前"方向
	正值："延迟"方向

②凸轮轴位置传感器接线图（图2−116）。

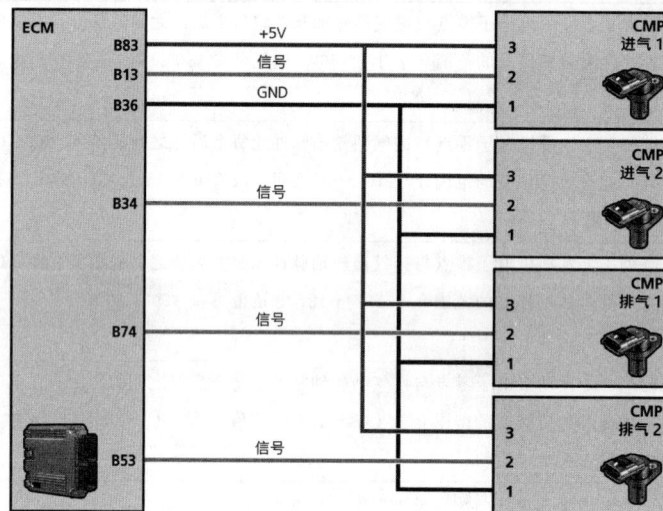

图2−116

a. 测试 4.3（通过 PicoScope 测量凸轮轴位置传感器信号）。PicoScope 连接和设置，如表 2−33 所示。

表 2−33

通道A，负极探针	凸轮轴位置传感器接地（引脚 B36 ECM）
通道A，正极探针	第1组进气凸轮轴位置传感器信号（引脚 B13 ECM）
通道A，范围设置	±10V DC
通道B，负极探针	凸轮轴位置传感器接地（引脚 B36 ECM）
通道B，正极探针	第1组排气凸轮轴位置传感器信号（引脚 B74 ECM）
通道B，范围设置	±10V DC
时间范围设置	20ms/div

KOER状态下凸轮轴位置传感器信号：第一组上的进气凸轮轴位置传感器与排气凸轮轴位置传感器如图2－117所示。要注意两个信号间的偏差情况。

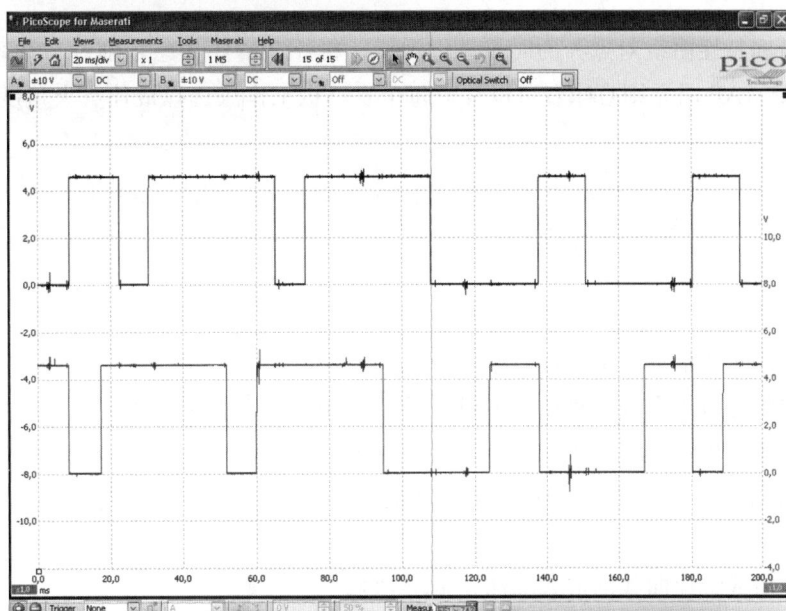

图2－117

转速限制状态下凸轮轴位置传感器信号：第一组上的进气凸轮轴位置传感器与排气凸轮轴位置传感器如图2－118所示。信号频率会随着发动机转速增加而上升，但形状保持不变。

b. 测试4.4（凸轮轴位置传感器故障状况）。如果4个凸轮轴位置传感器的信号全部丢失，发动机最终会在几次点火失败以及长时间的曲轴转动后启动。只要从进气凸轮轴或排气凸轮轴处接收到一个凸轮轴位置传感器的信号，即可保证发动机最终正确启动。如果一个或多个凸轮轴位置传感器出现故障，系统会出现以下状况。

ECM会设置特定的DTC，并激活安全恢复模式。

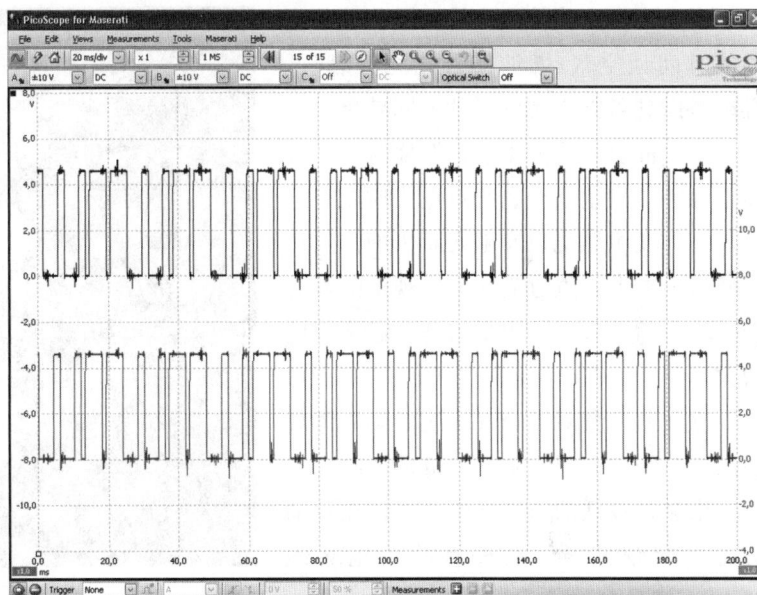

图2－118

曲轴和凸轮轴在进气或排气上不协调，位置需根据出现故障的传感器进行判断。

所测得的与故障CMP传感器相关的MD参数处于非活动状态。

进气或排气凸轮轴处的可变气门正时控制失效，位置需根据出现故障的传感器进行判断。

（四）点火控制

1. 点火角度

火花将燃烧室内空气/燃料混合气点燃的时机选择必须相当精确。通常会参照上止点使用点火角度（曲轴度数）对其进行指定。这个变量对发动机的运转情况有着关键性的影响，同时对以下各项指标也有着重要影响。

扭矩输出率；

废气排放量；

燃油消耗。

可根据程序图谱和特性曲线对点火的时机进行计算，在计算中要考虑基础调节和附加点火角度修正。对点火角度使用点火 MAP 图原则意味着可以针对每个发动机工作点选择最佳点火角度。基础图基于以下各项指标。

发动机转速；

发动机扭矩；

摩擦损失；

汽缸充气。

附加的点火角度修正要根据以下各项指标进行。

发动机温度：该指标对于在发动机热态下对爆燃限值进行调整十分必要。

爆燃控制策略：爆燃传感器可用于探测爆燃的开始情况，此时汽缸的点火正时将发生延迟。爆燃停止时，对点火正时的调整将逐步撤销。为获得最高的发动机效率，点火角度一般要恰好调节到爆燃限值处。

相关的修正以定值或特性曲线的形式存储在 ECM 内。

2. 点火角度和燃烧时间

在点火火花成功点火后，需花费几毫秒的时间让空气/燃油混合气充分燃烧。必须考虑到可能出现的三种不同效果。

只要混合气成分不变，燃烧时间在大体上也不会发生改变。须对点火时刻进行选择，以便主燃烧以及随之而来的汽缸压力峰值会在上止点过后立刻出现。随着发动机转速的上升，点火提前角也必须因此增大。

汽缸充气量对混合气构成的影响体现在燃烧曲线上。当汽缸充气量较低时，火焰前缘会以较低的速度蔓延。因此在发动机充气量较低时，点火提前角也必须增大。

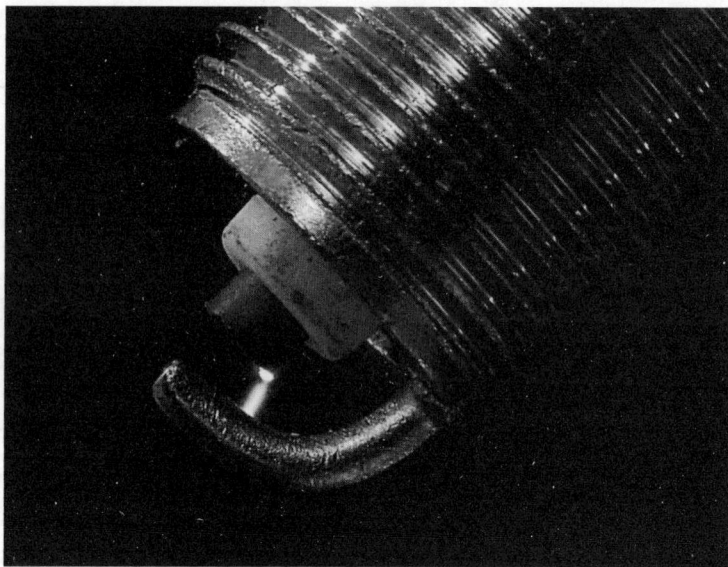

图 2-119

当燃烧室内气流的紊流增加时，火焰前缘的蔓延速度就会加快，如图 2-119 所示。

3. 点火电压

点火电压是指火花塞两极间出现飞弧时的电压。点火电压可升至 18kV 以上，具体取决于如下条件。

燃烧室内空气/燃油混合气的密度以及此密度下的点火时刻；

空气/燃油混合气的构成（Lambda 值）会对电极间隙间的电阻产生影响；

空气流速和紊流；

火花塞电极特性：几何结构、材质以及间隙距离。

在飞弧产生后，仍然存在点火线圈内的能量（其电压为 4～5kV）会在随后的火花持续期间（≥1.2ms）释放出来，如图 2-120 所示。该能量相当于存储于点火线圈内的总能量和放电过程中释放出来的能量的差。需要的点火电压越高，火花的持续时间就越短。点火系统提供的点火电压一直要高于任何情况下所需的点火电压，这一点至关重要。在表 2-34 中，概述了可能出现的能量释放状况。

表 2-34

火花和/或混合气状况	对能量值的影响	对发动机运行的影响
电极间隙过大和/或火花塞磨损	所需点火电压升高，火花持续时间变短	储存在火花尾部的能量可能不再足以使已经点燃的混合气完全燃烧。对点火电压需求的进一步增加会导致系统达到断火极限
电极间隙过小	所需点火电压降低，火花持续时间变长	飞弧峰值电压可能会变得过低，以至于无法保证火焰前缘的可靠蔓延
发动机转速上升阶段	受紊流影响，电极间隙间的阻值会增加。所需点火电压升高，火花持续时间变短	—
燃烧室内混合气充足	电极间隙之间的阻值下降。所需点火电压降低，火花持续时间变长	—

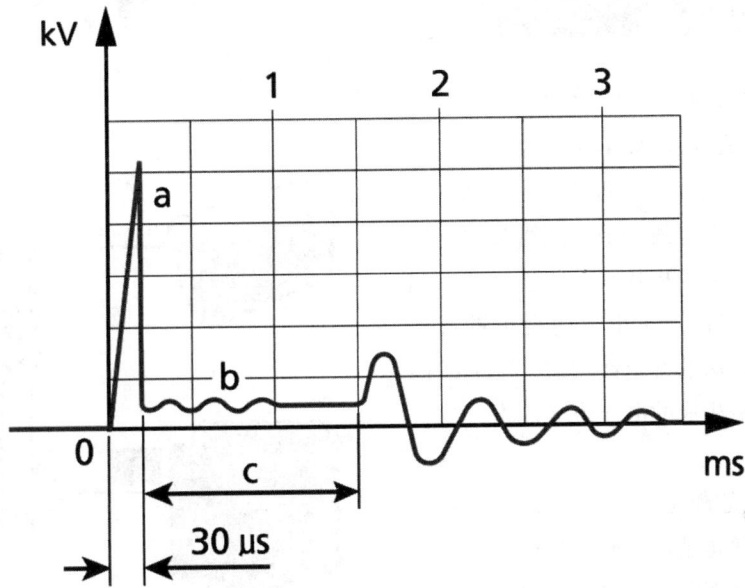

a. 火花头部电压　b. 火花尾部电压　c. 火花持续时间

图 2-120

点火系统相关 MD 参数如表 2-35 所示。

表 2-35

实际点火角〔°KW〕	参照上止点侦测到的曲轴角度来显示点火正时。在 KOER 条件下此参数的允许范围为 -10°~15° 负值：上止点之后的曲轴角度 正值：上止点之前的曲轴角度
汽缸－带有动态减速的规范点火定时延迟 1/2/3/4/5/6〔°KW〕	显示在 ECM 应用爆燃控制策略的情况下，汽缸 1 至 6（每个汽缸一个参数）相对于基本点火 MAP 图的点火正时延迟（以曲轴角度表示）。注意，空转时该参数设置为 0，因为低速时各个汽缸的点火正时差异可能会导致发动机运行异常。

（五）点火线圈（Eldor）（图 2-121）

与 F136 同代的发动机一样，用于 F160 发动机的点火线圈也是由 Eldor 提供的。不过，这些线圈可提供更高的点火能量（60mJ）和更长的火花持续时间（大于 1.2ms，高于上代的 0.8ms）。由于直喷式发动机与传统间接喷射方式的发动机相比更易出现火花塞油污，因此以上提升是非常必要的。Eldor 线圈特性如表 2-36 所示。

表 2-36

线圈类型和设计	独立点火式，浸渍树脂真空注入式壳体，硅酮护套
点火能量	60mJ
初级电流	8.5A
火花持续时间	大于 1.2ms

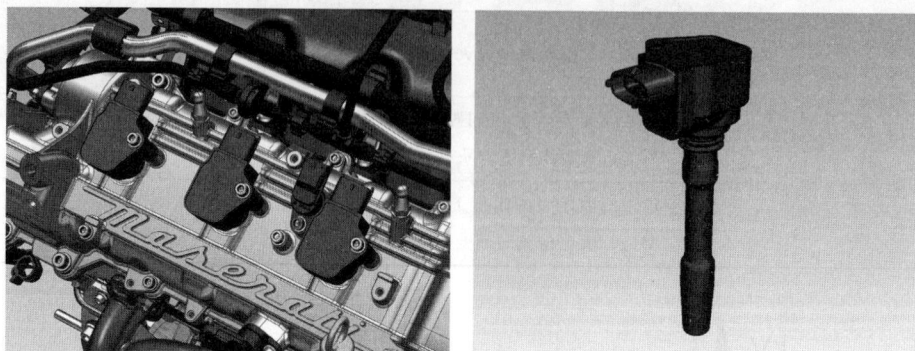

图 2-121

1. 点火线圈工作原理（图 2-122）

点火线圈提供生成火花所需的高电压。其工作原理与变压器相同。两个线圈包围一个铁芯。初级线圈由匝数较低的粗电线构成。此线圈的一端通过点火开关与蓄电池的正极接线柱相连；另一端与点火驱动级相连，用以对主电流的大小进行控制。次级线圈由匝数较高的细电线构成。两个线圈的匝数比决定了由线圈生成的电压倍增系数。

2. 线圈电阻

主线圈的电阻值范围是 $0.4\sim0.7\Omega$。该值不应过高，这是因为在蓄电池电压较低的情况下，点火线圈的电流无法达到额定值，也就无法产生所需的点火能量。次级线圈的阻值范围在数千欧姆之内，有别于匝数较多的次级线圈（系数约为 100）和截面较小的电线（系数约为 10）的初级电阻。

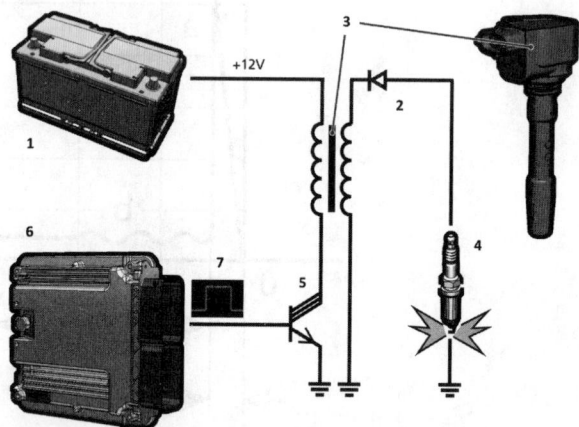

1-蓄电池　2-AAS 二极管（激活消弧）　3-铁芯　4-火花塞　5-点火激励级（集成在点火线圈中）　6-ECM　7-点火激励级的执行信号

图 2-122

3. 点火火花的形成

初级电路内出现电流时，会在点火线圈内形成磁场。点火所需的点火能量储存于该磁场内。在点火时中断线圈的电流会造成磁场消失。这种突然的磁场变化会导致次级点火线圈由于高匝数（匝数比约为 1：100）而产生高电压。这种次级电压可能出现的最大值取决于如下内容：

点火线圈内储存的能量；

线圈特性；

线圈的匝数比。

达到点火电压时，火花塞处出现飞弧，压缩空气/燃油混合气点燃。由于诱发了反电压，初级线圈中的电流只能逐步达到设定点值。由于储存于点火线圈内的能量取决于电流大小，故需要一定时间（称为保压时间）将点火所需的能量进行储存。ECM 将对保压时间和点火时刻进行计算，并在点火时通过点火驱动级控制点火线圈的通断。

4. 负面效应

激活初级电流后，在次级线圈上会产生 5kV 左右的多余电压（接通电压），其极性与较高电压的极性相反。因此，必须使用 AAS 二极管来防止火花塞上出现飞弧。

将初级电流断开会在初级线圈上产生数百伏的自感电压。该电压应限制在 $200\sim400\mathrm{V}$ 的范围内，以保护线圈驱动级。

5. 点火能量

混合气的燃烧过程必须要有安全保障。鉴于此，点火线圈必须在点火之前储存足够的能量，且点火火花必须在正确的点火时刻形成。$30\sim50\mathrm{mJ}$ 的点火能量是自然吸气和涡轮增压式发动机混合气点火的标准能量。为保证点火在燃油直喷式发动机的所有工作点都能安全、可靠地进行，需要更高的点火能量。F160 发动机的点火能量是 $60\mathrm{mJ}$。

点火线圈的接线图见图 2－123。

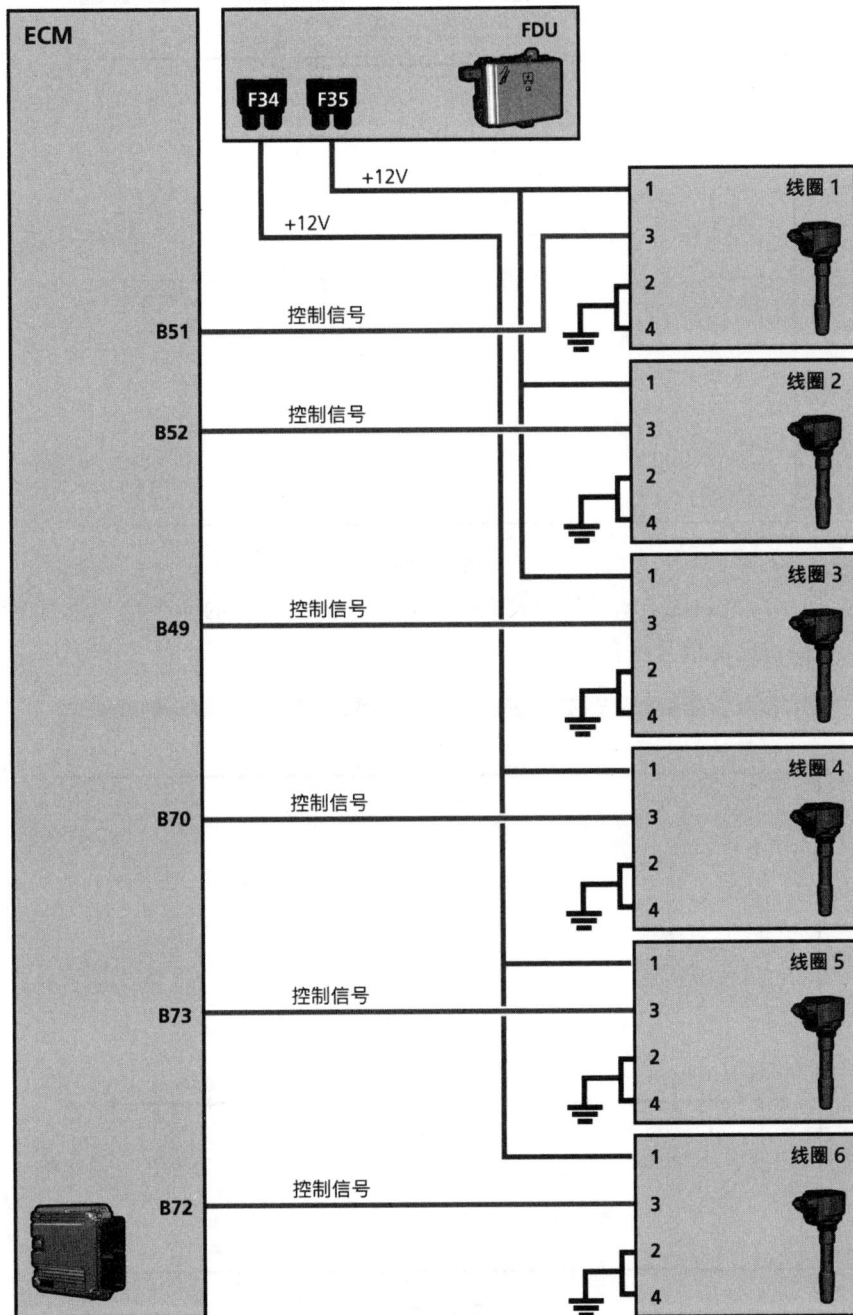

图 2－123

①测试 4.5（使用 PicoScope 对点火线圈 1 的命令信号进行测量）。PicoScope 连接和设置，如表 2—37 所示。

表 2—37

通道 A，负极探针	ECM 接地（引脚 A02 ECM）
通道 A，正极探针	点火线圈 1 命令（引脚 B51 ECM）
通道 A，范围设置	±10V DC
时间范围设置	500μs/div

如图 2—124 中线圈激活信号的持续时间（约 1.4ms）与保压时间相符。这是储存必要点火能量所需的时间。在屏幕截图上显示了 KOER 条件下点火线圈 1 的命令信号。

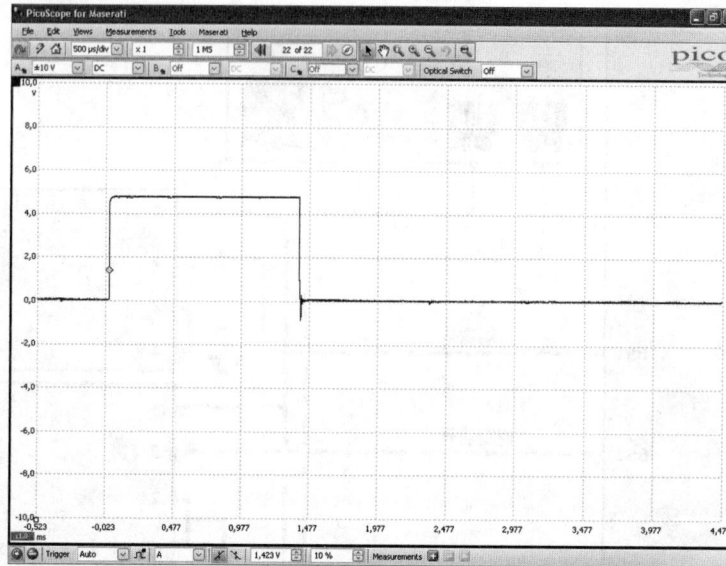

图 2—124

在如图 2—125 所示屏幕截图上，可使用较大的时间范围对线圈 1 的命令信号进行测量，同时要注意由其他汽缸的点火线圈引起的信号噪音。

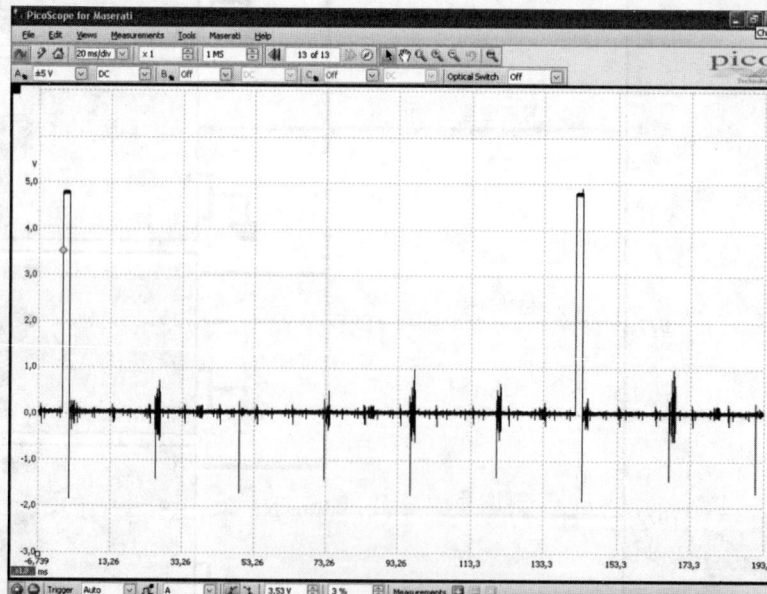

图 2—125

②测试 4.6（使用 PicoScope 对点火线圈 1 的次级电压信号进行测量）。PicoScope 连接和设置如表2—38 所示。

148

表 2-38

通道 A，探针	线圈 1 壳上的次级点火探头（反向模式）
通道 A，范围设置	$-5kV/50kV$
通道 B，负极探针	ECM 接地（引脚 A02 ECM）
通道 B，正极探针	点火线圈 1 命令（引脚 B51 ECM）
通道 B，范围设置	$\pm20V$ DC
时间范围设置	1ms/div

为进行该测试，特采用了针对独立点火式点火线圈的感应测试探头。这是一款通用的测试工具，可在不对电流形成干扰的前提下对点火线圈的次级电压信号进行测量。探头可与 PicoScope 相连。次级电压信号可对点火线圈的运行状况进行有效指示，尤其适用于对同一发动机上的多个线圈的测量结果进行比较。感应测试探头仅通过接触线圈即可采集次级点火电压。这是用来识别点火线圈故障的一种非常快速有效的方式，如图 2-126 所示。

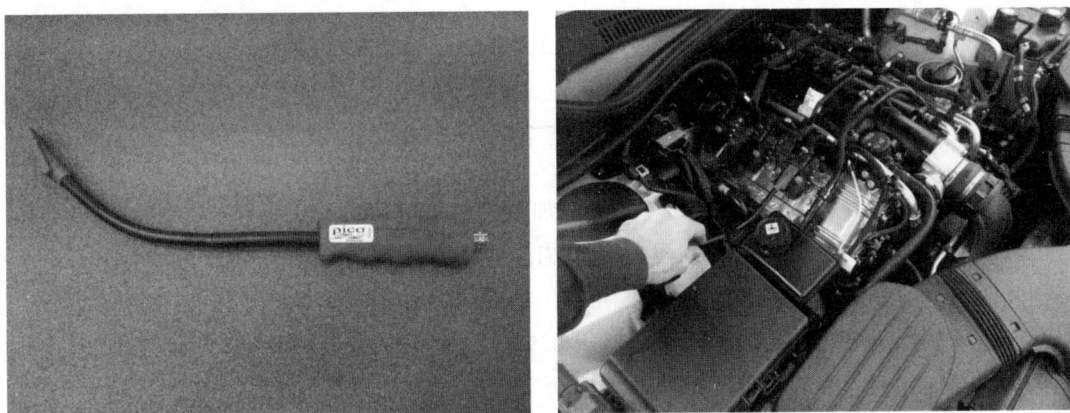

图 2-126

在如图 2-127 所示的截屏中，可观察到 KOER 条件下的点火线圈激活信号和次级电压信号。可以注意到如下情况。

在点火时中断线圈的电流（激活信号）会造成磁场消失。这种突然的磁场变化会导致次级线圈绕组内出现高电压峰值。

激活初级电流后，在次级线圈上会产生 5kV 左右的多余电压（接通电压），其极性与较高电压的极性相反。

次级电压峰值超过 18kV。

火花持续时间约为 2ms。

在 KOER 条件下的点火线圈激活信号和次级电压信号。可使用感应测试探头对次级电压信号进行测量。

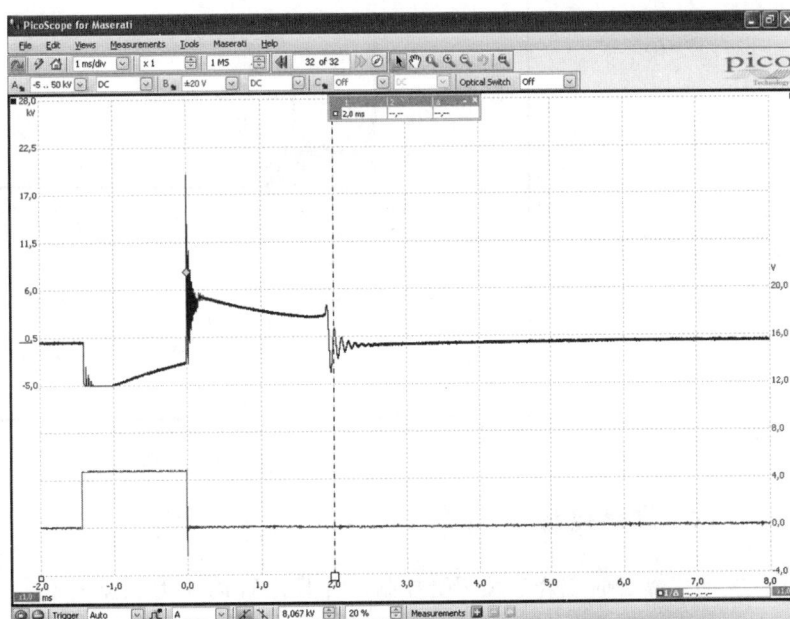

图 2-127

如图 2-128 所示的截屏内所进行的测试内容相同，区别是此时发动机是在冷态下（在冷启动后）怠速运行。可以注意到受燃烧室内较浓混合气的影响，电极间隙之间的阻值出现下降状况（冷发动机策略）。所需点火电压降低，火花持续时间变长。发动机冷态怠速下的点火线圈激活信号和次级电压信号。

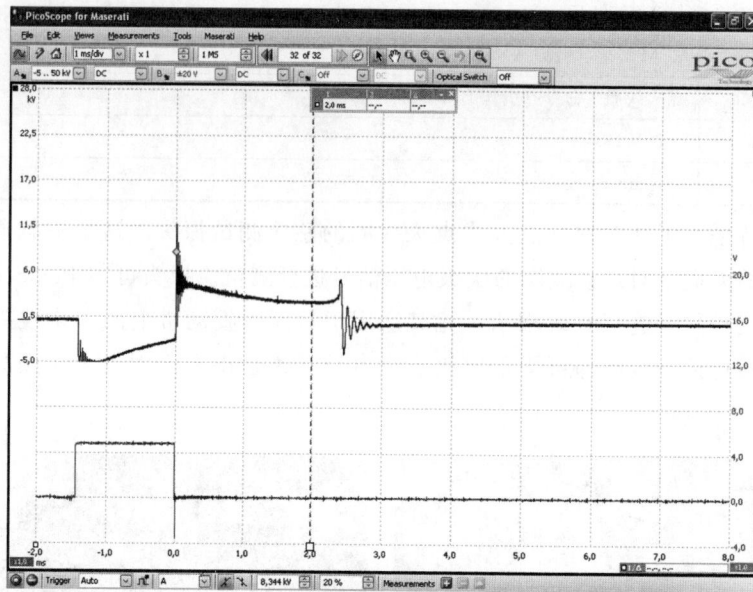

图 2-128

从如图 2-129 所示的截屏可以观察到转速上升加油门阶段的点火线圈激活信号和次级电压信号。可以注意到在紊流的影响下，电极间隙间的阻值会增加。所需点火电压升高，火花持续时间变短。转速上升加油门阶段的点火线圈激活信号和次级电压信号。在变速器处于驻车状态时提高发动机转速，此时状态良好的点火系统所生成火花的持续时间不应低于 0.9ms。较短的火花持续时间可能会导致系统达到断火极限。这会导致在加速过程中或高负载条件下出现功率损失。

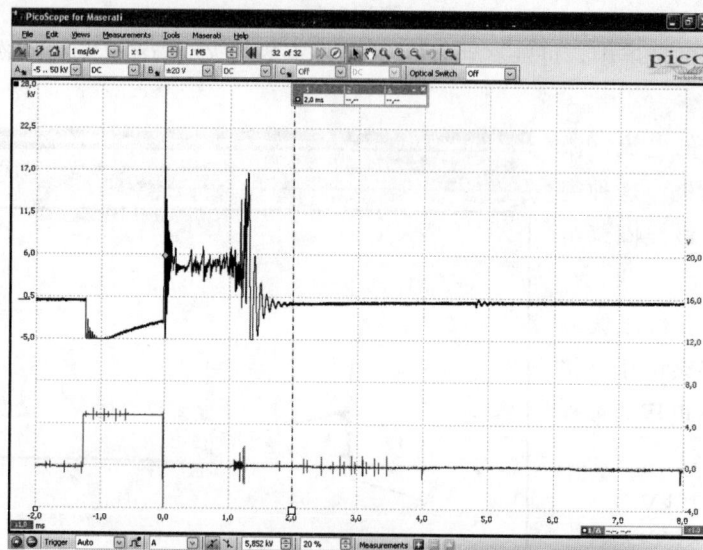

图 2-129

（六）爆燃控制

发动机爆燃时燃烧过程不受控制，并且汽缸内压力急剧升高。造成爆燃的原因是火焰前缘（通常由电火花点燃）尚未达到的区域发生了混合气自燃。爆燃可能严重损害发动机，破坏活塞、活塞环和气门，同时损害汽缸套和汽缸盖。

影响燃烧爆燃的主要因素如下。

点火正时；

喷油正时；

增压压力；

燃烧室温度。

燃烧室内和活塞顶的热点。

1. 爆燃传感器（Bosch KS－4－K）

V形发动机内的F160上安装了两个具有线性特性的光电敏感爆燃传感器（Bosch KS－4－K），位于发动机曲轴箱的顶侧。其作用是将爆燃引发的结构声振动转化成可由ECM评估的电信号，如图2－130所示。

①工作原理。在惯性影响下，一个受到给定振荡或振动激发的质量块，通过与激励振荡相同的频率向一个环形的压电敏感元件施加压缩力。在陶瓷元件的顶部和底部之间将产生成比例的差动电压，该电压被接触垫圈拦截并在ECM中进行处理。发动机爆燃传感器的安装点经过精心挑选，以便对每个汽缸爆燃情况进行可靠检测。

②爆燃传感器安装指南。

必须以20N·m的规定扭矩对紧固螺栓进行精确固定。

不可使用任何垫圈。

不可在安装过程中使用任何润滑脂或润滑剂。

传感器上只有金属部分可以与发动机接触。

③爆燃传感器信号。爆燃传感器信号根据爆燃燃烧和无爆燃燃烧的强度和光谱信息提供ECM进行评估。燃烧过程可通过叠加在基本信号曲线之上的信号噪声进行观察。在发生爆燃时，将看到与标准信号相关的电压振幅上升，如图2－131所示。

2. 爆燃控制策略

如果发动机冷却液的温度和发动机负载超过预定阈值，则可对爆燃进行控制。当爆燃传感器检测到有爆燃发生时，系统会推迟相关汽缸的点火正时。在每个汽缸列上只需安装一个爆燃传感器，ECM即可对每个汽缸的爆燃情况进行确定。这可通过

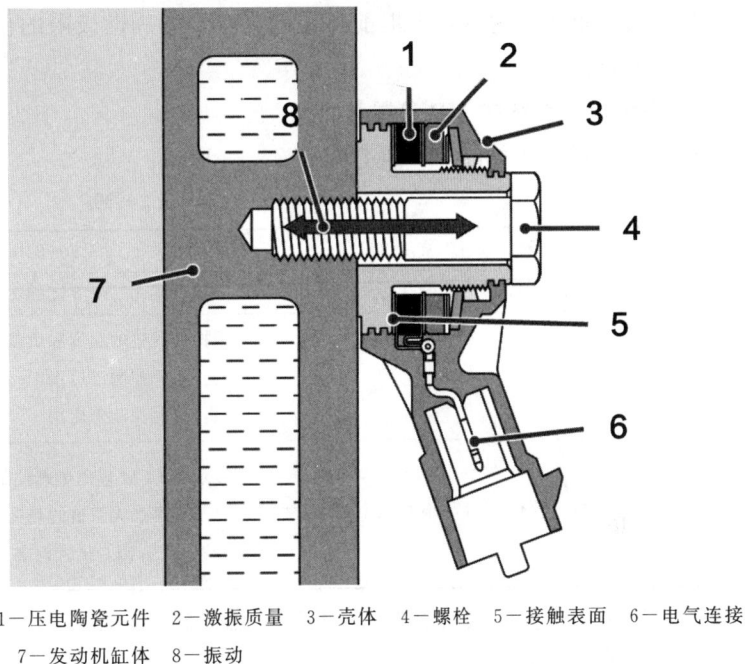

1—压电陶瓷元件　2—激振质量　3—壳体　4—螺栓　5—接触表面　6—电气连接　7—发动机缸体　8—振动

图2－130

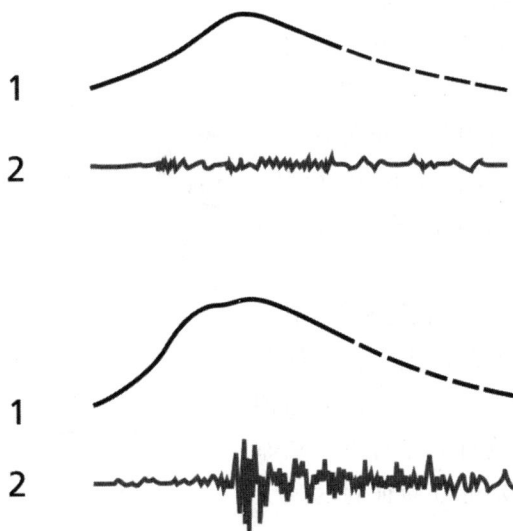

1—汽缸压力曲线　2—爆燃传感器信号

图2－131

151

将爆燃传感器信号和当前的发动机位置（电子发动机正时）进行比较来实现。

可使用 MD 测试仪根据参数"汽缸－带有动态减速的规范点火定时延迟 1/2/3/4/5/6"对汽缸特定的爆燃控制策略进行检查。

当点火延迟时，由燃烧混合气引发的燃烧室内增压也会以更缓慢的速度延迟发生。这便降低了发动机发生爆燃的可能性。当传感器不再检测到爆燃时，对点火正时的调整将逐步撤销。最好的发动机热力效率是通过将点火正时（点火提前角）设置在接近爆燃极限的位置获得的。ECM 的点火 MAP 图针对这一目的而制定。

3. 爆燃控制系统的 MD 参数分析

爆燃控制系统相关的 MD 参数如表 2－39 所示。

表 2－39

爆燃控制的参考标准级别，软件汽缸 1/2/3	显示测量 1、2、3 缸的 1 缸排爆燃传感器的输出电压计算值。KOEO：16.77V
爆燃控制的参考标准级别，软件汽缸 4/5/6	显示测量 4、5、6 缸的 2 缸排爆燃传感器的输出电压计算值。KOEO：16.77V
爆燃控制条件	根据发动机的温度和负载，显示爆燃控制策略是否启用 真：爆燃控制已启用 假：爆燃控制未启用
汽缸，带有动态减速的规范点火定时延迟 1/2/3/4/5/6	显示在 ECM 应用爆燃控制策略的情况下，汽缸 1 至 6（每个汽缸一个参数）相对于基本点火图谱的点火正时延迟（以曲轴角度表示）。注意，空转时该参数设置为 0，因为低速时各个汽缸的点火正时差异可能会导致发动机运行异常

测试 4.7（用 MD 数据采集功能检查爆燃传感器的参数）。图 2－132 所示为加油门条件下有关下列参数的 MD 数据采集信息。

爆燃控制的参考标准级别，软件汽缸 4。

爆燃控制的参考标准级别，软件汽缸 6。

发动机转速。

汽缸 4 和汽缸 6 都由汽缸列 2 的爆燃传感器进行监控。通过下列截屏可以注意到如下内容。

电压值针对同一个传感器监控的不同汽缸会显示不同的行为。

在 KOER 状态下，电压值低于 1V。

电压值随发动机转速而变化。

加油门期间的电压值可能超过 16.7V。作为参考，在道路测试期间的满载行驶条件下（从车辆静止开始）可以验证到的最大电压值约为 32V。

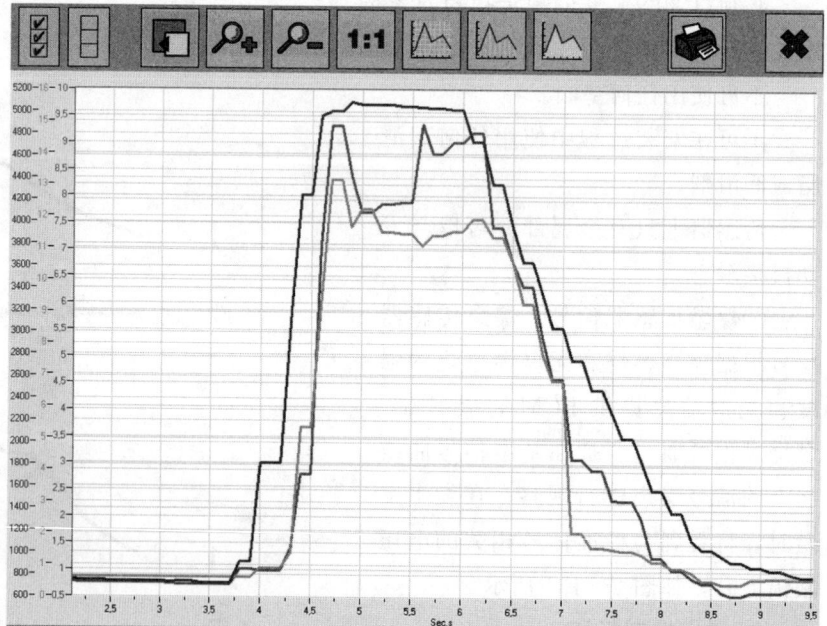

图 2－132

注意从 MD 参数菜单中读出的（已处理）电压值与示波器测得的传感器电压信号不同。实际上，爆燃传感器信号根据爆燃燃烧和无爆燃燃烧的强度和光谱信息提供 ECM 进行评估。

4. 爆燃传感器接线图（图 2－133）

测试 4.8（用 PicoScope 测量爆燃传感器信号）。PicoScope 连接和设置如表 2－40 所示。

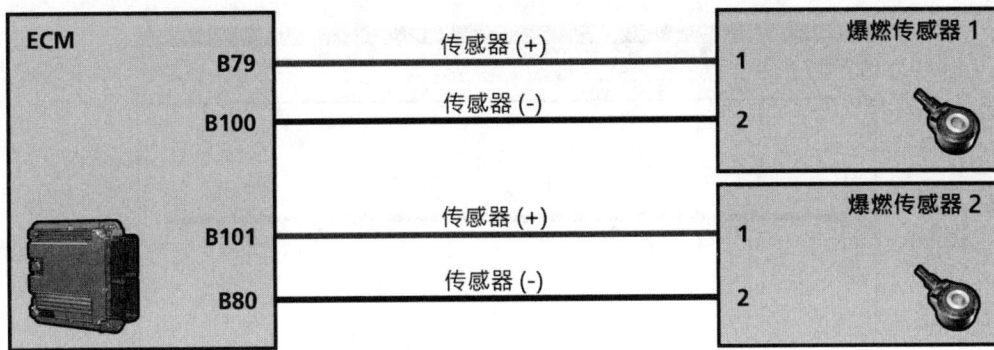

图 2-133

表 2-40

通道 A，负极探针	ECM 接地（引脚 A02 ECM）
通道 A，正极探针	爆燃传感器 1 正极（引脚 B79 ECM）
通道 A，范围设置	±5V DC
通道 B，负极探针	ECM 接地（引脚 A02 ECM）
通道 B，正极探针	爆燃传感器 2 正极（引脚 B101 ECM）
通道 B，范围设置	±5V DC
时间范围设置	20ms/div

如图 2-134 所示截屏显示了 KOEO 状态下两个爆燃传感器的信号。请注意，要相对于 ECM 接地测量传感器信号。KOEO 状态下 1 组和 2 组的爆燃传感器信号。

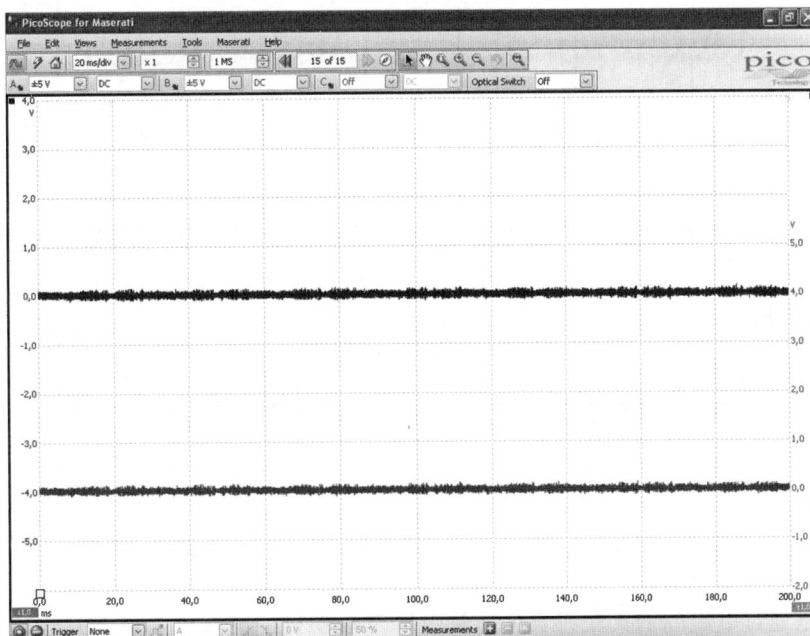

图 2-134

如图 2-135 所示的截屏显示了 KOER 状态下两个爆燃传感器的信号。发动机正常空转，不发生燃爆。单张截屏中可看到完整的发动机循环（注意 700r/min 下持续 171ms 的完整发动机循环）。基本电压值比在 KOEO 状态下要高。燃烧过程可通过叠加在两条电压曲线之上的信号噪声（高频电压峰值）进行观察。可以明显注意到两个爆燃传感器（每个汽缸列一个）能够检测所有汽缸的燃烧过程。燃爆过程的信号振幅差异（比较信号曲线）是由于各个汽缸与传感器距离不同而产生的。注意测量到的电压信号与可用 MD 测试仪从参数菜单中读取的（已处理）电压值不同。KOER 状态下 1 组和 2 组的爆燃传感器信号，叠加在基本电压之上的高频电压峰值是在常规爆燃过程中产生的。

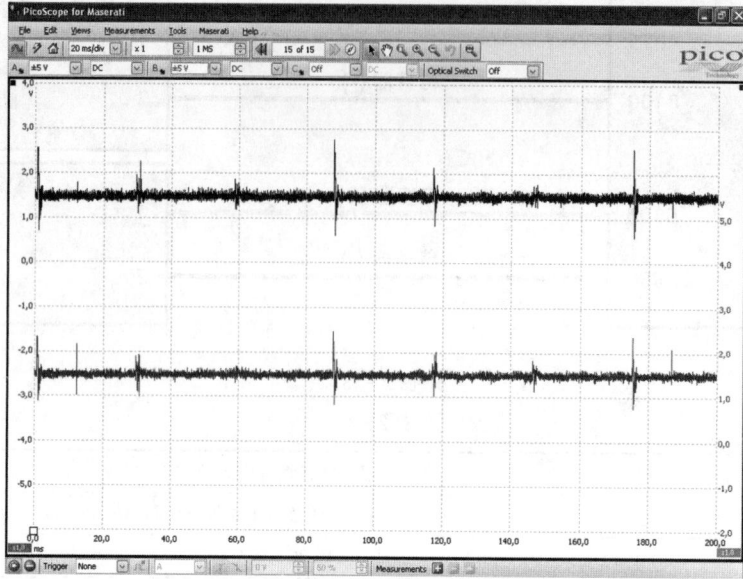

图 2-135

如图 2-136 所示的截屏显示了最高转速状态下两个爆燃传感器的信号。注意，即使显示多个发动机循环，也要保持采用相同的时间范围。

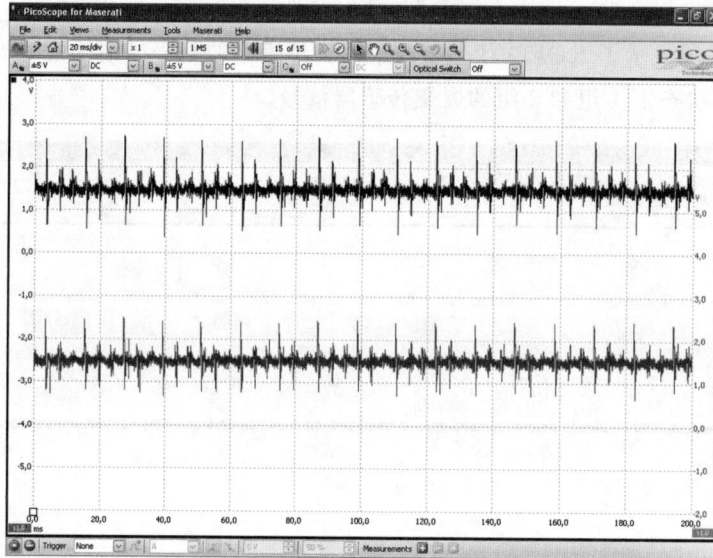

图 2-136

（七）火花塞

1. 火花塞特点

火花塞的功能是通过电极间的火花将点火能量引导至发动机的燃烧室。火花可引发空气/燃油混合气的燃烧过程。火花塞在汽油发动机的运行中起着至关重要的作用。它正常使用时必须满足的要求如下。

确保可靠冷启动。

确保在其整个使用寿命期间始终正常运行，无断火。

以最高发动机转速或接近最高发动机转速长时间运行时不会过热。

确保火花塞和汽缸盖之间绝缘良好。

保持燃烧室密封。

在直喷式发动机中，进气歧管和活塞头的设计可产生气体的涡流或滚流运动，使混合气输送至火花塞，如图2-137所示。由于气流的流量和方向会根据不同的发动机工作点而变化，因此火花塞电极必须向燃烧室中伸出足够的长度。活塞具有独特的嵌入式"Heron型"活塞头设计，可促进燃烧室内的滚流。

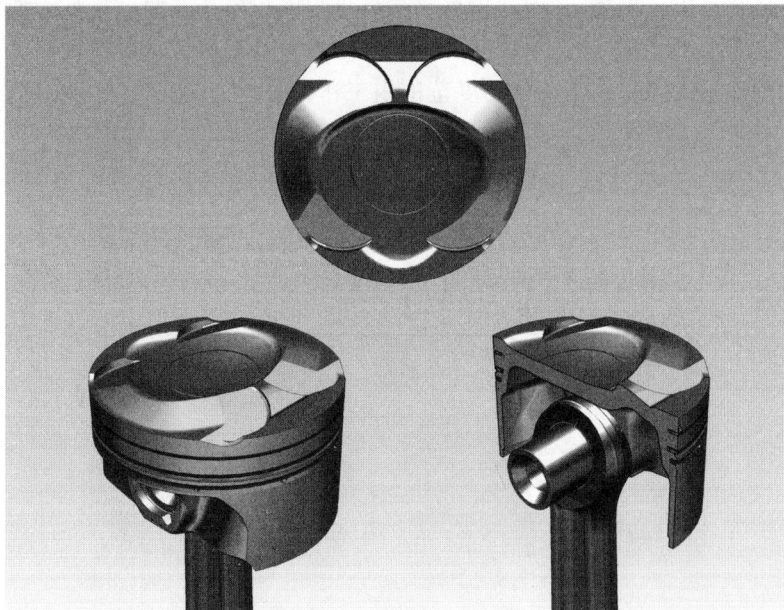

图2-137

图2-138显示了一个分段火花塞，不同部件分解表示。

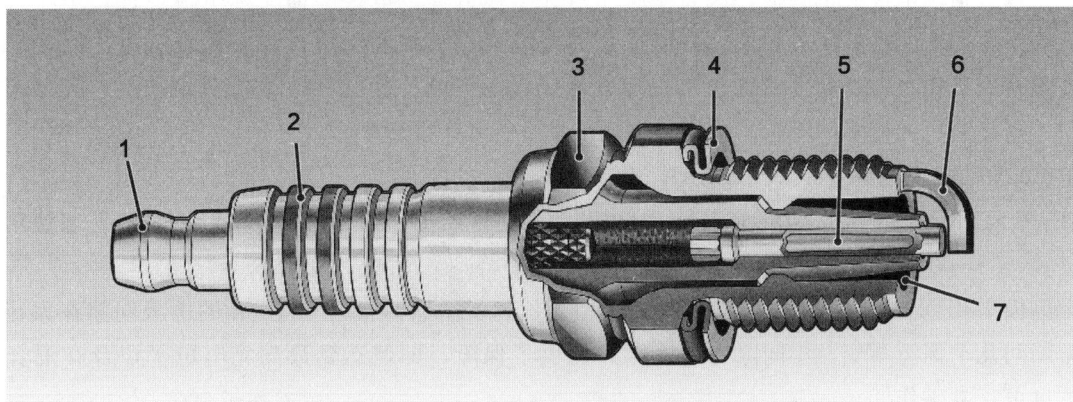

1—接线柱　2—绝缘体　3—外壳　4—密封环　5—中心电极　6—接地电极　7—气腔

图2-138

①电气和机械性能。电子点火系统工作期间，火花塞必须能够承受高电压，且不能对绝缘体进行火花放电。燃烧过程产生的残余物（如来自燃油和润滑油添加剂的烟灰、炭和灰烬）在特定温度条件下可能会导电，防止火花击穿绝缘体仍然十分必要。火花塞必须能够承受燃烧室内的周期性压力峰值（约高达10 000kPa），同时保持有效的气密性。陶瓷绝缘体也需要有极强的抗机械应力能力。

②热力性能。在操作中，火花塞必须交替从热燃烧气体中吸收热量，然后抵御快速涌入的空气/燃油冷混合气。因此，要求高耐热抗燃爆，火花塞的端头应尽可能保持冷却。燃烧残余物在绝缘体小头处形成的沉积很大程度上取决于其温度，沉积主要是在低于500℃的温度下发生。在更高的温度下，那些碳基残余物会在绝缘小头处燃烧，从而自动清理火花塞。因此，要将绝缘小头工作温度加热至超过约500℃的"自动清理限温"，且这一温度应在启动后短时间内即可实现。不应超出约900℃的温度上限。超出这一限制后，电极会严重磨损，且有自燃的风险。在此过程中，热火花塞部件上的空气/燃油混合气将点燃，进而引发不受控制的点火过程，这将损害甚至破坏发动机。

155

③火花塞加热范围。发动机运行时，火花塞以升高的燃烧温度加热。火花塞吸收的热量将消散到新鲜气体中，并通过中心电极和绝缘体传导至火花塞外壳，然后从此处扩散到汽缸盖与预热塞上部。

火花塞的加热范围取决于中心电极的长度。

较长的中心电极火花塞也"更热"，因为热量要经过更长的距离才能通过汽缸盖耗散。

较短的中心电极火花塞则"更凉"，因为电极的热量可能更容易通过汽缸盖耗散，如图2—139所示。

正确的加热范围确保了火花塞在正确的温度范围内工作。防止火花塞过热并引发自燃。

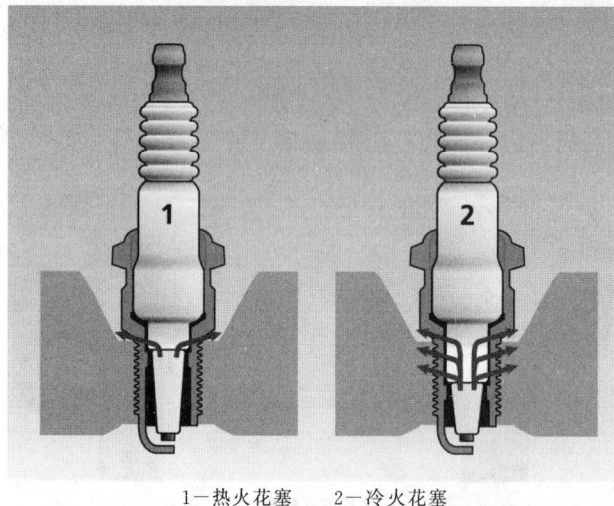

1—热火花塞　　2—冷火花塞

图2—139

④火花塞磨损。电极易于磨损，这会使所需点火电压升高。电极磨损又称电极烧蚀，是随时间推移产生并导致间隙变大的材料损耗现象。当情况最终发展到点火线圈无法达到所需点火电压时，便会发生断火。火花塞的工作也会受到发动机老化和污染等变化的影响。这会导致火花塞中烟灰、灰烬和炭的进一步沉积，提高断火的概率，极端情况下甚至会引发自燃和燃烧爆燃。

2. F160 发动机火花塞（NGK SILKAR 8C6DG）

NGK 将 SILKAR 8C6DG 设计为适应 F160 发动机高性能特性的专用火花塞。这种火花塞使用了两种贵金属。

中心电极采用 0.6mm 薄铱电极头：由于使用了这种贵金属，仅有 0.6mm 的电极间隙在火花塞整个使用寿命期间几乎保持不变。小间隙为完美点火提供了保障，即使达到最高充电电平以及在混合气紊流的情况下也可正常工作。

接地电极采用铂电极芯片：接地电极具有锥形边缘，提高了混合气的易接近性和燃烧稳定性。接地电极还配有铜芯，它能够消耗燃烧室中的大量热量，以平衡发动机的高热负载。

使用了两种不同类型的 F160 发动机火花塞。

NGK SILKAR8C6DG—玛莎拉蒂零件编号 281984：从发动机编号 1 至 260321。

NGK SILKAR8C6DS—玛莎拉蒂零件编号 310235：发动机编号 260322 及以上。

注意，库存有货时，编号 260321 及以下的发动机可使用零件编号为 281984 的发动机火花塞。库存耗尽后，所有发动机都必须使用零件编号为 310235 的火花塞。两种火花塞有着相同的技术特征，可以进行互换。

3. 火花塞状况诊断

从发动机上移除后，火花塞的状况为发动机和火花塞的性能提供了有用的诊断信息。观察以下几点以得出准确结果。

评估火花塞状况之前应先进行车辆行驶测试。要求在中度负载下以不同发动机转速行驶至少 10km 的距离。

避免在关闭发动机和移除火花塞之前长时间空转。

①正常外观。绝缘体端部颜色介于灰白、灰黄和褐色之间是火花塞正常工作的特征，如图2—140所示。

图2—140

当满足下列条件时可验证到这种火花塞外观。

发动机运行正常；

火花塞加热范围正确；

混合气调整和点火正时良好；

无断火；

冷启动阶段运行正常；

无含铅燃油添加剂或机油合金成分残留；

无过热现象。

②出现烟灰。绝缘体端部、电极和火花塞外壳被质地不平的亚黑色烟灰层覆盖，如图2—141所示。

图2—141

可能的原因如下。

混合气调整不正确；

混合气过浓；

空气过滤器过脏；

车辆仅适用于极短途运输；

火花塞过冷/使用错误类型的火花塞。

可能的影响如下。

断火；

冷启动不良。

③出现油污。绝缘体端部、电极和火花塞外壳被烟灰或炭的光亮油层覆盖，如图2—142所示。

图2—142

可能的原因如下。

燃烧室润滑油过剩；

机油油位过高；

活塞环、汽缸和气门导管磨损严重。

可能的影响如下。

断火；

启动不良。

④出现含铅的油污。绝缘体端部生成棕黄色釉，可能带些绿色，如图2—143所示。

图2—143

可能的原因如下。

燃油添加剂含铅;

发动机在长时间以部分负载运行后在高负载下运行会生成釉。

可能的影响如下。

在较高的负载下,覆盖层产生导电性,导致断火。

⑤火花塞积灰。绝缘体端部的气腔和接地电极上因润滑油和燃油添加剂而积灰。松散或鳞片状积灰如图2—144所示。

可能的原因如下。

添加剂(尤其是用于发动机润滑油的添加剂)残留。

可能的影响如下。

自燃,伴随功率损耗和发动机损坏。

⑥电极熔化或中心电极严重热蚀。

外观。

中心电极熔化,绝缘体端部软化、透水透气。

中心电极严重热蚀,同时接地电极严重损坏。

电极熔化形成菜花状图案,可能有其他物质沉积,如图2—145和图2—146所示。

图2—144

图2—145

图2—146

可能的原因如下。

提前点火正时过度导致的热量过载；

燃烧室积尘导致的热量过载；

气门缺陷导致的热量过载；

劣质燃油导致的热量过载；

加热范围过小。

可能的影响如下。

断火；

功率损失；

可能损害发动机。

⑦中心电极严重热蚀（图2-147）。

图2-147

图2-148

可能的原因如下。

不遵守火花塞更换间隔时间。

可能的影响如下。

断火，尤其是在加速期间；

启动不良。

⑧接地电极严重热蚀（图2-148）。

可能的原因如下。

破坏性燃油和润滑油添加剂；

燃烧室内影响气流的沉积物或其他因素。

发动机爆燃。

可能的影响如下。

断火，尤其是在加速期间；

启动不良。

⑨绝缘体端部破损（图2-149）。

可能的原因如下。

机械损坏；

图2-149

在极端情况下，绝缘体端部可能会分裂，原因是中心电极和绝缘体端部之间有积尘或者中心电极热蚀（未遵守更换间隔时间）。

可能的影响如下。

断火；在无可靠新鲜混合气进入时出现飞弧。

五、可变气门正时
（一）为何选择可变气门正时

除了控制发动机通过节气门引入的新鲜气流以外，还能够在可变气门正时的辅助下调整和优化汽缸充气。理想的发动机运行要求在每个发动机工作点（速度和负载相关）下进气门和排气门都有特定的开启点和关闭点。准确的气门正时对热力效率有着重要影响，可减少泵气损失、废气排放、扭矩输出，提高驾驶性能。

这样一来，固定气门正时设计就必须在整个发动机运行范围内进行协调，大大限制了发动机的灵活性。而可变气门正时有助于针对不同运行状态进行持续调整，从而达到以下效果。

提高额定功率输出；

在整个发动机转速范围内都具有良好的扭矩特性曲线；

降低了有毒物质排放；

提高了燃油经济性；

改善了驾驶性能。

可变气门正时系统通过旋转凸轮轴，改变凸轮轴相对于曲轴的位置来实现配气调节，这种技术既改善了发动机的运转性能，又保证了系统的简易性与可靠性，而且在力所能及的范围内，实现了二者的最佳结合。

图 2－150 所示显示的是凸轮轴向"延迟"或"提前"方向转动时，进气门（蓝色曲线）和排气门（红色曲线）相对于上止点的上升曲线运动。重叠区域显示为黑色。

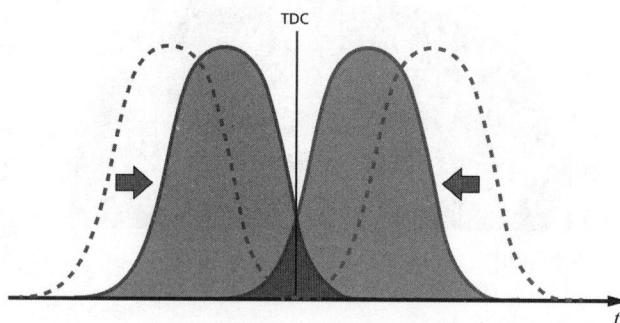

图 2－150

（二）正时调节器

F160 发动机拥有 4 个独立的可变气门正时（VVT）执行器，简称为正时调节器，每个凸轮轴各配一个，如图 2－151 所示。每个正时调节器的凸轮轴角度变化范围可达 25°，相当于 50°的曲轴角。正时调节器通过集成在正时调节器固定螺栓中的油压控制阀（OCV）进行液压控制。

图 2－151

可在凸轮轴盖的前方看见两个正时调节器的 OCV 执行器（如图 2－151 中左图所示）。拆下凸轮轴盖和正时齿轮盖后，便可看到两个正时调节器。

每个正时调节器都包括如下内容。

1个集成有正时链轮的后盖；

1个带有外侧油室叶片的环状结构（定子）；

1个与凸轮轴相配且具有内部油室叶片的内轴（转子）；

1个带有弹簧的锁销，用于将调节器锁定在静止位置；

1个锁止弹簧（仅限于排气VVT）；

1个集成有油压控制阀（OCV）的固定螺栓；

1个位于固定螺栓头与正时调节器之间的垫圈。

注意，带有凸轮轴链轮的正时调节器作为单个组件提供，不得对其进行拆卸。图2-152所示拆卸后的正时调节器，仅作说明之用。可以单独更换带有集成油压控制阀的固定螺栓和垫圈。

从图2-152中可以看到凸轮轴轴承机油孔在为VVT执行器供油。注意锁止弹簧位于排气VVT上。

图2-152

1. 正时调节器工作原理

每个正时调节器都通过调节流经油压控制阀的油压来调整角度位置。加压后的机油从汽缸体流经油道后进入汽缸盖，再从汽缸盖经由凸轮轴轴颈和凸轮轴轴承油道流至正时调节器。

机油使凸轮轴保持在参照位置，并且可在任何位置对凸轮轴进行闭环控制。进气正时调节器和排气正时调节器的工作原理相同。可通过是否存在外部锁止弹簧（2-152图）来区分排气正时调节器与进气正时调节器。进气正时调节器没有锁止弹簧。下文阐述了正时调节器的不同工作状态。注意ECM在发动机处于冷态条件时，也可以对VVT执行器进行控制。

①油压不足。当油压低于由锁销表面及弹力所限定的某一数值时，正时调节器会被锁销锁定在静止位置。此时，气门重叠区域最小。

②发动机启动阶段。当油压超过锁销弹力时，正时调节器就会解锁。在ECM发出移动执行器的信号之前，正时调节器会一直保持在静止位置。

③内部滑阀运动。向执行器施加电压信号以延伸或回缩电磁阀针阀。针阀推动OCV中的内部滑阀，使其前后移动，以将油流导入正时调节器的各室内。OCV内滑阀的位置将确定要对正时调节器内的哪些端口和室进行供油。

④转子运动。向正时调节器转子的叶片施加油压时，转子开始移动。由于转子与凸轮轴相连，转子转动会带动凸轮轴转动，使其位置相对于链轮的标准位置发生改变。OCV可将正时调节器的正时/链轮相对于凸轮轴的位置提前、延迟，或保持在所需位置。当正时调节器转离其静止位置时，气门重叠区域便

会增大。

⑤发动机熄火。发动机熄火后,油压便会降低,两个正时调节器都将回到静止位置。由于排气正时调节器需要顺时针旋转,即向相对于标准位置提前的方向移动(排气凸轮轴的静止位置定义为相对于标准位置提前关闭),因此需要辅以锁止弹簧。而进气正时调节器仅仅依靠配气机构的抗扭强度即可回到静止位置。包括固定螺栓和内部油压控制阀(OCV)的进气可变气门正时系统,如图2—153所示。

拆下外罩后的进气正时调节器详图如图2—154所示。注意,只有排气执行器中可能出现缺少锁止弹簧的情况。

图 2—153

图 2—154

电磁执行器延伸或回缩针阀,推动调节器固定螺栓内的内部滑阀移动,如图2—155所示。通过调节滑阀位置,将油流导入正时调节器各室中。

图 2—155

图2—156显示了进气调节器完全位于延迟位置,请注意供油流(上部半环形箭头)与回油流(下部半环箭头)。

162

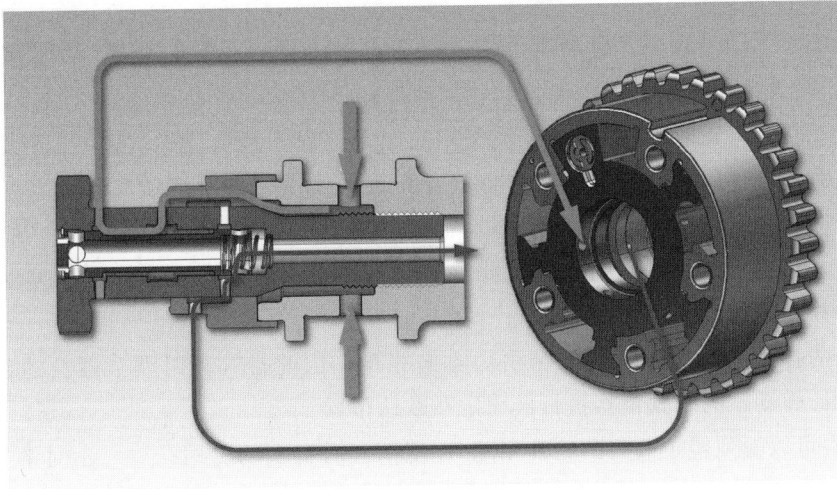

图 2-156

图 2-157 显示了进气调节器位于中间位置。请注意供油流（中部上、下两个色箭头）。左侧箭头表示 OCV 执行器施加的力。

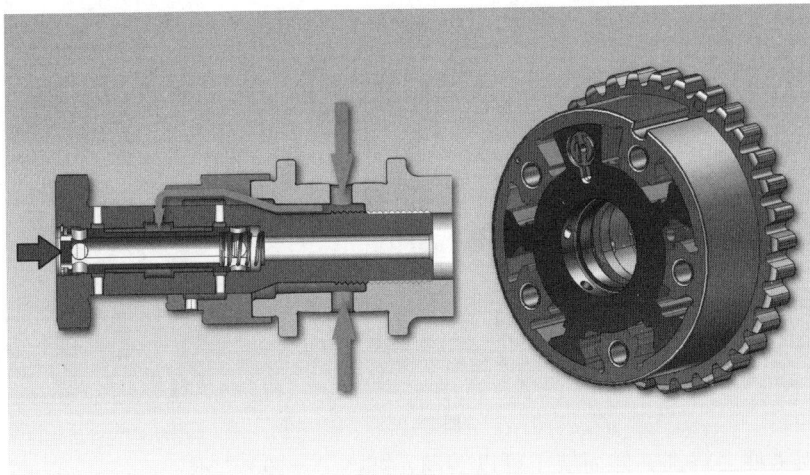

图 2-157

图 2-158 显示了进气调节器完全位于提前位置。请注意供油流（下部半环形箭头）与回油流（上部半环形箭头）。左侧箭头表示 OCV 执行器施加的力。

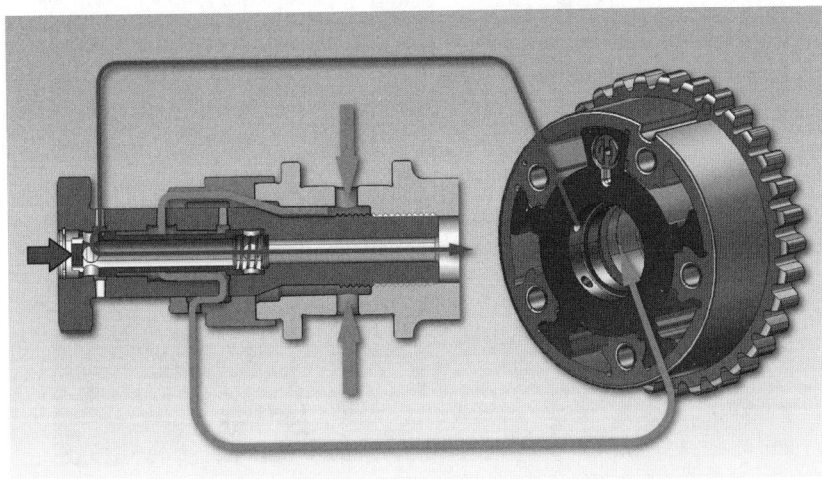

图 2-158

2. 锁销

在发动机（冷态）启动过程中，机油压力尚未到达正时调节器。在此阶段，由于机械摩擦和凸轮上升/下降的作用，正时调节器可以不受控制地自由移动。这不仅会导致凸轮位置失控，还会产生"咔嗒"声和过度磨损。锁销用于将正时调节器/凸轮轴保持在固定位置（默认位置），直到系统达到足够油压为止。正时调节器达到足够油压后，锁销会在自身接合弹簧的作用下自动解锁。在油压不足的情况下，或当发动机停止运行时，正时调节器会按如下方式运行。

由于油压不足，进气正时调节器仅靠配气机构的抗扭强度达到最大延迟位置。这会驱动定子顺时针转动，同时锁销将执行器固定在默认位置。

由于锁止弹簧的作用力与配气机构的牵引力方向相反，因此排气正时调节器会达到最大提前位置。这会驱动定子逆时针转动，同时锁销将执行器固定在默认位置。

在图 2—159 中可以看到转子（与凸轮轴相配）、锁销和后盖上的专用孔（与正时链轮相配）。锁销将凸轮轴/转子组件与后盖/链轮组件连接在一起，直到系统达到足够油压后才会将锁销解锁。

图 2—159

油压上升后，锁销便会解锁，继而转子可以转动，如图 2—160 所示。

图 2—160

3. 调节器调整范围

气门的开启点和关闭点是在考虑到 0.6mm 的参考气门升程的前提下，以相对于上止点的曲轴角度来表示的。当进气正时调节器和排气正时调节器处于静止位置时，凸轮位置如下。

进气门在活塞经过上止点后 16°时开启；

排气门在活塞达到上止点之前 8°时关闭。

因此，在此位置不存在任何气门重叠。

F160AM/AN 静止位置正时图如图 2—161 所示。

EVC：排气门关闭。

IVO：进气门开启。

EVO：排气门开启。

IVC：进气门关闭。

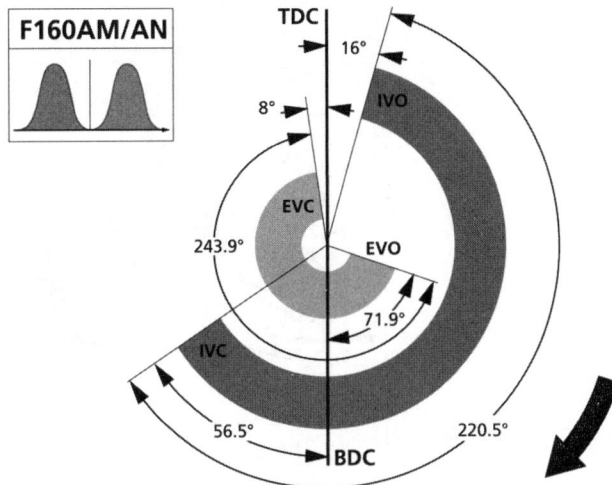

图 2—161

F160AO/AS 静止位置正时图如图 2—162 所示。

EVC：排气门关闭。

IVO：进气门开启。

EVO：排气门开启。

IVC：进气门关闭。

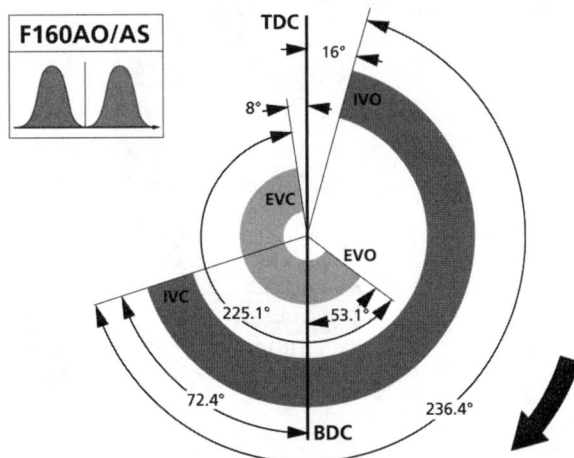

图 2—162

当进气和排气正时调节器全部处于最大激活位置时（在最大角度调整范围），凸轮位置如下。

进气门在活塞达到上止点前 34°时开启；

排气门在活塞经过上止点后 42°时关闭。

因此，（在0.6mm的参考气门升程下）气门重叠角达到了76°。

F160AM/AN最大重叠位置正时图如图2-163所示。

EVC：排气门关闭。

IVO：进气门开启。

EVO：排气门开启。

IVC：进气门关闭。

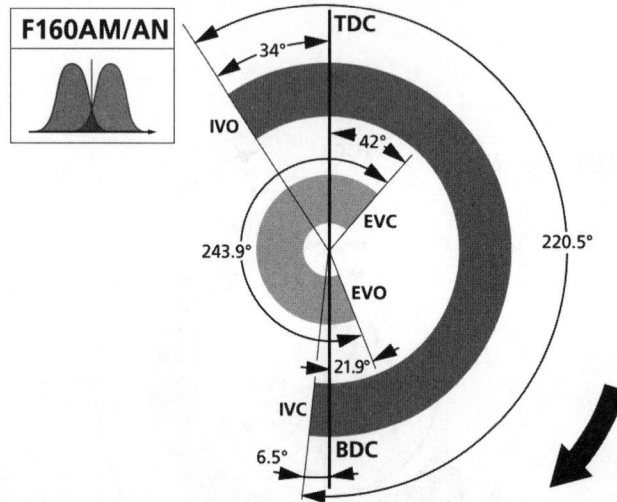

图 2-163

F160AO/AS最大重叠位置正时图如图2-164所示。

EVC：排气门关闭。

IVO：进气门开启。

EVO：排气门开启。

IVC：进气门关闭。

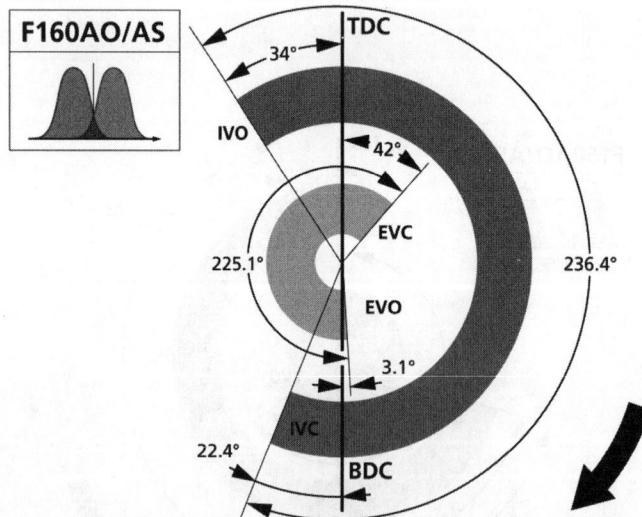

图 2-164

（三）可变气门正时策略

ECM可以通过凸轮轴位置传感器在闭环内控制可变气门正时。ECM可通过使用基于以下各项指标的综合控制图谱，将每个汽缸排的两个调节器全部激活。

166

发动机转速；

发动机负载；

空气流量；

进气歧管的压力。

以下几项描述了发动机在不同运行状态下可变气门正时的用途和优势。

1. 延迟了进气门在发动机低转速下的开启/关闭

进气门开启延迟可减少气门重叠，进而减少经由进气门流回进气歧管的燃烧废气量。混合气中残余废气含量越低（低发动机转速下），燃烧越稳定，发动机运行也就越顺畅。这可以降低怠速，因而能够显著降低油耗。

2. 提前了进气门在发动机中速且低载荷下的开启/关闭

发动机在中速运转过程中，不存在气动力带来的增压效果。提前关闭进气门（BDC后不久）可防止上移活塞将吸入的新鲜气体压回进气歧管。这确保了汽缸达到最佳充量并获得良好的扭矩曲线。

3. 延迟了进气门在发动机高速且高载荷下的开启/关闭

在发动机高速运转时延迟了进气凸轮轴，从而导致进气门关闭延迟。受到发动机高速运转下产生的气动力的作用，新鲜空气在活塞已经上移的情况下依然能够不断流入汽缸。空气流入汽缸的时间得以延长，因而提高了汽缸充气量。这显著提高了发动机的最大功率输出。

4. 排气门开启/关闭调节

通过认真选择排气门关闭点，可对残余气体量进行调节。这有助于将充入汽缸的新鲜空气和残余气体量调整到最佳，从而根据不同的进气歧管压力和发动机转速，获得良好的内部EGR或扫气效果。

5. 内部EGR

若重叠条件下进气歧管中的压力低于排气通道中的压力（在节气门关闭或微启的条件下），残余气体会流回燃烧室与进气歧管中。残余气体在排气门关闭后被再次吸入，从而造成残余气体含量增加。适量的内部EGR可降低NO_x的排放量。

6. 扫气

由于使用了充气系统，歧管中的压力也可高于排气通道中的压力。因此，在重叠过程中，残余气体便会流向排气机构，以进行清除。空气也有可能流入排气通道。当残余气体被成功清除后，便可充入更多的新鲜气体来填补残余气体所占空间。因而，扫气作用可在发动机低速运转过程中提高扭矩（高达2700r/min左右），以提高容积效率并使汽缸得以冷却。这样，发动机在不到1500r/min的转速下就能够获得很高的扭矩输出，从而得到良好的扭矩曲线。如此便可在较低的发动机转速下使用较高挡位，从而降低CO_2排放并提高燃油经济性。如果进气或排气凸轮轴尚未进行曲轴和凸轮轴之间的匹配或者发动机转速传感器出现故障，则可变气门正时控制将会被禁用。

（四）正时调节器控制

每个正时调节器的润滑油控制阀（OCV）由来自ECM的PWM控制信号进行控制。

进气正时调节器。

占空比较低：静止位置，完全延迟位置。

占空比较高：最大程度激活，完全提前位置。

排气正时调节器。

占空比较低：静止位置，完全提前位置。

占空比较高：最大程度激活，完全延迟位置。

出于测试的目的，可以使用MD发出主动诊断命令，对进气正时调节器和排气正时调节器进行操作。

需注意：需要预先熟悉电子发动机正时概念才能更好地理解可变气门正时控制。

1. VVT 系统的 MD 参数分析

与 VVT 系统相关的 MD 参数如表 2-41 所示。

表 2-41

凸轮轴控制的条件	用来表示目前是否激活了 VVT 控制。发动机运转时该参数为真，而在 KOEO 状态下该参数为假 真：控制已激活 假：控制未激活
进气凸轮轴控制的占空因数	显示来自 ECM，关于第 1 缸排的进气凸轮轴调节器的占空比（百分比）控制信号
进气凸轮轴控制 2 排的占空因数	显示来自 ECM，关于第 2 缸排的进气凸轮轴调节器的占空比（百分比）控制信号
排气凸轮轴控制的占空因数	显示来自 ECM，关于第 1 缸排的排气凸轮轴调节器的占空比（百分比）控制信号
排气凸轮轴控制 2 的占空因数	显示来自 ECM，关于第 2 缸排的排气凸轮轴调节器的占空比（百分比）控制信号
进气门和出气门的凸轮轴重叠角	表示进气门和排气门之间的实际重叠角。在 KOER 状态下该值接近为 0
凸轮轴重叠的权重因数	表示实际调整总量比率的权重因数，即进气凸轮轴（提前）实际调整总量与排气凸轮轴（延迟）实际调整总量相对于其调整总量范围的权重因数。该参数可在 0~1 之间变化。 0：进气和排气正时调节器均在静止位置。无气门重叠现象 1：进气和排气正时调节器均在最大激活位置。气门重叠最大程度 介于 0~1 之间：气门部分重叠
汽缸中的充气量与总充其量的比例	表示全部空气质量流量与参与燃烧的部分空气质量流量的比值。 0.98：无扫气效率，例如在 KOER 状态下 ＞0.98：扫气正在进行
角度：相对于参考位置台 2，进气门完全打开	用曲轴角度表示测得的第 1 缸排进气凸轮轴相对于参照位置（相对于上止点）的移动量 KOER：约等于 16° 负值："提前"方向 正值："延迟"方向
角度：相对于参考位置台 2，进气门完全打开	用曲轴角度表示测得的第 2 缸排进气凸轮轴相对于参照位置（相对于上止点）的移动量 KOER：约等于 16° 负值："提前"方向 正值："延迟"方向
角度：相对于参照位置，排气门完全打开	用曲轴角度表示测得的第 1 缸排排气凸轮轴相对于参照位置（相对于上止点）的移动量 KOER：约等于 -8° 负值："提前"方向 正值："延迟"方向
角度：相对于参照位置台 2，排气门完全打开	用曲轴角度表示测得的第 2 缸排排气凸轮轴相对于参照位置（相对于上止点）的移动量 KOER：约等于 -8° 负值："提前"方向 正值："延迟"方向
预设凸轮轴角度进气门完全打开（相对于参考位置）	用曲轴角度表示所需的第 1 缸排进气凸轮轴相对于参照位置（相对于上止点）的移动量 KOER：约等于 16° 负值："提前"方向 正值："延迟"方向

预设凸轮轴角度进气门完全打开（相对于参考位置台2）	用曲轴角度表示所需的第2缸排进气凸轮轴相对于参照位置（相对于上止点）的移动量
	KOER：约等于16°
	负值："提前"方向
	正值："延迟"方向
预设凸轮轴角度排气阀完全关闭（相对于参考位置）	用曲轴角度表示所需的第1缸排气凸轮轴相对于参照位置（相对于上止点）的移动量
	KOER：－8°
	负值："提前"方向
	正值："延迟"方向
预设凸轮轴角度排气阀完全关闭（相对于参考位置台2）	用曲轴角度表示所需的第2缸排排气凸轮轴相对于参照位置（相对于上止点）的移动量
	KOER：－8°
	负值："提前"方向
	正值："延迟"方向

＊＊：在扫气的作用下，在气门重叠过程中进入的空气可以直接从进气歧管流入排气歧管内。诊断参数"汽缸中的充气量与总充其量的比例"表示全部空气流量与参与燃烧的部分空气流量的比值。在没有扫气进行的情况下（例如在KOER状况下），该参数符合空燃比目标值。

①测试5.1（使用MD数据采集功能检查进气VVT的激活情况）。图2－165所示为加油门条件下有关下列参数的MD数据采集信息。

角度：相对于参照位置，进气门完全打开；

进气凸轮轴控制的占空因数；

发动机转速。

可以看到以下阶段。

进气正时调节器在KOER条件下完全延迟，比参照位置延后了16°，其占空比命令百分比约为6%。

在发动机提高转速过程中，进气正时调节器提前，比参照位置提前了13°（调节器相比KOER状态下的位置转动了29°）。占空比命令百分比峰值高于60%。

当发动机转速达到转速极限状态时，进气正时调节器保持在参照位置后约12°（调节器相比KOER状态下的位置转动了4°）的位置。占空比命令百分比为40%～50%。

在松开油门阶段，由于占空比命令百分比降低，导致进气正时调节器回到完全延迟位置。

注意，VVT的运行情况在很大程度上取决于发动机的运行参数。

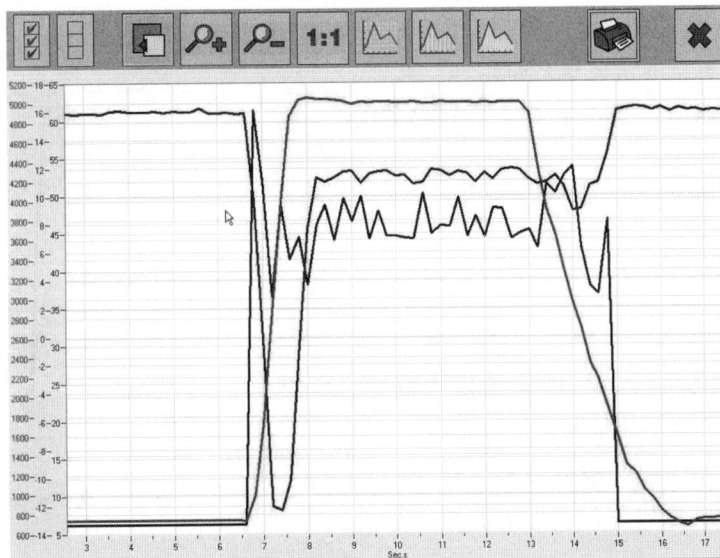

图2－165

②测试5.2（使用MD数据采集功能检查排气VVT的激活情况）。图2－166所示为加油门条件下有

关下列参数的 MD 数据采集信息。

角度：相对于参照位置，排气门完全关闭；

排气凸轮轴控制的占空因数；

发动机转速。

可以看到以下阶段。

排气正时调节器在 KOER 条件下完全提前，比参照位置提前了 8°，其占空比命令百分比为 6%。

在发动机提高转速过程中，排气正时调节器部分延迟，比参照位置延后了 8°（调节器相比 KOER 状态下的位置转动了 16°）。占空比命令百分比峰值高于 70%。

当发动机转速达到转速极限状态时，排气正时调节器保持在参照位置后约 8°（调节器相比 KOER 状态下的位置转动了 16°）的位置。占空比命令百分比为 40%～50%。

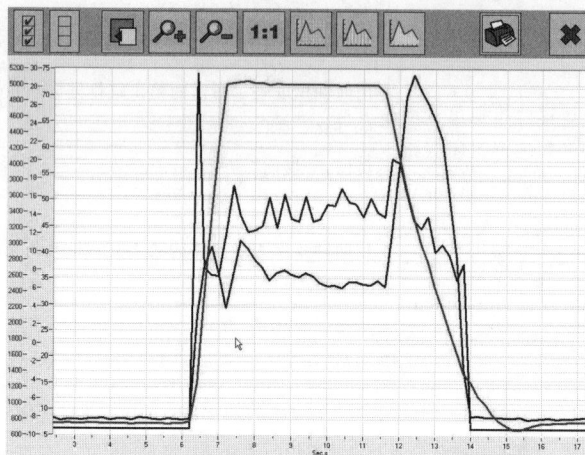

图 2－166

排气正时调节器在松油门阶段达到延迟位置，比参照位置延后了 30°，其占空比命令百分比约为 60%。然后调节器回到完全提前位置。

注意，VVT 的运行情况在很大程度上取决于发动机的运行参数。

③测试 5.3（预设凸轮轴角度和利用 MD 数据采集功能测得的凸轮轴角度）。图 2－167 所示为加油门条件下有关下列参数的 MD 数据采集信息。

角度：相对于参照位置，进气门完全打开；

预设凸轮轴角度进气门完全打开（相对于参照位置）；

发动机转速。

可以看到：测得的进气凸轮轴位置相当精确，与预设值近乎一致。第 2 缸排的情况也是如此。

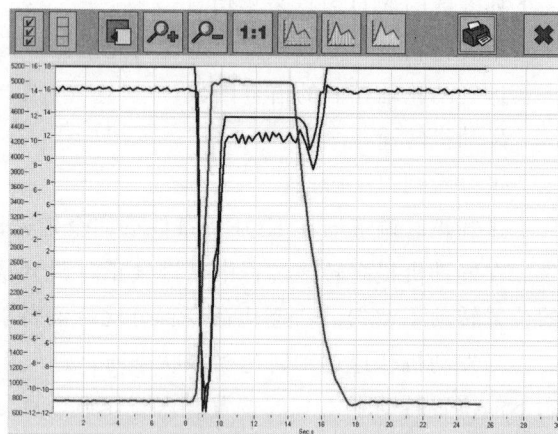

图 2－167

图 2－168 所示为加油门条件下有关下列参数的 MD 数据采集信息。

角度：相对于参照位置，排气门完全关闭；

预设凸轮轴角度排气门完全关闭（相对于参照位置）；

发动机转速。

可以注意到：测得的排气凸轮轴位置相当精确，与预设值近乎一致。第 2 缸排的情况也是如此。

④测试 5.4（使用 MD 数据采集功能检查气门重叠情况）。图 2－169 所示为加油门条件下有关下列参数的 MD 数据采集信息。

凸轮轴重叠的权重因数；

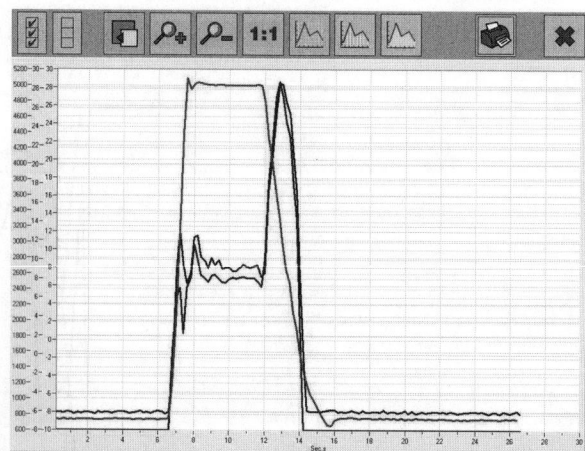

图 2－168

进气门和排气门的凸轮轴重叠角；

发动机转速。

可以注意到：

在 KOER 状态下，凸轮轴重叠的角度和权重因数接近为 0。

在发动机转速上升阶段，如果正时调节器被激活，则凸轮轴重叠角增大至 45°左右。正如在测试 5.1 和 5.2 中所见，与 KOER 状态下相比，处于发动机转速上升阶段中的进气调节器角度提前了 29°，而排气调节器角度则延迟了 16°。

当发动机转速达到转速限制状态时，凸轮轴重叠角约为 20°。正如在测试 5.1 和 5.2 中所见，进气调节器的角度相对于 KOER 状态下的角度提前了 4°，而排气调节器角度则延迟了 16°。

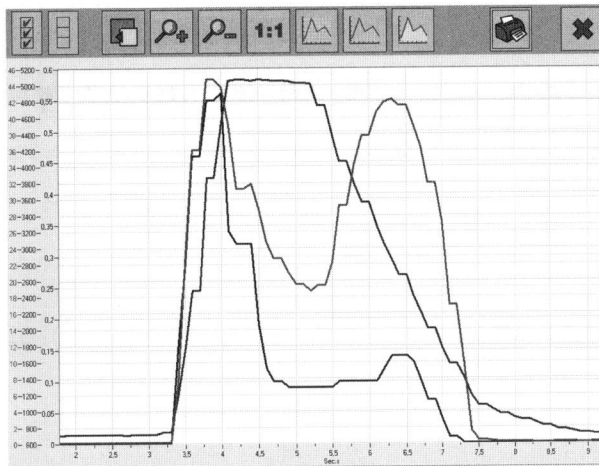

图 2－169

2. 正时调节器的接线图

正时调节器的接线图如图 2－170 所示。

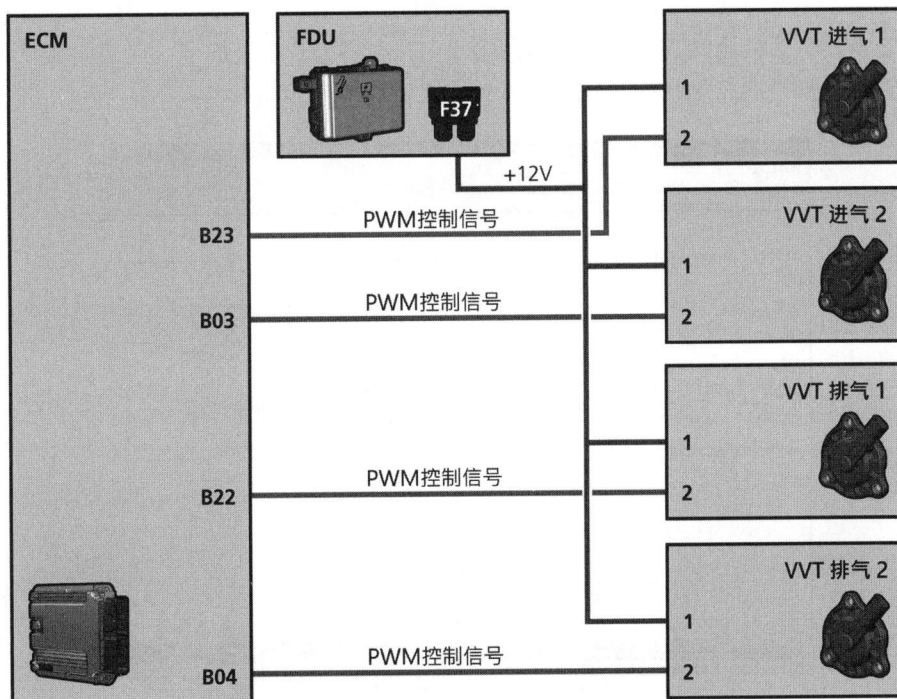

图 2－170

①测试 5.5（使用 PicoScope 测量正时调节器控制信号）。PicoScope 连接和设置，如表 2－42 所示。

通道 A, 负极探针	进气正时调节器命令第 1 组 (引脚 B23 ECM)
通道 A, 正极探针	主继电器电源 (引脚 A3 ECM)
通道 A, 范围设置	±20V DC
通道 B, 负极探针	排气正时调节器命令第 1 组 (引脚 B22 ECM)
通道 B, 正极探针	主继电器电源 (引脚 A3 ECM)
通道 B, 范围设置	±20V DC
时间范围设置	1ms/div

如图 2−171 所示, 为 KOER 状态下第 1 缸排的进气 VVT 命令信号 (上部曲线) 和排气 VVT 命令信号 (下部曲线)。占空比较低 (约为 6.5%), 且两个正时调节器均处于静止位置。

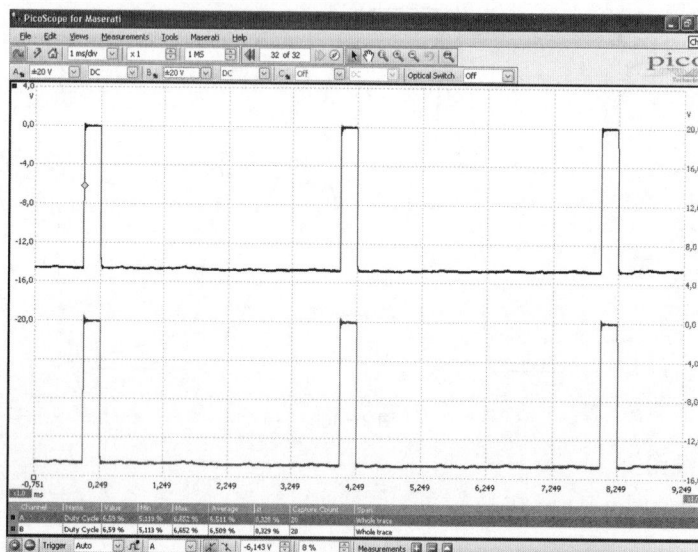

图 2−171

如图 2−172 所示, 为极限转速情况下显示的第 1 组进气 VVT 命令信号 (上部曲线) 和排气 VVT 命令信号 (下部曲线); 两个凸轮轴均保持在平均位置, 保持阶段的占空比为 40%～50%。

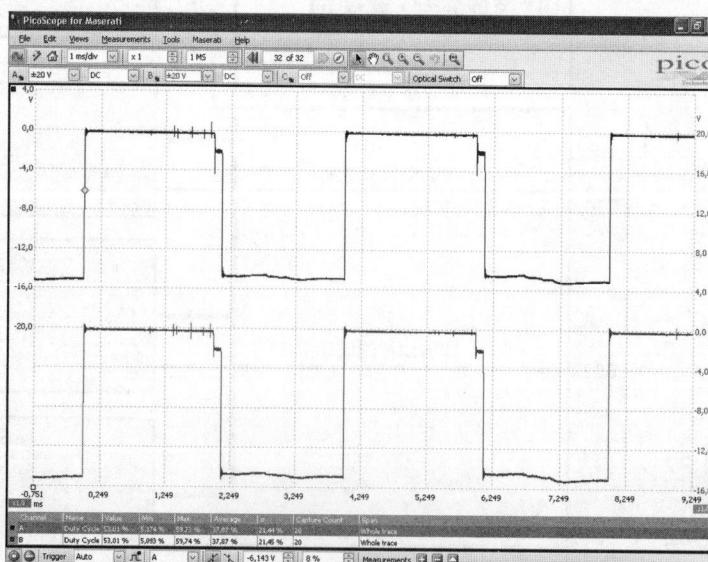

图 2−172

②测试 5.6 (使用 PicoScope 测量 VVT 运行状况)。PicoScope 连接和设置如表 2−43 所示。

表 2-43

通道 A，负极探针	ECM 接地（引脚 A02 ECM）
通道 A，正极探针	点火线圈 1 命令（引脚 B51 ECM）
通道 A，范围设置	±10V DC
通道 B，负极探针	ECM 接地（引脚 A02 ECM）
通道 B，正极探针	第 1 组进气凸轮轴位置传感器信号（引脚 B13 ECM）
通道 B，范围设置	±10V DC
通道 C，负极探头	ECM 接地（引脚 A02 ECM）
通道 C，正极探头	第 1 缸排排气凸轮轴位置传感器信号（引脚 B74 ECM）
通道 C，范围设置	±10V DC
时间范围设置	10ms/div

测试中，测量汽缸中第 1 缸进气和排气凸轮轴位置传感器信号时，将第 1 缸点火线圈的控制信号用作触发点。这样，激活 VVT 之后，即可观察到两个凸轮轴位置信号的相对运动。

如图 2-173 所示的截屏是在 KOER 条件下截取的。要注意两个凸轮轴位置信号的偏差情况。

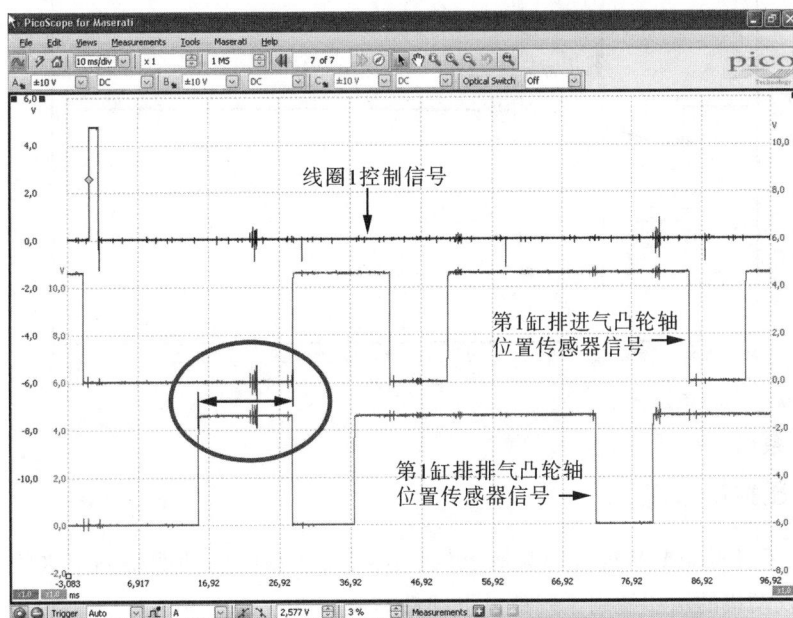

图 2-173

在如图 2-173 所示的屏幕截图中可以观察到：KOER 状况下的线圈 1 控制信号、第 1 缸排进气凸轮轴位置传感器信号和第 1 缸排排气凸轮轴位置传感器信号。

作为对比，如图 2-174 所示屏幕截图为发动机加油门过程中的情况。我们可以清楚看到凸轮轴位置的相对移动。进气凸轮轴提前，而排气凸轮轴延迟。要注意本图中使用的时间范围和上图相同。发动机转速较高时，信号的频率变高。但是它们的形状完全相同。

从如图 2-175 所示的截屏可以观察到转速上升加油门阶段的点火线圈激活信号和次级电压信号。可以注意到在紊流的影响下，电极间隙间的阻值会增加。所需点火电压升高，火花持续时间变短。

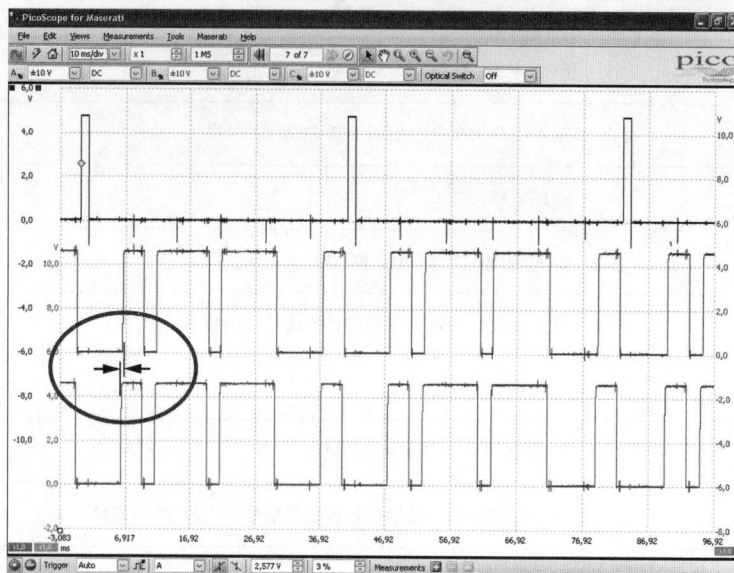

图 2-174

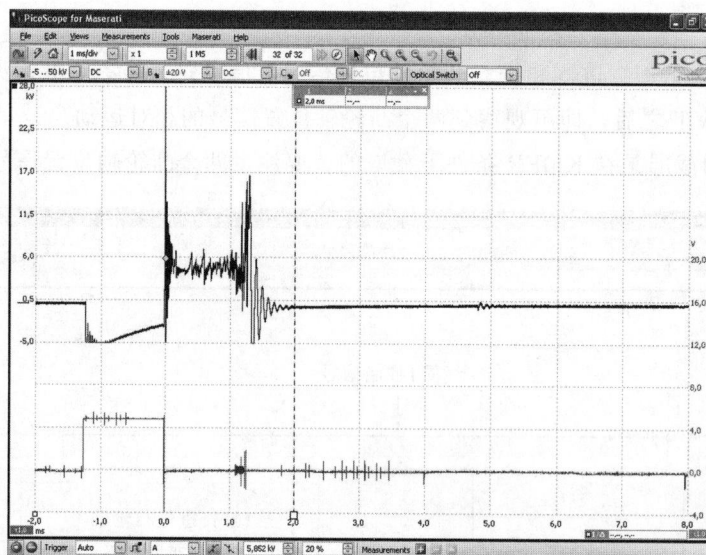

图 2-175

六、空气增压系统

(一) 汽缸增压控制系统

为使燃油燃烧，发动机需要从进气中吸取氧气。空气增压系统的功能是调节进气，并确保汽缸充入适量的空气。F160 发动机的增压控制系统由以下部件组成。

2 个空气滤清器及其壳体；

2 个安装了进气温度传感器的空气流量传感器；

2 个涡轮增压器；

2 个中间冷却器；

1 个增压压力传感器；

1 个电动操作节气门；

1 个进气歧管总成，其中包含 1 个温度和压力组合传感器。

此外，以下发动机系统与进气系统相连。

EVAP 系统；

曲轴箱通风系统。

系统布局如图2－176和2－177所示。

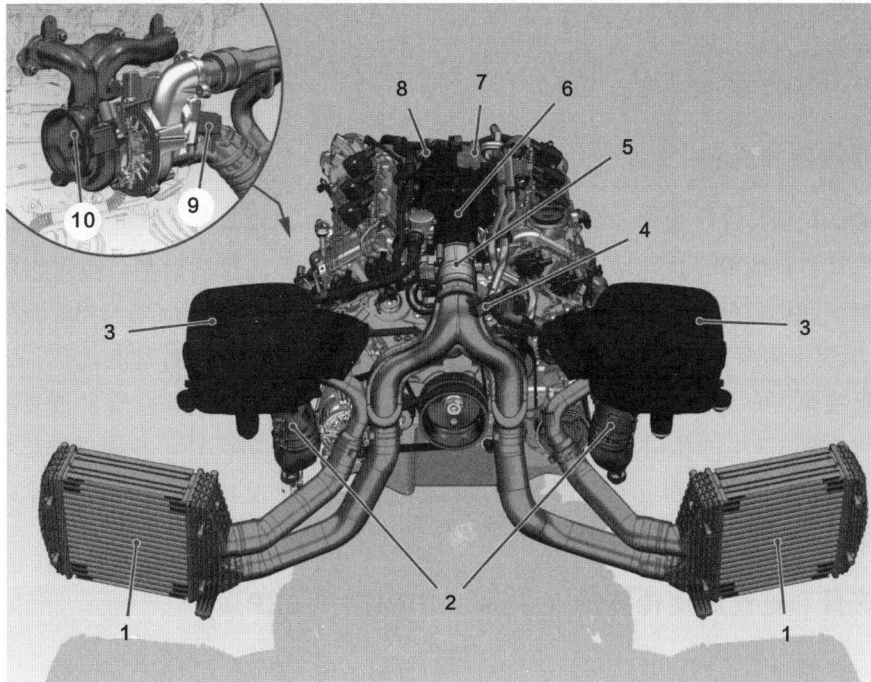

1－中间冷却器　2－空气流量和进气温度传感器　3－空气滤清器壳体　4－增压压力传感器
5－节气门　6－进气歧管　7－废气风门电磁阀　8－进气歧管压力及温度传感器　9－调压阀
10－废气风门

2－176

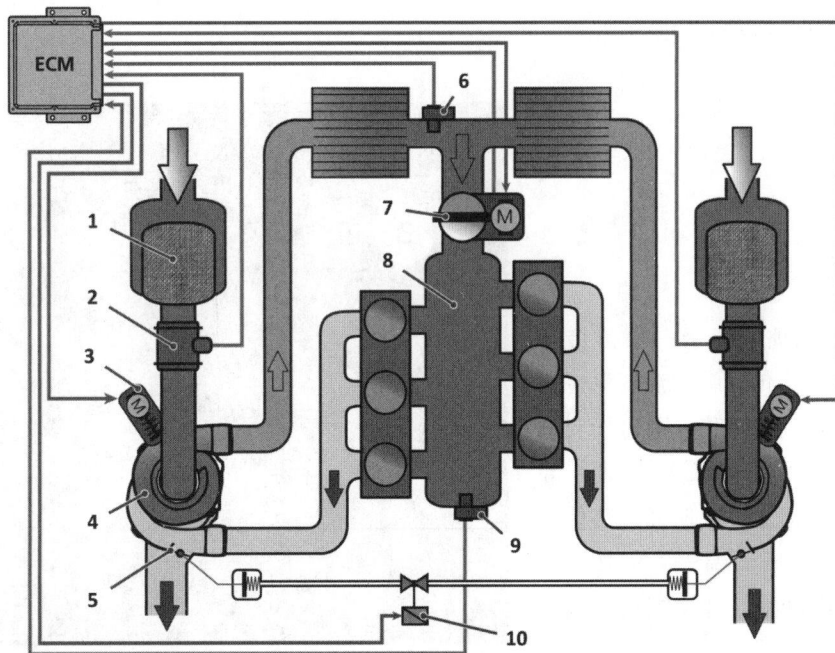

1－空气滤清器滤芯　2－空气流量和进气温度传感器　3－调压阀　4－涡轮增压器　5－废气
风门　6－增压压力传感器　7－节气门　8－进气歧管　9－进气歧管压力及温度传感器　10－
废气风门电磁阀

图2－177

测试6.1（检查进气系统完整性）。有关进气系统的诊断可以通过拆掉空滤用橡胶塞子将进气道堵死

175

并点火。此时由于没有进气活塞将产生过大的真空力，最终导致发动机熄火。在发动机熄火后，真空将持续几秒钟。如在发动机启动过程中，或启动后发现歧管压力传感器压力上升，则可以判定在排气侧出现堵塞，有可能问题出现在催化器处。

另一方面，如果在发动机刚刚启动后，观察到（歧管压力传感器感应到）压力升高，则表示排气系统堵塞。这可能是由催化转换器故障造成的。

（二）空气滤清器和壳体

空气滤清器或净化器是进气通路上的第一个元件。它过滤发动机进气，防止任何矿物粉尘或微粒进入发动机并混入发动机机油中。这能减少轴承、活塞环和汽缸壁等部件的磨损，也可以防止灵敏的空气流量传感器受到粉尘和微粒的污染。典型的空气杂质包括油雾、气溶胶、烟尘、工业废气、花粉、沙砾和灰尘。F160发动机采用两个褶状空气滤清器，位于发动机室前部。无须拆卸其他部件，即可触及滤清器及其壳体，便于维修。除了左侧滤清器壳体与次级进气系统之间的空气软接管已被去除外，空气滤清器滤芯及其壳体与总裁V8中的相同。滤清器滤芯及其壳体专为发动机设计，并构成进气系统中不可或缺的一个组成部分。在空气滤清器和进气管道原有布局基础上，已对发动机的标定进行了微调。所以，对此进行的任何变动，都会对发动机的运转和性能造成不良影响。

（三）空气流量和进气温度传感器（Bosch HFM7- 8.5RP）

在每个空气滤清器和涡轮增压器之间的进气通路中有两个空气流量（MAF）传感器。MAF传感器是一个热膜式热流量计，配有可以检测进气温度（IAT）的集成式NTC温度传感器。空气流量传感器包含一个插入式传感器单元和一个圆柱形壳体。电子模块及评估电路（一块印刷电路板）和感应元件，都包含在插入式传感器单元中。它能伸入到计量导管内。温度传感器（NTC型）位于插入式传感器主体后侧。空气流量信息是ECM确定以下参数的一个重要因素。

空气/燃料比和混合物成分；

喷油量；

节气门位置；

增压控制；

VVT控制；

排放控制。

1. 工作原理

传感器的工作原理是基于一层热传导膜，通过加热电流将热传导膜的温度保持在比进气温度更高的程度。热传导膜直接与进气气流接触。空气气流会试图冷却热传导膜，同时，传感器电路通过控制经过热传导膜上的电流来保持相同的温差，如图2-178所示。因此，该电流可直接测量空气流量，测量单位是kg/h。

传感元件的位置使得只有一部分进气气流才能通过一个迷宫形的旁通通道进入该传

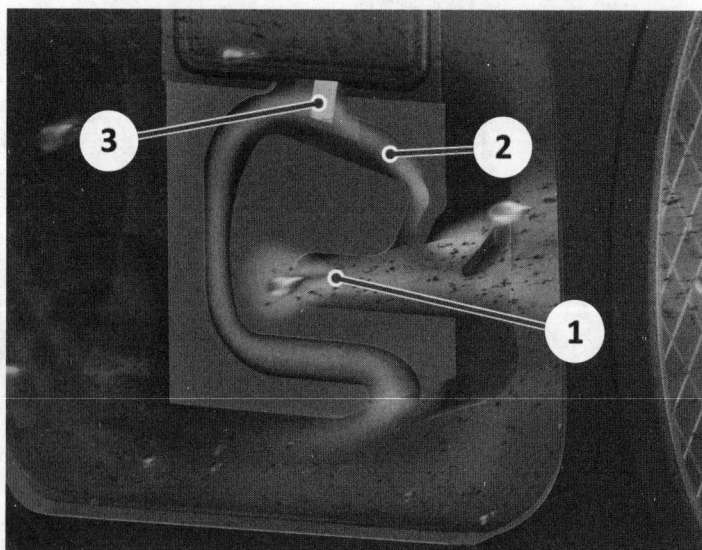

1—主气流　2—受测气流　3—传感元件

图2-178

感器，如图2-179所示。该通道比主通道更窄、更长。旁通通道形状经过特殊设计，使得可能混进进气中的污染物不能进入该旁通通道，这些污染物只能通过主通道流出。旁通通道中的受测气流与汽缸截面的气流成正比。借助空气流量传感器的设计，可以检测到脉冲气流的方向。因此，如果存在脉冲气流，则平均空气流量可被正确确定。

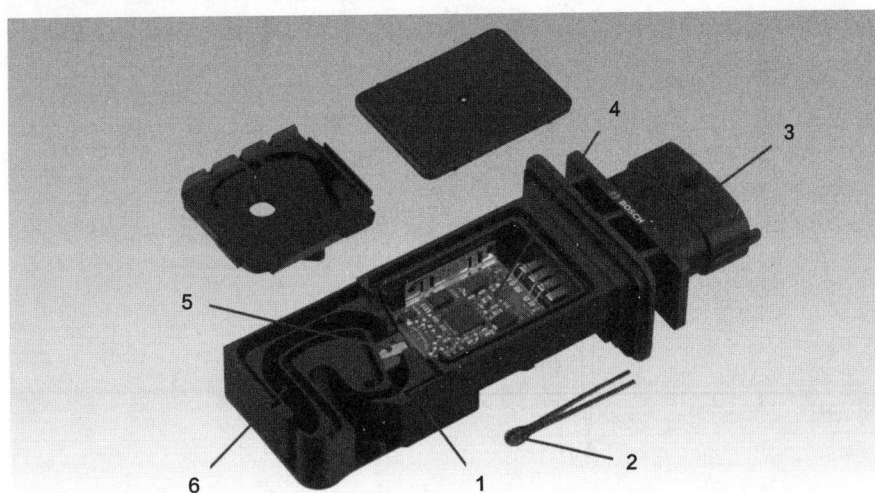

1—传感器主体　2—IAT 传感器　3—接头　4—印刷电路　5—热膜传感元件　6—旁通通道

图 2－179

请勿使用洗涤剂或脱脂剂清洁空气流量传感器元件。如果热膜传感元件接触到这些洗涤产品，则会导致空气流量传感器的损坏。

①空气流量传感器的 MD 参数分析。与空气流量相关的 MD 参数如表 2－44 所示。

表 2－44

空气质量流量热膜式空气质量传感器	显示由 ECM 根据测量信号计算得出的 1 组测得空气流量
热膜式质量 2（HFM 2）空气质量流量传感器	显示由 ECM 根据测量信号计算得出的 2 组测得空气流量
空气流量	显示两个传感器的空气流量目标值
与热膜式空气质量传感器的空气流量信号相一致的周期时间	显示与传感器 1（右侧）上空气流量的数字变频信号相关的时间周期 KOEO：大约 530μs KOER：大约 522μs
与热膜式空气质量传感器箱 2 的空气流量信号相一致的周期时间，组 2	显示与传感器 2（左侧）上空气流量的数字变频信号相关的时间周期 KOEO：大约 530μs KOER：大约 522μs
汽缸中的充气量与总充气量的比例	显示总空气量和参与燃烧部分的空气量之间的比值 0.98：无扫气效果，例如在 KOER 条件下 ＞0.98：有扫气效果

a. 测试 6.2（通过 MD 数据采集功能检测空气流量信号）。如图 2－180 所示，为在发动机启动期间，有关下列参数的 MD 数据采集信息。

空气流量；

热膜式空气质量传感器；

热膜式质量 2（HFM 2）空气质量流量传感器；

发动机转速。

可以注意到：相对于 KOER 条件，鉴于两个 MAF 传感器的目标值，在打电机阶段所测量的空气流量较大，高达约 40kg/h。两侧的 MAF 测量值将为参考值的一半。

b. 测试 6.3（通过 MD 数据采集功能 2 检测空气流量信号）。图 2－181 所示为加油门条件下有关下列

177

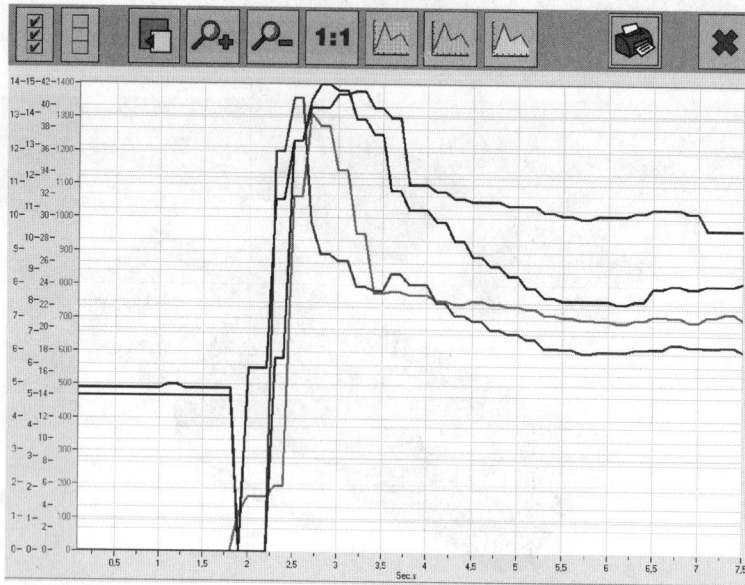

图 2-180

参数的 MD 数据采集信息。

空气流量；

热膜式空气质量传感器；

热膜式质量 2（HFM2）空气质量流量传感器；

发动机转速。

可以注意到：

在提速阶段，空气流量随发动机转速上升；

在极限转速条件下，空气流量将降低，是因为节气门间歇性关闭且涡轮的工作受限；

两侧的 MAF 测量值将为参考值的一半。

在一些工况下，参考值和实际值有部分偏差，这是正常的，只要此偏差在合理的区间内就好。作为参考，在全负荷行驶条件下进行道路测试，从静止状态开始，可被验证的最大空气流量（就两个 MAF 传感器而言）大约为 800kg/h。但是，这一数值在很大程度上取决于发动机的转速/负载。

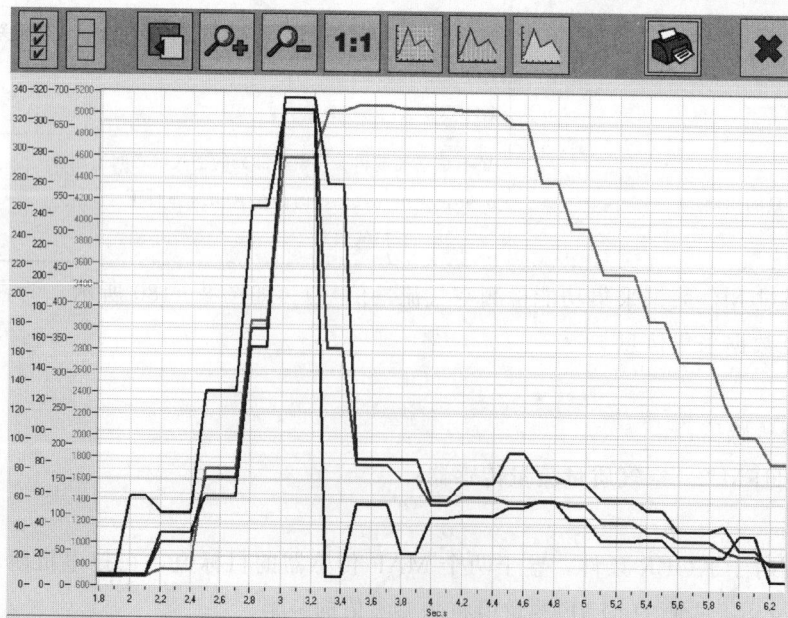

图 2-181

②安装进气温度传感器的空气流量传感器接线图（图2－182）。

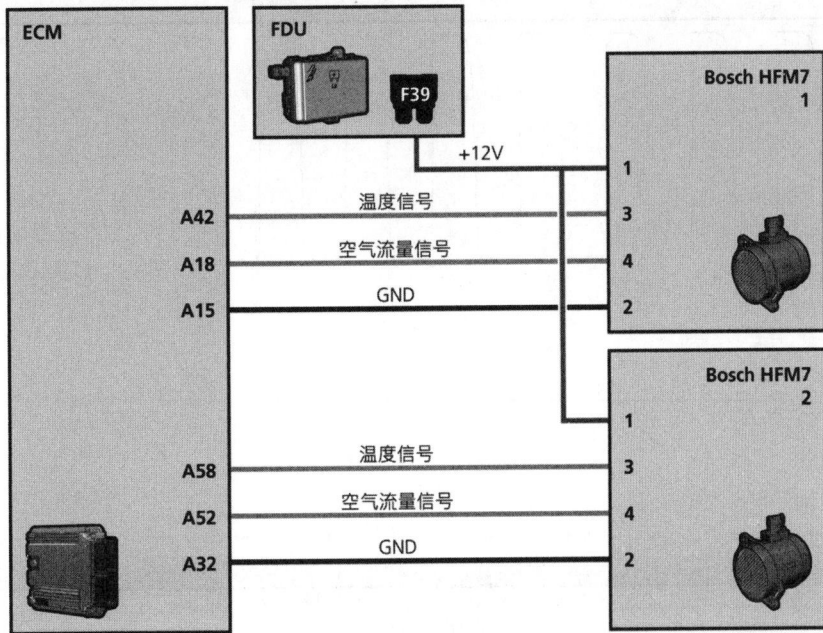

图2－182

a. 空气流量和温度信号。

Bosch HFM7 是一个数字式空气流量传感器。它从主继电器中接收12V电压信号，并产生一个5V数字变频空气流量信号。所产生的信号频率，随空气流量的增加而增大。与传统模拟信号相比，数字信号对电磁干扰不敏感。进气温度传感器提供一个模拟电压信号，该电压随进气温度的升高而降低。

b. 测试6.4［通过PicoScope测量传感器1（右侧）上的空气流量信号］。KOEO条件下的空气流量信号，该信号频率大约为1.88kHz，如图2－183所示。

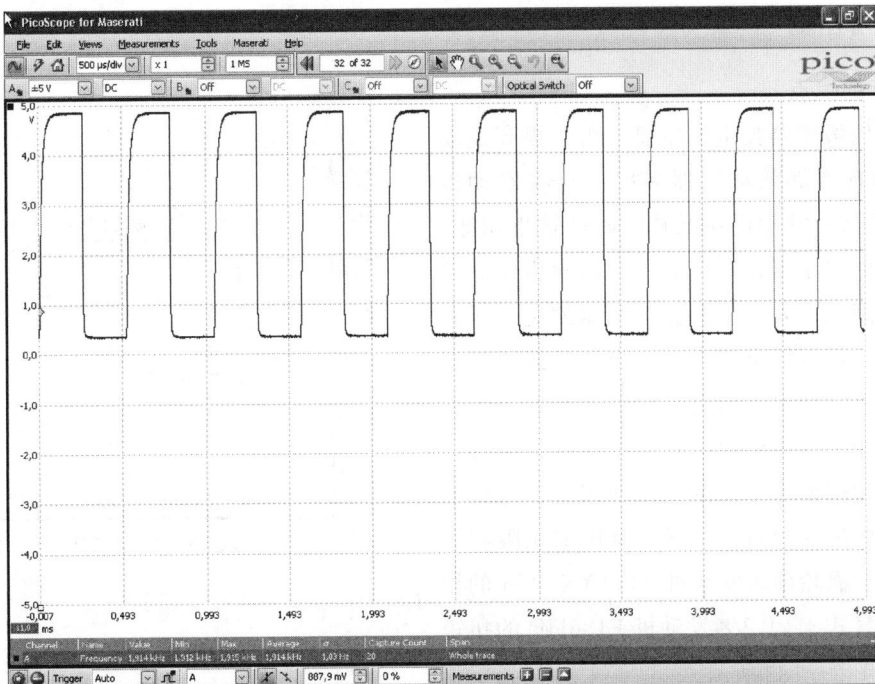

图2－183

KOER条件下的空气流量信号，该信号频率大约为1.92kHz，如图2－184所示。

179

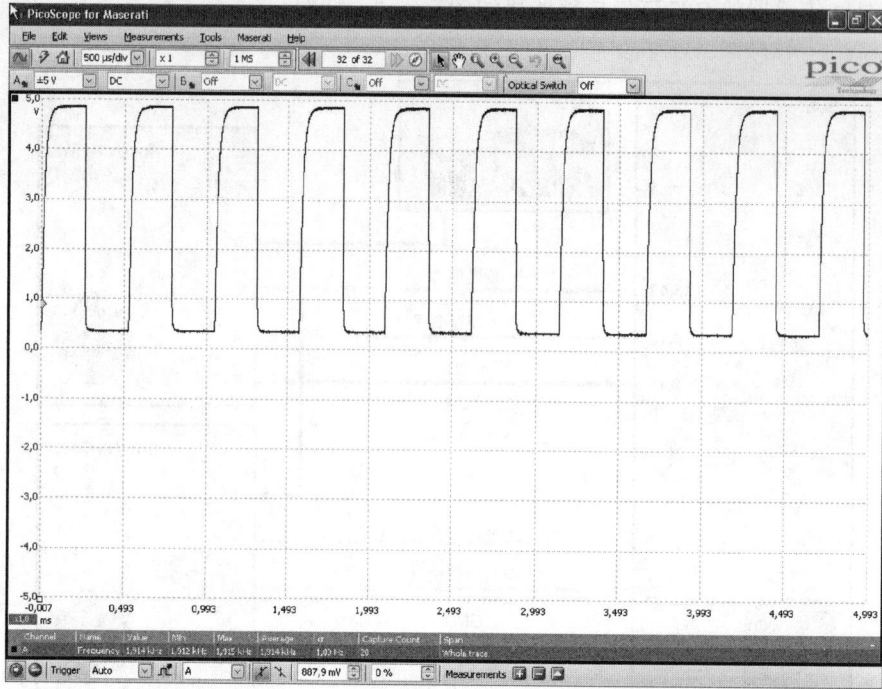

图 2—184

c. 测试 6.5。检测发动机停转时的空气流量信号。

即使发动机停止运转，该测试也可以快速检测空气流量传感器是否正常运行。执行下列步骤。

将 HFM7 空气流量传感器元件从进气管中取出。

按照 b. 测试 6.4 中的说明，连接 PicoScope。

使用一个压缩空气喷枪，将压缩空气（略微）吹到传感器元件上。

信号频率必须与空气流量成比例增加。如果不是这样，则说明传感器发生故障。

极限转速条件下的空气流量信号频率大约为 2.5kHz。

（四）涡轮增压器

1. 涡轮增压的优点

过去使用涡轮增压器技术，主要是为了提高发动机输出功率，但现在涡轮增压器多用在直喷发动机（GDI）上，用于提高发动机在低转速时的输出扭矩。在当今广泛采用的"小型化"概念中，涡轮增压起着重要的作用。它降低了发动机的排量和压缩比。涡轮增压技术的发动机可以输出与更大容积的自然吸气式发动机相近的功率。并且，与具有相同功率输出的自然吸气式发动机相比，现代化涡轮增压发动机能够以更低的发动机转速输出所需要的功率和扭矩。这将有助于提升发动机的燃油经济性，尽管低压缩比限制了发动机的热效率。涡轮增压发动机 F160AN/AM 的扭矩曲线与自然吸气式 4.2L V8 发动机 F136UD 的扭矩曲线对比图，如图 2—185 所示。

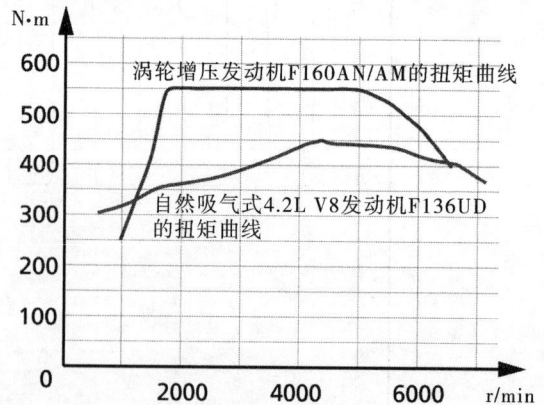

图 2—185

2. 工作原理

通过发动机和涡轮增压器之间流动的废气得到压缩功率。在压力作用下，从内燃机中排出的高温废气代表着能量的大量损耗。因此，有必要利用这些能量中的一部分，在进气歧管中产生压力。涡轮增压器由两个元件组合。

其一为由废气气流驱动的涡轮。

另一个为同轴驱动的压缩进气叶轮。

高温气流进入涡轮，从而驱动涡轮高速旋转（最高转速可达约 200 000r/min）。涡轮的叶片朝向内部，可以将气流传送至中央，再将气流导入到涡轮侧。连接轴会驱动径向压缩机。其与涡轮的工作原理截然相反：进气从压缩机中央吸入，然后被叶轮叶片向外排出，从而压缩进气。由于涡轮的存在使得涡轮上游的排气压力升高，发动机必须提高自身功率来排出废气。除了转化废气气流能量为进气压缩功率，涡轮也将排气的热能转化为压缩功率。因此，进气的增压压力将大于废气背压的升高。这将在总体上提升发动机的效率。排气温度低、流速低，以及涡轮增压器本身的转动惯量，都导致在加速开始阶段，压缩机产生压力的速度缓慢。对于涡轮增压式汽车发动机，这种情况被称为"涡轮迟滞"。图 2—186 所示为一个通用涡轮增压器。

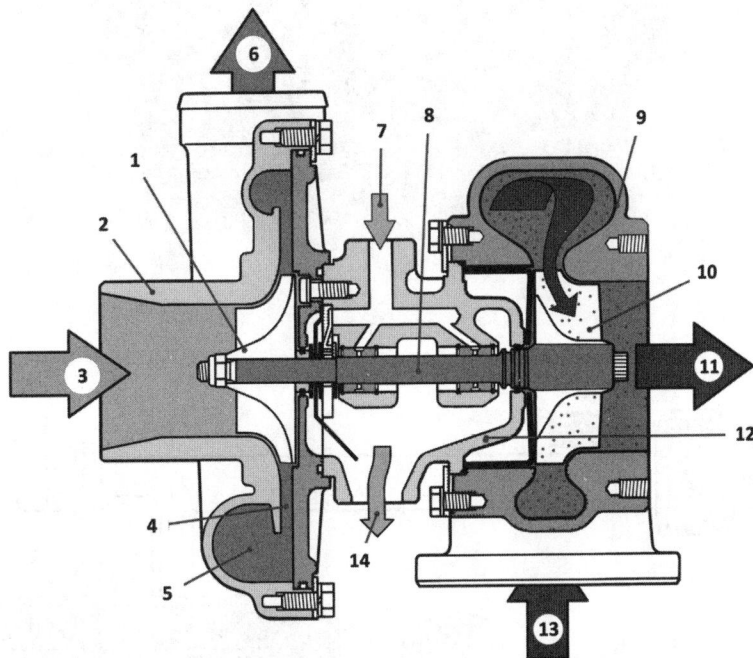

1—压缩机叶轮　2—压缩机壳体　3—进气　4—散流器　5—涡壳　6—压缩进气　7—润滑油进口　8—轴　9—涡轮壳体　10—涡轮叶轮　11—废气排出　12—轴承座　13—废气流入　14—润滑油回流出口　15—空气增压系统

图 2—186

①F160 发动机上的涡轮增压器（IHI）。F160 发动机配有 2 个由日本 IHI 公司研发的平行涡轮增压器（每组汽缸 1 个），如图 2—187～图 2—189 所示。钢制单涡流涡轮与排气歧管相结合。与一个单独的歧管和涡轮结构相比，这种解决方案更加有效、结构更加紧凑。排气通路极短，同一汽缸组的废气在进入涡轮之前不会混合。这项技术改善了排气系统中的气流，极大地降低了涡轮迟滞现象的发生。该系统的主要特性如下。

水冷；

几何形状固定；

低惯性 44.5mm 的涡轮叶轮由铬镍铁合金制成（耐高温材料，耐高温 1020℃）；

51mm 钢质压缩机叶轮；

浮动轴承系统（浮环旋转，减少功率损耗）；

轴最大转速：199 000r/min；

废气流入的最高温度大于 980℃；

真空操作（电控）式废气风门；

电控进气减压阀。

图 2-187

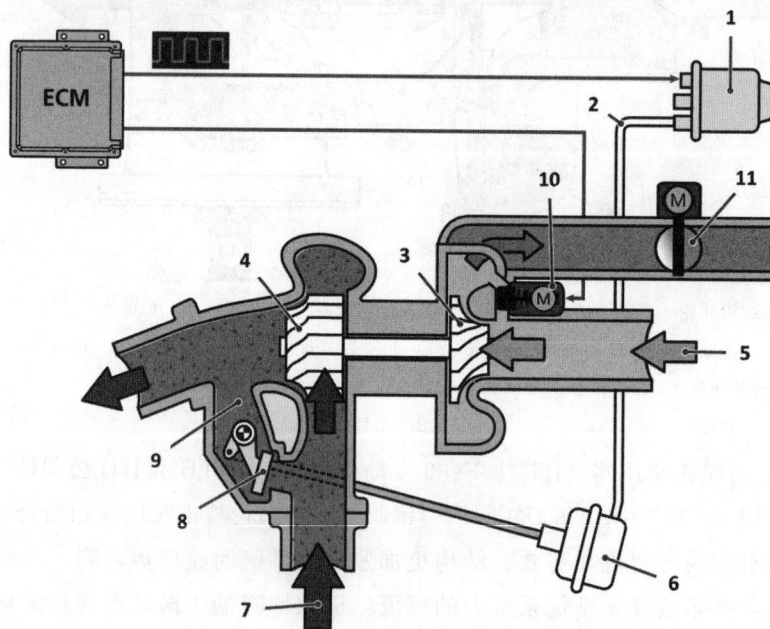

1—废气风门电磁阀　2—真空管路　3—压缩机　4—排气涡轮　5—新鲜空气进气　6—废气风
门真空执行器　7—排气　8—废气风门　9—旁通导管　10—调压阀　11—节气门

图 2-188

　　如图 2-190 所示为汽缸组 1（左）和汽缸组 2（右）的涡轮增压器。注意两个汽缸组排气歧管设计的差异。已经根据发动机点火处理对其进行了调整，以优化排气流，如图 2-190 和图 2-191 所示。只能整体维修涡轮增压器与废气风门及调压阀。

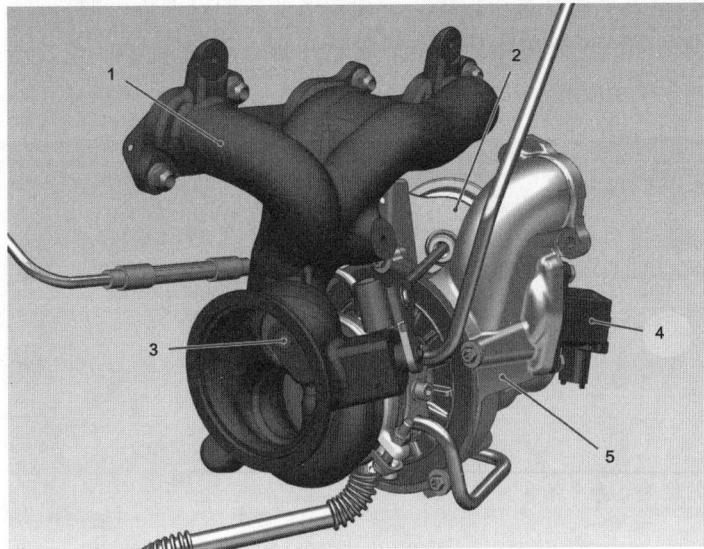

1-涡轮壳体排气歧管　2-废气风门真空执行器　3-废气风门　4-调压
阀　5-压缩机壳体

图 2-189

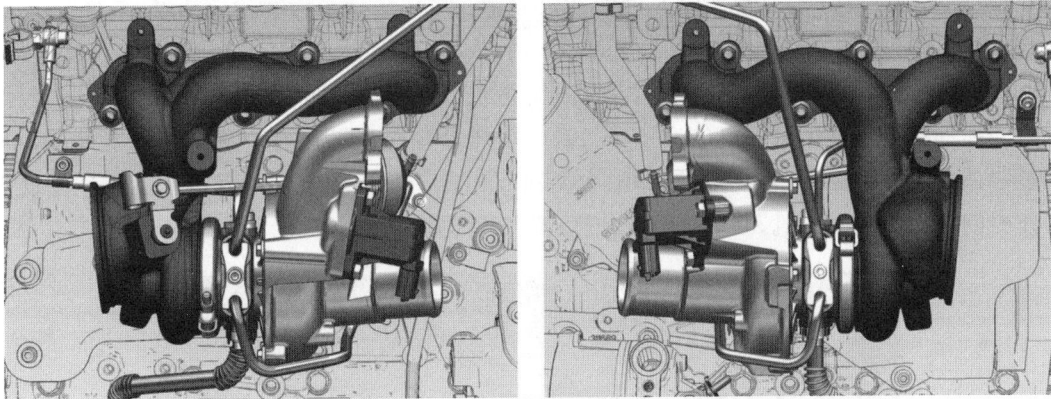

图 2-190

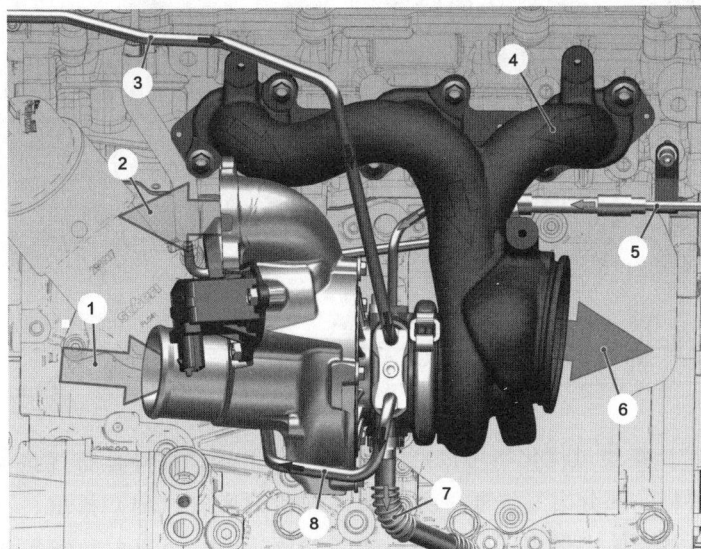

1-来自空气滤清器的供气　2-流向中间冷却器的压缩空气　3-冷却液供
液管　4-来自汽缸的废气进气口　5-供油管　6-连接到催化转化器的废
气排气口　7-回油管　8-冷却液回流管

图 2-191

183

a. 涡轮增压器润滑。涡轮增压器采用加压、冷却和过滤后的机油进行润滑，如图 2—192 所示。机油经由来自相应汽缸盖后侧的供油管路传输到每个涡轮增压器。进油管与轴承支座顶部相连。机油在轴承支座内部流动，然后经由回油管路流回发动机底壳。

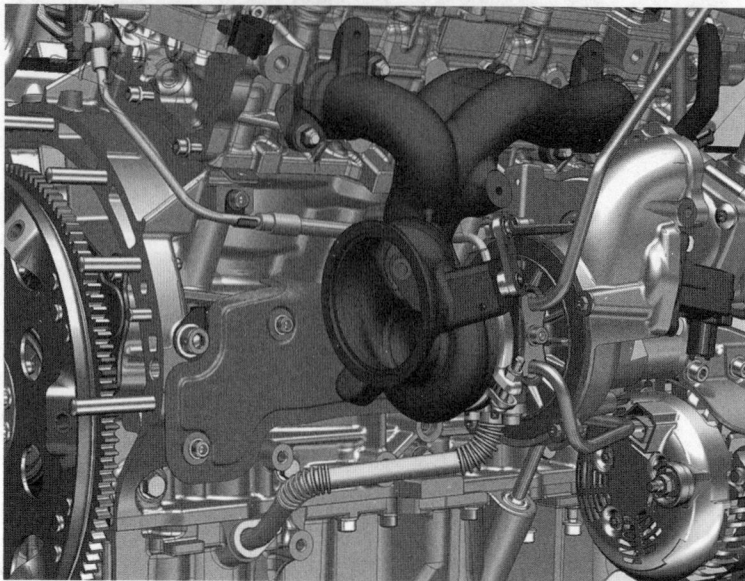

图 2—192

b. 涡轮增压器冷却。涡轮增压器使用发动机冷却液进行冷却，如图 2—193 所示。冷却液经由连接汽缸体和涡轮壳体的供应管路传输到涡轮增压器。涡轮增压器冷却液循环置于涡轮增压器外部，每个涡轮增压器通过一条冷却液回流管路与冷却液膨胀水壶顶部相连。在发动机长时间运行后，让发动机处于怠速状态一段时间后再关闭发动机，以帮助涡轮增压器壳体冷却。

图 2—193

c. 废气风门。涡轮增压器经过优化，可以产生高的空气增压，以降低排气量流速。在发动机高负载和高转速条件下，有必要将一部分废气流通过旁路阀（即所谓废气风门）排出。这对于防止涡轮增压器过载非常重要。涡轮增压器壳体中集成了一个翻板式旁路阀，由一个真空执行器驱动。当所需的增压较小时，废气风门将旁通涡轮，用来控制增压以及限制最大增压压力。废气风门采用 PWM 电磁阀进行控制，该电磁阀精确控制废气旁通涡轮，这样将控制增压进气的量。这使发动机管理系统精确地控制旁通涡轮的废气量，从而控制感应增压进气量。真空调节器位于发动机进气歧管的顶部。注意：废气风门默

184

认开度处于打开位置,当给废气风门施加真空时,废气风门压紧弹簧并关闭。出于测试目的,则可以通过玛莎拉蒂 Diagnosi 的一个动态诊断命令开启废气风门。移除排气系统之后,可以清楚地看到废气风门,如图 2−194 所示。

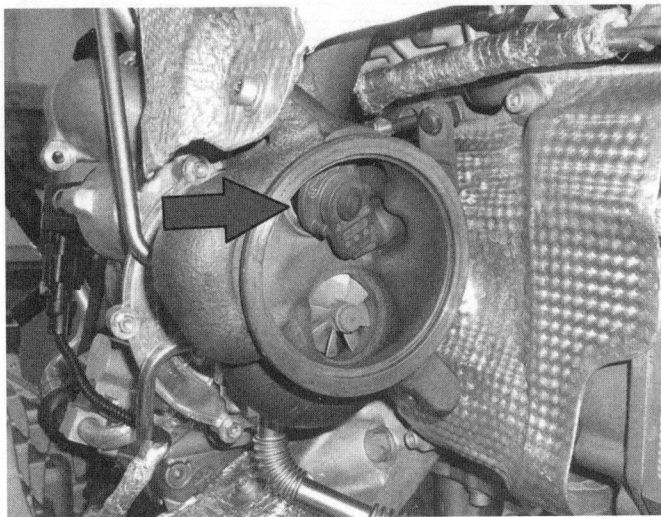

图 2−194

d. 调压阀。使用调压阀(应急排放阀)的目的是在涡轮压缩机之外建立一个旁路,从而在进气叶轮的上下游之间建立一条通道。使用调压阀的目的如下。

在发动机启动期间,因节气门突然关闭而在压缩机后级产生的增压压力将增大空气阻力,从而极大地降低压缩机叶轮的转速。调压阀会释放这一压力,以便压缩机保持转速,减轻节气门随后打开时的涡轮迟滞。

松油门后,节气门关闭,造成进气增压上升,从而引起叶轮转速迟缓,降低泵损出现的噪音。

如果节气门压力下降,即涡轮增压器出口

图 2−195

和进气歧管之间的压力差超过一定限值时,ECM 将打开调压阀。为此,ECM 采用特定的图谱对应此工况。在每个涡轮增压器的压缩机出口处,都安装有一个电控进气减压阀。在 F154A V8 发动机上使用的真空调压阀打开时,在压缩机叶轮之外,形成一个释放增压空气的旁路。ECM 通过开启/关闭控制和默认关闭位置的方式来启动调压阀。出于测试目的,则可以通过玛莎拉蒂 Diagnosi 的一个动态诊断命令激活/禁用调压阀。V6 发动机的专属特性之一即为通过电气方式驱动涡轮增压器调压阀,如图 2−195 所示。

②增压控制(图 2−196)。ECM 通过启动废气风门和调压阀来管理增压系统,并通过限定废气风门和调压阀的目标位置来达到目标发动机扭矩值。ECM 利用以下参数进行增压控制。

来自空气流量传感器的信号;

来自位于节气门之前的增压压力传感器的信号;

来自节气门位置传感器的信号;

来自歧管压力和温度传感器的信号,用于估计生成的有效增压空气。

ECM 的增压控制策略。

怠速时,废气风门关闭,系统预备最快的扭力响应。

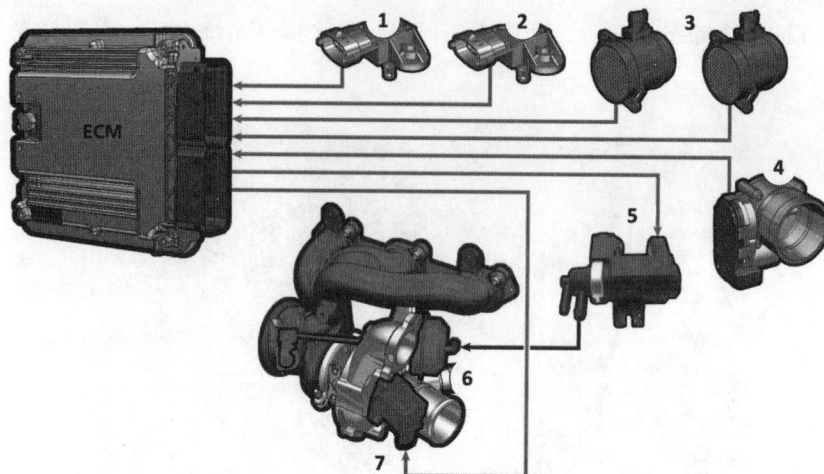

1—增压压力传感器　2—进气歧管压力及温度传感器　3—空气流量和进气温度传感器　4—节气门位置传感器　5—废气风门电磁阀　6—废气风门真空执行器　7—调压阀

图 2-196

根据扭力控制目标，控制节气门开度（通过增压压力传感器检测），以及达到目标的歧管压力传感器。

当发动机负荷增压后，叶轮转速随之增加并压缩进气。

根据发动机负荷控制节气门开度。

当进气压力达到目标值后，通过检测增压压力传感器，废气风门将保持在一定位置。此时歧管压力的维持依靠增压压力传感器和节气门位置。

当增压压力降低时，废气风门将关闭，此时流经涡轮的废气比例将上升。

同理，当增压压力升高时，废气风门将增大开度，将更多的废气旁通。

当节气门前后压力差过大时，将开启进气减压阀。

a. 符合欧 6 标准的发动机。欧 6 发动机对增压控制做了一些改动，目的是为了降低涡轮的机械噪音，该噪音是由废气风门处于打开位置时风门抖动造成的，这种噪音会被乘员感受到。

改进的目的是为了让废气风门尽可能关闭，而通过进气减压阀频繁开启来改变进气通道的压力。注意：这种听起来是"咔嗒"声的轻微机械噪音并不代表系统故障，这是常见的车辆现象，但驾驶者可能会感到困扰。注意：某些之后生产的符合欧 5 标准的发动机也采用了这项调整方案。

b. 扫气。在一些情况下，需要产生扫气效应来取得更高的增压效率，在这些情况下 MD 参数会指示此类请求。与清除效应有关的 MD 相关参数如表 2-45 所示。

表 2-45

涡轮附加功率因素	显示是否需要扫气效应
	0：不需要扫气效应，例如在 KOER 条件下
	1：需要扫气效应

c. 温度补偿。如果歧管空气温度上升，进气密度会降低，因此 ECM 会升高增压目标压力，以保持目标空气流量。空气流量与发动机扭矩存在直接关系。当歧管空气温度数值超过 50℃ 时，增压压力补偿会停止，以消除发动机爆震的风险。

③增压控制执行器接线图如图 2-197 所示。

a. 废气风门命令。废气风门在停止位置打开，通过一个安装在涡轮增压器壳体上的真空操作薄膜式执行器关闭。两个涡轮增压器的真空执行器由同一个真空调节电磁阀控制。

ECM 通过 PWM 信号来控制废气风门，该信号的固定频率为 300Hz。电磁阀从主继电器获得 12V 供电。当占空比增大时，废气风门关闭的幅度更大。以下描述两个极端位置。

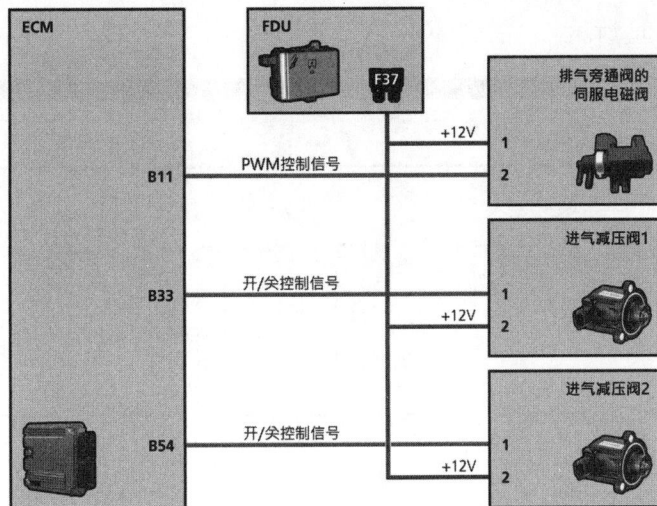

图 2－197

占空比处于最低时，对应废气风门的开度最大，此时无真空度控制执行器。此状态对应以下两个工况：KOEO，占空比为 20％；达到最大增压限制。

高占空比对应完全关闭废气风门，真空度完全施加在执行器上。此状态对应以下两个工况：KOER，占空比为 95％；当需要增加增压压力时。

有可能在冷车启动后的 30s 内，废气风门处于打开位置。

b. 测试 6.6（使用 PicoScope 测量废气风门执行器信号）。PicoScope 连接和设置如表 2－46 所示。

表 2－46

通道 A，负极探针	废气风门控制阀命令（引脚 B11 ECM）
通道 A，正极探针	主继电器电源（引脚 A3 ECM）
通道 A，范围设置	±20V DC
时间范围设置	2ms/div

KOER 条件下的废气风门电磁阀命令信号：PWM 信号的工作周期较高，废气风门关闭。如图 2－198 所示。

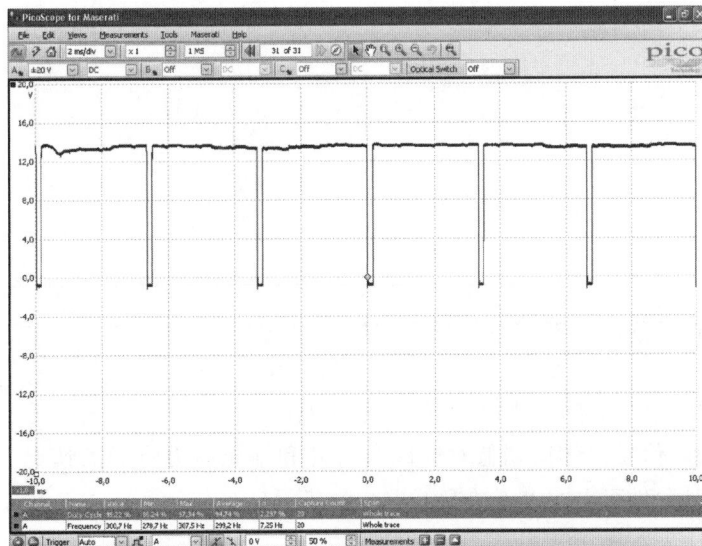

图 2－198

欧 5 标准发动机在极限转速条件下的废气电磁阀命令信号：PWM 信号的工作周期较低，气门打开且增压压力下降，如图 2-199 所示。

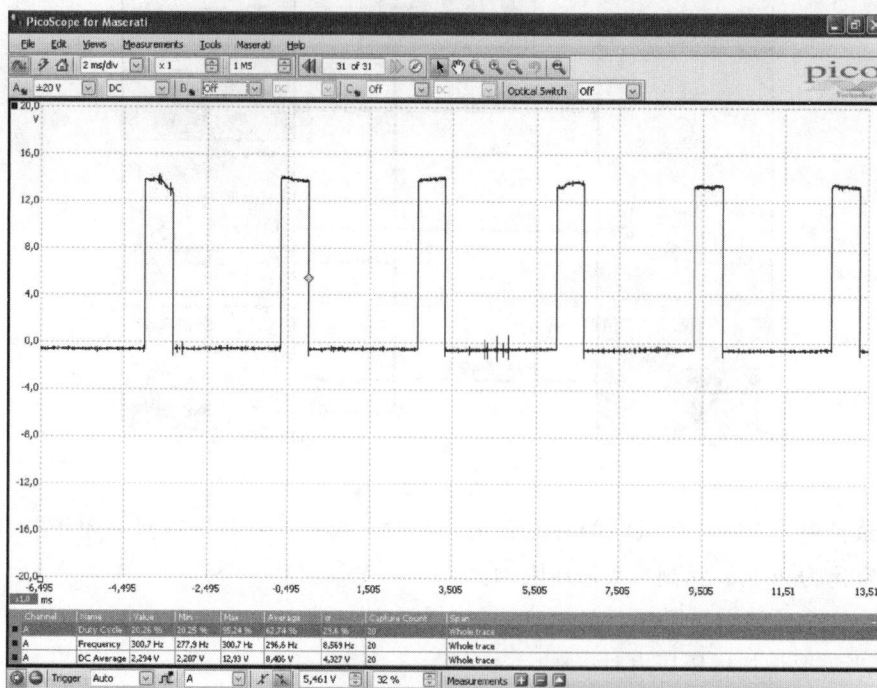

图 2-199

提速阶段废气风门电磁阀命令信号：PWM 信号工作周期相当高，阀门几乎完全关闭，增压水平高，如图 2-200 所示。

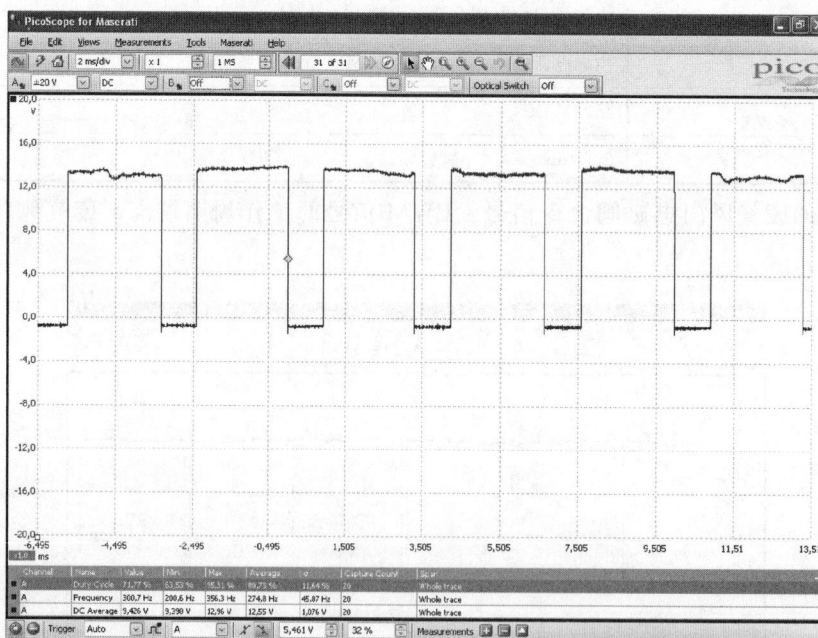

图 2-200

c. 测试 6.7（目视检查组 1、废气风门位置）。组 1 上的废气风门位置可以通过目视进行检查，不必拆解任何部件。PWM 命令信号工作周期低对应阀门打开和增压压力降低的情况。执行器操纵杆留在图 2-201 中所示位置。这种条件可以在以下情况下进行验证。

KOEO 条件下（工作周期约 20%）；

需要增压压力限制时；

高工作周期对应废气风门完全关闭的情况，执行器操纵杆留在如图2—206中所示位置；

这种条件可以在以下情况下进行验证。

KOER条件下（工作周期约95%）；

需要升高增压压力时；

废气风门执行器操纵杆处于此位置对应阀门打开的情况如图2—201所示。

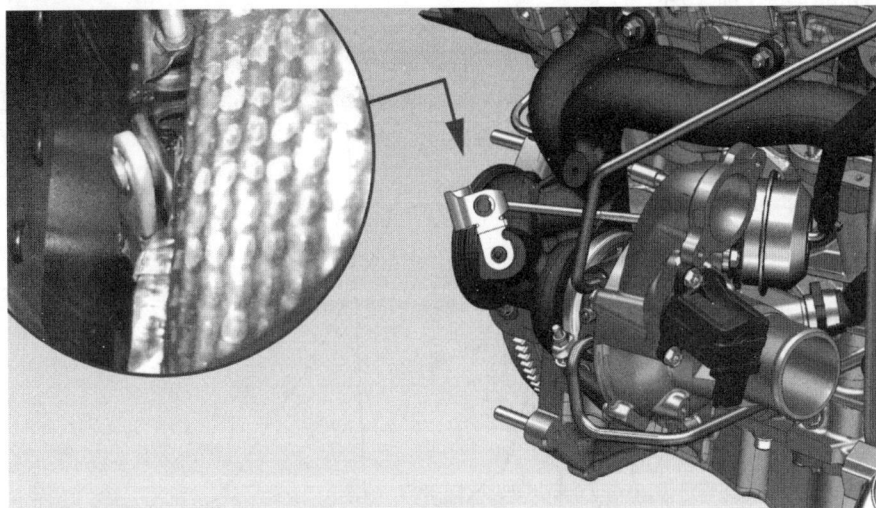

图2—201

废气风门执行器操纵杆处于此位置对应阀门关闭的情况如图2—202所示。

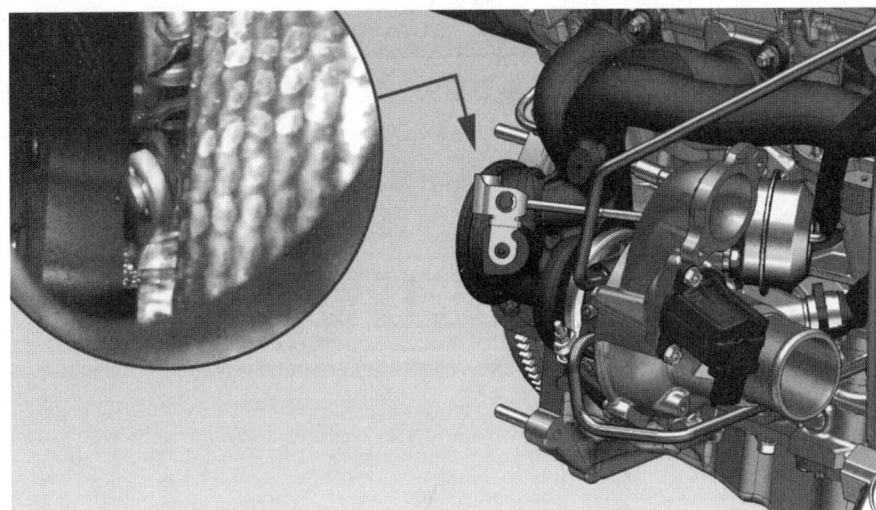

图2—202

④废气风门执行器MD参数分析。废气风门执行器相关MD参数如表2—47所示。

表2—47

增压制动器废气风门1排在输出阶段的工作周期	显示ECM废气风门控制电磁阀工作周期信号百分比
	KOEO：20%
增压制动器废气风门2排在输出阶段的工作周期	KOER：95%

a. 测试6.8（利用MD数据采集功能检查废气风门启动）。如图2—203所示为欧5和欧6标准发动机加油门条件下以下参数的MD数据采集。

增压制动器废气风门1排在输出阶段的工作周期。

测得的上游节流阀压力。

对于欧5标准发动机，可以观察到以下阶段。

189

在怠速条件下废气风门处于关闭状态，以便系统随时准备提供及时的扭矩响应，工作周期命令百分比为95％。

在提速阶段，废气风门打开，降低工作周期命令百分比，从而限制增压压力峰值。

当发动机转速达到极限转速数值时，废气风门完全打开，工作周期命令百分比为20％。这会导致增压压力降至大气压力。

上升阶段废气风门会立即关闭。

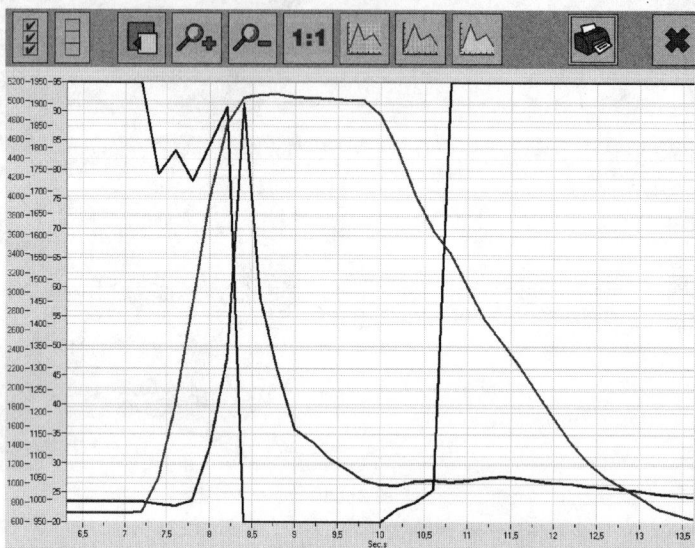

图 2-203

对于欧6标准发动机（图2-204），可以观察到以下阶段。

在空转条件下废气风门处于关闭状态，工作周期命令百分比为95％，以便系统随时准备提供及时的扭矩响应。

加油门阶段废气风门留在关闭位置。增压压力的管理通过调压阀实现。废气风门会尽可能长时间地留在关闭位置，以便限制废气风门机械部件产生的噪声（参见测试6.10）。

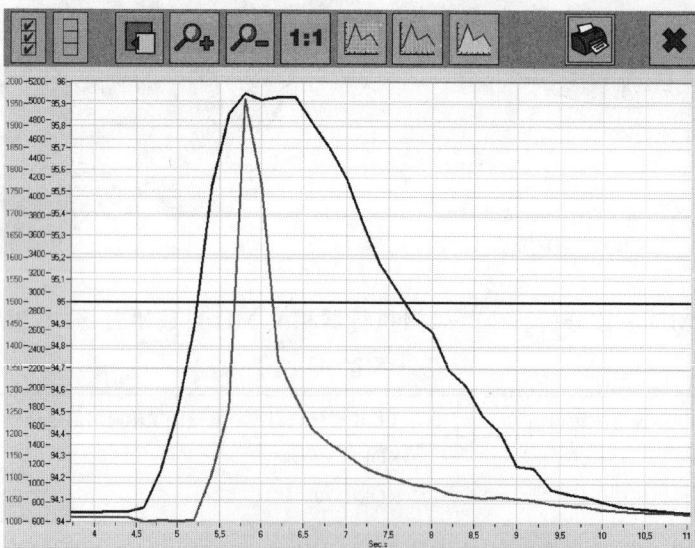

图 2-204

b. 调压执行器信号。ECM通过通/断式控制装置激活调压阀。调压阀在停止位置关闭，通过阀体集成的一个电动操作执行器打开。ECM通过一个主动低电平信号控制执行器，执行器则通过另一个接线端从主继电器获得12V供电。

ECM 命令接线端接地：调压阀打开。

ECM 命令接线端高（12V）：调压阀处于停止位置（关闭）。

如果一个或两个阀执行器出现电气故障，ECM 会禁用调压阀控制。

c. 测试 6.9（使用 PicoScope 废气风门测量调压阀执行器信号）。PicoScope 连接和设置如表 2-48 所示。

表 2-48

通道 A，负极探针	调压阀命令组 1（引脚 B33 ECM）
通道 A，正极探针	主继电器电源（引脚 A3 ECM）
通道 A，量程设置	±20V DC
时间范围设置	500ms/div

调压阀执行器的电压命令信号如图 2-205 所示。一旦节气门关闭（加速踏板在 1.2s 松开），调压阀就会操作（打开）。以下电压峰值不应视作命令信号，它们是由执行器线圈的电感效应导致的。

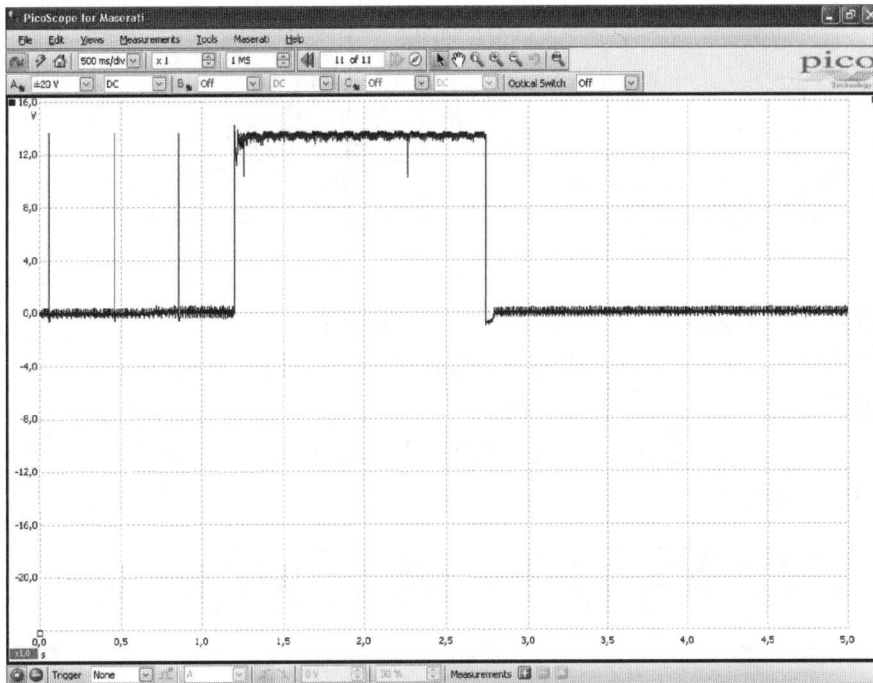

图 2-205

⑤应急排放阀执行器 MD 参数分析。应急排放阀执行器相关 MD 参数如表 2-49 所示。

表 2-49

驱动输出阶段调压阀第 1 排的条件	显示应急排放阀排 1 是否动作 真：控制应急排放阀，使其处于打开位置 假：控制应急排放阀，使其处于关闭位置
驱动输出阶段调压阀第 2 排的条件	显示应急排放阀排 2 是否动作 真：控制应急排放阀，使其处于打开位置 假：控制应急排放阀，使其处于关闭位置

a. 测试 6.10（通过 MD 数据采集功能检查调压阀启动）。如图 2-206 所示为欧 5 和欧 6 标准发动机加油门条件下以下参数的 MD 数据采集。

驱动输出阶段调压阀排的条件；

节气门角度；

发动机转速；

测得的上游节流阀压力。

对于欧 5 标准发动机（如图 2-206 所示），可以观察到以下阶段。

空转条件下，提速阶段以及发动机转速达到极限转速数值且节气门部分关闭时，调压阀关闭；

节气门快速关闭时调压阀打开，从而导致增压压力降低。

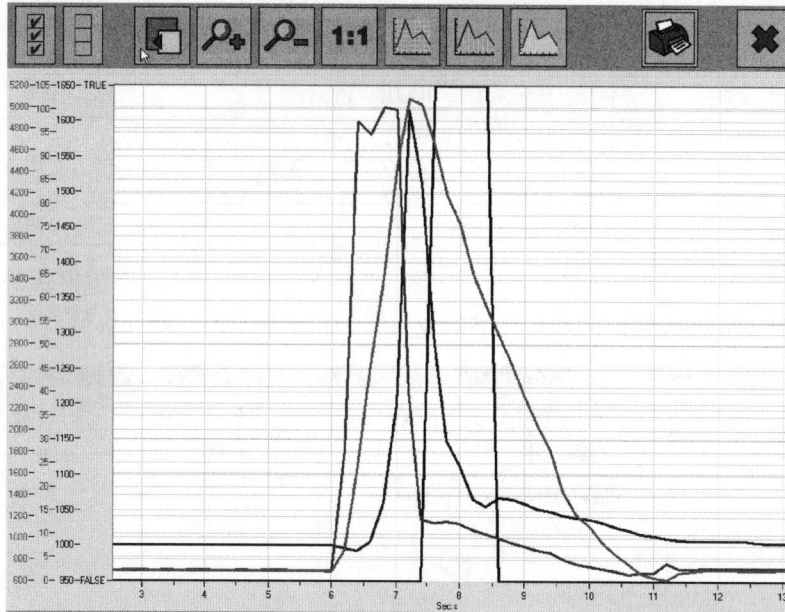

图 2-206

对于欧 6 标准发动机（如图 2-207 所示），可以观察到以下阶段。

在空转条件下调压阀处于关闭状态，以便系统随时准备提供及时的扭矩响应；

提速阶段开始时调压阀关闭，增压压力升高。

当发动机转速达到极限转速数值时，调压阀打开，以限制增压压力。节气门部分关闭。增压压力的管理（部分）通过调压阀实现。

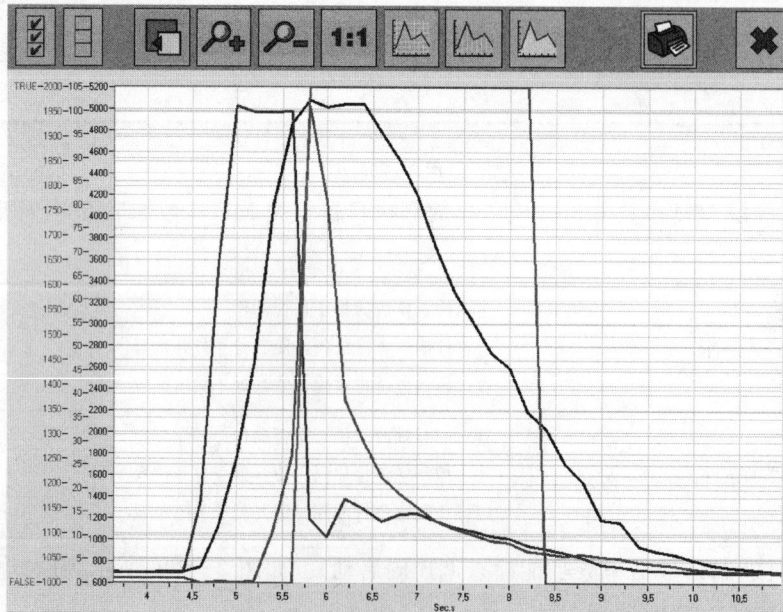

图 2-207

b. 测试 6.11 [利用 MD 数据采集功能检查调压阀启动（2）]。对于欧 5 标准发动机，当发动机处于极限转速条件下时，ECM 会在松开加速踏板之前将节气门部分关闭。这样，节气门前级的压力峰值会比较平滑，不需要打开调压阀。如图 2−208 所示的截屏为加油门条件下以下参数的 MD 数据采集。

驱动输出阶段调压阀排的条件；

节气门角度；

发动机转速；

测得的上游节流阀压力。

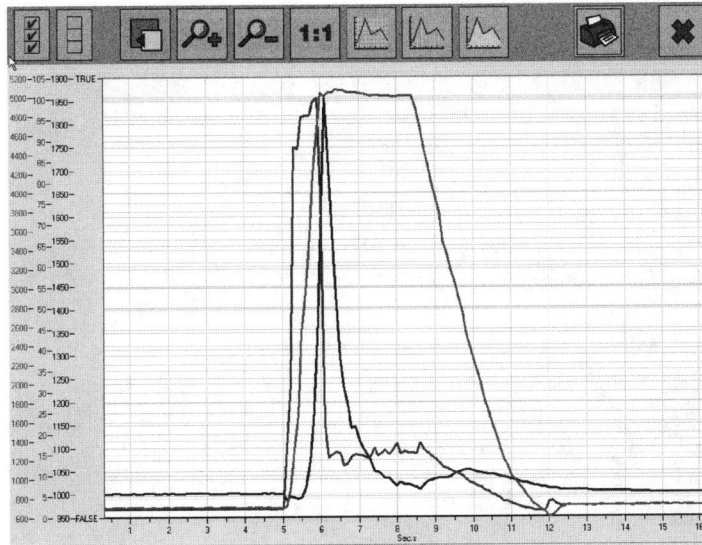

图 2−208

（五）中间冷却器

空气在被涡轮增压器压缩的过程中，其温度也将升高，达到 180℃ 以上。由于热空气的密度低于冷空气密度，较高的空气温度会对汽缸充气产生不利影响，并在一定程度抑制压缩热空气的优点。安装在涡轮增压器后级的增压空气冷却器或中间冷却器，利用行驶带来的风力冷却压缩空气。这样可以进一步提高汽缸充气。这意味着可为燃烧提供更多的氧气，从而产生更高的最大扭矩，在给定的发动机转速下，可以获得更大的功率输出。中间冷却保留了涡轮增压的优点，并提高了发动机的输出功率。较低温度的空气进入汽缸，也有利于降低压缩冲程中所产生的高温。具有如下众多优点。

较大地提高了热效率，从而提高燃油经济性。

降低发动机爆震的风险。

较大地降低了汽缸缸体和汽缸盖的热应力。

由于较大地降低了燃烧温度，从而略微减少了氮氧化合物的排放。

图 2−209

在吉博力（Ghibli）和总裁（Quattroporte）型号发动机中，两个中间冷却器安装在主散热器单元的两侧，通过前保险杠两侧的网状隔栅，暴露在行驶所带来的风中，如图 2−209 所示。

（六）增压压力传感器（Bosch DS- S3）

增压压力传感器（Bosch DS—S3）安装在节气门紧邻的前级进气管上。该传感器包含1个集成在硅芯片上的压阻压力传感器元件和1个适用于信号放大及温度补偿的电路。增压压力传感器在空气增压系统的闭环控制中起着重要作用。增压压力传感器位于节气门紧邻的前级进气管上，如图2—210所示。

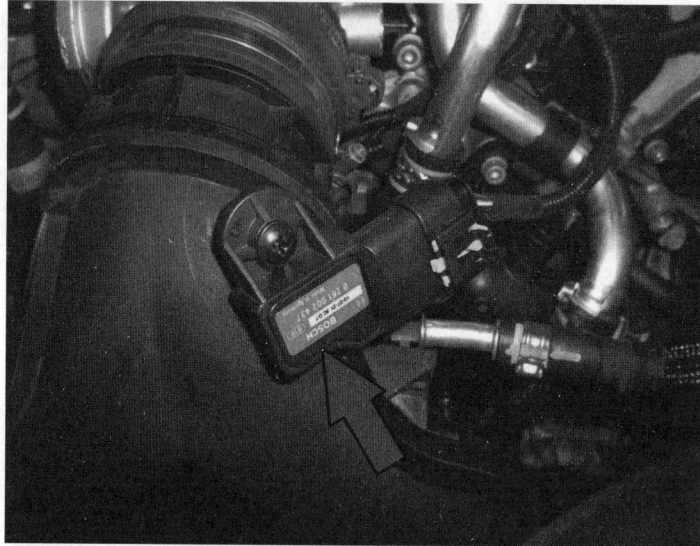

图2—210

1. 工作原理

该传感器利用压阻效应的原理，即通过作用在压电元件上的薄膜变形感应压力的升高。传感器单元膜片的弯曲度，取决于压作用力的大小。膜片上有4个变形电阻，阻值（由于压阻效应）随所作用压力的变化而改变。这4个测量电阻排布在硅片上。当膜片发生变形时，其中两个电阻阻值增大，而其余两个电阻阻值减小（惠斯登桥式电路原理），如图2—211所示。电阻之间的电压降随之变化。

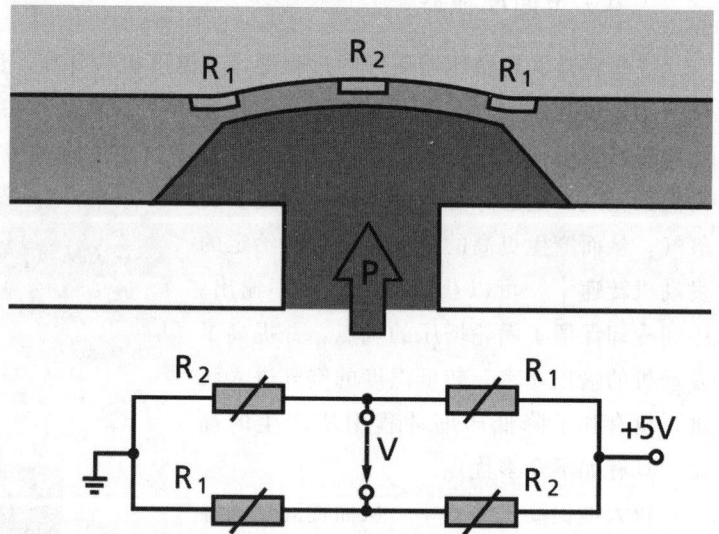

增压压力传感器测量单元。

P：压力。

R_1，R_2：电阻。

V：电压降。

图2—211

①增压压力传感器MD参数分析。与增压压力传感器相关的MD参数，如表2—50所示。

表2—50

测量的上游节流阀压力	显示测量的上游节流阀绝对压力值
测量的上游节流阀压力1组	显示根据上一个参数计算得到的上游节流阀压力值
前级节气门所需压力	显示节气门前的压力传感器目标压力值

测试6.12（利用MD数据采集功能，检测增压压力）。如图2—212所示的截图为在加油门条件下，以下参数的MD数据采集。

测得的上游节流阀压力；

前级节气门所需压力；

发动机转速；

可以注意到如下。

在 KOER 条件下，测量的压力值与大气压力基本匹配；

测量的绝对压力升高至大约 200kPa；

测量的压力值随目标压力曲线延迟，但只要其差值在公差允许范围内，就是正常状况。

最大增压压力可在全负荷行驶条件下通过道路测试确定，从静止状态开始，F160AN/AM 发动机最大增压压力大约为 230kPa，F160AO/AS 发动机最大增压压力大约为 215kPa。但是，在很大程度上，这些数值取决于温度和空气密度。因此，这些数值只应被视为指示值，而不是绝对的参考值。

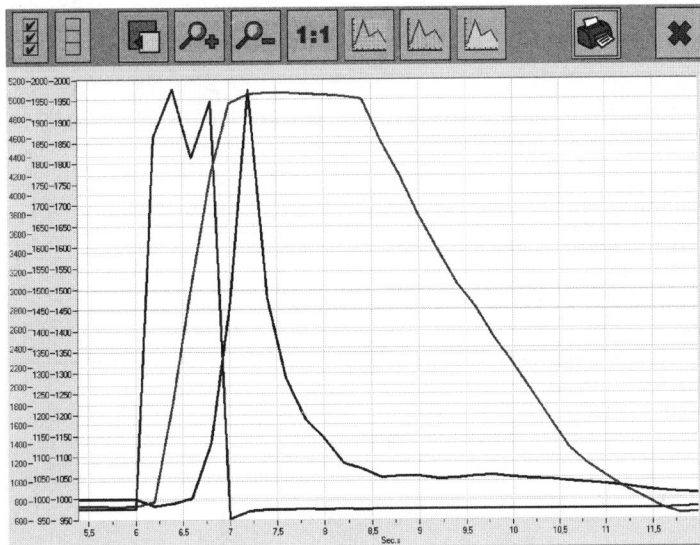

图 2-212

②增压压力传感器接线图（图 2-213）。

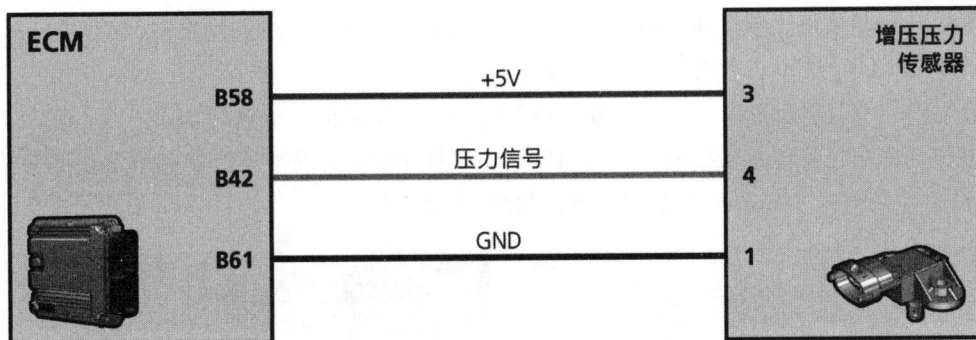

图 2-213

a. 测试 6.13（通过 PicoScope 测量增压压力信号）。PicoScope 连接和设置如表 2-51 所示。

表 2-51

通道 A，负极探针	增压压力传感器接地（接线端 B61 ECM）
通道 A，正极探针	增压压力传感器信号（接线端 B42 ECM）
通道 A，范围设置	±5V DC
时间范围设置	500ms/div

增压压力传感器输出一个 0～5V 的线性模拟输出信号，该输出信号分别阻止接地短路和 5V 电源短路。注意：也可以使用传统万用表进行测量。结果如表 2-52 所示。

表 2-52

状况	测得的电压信号	对应值
KOEO	1.62V	100.7kPa
KOER	1.62V	100.7kPa
加油门	2.27V	142kPa
极限转速	1.65V	102kPa

b. 增压压力传感器输出特性（图 2-214）。

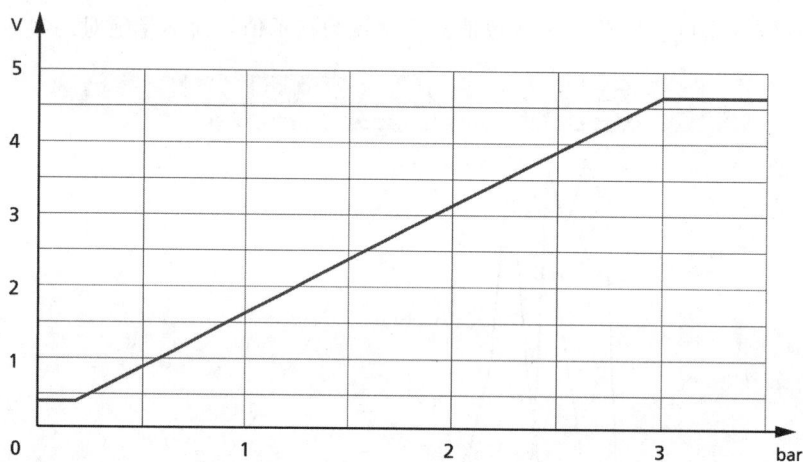

图 2-214

（七）电子节气门控制（ETC）

对于采用外部混合气形成（进气歧管喷射或 PFI）的发动机以及采用均匀混合气工作的直接喷射发动机而言，输出扭矩直接取决于进气质量。目标扭矩的一个主要决定因素是加速踏板的位置。ECM 根据扭矩目标计算所需的进气质量，并生成电动节气门的触发信号。由此定义截面开度与发动机吸入的空气流量。根据节气门开启角度传感器反馈的信息，可精确地将节气门调节至所需设置。

节气门（Bosch DV-E5）。相对于 F154A 发动机中直径 58mm 的双节气门，F160 发动机使用直径 68mm 的单节气门。节气门装置由一个安装着旋转节气门的壳体组成。节气门轴由一个齿轮机构直流电机驱动。两个电位计式角位置传感器集成在节气门体中，以便 ECM 实现闭环控制和节气门角度真实性的检测。F160 发动机使用直径 68mm 的单节气门体，如图 2-215 所示。

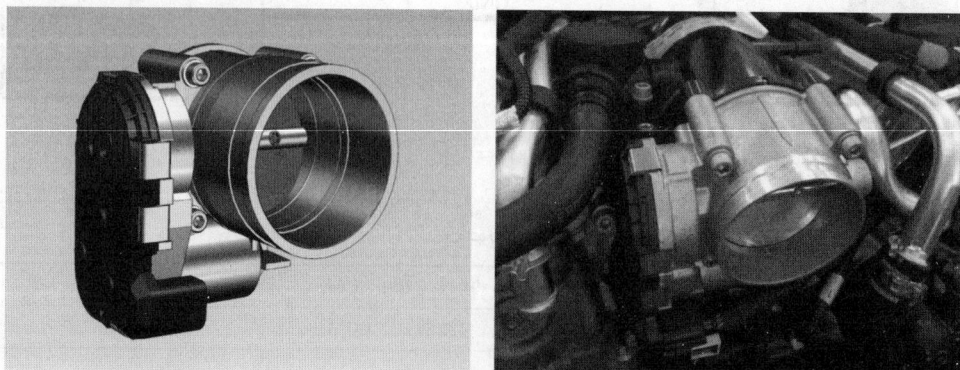

图 2-215

1. 节气门 MD 参数分析

与节气门控制相关的 MD 参数，如表 2-53 所示。

节气门角度	以百分比为单位显示节气门的实际位置。该百分比越高，表示节气门开度越大；该百分比越低，则表示节气门开度越小。在 KOER 条件下，该参数的可接受范围介于 1.6%～4.5% 机械止动位置大约对应于 6%
节气门执行器的跛行模式操作	显示是否检测到某一电位计传感器出现故障 真：检测到故障 假：未检测到故障（正常）
切断节气门执行器电源	显示是否检测到执行器电机出现故障 真：检测到故障 假：未检测到故障（正常）
因节气门位置未知或不当切断安全燃料	显示是否检测到执行器电机或两个电位计均出现故障 真：检测到故障 假：未检测到故障（正常）

①测试 6.14（用 MD 数据采集功能，检测节气门）。如图 2－216 所示在发动机启动期间，有关下列参数的 MD 数据采集信息。

节气门角度；

发动机转速。

可以注意到如下。

在 KOEO 条件下，节气门角度大约为 6%，对应于机械静止位置；

在 KOER 条件下，节气门只略微打开（节气门角度约为 2%）。注意：在此条件下，节气门关闭的程度高于默认静止位置时关闭的程度。

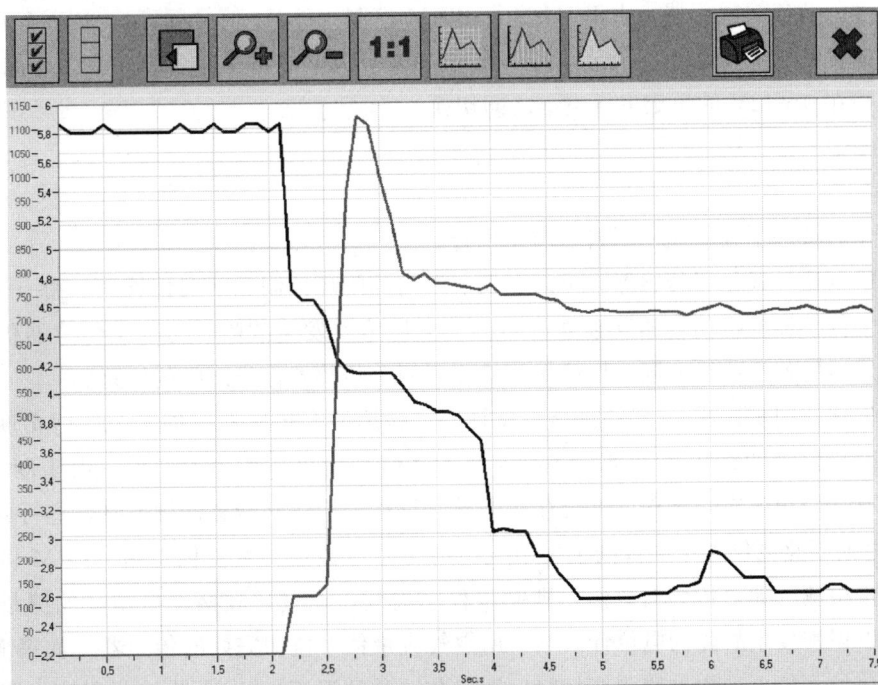

图 2－216

②测试 6.15［用 MD 数据采集功能（2），检测节气门］。图 2－217 所示为加油门条件下有关下列参数的 MD 数据采集信息。

节气门角度；

发动机转速。

可以注意到如下。

在 KOER 条件下，节气门角度约为 2%；

在提速阶段，节气门完全打开，随后在升速限制器阶段，关闭到大约 15%。空气流量降低，以便限制发动机的转速。

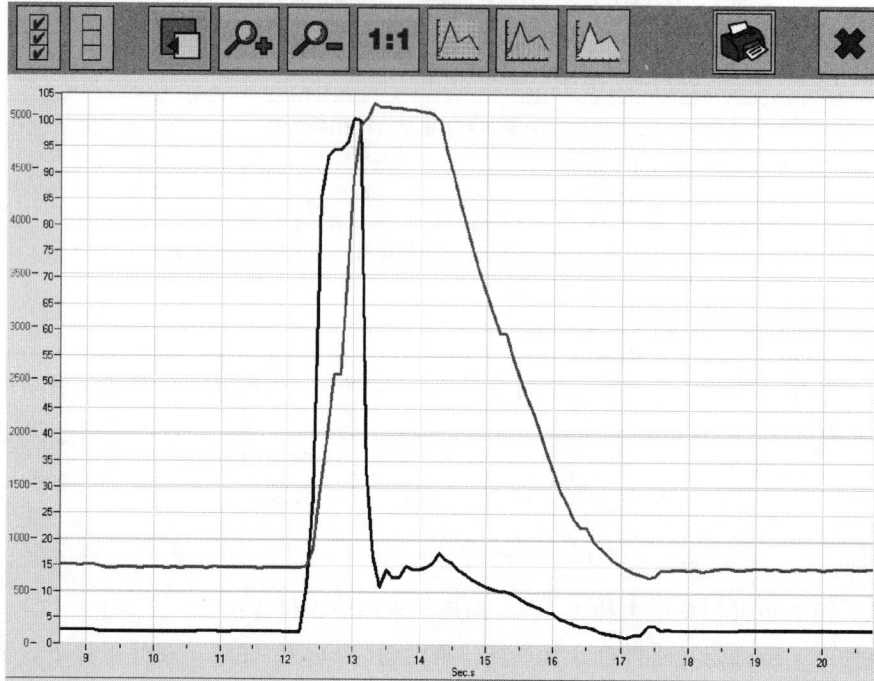

图 2-217

③节气门信号。节气门执行器，由 ECM 进行 PWM 控制（2kHz 信号频率）。PWM 信号利用极性反转，控制节气门的打开和关闭动作。当节气门动作时，ECM 在一条线上，发出可变工作周期 PWM 信号，同时，另一条线则在 0~12V 的恒定电压电平之间切换。

0V：关闭动作。

12V：打开动作。

节气门不动作时被一个弹簧压回到机械静止位置。

通过两个集成电位计式位置传感器，可以实现节气门的闭环控制和真实性检测。由一个 5V 传感器恒定电压供电。两个传感器模拟信号相互独立，即使一个传感器发生故障，另一个传感器仍能输出有效测量数值。两个传感器的特性曲线不同，以确保能检测到两个传感器信号之间的短路。

④电位计式传感器同步检测。ECM 通过电位计同步检测两个传感器的同步节气门角度；每个传感器在机械式节气门静止位置的输出信号是自学习信号，其信号输出值作为参考值。由于制造公差的原因，计算得到的两个节气门角度在一定程度上会存在差异。仅在未检测到传感器故障时，进行同步检测。

如果 ECM 电池断路或供电中断，则丢失节气门的自学习数值。恢复供电后，ECM 将重新执行电位计式传感器的同步检测。如果传感器故障，则同步程序失效。通过比较两个电位计的测量信号与空气流量测量信号，可以识别发生故障的电位计。然后用空气流量信号监测完好的传感器。如果 MAF 传感器故障，则增压空气信号不能再被用来监测节气门角度。在这种情况下，ECM 将恢复程序以限制发动机的扭矩和转速。

可通过 MD 动态诊断程序（重置节气门适应值）重置自学习电位计的测量值。如果更换节气门，则必须进行此操作。

2. 节气门接线图（图 2-218）

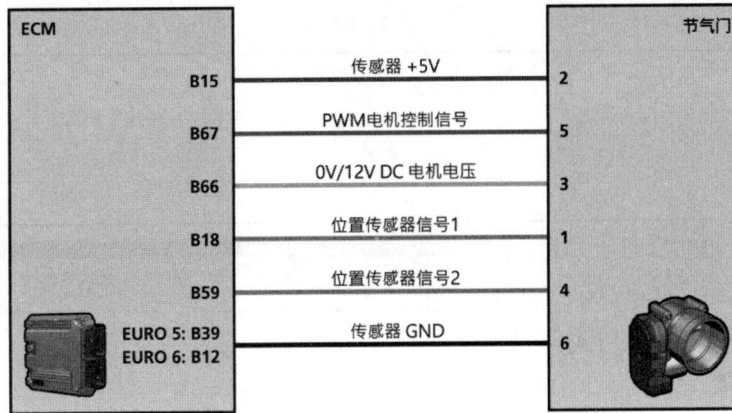

图 2-218

①测试 6.16（使用 PicoScope 测量节气门位置传感器）。PicoScope 连接和设置如表 2-54 所示。

表 2-54

通道 A，负极探针	节气门位置传感器地线（引脚 B39 ECM 欧 5/引脚 B12 ECM 欧 6）
通道 A，正极探针	节气门位置传感器 1 的信号（引脚 B18 ECM）
通道 A，范围设置	±5V DC
通道 B，负极探针	节气门位置传感器地线（引脚 B39 ECM 欧 5/引脚 B12 ECM 欧 6）
通道 B，正极探针	节气门位置传感器 2 的信号（引脚 B59 ECM）
通道 B，范围设置	±5V DC
时间范围设置	500ms/div

请注意，也可使用传统的万用表进行测量。结果如表 2-55 所示。

表 2-55

状况	测得的传感器 1 的电压信号	测得的传感器 2 的电压信号	节气门位置
KOEO	0.75V	4.3V	机械止动位置
KOER	0.65V	4.4V	近似完全关闭
极限转速	1.1V	3.9V	几乎未打开

图 2-219 所示截屏显示了加油门条件下的节气门位置传感器信号。

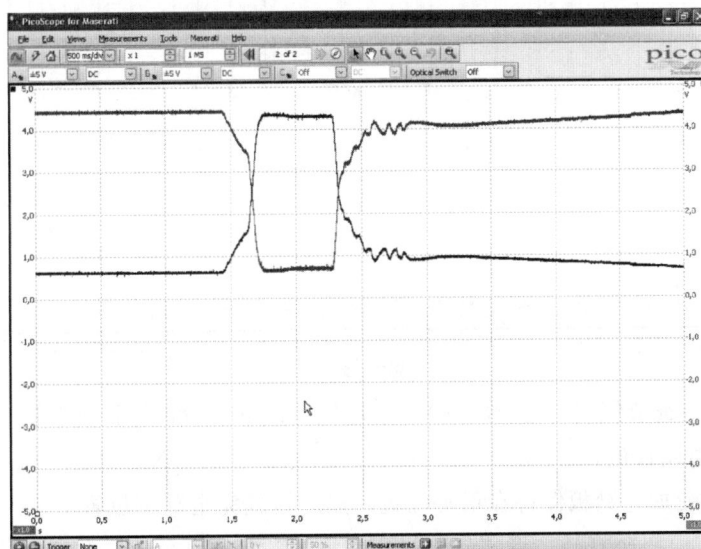

图 2-219

199

②测试 6.17（使用 PicoScope 测量节气门命令差分信号）。PicoScope 连接和设置如表 2—56 所示。

表 2—56

通道 A，负极探针	节气门 PWM 电机（引脚 B67ECM）
通道 A，正极探针	节气门 0V/12V DC 电机电压（引脚 B66 ECM）
通道 A，范围设置	±20V DC
时间范围设置	1ms/div

测试过程中，采取相互参照的方式，测量节气门电机的两条线路。截屏显示了两条线路之间的差分电压。节气门动作时，ECM 在一条线路上施加一个可变工作周期 PWM 信号，而另一条线路则在 0～12V 之间进行切换。

0V：关闭动作。

12V：打开动作。

注意：信号表示节气门的动作而非其位置。因此，即使条件相同，在重复测量时也很难再现完全相同的信号。KOER 条件下的节气门 PWM 命令信号：节气门保持在空转位置且已发生极性反转；所观测的 PWM 信号为负。将"转速限制器条件下"变更为在极限转速条件下，如图 2—220 所示。

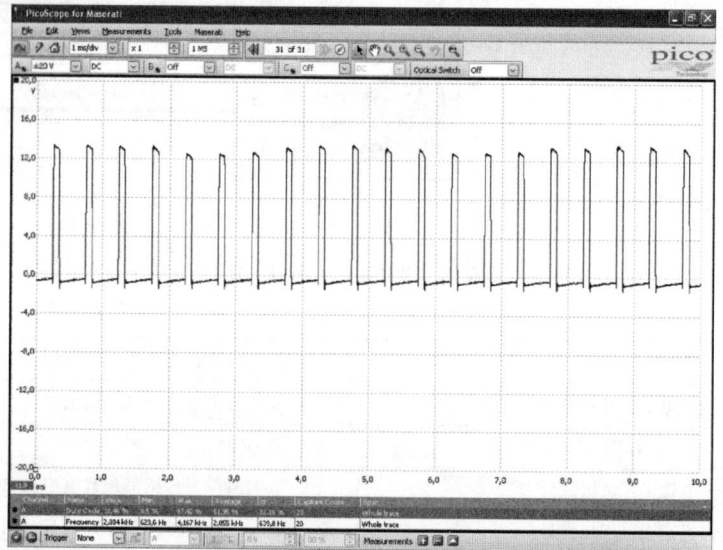

图 2—220

加速阶段的节气门 PWM 命令信号：观测的 PWM 信号为可变，这会导致节气门位置改变。如图 2—221 所示。

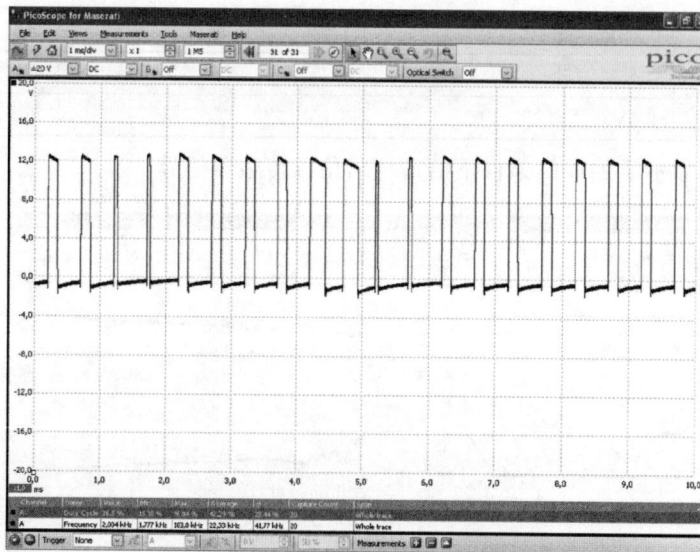

图 2—221

③测试 6.18（目视检查节气门的运行状况）。通过执行以下步骤，可目视验证节气门是否正常运行。拆下节气门装配的通风管道。

在 KOEO 条件下，使加速踏板保持在正常位置，然后转到完全踩下位置。

鉴于 100％对应节气门完全打开，将"节气门开启角度"参数百分比与节气门位置进行比较。

（八）进气歧管压力传感器（Bosch DS-S3-TF）

进气歧管后侧装有一个压力传感器（Bosch DS-S3-TF）。该传感器可测量节气门后级的实际进气歧管压力。该传感器的工作原理与增压压力传感器相同，但由于加装了一个 NTC 电阻器，因此还能够测量进气歧管的气温。与节气门前级安装的压力传感器一样，进气歧管传感器对于增压管理也是至关重要的。进气歧管气温信号使得 ECM 可根据温度变化对增压进行补偿，这是因为空气密度会随着温度的升高而降低。进气歧管采用增强塑料制成，其背面装有压力和温度传感器，如图 2-222 所示。

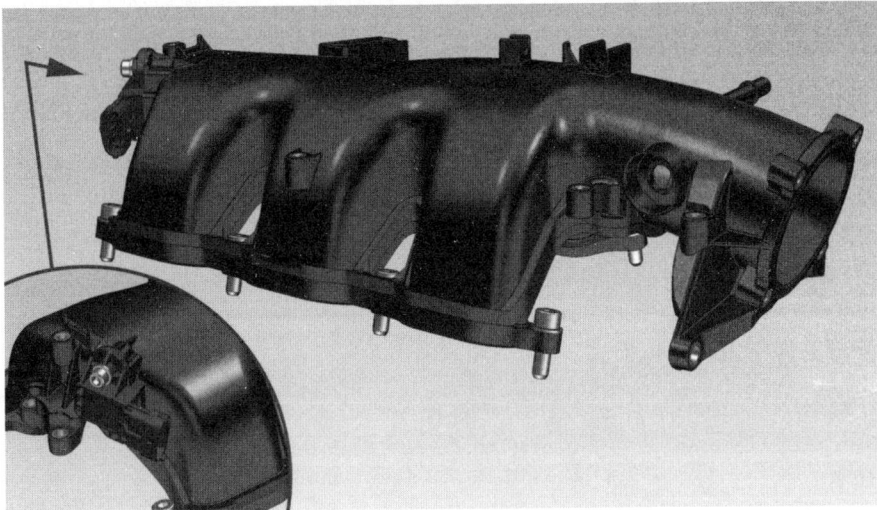

图 2-222

1. 进气歧管压力传感器的 MD 参数分析

与进气歧管压力相关的 MD 参数如表 2-57 所示。

表 2-57

测得的进气歧管绝对压力	显示在进气歧管内部测得的绝对压力值。在 KOER 条件下，该参数的可接受范围介于 35~60kPa
测得的进气歧管绝对压力 1 排	显示在进气歧管内部测得的绝对压力值
进气歧管的压力	显示进气歧管内部的目标压力值
进气温度	显示进气歧管内部的进气温度。在 KOER 条件下，该参数的可接受范围介于 20~80℃

①测试 6.19（利用 MD 数据采集功能检查进气歧管的压力）。图 2-223 所示在发动机启动期间，有关下列参数的 MD 数据采集信息。

测得的进气歧管绝对压力；

进气歧管的压力；

发动机转速。

可以注意到如下。

在 KOEO 条件下，进气歧管压力与大气压力相匹配。

在启动期间，受节气门（几乎完全）关闭的影响，进气歧管压力下降至 45kPa。

测得的绝对压力与目标值完全吻合。

在 KOER 条件下，进气歧管的压力低于启动期间的压力。

②测试 6.20〔用 MD 数据采集功能检查进气歧管压力（2）〕。图 2-224 所示为加油门条件下有关下列参数的 MD 数据采集信息。

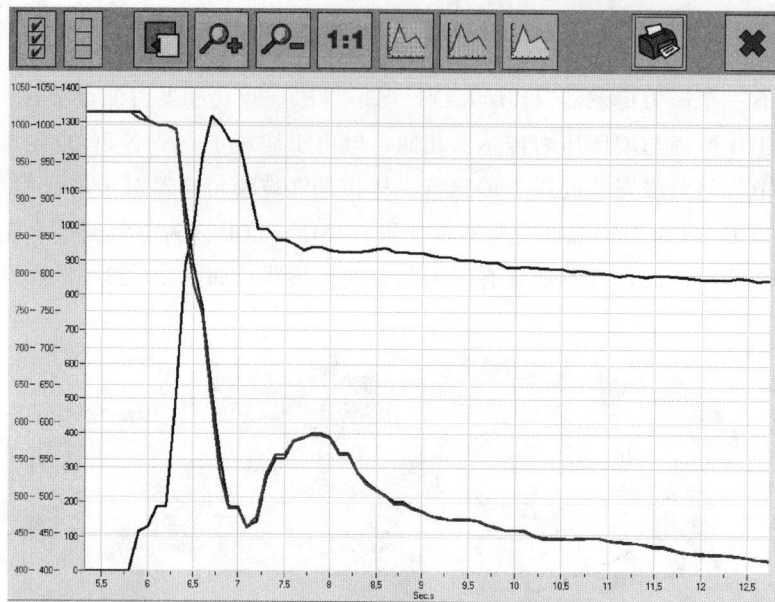

图 2-223

测得的进气歧管绝对压力；

进气歧管的压力；

发动机转速。

可以注意到如下。

在 KOER 条件下，受节气门（几乎完全）关闭的影响，测得的压力与所需的压力约为 40kPa。

发动机加速时，测得的绝对压力上升至 150kPa 甚至更高。所需压力上升至 120kPa。只要压差不超出公差涵盖的范围，即属于正常现象。

一旦传至极限转速，测得的与所需的压力值会因节气门已部分关闭而立即下降。请注意，所需压力会下降至负值，但仅将其视为计算值。

在极限转速条件下，由于节气门部分关闭，涡轮增压器的工作能力也随之降低，因此压力值约为 40kPa。

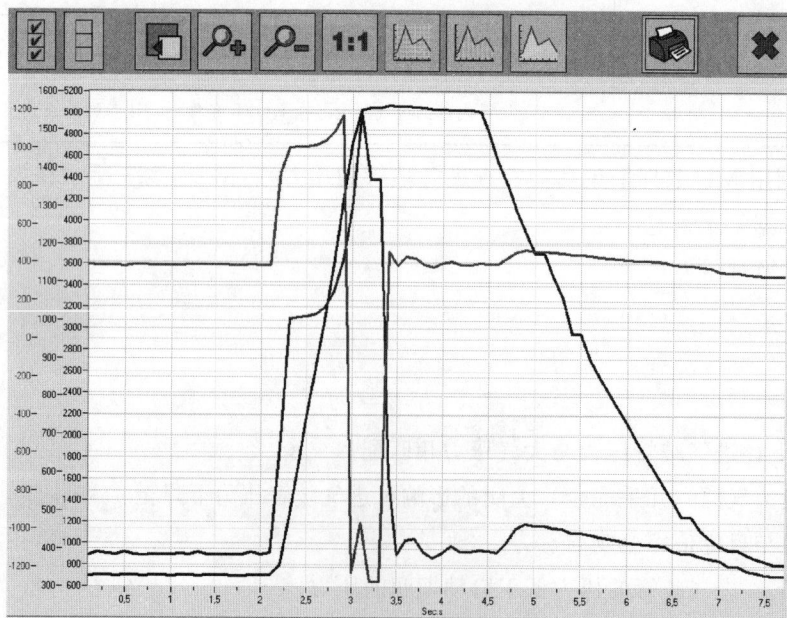

图 2-224

2. 进气歧管压力传感器接线图（图 2-225）

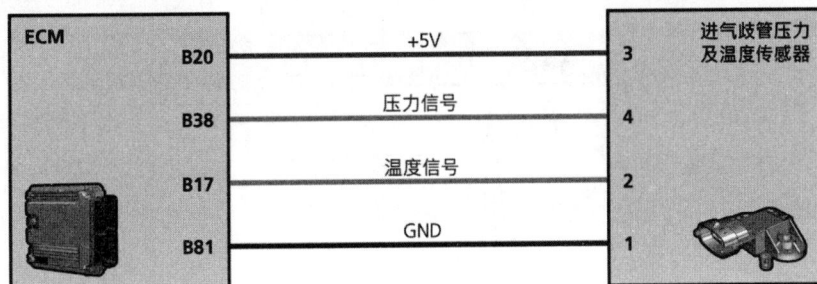

图 2-225

①测试 6.21（通过 PicoScope 测量进气歧管的压力信号）。PicoScope 连接和设置如表 2-58 所示。

表 2-58

通道 A，负极探针	进气歧管压力传感器地线（引脚 B81 ECM）
通道 A，正极探针	进气歧管压力传感器信号（引脚 B38 ECM）
通道 A，范围设置	±5V DC
时间范围设置	500ms/div

增压压力传感器提供了可防对地短路，分别使用 5V 电源的 0～5V 的线性模拟输出信号。注意：也可以使用传统万用表进行测量。结果如表 2-59 所示。

表 2-59

状况	测得的电压信号	对应值
KOEO	1.62V	100.7kPa
KOER	0.66V	37kPa
极限转速	0.63V	34.5kPa

②测试 6.22（进气歧管压力传感器的功能检查）。请执行以下步骤，以快速验证进气歧管压力传感器的功能是否正常。

拆下进气歧管装配的通风管道。

阻挡进气歧管入口处的进气气流，然后启动发动机。

测量进气歧管的压力信号（请参阅测试 6.21）和/或检查 MD 参数"测得的进气歧管绝对压力"（请参阅测试 6.19）。

在启动阶段期间，这些值必须与因活塞引起的压降成正比地从大气压力降低至大约 45kPa（或以下）。启动阶段停止后，此压力值必须继续保持几秒钟。如果并非如此，则需要进行进一步诊断。

检查发动机进气歧管压力传感器的连接器和接线。

检查排气系统是否堵塞。

检查有无机械故障

③测试 6.23（利用 MD 数据采集功能，比较增压压力与进气歧管压力）。如图 2-226 所示为加油门条件下有关下列参数的 MD 数据采集信息。

测得的进气歧管绝对压力；

测得的上游节流阀压力；

发动机转速。

可以注意到如下。

在 KOER 条件下，节气门前级压力约等于大气压力，而受节气门（几乎完全）关闭的影响，进气歧管压力会显著下降。

203

在加速阶段期间，这两个压力值均将快速升高，但受节气门的影响，进气歧管压力始终较低。

在升程阶段期间，进气歧管压力的下降速度快于节气门前级压力的下降速度。

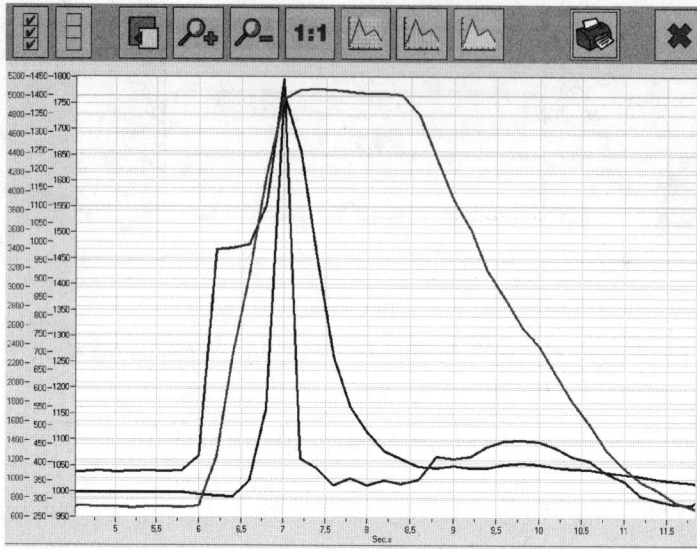

图 2—226

（九）若干空气增压系统故障情况下的发动机工况

①测试 6.24（废气风门故障现象）。如果一个或两个废气风门受阻于开启位置，会观察到以下系统现象。

节气门前级增压压力（参数"测得的上游节流阀压力"）会低于目标值（参数"前级节气门所需压力"）。在加油门条件下，测得的压力在 100kPa 以上小幅变动，而在正常工作条件下，该参数会轻易升高至 190kPa（请参阅测试 6.8 和测试 6.12）。

VVT 控制仍处于活动状态。

由于涡轮速度较低，因此，与正常的工作条件相比，测得的进气气流会显著降低（请参阅测试 6.3）。

某些相关参数如图 2—227 和图 2—228 所示。

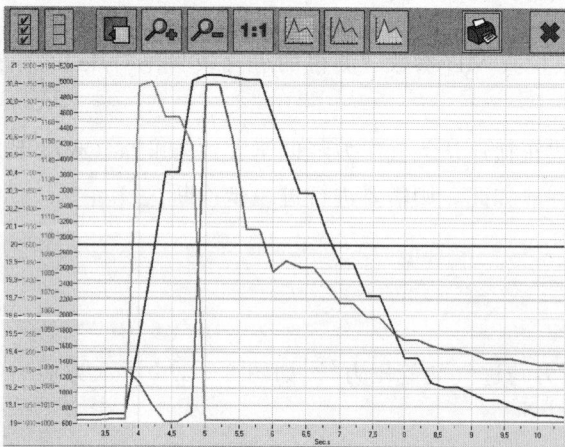

图 2—227

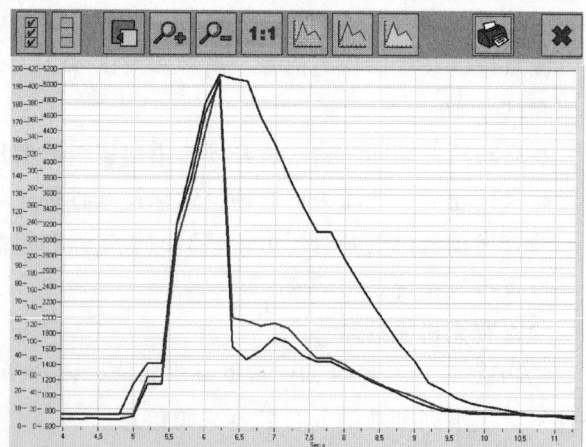

图 2—228

在符合欧 5 标准的发动机上，如果一个或两个废气风门受阻于闭合位置，则会观察到以下系统现象。

节气门前级增压压力将高于目标值及正常工作条件下的压力值（请参阅测试 6.12）。

VVT 控制仍处于活动状态。

某些相关参数如图 2—229 所示。

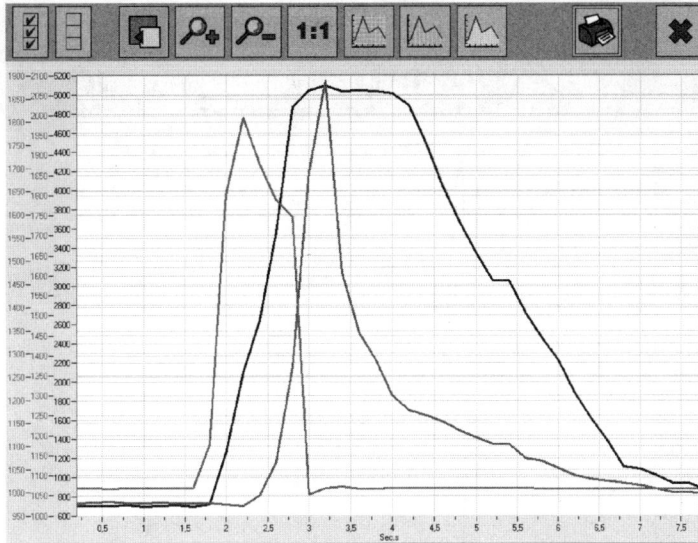

图 2-229

在符合欧 6 标准的发动机上，在加油门阶段的正常运行期间，废气风门静止于闭合位置。因此，如果一个或两个废气风门受阻于闭合位置，则无法观察到异于正常运行期间的任何现象。

②测试 6.25（调压阀故障现象）。如果一个或两个调压阀受阻于开启位置，则会观察到以下系统现象。

节气门前级增压压力（参数"测得的上游节流阀压力"）会低于目标值（参数"前级节气门所需压力"）。在加油门条件下，测得的压力在 100kPa 以上小幅变动，而在正常工作条件下，该参数将轻易升高至 190kPa；相对于目标值，压力峰值也将延迟（请参阅测试 6.10 和测试 6.12）。

将废气风门设置在开启位置时，发动机性能下降且快速充电控制禁用。

VVT 控制仍处于活动状态。

由于涡轮速度较低，因此，与正常的工作条件相比，测得的进气气流将显著降低（请参阅测试 6.3）。

某些相关参数如图 2-230 和图 2-231 所示。

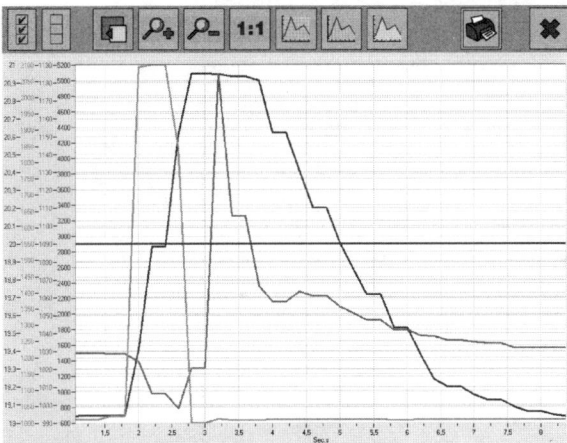

图 2-230

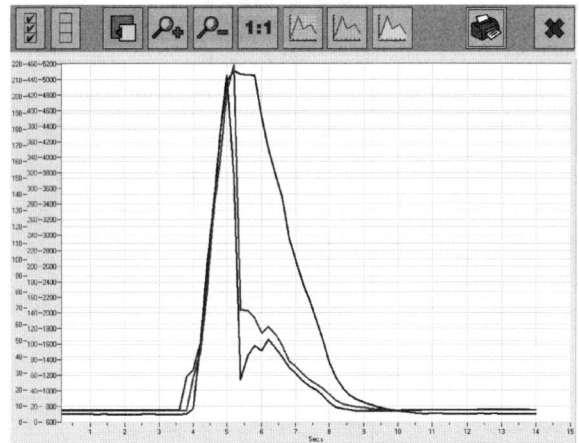

图 2-231

如果 1 个或 2 个调压阀受阻于闭合位置，则会观察到以下系统现象。

最初，废气风门会正常工作，直至系统检测到调压阀受阻。

由于调压阀受阻于闭合位置，因此可借助于废气风门限制节气门前级增压压力。

最终，出于安全原因，废气风门会静止于开启位置。

VVT 控制仍处于活动状态。

205

某些相关参数如图 2-232 所示。

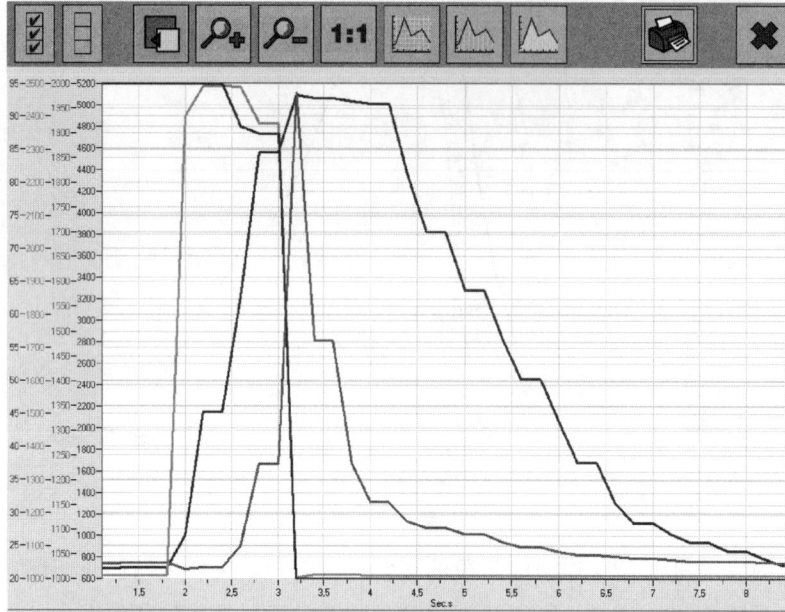

图 2-232

③测试 6.26（空气流量信号故障现象）。如果 ECM 在 1 个或 2 个空气流量信号中检测到电气故障，发动机将继续运行且允许启动。激活以下策略。

在 ECM 中设置特定 DTC。

将废气风门设置在开启位置时，发动机性能下降且快速充电控制禁用。

VVT 控制禁用。

在此条件下，废气风门执行器命令信号（请参阅测试 6.6）将显示对应于开启气门的较低工作周期百分比。在图 2-233 中可观察到这一点：1 排 MAF 传感器发生电气故障时，KOER 条件下的废气风门执行器命令。PWM 信号的工作周期较低，气门打开且增压压力下降。

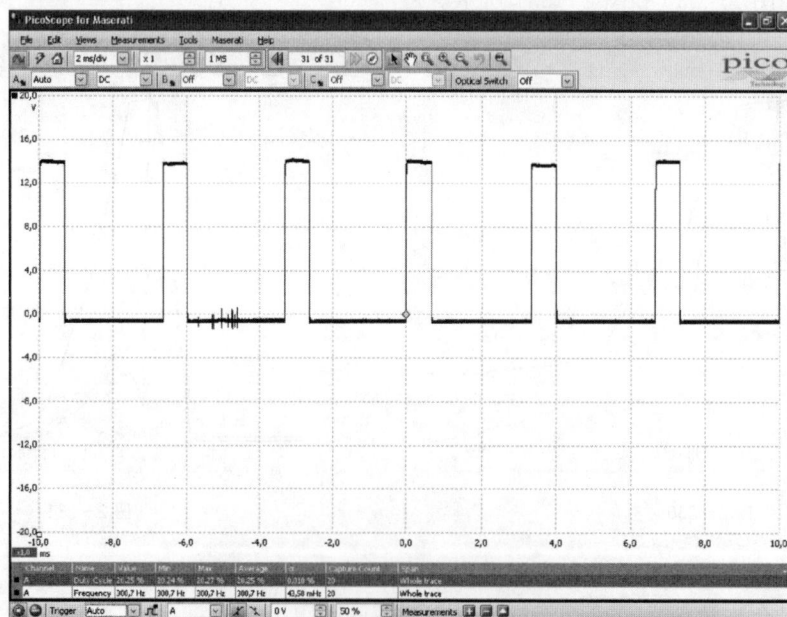

图 2-233

ECM 会使用参考图替代空气流量值。如果 HFM7 传感器信号对地或 5V 电源短路，则在 KOER 条件下，将与故障传感器［热膜式空气质量传感器和/或热膜式质量 2（HFM2）空气质量流量传感器］相关

206

的参数设置为大约 1670kg/h。

④测试 6.27（增压压力信号故障现象）。如果 ECM 在增压压力传感器中检测到电气故障，发动机将继续运行且允许启动。激活以下策略。

在 ECM 中设置特定 DTC。

将废气风门设置在开启位置时，发动机性能下降且快速充电控制禁用。

VVT 控制仍处于活动状态。

在此条件下，废气风门执行器命令信号（请参阅测试 6.6）将显示对应于开启气门的较低工作周期百分比。在此情况下，ECM 将使用参考图替代增压压力值。如果增压压力传感器信号对地短路，相关参数会显示以下信息。

在 KOEO 与 KOER 条件下，"测得的上游节流阀压力"为 142～143kPa。

在 KOEO 与 KOER 条件下，"测得的上游节流阀压力 1 组"为 0。

如果增压压力传感器信号对 5V 电源短路，相关参数会显示以下信息。

在 KOEO 与 KOER 条件下，"测得的上游节流阀压力"约为 142kPa。

在 KOEO 与 KOER 条件下，"测得的上游节流阀压力 1 组"约为 321.5kPa。

⑤测试 6.28（进气歧管压力信号故障现象）。如果 ECM 在进气歧管压力传感器中检测到电气故障，发动机将继续运行且允许启动。激活以下策略。

在 ECM 中设置特定 DTC。

将废气风门设置在开启位置时，发动机性能下降且快速充电控制禁用。

VVT 控制禁用。

在此情况下，ECM 将使用参考图替代进气歧管的压力值。如果进气歧管压力传感器信号对地短路，相关参数将显示以下信息。

在 KOEO 条件下，"测得的进气歧管绝对压力 1 排"和"测得的进气歧管绝对压力"均显示为 0。

如果进气歧管压力传感器信号对 5V 电源短路，相关参数将显示以下信息。

在 KOEO 条件下，"测得的进气歧管绝对压力 1 排"和"测得的进气歧管绝对压力"均显示约为 321kPa。

⑥测试 6.29（节气门 DC 电机与位置传感器故障现象）。节气门 DC 电机发生故障时，激活以下策略。

发动机以默认的 1200r/min 转速运行。

节气门受阻于机械静止位置。

发动机扭矩与转速限制：系统仅限于使用点火定时与喷油量来设置发动机转速。

将废气风门设置到开启位置时，快速充电控制禁用。

VVT 控制禁用。

两个节气门位置传感器之一发生故障时，激活以下策略。

传感器可信度检查失败，设置 DTC。

ECM 通过监测空气流量信号识别正常工作的传感器。

VVT 控制与快速充电控制仍处于活动状态。

在加速阶段期间可观察到慢响应。

两个节气门位置传感器均出现故障时，节气门开启角度未知且将观察到与节气门 DC 电机发生故障时相同的现象。

七、排气与 Lambda 控制

（一）排气系统布局

图 2－234 显示了采用 F160 发动机的车辆排气系统的不同部件。

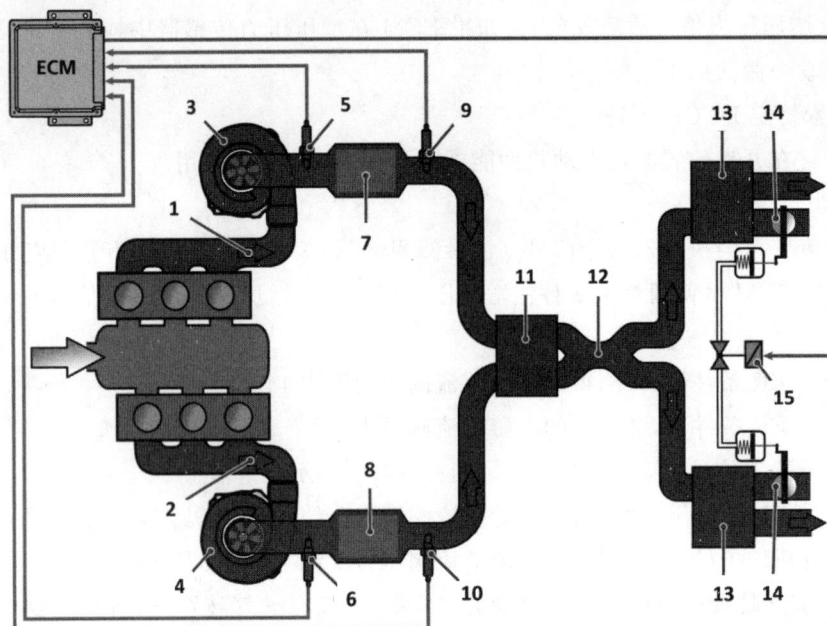

1—汽缸组1的废气流量　2—汽缸组2的废气流量　3—涡轮增压器组1　4—涡轮增压器组2
5—宽带氧传感器组1　6—宽带氧传感器组2　7—催化转换器组1　8—催化转换器组2　9—两
点式氧传感器1　10—两点式氧传感器2　11—中央消音器　12—X形连接管　13—带排气旁路
阀的后消音器　14—旁路阀　15—用于排气旁路阀的电磁阀

图 2-234

（二）Lambda 控制回路

1. 功能

如果化学计量比中存在 HC、CO 和 NO_x 等反应组分，则使用三元催化转化器可实现较高的污染物组分转化率。这要求混合气成分的 Lambda 值为 1.0。因此，随后必须在闭合回路燃油控制下完成混合气形成，因为仅根据预编程燃油图进行计量无法达到足够的精度。

2. 工作原理

使用氧传感器测量废气中的残余氧含量，可用于测量空气/燃油混合气成分的 Lambda 值。在闭合回路控制系统中，通过调节注入燃料总量可以检测并校正与目标空燃比的偏差。控制系统为每一汽缸组使用两个氧传感器：一个是催化转换器前级宽频带传感器（Bosch LSU），另一个是催化转换器后级传统两级传感器（Bosch LSF）。因此，闭合回路控制系统适用于特定的汽缸组。如图为 Bosch LSU Advanced 宽频带氧传感器（图 2-235 中左图）与 Bosch LSF 4.2 两点式氧传感器（图 2-235 中右图）。

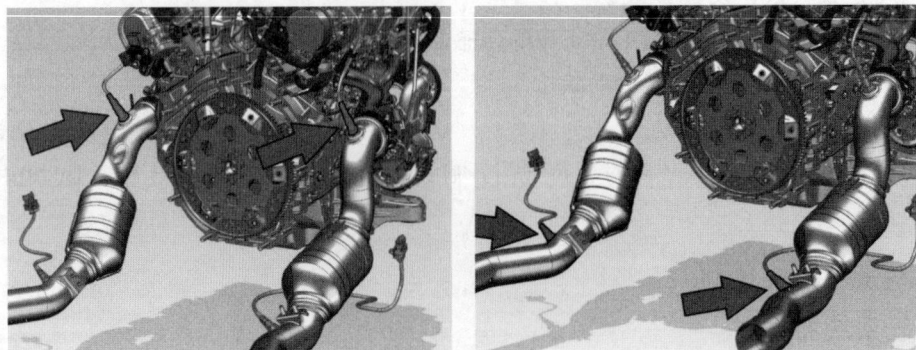

图 2-235

氧传感器何时进入闭环控制？

发动机启动后上游氧传感器不会立刻介入工作，这将取决于发动机温度以及当前工况；

一旦发动机达到合适的工况且上游氧传感器准备就绪，闭环燃油控制将起作用；

在正常的发动机工作条件下，闭环燃油控制将持续起作用，但瞬态工况如急加速或突然丢油门等不在此范围内。

3. 燃油修正

燃油修正或燃油修正一词用于表示根据氧传感器提供的信息对燃油喷射量进行的修正。闭合回路Lambda控制策略基于两种基本控制功能：短期燃油修正和长期燃油修正。其中每种功能都有特定的目的，这些功能结合起来有助于在车辆的整个使用寿命期间最大限度地减少废气中污染成分的排放。

①短期燃油修正。短期燃油修正可视为Lambda控制的核心。它可根据氧传感器的反馈实时校正燃油喷射量。该策略基于以下功能。

混合气计算功能：根据空气质量进气量与目标Lambda值计算理想的燃料质量。目标Lambda的值约为1.0，但会受发动机运行参数（如预计的相对进气量等）的影响。

实际Lambda值：通过催化转化器前级宽频带氧传感器进行测量。

混合气控制器：通过调节有效的喷射时间来改变燃料质量，补偿目标值与实际Lambda值之间存在的偏差。混合气控制器输出表示所需混合气补偿的油量控制乘积因数。控制策略针对特定的汽缸组。混合气控制器的输出值介于0.75～1.25。

在采用燃油直喷与高级氧传感器的现代发动机（如F160）中，大幅缩短了短期燃油修正的响应时间。因此，现代发动机中几乎不存在老一代发动机中清楚可见的Lambda信号的典型摆动运动。还应注意，如果使用宽频带氧传感器，则允许短期策略在目标Lambda值偏离1的范围内工作。该特性有助于显著缩短断路时间。

②长期燃油修正。可将长期燃油修正视为基于采用短期燃油修正策略的完整修正过程的燃油图的修正。通过调整长期混合气控制器，可使短期燃油修正能够继续在其正常范围内工作。长期燃油修正可补偿燃油压力调节、喷油器特性和进气控制系统中出现的错误、偏移误差及老化效应等变量。因为通过ECM内部编程的燃油图无法预测这些变量，因此，这是十分必要的。

长期燃油修正可分为两类。

附加修正：用于空转和低负载工况。可计算出附加修正值（可正可负）。该值表示增加到（或减去，如为负值）基本图定义的喷油量的燃油百分比。该值通常反映了少量的进气/进气歧管泄漏和/或压力传感器偏移误差。附加修正值介于－7.5%～7.5%。如果附加修正值大于5.5%（正或负），ECM将设置特定的DTC。

乘积法修正：用于中高负载工况，计算乘积修正因数，然后，用该值乘以基本图定义的喷油量。因此，值大于1表示喷油量增加；值小于1表示喷油量减少。乘积修正因数表示如MAF传感器误差、油轨压力调节器错误及喷油器特性误差等的偏差。乘积法修正值介于0.75～1.25。如果乘积法修正值小于0.77或大于1.23，则ECM将设置特定的DTC。

请注意与长期燃油修正有关的以下几点。

尽管其名称如此，但现代发动机中的长期燃油修正是个相当快的过程。ECM只需几秒钟就能适应新的情况。

若要启用长期燃油修正，必须满足特定的发动机运行工况。

在KOER条件下，附加修正值的可接受范围介于－3%～3%。

如果ECM中存储了与排放相关的DTC，则自适应过程禁用，但适应值仍然有效。

清除ECM的DTC内存后，重置长期适应值。

ECM或车辆电池断开后，长期适应值仍保留。

使用 MD 动态诊断命令"擦除 Env RAM",可手动重置长期适应值。

燃油修正值保留了非常重要的诊断信息,但在清除 DTC 后,燃油修正值将被清零。

4. 长期燃油修正的 MD 参数分析

与长期燃油修正相关的 MD 参数如表 2−60 所示。

表 2−60

自适应修正混合气适应	以百分比为单位显示组 1 的附加修正。该值可正可负。在 KOER 条件下,该参数的可接受范围介于 −3%～3% 如果大于 0,ECM 根据基本图进行混合气加浓 如果小于 0,ECM 根据基本图进行混合气稀释
混合气自适应的附加修正	以百分比为单位显示组 2 的附加修正。该值可正可负。在 KOER 条件下,该参数的可接受范围介于 −3%～3% 如果大于 0,ECM 根据基本图进行混合气加浓 如果小于 0,ECM 根据基本图进行混合气稀释
实际负载下相乘的混合适应因数	显示第 1 缸排的乘积法修正。该值应介于 0.75～1.25 如果大于 1,ECM 根据基本图进行混合气加浓 如果小于 1,ECM 根据基本图进行混合气稀释
实际负载下相乘的混合适应因数,组 2	显示第 2 缸排的乘积法修正,该值应介于 0.75～1.25 如果大于 1,ECM 根据基本图进行混合气加浓 如果小于 1,ECM 根据基本图进行混合气稀释
附加燃料混合气自适应的条件	显示是否满足了执行附加适应所需的运行条件 真:满足条件 假:不满足条件
附加燃料混合气自适应的条件,第 2 排	显示是否满足了执行附加适应所需的运行条件 真:满足条件 假:不满足条件
增强型燃料混合气自适应的条件	显示是否满足了执行乘积法自适应所需的运行条件 真:满足条件 假:不满足条件
增强型燃料混合气自适应的条件,第 2 排	显示是否满足了执行乘积法自适应所需的运行条件 真:满足条件 假:不满足条件

5. 双传感器控制原理

从欧 3 标准开始,所有汽油发动机车辆都采用了双传感器 Lambda 控制。出于以下原因,使用催化转化器后级传感器提供信息。

监测催化转化器运行是否正常。ECM 会检查催化转化器的转化效率。这是转化器诊断的最重要的参数。

对前氧传感器提供的数据执行可信度检查。这是通过校正主传感器信号确保排放水平保持长期稳定性所需要的。

对 Lambda 值进行精调。

①LSU 偏差适应性。ECM 使用后级氧传感器发出的信号对 LSU(前级)传感器执行偏差适应。在特定发动机运行工况下,按照以下原则激活该适应性。

对于 LSU 偏差适应性而言,可以假设后级传感器信号对应于实际 Lambda 值。

ECM 按照从浓到稀的混合气次序执行发动机循环。

如果催化剂的储氧能力能够补偿氧气（浓偏差下）或浓气（稀偏差下），则后级传感器就会发出变动极小的信号。但是，当催化剂的储氧能力中止后，后氧传感器信号将会对应于偏差。

如果 LSU 具有稀偏差，则后级传感器将显示浓 Lambda 值；如果 LSU 具有浓偏差，则显示稀 Lambda 值。

前氧传感器偏差不一定会导致后氧传感器信号与其设定点之间出现偏差。例如在加油门负载期间，短期 Lambda 偏差也可能导致催化剂氧含量发生变化。偏差适应性的任务是区分偏移效应与短期 Lambda 偏差效应。

②精调 Lambda 值。在特定的发动机运行状态下，Lambda 控制回路还可使用后级氧传感器对 Lambda 值进行精调。该精调值介于 Lambda 值的千分之几范围内。精调旨在确保发动机始终在催化转化器的最大效率范围内运行。

③氧传感器诊断。监测前氧传感器的电气特性（短路、断路）及可信度。同时检查动态响应（即在由"浓"变"稀"、由"稀"变"浓"以及持续期间的信号变化率）。对传感器加热器的加热元件进行电气测试。当车辆以相对恒定的运行状态运动时，进行测试。除持续期之外，相对于后级传感器，同时检查前氧传感器列出的所有特性和参数。

6. Lambda 控制回路的 MD 参数分析

与 Lambda 控制回路相关的 MD 参数如表 2—61 所示。

表 2—61

Lambda 控制因数，缸组 1	显示与组 1 汽缸相关的 Lambda 控制器输出的油量控制乘积因数 如果大于 1，ECM 正在加浓混合气 如果小于 1，ECM 正在稀释混合气 在 KOER 条件下，该参数的可接受范围介于 0.9～1.1
Lambda 控制因数，缸组 2	显示与组 2 汽缸相关的 Lambda 控制器输出的油量控制乘积因数 如果大于 1，ECM 正在加浓混合气 如果小于 1，ECM 正在稀释混合气 在 KOER 条件下，该参数的可接受范围介于 0.9～1.1
Cond. 宽带氧传感器（LSU）释放偏差计算，缸组 1	显示组 1 汽缸上传感器的 LSU 偏差适应性循环是否正在运行 真：偏差适应性正在运行 假：偏差适应性未运行
Cond. 宽带氧传感器（LSU）释放偏差计算，缸组 2	显示组 2 汽缸上传感器的 LSU 偏差适应性循环是否正在运行 真：偏差适应性正在运行 假：偏差适应性未运行
动态诊断请求标定氧设定点	显示自诊断系统是否请求标定组 1 汽缸中的某个 Lambda 设定点以进行动态响应测量 真：动态响应测量正在进行 假：动态响应测量未进行
动态诊断请求标定氧设定点，缸组 2	显示自诊断系统是否请求标定组 2 汽缸中的某个 Lambda 设定点以进行动态响应测量 真：动态响应测量正在进行 假：动态响应测量未进行

测试 7.1（出现空燃比偏差时的 Lambda 控制回路分析）。与特定的空燃比存在偏差时，ECM 会尝试补偿混合气成分。在很多情况下，都会发现与超出氧传感器信号正常范围相关的特定 DTC。在其他情况下，不存储任何 DTC。

若要验证 Lambda 控制回路运行是否正常，请在不同并稳定的发动机转速下（例如，空转与极限转速工况下 5 种发动机转速）监测下表列出的 MD 参数。假设催化剂在正确的工作温度范围内正常工作，监测值应如表 2—62 所示。

表 2－62

参数	理想值
Lambda 控制因数，组 1 和组 2	尽可能接近 1
自适应修正混合气适应，组 1 和组 2	尽可能接近 0
实际负载下相乘的混合适应因数，组 1 和组 2	尽可能接近 1
实际 Lambda 值（前氧传感器），组 1 和组 2	0.98～1
测得的 Lambda 值（后级催化剂），组 1 和组 2	约 0.93

应在所有发动机转速下对这些理想值进行验证，但请注意，环境条件、运行条件和部件公差等可变因素可能会导致测试结果有所不同。

Lambda 控制因数与正常值存在偏差时，表示短期适应性，应对即时偏差进行补偿。

其他参数出现偏差时，表示长期适应性，更说明存在持久及持续的问题。

实际 Lambda 值（前氧传感器）与正常值存在偏差时，会导致 Lambda 控制因数出现偏差，如果发现与理想值之间存在较大偏差，请检查表 2－63 列出的各种可能性。

表 2－63

原因	后果
失火事件	由于在错过的燃烧过程中未使用进气中的氧气，因此催化剂前级 Lambda 传感器感测到废气中氧含量较高。参数实际 Lambda 值（前氧传感器）高于理想值 ECM 会尝试加浓混合气以补偿偏差。参数 Lambda 控制因数高于理想值 过量的 HC 会在催化剂中进行氧化，从而导致 O_2 减少，因此，下游的后氧传感器将会检测到较小的氧含量读值。参数测得的 Lambda 值（后级催化剂）低于理想值
过浓的混合气	催化剂前级 Lambda 传感器感测到废气中的氧含量较低 实际 Lambda 值（前氧传感器）低于理想值 ECM 会尝试稀释混合气以补偿偏差。参数 Lambda 控制因数低于理想值 催化转化器能够利用废气中的氧气对大部分 CO 和 HC 进行氧化，因此剩下的少量 O_2 会完全耗尽。参数测得的 Lambda 值（后级催化剂）低于理想值
过稀的混合气	催化剂前级 Lambda 传感器感测到废气中的氧含量较高。参数实际 Lambda 值（前氧传感器）高于理想值 ECM 会尝试加浓混合气以补偿偏差。参数 Lambda 控制因数高于理想值 催化转化器能够利用废气中的氧气将 CO 和 HC 组分完全氧化，但大量 O_2 并未完全耗尽。参数测得的 Lambda 值（后级催化剂）高于理想值
排气管堵塞/催化转化器堵塞	在此情况下，由于废气淤塞在排气管内，因此氧传感器中的氧含量明显降低。因此，ECM 将稀释混合气。功率输出下降
空气渗入进气歧管中/空气渗入排气管中/空气流量传感器故障	进气量高于测得的值。ECM 将加浓混合气。在空转和发动机低负载工况下，这种问题更为明显
进气歧管与进气管空气泄漏/空气流量传感器故障	空气流量和压力低于所需值。ECM 将稀释混合气。在发动机高负载工况下，这种问题更为明显
发动机冷却液温度异常	发动机温度传动感器发生故障会导致偏离特定空燃比的偏差。后果是发动机工况不均匀
进气门密封存在缺陷	后果是发动机工况不均匀，这在空转和发动机低负荷工况下更为明显。ECM 将稀释混合气
关闭/打开位置处的喷油器	堵塞喷油器发生故障会导致偏离特定空燃比的偏差。后果是发动机工况不均匀

（三）宽频带氧传感器（ Bosch LSU Advanced ）

宽频带一词指的是传感器在较大的空燃比范围内［Lambda 为 0.65 直至纯空气（Lambda＝无穷

大）]，生成精确氧气浓度信号的能力。因此，传感器提供一个明显的空气燃料比指示器（也称作过量空气系数和 Lambda 值）。因此，氧传感器通常被称为 Lambda 传感器。由于该氧传感器具有先进的传感精度、极快的响应时间，因此，发动机控制模块（ECM）可确定各汽缸的校正值。而前几代氧传感器却不能对汽缸进行特定控制。LSU Advanced 传感器响应时间低于 30ms。欧 5 和欧 6 兼容发动机的前级氧传感器（Bosch LSU Advanced）相同，但 Lambda 控制回路和由 ECM 控制的传感器激活方案是特定的。因此在检查传感器工作时，需考虑到恰当的发动机变量。

1. 传感器结构

加热的宽频带氧传感器包含以下部分。

少量废气主气流可进入的扩散空隙。

构成传感室的氧化物（ZrO_2）层。

使用同种氧化物的加压室。

表示纯空气的氧气参考区。该区域是借助于加压室获得的；如果废气传感器具有加氧参考，则它与外部空气中的大气污染及气体传感器中的积炭都无关。

集成在 ECM 中的控制电路，其中包含反馈回路和运算放大器。

集成电热器元件。这使传感器能够在冷启动后 10s 内达到其工作温度。

在该传感器中，通过加压电流可直接并持续测量废气中的氧气浓度与理论配比工况的差值。因此，在理论配比混合气工况中不存在加压电流（$I_p=0$）。加压电流为负表示浓混合气工况，加压电流为正表示稀混合气工况。该传感器消除了传统或窄频带传感器所固有的稀—浓循环，还可对偏离 1 的 Lambda 值进行持续的 Lambda 闭路控制，如图 2-236 所示。LSU Advanced 传感器的特性如表 2-64 所示。

表 2-64

启动时间	≤5s
恒温排气	>980℃
排气峰值温度	1030℃（250 小时）
电线和保护套温度	<280℃
稳健的设计和较高的振动限制等级	$300m/s^2$

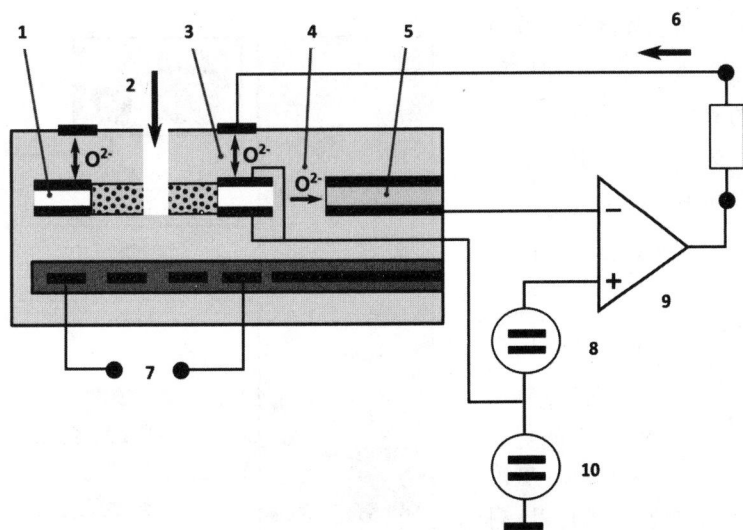

1—扩散空隙　2—排气　3—加压室　4—传感室　5—氧参考区　6—加压电流　7—加热器电压命令　8—450mV 电压　9—运算放大器　10—参考电压

图 2-236

213

2. 宽频带氧传感器输出特性（图 2－237）

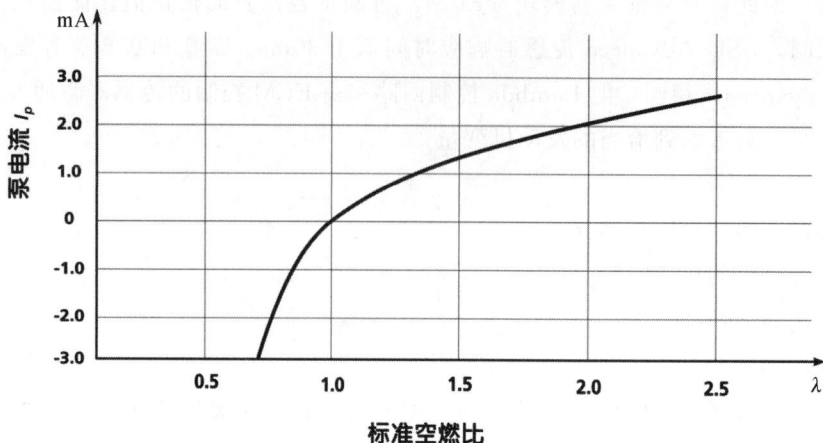

图 2－237

ECM 中的评估电路会使用加压电流，产生一个成比例的模拟电压值，该值反过来用于测量 Lambda 值。实际上，我们可以使用示波器通过信号测量观察到直流电压值，或者从 ECM 中读取已处理值，作为使用 MD 测试仪装置的参数。请注意，这两个值并不相同。

3. 工作原理

氧传感器基于能斯特定理。传感元件包含氧化物层，该层的两侧之间可产生压差，从而感测出每一侧不同的氧气浓度。由于氧在层中的迁移产生电压降，在一侧为纯空气、另一侧为理论配比混合气的情况下，该电压降为 450mV。电压极性取决于氧的移动方向。启动时，下部放大器电极的供电电压为 450mV 参考电压，上部电极（即传感室的另一电极）的供电电压不固定。始终会有氧气通过传感元件的氧化物层进行迁移，这是因为一部分废气在扩散间隙中流动，而在氧气参考区域中则存在纯空气。因此，两个传感元件电极之间的电压降与扩散间隙和氧气参考区域之间的氧气浓度差成正比。在扩散间隙中，仅为理论配比混合气的情况下，电压降实际为 450mV。因此，在此情况下，运算放大器输入电极的压差为 0，因此放大器输出中无电流，加压电流为 0。如果扩散间隙中的非理论配比混合气产生不同的电压，会导致输出电流流过运算放大器，加压电流不为 0（负或正）。加压电流作用在加压室的电极上，会导致

通过加压室氧化物层的废气主气流与扩散通道中的废气之间发生氧交换。因此，加压层不断地调节测量室中的氧含量。该过程始终设法使扩散间隙中的气体与基准通风管道的氧气浓度保持相同，即放大器输入的电压降为 450mV。与符合欧 5 标准发动机上使用的相同的氧传感器相比，在符合欧 6 标准的发动机上，新型 ECM 为加压室提供的功率信号有所不同。

①LSU 氧传感器接线图（图 2－238）。

a. 测试 7.2（测量 LSU Advanced 氧传感器信号）（符合欧 5 标准的发动机）。该测试对在传感器各插座引脚上测得的每根传感器导线的信号进行分析。为更好地理解传感器的工作原理，建议遵循以下引脚顺序。

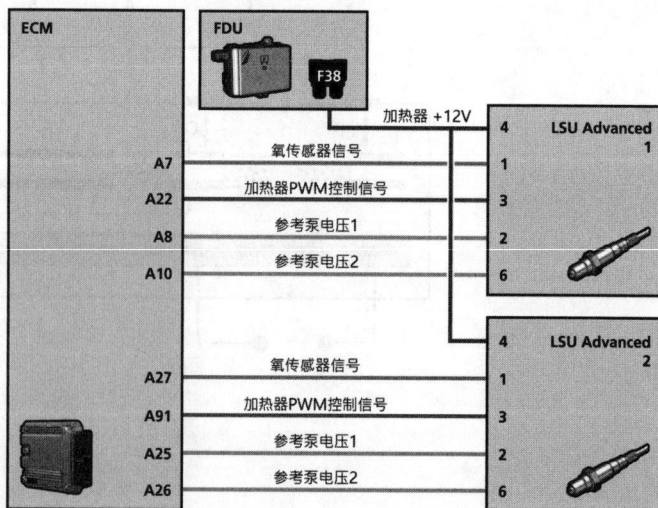

图 2－238

214

引脚 2：参考加压电压 1—虚拟接地。在 KOER 条件及发动机热态和冷态工况下，相对于 ECM 地线测得的参考电压均约为 2.52V。电压保持稳定，与不断变化的发动机运行状态无关。它为加压电流信号提供了虚拟接地参考。

引脚 6：参考加压电压 2。发动机为冷态时，相对于 ECM 地线测得的电压信号接近于 0。传感器尚未启动。在 KOER（发动机热态）条件下，电压稳定在稍低于 3V 的水平。电压保持稳定，与不断变化的发动机运行状态无关。在以下数据采集过程中，可观察到在 KOER 条件下相对于 ECM 地线测得的虚拟接地信号（参考加压电压 1）以及参考加压电压 2。请注意，引脚 2 与引脚 6 之间的电压降恒定为 450mV。PicoScope 连接和设置如表 2—65 所示。

表 2—65

通道 A，负极探针	ECM 接地（引脚 A02 ECM）
通道 A，正极探针	组 1 宽频带氧传感器参考加压电压 2（引脚 A10 ECM）
通道 B，负极探针	ECM 接地（引脚 A02 ECM）
通道 B，正极探针	组 1 宽频带氧传感器参考加压电压 1—虚拟接地（引脚 A08 ECM）
通道 A，范围设置	±5V DC
时间范围设置	500ms/div

在图 2—239 所示的截屏中，可观察到在 KOER 条件下相对于 ECM 地线测得的虚拟接地信号（参考加压电压 1）以及参考加压电压 2。

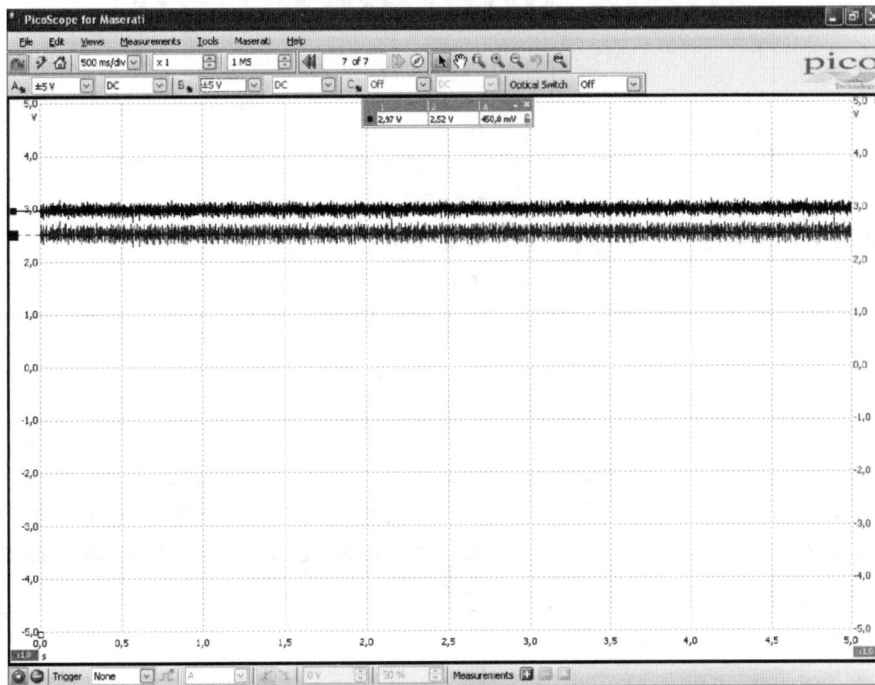

图 2—239

引脚 1：加压电流信号。在冷态发动机条件下，相对于 ECM 地线测得的电压信号接近于 0。冷态发动机启动后，传感器在一定时间内尚不启动，这取决于发动机的温度与运行状态。传感器启动后，相对于 ECM 地线测得的参考电压值在 Lambda＝1 时为 2.52V。因此，相对于虚拟接地测量信号时（即稳定在 2.52V），Lambda＝1 时结果为 0。在 KOER 条件下，会发现电压值在 0V 上下波动（始终相对于虚拟接地测量）。在加油门阶段，随着过量空气比的变化，可测得最大电压变化值约为 ±（0.7～0.8）V。

正变化对应于正加压电流，表示稀混合气。

负变化对应于负加压电流，表示浓混合气。

请注意，测得的电压信号与使用 MD 测试仪从参数菜单中读取的（已处理）电压并不相同。

以下采集显示了在 KOER 条件下相对于虚拟接地测得的组 1 的氧传感器信号。为便于观察波形，采用了较小的时间刻度。PicoScope 连接和设置如表 2－66 所示。

表 2－66

通道 A，负极探针	组 1 宽频带氧传感器参考加压电压 1 - 虚拟接地（引脚 A08 ECM）
通道 A，正极探针	组 1 宽频带氧传感器信号（引脚 A07 ECM）
通道 A，范围设置	±1V DC
时间范围设置	1ms/div

在图 2－240 所示的截屏中，显示了在 KOER 条件下相对于虚拟接地测得的组 1 的 LSU 氧传感器信号。

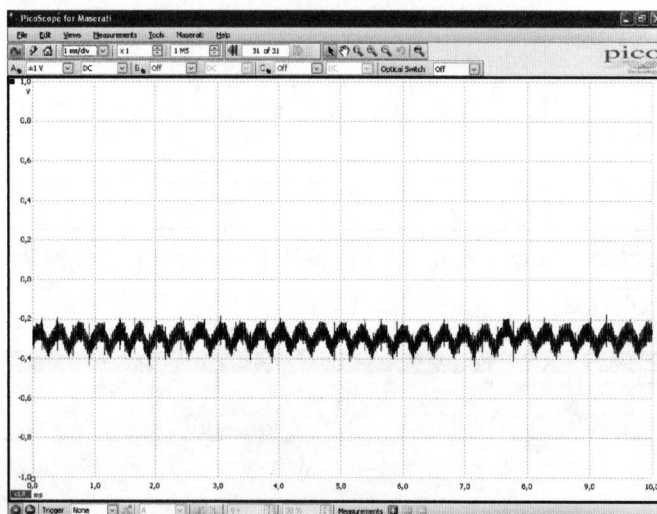

图 2－240

引脚 3：加热器 PWM 命令。PicoScope 连接和设置如表 2－67 所示。

表 2－67

通道 A，负极探针	组 1 宽频带氧传感器加热器 PWM 命令（引脚 A22 ECM）
通道 A，正极探针	主继电器电源（引脚 A3 ECM）
通道 A，范围设置	±20V DC
时间范围设置	5ms/div

在以下截屏中，显示了在 KOER 条件下（热态发动机）测得的 LSU 加热器命令。可观察到约为 100Hz 且具有中等工作周期的 PWM 信号。瞬间加快转速时，工作周期略微变化，这取决于工况。在 KOER 条件下（热态发动机）的 LSU 加热器 PWM 信号，如图 2－241 所示。

引脚 4：主继电器为加热器供电。点火开关开启时，应测量电池电压。

引脚 5：未使用。

b. 测试 7.3（测量 LSU Advanced 氧传感器信号）（符合欧 6 标准的发动机）。该测试对在传感器各插座引脚上测得的每根传感器导线的信号进行分析。为更好地理解传感器的工作原理，建议遵循以下引脚顺序。

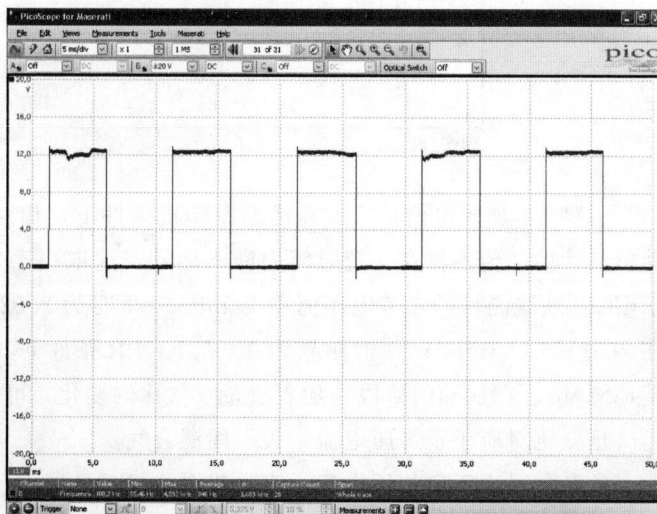

图 2－241

引脚 2：参考加压电压 1—虚拟接地。发动机为冷态时，相对于 ECM 地线测得的不稳定电压信号介于 2～8V。传感器尚未启动。以下采集中显示了信号。PicoScope 连接和设置如表 2—68 所示。

表 2—68

通道 A，负极探针	ECM 接地（引脚 A02 ECM）
通道 A，正极探针	组 1 宽频带氧传感器参考加压电压 1—虚拟接地（引脚 A08 ECM）
通道 A，范围设置	±10V DC
时间范围设置	200ms/div

在冷态发动机条件下，相对于 ECM 地线测得的虚拟接地信号如图 2—242 所示。

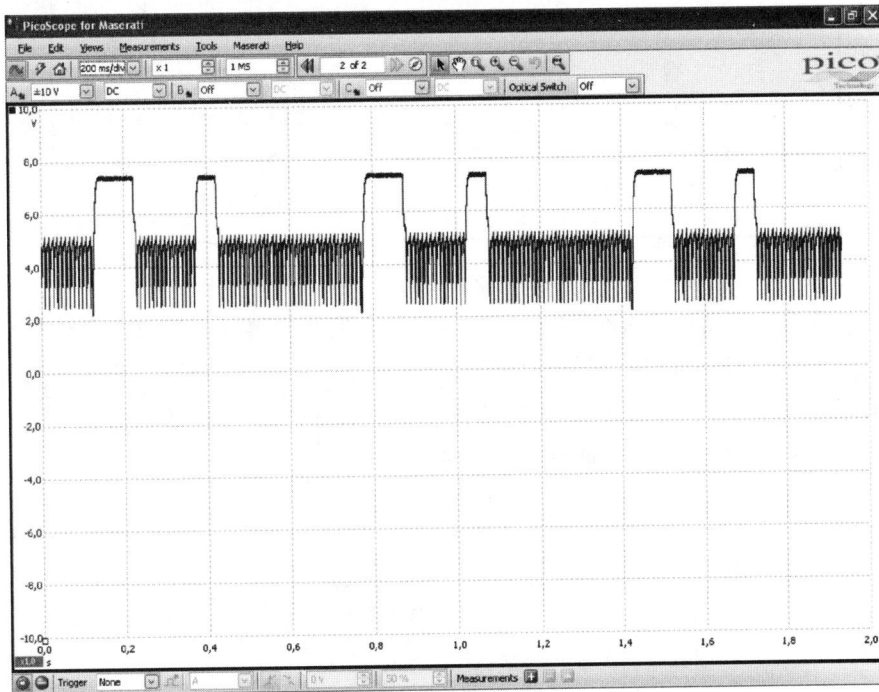

图 2—242

在 KOER 条件下，相对于 ECM 地线测得的电压值在 3.35V 上下波动。电压与不断变化的发动机运行状态无关。它为加压电流信号提供了虚拟接地参考。

引脚 6：参考加压电压 2。发动机为冷态时，相对于 ECM 地线测得的不稳定电压信号介于 2～8V。传感器尚未启动。信号与冷态发动机条件下在虚拟接地引脚上观察到的信号相同。在以下数据采集中，可观察到在 KOER 条件下相对于 ECM 地线测得的虚拟接地信号（参考加压电压 1）以及参考加压电压 2。这两个信号完全同步，因此引脚 2 与引脚 6 之间的电压降恒定为 450mV。请注意，该 450mV 参考电压是由 ECM 按与符合欧 5 标准发动机的同一传感器的不同方式提供的。PicoScope 连接和设置如表 2—69 所示。

表 2—69

通道 A，负极探针	ECM 接地（引脚 A02 ECM）
通道 A，正极探针	组 1 宽频带氧传感器参考加压电压 1—虚拟接地（引脚 A08 ECM）
通道 B，负极探针	ECM 接地（引脚 A02 ECM）
通道 B，正极探针	组 1 宽频带氧传感器参考加压电压 2（引脚 A10 ECM）
通道 A，范围设置	±5V DC
时间范围设置	500μs/div

在截屏中，可以观察到在 KOER 条件下相对于 ECM 地线测得的虚拟接地信号（参考加压电压 1）以及参考加压电压 2，如图 2—243 所示。

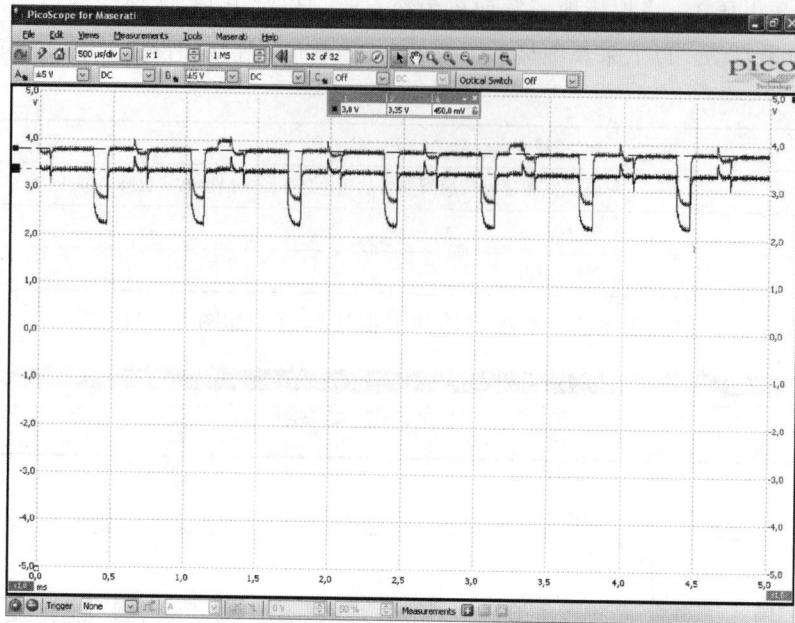

图 2-243

引脚 1：加压电流信号。发动机为冷态时，相对于 ECM 地线测得的不稳定电压信号介于 2~8V。传感器尚未启动。在冷态发动机条件下，该信号与引脚 2（虚拟接地）和引脚 6（参考加压电压 2）上观察到的信号相同。传感器启动后，相对于 ECM 地线测量时，Lambda＝1 时的信号值在 3.35V 上下波动，如以下采集所示。PicoScope 连接和设置如表 2-70 所示。

表 2-70

通道 A，负极探针	ECM 接地（引脚 A02 ECM）
通道 A，正极探针	组 1 宽频带氧传感器信号（引脚 A07 ECM）
通道 A，范围设置	±5V DC
时间范围设置	$500\mu s/div$

Lambda＝1 时，相对于 ECM 地线测量宽频带氧传感器信号如图 2-244 所示。

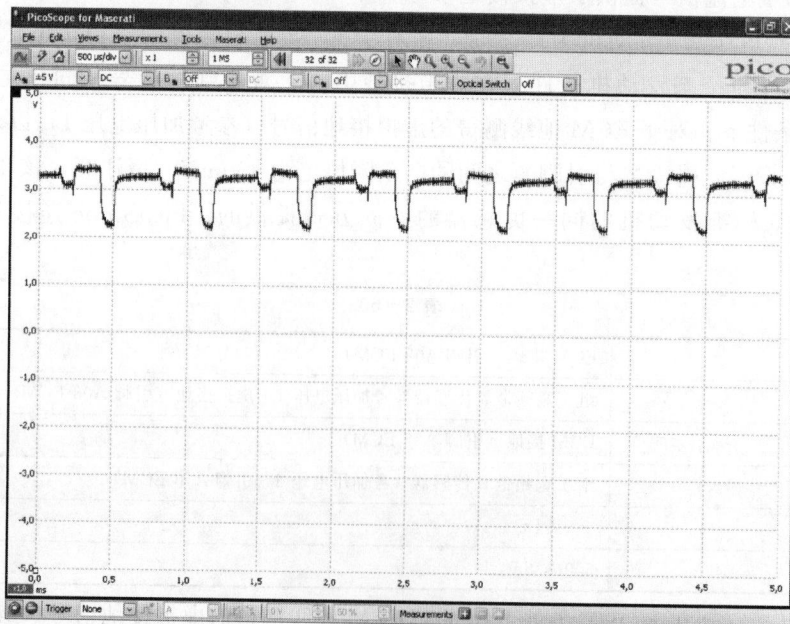

图 2-244

218

请注意，该信号与虚拟接地信号完全同步，因此如果 Lambda＝1，相对于虚拟接地测量该信号时，结果为 0。在 KOER 条件下，会发现电压值在 0 上下波动（如果相对于虚拟接地进行测量）。它对应的 Lambda 值约为 1。在加油门阶段期间，随着过量空气比的变化，可测得最大电压变化值约为±（0.7～0.8）V：

正变化对应于正加压电流，表示稀混合气。

负变化对应于负加压电流，表示浓混合气。

以下采集显示了相对于虚拟接地测得的组 1 的氧传感器信号。为便于观察整个加油门阶段，采用了较大的时间刻度。快速压下加速踏板，可得到突然浓缩的混合气体。可以注意到在加速阶段开始期间（1.5s），混合气较浓；2s 时松开加速踏板，升程阶段后（约 3.2s），混合气较稀。

PicoScope 连接和设置如表 2－71 所示。

表 2－71

通道 A，负极探针	组 1 宽频带氧传感器参考加压电压 1－虚拟接地（引脚 A08 ECM）
通道 A，正极探针	组 1 宽频带氧传感器信号（引脚 A07 ECM）
通道 A，范围设置	±1V DC
时间范围设置	1s/div

在截屏中，显示了在加油门条件下相对于虚拟接地测得的组 1 的 LSU 氧传感器信号，如图 2－245 所示。

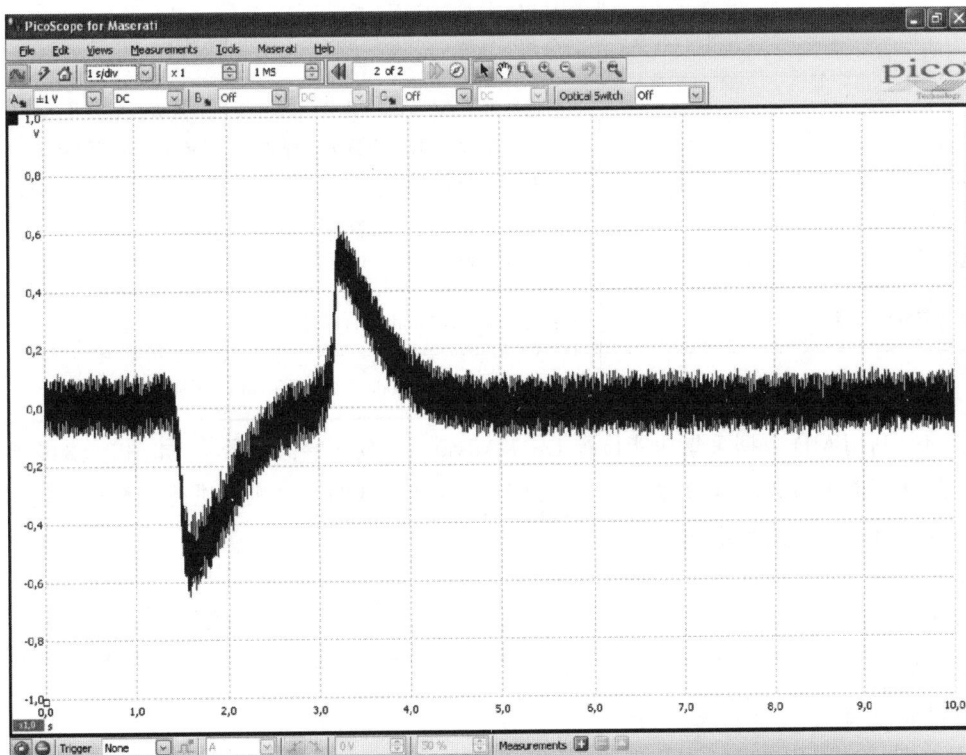

图 2－245

请注意，测得的电压信号与使用 MD 测试仪从参数菜单中读取的（已处理）电压并不相同。

对于符合欧 5 与欧 6 标准的发动机，引脚 3、4 及 5 的引脚功能与相应的电压信号均相同。请参阅测试 7.2。

②前级氧传感器的 MD 参数分析。与前级氧传感器相关的 MD 参数如表 2－72 所示。

表 2-72

宽带氧传感器（LSU）上游催化器运行就绪状态	显示汽缸组 1 的传感器是否就绪 真：传感器就绪 假：传感器未就绪或检测到传感器故障
宽带氧传感器（LSU）上游催化器运行就绪状态，第 2 排	显示汽缸组 2 的传感器是否就绪 真：传感器就绪 假：传感器未就绪或检测到传感器故障
Lambda 闭环控制前氧传感器的条件	显示与组 1 汽缸相关的闭路燃油控制的状态 真：闭路控制启用 假：闭路控制禁用（例如在快速加油门阶段期间）
Lambda 闭环控制前氧传感器的条件，第 2 排	显示与组 2 汽缸相关的闭路燃油控制的状态 真：闭路控制启用 假：闭路控制禁用（例如在快速加油门阶段期间）
实际 Lambda 值（前氧传感器）	显示与组 1 汽缸相关所测得的废气混合气所计算的 Lambda 值。在 KOER 条件下，该参数的可接受范围介于 0.98～1.02
实际 Lambda 值（前氧传感器），第 2 排	显示与组 2 汽缸相关所测得的废气混合气所计算的 Lambda 值。在 KOER 条件下，该参数的可接受范围介于 0.98～1.02
Lambda 传感器电压前氧传感器	这与汽缸组 1 产生的加压电流信号有关，即从氧传感器传送至 ECM 的实际电流信号。在 ECM 控制电路中，将电流信号转换为处理的电压信号 $\lambda=1$ 时，该值为 1.5V $\lambda>1$ 时，该值>1.5V；稀混合气 $\lambda<1$ 时，该值<1.5V；浓混合气
Lambda 传感器电压前氧传感器，第 2 排	这与汽缸组 2 产生的加压电流信号有关，即从氧传感器传送至 ECM 的实际电流信号。在 ECM 控制电路中，将电流信号转换为处理的电压信号 $\lambda=1$ 时，该值为 1.5V $\lambda>1$ 时，该值>1.5V；稀混合气 $\lambda<1$ 时，该值<1.5V；浓混合气
标称 Lambda 值（前氧传感器）	显示汽缸组 1 的 Lambda 目标值（Lambda 控制回路所需的）
标称 lambda 值（前氧传感器），组 2	显示汽缸组 2 的 Lambda 目标值（Lambda 控制回路所需的）

a. 测试 7.4（利用 MD 数据采集功能检查 LSU Advanced 氧传感器信号）。如图 2-246 所示的截屏显示了在加油门条件下以下参数的 MD 数据采集（在符合欧 5 标准的发动机上进行的测试）。

实际 Lambda 值（前氧传感器）；

标称 Lambda 值（前氧传感器）；

发动机转速。

可以注意到如下。

测量值与目标值完全吻合；

在 KOER 条件下，测得的 Lambda 值约为 0.98；

在加油门和极限转速条件下，最小值约为 0.72；

在松油门后，该值急剧增加，这是因为已禁用燃油喷射。最大值约为 16。

b. 测试 7.5［利用 MD 数据采集功能检查 LSU Advanced 氧传感器信号（2）］。如图 2-247 所示的截屏显示了在加油门条件下以下参数的 MD 数据采集（在符合欧 5 标准的发动机上进行的测试）。

实际 Lambda 值（前氧传感器）；

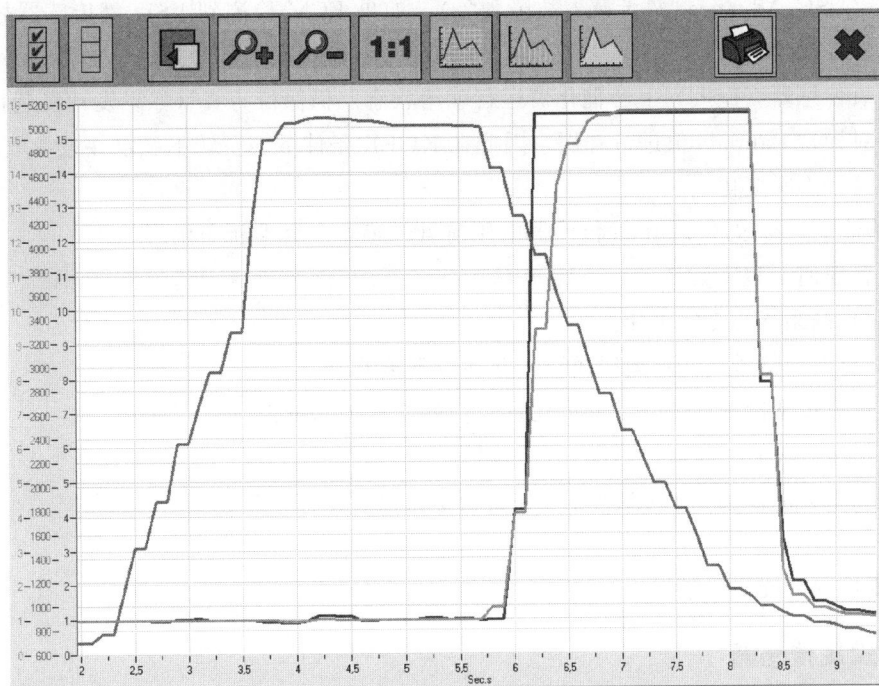

图 2-246

前氧传感器电压值；

发动机转速。

可以注意到如下。

测得的 Lambda 值与电压值吻合，但其曲线行为已由 ECM 进行过滤。实际上，与电压参数值相比，Lambda 值的变化更稳定；

测得的 Lambda 值约为 0.98（在 KOER 条件下），电压值约为 1.46V。

在加油门阶段期间，随着过量空气比的变化，可测得最大电压变化值约为 ±（0.7～0.8）V。测试 7.2 中也对此进行了解释。

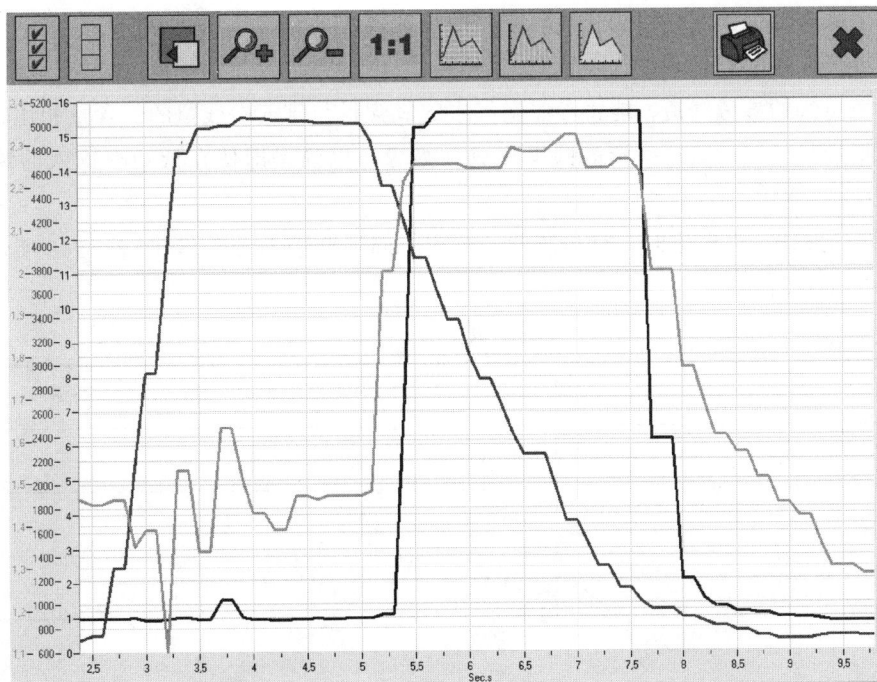

图 2-247

c. 测试 7.6 （LSU Advanced 氧传感器故障现象）。如果 ECM 检测到 LSU 氧传感器故障，发动机会继续运行且仍然允许发动机启动。如果 LSU 加压电流信号对虚拟接地信号短路，激活以下策略。

参数"宽带氧传感器（LSU）上游催化器运行就绪状态"仍保持为真（如果发动机运行状态正常）。

系统会尝试对异常 Lambda 值进行补偿，因此在 KOER 条件下，空转不稳定并且参数"实际 Lambda 值（前氧传感器）"不断变化。

在 KOER 条件下，参数"Lambda 传感器电压前氧传感器"会不断变化。

最初，不设置任何 DTC。

VVT 和增压控制系统均正常工作。

如果 LSU 加压电流信号对底盘地线短路，激活以下策略。

将参数"宽带氧传感器（LSU）上游催化器运行就绪状态"设为假。

参数"实际 Lambda 值（前氧传感器）"固定为 0.98。

参数"Lambda 传感器电压前氧传感器"保持稳定且不显示任何变化。

设置专用的 DTC。

VVT 和增压控制系统均正常工作。

（四）两点式氧传感器

每个催化转化器的后级，都使用 1 个二级或平板式氧传感器。传感器特别针对欧 5 和欧 6 兼容发动机设计。

在欧 5 兼容发动机上，2 个 Bosch LSF 4.2 两点式氧传感器用参考空气（传感器中的环境空气）中的氧含量来比较排气中残留的氧含量。

在欧 6 标准的发动机上，2 个 Bosch LSF X4 两点式氧传感器用参照区域中的氧含量（表示 Lambda＝1 条件下）来比较排气中残留的氧含量。该区域通过含氧加压元件形成。

注意：由于线束长度不同，所以每个汽缸排的传感器都有一个特定零件号。

1. Bosch LSF 4.2 传感器特性（欧 5）

Bosch LSF 4.2 两点式氧传感器包含以下部件。

在排气侧有多孔陶瓷保护层，可防止残留废气的侵蚀效应。

带有微孔贵金属涂层的测量元件。

一条通向环境空气的参考气道，能将参照空气中的氧含量与排气中残留的氧含量相比较。

一个金属波形加热元件。其在陶瓷晶圆里集成并绝缘，以确保即使在低功率输入的情况下，传感器也能快速升温。

在大约 600℃的最佳工作温度时，该传感器的响应时间可低于 50ms，如图 2—248 所示。LSF 4.2 传感器特性如表 2—73 所示。

表 2—73

启动时间	≤12s
恒温排气	＞930℃
排气峰值温度	1030℃（250h）
电线和保护套温度	＜280℃

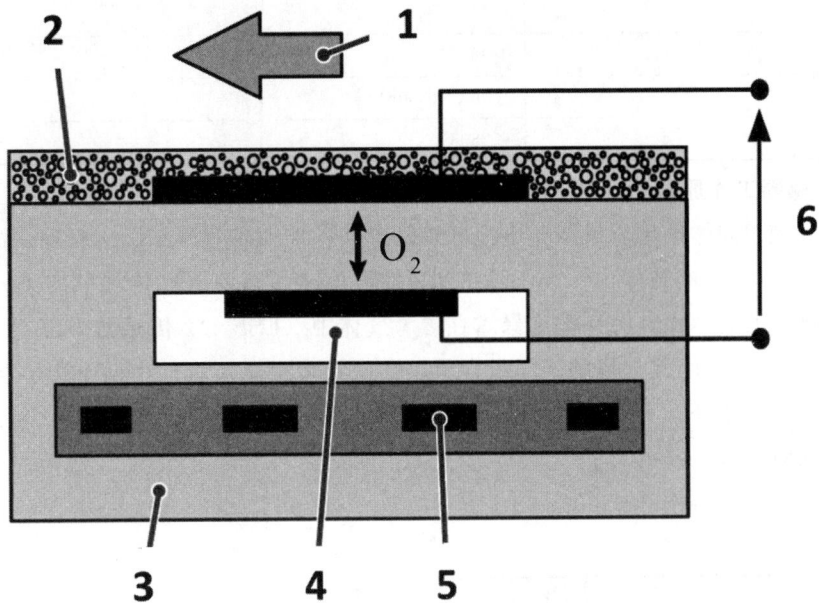

1—排气　2—多孔陶瓷保护层　3—带有微孔贵金属涂层的测量元件　4—氧参考区　5—加热
器　6—输出电压

图 2－248

两点式氧传感器的电压曲线如图 2－249 所示。

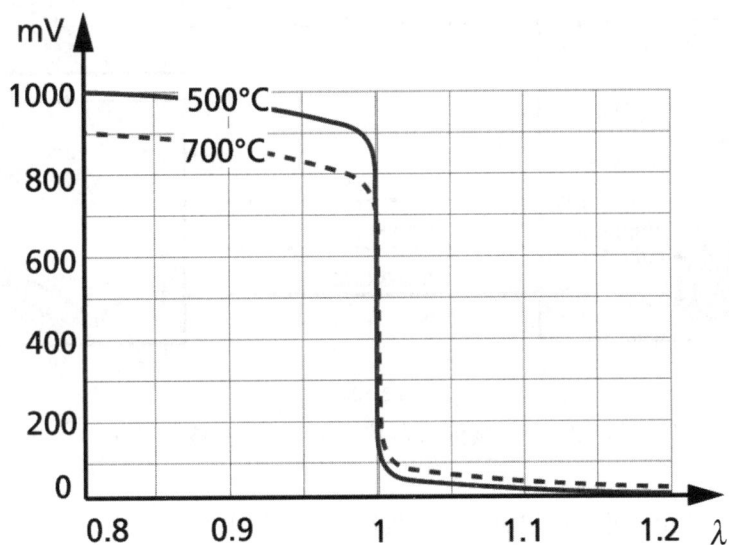

图 2－249

2. Bosch LSF X4 传感器特性（欧 6）

Bosch LSF X4 二级传感器主要包含的部件和 Bosch LSF 4.2 传感器相同，但参考气道由一个氧参考区代替，表示为纯空气。该区域通过含氧加压元件形成。排气传感器设有加氧参考区后，可隔离外部空气中的空气污染，以及传感器元件上的沉积污染物。与 LSF 4.2 传感器相比，该传感器只用一半时间，就能使发动机通过冷启动进入控制模式。这极大地减少了发动机排放不受控制的时间。而更高的测量精度也将使其更易满足未来的废气排放物标准。此外，该款新型氧传感器体积更小、结构更坚固。LSF X4 传感器特性如表 2－74 所示。

223

启动时间	<7s
恒温排气	>980℃
排气峰值温度	1030℃ （300h）
电线和保护套温度	<280℃

3. 两点式氧传感器工作原理

两点式氧传感器利用固体电解质氧浓差电池原理的工作：能斯特（Nernst）原理。排气中氧含量的突变，发生在 λ 为 0.99～1.01 的范围内。在大约 350℃ 的温度时，陶瓷元件传导氧离子。陶瓷元件的一侧暴露在内燃发动机排出的气体中，另一侧则暴露在参考气体中（LSF 4.2 传感器外部空气和 LSF X4 传感器加氧参考气体）。测量元件两侧气体的不同氧含量，在微孔贵金属接触面中两个边界层之间产生一个电压。即使在极低的排气温度下，该集成加热器也能确保传感器的功能不受影响。该传感器的电压输出，直接取决于排气中的氧含量。

①LSF 氧传感器接线图（图 2－250）。

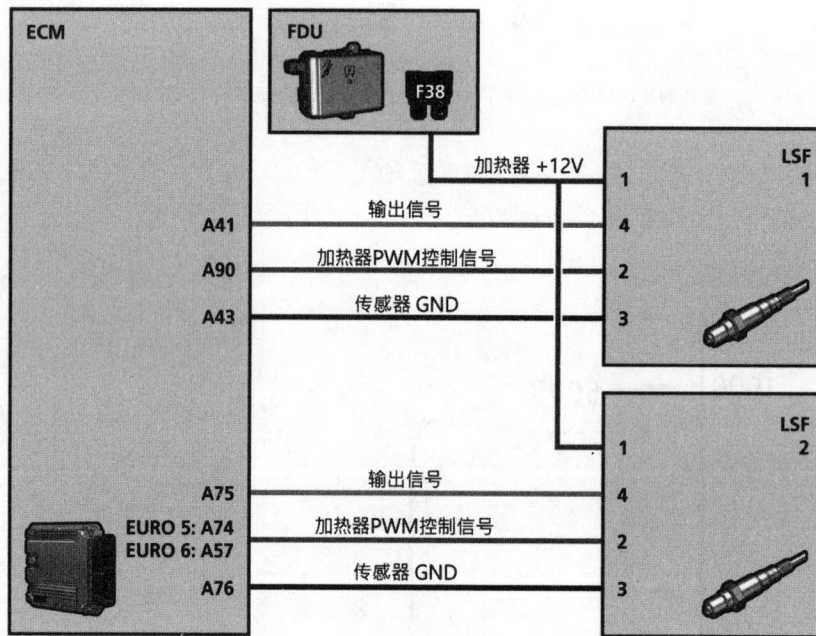

图 2－250

测试 7.7（LSF 4.2 传感器和 LSF X4 氧传感器信号测量）。在该测试中，分析了在传感器插座针处所测的每个传感器线缆信号。

引脚 4：输出信号。两个传感器的输出电压直接取决于排气中的氧含量。

浓混合气体 $\lambda<1$：到 900mV。

稀混合气体 $\lambda<1$：到 10mV。

在大约 450mV 时，浓混合气体转变为稀混合气体。

在 KOER 条件下（发动机暖机），由于催化剂转化，排气中的氧含量降低，电压增大（接近 0.8V）。准确的电压值取决于排气中的氧含量。当发动机冷机时，两种传感器类型的所测电压信号不同。

LSF 4.2 传感器的所测电压信号接近 0.45V。

LSF X4 传感器的所测电压信号接近 1.5～1.6V。这是 ECM 提供给含氧加压元件的激励电压信号。

如图 2－251 所示的屏幕截屏中显示有关传感器接地的 1 组两点式氧传感器信号的测量。快速压下加速踏板，可得到突然浓缩的混合气体。可以注意到，在加快转速时（2s 时），催化剂后级的氧量很高，氧传感器读取稀混合气体。这是因为如下原因。

在加快转速时，Lambda 控制回路不能保证得到化学计量混合气体。

当不在化学计量比条件下操作且不用氧来减少其他污染成分时，催化剂转化率就很低。

含氧量达到两点式氧传感器要求，因此稀释测量。

当 Lambda 控制回路达到 Lambda＝1 时，催化剂可获得高转化率，排气中的氧就用于降低催化剂。与在 KOER 条件下一样，此条件下的两点式氧传感器电压也较高（接近 0.8V）。

PicoScope 连接和设置如表 2－75 所示。

表 2－75

通道 A，负极探针	两点式氧传感器接地（引脚 A43 ECM）
通道 A，正极探针	1 组两点式氧传感器信号（引脚 A41 ECM）
通道 A，范围设置	±1V DC
时间范围设置	1s/div

突然压下并随后松开加速踏板时，在瞬时条件下显示 1 组两点式氧传感器信号。

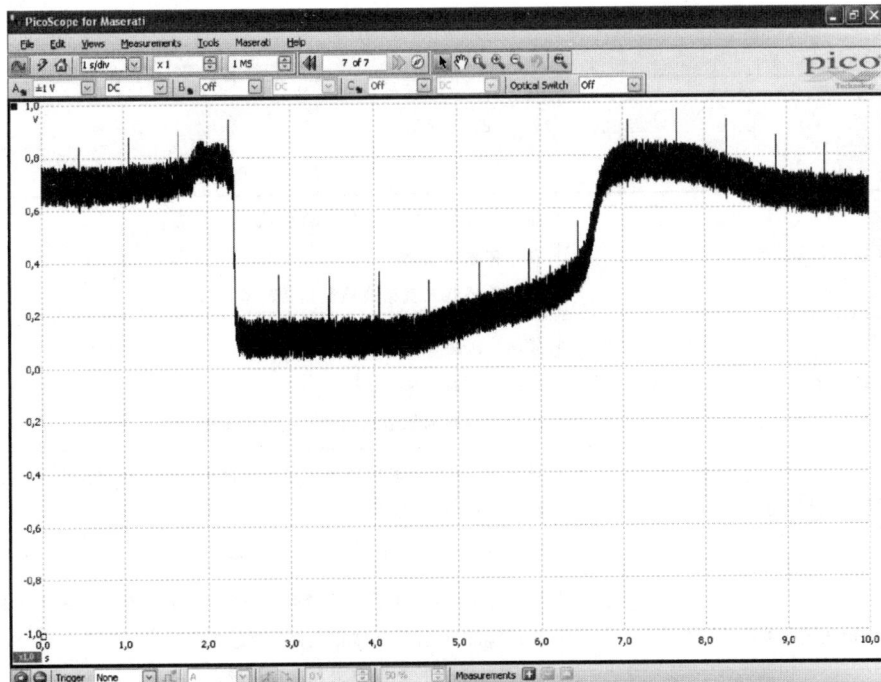

图 2－251

引脚 3：传感器接地。

引脚 2：加热器 PWM 命令。PicoScope 连接和设置如表 2－76 所示。

表 2－76

通道 A，负极探针	1 组两点式氧传感器加热器 PWM 指令（引脚 A90 ECM）
通道 A，正极探针	主继电器电源（引脚 A3 ECM）
通道 A，范围设置	±20V DC
时间范围设置	50ms/div

在如图 2－252 所示的屏幕截屏中，在 KOER 条件下（发动机暖机），测得 LSF 加热器指令。可观察到约为 10Hz 且具有中等工作周期的 PWM 信号。瞬间加快转速时，工作周期略微变化，这取决于工况。

注意：与 LSU 传感器加热器指令 PWM 的频率相比，该 PWM 频率低，为原来的 1/10。

引脚 1：主继电器为加热器供电。点火开关开启时，应测量电池电压。

②后级氧传感器 MD 参数分析。与后级氧传感器有关的 MD 参数如表 2－77 所示。

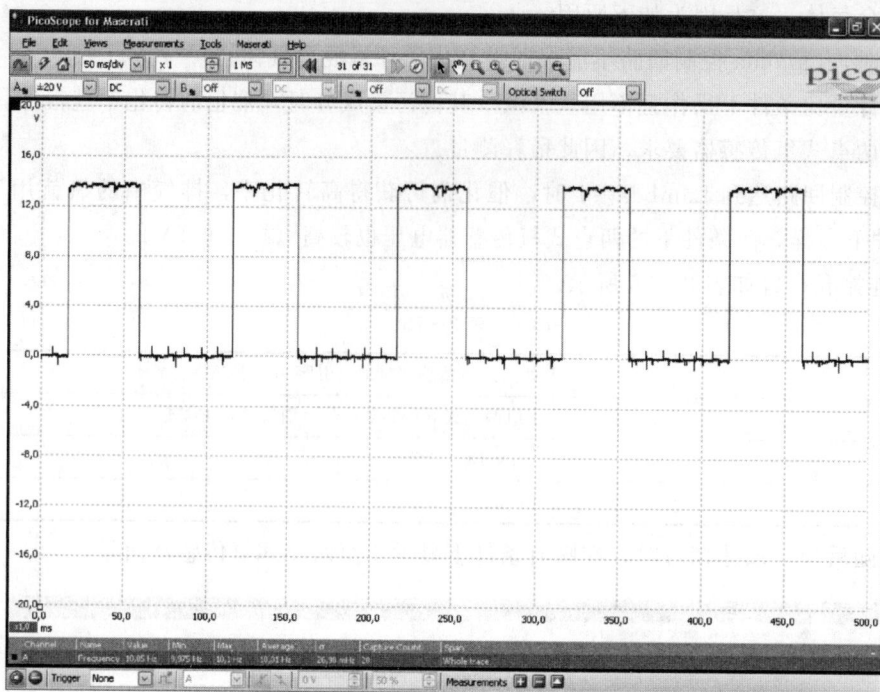

图 2-252

表 2-77

氧传感器下游主催化器运行就绪状态	显示汽缸组 1 的传感器是否就绪
	真：传感器就绪
	假：传感器未就绪或检测到传感器故障
氧传感器下游催化器缸组 2 运行状态	显示汽缸组 2 的传感器是否就绪
	真：传感器就绪
	假：传感器未就绪或检测到传感器故障
Lambda 闭环控制后级催化剂的条件	显示 Lambda 控制回路系统是否正使用后级氧传感器来实现 Lambda 值微调
	真：Lambda 控制回路正在使用传感器
	假：Lambda 控制回路未在使用传感器
Lambda 闭环控制后级催化剂的条件，第 2 排	显示 Lambda 控制回路系统是否正使用后级氧传感器来实现 Lambda 值微调
	真：Lambda 控制回路正在使用传感器
	假：Lambda 控制回路未在使用传感器
测得的 Lambda 值（后级催化剂）	显示计算得出的汽缸 1 排催化剂后级测得的 Lambda 值
测得的 Lambda 值（后级催化剂）	显示计算得出的汽缸 2 排催化剂后级测得的 Lambda 值
Lambda 传感器电压后级催化剂	显示传感器输出电压，关于汽缸组 1 传感器接地的测量
Lambda 传感器电压后级催化剂组 2	显示传感器输出电压，关于汽缸组 2 传感器接地的测量

a. 测试 7.8（利用 MD 数据采集功能，检查 LSF 4.2 传感器参数）。如图 2-253 所示的截屏为在加油门条件下，以下参数的 MD 数据采集。

测得的 Lambda 值（后级催化剂）；

Lambda 传感器电压后级催化剂；

发动机转速。

可以注意到如下。

测得的 Lambda 值与电压值吻合，但其曲线行为已由 ECM 进行过滤。实际上，Lambda 值比电压参数值移动更平稳。

当从催化剂后级测量的 Lambda 值大约为 0.93（在 KOER 条件下）时，电压值大约为 0.84V。

在加快转速时期，氧传感器读取稀混合气体；实际上，电压降至 0，而 Lambda 值上升到 1.03。这是因为催化剂在化学计量混合气体范围之外工作，且其转化率很低（见测试 7.7）。

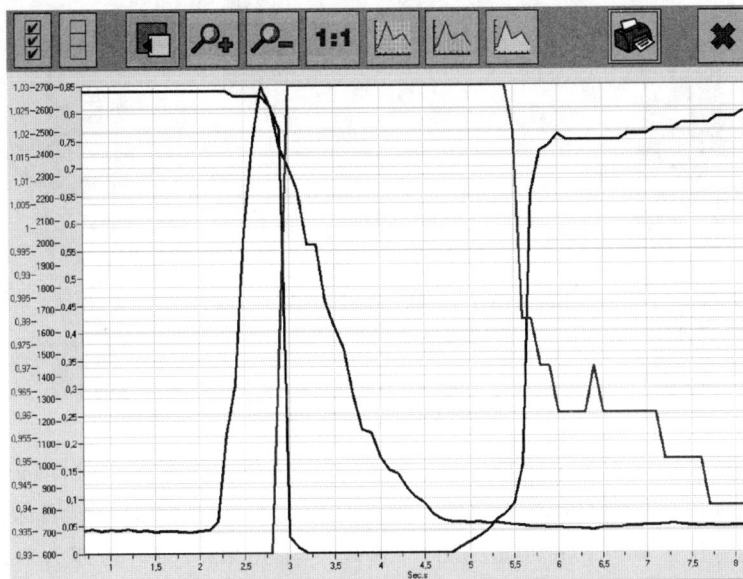

图 2-253

b. 测试 7.9（LSF 故障特性）。ECM 检测到 LSF 氧传感器发生故障时，发动机仍将继续运行，而且也允许发动机进一步启动。如果 LSF 输出信号机壳接地短路，则下列方案被激活。

参数"测得的 Lambda 值（后级催化剂）"和"Lambda 传感器电压后级催化剂"保持稳定，且不显示任何变化。

设置专用的 DTC。

VVT 和增压控制系统均正常工作。

（五）排气系统

全不锈钢排气系统包括 1 个用于每个汽缸排的催化转化器、1 个消音器、1 个用于平衡系统背压的 X 形连接管以及 2 个带有旁路阀的后消音器，如图 2-254 所示。连接管形状和安装位置对于能否拥有玛莎拉蒂车标志性的排气声音至关重要。除用于弥补轴距差的中央元件管道长度不同之外，该排气系统在 M156 和 M157 车中具有相同的特性。

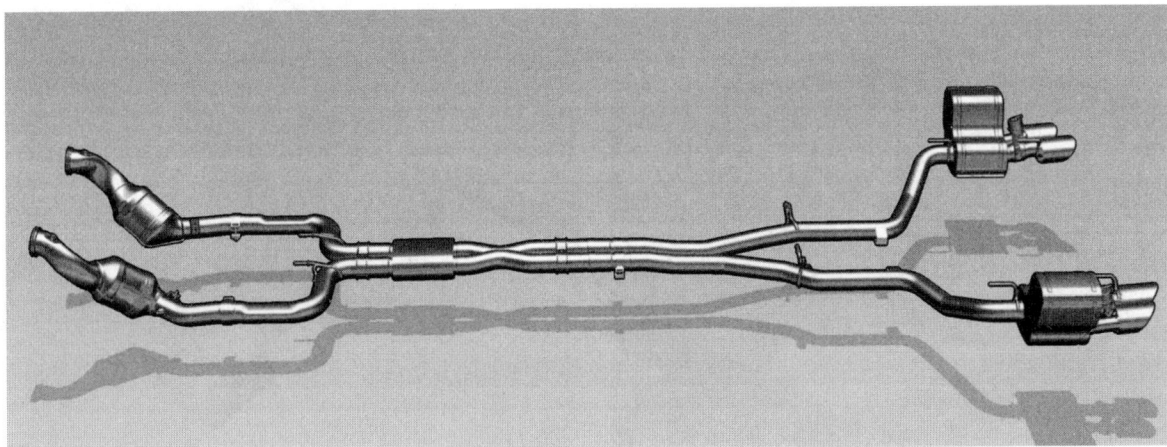

图 2-254

恰好在中央消音器前的 H 形连接，是 F160AN 发动机（用于全轮驱动汽车）排气系统的特色。该方案已经用于满足 NVH 相关要求。该排气系统中的中央元件用于 RWD 汽车（如图 2-255 中左图）和 AWD 汽车（图 2-255 中右图）。AWD 汽车在两个管道之间使用了一个 H 形连接。

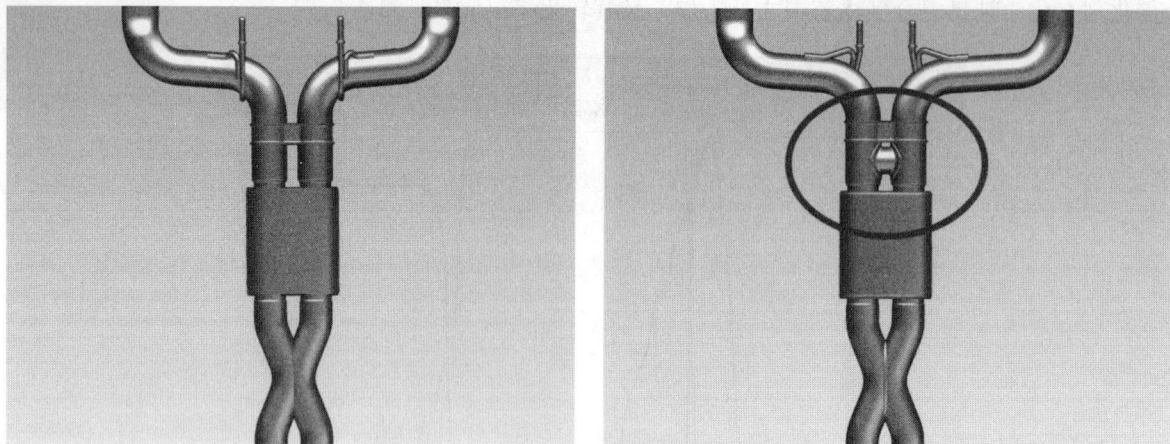

图 2-255

安装过程中，催化转化器必须与发动机对正。这对于保持与变速器及车身底部的正确距离是十分必要的。拆卸及重新安装催化转化器时，必须使用专用工具包 p/n 900000224，以确保催化转化器与发动机及车身正确对齐。使用专用工具包 p/n 900028260（总裁）与 900028261（吉博力）以使排气尾管与后保险杠正确对齐。

1. 排气旁路阀

后消音器旁路阀的开启，给排气系统带来更多自由气体气流，从而导致发动机最大扭矩提高，同时产生更密集、更强烈的排气声，这已成为玛莎拉蒂轿车的标志。2 个后消音器的真空操纵旁路阀由固定在后支架上的 1 个单控电磁阀（Pierburg）来控制。该电磁阀由具有低电平有效开/关控制形式的发动机 ECU 所控制。控制策略取决于驱动模式，如表 2-78 所示。进行测试时，可通过玛莎拉蒂 Diagnosi 活跃诊断指令来操作后消音器的旁路阀。

表 2-78

驱动模式	旁路阀
I. C. E 常态	至 3000r/min 关闭；超过 3000r/min 打开，取决于发动机负荷。动作发动机空载时以及转速超过 3000r/min 时打开；转速在 3000r/min 以下时关闭
排气旁路阀	接线图

后消音器配有真空驱动旁路阀，如图 2-256 所示。

图 2-256

2. 排气旁路阀连接图（图 2-257）

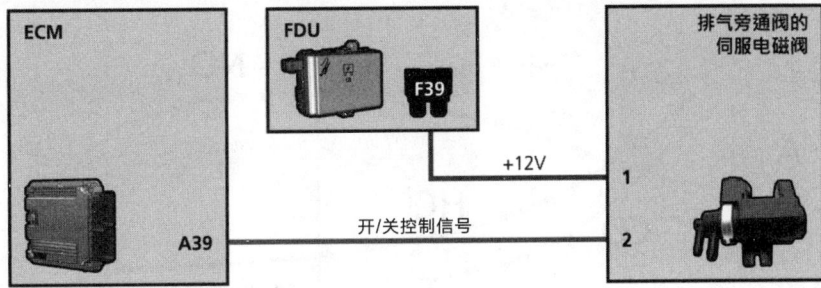

图 2－257

（六）催化转化器

借助于一个三元催化转化器的催化排气后处理，是目前控制汽油发动机废气排放的最有效方式。对于具有化学计量空气/燃料比（$\lambda=1$）的均匀混合气，处于标准工作温度下的三元催化转化器几乎可以完全转换污染物。

1. 工作原理

空气/燃料混合燃烧期间，催化转化器把下列污染成分转换成无毒成分的三种情况：碳氢化合物（HC）、一氧化碳（CO）和氮氧化物（NO_x）。最后产物是水蒸气（H_2O）、二氧化碳（CO_2）和氮（N_2）。这可通过随后的如下化学反应实现。

一氧化碳氧化为二氧化碳（$2CO+O_2 \rightarrow 2CO_2$）。

碳氢化合物氧化为二氧化碳和水（$HC+O_2 \rightarrow CO_2+H_2O$）。

NO_x 还原为氮（$NO_x-O_2 \rightarrow N_2+O_2$）。

氧化 HC 和 CO 所需的氧，直接从排出气体或排出气体中含有的 NO_x 中得到，这取决于空气/燃料混合物的成分。

①Lambda＝1 时的催化剂反应。排出气体中残余的氧含量（大约 0.5％）和 NO_x 中的氧，使 HC 和 CO 充分氧化；NO_x 同时还原为氮 N_2。因此，HC 和 CO 充当氮氧化物的还原剂。催化转化器自身可以补偿小幅度的混合波动。由于其基层含有 ceroxide，所以它可以集聚或释放氧。

在空转条件下的催化转化器运作，如图 2－258 和 2－259 所示。

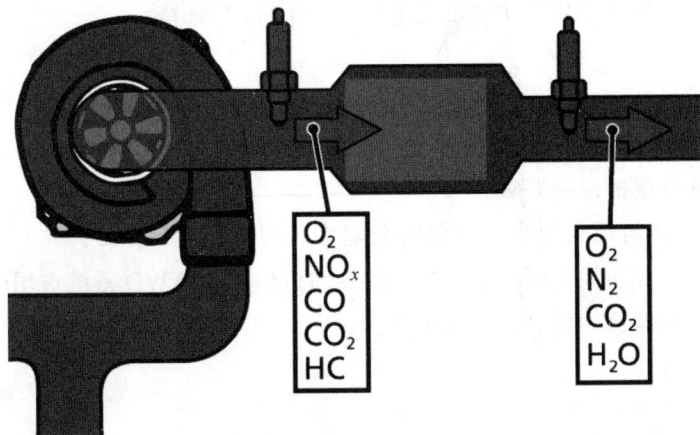

图 2－258

②Lambda＞1 时的催化剂反应。HC 和 CO 被排出气体中含有的氧所氧化。而 NO_x 不能还原为 N_2。

229

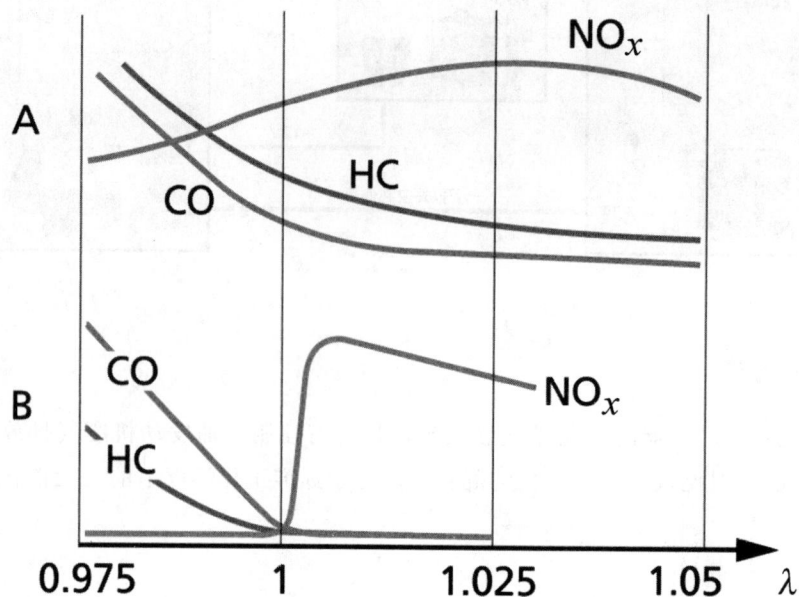

A. 催化处理前 B. 催化处理后

图 2－259

因此，NO_x 未经处理就被排出。

③Lambda＝1 时，排出气体中氧含量即使少量增加都会抑制氮氧化物的还原，并造成其浓度的急剧增加。稀混合气体中，HC 和 CO 的转化率持续提高，因此在排出气体中，它们的含量降低。

④Lambda＜1 时的催化还原反应用 HC 和 CO 作为还原剂，使 NO_x 发生还原反应。由于缺氧而不能被转换的多余 HC 和 CO，未经处理即排放。浓混合气体中，HC 和 CO 的转化率持续降低，因此在排出气体中，它们的含量增多。

⑤催化剂转化率。从以上说明中可知，要达到 3 种污染成分的最大可能转化率，需要 Lambda＝1.0 理想配比混合成分。因此，显示空气/燃料比的窗口很小。精确的 Lambda 闭环控制监控空气/燃料混合的成分，并在 Lambda＝1 时调节其值。尽管在所有工作状态下不能一直保持这些理想条件，但是平均可减少 98％以上的污染物排放。

由于达到正常工作温度的催化转化器才具有极高的（接近于 100％）的转化率，因此在冷启动和暖机期间，会排出相当大量的污染物。在启动阶段和启动后阶段，所排出的污染物实际量可以达到 90％。因此，为减少污染物的排放，确保催化转化器迅速加热是必不可少的措施。

2. 设计

催化转化器安装在排气系统中，靠近涡轮出口处，以提高加热性能。催化转化器的催化剂核心，在本质上与用于 V8 发动机中的催化剂核心相同，但为了满足 330/350CV 和 410CV 版本中各种气体排放的标准要求，已经优化了活性层的浸透等级。

①催化转化器不需要任何周期维护。催化转化器在 RWD 汽车（图 2－260 中左图）和 AWD 汽车（图 2－260 中右图）上的设计布局不同。由于二者的发动机位置和 AWD 系统占用的空间略有差别，所以该设计是必需的。催化转化器特性如表 2－79 所示。

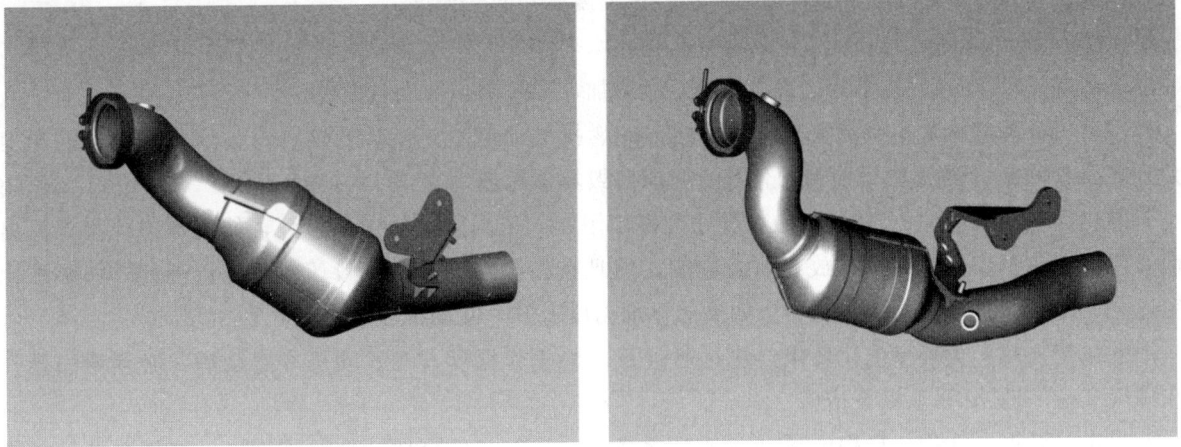

图 2-260

表 2-79

催化转化器特性	F160AN	F160AM	F160AO/AS
体积	1.422L	1.927L	1.927L
贵金属量	钯 8.28g 铑 0.50g	钯 11.28g 铑 0.62g	钯 6.46g 铑 0.34g
尺寸（直径×长度）	118mm×130mm	143mm×120mm	143mm×120mm
单元密度	每平方厘米 78 单元		
外壳	不锈钢		

②基质。由高温状态下，细小的瓦楞薄金属箔片缠绕、焊接制成（0.03～0.05mm 厚）。薄壁可使其合并每个表面的大量通道，从而有助于降低排出气体的阻力，优化发动机性能。

③基质涂层。氧化铝（Al_2O_3）涂层可使催化转化器的有效表面增大。

④活性催化剂贵金属涂层。活性催化剂涂层含有钯、铑贵金属。

钯加速 HC 和 CO 的氧化反应。

铑加速 NO_x 的还原反应。

⑤绝缘层。确保化学和热绝缘如图 2-261 所示。

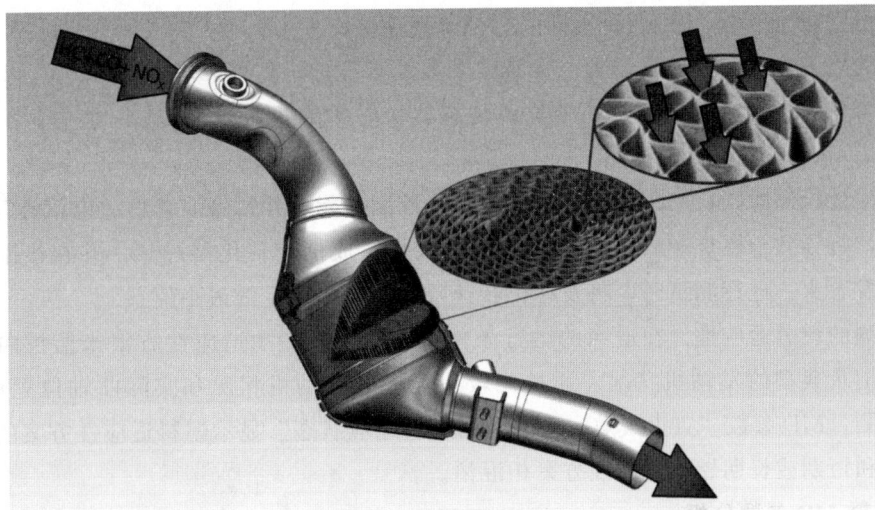

图 2-261

3. 工作温度

为实现氧化和还原反应过程，氧化剂必须具有以热量形式表现出的一定量的活化能。

231

工作温度超过 300℃ 时，不必转化污染物。该温度称作起燃温度。

在 400～800℃ 温度范围内运行，是实现高转化水平和最大使用寿命的理想条件。

温度超过 1000℃ 时，催化转化器热老化急剧增加，导致催化剂大量失效。

当发动机故障（例如不能点火）时，可能会点燃排气通道中未燃烧的燃料，且催化转化器的温度可能会升高至 1400℃。该温度可能会融化基质并彻底毁坏催化剂。

①催化剂过热保护。ECM 设有最大催化剂温度限制：依据大量的工作参数，使用动态模型计算出催化剂温度。过热温度值对气体排放有消极影响，而且在极限情况下，能毁坏催化剂。因此，如果催化剂温度过高，将显示信息向驾驶员报警。如果催化剂温度上升，发动机性能将降低。

②催化剂加热。为确保催化转化器快速达到正确的工作温度，在发动机冷启动后，必须增加排气温度和排气气流。ECM 采取以下措施。

点火正时延迟：在排气行程中尽可能延迟燃烧发动，并（部分地）采取该措施。燃烧在排气通道的第一个区域中持续进行，以加热催化剂。

采用更大的节气门开角，加大空转转速：该操作可加大排气气流，并补偿由于延迟点火正时而导致的发动机力矩的减小。

通过一个专有参数显示催化剂加热方案是否被激活，如表 2-80 所示。

表 2-80

催化剂加热的条件	显示催化剂加热方案是否被激活 假：方案未激活 真：方案激活

4. 催化转化器和点火失效

术语"点火失效"用于表示不能发生燃烧的情况。ECM 点火失效检测，评估每个汽缸从一个燃烧循环到下一个燃烧循环的截止时间（时间段）。该时间来自于转速传感器信号。如果未发生燃烧，发动机立刻低速转动。循环时间极大增加是点火失效的一种迹象。此外，点火失效检测仪会利用爆震传感器和氧传感器的信息。如果发生点火失效故障，由于缺少燃烧过程，进气中的氧未被消耗，所以催化剂前级的 Lambda 传感器在排出的气体中会检测到更大的含氧量。点火失效可导致催化转化器中未燃烧燃料的二次燃烧，并造成温度上升。这会导致催化转化器更快老化，甚至被毁坏。而且，催化剂中的铑可能会发生不可逆氧化反应。燃烧未发生也会增加废气排放，特别是 HC 和 CO 气体。

ECM 根据后果的严重性，识别两种不同的燃烧未发生情况。

与排放有关的点火失效：与曲轴位置传感器和爆震传感器的异常检测有关。

与催化剂损害相关的点火失效：与曲轴位置传感器、爆震传感器和 Lambda 值异常状况的异常检测有关。

在进行点火失效检测时，应禁用 Lambda 闭环燃料控制功能，并暂停混合物适应值计算。警告发动机未连接点火线圈，将导致未燃烧燃料进入排气通道。这将造成催化转化器过热，并在极限情况下，损坏催化剂，甚至引发着火。进行测试时，将发动机转速限制为严格规定的最小值。

点火失效检测的燃料适应性。在适当的运行条件下，可采用一项适应性方案来监控曲轴位置传感器信号，从而帮助记录典型的发动机状况。通过比较所记录的发动机状况和实际曲轴位置传感器的信号，完成点火失效检测。MD 参数"点火失败时检测到的燃料适应状态"显示燃料适应性方案的实际状态。

注意：请勿和短期或长期燃料适应性方案相混淆。

5. 催化转化器 MD 参数分析

与催化转化器相关的 MD 参数如表 2-81 所示。

表 2-81

故障计数器，汇总和计算所有汽缸内催化剂破坏性不点火次数	显示检测到的催化剂破坏性不点火次数
故障计数器，汇总和计算所有汽缸内与排放相关的不点火次数	显示检测到的与排放有关的失火事件
点火失败时检测到的燃料适应状态	显示燃料适应策略的实际状态 0：适应过程已完成 1：适应过程正在进行 2：适应过程不正常
废气流量上游主催化器	显示计算得出的第1组催化转化器的气流量
废气流量上游主催化器，缸组2	显示计算得出的第2组催化转化器的气流量

6. 催化转化器诊断

①经典诊断方法。衡量催化转化器效率的主要因素是催化转化器的氧存储能力。利用特定的频率和振幅来设置 Lambda 闭环控制设定值。因控制设置中的这些波动所造成的排放气体氧含量变化，通过催化转化器涂层材料的吸氧和释氧功能在催化转化器中减弱。后传感器因此而发出一个带有很小振动的信号。相反，因老化或损坏而失去氧存储能力的催化转化器，由于几乎无法减弱上述氧含量变化，所以会产生一个振荡信号。这是衡量催化转化器状况的一个重要指标。

②实际诊断方法。现代玛莎拉蒂汽车上应用的催化转化器所具有的氧存储能力比旧系统更大。这表示即使转化器损坏，催化转化器的后级氧浓度变化仍明显减弱。因此，同上述经典方法一样，主催化转化器后级氧浓度变化太小导致被动评估无法进行，因而需在 Lambda 闭环控制系统中执行主动干预诊断过程。主催化转化器的诊断，是基于对直接从浓混合气体到稀混合气体转换过程中氧存储的测量。LSU 氧传感器安装在催化转化器前级，用于测量废气中的氧含量。催化转化器的两点式氧传感器检测转化器的储氧能力。对部分载荷范围内的静态发动机工作状况的读取，遵照以下步骤。

a. 在初始阶段，当发动机以浓混合气（$\lambda < 1$）运行时，转化器中的氧被彻底排空。这是通过后 Lambda 传感器信号利用一个大于 650mV 的电压来显示的。

b. 在第二阶段，当发动机以稀混合气（$\lambda > 1$）运行时，可通过空气流量和初始 Lambda 传感器信号，计算出吸收至氧集聚器溢流点的氧量。这是通过后 Lambda 传感器信号利用一个大于 200mV 的电压来显示的。

c. 计算出的氧量值即表示氧存储能力。该数值必须超过某一参考数值，否则，将记录为一次故障。当汽车在相对稳定的工作条件下行驶且催化剂在正确的操作温度下工作时，进行该诊断过程。

7. 使用废气分析仪，进行废气分析

使用废气分析仪，能有助于解决排放和驾驶性能方面的故障。这类测试仪器可测量废气中的 HC、CO、CO_2、O_2 和 NO_x 含量。这些成分，尤其是 O_2 和 CO_2，是解决故障的优异指标。此外，通过与检修前后的读数相比较，废气分析仪可测量检修的有效性。须牢记在废气到达尾管之前，发生两次燃烧，以便能够识别预催化反应和催化反应。

初始燃烧发生在发动机中。这决定着催化剂原料气的成分，该成分对催化剂效率有明显影响。

当废气到达三元催化剂时，发生两个化学反应过程：HC 和 CO 与 O_2 的氧化过程，以及 NO_x 和 CO 的还原过程。

一般情况下，下列条件会造成催化剂前级 HC、CO 和 NO_x 过量：

因极其稀薄或极其浓的空气/燃料混合气体而导致的点火失败或不点火会造成 HC 过量。

由浓空气/燃料混合气体造成的 CO 过量。

由过度燃烧温度造成 NO_x 过量。

如果 CO 上升，则 O_2 下降；相反，如果 O_2 上升，则 CO 下降。高 CO 读数是以浓混合气运转发动机的指标之一，而高 O_2 读数则是以稀混合气运转发动机的指标之一。

在以下测试中，我们分析了一些由废气排放所造成的、与燃烧相关的典型故障案例。在使用废气分析仪读出废气成分时，需考虑一个 4~6s 的测量延迟。

①测试 7.10（不点火故障识别），如图 2-262 所示。在本测试中，我们分析了由不点火故障所导致的发动机不正常状况。测试时应保持发动机转速稳定（空转或固定转速）。表 2-82 汇总了催化处理前后对污染成分排放的影响，并与其对发动机正常运行的影响相比较。

表 2-82

催化剂前级废气	催化剂中的化学过程*	催化剂后级（尾管）废气
HC 增加 O_2 增加 CO_2 减少 CO 减少	过量 HC 被氧化，导致 HC 和 O_2 减少，CO_2 增加 减少的 CO 和增加的 O_2 进入催化剂，导致 NO_x 过多	HC 和 CO_2 的读数保持在适当范围内 CO 减少 O_2 减少 NO_x 增加

*：催化剂在正确操作温度范围内正常工作。在发动机冷态条件下，催化剂不能引起所需的化学反应。当 ECM 运行冷态发动机方案时，未测得有意义结果后可改变燃料量和点火正时。

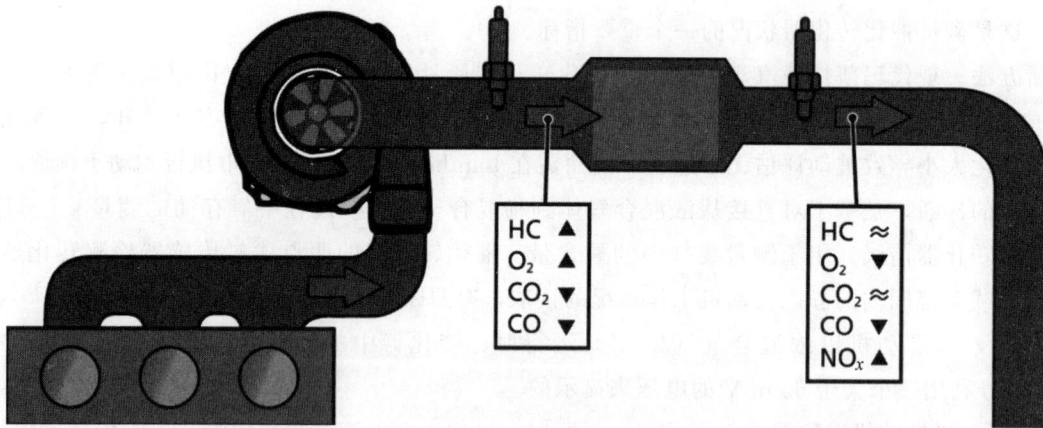

图 2-262

②测试 7.11（过量浓混合气体识别），如图 2-263 所示。在本测试中，我们分析了由过量浓混合气体所导致的发动机不正常状况。测试时应保持发动机转速稳定（空转或固定转速）。表 2-83 汇总了催化处理前后对污染成分排放的影响，并与其对发动机正常运行的影响相比较。

表 2-83

催化剂前级废气	催化剂中的化学过程	催化剂后级（尾管）废气
CO 增加 O_2 减少（由于 C 原子和 O 原子结合，CO 的增加，造成进入催化剂中的 O_2 成比例减少） HC 增加	利用废气中的氧，催化转化器可以氧化大部分 CO 和 HC，因此，消耗了残留的很少量的 O_2 由于缺少氧，NO_x 利用 HC 和 CO 作为还原剂，发生还原反应 由于缺少氧而不能被转换的 HC 和 CO，不经处理即排放	CO_2 和 NO_x 的读数保持在适当范围内 HC 和 CO 的读数可略微加大，或在适当的范围内显示 O_2 极低

产生浓混合气体状态的可能原因如下。

打开位置处的喷油器堵塞。

曲轴箱通风系统中的油气过量。查找涡轮前后排气通路中是否有黑色油泥沉积。

涡轮增压器漏油。仅查找涡轮后排气通路中是否有黑色油泥沉积。

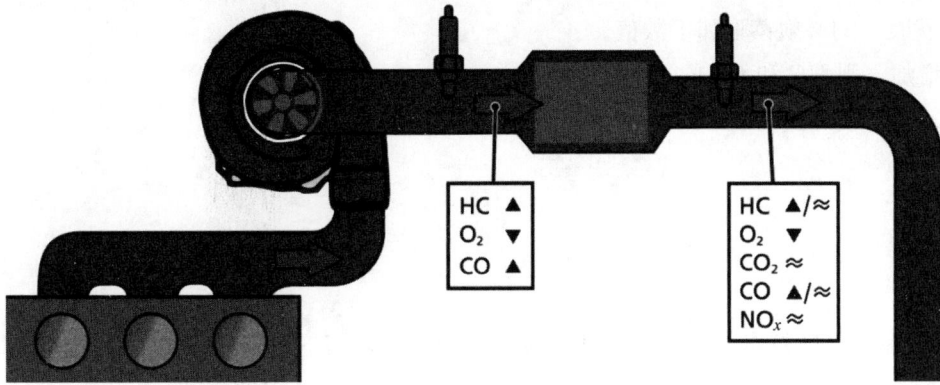

图 2-263

③测试7.12（极稀混合气体识别），如图2-264所示。在本测试中，我们分析了由极稀混合气体所导致的发动机不正常状况。测试时应保持发动机转速稳定（空转或固定转速）。表2-84所示的汇总了催化处理前后对污染成分排放的影响，并与其对发动机正常运行的影响相比较。产生稀混合气体状态的可能原因包括关闭位置处的喷油器堵塞。

表 2-84

催化剂前级废气	催化剂中的化学过程	催化剂后级（尾管）废气
O_2 增加 CO 减少 CO_2 减少 HC 减少	利用废气中的氧，催化转化器可完全氧化 CO 和 HC 成分 由于缺少 HC 和 CO 成分，NO_x 不能产生还原反应	CO 和 CO_2 降低 HC 读数可略微降低，或在适当的范围内显示 O_2 和 NO_x 增加

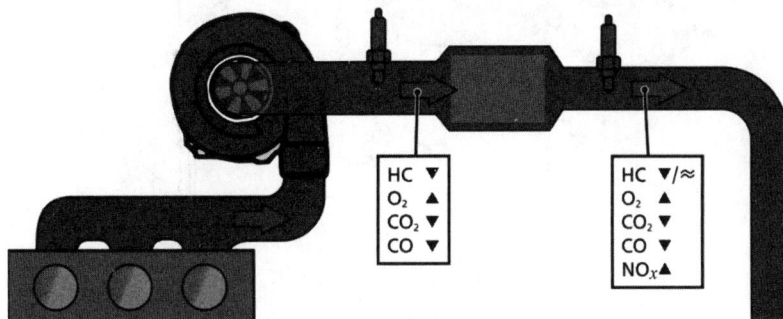

图 2-264

④测试7.13（喷油器响应时间检查）。应按照以下步骤，验证燃料喷油器的响应时间。

设置废气分析仪，在 KOER 条件（发动机和催化剂都必须达到正确的工作温度）下，监控 CO 和 CO_2。

通过 PicoScope 检测喷油器指令信号。

快速踩下并松开加速踏板。

在正确操作下，喷油器指令信号的响应要比气流响应更快。所以，应观察发生在 O_2 读数变化之前的 CO 读数变化情况。

如果观察到发生在 CO 读数变化之前的 O_2 读数变化，则表示喷油器中的机械部件不能正确运动，并且喷油器开启过慢。

⑤测试7.14（燃料质量检查）。在本测试中，我们分析了由不良燃料质量所导致的发动机不正常状况。测试时应保持发动机转速稳定（空转或固定转速）。

设置废气分析仪，在 KOER 条件（发动机和催化剂都必须达到正确的工作温度）下，监控 CO、CO_2

和 HC。

如果燃料质量优良，则必须读取如下数值。

如 $CO+CO_2$ 增加，则 HC 和 O_2 必须减少，反之亦然。

$CO+CO_2=12\%\sim16.5\%$

$HC=50\sim150ppm$

八、燃油系统

（一）系统概述

F160 发动机系列采用直喷技术（GDI）。这表示喷油器位于燃烧室内，与间接燃油喷射截然相反，后者采用将喷油器安装在进气门前方的进气管中（PFI——进气口燃油喷射），如图 2-265 所示。GDI 式发动机的主要优点在于：通过对燃烧过程直接、精确地控制，提高了燃油效率和功率输出。同时，更精确地控制了排放污染程度。根据发动机的不同运行条件，对燃油量、喷油时间的变化进行精确控制，进而实现这些优势。与进气歧管燃油喷射原理相比，仅可使用一个受限空间将燃油直接喷入燃烧室内。而且，可以利用的空间随发动机转速的增大而变小。GDI 需要特别注意混合物的预备。与歧管式喷射相比，喷油压力明显更高。燃油系统特性如表 2-85 所示。

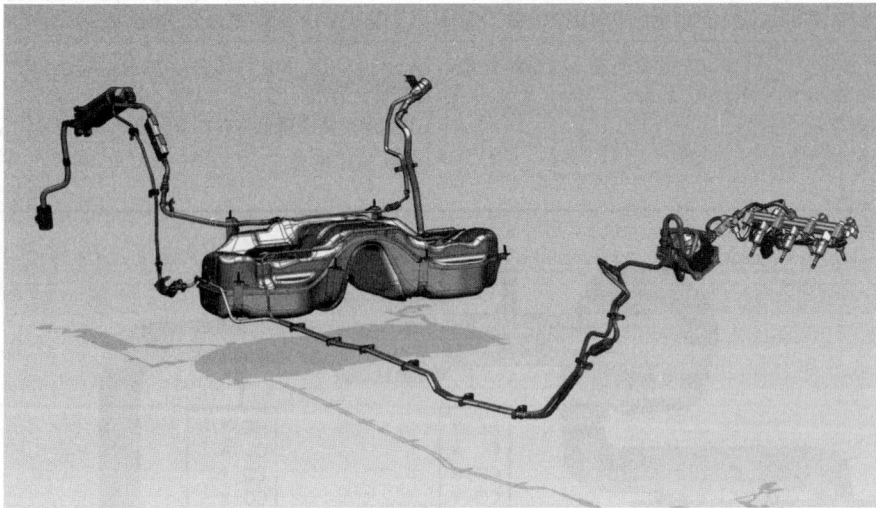

图 2-265

表 2-85

类型	直接燃油喷射（GDI）
供油	回路压力 600kPa
喷油回路压力	最大 20 000kPa
高压泵	Magneti Marelli PHP 单向作用活塞泵
高压调节	通过油轨上的压力传感器，控制高压泵进口端的燃油流量和闭路压力
喷油器	Bosch HDEV 5.2 电磁阀型喷油器，具有 7 个喷油孔

燃料回路（如图 2-266 所示）的功能是，在恰当压力下给喷油器传送适量的燃料。通过一个电动供油泵从油箱中获得燃油；随后，通过一个高压泵将燃油压缩至高压（高达 20 000kPa），并供给到喷油器中。用于 V6 发动机的燃油系统，与用于 F154A V8 发动机的燃油系统的设置和运行很相似。

V6 车型上的燃油系统，按如下方式设置。

低压燃油回路会将燃油箱中的燃油输送到位于发动机后部的高压燃料泵中。

配有电子控制机械式高压泵（该泵可为全部 6 个喷油器提供喷射压力）的高压燃油回路。

F160 发动机使用低压燃料泵和高压燃料泵。连接到文氏泵的平衡管可以确保鞍形燃油箱右半侧的燃油，可被虹吸到燃油箱的左半侧。

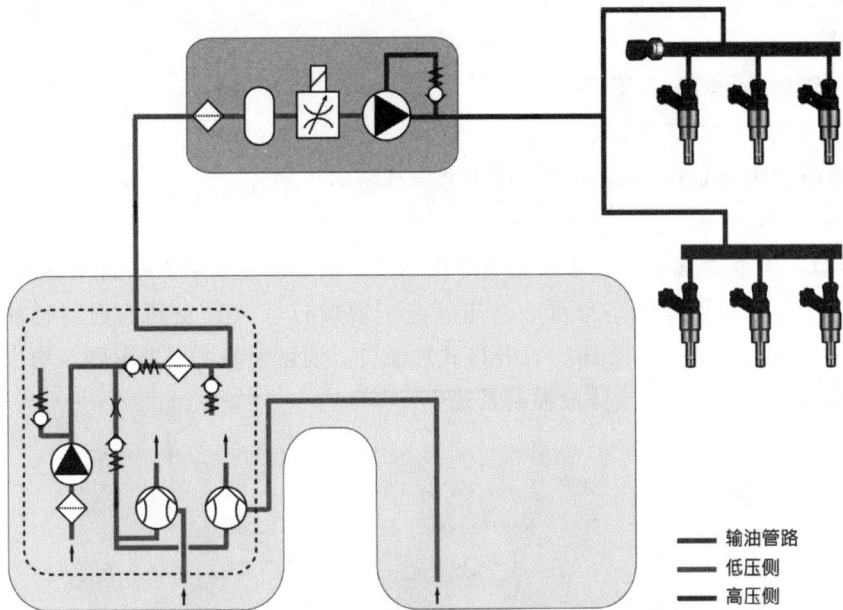

图 2－266

（二）低压燃油回路（图 2－267）

燃油供给系统用于向高压喷油系统供应无污染、无杂质的燃油。它由以下部件组成。
燃油箱总成。

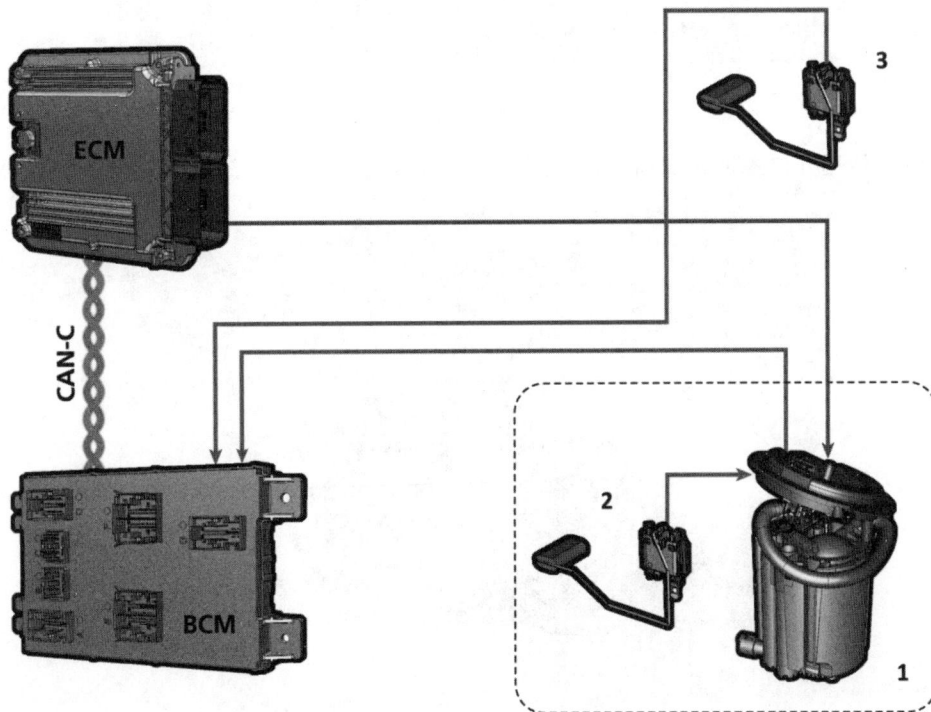

1—低压燃料泵装配　2—油位传感器1，位于燃油箱左侧　3—油位传感器2，位于燃油箱右侧

图 2－267

237

油位感应（左、右各 1 个）。

带有调压器的电动供油泵。

集成在供油泵总成中的燃油滤清器滤芯。

低压燃油管路。

与低压燃油回路相关的两个系统。

用于燃油蒸汽回收的 EVAP 系统。

用于燃油箱泄露检测的 DMTL 系统（仅用于北美规格的车辆）。

1. 燃油箱总成

所有 M156/M157 车辆都装备有 1 个新型鞍形燃油箱，该燃油箱安装在后排乘客座椅下方，如图 2－268 所示。该解决方案有利于降低车身重心，却丝毫不影响行李放置空间。钢制燃油箱的几何容积为 101.6L，有效容积 80L（含储备容积 16L），开口式加油口。油箱配备 3 个翻车阀，均位于油箱的最高点。这些阀可防止油箱中的燃料进入蒸发排放控制系统中。

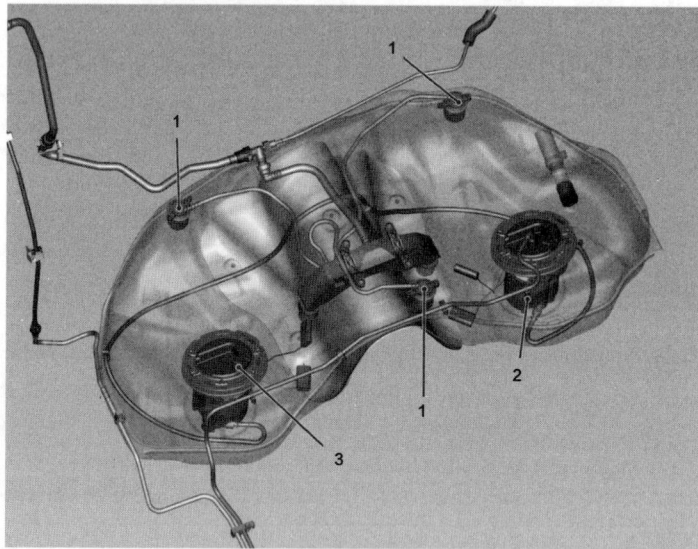

1－防翻车泄漏阀 2－电子油泵组件 3－油位传感器

图 2－268

玛莎拉蒂汽车使用开口式油箱加油口，如图 2－269 所示。

图 2－269

在燃油箱内、加油管底部，安装有1个单向安全阀，如图2－270所示。当必须拆掉加油管或加油管发生损坏时（如发生碰撞），该安全阀可以防止燃油箱中的燃油流出。

图2－270

2. 低压燃料泵模块

该模块必须保持向高压燃油回路供应充足的燃油。无论汽车行驶状况和行驶条件如何，都必须执行该项内容，以便在汽车整体使用期限（无须定期保养）内保持燃油回路的压力和最小噪音。低压燃料泵模块位于燃油箱左侧，它是一个整体组件，包含以下部件。

储油罐。

活性燃油滤清器滤芯。

电子油泵。

带有内部回流阀和止回阀的调压器。

供油管路连接。

油位传感器。

带有喷油减压阀的喷油泵（利用文式效应）。

输油管路连接。

注意：燃料泵模块只能整体更换。拆卸燃油箱的燃料泵/燃料液面传感器，需要使用一个特殊维修工具（900028154）。

发动机运转时，燃油从燃油箱中泵出，为发动机供油。燃料泵通过1个小型吸油筛从储油罐中吸油。低压燃料泵具有双速控制件。由ECM通过两个继电器进行控制。

1个继电器用于启动该泵。

通过使用一个串联电阻（位于行李舱的侧面）、另一个继电器用于低速和高速之间的切换。ECM根据发动机负荷，确定该泵的转速。

低压回路压力一般调节为600kPa，以便同时控制这两个泵的转速。借助于电子油泵组件集成式减压阀可实现该功能。该泵确保在9V（低转速状态）时，燃油流速≥50L/h；在13V（高转速状态）时，燃油流速≥170L/h。与FSI系统中大约350kPa的燃油压力相比，其所产生的燃油压力（600kPa）更高。这是因为减少了燃油气封（由于高温的作用，燃油系统中有气泡形成）的风险。燃油气封会对GDI系统造成危害，因为高压泵需要持续供油才能进行冷却和润滑。发动机运转时，燃料泵持续运行。当不启动发动机而进行点火时，燃料泵会启动，但大约1.5s后关闭。当不启动发动机而运行一些关键操作时，只在最初几次才会启动该泵。其目的是向低压燃油管路增压，以便随即启动发动机。出于试验目的，可以使用 MD 的一个动态诊断命令来启动/关闭低压燃料泵。动态电子油泵的模块位于燃油箱左手侧如图 2—271 所示。

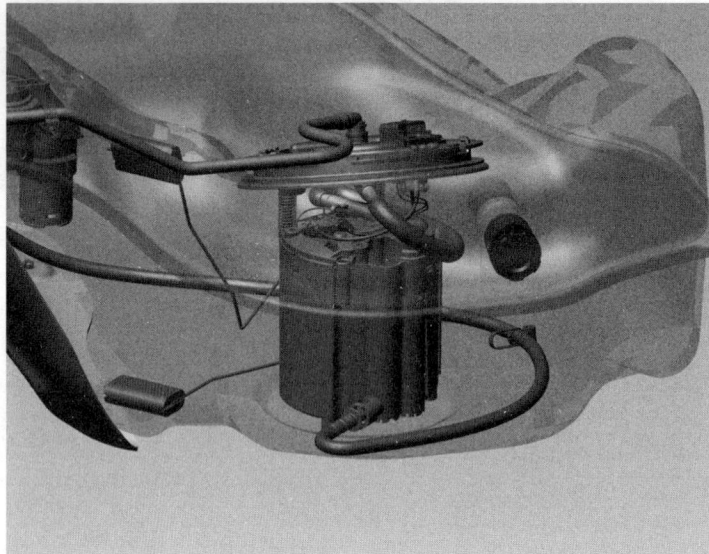

图 2—271

3. 低压燃料泵 MD 参数分析

与低压燃料泵相关的 MD 参数如表 2—86 所示。

表 2—86

释放燃料泵继电器 1	显示启动燃料泵的继电器命令状态。注意：该参数会显示继电器的理想状态，而非继电器的实际位置
	真：泵启动
	假：泵不启动
释放燃料泵继电器 2	显示继电器在低速和高速之间转换的指令状况。注意：该参数会显示继电器的理想状态，而非继电器的实际位置
	真：高速运行
	假：低速运行

4. 低压燃油系统接线图（图 2—272）

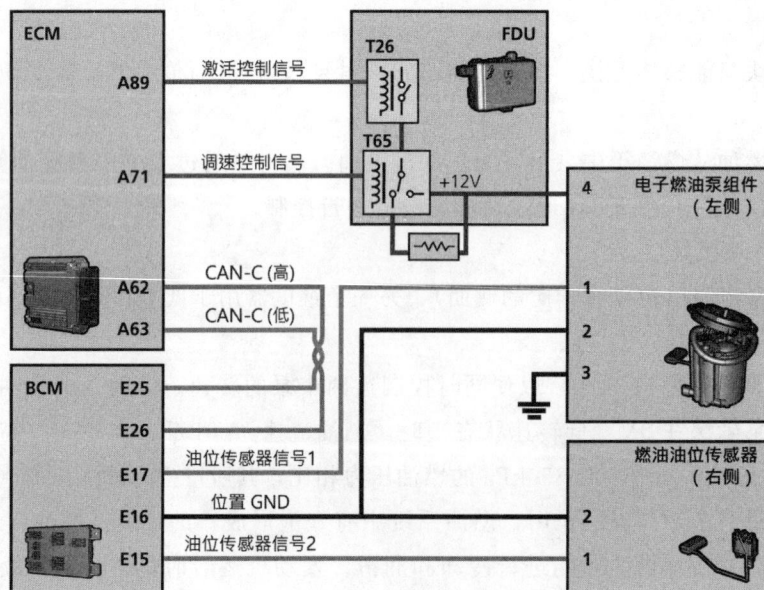

图 2—272

240

①测试 8.1（低压燃料泵信号检查）。按照以下逻辑步骤，检查供油泵是否启动及其转速。

激活供油泵引脚 A89 供电 12V 时，ECM 激活继电器 T26。

供油泵转速切换：当继电器 T65 处于重置位置时，ECM 引脚 A71 电压为 12V 时（如继电器 T26 已激活），供油泵会低速运转。当 ECM 将引脚 A71 设置为 0V 时，供油泵将切换到高速运转状态。

②测试 8.2（燃油供给管路压力测试）。在 KOEO 条件下，通过油轨压力传感器，可测量燃油供给管路的压力。在该条件下，从减压油轨开始测量供油回路中相同的压力。或者，通过使用 1 个压力表和 Y 形胶接管（部件号：0 986 613 084，压力测试套件 900000401 的部件），直接测量燃油供给管路的压力。图 2-273 显示应如何连接工具。

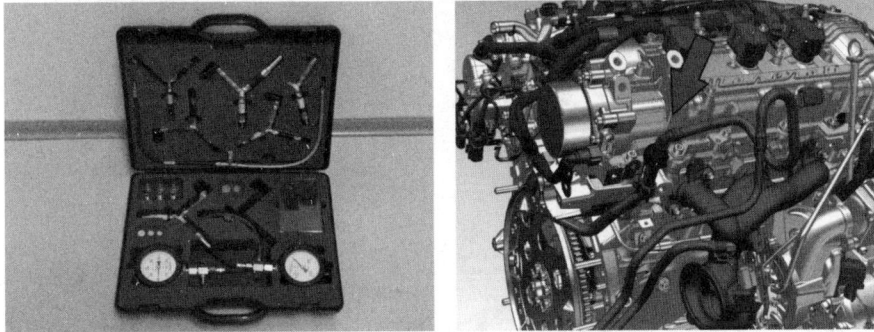

图 2-273

压力表用于测量供油压力。Y 形胶接管（0 986 613 084）被连接到靠近发动机机油尺的供油管路接头上。KOEO 状态如图 2-274 中左图所示，KOER 状态如图 2-274 中右图所示。

图 2-274

在两个泵都运转时，KOEO 条件下的供油管路压力大约为 520kPa；而 KOEO 和加油门条件下的供油管路压力则为 600kPa。在本测试中，通过 MD 的一个专用动态诊断命令可以激活供油泵。但是，当不激活发动机而进行点火时，启动低压燃料泵需要约 1.5s。

如未达到所需压力值，则按如下操作。

检查低压燃料泵是否已正确启动（参数、接头、接线和继电器/保险丝）。

查找油路损坏原因。

当加大发动机负荷时，检查发动机是否切换到高速运转状态。

如果需要，则更换低压燃料泵组件。

进行以上测试时，必须注意勿使燃油溢出。汽油是高可燃物质，如果直接与热发动机部件（排气部件、涡轮增压器等）接触，可能会导致燃油起火。只有在无其他可行方案时，才能进行本测试，而且在机动车辆运行时，决不使用任何火源。

5. 储油罐和输油管路

电动油泵可通过 1 个小吸油筛从其储油罐中吸油，如图 2-275 和图 2-276 所示。通过从鞍形燃油箱的右侧至喷油泵储油罐之间的燃油输送管路，喷油泵利用文氏效应和燃油供给管路控制燃油。喷油泵模块储油罐从燃油箱左、右两边部分吸油。

通过一个燃料泵装配底部的同轴孔，吸取燃油箱左部的燃油。

通过输油管路，吸取燃油箱右部的燃油。

通过此方式，燃料泵储油罐从燃油箱两个储油舱吸油；无论燃料液面或动态条件如何，燃料泵储油罐一直保持充盈状态。加油孔处于电子油泵装配底部，当燃油箱燃料液面增高（补充注油）时，通过加油孔给内部储油罐添加燃油。

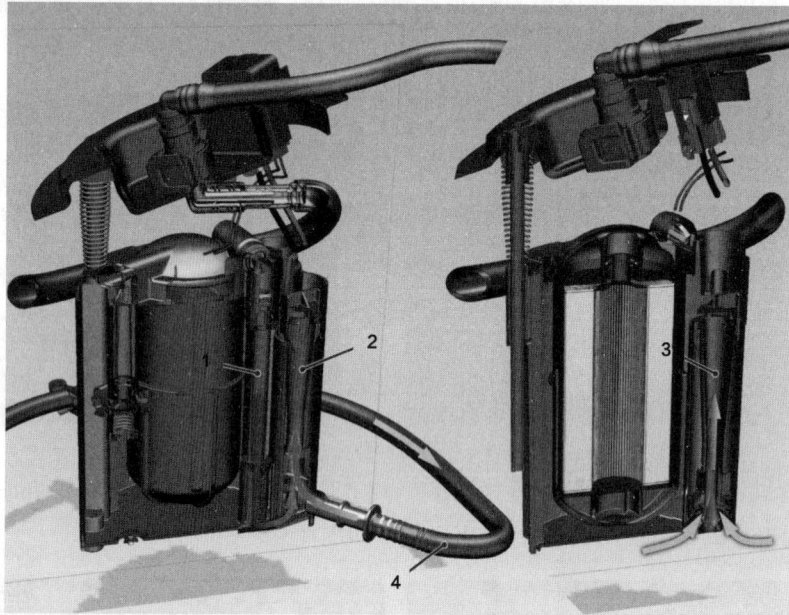

1—用于操控喷油泵的燃油供给主流量分配　2—喷油泵用于从右侧部分抽取燃料。

3—喷油泵用于从左侧部分抽取燃料。　4—输油管路

图 2—275

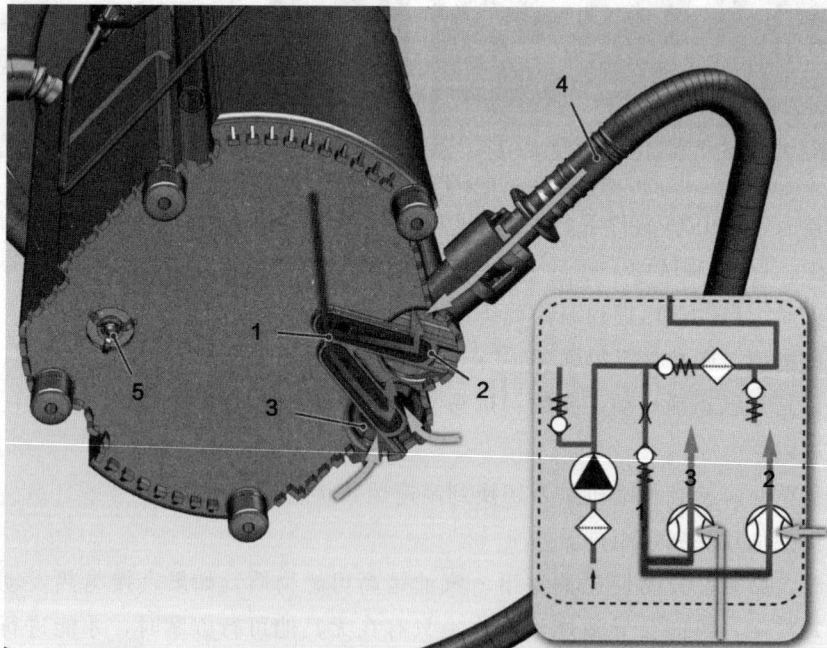

1—用于操控喷油泵的燃油供给主流量分配　2—喷油泵用于从右侧部分抽取燃料

3—喷油泵用于从左侧部分抽取燃料　4—输油管路　5—加油孔

图 2—276

图 2—277 显示在燃油箱右侧的从动泵模块。该泵包括 1 个燃料液面传感器和 1 条输油管路。

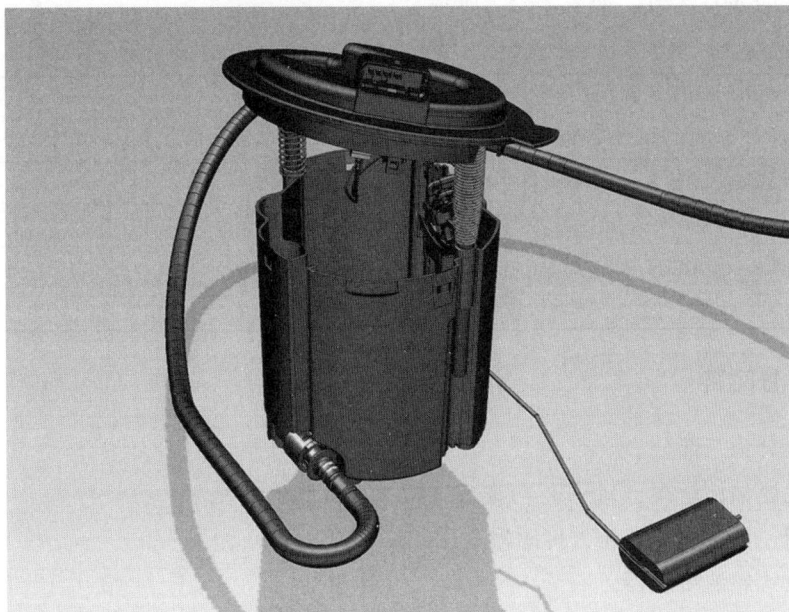

图 2-277

6. 燃油滤清器

燃油滤清器的功能是吸附并永久积聚燃油中的脏物粒子，以防止其导致喷油系统磨损。对于歧管喷油系统，需要使用更精细的滤清器。这意味着滤清器滤孔尺寸必须在 $5\mu m$ 范围之内。对于尺寸大于 $5\mu m$ 的微粒，过滤率也应达到 85%。滤清器组装于燃油箱内部，处于电子油泵左侧的吸油嘴前。滤清器可终身使用，以保证在汽车总体使用时间内不必更换滤清器。

7. 燃料液面传感器

燃油箱配备有 2 个浮动燃料液面传感器，每个传感器对应于鞍形燃油箱的 1 个储油舱，如图 2-278 所示。2 个传感器都连接到车身控制模块（BCM）中，并通过 CAN 将其信息传送到组合仪表（IPC）中。IPC 的一个特殊算法会根据 2 个传感器的输入信息计算出总平均燃料液面。2 个浮动燃料液面传感器分别位于鞍形燃油箱的两侧。

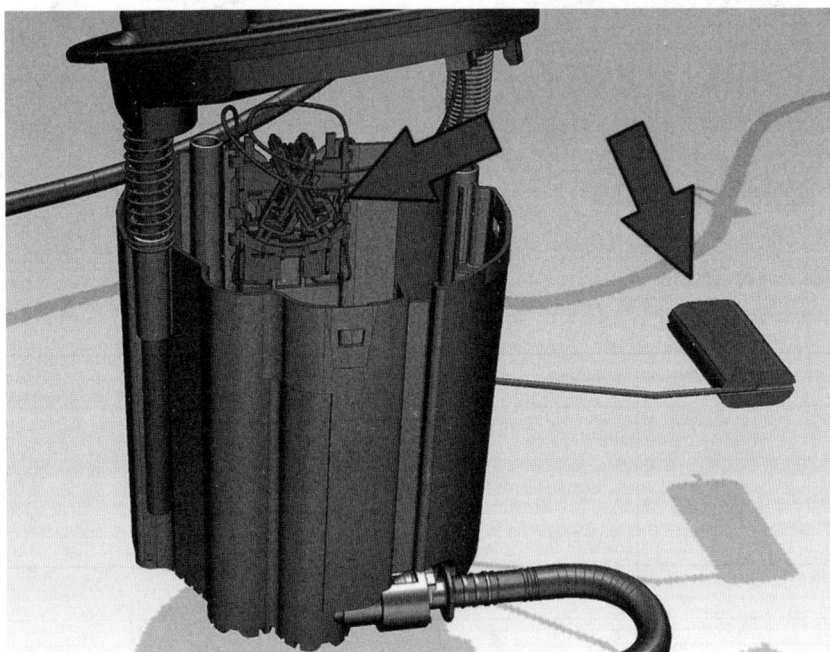

图 2-278

243

与燃料液面相关的 MD 参数，如表 2－87 所示。

燃料液面	显示计算得出的燃料液面（以 L 为单位） 注意：可在 ECM 诊断菜单中查找到该参数
油位感应 1	显示油位感应 1 的输出电压（燃油箱左手侧组件） 注意：可在 BCM 诊断菜单中查找到该参数
油位感应 2	显示油位感应 2 的输出电压（燃油箱右侧组件） 注意：可在 BCM 诊断菜单中查找到该参数

（三）高压燃油回路

高压燃油系统可分为三部分。

压力生成：变化燃油计量阀（MSV）与集成式机械泄压阀的高压泵。

压力储存与控制：油轨和油轨压力传感器（FRP）。

燃油计量：电磁式燃油喷射器。

1. 高压燃料泵

高压燃料泵的功能是把足够量的燃油加压到高压喷油所需要的燃油压力水平。马瑞利 PHP 高压燃料泵是由凸轮轴机械驱动的单向作用活塞泵。单级活塞泵安装在右侧汽缸后部，由排气凸轮轴上的三叶凸轮驱动。通过一根高压钢管、高压燃料泵向两个喷油器油轨输送加压燃油。高压燃料泵压力 3 000～20 000kPa，通过安装在油泵进气门上的电磁驱动器来调节压力。电磁驱动器操作精确，可控制燃油流量。ECM 可根据发动机不同工作条件对燃油的需求改变喷油压力。马瑞利 PHP 高压燃料泵配有压力调节器，压力可调节至 20 000kPa，如图 2－279 所示。

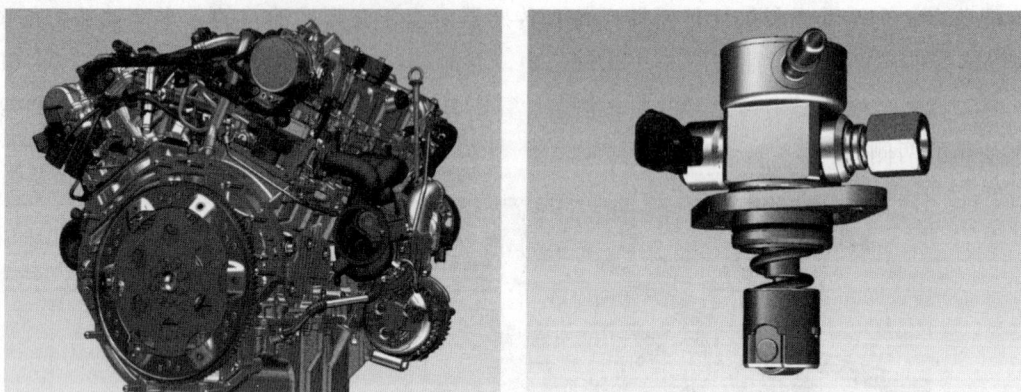

图 2－279

马瑞利 PHP 规格如表 2－88 所示。

表 2－88

活塞直径	10mm
活塞举升	5mm
泵出量	1.17mL（凸轮轴每转）
MSV 燃油输送控制阀	正常打开
驱动器电阻	1.15Ω
重量	600g

马瑞利 PHP 结构原理图如图 2－280 所示。

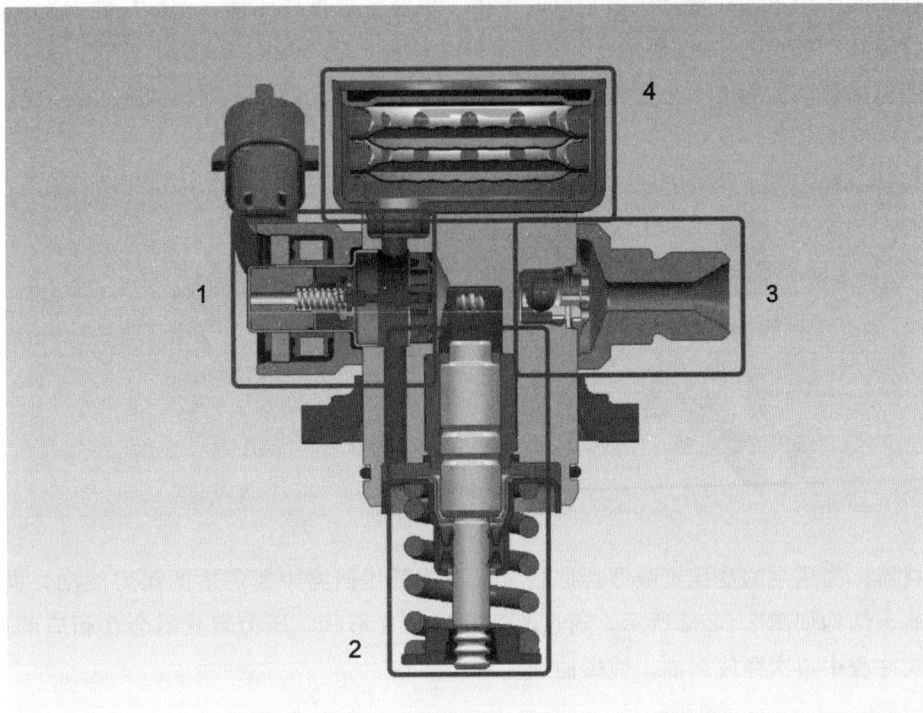

1—燃油计量阀　2—柱塞　3—OCV　4—压力衰减器

图 2-280

马瑞利 PHP 高压燃料泵"倒置"安装在右侧汽缸盖后，由一个排气凸轮轴上的三叶凸轮驱动。在凸轮轴后侧的双齿轮可驱动真空泵，如图 2-281 所示。

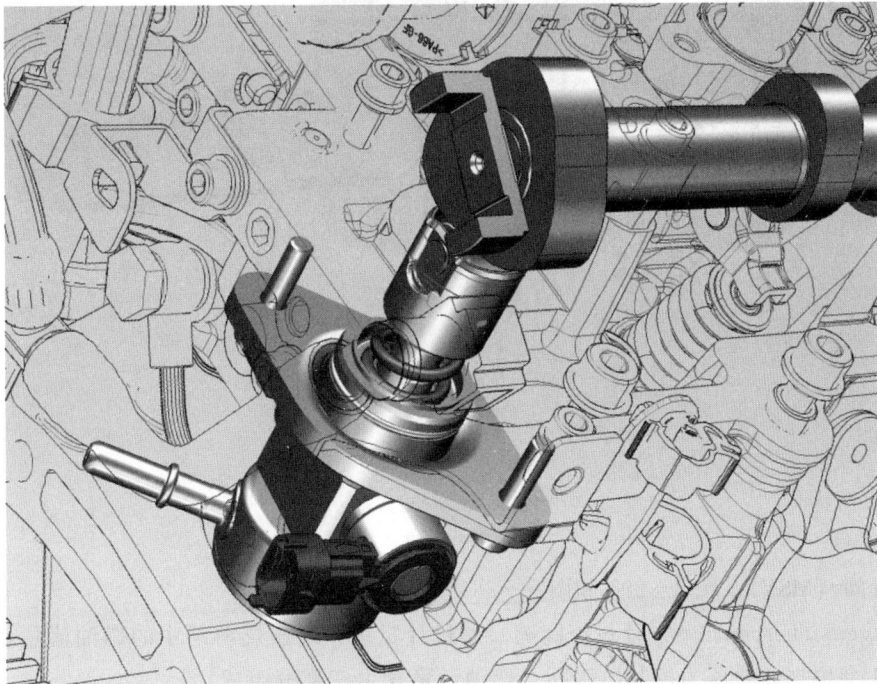

图 2-281

F160 发动机的高压燃料泵存在不同及不可互换的变体型号。因此更换泵时，必须根据发动机号订购相应型号的泵。请注意，发动机号（而不是 VIN）才是泵型号的决定因素。

①主要部件。高压泵包含以下零部件。

MSV，1 个控制高压泵进口燃油流量的磁压调节器。

1 个用于抑制供油回路压力波动的集成式压力衰减器（在低压端）。

泵芯由汽缸中的1个出油柱塞（活塞）组成，由1根滚轮式挺柱驱动，该挺柱随固定在凸轮轴上的三叶凸轮的运动而转动，如图2-282所示。1根弹簧带动柱塞，随凸轮后缘运动。

该高压泵还包括在高压端的1个压力减压阀。如果压力超出允许值，则燃油通过压力减压阀返回到泵的压缩室。

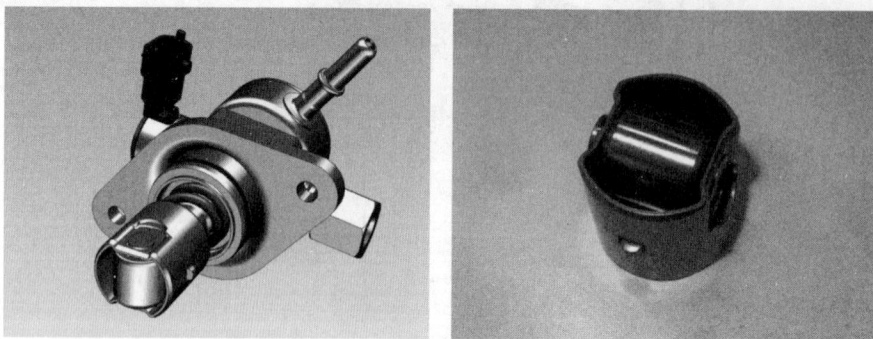

图2-282

②压力衰减器。高压泵的变压衰减器会抑制泵自身在低压回路中所产生的压力波动，同时确保良好、高速地输送燃油，结构如图2-283所示。通过改变充气膜片形状，压力衰减器会在相应的操作点释放燃油量，并在进气冲程中再次释放燃油，使燃油加注到出油室。

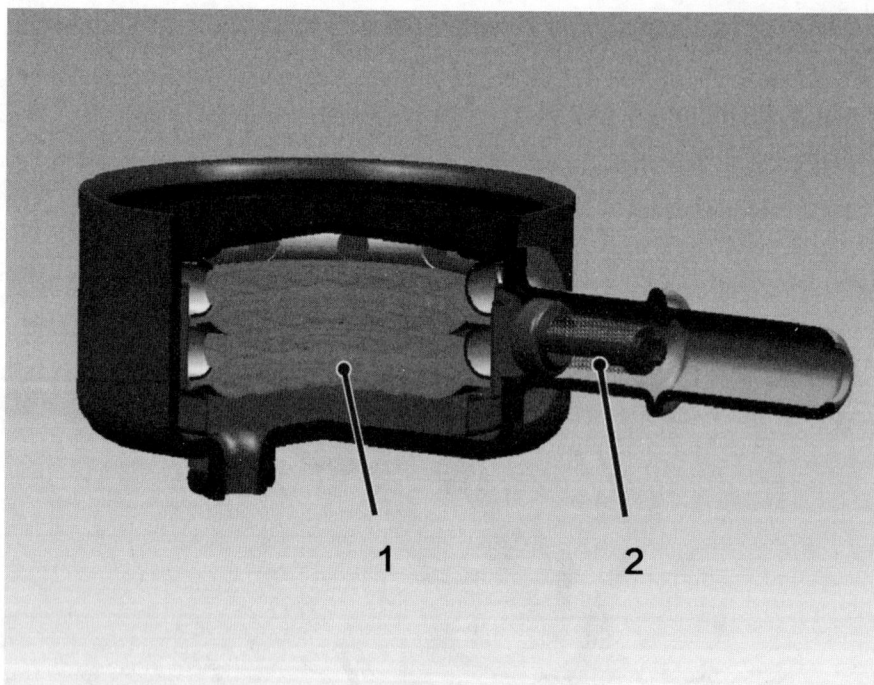

1-膜片　2-过滤器

图2-283

2. 燃油计量阀（MSV）（图2-284和图2-285）

MSV（Mengensteuerventil——计量控制阀）通过计量进入高压燃料泵中的燃油流量，调节高压回路中的压力。ECM会根据油轨压力控制电磁阀。燃油计量阀由三部分组成。

执行器。

指针。

进油阀。

进油阀由1个圆孔盘、1个用作开关的薄刀片和1个止端组成。MSV的操作原理如下。

MSV未启用：当无驱动电流通过时，进油阀通道在弹簧力的作用下呈打开状态。弹簧把指针推向圆盘，针销则使进气阀打开。高压燃料泵不增加压力。

　　MSV启用：当执行器被激活时，针阀反向运动，薄刀片闭合圆孔。因此，通过脉冲信号操控执行器会使进气阀关闭，压力增加，燃油被泵入到高压回路中。

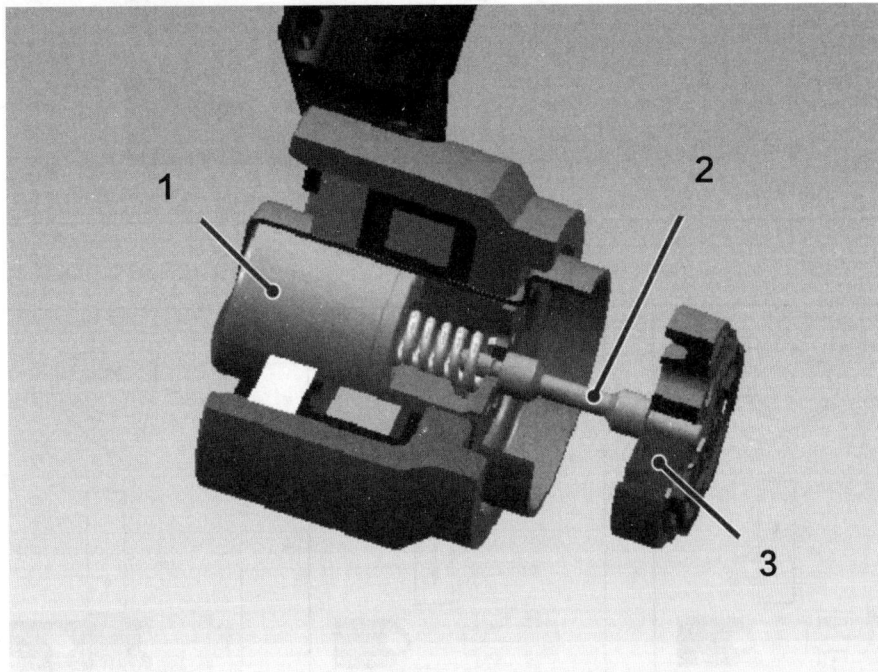

1—执行器　2—指针　3—进油阀

图2-284

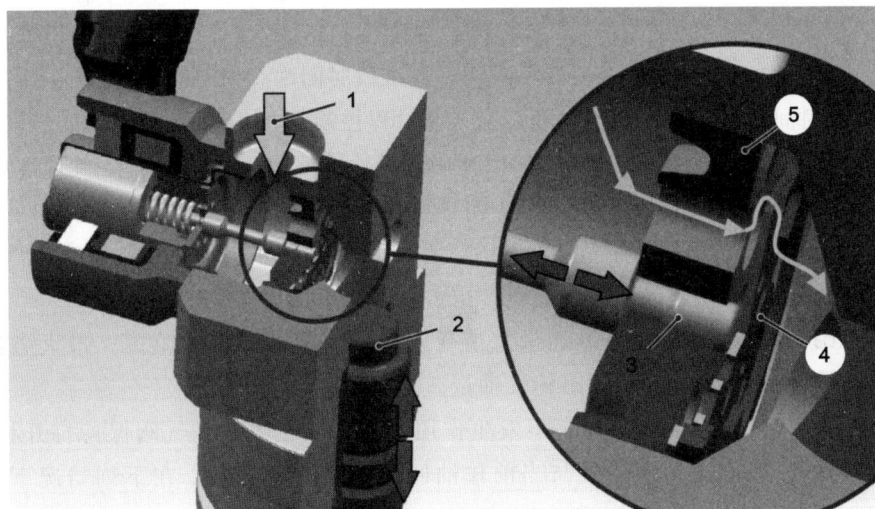

1—进油口　2—柱塞　3—指针　4—阀片　5—阀瓣

图2-285

　　①MSV和高压燃料泵的操作阶段。高压燃料泵和MSV操作阶段的区别如下（图2-286）。

　　进油阶段：当活塞向下运动、燃油进入泵缸时，MSV驱动器处于止动位置，在弹簧力的作用下，阀门打开。弹簧承载已被优化，以便阀门在任何条件下均可保持打开状态。燃油由电动输油泵输出，并通过打开的MSV进气阀进入出油室。

　　燃油回流：在随后的出油行程中，活塞向上运动时，阀门打开且燃油流回到输油回路中，直到执行器停止动作为止（MSV打开）。

　　吸油：执行MSV时，进气阀关闭，泵挺柱会加压燃油。如果汽缸充气压力增加到高压燃油回路（油轨）压力值以上，可通过单向阀将燃油输送到高压燃油回路中。在压缩冲程过程中，当压缩室压力增加到一定的压力值以上时，由于压力作用和 MSV 停止控制，进气阀处于关闭位置。

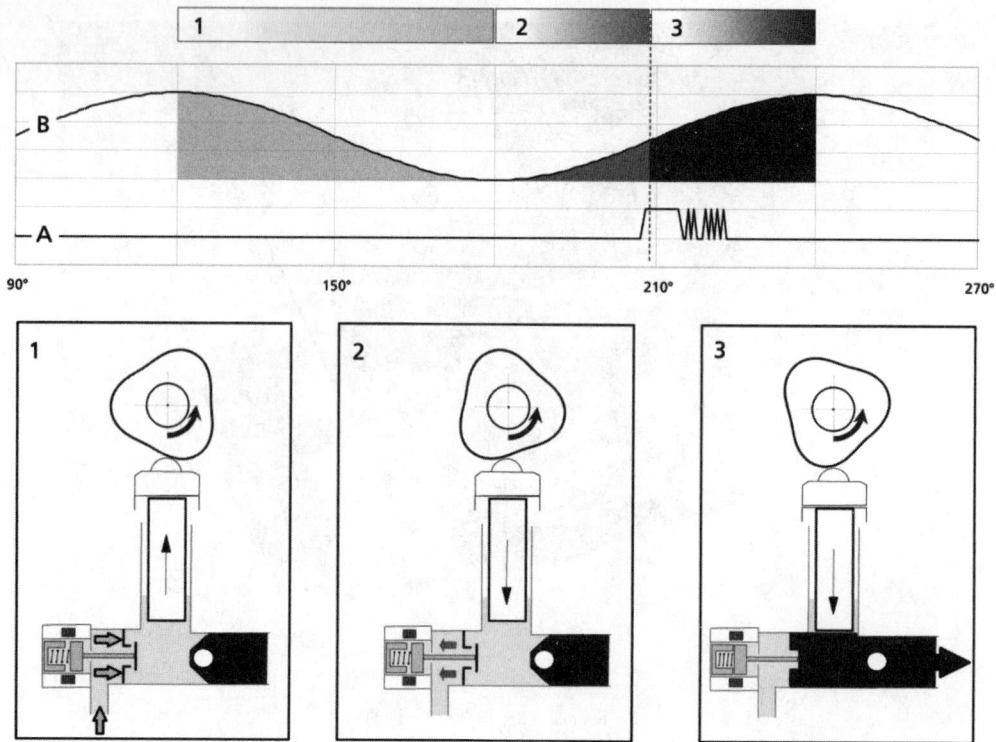

1—吸入阶段　2—燃油回流　3—吸油

图 2-286

②MSV 控制原理。发动机管理系统会计算时间，在该段时间内，MSV 会执行输出燃油量和轨道压力控制功能。燃油输出时间（称为曲轴关闭角度）由 3 个过程控制。

a. 前馈控制：该功能的目的是预控 MSV，以便确保其快速反应。即使闭合控制回路发生干扰或暂停时，该功能也会根据 ECM 中的图形，计算 MSV 闭合角控制的静态部分。

b. 闭合回路校正值：闭合回路校正值表示 MSV 闭合角控制的动态部分，即 MSV 闭合角控制静态部分的校正值。该动态校正可以是主动的动态校正，也可以是被动的动态校正。

c. 最终燃油输出时间之前的两部分燃油量总值受限于最大燃油输出量范围。最大燃油输出量范围，相当于整个高压燃料泵压缩冲程期间所输出的燃油量。

③MSV 闭合回路不起作用。如果 MSV 不发生作用，则高压燃料泵进气阀保持打开状态且不增加压力。当发动机运转时，油轨压力将下降到与当前输油回路相同的压力值。在下列情况下，未启动 MSV 控制。

在发动机启动阶段，不启动 MSV 控制直到 ECM 完成电机正时检测为止。仅在发动机可启动之后，才能通过同步角信号控制 MSV。

超过时限后，燃油会被切断，MSV 控制也不再启用。为了确保压力不过度下降，当油轨压力下降至低于实际压力设定值以下时，MSV 控制重新恢复动作。

为避免压力过高，当压力超过设计的阈值时，MSV 控制会被禁用。

④高压燃料泵正时和安装。根据发动机正时高压燃料泵。即在曲轴位置和油泵位置间存在一定的同步时间。由于 MSV 命令的启用基于曲轴位置，所以该同步时间对于高压控制极其重要。因此，高压燃料泵正时直接影响燃油流量，进而影响高压燃料泵所产生的压力。因为可控制燃料泵的三叶凸轮位于凸轮轴上，因此右侧排气凸轮轴相对于曲轴的正时会影响高压燃料泵的正时。或者说，发动机应处于移除或

安装高压燃料泵的参考位置上，如图 2—287 所示。在该位置，燃料泵活塞处于下止点位置，燃料泵弹簧的预负荷最小。这就要求正确安装高压燃料泵。

图 2—287

3. MSV 控制的 MD 参数分析

与 MSV 控制相关的 MD 参数如表 2—89 所示。

表 2—89

前馈控制 MSV	显示 MSV 闭合角控制的静态部分
输出高压力控制器组 1	显示 MSV 闭合角控制的动态部分
MSV 张角（在限制之前）	显示根据 MSV 闭合角控制的静态和动态增加部分所计算出的值。将筛选和限制该值，以获得最终的输油时间（请参见下一参数）
MSV 曲轴的供油持续角	显示所测量的 MSV 最终输油时间（单位为曲轴角度）。该值越大，燃油输送到油轨的时间间隔就越长 启动阶段：符合欧 5 和欧 6 标准的发动机分别为 10 或 5（最小输油值） KOER：约 12 加油门：最大值约为 80 道路测试：最大值为 118
重置高压力控制	显示 MSV 闭合回路控制是否被禁用。 真：MSV 闭合回路控制未启用 假：MSV 闭合回路已启用
开始关闭燃料质量控制阀	显示在高压燃料泵达到上止点之前，MSV 关闭时所测量的曲轴角度。该测得值越大，则高压燃料泵的压缩冲程越长 该参数值表示为曲轴角度，但高压燃料泵的位置则与凸轮轴角度有关。因此，值为 120°（对应于 60°凸轮轴角度）则表示压缩冲程持续了燃料泵活塞上升冲程的整个过程 KOER：约 20 加油门：最大值约为 105 道路测试：最大值在 130 以上

测试 8.3（通过 MD 数据采集功能检查 MSV 参数）。如图 2—288 所示的屏幕截屏显示，在加油门工况下（符合欧 5 标准的发动机），下列参数的 MD 数据采集。

249

开始关闭燃料质量控制阀；

MSV 曲轴的供油持续角（单位：°）；

发动机转速。

可以注意到如下。

在 KOER 条件下，闭合时刻大约在 20°时，输油时刻大约在 12°。

在加速阶段，闭合时间增加到 100°~110°，输油时间增加到大约 80°。闭合时间和输油时间随发动机转速加大而增加。

在极限转速条件下，闭合时间延迟为大约 60°，输油时间提前到大约 10°。

在启动阶段，闭合时间减少至 KOER 条件值。输油时间大约为 10°，直到达到 KOER 条件为止。

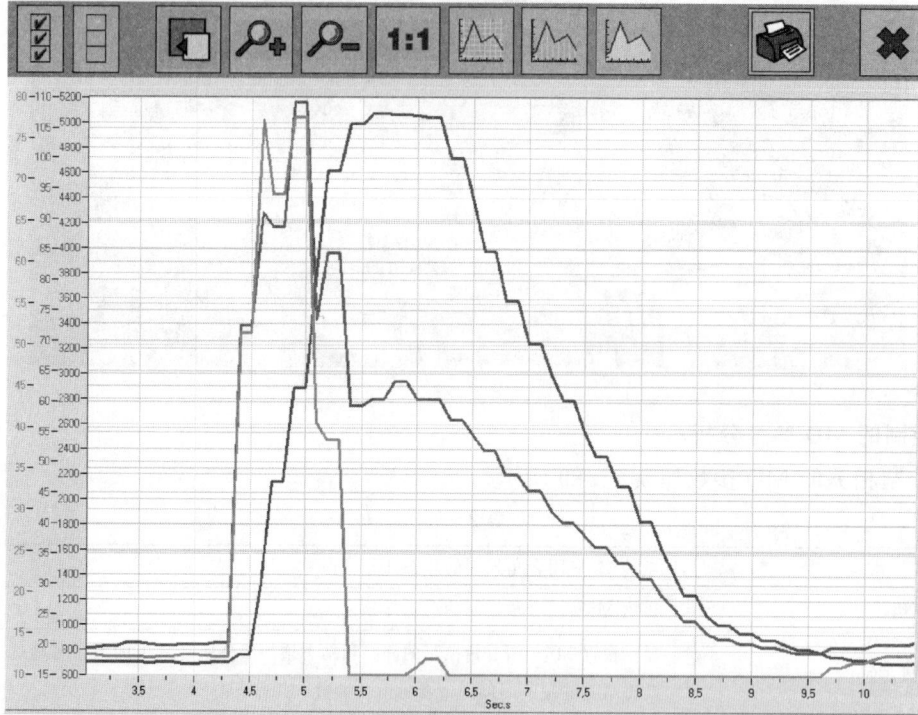

图 2－288

4. MSV 接线图（图 2－289）

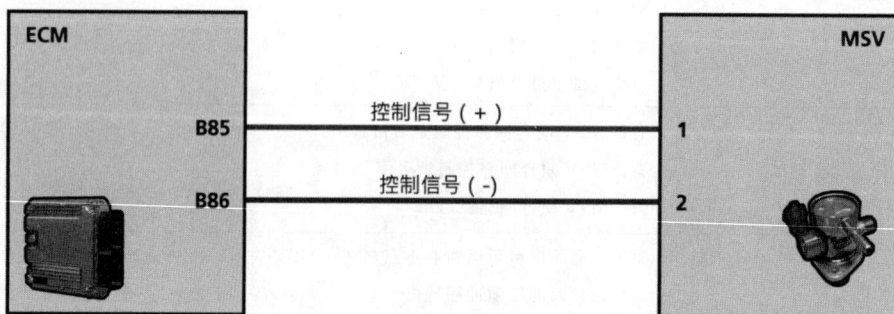

图 2－289

①MSV 命令信号。ECM 会通过正极引脚命令的 12V 脉冲信号及随后的 PWM 控制吸持相位来控制 MSV。ECM 会使其他引脚接地。此操作将导致阀门闭合时间缩短，功率损耗受限。PWM 使 MSV 处于闭合状态，功率损耗降低，直至控制时间结束。通过一个可产生大约 5A 电流峰值的较长电压脉冲信号使相位开始闭合。吸持电流值大约为 3A。为了使 MSV 阀门保持在关闭位置（该阀门构造原理：压力增加时，阀门关闭），可以根据所需力度调整工作周期。取决因素为发动机转速和高压燃料泵室中的燃油压

力，而后者则取决于油轨压力。

②测试 8.4（通过 PicoScope 测量 MSV 命令信号）。可见如下 MSV 量程视图，MSV 具有一个典型的电感特性，即不断抑制电流的变化。这意味着如果通过线圈的电压突然上升或下降，电流会相对缓慢地增加或减少。另一方面，如果电流突然中断（如断路导致中断），线圈中则会产生强电压峰值。可以通过连接 ECM 接地线或底盘接地线上的负极探针（而不是使用阀的接地引脚）来消除测量中出现的该电压峰值。

PicoScope 连接和设置如表 2—90 所示。

表 2—90

通道 A，负极探针	ECM 接地（引脚 A02 ECM）
通道 A，正极探针	MSV 命令正极（引脚 B85 ECM）
通道 A，范围设置	± 20V DC
通道 B，探针	20A/60A 电流钳（20A 模式下），位于命令信号接线上
通道 B，范围设置	$+10$A DC
时间范围设置	500μs/div~ 2ms/div

可以注意到如下。

通过一个可产生大约 5A 电流峰值的较长电压脉冲信号使阀相位开始闭合。

吸持电流值大约为 3A。

当发动机提高转速时，可观察到一个更长的吸持相位。

在 KOER 条件下的 MSV 命令（电压和电流）如图 2—290 所示。

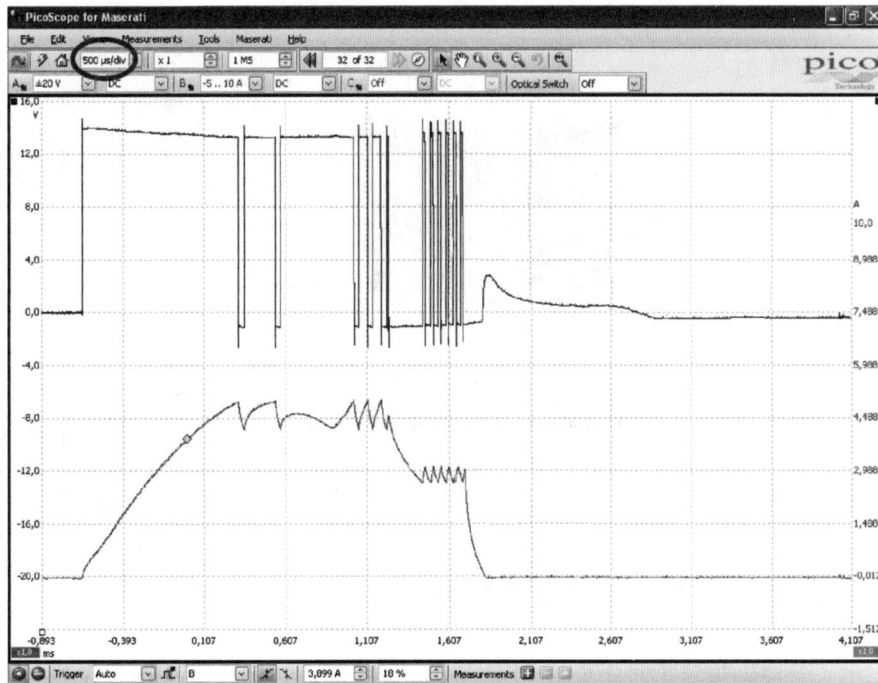

图 2—290

在 2—290 图示中，命令信号大约持续 2.4ms。可计算出命令持续时间如下（单位为曲轴角度）。

在 KOER 条件下，发动机转速是 700r/min。

在这一转速下，发动机的完整工作周期约为 171ms，与之相对应，曲轴则转 2 圈，曲轴角为 720°。

因此，2.4ms 则对应于约 10°曲轴角的 MSV 闭合角度。

在极限转速无负荷（变速器在 P 位置）情况下，命令持续时间会根据 KOER 条件值减少。但考虑到更高的发动机转速，以曲轴角度为计量单位的 MSV 出油时间会增加，如图 2—291 所示。

251

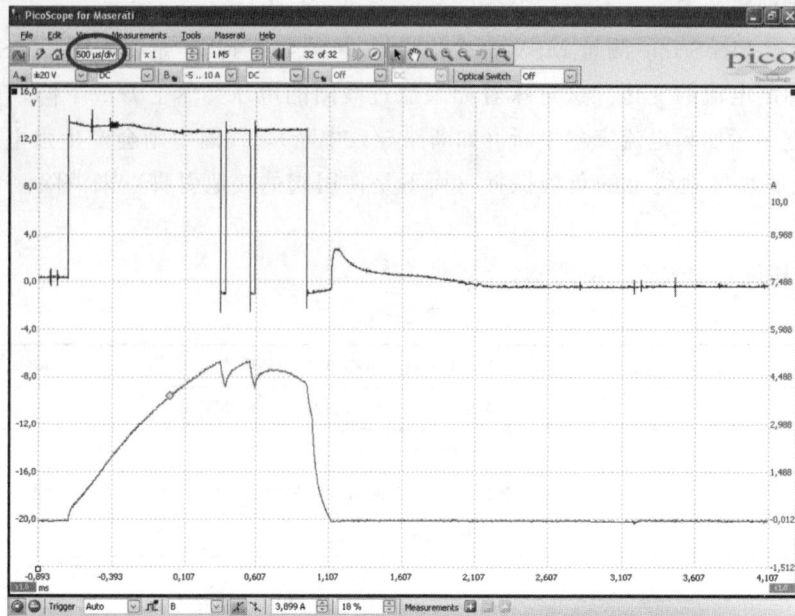

图 2-291

在如图 2-292 所示中，命令信号大约持续 1.75ms。可计算出命令持续时间如下（单位为曲轴角度）。在极限转速条件下，发动机转速是 5000r/min。

在这一转速下，发动机的完整周期约为 24ms，与之相对应，曲轴则转 2 圈，曲轴角为 720°。

因此，1.75ms 则对应于约 52.5°曲轴角的 MSV 闭合角度。

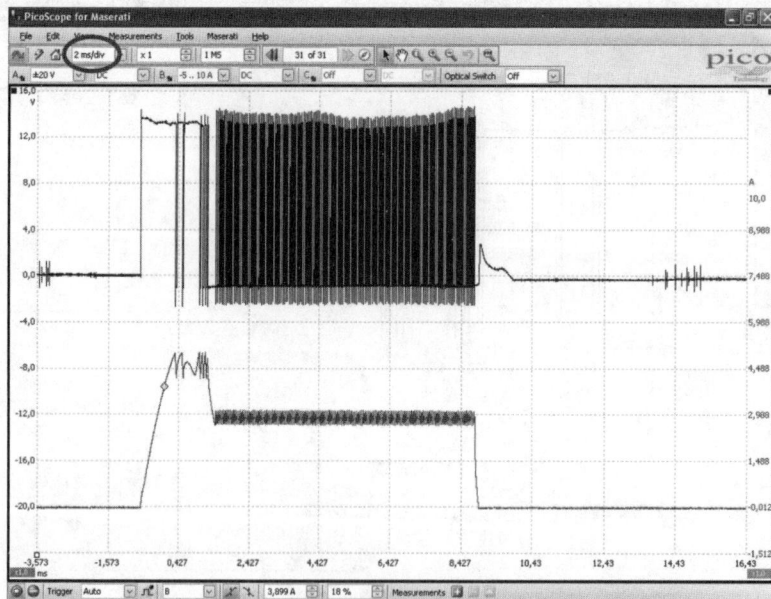

图 2-292

图 2-292 显示了发动机加速瞬间相位的 MSV 命令（电压和电流）。鉴于时间范围较长，需要注意更长的吸持相位，也应考虑与极限转速的关系。需要注意的是，F160 发动机使用不同变体型号的高压燃料泵。此外，ECM 校准软件特定专属于每一个动力输出版本（246kW/261kW/306kW）。因此，由 PicoScope 测得的不同车辆的 MSV 命令信号可能有所不同。比较不同车辆的信号时，可注意到信号持续时间及电压均有所不同。本次测试中的截屏仅供参考。

③测试 8.5（通过 PicoScope 测量 MSV 命令信号和点火线圈 1 信号）。PicoScope 连接和设置如表 2-91 所示。

252

表 2 - 91

通道 A，负极探针	ECM 接地（引脚 A02 ECM）
通道 A，正极探针	MSV 命令正极（引脚 B85 ECM）
通道 A，范围设置	±20V DC
通道 B，负极探针	ECM 接地（引脚 A02 ECM）
通道 B，正极探针	点火线圈 1 命令（引脚 B51 ECM）
通道 B，范围设置	±10V DC
时间范围设置	20ms/div

在本测试中，可以观察到在点火线圈 1 信号和 MSV 命令之间的同步。可以注意到如下情况。

在 KOER 条件下，发动机转速是 700r/min。在这一转速下，发动机的完整工作周期约为 171ms，与之相对应，曲轴则转 2 圈。实际上，这是点火线圈 1 的两个连续激活信号之间的精确时间间隔。

当曲轴转动 2 圈时，高压燃料泵也完成了 3 个周期。这即产生了各完整燃烧循环的 3 个泵周期。

从如图 2 - 293 所示的截屏中可观察到：燃料泵的 3 个工作周期（上部曲线）对应一个完整的燃烧循环。

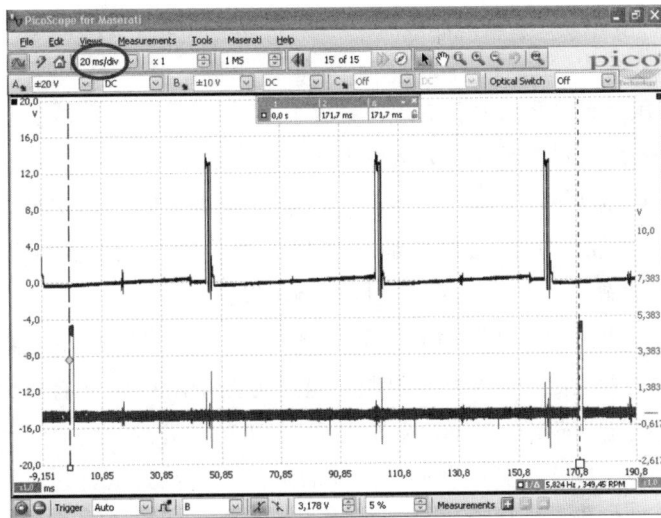

图 2 - 293

④测试 8.6（通过 MD 动态诊断功能测试 MSV）。使用专用的 MD 动态诊断命令，测试 KOEO 和 KOER 条件下的 MSV 操作。

在 KOEO 条件下开始测试，进入 ECM 中"动态诊断"（Active diagnosis）菜单，并选择"燃料质量流量阀"（Fuel mass flow valve）。该命令可以打开和关闭 MSV。

开启：开启、关闭流量阀 5 次。

关闭、开启流量阀 5 次。

两种情况所产生的命令信号很相似。如图 2 - 294 所示的截屏中显示了 MSV 信号的一个示例（在"开启"命令期间）：在该截屏中，显示了通过 PicoScope 使用大时间量程测量在动态诊断操作期间的命令信号（1s/div）。

在 KOER 条件下，进入 ECM 中"动态诊断"（Active diagnosis）菜单，并选择"设置 HDP 目标压力"（Setting HDP target pressure）。该命令允许控制 MSV 设置 9000kPa 的目标压力值。在该条件下，使用 FRP 信号和 MD 参数来检测油轨压力，以确认 MSV 的工作状况是否正确。

⑤测试 8.7（快速 MSV 电阻检测）。使用通用式万用表，进行 MSV 电阻值的快速检测。将正极探针连接到 MSV 的正极引脚上，将负极探针连接到 MSV 的负极引脚上。确保点火开关已关闭，并且未与蓄电池连接。如果在 MSV 插头上测量，则电阻值大约是 1.15Ω；如果在 ECM 接线盒上测量，则电阻值大

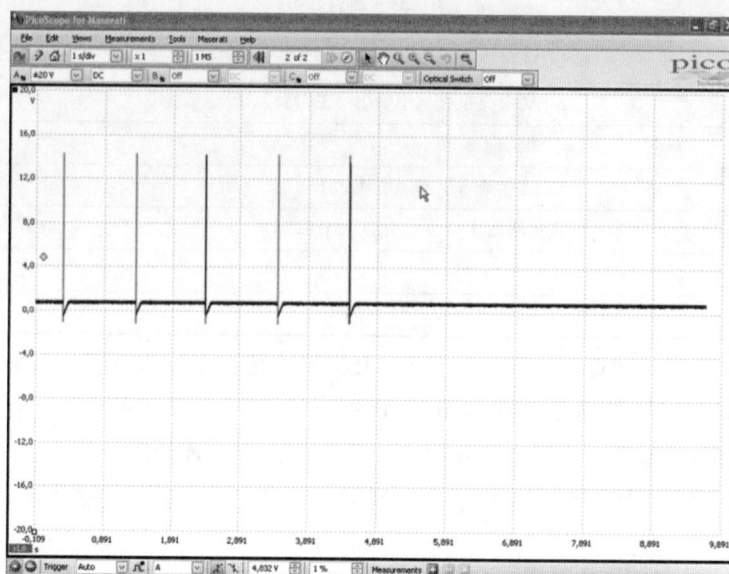

图 2－294

约是 3Ω。在后一种情况下，导线电阻也包括在其中。如果电阻值超出规定值范围，应进行进一步检测。

5. 减压阀 (PRV)

减压阀 (PRV) 与高压燃料泵集成并具有以下用途。

将高压系统中的燃油压力限制在爆破压力值以下。

确保喷油器在超限和关闭的条件下运行。由于存在和发动机之间的热交换，在超限和关闭的条件下不会将燃料泵入油轨，并且油轨中存储的燃油会增加压力。请注意，温度每上升 1℃，压力约增加 1000kPa。通过安全阀设置油轨最大压力，从而使喷油器可以连续工作。

PRV 是由 1 个钢球和 1 个线圈弹簧所构成的限压阀，如图 2－295 所示。钢球是限压阀的密封介质，弹簧把钢球压在球座上，构成对限压阀压力的限制。当压力低于限压阀开启压力时，弹簧把钢球压在阀座上，形成高压密封区，并与压缩室分离。如果压力高于 PRV 的开启压力，则钢球从阀座上抬升，同时燃油流入泵的压缩室。PRV 可以保护高压燃油回路中的组件，避免因压力超过零件设计及安全压力极限值而损坏这些零件。PRV 设计为在全燃油流量条件下的非连续工作形式，如果发生故障，必须与高压燃料泵一起更换。

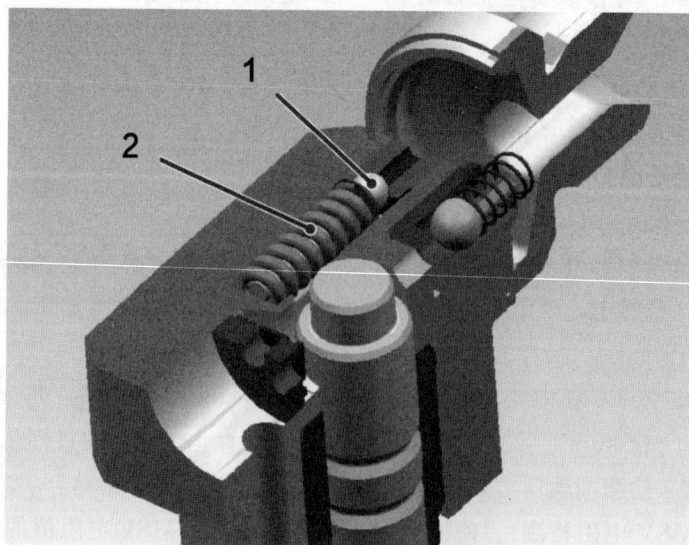

1—PRV 球　2—PRV 弹簧

图 2－295

6. 油轨

油轨的作用是把燃油分配给喷油器，同时保持燃油压力符合标准。油轨会抑制由高压燃料泵和喷油器工作周期而引起的压力波动。这样，在喷油器开启时，喷射压力即可保持不变。

油轨由硬质焊接不锈钢制成。油轨容积必须足够大，以便给全部喷油器供油，并把压力波动充分抑制到足够小的程度，以确保压力的快速上升。

用于 F160 发动机的油轨容积如下。

$72.91cm^3$（组 1）；

$74.09cm^3$（组 2）。

压力传感器（博世 DS－HD－KV4.2－K）安装在油轨左侧，如图 2－296 所示。被高度压缩的燃油，从油轨中进入喷油器。高压连接器作为平衡管，把燃油输入到两个油轨中。高压喷油器直接安装在油轨上。高压燃油管路会在

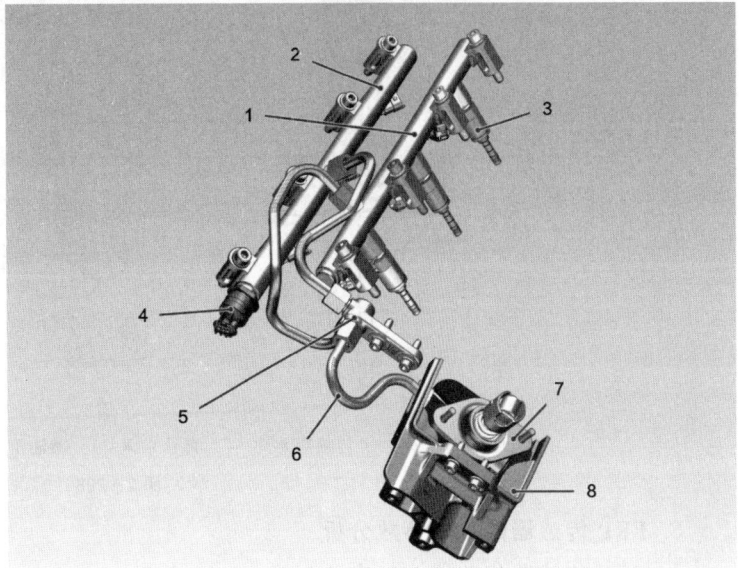

1—油轨 1 组　2—油轨 2 组　3—喷油器　4—油轨压力传感器　5—高压连接器　6—高压管　7—高压燃料泵　8—盖

图 2－296

极限压力范围下将燃油从喷油泵输出到喷油器。检查高压燃油泄漏时应特别谨慎，例如可以使用硬纸片进行检查。即使发动机关闭之后，该系统仍然带有压力。维修高压燃油系统时，应佩戴防护眼镜并穿戴适宜的防护服。

7. 油轨压力传感器（FRP）（博世 DS－HD－KV4.2－K）

压力传感器（博世 DS－HD－KV4.2－K）安装在油轨左侧。该传感器可测量油轨的压力并将信息提供给 ECM。使用压力传感器是闭路压力控制和精确喷油控制的基本要求。

压力传感器的核心部分由一个钢制隔膜构成。应变计集成在钢制隔膜上面的桥式电路中。当施加压力时，钢制隔膜伸长，桥式电路去谐。所产生的桥式电压与施加的压力成正比。集成数字电路会分析传感器信号并输出相对应的线性输出电压。

单独的压力传感器则监测两个油轨的压力，如图 2－297 所示，结构原理如图 2－298 所示。

图 2－297

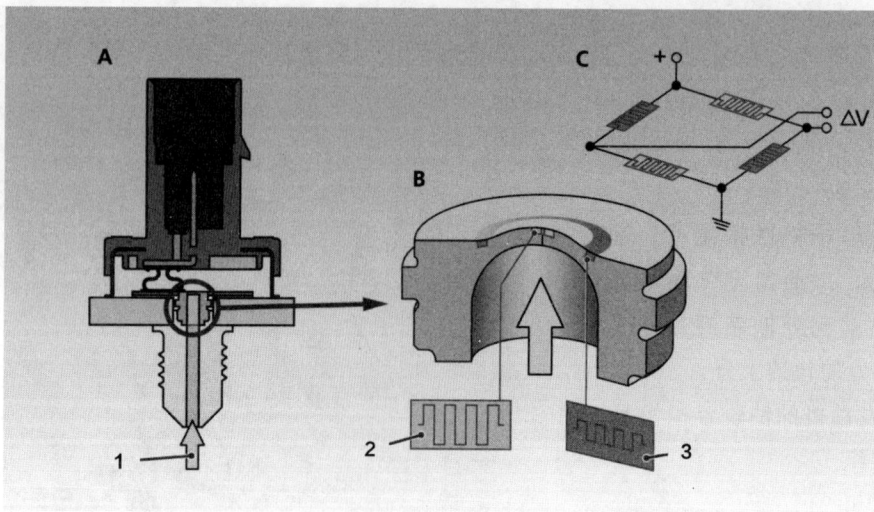

A. FRP 剖面图　B. 传感器元件　C. 测量原理　1—燃油压力　2—拉伸阻力　3—压缩阻力

图 2-298

8. FRP 传感器的 MD 参数分析

与 FRP 传感器相关的 MD 参数如表 2-92 所示。

表 2-92

未过滤共轨压力，实际值	显示测得的轨道压力值 符合欧 5 标准的所有发动机为 KOER 状态：2800～3200kPa 符合欧 6 标准的 F160AO/AS 发动机为 KOER 状态：3800～4200kPa 符合欧 6 标准的 F160AN/AM 发动机为 KOER 状态：4800～5200kPa KOEO：油轨为空的状态下启动，500～800kPa
实际共轨压力值	根据之前的参数*，显示计算出的共轨压力值 符合欧 5 标准的所有发动机为 KOER 状态：2800～3200kPa 符合欧 6 标准的 F160AO/AS 发动机为 KOER 状态：3800～4200kPa 符合欧 6 标准的 F160AN/AM 发动机为 KOER 状态：4800～5200kPa KOEO：油轨为空的状态下启动，500～800kPa
共轨压力设定点	通过 ECM 显示目标油轨压力 符合欧 5 标准的所有发动机为 KOER 状态：3000kPa 符合欧 6 标准的 F160AO/AS 发动机为 KOER 状态：4000kPa。 符合欧 6 标准的 F160AN/AM 发动机为 KOER 状态：5000kPa
主电压共轨压力传感器组	显示 FRP 到 ECM 间测得的电压信号

*：FRP 传感器正常工作时，全部值几乎相等。如果发现参数"未过滤共轨压力，实际值"与"实际共轨压力值"之间有较大差异，请查找 FRP 传感器是否存在电气故障。

同样，可通过油轨压力传感器测量供电电路压力。在 KOEO 条件下油轨为空时启动，将发现油轨内部的压力与供电电路中的压力相同。一种可快速、有效地验证燃油系统操作是否正确的方法即为：使用 MD 测试仪参数对测得的高压值与目标值进行比较。如果实际压力无法达到目标压力，则需要对系统的燃油供给部分和高压部分进行进一步诊断。某些条件（例如供电方面的异常高流阻、供给泵或高压泵的错误运行）会妨碍系统达到高压目标值。

①测试 8.8（启动阶段中燃油压力的上升分析）。在发动机启动后，一旦 ECM 检测了电动发动机正时并启用了 MSV，则应立即使用 FRP 传感器检测油轨压力，在不超过 1s 的时间间隔内，油轨压力应上升至少 5000kPa。在完成上述操作之后，压力值应立刻降至 KOER 条件中的参考值。

注意：在 KOER 条件中的油轨压力参考值根据不同类型的发动机而变化。

256

对于所有符合欧 5 标准的发动机，其值为 3000kPa。

对于符合欧 6 标准的 F160AO/AS 发动机，其值为 4000kPa。

对于符合欧 6 标准的 F160AM/AN 发动机，其值为 5000kPa。

如图 2－299 所示截屏源自符合欧 5 标准的发动机。

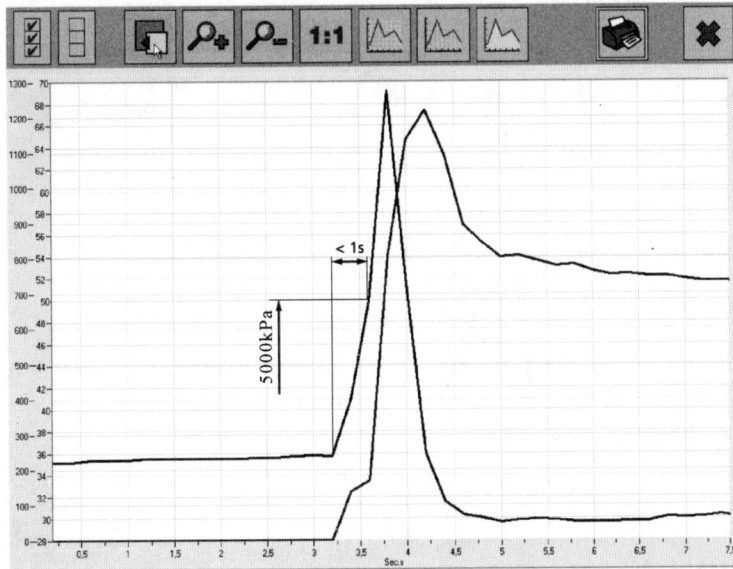

图 2－299

即使未激活高压泵，发动机也可以启动。在此情况下，共轨压力值将与供电压力值相同（600kPa）。故障指示灯将会亮起，并且会强行限制发动机可使用的扭矩。如果压力上升过程随共轨压力的逐步上升而间断，并且供电电路中的压力（低压电路）正常，则可能是高压泵发生故障。

②测试 8.9（通过 MD 数据采集功能检测油轨压力传感器）。符合欧 5 标准的发动机上截取的如图 2－300 所示的截屏显示了"加油门"条件下以下参数的 MD 数据采集。

发动机转速；

未过滤共轨压力，实际值；

主电压共轨压力传感器组。

可以注意到如下。

在 KOER 条件下，压力值大约为 3000kPa；

在加快转速期间，压力达到峰值；随后，当发动机达到最高转速时，压力降至一个较低值；

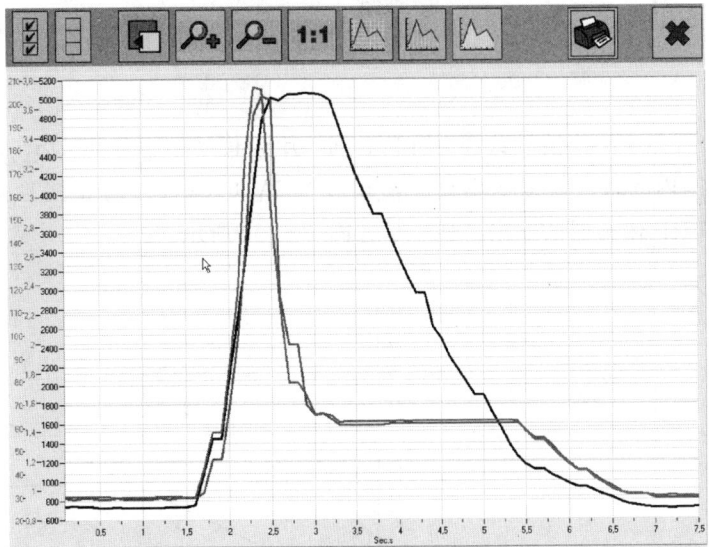

在松油门期间，即使关掉喷油指令，高压泵也仍然运转，压力不增加。由 ECM 通过 MSV 来控制此项。

注意：在符合欧 6 标准的发动机上，参数也显示同样的运行状况，但是，在 KOER 条件下的压力值是不同的。

图 2－300

③测试 8.10（通过 MD 数据采集功能检查测得的目标轨道压力）。符合欧 5 标准的发动机上截取的，如图 2－301 显示了"加油门"条件下以下参数的 MD 数据采集。

未过滤共轨压力，实际值；

实际共轨压力值；

共轨压力设定点。

可以注意到如下。

"实际共轨压力值"（计算值）会完全符合"未过滤共轨压力，实际值"（测得值）。

上述参数几乎会完全符合目标压力曲线（较小容差范围间的差异）。

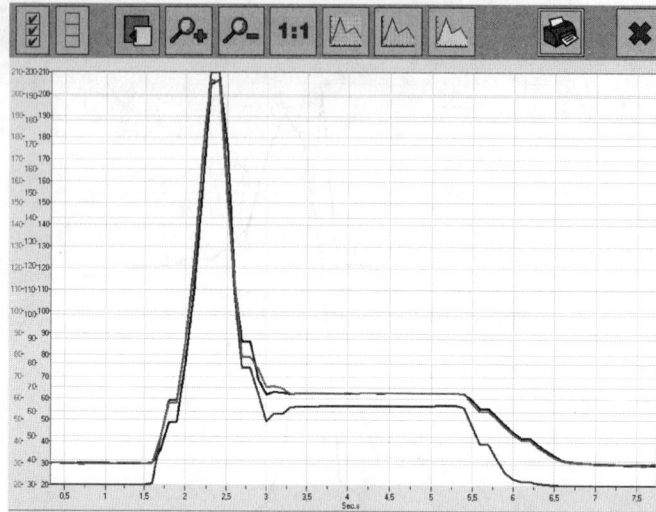

图 2－301

9. 油轨压力传感器接线图（图 2－302）

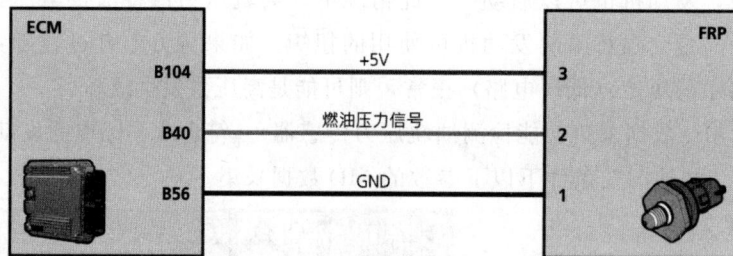

图 2－302

①FRP 信号及输出特性。油轨压力传感器（博世 DS－HD－KV4.2－K）会提供 0.5～4.5V 电源范围内的线性模拟输出信号，相对于 5V 电源可以防止接地短路。传感器的测量范围可超过 20 000kPa。FRP 传感器的输出特性显示如图 2－303 所示。

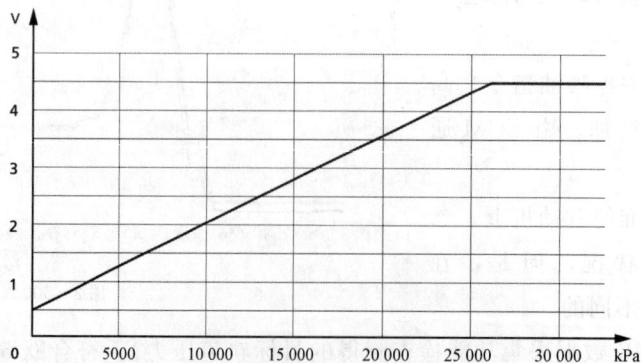

图 2－303

②测试 8.11（通过 PicoScope 测量油轨压力信号）。PicoScope 连接和设置如表 2－93 所示。

表 2-93

通道 A，负极探针	油轨压力传感器接地（引脚 B56 ECM）
通道 A，正极探针	油轨压力传感器信号（引脚 B40 ECM）
通道 A，范围设置	±5V DC
时间范围设置	500ms/div

请注意，也可使用传统的万用表进行测量。结果如表 2-94 所示。

表 2-94

状况	测得的电压信号	对应值
KOEO	0.58V	630kPa
KOER（欧 5 发动机）	0.95V	3000kPa
KOER（欧 6F160 AO/AS 发动机）	1.1V	4000kPa
KOER（欧 6F160 AN/AM 发动机）	1.26V	5000kPa
加油门最大值	3.6V	20 500kPa
极限转速	1.4V	5800kPa

10. 高压喷油器

高压喷油器的任务是测量燃油量，并将适量的燃油喷射到燃烧室内。因此，高压喷油器有助于在燃烧室明确界定的区域内形成受控的空气/燃油混合物。

与 PFI 系统相比，直接燃油喷射主要存在以下差异。

燃油压力更高；

燃油喷射的时间更短。

实际上，在 PFI 发动机中，燃油喷射到歧管内时，曲轴最多旋转 2 圈（对应一组完整的发动机循环）。当发动机转速为 6000r/min 时，这对应于可用的最长喷油持续时间为 20ms。

在均质操作模式下，直接喷射时，必须在进气冲程期间喷射燃油。因此，在喷射过程中，曲轴仅旋转半圈。转速为 6000r/min 时，这对应于最长的喷油持续时间为 5ms。

①F160 发动机上的高压喷油器（博世 HDEV 5.2）如图 2-304 所示。F160 发动机与 F154A 发动机相同，也使用具有 7 喷孔的博世 HDEV 5.2 电磁阀式喷油器。但是，不同发动机型号的喷油器也不尽相同。喷射角已被微调，能更好地适应燃烧室的形状和喷油器的角度位置。相对于 306kW 发动机所使用的流量为 22.1ml/s 的喷油器，F160AO/AS 发动机（246kW/261kW）则使用流量降至 17.1ml/s 的喷油器。

喷油器横向置于燃烧室中，恰好位于两个进气门下部。Teflon 燃烧室密封圈位于喷油器顶帽附近。Teflon 密封圈用于密封燃烧室，不得受到任何损坏。因此，一旦将其拆下，切勿重新安装同一喷油器。博世 HDEV 5.2 喷油器会根据发动机型号配备不同的规格，如图 2-304 所示。应注意白色 Teflon 燃烧室密封圈。因为组装过程要求绝对洁净，所以不得从喷油器中移出油轨。油轨和喷油器不得分离，且仅可作为完整的装配进行移动。

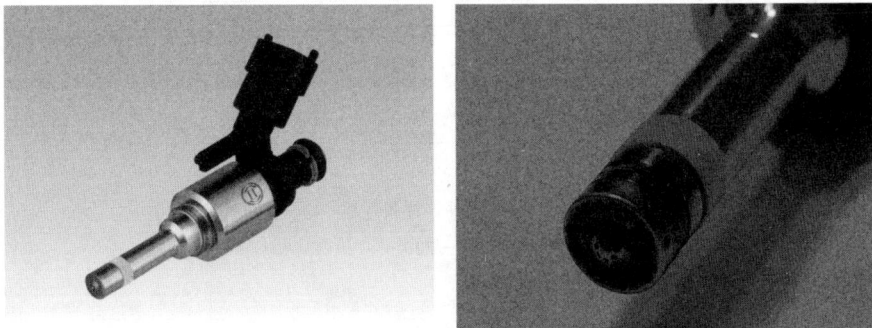

图 2-304

②设计与操作原理。高压喷油器由不同的部件构成，如图2−305所示。

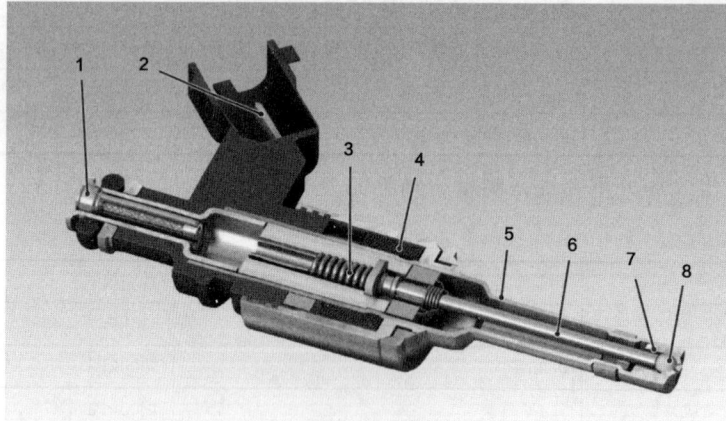

1—配有滤清器的进油孔　2—电气连接　3—弹簧　4—线圈　5—阀套　6—含
电磁衔铁的喷油器针阀　7—阀座　8—喷油器泄油通道

图2−305

可以确定下列操作状况。

喷油器打开（开始喷射）：电流通过线圈时会产生一个小磁场。它会将针阀从阀座上以弹簧作用力方向提升起来，并打开喷油器泄油通道。此时系统压力会将燃油推送进燃烧室。

喷油器完全打开：喷油器针阀达到上止点。喷射的燃油量主要依据喷油器打开的时间及燃油压力。

喷油器关闭（结束喷射）：切断活跃电流后，会通过弹簧作用力将针阀再次按回其阀座并切断油流。

③喷油器激活。GDI发动机上的喷油器控制和激活远比PFI系统复杂。ECM会根据发动机的实时运行状况分别改变喷射时间、时长和压力。由于油压较高，打开喷油器所需的电压和电流值均明显高于传统PFI系统喷油器的各项值。打开喷油器需要约65V的增压来启动，这可能会导致喷油器的电流峰值达到12A左右。此阶段后，需要12V PWM信号和4A左右的保持电流来维持喷油器继续运行。

ECM包含4组集成式的喷油器驱动器。喷油器电磁阀的触发过程可分为5个阶段，如图2−306所示。

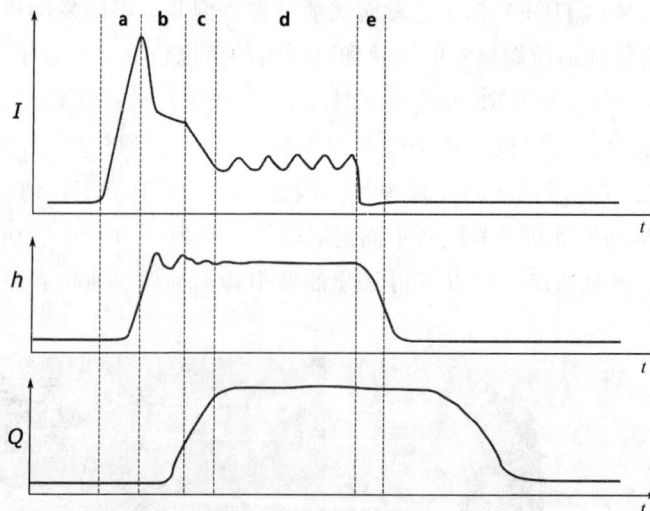

I—喷油器电流　h—喷油器针阀升程　Q—喷油量

图2−306

可以确定下列喷油器激活的不同相位。

开启相位（a）：起初，打开电磁阀的电流会快速增加到12A左右。这是通过生成于ECM并存储在容器中高达 65V 的增压而实现的。电压通过电磁阀时，电流量会增大若干次，其频率快于仅使用蓄电池电压时的电流量增加频率。

吸动电流相位（b）：在吸动电流相位期间，PWM12V 信号适用于电磁阀并辅助完成打开阶段的最后部分。电流控制会将吸动电流限制至 6A 左右。这种脉冲电源可以节电。

过渡到保持电流相位（c）：为优化 ECM 中的电源管理，电流必须降至 4A 左右（保持电流）。该相位的剩余能量会转存到 ECM 内的增压电容器中。

保持电流相位（d）：在此相位中电流将保持稳定在 4A 左右。同样，可以优化耗电量的 PWM。

12V 信号来控制此相位。打开喷油器时，即便激活电流（保持电流）很小，也足够保证喷油器开启。随着喷油器针阀不断上升，喷油量依据喷射时长按比例喷射。

关闭相位（e）：ECM 切断电流后，喷油器关闭，释放的能量会再次转存到增压电容器中。

图 2-307 是可控制两个喷油器线圈的 ECM 喷油器驱动模块概述。

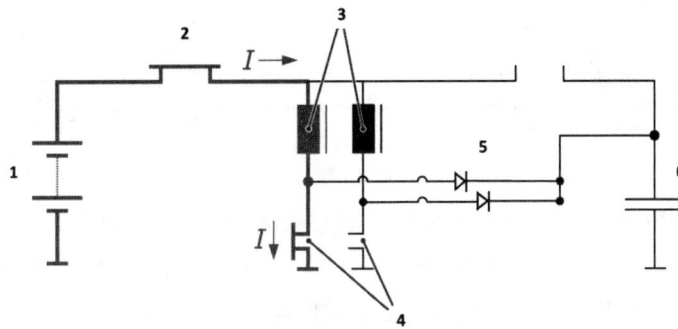

1—蓄电池　2—电流控制 Mosfet（ECM 内）　3—喷油器线圈　4—喷油器选择器晶体管（ECM 内）　5—二极管（ECM 内）　6—增压电容器（ECM 内）

图 2-307

在 F160 发动机上，两组喷油器均由 ECM 内的两个喷油器驱动模块（输出级）进行驱动。其余的两个喷油器由两个专用喷油器驱动装置驱动。请参阅以下相关内容。

喷油器驱动装置 A：喷油器 1 和 5。

喷油器驱动装置 B：喷油器 2 和 4。

喷油器驱动装置 C：喷油器 3。

喷油器驱动装置 D：喷油器 6。

请注意，由同一喷油器驱动装置激活的喷油器是成对激活的，这样可以确保激活的间隔时间尽可能长。这能保证足够的激活失效时间，以便 ECM 中的增压电容器重新充电。

通过 PicoScope 来测量喷油器驱动装置 A 的一个喷油器的电压和电流时，使用较大的时间范围，可清楚地观察到两个电压信号中只有一个可以生成电流，如图 2-308 所示。由同一喷油器驱动装置控制的另一喷油器的电压信号则不会在进行测量的喷油器中生成电流。

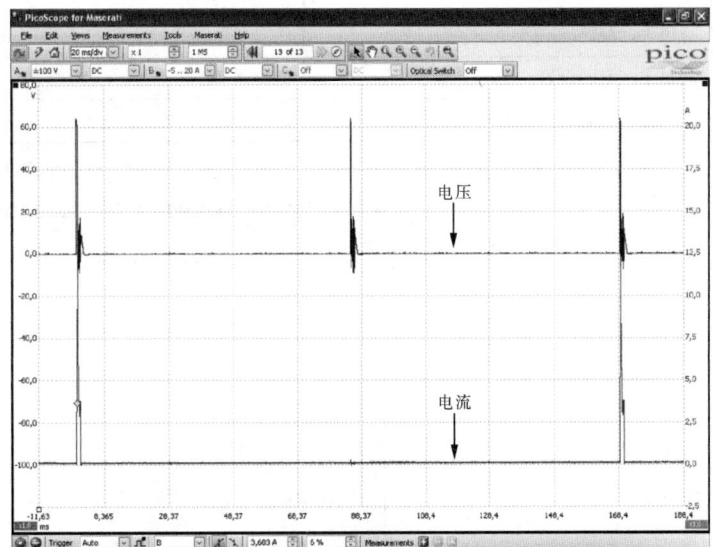

图 2-308

261

鉴于测试目的，很有必要通过玛莎拉蒂 Diagnosi 使用动态诊断命令来激活 KOEO 状态下的喷油器。发动机运转时，为停用喷油器，也可以使用专用的动态诊断命令。

11. 燃油喷射器连接图（图 2—309）

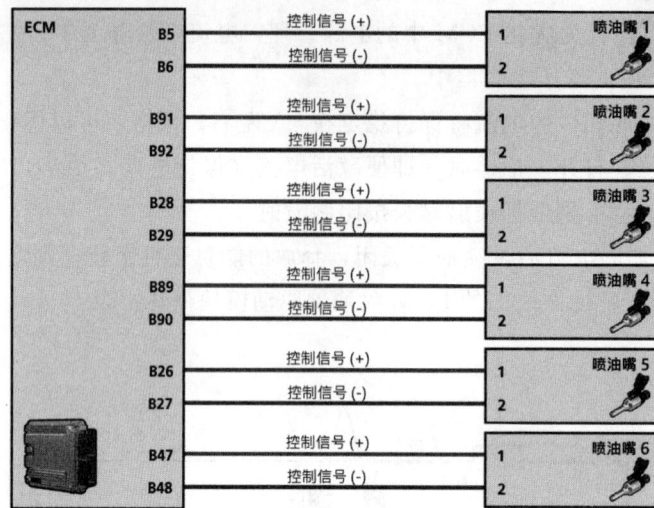

图 2—309

①测试 8.12（使用 PicoScope 测量喷射器 1）。观察喷射器信号图（应用于符合欧 5 标准的发动机）时，可以清楚地发现，喷油器线圈显示典型的感应特征，即始终试图阻止（突然的）电流变化。这意味着如果通过线圈的电压突然上升或下降，电流会相对缓慢地增加或减少。

另一方面，如果电流突然中断（如断路导致中断），线圈中则会产生强电压峰值。可以连接 ECM 接地线或底盘接地线上的负探针（而不使用喷射器的负探针），以便测量时避免该电压峰值。PicoScope 连接和设置，如表 2—95 所示。

表 2—95

通道 A，负极探针	ECM 接地（引脚 A02 ECM）
通道 A，正极探针	喷射器命令正极（引脚 B05 ECM）
通道 A，范围设置	±100V DC
通道 B，探针	一条喷射器导线中的 20A/60A 电流钳（20A 模式下）
通道 B，范围设置	+20A DC
时间范围设置	500μs/div

KOER 条件下的喷油器命令。可观察到 PWM12V 保持信号前的增压电压，如图 2—310 所示。

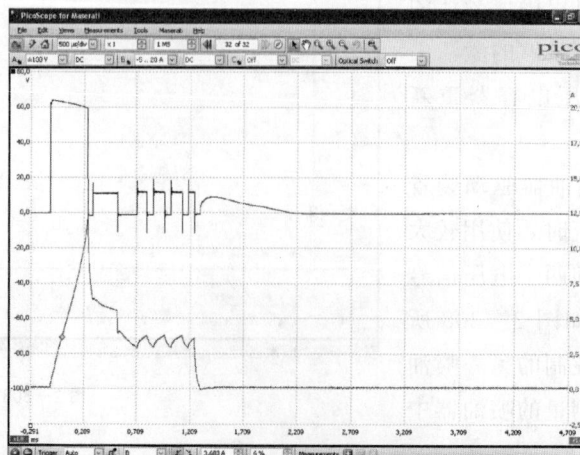

图 2—310

在加油门加速阶段期间，喷射持续时间增加，如图2-311所示。

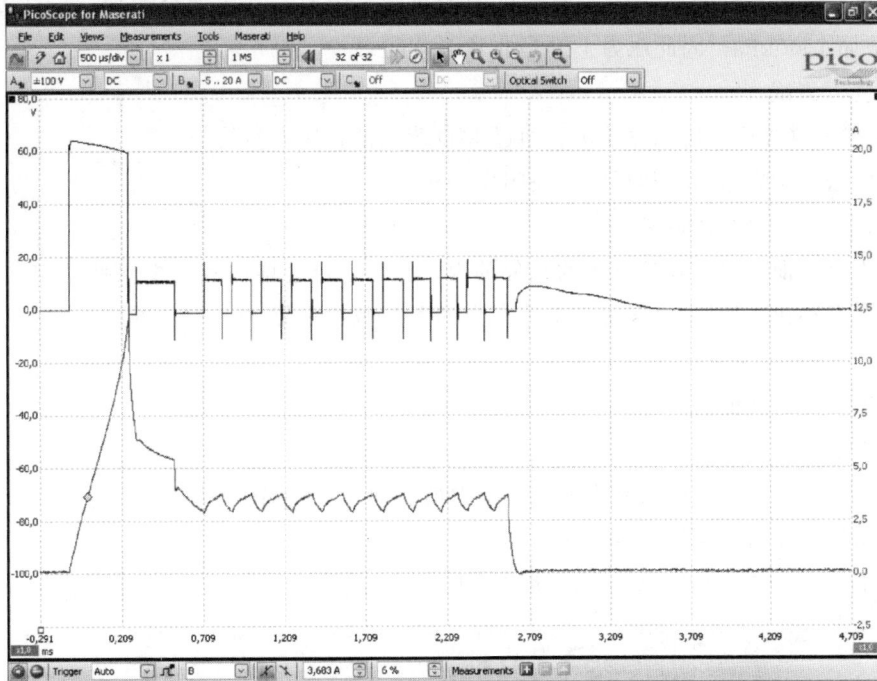

图 2-311

②GDI 与 PFI 系统中的喷射器电流特性。

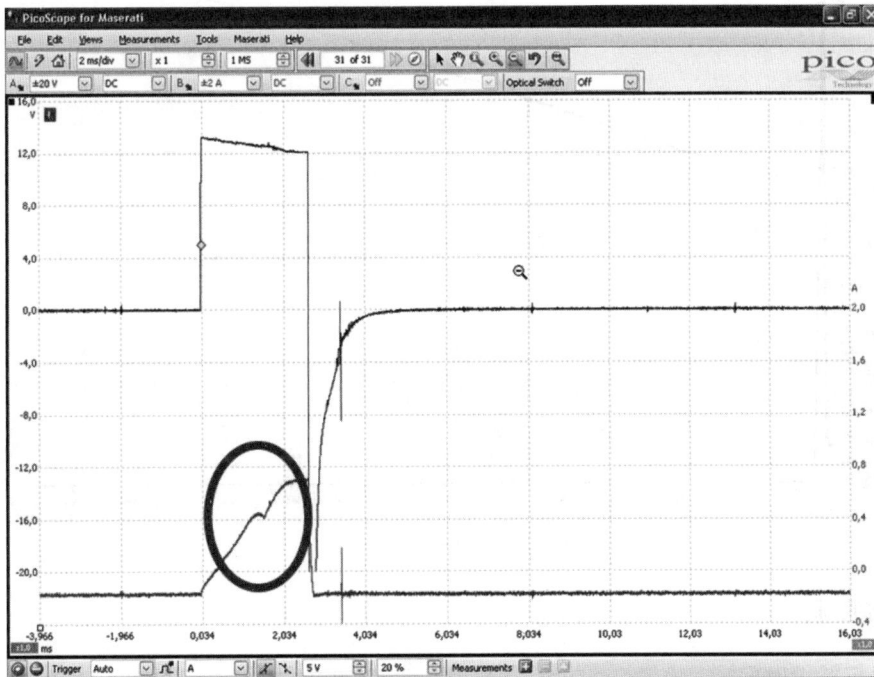

图 2-312

观察 PFI 发动机上使用的传统燃油喷射器的电流信号时，可以看到在曲线上升沿中的阶跃变化，如图 2-312 所示。该阶跃是由于喷射器喷嘴针阀在到达顶点位置时进入线圈体时磁场产生的微小变化所造成的。因此，电流曲线中的阶跃表明燃油喷射器已正常开启（相比之下，堵塞的燃油喷射器不会产生这一现象）。另一方面，GDI 发动机上使用的高压喷油器的电流曲线不会产生该阶跃。由于高压喷油器的不同结构特征，针阀不会进入线圈体，因此也就不会对线圈磁场产生干扰。

③测试 8.13（发动机关闭后的喷射器密封分析）。发动机关闭后，可通过检测油轨压力来验证喷射器

密封。系统密封时，由于系统中没有回油管路，因此发动机关闭后，油轨还会保持极限压力。

由于油轨中储存的燃油会吸收关闭的发动机中的热量，因此，其压力会增加。请注意，温度每上升1℃，压力大约增加1000kPa，因此压力上升是非常显著的。

按下列步骤进行测试。

在 KOER 条件下（暖机）启动发动机，通过 MD 读取油轨压力参数。

发动机加速以增加油轨压力，然后突然关闭发动机。

再次打开点火开关，继续读取参数。

系统密封且不存在泄漏时，在接下来的几分钟内，压力一定会增加或至少保持稳定。如图 2－313 所示的截屏显示了在发动机关闭后 300s 内，下列参数的 MD 数据采集。

发动机转速；

未过滤共轨压力，实际值。

可以注意到如下。

在 6～8s 时，发动机转速增加到转速限值，压力增加到 16 000kPa 左右。

然后关闭发动机，压力降至 10 500kPa。

在以下阶段中，由于加热的残留燃油，导致压力增加。

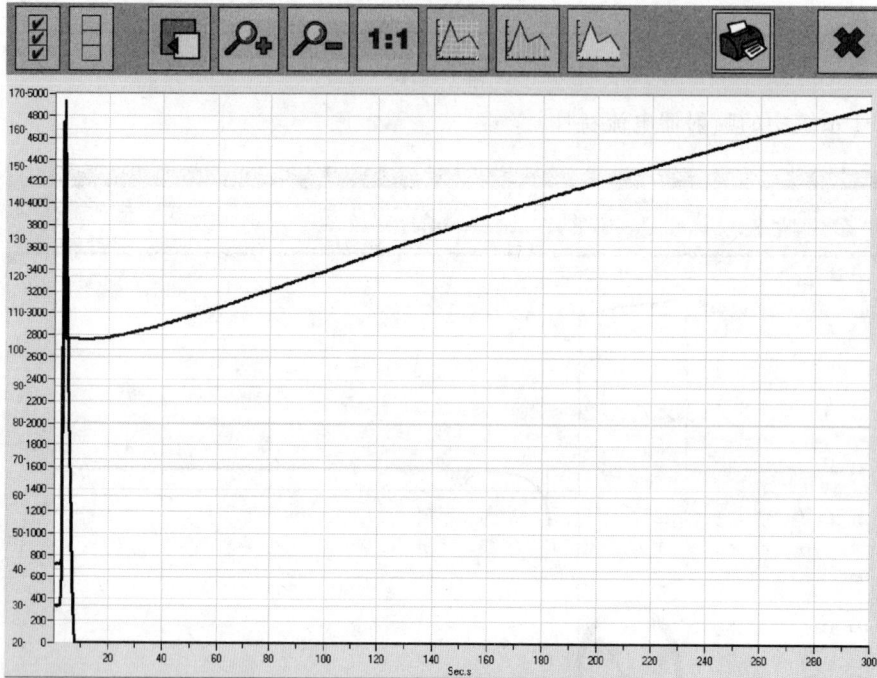

图 2－313

（四）喷射控制

1. 喷射定时与持续时间

ECM 计算各喷射活动的时刻与持续时间。

喷射时刻（喷射器开启的时刻）表示为相对于 TDC 的曲轴位置角度。正角表示压缩冲程结束时在 TDC 前发生的角度。请注意，喷射始终在进气冲程期间启动，因此在压缩结束 TDC 前，预计会观察到介于 180°～360°。

喷射持续时间以毫秒表示。ECM 基于以下因素来定义喷射持续时间。

基于所需喷射量和油轨压力的基本图；

作为进气温度函数的偏移量；

作为海拔因数函数的偏移量；

作为发动机冷却液温度函数的偏移量；

油轨中有压力限制时的充气限制；

基于燃料适应值进行校正。

已知所需的喷射持续时间后，ECM 会根据发动机转速和喷射持续时间来计算喷射角度（喷射时刻）。请注意，给定发动机转速时，进气冲程的持续时间会限定最大燃油喷油时间。因此，发动机转速较高时，喷射持续时间必定缩短。在高转速和高负载条件下，ECM 进一步增加喷射量的唯一方法是提高油轨压力。发动机负载与转速、油轨压力、喷射角度和持续时间之间存在非常复杂的相关性。

2. 均质分层模式

正常情况下，F160 发动机始终在均匀燃烧模式下运行。这表示燃油仅在进气冲程期间喷射。然而，在特定的工作范围内（低载荷且发动机转速为 1200～2500r/min），ECM 可以在均质分层模式下运行。

在此情况下，燃烧室充满均质稀薄的基础混合物。该混合物是通过在进气冲程期间喷射基本的燃油量而产生的（约为所需燃油量的 40%）。在压缩冲程期间，再次喷射剩余的 60% 的燃油量。这导致火花塞部位形成较浓的区域。该区域易于点燃，反过来也能够点燃燃烧室剩余物中的均质稀薄混合物。

该策略可使燃烧更稳定，发动机运转更平稳。与适当分层的充气模式相比，该模式减少了烟尘排放；与完全均匀的模式相比，该模式降低了燃油消耗。

3. 喷射控制的 MD 参数分析

与喷射控制有关的 MD 参数如表 2-96 所示

表 2-96

喷油时间	显示每次燃烧循环中各喷射器的喷油时间
燃油消耗	显示计算的燃油消耗
相应燃料质量	显示供应给汽缸组 1 的燃料分配的计算值。如果 Lambda 控制器输出正执行混合补偿，则该数值可能不同于组 2
相关燃料质量第 2 排	显示供应给汽缸组 2 的燃料分配的计算值。如果 Lambda 控制器输出正执行混合补偿，则该数值可能不同于组 1
第一次进气行程喷射的起始角度	以曲轴转角显示 TDC 前所需的起始喷射角。喷射活动始终在进气冲程期间启动，介于 TDC 前的 180°～360°曲轴转角之间
双喷射油量的可变部分	显示均匀分层充气操作模式下，相对于总燃油喷射量的进气冲程中所喷射燃料的分配

①测试 8.14（利用 MD 数据采集功能检查喷射量参数）。图 2-314 所示显示了发动机启动后，以下参数的 MD 数据采集（应用于符合欧 5 标准的发动机）。

喷油时间；

发动机转速。

可以注意到如下。

在启动阶段，喷油时间较长，最高可达 4.8～5ms。

空转时，喷油时间为 1～1.2ms。

如果我们在符合欧 6 标准的 F160AN/AM 发动机上重复相同的测试，我们可以注意到启动期间的特征完全相同，而空转时的喷油时间减少至仅 0.8ms。也就是说，缩短

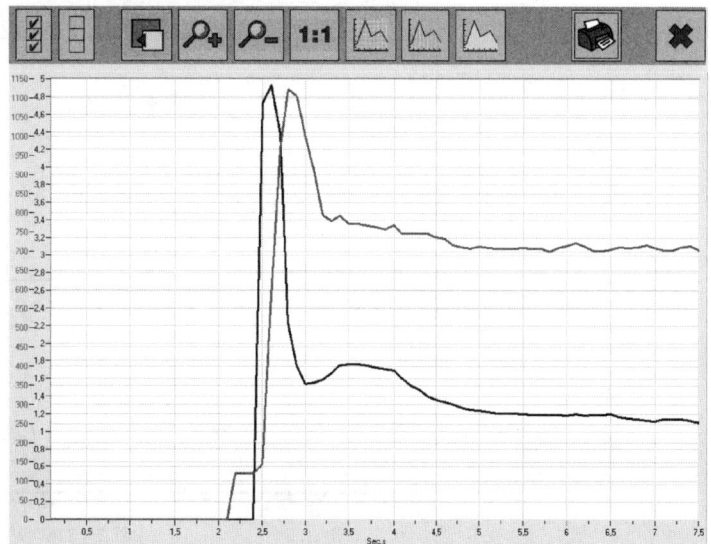

图 2-314

了喷射持续时间，以补偿发动机在 KOER 条件下的较高轨道压力。

②测试 8.15（通过 MD 数据采集功能检查喷射量参数 2）。图 2－315 显示了加油门条件下，以下参数的 MD 数据采集（应用于符合欧 5 标准的发动机）。

喷油时间；

发动机转速。

可以注意到如下。

加速阶段期间，喷油持续时间较长（可达 4ms 左右）；

达到转速限值时，喷油持续时间立即减少；

启动期间（燃油喷射器闭合），喷射持续时间为零。

作为参考，在全负荷驾驶条件下，从停止状态启动进行道路试验时可以验证得出的最大喷油时间约为 5.4ms。然而，该数值很大程度上取决于发动机转速和负载。

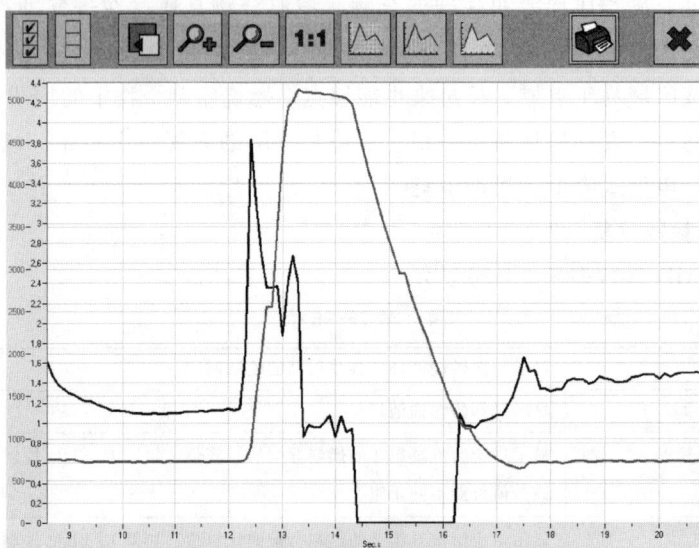

图 2－315

请注意，加速阶段期间的喷油时间参数完全遵循使用 PicoScope 观测到的喷射器开启时间。例如，加速阶段期间的喷射器开启时间可达 3ms 左右，如图 2－316 所示。

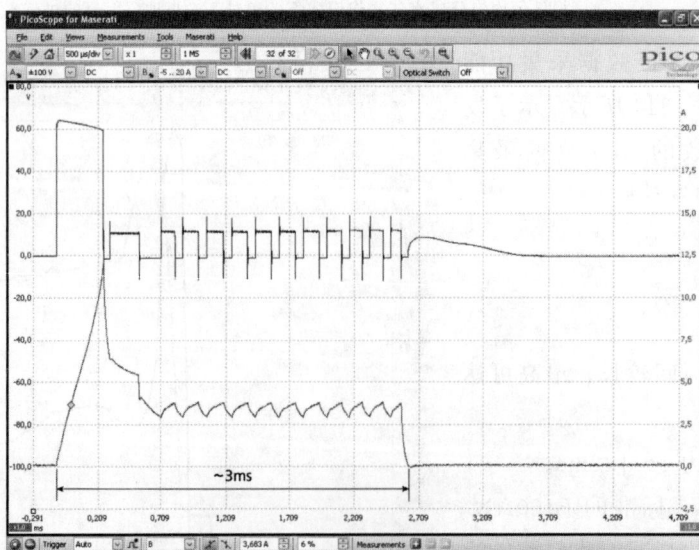

图 2－316

在图 2－316 中，测量了加速阶段单个喷射器的电压和电流：喷射器开启时间可达 3ms 左右。

③测试 8.16（使用 PicoScope 比较喷射定时和点火定时）。在该测试中，通过使用 PicoScope，比较了 KOER 条件下的喷射定时和点火定时。汽缸 1 的喷射器命令作为触发参考，并测量其信号及点火线圈 1 的命令信号。依照表 2－97 所示，设置 PicoScope。

表 2－97

通道 A，负极探针	ECM 接地（引脚 A02 ECM）
通道 A，正极探针	喷射器命令正极（引脚 B05 ECM）
通道 A，范围设置	±100V DC
通道 B，负极探针	ECM 接地（引脚 A02 ECM）
通道 B，正极探针	点火线圈 1 命令（引脚 B51 ECM）
通道 B，范围设置	±10V DC
时间范围设置	10ms/div

在如图 2－317 所示中，可注意到汽缸 1 的喷射器命令（在进气冲程期间发生）与点火线圈 1 命令信号（在压缩冲程结束时启动）之间的时间间隔约为 66ms。该时间间隔与 KOER 条件下 280°左右的曲轴转角相符。

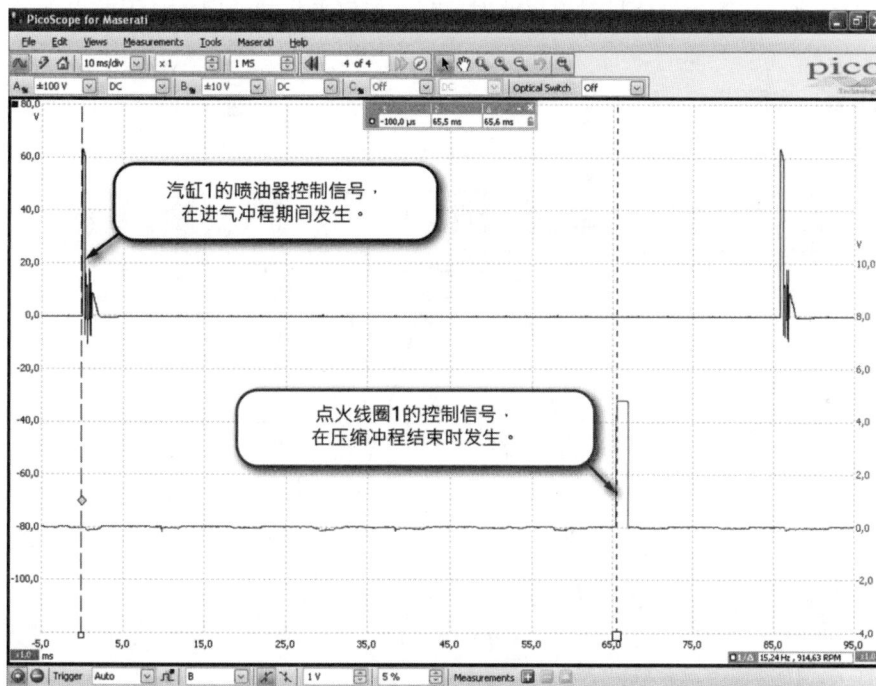

图 2－317

在图 2－317 中，汽缸 1 的喷射器命令作为触发参考，并对其及点火线圈 1 的命令信号进行了测量。通过检查相关的 MD 参数，可观察到相同的特征。如图 2－317 所示，在相同条件下，比较"第一次进气行程喷射的起始角度"与"实际点火角"时，可发现区别在于 280°左右的曲轴。

（五）若干燃油系统故障情况下的发动机工况

1. 测试 8.17（电子油泵故障特征）

发动机运转时，如果电子油泵出现故障，则几分钟后发动机会因燃油不足而失速。油轨中无燃油时，如果试图重启发动机，则发动机将无法启动或勉强启动后立即再次失速。系统特征如下所示。

喷油器继续接收激活命令。

在启动期间，"未过滤共轨压力，实际值"不超过 200kPa。此外，参数"实际共轨压力值"与"共轨压力设定点"将显示一个近似值。

267

为确保其润滑，需持续为高压燃料泵供油。如果发动机一直运行到燃油耗尽，可能会导致高压泵损坏。

2. 测试 8.18（MSV 的故障特征）

如果 ECM 检测到 MSV 上存在电气故障，发动机会继续运转并能够启动。可以观察到以下特征。

高压泵未激活，因此共轨压力与供油回路压力相同。MD 参数"未过滤共轨压力，实际值"将处于低压范围内；

高压闭合回路控制功能禁用；

可观察到启动阶段的时间会延长；

与正常的运行状态相比，MD 参数"共轨压力设定点"会变动，但处于较低的范围内；

考虑到共轨压力较低，所需的喷油时间可能会超过可用的喷射时机。扭矩限制激活。最大扭矩与最大空气量受限于最大可获得的喷油量；

喷射持续时间将增加；

VVT 和增压控制功能仍处于激活状态；

MIL 将激活。

如图 2-318 显示了 MSV 命令信号对地短路时，MD 如何采集加油门条件下的以下参数数据。

发动机转速；

未过滤共轨压力，实际值；

共轨压力设定点。

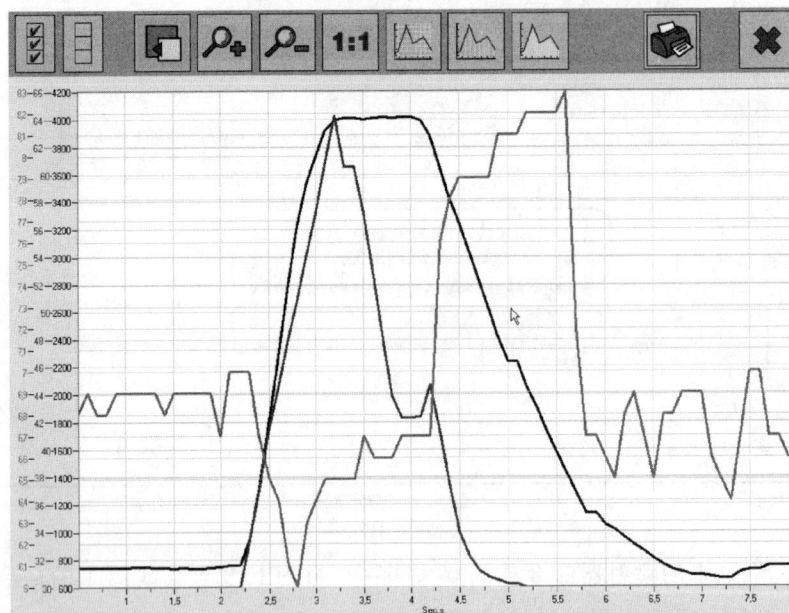

图 2-318

3. 测试 8.19（FRP 故障特征）

如果 ECM 检测到 FRP 传感器上存在电气故障，发动机会继续运转并能够启动。由于闭合回路压力控制功能因压力信息丢失不再可用，因此将利用预定义压力值激活跛行回家策略。如果 MSV 存在故障，可观察到相同的系统特征（请参见测试 8.18）。

如果 FRP 传感器信号对地短路，则相关 MD 参数将给出以下结果。

在 KOEO 与 KOER 条件下，"未过滤共轨压力，实际值"约为 100kPa；

在 KOEO 与 KOER 条件下，"主电压共轨压力传感器组"约为 0；

与正常运行状态相比，"共轨压力设定点"会变动，但处于较低的范围内。

如果 FRP 传感器信号对 5V 电源短路，则相关 MD 参数将给出以下结果。

在 KOEO 与 KOER 条件下，"未过滤共轨压力，实际值"约为 26 000kPa；

在 KOEO 与 KOER 条件下，"主电压共轨压力传感器组"约为 5V；

与正常运行状态相比，"共轨压力设定点"会变动，但处于较低的范围内。

4. 测试 8.20（实际共轨压力永久低于目标压力）

实际共轨压力永久低于目标压力的可能原因如下所示。

有故障的 MSV 或 MSV 卡阻于开启位置；

处于低温条件下。必须限制低温冷启动时的压力，以免喷油器 O 形密封圈过载；

在此情况下，可观察到以下现象。

MD 参数"共轨压力设定点"受到限制。

在低共轨压力低下，由于所需的喷油时间可能超过可用时间，因此将激活扭矩限制。通过限制最大扭矩与空气量，以匹配可获得的最大喷射量。

MIL 将激活。

5. 测试 8.21（实际共轨压力永久高于目标压力）

MSV 部分卡滞时，可能出现这种情况。在此情况下，无法再确保正确开启喷油器嘴，并且共轨压力可能会过度增加。激活以下策略。

通过限制发动机最大转速，以限制高压泵产生的压力。

打开泄压阀（PRV），以防止压力过大。

（六）蒸发排放控制系统与油箱泄漏检测

搭载汽油发动机的玛莎拉蒂车辆配备了一套蒸发排放控制系统，用于防止油箱中蒸发的燃料逸入大气中。下述原因会加剧油箱中的燃料蒸发。

由于环境温度升高或邻近热组件（如排气系统）而使油箱中的燃料变热；

环境压力下降，如山路行驶时。

请注意，即使在车辆未行驶的情况下，也会形成蒸气。

1. 活性炭罐

燃料蒸气由油箱通风管输送至吸入蒸气的活性炭罐中，如图 2－319 所示。燃料蒸气活性炭罐安装在轮拱区右后侧（靠近油箱）。活性炭罐通过净化管路连接至进气歧管，由 ECM 控制的电磁阀式清洗阀（博世 TEV－5）加以控制。配有小型滤尘器的新鲜空气进气口连接至活性炭罐。

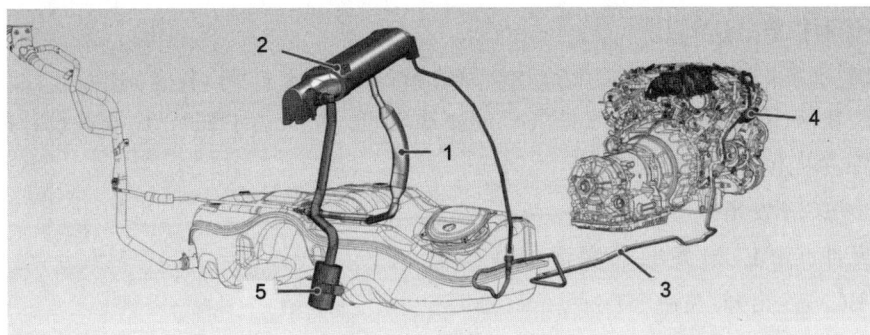

1—通风管　2—炭罐　3—净化管　4—净化阀　5—过滤器

图 2－319

①吸收蒸气。油箱内形成的蒸气被活性炭罐内部的炭床表面吸收。同时，空气可通过新鲜空气进气口逸回大气中。油箱配备 3 个翻车阀，均位于油箱的最高点。这些阀可防止油箱中的燃料进入蒸发排放控制系统中。

②净化。发动机运转且满足合适的运行条件时，通过打开净化电磁阀，ECM 将活性炭罐连接至进气歧管，如图 2-320 所示。

在净化期间，歧管真空通过活性炭罐的炭床由新鲜空气进气口吸入新鲜空气，同时将燃料气体分子吸入进气歧管用于燃烧。

ECM 通过净化电磁阀的 PWM 控制功能来控制净化率，并监测活性炭罐的回收率。

回收的燃料蒸气进入汽缸后，相应地减少喷油量，以维持合适的混合物形成。

通过氧传感器提供的过量空气系数（Lambda），ECM 计算从活性炭罐吸入的燃油量，进而计算活性炭罐的饱和度。

如有特殊的 Lambda 要求或存在与空气/燃油控制系统有关的故障，活性炭罐净化控制禁用。实际上，净化控制可能会影响其他需特殊 Lambda 控制的功能。

燃油蒸气活性炭罐的规格如表 2-98 所示。

表 2-98

重量（新）	1330g
重量（饱和）	1460g

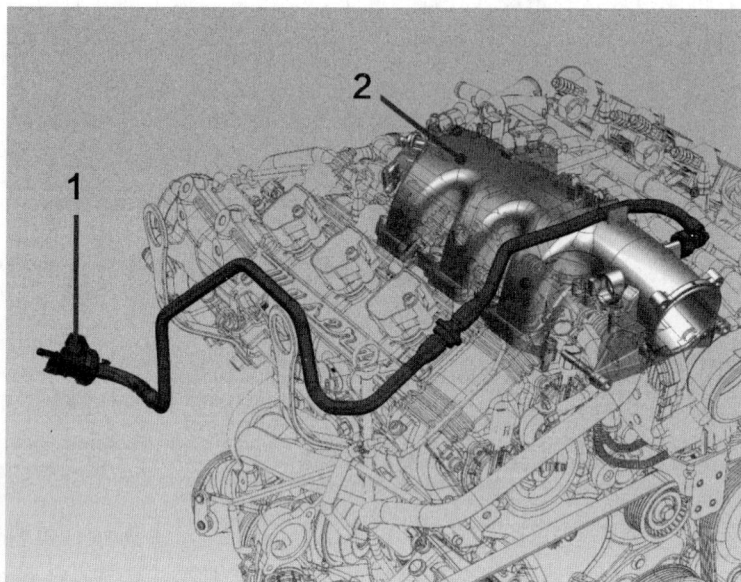

1-炭罐净化阀 2-进气歧管

图 2-320

2. 油箱泄漏诊断模块（DMTL）

所有符合美国/加拿大规范的车辆均配备有油箱泄漏诊断模块（DMTL），如图 2-321 所示。DMTL 单元（博世）安装在活性炭罐与新鲜空气进气口过滤器之间。按美国 OBD-II 法规设计的模块用于识别油箱泄漏。DMTL 单元包含以下部件。

电动气泵（由 ECM 发出开/关命令）；

内部加热器元件（由 ECM 发出开/关命令）；

转换阀（由 ECM 发出开/关命令）；

旁路转换阀校准孔。

ECM 监测气泵的引出气流，其与回路中泵承受的压力成正比。在下列其他阶段，介绍了 DMTL 系统的操作。

DMTL 单元如图 2-322 所示。

①净化阶段。DMTL 泵和转换阀均处于静止位置。发动机运转时，ECM 打开活性炭罐净化阀以回收

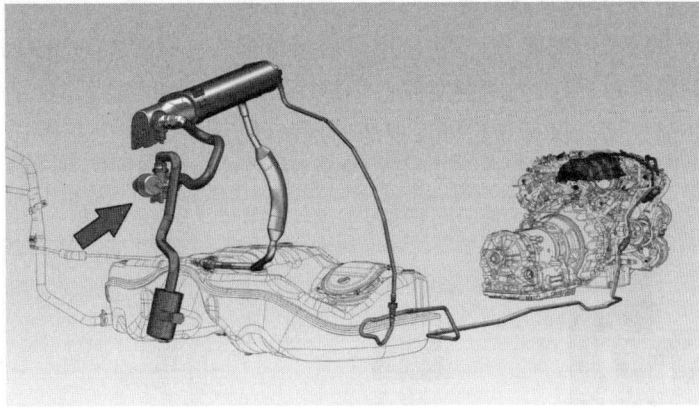

图 2-321

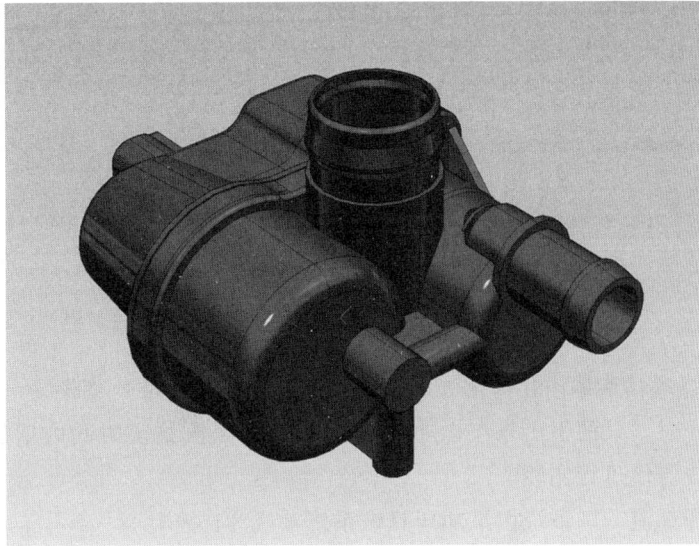

图 2-322

吸入活性炭罐内的燃料蒸气。通过开启 DMTL 单元的转换阀，经由空气过滤器吸入新鲜空气，然后进入活性炭罐中，如图 2-323 所示。

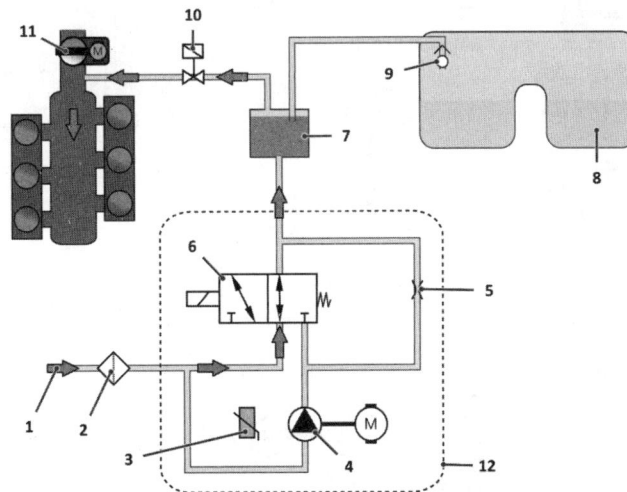

1—新鲜空气进气口　2—过滤器　3—内部加热器　4—气泵　5—校准孔
6—转换阀　7—炭罐　8—油箱　9—防翻车泄漏阀　10—净化阀　11—节
气门　12—DMTL 单元

图 2-323

271

②DMTL 校准阶段。DMTL 检查燃料蒸气回路的系统密封状况之前（测试阶段），应执行校准阶段。转换阀处于静止位置时，泵启动，如图 2-324 所示。通过校准孔（符合 OBD-II 法规标准规定的油箱与蒸气回路中最大允许泄漏要求），泵吹入新鲜空气。ECM 监测泵的引出气流，这可作为给定环境条件下最大允许泄漏的参考因素。加热器确保可靠且可再现的测量条件。

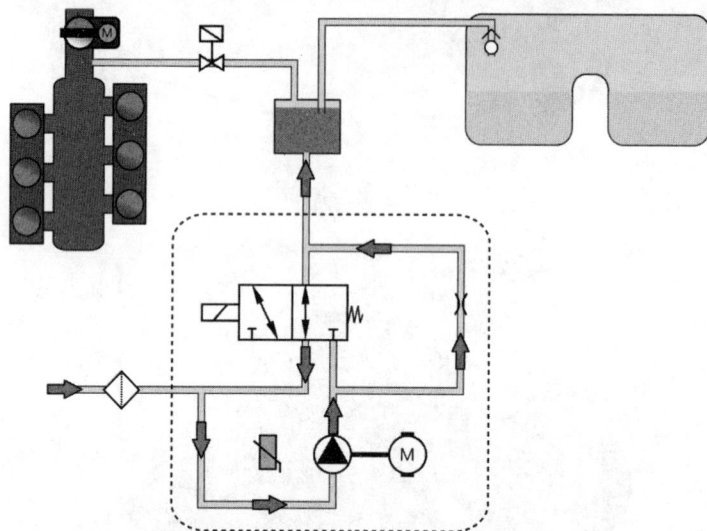

图 2-324

③DMTL 测试阶段。活性炭罐净化阀闭合时，转换阀与泵同时启动，如图 2-325 所示。在泵逐渐给油箱与燃料蒸气回路加压时，泵的引出气流也随之增加。ECM 监测给定时间内增加的引出气流，并将其与校准阶段的参考引出气流值进行比较。

如测试气流超过参考气流，则系统由泵加压且该系统被视为已密封。

如测试气流未达到参考气流值，或达到该值的时间过长，则表示 DMTL 单元无法为油箱与蒸气回路加压。因此，怀疑系统中存在泄漏。ECM 将设置 DTC 并开启 MIL 以通知驾驶员。

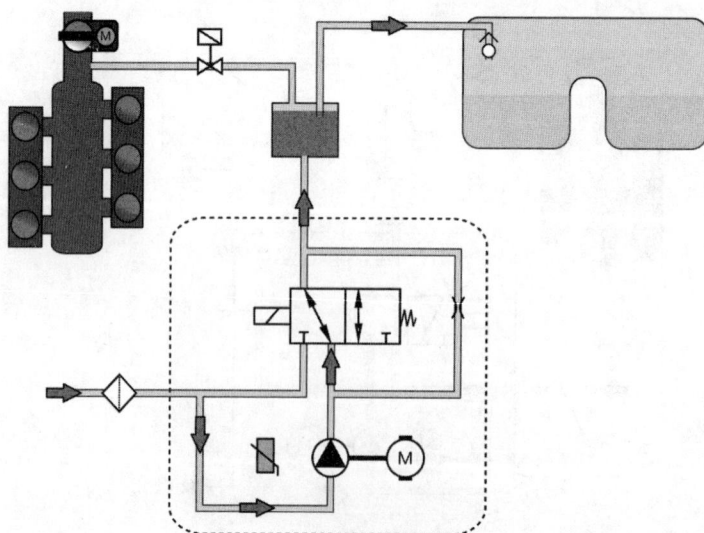

图 2-325

请注意，仅可在车辆静止、点火开关关闭且以下参数介于精确定义的范围内时执行 DMTL 测试阶段。

高度；

发动机温度；

环境温度；

燃料液面；

活性炭罐饱和度；

蓄电池电压。

如存在与油箱泄漏有关的 DTC，可能是由下列原因之一所造成的。

活性炭罐或相关管路中存在泄漏；

活性炭罐净化阀未完全关闭；

燃油加注口盖未正确关闭或无盖加注口存在问题；

DMTL 单元内部故障。

3．蒸发排放控制系统的 MD 参数分析

与蒸发排放控制系统相关的 MD 参数如表 2—99 所示。

表 2—99

净化控制条件	显示净化闭合回路控制是否激活
	真：净化控制激活
	假：净化控制未激活
活性炭滤罐的装料（净化控制）	显示活性炭罐加注条件的计算值。使用催化剂前级氧传感器进行估算
过滤系数净化控制适应*	显示活性炭罐加注条件的过滤值与计算值。使用催化剂前级氧传感器进行估算
净化控制气门的工作周期（％）	显示 ECM 发出的炭罐净化阀的工作周期命令百分比

＊：如该值大于 20，则可能出现与燃料气味有关的问题，因此不可执行 DMTL 测试阶段。

4．蒸发排放控制系统连接图（图 2—326）

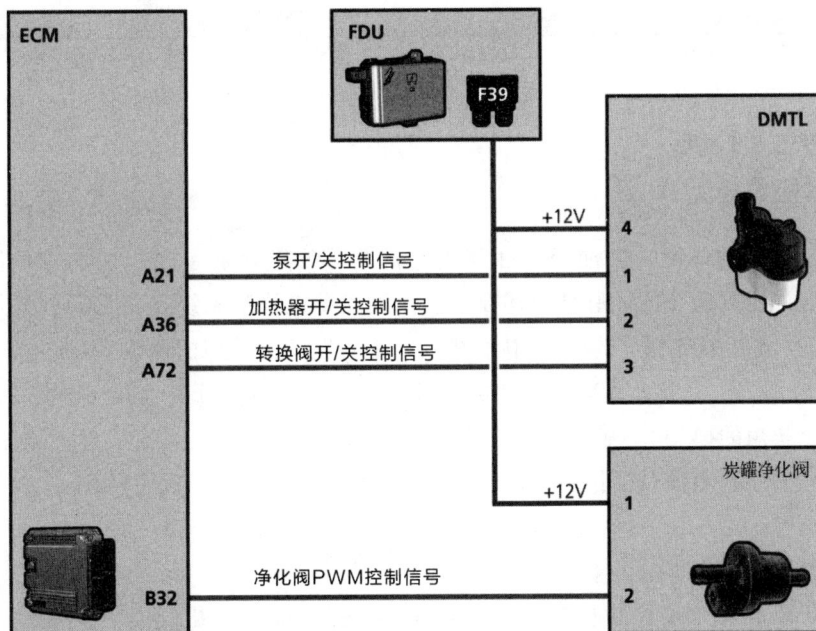

图 2—326

请注意，DMTL 单元仅配备在美国/加拿大规范的车辆上。

测试 8.22（使用 PicoScope 测量活性炭罐净化阀）。PicoScope 连接和设置如表 2—100 所示。

表 2-100

通道 A，负极探针	炭罐净化阀命令（引脚 B32 ECM）
通道 A，正极探针	主继电器电源（引脚 A3 ECM）
通道 A，范围设置	±50V DC
时间范围设置	50ms/div

ECM 通过低态有效的 PWM 命令来控制炭罐净化阀（PWM 信号频率约 13Hz）。百分比越高，阀门的开度就越大，回收的蒸气也随之提高。如图 2-327 所示的截屏显示了 KOER 条件下的炭罐净化阀命令信号。请注意，电流突然中断时，线圈中会产生强电压峰值。工作周期百分比（上述示例中约为 30%）会随运行条件发生较大变化。

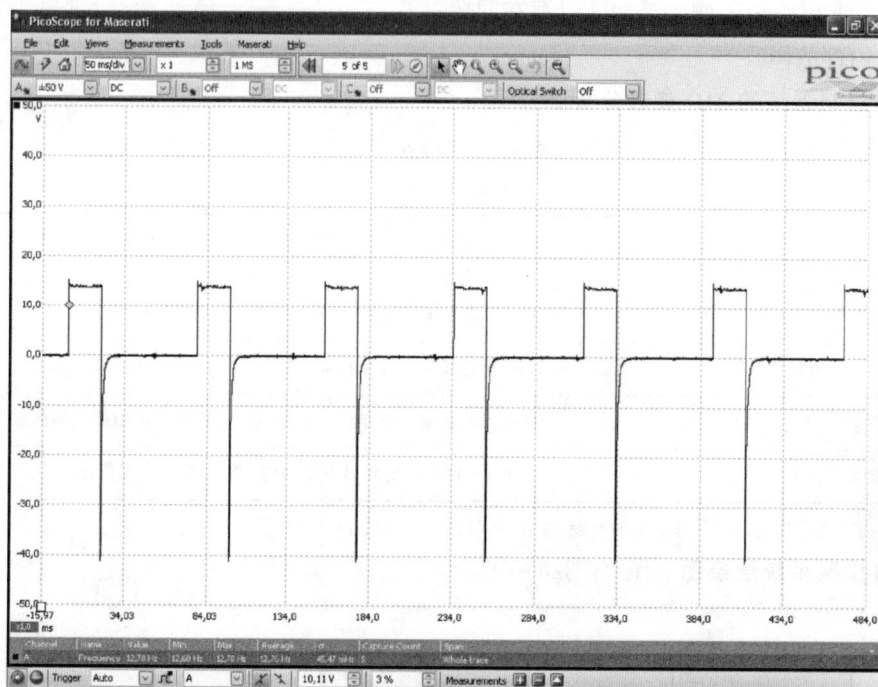

图 2-327

九、发动机的电子控制

（一）基于扭矩的模型

由于发动机性能、驾驶性能、燃油经济性和废气排放等要求增加了现代发动机控制系统的复杂性，因此，只有完全整合的控制系统才能胜任上述要求。汽油发动机管理系统是指 ECM 及执行满足上述要求的共同任务的所有 ECM 相关部件（传感器/执行器）。F160 发动机采用的博世 Motronic ECM 包括两种型号：MED17.3.4，应用于符合欧 5 标准的发动机；MED17.3.5，应用于符合欧 6 标准的发动机。MED17 系统系列采用"基于扭矩的模型"。基于扭矩的模型利用不同的输入信号，定义任何给定的发动机运行条件下的目标扭矩值。然后利用该目标扭矩，计算发动机控制参数。

1. 扭矩请求

可确定 3 种类型的扭矩请求。

来自驾驶员的扭矩请求（踩下加速踏板、启用巡航控制命令），如图 2-328 所示；

来自车辆其他系统（稳定性与牵引力控制系统、传动系统、HVAC 系统）的扭矩请求；

来自发动机控制系统（空转控制、极限转速、发动机保护以及驾驶性能策略、恢复模式）的内部扭矩请求。

请注意，通过 ECM，将明显与转速而非扭矩相关的发动机运行状态（例如恒定转速下的空转，或利

发动机扭矩管理

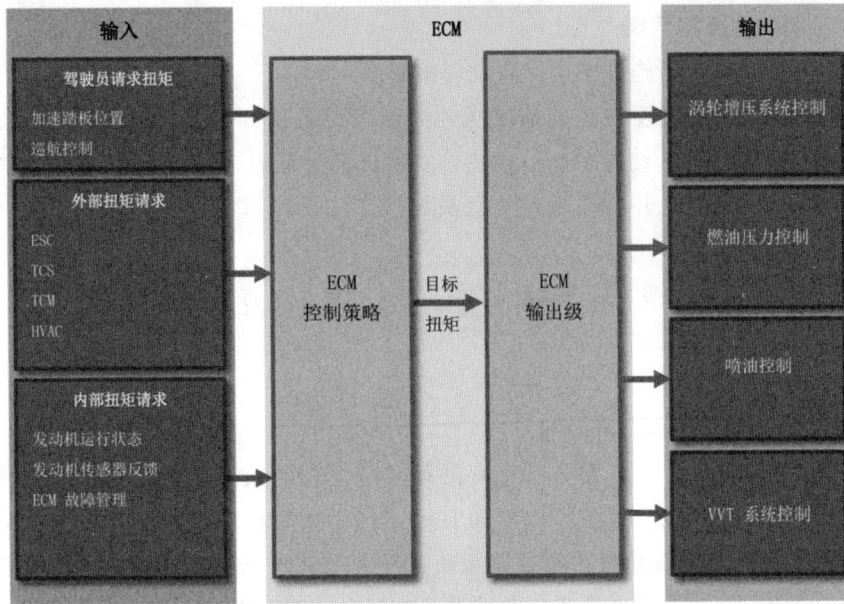

图 2-328

用巡航控制功能以固定速度驾驶）转换为扭矩请求，随后按此方法进行处理。为使发动机转速保持在给定条件下的目标水平，ECM 需计算所需扭矩并相应地控制输出参数。

2. 目标扭矩

为了计算目标扭矩，ECM 使用以下输入。

直接来自传感器（加速踏板位置传感器）的输入；

来自内部算法（如空转控制算法、扭矩降低恢复策略）的输入；

通过 CAN（来自 ESC、TCM 等其他节点的扭矩请求消息）获得的输入。

ECM 采用专用协议，来安排不同的及可能发生冲突的扭矩请求。根据所计算的总目标扭矩，ECM 计算出发动机不同控制参数的目标值。用于扭矩控制的发动机主要参数包括油轨压力、喷油量、节气门位置和增压压力。VVT 控制也会影响发动机扭矩，因此也将其包含在报价中。

3. 闭合回路控制

ECM 使用包含执行器和反馈传感器的直接与间接闭合回路控制系统来控制具体的发动机参数。示例包括，通过油轨压力传感器实现油轨压力控制（直接），通过测量其对曲轴转速的影响实现点火定时适应（间接）。ECM 还计算因发动机机械损失、气体交换及辅助负载的扭矩请求而导致的扭矩损失。实际值取决于多个参数，如发动机转速、发动机温度、节气门位置、A/C 压缩机启用状态、风扇启用状态等。在MD 参数菜单中，可检查与发动机扭矩及发动机负载密切相关的 3 个参数。与发动机扭矩和发动机负载相关的 MD 参数如表 2-101 所示。

表 2-101

加载	显示计算出的发动机加载。在 KOER 条件下，该参数的可接受范围介于 20%～35%
相关驾驶员请求扭矩	显示计算出的驾驶员扭矩请求。在 KOER 条件下必须为 0
摩擦扭矩	显示因发动机摩擦和辅助部件导致的扭矩损失百分比计算值。在 KOER 条件下，该参数的可接受值约为 11%（如果 A/C 压缩机未启动）

（二）发动机管理策略

1. 发动机在冷启动时的控制策略

发动机冷启动后，采取以下措施以快速提高发动机温度。

①增加喷油时间。在燃烧室温度较低的情况下，为确保燃烧过程的可靠性，需要稍浓的混合物。在KOER条件下，参数"喷油时间"约达 2ms（在热态发动机工况下为 0.8～1.2ms，请参阅测试 8.14）。

②推迟点火正时。尽可能晚地开始燃烧，并且最好在膨胀阶段进行。这样在排气管入口处可以继续燃烧，这有助于快速加热催化剂。

③提高怠速（节气门开启角度更大）。该动作增加了废气流量。提高发动机转速，还允许更长的点火定时延迟。在 KOER 条件下，参数"节气门角度"约达 15%（在热态发动机工况下约为 2%，请参阅测试 6.14）。

2. 汽缸平衡控制

在给定喷油量与点火定时条件下，并非所有汽缸都会产生相同的曲轴扭矩。曲轴扭矩可能因汽缸摩擦、燃烧室密封、压缩比容差、气门间隙等差异而有所不同。扭矩输出的不规则变化会导致发动机运行不平稳及废气排放量的增加。ECM 汽缸平衡控制策略的任务是，根据曲轴转速的相应波动及接受自宽频带氧传感器与空气流量计的反馈信息来检测此类偏差。为了补偿这些偏差，ECM 会调整受影响汽缸的燃油喷射量和点火定时。汽缸平衡控制功能通过减少发动机震动以提高驾驶舒适性，并且有助于促进中低负载范围内的废气排放。

3. 防颤震策略

踩下加速踏板时，发动机转速应匀速增加，且无停顿或震动。如果实际转速增加曲线偏离了理论曲线，则这一效应被描述为"摆动"。扭矩摆动表现为加速过程中的震动。产生这一现象的原因包括不当的扭矩过滤器、稀燃发动机条件及传动系部件间隙。ECM 通过点火角度以校正发动机扭矩，从而消除摆动。

4. 海拔高度补偿

随着海拔高度的增加及大气压力的下降，空气密度也随之下降。在高海拔处行驶时，燃烧可用的空气减少，这可能会导致产生过度的烟尘。这意味着必须相应地校正增压压力控制及燃油喷射量。ECM 包含集成式大气压力传感器，该传感器既用于海拔补偿，也用于增压压力传感器和歧管压力传感器的可信度验证。可在 MD 参数菜单中检查大气压力值，以及与其他补偿策略相关的"海拔高度补偿因数"。与大气压力相关的 MD 参数如表 2-102 所示。

表 2-102

环境空气压力	显示环境大气压力值
高度修正因子	显示补偿因数（介于 0～4 之间的数字） 在 KOER 条件下，大气压力为 100kPa 时，补偿因数为 1

5. 过热保护

ECM 限制发动机机油与发动机冷却液的温度。这些流体温度过高时会降低发动机效率，阻碍废气排放，在极端情况下还会导致发动机机械损坏。机油/冷却液达到临界温度时，会显示消息以提醒驾驶员注意。

（三）发动机控制系统部件

下面列出了 F160 发动机电子控制系统所包含的其他电子元件（按系统划分）。

1. 发动机机械（表 2-103）

部件	规格	注意	数量
机油油位开关	VDO	被动型机油油位开关	1
油压传感器	Sensata	技术线性模拟信号	1
机油泵控制电磁阀	Pierburg	开/关式控制	1
发动机主水温传感器，博世	TF－W	NTC 电阻器	1
发动机散热器的水温传感器（仅用于北美规格的车辆）	博世 TF－W	NTC 电阻器	1
冷却风扇模块	矢崎	无刷电机	1
冷却风扇继电器	欧姆龙微型继电器		1
辅助水泵	博世通过 LIN	进行 PWM 控制	1

2. 点火系统（表 2－104）

表 2－104

部件	规格	注意	数量
发动机转速传感器	博世 DG－23－I	霍尔效应，包含转动方向检测	1
凸轮轴位置传感器	博世 PG－3－8	霍尔效应	4
爆燃传感器	博世 KS－4－K	压电效应	2
点火线圈	Eldor 8.5A，60mJ	包含集成功率放大级	6
火花塞	NGK SILKAR8C6DG NGK SILKAR8C6DS	M12×1.25mm 胎面	6

3. 可变气门正时（表 2－105）

表 2－105

部件	规格	注意	数量
用于可变气门正时的机油控制阀	电磁线圈	PWM 型控制	4

4. 空气增压系统（表 2－106）

表 2－106

部件	规格	注意	数量
空气流量传感器	博世 HFM7－8.5RP	集成 NTC 的数字进气温度传感器	2
废气风门电磁阀	Pierburg	PWM 控制的真空调节器	1
调压阀	Pierburg	开/关式控制	2
增压压力传感器	博世 DS－S3	线性模拟	1
节气门体，博世 DV－E5	68mm	集成式双电位计	
进气歧管压力传感器	博世 DS－S3－TF	集成 NTC 的线性模拟进气温度传感器	1

5. 排气与 Lambda 控制（表 2－107）

表 2－107

部件	规格	注意	数量
宽频带氧传感器	博世 LSU Advanced	宽频带，5 引脚	2
两点式氧传感器	博世 LSF 4.2/博世 LSF Xfour	双极 4 引脚	2
排气旁路气门电磁阀	Pierburg	真空调节器	1

6. 燃油系统（表 2－108）

部件	规格	注意	数量
炭罐净化阀	博世 TEV－5 PWM	控制电磁线圈型	1
油箱泄漏诊断模块	博世 DMTL	仅应用于美国/加拿大规范的车辆	1
低压燃料泵继电器（启用）	Hella 微型继电器		1
低压燃料泵继电器（速度控制）	Hella 微型继电器		1
低压燃料泵单元	博世	13V 时，≥170L/h；9V 时，≥50L/h	1
高压油泵	马瑞利 PHP	最大压力 200bar，通过三叶凸轮驱动	1
油量控制阀	MSV 阀 1.15Ω	电磁线圈	1
油轨压力传感器	博世 DS－HD－KV4.2－K	线性输出	1
喷油器 F160AM/F160AN	博世 HDEV5.2	电磁线圈型，22.1ml/s	6
喷油器 F160AO/F160AS	博世 HDEV5.2	电磁线圈型，17.1ml/s	6

7. 发动机电子控制及其他功能（表 2－109）

表 2－109

部件	规格	注意	数量
发动机控制模块（ECM）	博世 Motronic MED 17.3.4/MED17.3.5	196 个引脚	1
加速踏板单元	Hella	双电位计	1
动力转向油温传感器	博世 TF－W NTC		1
制动助力器的真空传感器	博世	用于启动和停车应用	1
A/C 系统压力传感器	Chrysler	线性压力传感器	1
A/C 压缩机继电器	欧姆龙微型继电器		1
冗余发动机罩开关		用于启动与停车	1
ICR 继电器	Denso	用于启动与停车	1

（四）发动机控制模块（ECM）

ECM 是发动机控制系统的核心部分。F160 发动机上使用的 ECM 有两个版本。

所有符合欧 5 标准的发动机使用博世 MED17.3.4；

所有符合欧 6 标准的发动机使用博世 MED17.3.5。

博世 MED17.3.4ECM 具有以下特征。

180MHz 的 Infineon TriCore 处理器和 4Mb 闪存；

能够直接控制高达 8 个包含集成式喷射器驱动器的 GDI 燃油喷射器；

高速 CAN－C 接口，用于与其他车辆系统交换数据及执行诊断；

串行 LIN 线（ISO 9141），用于交流发电机控制与辅助水泵模块；

使用 91 个引脚插头（A）和 105 个引脚插头（B），即总计 196 个引脚；

集成式大气压力传感器。

博世 MED17.3.5 ECM 具有以下不同点。

新型 Infineon Tricore TC1793 处理器和 4Mb 闪存；

氧传感器的全新管理策略与排放控制策略。

所有 M156 和 M157 车辆的 ECM 均位于发动机舱内，右手侧前悬挂塔架的后面，如图 2-329 所示。拆下专用盖后可接近该模块。

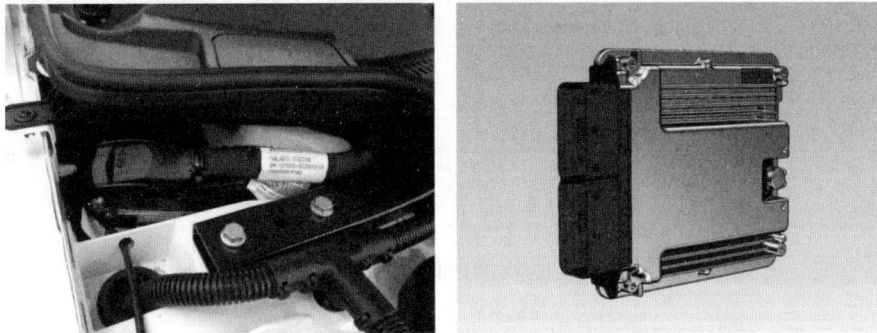

图 2-329

表 2-110 概述了 ECM 控制的 V6 发动机的各个执行器。

表 2-110

系统/部件	控制类型
冷却风扇	PWM 命令
油泵控制电磁阀	0/12V 直流开关型低态有效控制
辅助水泵	通过 LIN 进行 PWM 控制
点火线圈（6）	5V 数字激活信号
用于可变气门正时的机油控制阀（4）	PWM 低态有效命令
废气风门电磁阀	PWM 低态有效命令
调压阀（2）	0/12V 直流开关型低态有效控制
节气门	包含可逆极性的 PWM 控制，通过 2 个集成式位置传感器反馈信息
排气旁路阀（2）	通过单个电磁阀进行真空控制及开关式控制
炭罐净化阀	PWM 低态有效命令
油箱泄漏诊断模块——泵	0/12V 直流开关型低态有效控制
油箱泄漏诊断模块——转换阀	0/12V 直流开关型低态有效控制
油箱泄漏诊断模块——加热器	0/12V 直流开关型低态有效控制
低压燃料泵	通过继电器与串联电阻器实现双速控制
MSV（高压燃料泵上）	脉冲与 PWM 控制
燃油喷射器（6）	PWM 控制保持阶段后，通过升压实现电流控制。两个喷射器配备一个喷射器驱动器
交流发电机	通过串行 LIN 线路实现智能充电控制
A/C 压缩机	启动通过继电器实现开/关式电磁离合器控制

ECM 可管理以下附件及辅助功能。

发自 ESC 单元的 ESC 与 TCS 应用扭矩请求；

发自 TCM 的换挡扭矩请求；

不同的驾驶员可选模式（正常、运动、I. C. E.）；

ECM 直接控制所有车辆标配的巡航控制系统；

通过 A/C 压缩机与系统压力传感器，实现 A/C 制冷剂回路控制；

通过 VIN 存储器实现发动机防盗锁止系统功能（ECM 控制 VIN）；

启停功能。

1. 与 ECM 相关的其他功能的 MD 参数分析

与 ECM 有关的其他功能相关 MD 参数如表 2-111 所示。

制动状态显示制动踏板状态	0：制动踏板已松开
	1：制动踏板可能已动作（来自制动开关的其他输出）
	3：制动踏板确实已动作
MIL 指示灯状态	显示 MIL 的激活状态
	0：MIL 未激活
	1：MIL 已激活
挡位指示器	显示通过 CAN 从 TCM 接收的变速器状态
	空挡：P 挡或 N 挡
	255：R 挡
空调压缩机状态	显示 A/C 压缩机的启用状态
	0：A/C 压缩机未启用
	1：A/C 压缩机已启用
车速	显示通过 CAN 从 ESC 接收的实际车速

2．ECM 电源

驾驶员推下位于"运行"（RUN）位置的点火开关（KIN）时，ECM 开启。RFH 启动程序后，ECM 立即会使用有效的低态信号激活主继电器。主继电器为 ECM（引脚 A03、A05、A06）及发动机控制系统的其他多个组件供电。

请注意，当 KIN 处于"OFF"或"ACC"位置时，还可以通过引脚 A86 为 ECM 供电。

①ECM 电源接线图（图 2－330）。

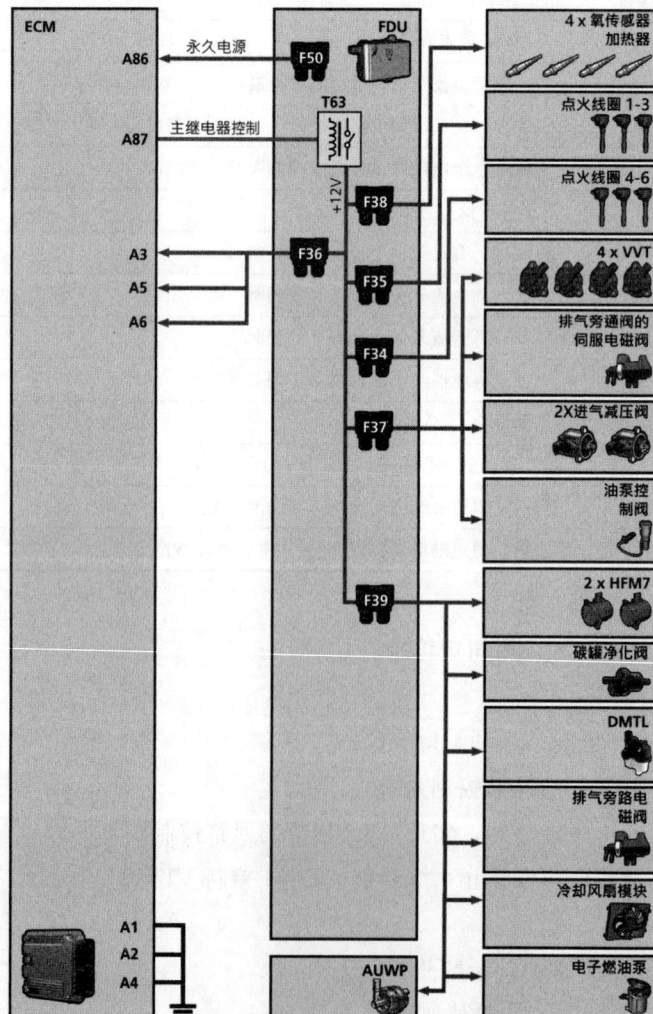

图 2－330

②电源闩锁。发动机关闭时（KIN 位于"OFF"位置），在电源切断前的短时间内，ECM 仍保持通电。该闩锁时间用于将发动机运行数据（如自学习值）从 RAM 存入非易失存储器中。发动机下一次启动时，从非易失存储器恢复这些数据，并且在发动机运行过程中，RAM 将重新使用这些数据。

关闭发动机后，切勿立即断开蓄电池连接。相反，应稍等片刻，直到已过闩锁时间且保存了所有数据时再断开连接。

③稳定的传感器电压。对于与发动机控制系统相关的多个传感器来说，ECM 使用稳定的 5V 电源。在多种情况下，传感器产生的信号与传感器电源直接有关，因此，电源必须保持恒定。通过使用 5V 的稳定电源，可使传感器作业不受蓄电池电压变化的影响。例如，在寒冷的冬季条件下启动时，蓄电池电压可能会下降到 8～9V。发动机控制系统必须确保发动机可在此类条件下完全运行。

ECM 包含 3 个用于 5V 传感器电源的集成功率放大级。每个功率放大级为多个传感器提供 5V 电源，如表 2-112 所示。

表 2-112

功率放大级 1	加速踏板位置传感器 1 油轨压力传感器 凸轮轴位置传感器
功率放大级 2	加速踏板位置传感器 2 A/C 压力传感器 进气歧管压力及温度传感器 油压传感器 曲轴转速传感器
功率放大级 3	增压压力传感器 节气门位置传感器

请注意，如果某一个 5V 功率放大级出现故障（例如线路短路或元件故障），会影响到由该功率放大级供电的所有传感器。因此，单个电气故障可能会导致发动机控制系统的多个元件出现故障，并且会生成初看起来似乎毫不相干的多个错误代码。诊断时，必须牢记这一点。

④5V 功率放大级故障特征。在表 2-113 中，能够找到与每个功率放大级对地短路有关的故障，以及在启动期间与 KOER 条件下产生的故障。

表 2-113

功率放大级对地短路	启动前，检测到故障时的可能故障现象	在 KOER 条件下，检测到故障时的故障现象
功率放大级 1	长时间的启动阶段* 固定空转为 1200r/min** 缓慢加速阶段**	发动机失速
功率放大级 2		
功率放大级 3	固定空转为 1200r/min**** 扭矩与发动机转速限制**** DTC 存储在 TCM 内	

*：请参见测试 4.4。

**：请参见测试 9.2。

***：请参见测试 4.2。

****：请参见测试 6.29。

应测量与传感器接地而非与底盘接地相关的 5V 的稳定传感器电压。

3. 发动机运行过程中，进行监测

除了发动机运转这项主要任务外，ECM 的另一项重要作用是监测与发动机相关的各种自诊断参数。

监测与排放及发动机控制系统组件功能相关的所有 ECM 输入与输出信号，以确保其正常运行。这是 EOBD 的规定之一。ECM 中的监测算法检查输入和输出信号是否存在电气故障（短路、断路），并检查汽车运行过程中的多个运行参数的可信度。

输入信号监测：通过评估输入信号来监测 ECM 的传感器、插塞式连接器及连接线。ECM 能够检测传感器错误、短路及断路。重要传感器安装在冗余配置中，这表示可以直接相互比较其信号。

输出信号监测：监测 ECM 控制的执行器，以检查电气故障与电流消耗值。此外，还可以使用专用传感器监测经由闭合回路控制的系统执行器。

自诊断具有双重作用：

检测到异常状况时执行恢复策略。ECM 恢复策略的目的是防止进一步损坏发动机，并尽可能地减少废气排放量，以及确保车辆能够安全抵达目的地（跛行模式）。在某些情况下，如果实时信息丢失，ECM 会使用默认的替代值。

发出异常状况通知。错误通知旨在用于维修人员（可通过诊断测试仪或扫描工具读取的错误代码和相关数据）与最终用户（MIL 警告灯，可能结合信息显示屏上的警告消息）。

诊断监控可以是连续或离散的，例如在每个行使周期或发动机暖机周期中执行一次。这取决于所监测的信号或参数。无论是否已存储错误代码，也无论错误代码是否涉及激活 MIL 等，基于错误代码的验证策略与非验证策略，将其划分为不同类别。通常，对 EOBD 来说，第 3 次检测出同一故障时会存储故障代码，当 40 次无故障发动机暖机循环后，会自动从存储器中删除该故障代码。

错误代码可分为 4 类。

最低：测得值或计算值低于最低阈值。例如：被测信号对地短路。

最高：测得值或计算值高于最高阈值。例如：在给定的时间范围内，检测到的失火事件次数超过可接受的次数。

信号：被监测的信号连续或间断地缺乏。例如：信号线断路。

可信度：被监测的信号或参数位于正常范围内，但并不符合给定条件下的 ECM 期望值。通过所监测信号或参数与数学模型或从其他传感器接收到的信息相比较，执行可信度检查。

请注意，对于每个所监测的信号或参数，ECM 可存储这 4 种类型中的每一种错误代码，但是每次最多只能存储一个错误代码。

暂时禁用诊断功能。由于某些控制功能互相排斥，因此，某些诊断任务与发动机性能诊断无法总是同时运行。例如，当催化转化器诊断功能激活时，汽油燃料系统中的油箱通风不工作。

在特定条件下，为了防止诊断不可靠或诊断错误，也可以禁用诊断功能。上述条件包括如下内容。

发动机低温启动；

电池电压低。

4. ECM 诊断监测示例

ECM 对某些部件执行自诊断监测的示例。

①催化转化器。催化转化器效率的主要度量指标来自于其储氧能力。现代玛莎拉蒂发动机所使用的催化转化器的储氧能力优于较旧的系统。这表示即使转化器损坏，控制设定点的调节仍明显减弱。因此，在 Lambda 闭合回路控制系统中，诊断过程必须包含主动干预措施。主催化转化器的诊断有赖于通过由浓到稀的混合物转变来测量其储氧能力。

②燃烧不点火。不点火检测器评估每个汽缸从一次燃烧循环到下一次循环的期满时间（分段时间）。该时间来自转速传感器信号。此外，不点火检测器利用来自爆震传感器和氧传感器的信息。

③油箱泄漏检测系统（美国/加拿大的车辆）。切换阀开启，炭罐净化阀关闭。通过 DMTL 系统的泵，使活性炭罐/油箱空气回路设定并保持在压力之下。测量吸收电流，并与电流参考值进行比较。通过比较上述电流值，可检测泄漏。

燃油系统对喷油器工作与油轨压力控制进行电子监测。同时检测可提高喷射的燃油量精度的燃油喷射系统的特殊功能。相关示例包括"汽缸平衡控制"。ECM处理如转速传感器信号、空气流量、节气门位置及空燃比（通过Lambda传感器）等数据。然后将这些数据与专用图进行比较。

④氧传感器。对传感器进行电气监测并检查其可信度。还必须检测其动态响应。对传感器加热器的加热元件进行电气测试。

⑤发动机冷却系统。通过使用温度模型，节温器的诊断功能利用冷却液温度传感器，检查是否已达到标称温度。此外，发动机冷却后，对传感器进行动态可信度检查。

⑥可变气门正时。当前诊断包括测量凸轮轴位置并比较目标/实际值。

5. 更换 ECM

为确保正确更换 ECM，必须使用玛莎拉蒂 Diagnosi 执行某些具体步骤。需要与玛莎拉蒂 Diagnosi 支持服务器连接，因此必须在线执行更换程序的各个步骤。

①VIN 写入请求。通过 ModisCS＋执行新的 VIN 写入请求。

②更换 ECM。

a. 关闭点火开关。

b. 断开蓄电池。

c. 更换 ECM（安装全新的 ECM）。

d. 重新连接蓄电池，并连接适当的蓄电池充电维护器。

e. 将 KIN 切换到"ACC"位置，以使 BCM 与 RFH 通电，但使 ECM 保持断电。

f. 在"ACC"位置时，利用 MD 执行验收阶段。通过这种方式，系统可通过使用 BCM 和/或 RFH 中正确的 VIN 以安全校准新的 ECM。

③写入 VIN。执行在 MD 特殊功能菜单中可找到的 VIN 写入程序。请注意，ECM 必须包含可使发动机启动的正确 VIN。车辆的防盗锁止系统功能是基于 VIN 实现的。

④ECM 编程。执行 ECM 编程程序。在 MD 编程菜单中可找到该程序，该程序能够确保 ECM 包含最新可用的发动机校准软件。

请注意，由于无须读取阶段，因此旧 ECM 的状态（无论是否仍在通信）不会影响 ECM 更换程序的各个步骤。

（五）使用 ECM 断开检测盒

断开检测盒（专用工具 900028144）为测试 M156/M157 车辆使用的 V6 汽油发动机的发动机控制系统提供了一种简便的方法，如图 2－331 所示。

图 2－331

MED17 ECM 使用 105＋91 引脚连接器，即总计 196 个引脚。可使用零件号为 900028144 的专用断开检测盒（900028174 套件中包含的组件），诊断 MED17.3.4 与 MED17.3.5 ECM。断开检测盒连接至 ECM 连接器，并结合使用数字万用表或示波器，为测量所有 ECM 输入及输出信号提供了一种简便的方法。使用断开检测盒时，尤其应注意 ECM 连接器的引脚应与断开检测盒的连接点相匹配。由于 ECM 使用了两个连接器（称其为 A 和 B），因此，引脚与连接点必须保持匹配。

表 2-114 列出了多个无须拆卸即可通过发动机舱或车辆下方易于接近的部件。

表 2-114

可接近的传感器	左、右两侧的空气流量传感器
	增压压力传感器
	进气歧管压力传感器
	左、右两侧的进气凸轮轴位置传感器
	左、右两侧的排气凸轮轴位置传感器
	发动机转速传感器
可接近的执行器	点火线圈
	辅助水泵
	进气定时变速器
	排气定时变速器
	节气门体
	废气风门控制电磁阀

（六）加速踏板位置传感器（Hella）

M156 与 M157 车辆上使用的加速踏板总成包含由 Hella 公司提供的双电位计式位置传感器。从电气角度来看，两个传感器完全相互隔绝，即每个传感器单独接地并使用独立电源。因此，某一个传感器电路出现电气故障时，并不会影响另一个传感器的操作。传感器产生与踏板位置有关的模拟电压信号。ECM 对两个传感器信号执行可信度检查。两个加速踏板位置传感器均集成在踏板总成中。图 2-332 中显示了包含电气调节功能的踏板总成。

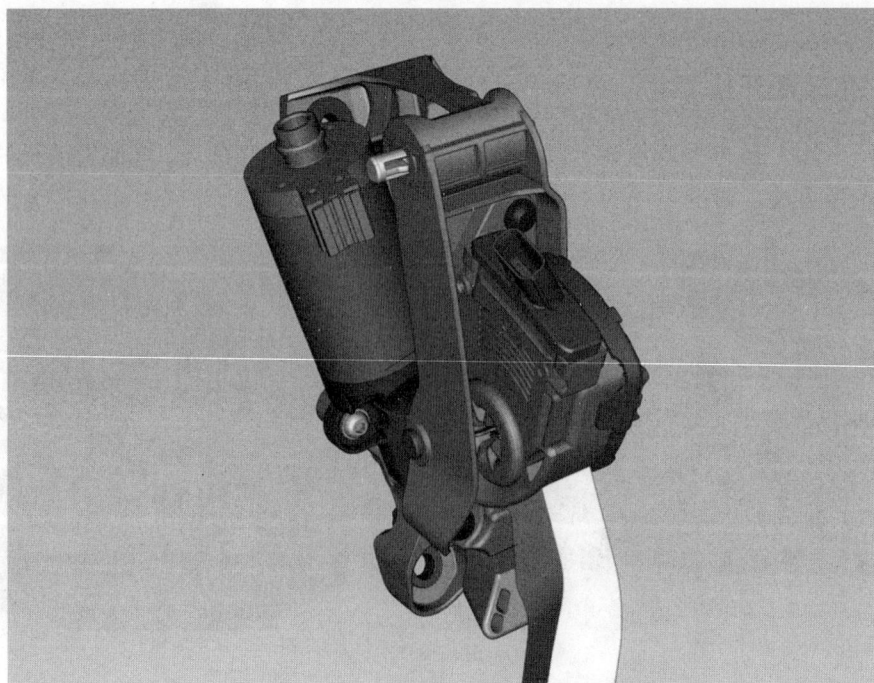

图 2-332

1．加速踏板位置传感器的接线图（图 2－333）

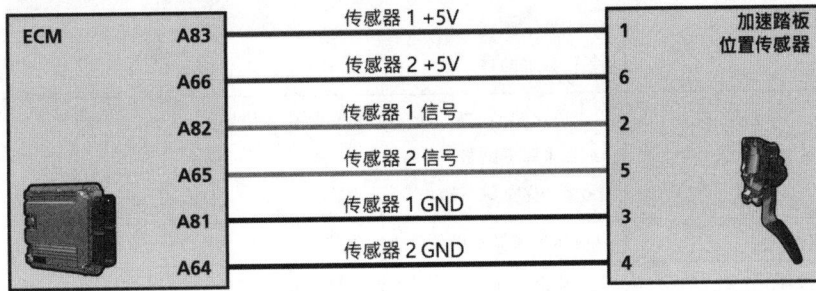

图 2－333

测试 9.1（使用 PicoScope 测量加速踏板位置传感器）。PicoScope 连接和设置如表 2－115 所示。

表 2－115

通道 A，负极探针	加速踏板位置传感器 2 接地（引脚 A64 ECM）
通道 A，正极探针	加速踏板位置传感器 2 信号（引脚 A65 ECM）
通道 A，范围设置	± 5V DC
通道 B，负极探针	加速踏板位置传感器 1 接地（引脚 A81 ECM）
通道 B，正极探针	加速踏板位置传感器 1 信号（引脚 A82 ECM）
通道 B，范围设置	± 5V DC
时间范围设置	500ms/div

在图 2－334 中，显示了在踏板释放的情况下，测量两个电位计的传感器信号。然后，完全踩下踏板，随后再次松开。可注意到，在各种条件下，传感器 2 的电压信号恰好是传感器 1 所生成值的一半。ECM 可将其用于检查两个传感器信号的可信度。在踏板释放的情况下，测量两个电位计的传感器信号。然后，完全踩下踏板，随后再次松开。请注意，传感器 2 生成的电压恰好是传感器 1 生成电压的一半。

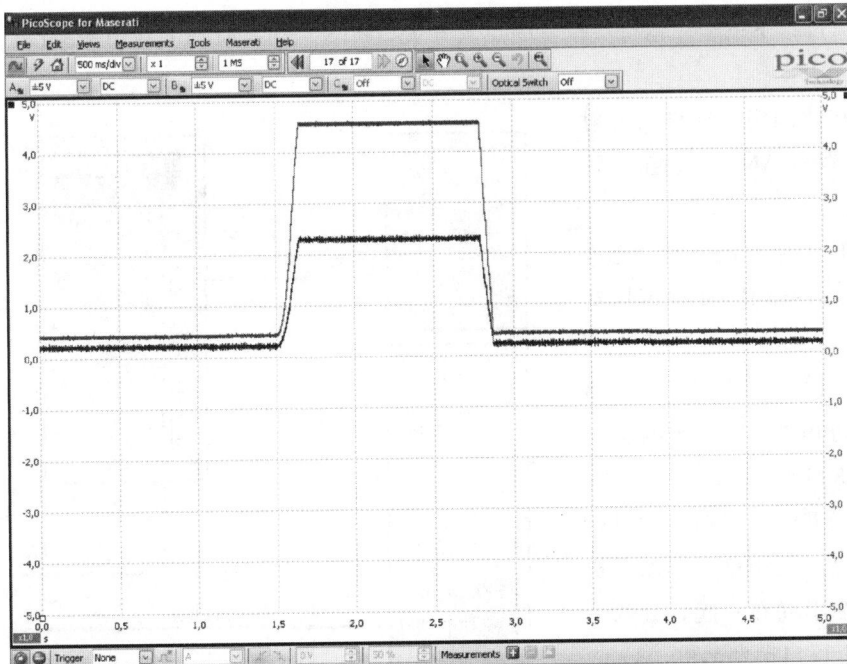

图 2－334

2．加速踏板位置传感器的 MD 参数分析

与加速踏板位置传感器有关的 MD 参数如表 2－116 所示。

表 2-116

踏板状态	显示是否踩下加速踏板 0：未踩下踏板 1：已踩下踏板
加速踏板的位置	以百分比的形式显示已处理的踏板位置信号 0%：未踩下踏板 100%：完全踩下踏板
加速踏板的电位器（电位器1）	以电压形式显示电位计1产生的信号
加速踏板的电位器（电位器2）	以电压形式显示电位计2产生的信号
错误反应：加速踏板跛行模式操作	显示是否检测到传感器故障 真：检测到故障 假：未检测到故障

测试 9.2（加速踏板位置传感器故障的特征）。如果 ECM 检测到存在与加速踏板位置有关的非可信度状况，则发动机进入恢复状态。

如果两个传感器之一出现故障，可观察到以下特征。

加速期间，响应变缓；

发动机以 1200r/min 的默认转速空转运转；

当踩下制动踏板时，发动机转速降至 1000r/min。

如果两个传感器均出现故障，可观察到以下特征。

发动机以固定的默认 1200r/min 转速运行；

踩下加速踏板不会改变发动机转速；

踩下制动踏板时，发动机转速降至 1000r/min。

（七）发动机防盗锁止系统功能与发动机启动

驾驶员试图通过推下位于"运行"位置的点火开关（KIN）并同时踩下制动踏板以启动发动机时，系统执行以下步骤。

①识别存在有效的钥匙组件后，射频中心（RFH）经 CAN 许可启动发动机。

②变速杆处于 P 或 N 挡位时，变速器控制模块（TCM）经 CAN 许可启动发动机。

③车身控制模块（BCM）激活 FDU 内部的启动电机电源继电器 1（T27），如图 2-335 所示。

④ECM 激活 FDU 内部的启动电机电源继电器 2（T47）。请注意，启动电机电源继电器 1 与 2 串联在一起，且两个继电器均激活后方可启动发动机。

⑤启动电机启动且 ECM 通过 B57 引脚接收发动机启动的反馈信息。

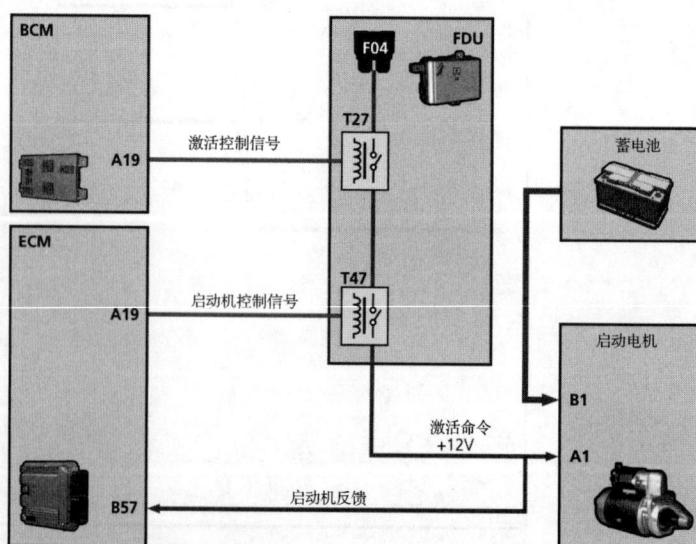

图 2-335

仅在获得发动机防盗锁止系统和变速器的许可后方可启动发动机。可在 MD 参数菜单中检查这些条件。与发动机启动有关的 MD 参数如表 2−117 所示。

表 2−117

未接收到代码、超时、链接不工作	显示发动机防盗锁止系统是否因未接收到钥匙组件代码或超时条件而禁用发动机启动
	真：无法启动
	假：允许启动
接到错误代码	显示发动机防盗锁止系统是否因识别到故障代码而禁用发动机启动：未知代码
	真：无法启动
	假：允许启动
通用代码	显示发动机防盗锁止系统是否因接收到锁定代码而禁用发动机启动
	真：无法启动
	假：允许启动
禁止状态处于活动状态	显示发动机防盗锁止系统是否因其他原因而禁用发动机启动
	真：无法启动
	假：允许启动
曲轴转动条件	显示 ECM 识别的发动机运行条件
	IN：发动机运行中
	OUT：发动机未运行

（八）蓄电池充电控制

通过串行 LIN 线路（ISO 9141），ECM 对 M156/M157 车辆所使用的交流发电机进行智能控制。基于车辆的功率消耗需求和蓄电池充电状态（SOC），ECM 控制交流发电机的充电。

1. 电池类型

搭载 V6 汽油发动机的 M156 和 M157 车辆使用以下类型的电池。

未配备启停系统的车辆，使用 Fiamm 公司的 12V 100Ah 800A 铅酸蓄电池作为原厂设备。该电池免维护。

配备启停系统的车辆，使用 Fiamm 公司的 12V 95Ah 850A 吸附式玻璃纤维板（AGM）蓄电池作为原厂设备。选择该款蓄电池，以承受因驾驶过程中出现的多次启停循环所产生的重负荷。在重负载条件下，AGM 型蓄电池能更好地保持其电压电平并能够改善其启动能力。AGM 电池是铅酸蓄电池，但它是密封式而非富液式铅酸蓄电池。电解液封固在不会溢出的玻璃纤维板内。因此，与传统的铅酸蓄电池相比，更易于储存和运输。该电池免维护。

玛莎拉蒂零件部门提供 Fiamm 95Ah 850A 的 AGM 蓄电池作为这两种蓄电池的备件。

2. 智能电池传感器

集成在负极蓄电池充电夹的智能蓄电池传感器（IBS），通过串行 LIN 线路连接至 BCM。IBS 对启停功能至关重要，这是因为必须提供 SOC、SOH 和 SOF 状态以进行 AutoStop 验证。智能蓄电池传感器（IBS）直接安装在负极蓄电池充电夹上（箭头），如图 2−336 所示。

图 2−336

连接蓄电池充电器与车载网络同时处于唤醒状态（KIN 位于 RUN 或 ACC 位置）时，确保连接负极充电夹，因此可将 IBS 纳入充电电路中，如图 2-337 所示。当使用外部电池充电器为车辆蓄电池充电时，请确保正确连接充电夹，以使 IBS 可监测充电电流。

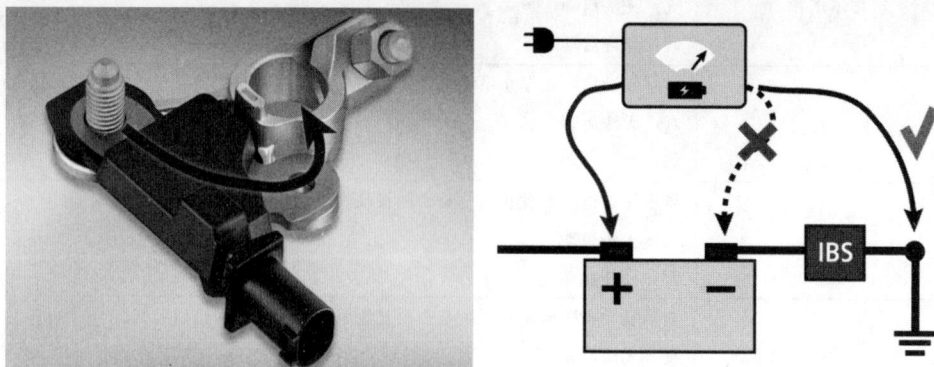

图 2-337

3. 智能交流发电机管理（SAM）

符合欧 6 标准的发动机采用称之为智能交流发电机管理（SAM）的全新智能蓄电池充电策略。其目标是使蓄电池的充电状态（SOC）保持在 80%。SAM 最大限度地减小了流经蓄电池的电流并在减速阶段优化了充电。电压目标值由 ECM 负责管理，因此在高载荷运行期间，不会增加发动机与蓄电池的压力。充电电压在启动/制动阶段会增大，而在要求高发动机功率输出时会降低。该策略具有以下益处。

提高燃油经济性；

改善发动机效率；

延长蓄电池使用寿命。

以下概述了 SAM 控制策略。

在冷态发动机条件（0~35℃之间）下，目标电压约为 13V。

一旦达到 SOC 目标，则设置交流发电机的电压设定点，以便仅提供所需的电流负载，而无须为蓄电池充电。这最大限度地减小了流经蓄电池的电流。目标电压约为 12V。

在减速期间，最初 10s 的目标电压设定为 15V；此后，目标电压设定为最大极限电压（约为 14.6V，这取决于蓄电池温度），持续时间不超过 120s。该策略允许利用减速能量为蓄电池充电。

当 SOC 降至 73% 以下时，启用快速充电模式，并且目标电压设定为最大极限电压。这样，即使启用了启停功能，也可以为蓄电池快速充电。

在发动机高负载的暖机工况下，调整交流发电机的电压设定点，以便仅提供所需的电流负载，而无须为蓄电池充电。这最大限度地减小了流经蓄电池的电流。目标电压约为 12V。

当冷却风扇命令工作周期超过 70% 时，最低电压极限增至 13.2V。

HVAC 可禁用 SAM 策略，以使目标电压固定为 14.2V。

通过控制交流发电机转子励磁电流，获得目标电压设定点。通过 ECM 计算请求的励磁电流，并通过 LIN 线路进行通信。在如下所列的特定条件下，可禁用 SAM 控制策略。在此情况下，目标电压固定为 14.4V。

与 SAM 策略有关的 CAN 信号故障。

交流发电机故障；

SOC 低于特定阈值；

IBS 故障；

ECM 与交流发电机之间的 LIN 通信故障。

4. 蓄电池充电控制电路接线图（图 2-338）

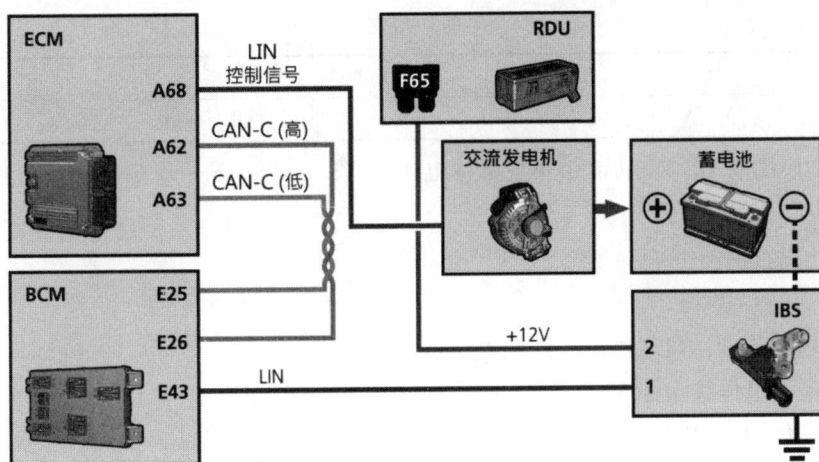

图 2-338

5. 交流发电机 LIN 信号

LIN 数据帧可传递交流发电机转子励磁电流与 AUWP 工作周期命令的相关信息，因为这两个部件共用一条 LIN 线路。以下如图 2-339 所示的截屏显示了 LIN 线路电压信号的示例。

数据帧可传递不同类型的故障信息。

电气故障；

机械故障；

超温故障；

节点运行故障；

超时故障。

KOER 条件下的 LIN 线路电压信号：可观察到在 0~12V 范围内变化的数字编码方波信号。

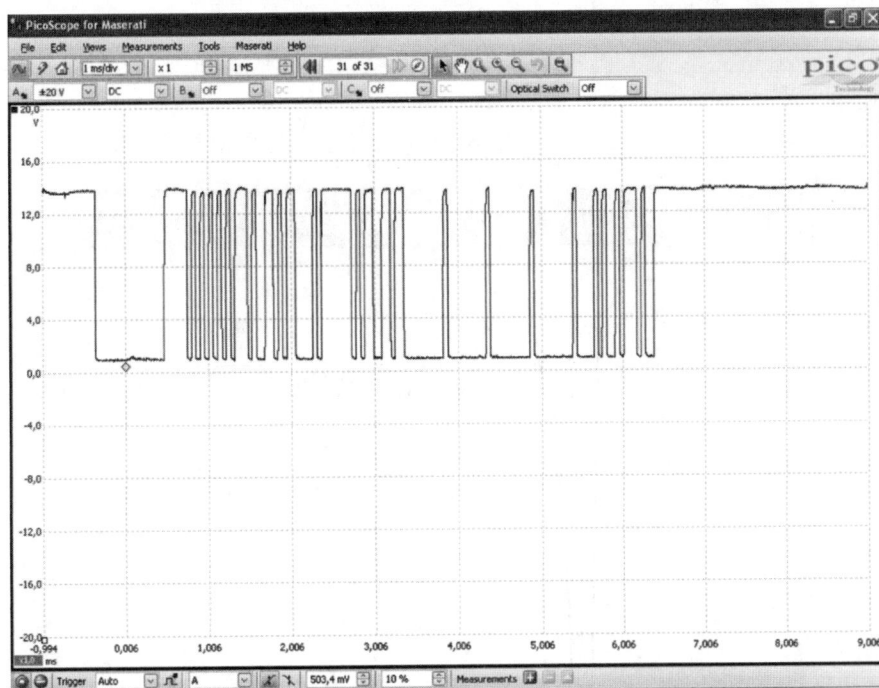

图 2-339

6. 蓄电池充电控制的 MD 参数分析

表 2-118 显示了与 ECM 提供的蓄电池充电控制相关的 MD 参数。请注意，在 MD 测试仪的 BCM 菜

单中，可找到与 IBS 和蓄电池状态相关的参数。

表 2－118

蓄电池电压	显示测得的蓄电池电压
交流发电机电压设定点	显示交流发电机电压目标值

　　测试 9.3（通过 MD 数据采集功能检查蓄电池电压）。图 2－340 显示了启动条件下的下列参数的 MD 数据采集。

　　发动机转速；

　　蓄电池电压。

　　对于符合欧 5 标准的发动机，可以注意到如下。

　　在启动阶段期间，电压降至 10V 左右；

　　在 KOER 条件下，电压升至 14V 及以上。

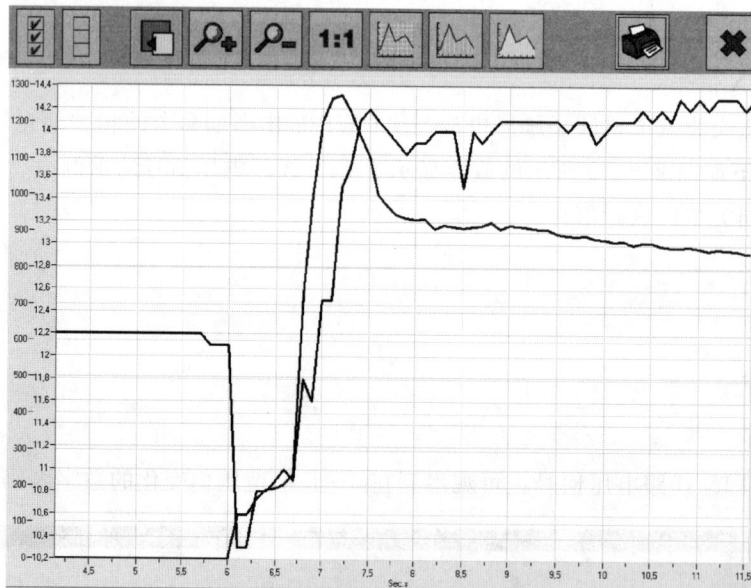

图 2－340

　　符合欧 6 标准的发动机（图 2－341 所示）在 KOER 条件下，电压值约为 12.7V。

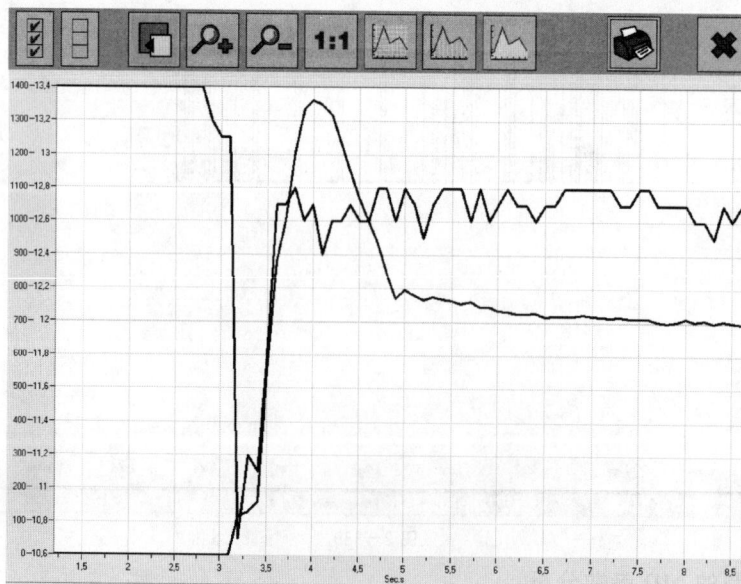

图 2－341

十、诊断流程图

（一）如何理解流程图

以下的内容包含大量在故障排除流程阶段，有助于诊断发动机控制系统故障的诊断流程图。这些流程图基于 F160 发动机 ECM 的运行逻辑与发动机控制系统发生故障时的统计分析而实现。每幅诊断流程图首先以直观现象作为出发点，其次可以在 ECM 中查找到可能存储错误代码的列表，最后为针对每个错误代码的相应恢复模式。诊断流程始于读取每个特定诊断案例的一系列相关参数。应在特定条件下读取参数，请参考下列方法，如表 2-119 所示。

表 2-119

状况	详 情
KOEO	Key On Engine Off，点火开关打开，发动机关闭：点火开关位于"RUN"位置，发动机关闭，变速器处于驻车状态
打马达	点火开关位于"RUN"位置，发动机处于转动曲柄点火状态，变速器处于驻车状态
KOER	Key On Engine Running，点火开关打开，发动机运转：点火开关位于"RUN"位置，发动机在正常运行温度下空转，变速器处于驻车状态
加速	点火开关位于"RUN"位置，发动机在正常运行温度下空转，变速器处于驻车状态，然后发动机从空转稳步升至极限转速，再回到空转
极限转速	点火开关位于"RUN"位置，发动机在极限转速（即约为 5000r/min）下运行且其温度处于正常运行范围，变速器处于驻车状态
道路测试	在道路测试过程中采集参数数据，记录发动机在不同转速和负载状况下的参数数据

道路测试可对发动机在较高负载状况下可能出现的故障或失灵情况进行评估。道路测试的最理想状况是在 3 挡的手动驾驶模式下，从较低速度开始逐渐加速。面对系统故障时，本节的流程图提供了一种解决方法。它们通常参照本节介绍的特定诊断测试。每项测试号的第一位数字表示可在其中找到该测试的教程章节号。为完成诊断流程，应检查所有相关参数，并进行相关的诊断测试。为最大限度地提高效率，应遵循流程图中所示的顺序检查各个参数。应按照说明执行各种诊断测试，并须考虑到所有必要的安全防护措施。

流程图列表如下。

诊断流程图 1：发动机无法启动（无启动机声音或启动机工作不正常）。

诊断流程图 2：发动机不启动（启动机工作正常）。

诊断流程图 3：发动机启动阶段过长。

诊断流程图 4：怠速不正常。

诊断流程图 5：发动机熄火。

诊断流程图 6：发动机在高速或高负荷条件下动力不足或无法达到极限转速（空气增压系统相关故障）。

诊断流程图 7：在加速过程中或高负载条件下和/或发动机不能达到的最高转速时出现功率损耗（空气/燃料混合物相关故障）。

诊断流程图 8：在加速过程中或高负载条件下和/或发动机不能达到的最高转速时出现功率损耗（其他原因）。

诊断流程图 9：存在燃油异味。

诊断流程图 10：催化器故障或后氧传感器故障。

流程图旨在提供一种诊断支持，以弥补维修技师在知识、技能和经验等方面的不足。流程图仅应视为指南，并不能因此免除维修技师在做出与某一维修操作相关决策时的责任。某些故障案例可能涉及未列入流程图诊断指南的故障代码（DTC）。在此情况下，务必首先检查 DTC 所指示的部件。诊断流程图旨在为诊断提供除明显 DTC 指示之外的更多帮助。

（二）诊断流程图 1（图 2－342）

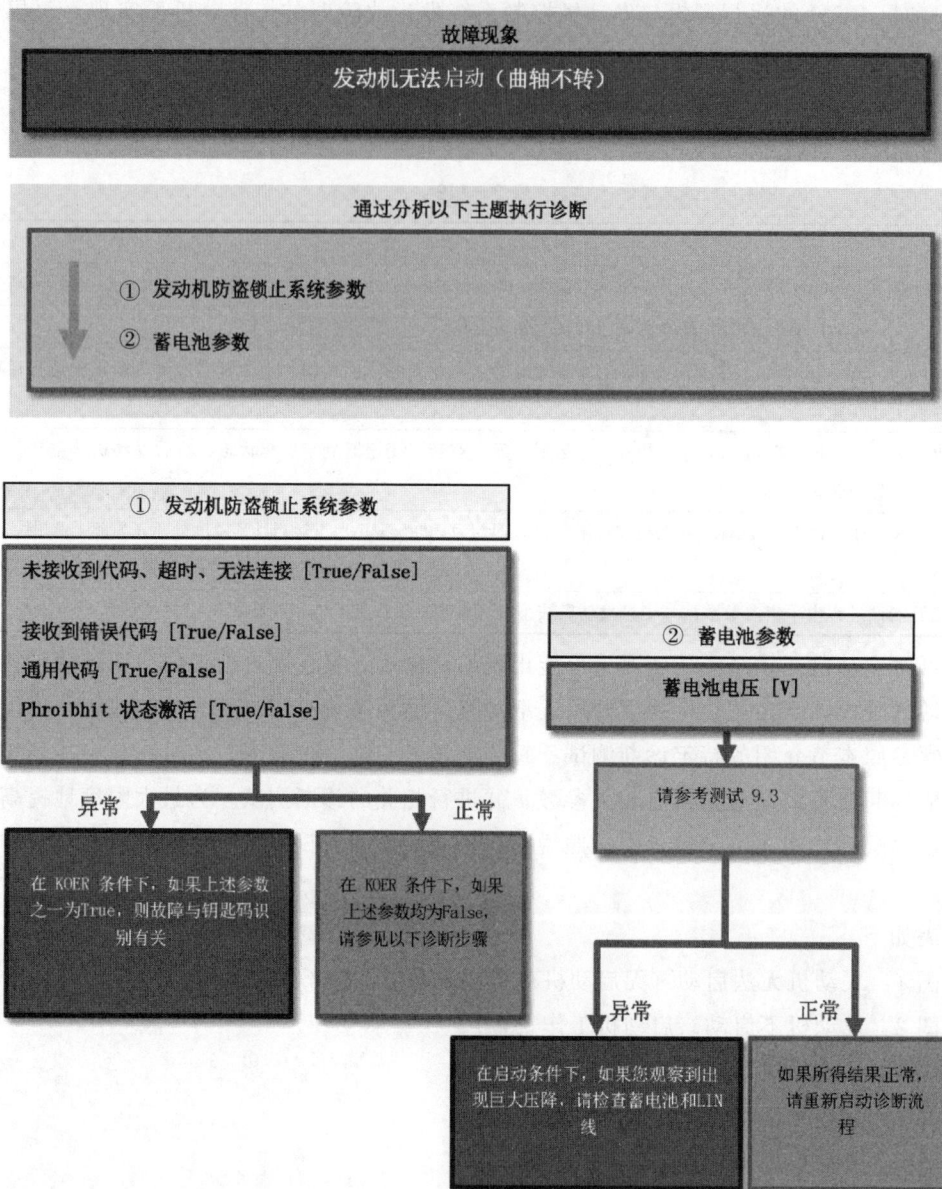

故障现象

发动机无法启动（曲轴不转）

通过分析以下主题执行诊断

① 发动机防盗锁止系统参数

② 蓄电池参数

① 发动机防盗锁止系统参数

未接收到代码、超时、无法连接 [True/False]

接收到错误代码 [True/False]

通用代码 [True/False]

Phroibhit 状态激活 [True/False]

② 蓄电池参数

蓄电池电压 [V]

请参考测试 9.3

异常

正常

在 KOER 条件下，如果上述参数之一为 True，则故障与钥匙码识别有关

在 KOER 条件下，如果上述参数均为 False，请参见以下诊断步骤

异常

正常

在启动条件下，如果您观察到出现巨大压降，请检查蓄电池和 LIN 线

如果所得结果正常，请重新启动诊断流程

图 2－342

（三）诊断流程图 2（图 2—343）

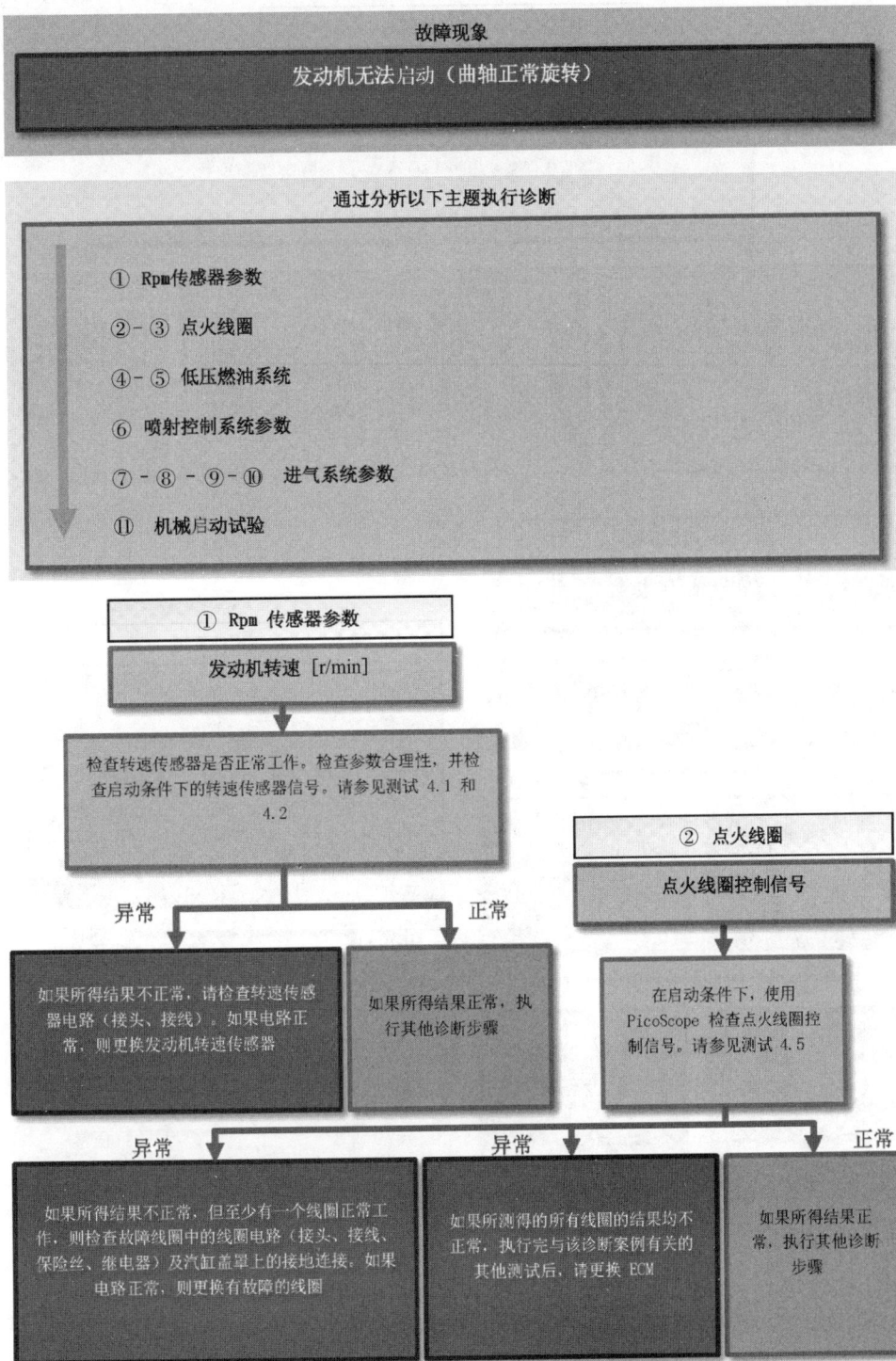

故障现象

发动机无法启动（曲轴正常旋转）

通过分析以下主题执行诊断

① Rpm传感器参数

②-③ 点火线圈

④-⑤ 低压燃油系统

⑥ 喷射控制系统参数

⑦-⑧-⑨-⑩ 进气系统参数

⑪ 机械启动试验

① Rpm 传感器参数

发动机转速 [r/min]

检查转速传感器是否正常工作，检查参数合理性，并检查启动条件下的转速传感器信号，请参见测试 4.1 和 4.2

② 点火线圈

点火线圈控制信号

异常

如果所得结果不正常，请检查转速传感器电路（接头、接线）。如果电路正常，则更换发动机转速传感器

正常

如果所得结果正常，执行其他诊断步骤

在启动条件下，使用 PicoScope 检查点火线圈控制信号。请参见测试 4.5

异常

如果所得结果不正常，但至少有一个线圈正常工作，则检查故障线圈中的线圈电路（接头、接线、保险丝、继电器）及汽缸盖罩上的接地连接。如果电路正常，则更换有故障的线圈

异常

如果所测得的所有线圈的结果均不正常，执行完与该诊断案例有关的其他测试后，请更换 ECM

正常

如果所得结果正常，执行其他诊断步骤

图 2－343（a）

293

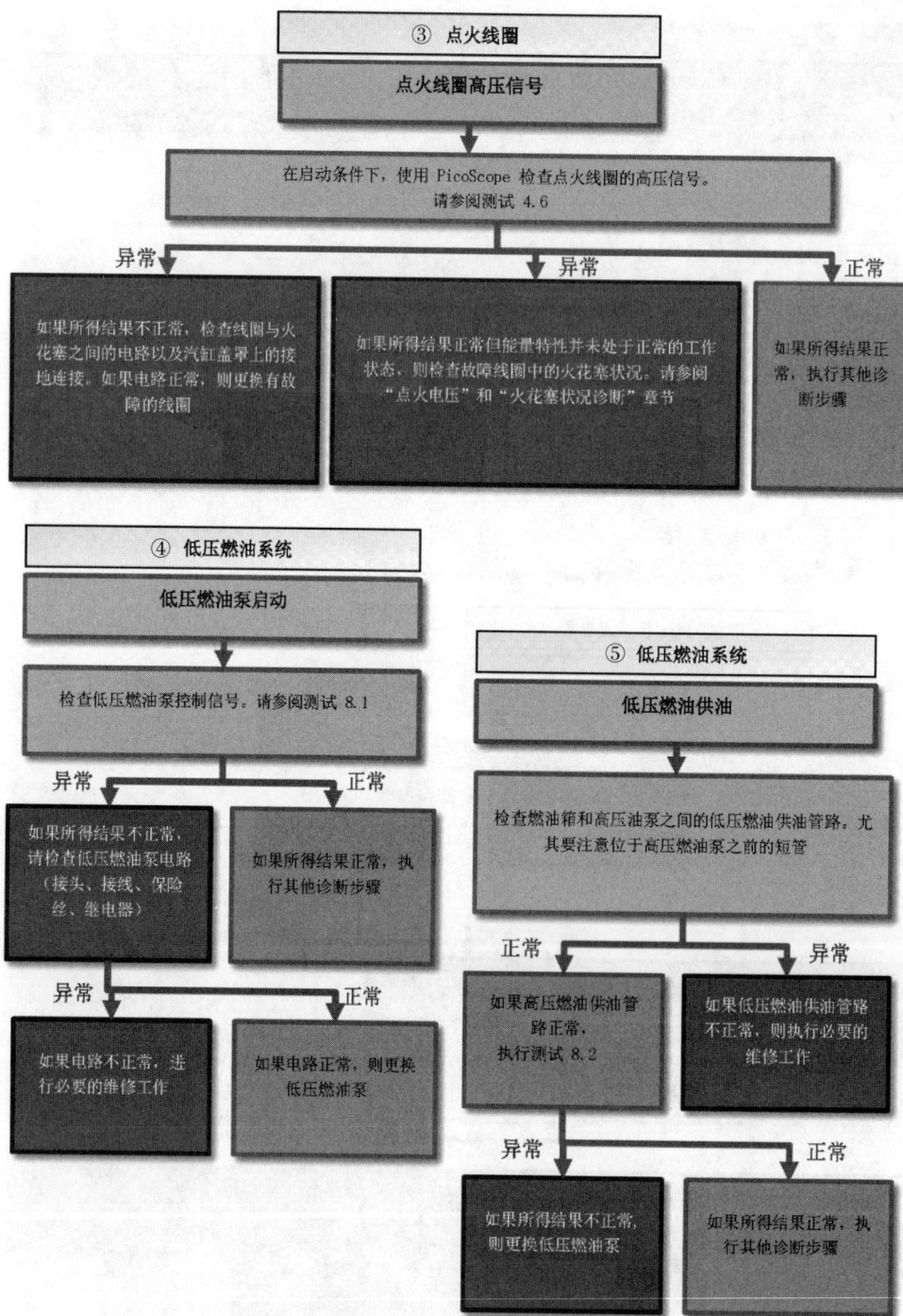

③ 点火线圈

点火线圈高压信号

在启动条件下，使用 PicoScope 检查点火线圈的高压信号。
请参阅测试 4.6

异常 | 异常 | 正常

如果所得结果不正常，检查线圈与火花塞之间的电路以及汽缸盖罩上的接地连接。如果电路正常，则更换有故障的线圈

如果所得结果正常但能量特性并未处于正常的工作状态，则检查故障线圈中的火花塞状况。请参阅"点火电压"和"火花塞状况诊断"章节

如果所得结果正常，执行其他诊断步骤

④ 低压燃油系统

低压燃油泵启动

检查低压燃油泵控制信号。请参阅测试 8.1

异常 | 正常

如果所得结果不正常，请检查低压燃油泵电路（接头、接线、保险丝、继电器）

如果所得结果正常，执行其他诊断步骤

异常 | 正常

如果电路不正常，进行必要的维修工作

如果电路正常，则更换低压燃油泵

⑤ 低压燃油系统

低压燃油供油

检查燃油箱和高压油泵之间的低压燃油供油管路。尤其要注意位于高压燃油泵之前的短管

正常 | 异常

如果高压燃油供油管路正常，执行测试 8.2

如果低压燃油供油管路不正常，则执行必要的维修工作

异常 | 正常

如果所得结果不正常，则更换低压燃油泵

如果所得结果正常，执行其他诊断步骤

图 2－343（b）

294

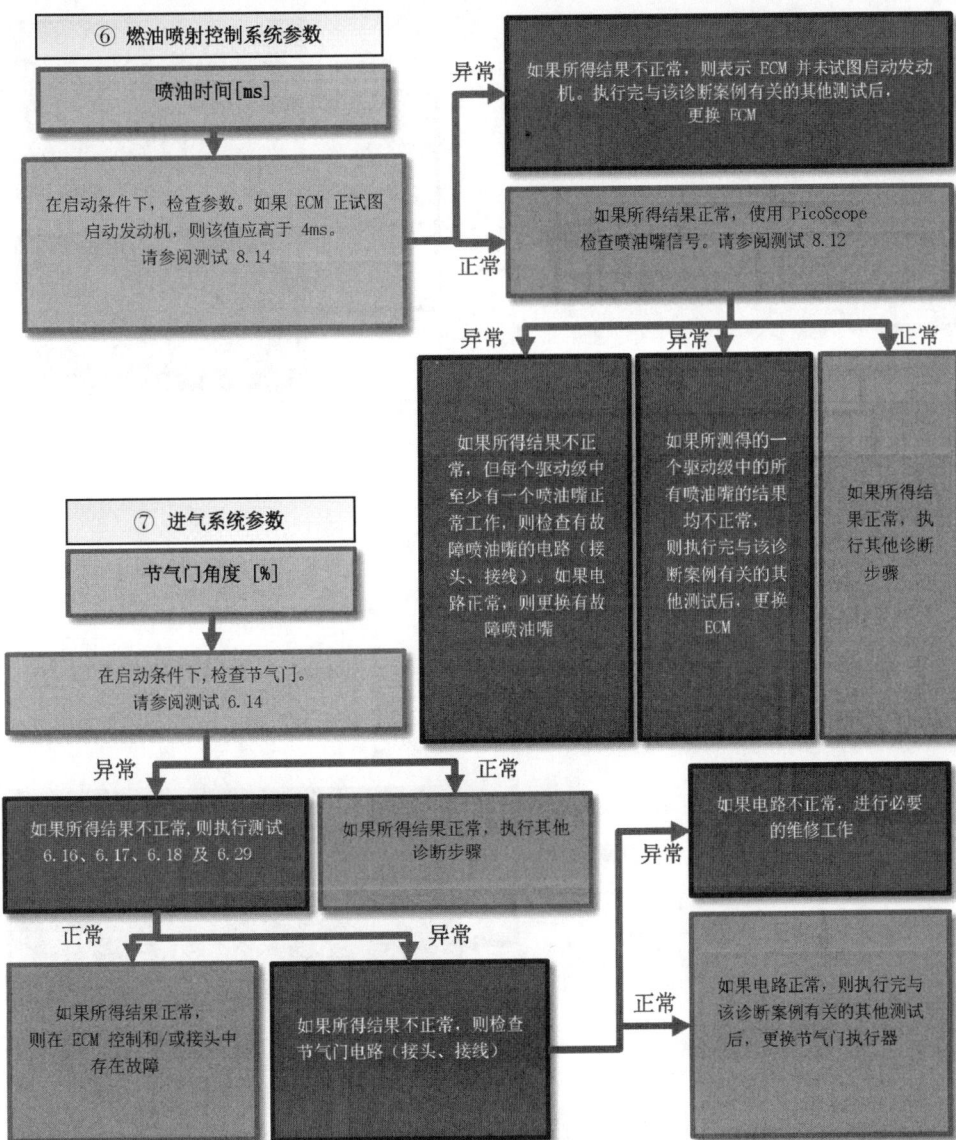

⑥ 燃油喷射控制系统参数

喷油时间[ms]

异常 → 如果所得结果不正常，则表示 ECM 并未试图启动发动机。执行完与该诊断案例有关的其他测试后，更换 ECM

在启动条件下，检查参数。如果 ECM 正试图启动发动机，则该值应高于 4ms。请参阅测试 8.14

正常 → 如果所得结果正常，使用 PicoScope 检查喷油嘴信号。请参阅测试 8.12

异常 → 如果所得结果不正常，但每个驱动级中至少有一个喷油嘴正常工作，则检查有故障喷油嘴的电路（接头、接线）。如果电路正常，则更换有故障喷油嘴

异常 → 如果所测得的一个驱动级中的所有喷油嘴的结果均不正常，则执行完与该诊断案例有关的其他测试后，更换 ECM

正常 → 如果所得结果正常，执行其他诊断步骤

⑦ 进气系统参数

节气门角度 [%]

在启动条件下，检查节气门。请参阅测试 6.14

异常 → 如果所得结果不正常，则执行测试 6.16、6.17、6.18 及 6.29

正常 → 如果所得结果正常，执行其他诊断步骤

正常 → 如果所得结果正常，则在 ECM 控制和/或接头中存在故障

异常 → 如果所得结果不正常，则检查节气门电路（接头、接线）

异常 → 如果电路不正常，进行必要的维修工作

正常 → 如果电路正常，则执行完与该诊断案例有关的其他测试后，更换节气门执行器

图 2-343（c）

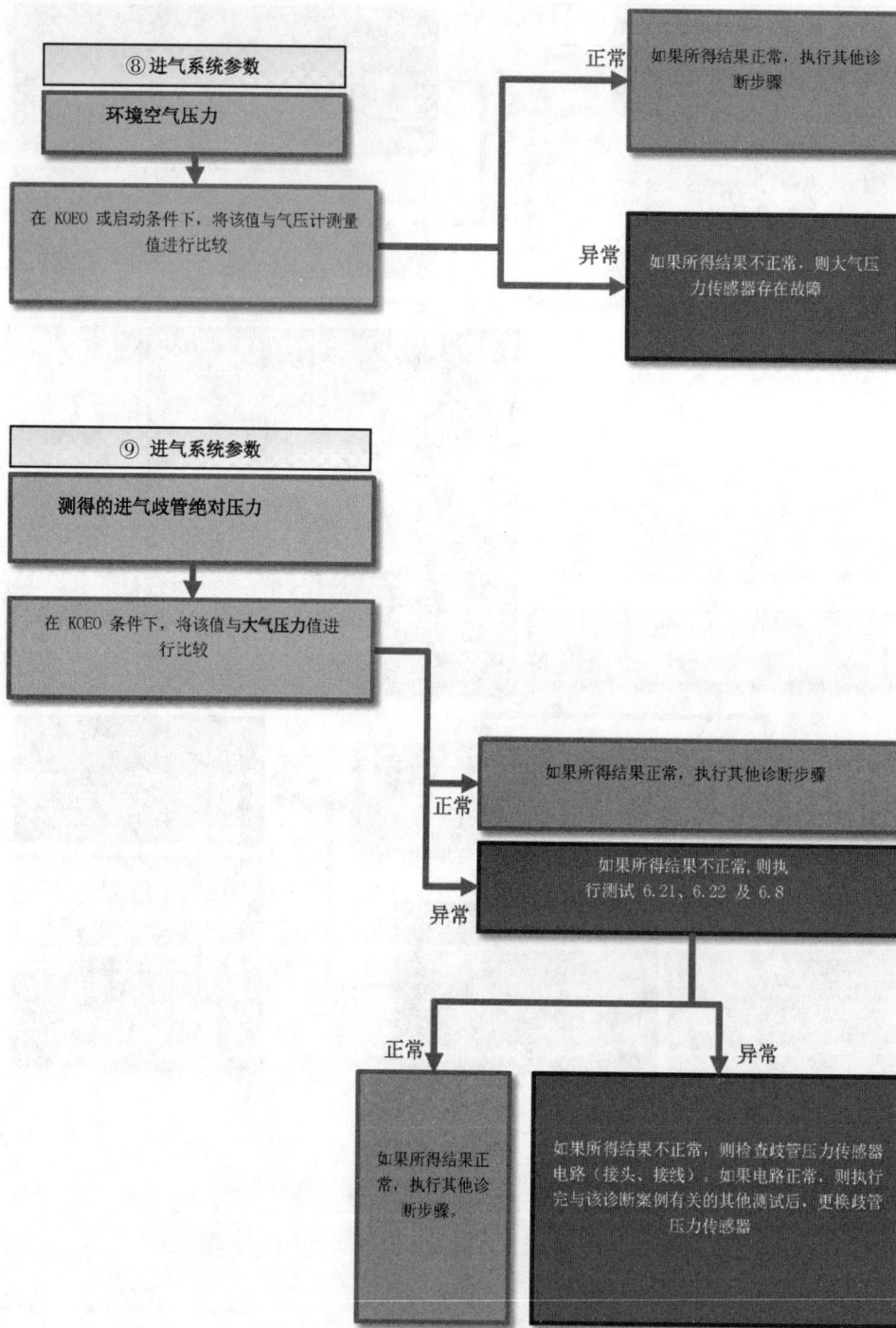

⑧ 进气系统参数

环境空气压力

在 KOEO 或启动条件下，将该值与气压计测量值进行比较

正常 → 如果所得结果正常，执行其他诊断步骤

异常 → 如果所得结果不正常，则大气压力传感器存在故障

⑨ 进气系统参数

测得的进气歧管绝对压力

在 KOEO 条件下，将该值与**大气压力**值进行比较

正常 → 如果所得结果正常，执行其他诊断步骤

异常 → 如果所得结果不正常，则执行测试 6.21、6.22 及 6.8

正常 → 如果所得结果正常，执行其他诊断步骤。

异常 → 如果所得结果不正常，则检查歧管压力传感器电路（接头、接线）。如果电路正常，则执行完与该诊断案例有关的其他测试后，更换歧管压力传感器

图 2-343（d）

296

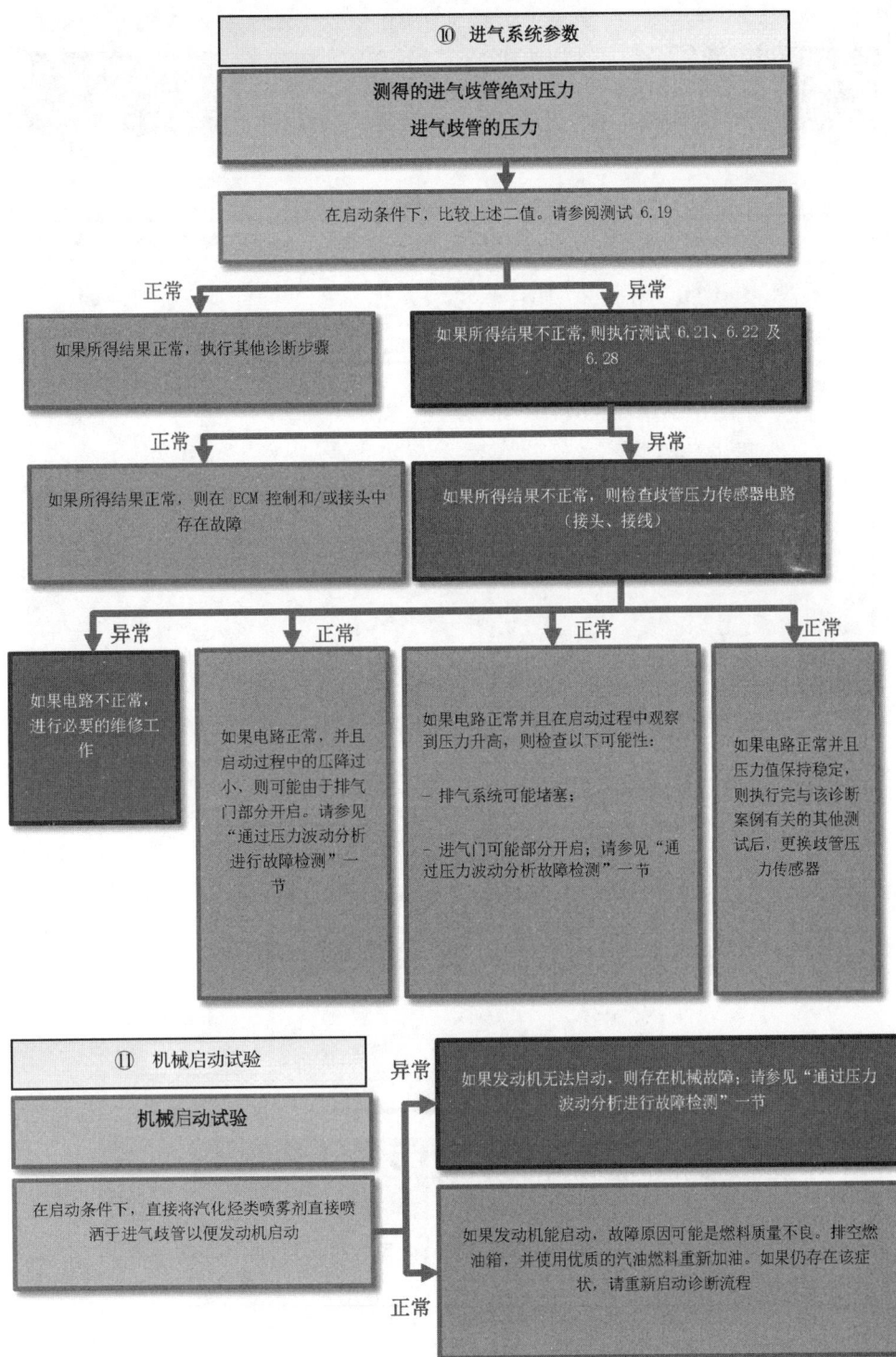

⑩ 进气系统参数

测得的进气歧管绝对压力

进气歧管的压力

在启动条件下,比较上述二值。请参阅测试 6.19

正常 ← → 异常

如果所得结果正常,执行其他诊断步骤

如果所得结果不正常,则执行测试 6.21、6.22 及 6.28

正常 ← → 异常

如果所得结果正常,则在 ECM 控制和/或接头中存在故障

如果所得结果不正常,则检查歧管压力传感器电路(接头、接线)

异常 正常 正常 正常

如果电路不正常,进行必要的维修工作

如果电路正常,并且启动过程中的压降过小,则可能由于排气门部分开启。请参见"通过压力波动分析进行故障检测"一节

如果电路正常并且在启动过程中观察到压力升高,则检查以下可能性:

- 排气系统可能堵塞;

- 进气门可能部分开启;请参见"通过压力波动分析故障检测"一节

如果电路正常并且压力值保持稳定,则执行完与该诊断案例有关的其他测试后,更换歧管压力传感器

⑪ 机械启动试验

机械启动试验

在启动条件下,直接将汽化烃类喷雾剂直接喷洒于进气歧管以便发动机启动

异常 → 如果发动机无法启动,则存在机械故障;请参见"通过压力波动分析进行故障检测"一节

正常 → 如果发动机能启动,故障原因可能是燃料质量不良。排空燃油箱,并使用优质的汽油燃料重新加油。如果仍存在该症状,请重新启动诊断流程

图 2-343(e)

297

（四）诊断流程图 3（图 2-344）

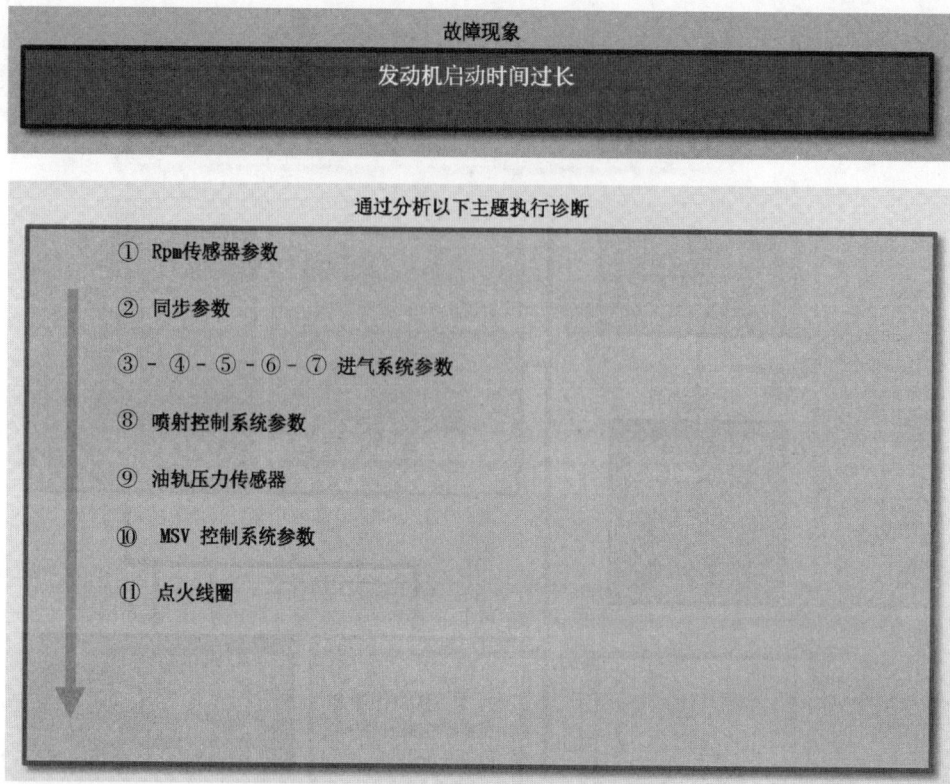

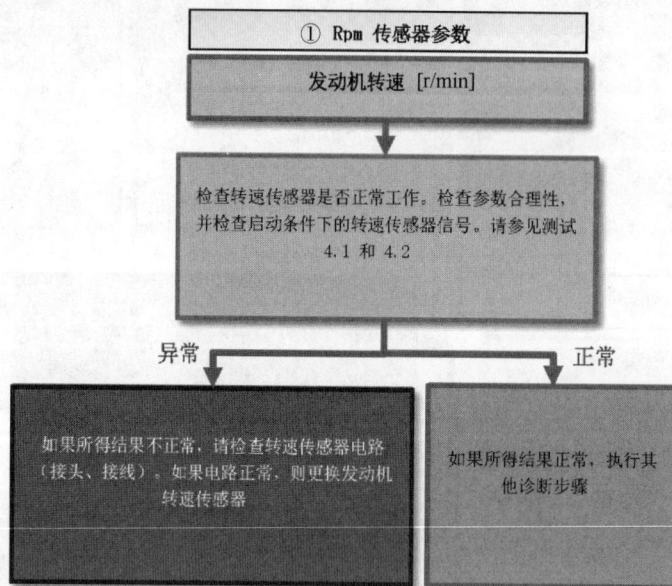

故障现象

发动机启动时间过长

通过分析以下主题执行诊断

① Rpm传感器参数

② 同步参数

③ - ④ - ⑤ - ⑥ - ⑦ 进气系统参数

⑧ 喷射控制系统参数

⑨ 油轨压力传感器

⑩ MSV 控制系统参数

⑪ 点火线圈

① Rpm 传感器参数

发动机转速 [r/min]

检查转速传感器是否正常工作。检查参数合理性，并检查启动条件下的转速传感器信号。请参见测试 4.1 和 4.2

异常 | 正常

如果所得结果不正常，请检查转速传感器电路（接头、接线）。如果电路正常，则更换发动机转速传感器

如果所得结果正常，执行其他诊断步骤

图 2-344（a）

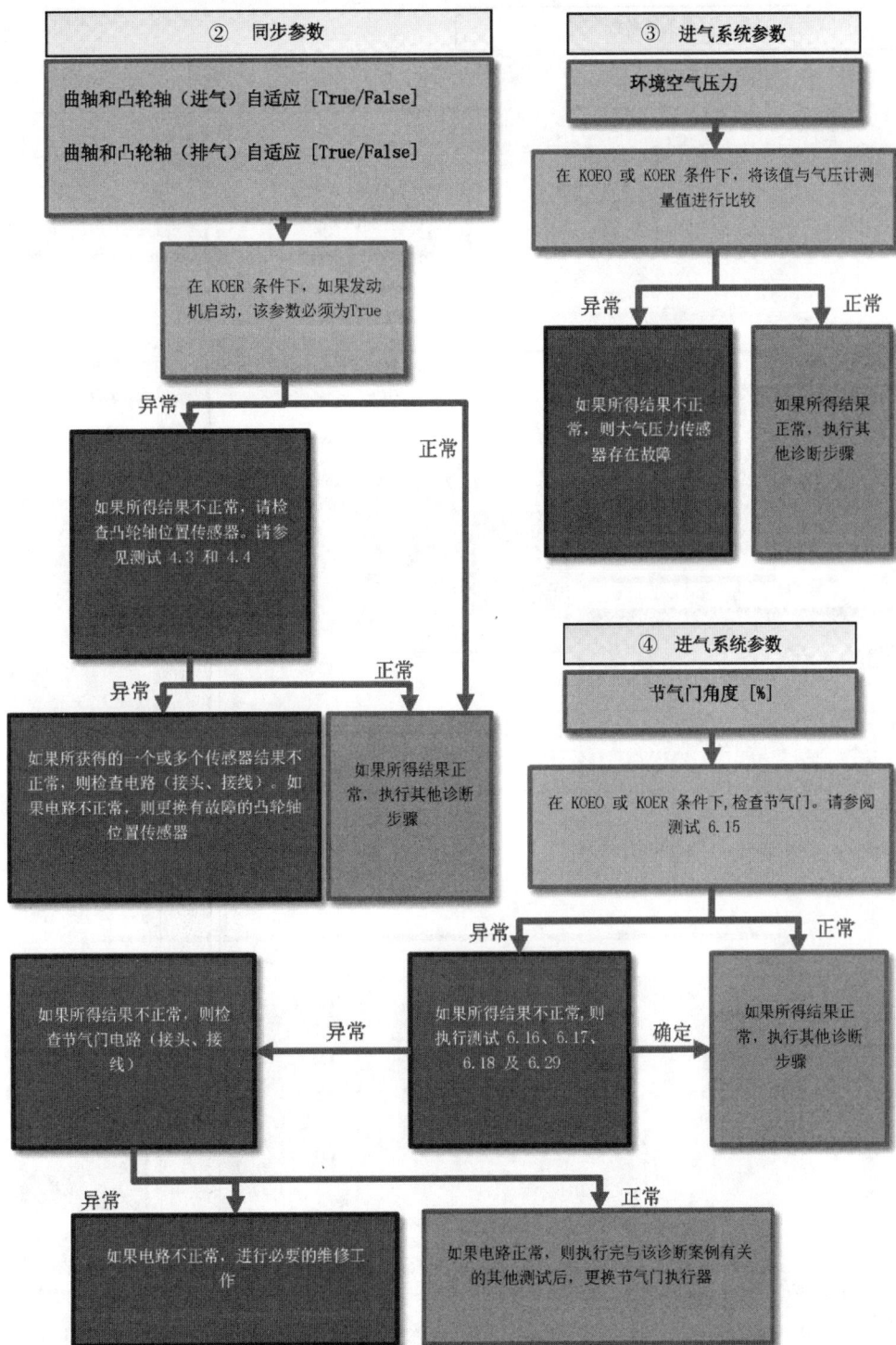

② 同步参数

曲轴和凸轮轴（进气）自适应 [True/False]

曲轴和凸轮轴（排气）自适应 [True/False]

在 KOER 条件下，如果发动机启动，该参数必须为 True

异常

正常

如果所得结果不正常，请检查凸轮轴位置传感器。请参见测试 4.3 和 4.4

异常

正常

如果所获得的一个或多个传感器结果不正常，则检查电路（接头、接线）。如果电路不正常，则更换有故障的凸轮轴位置传感器

如果所得结果正常，执行其他诊断步骤

③ 进气系统参数

环境空气压力

在 KOEO 或 KOER 条件下，将该值与气压计测量值进行比较

异常

正常

如果所得结果不正常，则大气压力传感器存在故障

如果所得结果正常，执行其他诊断步骤

④ 进气系统参数

节气门角度 [%]

在 KOEO 或 KOER 条件下，检查节气门。请参阅测试 6.15

异常

正常

如果所得结果不正常，则检查节气门电路（接头、接线）

异常

如果所得结果不正常，则执行测试 6.16、6.17、6.18 及 6.29

确定

如果所得结果正常，执行其他诊断步骤

异常

正常

如果电路不正常，进行必要的维修工作

如果电路正常，则执行完与该诊断案例有关的其他测试后，更换节气门执行器

图 2－344 （b）

299

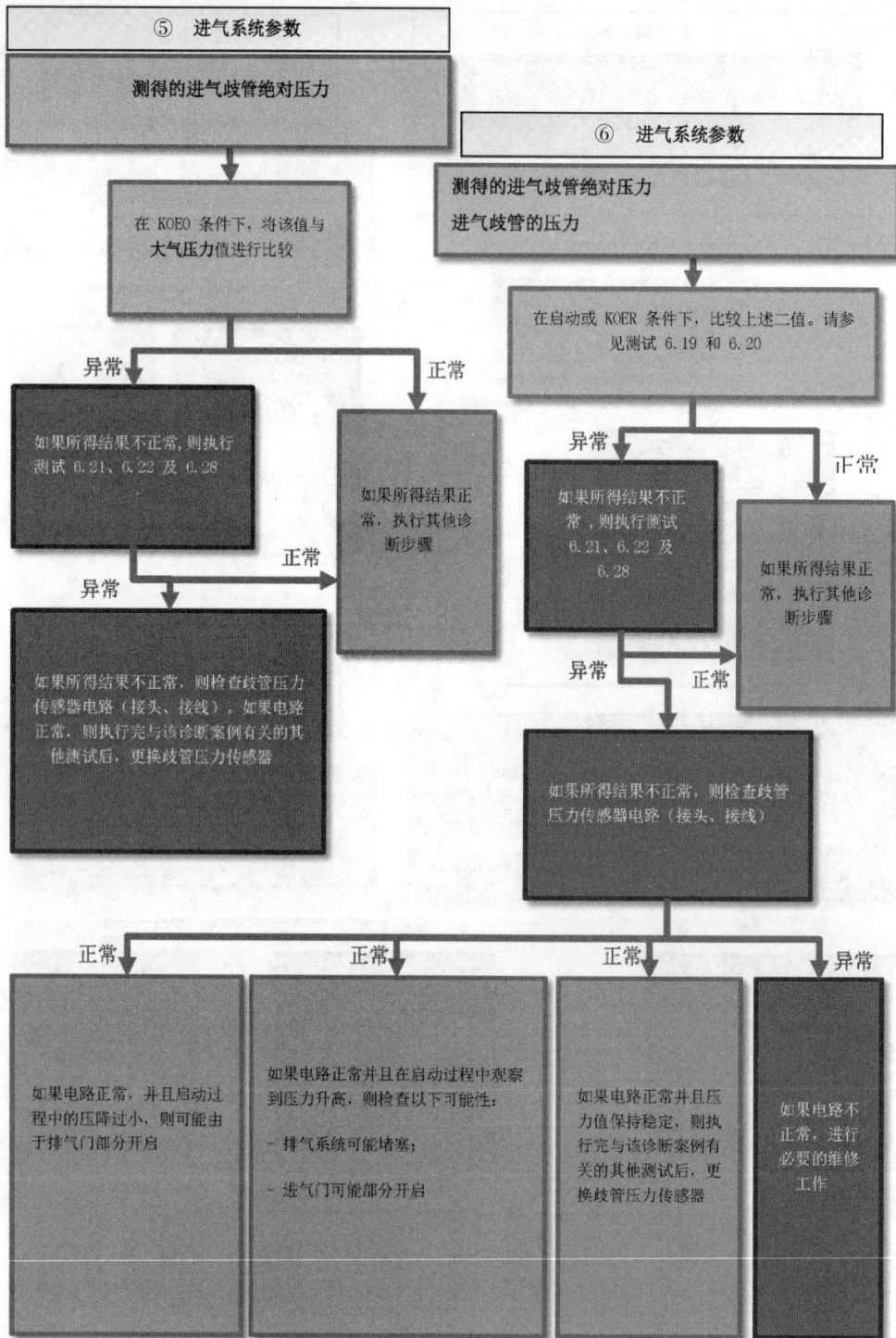

⑤ 进气系统参数

测得的进气歧管绝对压力

⑥ 进气系统参数

测得的进气歧管绝对压力
进气歧管的压力

在 KOEO 条件下，将该值与**大气压力值**进行比较

在启动或 KOER 条件下，比较上述二值。请参见测试 6.19 和 6.20

异常

正常

异常

正常

如果所得结果不正常，则执行测试 6.21、6.22 及 6.28

如果所得结果正常，执行其他诊断步骤

如果所得结果不正常，则执行测试 6.21、6.22 及 6.28

如果所得结果正常，执行其他诊断步骤

异常

正常

异常

正常

如果所得结果不正常，则检查歧管压力传感器电路（接头、接线），如果电路正常，则执行完与该诊断案例有关的其他测试后，更换歧管压力传感器

如果所得结果不正常，则检查歧管压力传感器电路（接头、接线）

正常

正常

正常

异常

如果电路正常，并且启动过程中的压降过小，则可能由于排气门部分开启

如果电路正常并且在启动过程中观察到压力升高，则检查以下可能性：

- 排气系统可能堵塞；

- 进气门可能部分开启

如果电路正常并且压力值保持稳定，则执行完与该诊断案例有关的其他测试后，更换歧管压力传感器

如果电路不正常，进行必要的维修工作

图 2-344 （c）

300

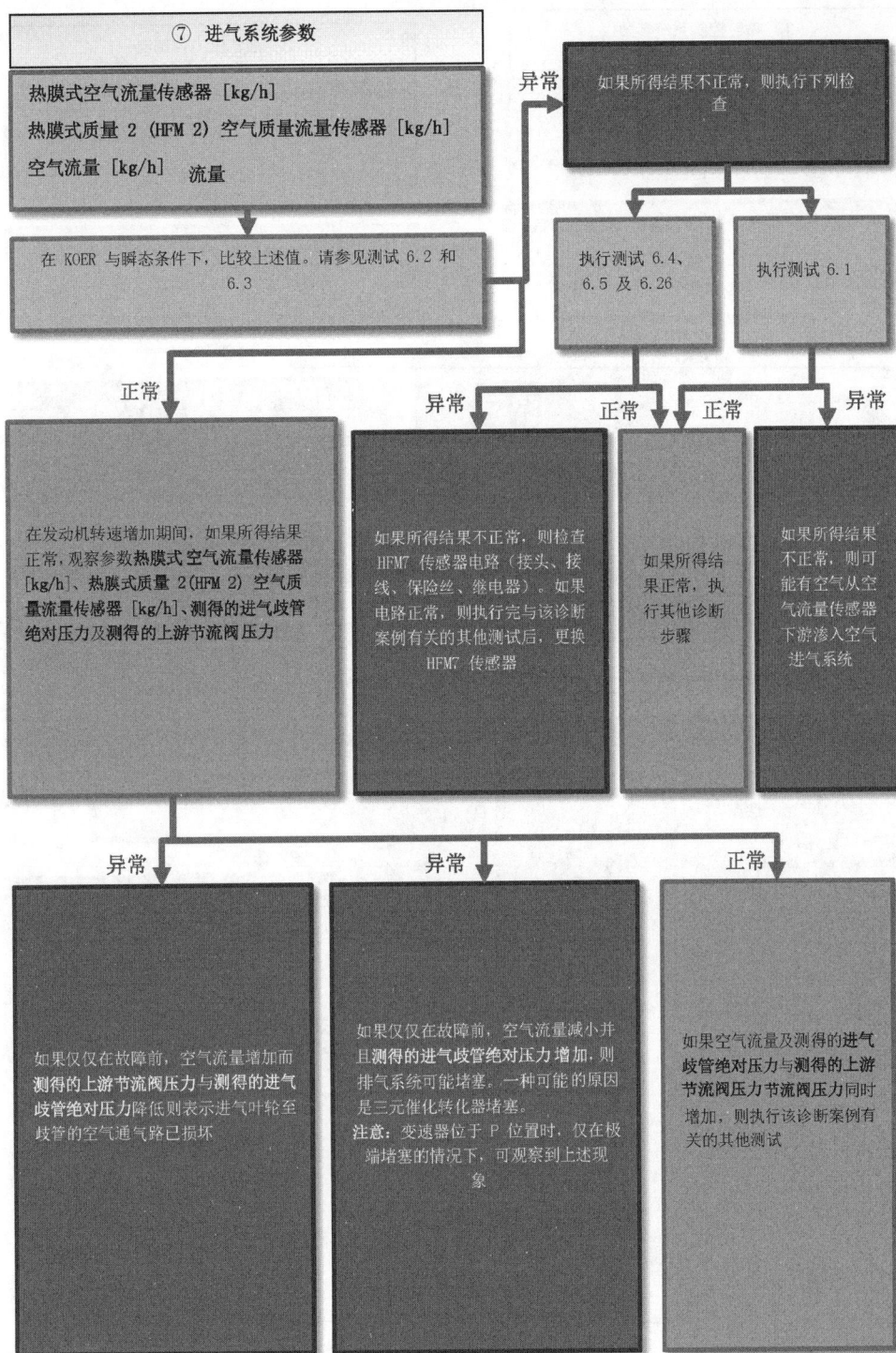

⑦ 进气系统参数

热膜式空气流量传感器 [kg/h]

热膜式质量 2 (HFM 2) 空气质量流量传感器 [kg/h]

空气流量 [kg/h] 流量

在 KOER 与瞬态条件下，比较上述值。请参见测试 6.2 和 6.3

异常 → 如果所得结果不正常，则执行下列检查

执行测试 6.4、6.5 及 6.26

执行测试 6.1

正常

在发动机转速增加期间，如果所得结果正常，观察参数**热膜式空气流量传感器 [kg/h]、热膜式质量 2(HFM 2) 空气质量流量传感器 [kg/h]**、测得的进气歧管绝对压力及测得的上游节流阀压力

异常

如果所得结果不正常，则检查 HFM7 传感器电路（接头、接线、保险丝、继电器）。如果电路正常，则执行完与该诊断案例有关的其他测试后，更换 HFM7 传感器

正常

如果所得结果正常，执行其他诊断步骤

异常

如果所得结果不正常，则可能有空气从空气流量传感器下游渗入空气进气系统

异常

如果仅仅在故障前，空气流量增加而**测得的上游节流阀压力**与**测得的进气歧管绝对压力**降低则表示进气叶轮至歧管的空气通气路已损坏

异常

如果仅仅在故障前，空气流量减小并且**测得的进气歧管绝对压力增加**，则排气系统可能堵塞，一种可能的原因是三元催化转化器堵塞。

注意：变速器位于 P 位置时，仅在极端堵塞的情况下，可观察到上述现象

正常

如果空气流量及测得的**进气歧管绝对压力**与测得的**上游节流阀压力节流阀压力**同时增加，则执行该诊断案例有关的其他测试

图 2－344 （d）

301

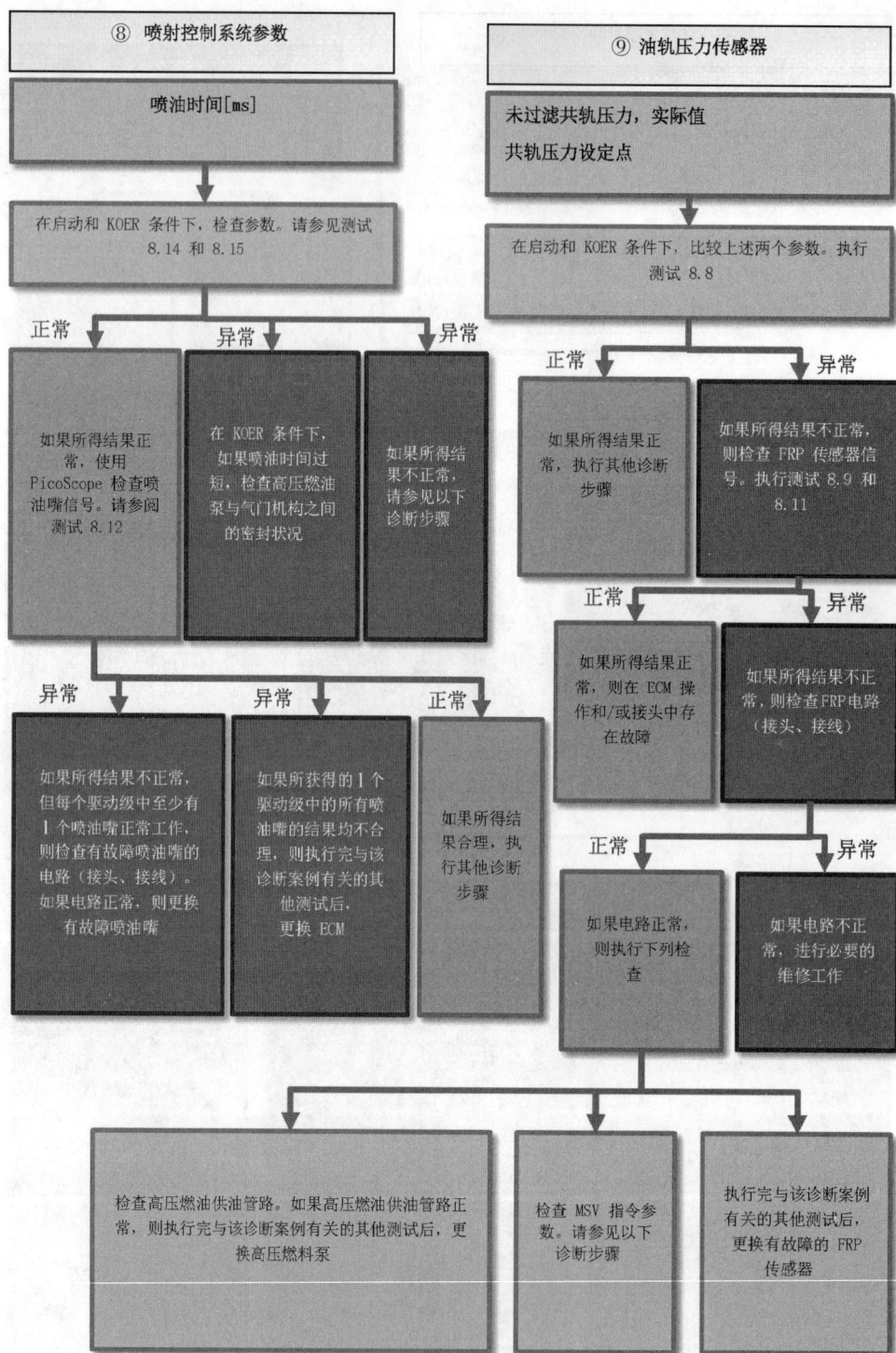

⑧ 喷射控制系统参数	⑨ 油轨压力传感器

喷油时间[ms]

未过滤共轨压力，实际值
共轨压力设定点

在启动和 KOER 条件下，检查参数。请参见测试 8.14 和 8.15

在启动和 KOER 条件下，比较上述两个参数。执行测试 8.8

正常　　**异常**　　**异常**

如果所得结果正常，使用 PicoScope 检查喷油嘴信号。请参阅测试 8.12

在 KOER 条件下，如果喷油时间过短，检查高压燃油泵与气门机构之间的密封状况

如果所得结果不正常，请参见以下诊断步骤

正常　　**异常**

如果所得结果正常，执行其他诊断步骤

如果所得结果不正常，则检查 FRP 传感器信号。执行测试 8.9 和 8.11

异常　　**异常**　　**正常**

如果所得结果不正常，但每个驱动级中至少有 1 个喷油嘴正常工作，则检查有故障喷油嘴的电路（接头、接线）。如果电路正常，则更换有故障喷油嘴

如果所获得的 1 个驱动级中的所有喷油嘴的结果均不合理，则执行完与该诊断案例有关的其他测试后，更换 ECM

如果所得结果合理，执行其他诊断步骤

正常　　**异常**

如果所得结果正常，则在 ECM 操作和/或接头中存在故障

如果所得结果不正常，则检查 FRP 电路（接头、接线）

正常　　**异常**

如果电路正常，则执行下列检查

如果电路不正常，进行必要的维修工作

检查高压燃油供油管路。如果高压燃油供油管路正常，则执行完与该诊断案例有关的其他测试后，更换高压燃料泵

检查 MSV 指令参数。请参见以下诊断步骤

执行完与该诊断案例有关的其他测试后，更换有故障的 FRP 传感器

图 2-344（e）

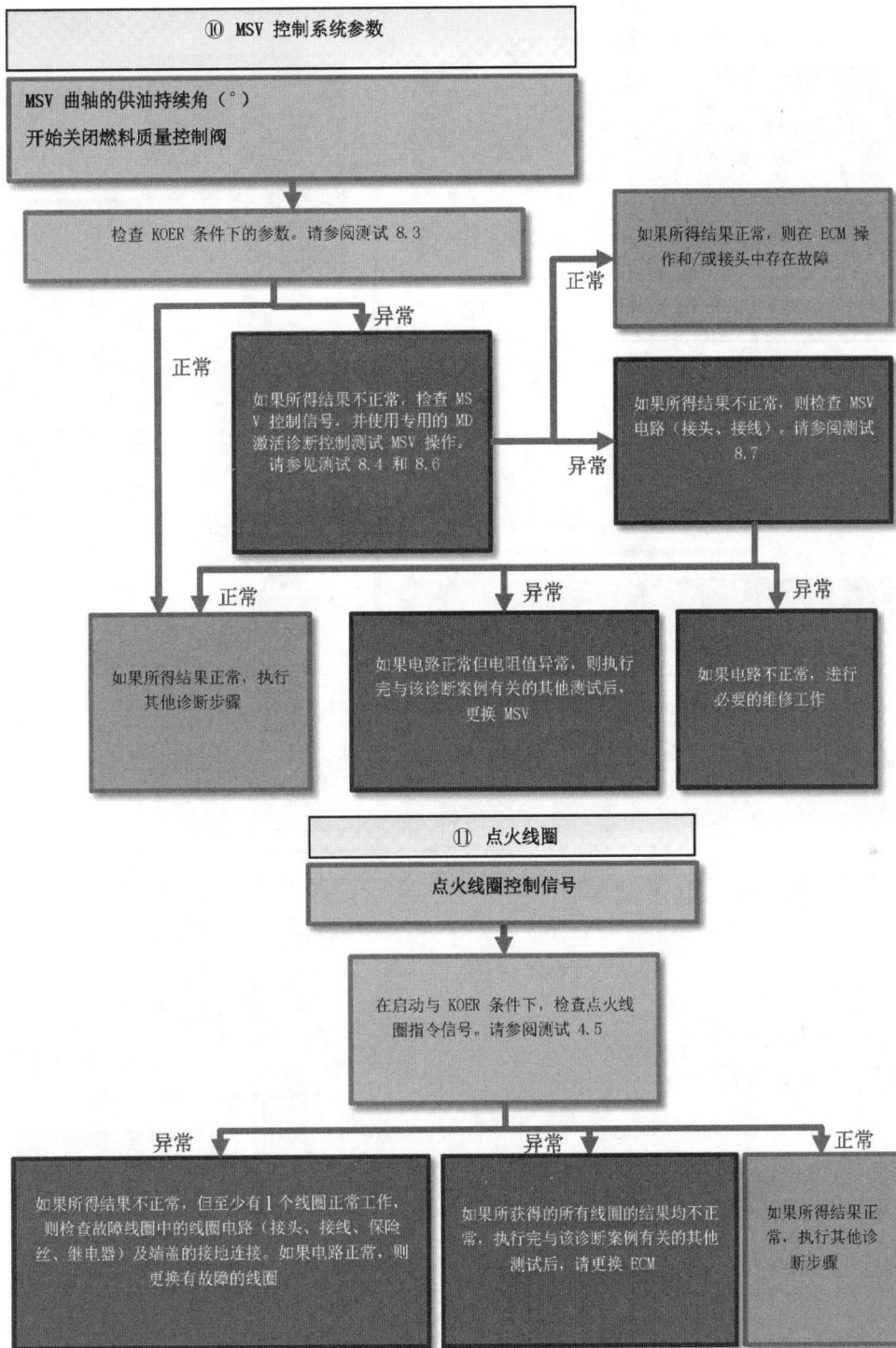

⑩ MSV 控制系统参数

MSV 曲轴的供油持续角（°）
开始关闭燃料质量控制阀

检查 KOER 条件下的参数。请参阅测试 8.3

正常

异常

正常

如果所得结果不正常，检查 MSV 控制信号，并使用专用的 MD 激活诊断控制测试 MSV 操作。请参见测试 8.4 和 8.6

如果所得结果正常，则在 ECM 操作和/或接头中存在故障

异常

如果所得结果不正常，则检查 MSV 电路（接头、接线）。请参阅测试 8.7

正常

如果所得结果正常，执行其他诊断步骤

异常

如果电路正常但电阻值异常，则执行完与该诊断案例有关的其他测试后，更换 MSV

异常

如果电路不正常，进行必要的维修工作

⑪ 点火线圈

点火线圈控制信号

在启动与 KOER 条件下，检查点火线圈指令信号。请参阅测试 4.5

异常

如果所得结果不正常，但至少有 1 个线圈正常工作，则检查故障线圈中的线圈电路（接头、接线、保险丝、继电器）及端盖的接地连接。如果电路正常，则更换有故障的线圈

异常

如果所获得的所有线圈的结果均不正常，执行完与该诊断案例有关的其他测试后，请更换 ECM

正常

如果所得结果正常，执行其他诊断步骤

图 2-344（f）

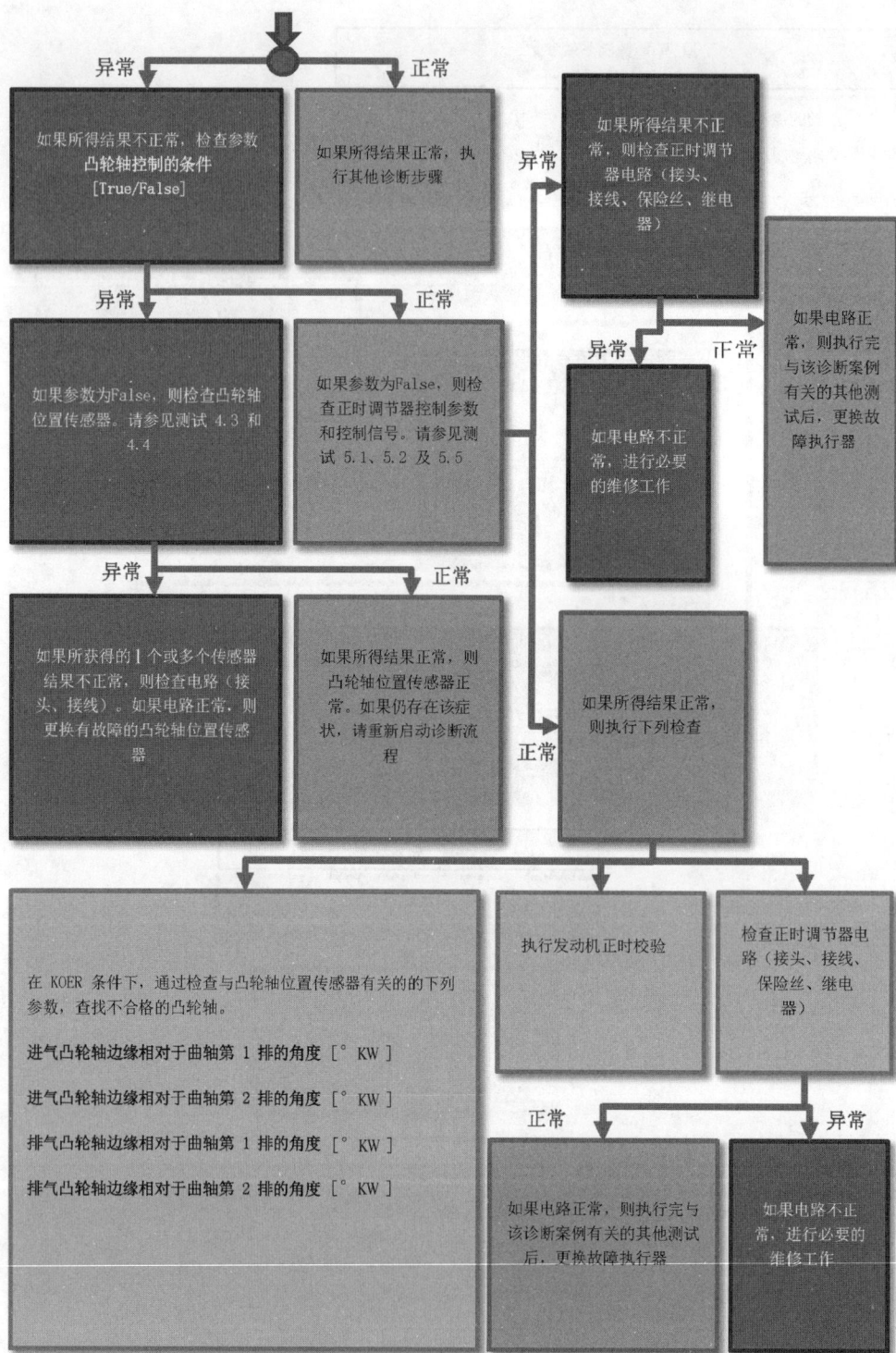

異常 正常

如果所得结果不正常，检查参数
凸轮轴控制的条件
[True/False]

如果所得结果正常，执
行其他诊断步骤

如果所得结果不正
常，则检查正时调节
器电路（接头、
接线、保险丝、继电
器）

異常 正常

如果参数为False，则检查凸轮轴
位置传感器。请参见测试 4.3 和
4.4

如果参数为False，则检
查正时调节器控制参数
和控制信号。请参见测
试 5.1、5.2 及 5.5

異常 正常

如果电路正
常，则执行完
与该诊断案例
有关的其他测
试后，更换故
障执行器

如果电路不正
常，进行必要
的维修工作

異常 正常

如果所获得的1个或多个传感器
结果不正常，则检查电路（接
头、接线）。如果电路正常，则
更换有故障的凸轮轴位置传感器

如果所得结果正常，则
凸轮轴位置传感器正
常。如果仍存在该症
状，请重新启动诊断流
程

如果所得结果正常，
则执行下列检查

正常

在 KOER 条件下，通过检查与凸轮轴位置传感器有关的的下列
参数，查找不合格的凸轮轴。

进气凸轮轴边缘相对于曲轴第 1 排的角度 ［°KW］

进气凸轮轴边缘相对于曲轴第 2 排的角度 ［°KW］

排气凸轮轴边缘相对于曲轴第 1 排的角度 ［°KW］

排气凸轮轴边缘相对于曲轴第 2 排的角度 ［°KW］

执行发动机正时校验

检查正时调节器电
路（接头、接线、
保险丝、继电
器）

正常 異常

如果电路正常，则执行完与
该诊断案例有关的其他测
试后，更换故障执行器

如果电路不正
常，进行必要的
维修工作

图 2-344 （g）

（五）诊断流程图 4（图 2-345）

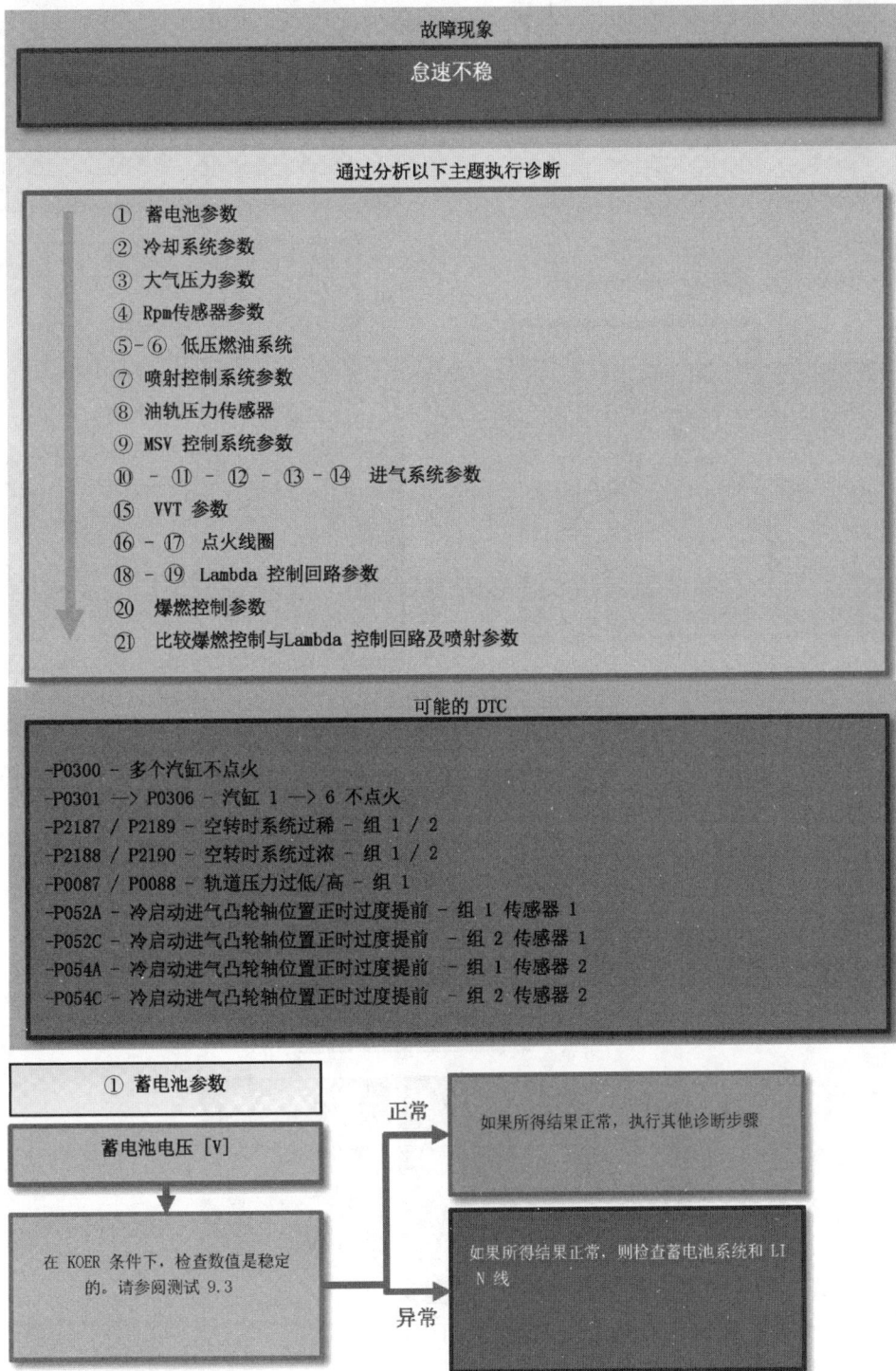

故障现象

怠速不稳

通过分析以下主题执行诊断

① 蓄电池参数

② 冷却系统参数

③ 大气压力参数

④ Rpm 传感器参数

⑤-⑥ 低压燃油系统

⑦ 喷射控制系统参数

⑧ 油轨压力传感器

⑨ MSV 控制系统参数

⑩ - ⑪ - ⑫ - ⑬-⑭ 进气系统参数

⑮ VVT 参数

⑯ - ⑰ 点火线圈

⑱ - ⑲ Lambda 控制回路参数

⑳ 爆燃控制参数

㉑ 比较爆燃控制与 Lambda 控制回路及喷射参数

可能的 DTC

-P0300 - 多个汽缸不点火

-P0301 --> P0306 - 汽缸 1 --> 6 不点火

-P2187 / P2189 - 空转时系统过稀 - 组 1 / 2

-P2188 / P2190 - 空转时系统过浓 - 组 1 / 2

-P0087 / P0088 - 轨道压力过低/高 - 组 1

-P052A - 冷启动进气凸轮轴位置正时过度提前 - 组 1 传感器 1

-P052C - 冷启动进气凸轮轴位置正时过度提前 - 组 2 传感器 1

-P054A - 冷启动进气凸轮轴位置正时过度提前 - 组 1 传感器 2

-P054C - 冷启动进气凸轮轴位置正时过度提前 - 组 2 传感器 2

① 蓄电池参数

蓄电池电压 [V]

在 KOER 条件下，检查数值是稳定的。请参阅测试 9.3

正常 如果所得结果正常，执行其他诊断步骤

异常 如果所得结果正常，则检查蓄电池系统和 LIN 线

图 2-345（a）

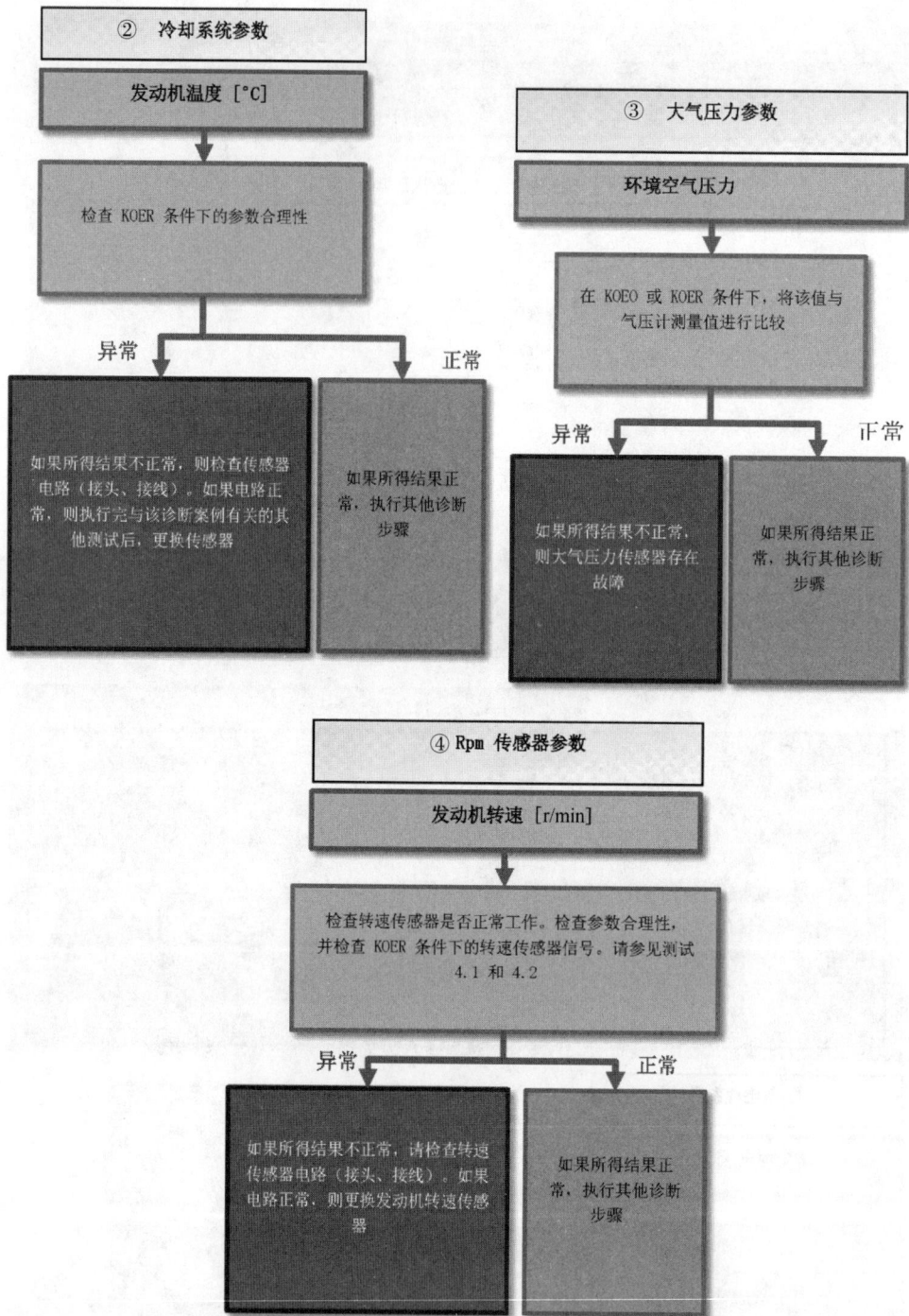

```
┌─────────────────────────────────┐
│   ②   冷却系统参数               │
└─────────────────────────────────┘
┌─────────────────────────────────┐
│     发动机温度 [°C]              │
└─────────────────────────────────┘
              │
              ▼
┌─────────────────────────────────┐          ┌─────────────────────────────────┐
│  检查 KOER 条件下的参数合理性   │          │   ③   大气压力参数              │
└─────────────────────────────────┘          └─────────────────────────────────┘
              │                                ┌─────────────────────────────────┐
       异常         正常                       │     环境空气压力                │
    ┌────┴──────────┐                          └─────────────────────────────────┘
                                                          │
                                                          ▼
                                               ┌─────────────────────────────────┐
                                               │ 在 KOEO 或 KOER 条件下，将该值与│
                                               │ 气压计测量值进行比较            │
                                               └─────────────────────────────────┘
                                                          │
                                                   异常         正常
```

② 冷却系统参数

发动机温度 [°C]

检查 KOER 条件下的参数合理性

异常 / 正常

如果所得结果不正常，则检查传感器电路（接头、接线）。如果电路正常，则执行完与该诊断案例有关的其他测试后，更换传感器

如果所得结果正常，执行其他诊断步骤

③ 大气压力参数

环境空气压力

在 KOEO 或 KOER 条件下，将该值与气压计测量值进行比较

异常 / 正常

如果所得结果不正常，则大气压力传感器存在故障

如果所得结果正常，执行其他诊断步骤

④ Rpm 传感器参数

发动机转速 [r/min]

检查转速传感器是否正常工作。检查参数合理性，并检查 KOER 条件下的转速传感器信号。请参见测试 4.1 和 4.2

异常 / 正常

如果所得结果不正常，请检查转速传感器电路（接头、接线）。如果电路正常，则更换发动机转速传感器

如果所得结果正常，执行其他诊断步骤

图 2－345 （b）

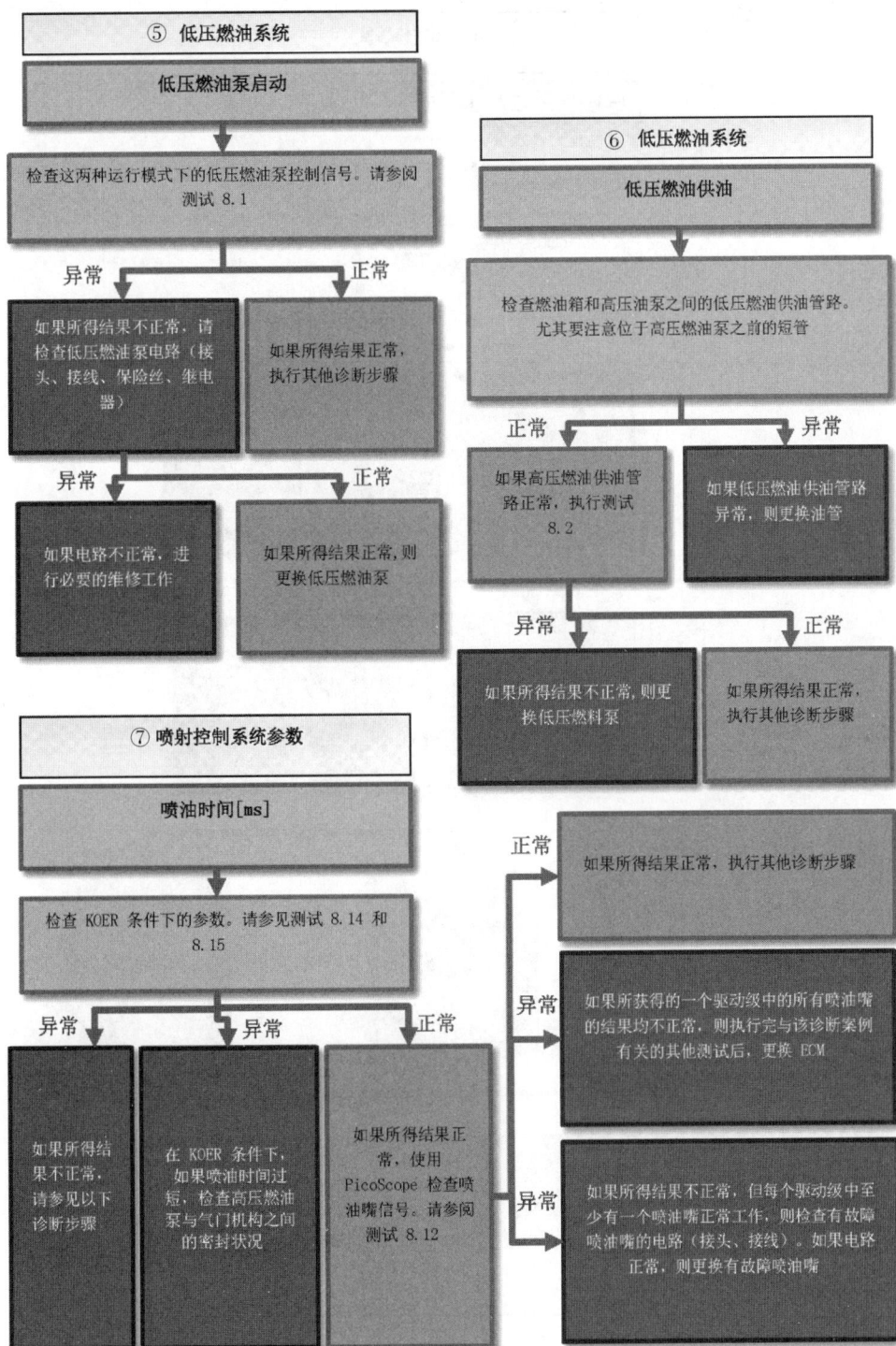

⑤ 低压燃油系统

低压燃油泵启动

检查这两种运行模式下的低压燃油泵控制信号。请参阅测试 8.1

异常 —————— 正常

如果所得结果不正常，请检查低压燃油泵电路（接头、接线、保险丝、继电器）

如果所得结果正常，执行其他诊断步骤

异常 —————— 正常

如果电路不正常，进行必要的维修工作

如果所得结果正常，则更换低压燃油泵

⑥ 低压燃油系统

低压燃油供油

检查燃油箱和高压油泵之间的低压燃油供油管路。尤其要注意位于高压燃油泵之前的短管

正常 —————— 异常

如果高压燃油供油管路正常，执行测试 8.2

如果低压燃油供油管路异常，则更换油管

异常 —————— 正常

如果所得结果不正常，则更换低压燃料泵

如果所得结果正常，执行其他诊断步骤

⑦ 喷射控制系统参数

喷油时间[ms]

检查 KOER 条件下的参数。请参见测试 8.14 和 8.15

异常 —— 异常 —— 正常

如果所得结果不正常，请参见以下诊断步骤

在 KOER 条件下，如果喷油时间过短，检查高压燃油泵与气门机构之间的密封状况

如果所得结果正常，使用 PicoScope 检查喷油嘴信号。请参阅测试 8.12

正常

如果所得结果正常，执行其他诊断步骤

异常

如果所获得的一个驱动级中的所有喷油嘴的结果均不正常，则执行完与该诊断案例有关的其他测试后，更换 ECM

异常

如果所得结果不正常，但每个驱动级中至少有一个喷油嘴正常工作，则检查有故障喷油嘴的电路（接头、接线）。如果电路正常，则更换有故障喷油嘴

图 2-345（c）

307

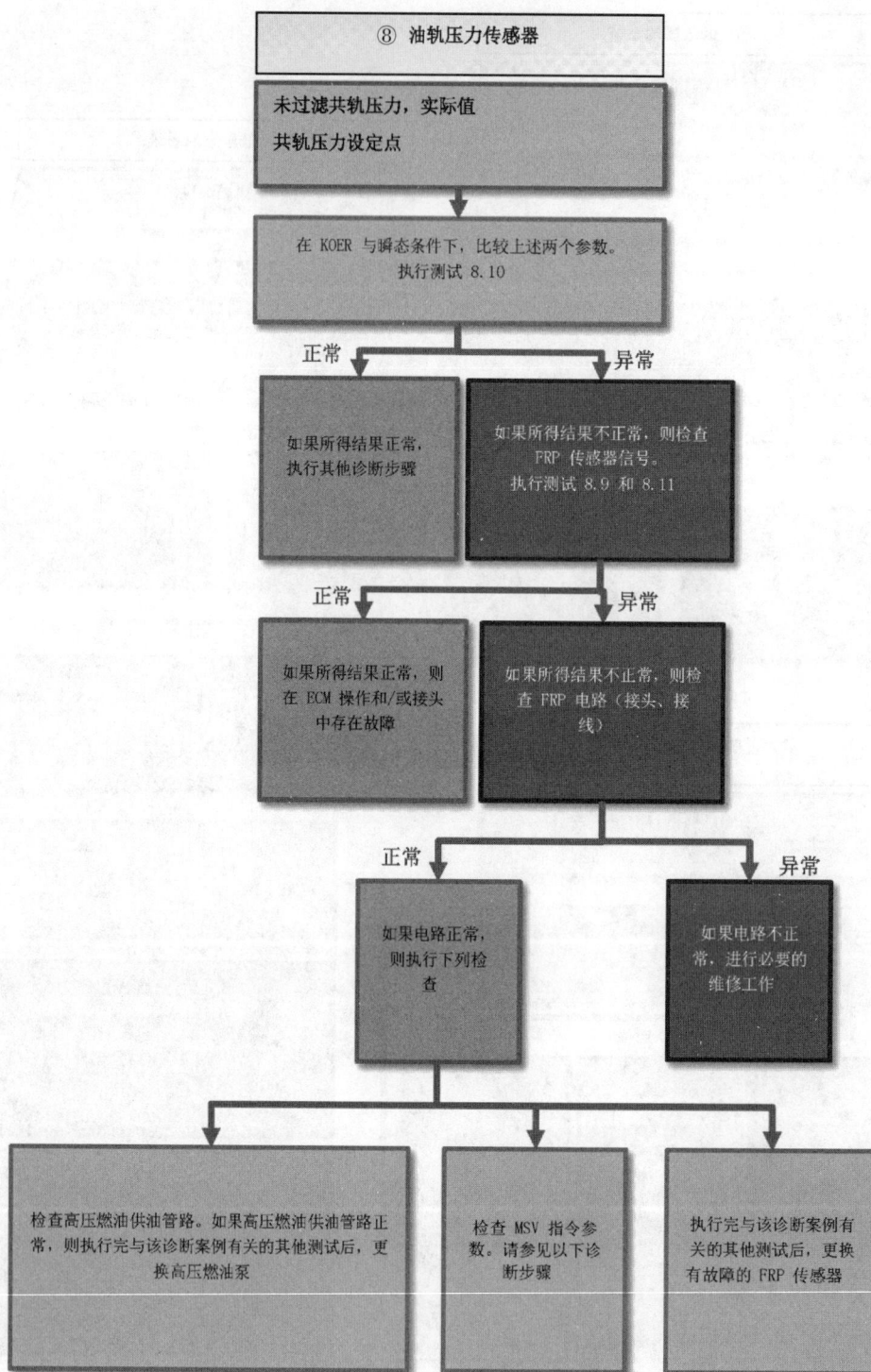

⑧ 油轨压力传感器

未过滤共轨压力，实际值
共轨压力设定点

在 KOER 与瞬态条件下，比较上述两个参数。
执行测试 8.10

正常　　　　　　　　　　　　异常

如果所得结果正常，
执行其他诊断步骤

如果所得结果不正常，则检查
FRP 传感器信号。
执行测试 8.9 和 8.11

正常　　　　　　　　　　　异常

如果所得结果正常，则
在 ECM 操作和/或接头
中存在故障

如果所得结果不正常，则检
查 FRP 电路（接头、接
线）

正常　　　　　　　　　　　　　　　　异常

如果电路正常，
则执行下列检
查

如果电路不正
常，进行必要的
维修工作

检查高压燃油供油管路。如果高压燃油供油管路正
常，则执行完与该诊断案例有关的其他测试后，更
换高压燃油泵

检查 MSV 指令参
数。请参见以下诊
断步骤

执行完与该诊断案例有
关的其他测试后，更换
有故障的 FRP 传感器

图 2-345 (d)

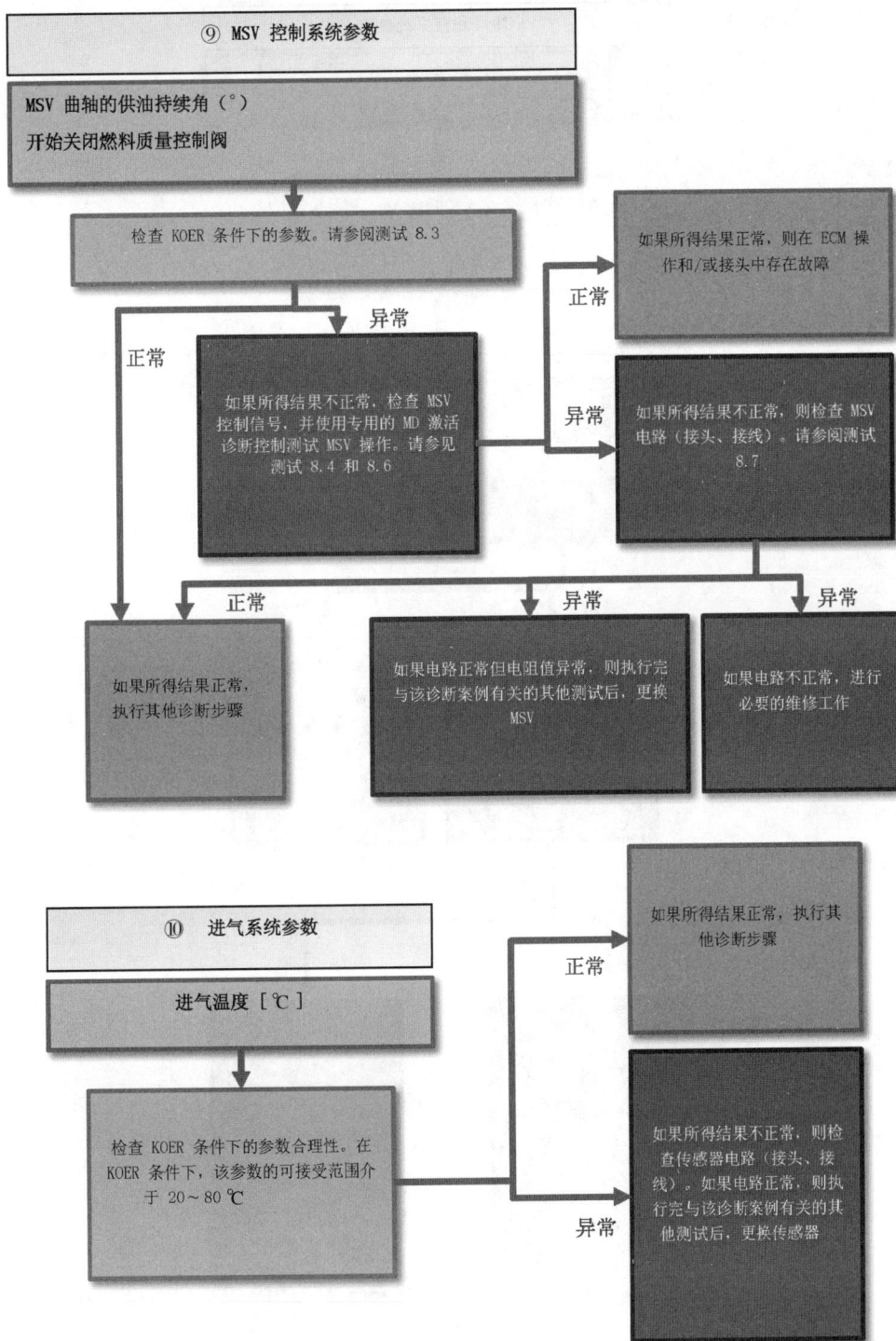

⑨ MSV 控制系统参数

MSV 曲轴的供油持续角（°）
开始关闭燃料质量控制阀

检查 KOER 条件下的参数。请参阅测试 8.3

正常

异常

正常
如果所得结果正常，则在 ECM 操作和/或接头中存在故障

如果所得结果不正常，检查 MSV 控制信号，并使用专用的 MD 激活诊断控制测试 MSV 操作。请参见测试 8.4 和 8.6

异常
如果所得结果不正常，则检查 MSV 电路（接头、接线）。请参阅测试 8.7

正常
如果所得结果正常，执行其他诊断步骤

异常
如果电路正常但电阻值异常，则执行完与该诊断案例有关的其他测试后，更换 MSV

异常
如果电路不正常，进行必要的维修工作

⑩ 进气系统参数

进气温度［℃］

检查 KOER 条件下的参数合理性。在 KOER 条件下，该参数的可接受范围介于 20～80 ℃

正常
如果所得结果正常，执行其他诊断步骤

异常
如果所得结果不正常，则检查传感器电路（接头、接线）。如果电路正常，则执行完与该诊断案例有关的其他测试后，更换传感器

图 2-345（e）

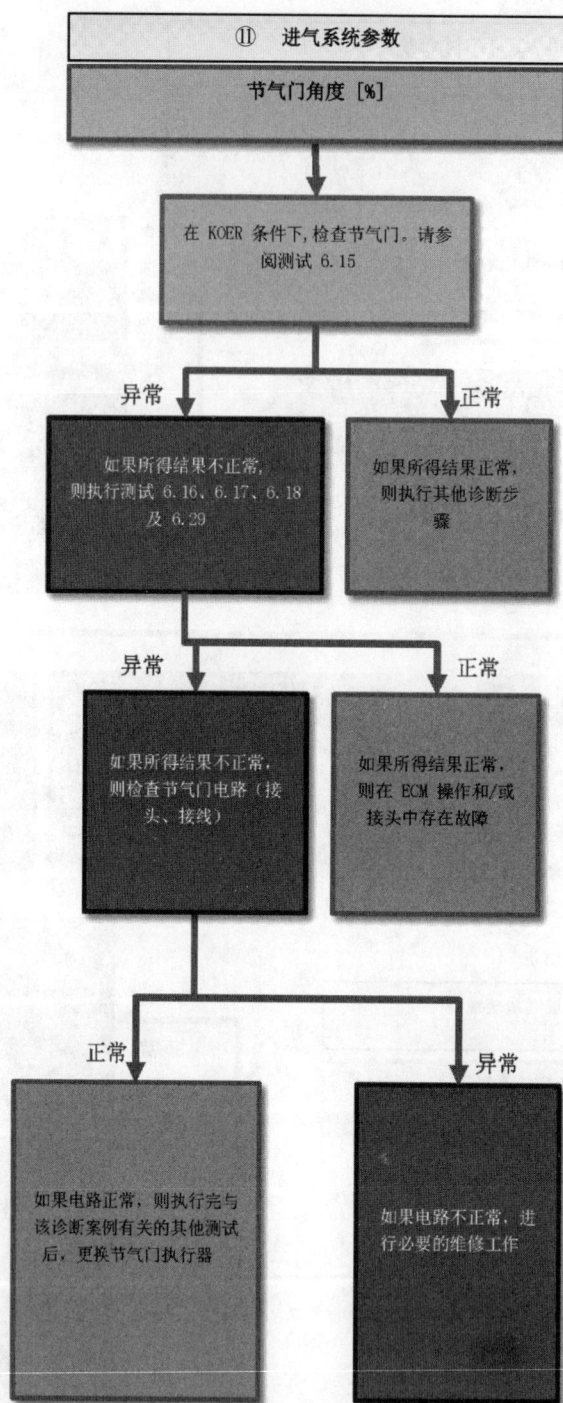

⑪ 进气系统参数

节气门角度 [%]

在 KOER 条件下，检查节气门。请参阅测试 6.15

异常

如果所得结果不正常，则执行测试 6.16、6.17、6.18 及 6.29

正常

如果所得结果正常，则执行其他诊断步骤

异常

如果所得结果不正常，则检查节气门电路（接头、接线）

正常

如果所得结果正常，则在 ECM 操作和/或接头中存在故障

正常

如果电路正常，则执行完与该诊断案例有关的其他测试后，更换节气门执行器

异常

如果电路不正常，进行必要的维修工作

图 2－345（f）

310

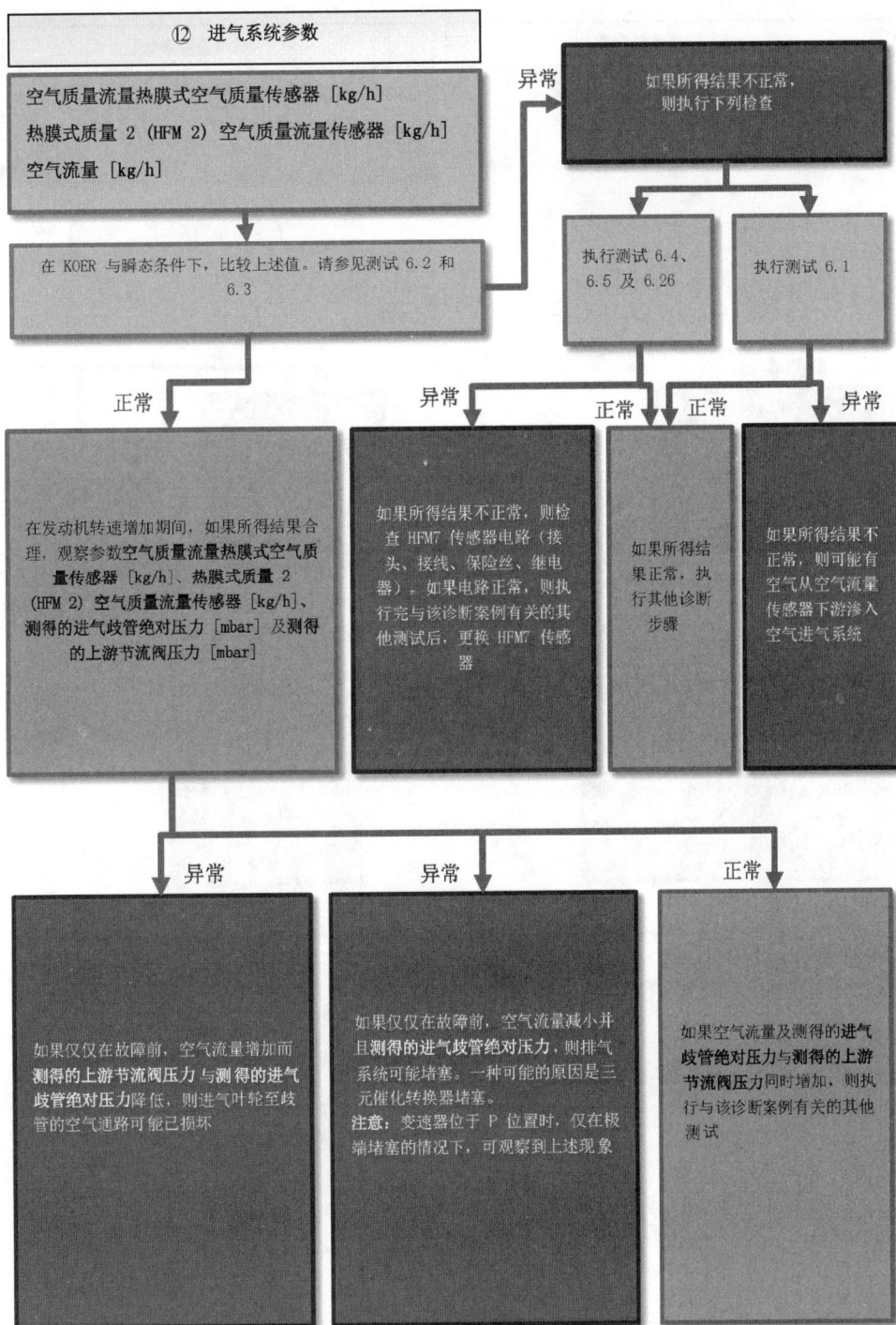

⑫ 进气系统参数

空气质量流量热膜式空气质量传感器 [kg/h]
热膜式质量 2 (HFM 2) 空气质量流量传感器 [kg/h]
空气流量 [kg/h]

异常 →

如果所得结果不正常，则执行下列检查

在 KOER 与瞬态条件下，比较上述值。请参见测试 6.2 和 6.3

执行测试 6.4、6.5 及 6.26

执行测试 6.1

正常

在发动机转速增加期间，如果所得结果合理，观察参数空气质量流量热膜式空气质量传感器 [kg/h]、热膜式质量 2 (HFM 2) 空气质量流量传感器 [kg/h]、测得的进气歧管绝对压力 [mbar] 及测得的上游节流阀压力 [mbar]

异常

如果所得结果不正常，则检查 HFM7 传感器电路（接头、接线、保险丝、继电器）。如果电路正常，则执行完与该诊断案例有关的其他测试后，更换 HFM7 传感器

正常

如果所得结果正常，执行其他诊断步骤

正常

异常

如果所得结果不正常，则可能有空气从空气流量传感器下游渗入空气进气系统

异常

如果仅仅在故障前，空气流量增加而测得的上游节流阀压力与测得的进气歧管绝对压力降低，则进气叶轮至歧管的空气通路可能已损坏

异常

如果仅仅在故障前，空气流量减小并且测得的进气歧管绝对压力，则排气系统可能堵塞。一种可能的原因是三元催化转换器堵塞。
注意：变速器位于 P 位置时，仅在极端堵塞的情况下，可观察到上述现象

正常

如果空气流量及测得的进气歧管绝对压力与测得的上游节流阀压力同时增加，则执行与该诊断案例有关的其他测试

图 2-345 (g)

311

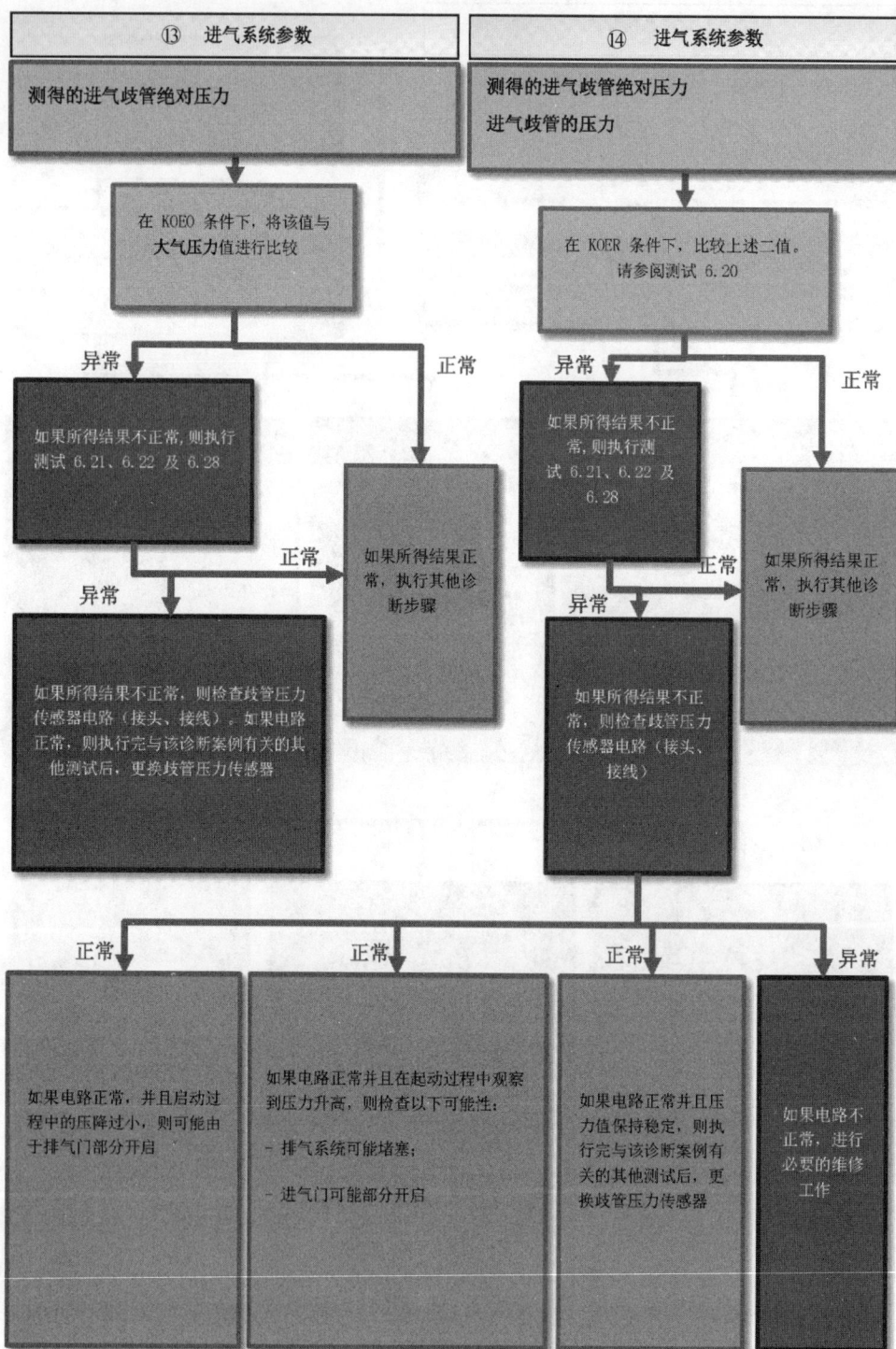

⑬ 进气系统参数	⑭ 进气系统参数
测得的进气歧管绝对压力	测得的进气歧管绝对压力 进气歧管的压力

在 KOEO 条件下，将该值与**大气压力值**进行比较

在 KOER 条件下，比较上述二值。请参阅测试 6.20

异常 → 如果所得结果不正常，则执行测试 6.21、6.22 及 6.28

正常 → 如果所得结果正常，执行其他诊断步骤

异常 → 如果所得结果不正常，则检查歧管压力传感器电路（接头、接线）。如果电路正常，则执行完与该诊断案例有关的其他测试后，更换歧管压力传感器

异常 → 如果所得结果不正常，则执行测试 6.21、6.22 及 6.28

正常 → 如果所得结果正常，执行其他诊断步骤

异常 → 如果所得结果不正常，则检查歧管压力传感器电路（接头、接线）

正常 → 如果电路正常，并且启动过程中的压降过小，则可能由于排气门部分开启

正常 → 如果电路正常并且在起动过程中观察到压力升高，则检查以下可能性：
- 排气系统可能堵塞；
- 进气门可能部分开启

正常 → 如果电路正常并且压力值保持稳定，则执行完与该诊断案例有关的其他测试后，更换歧管压力传感器

异常 → 如果电路不正常，进行必要的维修工作

图 2−345（h）

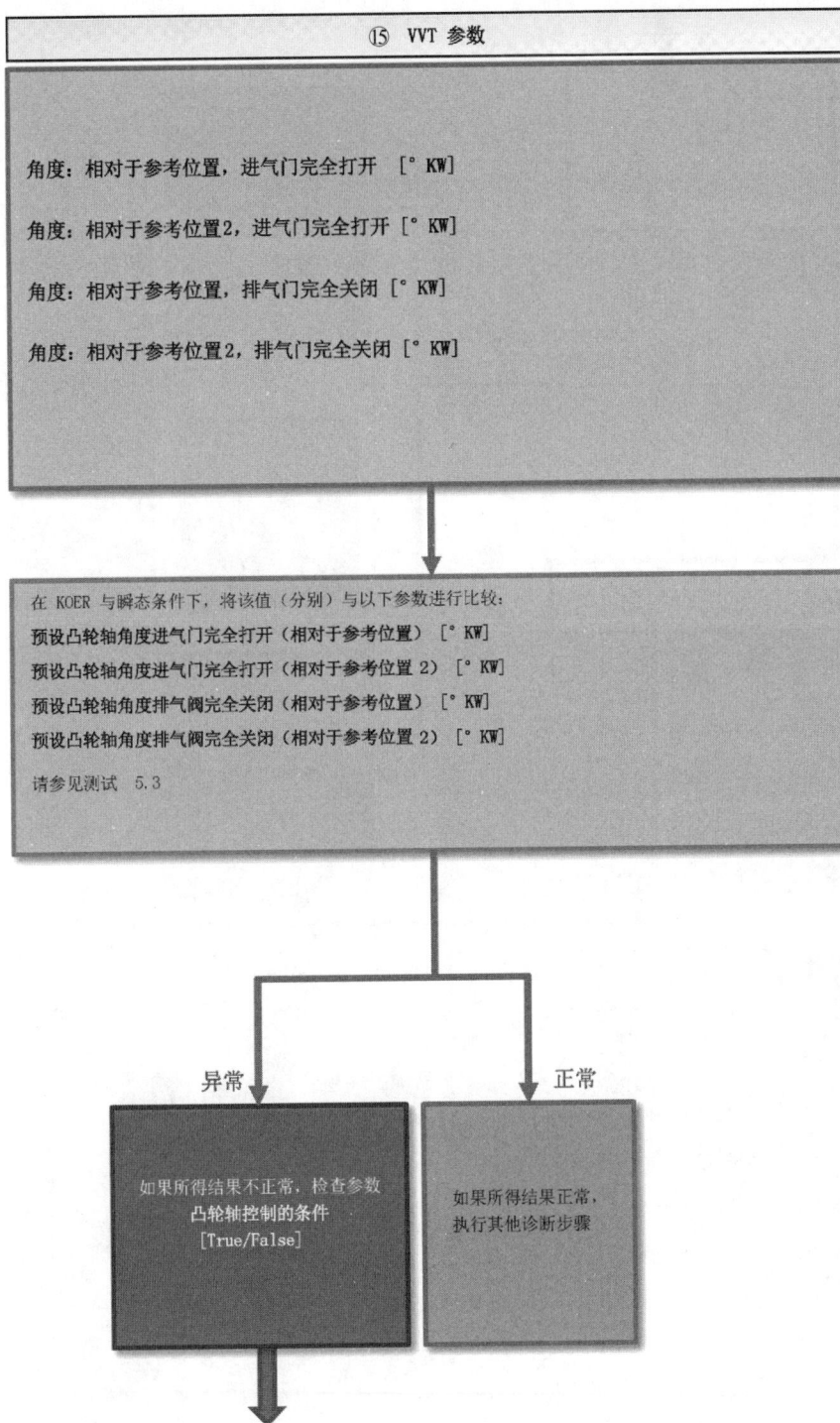

角度：相对于参考位置，进气门完全打开 ［° KW］

角度：相对于参考位置2，进气门完全打开 ［° KW］

角度：相对于参考位置，排气门完全关闭 ［° KW］

角度：相对于参考位置2，排气门完全关闭 ［° KW］

在 KOER 与瞬态条件下，将该值（分别）与以下参数进行比较：
预设凸轮轴角度进气门完全打开（相对于参考位置）［° KW］
预设凸轮轴角度进气门完全打开（相对于参考位置 2）［° KW］
预设凸轮轴角度排气阀完全关闭（相对于参考位置）［° KW］
预设凸轮轴角度排气阀完全关闭（相对于参考位置 2）［° KW］

请参见测试 5.3

异常

正常

如果所得结果不正常，检查参数
凸轮轴控制的条件
[True/False]

如果所得结果正常，
执行其他诊断步骤

图 2－345 (i)

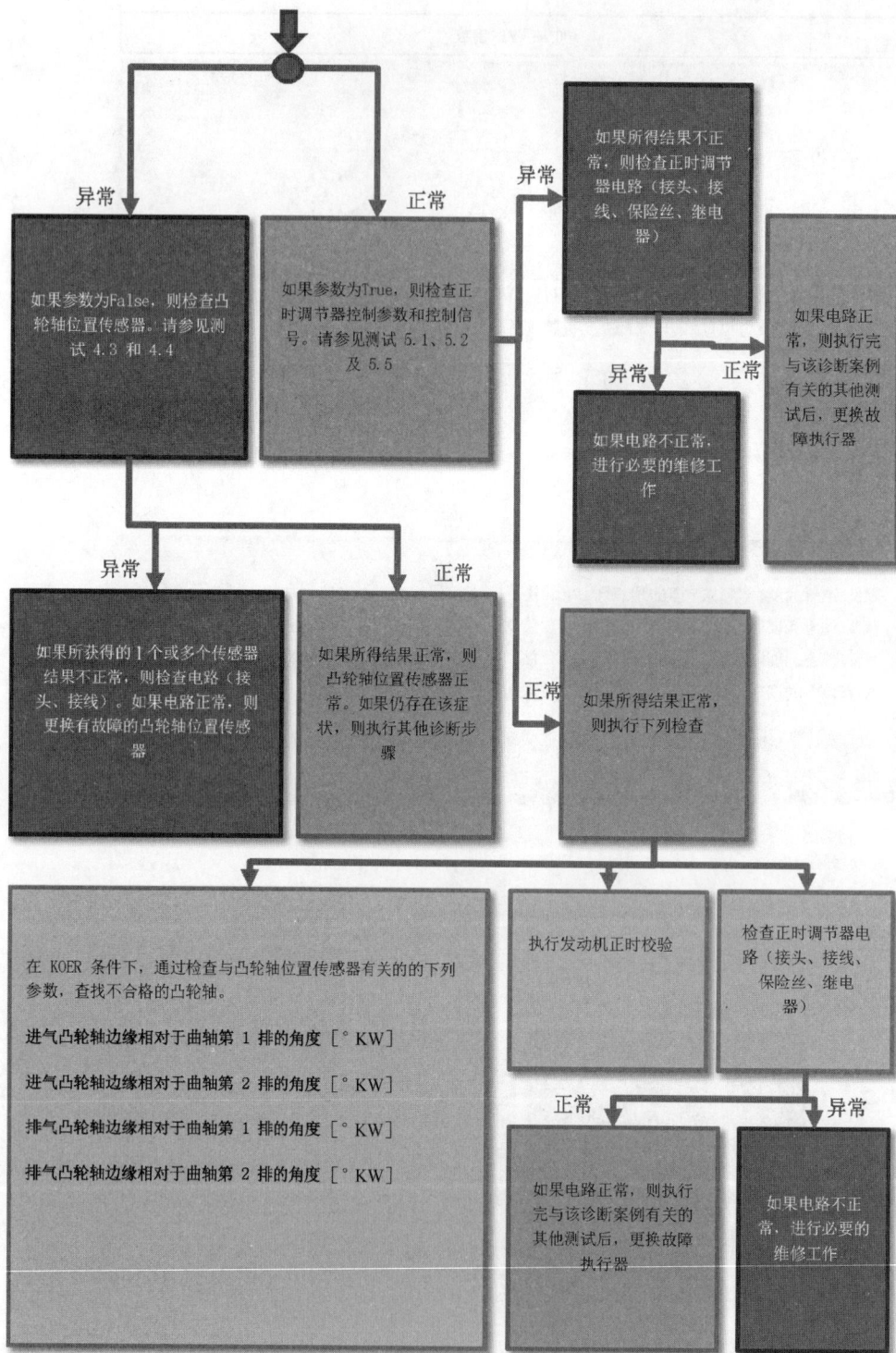

```mermaid
flowchart TD
```

异常 → 如果参数为False，则检查凸轮轴位置传感器。请参见测试 4.3 和 4.4

正常 → 如果参数为True，则检查正时调节器控制参数和控制信号。请参见测试 5.1、5.2 及 5.5

异常 → 如果所得结果不正常，则检查正时调节器电路（接头、接线、保险丝、继电器）

正常 → 如果电路正常，则执行完与该诊断案例有关的其他测试后，更换故障执行器

异常 → 如果电路不正常，进行必要的维修工作

异常 → 如果所获得的1个或多个传感器结果不正常，则检查电路（接头、接线）。如果电路正常，则更换有故障的凸轮轴位置传感器

正常 → 如果所得结果正常，则凸轮轴位置传感器正常。如果仍存在该症状，则执行其他诊断步骤

正常 → 如果所得结果正常，则执行下列检查

在 KOER 条件下，通过检查与凸轮轴位置传感器有关的的下列参数，查找不合格的凸轮轴。

进气凸轮轴边缘相对于曲轴第 1 排的角度［°KW］

进气凸轮轴边缘相对于曲轴第 2 排的角度［°KW］

排气凸轮轴边缘相对于曲轴第 1 排的角度［°KW］

排气凸轮轴边缘相对于曲轴第 2 排的角度［°KW］

执行发动机正时校验

检查正时调节器电路（接头、接线、保险丝、继电器）

正常 → 如果电路正常，则执行完与该诊断案例有关的其他测试后，更换故障执行器

异常 → 如果电路不正常，进行必要的维修工作

图 2－345（j）

314

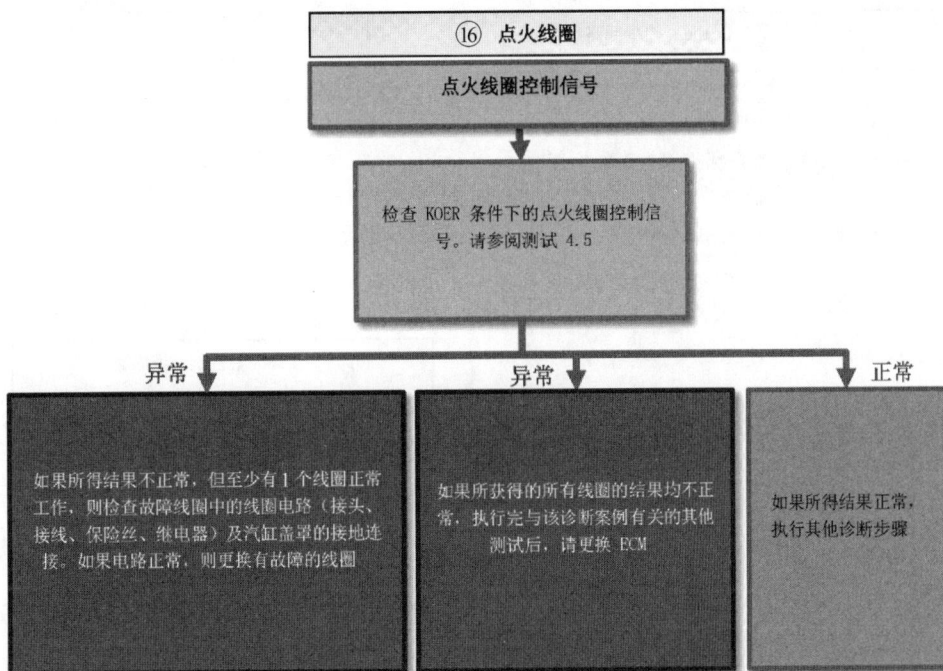

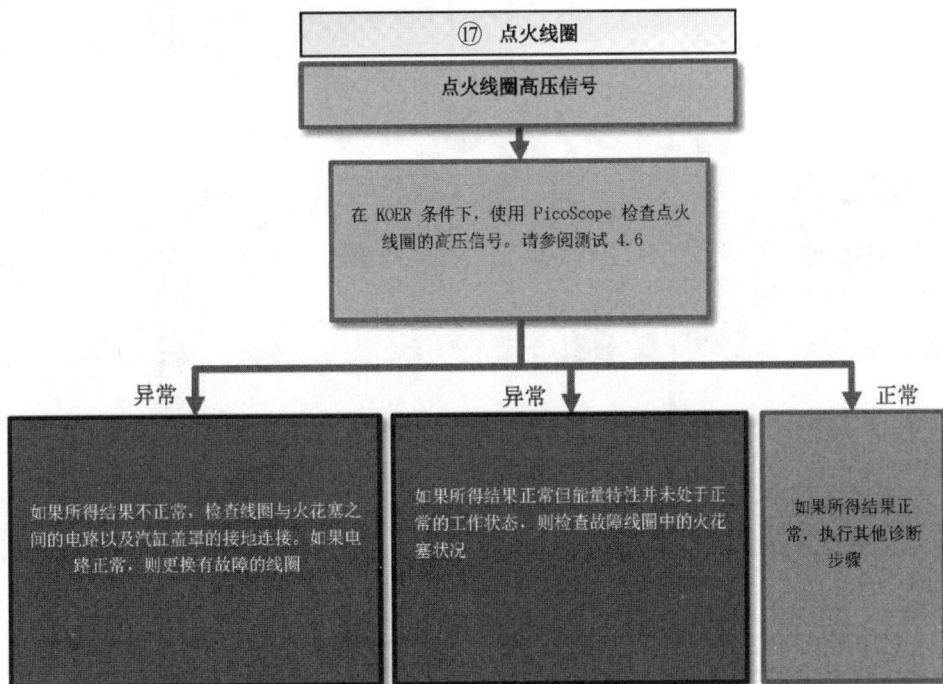

⑯ 点火线圈

点火线圈控制信号

检查 KOER 条件下的点火线圈控制信号。请参阅测试 4.5

异常　　　　　　　　　异常　　　　　　　　　正常

如果所得结果不正常，但至少有1个线圈正常工作，则检查故障线圈中的线圈电路（接头、接线、保险丝、继电器）及汽缸盖罩的接地连接。如果电路正常，则更换有故障的线圈

如果所获得的所有线圈的结果均不正常，执行完与该诊断案例有关的其他测试后，请更换 ECM

如果所得结果正常，执行其他诊断步骤

⑰ 点火线圈

点火线圈高压信号

在 KOER 条件下，使用 PicoScope 检查点火线圈的高压信号。请参阅测试 4.6

异常　　　　　　　　　异常　　　　　　　　　正常

如果所得结果不正常，检查线圈与火花塞之间的电路以及汽缸盖罩的接地连接。如果电路正常，则更换有故障的线圈

如果所得结果正常但能量特性并未处于正常的工作状态，则检查故障线圈中的火花塞状况

如果所得结果正常，执行其他诊断步骤

图 2－345（k）

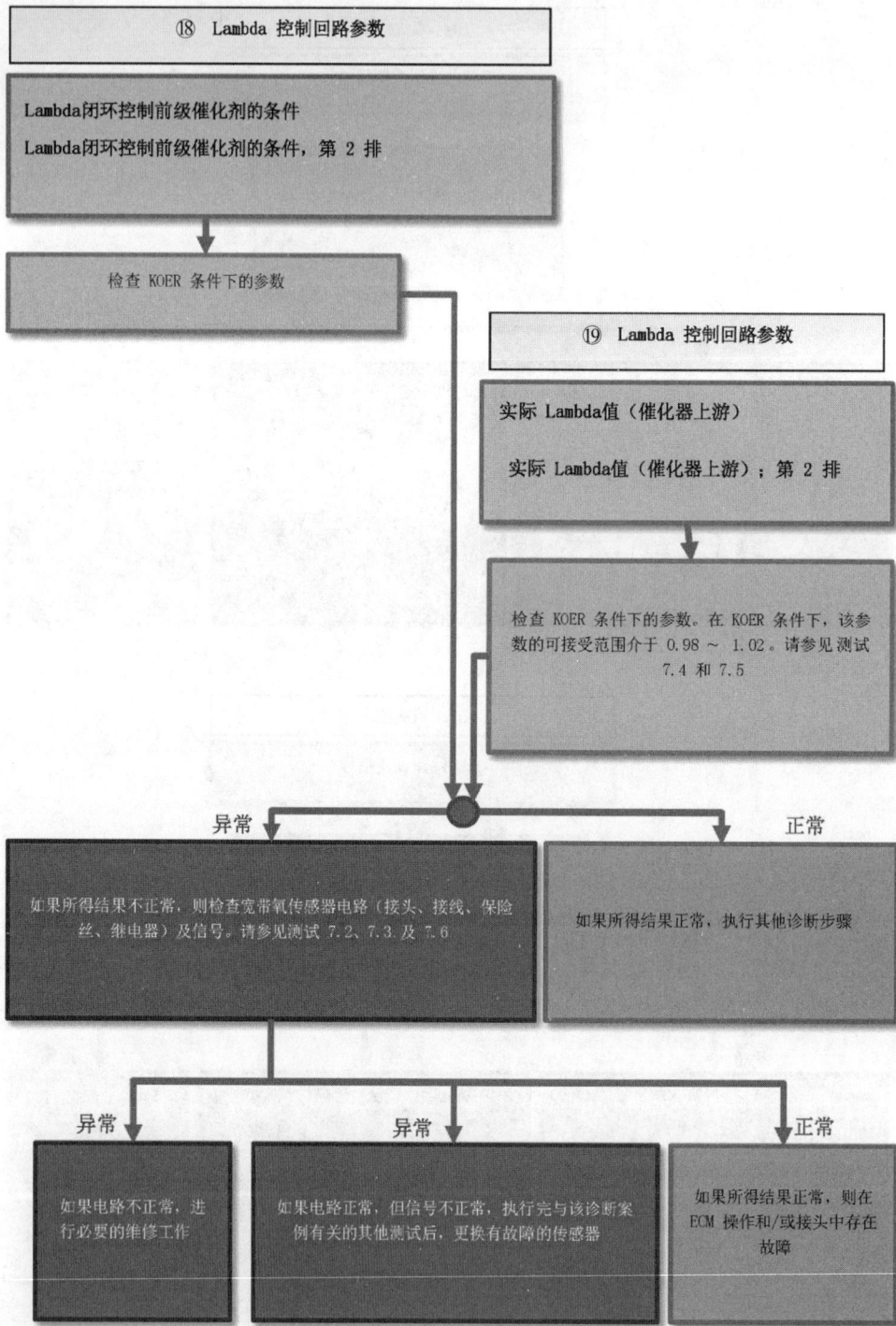

⑱　Lambda 控制回路参数

Lambda闭环控制前级催化剂的条件

Lambda闭环控制前级催化剂的条件，第 2 排

检查 KOER 条件下的参数

⑲　Lambda 控制回路参数

实际 Lambda值（催化器上游）

实际 Lambda值（催化器上游）；第 2 排

检查 KOER 条件下的参数。在 KOER 条件下，该参数的可接受范围介于 0.98 ～ 1.02。请参见测试 7.4 和 7.5

异常

如果所得结果不正常，则检查宽带氧传感器电路（接头、接线、保险丝、继电器）及信号。请参见测试 7.2、7.3 及 7.6

正常

如果所得结果正常，执行其他诊断步骤

异常

如果电路不正常，进行必要的维修工作

异常

如果电路正常，但信号不正常，执行完与该诊断案例有关的其他测试后，更换有故障的传感器

正常

如果所得结果正常，则在 ECM 操作和/或接头中存在故障

图 2－345（1）

316

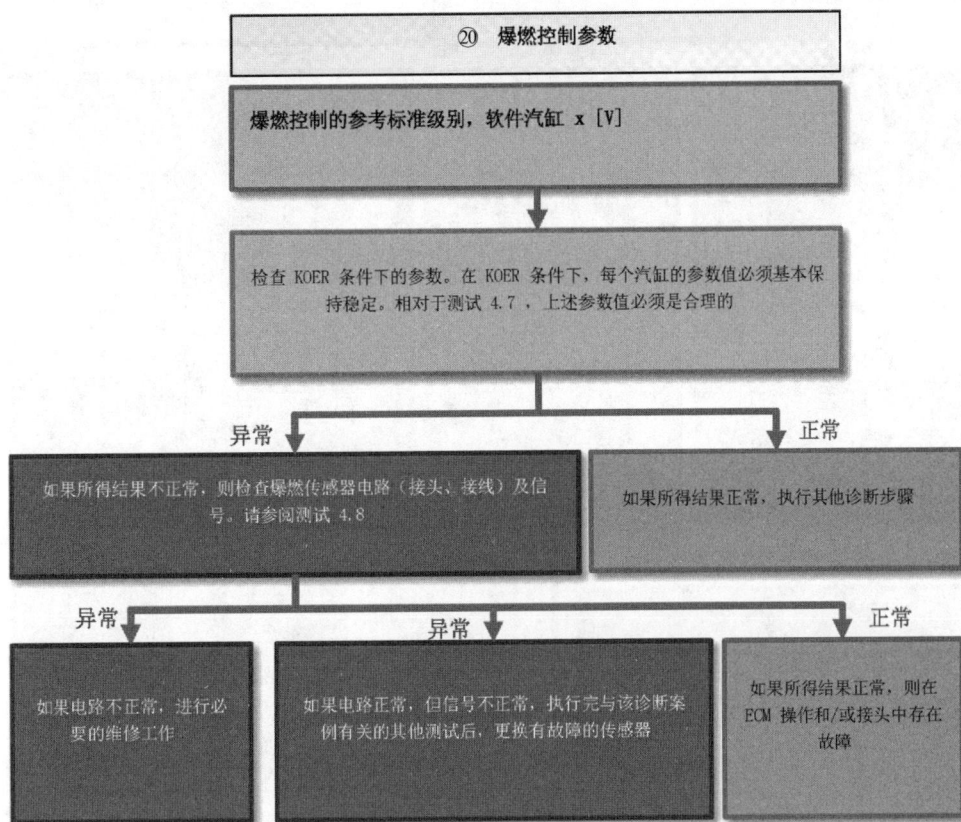

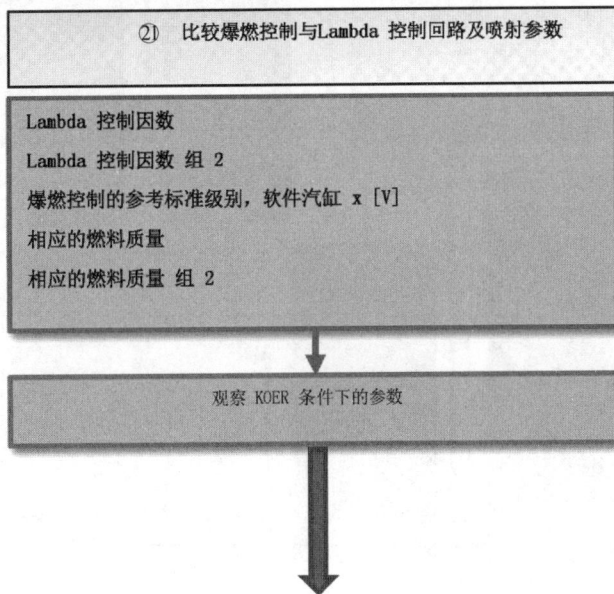

⑳ 爆燃控制参数

爆燃控制的参考标准级别，软件汽缸 x [V]

检查 KOER 条件下的参数。在 KOER 条件下，每个汽缸的参数值必须基本保持稳定。相对于测试 4.7，上述参数值必须是合理的

异常

如果所得结果不正常，则检查爆燃传感器电路（接头、接线）及信号。请参阅测试 4.8

正常

如果所得结果正常，执行其他诊断步骤

异常

如果电路不正常，进行必要的维修工作

异常

如果电路正常，但信号不正常，执行完与该诊断案例有关的其他测试后，更换有故障的传感器

正常

如果所得结果正常，则在 ECM 操作和/或接头中存在故障

㉑ 比较爆燃控制与Lambda 控制回路及喷射参数

Lambda 控制因数

Lambda 控制因数 组 2

爆燃控制的参考标准级别，软件汽缸 x [V]

相应的燃料质量

相应的燃料质量 组 2

观察 KOER 条件下的参数

图 2－345（m）

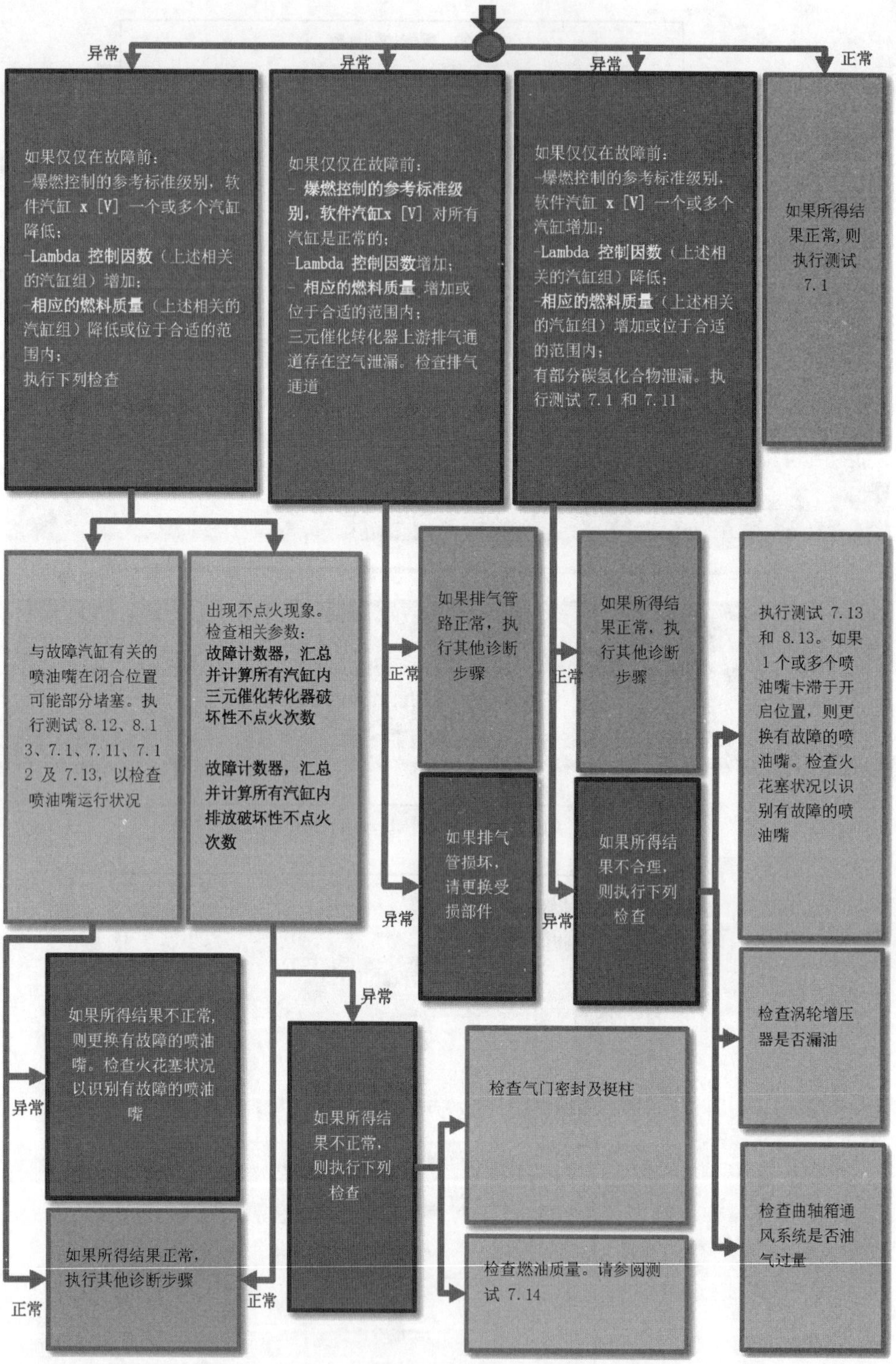

异常 ◄——— 异常 ▼ ——— ● ——— 异常 ▼ ——— ► 正常

框1（异常）：
如果仅仅在故障前：
-爆燃控制的参考标准级别，软件汽缸 x [V] 一个或多个汽缸降低；
-Lambda 控制因数（上述相关的汽缸组）增加；
-相应的燃料质量（上述相关的汽缸组）降低或位于合适的范围内；
执行下列检查

框2（异常）：
如果仅仅在故障前：
-爆燃控制的参考标准级别，软件汽缸Ix [V] 对所有汽缸是正常的；
-Lambda 控制因数增加；
- 相应的燃料质量 增加或位于合适的范围内；
三元催化转化器上游排气通道存在空气泄漏。检查排气通道

框3（异常）：
如果仅仅在故障前：
-爆燃控制的参考标准级别，软件汽缸 x [V] 一个或多个汽缸增加；
-Lambda 控制因数（上述相关的汽缸组）降低；
-相应的燃料质量（上述相关的汽缸组）增加或位于合适的范围内；
有部分碳氢化合物泄漏。执行测试 7.1 和 7.11

框4（正常）：
如果所得结果正常,则执行测试 7.1

与故障汽缸有关的喷油嘴在闭合位置可能部分堵塞。执行测试 8.12、8.13、7.1、7.11、7.12 及 7.13，以检查喷油嘴运行状况

出现不点火现象。检查相关参数：
故障计数器，汇总并计算所有汽缸内三元催化转化器破坏性不点火次数

故障计数器，汇总并计算所有汽缸内排放破坏性不点火次数

如果排气管路正常,执行其他诊断步骤

正常

如果所得结果正常,执行其他诊断步骤

正常

如果排气管损坏,请更换受损部件

如果所得结果不合理,则执行下列检查

执行测试 7.13 和 8.13。如果 1 个或多个喷油嘴卡滞于开启位置，则更换有故障的喷油嘴。检查火花塞状况以识别有故障的喷油嘴

如果所得结果不正常,则更换有故障的喷油嘴。检查火花塞状况以识别有故障的喷油嘴

异常

异常

如果所得结果不正常,则执行下列检查

检查气门密封及挺柱

检查涡轮增压器是否漏油

如果所得结果正常,执行其他诊断步骤

正常

正常

检查燃油质量。请参阅测试 7.14

检查曲轴箱通风系统是否油气过量

图 2-345 （n）

（六）诊断流程图 5（图 2—346）

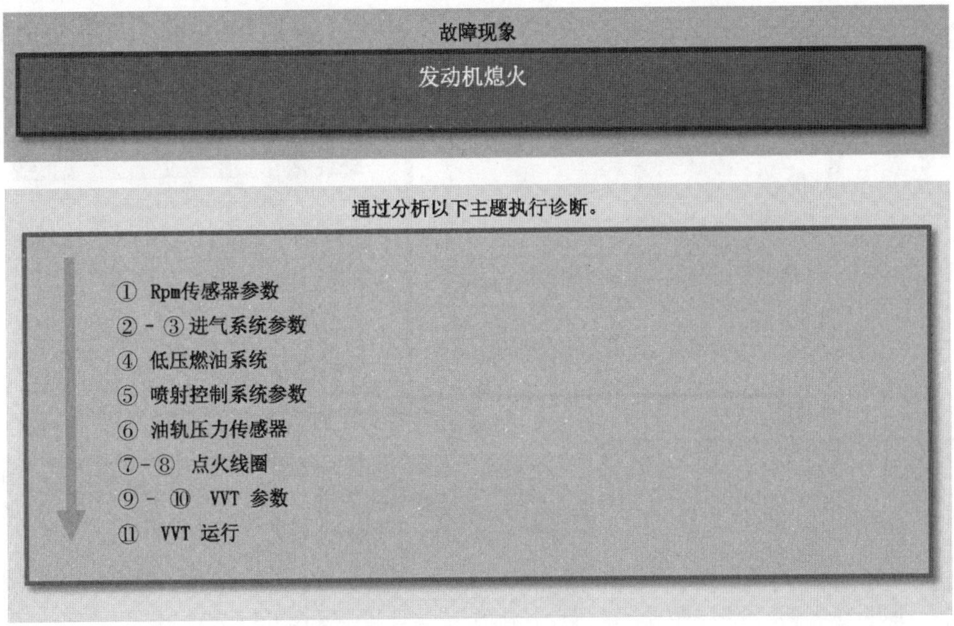

故障现象

发动机熄火

通过分析以下主题执行诊断。

① Rpm 传感器参数
② - ③ 进气系统参数
④ 低压燃油系统
⑤ 喷射控制系统参数
⑥ 油轨压力传感器
⑦-⑧ 点火线圈
⑨ - ⑩ VVT 参数
⑪ VVT 运行

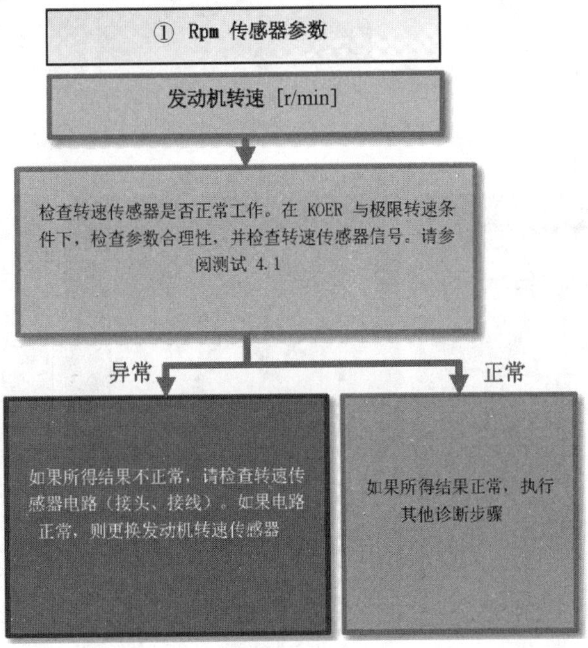

① Rpm 传感器参数

发动机转速 [r/min]

检查转速传感器是否正常工作。在 KOER 与极限转速条件下，检查参数合理性，并检查转速传感器信号。请参阅测试 4.1

异常

正常

如果所得结果不正常，请检查转速传感器电路（接头、接线）。如果电路正常，则更换发动机转速传感器

如果所得结果正常，执行其他诊断步骤

图 2—346（a）

319

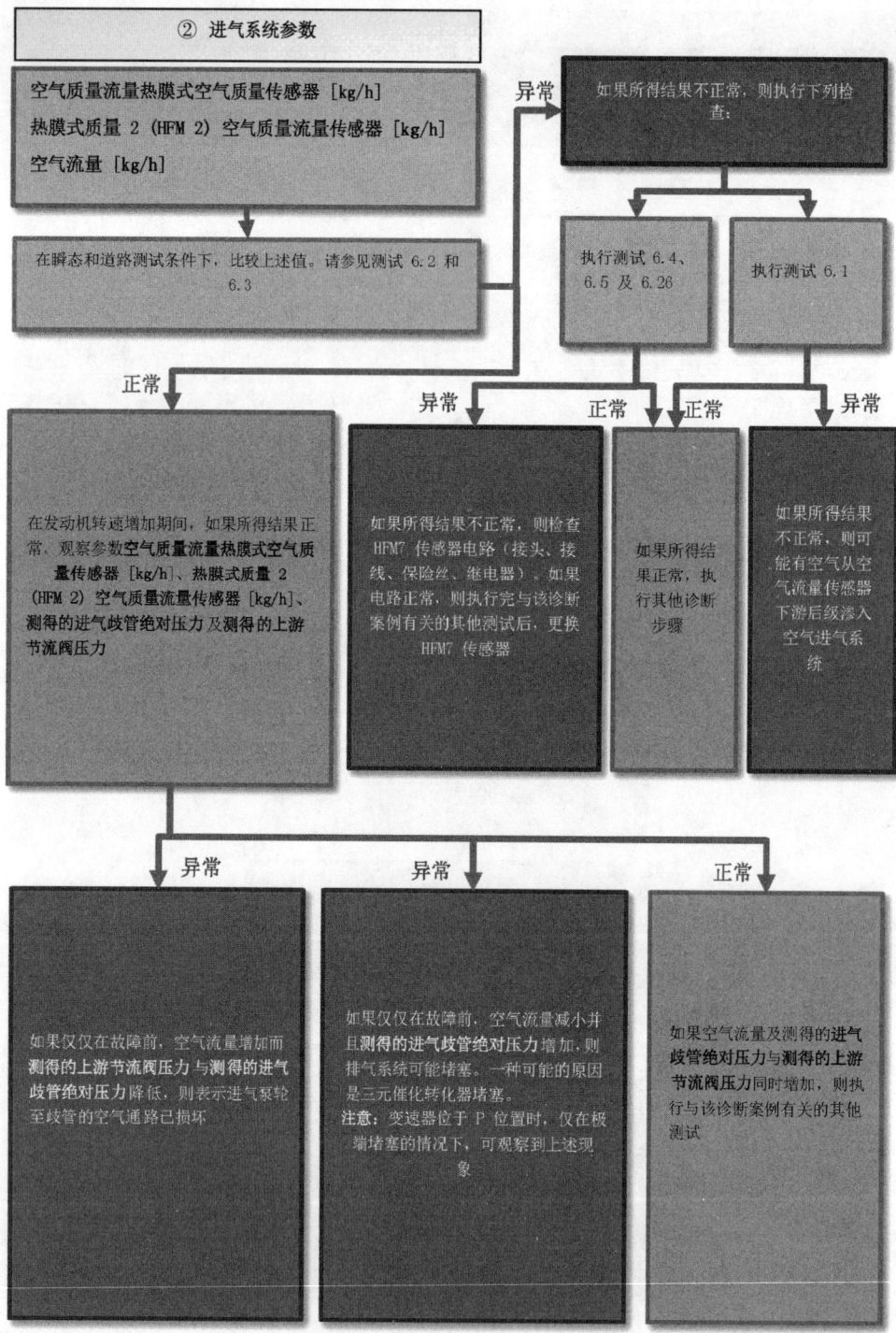

② 进气系统参数

空气质量流量热膜式空气质量传感器 [kg/h]

热膜式质量 2 (HFM 2) 空气质量流量传感器 [kg/h]

空气流量 [kg/h]

→ 异常 →

如果所得结果不正常，则执行下列检查：

在瞬态和道路测试条件下，比较上述值。请参见测试 6.2 和 6.3

执行测试 6.4、6.5 及 6.26

执行测试 6.1

正常 →

异常 ↓　　　正常 ↓　　　正常 ↓　　　异常 ↓

在发动机转速增加期间，如果所得结果正常，观察参数**空气质量流量热膜式空气质量传感器 [kg/h]、热膜式质量 2 (HFM 2) 空气质量流量传感器 [kg/h]、测得的进气歧管绝对压力及测得的上游节流阀压力**

如果所得结果不正常，则检查 HFM7 传感器电路（接头、接线、保险丝、继电器），如果电路正常，则执行完与该诊断案例有关的其他测试后，更换 HFM7 传感器

如果所得结果正常，执行其他诊断步骤

如果所得结果不正常，则可能有空气从空气流量传感器下游各级渗入空气进气系统

异常 ↓　　　异常 ↓　　　正常 ↓

如果仅仅在故障前，空气流量增加而**测得的上游节流阀压力与测得的进气歧管绝对压力降低**，则表示进气泵轮至歧管的空气通路已损坏

如果仅仅在故障前，空气流量减小并且**测得的进气歧管绝对压力增加**，则排气系统可能堵塞。一种可能的原因是三元催化转化器堵塞。
注意：变速器位于 P 位置时，仅在极端堵塞的情况下，可观察到上述现象

如果空气流量及测得的**进气歧管绝对压力与测得的上游节流阀压力**同时增加，则执行与该诊断案例有关的其他测试

图 2-346 （b）

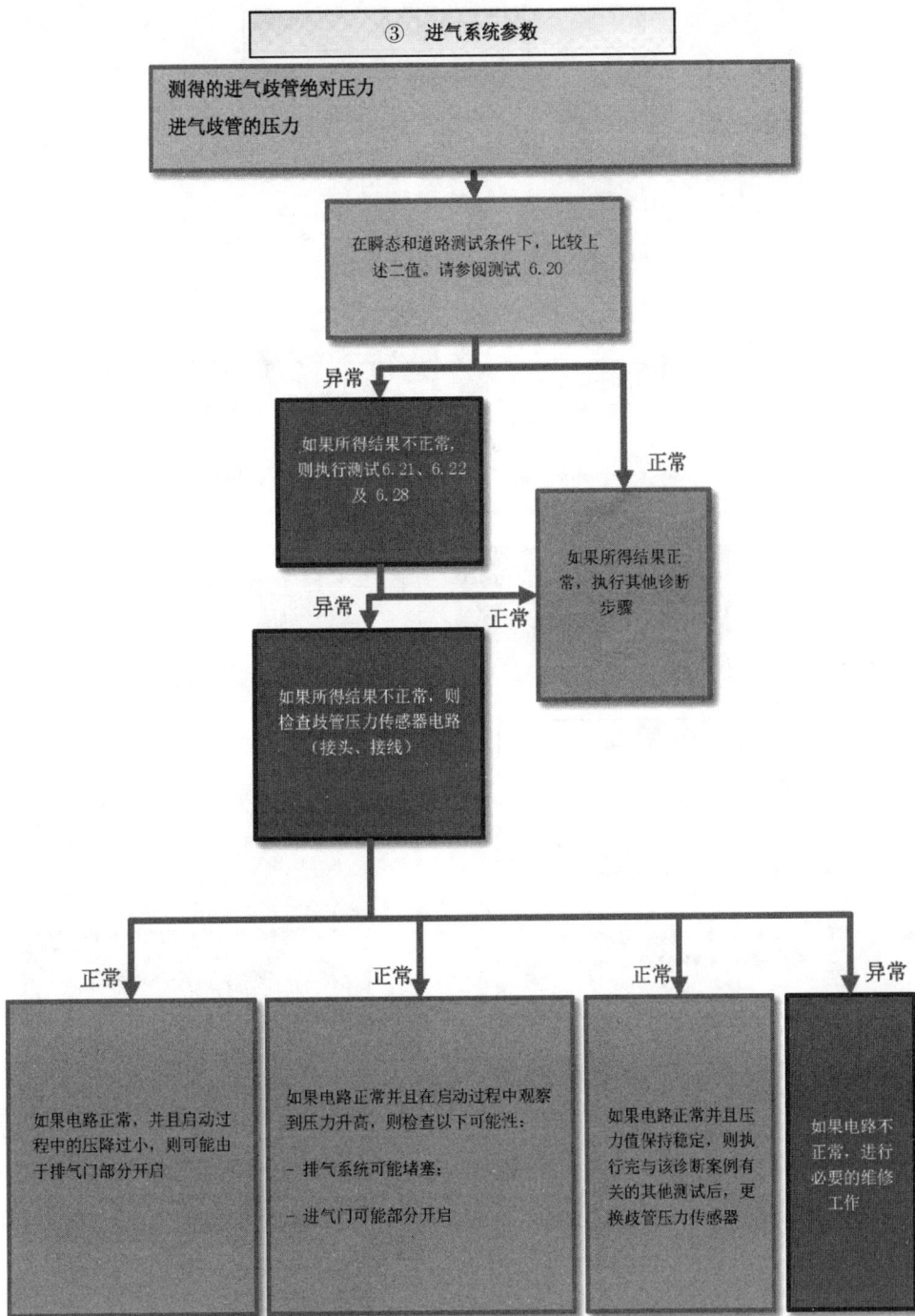

③ 进气系统参数

测得的进气歧管绝对压力

进气歧管的压力

在瞬态和道路测试条件下，比较上述二值。请参阅测试 6.20

异常

如果所得结果不正常，则执行测试 6.21、6.22 及 6.28

正常

如果所得结果正常，执行其他诊断步骤

异常　　　正常

如果所得结果不正常，则检查歧管压力传感器电路（接头、接线）

正常

如果电路正常，并且启动过程中的压降过小，则可能由于排气门部分开启

正常

如果电路正常并且在启动过程中观察到压力升高，则检查以下可能性：

- 排气系统可能堵塞；

- 进气门可能部分开启

正常

如果电路正常并且压力值保持稳定，则执行完与该诊断案例有关的其他测试后，更换歧管压力传感器

异常

如果电路不正常，进行必要的维修工作

图 2－346（c）

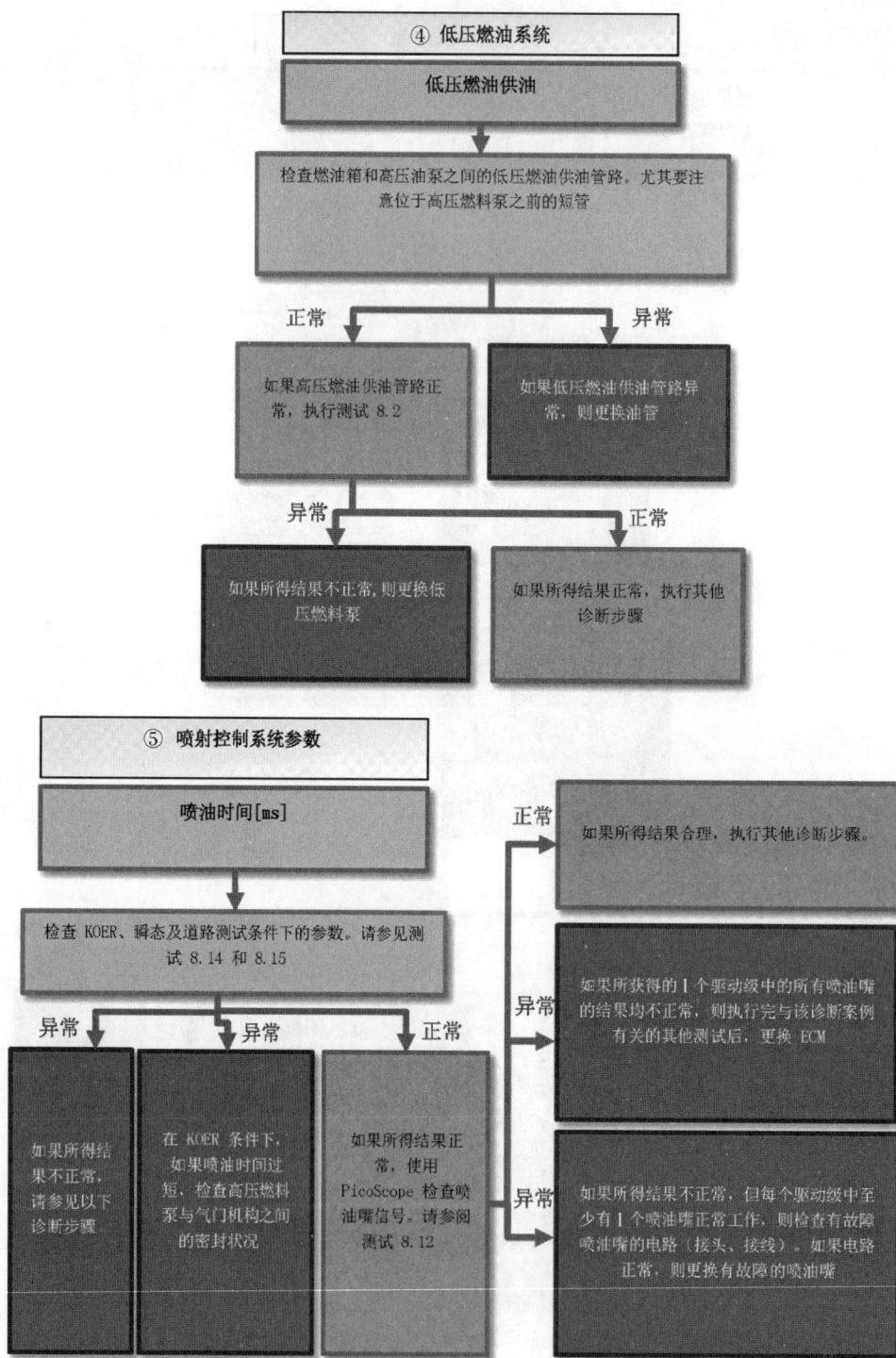

④ 低压燃油系统

低压燃油供油

检查燃油箱和高压油泵之间的低压燃油供油管路。尤其要注意位于高压燃料泵之前的短管

正常　　　　　　　　　　　异常

如果高压燃油供油管路正常，执行测试 8.2

如果低压燃油供油管路异常，则更换油管

异常　　　　　　　　　　　正常

如果所得结果不正常，则更换低压燃料泵

如果所得结果正常，执行其他诊断步骤

⑤ 喷射控制系统参数

喷油时间[ms]

检查 KOER、瞬态及道路测试条件下的参数。请参见测试 8.14 和 8.15

正常

如果所得结果合理，执行其他诊断步骤。

异常　　　　　异常　　　　　正常

如果所得结果不正常，请参见以下诊断步骤

在 KOER 条件下，如果喷油时间过短，检查高压燃料泵与气门机构之间的密封状况

如果所得结果正常，使用 PicoScope 检查喷油嘴信号。请参阅测试 8.12

异常

如果所获得的 1 个驱动级中的所有喷油嘴的结果均不正常，则执行完与该诊断案例有关的其他测试后，更换 ECM

异常

如果所得结果不正常，但每个驱动级中至少有 1 个喷油嘴正常工作，则检查有故障喷油嘴的电路（接头、接线）。如果电路正常，则更换有故障的喷油嘴

图 2－346 （d）

322

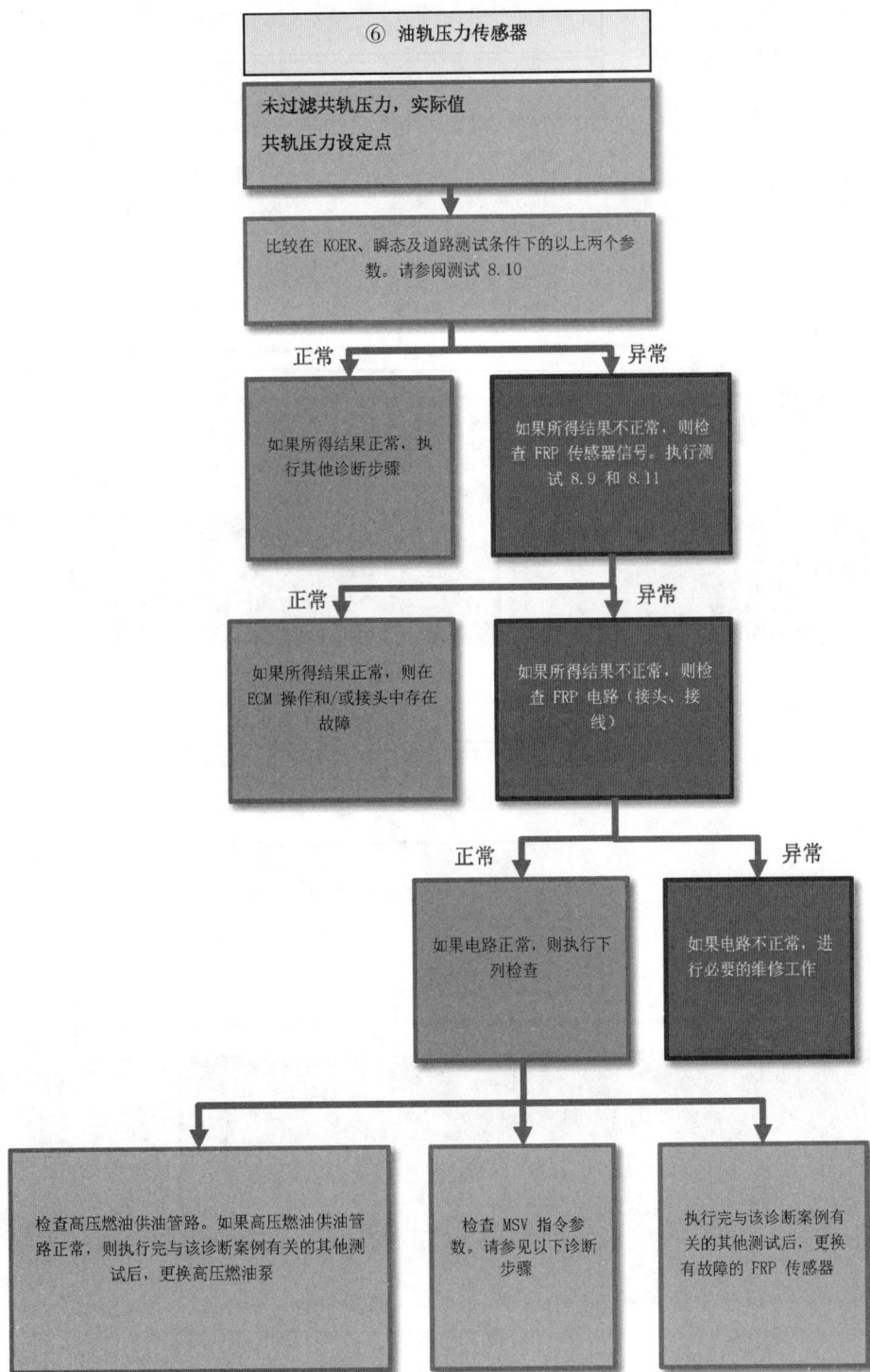

⑥ 油轨压力传感器

未过滤共轨压力，实际值

共轨压力设定点

比较在 KOER、瞬态及道路测试条件下的以上两个参数。请参阅测试 8.10

正常

异常

如果所得结果正常，执行其他诊断步骤

如果所得结果不正常，则检查 FRP 传感器信号。执行测试 8.9 和 8.11

正常

异常

如果所得结果正常，则在 ECM 操作和/或接头中存在故障

如果所得结果不正常，则检查 FRP 电路（接头、接线）

正常

异常

如果电路正常，则执行下列检查

如果电路不正常，进行必要的维修工作

检查高压燃油供油管路。如果高压燃油供油管路正常，则执行完与该诊断案例有关的其他测试后，更换高压燃油泵

检查 MSV 指令参数。请参见以下诊断步骤

执行完与该诊断案例有关的其他测试后，更换有故障的 FRP 传感器

图 2－346（e）

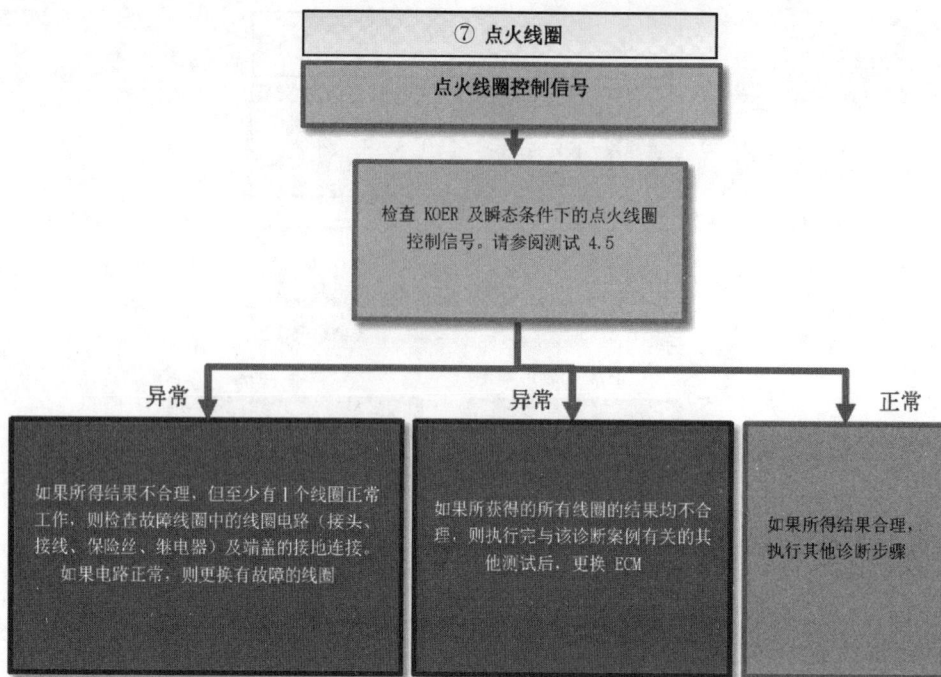

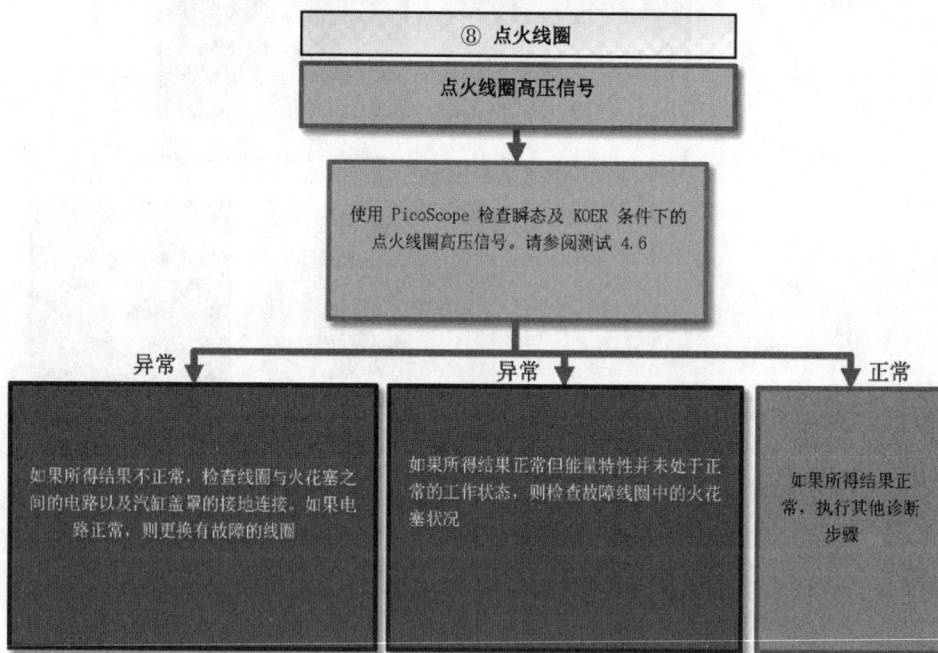

⑦ 点火线圈

点火线圈控制信号

检查 KOER 及瞬态条件下的点火线圈控制信号。请参阅测试 4.5

异常　　　　　　异常　　　　　　正常

如果所得结果不合理，但至少有 1 个线圈正常工作，则检查故障线圈中的线圈电路（接头、接线、保险丝、继电器）及端盖的接地连接。如果电路正常，则更换有故障的线圈

如果所获得的所有线圈的结果均不合理，则执行完与该诊断案例有关的其他测试后，更换 ECM

如果所得结果合理，执行其他诊断步骤

⑧ 点火线圈

点火线圈高压信号

使用 PicoScope 检查瞬态及 KOER 条件下的点火线圈高压信号。请参阅测试 4.6

异常　　　　　　异常　　　　　　正常

如果所得结果不正常，检查线圈与火花塞之间的电路以及汽缸盖罩的接地连接。如果电路正常，则更换有故障的线圈

如果所得结果正常但能量特性并未处于正常的工作状态，则检查故障线圈中的火花塞状况

如果所得结果正常，执行其他诊断步骤

图 2-346 （f）

324

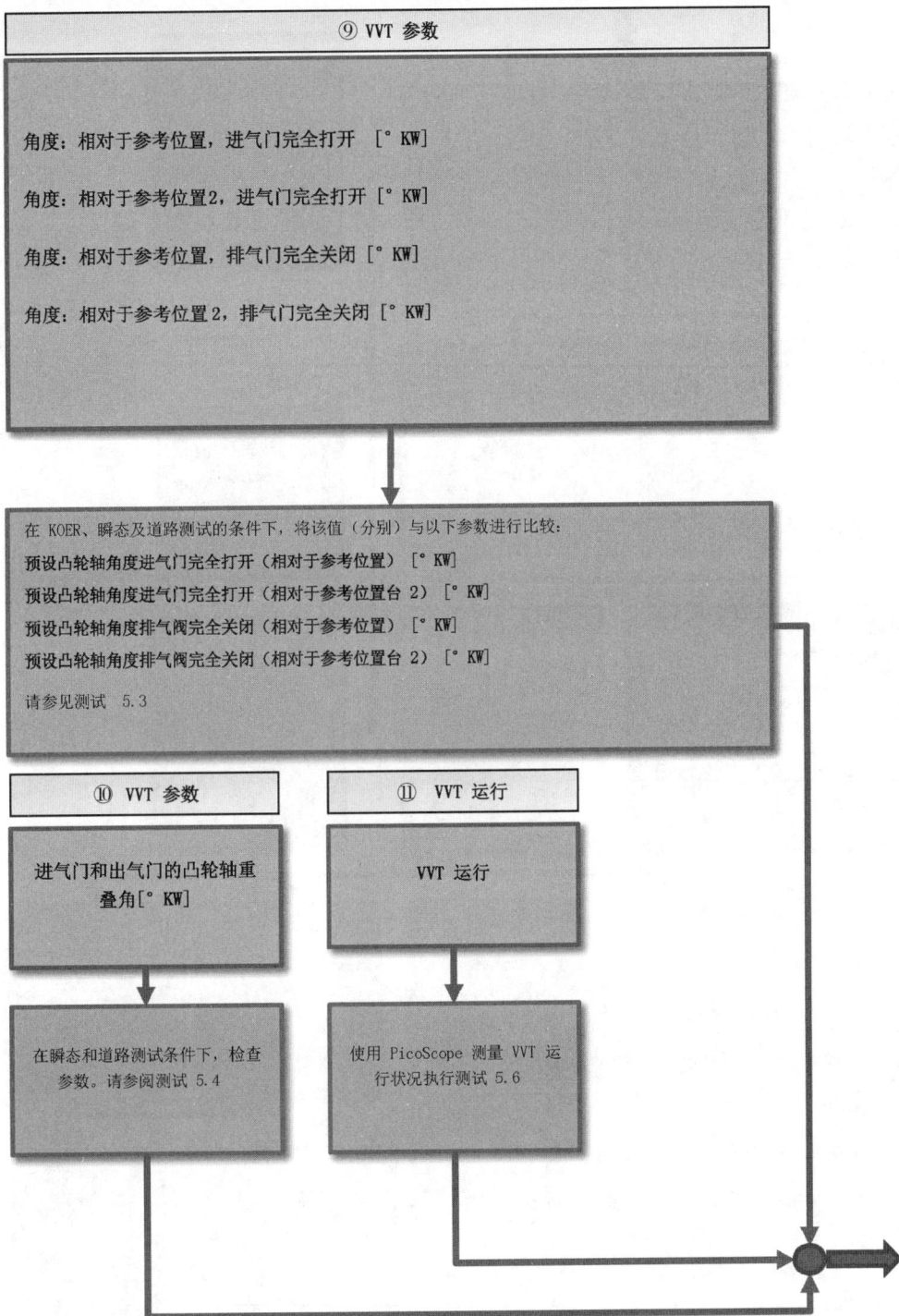

⑨ VVT 参数

角度：相对于参考位置，进气门完全打开 [° KW]

角度：相对于参考位置2，进气门完全打开 [° KW]

角度：相对于参考位置，排气门完全关闭 [° KW]

角度：相对于参考位置2，排气门完全关闭 [° KW]

在 KOER、瞬态及道路测试的条件下，将该值（分别）与以下参数进行比较：

预设凸轮轴角度进气门完全打开（相对于参考位置）[° KW]

预设凸轮轴角度进气门完全打开（相对于参考位置台 2）[° KW]

预设凸轮轴角度排气阀完全关闭（相对于参考位置）[° KW]

预设凸轮轴角度排气阀完全关闭（相对于参考位置台 2）[° KW]

请参见测试 5.3

⑩ VVT 参数

进气门和出气门的凸轮轴重叠角[° KW]

在瞬态和道路测试条件下，检查参数。请参阅测试 5.4

⑪ VVT 运行

VVT 运行

使用 PicoScope 测量 VVT 运行状况执行测试 5.6

图 2－346（g）

325

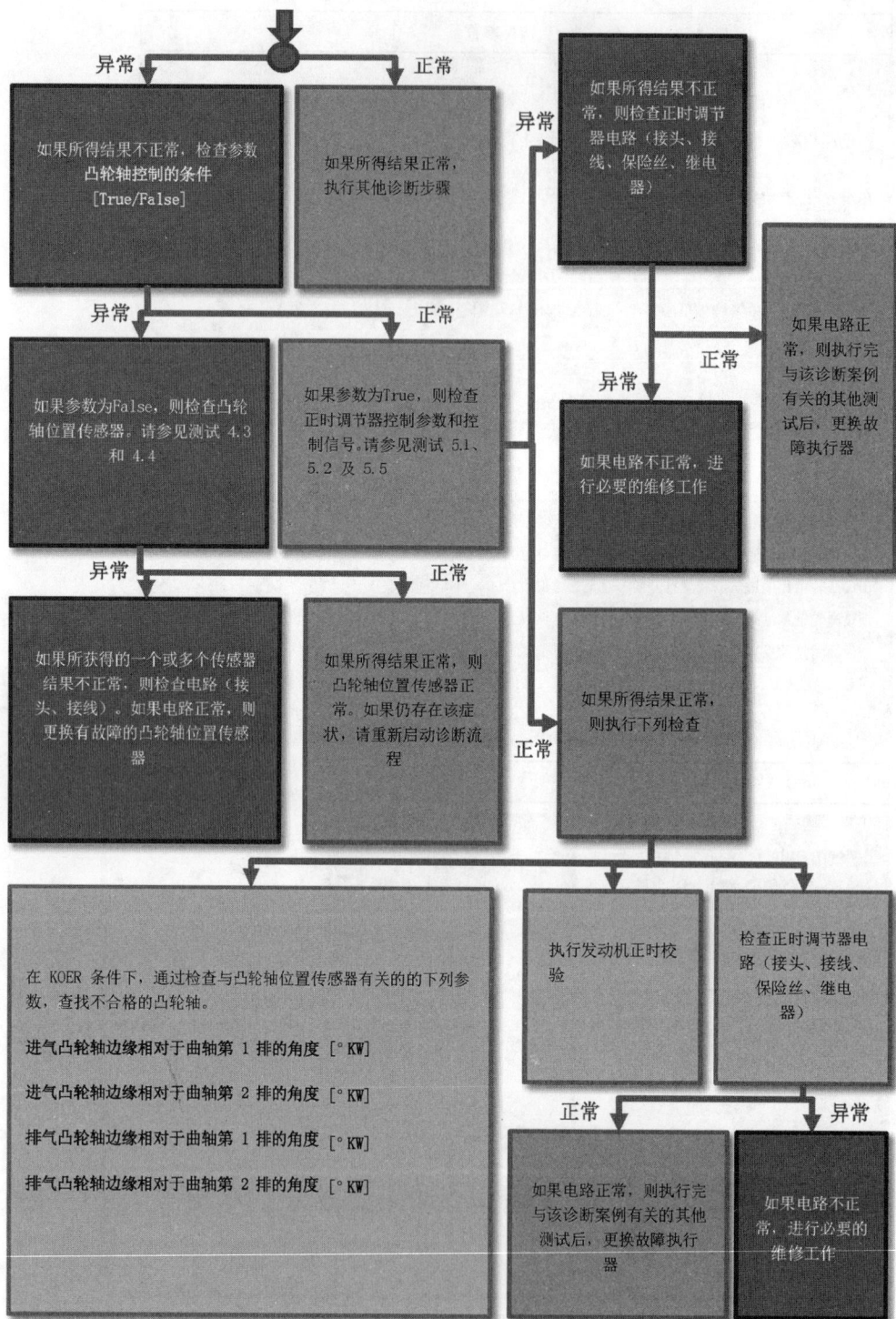

异常　　　正常

如果所得结果不正常，检查参数
凸轮轴控制的条件
[True/False]

如果所得结果正常，
执行其他诊断步骤

如果所得结果不正
常，则检查正时调节
器电路（接头、接
线、保险丝、继电
器）

异常

正常

异常　　　　　正常

如果参数为False，则检查凸轮
轴位置传感器。请参见测试 4.3
和 4.4

如果参数为True，则检查
正时调节器控制参数和控
制信号。请参见测试 5.1、
5.2 及 5.5

异常

如果电路正
常，则执行完
与该诊断案例
有关的其他测
试后，更换故
障执行器

如果电路不正常，进
行必要的维修工作

异常　　　　　正常

如果所获得的一个或多个传感器
结果不正常，则检查电路（接
头、接线）。如果电路正常，则
更换有故障的凸轮轴位置传感
器

如果所得结果正常，则
凸轮轴位置传感器正
常。如果仍存在该症
状，请重新启动诊断流
程

如果所得结果正常，
则执行下列检查

正常

在 KOER 条件下，通过检查与凸轮轴位置传感器有关的的下列参
数，查找不合格的凸轮轴。

进气凸轮轴边缘相对于曲轴第 1 排的角度 [°KW]

进气凸轮轴边缘相对于曲轴第 2 排的角度 [°KW]

排气凸轮轴边缘相对于曲轴第 1 排的角度 [°KW]

排气凸轮轴边缘相对于曲轴第 2 排的角度 [°KW]

执行发动机正时校
验

检查正时调节器电
路（接头、接线、
保险丝、继电
器）

正常　　　　　异常

如果电路正常，则执行完
与该诊断案例有关的其他
测试后，更换故障执行
器

如果电路不正
常，进行必要的
维修工作

图 2－346（h）

326

（七）诊断流程图 6（图 2-347）

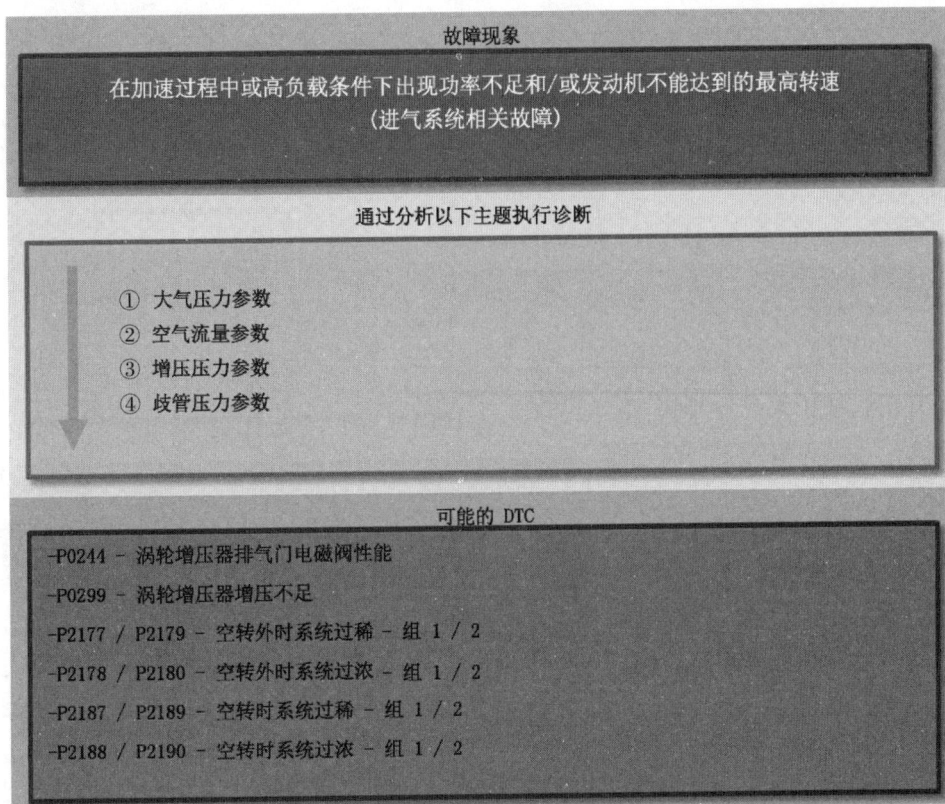

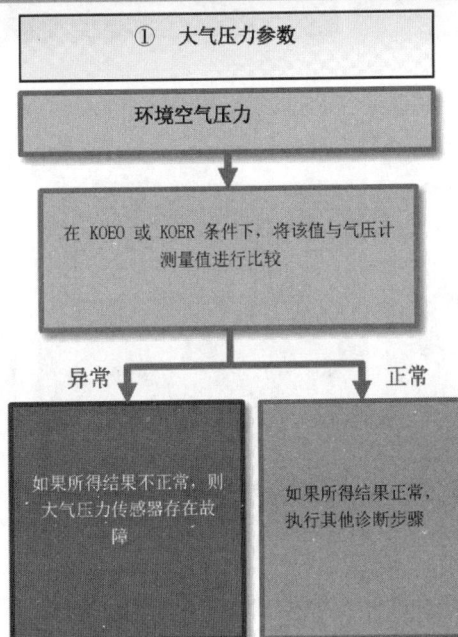

故障现象
在加速过程中或高负载条件下出现功率不足和/或发动机不能达到的最高转速 （进气系统相关故障）

通过分析以下主题执行诊断

① 大气压力参数
② 空气流量参数
③ 增压压力参数
④ 歧管压力参数

可能的 DTC

-P0244 - 涡轮增压器排气门电磁阀性能

-P0299 - 涡轮增压器增压不足

-P2177 / P2179 - 空转外时系统过稀 - 组 1 / 2

-P2178 / P2180 - 空转外时系统过浓 - 组 1 / 2

-P2187 / P2189 - 空转时系统过稀 - 组 1 / 2

-P2188 / P2190 - 空转时系统过浓 - 组 1 / 2

① 大气压力参数

环境空气压力

在 KOEO 或 KOER 条件下，将该值与气压计测量值进行比较

异常 —— 正常

如果所得结果不正常，则大气压力传感器存在故障

如果所得结果正常，执行其他诊断步骤

图 2-347（a）

327

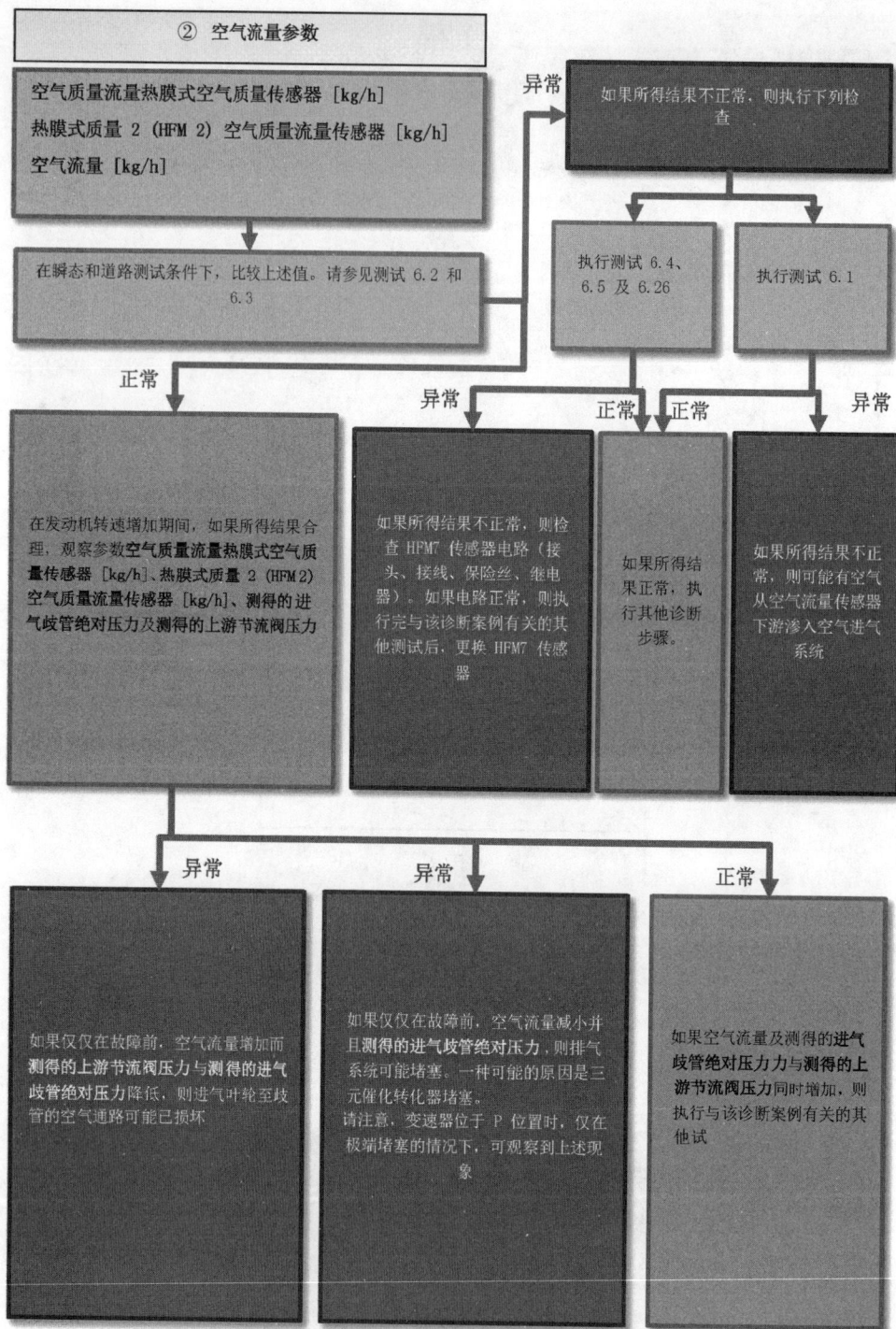

② 空气流量参数

空气质量流量热膜式空气质量传感器 [kg/h]

热膜式质量 2 (HFM 2) 空气质量流量传感器 [kg/h]

空气流量 [kg/h]

异常 →

如果所得结果不正常，则执行下列检查

在瞬态和道路测试条件下，比较上述值。请参见测试 6.2 和 6.3

执行测试 6.4、6.5 及 6.26

执行测试 6.1

正常

异常

正常

正常

异常

在发动机转速增加期间，如果所得结果合理，观察参数空气质量流量热膜式空气质量传感器 [kg/h]、热膜式质量 2 (HFM 2) 空气质量流量传感器 [kg/h]、测得的进气歧管绝对压力及测得的上游节流阀压力

如果所得结果不正常，则检查 HFM7 传感器电路（接头、接线、保险丝、继电器）。如果电路正常，则执行完该诊断案例有关的其他测试后，更换 HFM7 传感器

如果所得结果正常，执行其他诊断步骤。

如果所得结果不正常，则可能有空气从空气流量传感器下游渗入空气进气系统

异常

异常

正常

如果仅仅在故障前，空气流量增加而**测得的上游节流阀压力与测得的进气歧管绝对压力**降低，则进气叶轮至歧管的空气通路可能已损坏

如果仅仅在故障前，空气流量减小并且测得的进气歧管绝对压力，则排气系统可能堵塞。一种可能的原因是三元催化转化器堵塞。
请注意，变速器位于 P 位置时，仅在极端堵塞的情况下，可观察到上述现象

如果空气流量及测得的**进气歧管绝对压力力与测得的上游节流阀压力**同时增加，则执行与该诊断案例有关的其他试

图 2-347 (b)

328

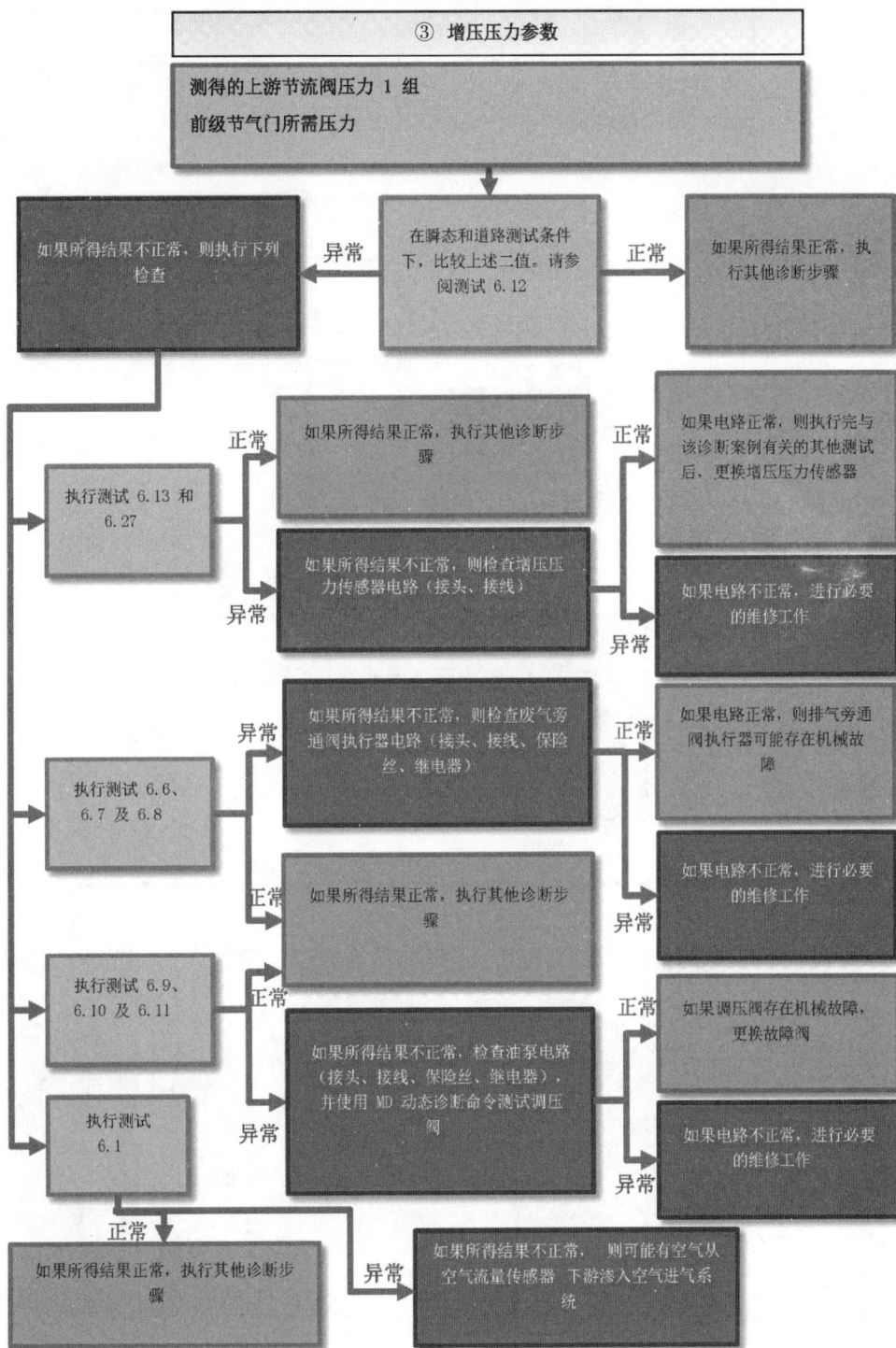

③ 增压压力参数

测得的上游节流阀压力 1 组

前级节气门所需压力

如果所得结果不正常，则执行下列检查

← 异常 ← 在瞬态和道路测试条件下，比较上述二值。请参阅测试 6.12 → 正常 → 如果所得结果正常，执行其他诊断步骤

执行测试 6.13 和 6.27

正常 → 如果所得结果正常，执行其他诊断步骤

异常 → 如果所得结果不正常，则检查增压压力传感器电路（接头、接线）

正常 → 如果电路正常，则执行完与该诊断案例有关的其他测试后，更换增压压力传感器

异常 → 如果电路不正常，进行必要的维修工作

执行测试 6.6、6.7 及 6.8

异常 → 如果所得结果不正常，则检查废气旁通阀执行器电路（接头、接线、保险丝、继电器）

正常 → 如果电路正常，则排气旁通阀执行器可能存在机械故障

异常 → 如果电路不正常，进行必要的维修工作

正常 → 如果所得结果正常，执行其他诊断步骤

执行测试 6.9、6.10 及 6.11

正常 → 如果所得结果不正常，检查油泵电路（接头、接线、保险丝、继电器），并使用 MD 动态诊断命令测试调压阀

正常 → 如果调压阀存在机械故障，更换故障阀

异常 → 如果电路不正常，进行必要的维修工作

执行测试 6.1

正常 → 如果所得结果正常，执行其他诊断步骤

异常 → 如果所得结果不正常，则可能有空气从空气流量传感器 下游渗入空气进气系统

图 2－347 （c）

329

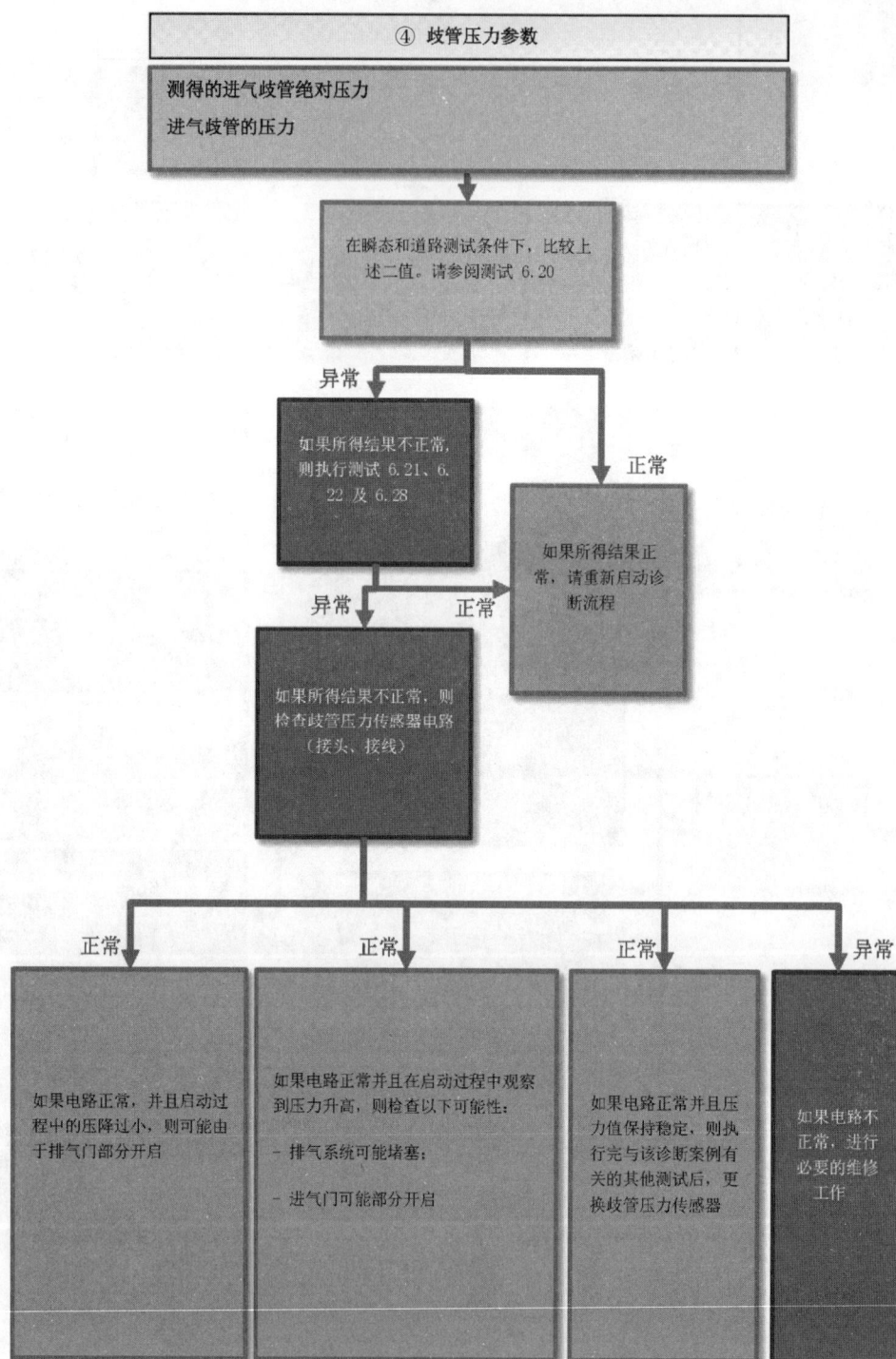

④ 歧管压力参数

测得的进气歧管绝对压力

进气歧管的压力

在瞬态和道路测试条件下，比较上述二值。请参阅测试 6.20

异常

如果所得结果不正常，则执行测试 6.21、6.22 及 6.28

正常

如果所得结果正常，请重新启动诊断流程

异常　　正常

如果所得结果不正常，则检查歧管压力传感器电路（接头、接线）

正常

如果电路正常，并且启动过程中的压降过小，则可能由于排气门部分开启

正常

如果电路正常并且在启动过程中观察到压力升高，则检查以下可能性：

- 排气系统可能堵塞；
- 进气门可能部分开启

正常

如果电路正常并且压力值保持稳定，则执行完与该诊断案例有关的其他测试后，更换歧管压力传感器

异常

如果电路不正常，进行必要的维修工作

图 2-347（d）

（八）诊断流程图 7（图 2-348）

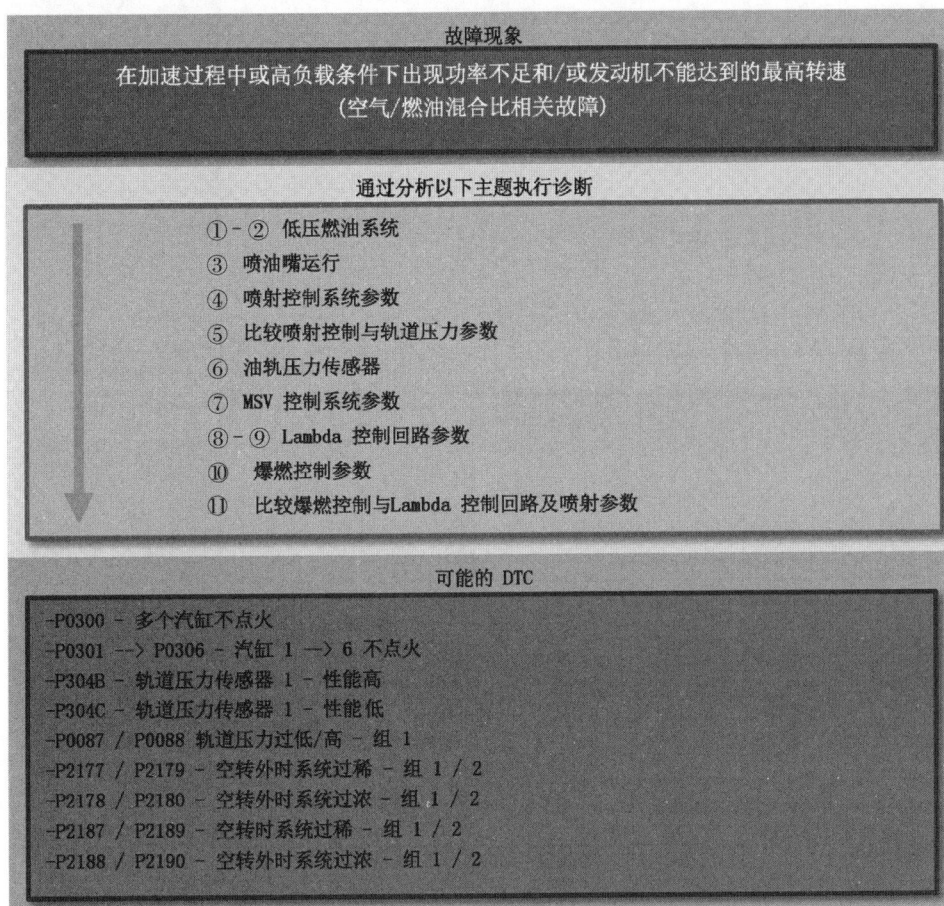

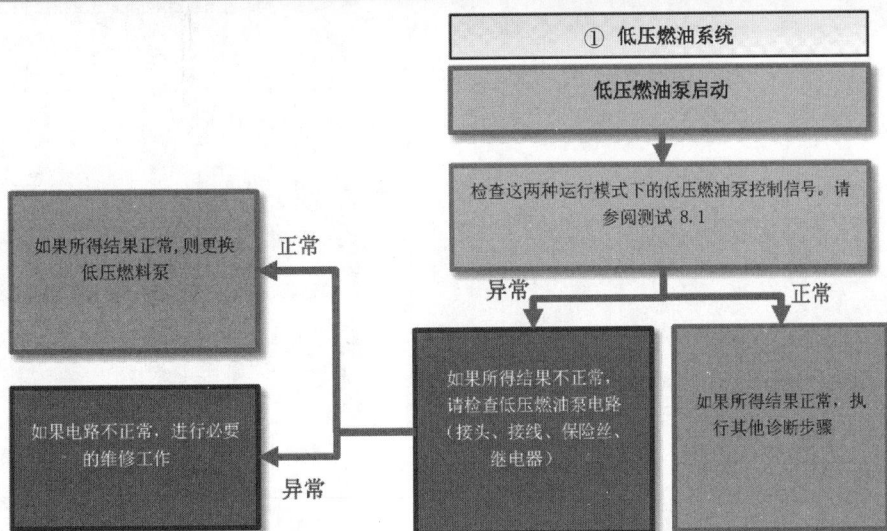

故障现象

在加速过程中或高负载条件下出现功率不足和/或发动机不能达到的最高转速
（空气/燃油混合比相关故障）

通过分析以下主题执行诊断

① - ② 低压燃油系统
③ 喷油嘴运行
④ 喷射控制系统参数
⑤ 比较喷射控制与轨道压力参数
⑥ 油轨压力传感器
⑦ MSV 控制系统参数
⑧ - ⑨ Lambda 控制回路参数
⑩ 爆燃控制参数
⑪ 比较爆燃控制与Lambda 控制回路及喷射参数

可能的 DTC

- P0300 - 多个汽缸不点火
- P0301 --> P0306 - 汽缸 1 --> 6 不点火
- P304B - 轨道压力传感器 1 - 性能高
- P304C - 轨道压力传感器 1 - 性能低
- P0087 / P0088 轨道压力过低/高 - 组 1
- P2177 / P2179 - 空转外时系统过稀 - 组 1 / 2
- P2178 / P2180 - 空转外时系统过浓 - 组 1 / 2
- P2187 / P2189 - 空转时系统过稀 - 组 1 / 2
- P2188 / P2190 - 空转外时系统过浓 - 组 1 / 2

① 低压燃油系统

低压燃油泵启动

检查这两种运行模式下的低压燃油泵控制信号。请参阅测试 8.1

如果所得结果正常，则更换低压燃料泵

正常

异常

正常

如果所得结果不正常，请检查低压燃油泵电路（接头、接线、保险丝、继电器）

如果所得结果正常，执行其他诊断步骤

如果电路不正常，进行必要的维修工作

异常

图 2-348（a）

331

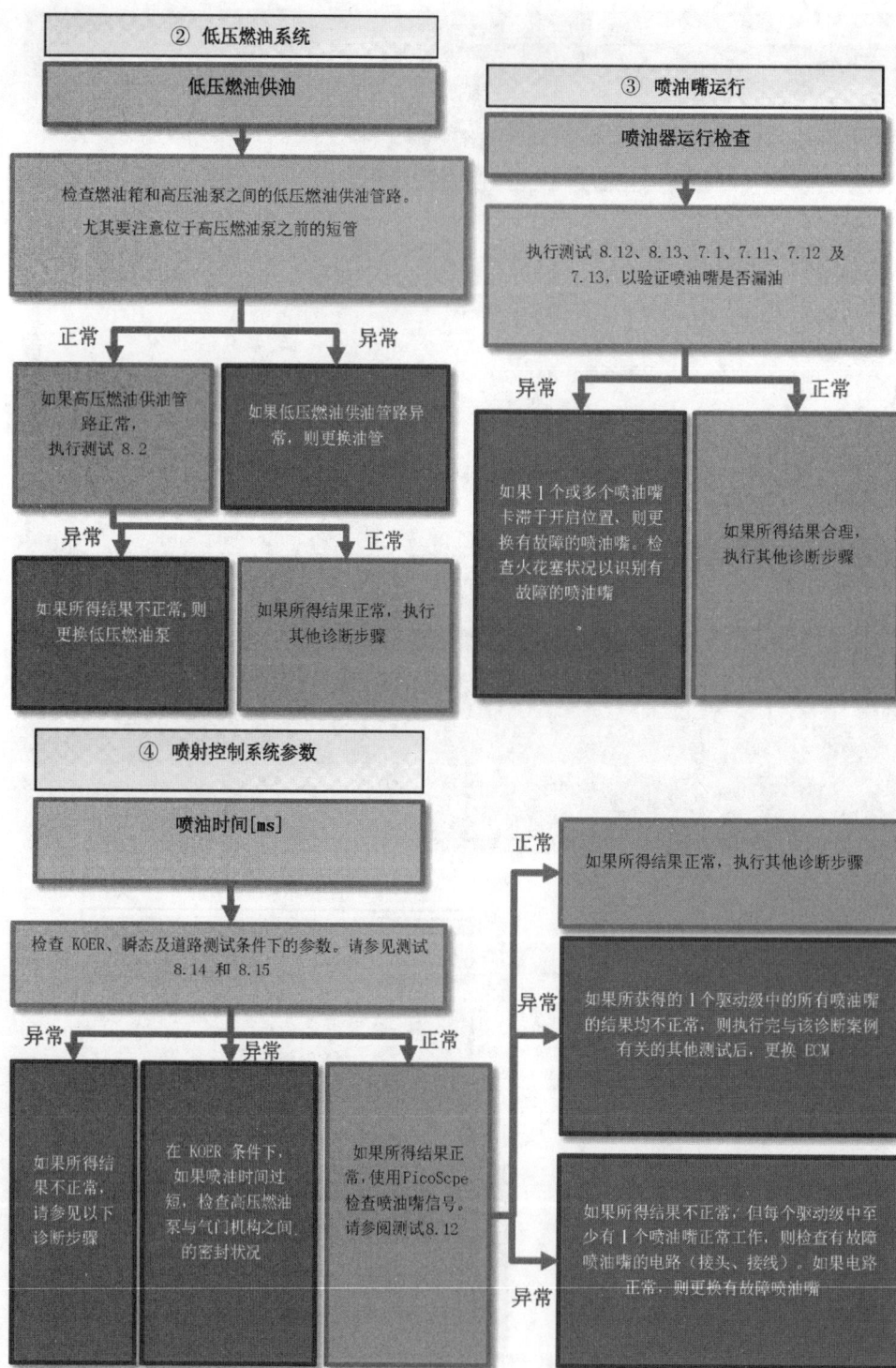

② 低压燃油系统

低压燃油供油

检查燃油箱和高压油泵之间的低压燃油供油管路。尤其要注意位于高压燃油泵之前的短管

正常　　　　　　　　　　异常

如果高压燃油供油管路正常，执行测试 8.2

如果低压燃油供油管路异常，则更换油管

异常　　　　　　　　　　正常

如果所得结果不正常，则更换低压燃油泵

如果所得结果正常，执行其他诊断步骤

③ 喷油嘴运行

喷油器运行检查

执行测试 8.12、8.13、7.1、7.11、7.12 及 7.13，以验证喷油嘴是否漏油

异常　　　　　　　　　　正常

如果 1 个或多个喷油嘴卡滞于开启位置，则更换有故障的喷油嘴。检查火花塞状况以识别有故障的喷油嘴

如果所得结果合理，执行其他诊断步骤

④ 喷射控制系统参数

喷油时间[ms]

检查 KOER、瞬态及道路测试条件下的参数。请参见测试 8.14 和 8.15

异常　　　　　异常　　　　　正常

如果所得结果不正常，请参见以下诊断步骤

在 KOER 条件下，如果喷油时间过短，检查高压燃油泵与气门机构之间的密封状况

如果所得结果正常，使用 PicoScpe 检查喷油嘴信号。请参阅测试 8.12

正常

如果所得结果正常，执行其他诊断步骤

异常

如果所获得的 1 个驱动级中的所有喷油嘴的结果均不正常，则执行完与该诊断案例有关的其他测试后，更换 ECM

异常

如果所得结果不正常，但每个驱动级中至少有 1 个喷油嘴正常工作，则检查有故障喷油嘴的电路（接头、接线）。如果电路正常，则更换有故障喷油嘴

图 2-348（b）

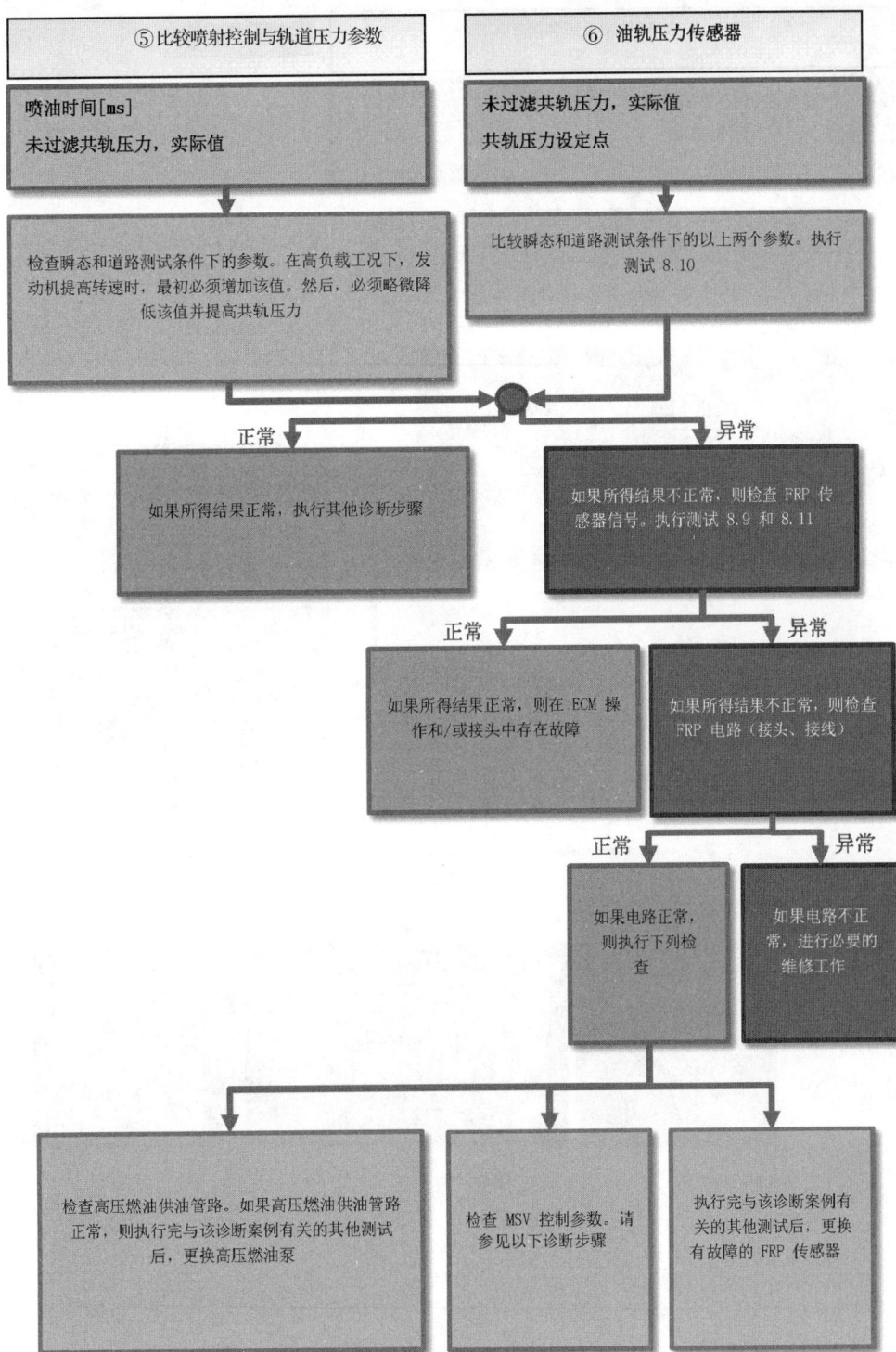

⑤ 比较喷射控制与轨道压力参数	⑥ 油轨压力传感器

喷油时间[ms] 未过滤共轨压力，实际值	未过滤共轨压力，实际值 共轨压力设定点

检查瞬态和道路测试条件下的参数。在高负载工况下，发动机提高转速时，最初必须增加该值。然后，必须略微降低该值并提高共轨压力	比较瞬态和道路测试条件下的以上两个参数。执行测试 8.10

正常

异常

如果所得结果正常，执行其他诊断步骤

如果所得结果不正常，则检查 FRP 传感器信号。执行测试 8.9 和 8.11

正常

异常

如果所得结果正常，则在 ECM 操作和/或接头中存在故障

如果所得结果不正常，则检查 FRP 电路（接头、接线）

正常

异常

如果电路正常，则执行下列检查

如果电路不正常，进行必要的维修工作

检查高压燃油供油管路。如果高压燃油供油管路正常，则执行完与该诊断案例有关的其他测试后，更换高压燃油泵

检查 MSV 控制参数。请参见以下诊断步骤

执行完与该诊断案例有关的其他测试后，更换有故障的 FRP 传感器

图 2－348（c）

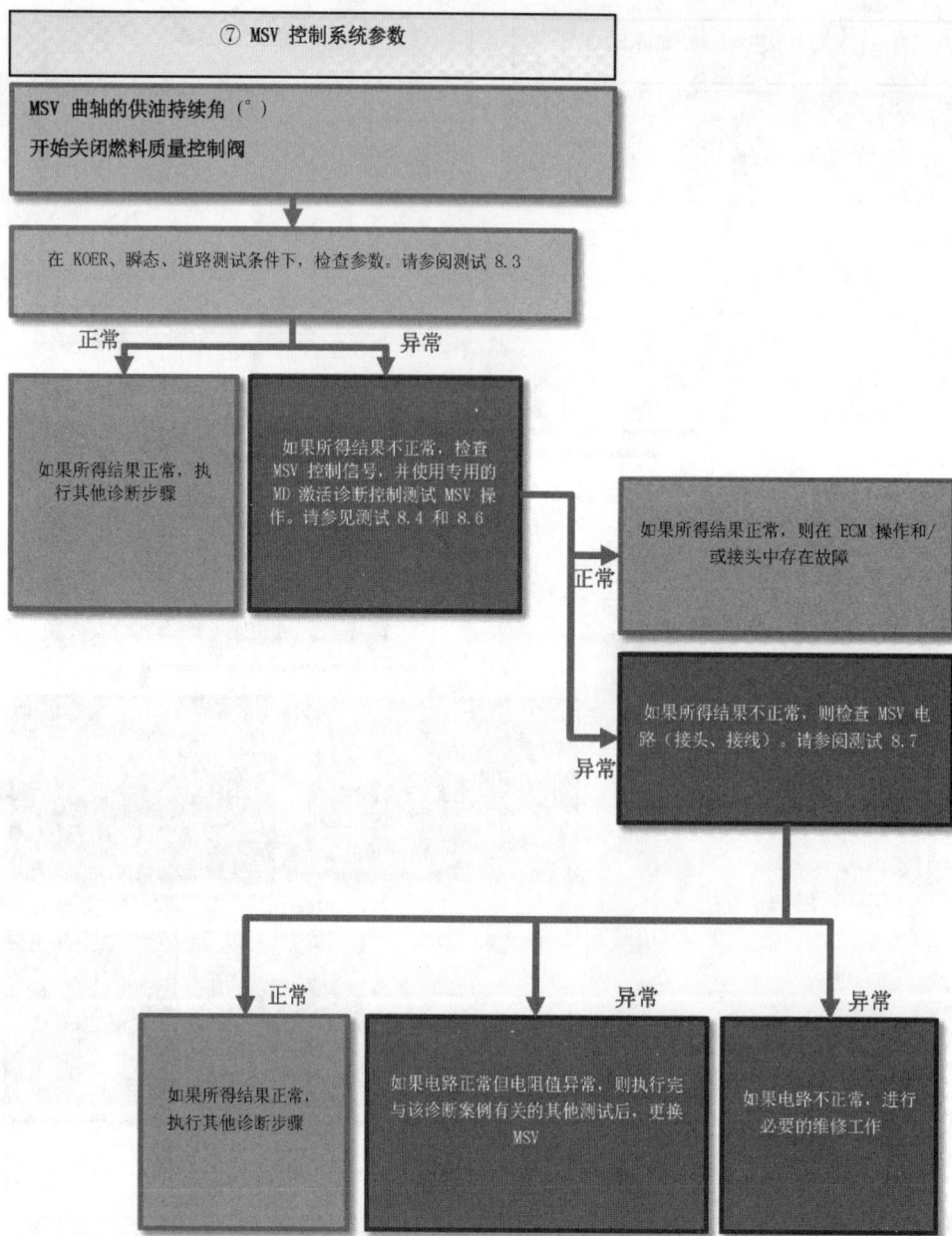

⑦ MSV 控制系统参数

MSV 曲轴的供油持续角（°）

开始关闭燃料质量控制阀

在 KOER、瞬态、道路测试条件下，检查参数。请参阅测试 8.3

正常　　　　　　　异常

如果所得结果正常，执行其他诊断步骤

如果所得结果不正常，检查 MSV 控制信号，并使用专用的 MD 激活诊断控制测试 MSV 操作。请参见测试 8.4 和 8.6

正常

如果所得结果正常，则在 ECM 操作和/或接头中存在故障

异常

如果所得结果不正常，则检查 MSV 电路（接头、接线）。请参阅测试 8.7

正常　　　　　　异常　　　　　　异常

如果所得结果正常，执行其他诊断步骤

如果电路正常但电阻值异常，则执行完与该诊断案例有关的其他测试后，更换 MSV

如果电路不正常，进行必要的维修工作

图 2-348 (d)

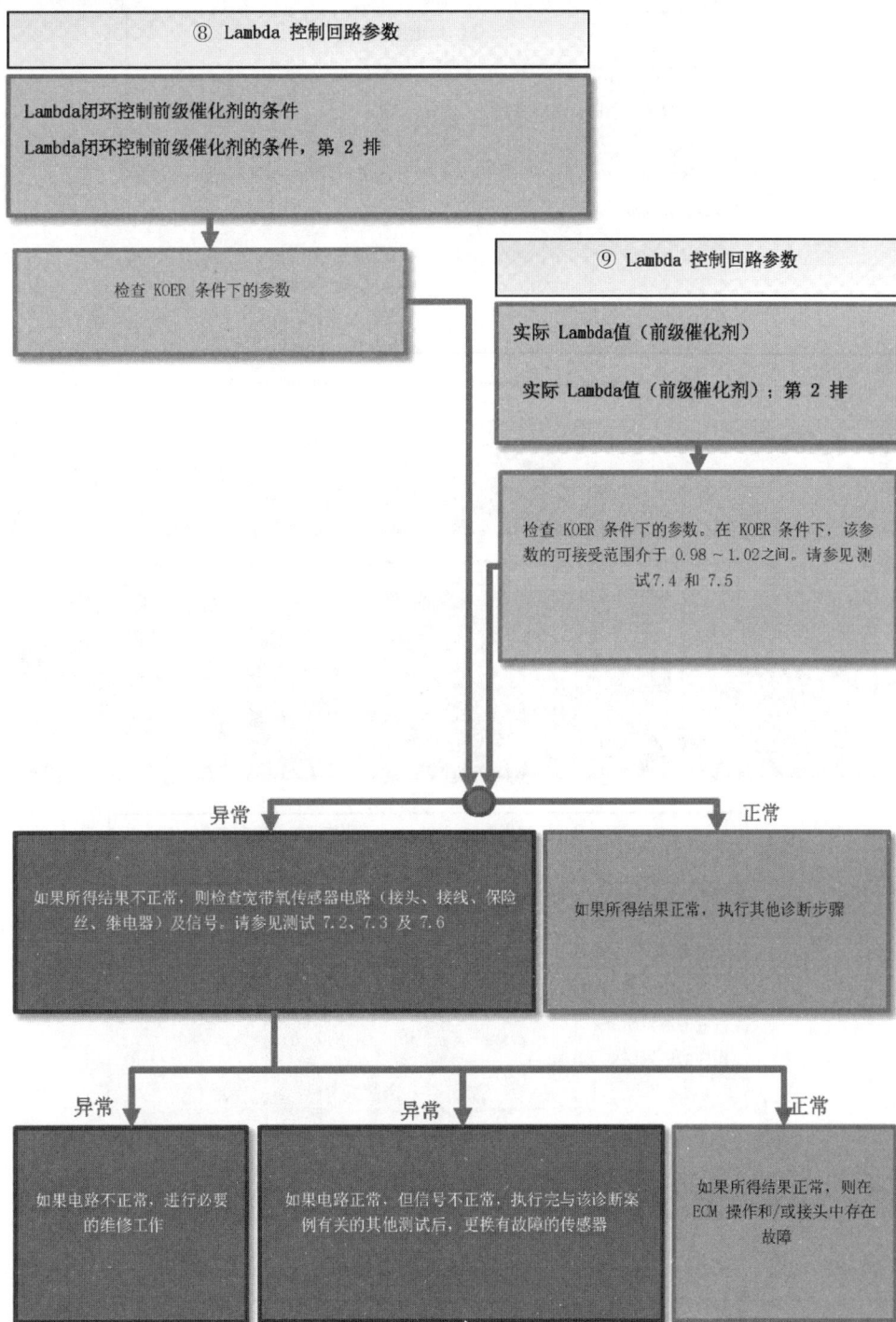

⑧ Lambda 控制回路参数

Lambda闭环控制前级催化剂的条件

Lambda闭环控制前级催化剂的条件，第 2 排

检查 KOER 条件下的参数

⑨ Lambda 控制回路参数

实际 Lambda值（前级催化剂）

实际 Lambda值（前级催化剂）；第 2 排

检查 KOER 条件下的参数。在 KOER 条件下，该参数的可接受范围介于 0.98～1.02之间。请参见测试7.4 和 7.5

异常

如果所得结果不正常，则检查宽带氧传感器电路（接头、接线、保险丝、继电器）及信号。请参见测试 7.2、7.3 及 7.6

正常

如果所得结果正常，执行其他诊断步骤

异常

如果电路不正常，进行必要的维修工作

异常

如果电路正常，但信号不正常，执行完与该诊断案例有关的其他测试后，更换有故障的传感器

正常

如果所得结果正常，则在 ECM 操作和/或接头中存在故障

图 2－348（e）

335

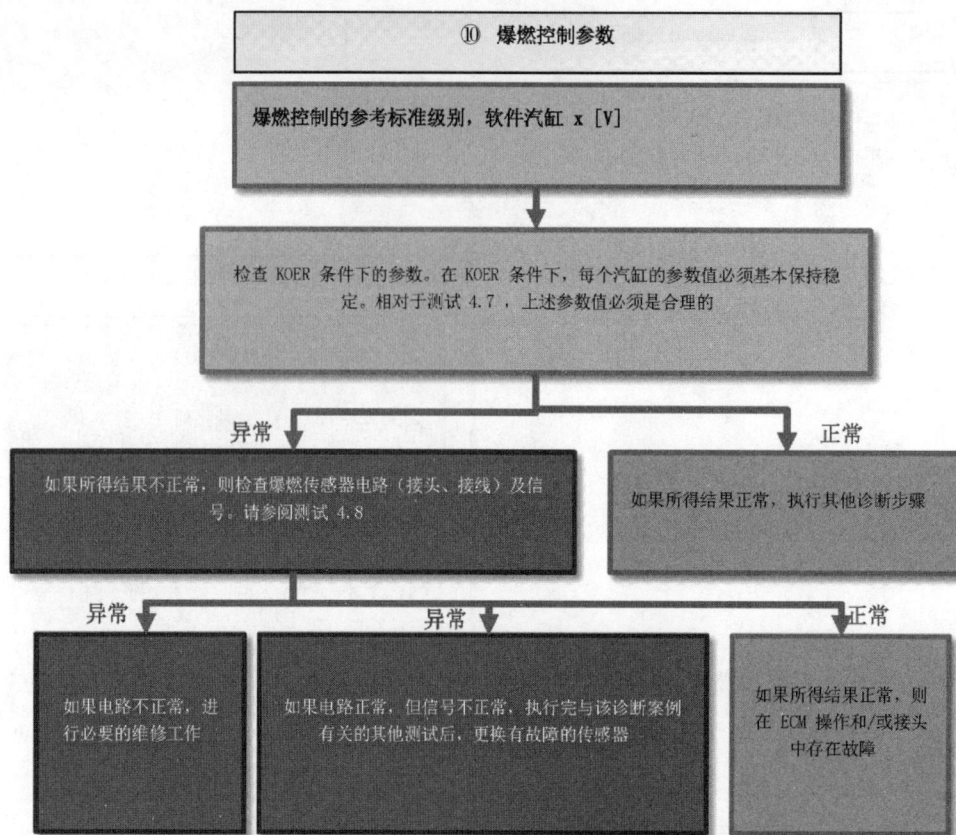

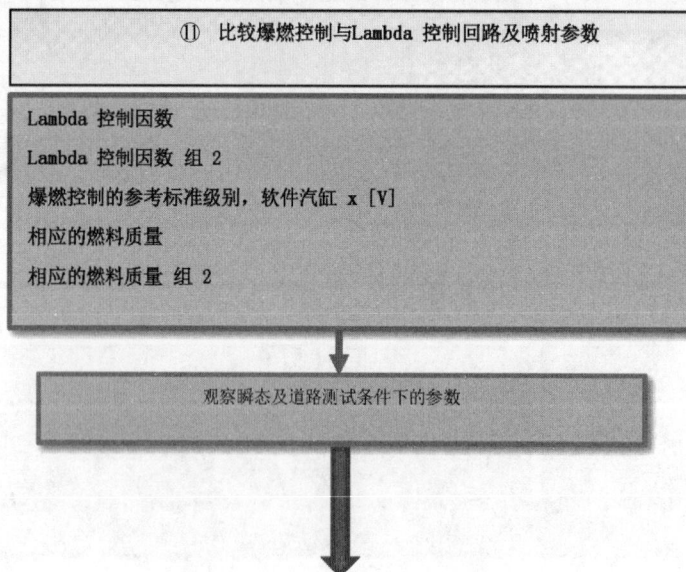

⑩ 爆燃控制参数

爆燃控制的参考标准级别，软件汽缸 x [V]

检查 KOER 条件下的参数。在 KOER 条件下，每个汽缸的参数值必须基本保持稳定。相对于测试 4.7，上述参数值必须是合理的

异常

正常

如果所得结果不正常，则检查爆燃传感器电路（接头、接线）及信号。请参阅测试 4.8

如果所得结果正常，执行其他诊断步骤

异常

异常

正常

如果电路不正常，进行必要的维修工作

如果电路正常，但信号不正常，执行完与该诊断案例有关的其他测试后，更换有故障的传感器

如果所得结果正常，则在 ECM 操作和/或接头中存在故障

⑪ 比较爆燃控制与Lambda 控制回路及喷射参数

Lambda 控制因数

Lambda 控制因数 组 2

爆燃控制的参考标准级别，软件汽缸 x [V]

相应的燃料质量

相应的燃料质量 组 2

观察瞬态及道路测试条件下的参数

图 2-348 (f)

336

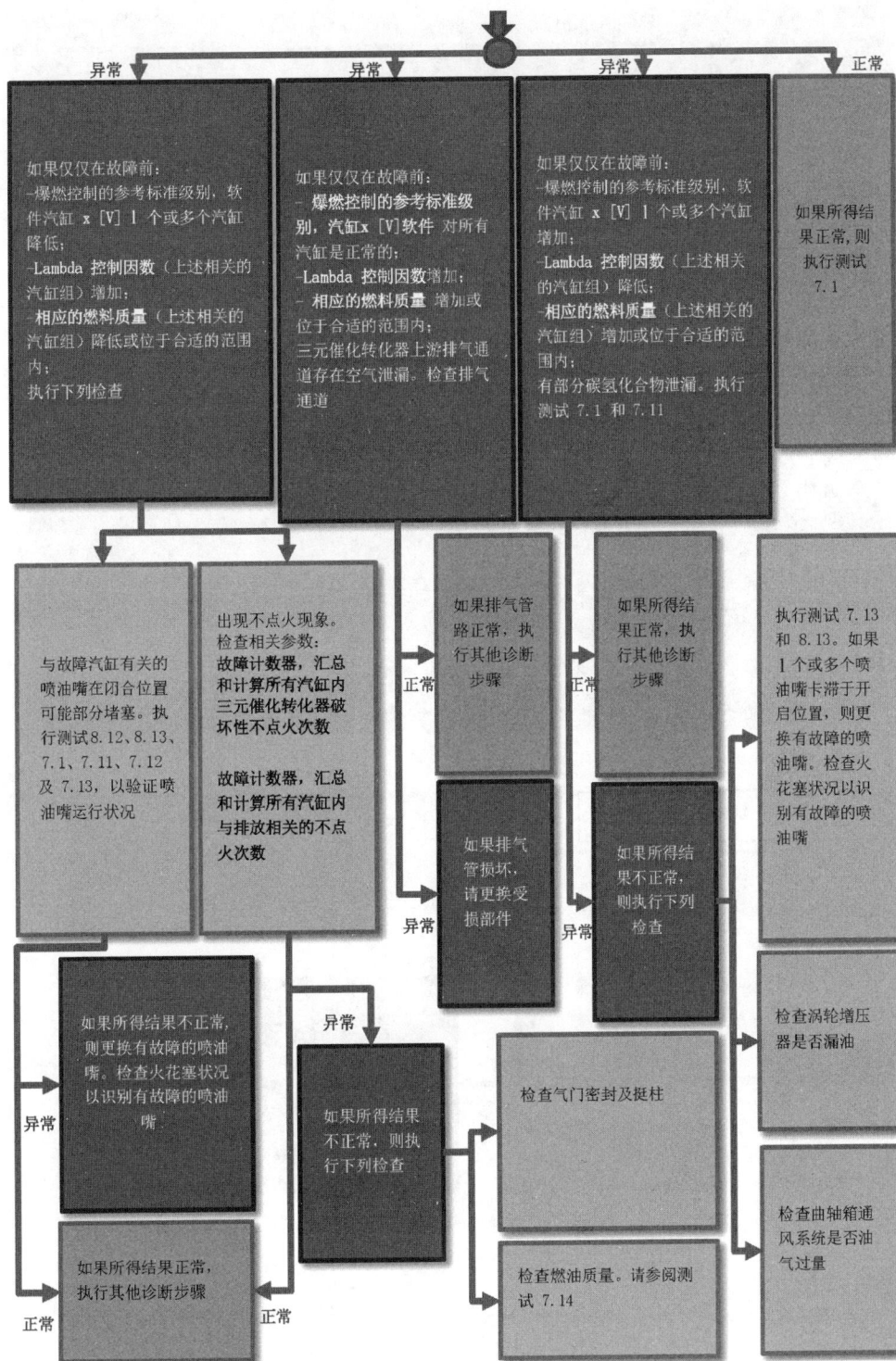

图 2-348 （g）

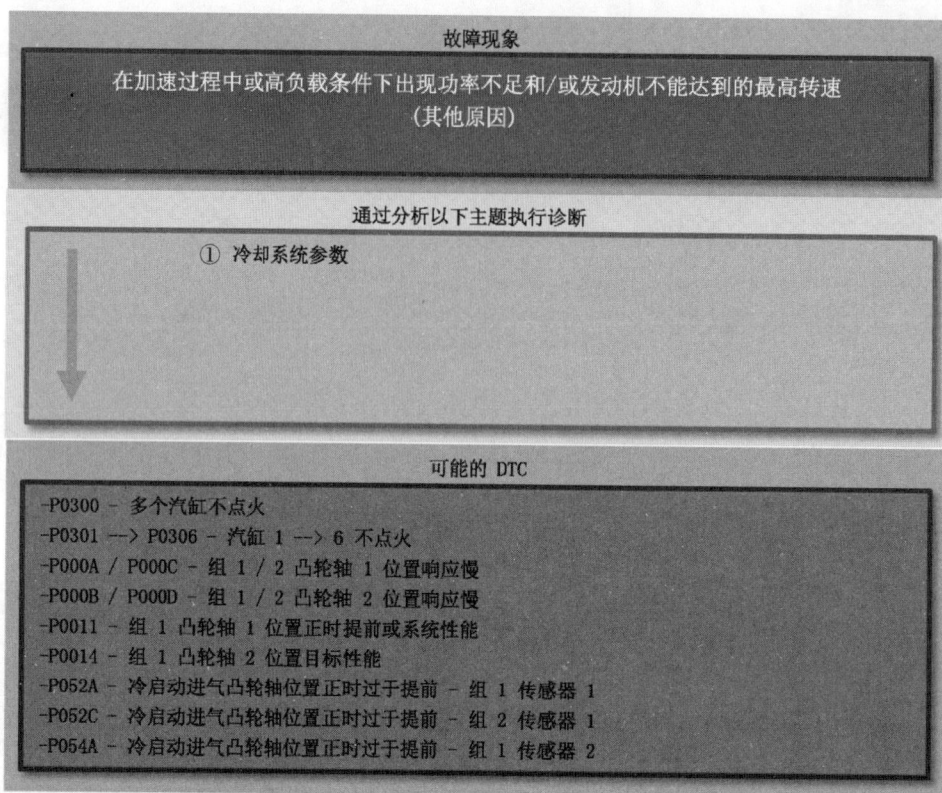

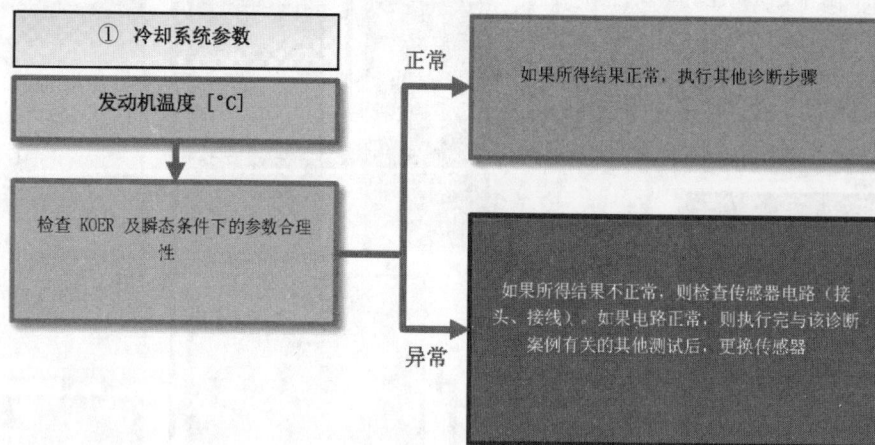

故障现象

在加速过程中或高负载条件下出现功率不足和/或发动机不能达到的最高转速
（其他原因）

通过分析以下主题执行诊断

① 冷却系统参数

可能的 DTC

-P0300 - 多个汽缸不点火
-P0301 --> P0306 - 汽缸 1 --> 6 不点火
-P000A / P000C - 组 1 / 2 凸轮轴 1 位置响应慢
-P000B / P000D - 组 1 / 2 凸轮轴 2 位置响应慢
-P0011 - 组 1 凸轮轴 1 位置正时提前或系统性能
-P0014 - 组 1 凸轮轴 2 位置目标性能
-P052A - 冷启动进气凸轮轴位置正时过于提前 - 组 1 传感器 1
-P052C - 冷启动进气凸轮轴位置正时过于提前 - 组 2 传感器 1
-P054A - 冷启动进气凸轮轴位置正时过于提前 - 组 1 传感器 2

---

① 冷却系统参数

发动机温度［°C］

检查 KOER 及瞬态条件下的参数合理性

正常 → 如果所得结果正常，执行其他诊断步骤

异常 → 如果所得结果不正常，则检查传感器电路（接头、接线）。如果电路正常，则执行完与该诊断案例有关的其他测试后，更换传感器

图 2-348（h）

（九）诊断流程图 8（图 2-349）

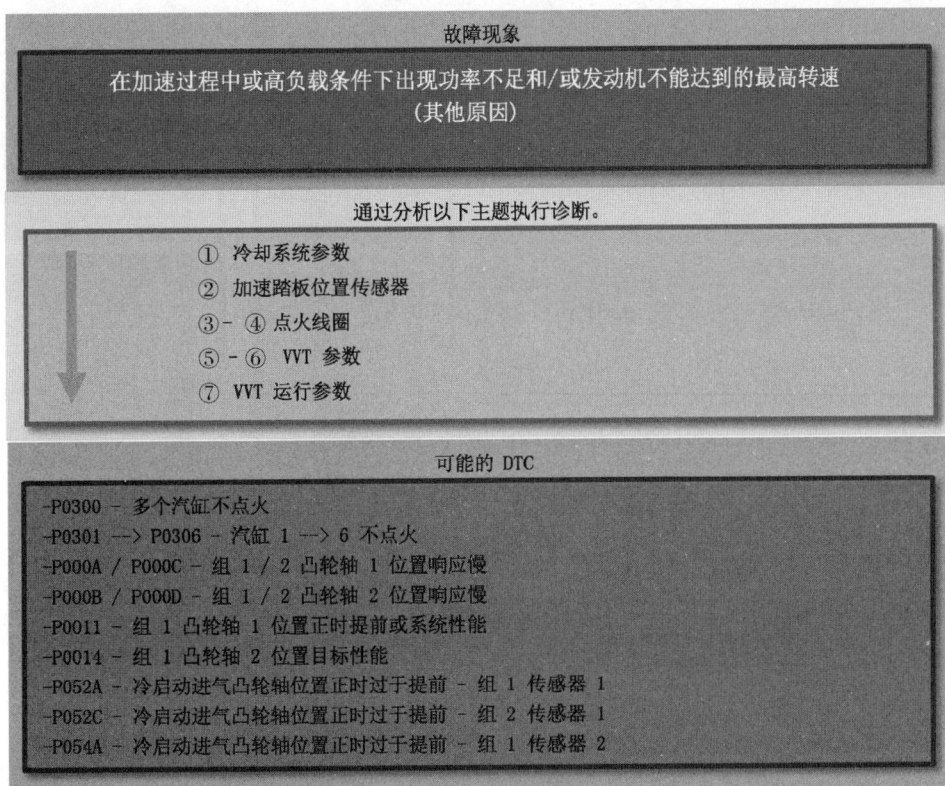

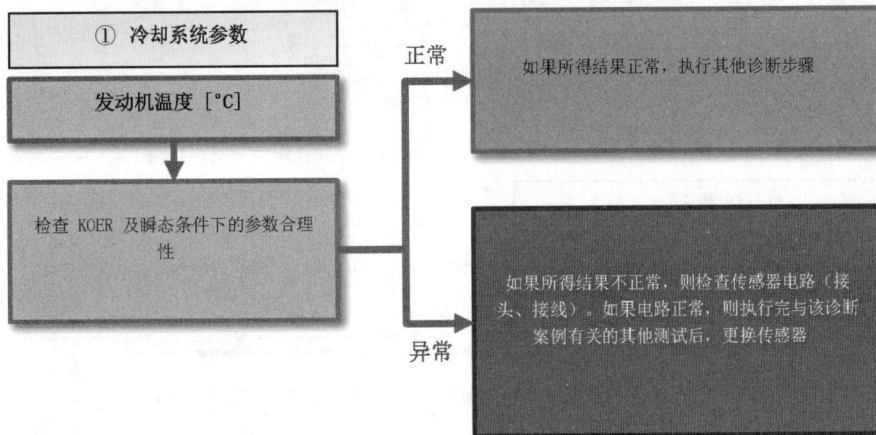

故障现象

在加速过程中或高负载条件下出现功率不足和/或发动机不能达到的最高转速
（其他原因）

通过分析以下主题执行诊断。

① 冷却系统参数

② 加速踏板位置传感器

③-④ 点火线圈

⑤-⑥ VVT 参数

⑦ VVT 运行参数

可能的 DTC

-P0300 - 多个汽缸不点火

-P0301 --> P0306 - 汽缸 1 --> 6 不点火

-P000A / P000C - 组 1 / 2 凸轮轴 1 位置响应慢

-P000B / P000D - 组 1 / 2 凸轮轴 2 位置响应慢

-P0011 - 组 1 凸轮轴 1 位置正时提前或系统性能

-P0014 - 组 1 凸轮轴 2 位置目标性能

-P052A - 冷启动进气凸轮轴位置正时过于提前 - 组 1 传感器 1

-P052C - 冷启动进气凸轮轴位置正时过于提前 - 组 2 传感器 1

-P054A - 冷启动进气凸轮轴位置正时过于提前 - 组 1 传感器 2

---

① 冷却系统参数

发动机温度［℃］

检查 KOER 及瞬态条件下的参数合理性

正常 → 如果所得结果正常，执行其他诊断步骤

异常 → 如果所得结果不正常，则检查传感器电路（接头、接线）。如果电路正常，则执行完与该诊断案例有关的其他测试后，更换传感器

图 2-349（a）

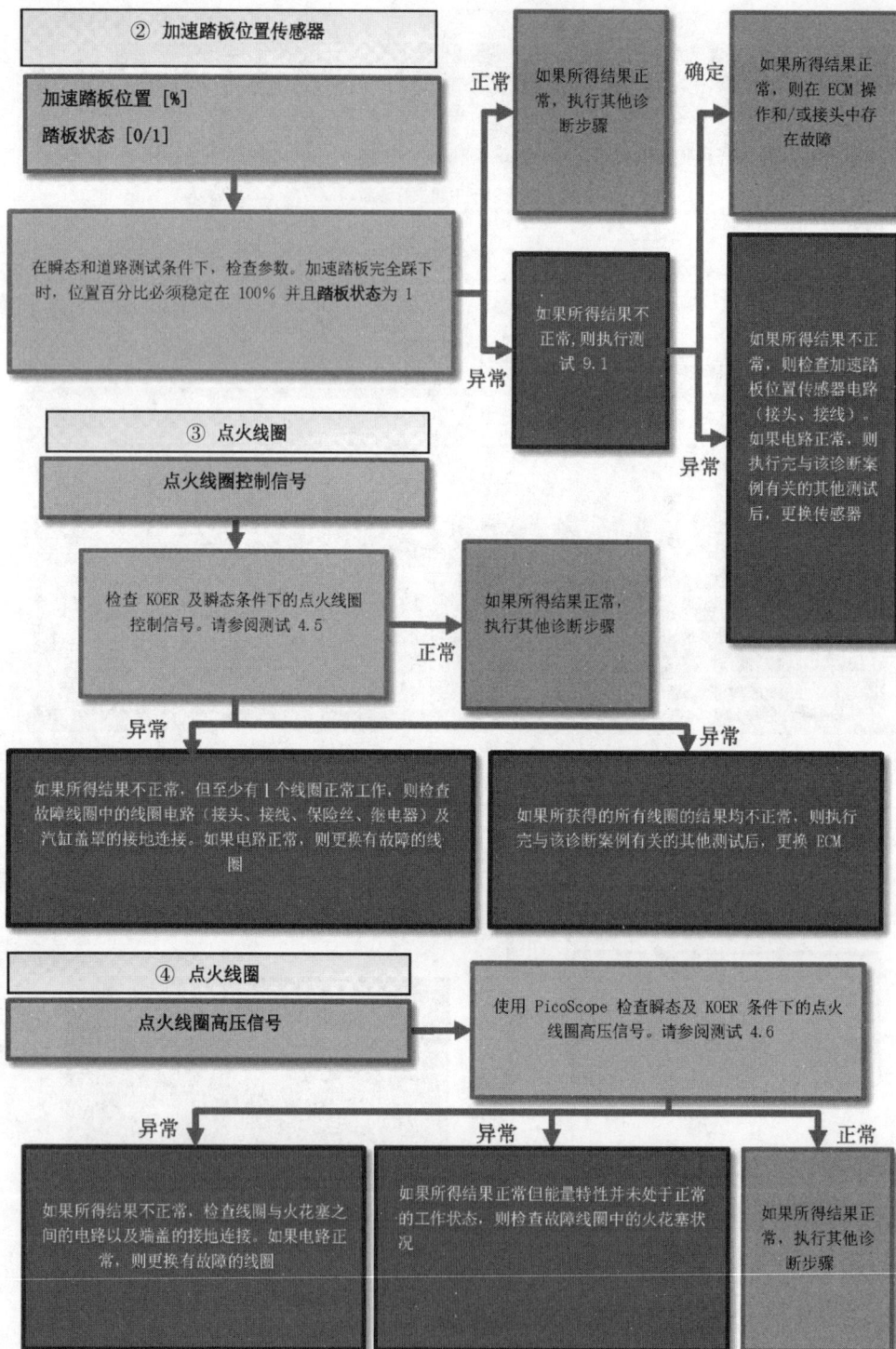

② 加速踏板位置传感器

加速踏板位置 [%]

踏板状态 [0/1]

在瞬态和道路测试条件下，检查参数。加速踏板完全踩下时，位置百分比必须稳定在 100% 并且**踏板状态为 1**

正常 → 如果所得结果正常，执行其他诊断步骤

确定 → 如果所得结果正常，则在 ECM 操作和/或接头中存在故障

异常 → 如果所得结果不正常，则执行测试 9.1

异常 → 如果所得结果不正常，则检查加速踏板位置传感器电路（接头、接线）。如果电路正常，则执行完与该诊断案例有关的其他测试后，更换传感器

③ 点火线圈

点火线圈控制信号

检查 KOER 及瞬态条件下的点火线圈控制信号。请参阅测试 4.5

正常 → 如果所得结果正常，执行其他诊断步骤

异常 → 如果所得结果不正常，但至少有 1 个线圈正常工作，则检查故障线圈中的线圈电路（接头、接线、保险丝、继电器）及汽缸盖罩的接地连接。如果电路正常，则更换有故障的线圈

异常 → 如果所获得的所有线圈的结果均不正常，则执行完与该诊断案例有关的其他测试后，更换 ECM

④ 点火线圈

点火线圈高压信号

使用 PicoScope 检查瞬态及 KOER 条件下的点火线圈高压信号。请参阅测试 4.6

异常 → 如果所得结果不正常，检查线圈与火花塞之间的电路以及端盖的接地连接。如果电路正常，则更换有故障的线圈

异常 → 如果所得结果正常但能量特性并未处于正常的工作状态，则检查故障线圈中的火花塞状况

正常 → 如果所得结果正常，执行其他诊断步骤

图 2－349（b）

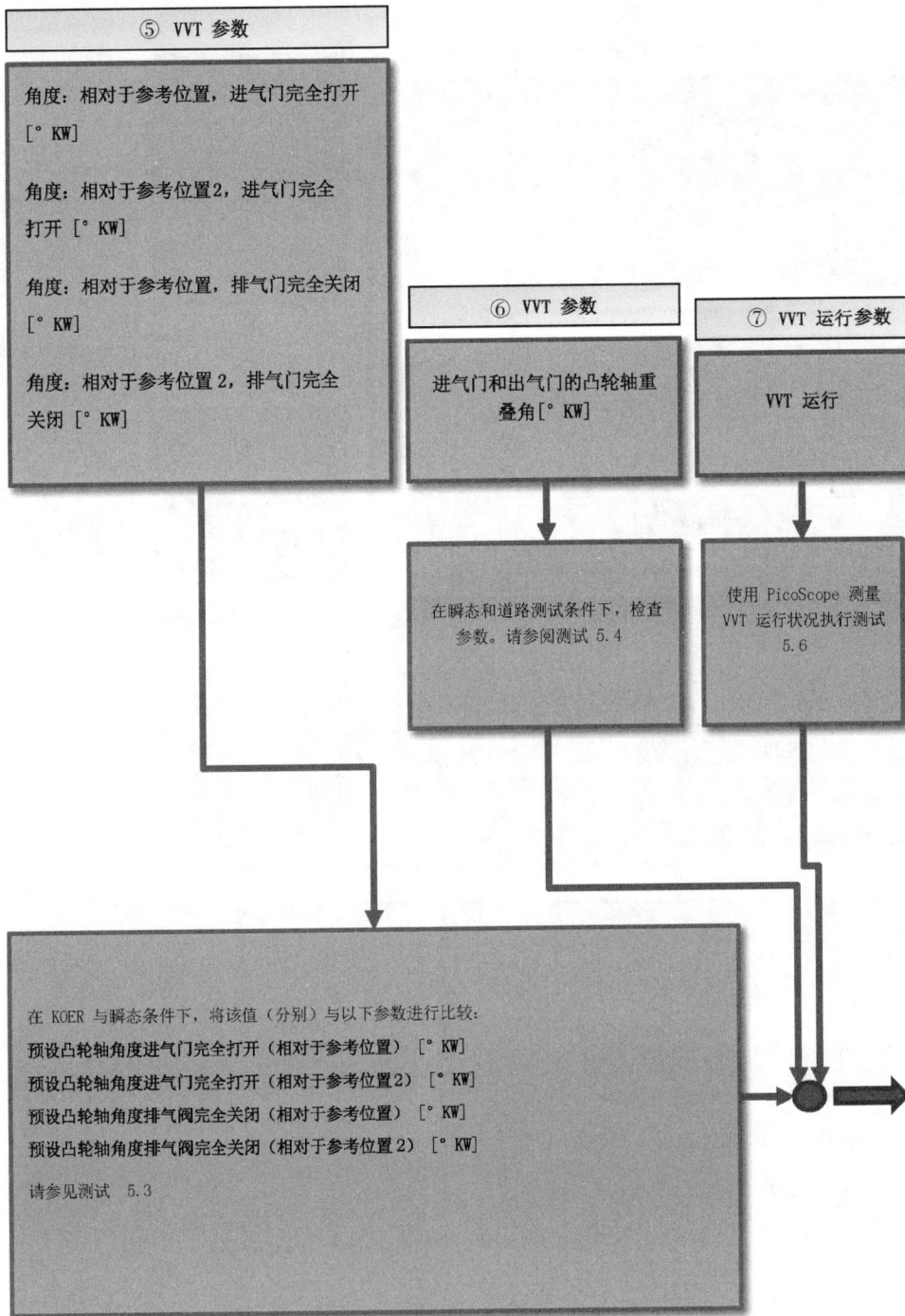

⑤ VVT 参数

角度：相对于参考位置，进气门完全打开 [° KW]

角度：相对于参考位置2，进气门完全打开 [° KW]

角度：相对于参考位置，排气门完全关闭 [° KW]

角度：相对于参考位置2，排气门完全关闭 [° KW]

⑥ VVT 参数

进气门和出气门的凸轮轴重叠角[° KW]

⑦ VVT 运行参数

VVT 运行

在瞬态和道路测试条件下，检查参数。请参阅测试 5.4

使用 PicoScope 测量 VVT 运行状况执行测试 5.6

在 KOER 与瞬态条件下，将该值（分别）与以下参数进行比较：
预设凸轮轴角度进气门完全打开（相对于参考位置）[° KW]
预设凸轮轴角度进气门完全打开（相对于参考位置2）[° KW]
预设凸轮轴角度排气阀完全关闭（相对于参考位置）[° KW]
预设凸轮轴角度排气阀完全关闭（相对于参考位置2）[° KW]

请参见测试 5.3

图 2−349（c）

341

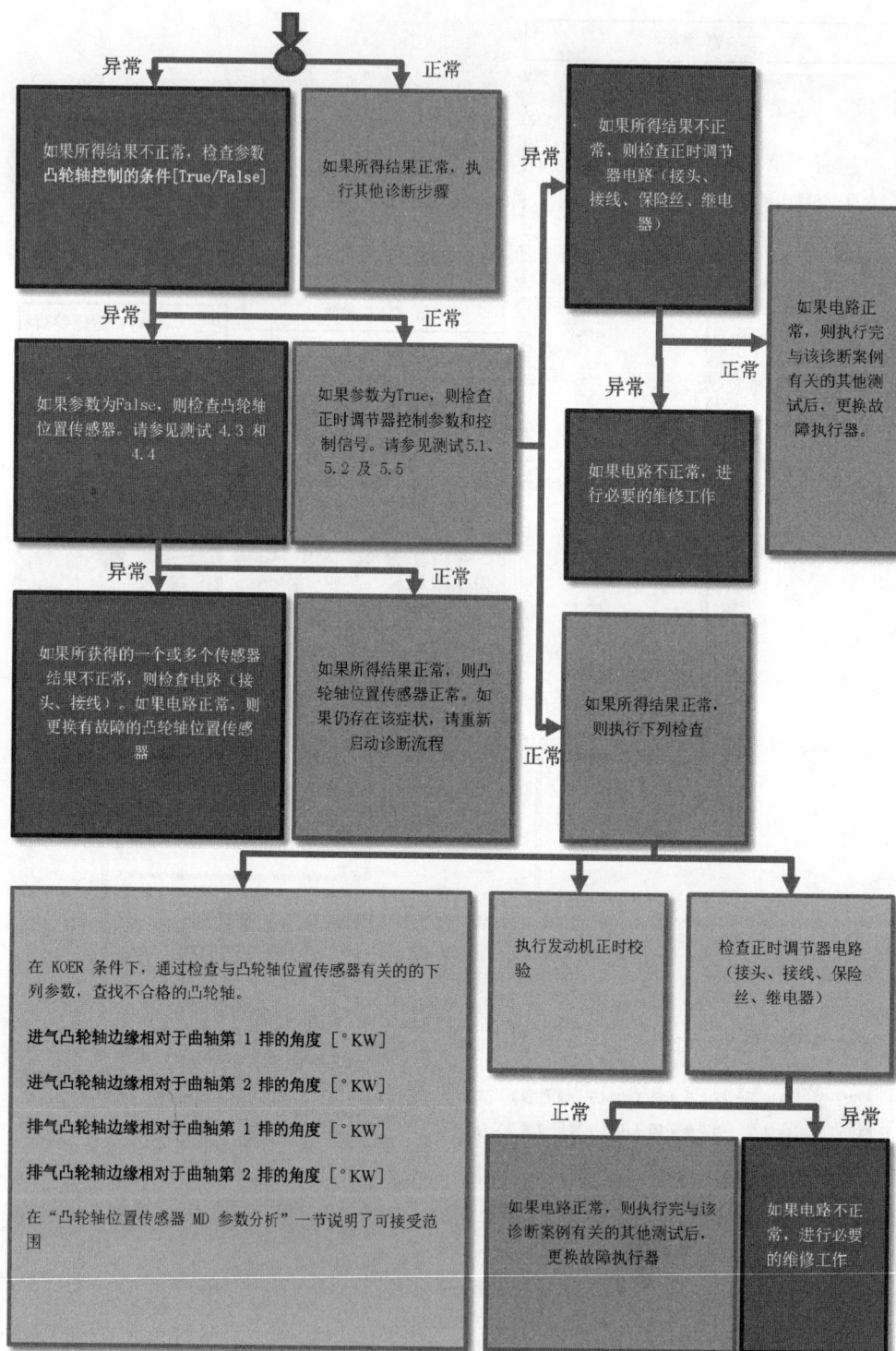

图 2-349 (d)

（十）诊断流程图 9（图 2-350）

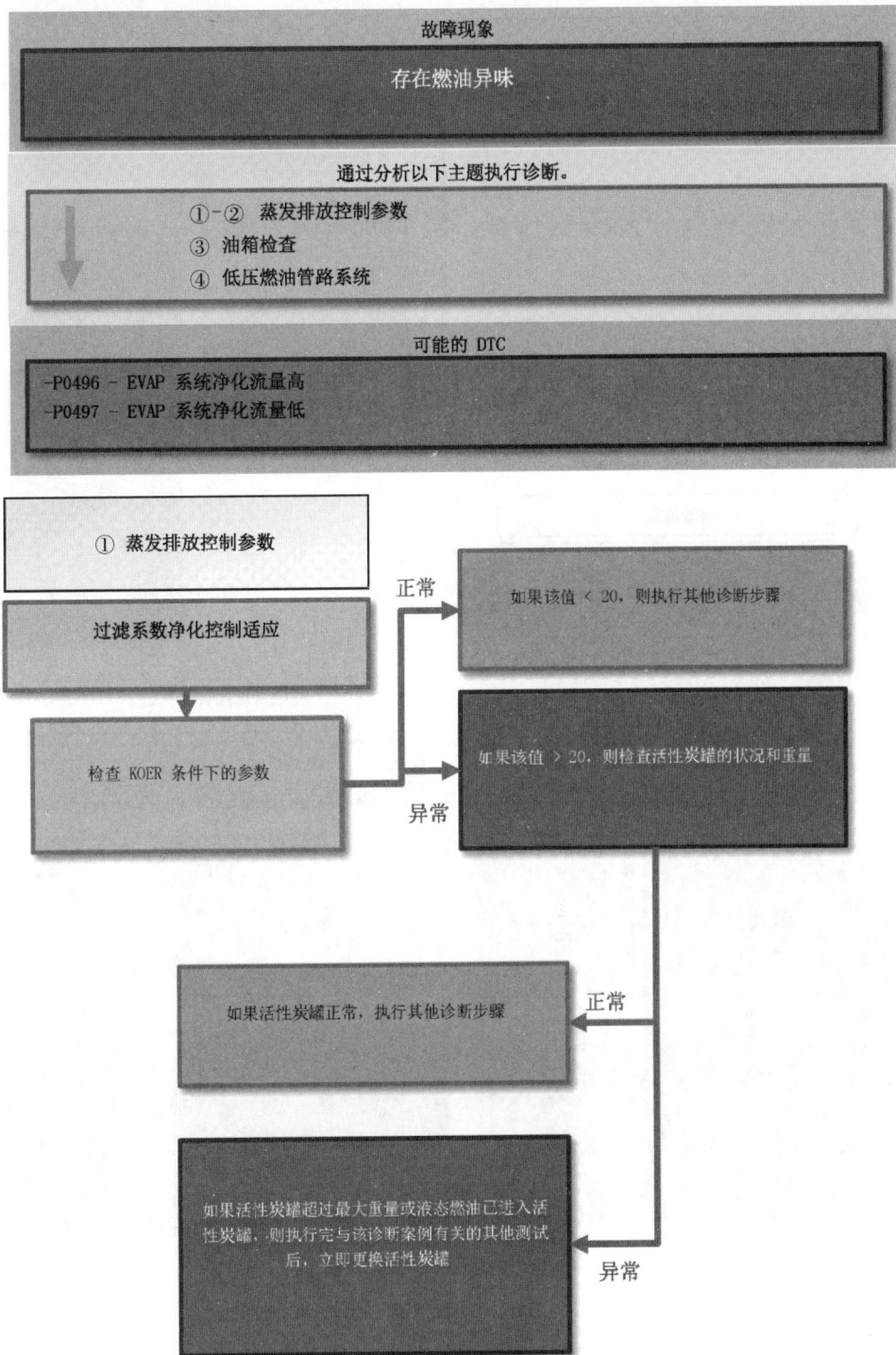

故障现象

存在燃油异味

通过分析以下主题执行诊断。

①-② 蒸发排放控制参数
③ 油箱检查
④ 低压燃油管路系统

可能的 DTC

-P0496 - EVAP 系统净化流量高
-P0497 - EVAP 系统净化流量低

① 蒸发排放控制参数

过滤系数净化控制适应

检查 KOER 条件下的参数

正常 → 如果该值 < 20，则执行其他诊断步骤

异常 → 如果该值 > 20，则检查活性炭罐的状况和重量

如果活性炭罐正常，执行其他诊断步骤 ← 正常

如果活性炭罐超过最大重量或液态燃油已进入活性炭罐，则执行完与该诊断案例有关的其他测试后，立即更换活性炭罐 ← 异常

图 2-350（a）

343

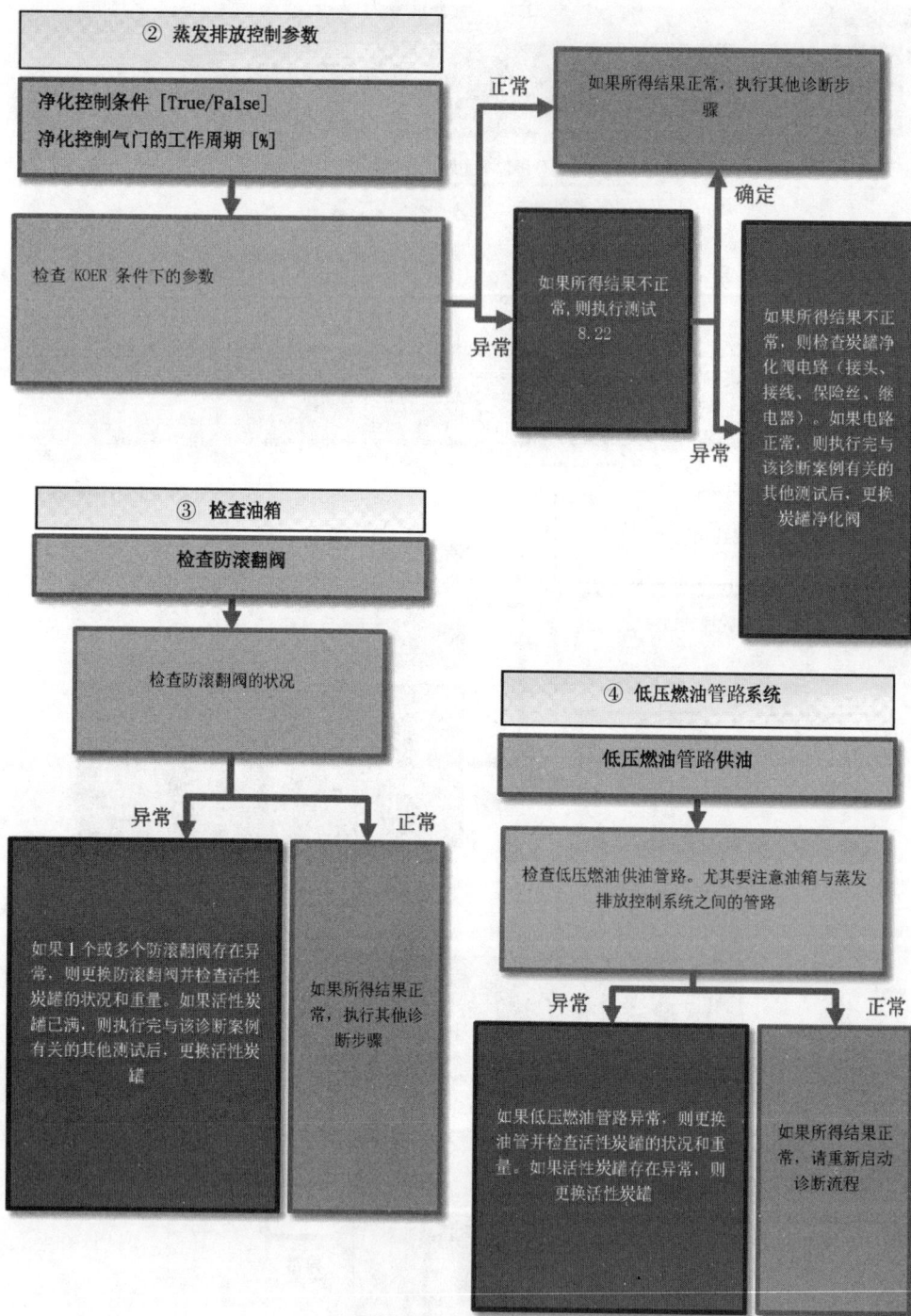

② 蒸发排放控制参数

净化控制条件 [True/False]

净化控制气门的工作周期 [%]

检查 KOER 条件下的参数

正常 → 如果所得结果正常,执行其他诊断步骤

异常 → 如果所得结果不正常,则执行测试 8.22

确定 →

异常 → 如果所得结果不正常,则检查炭罐净化阀电路(接头、接线、保险丝、继电器)。如果电路正常,则执行完与该诊断案例有关的其他测试后,更换炭罐净化阀

③ 检查油箱

检查防滚翻阀

检查防滚翻阀的状况

异常 → 如果1个或多个防滚翻阀存在异常,则更换防滚翻阀并检查活性炭罐的状况和重量。如果活性炭罐已满,则执行完与该诊断案例有关的其他测试后,更换活性炭罐

正常 → 如果所得结果正常,执行其他诊断步骤

④ 低压燃油管路系统

低压燃油管路供油

检查低压燃油供油管路。尤其要注意油箱与蒸发排放控制系统之间的管路

异常 → 如果低压燃油管路异常,则更换油管并检查活性炭罐的状况和重量。如果活性炭罐存在异常,则更换活性炭罐

正常 → 如果所得结果正常,请重新启动诊断流程

图 2-350 (b)

344

（十一）诊断流程图 10（图 2-351）

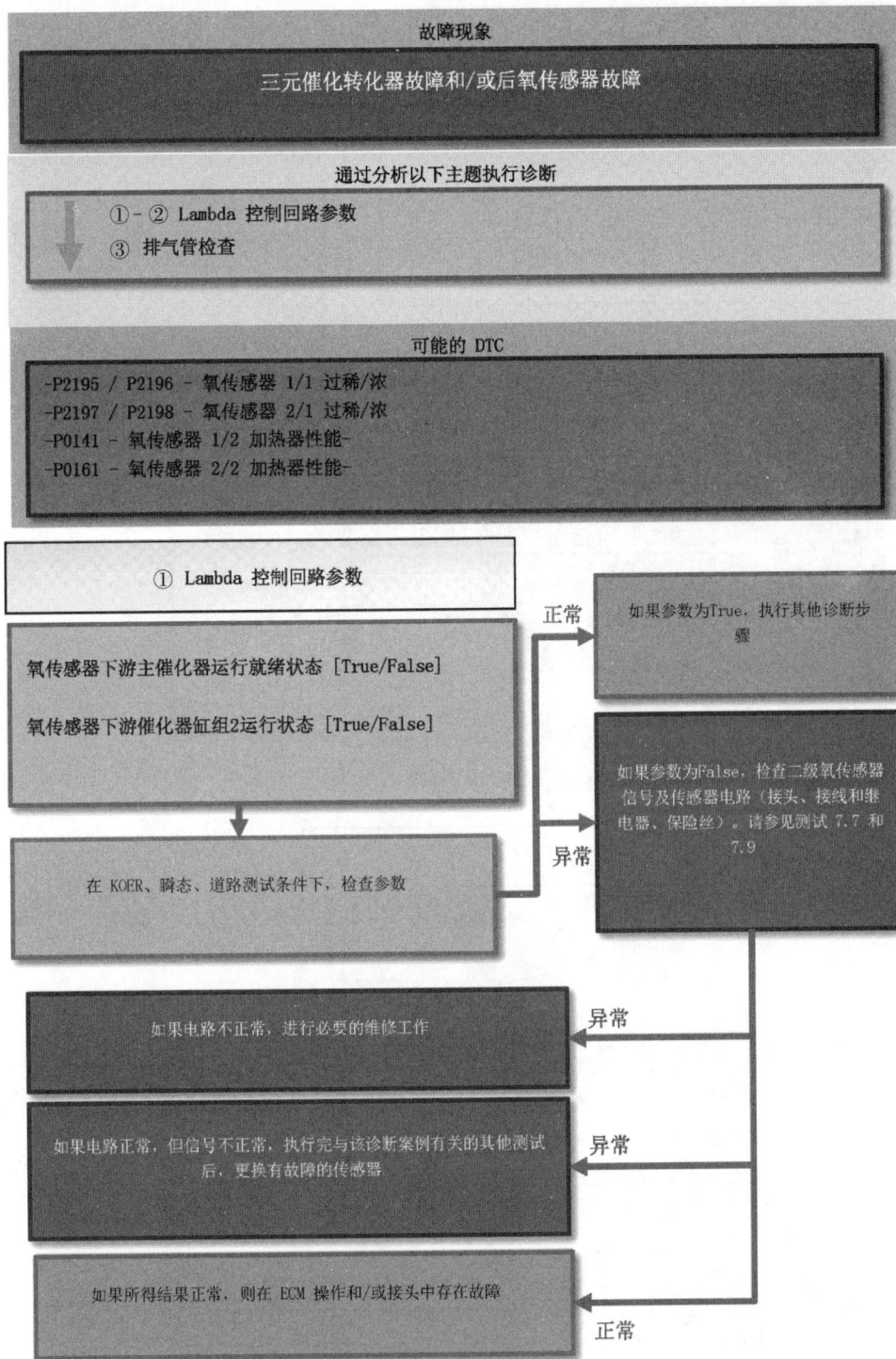

故障现象

三元催化转化器故障和/或后氧传感器故障

通过分析以下主题执行诊断

①-② Lambda 控制回路参数

③ 排气管检查

可能的 DTC

-P2195 / P2196 - 氧传感器 1/1 过稀/浓
-P2197 / P2198 - 氧传感器 2/1 过稀/浓
-P0141 - 氧传感器 1/2 加热器性能-
-P0161 - 氧传感器 2/2 加热器性能-

① Lambda 控制回路参数

氧传感器下游主催化器运行就绪状态 [True/False]

氧传感器下游催化器缸组2运行状态 [True/False]

在 KOER、瞬态、道路测试条件下，检查参数

正常 → 如果参数为True，执行其他诊断步骤

异常 → 如果参数为False，检查二级氧传感器信号及传感器电路（接头、接线和继电器、保险丝）。请参见测试 7.7 和 7.9

异常 → 如果电路不正常，进行必要的维修工作

异常 → 如果电路正常，但信号不正常，执行完与该诊断案例有关的其他测试后，更换有故障的传感器

正常 → 如果所得结果正常，则在 ECM 操作和/或接头中存在故障

图 2-351（a）

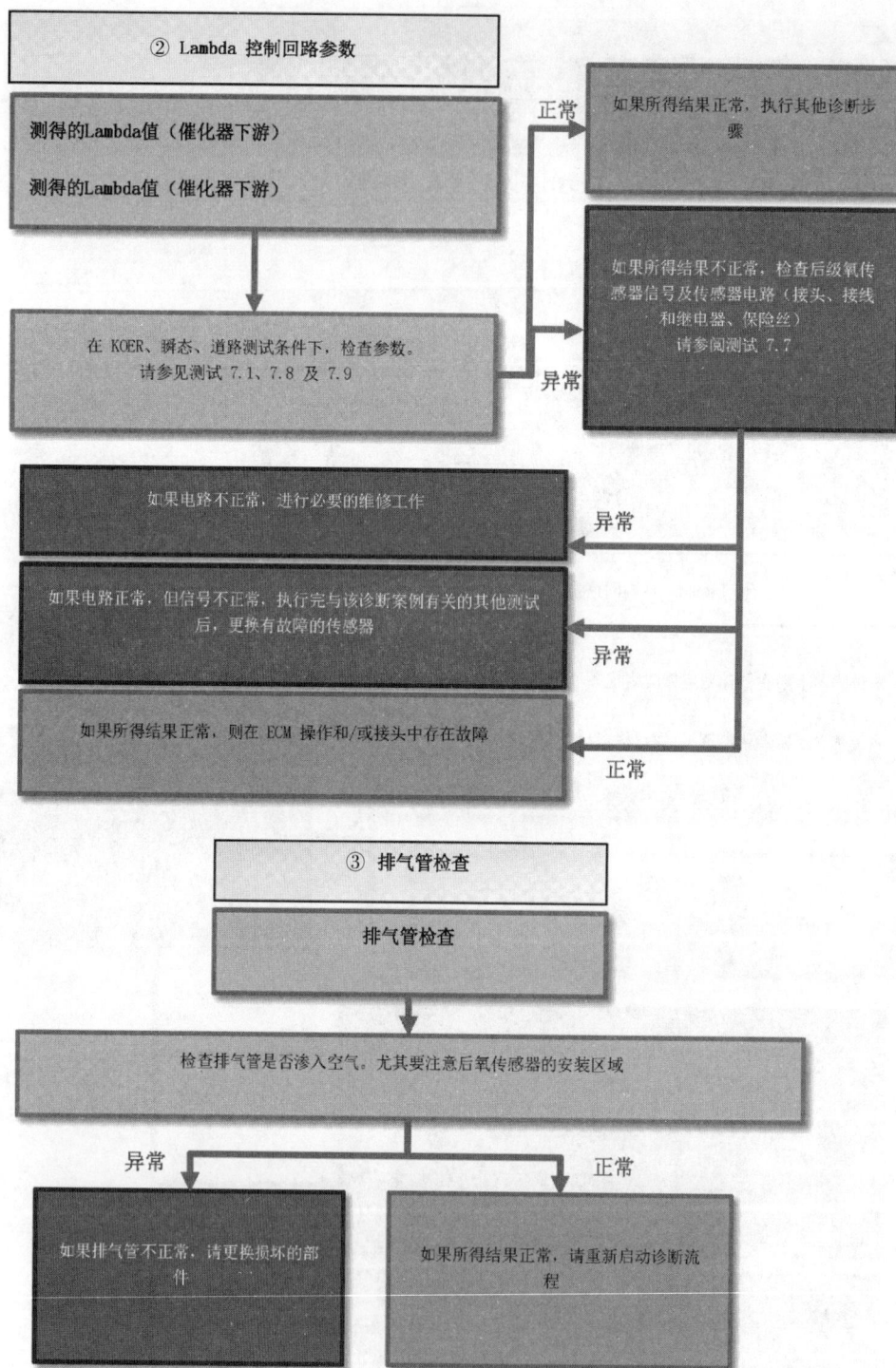

② Lambda 控制回路参数

测得的Lambda值（催化器下游）

测得的Lambda值（催化器下游）

在 KOER、瞬态、道路测试条件下，检查参数。
请参见测试 7.1、7.8 及 7.9

正常 → 如果所得结果正常，执行其他诊断步骤

异常 → 如果所得结果不正常，检查后级氧传感器信号及传感器电路（接头、接线和继电器、保险丝）
请参阅测试 7.7

如果电路不正常，进行必要的维修工作

异常

如果电路正常，但信号不正常，执行完与该诊断案例有关的其他测试后，更换有故障的传感器

异常

如果所得结果正常，则在 ECM 操作和/或接头中存在故障

正常

③ 排气管检查

排气管检查

检查排气管是否渗入空气。尤其要注意后氧传感器的安装区域

异常 → 如果排气管不正常，请更换损坏的部件

正常 → 如果所得结果正常，请重新启动诊断流程

图 2－351（b）

346

（十二）ECU 引脚 - 输出　MED17.3.4（欧 5）

端子功能如表 2－120 所示。

表 2－120

PIN	功　能	PIN	功　能
A01	ECU 主接地 1	A42	进气空气温度传感器 1 信号（HFM7）
A02	ECU 主接地 2	A43	第 1 缸排后氧传感器
A03	主继电器电源 1	A44	A/C 压力传感器接地
A04	ECU 主接地 3	A45	未使用
A05	主继电器电源 2	A46	未使用
A06	主继电器电源 3	A47	未使用
A07	宽频带氧传感器信号组 1	A48	未使用
A08	组 1 宽频带氧传感器参考加压电压 1——虚拟接地	A49	未使用
A09	未使用	A50	点火运行（T－15）
A10	组 1 宽频带氧传感器参考加压电压 2	A51	转向油温度传感器信号
A11	未使用	A52	空气流量传感器 2 信号（HFM7）
A12	A/C 压缩机继电器	A53	未使用
A13	未使用	A54	未使用
A14	未使用	A55	未使用
A15	空气流量传感器 1 接地（HFM7）	A56	未使用
A16	未使用	A57	冷却风扇控制继电器
A17	未使用	A58	进气空气温度传感器 1 信号（HFM7）
A18	空气流量传感器 1 信号（HFM7）	A59	未使用
A19	启动机命令	A60	未使用
A20	未使用	A61	未使用
A21	DMTL 泵工作信号	A62	CAN－C（H）
A22	组 1 宽频带氧传感器加热器 PWM 命令	A63	CAN－C（L）
A23	未使用	A64	加速踏板位置传感器 2 接地
A24	未使用	A65	加速踏板位置传感器 2 信号
A25	组 1 宽频带氧传感器参考加压电压 2——虚拟接地	A66	加速踏板位置传感器 25V 电源
A26	组 2 宽频带氧传感器参考加压电压 2	A67	未使用
A27	宽频带氧传感器信号组 2	A68	交流发电机的 LIN 线
A28	未使用	A69	未使用
A29	未使用	A70	未使用
A30	冷却液温度传感器 2（水箱位置）信号	A71	电子油泵－速度命令
A31	冷却液温度传感器 2（水箱位置）接地/转向油温度传感器接地	A72	DMTL 阀命令
A32	空气流量传感器 2 接地（HFM7）	A73	未使用
A33	未使用	A74	组 2 两点式氧传感器加热器 PWM 命令
A34	空调压力传感器信号	A75	宽频带氧传感器信号组 2
A35	未使用	A76	两点式氧传感器接地组 2
A36	DMTL 加热器	A77	未使用
A37	冷却风扇速度控制－PWM 命令	A78	未使用
A38	辅助水泵继电器	A79	未使用
A39	排气旁路阀命令	A80	未使用
A40	未使用	A81	加速踏板位置传感器 1 接地
A41	宽频带氧传感器信号组 1	A82	加速踏板位置传感器 1 信号

PIN	功　　能	PIN	功　　能
A83	加速踏板位置传感器15V电源	B36	凸轮轴位置传感器接地
A84	未使用	B37	未使用
A85	空调压力传感器5V电源	B38	进气歧管压力传感器信号
A86	更稳定的KL30蓄电池	B39	节气门位置传感器接地
A87	主继电器控制	B40	油轨压力传感器信号
A88	未使用	B41	未使用
A89	电子油泵-激活命令	B42	增压压力传感器信号
A90	组1两点式氧传感器加热器PWM命令	B43	未使用
A91	组2两点式氧传感器加热器PWM命令	B44	未使用
B01	未使用	B45	未使用
B02	未使用	B46	未使用
B03	VVT进气2执行器命令	B47	喷油器6命令正极
B04	VVT进气2执行器命令	B48	喷油器6命令负极
B05	喷油器1命令正极	B49	点火线圈3命令
B06	喷油器1命令负极	B50	未使用
B07	未使用	B51	点火线圈1命令
B08	未使用	B52	点火线圈2命令
B09	未使用	B53	排气凸轮轴2位置传感器信号
B10	未使用	B54	调压阀2命令
B11	废气控制阀命令	B55	油压传感器信号
B12	未使用	B56	油轨压力传感器接地
B13	进气凸轮轴组1位置传感器信号	B57	启动机反馈
B14	未使用	B58	增压压力传感器5V电源
B15	节气门位置传感器5V电源	B59	节气门位置传感器2信号
B16	未使用	B60	未使用
B17	进气歧管气温信号	B61	增压压力传感器接地/冷却液温度传感器1接地
B18	节气门位置传感器1信号	B62	未使用
B19	未使用	B63	未使用
B20	进气歧管压力和温度传感器5V电源/油压传感器5V电源	B64	未使用
B21	曲轴转速传感器5V电源	B65	未使用
B22	VVT排气1执行器命令	B66	节气门0V/12V DC电机电压
B23	VVT排气1执行器命令	B67	节气门PWM电机
B24	未使用	B68	未使用
B25	VVT进气1执行器命令	B69	未使用
B26	喷油器5命令正极	B70	点火线圈4命令
B27	喷油器5命令负极	B71	未使用
B28	喷油器3命令正极	B72	点火线圈6命令
B29	喷油器3命令负极	B73	点火线圈5命令
B30	未使用	B74	排气凸轮轴1位置传感器信号
B31	未使用	B75	未使用
B32	炭罐净化阀命令	B76	未使用
B33	调压阀1命令	B77	未使用
B34	进气凸轮轴2位置传感器信号	B78	未使用
B35	燃油液面开关信号	B79	爆震传感器1正极

PIN	功　　能	PIN	功　　能
B80	爆震传感器2负极	B93	未使用
B81	进气歧管压力和温度传感器接地/油压传感器接地	B94	未使用
B82	未使用	B95	曲轴转速传感器信号
B83	凸轮轴位置传感器5V电源	B96	曲轴转速传感器接地
B84	未使用	B97	未使用
B85	MSV命令正极	B98	未使用
B86	MSV命令负极	B99	未使用
B87	未使用	B100	爆震传感器1负极
B88	未使用	B101	爆震传感器2正极
B89	喷油器4命令正极	B102	未使用
B90	喷油器4命令负极	B103	未使用
B91	喷油器2命令正极	B104	油轨压力传感器5V电源
B92	喷油器2命令负极	B105	冷却液温度传感器1信号

（十三）ECU 引脚 – 输出　MED17.3.5（欧6）

端子功能说明如表2－121所示。

表 2 – 121

PIN	功　　能	PIN	功　　能
A01	ECU主接地1	A24	未使用
A02	ECU主接地2	A25	组1宽频带氧传感器参考加压电压2 – 虚拟接地
A03	主继电器电源1	A26	组2宽频带氧传感器参考加压电压2
A04	ECU主接地3	A27	宽频带氧传感器信号组2
A05	主继电器电源2	A28	未使用
A06	主继电器电源3	A29	未使用
A07	宽频带氧传感器信号组1	A30	冷却液温度传感器2（散热器）信号
A08	组1宽频带氧传感器参考加压电压1 – 虚拟接地	A31	冷却液温度传感器2（散热器）接地/转向油温度传感器接地
A09	未使用	A32	空气流量传感器2接地（HFM7）
A10	组1宽频带氧传感器参考加压电压2	A33	未使用
A11	未使用	A34	空调压力传感器信号
A12	A/C压缩机继电器	A35	未使用
A13	发动机盖开关	A36	DMTL加热器
A14	未使用	A37	冷却风扇速度控制－PWM命令
A15	空气流量传感器1接地（HFM7）	A38	辅助水泵继电器
A16	未使用	A39	排气旁路阀命令
A17	未使用	A40	未使用
A18	空气流量传感器1信号（HFM7）	A41	宽频带氧传感器信号组1
A19	启动机命令	A42	进气空气温度传感器1信号（HFM7）
A20	未使用	A43	第1缸排后氧传感器
A21	DMTL泵命令	A44	A/C压力传感器接地
A22	组1宽频带氧传感器加热器PWM命令	A45	未使用
A23	未使用	A46	未使用

PIN	功　能	PIN	功　能
A47	未使用	A89	电子油泵－激活命令
A48	未使用	A90	组1两点式氧传感器加热器PWM命令
A49	未使用	A91	组2宽频带氧传感器加热器PWM命令
A50	点火运行（T－15）	B01	未使用
A51	转向油温度传感器信号	B02	未使用
A52	空气流量传感器2信号（HFM7）	B03	VVT进气2执行器命令
A53	未使用	B04	VVT进气2执行器命令
A54	未使用	B05	喷油器1命令正极
A55	未使用	B06	喷油器1命令负极
A56	未使用	B07	未使用
A57	组2两点式氧传感器加热器PWM命令	B08	未使用
A58	进气空气温度传感器1信号（HFM7）	B09	未使用
A59	未使用	B10	未使用
A60	未使用	B11	废气控制阀命令
A61	未使用	B12	节气门位置传感器接地
A62	CAN－C（H）	B13	进气凸轮轴组1位置传感器信号
A63	CAN－C（L）	B14	未使用
A64	加速踏板位置传感器2接地	B15	节气门位置传感器5V电源
A65	加速踏板位置传感器2信号	B16	未使用
A66	加速踏板位置传感器25V电源	B17	进气歧管气温信号
A67	未使用	B18	节气门位置传感器1信号
A68	交流发电机的LIN线	B19	未使用
A69	未使用	B20	进气歧管压力和温度传感器5V电源/油压传感器5V电源
A70	未使用	B21	曲轴转速传感器5V电源
A71	电子油泵－速度命令	B22	VVT排气1执行器命令
A72	DMTL阀命令	B23	VVT进气1执行器命令
A73	未使用	B24	未使用
A74	冷却风扇控制继电器	B25	机油泵控制
A75	宽频带氧传感器信号组2	B26	喷油器5命令正极
A76	两点式氧传感器接地组2	B27	喷油器5命令负极
A77	未使用	B28	喷油器3命令正极
A78	未使用	B29	喷油器3命令负极
A79	未使用	B30	未使用
A80	未使用	B31	未使用
A81	加速踏板位置传感器1接地	B32	炭罐净化阀命令
A82	加速踏板位置传感器1信号	B33	调压阀1命令
A83	加速踏板位置传感器15V电源	B34	进气凸轮轴2位置传感器信号
A84	未使用	B35	燃料液面开关信号
A85	A/C压力传感器5V电源	B36	凸轮轴位置传感器接地
A86	更稳定的KL30蓄电池	B37	未使用
A87	主继电器控制	B38	进气歧管压力传感器信号
A88	未使用	B39	未使用

PIN	功 能	PIN	功 能
B40	轨道压力传感器信号	B73	点火线圈 5 命令
B41	未使用	B74	排气凸轮轴 1 位置传感器信号
B42	增压压力传感器信号	B75	未使用
B43	未使用	B76	未使用
B44	未使用	B77	未使用
B45	未使用	B78	未使用
B46	未使用	B79	爆震传感器 1 正极
B47	喷油器 6 命令正极	B80	爆震传感器 2 负极
B48	喷油器 6 命令负极	B81	进气歧管压力和温度传感器接地/油压传感器接地
B49	点火线圈 3 命令	B82	未使用
B50	未使用	B83	凸轮轴位置传感器 5V 电源
B51	点火线圈 1 命令	B84	未使用
B52	点火线圈 2 命令	B85	MSV 命令正极
B53	排气凸轮轴 2 位置传感器信号	B86	MSV 命令负极
B54	调压阀 2 命令	B87	未使用
B55	油压传感器信号	B88	未使用
B56	油轨压力传感器接地	B89	喷油器 4 命令正极
B57	启动机反馈	B90	喷油器 4 命令负极
B58	增压压力传感器 5V 电源	B91	喷油器 2 命令正极
B59	节气门位置传感器 2 信号	B92	喷油器 2 命令负极
B60	未使用	B93	未使用
B61	增压压力传感器接地/冷却液温度传感器 1 接地	B94	未使用
B62	未使用	B95	曲轴转速传感器信号
B63	未使用	B96	曲轴转速传感器接地
B64	未使用	B97	未使用
B65	未使用	B98	未使用
B66	节气门 0V/12V DC 电机电压	B99	未使用
B67	节气门 PWM 电机	B100	爆震传感器 1 负极
B68	未使用	N101	爆震传感器 2 正极
B69	未使用	B102	未使用
B70	点火线圈 4 命令	B103	未使用
B71	未使用	B104	油轨压力传感器 5V 电源
B72	点火线圈 6 命令	B105	冷却液温度传感器 1 信号

第二节　总裁 V8 发动机系统

一、前言

全新总裁因其全新 F154A V8 发动机而出类拔萃，其为取代 F136 发动机系列的全新家族中的一分子。F154A 采用全新技术，完全由玛莎拉蒂自主设计并由法拉利制造而成。全新双涡轮增压 V8 布局及直接燃油喷射是玛莎拉蒂汽车采用的最先进技术，如图 2－352 所示。全新总裁的 3.8L 395kW 发动机版本所采用的 V8 布局是对玛莎拉蒂传统的完美诠释,同时发动机 2000～4000r/min 的输出扭矩为 650N·m;由于采用低惯量平行双涡轮增压技术,发动机能够传递惊人的 710N·m 超增压扭矩。

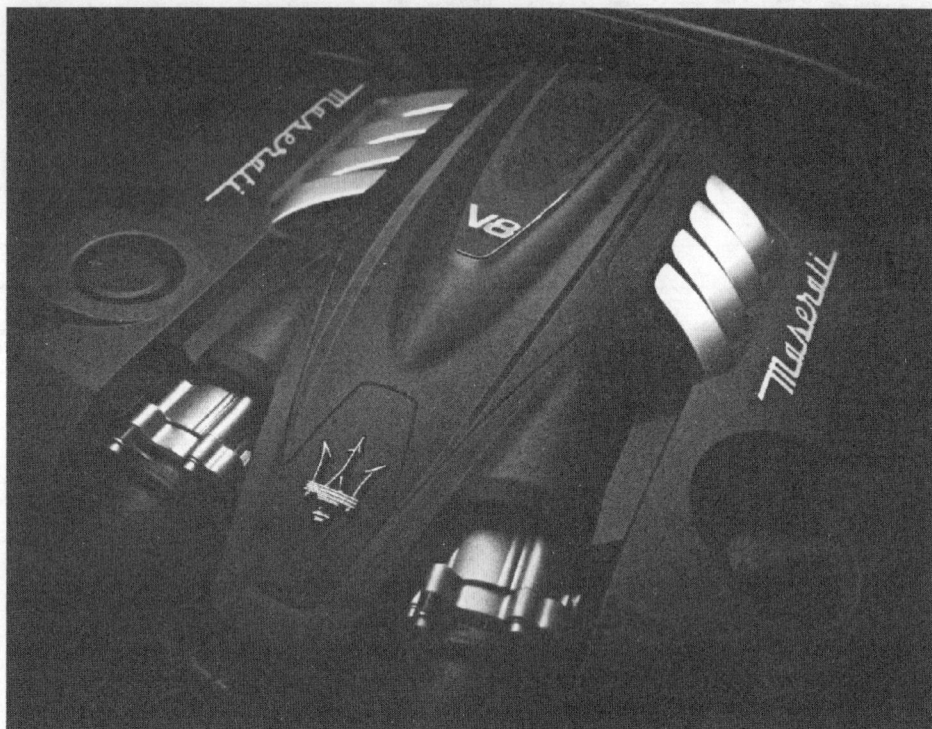

图 2-352

由于符合了以下特性,因而可获得出色的驾驶乐趣。

高效流体动力学性能和燃烧性能;

低惯量平行双涡管涡轮增压;

高压(20 000 kPa)燃油直喷;

各汽缸盖带双 VVT。

允许使用"换气策略"(主要指通过较高的气门重叠角在发动机内换气,产生二次燃烧和发动机较低转速 WOT 下良性的涡轮增压启动效果)。此策略经过优化(控制重叠角和其他参数),以在任何行驶条件下获得最佳的发动机响应性,无论是不稳定工况还是稳定工况。该款全新发动机具有令人印象深刻的扭矩曲线,1500r/min 以下转速时即可达到最大扭矩的 95% 以上。

(一)发动机视图

发动机视图,如图 2-353 和图 2-354 所示。

(二)主要技术特点

全新一代轻合金 90°V8,如图 2-355 所示。

小型化与涡轮增压技术的融合造就了紧凑型刚性发动机结构,从而拥有出色的 NVH 性能。

飞轮侧正时配气的独特布置可降低曲轴承受的由于驱动气门机构而产生的扭转载荷。

铝质汽缸盖带每汽缸 4 气门和较强滚流道,4 个连续凸轮正时 VVT,用于减小机械摩擦的滚柱指轮随动件和液压间隙调节器。

1020℃ 适应性双涡流涡轮增压歧管,带低惯量真空驱动和电控废气旁通阀和放泄阀。

低压降进气和排气系统及高效中冷器。

采用旁通阀的可调式排气系统可实现独特的排气噪声。

图 2-353

图 2-354

　　高燃烧效率：带多孔喷油器的 20 000kPa 直喷系统可提供更完全的燃烧和更容易的启动性能。该套系统与 4 个凸轮变化器一起确保了更低的排放和显著改善的燃油经济性。

　　带可变排量的电控机油泵及使用低黏度机油可降低损耗并提高燃油效率。

　　交流发电机由发动机控制单元智能控制。

　　发动机标定符合舒适型/运动驾驶性能选装系统。

　　符合美国超低排放车辆（SULEV）法规。

　　预备未来采用启停系统。

　　预备未来采用停缸技术。

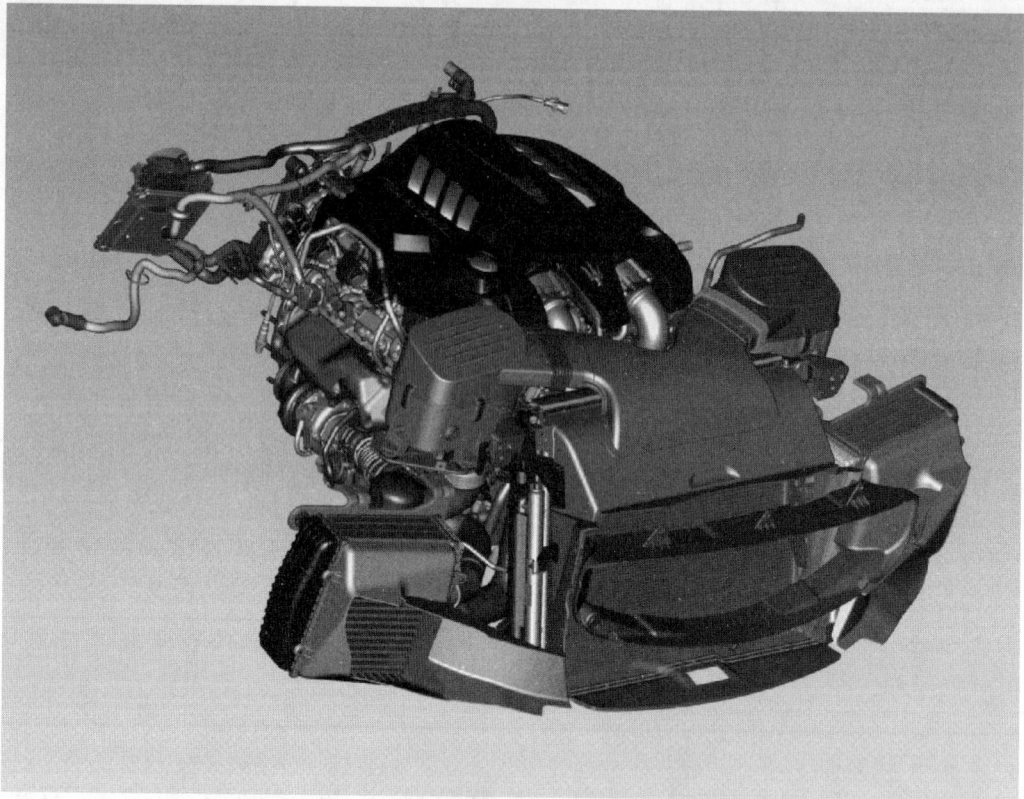

图 2-355

(三) 双涡轮增压器历史

　　双涡轮增压发动机是玛莎拉蒂引入的革新技术。现在，玛莎拉蒂首次真正地在其量产发动机上引入双涡轮增压技术。涡轮增压曾作为一个技术革新出现在一级方程式赛车（Formula 1）上，仅仅 4 年之后 Biturbo 车型（因其独特的发动机结构而命名）于 1981 年 12 月 14 日上市。首款 Biturbo 发动机为 2L 排量，90°轻合金 V6 布置，每个汽缸为 3 气门设计。双涡轮增压发动机（型号 AM 452.09）为全新技术，它也是 Alejandro de Tomaso 自主开发的首款发动机。其引进技术使得这款发动机能够在轿车（例如 Biturbo）上输送非凡性能，这是史无前例的崭新技术。首先，这款发动机采用 Weber 42DCNVH 化油器，涡轮增压器由日本公司 IHI（石川岛幡摸磨重工业有限公司）供应。由于高度的复杂性，这款发动机早期版本承受着可靠性不良的较坏声誉。然而，在其 20 年的跨度中，Biturbo 发动机历经大量改进和技术革新。容量增大至 2.5L，后来又增大至 2.8L，以适用于出口市场，采用水冷式涡轮增压器和中间冷却器，Weber—Marelli 燃油喷射取代化油器，采用每缸 4 气门的全新汽缸盖设计。甚至还开发有一个每缸 6 气门的试验用发动机 6.36，但是它依然是样机，没有到达量产阶段。输出功率从 1981 年最早期化油器式 Biturbo 的 134kW 直线上升至 90 年代中期吉博力（Ghibli）Cup 车型的 246kW。在那些年中，Biturbo 发动机始终保持最强劲动力 2L 量产发动机的纪录。2001 年，当总裁（Quattroporte）IV 车型停止生产时，玛莎拉蒂 V6 Biturbo 发动机的辉煌历史走到了尽头。

二、技术参数

（一）技术参数如表 2- 122 所示

表 2－122

技术参数 F154A	
配置	90°V8，32 气门，双涡轮增压
容量	3797ml
缸径×冲程	86.5mm×80.8mm
压缩比	9.4：1
最大功率	6500～6800r/min 390kW（530hp）
最大扭矩	2000～4000r/min 时 650N·m；过度增压条件下 2000r/min 时 710N·m
发动机最高转速	7200r/min
急速	700r/min
特定发动机功率	104kW/L
点火次序	1－8－6－2－7－3－4－5
气门机构	32 气门，4 顶置凸轮轴，滚动指轮随动器和液压间隙调整器
正时配气	飞轮侧双正时链，进气和排气连续可变凸轮正时
进气正时	60°正时变化器
排气正时	50°正时变化器
涡轮增压器	集成在排气歧管中，IHI 低惯量双涡形，水冷式
润滑系统	湿式油底壳润滑系统，电子控制可变排量机油泵
燃油系统	均匀汽油直接喷射（GDI）
发动机控制系统	博世 Motronic MED17.3.4

（二）性能曲线

性能曲线如图 2－356 所示。

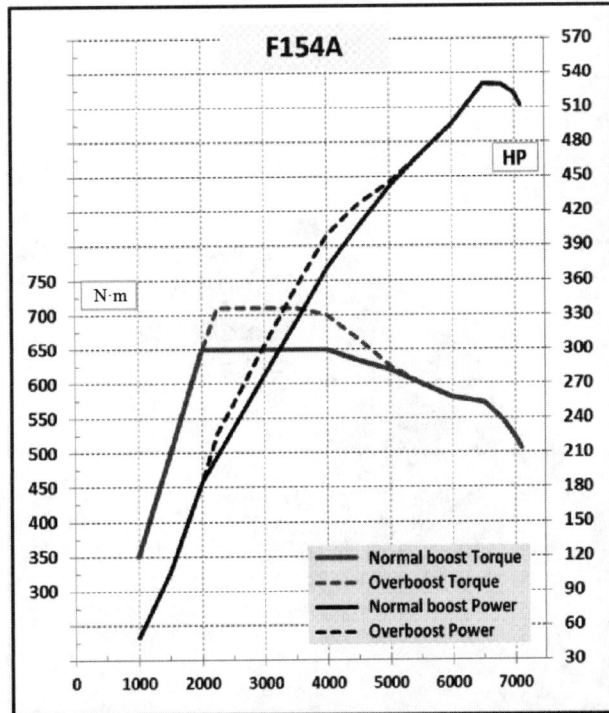

图 2－356

三、 机械部件

（一）曲轴箱

曲轴箱由上、下两个壳体构成，由硬化回火铝合金采用铸造工艺制成。包含 5 个主支承轴颈。汽缸衬套为湿式，由带电镀镍硅炭化物涂层的钢制成，如图 2－357 所示。水泵位于发动机前部、汽缸 1 和 8 之间的 V 形之间，而凸轮轴正时链系统集成在飞轮侧。下部壳体带有 4 个簧片阀，原来安装在 MC Stradale 发动机上，模拟"干式油底壳"润滑系统和机油泵总成。一个隔板式铝质油底壳在底部密闭曲轴箱。位于曲轴箱下部的 4 个多片式簧片阀的开发是消除活塞工作冲程中其下部区域内出现压力波动的重要步骤，压力波动会产生不利影响并可能减缓曲轴的旋转运动。由于每对汽缸共用一个大头轴颈，每个片阀将两个汽缸与其他曲轴箱容积隔开，所以当两个活塞的其中一个在缸径中向下移动时，另一个活塞在相反汽缸组中以相同的速度向上移动，基本上在两个活塞下面形成中性的压力变化。但是，簧片阀必须打开，以使输送至主轴颈和大头轴颈的机油流回至主油底壳中。这通过由于油底壳吸气而形成的微小负压和曲轴臂旋转时产生的"空隙"来控制。F154A 发动机中使用的 4 个簧片阀的其中一个，如图 2－358 所示。

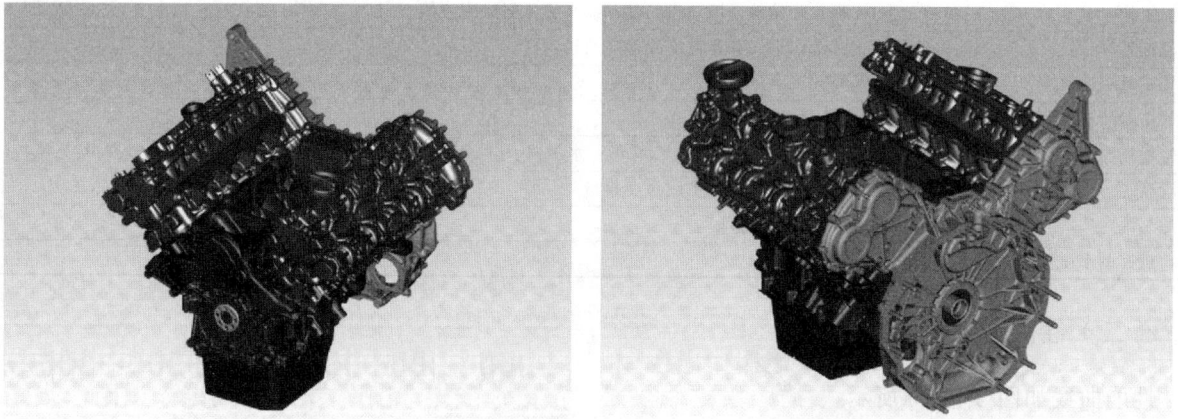

图 2－357

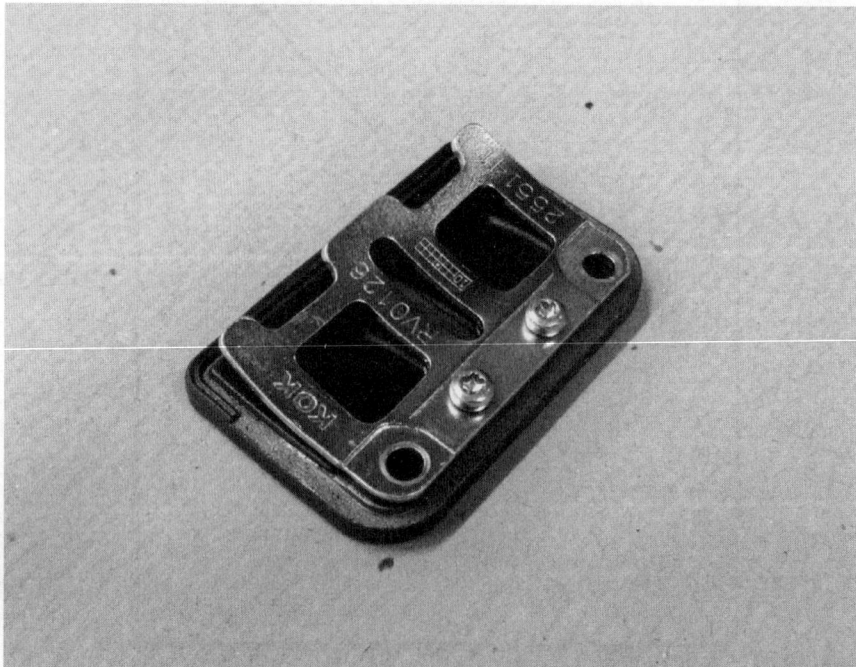

图 2－358

356

（二）汽缸编号

发动机的 8 个汽缸按照如下方式布置。

汽缸组 1（汽缸 1－2－3－4），右侧，从前至后，如图 2－359 所示。

汽缸组 2（汽缸 5－6－7－8），左侧，从后至前。

（三）旋转部件

设计曲柄机构零部件时要特别注重旋转时摩擦力的总减小量，如图 2－360 所示。高阻力氮化钢曲轴坐落在 5 个无铅主轴颈上。钢制连杆通过曲轴轴颈上的成对大头连接位于汽缸衬套中央轴线上，同样安装有无铅护罩。石墨覆层铝合金活塞为铸造而成，带有专门设计的凹陷"鹭形"冠，促进燃烧室内的翻滚。通过汽缸上的喷嘴将机油喷射至活塞裙部和冠部，从下面对其冷却。

图 2－359

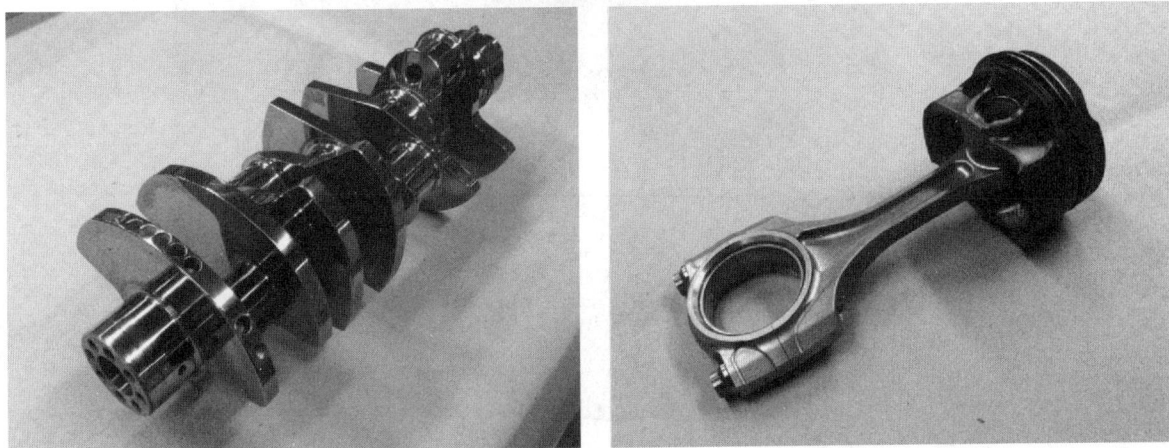

图 2－360

1. 前端附件传动皮带

在发动机前端，多 V 形皮带将曲轴运动传输到空调压缩机、水泵、动力转向泵和交流发电机，皮带由弹簧加载机械装置进行张紧。安装在该系统中心的扭转减震器通过一圈 8 颗螺栓固定到曲轴上，如图 2－361所示。

图 2－361

2. 减震器

减震器通过螺栓安装在曲轴前端，如图 2－362 所示。减震器还起着前端附件传动皮带轮的作用。Metaldyne 减震器是采用钨轴凝胶成型结构，其作用是在发动机运行过程缓冲曲柄装置产生的震动。钨是元素周期表中的一种元素，质量极高，大约是铅的 1.7 倍。其惯性可以吸收曲轴能量，并将能量返回到曲轴上。通过这种方式实现曲轴角速度的平稳化。

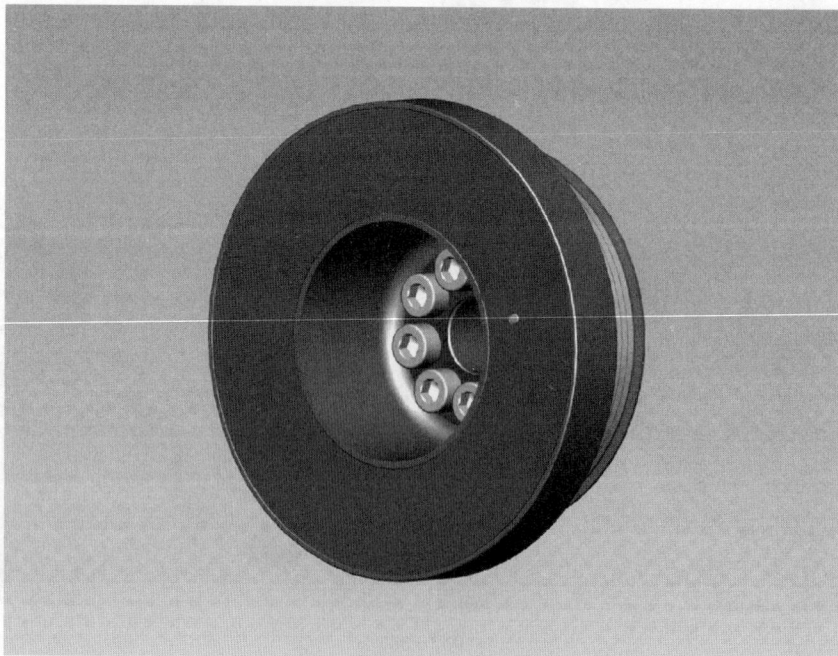

图 2－362

四、 汽缸盖

硬化和回火铸造铝质汽缸盖。每汽缸 4 气门，带高效进气道，设计用于在燃烧室内产生涡流。二次空气系统气道，辅助发动机满足污染标准，直接集成在铸件中。缸盖顶部的凸轮轴盖是一个将凸轮轴固定在各缸组上其支承轴颈内的结构件。凸轮轴为复杂的中空件，通过"滚柱指轮"杠杆原理作用在液压挺杆上，以便通过滚动接触表面减小能量分散。这有助于减小总内摩擦以及降低噪声。缸盖系统的内部冷却回路确保均匀的热耗散，即便在安装火花塞的燃烧室区域内。汽缸盖和燃烧室如图 2-363 所示。带液压间隙调整装置的滚柱指轮随动器有助于减小发动机的内摩擦，如图 2-364 所示。可从下面看到气门盖，它不仅与凸轮轴盖集成在一起，还包含 2 个发动机正时传感器、高压燃油泵和用于 2 个正时变化器的电磁阀及相关油道，如图 2-365 所示。

图 2-363

图 2-364

359

图 2-365

五、正时配气

F154 发动机正时系统位于飞轮侧。这可使曲轴转矩显著降低并因此提高正时系统的精度。由于在任意点的发动机输出驱动力矩接近车辆输入驱动力矩，曲轴扭转不可能与控制系统发生冲突。此外，发动机内部产生的震动在前部两个汽缸（1-8）之间的测量值大于在后部两个汽缸（4-5）处的测量值。配气系统内产生的震动降低确保驱动链和张紧器的平稳操作。其带有两个单片节链，每个缸组一个，由液压张紧器和导轮拉紧。凸轮轴链轮为可变气门正时系统的组成部分，正时系统包括 4 个低压变化器。

两个液压控制的机械变化器，具有 60°范围，用于进气系统。

两个液压控制的机械变化器，具有 50°范围，用于排气系统。

可变气门正时系统确保理想的汽缸加注循环，可在较低转速下实现更大的扭矩分配，以及降低排放指数并改善燃油消耗量。它由来自发动机控制单元的脉宽调制（PWM）信号通过相关电磁阀和机油回路启用。液压控制压力与机油泵产生的发动机机油压力相同。所有凸轮轴都带有正时变速器，由 INA 通过外部安装的辅助弹簧进行液压操纵，有助于凸轮轴向前运动，如图 2-366 所示。

图 2-366

六、润滑系统

为了使发动机机械吸收的功率最小化，F154 发动机装备新一代机油泵，具有可变排量和压力。所有油道均集成在曲轴箱、缸盖和后壳体铸造结构内。曲轴箱内的机油喷嘴确保活塞温度在一定条件下降低，而筒式机油过滤器位于曲轴箱顶部、汽缸盖之间。机油泵位于曲轴箱底部，它由安装在链轮通过驱动链驱动。增压机油量可通过泵总成内的移动元件进行改变。此部件的内部重新定位会改变机油泵输出排量。

1. 电控机油泵

机油泵的特点是压力分为两端，由电磁阀通过发动机控制单元发送的脉宽信号控制。发动机转速较低和发动机负载较小时，系统产生较小的机油压力（约300kPa），这个压力足以润滑发动机的运动零件，同时还减小了系统转动油泵生成压力所需要的能量。这意味着，在压力需求较低的情况下，飞溅润滑喷嘴关闭。转速较高时，油泵调节排量，生成最大流量比，压力也会达到600kPa。这个压力可以克服喷嘴上的单向阀内部的弹簧张力，将单向阀冲开，启动喷嘴的飞溅润滑作用，通过改善运行条件增大了润滑和冷却效果。机油滤清器壳体如图2-367所示。润滑系统规格如表2-123所示。电控机油泵的电磁阀安装在曲轴箱右侧，如图2-368所示。

1—机油滤清器壳体　2—油/水热交换器　3—机油压力传感器　4—机油油位表

图2-367

表2-123

润滑系统类型	湿式油底壳润滑系统，带挡板的机油盘
机油泵	变排量机油泵，由发动机ECU通过电子方式控制，油泵上游安装止回阀
机油量	8.6L［对应最大（MAX）油位］
最小（MIN）油位和最大（MAX）油位之间的油量差	1.4L
机油规格	满足API SL/CF和ACEA A3、B3、B4技术规范的完全合成多级润滑油 SAE5W/40。推荐机油：SHELL Helix Ultra 5W—40或Q Horsepower 5W—40
润滑压力	润滑压力分两段：变排量机油泵在低压条件下工作时300kPa；高压时600kPa。
冷却	油/水热交换器，位于曲轴箱顶部，缸盖之间
机油滤清器	可更换的筒式机油滤清器，含集成的止回阀，位于曲轴箱顶端中央

2. 窜气系统

油气分离器安装在右侧缸盖顶部，一个平衡管连接两个汽缸组，如图2-369所示。

七、 冷却系统

全新总裁（Quattroporte）的动力传动系使用双冷却回路，如图2-370所示。主冷却回路专门用于

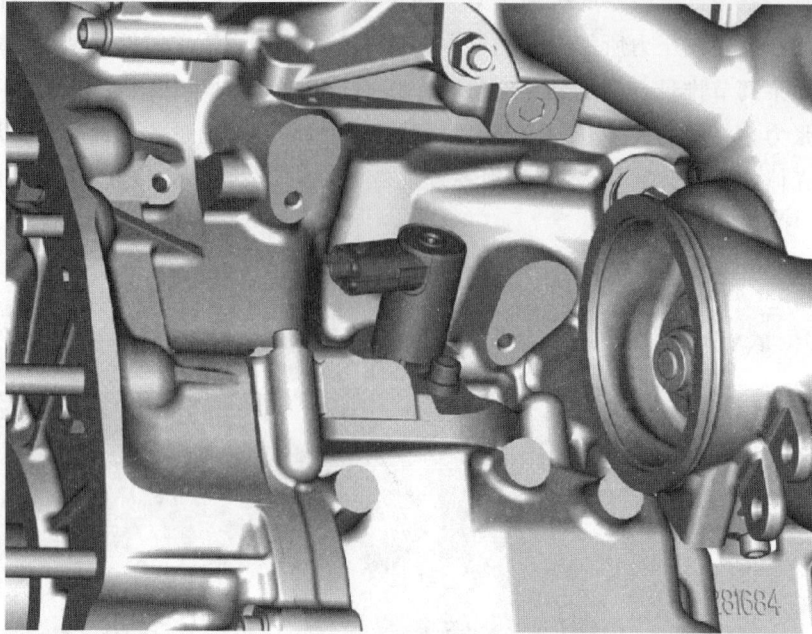

图 2-368

图 2-369

发动机冷却，而次级冷却回路用于变速器和动力转向系统冷却。两个回路完全独立，即便膨胀水箱集成在单个总成内。主回路内的冷却液循环由机械式水泵强制进行，水泵位于发动机前面中央并由前端次级传动皮带驱动。带散热器进水口和出水口的节温器阀门壳体安装在水泵正上方。一个发动机冷却液温度传感器安装在节温器壳的顶部，如图 2-371 所示。在低温运转和暖机阶段，ECM 需要使用发动机温度信号增加燃油供给并维持行驶性能。第二个温度传感器安装在散热器上，用于启用电动冷却风扇。无刷风扇电机由ECM 通过脉宽调制（PWM）信号控制。冷却液回路也连接至两个水冷式涡轮增压器，发动机机油/水热交换器安装在曲轴箱顶部。

　　单个冷却风扇带有集成式风扇 ECU，它接收来自 ECM 的脉宽调制（PWM）信号，如图 2-372 所示。

　　冷却系统规格如表 2-124 所示。

1—主散热器 2—次级冷却回路散热器 3—节温器阀门壳体 4—至变速器油冷却器的水管 5—至空调热交换器的水管 6—至膨胀水箱 7—电动辅助水泵

图 2-370

1. 水泵皮带轮 2—散热器回流管 3—节温器阀门壳体 4—油/水热交换器 5—水温传感器 6—散热器输送管

图 2-371

表 2-124

冷却系统类型	强制液体冷却	冷却系统类型	强制液体冷却
冷却液泵	离心式，由前端附件传动皮带驱动	冷却液数量	13.9L
恒温阀，开始开启	(85±2)℃	冷却液技术参数	水和冷却液按1：1比例混合。冷却液：带缓蚀剂的保护性的乙烯乙二醇基防冻液。推荐液体：Paraflu up FO2 Petronas o SHELL 长效 OAT
恒温阀，全开	(93±2)℃		

图 2-372

八、发动机控制系统

（一）概述

全新 F154A 发动机采用全新一代发动机控制系统。与带 Motronic ME7/ME9 发动机控制系统的前一代 F136 发动机相比，嵌入了许多新功能。新功能主要与以下领域有关。

涡轮增压；

直接燃油喷射；

多种集成式功能。

下面所列为发动机控制系统涉及的不同电气和电子部件，根据其控制的系统分组。

（1）发动机管理系统（表 2-125）。

表 2-125

部件	规格	注	数量
发动机 ECU	博世 Motronic MED.17.3.4	196 针	1

（2）气路控制（表 2-126）。

表 2-126

部件	规格	注	数量
加速踏板单元	Hella	双电位计	1
节气门体	博世 DEV-5	58mm	2
质量空气流量传感器	博世 HFM7-8.5RP	数字式，带有集成式进气温度传感器	2
增压压力传感器	博世 DS-S3		2
歧管压力传感器	博世 DS-S3-TF	带有集成式温度传感器	2
可变气门正时用控油阀	INA	电磁阀 7.5~8.5Ω	4

（3）油路控制（表 2-127）。

部件	规格	注	数量
低压燃油泵继电器（低速/高速）	Hella mini	通过串联电阻器的低速控制	2
低压燃油泵继电器（激活）	Hella mini	激活两个泵	1
低压燃油泵单元		位于燃油箱内侧	2
炭罐净化阀	博世 TEV－5		1
油箱泄漏诊断模块	博世 DMTL	仅用于美国/加拿大车型	1
带压力调节器的高压燃油泵	玛涅蒂玛瑞利 PHP	由 3 凸角凸轮驱动	2
燃油压力传感器	博世 DS－HD－KV4.2－K	线性输出	2
喷油器	博世 HDEV.5.2－K	电磁式	8

（4）发动机同步和点火系统（表 2－128）。

表 2－128

部件	规格	注	数量
发动机转速传感器	博世 DG－23i	霍尔效应，具有旋转方向感应能力	1
发动机正时传感器	博世 PG－3.8	霍尔效应	4
点火线圈	Eldor	点火能量可变	8
火花塞	NGK SILKAR 8C6DG	M12mm×1.25mm 螺纹	8
爆震传感器	博世 KS－4－K		4

（5）进气控制（表 2－129）。

表 2－129

部件	规格	注	数量
废气旁通阀电磁阀	Pierburg	真空度调节	1
进气旁通阀	Pierburg	三通真空阀	2

（6）排气系统（如表 2－130）。

表 2－130

部件	规格	注	数量
上游氧传感器	博世 LSU 4.9 高级型	宽带，5 针	2
下游氧传感器	博世 LSF.4.2	两级	2
二次空气系统用电磁阀	Pierburg	三通真空阀	2
二次空气泵继电器	Hella mini		1
压力传感器二次空气系统	博世 DS－S3		1
排气旁通阀用电磁阀	Pierburg	三通真空阀	1

（7）温度控制（如表 2－131）。

表 2－131

部件	规格	注	数量
发动机水温传感器	博世 TF－W	NTC 电阻器	1
散热器水温传感器	博世 TF－W	NTC 电阻器	1
冷却风扇模块	Johnson 电风扇	无刷电机	1
冷却风扇继电器	Omron 微型		1

（8）润滑系统（如表 2－132）。

表 2-132

部件	规格	注	数量
发动机机油压力传感器		模拟	1
发动机机油泵	Pierburg 变流量泵	两级压力	1
发动机机油油位开关	Hella	开关	1

（9）辅助控制（如表 2-133）。

表 2-133

部件	规格	注	数量
制动助力器上的真空传感器	博世	日后停起和应用	1
空调系统压力传感器		线性压力传感器	1
A/C 压缩机继电器	Omron 微型		1
辅助水泵	博世	离心泵	1
辅助水泵继电器	Omron 微型		1
动力转向油温度传感器		NTC 电阻器	1

（二）发动机控制模块（ECM）

F154A 发动机使用新的博世 Motronic ECU，MED17.3.4。此 ECM 为全新一代发动机 ECU 的组成部分，与 F136 发动机上使用的前一代 ME9 ECU 相比有重大改进。

高速 Infineon TriCore 处理器，频率为 180MHz（ME9 ECU 为 56MHz），闪存为 4Mb。

新型的发动机 ECU 可以容纳 8 个 GDI 喷油器（这在 MED9 ECU 上是不可能的，如需驱动 8 个喷油器，需 2 块 MED9 发动机 ECU）。

105 个针脚车辆侧接插件和 91 个针脚车辆侧接插件，共计 196 个针脚（相比 ME9 为 154 个针脚）。

可直接控制多个附件，如通过脉宽调制（PWM）信号控制发电机、冷却风扇。

Motronic ECM 位于发动机舱内，右侧前悬架支撑罩后面，如图 2-373 所示。它可通过拆下专用盖够到。

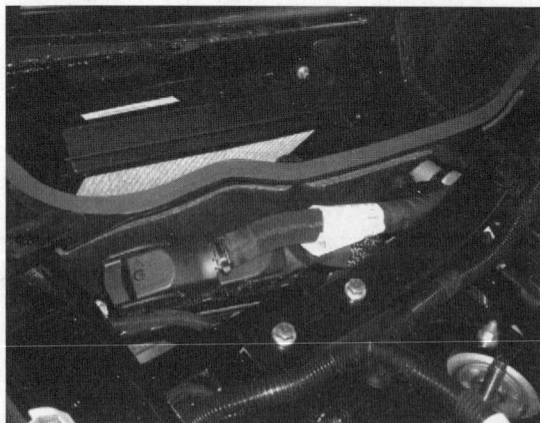

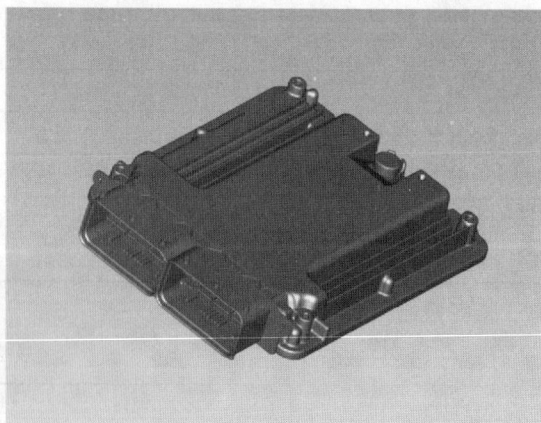

图 2-373

系统/部件：表 2-134 汇总了由 Motronic MED17 ECU 控制的系统和部件。

表 2-134

系统/部件	控制器类型
节气门（2）	脉宽控制，极性可逆，由分别用于每个节气门的 2 个集成位置传感器提供反馈
喷油器（8）	通过增压电压进行电流控制，通过脉宽控制保持，2 个喷油器使用 1 个驱动器
高压燃油泵（2）	脉宽控制的压力调节器

系统/部件	控制器类型
低压燃油泵（2）	通过继电器和串联电阻器实现双速控制
炭罐净化阀	脉宽控制
废气旁通阀（2）	由1个电磁阀进行真空操纵，脉宽控制
进气旁通阀（2）	由电磁阀真空操纵，开/关型控制
点火线圈（8）	数字式5V激活信号
变气门正时的机油控制阀（4）	脉宽控制
二次空气阀（2）	由电磁阀真空操纵，开关型控制
二次空气泵	开/关型控制器，通过继电器控制
废气旁通阀（2）	由电磁阀通过真空操纵，开/关式控制器
交流发电机	智能充电控制，通过串行LIN线实现
冷却风扇	脉宽控制
空调压缩机启动装置	含开关型控制器的电磁离合器通过继电器控制
空调压缩机控制器	脉宽控制的变排量型
发动机机油泵	通过电磁阀实现控制功能的两级控制器
辅助水泵	脉宽控制

ECM管理下列附件和辅助功能。

由ESC发出，并用于ESC、TCS、MSR、DWT－B的扭矩请求。

由TCM发出，供换挡使用的扭矩请求。

可供驾驶员选择的不同行驶模式（正常、运动、I.C.E.）。

巡航控制，是所有车辆的标准设备，直接由ECM管理。

空调制冷回路控制，通过空调压缩机和空调压力传感器实现。

变速器和助力转向系统的二次冷却回路，通过辅助水泵实现。

发电机充电控制。

防盗功能，通过VIN存储器实现（ECM是VIN的主控单元）。

（三）进气系统

进气系统组成如图2－374和图2－375所示。

1. 空气滤清器和壳体

在发动机舱前部有2个纸质滤芯空气滤清器及其壳体。为方便检修，无须拆卸其他部件便可进行拆装。

2. 质量型空气流量传感器

F－154A发动机使用两个博世HFM7质量型空气流量传感器，这两个传感器直接安装在空气净化器壳体下面。其中还集成了进气温度传感器（IAT）。HFM7是第7代数字式质量型空气流量传感器，带有一个气流导管和两个气流通道。凭借偏心设计，水和颗粒物通过离心力与空气分离。清洁空气经由一个通道进入传感器元件进行测量，含有水分和颗粒物的空气经由另一个通道直接导出传感器，从而使得传感器元件较少受到外部物质引起的损害和污染。这种新型传感器的另一个特殊优点是减少了压降（在500kg/h的流量下只有900Pa，而上一代HFM传感器在同样条件下的压降是1400Pa）。数字式博世HFM7空气流量传感器使用单滤网空气过滤器和4针接插件（上一代模拟HFM空气流量计使用5针接插件），如图2－376所示。

HFM7传感器发出5V的数字式变频空气质量信号，对电磁干扰的敏感性更弱。但是，其信号只能使用示波器检查。频率在传感器通电但没有空气流过时从1.8kHz开始变化，在满载时达到12～14kHz。怠

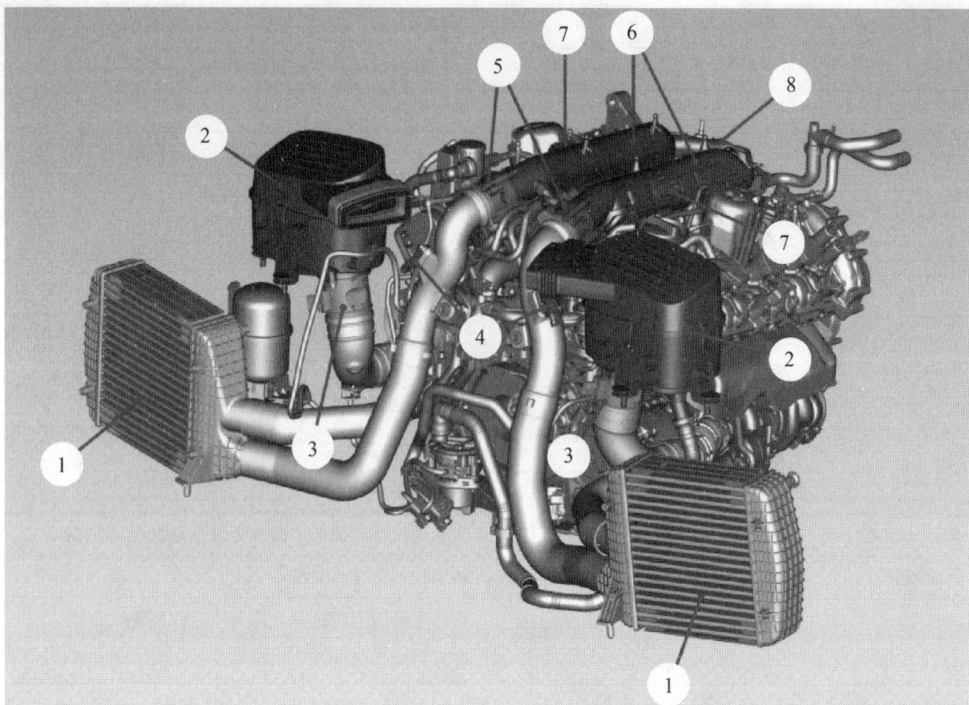

1. 中冷器　2—空气滤清器壳体　3—空气流量传感器　4—增压压力传感器　5—节气门体　6—进气歧管
7—歧管压力传感器　8. 平衡管

图 2-374

图 2-375

速时，频率大约在 2.1kHz 左右。进气温度 IAT 通过模拟信号输出。

图 2-376

3. 中冷器

两个中冷器安装在散热器单元的每侧，通过风冷进行热交换。中冷器通过降低增压器产生的进气热量来提高进气系统的效率。空气被压缩时，气温上升，密度降低，会部分抵消压缩空气带来的优势。中冷后，空气密度上升，所以更多空气会被带入汽缸。进气温度降低会保持较浓的空气进入到发动机中，从而实现增压。进气温度降低也会降低发生发动机爆震的危险。中冷器保持增压的优势，提高发动机输出。F154A 发动机的中冷器，正如相应风管一样，进行专门设计，对进气流的阻力降至最低。

4. 增压压力传感器

增压压力传感器安装在各进气道上，位于节气门的上游。这些传感器包含 1 个压阻压力传感器元件和 1 个适用于信号放大和温度补偿的电路，它们都集成到一个硅片上。所测量的压力从上到硅膜的有效侧。输出为 0~5V 的模拟信号，内部电路设计避免对地和 5V 短接。增压信号由 ECM 用于闭环增压压力控制。

5. 节气门体

F154A 的新特性是使用了两个独立的节气门体，每侧汽缸组各一个，如图 2-377 所示。与 F136 发动机所使用的 80mm 单节气门体相比，新节气门体的直径减小为 58mm。两个节气门体都由 ECM 控制。每个节气门体都带有两个电位计式位置传感器，通过这个传感器可以实现节气门的闭环控制和合理性检查。新节气门体的工作原理与 F136 发动机所使用的节气门相同。节气门直流电机由 12V 脉宽信号控制，两个位置传感器产生互补的 0~5V 模拟信号。

图 2-377

369

6. 进气歧管和进气歧管压力传感器

两侧汽缸组的进气歧管上都安装了压力传感器（博世 DS—S3—TF）。这个传感器测量节气门下游位置的歧管实际压力。压力测量方式与增压压力传感器（博世 DS—S3）相同，但由于增加了 NTC 电阻，因而还能测量歧管空气温度。与节气门上游安装的压力传感器相似，歧管传感器用于增压管理。歧管空气温度信号可以让 ECM 对增压过程空气温度的变化进行补偿，因为空气的密度会随着温度的升高而变小。歧管压力传感器外面的针脚如图 2—378 所示。

1—传感器接地　2—模拟温度信号　3—5V 电源　4—线性模拟压力信号

图 2—378

（四）涡轮增压器

涡轮增压器结构如图 2—379 和图 2—380 所示。

图 2—379

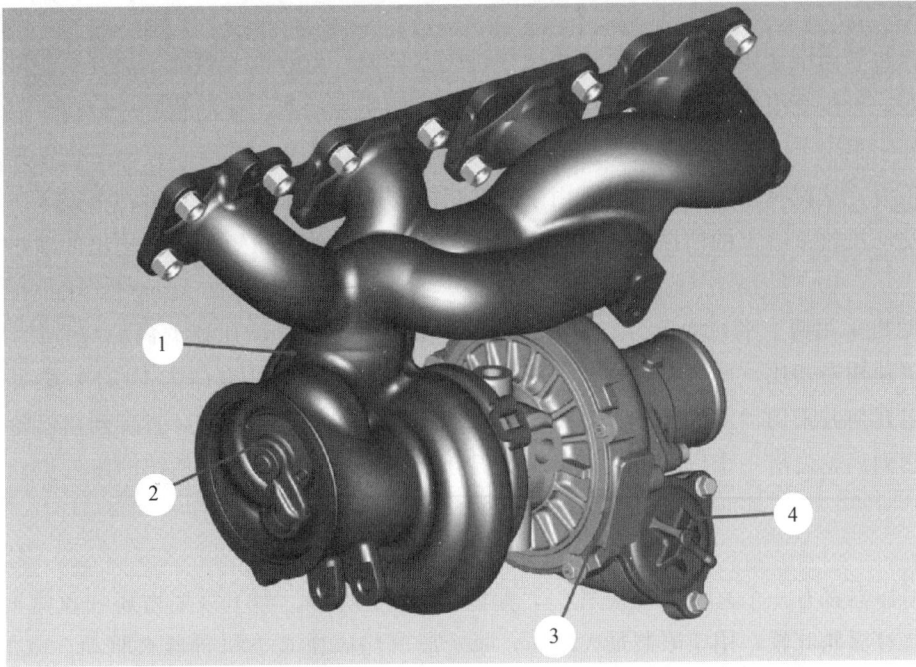

1—集成双涡管式排气歧管　2—废气旁通阀　3—增压器壳体　4—进气旁通阀

图 2—380

图 2—381 为汽缸组 1 的 IHI 双涡管式涡轮增压器，图 2—382 为汽缸组 2 的 IHI 双涡管式涡轮增压器。

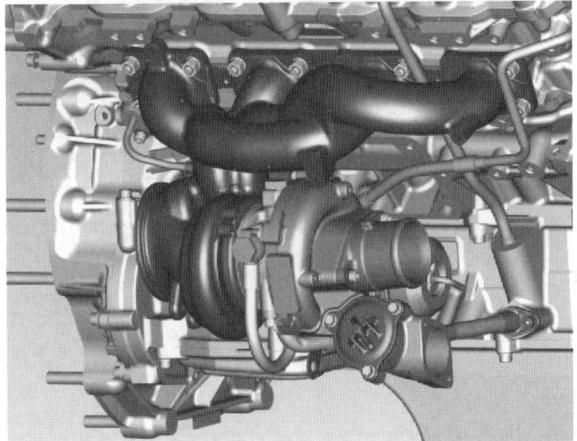

图 2—381

图 2—382

1. 工作原理

每个增压器包括两个主要部分。废气涡轮置于排气路径内,由热废气驱动。离开燃烧室的废气包含大量的热能和动能,否则会损失掉。在涡轮中,这种能量被转换为动能,使涡轮叶轮旋转。涡轮叶轮与压缩机叶轮安装在同一根轴上,压缩机安装在进气轨道上。压缩机叶轮快速旋转,提高了进气速度,增加进气系统内的空气压力,这就叫作增压或充气。由于发动机能够产生的扭矩量主要由每个循环所消耗的空气流量来确定,在发动机排量给定的前提下,进气系统充气是增加发动机扭矩和动力输出的理想方式。

2. 说明

F154A发动机采用两个平行增压器,分别在每个汽缸组上。这些增压器的涡轮与排气歧管集成一体。与歧管和涡轮单独构造相比,此方案更有效、更紧凑。由日本专家IHI专门为F154A发动机研发的水冷增压器具有固定几何并采用"双滚"技术:每个歧管的排气道为2对2匹配,直接到达涡轮叶轮上。排气路径极短,在达到涡轮之前一个汽缸组的废气不会混合。该技术提高了排气系统的废气流动并使涡轮迟滞大幅下降。

3. 废气门

每个涡轮增压器都有一个真空驱动废气门,如图2-383所示。当不需要增压或仅需要较少增压时,废气门使废气绕过涡轮叶轮,用于限制最大增压。每个废气门阀由真空执行器来驱动。ECM根据增压目标通过PWM信号来激活真空调节电磁阀。这使发动机管理系统能够精确控制绕过涡轮的废气量,从而控制进气充气量。

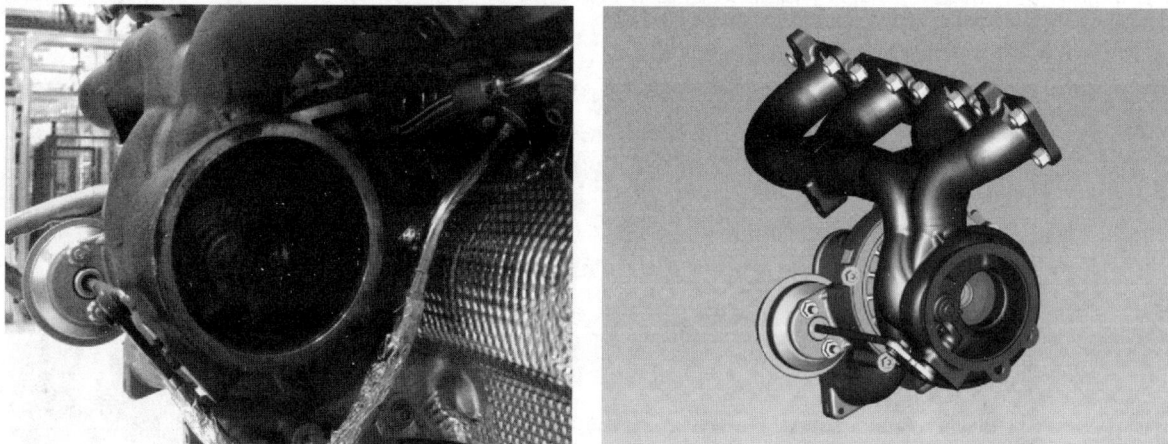

图2-383

4. 进气旁通阀

涡轮增压器压缩腔的出口安装有真空操纵的进气旁通阀,如图2-384所示。阀门打开时,将压缩空气泄压释放。进气旁通阀通过电磁阀操纵,电磁阀由ECM通过开/关策略控制。进气旁通阀在节气门突然关闭时起作用,目的是防止进气叶轮因为节气门关闭所导致的压力升高而产生涡轮迟滞。这一策略减少了增压器的延迟。

5. 增压控制

为实现对感应增压的控制,发动机管理系统对下列新参数进行管理。

进气压缩在节气门开度达到100%,系统需要更大扭矩时开始。

根据驾驶员的扭矩请求确定节气门上游的目标增压压力。

ECM关闭废气旁通阀,让更多废气进入涡轮增压器,提高增压器的转速。

压缩轮转速升高,压缩进气。

当增压压力传感器测量得到的进气压力达到目标值后,废气旁通阀保持在相应位置。

进气旁通阀在增压压力过高时,或在特定过程("松油门"阶段)释放部分压力。

图 2-384

如果歧管内空气温度升高，进气的密度会降低。因而，ECM 将提高增压压力，以便保持目标质量型空气流量。质量型空气流量直接与发动机扭矩相关。当歧管空气温度超过 50℃时，增压压力补偿作用停止。这是为了消除发动机爆震。

（五）排气系统

全不锈钢排气系统由每个汽缸组的各 1 个催化转化器、1 个前消声器、1 个用于平衡系统背压的连接管和 2 个带旁通阀的后消声器组成，如图 2-385 所示。

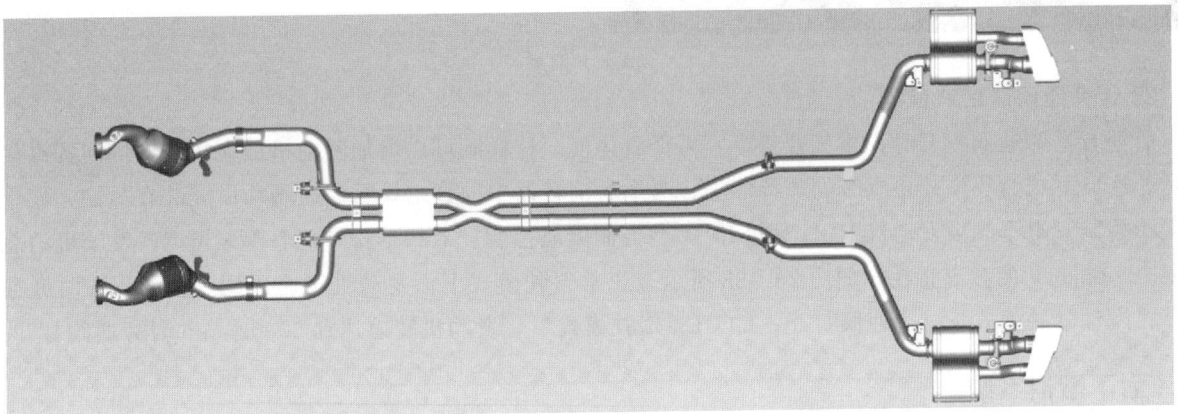

图 2-385

1. 催化转化器和 λ 控制

三元催化器安装在排气管靠近涡轮增压器出口的位置，如图 2-386 所示。两个氧传感器用于两侧汽缸组：上游传感器（博世 LSU）为线性宽频带传感器，下游传感器是传统的双电位传感器（博世 LSF）。

上游氧传感器采用博世提供的 LSU 4.9 高级型传感器。LSU 4.9 高级型传感器是一个平面型氧化锆双腔限流传感器，带有集成式加热器。博世 LSU 4.9 高级型氧传感器安装在紧靠涡轮出口的位置，如图

373

2－387所示。与以前的发动机中使用的传统 LSU 4.9 传感器之间的不同之处在于使用 5 针电气接插件代替了 6 针电气接插件。LSU 4.9 高级型传感器不再使用修正电阻，因为校准现在由传感器自身执行。该新型传感器精度高，稳定性强，同时传感器加热时间从小于 10s 提升到小于 5s。传感器加热时间指的是从加热过程开始到泵送电流稳定在最终值附近规定偏差带内之间的时间。这个传感器的输出信号是一个线性电流信号，在混合气较浓时为负值，当 λ 值为 1（理论空燃比）达到 0，而当混合气变得较稀时开始变为正值。上游氧传感器用于油量的闭环控制（"燃油修正"），下游氧传感器监测催化转化器的效率并由 ECM 用于合理性检查。

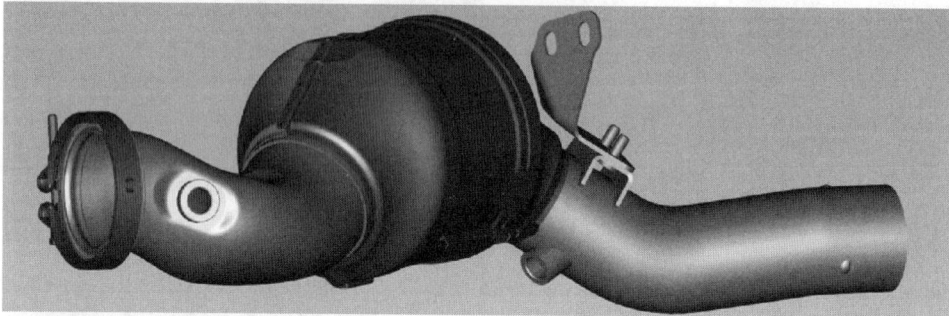

图 2－386

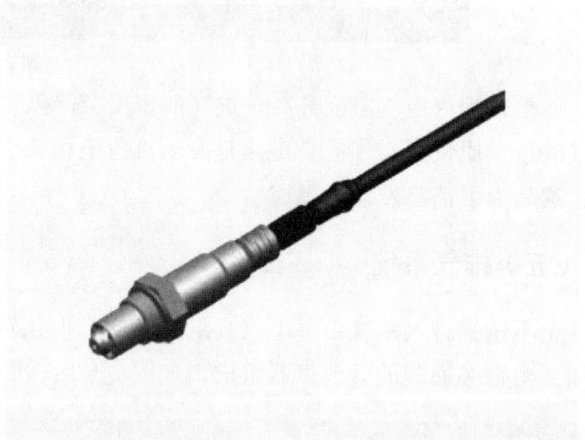

图 2－387

2. 带旁通阀的后消音器

后消音器旁通阀打开时，排气管将更容易释放尾气。这样既可以增加发动机最大扭矩，同时提高尾气噪音。这已经成为玛莎拉蒂汽车的独特标志。两个后消音器中的真空操纵旁通阀均由安装在后副车架上的电磁阀控制。电子阀由发动机 ECU 通过开/关型控制策略控制。双梯形排气尾管是装配 V8 发动机的总裁（Quattroporte）的独有特性，如图 2－388 所示。正常驾驶模式下，发动机转速达到 3000r/min 时旁通阀打开；运动驾驶模式下，旁通阀打开；I. C. E. 驾驶模式下，发动机转速达到 5000r/min 时旁通阀打开。

（六）燃油系统

在 M156 总裁（Quattroporte）上，玛莎拉蒂首次采用直接燃油喷射（GDI－汽油直接喷射）。这意味着喷油器直接位于燃烧室内，与间接燃油喷射相反，在间接燃油喷射中，喷油器安装在进气门之前的进气道中（PFI－进气口燃油喷射）。GDI 发动机的主要优点是由于燃烧过程可直接和更精确控制，提高了燃油效率并增大了动力输出。使用 GDI 系统还可更加精确地控制排放水平。这些优点可通过对根据不同的发动机运转状态而改变的燃油量和喷射正时的精确控制来实现。由于喷油器直接位于燃烧室内，GDI 发动机的喷射压力与 FPI 发动机相比要高很多（喷射压力一般为约 350kPa）。F154A 发动机采用均匀喷射。这意味着在燃烧室内可实现空燃比为 1 的均匀燃油空气混合气。最大喷射压力为 20 000kPa。屋脊形燃烧室的特点是火花塞位于中央，而高压喷油器位于侧面，如图 2－389 所示。

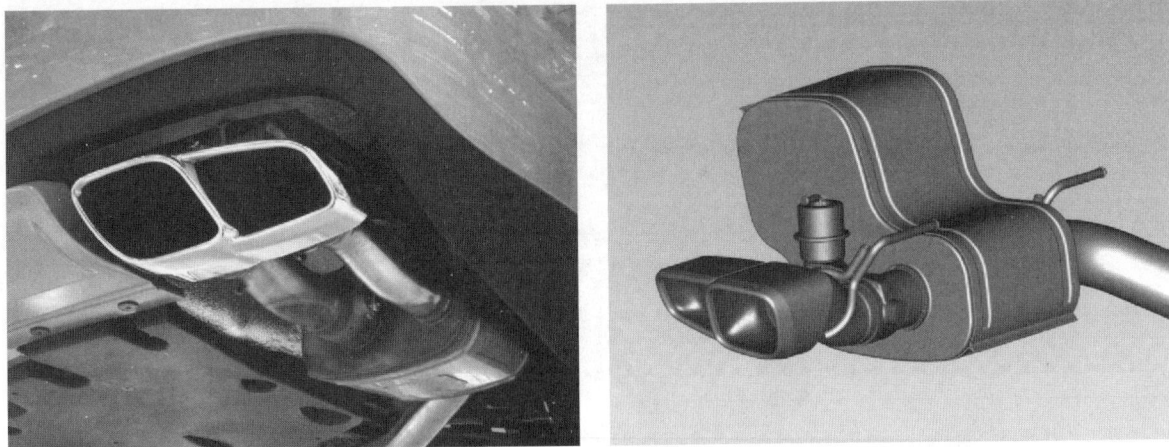

图 2－388

图 2－389

1. 燃油回路

燃油回路如图 2－390 所示。

GDI 系统和 PFI 系统之间的最明显区别是 GDI 系统有两个燃油回路。

低压燃油回路将燃油从油箱输送到安装在发动机缸盖上的高压油泵中。

高压回路中含有提供喷油压力的电控机械式高压油泵。F154A 发动机使用两个独立的高压回路：每侧汽缸组各一个。

注意：发动机关闭后，高压燃油回路中的压力仍会很高。进行任何高压燃油回路的维修操作之前，确保先释放其中的压力。

图 2－391 显示了高压燃油系统的部件：装配压力调节器的高压油泵（位于噪音隔离盖下面）、管道以及两个高压燃油分配管（各装配 4 个喷油器和 2 个压力传感器）。

2. 燃油箱

M156 总裁（Quattroporte）装备新鞍式燃油箱（图 2－392），位于后排乘客座椅下方。此方案有益于降低重心，不会缩小行李空间。燃油箱的几何容量为101.6L，有效容量为80L。加油口为无盖式。

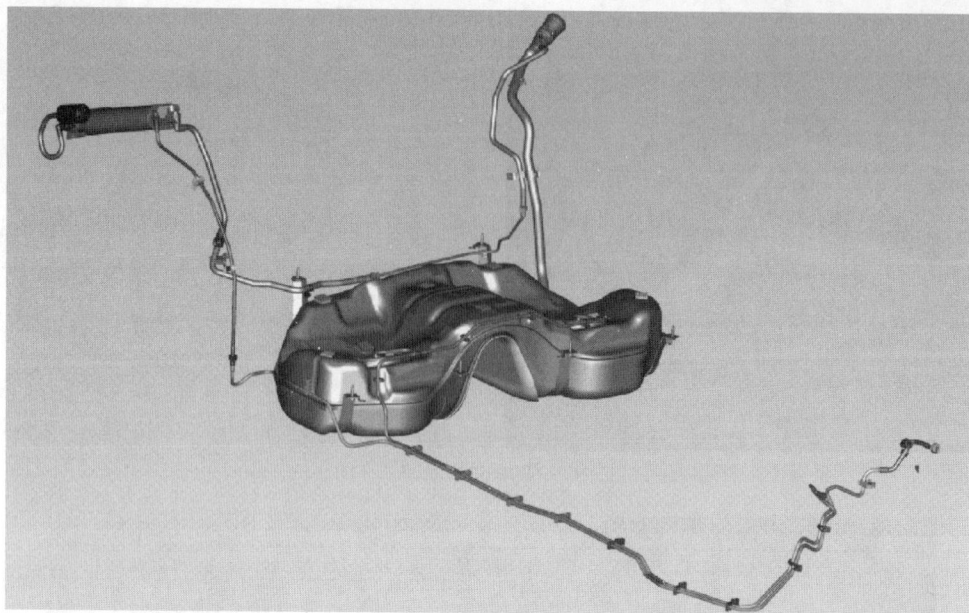

图 2－390

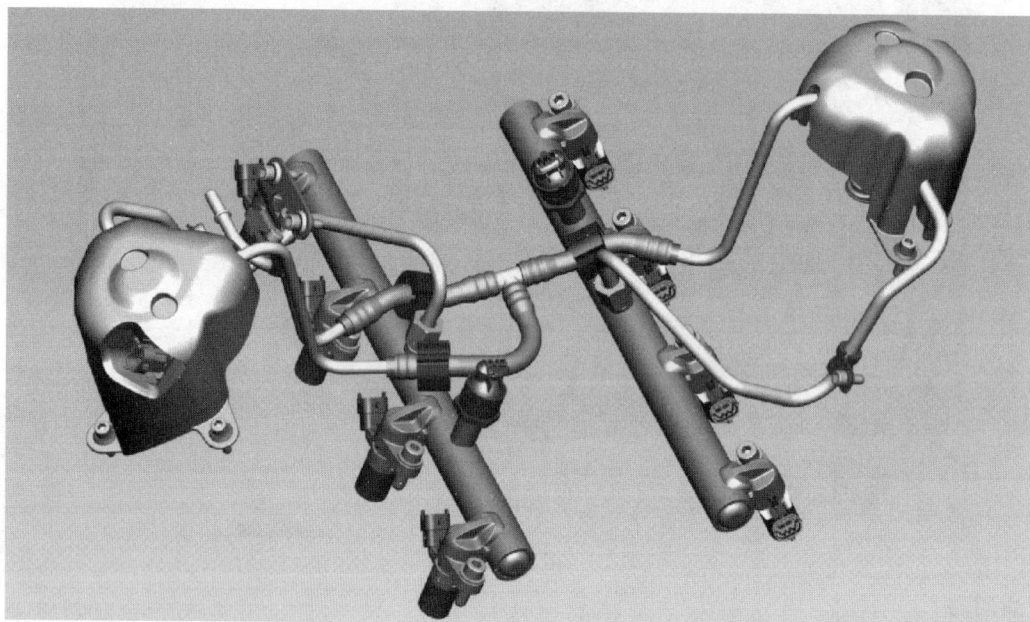

图 2－391

3. 低压燃油泵单元（图 2－393）

油箱内安装了 2 个低压燃油泵/送油器。燃油泵/送油器单元与 PFI 系统使用的单元非常相似：含有直流电机驱动的油泵、燃油滤清器芯、带内置回油和止回阀的调压器，以及浮子操纵的油位信号发送单元。主要区别在于新油泵单元产生的燃油压力更高，可以达到 500～600kPa，而 PFI 系统所使用的单元只能提供大约 350kPa 的输油压力。之所以使用这种燃油泵单元，目的在于减少蒸气锁闭（燃油系统中的高温导致气泡形成）的危险。蒸气锁闭对 GDI 系统非常危险，因为高压油泵需要稳定的燃油供应才可以实现冷却和润滑。

两种低压燃油泵都采用双速控制。油泵由 ECM 通过 3 个继电器控制。一个继电器用于启动两个油泵，另外两个继电器分别用于每个油泵的高低速切换。

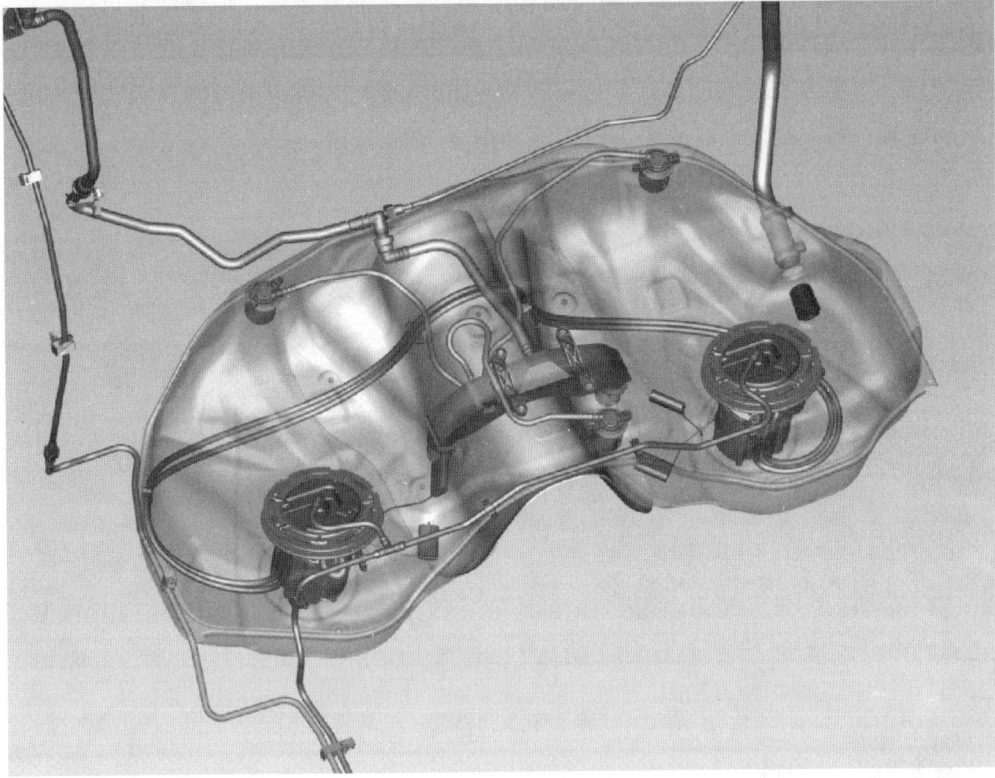

图 2 - 392

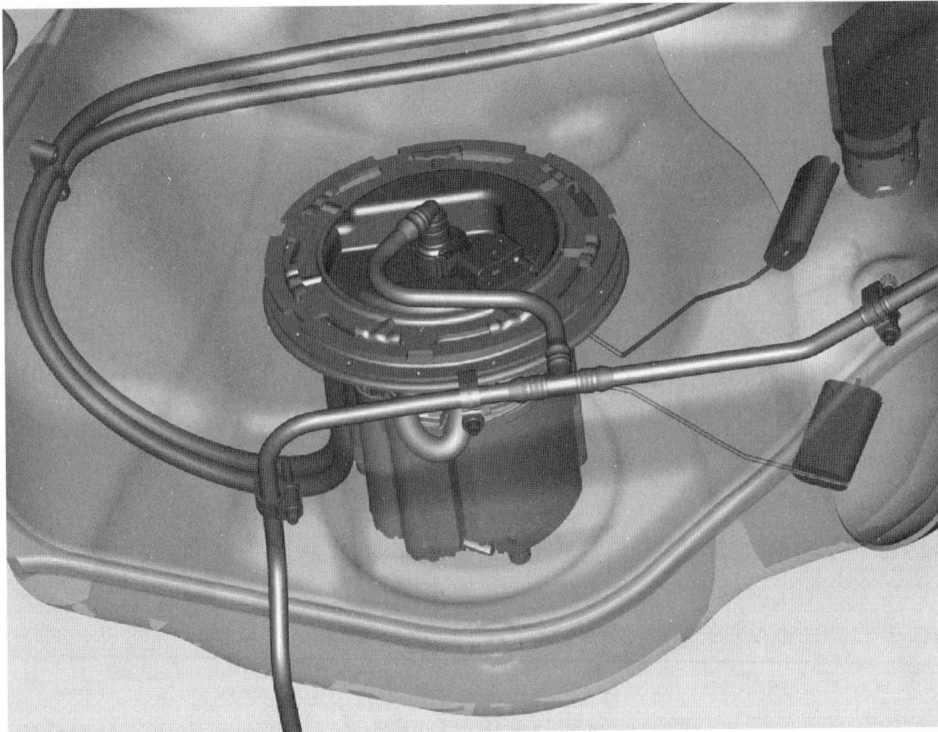

图 2 - 393

4. 高压燃油泵和燃油压力调节器

　　Magnetti Marelli PHP 高压油泵是一个由进气凸轮轴进行机械式操纵的单柱塞泵。每侧汽缸组各安装一个油泵。每侧的油泵分别为对应的 4 个汽缸供油。油泵由三瓣式凸轮操纵。压力在 4000～20 000kPa 之间变化。压力的变化由电磁执行器控制。执行器作用在进气门上,使得流速控制始终精确。油泵中还使用了保护高压油路的最大流量阀和限制供应回路压力波动的入口阻尼器。ECM 按照发动机在不同运行条件

377

（转速、输出扭矩、环境条件等）下的需要改变喷油压力。高压油泵使用了能够限制电磁执行器压力的特殊装置，这种装置的"嘀嗒声"经常会被用户视为故障，而在 GDI 发动机中，代表的是向这种类型的技术彻底转变的缺点。这种专利技术设备是 Magneti Marelli 油泵实力的一个体现，因为它有效地消除了噪音根源。进气凸轮轴上的三瓣式凸轮操纵高压油泵如图 2—394 所示。

图 2－394

5. 燃油压力控制

GDI 发动机的管理系统控制下列新参数。

根据发动机的运行状况控制目标燃油压力；

测量得到的燃油分配管内燃油压力；

燃油压力的闭环控制。

如果高压燃油压力调节器控制电路中出现故障（例如断路），高压油泵将无法建立起压力，从而使得燃油分配管中的压力与低压油路相同。在这种情况下，发动机可以怠速运行，但是无法增大负载，因为没有充足的喷油压力（发动机保护模式）。

6. 燃油分配管和压力传感器

两侧汽缸组各有自己的燃油分配管。燃油分配管的作用是将燃油喷射压力均匀分配给各缸。两个燃油分配管中都装有压力传感器（博世 DS—HD—KV4.2—K）。压力测量通过钢膜的膨胀实现。膜片上带有应变片，从而可以形成惠斯登电桥。测量得到的信号与压力成正比。喷油压力是 GDI 发动机的重要参数，需要由发动机控制系统精确控制。与高压油泵的燃油压力调节器一起构成闭环控制回路。每个传感器都有 3 根连线：一根用于传感器的 5V 电源，一根用于传感器接地，一根用于 0.5～4.5V 的线性压力模拟信号。压力传感器安装在高压燃油分配管中，如图 2—395 所示。燃油分配管压力参数检查是 GDI 发动机的一项有用诊断，可以确定低压和高压燃油回路是否正确工作，还可以用于检测喷油器是否存在泄漏。

图 2－395

7. 喷油器

F154A 发动机使用带 7 个喷油孔的博世 HDEV 5.2 喷油器，如图 2－396 所示。喷油器横向布置在燃烧室中，位于两个进气门下面。靠近喷油器端部的位置安装有特氟龙燃烧密封圈。不得损坏这个特氟龙密封圈，每次将喷油器从缸盖上拆下后应更换该密封圈。由于要求安装过程绝对清洁，因而喷油器在燃油分配管杯座上的安装不得在一般车间环境下进行。出于这个原因，玛莎拉蒂零部件部门只提供带燃油分配管的 4 个喷油器总成。

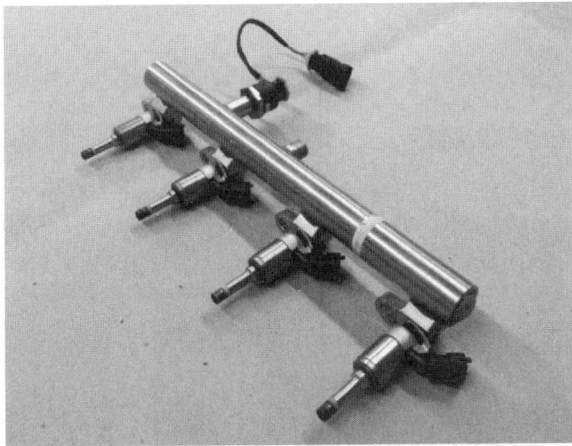

图 2－396

喷油器控制：GDI 发动机喷油器的控制和运行比 PFI 系统复杂。ECM 根据发动机的瞬时运行状态独立改变喷油定时、喷油时长和喷油压力。由于压力较高，电压和电流的大小远高于传统 PFI 系统的值。喷油器的打开动作由大约 65V 的增压电压激活，这个电压可以使喷油器的峰值电流达到 12A 左右。在这个阶段完成后，喷油器会在 12V 脉宽信号作用下保持打开状态，并且将电流保持在 4A 左右。由于喷油器的装配需要绝对纯净的环境，不允许从喷油器上拆卸燃油分配管。喷油器必须和燃油分配管作为一个完整的总成来更换。从发动机上拆下喷油器后，必须更换喷油器端部的特氟龙燃烧密封圈。

（七）真空回路

使用进气增压的后果是在一定条件下，发动机真空度不足。真空用作能量载体，使车辆内的某些辅助系统和子系统运行。为此，F154A 发动机上安装有两个真空泵，每个汽缸组上各一个。真空泵安装在发动机前面，由进气凸轮轴驱动。一个铝制真空罐安装在发动机舱的右下区域，如图 2－397 所示。

以下系统和子系统使用真空。

制动助力器；

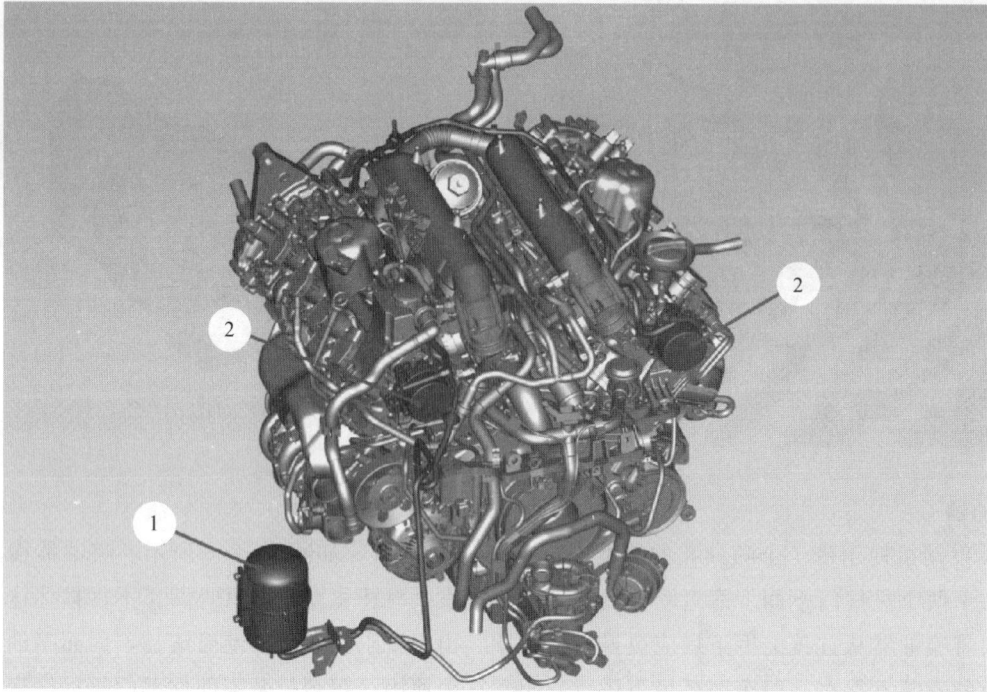

1—真空罐　2—凸轮轴驱动真空泵

图 2－397

废气旁通阀控制；

进气旁通阀控制；

二次空气系统阀控制；

排气旁通阀控制。

两个真空泵安装在发动机前面，每个进气凸轮轴上各安装一个，供应应用于运行许多辅助系统的真空，如图 2－398 所示。

图 2－398

（八）二次空气系统

二次空气系统如图2-399所示。

1—真空促动的二次空气阀　2—二次空气压力传感器　3—二次空气泵　4—二次空气电磁阀

图2-399

F154A发动机装备一个二次空气喷射装置，其目的是减少冷启动后发动机暖机过程中产生的气体排放。冷启动后喷射至排气口内的富含氧空气将与仍然含有未燃烧燃油的排气混合在一起。这将使排气管道内产生二次燃烧，进而减少排气排放物并确保催化转化器快速达到其工作温度。

二次空气系统由以下部件组成。

2个真空促动的二次空气阀，安装在发动机前部，每个汽缸盖上各1个，如图2-400所示；

图2-400

二次空气管道，集成在汽缸盖铸件内，将二次空气阀与汽缸盖内的排气口直接相连；

1个电动空气泵，由发动机ECU启动；

1个电磁阀，通过真空驱动各二次空气阀。电磁阀由发动机ECU驱动；

1个二次空气压力传感器，安装在从空气泵至两个二次空气阀的管道上。压力传感器与增压压力传感器相同，由ECM（OBD要求）用来对二次空气系统进行诊断。

二次空气泵由 ECM 通过前 PDC 内的继电器启动。一个电动空气泵（图 2-401 左图）安装在发动机前部的下副车架上。两个二次空气电磁阀安装在支架上。二次空气压力传感器如图 2-401 右图。

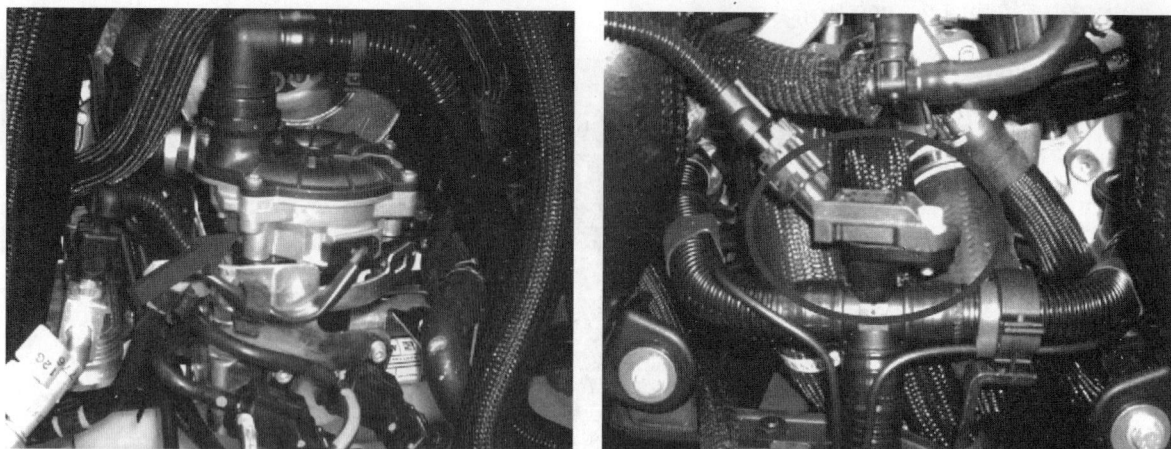

图 2-401

（九）EVAP 系统和油箱泄漏检测

燃油蒸气活性炭罐安装在右后侧车轮拱罩区域内，如图 2-402 所示。存储在活性炭罐内的燃油蒸气由活性炭罐回收至进气系统中。活性炭罐位于发动机舱内右侧，发动机上稳定杆正下方。它由 ECM 通过脉宽调制（PWM）信号控制。

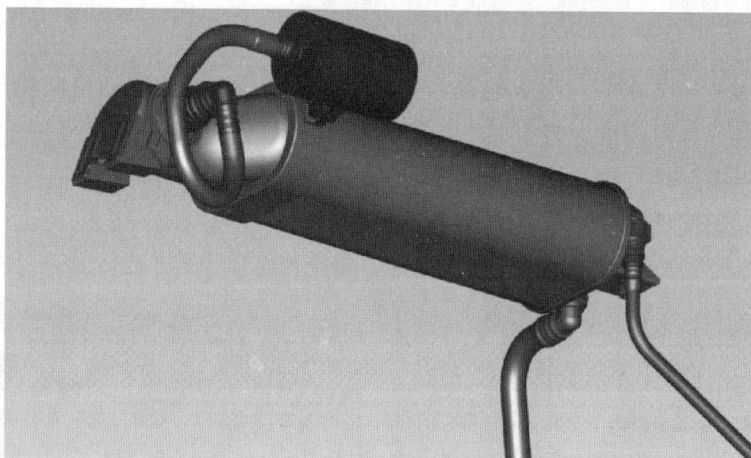

图 2-402

DMTL 单元安装在活性炭罐附近，设计用于按照 OBD 法规（仅限美国/加拿大技术参数的车辆）检测油箱泄漏。它由一个机械电子方式驱动的空气泵以及带集成式基准限流阀的转换阀组成。在其中一种设置下，空气泵将空气通过基准限流阀输送，在其他设置下通过活性炭罐输送至燃油箱系统中。发动机管理系统测量空气泵在各设置下的电流消耗量。比较电流值是检测油箱是否泄漏的一种方式。

（十）发动机同步和点火系统

1. 发动机转速传感器

发动机使用新的转速传感器（博世 DG-23i），传感器位于发动机后侧中央位置，如图 2-403 所示。传感器从 58 齿（60-2）调和轮提取转速信号；调和轮安装在发动机挠性板上。这是一个数字式霍尔效应传感器，具有特殊的工作参数，能够检测曲轴的转动方向。传感器能够在发动机没有运行的情况下识别曲轴的位置，可以在关闭后迅速启动发动机。这个功能使得系统特别适合于停车 & 起步功能。数字式传感器位于飞轮端中心位置，可从 58 齿的调和轮上提取转速信号。图 2-404 显示了转速传感器如何根据发动机的旋转方向生成不同输出信号的过程。

图 2-403

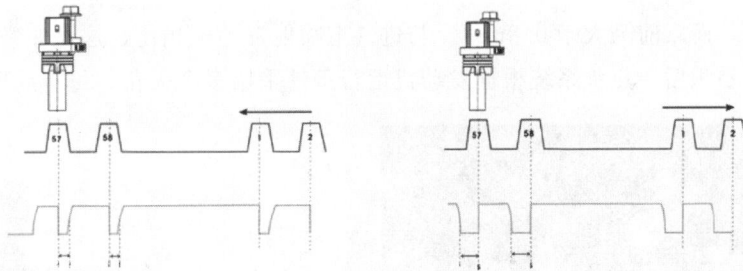

图 2-404

2. 发动机正时传感器

所使用的发动机正时传感器与 F136 发动机所使用的相同，但是新系统还使用了带正时传感器的排气凸轮轴，因而，新系统总共有 4 个传感器，而以前的发动机中只有 2 个传感器。正时传感器使用霍尔效应元件，从安装在各个凸轮轴上的调和轮上提取信号。凭借正时传感器，ECM 能够识别发动机的位置，正时传感器还可用于正时调节器的闭环控制。霍尔效应正时传感器同时用于进气和排气凸轮轴上，如图 2-405 所示。两个正时传感器安装在左、右汽缸盖上。正时传感器的调和轮有 4 个齿（$2\times40°$ 和 $2\times140°$），如图 2-406 所示。

图 2-405

图 2-406

3. 点火线圈和火花塞 (图 2-407)

所用的点火线圈为 Eldor 品牌，正如 F136 代发动机上的一样，但它们的点火电源更大、火花持续时间更长（大于 1.2ms，而以前为大于 0.8ms）。与进气道喷射发动机相比，这是非常必要的，因为 GDI 发动机上的火花塞更容易积垢。点火系统根据发动机运行条件采用多个火花，每个周期最多 3 个火花。

图 2-407

4. 爆震控制

4 个具有线性特性参数的压电式感应爆震传感器（博世 KS-4-K）安装在发动机 V 形内曲轴箱顶部。这些传感器将结构性振动转换为电信号，并由 ECM 对这些信号进行评估。系统根据爆震的强度和频谱信息以及非爆震燃烧对爆震传感器的信号进行评估。ECM 能够使用多个变量消除发动机的爆震：点火正时、喷油正时和增压压力。博世 KS-4-K 爆震传感器如图 2-408 所示。

图 2-408

（十一）可变气门正时控制

全新 F154A 发动机的独特装置是安装在全部 4 根凸轮轴上的正时调节器。各正时调节器通过改变调节器内不同提前室和滞后室内的油量来工作。位于各调节器附近气门盖上的油压控制阀控制流向调节器各室内的油量。正时电磁阀由来自 ECM 的脉宽调制（PWM）信号连续控制，从而使气门正时完全连续变化。

384

当发动机关闭时，调节器内的油压下降，调节器返回至其静止位置，如下所述。

进气门凸轮轴调节器：完全滞后位置。

排气门凸轮轴调节器：完全提前位置。

在正时调节器位于静止位置或附近时，可消除气门重叠。ECM 基于发动机转速和发动机负荷通过使用复合特性图启用各汽缸组的两个调节器。通过使用凸轮轴位置（正时）传感器，ECM 可在闭环模式下控制可变气门正时。两个脉宽调制（PWM）控制的油压控制阀用于启用可变气门正时，安装在气门盖的后端，如图 2-409 所示。

图 2-409

九、发动机运行模式

发动机具备 3 种运行模式，取决于驾驶员所选择的驾驶类型，如表 2-135 所示。

表 2-135

已选驾驶模式	发动机运行模式	已选驾驶模式	发动机运行模式
已选驾驶模式	正常	运动＋手动	运动
正常＋自动	正常	I.C.E.	I.C.E.
正常＋正常	运动	ESC－关闭	对发动机运行无影响
运动＋自动	运动	减震器运动模式设置	对发动机运行无影响

1. 正常

此模式在点火开关旋至开启（ON）位置后默认为启用。

发动机对节气门开度响应灵敏度正常。

正常增压（650N·m）。

排气旁通阀在发动机转速达到 3000r/min 之前保持关闭。

转速限制器设置在 7000r/min。

2. 运动

由于踏板瞬态性能更加强劲，发动机对节气门开度响应较快。

过度增压（710N·m）。

排气旁通阀始终打开。

转速限制器设置在 7200r/min。

3. I.C.E.

发动机对节气门开度响应比较温和。

较低增压，发动机扭矩限制在 450N·m。

排气旁通阀在发动机转速达到 5000r/min 之前保持关闭。

转速限制器设置在 6700r/min。

第三节　总裁和吉博力 V6 发动机系统

一、前言

在搭载新款 F154A V8 发动机的总裁发布后，玛莎拉蒂在随后的数月时间内又推出了第二款全新 V6 发动机（设计码：F160）。

新款 V8 发动机所呈现出的众多技术创新及特性同样可以在 V6 发动机上看到各自身影。

高效流体动力学特性和燃烧室。

低内阻平行双涡轮增压器。

高压（20 000kPa）燃油直喷（GDI）。

每侧缸排带双 VVT。

内部摩擦系数降低和电控油泵，降低了油耗与排放。

新一代 Motronic MED17 发动机控制系统。

与 V8 发动机相同，新型 V6 发动机在扭矩传递与标定功率输出方面取得了优异成绩。与前一代总裁（Quattroporte）的自然吸气式 4.2L 发动机相比，新型 3.0L 双涡轮增压 V6 发动机可提供近似的功率输出，但在更低转速下可实现更高的最大扭矩值并极大地改善了燃油经济性与排放水平（提高约 30%）。根据功率输出与驱动类型，V6 发动机共有 3 个不同版本。表 2－136 显示了总裁各版本外观与其专用设计号。表 2－137 显示了吉博力各版本外观与其专用设计号。

表 2－136

V6 发动机系列	
总裁 V6 twin turbo 246kW—后轮驱动	F160AO
总裁 V6 twin turbo 306kW—后轮驱动	F160AM
总裁 V6 twin turbo 306kW—全轮驱动（Q4）	F160AN

表 2－137

V6 发动机系列		
吉博力	V6 twin turbo 246kW*—后轮驱动	F160AO
吉博力 S	V6 twin turbo 306kW—后轮驱动	F160AM
吉博力 SQ4	V6 twin turbo 306kW—全轮驱动（Q4）	F160ANP

＊：261kW 用于美国、加拿大规格车辆。

306kW 与标准 246kW 相比有以下 3 点不同。

凸轮轮廓线不同。

更高容量的喷油器。

发动机软件标定不同。

美国、加拿大车辆所采用的 261kW 发动机在技术上与 246kW 版相同。动力输出的增加纯粹由专用校准软件所实现。

设计用于 AWD 车辆（F160AN）的发动机已针对 AWD 系统进行了全面改进。其完全不同的油底壳设计与一体式发动机支座完美融合。部分发动机外围部件（诸如排气系统和进气管路）具备不同的布局，为 AWD 系统腾出必要的空间。最后，AWD 车辆内的发动机在发动机舱中的安装位置比 RWD 版本的要略高。

玛莎拉蒂在 1970 年引进了首款 V6 发动机（C. 114 型）——传统上在总裁和高级跑车内安装 V8 发动机。该选择主要由石油危机和随后对小型和节能型发动机的需求所引发。从技术上来说，配备顶置凸轮轴和独特的 90°V 形铝合金 C.114 发动机在当时是非常先进的。在玛莎拉蒂归属法国雪铁龙汽车公司的时期，该型发动机由玛莎拉蒂首席工程师 Giulio Alfieri 进行设计，并用在豪华版 SM coupé 车型中。独特的 90°V 形设计降低了 SM 的发动机罩高度，同时该款发动机为当时最快的前轮驱动产品。终其一生，C. 114 发动机被用在了诸多车型中，经历了大量改进。玛莎拉蒂在于 20 世纪 70 年代至 1983 年间生产的畅销车型 Merak 以及不太成功的总裁 II 车型中采用了该款发动机。该款发动机还进一步用在了法国跑车 Ligier JS2 上。在 70 年代时期，该车型生产了约 200 部。C. 114 发动机以多种版本进行生产。2.7L 的最初排量随后提高到了 3.0L，并同时还为意大利市场生产了 2. 0L 版。大多数版本采用了 Weber carburetors，但还提供了 Bosch D—jetronic 燃油喷射系统。功率输出范围从 127kW 到 157kW。出于赛车用目的，还生产了可增压至 179kW 的 24 气门版。凭借该款发动机，玛莎拉蒂通过 Merak 的涡轮增压原型版本首次步入了涡轮增压技术领域。从现今来看，Panini 系列可视作当时的试验车辆。截至 1983 年，共生产了约 15 000 台 C. 114 发动机。

（一）发动机视图 F160AM/F160AO（图 2—410 和图 2—411）

图 2—410

图 2—411

（二）发动机视图 F160AN（图 2—412 和图 2—413）

图 2—412

图 2—413

（三）主要技术特点

新型 F154 V8 双涡轮增压发动机所采用的众多科技创新均可在新型 V6 双涡轮增压发动机系列中找到。以下为新型发动机的显著特点。

全新系列轻铝合金缸盖 60°V6。

小型化与涡轮增压技术的融合造就了紧凑型刚性发动机结构，从而拥有出色的 NVH 性能。

铝质汽缸盖带每缸 4 气门和扰流进气通道，4 个连续凸轮正时调节器，用于减少机械摩擦的滚子摇臂总成和液压间隙调节器。

1020℃适应性涡轮增压歧管、低阻废气歧管、真空控制废气风门、电控进气旁通阀控制。

低压降进排气系统及高效率中冷器。

采用旁通阀的可调式排气系统可实现独特的排气噪声。

高燃烧效率：带多孔喷油器的 20 000kPa 燃油直喷系统可促进更完全的燃烧和更优异的启动性能。与 4 个凸轮调节器一起确保了更低排放和显著改善的燃油经济性。

可变排量电控机油泵与低黏度机油的综合使用降低了损耗并提高燃油效率。

交流发电机由发动机控制单元智能控制。

发动机标定符合舒适型/运动驾驶模式。

符合美国超低排放车辆（SULEV）法规。

预备未来采用启停系统。

（四）技术参数

1. F160AM、F160AN、F160AO 技术参数（表 2-138）

表 2-138

配　置	60°V6、24 气门、双涡轮增压
容量	2979mL
缸径×冲程	86.5mm×84.5mm
压缩比	9.7∶1
最大功率	5500r/min（AM/AN）转速下为 301kW（410hp） 5000r/min（AO）转速下为 243kW（330hp）
最大扭矩	1750～5000r/min（AM/AN）为 550N·m 1750～4500r/min（AO）为 500N·m
发动机最高转速	6500r/min
急速	700r/min
特定发动机功率	103kW/L（AM/AN） 83kW/L（AO）
点火次序	1-6-2-5-3-4
气门机构	24 气门、4 顶置凸轮轴、滚子摇臂总成和液压间隙调节器
正时配气系统	前侧双正时链、进气和排气连续可变凸轮正时
进气正时	上止点后的 16°进气门开启（基准气门升程：0.6mm）；50°正时调节器
排气正时	上止点前的 8°进气门开启（基准气门升程：0.6mm）；50°正时调节器
涡轮增压器	集成在排气歧管中、IHI 低惯量、水冷式
润滑系统	湿式油底壳润滑系统，电控可变排量机油泵
燃油系统	均相汽油直接喷射（GDI）
发动机控制系统	博世 Motronic MED17.3.4

2. F160AM、F160AN 性能曲线（图 2－414）

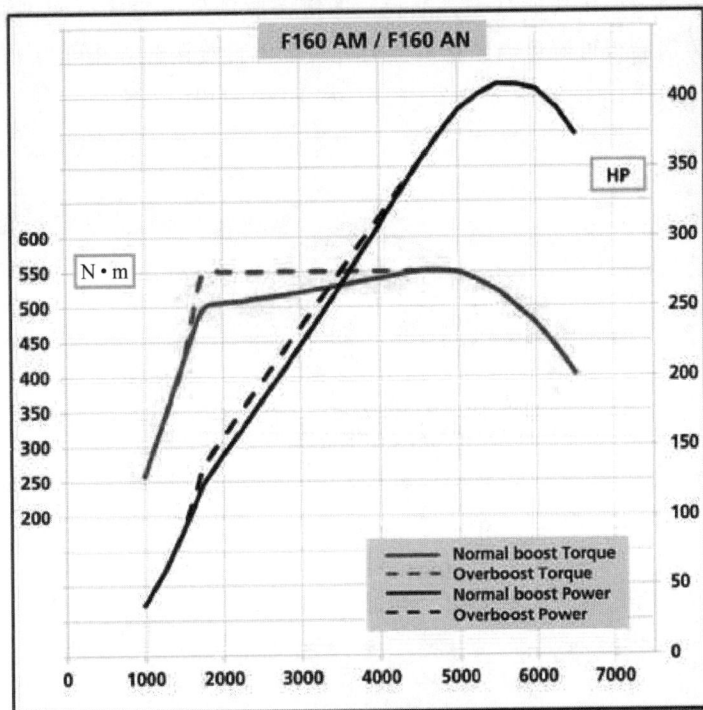

图 2－414

3. F160AO 性能曲线（图 2－415）

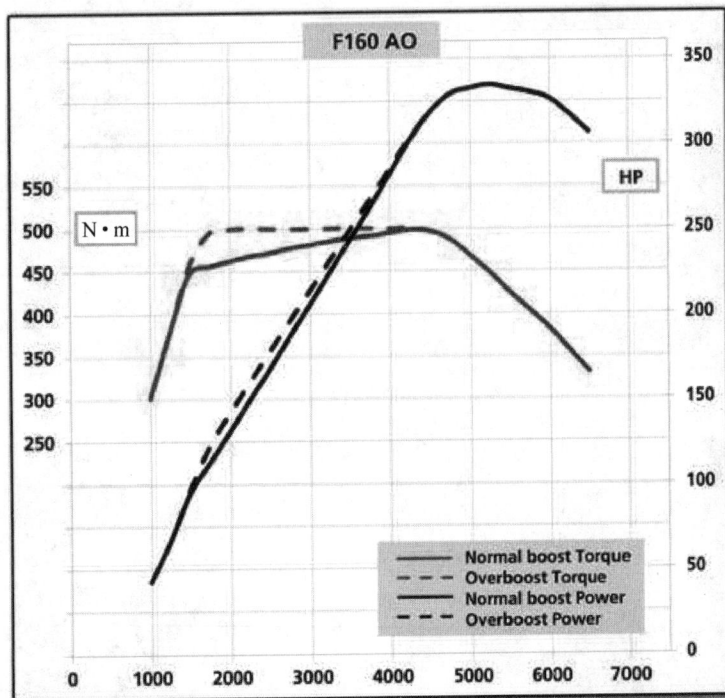

图 2－415

二、机械部件

（一） 曲轴箱

全新 F160 发动机为 60°V 形布局 6 汽缸 3.0L 配置，如图 2－416 所示。4 根顶置凸轮轴采用了连续可变气门正时技术（VVT），由安装在发动机前部的链条系统驱动。曲轴箱和发动机油底壳由高压铸铝构成，而铸铁汽缸套则合铸在铝制曲轴箱内。油水热交换器安装在曲轴箱顶部的中央，而水泵与节温器则安装在前正时链护盖内。带两级调压功能（改善油耗）的链条驱动型叶轮式可变供油泵位于发动机油底壳内。安装在曲轴下方的铸铝隔板可避免油底壳机油与旋转部件直接接触，并可为4个主曲轴支承轴颈提供额外的刚度。注意F160AO/F160AM版（图2-417）和F160AN版（图2-418）之间发动机油底壳与发动机支座之间的设计差异。

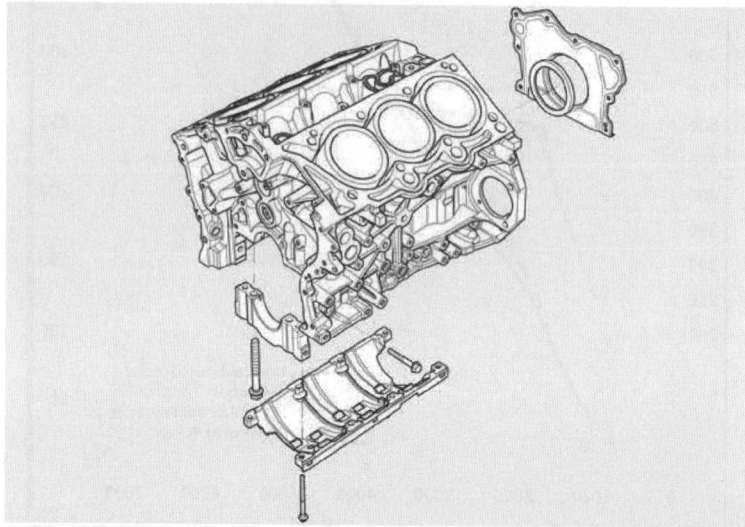

图 2-416

图 2-417

图 2-418

　　湿式汽缸套由在铝制曲轴箱内合铸的铸铁构成，如图2-419所示。该发动机活塞为玛莎拉蒂单独设计。

从在工厂装配期间拍摄的图 2-420 中可看到，曲轴坐落在 4 个主支承轴颈内。各轴颈盖均通过 4 个直向螺栓和 2 个可提供额外强度的横向螺栓固定至曲轴箱上。注意曲轴信号盘位于曲轴箱内部。

图 2-419

图 2-420

F160AN 发动机（AWD 车辆专用）的油底壳对比后轮驱动版的油底壳进行了重大改动。该油底壳具有供传动轴中段横穿油底壳的敞口，并在右侧带有用于安装前差速器和左侧传动轴支承轴承的法兰，如图 2-421 所示。油底壳还进一步整合了两个发动机下支座。由于这些改动，所有全轮驱动车辆的发动机在底盘上的位置偏高。

图 2-421

在 F160AN 发动机的油底壳右侧，可看到用于前传动轴的通道和用于安装前差速器的法兰，如图 2-422 所示。

发动机油底壳可用作安装左前传动轴中央支承轴承的法兰，如图 2-423 所示。

1. 汽缸编号

发动机的 6 个汽缸按照如下方式布置。

汽缸组 1（汽缸 1-2-3），右侧，从前至后。

汽缸组 2（汽缸 4-5-6），左侧，从后至前，如图 2-424 所示。

图 2－422

图 2－423

V6 发动机的汽缸编号方式与 V8 发动机相同。注意 1 缸位置更为靠前。

2. 发动机支座

如同 V8 发动机，全新总裁的 V6 发动机坐落在铝制副车架上，该车架为由挤压铸件构成的焊接总成。所有发动机版本的副车架基本相同，除了采用不同的加工方式。由于 V6 发动机更小，因此对比 V8 版，V6 发动机坐落在更为靠后的底盘位置内，有助于车辆重量的分布。注油型发动机支座的位置根据变速器配置而有所不同。对于 AWD 车辆，支座前移为前驱动轴腾出必要空间。后变速器支架也具有类似特点，可为 AWD 车辆的分动箱预留空间。从底视图可

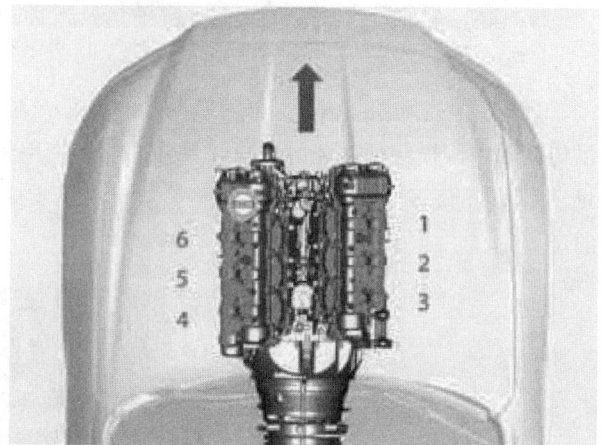
图 2－424

以清晰地看到 RWD 车辆（左）和 AWD 车辆（右）的不同发动机支座位置和专用后差速器支架，如图 2－425 所示。

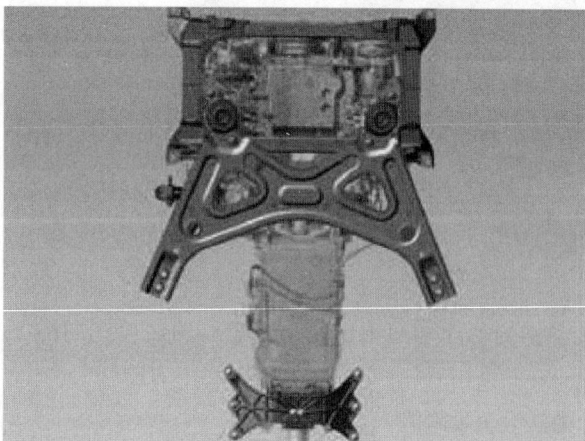

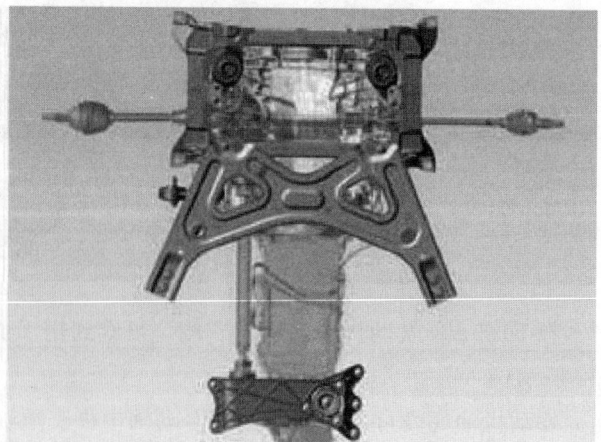
图 2－425

（二）旋转部件（图 2－426）

如同 F154A V8 发动机，设计 F160 发动机时也特别设计并减小曲轴箱内机械部件在旋转时的摩擦力。曲轴坐落在 4 个无铅主轴颈上。钢制连杆通过成对大头与曲轴轴颈连接并位于汽缸衬套的中轴线上，其同

样安装有无铅轴瓦。石墨覆层铝合金活塞为铸造而成，带有专门设计的凹陷"Heron形"活塞冠，可促进燃烧室内混合气的翻滚。活塞由向上喷往汽缸并进入活塞裙和活塞冠的发动机油从底部进行冷却。

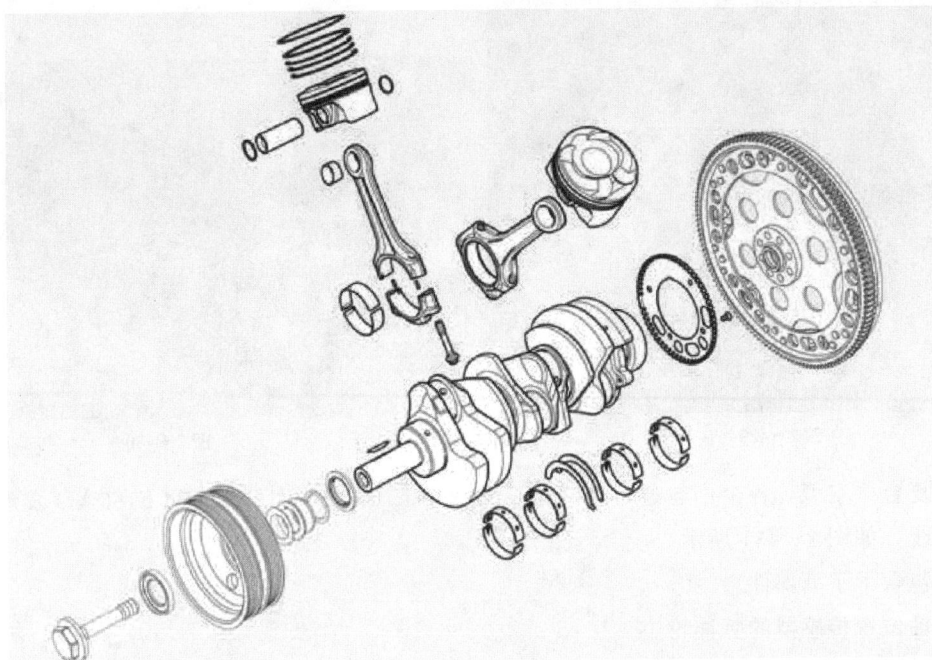

图 2-426

发动机前侧采用了两根 poly-V 形传动皮带，用于将曲轴的旋转力传递至不同的附件，如图 2-427所示。第一条皮带可驱动转向泵、水泵和空调压缩机，由弹簧加压型张紧器压紧。另一条自张紧型皮带无调节功能，用于驱动交流发电机。该型皮带在拆卸后不得重复使用，必须更换。曲轴皮带轮通过配合键槽和中心螺栓安装在曲轴的鼻端。可使用专用工具（p/n 900027671）安装发电机传动皮带。

图 2-427

图 2-428

（三）汽缸盖

左、右铝制汽缸盖为设计独特的铸件，每缸各有 4 个气门。双顶置配气机构设计采用了带液压间隙调节器的滚子摇臂总成，可通过滚动的接触面降低传动能量消耗。这有助于减小总内摩擦以及降低噪声。每缸 4 气门及高效进气道设计用于在燃烧室内产生涡流。半球形燃烧室的特点为在其内部采用了可最大利用有效面积的大尺寸气门、中置型火花塞和侧置高压喷油器，如图 2-428 所示。带液压间隙调节器的滚子摇臂总成有助于减小发动机的内摩擦以及噪声，如图 2-429 所示。F160 发动机的铸铝气门盖集成了用于正时调节器的两个控油阀（OCV）和用于各凸轮轴的位置传感器。与 F154A V8 发动机不同，凸轮轴并不整合在正时室盖中，如图2-430所示。

图2-429

图2-430

凸轮轴为复合中空型，各个凸轮通过热冷加工成型。F160AM/F160AN和F160AO发动机的凸轮轴带有独特的廓线，如图2-431所示。

凸轮轴还包含了下列部件。

用于凸轮轴位置传感器的脉冲轮。

供扳手旋转凸轮轴的六角螺和供专用工具将凸轮轴锁定在参考位置处的螺纹孔。

用于驱动汽缸组1的排气凸轮轴后部高压油泵的三叶凸轮。

用于同样位于汽缸组1排气凸轮轴后部的真空泵的传动齿轮。

位于进气凸轮轴后端的离心式油气分离器。

各凸轮轴的VVT执行器并装在凸轮轴链轮内。

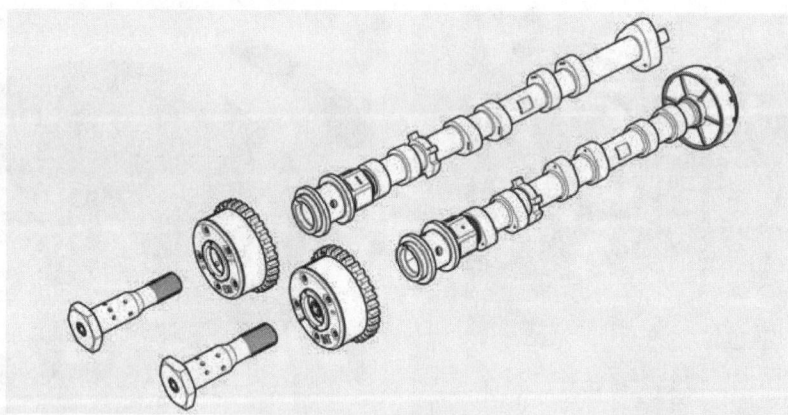

图2-431

（四）正时配气系统

F160发动机采用了4根静音链条；链式连接设计可提高链轮的结合度并降低了NVH，如图2-432所示。1根链条驱动油泵，同时正时系统为分段设计，带有3根凸轮轴驱动链条。左侧辅助凸轮轴链条采用了带棘轮装置的油压控制式链条张紧器，可在丧失油压时限制链条行程。右侧辅助凸轮轴链条和主链条均采用了带棘轮的油压控制式张紧器。弹簧加压型张紧器和张紧器臂可收紧油泵传动链的垂度。链条导向器和张紧器臂由玻璃纤维尼龙制造而成。两根辅助正时链由油控张紧器内的喷孔进行润滑，喷孔可通过张紧器臂内的开口喷出润滑油。在正时链被拆除但汽缸盖还处于安装位置时，禁止在没有首先确定正确的曲轴安全位置时旋转凸轮轴或曲轴。未能遵照该说明会造成气门和/或活塞受损。务必以顺时针方向通过转动曲轴来转动发动机。正时链条使用了油压控制式链条张紧器，如图2－433所示。

图2－432

图2－433

发动机前盖由铸铝制成。前盖可为前曲轴油封、水泵、冷却液跨接管、附件传动皮带张紧器和节温器提供固定。在加注冷却系统时，可使用位于节温器壳体上的排气阀。前盖上没有上止点指示器。注意：在维修前正时盖时，无须拆卸水泵。只需拆除7个完全穿过前盖进入缸体内的紧固件。注意：在维修前正时盖时，必须拆除油底壳。

（五）润滑系统（表 2-139）

表 2-139

润滑系统类型	湿式油底壳润滑系统，带挡板的机油盘
油泵	可变排量型，由发动机 ECU 电子控制
发动机油数量（对应 MAX 液位）	7.2L（F160AM - F160AO） 8.29L（F160AN）
最小（MIN）油位和最大（MAX）油位之间的油量差	1.07L（F160AM - F160AO） 1.09L（F160AN）
润滑油规格	符合 API SL/CF 和 ACEA A3、B3、B4 规格的全合成多级润滑油 SAE5W/40 推荐油液：壳牌 Helix Ultra 5W-40 或 Q Horsepower 5W-40
润滑压力	两级润滑压力，电控式
冷却	油/水热交换器，位于曲轴箱顶部，两侧汽缸盖之间
机油滤清器	环保可更换型，带一体式单向阀，横置于左侧曲轴箱上。滤芯连同密封圈一同提供

F160 发动机具有一套全流式过滤润滑系统。叶轮型油泵由安装在曲轴上的链轮通过转动链条以 1：1 的传动比进行驱动。油泵位于曲轴的下方，从油底壳内吸进发动机机油。为了使发动机机械机构所吸收的功率最小化，F160 油泵为电控式并同时具备可变排量和压力。设计用于油水热交换器的机油冷却器安装在曲轴箱的顶部。油压传感器安装在热交换器的后部。油位开关安装在发动机油底壳内。注意，由于油底壳外形不同，因此相比较 F160AM/F160AO 型发动机，F160AN 发动机可容纳的机油数量要更多。

1. 油流

来自油泵的润滑油会进入机油滤清器滤芯，然后到达热交换器。润滑油被过滤和冷却后会进入主油道。从此处开始，加压润滑油会进入 4 个主轴颈对曲轴主轴瓦和连杆轴瓦进行润滑。从 1 号主轴瓦油道起，润滑油会流入右侧辅助链条张紧器和主链条惰轮轴。加压润滑油会通过曲轴主轴颈横向供给至连杆轴颈。主油道可将润滑油提供至 3 组活塞冷却喷嘴。从汽缸体开始，润滑油会通过油道进入左侧汽缸盖。润滑油随后会供应至左侧辅助正时链条张紧器、凸轮轴轴颈和液压间隙调节器。从汽缸体开始，润滑油会通过油道进入右侧汽缸盖。润滑油随后被供应至所有凸轮轴轴颈和液压间隙调节器。加压润滑油被供应至 2 个涡轮增压器的轴承。图 2-434 显示了机油滤清器、油位表、热交换器和油压传感器（蓝色）的分布位置。喷油器可为活塞冠和裙部提供冷却作用，F160 发动机采用了 3 个双向喷嘴，如图 2-435 所示。发动机油位开关位于发动机油底壳的前部，如图 2-436 所示。

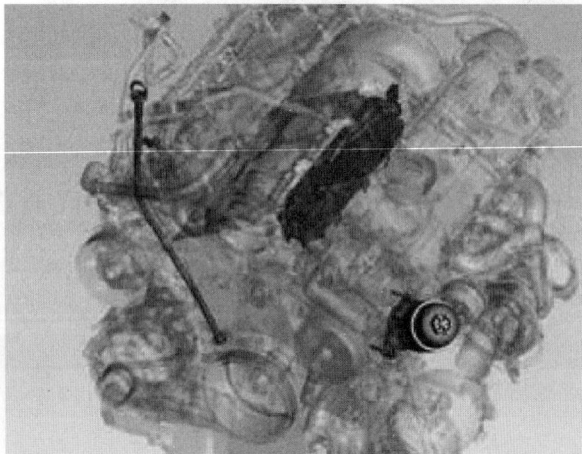

图 2-434

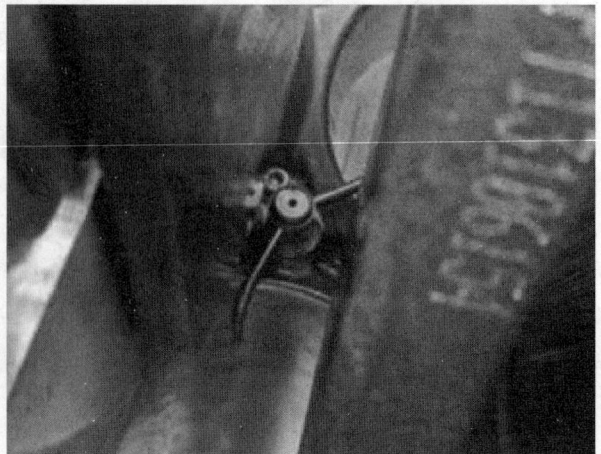

图 2-435

图 2-436

2. 电控机油泵（图 2-437 和图 2-438）

带二级调节功能的叶轮型可变排量油泵可改善燃油经济性。该油泵具备用于可变排量功能的滑动机构和用于紧急保护的泄压阀。该阀门为机械球簧型。其可将润滑油排入油底壳内，防止发动机内压力过高。油泵与电磁阀不可分解。两个部件均为不可维修型，必须作为总成进行更换。可变排量叶轮型油泵采用移动元件来调节并维持已调油压的供给。油泵具有一个开关电磁阀，可实现二级调节。ECM 会根据发动机运行条件、润滑油和冷却液温度、车速和负荷在二级之间切换油泵。在大多数情况下，油泵会在怠速和约 3000r/min 之间以低速模式运行。油泵会在 3000~4000r/min 之间从低速切换至高速模式。油泵电磁阀由 ECM（提供接地控制）控制，电磁阀由 +12V 开关信号驱动。当电路关闭时，电磁阀通电并以低压模式运行。当 ECM 接通电路时或存在电路故障时，会提供油泵最高压力。油泵电磁阀接插件位于曲轴箱的右侧，发电机正上方，如图 2-439 所示。

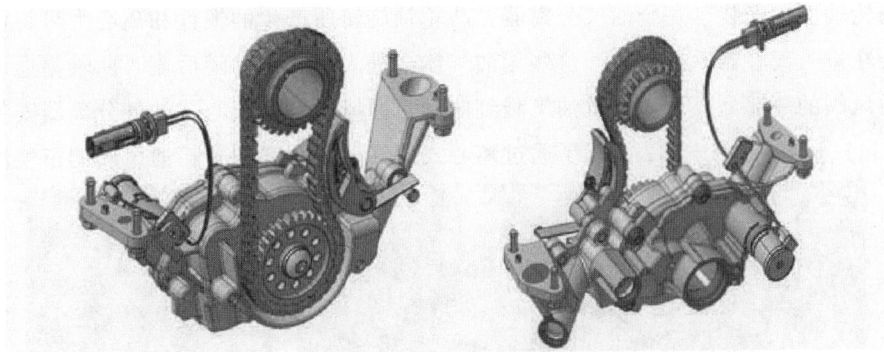

图 2-437

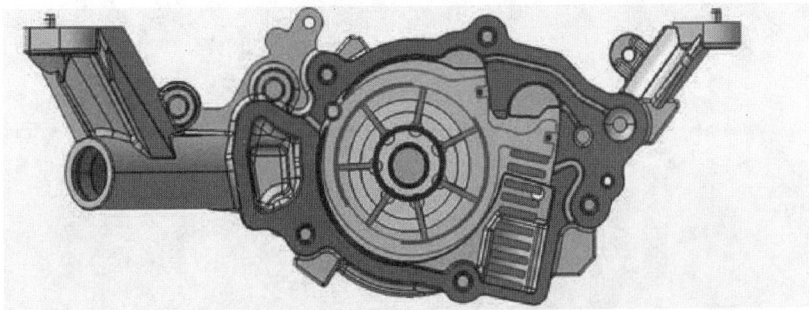

图 2-438

图 2-439

（六）曲轴箱通风系统（图 2-440）

在燃烧过程中产生的少量气体会通过活塞环和气门油封漏入曲轴箱内。这些气体（俗称"窜气"）会降低发动机油的质量。在窜气中悬浮的发动机油微粒可在被导入进气歧管前使用离心器进行分离，从而可降低发动机油消耗。曲轴箱通风系统可将这些气体从曲轴箱内排除，并在将其带入进气歧管后再回到汽缸重新燃烧。该封闭式系统可防止扫除的气体被排入大气中。曲轴箱通风系统会在曲轴箱内维持少量的真空度。当曲轴箱通风阀在各种发动机运行条件下保持合适的流率时，进气歧管内的真空度可产生扫气作用。曲轴箱通风阀固定在各汽缸盖罩的后部。通风阀携带了一个端面密封件，可防止汽缸盖罩漏油。通风阀同样还带有可防气门室盖内的机油进入阀体的凸轮轴油封。弹簧针量孔系统可维持合适的流率，并可对进气歧管真空度做出反应和对流率进行调节。悬浮在曲轴箱气体内的机油微粒由一个离心式油气分离器进行分离。每根进气凸轮轴上均安装了一个油气分离器。凸轮轴旋转所产生的惯性和离心力可将机油微粒进行分离。油雾气体会在进入离心器后被分离。这些无油气体会进入凸轮轴并随后流入曲轴箱通风阀。凸轮轴油封（为曲轴箱通风阀的一部分）可防止机油飞溅到曲轴箱通风阀上。离心式油气分离器安装在各进气凸轮轴上，如图 2-441 所示。图 2-442 显示了通过离心式油气分离器和曲轴箱通风阀的窜气流。

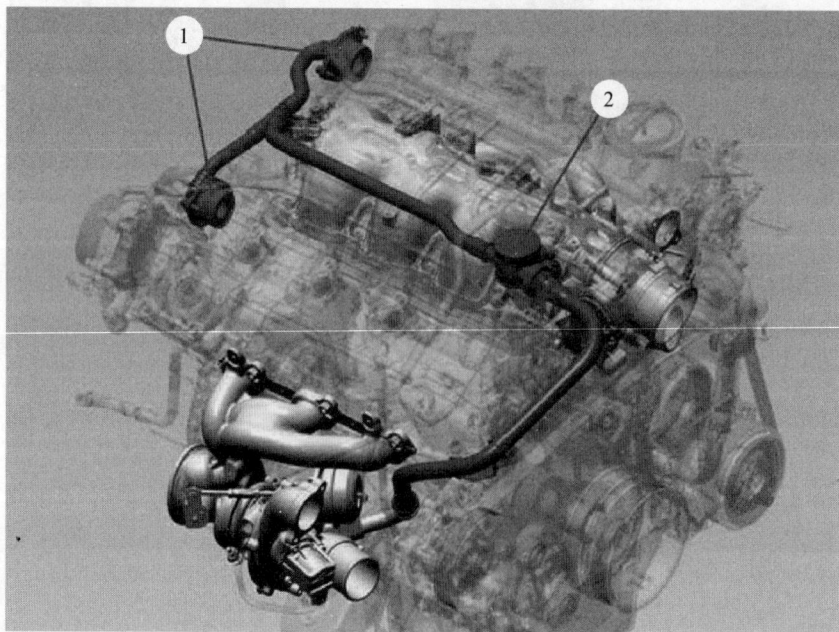

1—曲轴箱通风阀　2—单向阀

图 2-440

398

图 2－441

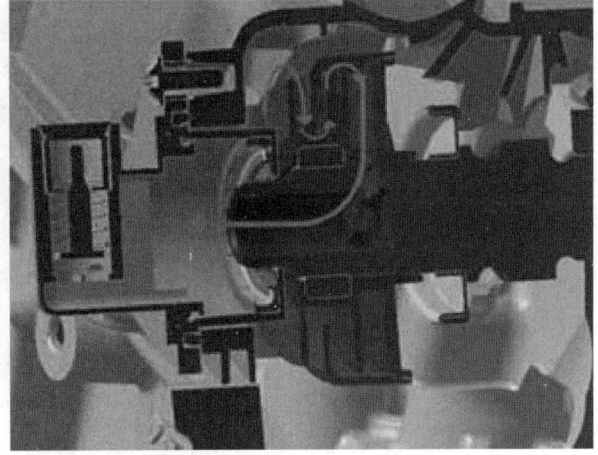

图 2－442

（七）冷却系统

冷却系统结构如图 2－443 和图 2－444 所示。

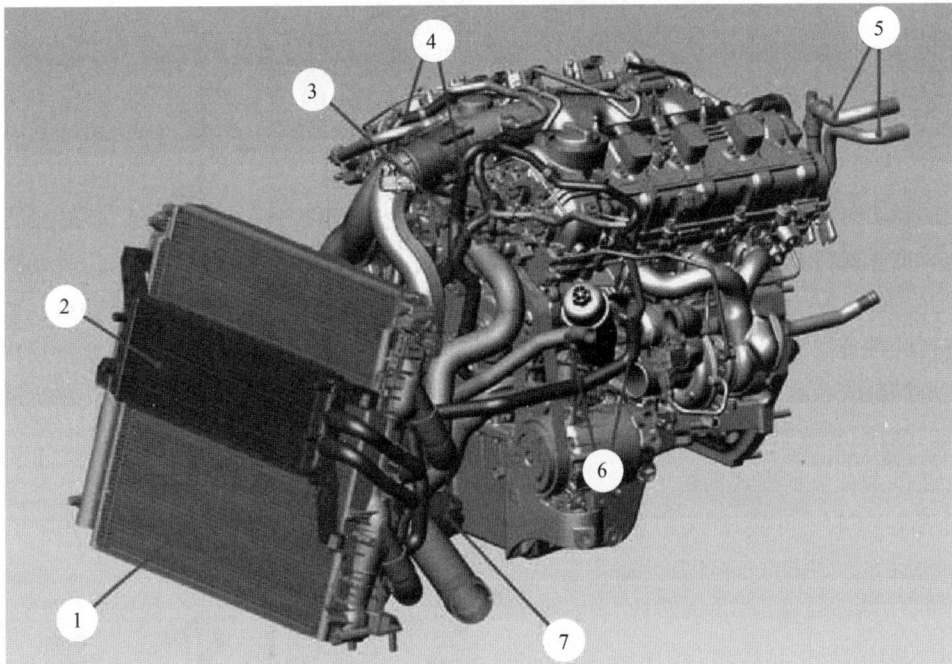

1.主散热器 2－辅助冷却回路散热器 3－节温器阀壳体 4－变速器油冷却器水管 5－暖风系统水管 6－至膨胀水箱 7－电动辅助水泵

图 2－443

冷却系统参数如表 2－140 所示。

表 2－140

冷却系统类型	强制液体冷却	冷却系统类型	强制液体冷却
冷却液泵	离心式，由前端附件传动皮带驱动	冷却液技术参数	水和冷却液按 1：1 比例混合。冷却液：带缓蚀剂的保护性的乙烯乙二醇基防冻液。推荐油液：Paraflu up FO2 Petronas 或壳牌长效 OAT
恒温阀，全开	88℃		
冷却液数量（双区空调系统）	13.1L		
冷却液数量（四区空调系统）	14.1L	冷却风扇电源	850W

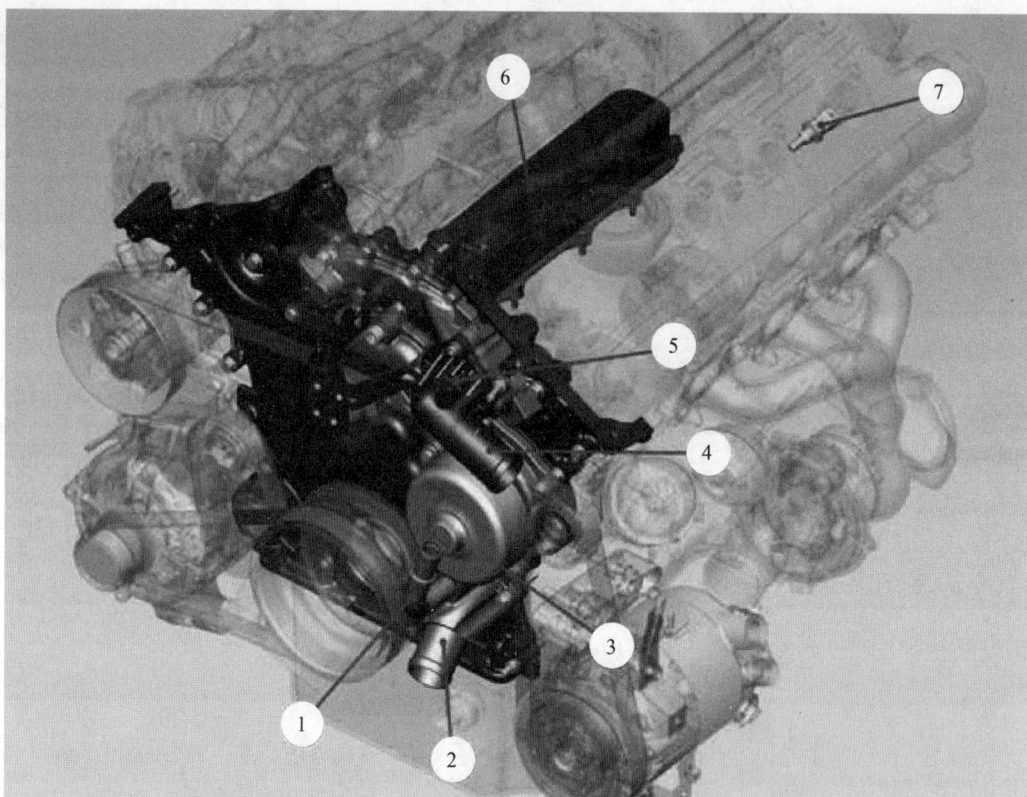

1. 暖风箱回水管 2—散热器回水管 3—水泵皮带轮 4—散热器供水管 5—节温器壳体放气阀 6—油水热交换器 7—ECT传感器

图2-444

新款总裁的动力传动系统采用了双冷却回路。主冷却回路专门用于发动机冷却，而辅助冷却回路用于变速器和动力转向系统冷却。两条回路完全独立，即使膨胀水壶集成在单独的总成内。发动机冷却液温度（ECT）传感器安装在左侧汽缸盖的后部，在低温运转和暖机阶段，ECM需要使用发动机温度信号增加燃油供给并维持行驶性能。第二个温度传感器安装在散热器上，用于启用电动冷却风扇。电动风扇用作产生气流，以对车辆的热交换设备进行冷却。根据从ECM接收到的指令，系统可通过调节带动风扇运行的无刷型直流电机的电压/转速来提供所需的气流。无刷风扇电机由ECM通过脉宽调制（PWM）信号控制。冷却液回路也连接至2个水冷式涡轮增压器，发动机油/水热交换器安装在曲轴箱顶部。单个变速冷却风扇带有集成式风扇ECU，可接收ECM的脉宽调制（PWM）信号，如图2-445所示。ECT传感器安装在左侧汽缸盖的后部，如图2-446所示。

图2-445

图2-446

1. 水泵

水泵具有一个压铸铝本体和翘曲叶轮，如图 2−447 所示。水泵通过螺栓直接固定在正时盖上，并由橡胶涂层钢基衬垫进行密封。水泵带轮压装在水泵轴上，需连同水泵一起更换。泄水孔隐藏在带轮的后方。附件传动皮带可驱动水泵。两个水泵进水口分别来自散热器和暖风箱回路。在维修前正时盖时，无须完全拆卸水泵。部分水泵固定件旋入汽缸体内，而其他则仅旋入正时盖内。

图 2−447

图 2−448

2. 节温器

冷却系统排气口位于节温器壳体上。在加注冷却系统时，需至少旋松排气螺钉至少两到三个整圈。节温器壳体上配有一个单向阀，可在冷却系统加注时释放滞留空气。节温器和复合壳体应视为一个独立总成进行维修。每当拆卸节温器壳体时，必须更换衬垫。节温器全开温度为 88℃。带排气阀的节温器和壳体，如图 2−448 示。

三、发动机控制系统

（一）概述

新款总裁发动机系列采用了全新一代发动机控制系统。如同 F154A V8 发动机，新款 F160 V6 发动机采用了博世新型 Motronic MED17.3.4 系统。与配备 Motronic ME7/ME9 发动机控制系统的前一代 F136 发动机相比，注入了许多新的功能。新功能主要与以下领域有关。

涡轮增压；

燃油直喷；

各种集成功能。

对比 F154 V8 发动机的发动机控制系统，存在下列主要差异。

用于两组汽缸（带单节气门阀体）的单进气歧管、增压压力传感器和歧管压力传感器；

代替双单元型的高排量单低压燃油泵；

代替双单元型的单高压燃油泵和油压传感器；

涡轮增压器进气旁通阀为电控驱动而非真空驱动；

取消二次进气。

下面为发动机控制系统涉及的不同电气和电子部件，根据其控制的系统分组。

1. 发动机管理系统（表 2−141）

表 2−141

部件	规格	注	数量
发动机 ECU	博世 Motronic MED. 17. 3. 4	196 针	1

2. 气路控制（表 2—142）

表 2—142

部件	规格	注	数量
加速踏板单元	Hella	双电位计	1
节气门体	博世 DEV—5	68mm	1
空气流量传感器	博世 HFM7—8.5RP	数字式，带有集成式进气温度传感器	2
增压压力传感器	博世 DS—S3		1
歧管压力传感器	博世 DS—S3—TF	带有集成式温度传感器	1
可变气门正时控油阀	电磁式	PWM 控制	4

3. 油路控制（表 2—143）

表 2—143

部件	规格	注	数量
低压燃油泵继电器（低速/高速）	Hella mini	通过串联电阻器的低速控制	1
低压燃油泵继电器（激活）	Hella mini		1
低压燃油泵单元	博世	170L/h	1
炭罐净化阀	博世 TEV—5		1
油箱泄漏诊断模块	博世 DMTL	仅用于美国/加拿大车型	1
带压力调节器的高压燃油泵	玛涅蒂玛瑞利 PHP	由 3 凸角凸轮驱动	1
燃油压力传感器	博世 DS—HD—KV4.2—K	线性输出	1
F160AM/F160AN 喷油器	博世 HDEV.5.2—K	电磁式，22.1mL/s	6
F160AO 喷油器	博世 HDEV.5.2—K	电磁式，17.1mL/s	6

4. 发动机同步和点火系统（表 2—144）

表 2—144

部件	规格	注	数量
发动机转速传感器	Continental	带转动方向检测	1
发动机正时传感器	博世 PG—3.8	霍尔效应	4
点火线圈	Eldor 8.5A，60mJ	带集成功率级	6
火花塞	NGK SILKAR 8C6DG	M12mm×1.25mm 螺纹	6
爆震传感器	博世 KS—4—K		2

5. 进气控制系统（表 2—145）

表 2—145

部件	规格	注	数量
涡轮废气风门电磁阀	Pierburg	真空调节器	1
进气旁通阀	IHI	电驱	2

6. 排气系统（表 2—146）

表 2—146

部件	规格	注	数量
上游氧传感器	博世 LSU4.9 高级型	宽带、5 针	2
下游氧传感器	博世 LSF.4.2	两级式	2
涡轮废气风门电磁阀	Pierburg	三通真空阀	1

7. 温度控制（表2—147）

表2—147

部件	规格	注	数量
发动机水温传感器	博世 TF—W	NTC 电阻器	1
散热器水温传感器	博世 TF—W	NTC 电阻器	1
冷却风扇模块	Johnson 电风扇	无刷电机	1
冷却风扇继电器	Omron 微型		1

8. 润滑系统（表2—148）

表2—148

部件	规格	注	数量
发动机油压力传感器		模拟信号	1
发动机油泵	Pierburg 电控、可变流量	两级压力	1
发动机油油位开关	Hella	开关	1

9. 辅助控制（表2—149）

表2—149

部件	规格	注	数量
制动助力器上的真空传感器	博世	启停应用	1
空调系统压力传感器		线性压力传感器	1
A/C 压缩机继电器	Omron 微型		1
辅助水泵	博世	离心泵	1
辅助水泵继电器	Omron 微型		1
动力转向油温度传感器	博世 TF—W	NTC 电阻器	1

（二）发动机控制模块（ECM）

如同 F154A V8 发动机，V6 发动机系列采用了博世 Motronic ECU（MED17.3.4）。该 ECM 为全新一代发动机 ECU 的组成部分，与 F136 发动机上使用的前一代 ME9 ECU 相比有数处改进。

180MHz 高速英飞凌三核处理器（ME9 ECU 为 56MHz）和 4MB 闪存。

能够直接控制 8 个带集成式喷射驱动器的 GDI 喷油器（这在采用 MED9 ECU 时是无法实现的；对于 8 缸 GDI 发动机来说，需要 2 个 ECU）。

105 针发动机侧接插件和 91 针车辆侧接插件，共计 196 针（相对于 ME9 的 154 针）。

通过 PWM 控制方式，能够直接控制诸如发电机、冷却风扇等多个附件。

如同 V8 版车辆，V6 版车辆的 Motronic ECM 位于发动机舱内的右前悬挂拱座的后方，如图 2—449 所示。在拆除专用护盖后即可进入。

表 2—150 汇总了由 Motronic MED17 ECU 控制的系统和部件。

ECM 管理下列附件和辅助功能。

由 ESC 发出，并用于 ESC、TCS、MSR、DWT—B 的扭矩请求。

由 TCM 发出，供换挡使用的扭矩请求。

可供驾驶员选择的不同行驶模式（正常、运动、I. C. E）。

巡航控制，是所有车辆的标准设备，直接由 ECM 管理。

空调制冷回路控制，通过空调压缩机和空调压力传感器实现。

变速器和助力转向系统的二次冷却回路，通过辅助水泵实现。

发电机充电控制。

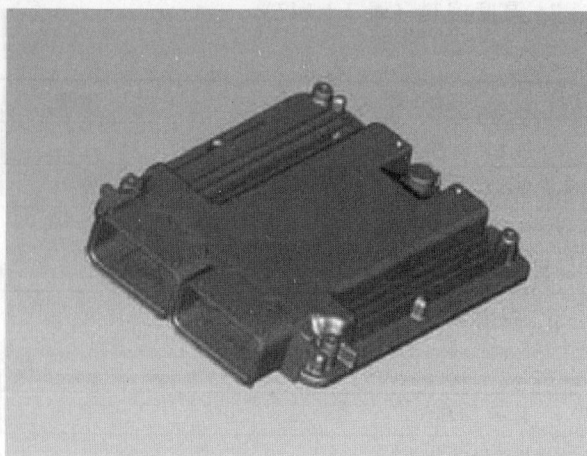

图 2-449

防盗功能，通过 VIN 存储器实现（ECM 是 VIN 的主控单元）。

表 2-150

系统/部件	控制类型
节气门（1）	带可逆极性的脉宽控制，通过 2 个集成式位置传感器进行反馈
喷油器（6）	通过增压电压进行电流控制，通过脉宽控制保持，2 个喷油器使用 1 个驱动器
高压燃油泵（1）	脉宽控制的压力调节器
低压燃油泵（1）	通过继电器和串联电阻器实现双速控制
炭罐净化阀	脉宽控制
涡轮废气风门（2）	由单个电磁阀进行真空操纵，脉宽控制
进气旁通阀（2）	直接电驱动、开关型控制
点火线圈（6）	数字式 5V 激活信号
变气门正时的机油控制阀（4）	脉宽控制
排气旁通阀（2）	由电磁阀通过真空操纵，开/关式控制器
交流发电机	智能充电控制，通过串行 LIN 线实现
冷却风扇	脉宽控制
空调压缩机启动装置	含开关型控制器的电磁离合器通过继电器控制
空调压缩机控制器	脉宽控制的变排量型
发动机油泵	通过电磁阀实现控制功能的两级控制器
辅助水泵	脉宽控制

（三）进气系统

进气系统如图 2-450 所示。

1. 空气滤清器和壳体

在发动机舱前部有 2 个纸质滤芯空气滤清器及其壳体。为方便检修，无须拆卸其他部件便可进行拆装。空气滤清器滤芯和壳体与总裁 V8 上的完全相同，但取消了左侧滤清器壳体与二次空气系统之间的空气软管。

2. 空气流量传感器

F160 发动机采用 2 个直接安装在空气滤清器壳体下方的博世 HFM7 空气流量传感器。传感器还集成了进气温度传感器（IAT）。这些传感器与 F154A V8 发动机所采用的相同。

HFM7 为第七代数字式空气流量传感器，带有 2 条空气流道。凭借偏心设计，水和颗粒物通过离心力与空气分离。清洁空气经由一个通道进入传感器元件进行测量，含有水分和颗粒物的空气经由另一个通

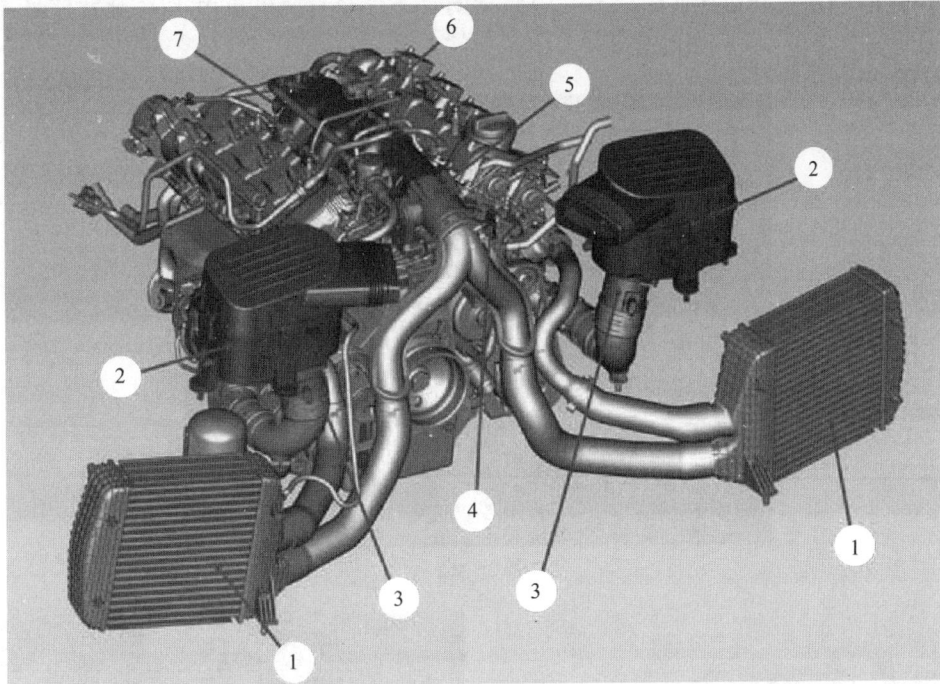

1. 中冷器　2—空气滤清器壳体　3—空气流量传感器　4—增压压力传感器　5—节气门体　6—进气歧管　7—歧管压力传感器

图 2—450

道直接导出传感器，从而使得传感器元件较少受到外部物质引起的损害和污染。这种新型传感器的另一个特殊优点是减少了压降（在 500kg/h 的流量下只有 900Pa，而上一代 HFM 传感器在同样条件下的压降是 1400Pa）。数字式博世 HFM 7 空气流量传感器使用单滤网空气过滤器和 4 针接插件（上一代模拟 HFM 空气流量计使用 5 针接插件），如图 2—451 所示。

图 2—451

HFM7 传感器可生成 5V 的数字式变频空气质量信号，对电磁干扰的敏感性更弱。但是，其信号只能使用示波器检查。当传感器通电但无空气流经时，频率会从固定 1.8kHz 开始变化并到达在满负荷条件下的 12～14kHz。在急速期间，频率约为 2.1kHz。进气温度信号为模拟式。

3. 中冷器

2 个中冷器安装在散热器单元的每侧，通过前保险杠两侧的格栅与迎面风进行热交换。V8 发动机采用了相同的单元。中冷器通过减少由涡轮增压产生的进气空气热量来提高进气系统的效率。在压缩时空气温度会上升并相应地失去密度，该现象会部分抵消对空气压缩所带来的优势。冷却空气会变得更为浓密，因此可将更多的空气带入汽缸内。进气温度降低会保持更浓的空气进入发动机中，从而实现增压。进气温度降低也会降低发生发动机爆震的危险。中冷器保持增压的优势，提高发动机输出。F160 发动机的中冷器如同对应风道一样进行了专门设计，将进气阻力降至最低。

4. 增压压力传感器

单个增压压力传感器位于进气通道上，节气门正前方，如图 2—452 所示。该传感器包含 1 个压阻式压力传感器元件、1 条在硅芯片内集成的信号放大和温度补偿电路。测定压力可控制硅膜的上部与有效侧。输出为 0～5V 的模拟信号，可抵抗 0～5V 电源断路故障。增压信号由 ECM 用作闭环增压压力控制。

5. 节气门体

与 F154A 发动机上双 58mm 节气门不同，F160 发动机采用了直径为 68mm 的单节气门，如图 2—453 所示。节气门阀由 ECM 控制并具有一个双集成电位计型传感器，可用于闭环控制与合理性检查。其工作原理与F136/F154A发动机所使用的节气门阀相同。节气门直流电机由12V脉宽信号控制，而2个位置传感器可生成互补的0～5V模拟信号。

图2-452

图2-453

6. 进气歧管和进气歧管压力传感器

压力传感器（Bosch DS-S3-TF）安装在进气歧管的后侧。该传感器可测量节气门下游位置的歧管实际压力。压力测量方式与增压压力传感器（博世 DS-S3）相同，但由于增加了NTC电阻，因而还能测量歧管空气温度。与在节气门上游安装的压力传感器相似，歧管传感器用于增压管理。当空气密度随着温度升高而变小时，歧管空气温度信号可以让ECM对增压过程空气温度的变化进行补偿。带节气门体的强化塑料进气歧管和位于歧管后方的歧管压力传感器，如图2-454所示。

图2-454

（四）涡轮增压器

F160发动机采用2个平行涡轮增压器，分别位于各汽缸组上，如图2-455所示。钢制单涡管透平集成在排气歧管内。该解决方案对比分体式歧管和涡轮结构要更为有效和紧凑。由日本IHI专门为F160发动机系列量身打造的水冷式涡轮增压器具有固定几何结构。低惯量44.5mm涡轮由铬镍铁合金构成，而51mm压缩机叶轮则为钢制。排气通道维持了极短设计，因此各汽缸组的废气在到达涡轮内前不会混合。该技术改善了排气系统的废气流动性并使涡轮迟滞大幅下降。涡轮增压器组成如图 2－456 所示。图 2－457 为 1 缸组（左）和 2 缸组（右）的 IHI 涡轮增压器。注意两个缸组间的排气歧管设计差异。该设计顺应于发动机点火，以优化排气流量。

图 2－455

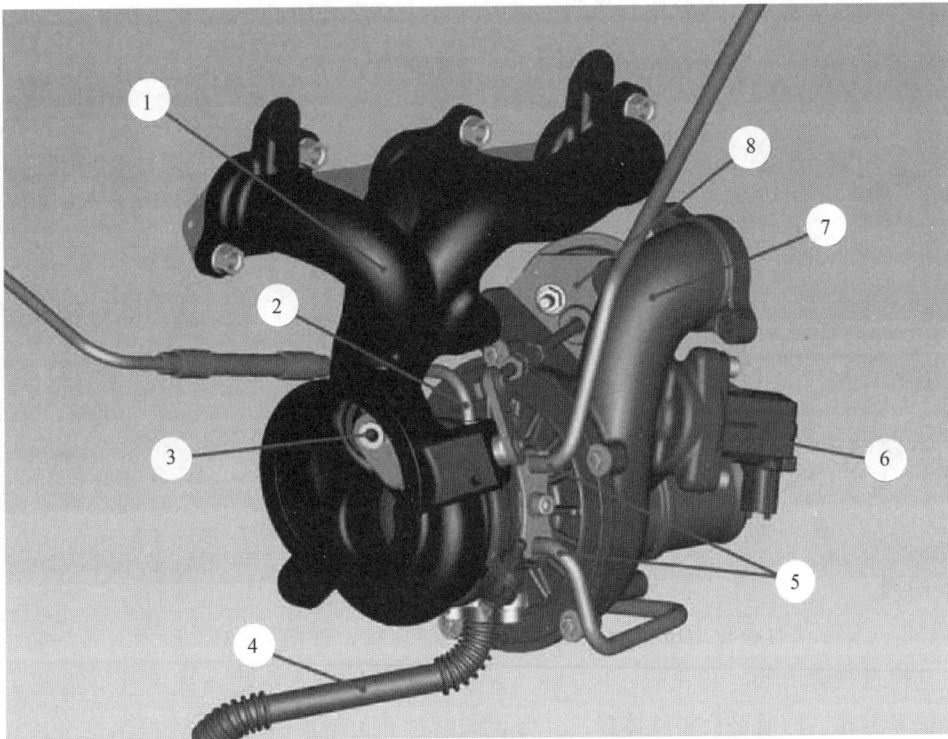

1. 带涡轮壳体的排气歧管　2—供油管　3—涡轮废气风门　4—排油管　5—冷却液管　6—电控进气旁
通阀　7—压缩机壳体　8. 涡轮废气风门真空执行器

图 2－456

　　工作原理：每个增压器包括两个主要部分。废气涡轮置于排气路径内，由热废气驱动。离开燃烧室的废气包含大量的热能和动能，否则会损失掉。在涡轮中，这种能量被转换为动能，使涡轮叶轮旋转。涡轮叶轮与压缩机叶轮安装在同一根轴上，压缩机安装在进气轨道上。压缩机叶轮快速旋转，提高了进气速

图 2-457

度，增加进气系统内的空气压力，这就叫作增压或充气。由于发动机能够产生的扭矩量主要由每个循环所消耗的空气流量来确定，因此在发动机排量给定的前提下增加进气是优化发动机扭矩和动力输出的理想方式。

1. 涡轮废气风门

在排气系统拆除后，可清楚地看到涡轮废气风门，如图 2-458 所示。各个涡轮增压器均带有 1 个真空操纵式涡轮废气风门。涡轮废气风门可在不需或仅需少量的涡轮增压时将涡轮周围的废气引走，并可用于限制最大增压度。每个涡轮废气风门由真空执行器来驱动。ECM 根据增压目标通过 PWM 信号来激活真空调节电磁阀。这使发动机管理系统能够精确控制绕过涡轮的废气量，从而控制进气充气量。真空调节器位于发动机进气歧管的上部。涡轮废气风门为常开式并由真空关闭。

图 2-458

图 2-459

2. 进气旁通阀

V6 发动机的一大特点为涡轮增压器的进气旁通阀为电动式，如图 2-459 所示。各涡轮增压器压缩器的出口安装了电控进气旁通阀。相比较，F154A V8 发动机采用了真空控制式进气旁通阀。当阀门开启时，在进气叶轮下游建立的通路会将气体释放。旁通阀通过开关型策略由 ECM 控制。旁通阀在节气门突然关闭时起作用，目的是防止压缩器轮因为节气门关闭所导致的压力升高而减速。该策略减少了涡轮迟滞。

3. 增压控制

为实现对感应增压的控制，发动机管理系统对下列新参数进行管理。

进气压缩在节气门开度达到 100％、系统需要更大扭矩时开始。

根据驾驶员的扭矩请求确定节气门上游的目标增压压力。

408

ECM 关闭涡轮废气风门，让更多废气进入涡轮增压器，提高增压器的转速。

进气叶轮转速升高，压缩进气。

当增压压力传感器测量得到的进气压力达到目标值后，涡轮废气风门维持位置不变。

进气旁通阀在增压压力过高时，或在特定过程（"松油门"阶段）中释放部分压力。

如果歧管内空气温度升高，进气的密度会降低。因而，ECM 将提高增压压力，以便保持目标质量型空气流量。质量型空气流量直接与发动机扭矩相关。当歧管空气温度超过 50℃时，减少增压压力，以消除发动机爆震。

（五）排气系统

全不锈钢排气系统由每汽缸组各 1 个的催化转化器、1 个前消声器、1 个用于平衡系统背压的 X 形连接管和 2 个带旁通阀的后消声器组成。连接管的形状和位置有助于获得玛莎拉蒂特有的引擎轰鸣声，如图 2—460 所示。

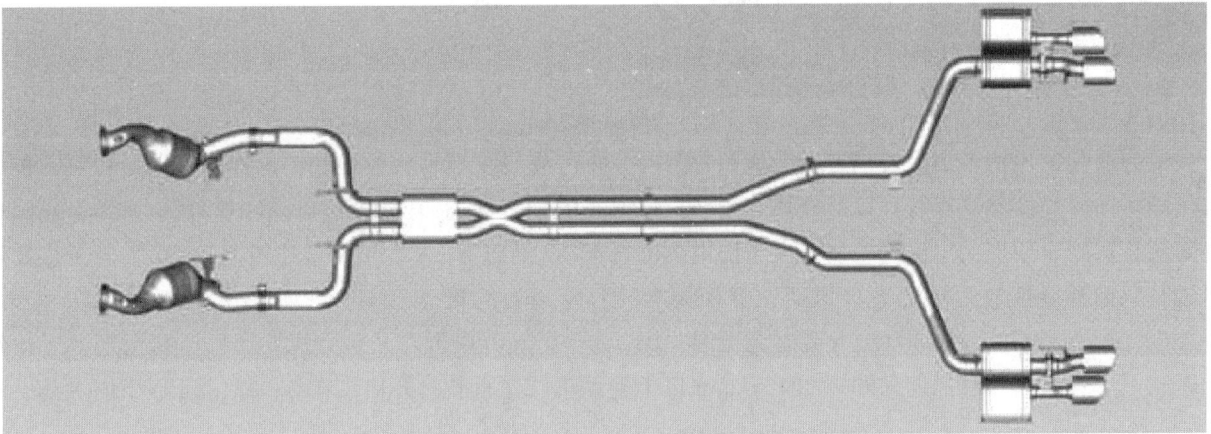

图 2—460

金属核心三元催化转化器安装在排气管靠近涡轮增压器出口的位置。各汽缸组采用了 2 个氧传感器：上游氧传感器（Bosch LSU）为线性宽带传感器，而下游氧传感器为传统两级式传感器（Bosch LSF）。催化转化器的催化核心与 V8 发动及上采用的相同，但对贵金属（铂金）活性表面的浸渍水平进行了优化，以满足各种排放标准。RWD 车辆（图 2—461 左）和 AWD 车辆（图 2—461 右）的催化转化器均有独特的布局。由于 AWD 系统采用了略微不同的发动机位置和空间，因此进行了专门设计，如图 2—461 所示。

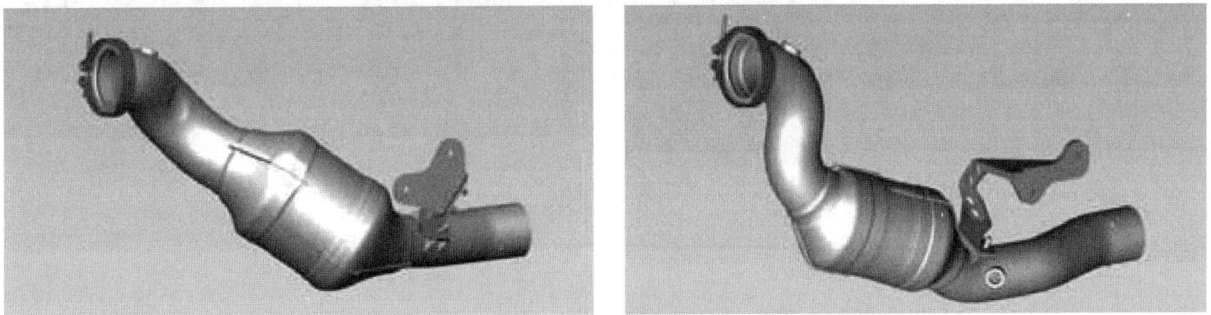

图 2—461

上游氧传感器为博世 LSU 4.9 增强型。LSU4.9 增强型为平面型 ZrO_2 双核限流型传感器，并带有加热功能。与之前的 LSU4.9 版本的不同之处在于新型传感器采用 5 根 PIN，而之前的传感器为 6 根 PIN。LSU4.9 高级型传感器不再使用修正电阻，因为校准现在由传感器自身执行。该新型传感器精度高，稳定性强，同时传感器加热时间从小于 10s 提升到小于 5s。传感器加热时间指的是从加热过程开始到泵送电流稳定在最终值附近规定偏差带内之间的时间。这个传感器的输出信号是一个线性电流信号，在混合气较浓时为负值，当 λ 值为 1（理论空燃比）达到 0，而当混合气变得较稀时开始变为正值。上游氧传感器用于油量的闭环控制（"燃油修正"），下游氧传感器监测催化转化器的效率并由 ECM 用于合理性检查。Bosch LSF 4.2 双级氧传感器（如图 2－462 左所示）和 Bosch LSU 4.9 高级型宽带氧传感器（如图 2－462 右所示）。

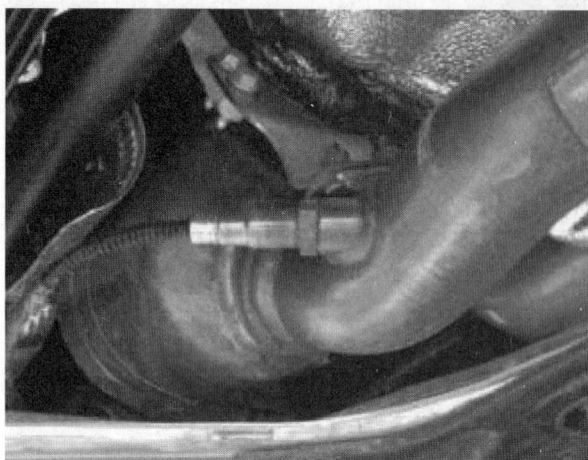

图 2－462

带旁通阀的后消音器。后消音器旁通阀打开时，排气管将更容易释放尾气。这样既可以增加发动机最大扭矩，同时提高尾气噪音。这已经成为玛莎拉蒂汽车的独特标志。两个后消音器中的真空操纵旁通阀均由安装在后副车架上的电磁阀控制。电子阀由发动机 ECU 通过开/关型控制策略控制。V6 版全新总裁可通过其双椭圆形排气管尾管进行识别。所有版本的后消声器均配备旁通阀，如图 2－463 所示。正常、I.C.E 驾驶模式下，到达 3000r/min 时旁通阀关闭；3000r/min 以上时开启并视发动机负荷而定。运动驾驶模式下，旁通阀在怠速期间和以 3000r/min 以上发动机转速行驶时开启；在 3000r/min 以下时关闭。

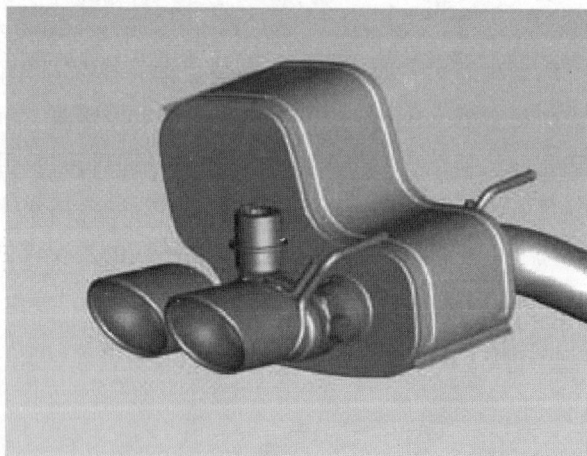

图 2－463

（六）燃油系统

在 M156 总裁上，玛莎拉蒂首次采用燃油直喷技术（GDI—汽油直喷）。这意味着喷油器直接位于燃烧室内，与间接燃油喷射相反，间接燃油喷射系统中的喷油器安装在进气歧管内（PFI——进气道喷射）。GDI 发动机的主要优点在于通过更直接和更精确地控制燃烧过程，从而提高了燃油效率并增大了功率输出。借助 GDI 系统，还可更加精确地控制排放水平。这些优点可通过对根据不同的发动机运转状态而改变的燃油量和喷射正时的精确控制来实现。由于喷油器直接位于燃烧室内，因此 GDI 发动机的喷射压力与 FPI 发动机相比要高很多（喷射压力一般约为 350kPa）。F160 发动机采用了同质型喷射技术。这就意味着可在燃烧室内实现 $\lambda = 1$ 的最优空燃比。最大喷射压力为 20 000kPa。

1. 燃油回路（图 2−464）

V6 发动机所采用的燃油系统与 F154A V8 发动所采用的系统在排列与运行方面类似。主要差别在于只采用了单个同时用于低压和高压侧的油泵，而非用于 V8 的双油泵。

V6 车辆的燃油系统以下列方式排列。

低压燃油回路可将来自油箱的燃油带入位于发动机后部的高压油泵。

带电控机械高压油泵的高压燃油回路可为所有 6 个喷油器提供喷射压力。

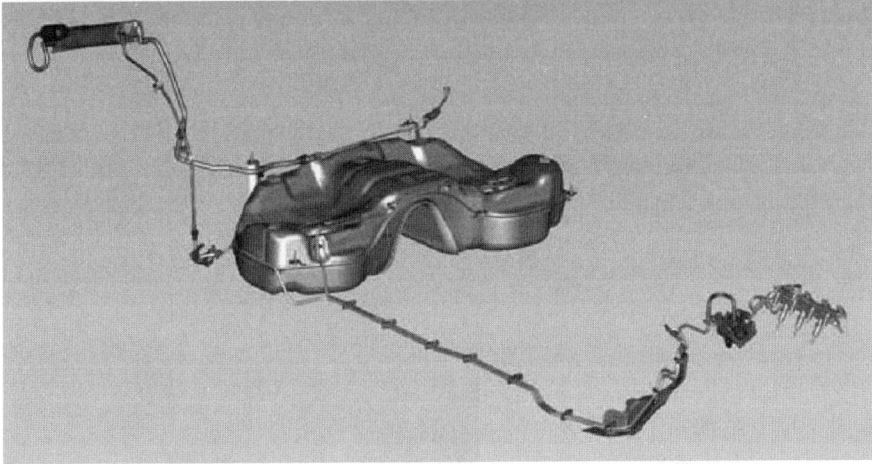

图 2−464

发动机关闭后，高压燃油回路中的压力仍会很高。进行任何高压燃油回路的维修操作之前，确保先释放其中的压力。总裁 V6 采用了单个低压和高压油泵。连接至文丘里泵的平衡管可确保来自气鞍形油箱右段的燃油被虹吸入左段，如图 2−465 所示。

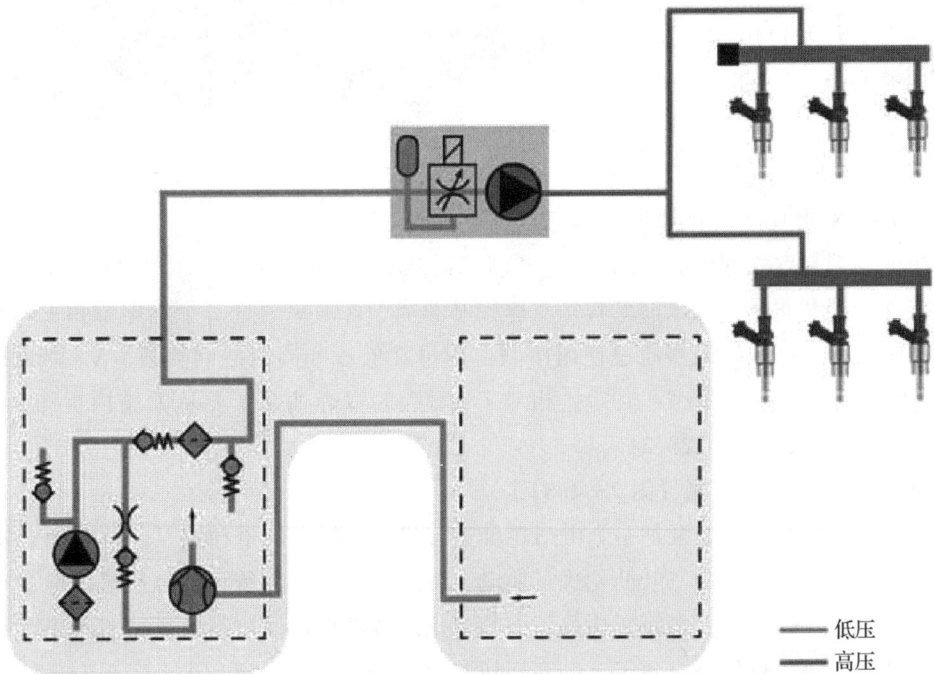

————低压
————高压

图 2−465

2. 燃油箱

M156 总裁装备新鞍式燃油箱，位于后排乘客座椅下方，如图 2−466 所示。此方案有益于降低重心，不会缩小行李空间。燃油箱的几何容量为 101.6L，有效容量为 80L。加油口为无盖式。

411

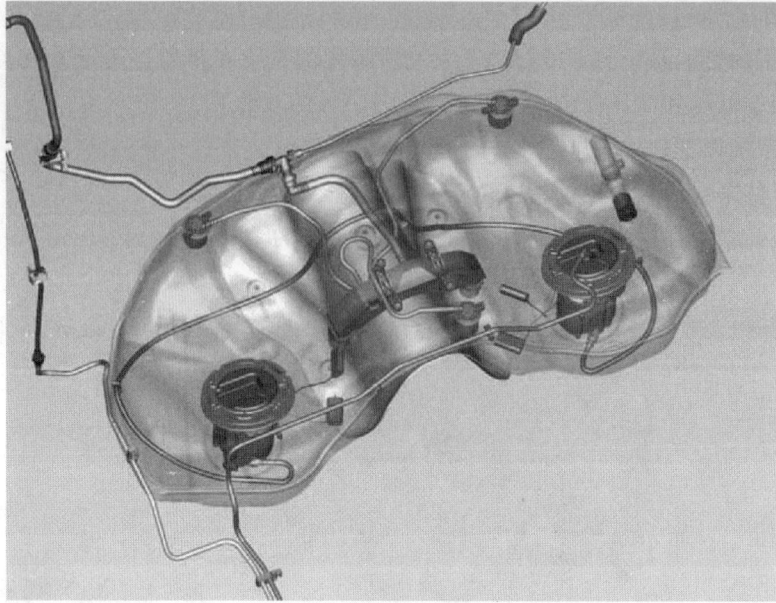

图 2-466

3. 低压燃油泵单元

V6 版总裁采用了单个燃油泵带代替 V8 版的双燃油泵。对比 V8 版双油泵的 224L/h 流速，单油泵的流速为 170L/h。油泵/油位传感器位于鞍形油箱的左段。右侧单元包含了油浮子，可将油位信息发送至控制单元。油泵/油位传感器与 PFI 系统上的设备非常类似。该单元包含一个直流电泵、终身使用型燃油滤清器滤芯、带内部双向阀和单向阀的压力调节器和浮子控制式油位传感器单元。主要差别在于实际产生的油压要更高：600kPa 表压（PFI 系统约为 350kPa）。采用该设计的目的在于可减少气

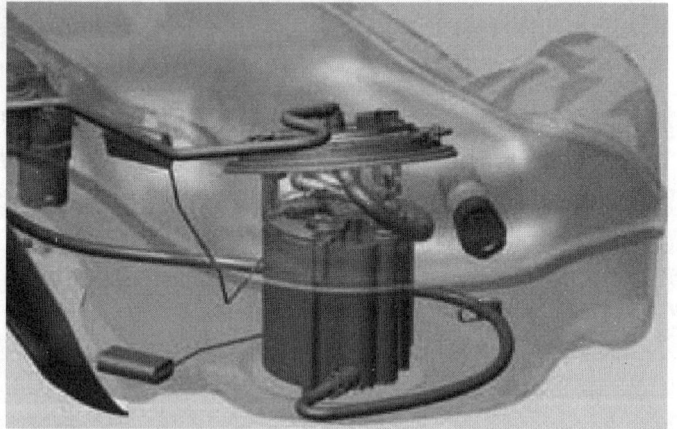

图 2-467

阻（燃油系统中的高温导致气泡形成）的危险。气阻对 GDI 系统非常危险，因为高压油泵需要稳定的燃油供应才可以实现冷却和润滑。低压油泵具备双速控制功能。该油泵通过 2 个继电器由 ECM 控制。一个继电器可激活油泵，而另一个继电器通过使用串联电阻可在低压和高压之间切换。V6 版总裁（Quattroporte）采用了单个低压燃油泵（图 2-467），相对于 V8 版的双燃油泵。要从油箱内拆卸油泵/油位传感器，需要使用专用工具（p/n 900028154）。

4. 高压油泵和燃油压力调节器（图 2-468）

Magnetti Marelli PHP 高压油泵是一个由凸轮轴进行机械式操纵的单柱塞泵。单个油泵安装在右侧汽缸盖的后部，并有排气凸轮轴上的三叶凸轮进行驱动。油泵通过高压钢管可将加压燃油输送至两侧喷油器油轨。压力会在 4000～20 000kPa 之间变化。压力的变化由电磁执行器控制。执行器作用在进气门上，使得流速控制始终精确。该执行器还包含了 1 个高压回路保护的最大压力阀和 1 个可限制供油管路压力波动的进油口缓冲阀。Motronic 可根据不同运行条件（转速、传递扭矩、环境条件等）下的发动机需求改变喷射压力，高压油泵带有一个可限制电磁执行器噪声的专用装置。在 GDI 发动机中，用户常常会将此类"嘀嗒"声视为故障，在采用该技术后缺陷得以解决。该专利设备为 Magneti Marelli 油泵的优势之一，可有效地集中消除噪声来源。带压力调节器的玛莎拉蒂 Marelli PHP 高压油泵的输出压力高达 20 000kPa，

如图 2—469 所示。玛莎拉蒂 Marelli PHP 高压油泵倒置在右侧汽缸盖处，由排气凸轮轴上的三叶凸轮驱动。在凸轮轴后端的双齿可驱动真空泵，如图 2—470 所示。

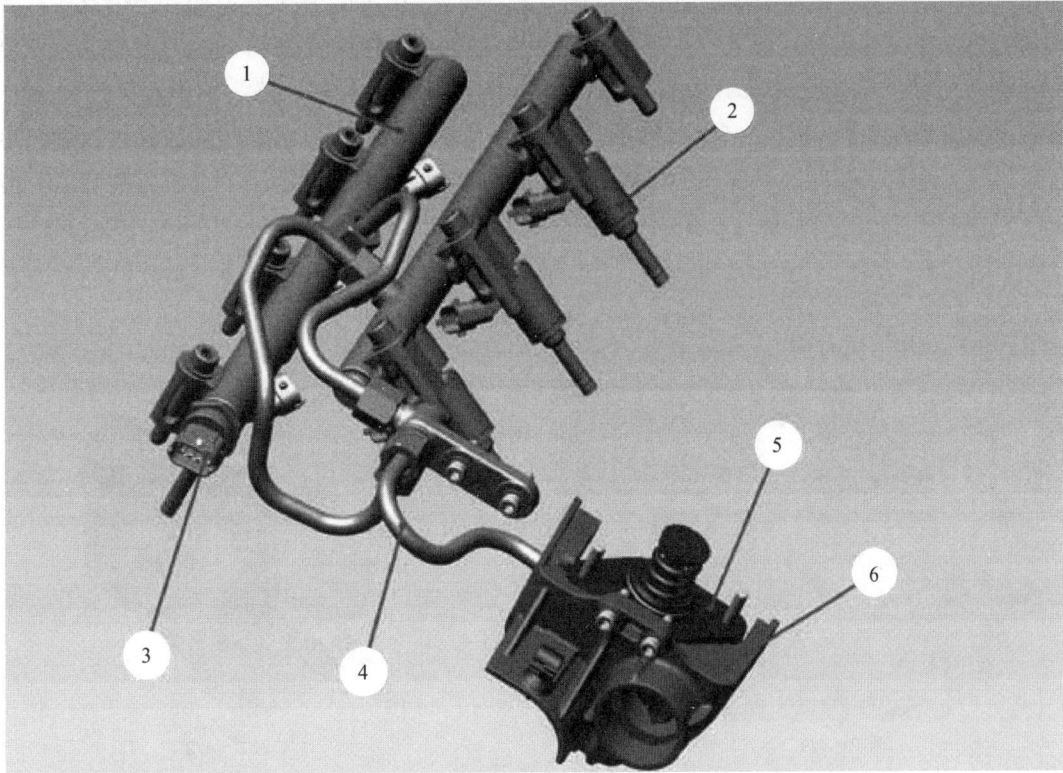

1—油轨　2—喷油器　3—压力传感器　4—高压管　5—高压油泵　6—盖板

图 2—468

图 2—469

图 2—470

5. 燃油压力控制

GDI 发动机的管理系统控制下列新参数。

根据发动机的运行状况控制目标燃油压力；

测量油轨中的燃油压力；

燃油压力的闭环控制。

如果高压燃油压力调节器控制电路中出现故障（例如断路），高压油泵将无法建立起压力，从而使得燃油分配管中的压力与低压油路相同。在这种情况下，发动机可以怠速运行，但是无法增大负载，因为没有充足的喷油压力（发动机保护模式）。

6. 油轨和压力传感器

两侧汽缸组各有独立的油轨。油轨的作用是将燃油喷射压力均匀分配给各缸。压力传感器（博世 DSHD-KV4.2-K）安装在左侧油轨的后方。压力测量通过钢膜的膨胀实现。膜片上带有应变片，从而可以形成惠斯登电桥。测量得到的信号与压力成正比。喷油压力是 GDI 发动机的重要参数，需要由发动机控制系统精确控制。与高压油泵的燃油压力调节器一起构成闭环控制回路。传感器具有 3 条电路：5V 传感器电源、传感器接地和 0.5～4.5V 之间的模拟线性压力信号电路。只有在将进气歧管拆卸后才可进入油轨和喷射器。油轨和喷射器只能作为总成进行更换，如图 2-471 所示。单个压力传感器可监控两侧油轨内的压力，如图 2-472 所示。

图 2-471

图 2-472

油轨压力参数检查是 GDI 发动机的一项有用诊断。可以确定低压和高压燃油回路是否正确工作，还可以用于检测喷油器是否存在泄漏。

7. 喷油器

与 F154A 发动机相同，F160 发动机采用了博世 7 喷孔 HDEV 5.2 喷油器。然而不同发动机类型的喷油器并非完全一致。喷射角度得到了微调以适应燃烧室的形状和喷油器的角度位置。再者，对比 410HP V6 发动机和 V8 发动机的 22.1ml/s 喷油器流量，F160AO 发动机（246kW 版）的流量下降至 17.1mL/s。喷油器横向布置在燃烧室中，位于 2 个进气门下面。靠近喷油器端部的位置安装有特氟龙燃烧密封圈。不得损坏该特氟龙密封圈，并在每次将喷油器从缸盖上拆卸后使用新件更换。由于在安装时需要绝对干净，

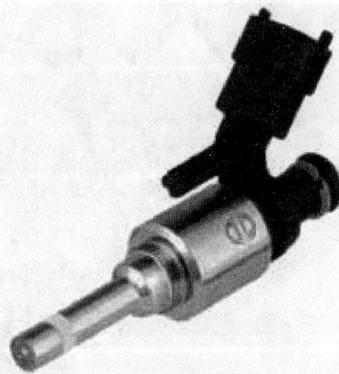

图 2-473

因此在正常车间环境下禁止将喷油器安装到油轨杯座内。根据不同的发动机类型，博世 HDEV 5.2 喷油器具有多个版本，如图 2-473 所示。

喷油器控制。GDI 发动机喷油器的控制和运行比 PFI 系统复杂。ECM 根据发动机的瞬时运行状态独立改变喷油定时、喷油时长和喷油压力。由于压力较高，电压和电流的大小远高于传统 PFI 系统的值。喷油器的打开动作由大约 65V 的增压电压激活，这个电压可以使喷油器的峰值电流达到 12A 左右。在这个阶段完成后，喷油器会在 12V 脉宽信号作用下保持打开状态，并且将电流保持在 4A 左右。由于喷油器的装配需要绝对纯净的环境，不允许从喷油器上拆卸燃油分配管。喷油器必须和燃油分配管作为一个完整的总成来更换。从发动机上拆下喷油器后，必须更换喷油器端部的特氟龙燃烧密封圈。

（七）真空管路（图2-474）

使用进气增压的必然结果是在一定条件下会导致发动机真空不足。真空用作为能量载体，可操纵车辆内的某些辅助系统和子系统。出于该原因，在F160发动机上安装了真空泵。真空泵安装在发动机的后部，由右缸组的排气凸轮轴驱动。一个铝制真空罐安装在发动机舱的右下区域。

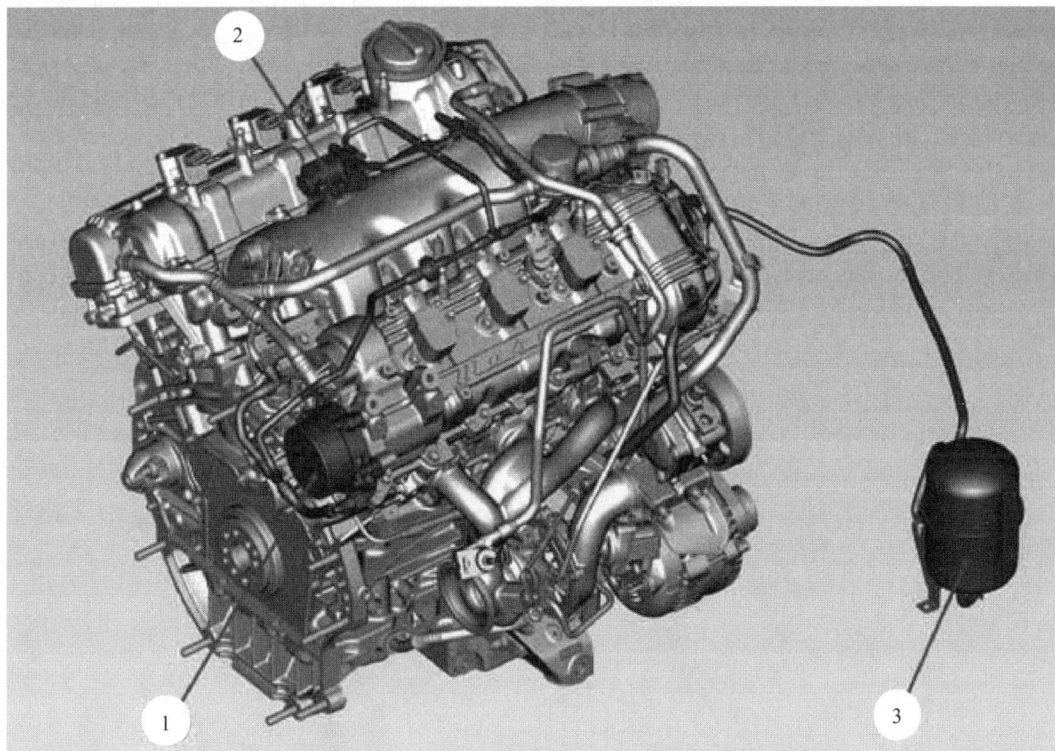

1—凸轮轴驱动式真空泵　2—涡轮废气风门真空调节器　3—真空罐

图2-474

以下系统和子系统使用真空。

制动助力器；

涡轮废气风门控制；

排气旁通阀控制。

单个真空泵安装在右侧汽缸盖的后部，由排气凸轮轴驱动，如图2-475所示。

图2-475

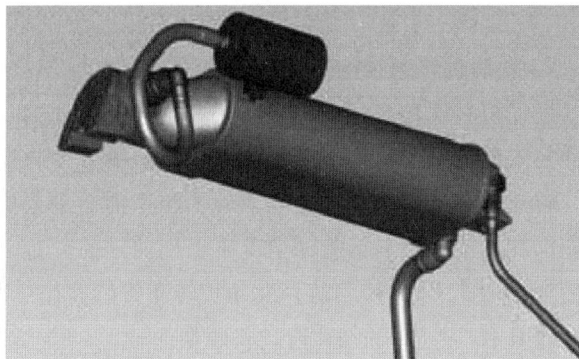

图2-476

（八）蒸发控制系统和油箱泄漏检测

燃油蒸气活性炭罐安装在右后侧车轮拱罩区域内。存储在活性炭罐内的燃油蒸气由活性炭罐净化阀回收至进气系统中，如图2-476所示。活性炭罐净化阀位于发动机舱内右侧，发动机上稳定杆的正下方。它由ECM通过脉宽调制（PWM）信号控制。

DMTL单元安装在活性炭罐附近，设计用于按照OBD法规（仅限美国/加拿大规格车辆）检测油箱泄漏。它由一个机电驱动式气泵以及带集成式基准限流阀的转换阀组成。在其中一种设置下，气泵通过基准限流阀输送，在另一种设置下通过活性炭罐输送至燃油箱系统中。发动机管理系统可测量空气泵在各设置下的电流消耗量。比对电流值是检测油箱是否泄漏的一种方式。

（九）发动机同步和点火系统

发动机同步和点火系统如图2-477所示。

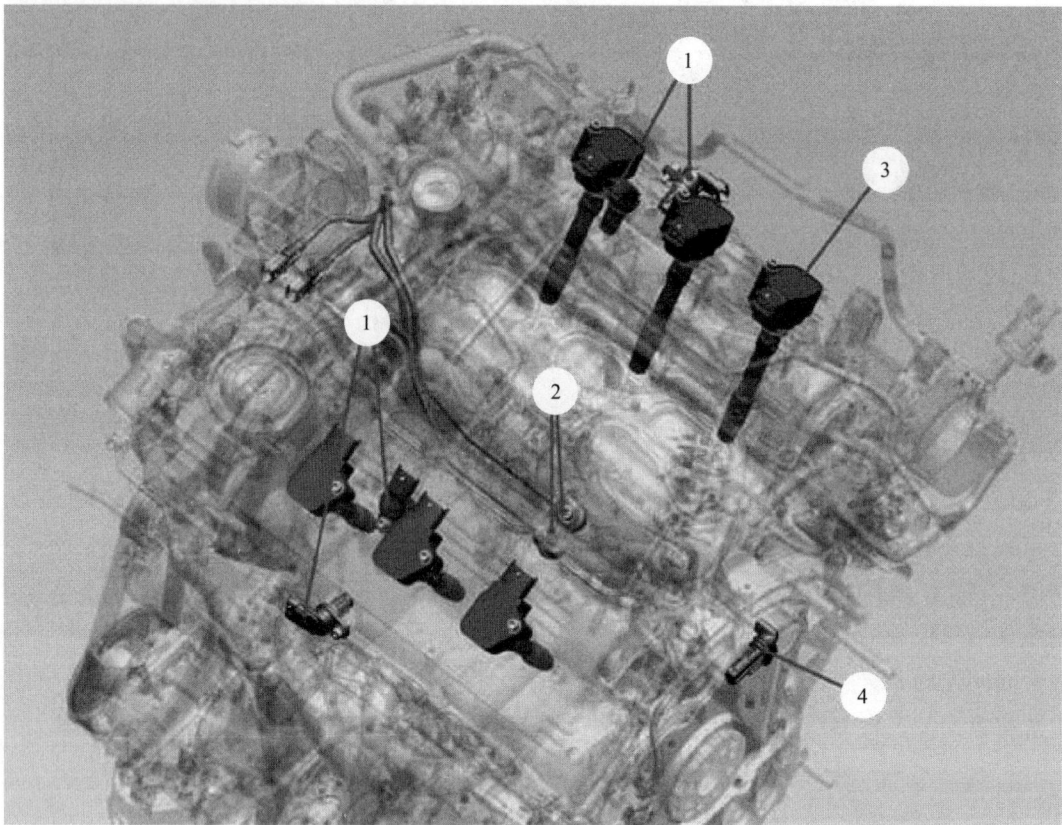

1-发动机正时传感器　2-爆震传感器　3-点火线圈　4-发动机转速传感器

图2-477

1. 发动机转速传感器

发动机转速传感器横向安装在右侧发动机缸体上。传感器从58齿（60-2）脉冲轮提取转速信号；脉冲轮安装曲轴上，位于曲轴箱内。该解决方案与外置式脉冲轮相比结构更为紧凑。

转速传感器用于测量发动机转速和识别上止点位置。该传感器还能进一步探测曲轴的旋转方向。传感器能够在发动机没有运行的情况下识别曲轴的位置，可以在关闭后迅速启动发动机。这个功能使得系统特别适合于停车&起步功能。发动机转速传感器位于曲轴箱的右侧，如图2-478所示。发动机转速传感器脉冲轮具有58（60-2）齿，安装在曲轴上，位于曲轴箱内，如图2-479所示。

2. 发动机正时传感器

该发动机正时传感器与F154A发动机所采用的一致，总共使用了4个传感器。正时传感器使用霍尔效应元件，可从安装在各个凸轮轴上的脉冲轮上提取信号。正时传感器位于凸轮轴盖上。凭借正时传感器，ECM能够识别发动机的位置，正时传感器还可用于正时调节器的闭环控制。正时传感器的脉冲轮有4个齿（2×40°和2×140°），如图2—480所示。

图2—478

图2—479

图2—480

图2—481

3. 点火线圈和火花塞

所采用的点火线圈与F136代发动机一样为Eldor（图2—481），但点火电源（60mJ）更大、火花持续时间更长（大于1.2ms，而以前为大于0.8ms）。与进气道喷射发动机相比，这是非常必要的，因为GDI

发动机上的火花塞更容易积垢。点火系统根据发动机运行条件采用多个火花，每个周期最多3个火花。

4. 爆震控制

两个线性压电敏感传感器（博世 KS－4－K）安装在曲轴箱的顶部，位于发动机内。该传感器可将结构振动转换为 ECM 可分析的电信号。系统根据爆震的强度和频谱信息以及非爆震燃烧对爆震传感器的信号进行评估。ECM 可使用多个变量来消除发动机爆震：点火正时、喷射正时和增压压力。

（十）可变气门正时控制系统

所有 F160 发动机均配备 VVT，由 4 个独立凸轮轴正时调节器控制：每个汽缸盖的进排气侧各 1 个。该系统可提前或延迟进排气门正时，以调节气门叠角和确保理想的汽缸点火循环。借助该系统可改善发动机性能、中段转速扭矩、怠速状态和燃油经济性并降低排放。用于 2 个正时调节器的 OCV 执行器位于凸轮轴盖的前部，如图 2－482 左图所示。在将凸轮轴盖和正时盖拆除后可看见两个正时调节器，如图 2－482 右图所示。

图 2－482

各正时调节器可根据凸轮轴基本位置移动达 50°的曲轴转角（凸轮轴 25°），造成气门叠角提高至 100°曲轴转角。各正时调节器位置由通过控油阀（OCV）的受调油压进行调节，该控油阀同样作为将正时调节器/链轮固定至凸轮的螺栓。各正时调节器的 OCV 均由来自 ECM 的 PWM 指令控制。在 0％运转循环时，排气 OVC 位于锁定位置，同时排气正时调节器提前。在 100％运转循环时，排气凸轮轴会延迟 50°曲轴转角，同时进气门会延迟开启。在 0％运转循环时，进气 OVC 位于锁定位置，同时进行正时调节器延迟。在 100％运转循环时，进气凸轮轴会提前 50°曲轴转角，同时进气门会提前开启。当正时调节器位于初始位置（锁定）时，气门叠角最小。当气门叠角加大时，正时调节器会朝远离延迟或锁定位置的方向转动。ECM 基于发动机转速和发动机载荷来控制每侧缸排的进排气 VVT。使用凸轮轴位置传感器可以使 ECM 实现闭环调节可变正时。电磁阀驱动器（左侧）可伸缩一个阀针，该阀针可顶开调节器固定螺栓内部的滑阀。通过调节滑阀的位置，油流会被导入正时调节器的各个腔室，如图 2－483 所示。

在发动机启动时，系统油压会克服弹簧压力并将正时调节器锁销解锁，为调整相位做好准备。正时调节器会维持在该位置，直到 ECM 发出信号对电磁阀/执行器进行脉宽调制。为使正时调节器开始移动，一个电压信号会传送至执行器以伸缩阀针。阀针会顶开 OCV 内部的滑阀并导致阀门前后移动以将油流导入正时调节器内的不同腔室。OCV 内部滑阀的位置将确定正时调节器内油腔是否充满油液。OCV 要么会相对于凸轮轴位置将正时调节器/链轮的正时提前或延迟，要么会稳定在理想位置。当油压推动正时调节器转子的叶轮时，转子即开始移动。由于转子为物理固定至凸轮轴，因此转子旋转会造成凸轮轴位置根据标准链轮位置做相对旋转。在发动机停机时，随着油压下降，两个正时调节器可回到其各自的锁定位置。

然而，由于排气凸轮轴需要移动至非标准顺时针转动位置，因此需要螺旋弹簧的辅助。进气正时调节器在另一方面仅依赖来自配气机构的抗扭强度，以将自身朝向锁定位置推动，如图2-484所示。

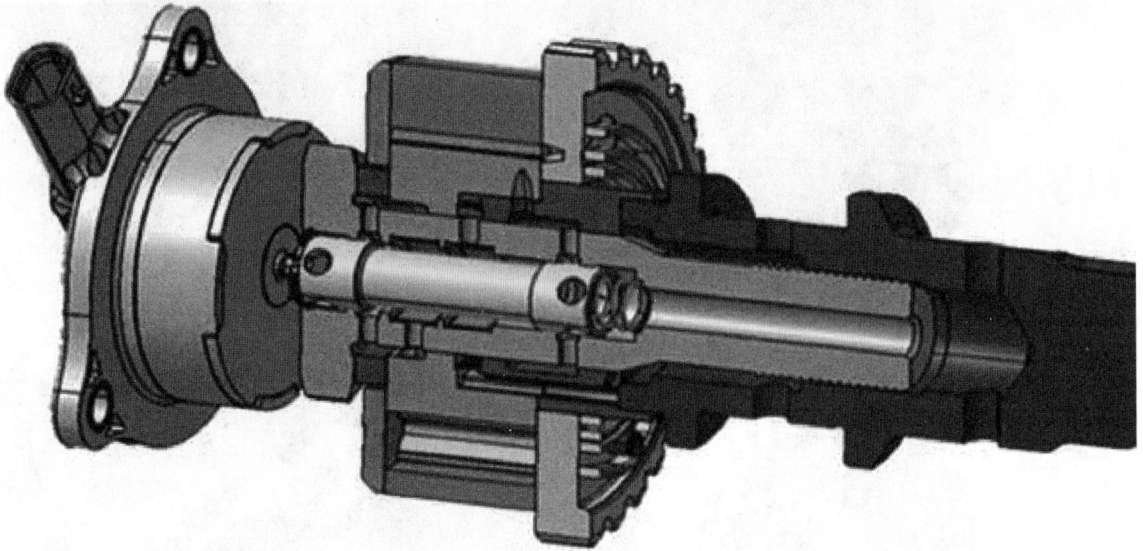

图2-483

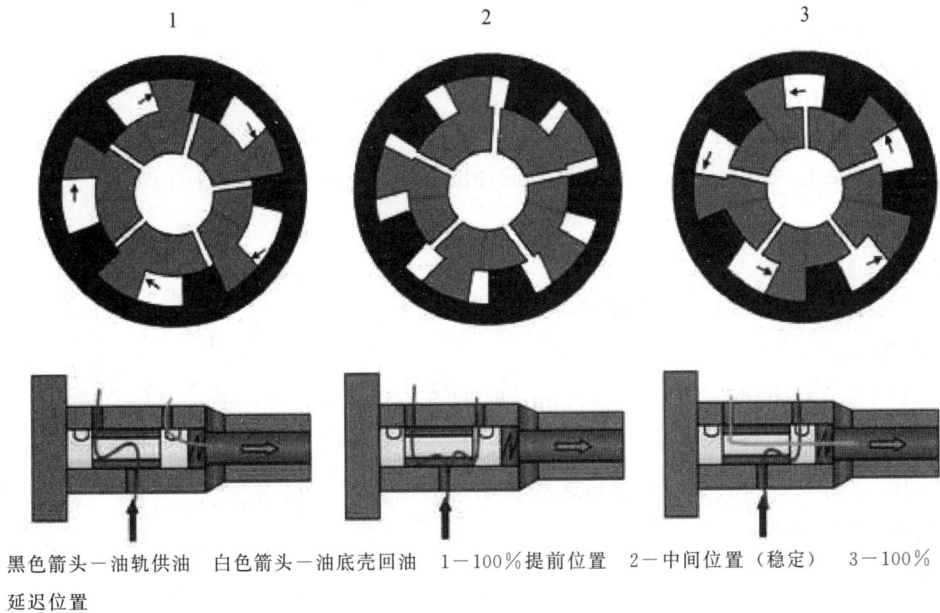

黑色箭头－油轨供油   白色箭头－油底壳回油   1－100%提前位置   2－中间位置（稳定）   3－100%延迟位置

图2-484

可变气门正时系统设计采用5W-40发动机油进行运行。使用其他类型的润滑油或未能遵守换油间隔会产生系统响应和控制性故障，根据后果不同将产生故障码或发动机警告灯亮。进气正时调节器（如图2-485左图）和排气正时调节器（如图2-485右图）工作原理相同，但操作方向相反出于该原因：仅在排气正时调节器上采用了回位弹簧。如图2-486所示，定子固定在凸轮轴链轮上，而转子固定在凸轮轴上。锁销可在无油压供应时将调节器维持在零度位置。控油阀（OCV）集成在各正时调节器的固定螺栓内，如图2-487所示。

419

图 2-485

图 2-486

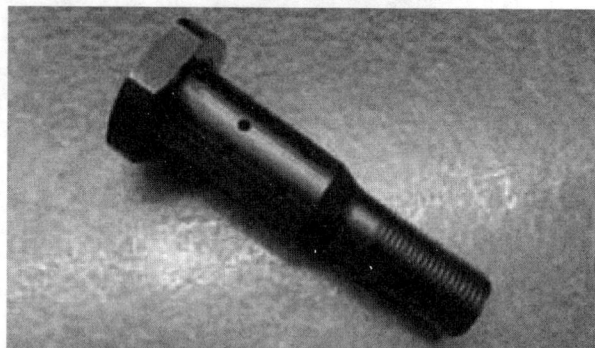

图 2-487

四、发动机运行模式

发动机具备 3 种运行模式，取决于驾驶员所选择的驾驶类型，如表 2-151 所示。

（一）正常

在点火开关旋至 ON 位置后，该模式默认为启用。

正常节气门响应。

正常增压（F160AM/F160AN 为 4500r/min 时的 550N·m，F160AO 为 4500r/min 时的 500N·m）。

排气旁通阀的激活策略取决于发动机转速和发动机负荷。

转速限制器设置在 6200r/min。

表 2-151

已选驾驶模式	发动机运行模式
正常＋自动	正常
正常＋手动	正常
运动＋自动	运动
运动＋手动	运动
I. C. E	I. C. E.
ESC-关闭	对发动机运行无影响
硬减震器设置	对发动机运行无影响

（二）运动

由于踏板瞬态性能更加灵敏，因此节气门响应更快。

可用增压（F160AM/F160AN 为 1750～5000r/min 之间时的 550N·m，F160AO 为 1750～4500r/min 之间时的 500N·m）

用于排气旁通阀的专用激活策略。

转速限制器设置在 6500r/min。

（三）I. C. E.

发动机对节气门开度响应比较温和。

低增压，发动机扭矩限制在 450N·m（F160AM/F160AN）和 410N·m（F160AO）。

排气旁通阀使用了与正常模式相同的激活策略。

转速限制器设置在 6000r/min

第四节　2016年总裁和吉博力欧6发动机

一、双涡轮汽油发动机

2013年，推出了一系列全新直喷式双涡轮V6和V8汽油发动机。这些发动机符合欧洲的"欧5b"排放标准。从引进的总裁MY16和吉博力车型（2015年中期投产）开始，就已对发动机进行了升级，以使其符合"欧6b"排放标准。自2015年9月开始，在欧洲国家首次注册必须执行欧6标准。与符合欧5标准的发动机相比，符合欧6标准的发动机具有以下方面的优势。

应用启停系统。

配备了新款校准软件的全新ECM。

全新下游氧传感器。

优化了排放控制策略和ECM管理氧传感器的方式。

智能交流发电机管理。

（一）发动机控制模块（ECM）（图2-488）

ECM是发动机控制系统的核心部分。F160发动机上使用的ECM有两个版本。

所有符合欧5标准的发动机使用博世MED17.3.4。

所有符合欧6标准的发动机使用博世MED17.3.5。

请注意，两种型号ECM的连接器引脚略有差别。进行诊断时，请确保所用文档的系统型号正确。

图2-488

（二）全新下游氧传感器（图2-489）

每个催化转化器的下游，都使用一个二级或平板式氧传感器。传感器特别针对欧5和欧6兼容发动机设计。

图2-489

421

在欧5兼容发动机上，2个Bosch LSF 4.2二级氧传感器，用参考空气（传感器中的环境空气）中的氧含量来比较排气中残留的氧含量。

在欧6标准的发动机上，2个Bosch LSF X4二级氧传感器，用参照区域中的氧含量（表示lambda＝1条件下）来比较排气中残留的氧含量。该区域通过含氧加压元件形成。Bosch LSF X4二级传感器主要包含的部件和Bosch LSF 4.2传感器相同，但参考气道（与空气相通）由一个氧参考区代替，表示为纯空气。该区域通过含氧加压元件形成。后氧传感器设有加氧参考区后，可隔离于外部空气中的空气污染，以及传感器元件上的沉积污染物。与LSF 4.2传感器相比，该传感器只用一半时间就能使发动机通过冷启动进入控制模式。

这极大地减少了发动机排放不受控制的时间。而更高的测量精度也将使其更易满足未来的废气排放物标准。此外，该款新型氧传感器体积更小，结构更坚固。注意：由于线束长度不同，所以每个汽缸排的传感器都有一个特定零件号。

二、V6柴油发动机

（一）符合欧6标准的发动机

M156和M157车型中采用了全新玛莎拉蒂欧6柴油发动机，它代表了在现行的欧5柴油发动机基础上的发展成果，如表2－152所示。这款新型发动机的设计代码是B630MS，表明它是A630MS发动机（欧5）的进化版本。

A630MS 3.0L V6发动机于2013年引进，该款发动机符合欧洲"欧5b"排放标准。从引进的总裁（2016年）和吉博力车型（2015年中期投产）开始，就已对发动机进行了升级，以使其符合"欧6b"排放标准。自2015年9月开始，在欧洲国家首次注册必须执行欧6标准。

表 2－152

排放标准	欧5b	欧6b
设计代码	A630MS	B630MS
识别代码	46D	46D
发动机系列号	30000－39999	50000－99999

轻型车辆的欧洲排放标准适用于基准质量不超过2610kg的，类别为M1、M2、N1和N2的所有车辆（欧5/6）。与配有汽油发动机的车辆相比，柴油机车辆的一氧化碳排放限制更加严格，但氮氧化物的排放限制较为宽松。欧5/6法规引入了PM质量排放标准，这些标准与柴油发动机和直喷式汽油发动机车辆的标准相同。欧5柴油机车辆排放限制与欧6排放限制之间的主要差别在于允许释放到大气中的氮氧化物量，即欧5的限值为0.18g/km，欧6为0.08g/km。因此，全球的柴油机汽车制造商全部致力于减少氮氧化物的排放量。最流行的技术解决方案之一就是采用选择性催化还原系统。表2－153中对柴油机乘用车（M1类别）的欧5和欧6排放限制进行了对比。

表 2－153

污染物	欧5b	欧6b
CO	0.50g/km	0.45g/km
HC	—	—
HC＋NOX	0.23g/km	0.17g/km
NOX	0.18g/km	0.08g/km
PM	0.005g/km	0.005g/km

（二）全新的技术特性

与符合欧5标准的发动机相比，符合欧6标准的发动机具有以下方面的优势。

采用了选择性催化还原系统（SCR），该系统由氮氧化物还原催化转换器、AdBlue储罐和喷射系统组成。

采用了2个氮氧化物传感器，一个位于DOC上游，另一个位于SCR催化转换器的下游。

在连接进气歧管的废气再循环管道中采用了温度传感器。

采用了全新的压制钢左侧排气歧管。

经过改进的、带有内置氮氧化物传感器定位线的DOC。

配有特定校准软件的 ECM 以及支持新增组件的新型发动机线束。

发动机内部机械部件未经修改。

（三）发动机盖内部示意图

图 2—490 为欧 6 总裁柴油发动机机型。其布局与吉博力类似。在掀开发动机罩后，如需快速识别柴油机车辆是否符合欧 6 标准，唯一方法就是判断发动机舱内是否安装了上游氮氧化物传感器控制单元。

图 2—490

（四）欧6柴油发动机技术参数（表 2—154）

表 2—154

技术参数 B630MS	
燃烧循环	4 冲程柴油机
配置	60°V6，24 气门，涡轮
排气量	2987ml
缸径×行程	83mm×92mm
压缩比	16.5：1
最大功率	202kW（275hp）（最大功率转速 4000r/min），意大利市场例外为 184kW（250hp）
最大扭矩	600N·m（最大扭矩转速介于 2000～2400r/min）*
发动机最大转速（空挡时）	3200r/min
发动机最大转速（挂挡时）	4400r/min
空转速度（发动机暖机）	700r/min
发动机特定功率	68.8kW/L（184kW 型号为 62.4kW/L）
点火次序	1 - 4 - 2 - 5 - 3 - 6
配气机构	每缸 4 气门，双顶置凸轮轴，滚柱摇臂随动器和液压间隙调节器
正时配气	用于 2 个排气凸轮轴的双正时链条；由排气凸轮轴驱动的进气凸轮轴齿轮。无可变气门正时

技术参数 B630MS	
进气门正时	气门在活塞经过上止点 19.6°后开启，经过下止点 5.6°后关闭（参考气门升程为 2mm）
排气门正时	气门在活塞经过下止点前开启 17.9°，经过上止点前关闭 27.9°（参考气门升程为 2mm）
涡轮增压器	配有滚珠轴承的盖瑞特水冷式可变截面单涡轮
润滑系统	机油泵，油/水热交换器
燃油系统	燃油箱内的电动油泵。博世共轨直喷系统，200MPa 高压泵和电磁式燃油喷射器
预热	低压陶瓷电热塞
排放控制和废气后处理系统	电动 EGR 阀门，配有旁通冷却器、柴油机氧化催化器（DOC）、柴油微粒过滤器（DPF）和选择性催化还原（SCR）催化器
发动机控制系统	博世 Motronic EDC17C79

* ：I. C. E. 模式下介于 410～490N·m 之间，具体取决于挡位。

（五）配有温度传感器的 EGR 系统

EGR 阀的出口侧安装了一个气体温度传感器，这是欧 6 发动机的一大新特色。该传感器可监测进入进气歧管的废气温度，并将相关的准确信息提供给 ECM。还可将该传感器用于 EGR 相关故障诊断（EGR 效率过低/EGR 旁通管堵塞）、EGR 冷却器旁通阀的控制和诊断以及 EGR 效率的分析。ECM 利用 EGR 出口温度信息对废气再循环过程进行精细化管理。该传感器安装在 EGR 阀的出口法兰中。用于欧 5 和欧 6 发动机的 EGR 组件。欧 6 发动机新增的温度传感器位于 EGR 阀下游的 EGR 阀外壳上，如图 2－491 所示。

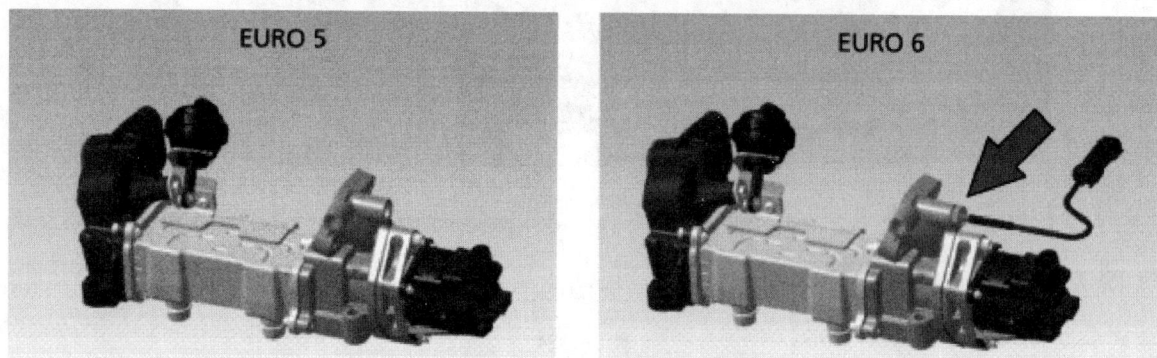

图 2－491

三、选择性催化还原
（一）什么是选择性催化还原（SCR）

就氮氧化物污染物而言，A630MS 发动机符合欧 5 排放标准，这要归功于发动机的废气再循环（EGR）系统。要达到甚至低于欧 6 标准的氮氧化物水平，我们不能仅依赖 EGR 系统。可采用选择性催化还原系统（SCR），实现氮氧化物的进一步还原。选择性催化还原（SCR）的原理是使用选择性还原剂或添加剂（甚至在氧浓度较高的条件下）还原氮氧化物（NO_x）。这里的"选择性"指的是还原添加剂更倾向于选择与氮氧化物中的氧（而不是在废气中含量高得多的分子态氧）发生氧化。经验证，在这种情况下氨气（NH_3）是一种选择性较强的还原剂。在汽车的周边环境中，由于所需 NH_3 的量较大，它的毒性会引发安全问题。不过，尿素等无毒载体物质也能产生 NH_3。尿素 $[CO(NH_2)_2]$ 可按照工业规模大量生产，用作化肥和饲料。从生物学角度讲，尿素可与地下水相溶，在自然环境中具有化学稳定性。尿素易溶于水，因此可通过易于计量的尿素/水溶液的形式添加到废气中。氧气过量（柴油发动机的典型问题）必然会导致有害氮氧化物（NO_x）的产生。选择性催化还原可有效减少释放到大气中的氮氧化物量，使其符合最新的欧 6 排放限制。AdBlue 被喷入排气管内，继而蒸发并分解为氨气和二氧化碳。在 SCR 催化器内，氨气（NH₃）将氮氧化物催化还原，生成水（H₂O）和氮气（N₂），如图 2-492 所示，这两种物质都是无害的。这些物质随后会通过排气尾管释放到大气中。

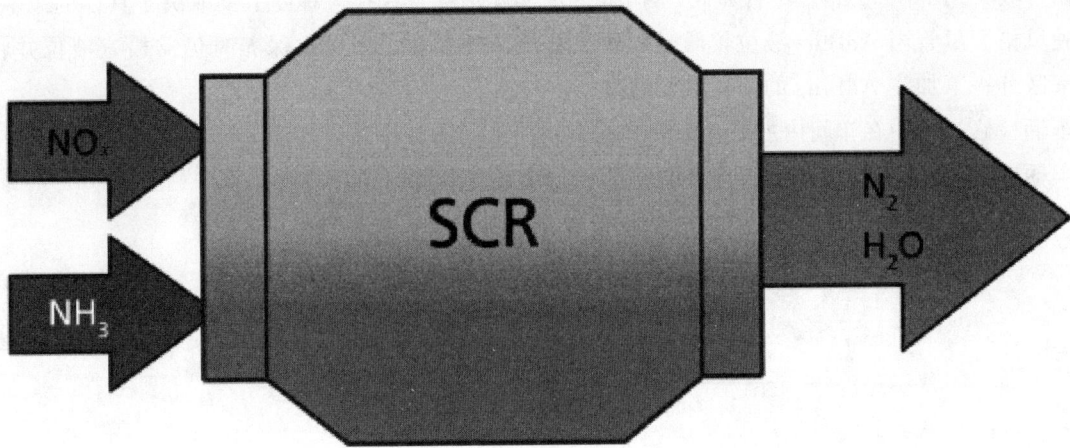

图 2-492

（二）AdBlue

AdBlue 是由 VDA（"Verband der Automobilindustrie"，即德国汽车工业协会）管控的注册商标，用于柴油机汽车 SCR 系统中使用的 AUS32 还原添加剂。VDA 确保按照 DIN 70070 和 ISO 22241 规范对 AdBlue 的质量标准进行维护。顾名思义，AUS32 由 32.5% 的尿素和 67.5% 的去离子水组成，是一种高品质的水成尿素溶液。其局部最低冻结点为 -11℃，是一种共晶溶液，冻结时溶质不会析出。尿素的冻结点——尿素浓度为 32.5% 时，水溶液达到最低值，如图 2-493 所示。

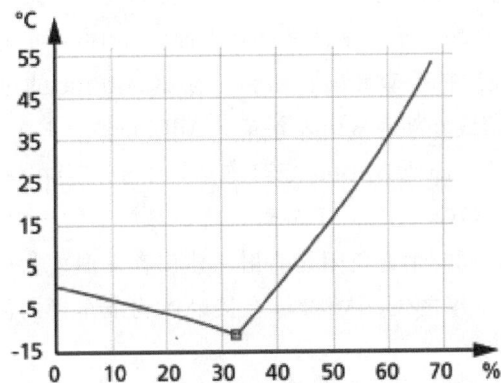

图 2-493

AdBlue 的主要物理特性和相关检测方法规范如表 2-155 所示。

表 2-155

检测项目	限值	检测方法
尿毒含量/重量比	31.8%~33.2%	DIN V 70071Ann. B
20℃时的密度	1.087~1.092g/cm³	DIN EN ISO 12185
20℃时的折射率	1.382~1.384	DIN V 70071 Ann. C
NH₃ 重量浓度达到最大时的碱度	0.2%	DIN V 70071 Ann. D

"DEF"（柴油机排气处理液）是美国为 AUS32 尿素使用的首字母缩写词。巴西采用的名称为 "Arla 32"。欧洲、澳大利亚、新西兰和其他许多国家通常采用的名称为 AdBlue。

1. Adblue 储罐的加注

AdBlue 的有效体积为 20.5L，与整个储罐的容积一致，在重新加注之前，能支持玛莎拉蒂欧 6 柴油机车辆行驶大约 20 000km。尽管如此，AdBlue 的实际消耗量在很大程度上要取决于具体的车辆使用方式和驾驶风格。尽管当 AdBlue 液位较低时，系统会通知驾驶员，但每次保养时仍需检查液位并将其加满。我们来区分一下加注 AdBlue 的两种主要情况。

车辆检修过程中在车间内加注，为此我们提供了专门的加注站，如图 2－494 所示。

车辆仪表板上显示 AdBlue 液位低的消息时，由客户直接加注。为此，服务站提供了大量专用的半加仑装（1.89L）"Kruse"瓶，便于加注 AdBlue。

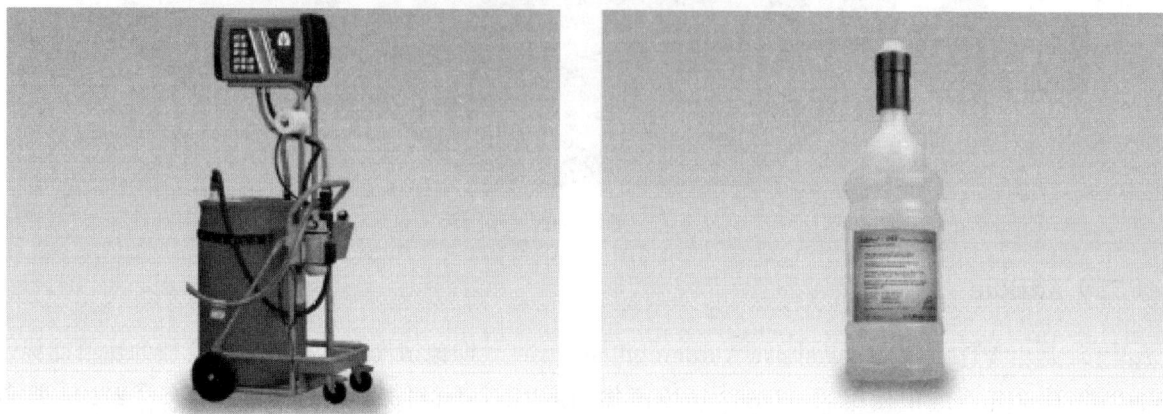

图 2－494

2. AdBlue 的存储与安全规定

AdBlue 是一种无毒、不易燃的非危险溶液，但与敏感型皮肤直接接触时，可能会造成皮肤刺激。加注过程中可能会有氨蒸气逸散到空气中，无论如何必须避免将其吸入，并避免氨气与眼睛发生接触。如果 AdBlue 接触到皮肤或眼睛，应立即用大量清水冲洗接触表面。AdBlue 可能会在直接接触时引起过敏。进行 AdBlue 加注操作时，建议穿戴防护手套和防护眼镜。存储 AdBlue 的过程中必须遵循一些预防措施。不用时应将其适当密封，防止细菌或外部因素引发污染。AdBlue 在 －11℃ 时会发生冻结，因此选择温度不低于该水平的存放区域非常重要。即使 AdBlue 已经冻结，由于它会在解冻后恢复为原始状态，故可以重新使用。AdBlue 会在高温条件（70～80℃）下分解，将氨释放到大气中。建议将 AdBlue 储存在干净、无尘的环境中，避免其遭到污染，同时须避免阳光直射。建议存储温度为 －5～25℃。在遵照存储说明的情况下，AdBlue 的储存期限可达一年之久。AdBlue 在接触衣物或车辆的内部装饰后，可能会形成结晶。请尽快用软布蘸清水轻轻擦洗。

注意不要使 AdBlue 溅到线束或电气连接装置上。这可能会导致电气触点腐蚀。

（三）SCR 系统概述

玛莎拉蒂欧 6 标准柴油汽车采用了可实现 NO_x 还原的博世 Denoxotronic 5.2 系统（已与之前的欧 5 排气系统布局完全集成）。Denoxotronic 5.2 系统的集成根本上依赖于在排气系统上采用一些新的传感器以及其他用于储存和运行 AdBlue 定量操作的部件。玛莎拉蒂的博世 Denoxtronic 5.2 系统代表了高度集成设计，其中标准化机械和电气接口是最新一代博世 SCR 系统的典型设计。集成有 SCR 系统的欧 6 排气系统，如图 2－495 所示。

SCR 系统由以下主要部件组成。

SCR 催化剂置于排气通道中，位于 DOC 和 DPF 的下游。

带有电源模块的 AbBlue 储罐。

SCR 催化剂上游的 AdBlue 定量阀。

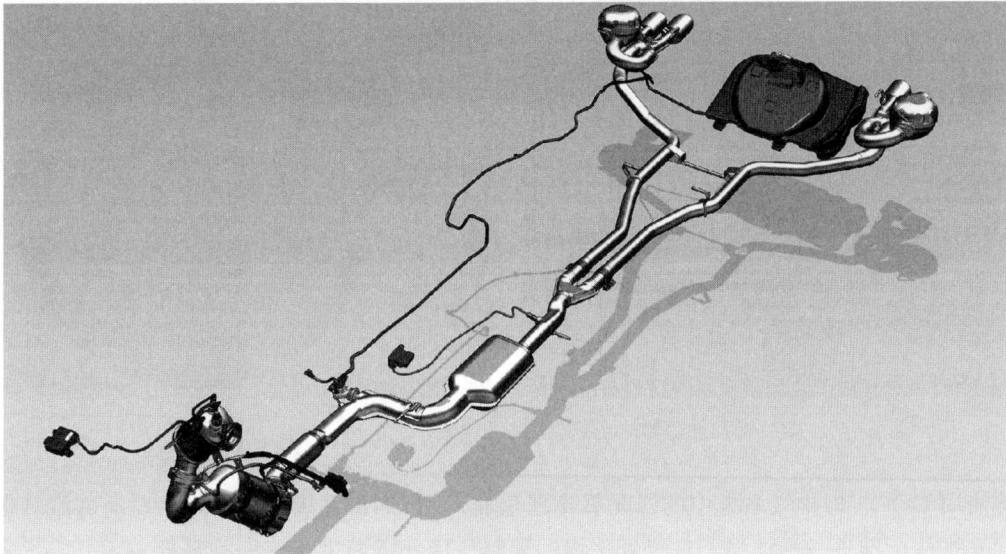

图 2-495

SCR 催化剂上游的废气温度传感器（含 SCR 的温度传感器）。

2 个 NO_x 传感器，其中一个位于 DOC 的上游，另一个位于 SCR 催化剂的下游。

图 2-496 显示了 SCR 废气后处理系统中包含的不同部件。

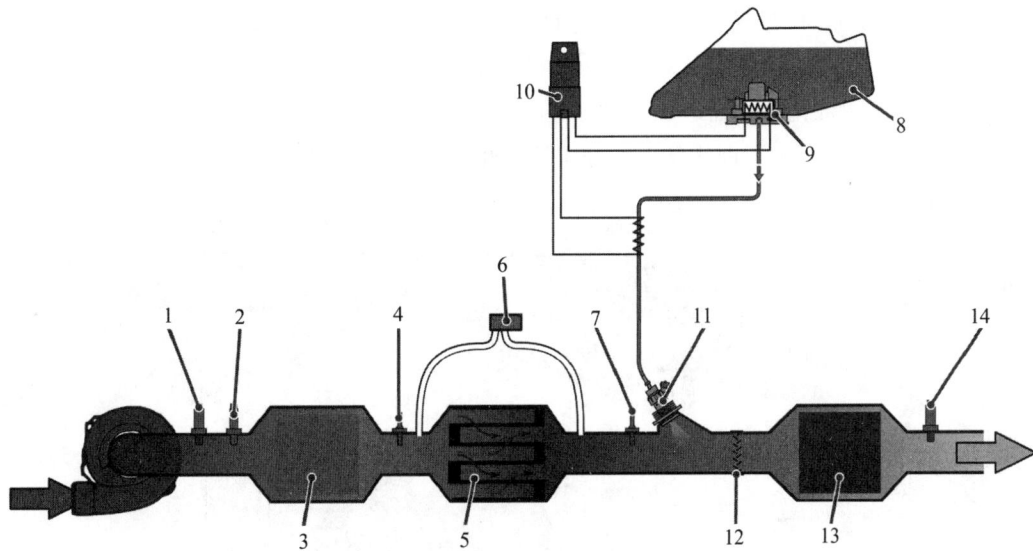

1—NO_x 传感器 1（含 DOC）　2—氧传感器　3—柴油机氧化催化剂（DOC）　4—含 DPF 的温度传感器　5—柴油机微粒过滤器（DPF）　6—DPF 压差传感器　7—含 SCR 的温度传感器　8—AdBlue 储罐　9—电源模块　10—加热器控制单元（HCU）　11—定量阀　12—喷雾混合器　13—SCR 催化转换器　14. NO_x 传感器 2（无 SCR）

图 2-496

1. AdBlue 喷雾混合器

由钢制导流叶片制成的喷雾混合器可确保 AdBlue 在进入 SCR 催化器前与废气均匀混合。喷雾混合器位于排气通道内 AdBlue 定量阀的下游，紧挨着定量阀。图 2-497 所示为组成排气管的 AdBlue 喷雾混合器的细节图。

2. SCR 还原催化转换器

通常柴油发动机工作时会消耗过量的氧。这样主要有两个缺点。

会产生氮氧化物（NO_x）。

三元催化转换器不起作用。

427

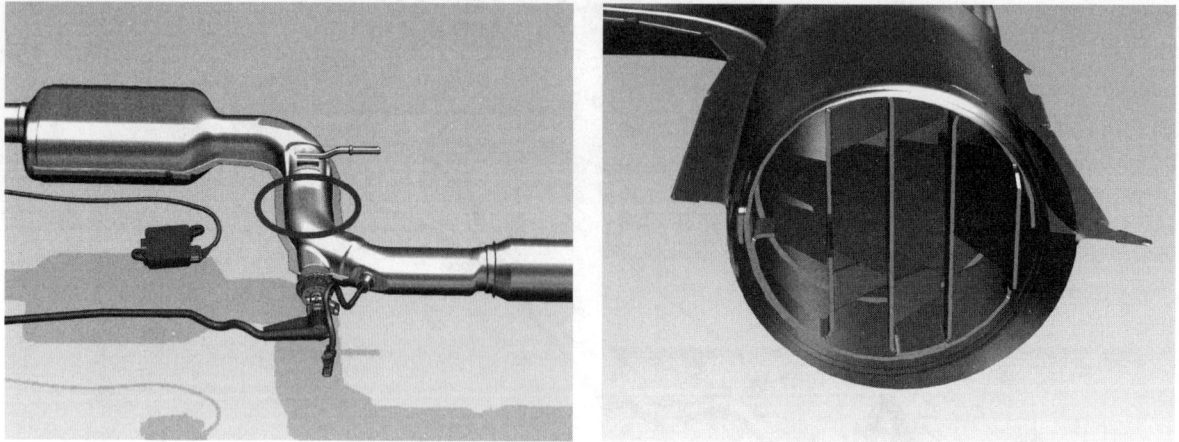

图 2-497

这也是使用 DOC（即排气系统中的二元氧化催化器）和 EGR 系统来减少柴油发动机氮氧化物排放量的原因。欧 6 排放标准进一步加强了对氮氧化物的限制，因此需要进行额外的测量。

我们可以依靠现代技术来生产成本较低的一元还原催化转化器，以减少氮氧化物的含量。这类还原催化转化器的核心是经过分子筛催化剂（Cu 分子筛、FE 分子筛）浸渍处理的陶瓷基板（该基板为堇青石质地，堇青石是一种镁铁铝环状硅酸盐）。分子筛能够在氨气（NH_3，尿素在热水解反应中释放出的物质）环境下促进氮氧化物分子的有效还原，即使当氧浓度较高时也是如此。其界限清晰的孔隙结构方便其捕捉和存储过量的氨气（NH_3），以供进一步的氮氧化物还原反应之用。因此可将分子筛用作氮氧化物还原活化剂和氨气的存储元素。SCR 还原反应从 200℃ 左右开始，并在 250～350℃ 的范围内达到最高效率。图 2-498 中显示了 SCR 还原催化转换器、SCR 进口温度传感器、AdBlue 定量阀以及 SCR 还原催化转换器下游的氮氧化物传感器，并展示了催化基板与分子筛典型微孔分子结构的细节。

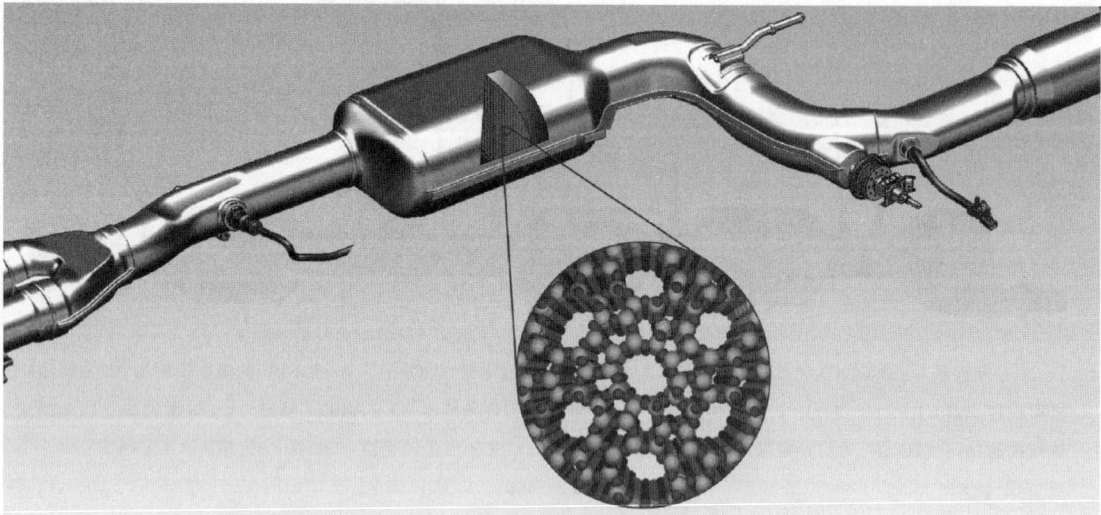

图 2-498

3. SCR 进口废气温度传感器

铂电阻式温度传感器（PTC 电阻）位于排气通道中 SCR 催化转化器的上游。该传感器能够准确测量 280～900℃ 范围内的废气温度（连续的整体温度范围为 -40～900℃）。ECM 使用 SCR 进口温度信息来管理 SCR 系统，并查看温度是否符合选择性催化还原所需条件。进口废气温度传感器及其输出特性曲线如图 2-499 所示。

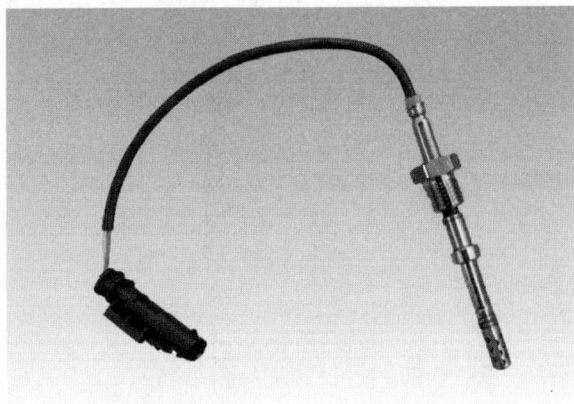

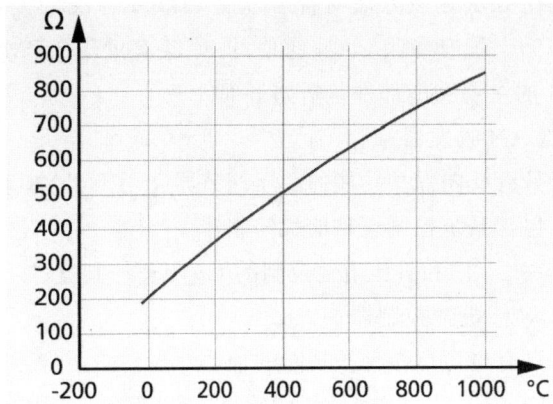

图 2-499

4. 氮氧化物传感器

柴油发动机上使用的氮氧化物传感器是一种平板式传感器，配有 1 个集成式加热器和 1 个不可拆卸的传感器控制单元（SCU）。该传感器可测量废气中的氮氧化物含量。氮氧化物传感器可用于氮氧化物还原和车载诊断系统（OBD）对 SCR 效率的监测，有助于控制 SCR 系统中所需还原添加剂的剂量。陶瓷传感器元件由一对电化浓差电池（泵电池）和一个参比电池（能斯特电池）构成，因此可采用双腔电流测量原理。玛莎拉蒂的欧 6 柴油发动机使用 2 个氮氧化物传感器，一个位于 DOC 上游（传感器 1），另一个位于 SCR 催化器下游（传感器 2）。两个传感器均由博世生产，唯一的区别是连接传感器本体和专用 SCU 的电缆长度不同。只有 SCR 出口处的氮氧化物传感器与 OBD 有关。氮氧化物传感器（博世 Bosch EDS-NX1）配有专用的传感器控制单元（SCU），该单元连接在 ECM 上。可将传感器和 SCU 作为单个部件进行提供，如图 2-500 所示。

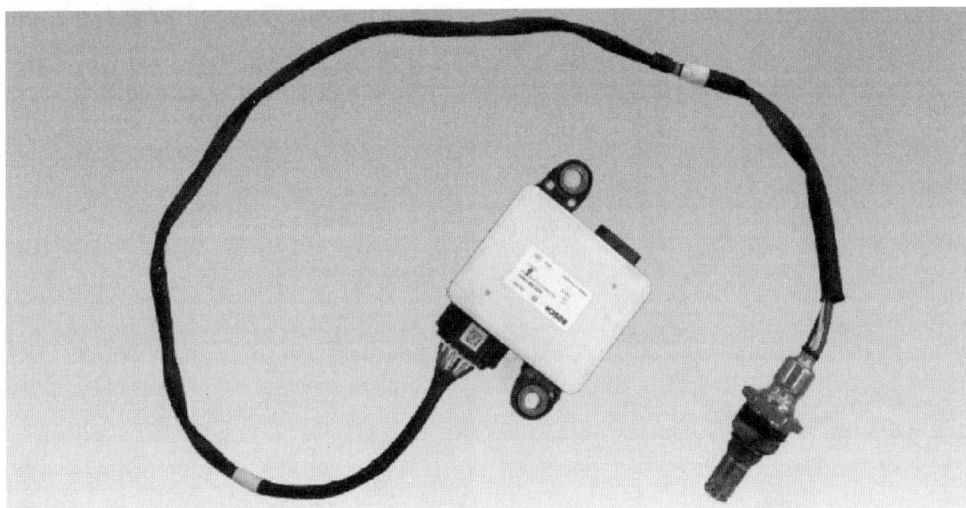

图 2-500

氮氧化物传感器元件的主要功能部件包括如下部件。

1 个 O_2 泵电池；

1 个 NO_x 泵电池；

1 个参比电池；

1 个传感器加热器。

5. 传感器控制单元（SCU）

传感器采用了专门的 SCU 作为驱动器，SCU 通过与 HCU 共享的高速 CAN 专用线路（500k 波特率）与 ECM 进行通信。SCU 用来控制传感器的泵电池和加热器电路。我们使用的外部 SCU 源于博世采用的模块化方法，该方法对符合欧 5 和欧 6 标准的发动机均采用了单个 ECM 的硬件类型（Motronic EDC 17C79）。配有专用 CAN 通信的 SCU 有助于 ECM 高效地进行与车载诊断（OBD）相关的传感器任务。SCU 的主要功能部件包括如下部件。

CAN 收发器；

具有反向保护功能的电压调节器：用于 CAN 和微控制器的 5V 调节器；

包含系统控制逻辑的微控制器；

用于 O_2 和参比电池控制的 O_2 闭环控制器；

NO_x 电池控制器；

具有电源反接保护功能的加热器控件。

DOC 进口处氮氧化物传感器（传感器 1）的 SCU 位于发动机舱内，位于悬架拱座附近右侧，如图 2—501所示。

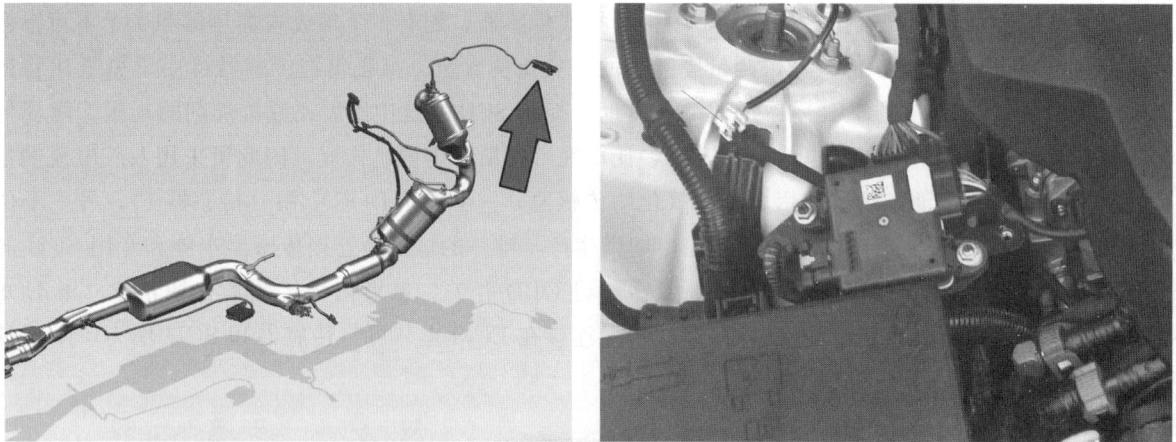

图 2—501

SCR 出口处的氮氧化物传感器（传感器 2）的 SCU 与车辆下方的底板相连，如图 2—502 所示。

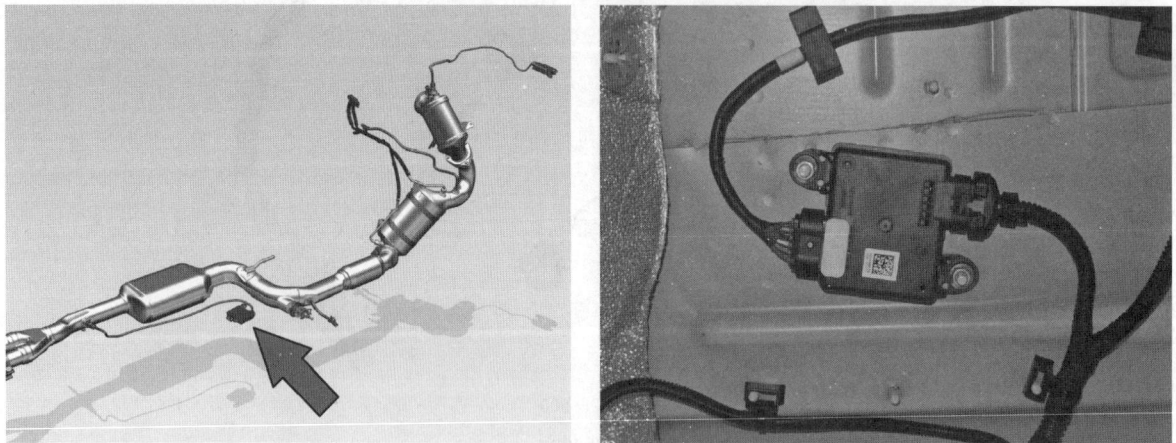

图 2—502

发生故障时，氮氧化物传感器只能与 SCU 一并更换。

6. AdBlue 定量阀

玛莎拉蒂 SCR 系统采用了电磁式 AdBlue 定量阀（博世 DM3.2），该阀为博世 Denoxtronic 5.2 系统的一部分。定量阀的任务是在发动机运行过程中计量 AdBlue 排气处理液并将其喷射到排气系统中。定量阀位于 SCR 催化器上游，紧挨着 SCR 催化器，通过一个专用的对接法兰安装到排气管上，并采用固定夹进行固定。由于地面气流可为设备提供被动式空气冷却，所以定量阀的安装位置要考虑到冷却的方便性。用于喷射 AdBlue 的博世 DM 3.2 定量阀，如图 2—503 所示。

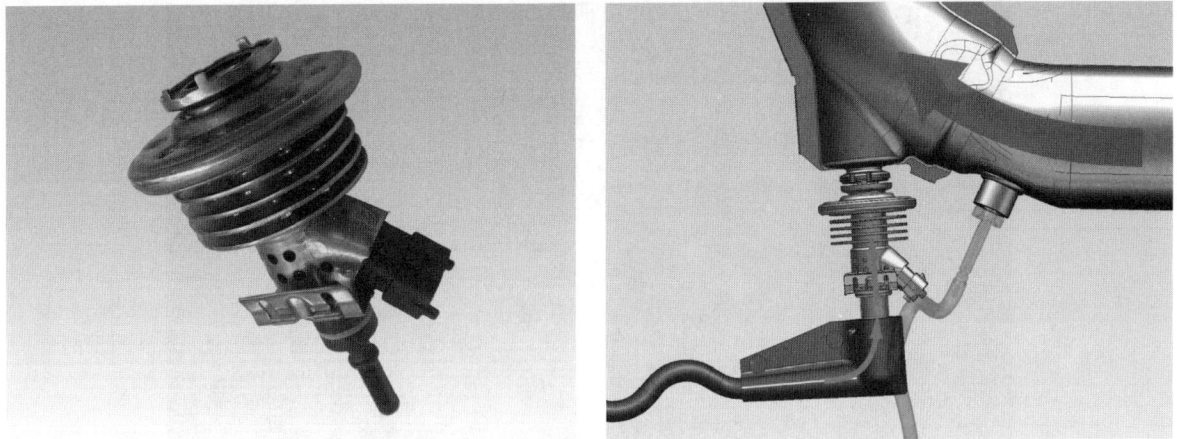

图 2-503

定量阀的工作原理与电磁阀喷射器的原理相同。由于线圈过热会导致损坏风险，所以定量阀不支持恒定电流。为了每次激活定量阀，电流分布中包含 2 个相位：接通电流和保持电流。通过直流电实现接通相位，随后再通过 PWM 命令控制保持相位。拆卸和更换定量阀时，必须连同其固定夹和螺钉一起更换。

7. AdBlue 储罐

AdBlue 储罐及其供给模块安装在行李舱下方靠近后保险杠处，其底部装有塑料保护罩。储罐由高密度聚乙烯（PE-HD）材料制成，通过 2 条金属带固定到车身上。为了使车身免受振动影响，储罐与车辆底盘的接触面之间配有 8 个专用橡胶垫。左侧排气管区域内放置了一块铝制热反射板。玛莎拉蒂总裁和吉博力柴油机汽车采用了相同的 AdBlue 储罐，其有效容积均为 20.5L。AdBlue 加注口盖位于行李舱地板上，可在拆下应急工具箱及盖板、非全尺寸备胎和一个橡胶安全塞后进行使用。橡胶塞能预防水汽、灰尘或废气进入行李舱。为方便识别，特将加注口盖设计为蓝色，并配有一个橡胶密封件。加注口下放置了一个节流阀，用以防止 AdBlue 液体从加注口溢出。车辆尾部下方的塑料盖下隐藏的就是 AdBlue 储罐和供给模块，如图 2-504 所示。从此处使用行李舱内的加注口盖，如图 2-505 所示。拆下盖板即可以看到 AdBlue 储罐和集成式供给模块。两条纵向紧固钢带将储罐组件固定到车身上，如图 2-506 所示。储罐和供给模块的顶视图和底视图如图 2-507 所示。

图 2-504

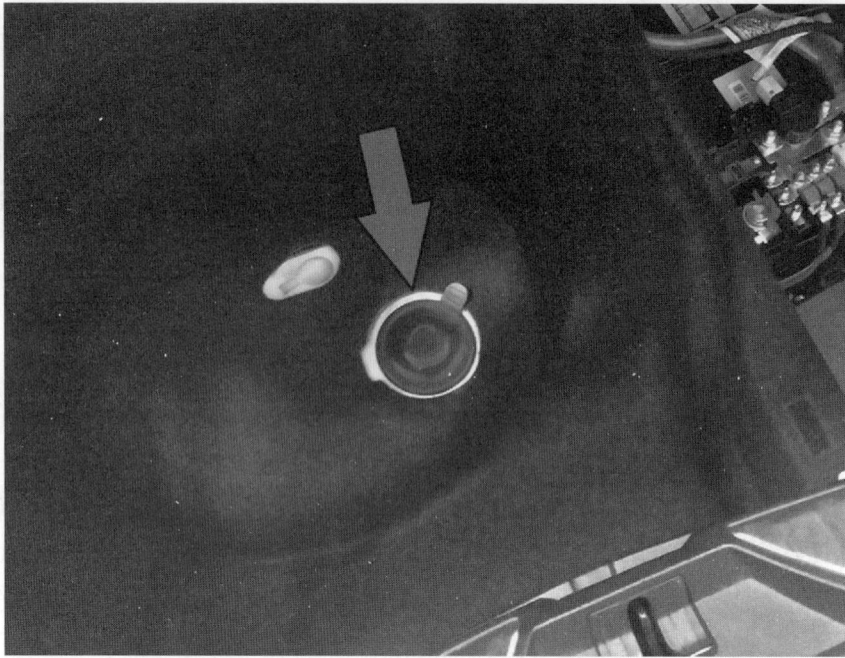

图 2-505

图 2-506

图 2-507

AdBlue 储罐容积数据表 2-156 所示。

新车离开装配线时，仅向储罐中加注最少的 AdBlue 液体，以便工厂操作人员设置 SCR 系统。玛莎拉蒂欧 6 柴油机汽车交付给客户前，总是给储罐加满 AdBlue 液体。注意不要使 AdBlue 储罐中的液体过满溢出。如果 AdBlue 液体溢到线束或电气组件上，可能会腐蚀电气连接。拆卸或更换 AdBlue 储罐前，请确保储罐已经排空。只能将油箱作为整个组件进行更换。

表 2-156

储罐的几何容积（最高液位）	23.5L
储罐的有效容积	20.5L
仪表板上的 AdBlue 储罐排空（最低液位）指示	3.0L

8. AdBlue 供给模块

供给模块（博世 SM5.2）的任务是向定量阀供应液体，它是储罐模块的组成部分。供给模块与车辆的使用寿命相同（400 000km/15 年），且不需要任何定期维护，如图 2-508 所示。

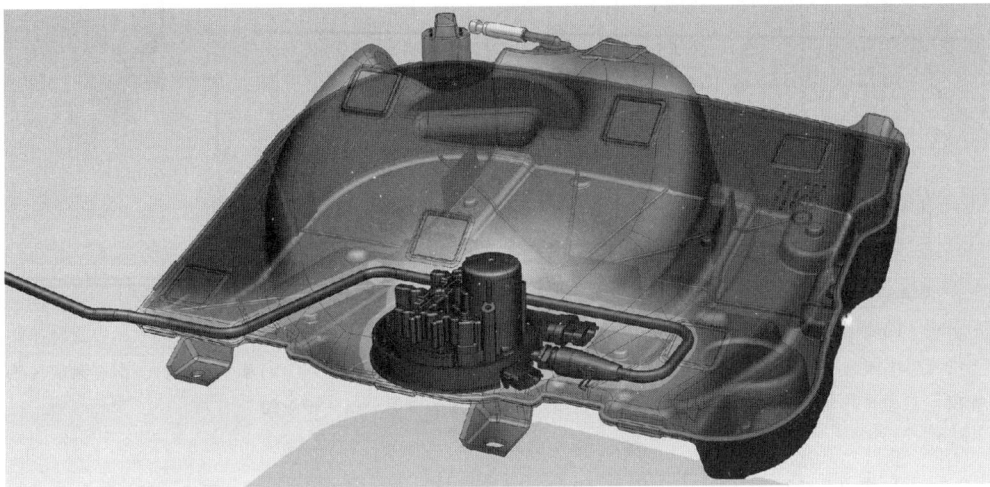

图 2-508

供给模块可执行以下任务。

以恒定压力（600kPa）向计量阀供应 AdBlue 液体。

监测储罐中的 AdBlue 液位。

在非常冷的气候条件下防止储罐中的 AdBlue 液体结冰。

在使用钥匙关闭车辆时将压力管路部分排空，以防定量阀处的液体形成结晶，并避免其可能在寒冷气候条件下由于结冰导致损坏。

供给模块如图 2-509 所示。

AdBlue 储液用空时，不得启用供给模块（泵、加热器元件和液位传感器）。这可能会导致供给模块损坏。拆除或更换储罐及其供给模块后，请确保在打开点火开关前为储罐添加最少量的 AdBlue 液体。在操作系统的过程中，如果 AdBlue 储液用空，不得将点火开关放在 ACC 或 RUN 位置。这可能会导致超声传感器故障和/或延长系统初始化的时间。在这种情况下，即使储罐空时，AdBlue 液位指示也可能会显示满罐。

9. 环境温度和冻结保护

AdBlue 在 $-11\,℃$ 的温度下会冻结。因此，供给模块及储罐需采用耐冰压设计。发动机关闭时会排空定量阀和大部分压力管路。为了防止因液体冻结导致输送泵和回流泵发生机械损坏，我们在供给模块的输送和净化管道内安装了冰阻尼器。液压阻尼器能够调节结冰导致的体积增加。阻尼器由带有浮动式活塞的缸体和经过调校的弹簧构成。脉冲阻尼器安装在泵模块的下游，可为定量阀提供均匀的进给压力。脉冲阻尼器的结构与冰阻尼器相同，区别在于它的储存容积更大，且两者弹簧的调校方式不同。为了使系统在非常冷的环境温度下也能运行，我们为供给模块和压力管路安装了一个 AdBlue 加热器元件。有关不同温度下的泵运行状态，请参阅表 2-157（环境温度和泵运行状态）。

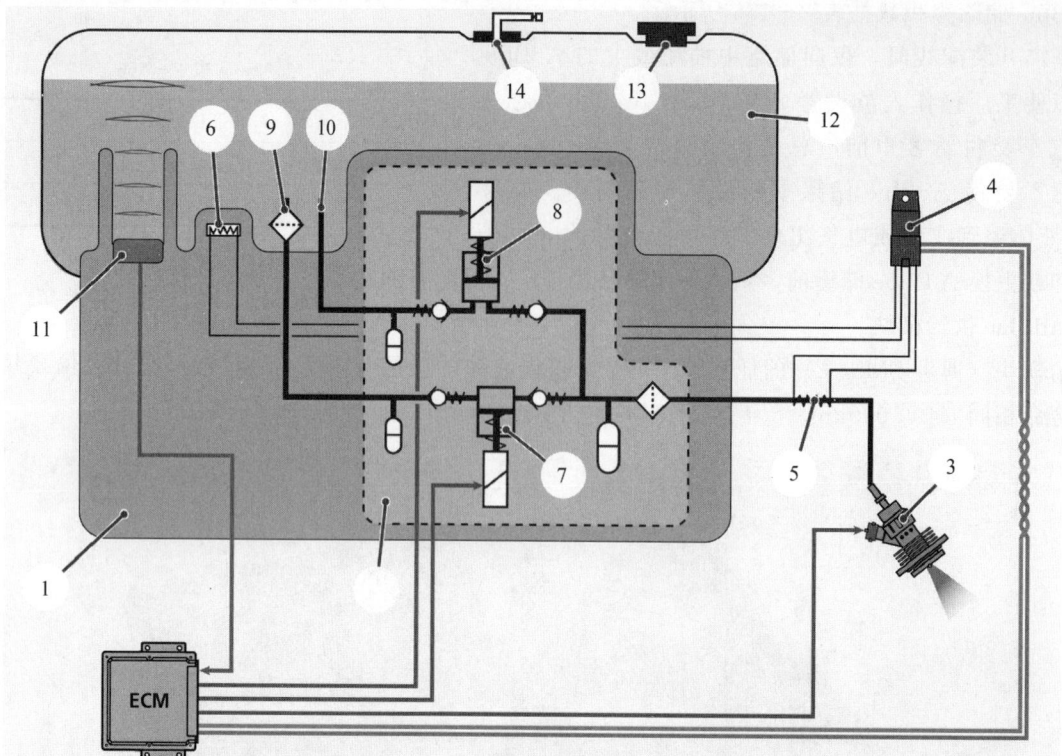

1—AdBlue 供给模块　2—AdBlue 泵模块　3—AdBlue 定量阀　4—加热器控制单元（HCU）　5—压力管路加热器
6—供给模块加热器　7—输送泵　8—回流泵　9—配有过滤器的抽吸管路　10—回流管路　11—配有温度传感器
的 AdBlue 液位传感器　12—Adblue 储罐　13—配有节流阀的加注口盖　14—呼吸阀

图 2—509

表 2－157

低于−30℃	无 AdBlue 供给和加热
−30～−11℃	AdBlue 供给准备就绪后加热器激活
−11～60℃	达到 AdBlue 供给状态

表 2－158

液位测量范围	最小 15mm，最大 400mm
液位测量公差	0.5mm
温度测量范围	−40～80℃
温度测量公差	大于 0.25℃

注意：只能在 AdBlue 处于液态（温度大于−11℃）时检测液位。

10. AdBlue 油箱液位和温度传感器（图 2－514）

油位传感器利用超声波原理来显示油箱内的 AdBlue 液体量。此传感器基于超声波在油箱内液面上的反射特性。利用发送超声波与接收超声波反射的时间间隔可测定传感器位置与液面间的距离，从而测出油箱液位。油箱液位是由传感器直接计算的。此类传感器不包含任何活动部件，并且该技术支持对油箱内的 AdBlue 液位进行精确监测。传感器单元还包含针对油箱内液体的温度传感器。AdBlue 液位和温度传感器规格如表 2－158 所示。

11. AdBlue 油箱和压力管路加热

AdBlue 加热系统用来在低温条件下解冻压力管路中和油箱吸油区内的 AdBlue。SCR 系统必须在 Ad-Blue（在−11℃的温度下冻结）处于液态时才可以工作。通过电源模块中集成的 PTC 电阻器加热元件实现油箱加热，而通过完全覆盖管道长度的电气回路接线实现压力管路加热。

ECM 可通过专门的加热器控制单元（HCU）激活加热策略，该单元能够直接控制 2 个加热元件。HCU 是博世 Denoxtronic 5.2 系统的一部分，通过私人高速 CAN 线路（与 NO_x 传感器控制单元共用）与 ECM 进行通信。HCU 位于行李箱区域的右侧。此外，在解冻过程中，ECM 以精确的电流量操纵输送泵和定量阀，使它们快速达到工作温度。HCU 位于行李箱的右侧，可同时控制两个加热元件，如图 2－510 和图 2－511 所示。

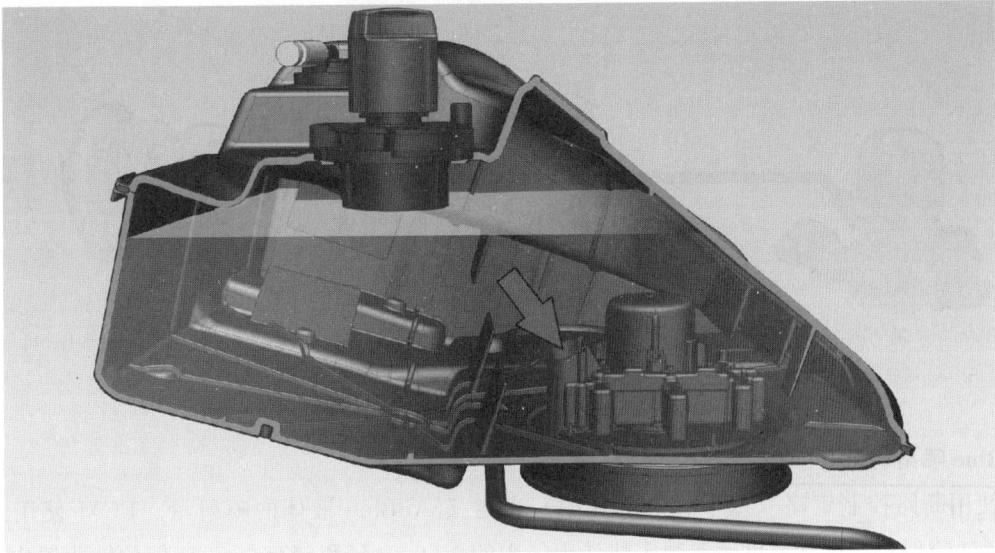

图 2-510

图 2-511

四、SCR 控制

（一）介绍

玛莎拉蒂欧 6 柴油发动机的 SCR 系统是通过 ECM 运行的。ECM 可控制 AdBlue 定量、油箱和压力管路加热，以及执行所有相关 OBD 功能。通过对正在运行的发动机运行参数和所有所需传感器数据的监控和处理，AdBlue 容积会精确适应发动机运行点和 SCR 催化转换器的特定要求。这样便可实现氮氧化物的最大转化效率。该系统由"容量控制"驱动。这意味着可以假设注入排气系统的 AdBlue 容积直接对应于电源模块所传输的容积。AdBlue 定量策略基于"容量控制"，如图 2-512 所示。

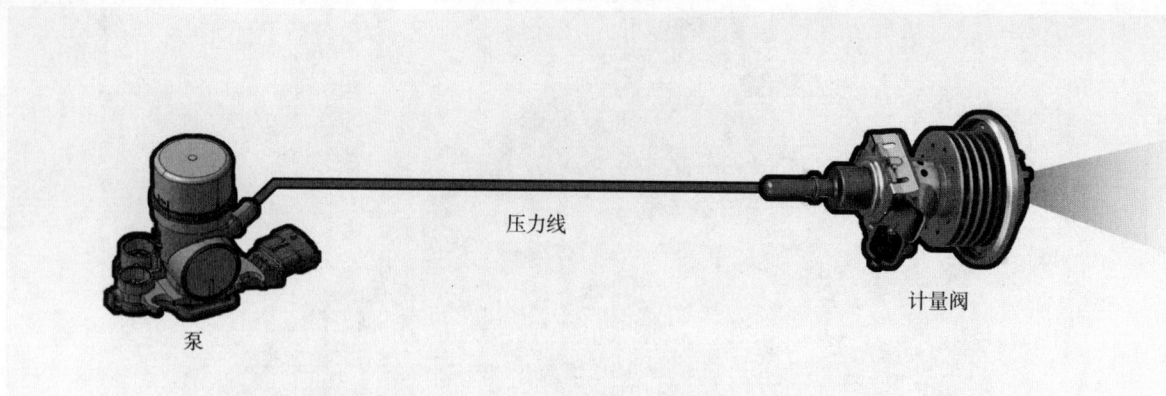

压力线

计量阀

泵

图 2-512

1. AdBlue 喷射计算

ECM 使用断路控制策略（基于存储的地图）来定义 AdBlue 液体的喷射量。ECM 使用进气质量、EGR 量、燃油喷射量和废气温度等参数来估计废气中的 NO_x 含量和储存在 SCR 催化转化器中的 NH_3 含量。这随后会用来计算 AdBlue 喷射量。

2. 系统效率监控

ECM 使用 2 个 NO_x 传感器来监控 SCR 系统的效率。在 OBD 策略中，ECM 会监控 SCR 催化剂效率。如果 NO_x 还原速度过慢，则 ECM 将存储 DTC 并激活 MIL。请注意，NO_x 传感器不用于计算 AdBlue 喷射量。

（二）与 SCR 有关的驾驶员通知

SCR 系统在控制废气排放方面起着关键作用，该系统由车辆的 OBD 系统进行监控。驾驶员可通过仪表板多功能显示屏上的专用液位表确定剩余 AdBlue 的液位。此外，多功能显示屏会在以下情况下为驾驶员显示专用信息。

AdBlue 液位过低。

系统故障。

请注意在欧 6 法规中，如果某车辆无法保证将废气排放控制在法律限制范围内，则相关部门可能禁止该车辆上路。也就是说，一旦无法确保 SCR 有效运行（例如，由于 AdBlue 液位过低或系统故障），则发动机在关闭后将无法重新启动。与仪表板上零液位指示相对应的罐内 AdBlue 液体的最低量为 3L。加注 AdBlue 之前，车辆需要计算大约的剩余里程数。

1. 有关 AdBlue 液位和行驶里程的驾驶员通知

估计的行驶里程超过 2400km 时，不会显示特定消息。但是，可以通过运行车辆信息菜单来检查 AdBlue 液位。当行驶里程低于 2400km 时，将持续显示行驶里程指示消息。油箱内 AdBlue 容积的车辆信息部分会显示液位指示灯。剩余行驶里程低于 2400km 时将会一直显示，如图 2-513 所示。

当估计的行驶里程低于 1600km 时，琥珀色 SCR 符号亮起。显示屏上会出现有关需要加注 AdBlue 油箱的通知和发动机不会重新启动前所允许的行驶距离的指示。当允许的行驶里程低于 1600km 时，显示屏便会显示发动机不会重新启动的通知。同时，琥珀色专用 SCR 指示灯会点亮，以提示有限的行驶里程数，如图 2-514 所示。

当剩余行驶里程低于 600km 时，液位指示灯会由白色变为琥珀色。行驶里程和琥珀色 SCR 指示灯将持续显示，如图 2-515 所示。

如果允许的行驶里程低于 1km 且发动机关闭，则无法再启动发动机。在此情况下，建议不要关闭发动机，并在 AdBlue 油箱内至少加注两瓶半加仑（2.3L）装的"Kruse"AdBlue。这至少可以延长 2000km

图 2—513

图 2—514

的行驶里程。当 AdBlue 尿素罐为空时，发动机在关闭后将无法重新启动，如图 2—516 所示。

2. 有关系统故障的驾驶员通知

当系统需要维修时，多功能显示屏会显示专用信息，此时客户必须到经销商车间进行处理。这种情况指的是当系统检测到任意 SCR 系统相关部件中存在故障或检测到系统效率过低（比如这种情况可能由

图 2-515

图 2-516

AdBlue 尿素罐内的腐蚀性液体引起）时。当系统需要维修时，除了显示屏上会显示上述消息外，MIL 也会亮起。如果出现上述情况，建议驾驶员联系玛莎拉蒂服务网点。驾驶员必须要意识到，如果 AdBlue 完全耗尽，则汽车无法重新启动。如需重新启动发动机并确保能够行驶大约 2000km，至少要向 AdBlue 尿素罐内添加两瓶半加仑（2.3L）装的 "Kruse" AdBlue。如果故障严重，发动机将无法启动，发生系统故障时所显示的消息如图 2-517 所示。

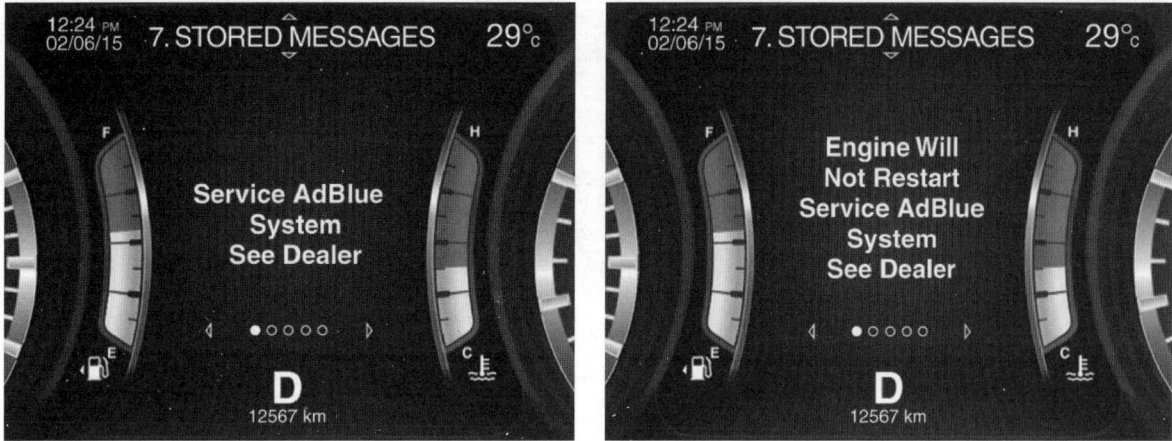

图 2-517

第五节　莱万特 V6 发动机

莱万特由总裁和吉博力已使用的相同 V6 汽油发动机和柴油发动机提供动力。但是，对这些发动机进行了一些修改以适应新款车辆。与 M156-7 车辆上所用发动机版本相比，3 个可用的发动机版本（表 2-159）和主要差异如下。

3.0LV6 汽油发动机的基础版本已经从 246kW 提高到 261kW。过去，已经存在 261kW 版本，但仅用于美国版本车辆，并且未能与全轮驱动结合使用。

顶级汽油发动机的功率也从 306kW 增加到 321kW。

V6 柴油发动机的功率输出保持不变，仍然为 206kW，但是油底壳已经完全重新设计以容纳 AWD 系统的部件。莱万特是第一款提供柴油发动机与全轮驱动结合使用的玛莎拉蒂汽车。最后，针对意大利市场，仍提供 186kW 低功率享受税收优惠政策的版本。

表 2-159

莱万特 S	3.0V6 双涡轮汽油 321kW，AWD	F160AT
莱万特	3.0V6 双涡轮汽油 261kW，AWD	F160AU
莱万特柴油	3.0V6 涡轮柴油 186kW 和 206kW，AWD	B630WM

（一）V6 汽油发动机（F160）

莱万特的 V6 汽油发动机（F160AT 和 F160AU）衍生自轿车车型 Q4 版本中所使用的 F160AN 发动机。两款发动机几乎是相同的，它们之间的差别与轿车车型 246kW 和 306kW 版本之间的差别相同。

凸轮轴具有特定凸轮轮廓。

321kW 型号更高容量专用喷油器。

特定的发动机校准软件。

1. 发动机盖内部示意图（图 2-518）

2. F160AT - F160AU 发动机视图（图 2-519 和图 2-520）

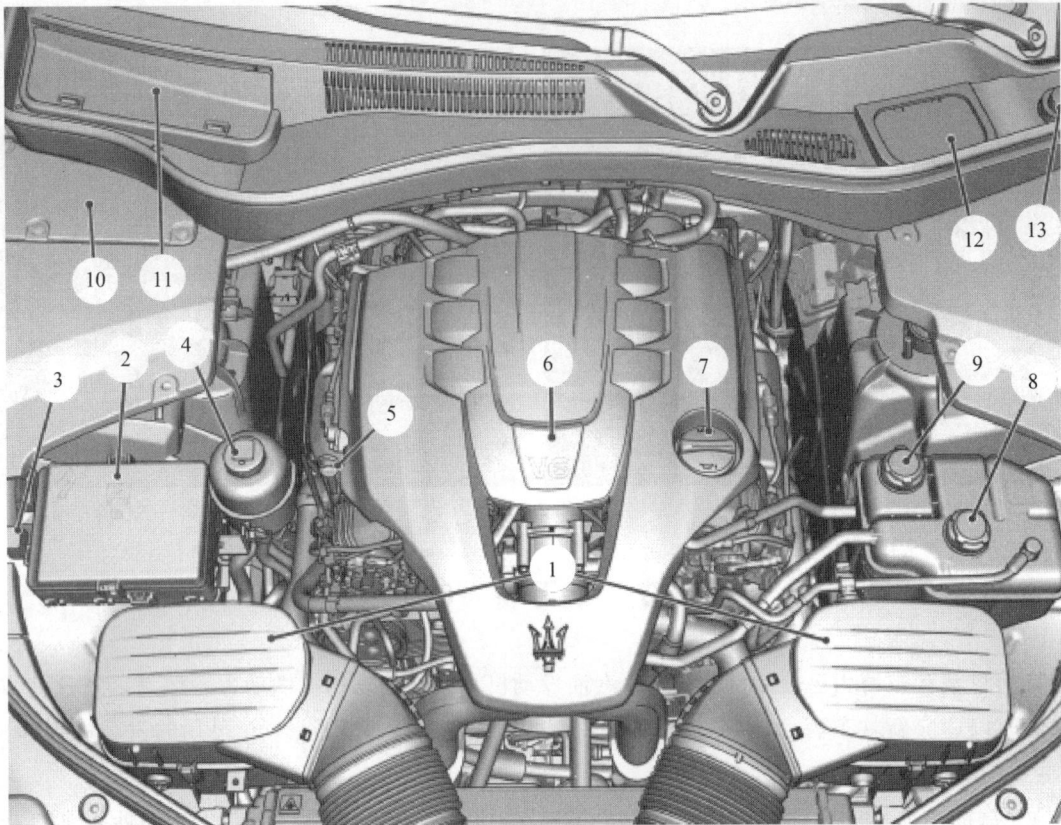

1—易于检修的空气滤清器　2—前配电装置（FDU）外壳保险丝和继电器　3—发动机舱电池正极　4—动力转向液储液罐　5—油位油尺　6—V6标志：261kW版本为灰色，321kW版本为蓝色　7—机油加注口盖　8—主冷却管路水壶（用于发动机冷却）　9—副冷却管路水壶（用于变速器和动力转向机构的冷却）　10—发动机ECU（ECM）检修盖　11—内部空气滤清器盖　12—制动液储液罐盖　13—风挡玻璃清洗液壶盖

图 2-518

图 2-519

图 2－520

3. 技术参数

F160AT － F160AU 技术参数如表 2－160 所示。

表 2－160

认证代码	M156E（F160AT）M156D（F160AU）
配置	60°V6，24 气门，双涡轮
排气量	2979ml
缸径×行程	86.5mm×84.5mm
压缩比	9.7∶1
最大功率	5750r/min 转速下为 321kW（430hp）（F160AT），5750r/min 转速下为 261kW（350hp）（F160AU）
最大扭矩	转速在 1750～4500r/min 时 580N·m（F160AT）；转速在 1750～4750r/min 时 500N·m（F160AU）
发动机最大转速	6500r/min（F160AT）；6400r/min（F160AU）
急速	700r/min
发动机特定功率	106kW/L（F160AT）；87kW/L（F160AU）
点火次序	1－6－2－5－3－4
配气机构	发动机前侧配有双正时链条，可为进气和排气提供连续可变凸轮正时
进气系统	双涡轮增压器集成于排气歧管内，低惯性，水冷式，IHI 生产
润滑系统	湿式油底壳润滑系统，电子控制可变排量机油泵
燃油系统	高压（20 000kPa）匀质汽油直喷（GDI）
发动机控制系统	博世 Motronic MED17.3.5

4. 性能曲线

性能曲线如图 2－521 和图 2－522 所示。

441

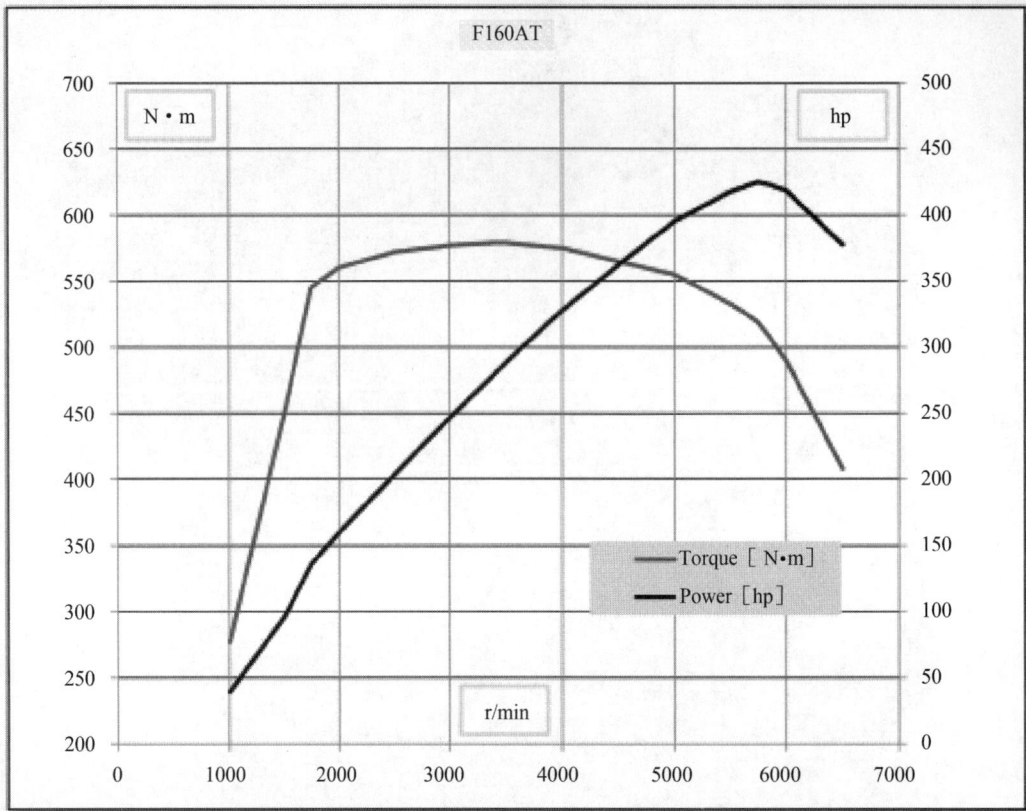

图 2-521

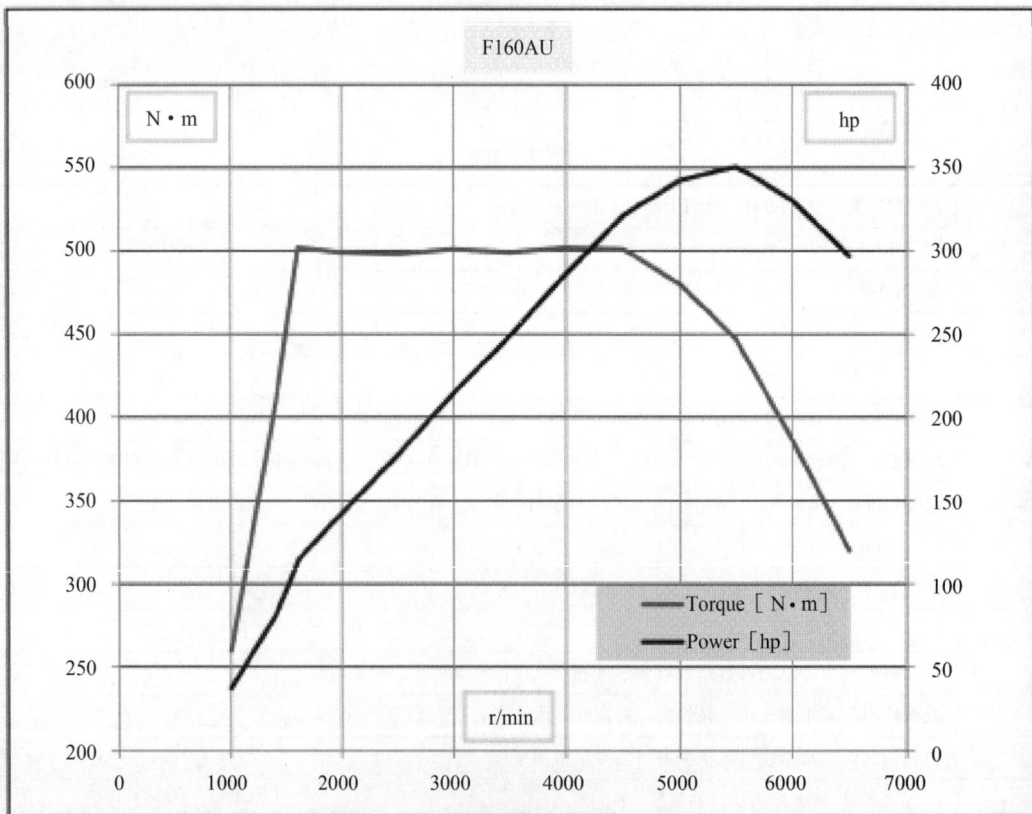

图 2-522

5. 燃油系统

燃油系统结构如图 2-523 所示。

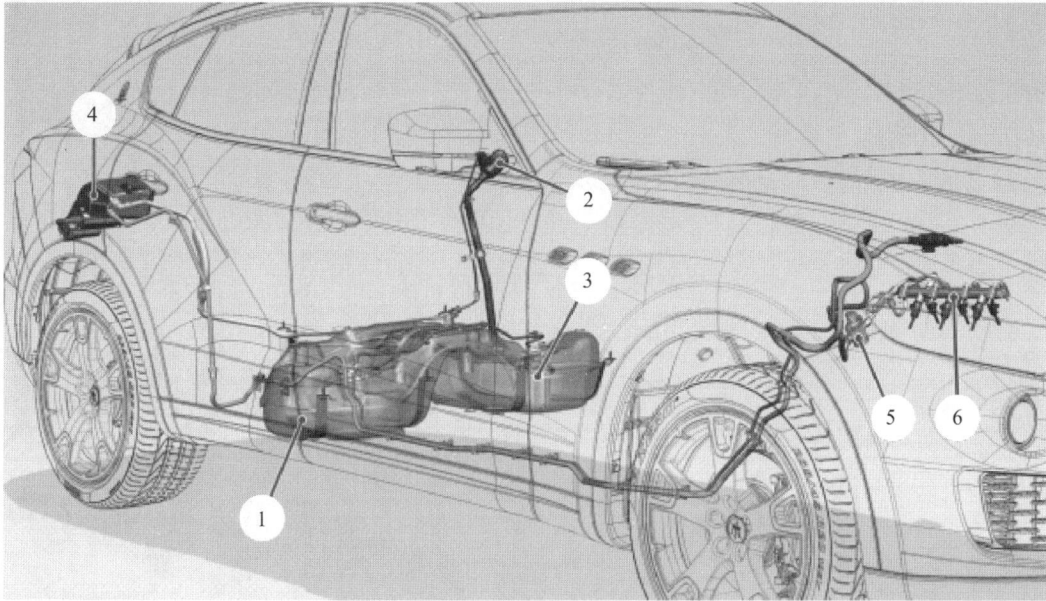

1—80 L 汽油鞍形油箱　2—带盖加注口　3—低压 2 速泵　4— EVAP 系统　5—高压泵　6—油轨和喷油器

图 2-523

对汽油发动机燃油系统的唯一重要更新是回归传统加注口盖。美国市场新的和更严格的认证要求不允许使用至今仍在沿用的无盖型加注口。燃油蒸气回收过滤器（活性炭罐）的规格也略有不同。重新设计的炭罐如图 2-524 所示，为不带 DMTL 的型号。燃油蒸气活性炭罐的重量如表 2-161 所示。

表 2-161

新过滤器	1980g
饱和过滤器	2170g

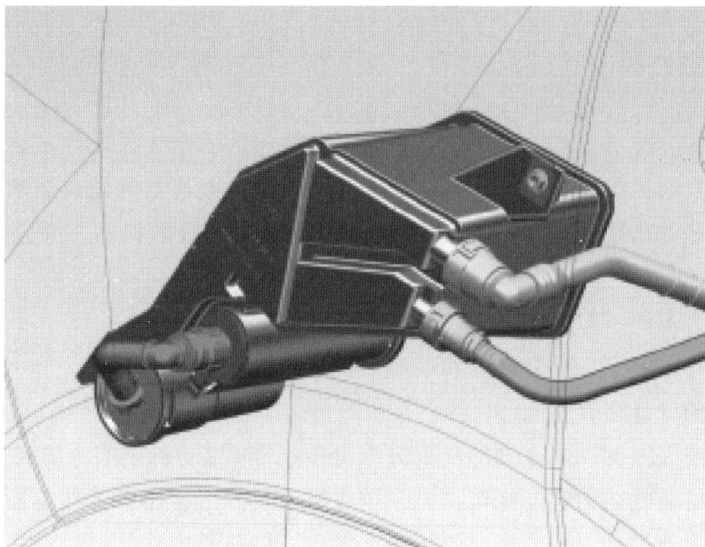

图 2-524

（二）V6 柴油发动机（B630WM）

与 V6 汽油发动机不同，为了兼容 AWD 系统，V6 柴油发动机经历了重大的结构升级。另一方面，其功率保持不变：205kW 标准版本以及仅用于意大利市场的低功率享受税收优惠政策的 186kW 版本。

1. 发动机盖内部示意图 (图 2-525)

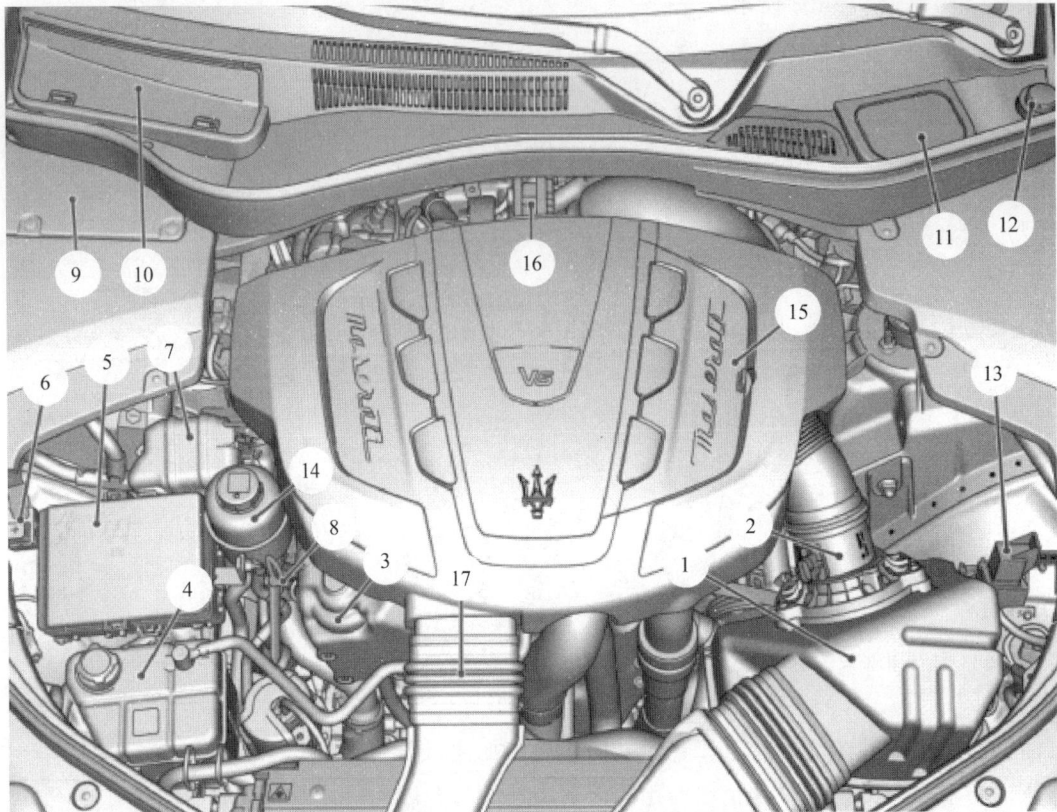

1—空气滤清器壳体 2—空气流量计 3—高压燃油泵盖 4—发动机冷却液膨胀罐 5—前配电装置（FDU）
6—发动机舱电池正极 7—上游 NO_x 传感器（NO_x1）的传感器控制单元（SCU） 8—油位油尺 9—ECM 检修
盖 10—内部空气滤清器检修盖 11—制动液壶盖 12—挡风玻璃清洗液加注口盖 13—电热塞驾驶员模块
（GPM） 14—动力转向液储液罐 15—发动机加油口盖的检修盖 16—涡轮增压器和可变几何执行器 17—至涡
轮增压器的冷空气管道

图 2-525

2. 重新设计的部件

最显著的升级涉及发动机的油底壳。现在，底壳需要支持前差速器和左前驱动轴，因此其结构和强度
应适合这一目的。此外，与 M156-7 车型上所用的 RWD 发动机版本相比，底壳的重新设计带来了以下
差别。

发动机机油容量略有不同（8.3L）。

因此，油位油尺也存在差别，尽管最低和最高油位指示之间的差仍为 1L。

油泵吸油嘴和管道的设计略有不同。

现在，排油塞位于底壳左侧，驱动轴的正下方（与 V6 汽油发动机上的位置相同）。

方便从外部触及正时齿轮盖的底部螺钉，无须排放机油及拆下底壳的下部盖板。

发动机支架也经过重新设计，现包括（作为单个零件）以前的独立支架，这些支架用于支撑配件（空
调压缩机、动力转向泵和发电机），如图 2-526 所示。

与 RWD 版本的其他细微差别包括。

DOC 隔热罩现在与 DOC 是一体的。

为了方便检修，发动机标识号刻印在不同位置（图 2-527）。序列从编号 M16164D 01001 开始。

3. B630MW 发动机视图

B630MW 发动机视图如图 2-528 和图 2-529 所示。

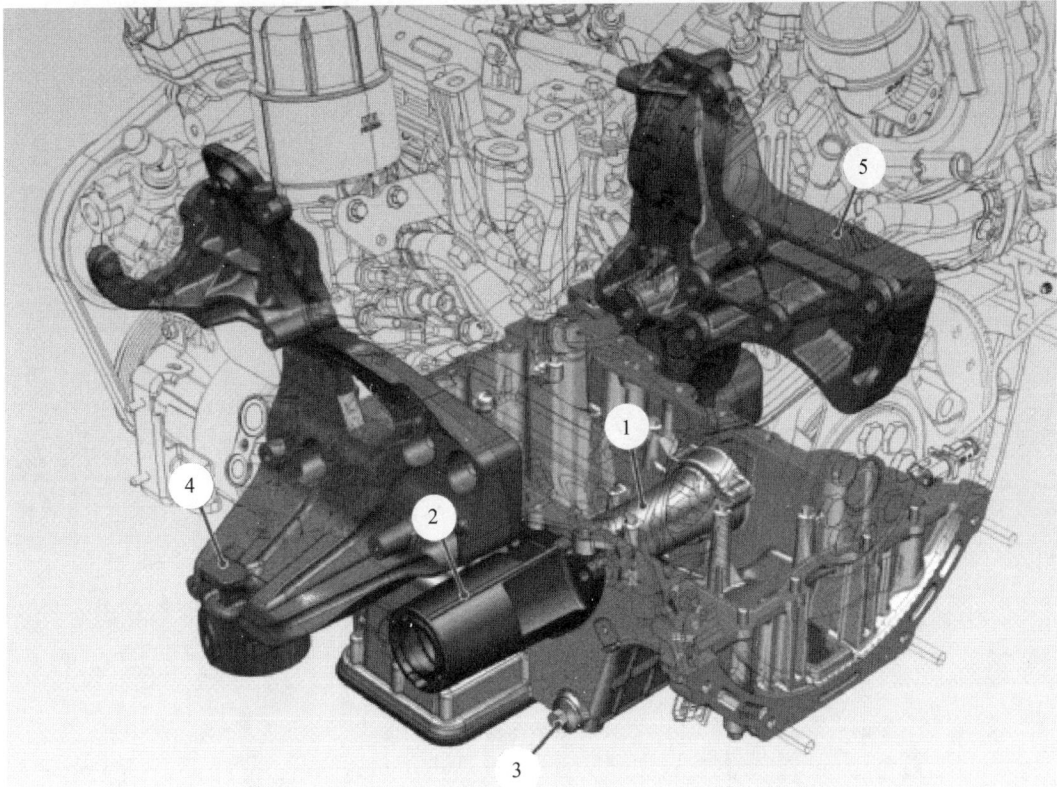

1—驱动轴十字管　2—等速万向节支架延伸件　3—排油塞　4—左发动机支架/配件支架　5—右发动机支架/配件支架

图 2—526

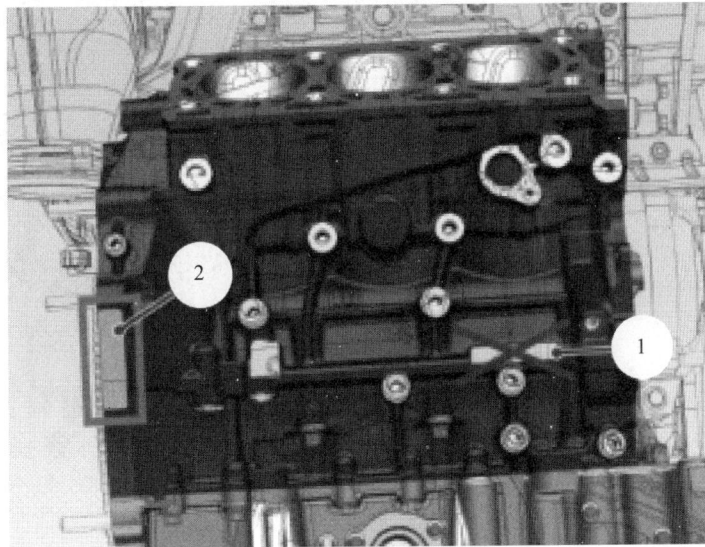

1—以前的发动机标识号位置现在被重新设计的发动机支架遮挡　2—发动机标识号的新位置

图 2—527

4. 技术参数

B630WM 柴油发动机技术参数如表 2—162 所示。

图 2-528

图 2-529

表 2-162

燃烧循环	4 冲程柴油机
配置	60° V6，24 气门，涡轮
排气量	2987ml
缸径×行程	83mm×92mm
压缩比	16.3：1
最大功率	4000r/min 下为 205kW（275hp），意大利市场为 186kW（250hp）

燃烧循环	4 冲程柴油机
最大扭矩	600N·m（最大扭矩转速介于 2000～2600r/min)
发动机最大转速（挂挡时）	4800r/min
空转速度（发动机暖机）	700r/min
发动机特定功率	68.7kW/L（186kW 版本为 62.4kW/L)
点火次序	1 - 4 - 2 - 5 - 3 - 6
配气机构	每缸 4 气门，双顶置凸轮轴，滚柱摇臂随动器和液压间隙调节器
正时配气	用于两个排气凸轮轴的双正时链条；由排气凸轮轴驱动的进气凸轮轴齿轮。无可变气门正时
充气	配有陶瓷滚珠轴承的盖瑞特水冷式可变几何单涡轮增压器
润滑系统	可变流量机油泵，油/水热交换器
燃油系统	燃油箱内的电动油泵。博世共轨直喷系统，200MPa 高压泵和电磁式燃油喷射器
预热	低压陶瓷电热塞
排放控制和废气后处理系统	带冷却器和冷却器旁通阀的电动 EGR 阀门 柴油机氧化催化器（DOC) 柴油机微粒过滤器（DPF) 选择性催化还原（SCR)
发动机控制系统	博世 Motronic EDC17C79

5. 性能曲线

性能曲线如图 2-530 和图 2-531 所示。

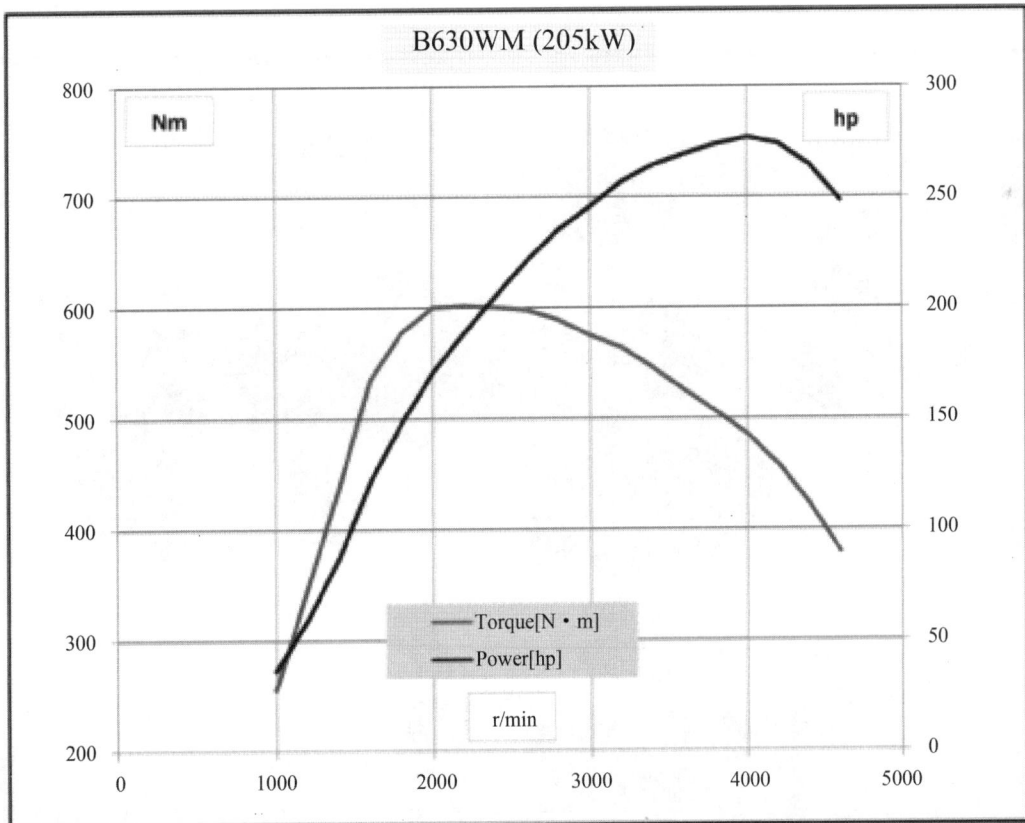

图 2-530

6. 机械部件

机械部件如图 2-532 所示。

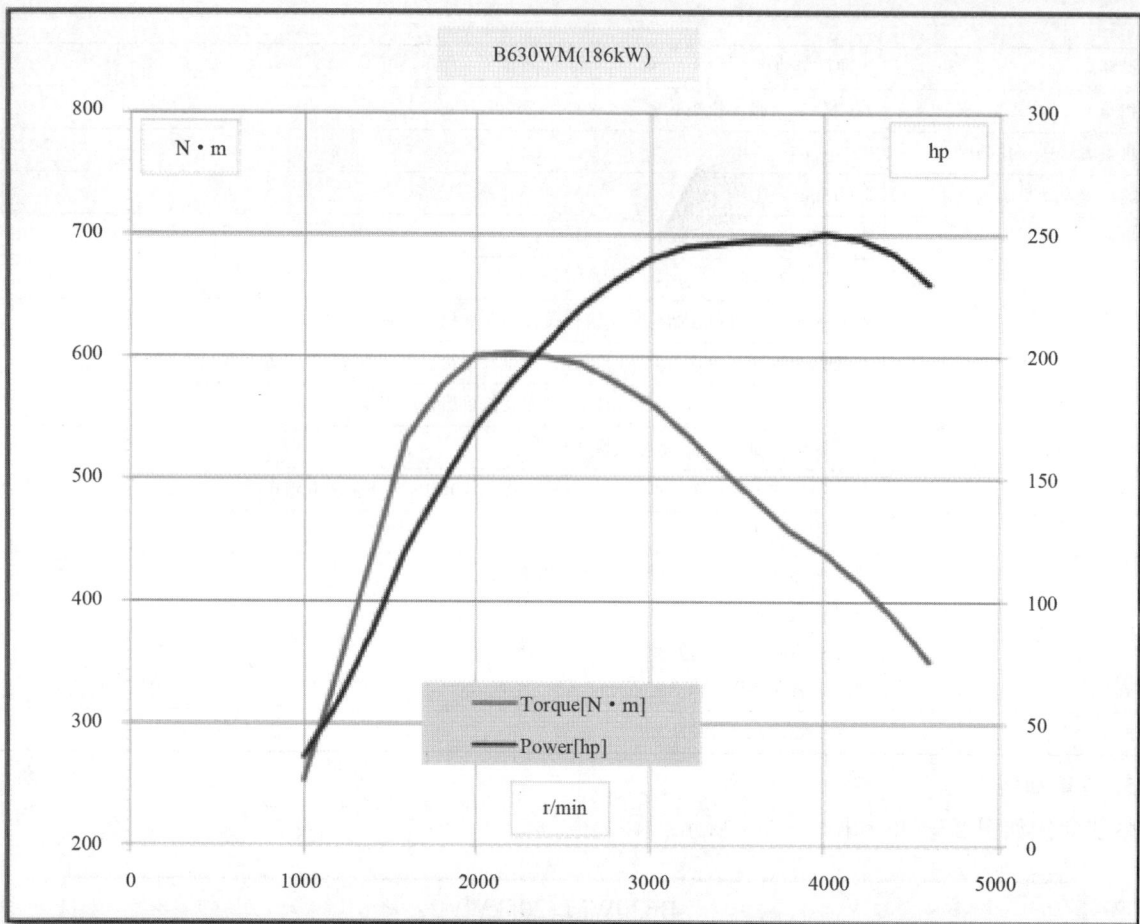

图 2-531

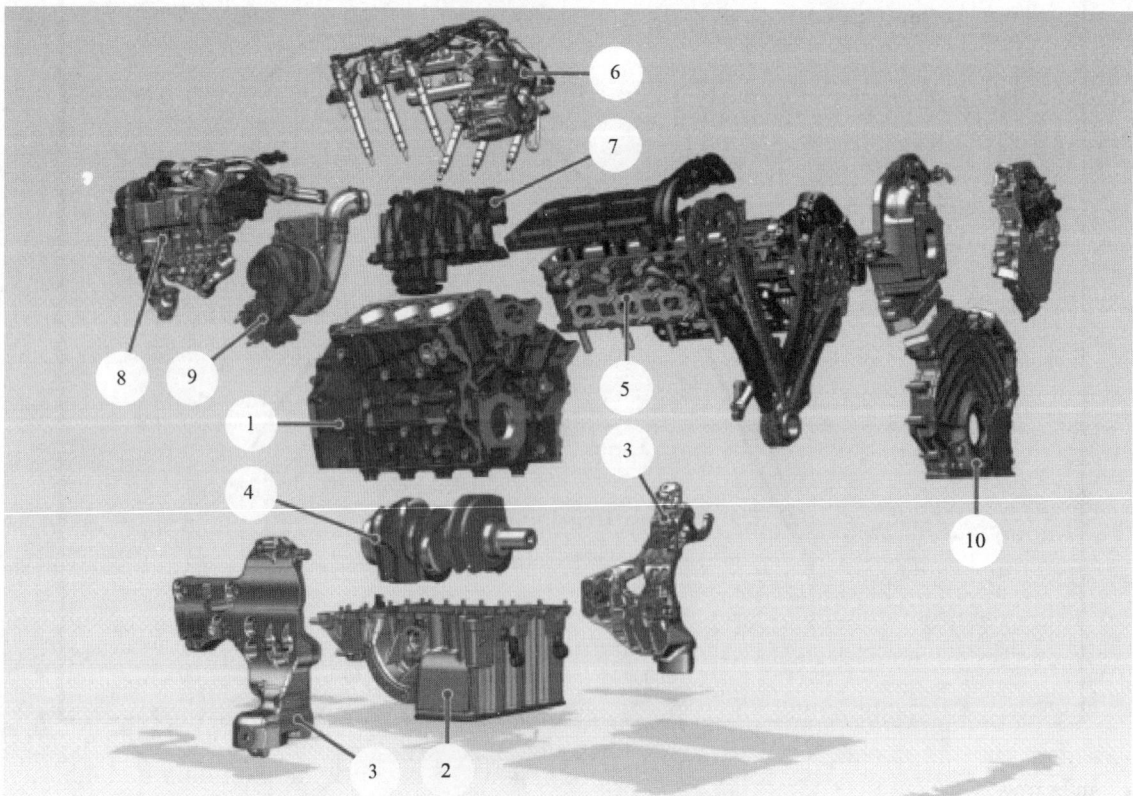

1—铸铁发动机组　2—重新设计的 AWD 油底壳　3—重新设计的发动机支架，现在集成配件支架　4—锻钢曲轴　5—铝制汽缸盖，链传动正时配气　6—直喷系统（共轨，200MPa）　7—可变涡流进气歧管　8—EGR 系统　9—可变几何涡轮增压器　10—三件式正时链盖

图 2-532

7. 燃油系统

燃油系统组成如图 2-533 所示。

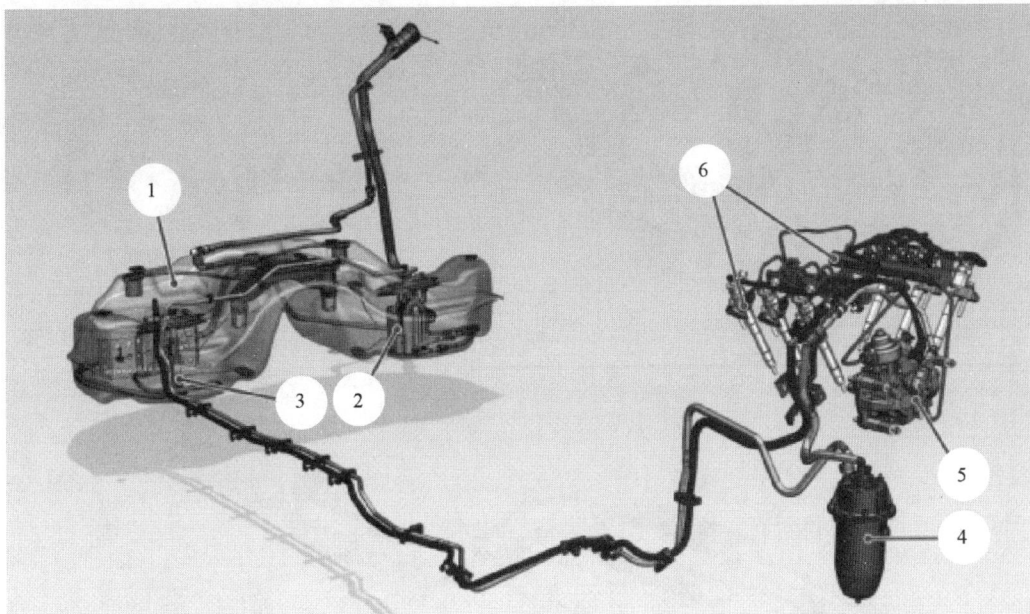

1-带无盖加油口和通风管的 80 升柴油鞍形油箱 2-低压定速泵 3-喷油泵由燃油回流管路提供动力 4-燃油滤清器、水分离器和水传感器 5-高压泵 6-油轨和喷油器

图 2-533

柴油发动机的燃油系统与 M156-7 柴油车辆所用的燃油系统大致相同。值得注意的是，由于缺少对蒸发排放的关注，加油口仍然为无盖型。已经对燃油管路和油箱加注颈进行了细微的路线改进。

8. 排气和废气后处理系统

排气系统与包含 SCR 系统的 2016 款 M156-7 轿车上使用的系统基本相同。要满足氮氧化物和烟尘排放欧 6 标准，需要下面总结的大量传感器。所有传感器向 ECM 报告。值得注意的是，2 个氮氧化物传感器使用局域 CAN 总线，同时连接 AdBlue 加热器控制单元（HCU）。继续沿用有源音响系统，ANC 模块（有源噪声控制）现位于驾驶员座椅下方地板下面。跟轿车车型一样，AdBlue 油箱位于行李舱地板下方。拆下备胎舱中的橡胶盖即可通过加注口来加注油液，如图 2-534 所示。

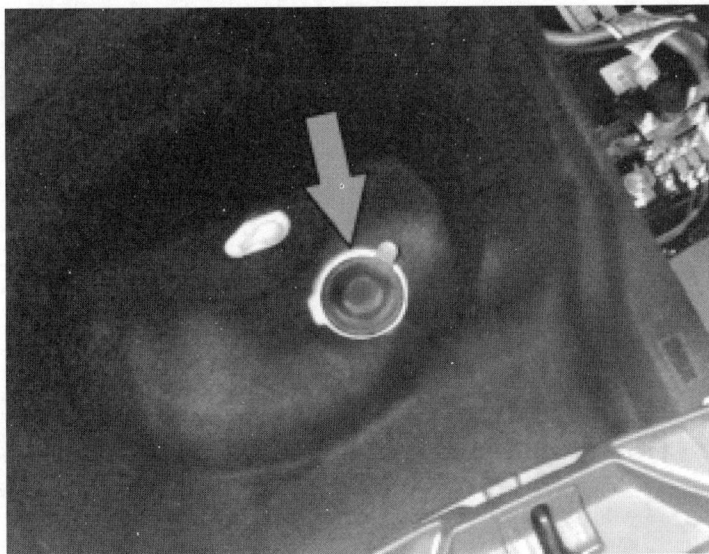

图 2-534

系统组成如图 2-535 和图 2-536 所示。

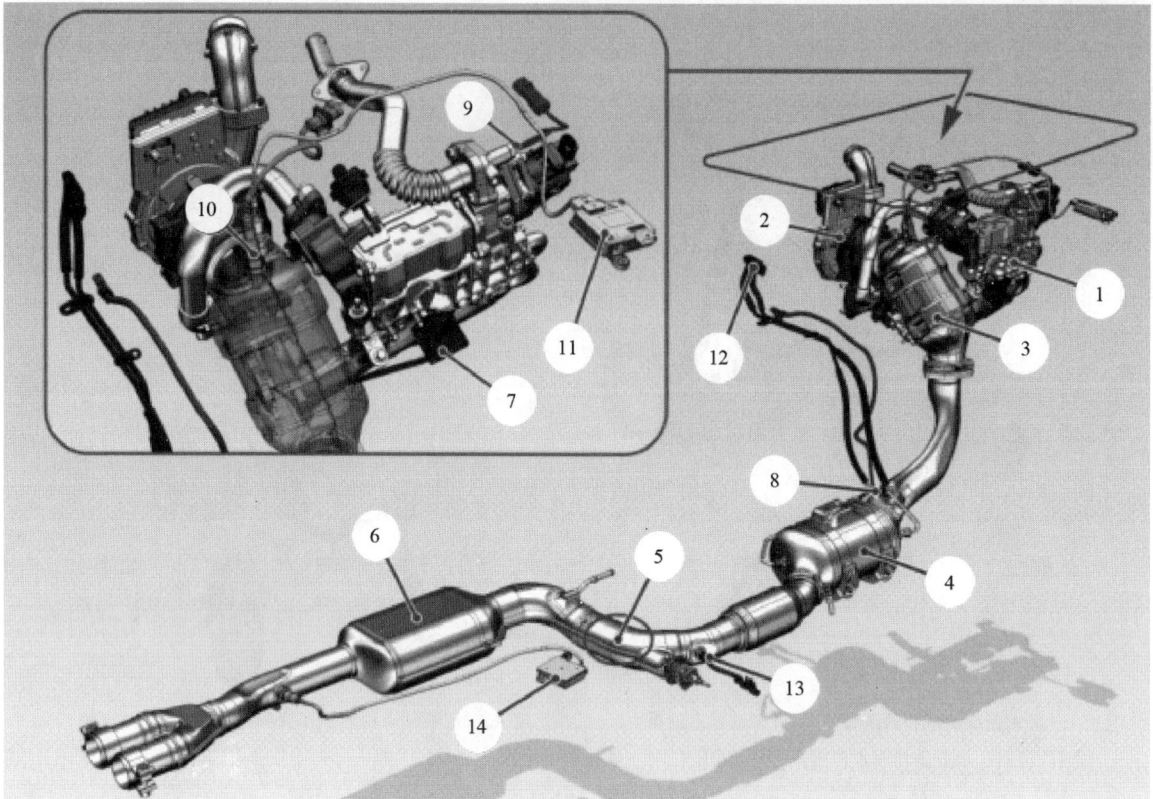

1—EGR 热交换器总成　2—涡轮增压器　3— 柴油机氧化催化器（DOC）　4—柴油机微粒过滤器（DPF）　5—AdBlue 混合器　6—选择性催化还原（SCR）反应器　7—废气压力传感器　8—废气温度传感器　9—EGR 温度传感器　10—高级氧传感器（宽带氧传感器）　11—上游 NO_x 传感器（DOC 进口）和 SCU（传感器控制单元）　12—DPF 进口出口压差传感器　13—含 SCR 的温度传感器　14—下游 NO_x 传感器（SCR 出口）和 SCU

图 2－535

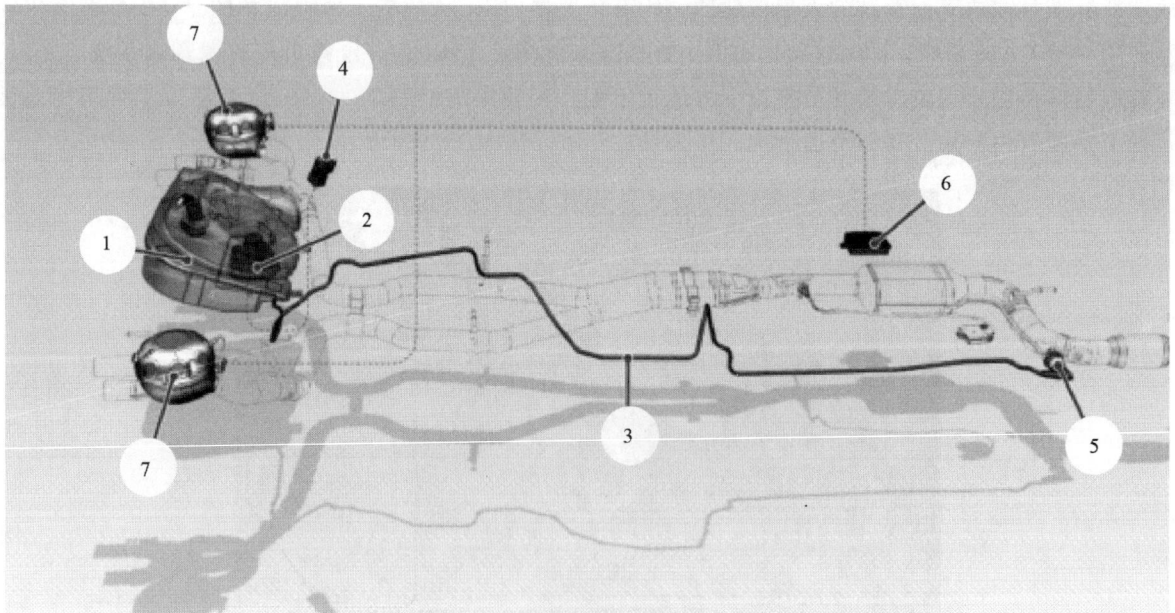

1—20.5L AdBlue 油箱　2— 泵模块（前向和回流泵、加热器、液位和温度传感器）　3—带集成加热器的 AdBlue 供油管路　4—加热器控制单元（HCU）　5— AdBlue 定量阀　6—有源噪声控制（ANC）模块　7—集成在排气终端中的扬声器壳体

图 2－536

　　玛莎拉蒂车间设备目录中提供针对车间使用的专用 AdBlue 加注站。通过该加注站可实现方便快捷地加注车辆 AdBlue 油箱，且没有外溢风险。车间用玛莎拉蒂移动式 AdBlue 加注站如图 2－537 左图所示，

加油站出售的供驾驶员直接加注的专用"Kruse"瓶如图 2—537 右图所示。

图 2—537

9. 启停系统

莱万特在所有发动机版本（汽油和柴油）中均配备启停系统。系统操作逻辑与 MY16 吉博力和总裁车型相同。

踩下制动踏板车辆处于静止状态后，发动机将关闭（AutoStop）。

释放制动踏板后，发动机将重新启动（AutoStart）。

多种例外情况适用于以上简单逻辑，具体取决于各种不同的车辆系统。这些例外情况详见图 2—538 和表 2—163 所示。由于电流消耗较大，柴油发动机的启动电机集成 ICR 电阻（降低浪涌电流）。在发动机启动的第一时刻，ECM 将电阻与电机串联（通过部件内部的继电器）。这可限制峰值电流消耗，并使启动电机承受更小压力。

图 2—538

表 2-163

No.	部件	功能	参与启停系统操作
1	制动助力器的真空传感器（ESC 模块）	控制制动助力真空度	如果真空度不足，发动机将重新启动
2	ESC 模块	道路坡度，制动压力	坡度小于 10% 达到停止状态后，将触发"自动停止"（AutoStop）
3	ECM	发动机管理	仅当机油和冷却液处于正常工作温度时，才能使用 S&S。对燃油喷射策略进行优化，以基于确切的发动机位置快速重新启动
4	BCM - ASBM1	通知驾驶模式	运动模式、越野模式和 ESC 关闭模式下将禁用 S&S。如果燃油液位过低，将禁用 S&S
5	ESM	通知挡位状态	操纵过程中（即接合 R 位置后一段时间）不会触发"自动停止"（AutoStop）。接合驻车可释放制动踏板，不会触发"自动启动"（AutoStart）
6	变速器	存储油压，以便立即恢复正常工作	变速器 HIS 蓄能器中必须存储足够的压力
7	IPC	通知驾驶员	专用灯和警告消息
8	HVAC、HVACR	通知温度设置，控制车舱温度	要启用 S&S，车厢温度必须在请求温度的 ±5℃ 以内并且气流分配不得处于除雾位置
9	驾驶员安全带扣开关	安全装置	如果未扣上安全带，将禁用 S&S
10	发动机盖开关	安全装置	如果未正确关闭发动机罩，将禁用 S&S
11	驾驶员车门开关	安全装置	如果未正确关闭车门，将禁用 S&S
12	IBS	蓄电池状态监测	蓄电池 SOH、SOH 和 SOF 处于正确 S&S 操作范围中
13	ICR	保护启动电机，减少压降	暂时接合电阻以限制峰值电流消耗
14	VSU1、VSU2	减少电压降	自动启动期间（所选部件的）电源电压增加并趋于稳定
15	SCCM	监测转向角度	如果方向盘相对空挡位置超过 90°，将禁用"自动停止"（AutoStop）。如果移动方向盘，将触发"自动启动"（AutoStart）

10. 发动机控制和运行模式

新的越野驾驶模式包含专用发动机管理瞬态性能。驾驶模式可影响发动机的多个重要运行参数，例如加速踏板图、可用扭矩、转速限值设置以及排气声音控制，如表 2-164 所示。

（1）正常。

正常增压。

正常节气门响应。

仅在发动机转速和负载较高时才会打开排气旁路阀（汽油发动机）。

柴油发动机有源音响系统中的抑制排气声浪。

（2）运动。

更加强劲的踏板瞬态性能以及非常快速的发动机响应能力。

汽油发动机上可用的最大增压。

仅在怠速和中等发动机转速（3000r/min 及以上）时才会打开排气旁路阀。

柴油发动机有源音响系统中的强烈排气声浪。

表 2-164

驾驶模式	发动机运行模式
正常	正常
运动	运动
I. C. E.	I. C. E.
越野	越野
ESC 关闭	对发动机运行没有影响
手动换挡	对发动机运行没有影响
硬阻尼设置	对发动机运行没有影响

仅限允许达到转速限值的驾驶模式。

发动机转速限值设置如下：

对于 321kW 汽油发动机为 6500r/min。

对于 261kW 汽油发动机为 6400r/min。

对于柴油发动机为 4800r/min。

（3）I.C.E。

踏板图谱与正常模式相同，但是发动机响应较慢。

可用扭矩受限（对于柴油机为 450N·m）。

仅在发动机转速较高（超过 4700r/min）时才会打开排气旁路阀。

柴油发动机有源音响系统中的抑制排气声浪。

（4）越野。

专用踏板和发动机图谱旨在当车辆速度较低时提供精确的发动机控制。

与正常模式下的可用扭矩级别相同。

与正常模式下的排气声音管理相同。

11. 带主动进气栅格系统（AGS）的冷却系统

莱万特（汽油车）的热交换器组由以下零部件组成：主导风装置（图 2－539 中 1）、空气调节阀（图 2－539 中 2）、次级冷却回路散热器（图 2－539 中 3）、空调电路的冷凝器（图 2－539 中 4）、主发动机散热器（图 2－539 中 5）和带集成 ECU 的风扇（图 2－539 中 6）。2 个中间冷却器及其管道（图 2－539 中 7）安装在主交换组两侧较低位置处。

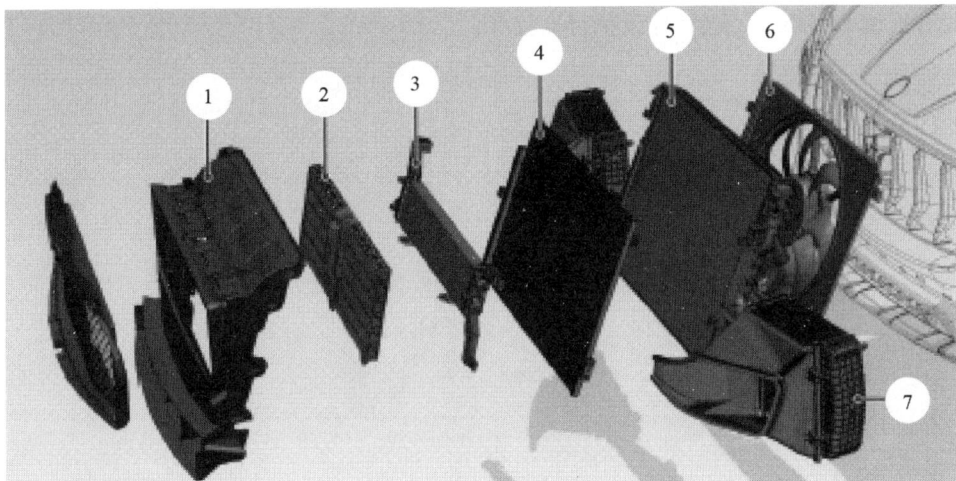

1－主导风装置　2－空气调节阀　3－次级冷却回路散热器　4－空调电路的冷凝器　5－2 个中间冷却器及其管道　6－带集成 ECU 的风扇　7－2 个中间冷却器及其管道

图 2－539

莱万特标志着电控空气调节阀的引入，该电控空气调节阀位于热交换器组的前面。关闭空气调节阀可以改善车辆的空气动力学性能，也可以抑制从发动机舱发出的噪声。空气调节阀可应用在莱万特各车型车辆上（不必与发动机型号一致），并可通过热交换器组的主管道连续调节气流。请注意，即使完全关闭空气调节阀，位于前保险杠面板下部的固定几何进气口仍存在一些通过热交换器的气流。空气调节阀挡板及挡板执行器详图如图 2－540 所示。

空气调节阀机构由博泽集团供应，包括放置在中央电子执行器左右两侧的 10 个挡板，由中央电子执行器控制这些挡板机械同步运动。而执行器又由电子模块（AGS）进行管理，该电子模块通过与 IAM（智能交流发电机模块）共用的 LIN 线路连接到 ECM。

ECM 根据以下逻辑控制空气调节阀。

图 2-540

发动机关闭后，空气调节阀可保持稍微打开（3°），以防止结冰造成挡板粘在一起。

在正常运行期间，应尽量保持空气调节阀关闭。这可以提高空气动力学性能和声学舒适度。

随着散热需求的增加，逐渐打开空气调节阀。打开程度的设置是为发动机、变速器、动力转向和空调系统提供所需冷却需求中的最高冷却需求。

低速（5～30km/h）情况下，如果车辆需要涉水，可保持空气调节阀完全打开以作为一项安全措施。这可防止车辆的前向运动将水推到发动机进气口。当空气调节阀打开时，水会流经热交换器和发动机舱内部，而不会造成损坏。为提高安全性，此策略在所有驾驶模式下均处于启用状态，而不仅仅在越野模式下处于启用状态。

机械或通信故障可造成 MIL 打开以及 ECM 进入恢复模式，限制可用发动机扭矩。注意，断开或拆卸蓄电池后，或者更换空气调节阀执行器后，执行器将自动执行打开/关闭循环以自学习挡板位置。切勿尝试手动移动空气调节阀挡板，这将导致执行器损坏。

第三章　动力传动系统

第一节　变速器系统

一、前言

全新总裁的变速器设计与新双涡轮增压 V8 发动机的特性相匹配，将极限性能、低油耗和驾驶舒适性完美融合。总裁搭载拥有世界领先技术的 ZF AT8－HP708 速变速器，并结合了后部模块化变速器轴和机械限滑差速器。电控 8 速自动变速器作为最出色自动变速器之一在市场上享有盛誉，也是玛莎拉蒂动力传动系统工程师开发总裁变速器的理想起点。全新的精确、高效能 ZF 8 速变速器是一件工艺杰作，其在各方面的性能都要比 6 速 6HP－26 变速器更加出色。尽管多了 2 个挡位，但重量更轻（轻 4kg），并由更短的中速传动比和 2 个超速挡实现了更高效率（油耗降低 6％）。这就确保了舒适的高速公路巡航（在 8 挡和 1700r/mim 下时为 120km/h），噪声减小，燃油效率提高，而动力强劲的加速能力始终可即时响应驾驶员的请求，在强制降挡时可一次降挡多达 5 个挡位。传统上，玛莎拉蒂汽车有多个换挡策略可供驾驶员选择，如"正常（Normal）"和"运动（Sport）"模式，并辅以全新的 I. C. E. 模式，实现了控制性与效率的最大化。安装在转向柱上的换挡拨片允许在所有条件下进行手动换挡。当前，可根据驾驶员个人喜好精调换挡行为的 ASIS 自适应换挡策略在进一步改进后可在仅仅数百千米后即可达到绝对完美状态。此外，全新总裁的变速器设计可兼容即将采用的停止（Stop）& 启动（Start）技术并可适用于全轮驱动车辆。变速器无须定期维护。

新款吉博力的变速器布局与 M156 总裁非常类似。该布局的研发符合新款 V6 发动机系列的特性，并融合了顶级性能与低油耗和驾驶舒适性。如同总裁，吉博力采用了来自 ZF 的新型 AT8－HP708 速单元，并组合配套模块化传动轴与后机械限滑差速器。电控 8 速自动变速器作为最出色的自动变速器之一在市场上享有盛誉，同时也是玛莎拉蒂动力传动系统工程师开发变速器的理想起点。对于 Q4 车型，已完成开发了一套智能主动全轮驱动系统。该系统采用了一部电控主动式扭矩控制分动器，可根据当前道路和动态驾驶工况管理前后桥之间的扭矩分配。所有吉博力车型均采用机械限滑后差速器作为标准配置，这为玛莎拉蒂的典型风格，但对于同级车辆并不常见，如图 3－1 所示。

图 3－1

二、变速器技术参数和特性

全新 8 速变速器产品优势。

全新挡位概念：8 个前进挡加 1 个倒挡，仅采用 4 个齿轮组，其中只有 2 个齿轮组在各自挡位中打开。3 个多盘式离合器和 2 个制动器，紧凑高效设计。

更高的总传动比：总传动比大于 7。变速器会持续自适应发动机最优运行范围，从而改善了加速性能并降低了油耗。

更高的功率重量比：轻量化部件结合了革命性齿轮组理念，2个辅助齿轮可传递更大的扭矩（最大发动机扭矩760N·m），同时具有部件少和重量轻等特点（带液力变矩器的重量仅为90kg）。

低阻损失，更高的效率：高效齿轮组，新的轴向平行叶片式油泵可提供最佳冷却效能，提高变速器效率。能量损失降低至最低限度。

免维护设计和防弹可靠性。之前6速变速器本已非常出色的可靠性在全新8速变速器上得到进一步增强。

在运动模式下，换挡时间缩短至150ms以下（在正常模式下，大约为250ms），呈现出最佳换挡性能。

变速器功能表如表3—1所示。挡位传动比如表3—2所示。变速器外观部件如图3—2和图3—3所示。

表 3—1

变速器类型	ZF AT8—HP70
挡位	同轴行星齿轮组，8个前进挡＋倒挡
起步	液力变矩器＋锁止离合器
手动换挡	带选挡杆的线控换挡机构和选配型方向盘换挡拨片
控制单元	机电整合，集成式液压电子控制单元
变速器冷却	带专用冷却回路的外部油/水热交换器

表 3—2

挡位	传动比	与上一挡位的比例
1挡	4.714	—
2挡	3.143	1.50
3挡	2.106	1.49
4挡	1.667	1.26
5挡	1.285	1.30
6挡	1.000	1.29
7挡	0.839	1.19
8挡	0.667	1.26
倒挡	−3.317	—
	总传动比：7.07	

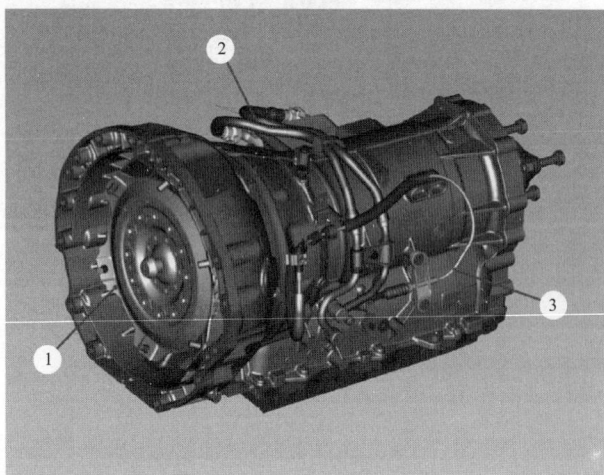

1. 液力变矩器壳通过螺栓固定在发动机飞轮上　2. 变速器油冷却器油管　3. 手动驻车释放拉线

图 3—2

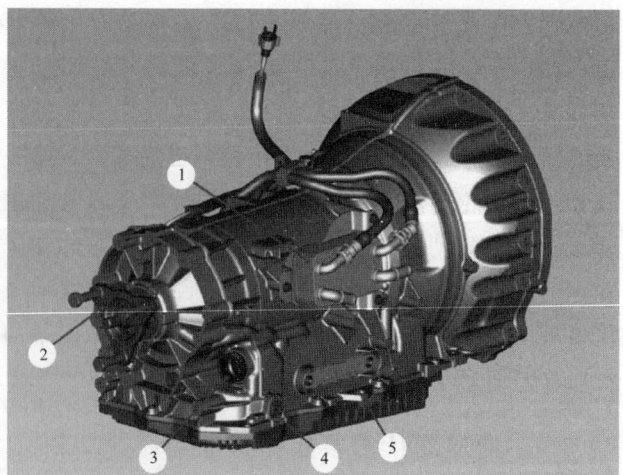

1. 变速器油冷却器　2. 阻尼器三角输出法兰　3. 线束接插件　4. 变速器油加注塞　5. 识别标签

图 3—3

三、变速器内部部件

变速器内部部件如图 3-4 和图 3-5 所示。

图 3-4

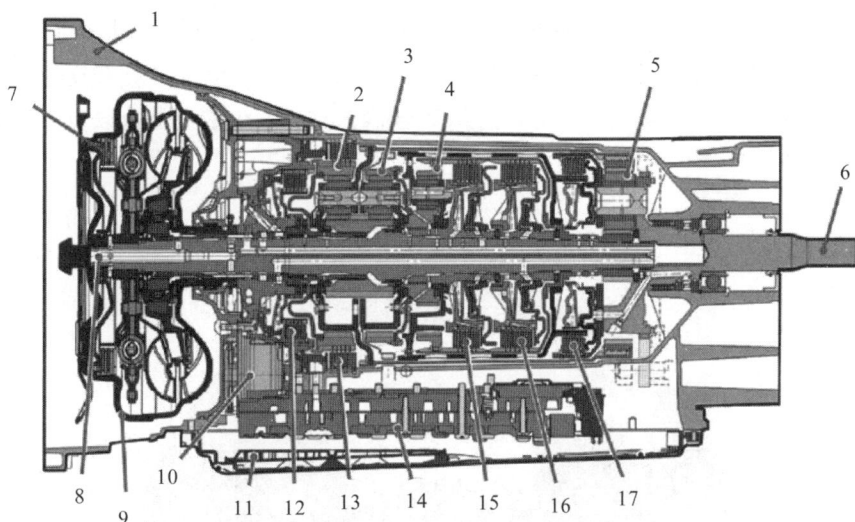

1—定制化变速器壳体　2—行星齿轮组 1　3—行星齿轮组 2　4—行星齿轮组 3　5—行星齿轮组 4　6—输出轴　7—锁止离合器　8—输入轴　9—液力变矩器　10—油泵　11—变速器油滤清器滤芯　12—多盘式制动器 A　13—多盘式制动器 B　14—机电阀体　15—多盘离合器 E　16—多盘离合器 C　17—多盘离合器 D

图 3-5

变速器内部装配 1 个输入轴、1 个输出轴、1 个油泵、4 个同轴行星齿轮组、2 个制动器和 3 个离合器。液力变矩器和机电阀体可被拆卸后维修，而变速器本体及其内部部件是一个不可维修的总成。

1. 变速器壳体

铸铝变速器壳体为玛莎拉蒂汽车量身打造，以便可在无须适配器壳的情况下将其安装在发动机上，进一步减轻了重量。壳体设计带有停止 & 启动系统，以便将来无须进行重大变化而应用，而后部法兰使得扭矩传递装置可应用在全轮驱动车辆上。

2. 油泵

油泵为变速器的一个组成部分。其用于向控制阀和离合器的运行提供液压，使油液通过变速器冷却

457

器，对齿轮和轴进行润滑。双作用滑片泵位于液力变矩器和主变速器体之间。与6HP26变速器的同轴泵相反，油泵的主要功能此时由链条驱动。这种解决方案实现了更加紧凑的变速器设计。

注：由于油泵由输入轴驱动，因此只有在发动机运转时才可获得液压。

3．行星齿轮机构和离合器

通过四组行星齿轮使用不同动力传递路径组合，AT8－HP70变速器有8个前进挡和1个倒挡可供选择。每个齿轮组均包括1个中央太阳轮、1个外部内（齿环）齿轮、1个位于中央的行星齿轮架。AT8－HP70的齿轮组从前至后分别标记为P1、P2、P3和P4。

通过使用输入离合器驱动一个行星齿轮件同时使用固定离合器（制动器）将一个行星齿轮件锁止在变速器壳体上，可获得不同的齿轮传动比。此外，可同时驱动一个行星齿轮组的两个构件，进而使整个齿轮组作为一个总成而旋转，或者说产生1：1的传动比。由于行星齿轮组彼此共用多个部件，一个行星齿轮组的输出元件也是另一个行星齿轮组的输入元件。各传动比的乘积形成输出的最终传动比。这称为复合，也是8个前进挡和1个倒挡传动比产生的原理。多盘离合器组件用于在齿轮组之间传递扭矩或将元件保持静止，由交错摩擦钢盘制成。其中一个盘带有内花键，其他盘带有外花键。当液压导入离合器活塞时，摩擦片和钢片会顶住反应盘，造成内外花键锁定，以使扭矩通过变速器传递。当液压释放时，弹簧和/或液压会造成活塞回位，并使内外花键不再相互锁定。AT8－HP70内使用的5个离合器从前至后分别标记为A、B、E、C和D。一旦诊断变速器出现故障，首先要确定变速器处于哪个挡位，因为故障经常会出现在相关挡位起作用时所应用的离合器上。了解此信息将为诊断排除许多正常的零部件。行星齿轮系统由一个中心太阳轮和多个行星齿轮组成，它们均绕其各自中心而旋转并在其沿内外齿圈滚动时行星齿轮架旋转，如图3－6所示。通过交替使装置的某个部件固定，通过单个行星齿轮装置可获得不同的齿轮传动比。ZFAT8－HP70变速器使用4个行星齿轮装置和一对离合器，实现8个前进挡位以及1个倒挡挡位。动力传递路线图如图3－7所示。

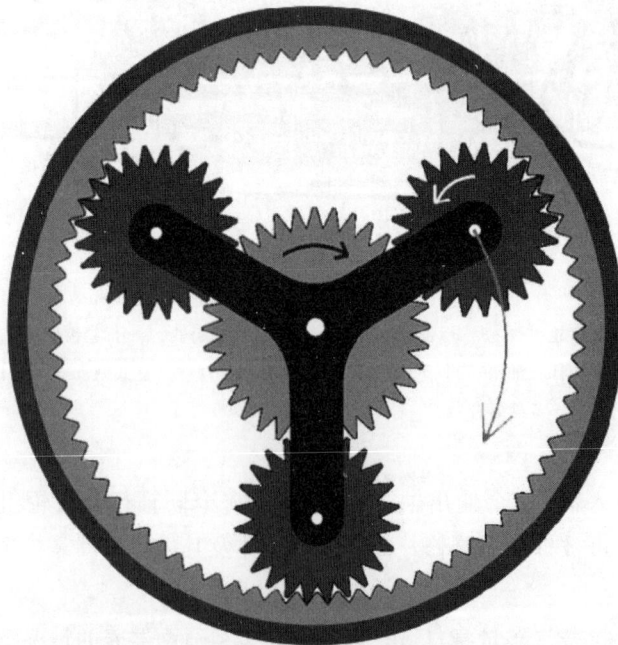

图3－6

458

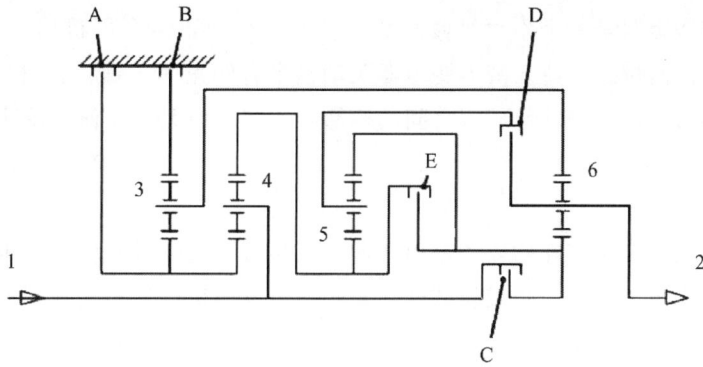

1—液力变矩器输入轴　2—输出轴　3—行星齿轮组 1　4—行星齿轮组 2　5—行星齿轮组 3　6— 行星齿轮组 4

A—制动器 A　B—制动器 B　C—离合器 C　D—离合器 D　E—离合器 E

图 3－7

表 3－3 显示了在不同挡位啮合时，各制动器和离合器的激活状态。

表 3－3

挡位	制动器			离合器	
	A	B	C	D	E
1挡	·	·	·	—	—
2挡	·	·	—	—	·
3挡	—	·	—	—	·
4挡	—	·	—	·	·
5挡	—	·	—	·	·
6挡	—	—	·	·	·
7挡	·	—	·	·	—
8挡	·	—	—	·	·
倒挡	·	·	—	·	—

三、液力变矩器

液力变矩器结构结构如图 3－8 所示。

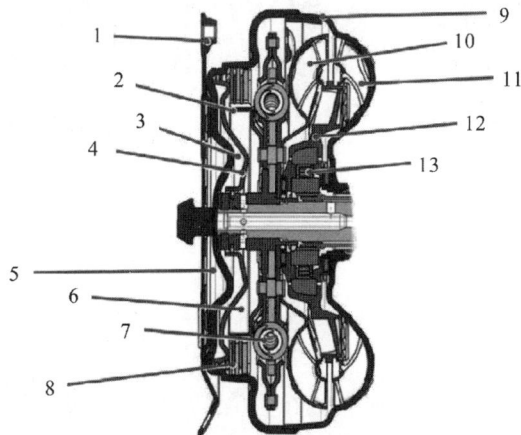

1—驱动盘　2—盘支架　3—锁止离合器后部空隙　4—锁止离合器活塞　5—管 3　6—管 1 和管 2　7—扭转减震器

8—锁止离合器摩擦片　9—液力变矩器外壳　10—涡轮增压器　11—泵轮　12—定子　13—单向导轮离合器

图 3－8

459

液力变矩器是发动机和变速器之间的耦合装置。它将发动机扭矩通过液压方式传递至变速器并起到驱动离合器的作用。液力变矩器是一个不可维修总成，包括 1 个锁止离合器机构，此变矩器为匹配 F154A 发动机的功率和扭矩特性而量身打造。液力变矩器驱动盘带有倾角固定螺栓，可通过钟形壳的开口进入。这就方便了液力变矩器与发动机挠性传动板之间的拆卸和安装，而无须任何专用适配工具。

（一）运行

液力变矩器的关键特性在于其在输入和输出转速存在显著差别时具有增大扭矩的能力，进而产生降挡的等价效果。一个液力变矩器内有 3 个旋转部件：泵轮，由发动机机械驱动并利用离心力控制组件内的液体流向涡轮的流量；涡轮，连接至变速器输入轴；导轮，插入在泵轮和涡轮之间，以使其可改变从涡轮流回泵轮的液体流量。导轮安装有 1 个单向离合器，防止导轮相对于泵轮逆向旋转，而只允许其正向旋转，如图 3-9 所示。

液力变矩器具有 3 个运行阶段。

怠速。发动机怠速运转且变速器位于 P 挡或 N 挡（车速为 0，制动器施加），涡轮转速稍微落后于泵轮。在发动机以怠速运行，施加车辆制动器，位于 1 挡或倒挡时，由于离合器和制动器会造成涡轮与传动系统锁定，因此涡轮转速为 0。输入功率受到限制，液力变矩器的滑转率为 100%。一旦释放，车辆制动器即释放，由于液力变矩器内的液体流量增加，涡轮转速增大，车辆开始移动。

加速。发动机转速和扭矩增大，车辆加速行驶，但是泵轮和涡轮转速之间仍然存在相对较大的差别，从而使变矩器产生扭矩增大比。增大比数值取决于泵轮和涡轮转速之间的实际差值。

巡航。涡轮达到泵轮转速的约 90%。扭矩增大基本上停止，液力变矩器作用为一个液力耦合器。

锁止离合器此时关闭，以消除剩余滑转率并提高燃油效率。

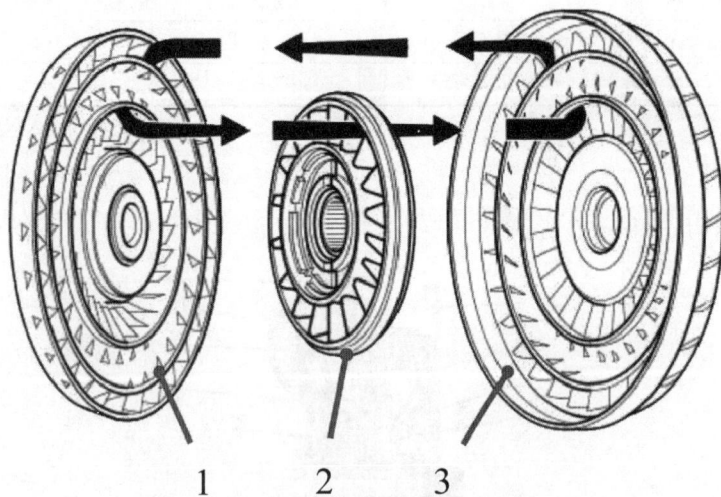

1—涡轮增压器　2—导轮　3—泵轮

图 3-9

液力变矩器增大扭矩的能力的关键在于导轮。在简单液力耦合器设计（不带导轮）中，较高滑转阶段造成液体从涡轮流回泵轮，使泵轮旋转方向逆向，进而导致重大的效率损失并生成相当可观的余热。在液力变矩器的相同条件下，泵轮使回流液体改变方向，以协助泵轮旋转，而不是阻碍其旋转。结果是回流液体内的大量能量得以回收。此操作使直接流向涡轮的液体流量显著增大，进而使输出扭矩增大。由于回流液体最初沿泵轮旋转的相反方向流动，导轮在强制使液体改变方向的同时尝试逆向旋转，产生由单向导轮离合器进行阻止的效应。液力变矩器的涡轮和导轮使用倾斜和弯曲叶片。导轮的叶片形状是改变液体流动路径的决定因素，强制其与泵轮旋转一致。涡轮叶片的配合弧线将回流液体正确地导向导轮，以使后者执行其工作。叶片的形状和角度是液力变矩器设计的关键。在产生扭矩增大比的怠速和加速阶段中，由于导轮单向离合器的作用，导轮保持静止。然而，由于液力变矩器逐渐趋近巡航阶段，从涡轮回流的液体量逐渐减少，导致施加在导轮上的压力同样减小。一旦进入巡航阶段，回流液体逆向流动，此时沿泵轮和涡轮的旋转方向而转动，产生尝试使导轮正向旋转的效应。这个点被称为"耦合点"，此时离合器分离，泵轮、涡轮和导轮将作为一个组件共同（或多或少）旋转。

（二）锁止离合器

液力变矩器锁止离合器是一个液压机械装置，启动时可消除液力变矩器滑转。其受到一个由 TCM 通过 PWM 控制的电磁阀进行液压驱动。这就实现了液力变矩器的如下 4 个阶段。

打开（液力变矩器完全运行）；

受控（允许 15r/min 的滑转）；

受控关闭（允许 5r/min 的滑转）；

关闭（无滑转）。

接合和分离由 TCM 控制，允许有一定程度的受控滑转。这允许泵轮和涡轮的转速存在细微的差别，有助于改善换挡质量。受控、受控关闭和关闭阶段要求 800r/min 的最小涡轮转速。行驶期间，液力变矩器离合器尽可能快地关闭，以改善燃油经济性并减少由施加在油液上的剪力而生成的热量。

四、机电阀体

机电阀体如图 3-10 所示。

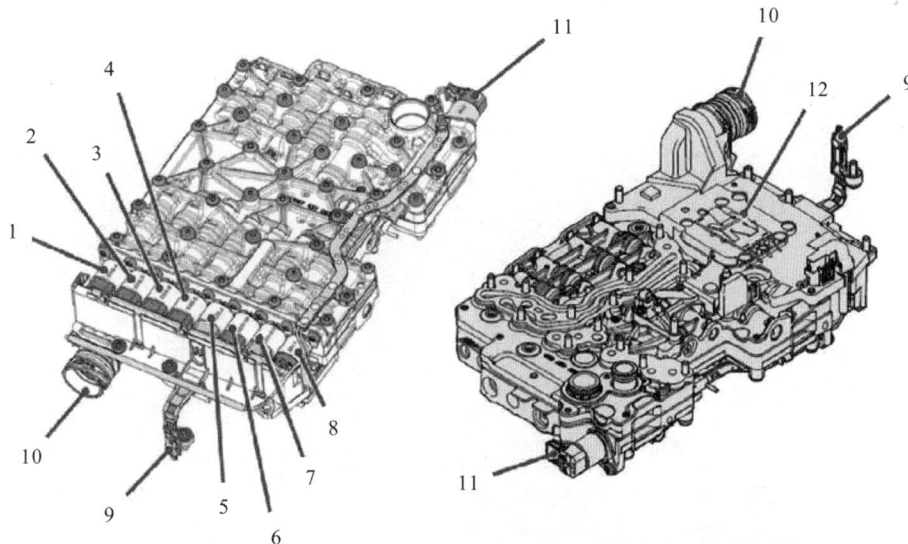

1—压力调节电磁阀——制动器 A 2—压力调节电磁阀——离合器 D 3—压力调节电磁阀——制动器 B 4—压力调节电磁阀——离合器 E 5—压力调节电磁阀——离合器 C 6—压力调节电磁阀——锁止离合器 7—压力调节电磁阀——系统压力 8—限压电磁阀 9—输出轴速度传感器 10—线束接插件 11—驻车互锁缸电磁阀 12—TCM（隐藏）

图 3-10

机械电子阀组位于变速器底部并覆盖在变速器油底壳下方。其设计为一个不可维修总成。机电阀体包括变速器控制模块（TCM）、电动执行器、速度传感器和为所有变速器功能提供全部电液控制的控制阀。

机械电子阀组包括以下部件。

TCM。

7 个压力调节电磁阀，由 PWM 信号进行电流控制。

1 个驻车互锁电磁阀（开/关型）。

1 个驻车锁止缸位置传感器。

1 个阻尼器。

1 个系统限压电磁阀。

21 个液压滑柱阀。

1 个油底壳油温传感器。

1 个霍尔效应涡轮转速传感器。

1 个霍尔效应输出轴速度传感器。

变速器控制模块为机械电子单元的一个组成部分，此单元位于变速器底部，变速器油底壳内。TCM 为变速器的主要控制部件。它连接至 CAN－C 总线，与其他车辆系统进行通信，还连接至 CAN－PT 总线，与电子换挡杆模块（ESM）进行交互。TCM 处理来自变速器转速和温度传感器的信号、来自 ECM 的发动机参数（如发动机转速和扭矩）、来自 ESM 和安装在转向柱上的换挡拨片的输入信号。通过接收到的信号输入和预编程路线图，TCM 计算出正确挡位和最佳压力设置，用于换挡接合及锁止离合器控制。

TCM 可在 9～16V 的蓄电池电压范围内运行，其休眠电流消耗小于 1mA。TCM 的诊断读取通过高速 CAN－C 总线实现。

五、变速器冷却和润滑

（一）冷却

冷却系统如图 3－11 和图 3－12 所示。

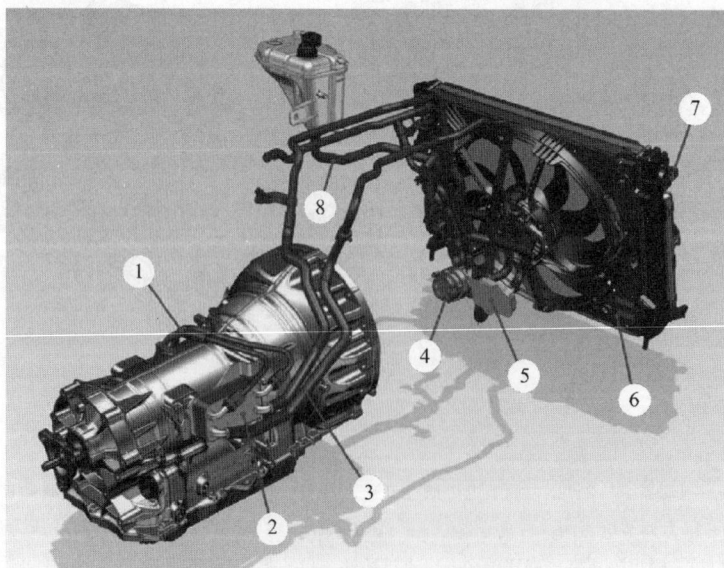

1—变速器油液管路　2—变速器油冷却器　3—冷却液管　4—电动辅助水泵（AUWP）　5—动力转向
液冷却器　6—带冷却风扇的散热器组件　7—用于次级冷却回路的散热器　8—冷却液储液罐连接管

图 3－11

图 3-12

　　变速器冷却系统可快速对变速器液进行加热，并使其稳定在最佳的 80℃ 运行温度水平。变速器液冷却器出于该目的安装在变速器壳体的右侧，设计作用为一个油水热交换器。新特性在于变速器冷却器不是继承在发动机冷却液回路中，而是利用独立的次级冷却回路，它还冷却动力转向系统。由于次级回路冷却液的温度较低，这种解决方案具有更高的冷却效率。至油液冷却器的短管进一步提高系统效率，此外还降低了发生碰撞时导致昂贵的损坏维修成本的风险。冷却液在次级冷却器回路中的循环通过电动辅助水泵（AUWP）强制进行，水泵由发动机 ECU（ECM）启动。一个专用散热器安置在主散热器前面。使用的冷却液与发动机冷却液相同（水和乙二醇基防冻液 1∶1 混合液）。TCM 通过集成在机电单元内的 NTC 传感器测量变速器油底壳温度，并将温度值通过 CAN-C 总线发送。如果温度超过目标值，ECM 会通过 LIN 线激活以 PWM 方式激活电动水泵。如果温度仍然过高，同时还会启用冷却风扇。变速器液冷却器安装在变速器壳体的右侧（图 3-13）。次级冷却管路的膨胀水壶与主发动机冷却液膨胀水壶（图 3-13）一体，但两者相互独立。

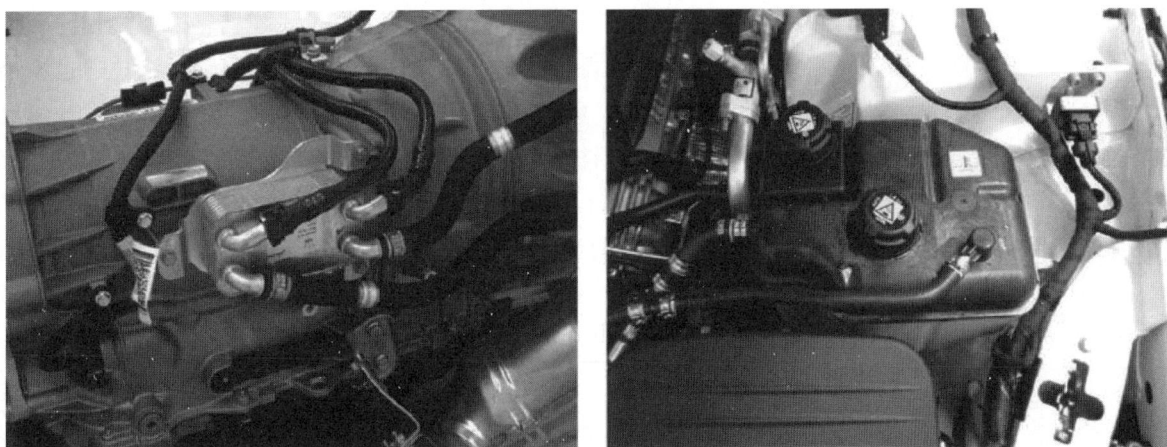

图 3-13

　　变速器冷却液油液数量 2.7L，油液规格按 1∶1 比例配置的水和冷却剂溶液。冷却液：保护性乙二醇基防冻液。推荐油液：Paraflu up FO2 Petronas 或壳牌长效 OAT。

（二）润滑

　　油底壳由强化塑料构成，以减轻重量。拆除油底壳后可看到 Mechatronic 阀组，如图 3-14 所示。油

463

底壳在放油塞附近带有一块磁铁，可收集变速器油内的金属微粒。变速器油过滤器位于油底壳内。如果变速器油受污染或在对变速器进行任何维修作业后，必须更换带集成式过滤器的油底壳。变速器油油液数量为7.6L。变速器油油液规格为壳牌ATF L－12108。

1－润滑油加注和油位检查螺塞　2－放油塞

图3－14

加注的变速器油液用于变速器的整个使用寿命，未设计进行定期更换。对变速器进行维修作业后，或如果油液受污染，则必须更换油液。

油位检查条件如下。

车辆水平放置。

发动机怠速运行并处于工作温度下。

变速器位于Park（驻车挡）位置。

变速器油底壳油温介于50～60℃（理想值：55℃）。

最为重要的是油位检查和加注（如有必要）须在正确条件下并按照正确程序进行。遵照维修手册中有关液位检查和加注的程序。

六、电子换挡模块（图3－15）

相对于前一代6HP26变速器的另外一个重大区别在于目前采用了全电子式换挡杆，即换挡杆和变速器之间不再有任何机械链接。ESM取代传统的机械式换挡杆，呈现出纯粹的用户界面。挡位通过换挡杆本体内的电磁阀进行模拟，这些电磁阀由电脑控制，可启用或禁用部分换挡杆状态。换挡杆内的电磁线圈可防止换挡杆向无效位置移动。驾驶员可在按下换挡杆背面解锁按钮的同时前后推拉换挡杆，以在换挡杆顶部指示的"P"－"R"－"N"－"D"位置间进行选择。选择的挡位将亮起琥珀色灯光。对于大多数选挡，需要同时踩下制动踏板。操纵期间，D－R和R－D选挡的速度限制为5 km/h。在"前进（Drive）（自动）"或手动模式下，可将换挡杆在前（－）后（＋）短距离推动进行连续换挡。ESM连接至高速CAN－C总线，用于与TCM通信，将选择的挡位状态通知组合仪表，此外还用于诊断。另外一条专用CAN总线，CAN－PT（动力传动系）将ESM连接至TCM。CAN－PT是一条冗余总线，在其上重复相同信息并用作备份。

（一）驻车锁止

驻车锁止装置设计用于在车辆上坡或下坡驻车时使车辆始终保持安全制动状态。在8HP70变速器上，驻车锁止装置仅通过电子液压方式驱动。机电阀体内的专用电磁阀可激活驻车锁止装置。必须踩下制动踏板，然后ESM才可切换至"P"挡，驻车锁止装置接合的最大行驶速度为3 km/h。如果蓄电池电量耗尽或系统出现故障，可通过拉动拉索手动释放变速器的"驻车"挡。通过拆下驾驶员座椅前面地毯上的盖，可够到释放拉索（图3-16）。

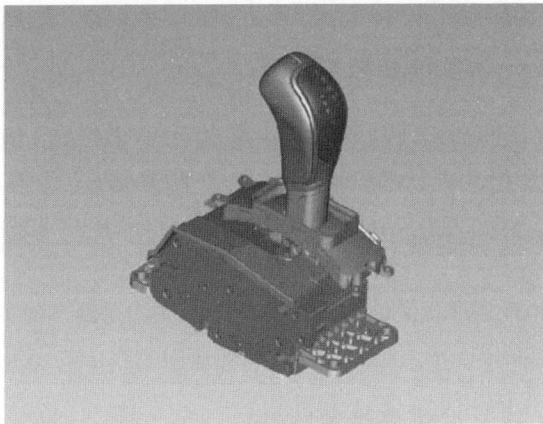

图3-15

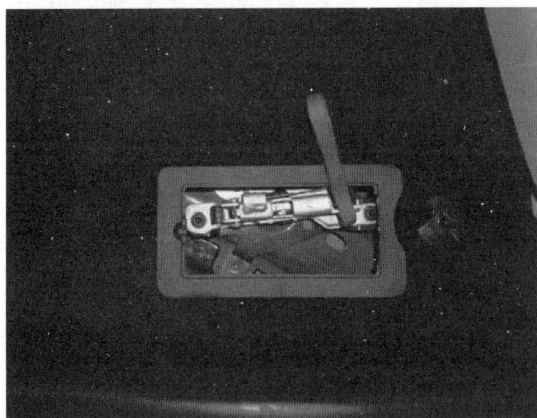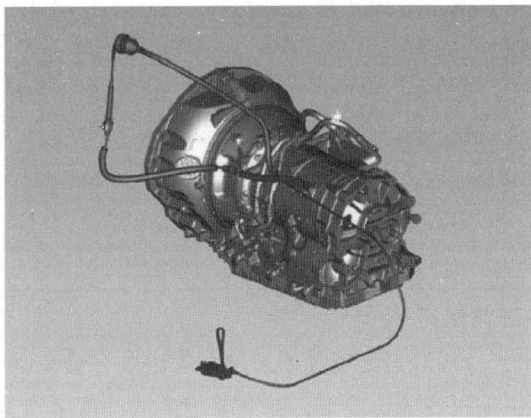

图3-16

　　本车具有要求在发动机熄火前将换挡杆置于"驻车挡（P）"的功能。这个功能防止驾驶员在疏忽的情况下未选择驻车挡而离开车辆。这个系统还能在点火开关位于OFF位置时始终锁止换挡杆。

（二）换挡拨片

　　吉博力车型可选配安装在转向柱上的主动式换挡拨片。通过换挡拨片，驾驶员在双手不离开方向盘的情况下即可手动换挡，增添了驾驶乐趣并提高了安全性。拨片（左侧用于降挡，右侧用于升挡）由抛光铝制成，为驾驶员提供良好质感，如图3-17所示。在电气方面，拨片直接通过线束连接至TCM。

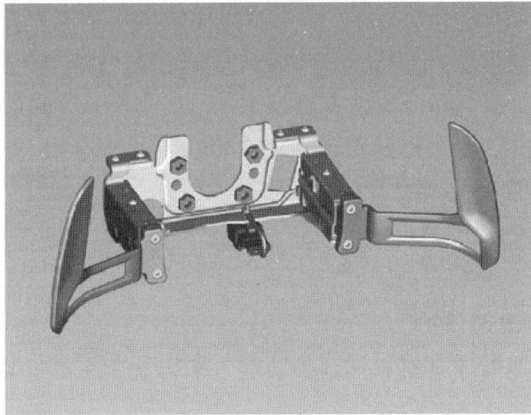

图3-17

七、变速器控制逻辑

（一）多位降挡

强制降挡期间，变速器可降挡至多个挡位，最多可达 5 个挡位，而只需一次换挡动作。在选择 I. C. E.模式时，该功能被停用。在此情况下，变速器将按照挡位顺序逐一降挡。

（二）倒车

出于变速器保护和驾驶安全性考虑，在倒车时前 300m，发动机扭矩限制在 550N·m，发动机转速限制在 3500r/min，此后，发动机转速限制在 2500r/min。

（三）过热保护策略

一旦变速器冷却系统出现故障，TCM 可启用不同的恢复模式，以防变速器由于过热而损坏，如表 3－4 所示。

表 3－4

温度范围	恢复模式	温度范围	恢复模式
－30°～110℃	正常运行	≥135℃	保护模式 2
≥110℃	高温模式	≥145℃	机械保护模式
≥130℃	保护模式 1		

1. 正常运行

－30～110℃是变速器的正常温度范围，变速器全功能运行。最大效率下的理想变速器油温度为80℃。然而，在无故障的情况下，变速器的最低设计运行油温可低至－40℃。

2. 高温模式

从110℃的油温开始，变速器进入高温模式运行。变速器保持全功能，驾驶员不会注意到干预，但系统会采取特定措施（来降低油温缩短换挡时间、优化锁止离合器激活策略和使用最大冷却能力）。

3. 保护模式 1

从130℃开始，TCM 向 ECM 发送发动机扭矩降低请求。

4. 保护模式 2

除了保护模式 1 的条件以外，仪表板多功能显示器上的一个变速器警告灯也被激活。

5. 机械保护模式

在温度为145℃时，达到最极端的保护状态。在此情况下，TCM 会自动关闭，以进行自我保护。变速器会丧失所有功能，并无法换挡。

变速器保持在哪个状态取决于 TCM 关闭瞬间的位置。

"D"＝6 个挡和锁止离合器开启。

"N"＝空挡。

"R"＝倒挡。

"P"＝驻车挡。

6. 失速保护

变速器还具有失速保护功能，来防止变速器过热。在 5s 后，发动机扭矩受限。

八、变速器运行模式

取决于驾驶员选择的驾驶模式，变速器具有 5 种不同运行模式，如表 3－5 所示。

表 3-5

已选驾驶模式	变速器运行模式	已选驾驶模式	变速器运行模式
正常＋自动	自动－正常	I. C. E.	自动－I. C. E.
正常＋手动	手动－正常	ESC－关闭	对变速器运行无影响
运动＋自动	自动－运动	硬减震器设置	对变速器运行无影响
运动＋手动	手动－运动		

（一）自动－正常

在点火开关旋至 ON 位置后，该模式默认为启用。变速器无须驾驶员的任何输入。换挡平顺，且发动机以适中速度运行，保证驾驶舒适性及提高燃油经济性。采用正常的强制降挡策略，允许在突然踩下油门踏板时进行多位降挡。在"自动"模式下驾驶时，可通过在不按下换挡杆上的解锁按钮的情况下前后移动换挡杆，或通过拉动方向盘后面的其中一个换挡拨片，手动进行换挡。这将使系统进入临时功能并启用手动换挡模式。此挡位通过信息显示屏挡位区域的字母"D"上面和下面的符号"＋/－"指示。然后，系统将在固定时间内保持手动模式，之后返回自动模式。

（二）自动－运动

变速器自动运行而无须任何驾驶员输入，但着重点此时在于性能。换挡在更高的发动机转速下进行，增强车辆的运动性和响应。换挡速度更快，当车辆减速时，系统将更加快速地降挡。采用强劲的强制降挡策略，可进行一次最多 5 个挡位的多位降挡。允许手动换挡。

在两种自动模式下，TCM 通过持续监测如节气门位置和移动、转向输入、道路坡度、发动机转速和扭矩等车辆参数来识别驾驶风格和条件，以确定已选模式下的最佳换挡设置。

（三）手动－正常

驾驶员控制变速器和换挡时的发动机转速。系统在发动机转速过低时干预，以防发动机失速停转，或在到达转速极限时（自动升挡）时干预。驾驶员执行换挡命令时，换挡快速进行且无延迟。当油门被突然踩下时，只有在位于超速挡（7 挡和 8 挡）时才可激活强制降挡功能。

（四）手动－运动

与"手动－正常"模式相比，换挡更快且更加动感；此程序使得驾驶员可完全控制变速器和发动机转速，并提供纯粹的运动驾驶体验；即便发动机位于转速计的红色区域内（无自动升挡）且换挡时间缩短，系统也不会干预。系统只有在发动机转速过低时才进行干预，以防发动机失速停转。强制降挡与"手动－正常"模式（仅限超速挡）一样，但运行更加强劲。

（五）自动－I.C.E.

除上述模式外，当选择 I. C. E. 模式时变速器会激活专用策略。换挡自动进行。I. C. E. 模式与手动驾驶模式或运动模式不兼容。如果这些模式的其中一个或两个启用，选择 I. C. E. 模式会将其关闭。在此模式下，焦点是最大控制和平稳反应。变速器在上下加减挡时尽可能软地换挡，并选择合适换挡点，以使燃油经济性最佳化。"软"强制降挡功能可用。这意味着突然踩下油门踏板时，变速器随后在不同挡位逐一降挡（多位降挡禁用）。正如在"自动－正常"和"自动－运动"模式下，驾驶员可进行手动换挡。与 M139 总裁的 6HP26 变速器不同，静态起步挡位为 1 挡。

九、ASIS 自适应换挡策略

新型 8HP70 变速器采用前一代 6HP26 变速器使用的 ASIS 自动校准自适应换挡策略的进一步演变技术。自适应换挡策略基于两个主要理念而设计。

自适应路况（道路坡度自适应）。

自适应行驶状况（驾驶员自适应）。

（一）道路坡度自适应

基于各动态参数，如已选挡位、发动机扭矩、车速和加速水平，TCM 内的特定算法评估道路坡度。瞬时道路坡度是计算得到的位值，随后分为 5 个预定类别的其中之一：强力下坡、下坡、水平、上坡和强力上坡。每个类别分别对应于 TCM 中的特定换挡路线图。道路坡度自适应在所有自动驾驶模式（Auto－Normal/自动－正常、Auto－Sport/自动－运动、I. C. E.）下均启用。

（二）驾驶员自适应

ASIS 的第二部分为评估驾驶员驾驶习惯的自动校准过程。TCM 连续监测行驶参数，如加速踏板移动和位置、发动机转速和发动机扭矩，借助于特定算法评估驾驶风格。TCM 驾驶员自适应可在 0～400 位的总范围内移动，0 对应于"Super－ECO"，而 400 对应于"Super－Sport"。评估后的驾驶风格由 TCM 转化为 0～200 位之间的数值，驾驶员选择"SPORT（运动）"驾驶模式时，增加另外的 200 位。基于得到的 0～400 之间的数值，从 4 种可用驾驶模式选择最合适的模式（Super－ECO、ECO、Sport 和 Super－Sport）。驾驶员自适应为自学习过程，在行驶数百公里后完美适应各驾驶风格。驾驶员自适应在 Auto－Normal（自动－正常）和 Auto－Sport（自动－运动）驾驶模式下启用，在 I. C. E. 模式下停用。

（三）改写

5 个道路坡度等级和 4 个驾驶员等级的可能组合意味着共计 20 个预编程换挡曲线存储在 TCM 内。变速器的瞬时换挡曲线通过改写与道路坡度和驾驶员自适应的实际位值相接近的 4 个已选预编程曲线来实现。通过这种方式，始终可实现最适合瞬时路况和驾驶员选择的换挡策略。图 3－18 为 ASIS 自适应过程如何从 5 个道路坡度等级（垂直）和 4 个驾驶员自适应等级（水平）中选择最可能的换挡曲线。

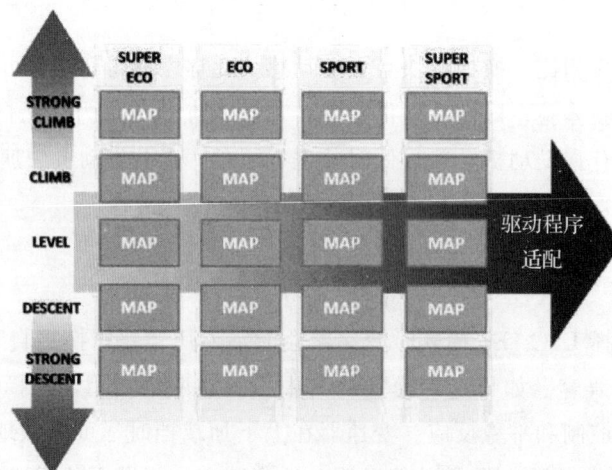

图 3－18

468

十、变速器

（一）介绍

作为具备真正越野性能的车辆，莱万特在所有版本上都标配全轮驱动，如图3-19所示。莱万特的变速器舱与轿车车型Q4版本的变速器舱非常相似：8速自动变速器可以根据需要将最多50％的扭矩转移至前轴的基于离合器的分动箱以及限滑后差速器。所有这些都是莱万特上的标配设备。仅有的重要升级包括新的（但是功能上相同）后限滑差速器、升级变速器和分动箱管理的软件图谱以及使AWD传动系统适应柴油发动机和右舵驾驶配置。

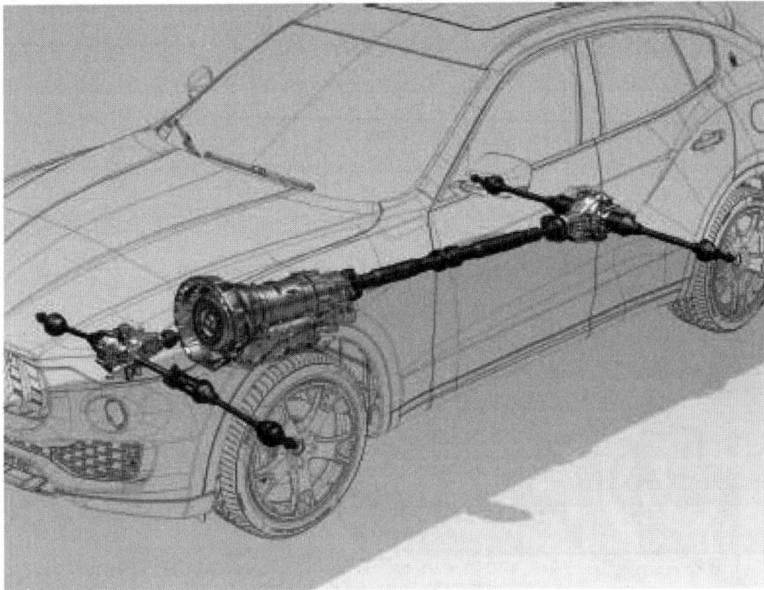

图3-19

（二）变速器、扭矩变换器和TCM

变速器、扭矩变换器和TCM结构如图3-20所示。

1—扭矩变换器外壳和发动机安装法兰　2—分动箱支承法兰　3—花键输出轴　4—TCM连接器　5—带一体式机油滤清器的塑料变速器底壳　6—变速器油加注和油位检查塞　7—变速器油水热交换器（仅限汽油版本）　8—变速器标识标签

图3-20

1. 主要特性

莱万特配备由 ZF 制造的先进的 8 速 AT8－HP70 自动变速器。该变速器与 M156－7 车型上使用的变速器存在以下相同之处。

汽油版本：与轿车汽油版本上使用的铸铝变速器外壳相同。

变速器内部部件（齿轮组和齿轮比、机电装置和 ECU、扭矩变换器）。

液压脉冲存储（HIS）可以在发动机重新启动时提供即时 ATF 压力。

对于柴油车辆，通过专用前散热器冷却变速器油；对于汽油车辆，通过油水热交换器（位于次级冷却液回路上，同时冷却动力转向液）冷却变速器油。

已经对变速器应用了以下细微修改。

柴油版本：变速器外壳后侧经过了重新设计以容纳分动箱。

用于手动驻车锁释放的博登拉线在长度和布线方面存在差异。

在热交换器的机油侧上使用螺栓法兰代替快速接头。

2. 技术参数

变速器内部结构如图 3－21 所示。变速器技术参数如表 3－6 所示。车厢中驻车锁释放杆的位置以及释放杆和变速器之间博登拉线的布线如图 3－22 所示。齿轮传动比如表 3－7 所示。

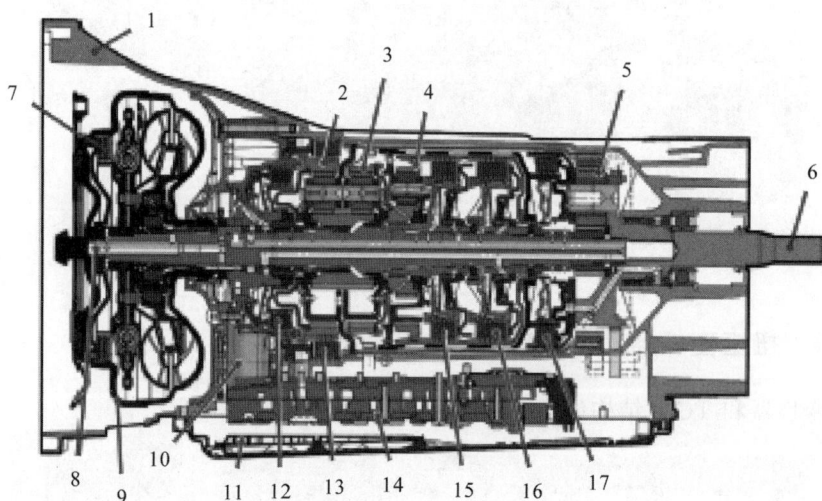

1—定制变速器外壳　2—行星齿轮组 1　3—行星齿轮组 2　4—行星齿轮组 3　5—行星齿轮组 4　6—输出轴　7—锁止离合器

8—输入轴　9—扭矩变换器　10—机油泵　11—机油滤清器滤芯　12—多盘制动器 A　13—多盘制动器 B　14—机电装置　15

—多盘离合器 E　16—多盘离合器 C　17—多盘离合器 D

图 3－21

表 3－6

品牌和型号	ZF AT8－HP70
类型	带液压扭矩变换器的 8 速（＋倒挡）自动变速器
主要部件	带滑动控制锁止离合器的液压扭矩变换器 4 个行星齿轮组 3 个多盘离合器 2 个多盘制动器
最大输入扭矩	760N·m
重量	90kg
控制	嵌入式 ECU（TCM），带自适应换挡策略（ASIS）和发动机特性图谱

品牌和型号	ZF AT8－HP70
传感器	变矩器涡轮速度传感器和变速器输出轴的速度传感器 ATF 油温传感器 驻车锁位置传感器
主要驱动部件	7 个压力调节阀 21 个滑阀
驾驶员指令	线控换挡，带集成 ECU（ESM）的选择杆 选配方向盘拨片
变速器油质量和类型	Shell ATF L－12108（7.6L）
油冷却	专用前散热器（柴油版本） 次级冷却液回路上的油水热交换器（汽油版本）
温度控制	外部恒温阀（柴油版本） 次级冷却液回路的变速泵 目标变速器油温：80℃
附件	用于启停期间发动机关闭操作的 HIS（液压脉冲存储器） 手动驻车锁释放
定期保养	无（终身免维护）

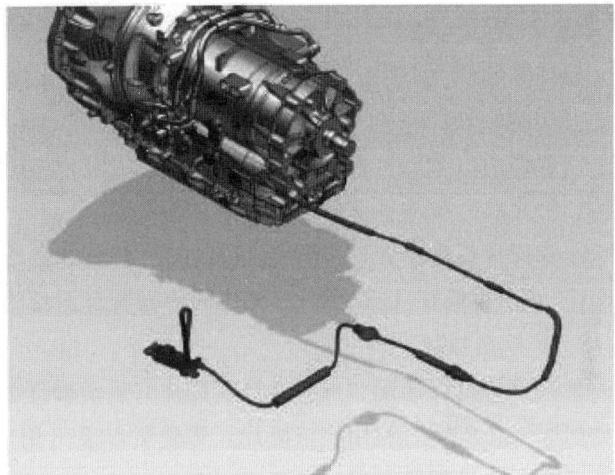

图 3－22

表 3－7

挡位	齿轮比	与上一挡位的间隙
第 1 挡	4.714	—
第 2 挡	3.143	1.50
第 3 挡	2.106	1.49
第 4 挡	1.667	1.26
第 5 挡	1.285	1.30
第 6 挡	1.000	1.29
第 7 挡	0.839	1.19
第 8 挡	0.667	1.26
倒挡	－3.317	—
总齿轮比：7.07	总齿轮比：7.07	总齿轮比：7.07

（三）驾驶员控件

1. ESM（电子换挡杆模块）（图3-23）

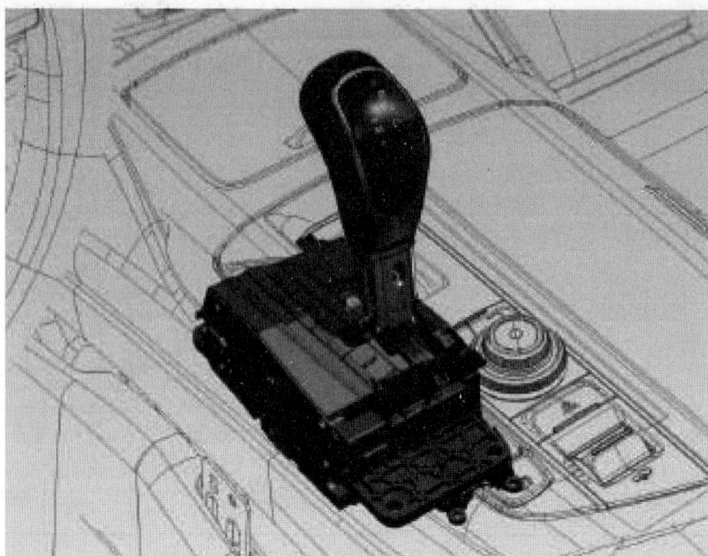

图3-23

选择杆与M156-7车型上的相同。杆是由以下部分组成的机电组。

控制所有杆的功能并与TCM通信的嵌入式ECU（ESM）。

根据当前所选位置（杆上LED背光指示灯所示）调整杆的来回运动范围的电磁锁。

防止意外激活杆的解锁按钮。

线控换挡操作：杆与变速器之间仅存的连接是车辆的CAN-C总线和冗余CAN专用总线，冗余CAN专用总线在TCM和ESM之间传输所有消息的副本，并在CAN-C出现故障时可作为备用总线。

2. 换挡拨片

莱万特可以选配"主动换挡"拨片（运动套件为标配），该拨片由抛光固态铝制成并安装在转向柱上，如图3-24所示。利用换挡拨片，驾驶员双手不用离开方向盘即可完成手动换挡，增加了驾驶乐趣和安全。拨片通过硬线直接连接至TCM。

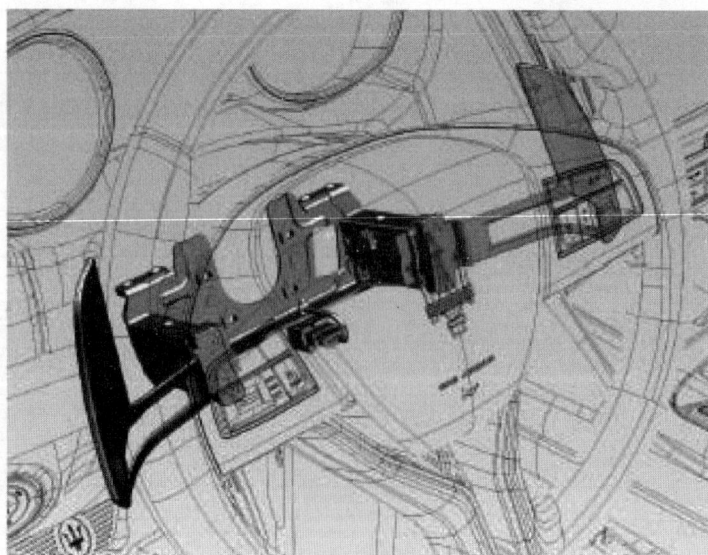

图3-24

（四）变速器操作

1. 控制逻辑

由 TCM 执行的策略保持不变，简要回顾如下。

除非已选择 I. C. E. 模式（强制顺序换挡以改善控制），否则，强制降挡时最多可直接降 5 个挡位。

倒挡时将向 ECM 请求发动机扭矩和转速限制。

过热保护策略：当变速器温度升高超过 110℃ 限值后，TCM 将逐渐增加冷却、降低发动机扭矩甚至禁用（在 145℃ 时）禁用变速器。扭矩变换器失速持续（大于 5s 时）还将限制扭矩。

ASIS（自适应换挡策略）允许自定义换挡图谱（从 20 个不同的默认图经过修正得来）的实时应用作为瞬时道路坡度和驾驶员驾驶习惯的函数。驾驶习惯的学习需要相当长的时间。

2. 运行模式

存在 7 种不同的换挡模式（表 3—8），衍生自 4 种驾驶模式和变速器专用附加"手动"设置的组合。选择所需驾驶模式后，可以通过同一按钮面板中的"M"按钮激活手动设置（在 I. C. E. 模式下不可用）。

表 3－8

驾驶模式　换挡模式	强制降挡	自动升挡	自动降挡	换挡正时
正常　　自动	正常	是	正常	正常
正常　　手动	正常	是	仅限防止失速	快速正常
运动　　自动	强	是（增加转速阈值）	性能	运动
运动　　手动	否	否	仅限防止失速	快速运动
越野　　自动	正常	是	正常	正常
越野　　手动	正常	是	仅限防止失速	正常
I. C. E.	只能顺序降挡	是	正常	舒适

十一、2016 年总裁及吉博力变速器

（一）液压脉冲存储（HIS）（图 3－25）

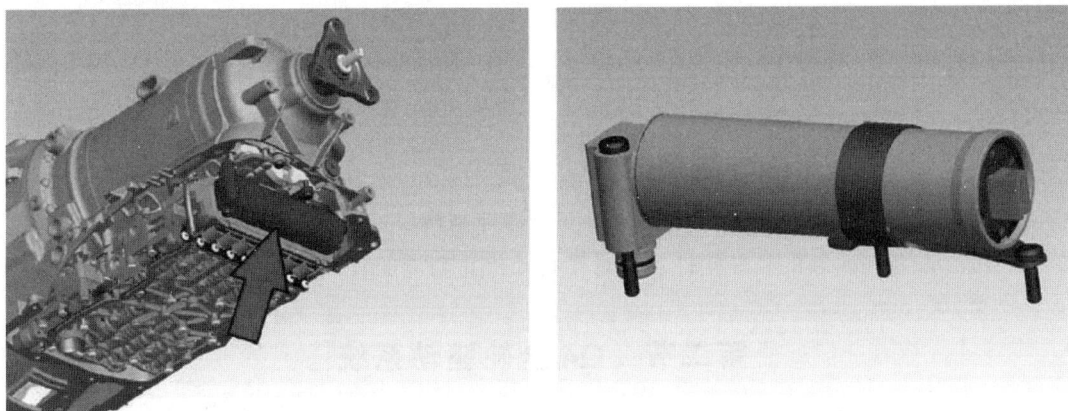

图 3－25

应用了启停系统（Start&Stop），就意味着对变速器提出了特殊要求。现在，安装了汽油发动机的车辆像柴油车一样为其变速器配备了液压脉冲存储（HIS）系统。液压脉冲存储（HIS）装置安装在变速器内，用来提高启停系统（Start&Stop）运行过程中的启动速度。HIS 由弹簧承载式液压储能装置构成，

该装置为离合器在发动机启动过程中的瞬间激活提供了必要的液压能。得益于此，变速器在触发发动机启动（如松开制动踏板）后 350ms 内即可做好起步准备。如果没有 HIS 装置，则在发动机启动后变速器要花费大约 1s 的时间来积累完全运转所需的管路压力。HIS 为圆柱形弹簧承载式液压储能装置，它集成于变速器内，紧贴在机电装置后方。该装置具备 100mL 的液压油容量。HIS 承载变速器系统压力，并装有机电活塞锁定装置。这样便可以通过 TCM 发出指令释放储能，以快速提供变速器系统所需的压力。该系统能源效率高，且耗电量较低。和其他变速器部件一样，无须对 HIS 装置进行任何定期保养，如图 3—26 所示。

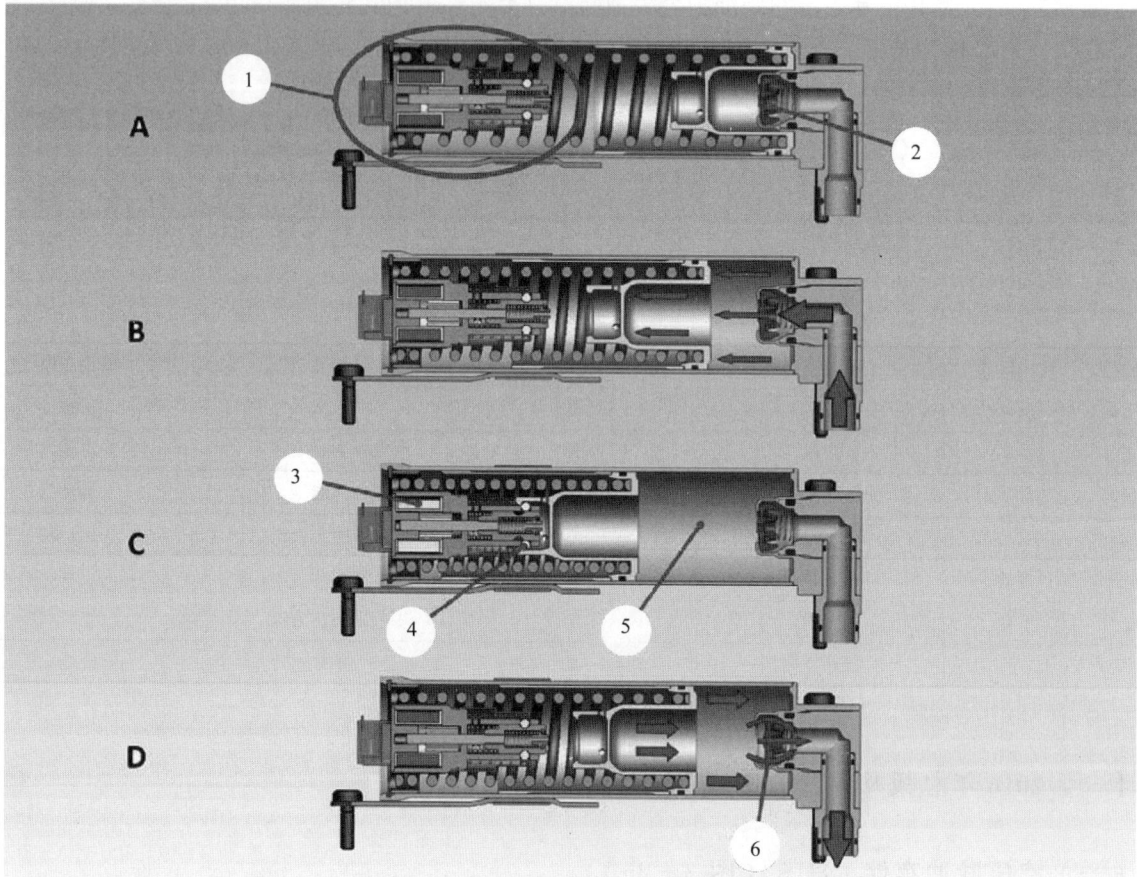

A—空态下的 HIS   B—为 HIS 注入变速器系统油   C—HIS 位于锁定位置，此时为无压力状态   D—释放 HIS，将压力输送到变速器   1—机电锁定装置   2—单向节流阀   3—电磁线圈已激活   4—球形锁止机构已锁止   5—缸体容积   6—单向节流阀已打开

图 3—26

（二）全新的变速器软件

如需应用启停系统（Start&Stop），则需要为变速器控制模块（TCM）以及全轮驱动车辆上的分动箱控制模块（AWD）配备一款新的校准软件。这对于自动停止功能的管理至关重要。

第二节　Q4 全轮驱动系统

一、前言

在百年历史后，玛莎拉蒂连同全新总裁和吉博力车型一起引进了其首款全轮驱动系统，如图 3—27 所示。该套先进系统的设计目的在于增强性能和长途旅行质量，并提供绝对的安全性和原汁原味的全天候能力。智能 Q4 AWD 系统的结构紧凑，重量轻。整套系统的研发确保了可在所有条件下维持最高牵引力、扭矩以及舒适性，同时优化燃油消耗。Q4 为一套玛莎拉蒂特有的 AWD 系统，具备智能与主动式控制技术，如图 3-27 所示。

智能：只有在需要时才会将牵引力传递至前轮（被动），以减低油耗和增强操控性。

主动：Q4 系统每时每刻都在持续变化并处理众多参数，以将扭矩按需分配至所有 4 个车轮。

图 3-27

Q4 系统的设计构思为能够传递典型的玛莎拉蒂 RWD 驾驶体验，即使位于低附着力道路情况。该系统可根据需要将牵引力传输至前轮，并快速响应。在正常行驶情况下，系统可为后轮提供 100% 的发动机扭矩——同样优化了油耗与排放水平。在低附着力行驶条件下（湿滑或松散的路面）或在后桥丧失附着力时（从 0 开始加速或高速过弯），系统会瞬间做出反应，并将所需的牵引力传递至前轮。在 150ms 内，Q4 系统能够改变 100% 后轮驱动力的扭矩分配水平并在前后轮之间实现平均分配（1：1）。在需要时，Q4 AWD 系统会随同自身的可变扭矩控制系统连续受到激活。当存在细微的扭矩分配变化时，与 17.8cm（7 英寸）组合仪表显示屏整合的监控系统可实时显示前后扭矩分配情况。该系统构架基于电子控制式多盘湿式离合器，该离合器安装在分动箱上并通过传动轴与前桥连接。在行驶时，由玛莎拉蒂专门开发的先进算法能够实时监控大范围的车辆动态参数（车轮滑转、转向和横摆率、功率输出、车速、制动作用、ESC）以及相对于驾驶风格的车轮附着力。通过处理所有数据，Q4 系统可在任何时候将单个车轮的独立附着力最大化，从而实现可适应任何特定路况的最优化车辆动态管理。该策略的唯一目的为在驾驶乐趣与安全性之间建立完美平衡。

（二）扭矩分配

图 3-28 就车辆动态特性将 Q4 AWD 系统效果与 FWD、RWD 和 4WD 解决方案进行了比对。在转弯期间，FWD 车辆呈现出自然的转向不足趋势，而 RWD 车辆则呈现出相反的转向过渡效果。偏重后轮，电控玛莎拉蒂 Q4 系统可提供跨度从在条件允许时以维持敏捷性和运动特性的全后轮驱动（100% 后轮－0% 前轮扭矩分配）至可获取最大稳定性和安全性的略微转向不足状态（50% 后轮－50% 前轮扭矩分配）（4WD 系统典型情况）。通过该方式，Q4 系统可在全天候和所有附着力条件下充分结合动态 RWD 特性与安全性和牵引力。该系统可在性能与安全性之间做出最完美的平衡。

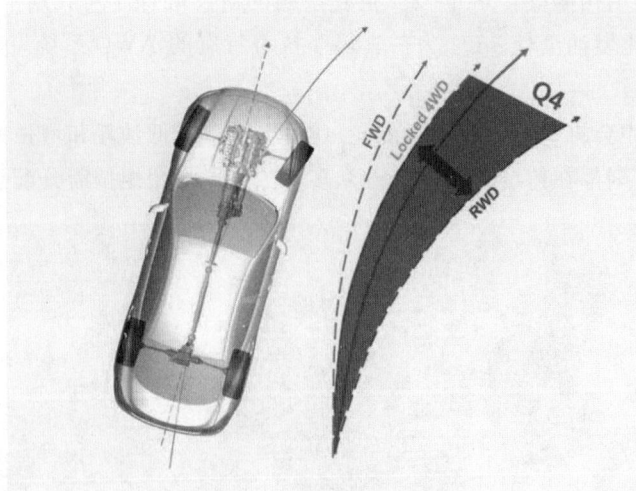

图 3-28

图 3-29 和图 3-30 显示了 Q4 AWD 系统的两种极端情况。

分动箱离合器全开和所有驱动扭矩进入后轮，而无驱动扭矩进入前轮。诸如在低输入转矩下进行高速巡航时会产生此类情况。

分动箱离合器完全接合和驱动扭矩在前后桥之间均匀分配。在低附着力条件下的强行加速期间会产生此类情况。

Q4 系统为全主动式。系统可基于各种动态情况持续调节扭矩分配，并能够最快以 150ms 在 100%/0% 和 50%/50% 扭矩分配之间切换。

图 3-29

图 3-30

吉博力的底板经过了各种改进，以整合 AWD 系统。图 3-31 显示了 AWD（左）和 RWD（右）版吉博力的底板布局。仅左舵驾驶车辆（LHD）可搭载 AWD 系统。

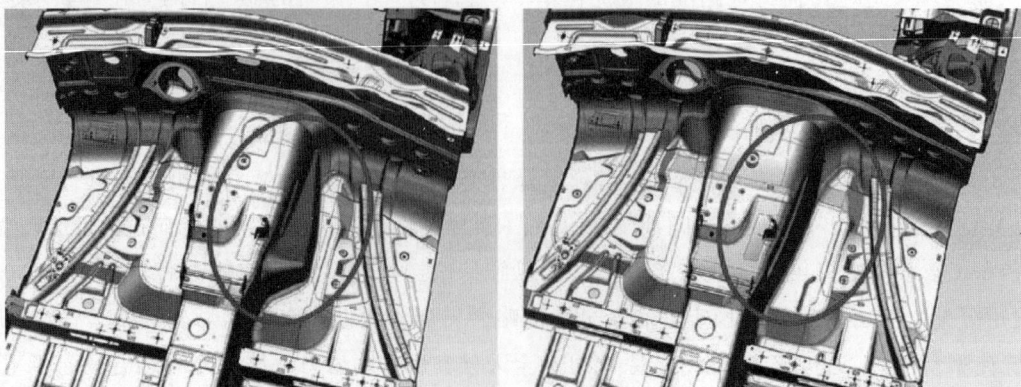

图 3-31

二、Q4 全轮驱动系统

所有莱万特版本上均标配全轮驱动系统，如图 3−32 所示。提供 AWD 功能的系统类似于玛莎拉蒂总裁和吉博力车型上现在所提供的 Q4 系统。此系统的核心是基于湿式离合器组的分动箱。分动箱可在短短 150ms 内向前轮传递多达 50％ 的驱动扭矩。向前轮传递扭矩是在后轮开始失去牵引力的情况下执行的，但也可以在中等加速或急加速期间执行，以便为车辆提供更好的平衡。作为最后一项改进，还可以无缝分离同轴左、右车轮之间的扭矩。通过轻微制动力的选择性应用来实现这项改进。这是由 ESC 模块执行的一项新功能。此外，当拖车与车辆相连后将限制离合器啮合。在重型牵引期间，这可以防止连续大量的扭矩传递造成前差速器过热。

图 3−32

分动箱和 ITA 模块与轿车车型 Q4 版本上使用的相同。但是，扭矩分配管理的校准是特定于莱万特车型的。分动箱也可以连接到发动机和变速器总成的第三个以及最后一个底盘支承，如图 3−33 所示。分动箱技术参数如表 3−9 所示。

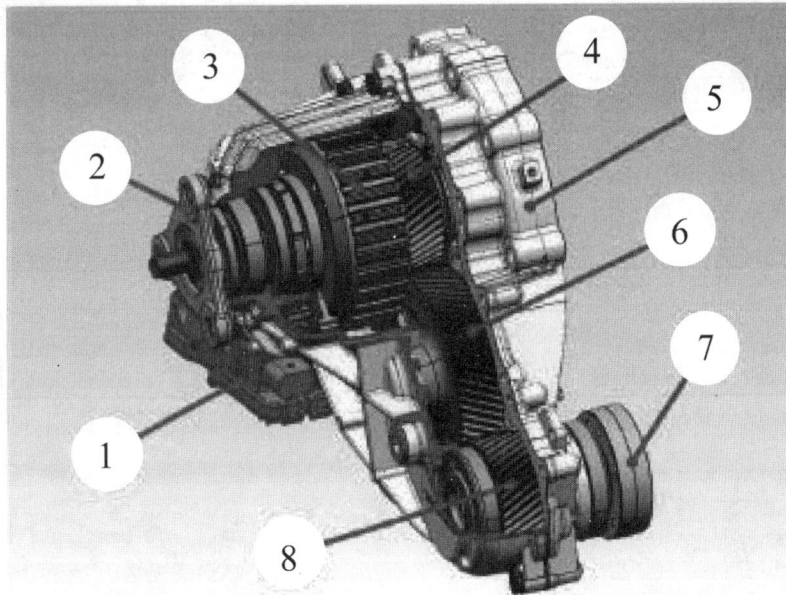

1—集成分动箱执行器（ITA），包括 ECU（AWD 模块）　2—后传动轴的输出法兰　3—多片离合器组　4—齿轮已连接到离合器组　5—压铸铝外壳　6—中间齿轮　7—前传动轴的输出法兰　8—输出齿轮

图 3−33

表 3−9

制造商	Magna	控制	带集成 ECU（AWD 模块）的电动执行器（ITA）
扭矩分配	多片湿式离合器包	机油量和规格	0.62L，Shell TF 0870
扭矩传递到前轴	1∶1 齿轮传动	定期保养	无（终身免维护）

第三节　分动器（Q4）

一、概述

分动器用于分配前后桥之间的驱动扭矩，如图3-34所示。Q4系统的主动扭矩控制（ATC）分动箱为与专业供应商Magna Powertrain联合开发而成，为玛莎拉蒂特有。分动箱通过螺栓与变速器壳体后部直接固定。分动箱采用了与变速器输出轴和后变速器轴成直线的湿式多盘离合器组。湿式离合器组的使用确保了较高的动态扭矩分配能力和较小的内部摩擦。该离合器与可驱动前传动轴的3齿轮输出系统相连。离合器齿轮和输出齿轮的尺寸相同，以在离合器结合时可为前后传动轴提供相同转速。中间齿轮有助于确保离合器与输出齿轮以相同的方向转动，并设计在与输出齿轮之间建立必要距离的桥接作用。分动箱使用了压铸铝壳体，优化了重量与NVH性能。由于所有轴向离合器力为内部补偿式，因此实现了最大机械系统强度。对比传动系统，分动箱的无泵型设计可减少机械损耗和增加燃油经济性。为了优化重量与体积，分动箱集成了一个带有一体式AWD ECU的机电执行器（ITA）。AWD ECU与车辆CAN-C通信网络相连，以与其他车辆系统进行数据交互和用于诊断。该系统无须任何定期保养。

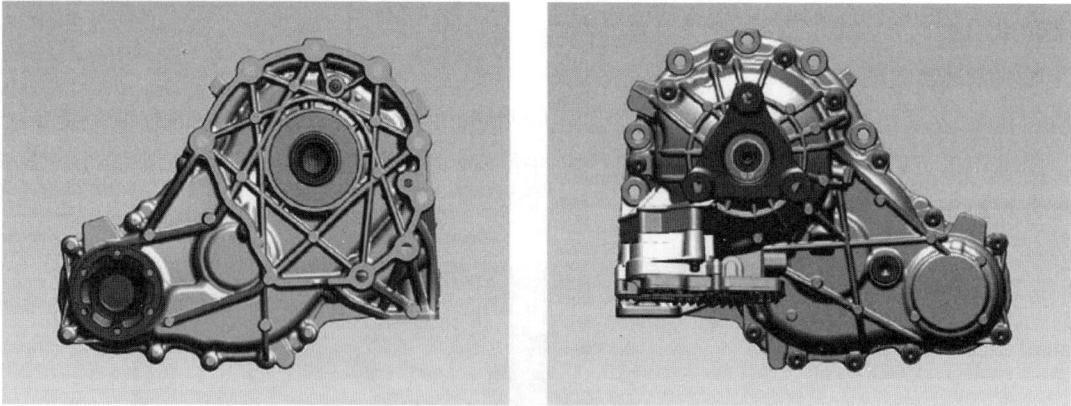

图3-34

分动箱特性如表3-10所示。

表3-10

扭矩分配	多盘湿式离合器组	润滑油量	0.62L
前轴扭矩传递	齿轮驱动	润滑油规格	Shell TF 0870
控制类型	带ECU的电子执行器（ITA）	定期保养	无（终生使用）

从车辆下方可看见AWD模块接插件，如图3-35所示。分动器内部结构如图3-36所示。

图3-35

1—一体式分动箱执行器（ITA）　2—后传动轴输出法兰　3—多盘
离合器组　4—离合器组连接齿轮　5—分动箱壳体　6—中间齿轮
7—前传动轴输出法兰　8—输出齿轮

图3-36

二、工作原理

集成式分动箱执行器（ITA）可通过使用蜗杆传动机构来改变离合器执行器毂的角度位置。螺杆安装在ITA的DC电机轴上，而齿轮部分则安装在离合器执行器毂上。蜗杆传动机构具备可提供极低减速比的优点，并因此极大地增加了扭矩。再者，蜗杆传动机构仅可以一个方向运行，这就说明蜗杆可将齿轮部分驱动至某个位置，而齿轮部分则无法造成蜗杆旋转。这就使得该型驱动方式极为适合用于需要精确控制齿轮位置的情况。可压缩离合器组的执行器毂位于在滑道组上运行的球组上。执行器的旋转运动因而可将其向前推动以接合离合器。图3—37详细显示了蜗杆传动式离合器执行器的运行情况：当蜗杆造成执行器毂顺时针旋转时，在滑道组上运行的球组可向前推动执行器以压缩离合器组。以此方式即可精确地控制由离合器传递的扭矩量。

图3—37

离合器开启，无任何扭矩传递至输出齿轮，如图3—38所示。

图3—38

图3—39

离合器部分接合，输出齿轮接收到部分扭矩，如图3—39所示。

479

离合器完全接合，输出齿轮接收到 100％扭矩，如图 3－40 所示。

图 3－40

三、润滑

分动箱内加注了 Shell TF 0870 规格变速器油，如图 3－41 所示。蜗杆与离合器组的润滑通过与油路接触的齿轮运动实现。为帮助减少机械损耗和避免影响发动机油耗，分动箱没有采用油泵。为确保向系统提供充足的润滑，因此连接至前传动轴的齿轮需要不断旋转，即车辆前轮在车辆行驶时必须滚动。务必避免或限制仅后轮滚动的情况，以免造成由润滑不足所导致的损坏。通气阀安装在分动箱壳体的上部。只有在将分动箱从变速器壳体上拆除可方进入该阀门。

图 3－41

四、分动箱保养程序

分动箱作为一套封闭式总成提供，无须任何定期保养。可为分动箱执行数量有限的维修操作。

分动箱壳体带有一个用于检查油位和加注润滑油的螺塞。无放油塞。要排放系统内的润滑油必须使用带转接头的手油泵。

如果发生漏油，可更换变速器输出轴油封和传动轴输出轴法兰。

如要更换 ITA，则必须执行 MD 专用程序，以从原始 ITA 中恢复数据。

五、一体式分动箱执行器（ITA）

ITA 为一个机电执行器，通过螺栓安装在分动箱上，可促使蜗轮操纵离合器执行器毂。ITA 包含无刷型直流电机，并同时集成了带有 CAN 收发器的 AWD ECU，如图 3－42 所示，内部结构如图 3－43 所示，ITA 接插件引脚如表 3－11 所示。分动箱自身可作为吸收由直流电机所产生温度的部件，AWD ECU 通过热退耦与电机总成隔断，并使用自身铝板作为散热部件。转子位置可以逐步 15°或用于各转速的 24 位进行控制。这就实现了非常精确的离合器接合控制。电机壳体内部的传感器可提供转子位置反馈。在分动箱运行期间，扭矩设定精度会因离合器片模式和润滑油等因素而改变。为补偿和维持扭矩设定精度，通过一体化程序的方式收集离合器磨损和润滑油状态数据，并随后用作软件分析。该程序可实现高达 15％的扭矩设置偏差。

图 3－42

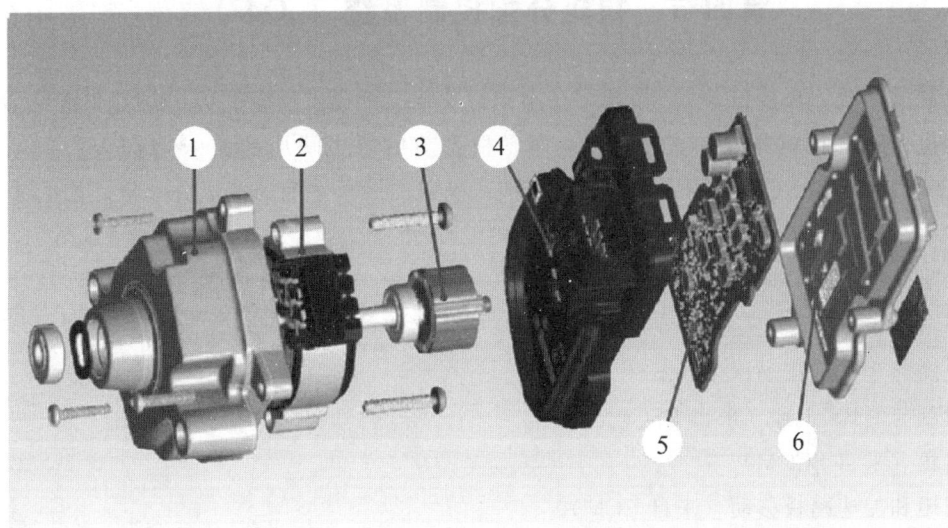

1—电机壳体　2—定子　3—带电磁球阀的电机电枢　4—带接插件的 ECU 壳体　5—AWD 电路板　6—铝制 ECU 盖/散热板

图 3－43

481

表 3-11

1	直流电机电源	5	未连接
2	接地	6	CAN-C High
3	唤醒线路	7	CAN-C Low
4	未连接	8	ECU 电源

更换分动箱和ITA：在更换这些部件后无须任何维护，系统会自动进入运行状态。

仅更换ITA（不更换分动箱）：需要将分动箱的硬件分类和磨损数据输入新的AWD ECU。

（1）连接MD测试仪，并按照相应程序将数据从旧的AWD单元（ITA）中恢复。

（2）关闭点火开关。

（3）断开ITA（断开ECU接插件，选下2个法兰螺栓）。

（4）将新的ITA安装在分动箱上。

①安装衬垫。

②将ITA法兰轴安装至分动箱执行器轴上。

③用手将ITA安到分动箱上（平稳转动ITA，使其到达分动箱执行器轴的正确位置）。

④检查ECU是否平放在分动箱上。

⑤将ITA的2个法兰螺栓拧紧至22N·m。

⑥检查接插件针脚是否受污和腐蚀。

⑦连接ECU接插件。

（5）开启点火开关。

（6）使用MD测试仪记录下分类和磨损数据。

（7）等待初始校准。

（8）在校准后，来回开启和关闭点火开关以完成整个工作。

注意：如果无法从旧的ITA恢复分动箱硬件分类和磨损数据，可使用车辆里程数来计算磨损数据。

需要使用MD测试仪人工写入硬件分类数据。

不得使用从其他车辆上回收的旧件更换分动箱和（或）ITA。否则，系统会因VIN码不匹配而无法运行。

第四节　扭矩分配控制系统（Q4）

对比非控制型系统，玛莎拉蒂Q4系统可在不同行驶状况下提供反应优势，并可非常灵活地在前后桥之间分配发动机扭矩。扭矩分配并非固定值，而是根据前后桥之间从0/100%到50%/50%的行驶状况（校准值）而变化。AWD ECU使用大量的动态参数，确定前后桥之间的扭矩分配量，如图3-44所示。

行驶速度（来自ESC）。

所有4个车轮的单独转速（来自ESC）。

制动压力（来自ESC）。

横向加速度与车辆横摆率（来自ESC）。

稳定性控制与ABS干预（来自ESC）。

转向输入角（来自SCCM）。

发动机扭矩和加速踏板移动（来自ECM）。

变速器位置（P、R、N、D）和挂入挡位（来自TCM）。

图3-45显示为Q4系统的基本扭矩响应校准曲线。由于轴距间的少量差异，因此吉博力Q4的系统

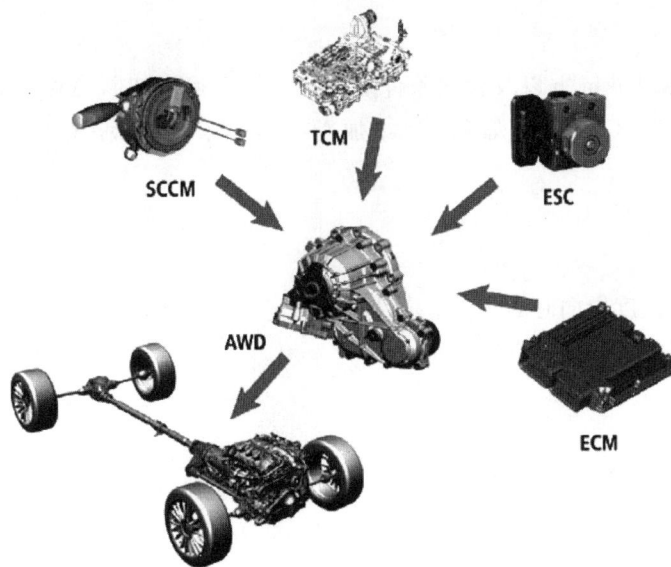

图 3-44

校准与总裁 Q4 所采用的校准仅有少量不同。基本曲线由两个主要参数界定：输入扭矩和行驶速度。当无输入扭矩时，离合器开启（离合器扭矩＝0）。离合器扭矩一般会在输入扭矩上升时快速升高至最大值。离合器扭矩同时会随着行驶速度的升高时迅速下降。然而，这些基本曲线会由基于瞬时行驶情况的数个参数即时修正。在发动机制动期间（负扭矩传输），AWD 离合器由特定校准曲线所控制，以维持最大牵引力和稳定性。除采用了基本扭矩响应校准曲线外，AWD 模块还应用了下列特定运行策略。

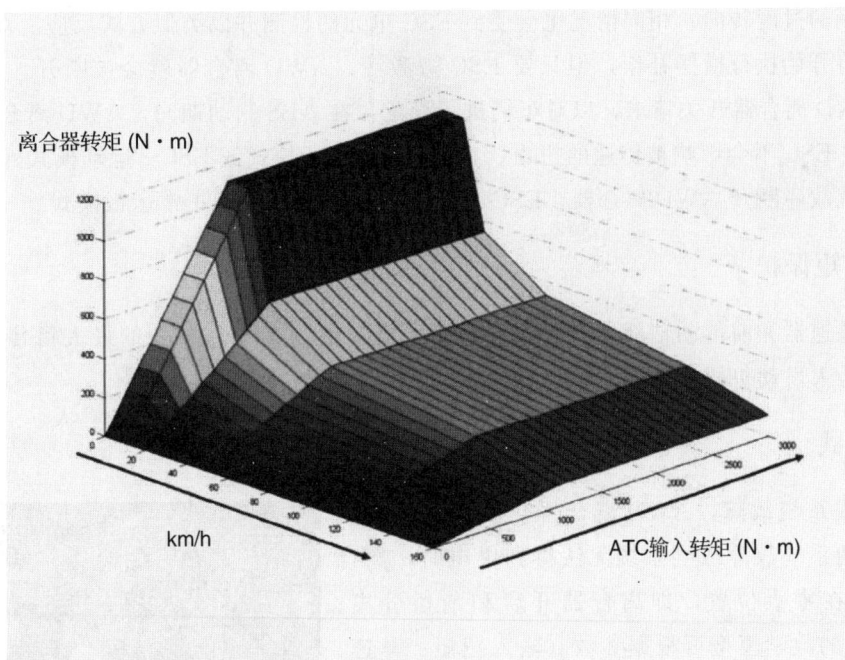

图 3-45

一、滑转补偿

该系统通过使用 4 个独立的车轮转速信息来在加速期间检测后轮的滑转率。如果存在滑转情况，AWD 会控制离合器接合并将扭矩传递至前轮以提高牵引力。由于过热产生的后果，因此仅容许短时间内的高输入扭矩和离合器部分接合情况。

二、限速

如果行驶速度超过180km/h以及行驶条件理想,系统会逐渐切断AWD系统以取得最大燃油效率。然而,当动态条件满足时(如转弯、紧急制动或加速),系统会迅速做出响应,以确保最大的牵引力和稳定性。

三、横摆阻尼

横摆阻尼指的是在过度转向时的车辆稳定性控制。通过快速控制离合器接合可在转向不足和转向过度之间实现平衡,从而提高了车辆安全性。

四、失效保护

为更有效地进行小半径车辆转弯和防止动力传动系统差速器收紧,传递至前桥的扭矩会在此类驾驶操作期间被降低。

五、预控制功能

由于系统能够监控参数的趋势和识别潜在来临情况,因此系统算法具备预测功能。这有助于提高行驶稳定性和减少响应时间。

六、ABS/ESC交互

玛莎拉蒂Q4系统被设定为不得干涉ESC介入。横摆阻尼的典型情况:在过度转向期间,AWD系统会作用于减少车辆的过度转向。相同情况也会受到ESC单元的检测并以类似方式反应。AWD系统看上去响应时间更快并将开始执行横摆补偿,但只要ESC被激活,AWD离合器就会被断开。ESC单元可根据行驶情况发送AWD离合器开关请求,以对车辆进行稳定。在ABS制动期间,AWD离合器会被断开。在恒定行驶情况下,ESC不会影响被传递的扭矩。在以ESC-Off模式或ESC-运动模式驾驶车辆时,如果系统因过热或系统故障断开AWD离合器,ESC系统会自动回到ESC-正常运行模式。

七、最大扭矩保护

为了保护前差速器和前传动轴部件,在前部采用了绝对值为1285N·m的最大可传递扭矩限制。如果是基于1挡和最大发动机扭矩,该值相当于前桥得到约40%的扭矩分配。

八、保护模式

由于热负荷或系统故障,AWD离合器会被临时或永久停用。如果检测到系统故障或当系统无法得到供电时,离合器执行器会停留在零点位置,即离合器开启和前桥分离。AWD单元所采用的数学模型可根据参数(输入扭矩、车速、环境温度等)预估分动箱和离合器的温度。如果检测到存在系统过热风险,AWD单元会切断离合器。驾驶员可通过组合仪表中央信息屏幕查看前后桥之间的瞬时扭矩分配情况,如图3-46所示。

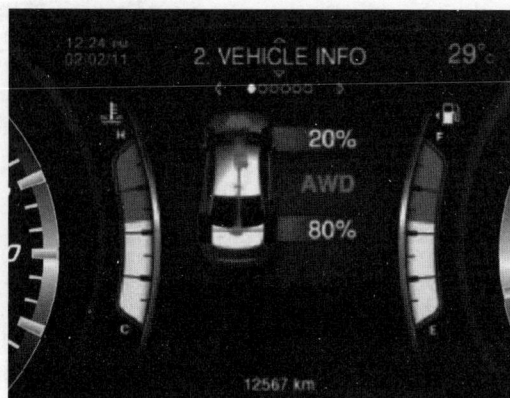

图3-46

第五节 前差速器和传动轴（Q4）

一、总裁和吉博力

前差速器和传动轴（Q4）如图 3－47 所示。传动轴总成由 45mm 空心钢制传动轴和两端的等速（CV）万向节构成，可将来自分动箱输出法兰的驱动力传递至前差速器。各等速万向节通过一组 6 个螺栓进行固定。由于分动箱与前差速器是与发动机变速器总成刚性连接，因此两套装置之间不存在任何相对运动。在传动轴端部所采用的等速万向节可补偿前差速器和分动箱法兰之间的少量偏移。

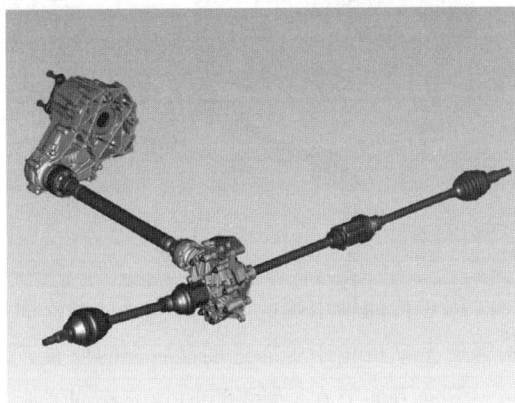

前差速器和前传动轴总成为对称式设计，如图 3－48 所示。前差速器通过螺栓固定至发动机油底壳的右侧。前差速器为开放型设计（即无限滑功能），以避免不必要的转向反应和不自然的路感。前差速器的准双曲面形主减速器具有与

图 3－47

后差速器完全一致的减速比，为 2.80：1。前差速器内加注了可终身使用的 Shell TF 0951 润滑油，无须任何定期保养。前差速器特性如表 3－12 所示。

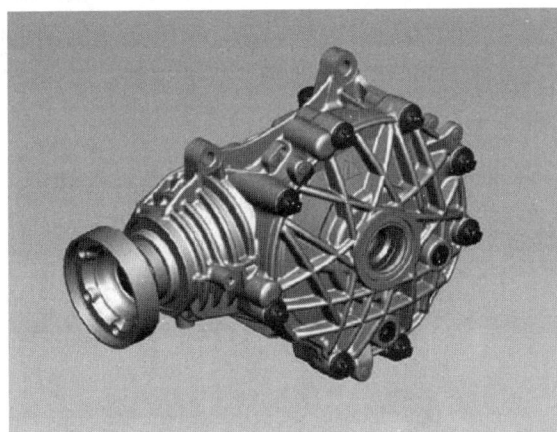

图 3－48

表 3－12

主减速器	准双曲面齿轮组	润滑油量	0.45L
主减速比	2.80：1	润滑油规格	Shell TF 0951
限滑	否	定期保养	无（终生使用）

右前传动轴由单体式构成，具有与后传动轴类似的传统设计。在传动轴的两端采用了等速万向节。内侧等速万向节装备一个外花键定心轴，与差速器输出太阳轮的内花键啮合，并由位于其端部的一个弹簧夹固定。差速器输出油封在等速万向节上移动。传动轴外侧等速万向节配备定心轴，可将驱动扭矩传递至轮毂。固定螺母安装在传动轴的端部。

左侧传动轴总成由两部件构成。带等速万向节的外侧部件与右侧传动轴类似。中心部件连接至前差速器并从发动机油底壳穿过，在该处有一根圆柱管与铝合金油底壳并装。在传动轴中心部件的一端带有花键定心轴，与差速器输出太阳轮上的内花键啮合。在另一端，传动轴与左边内侧等速万向节连接，如图 3－49 所示。

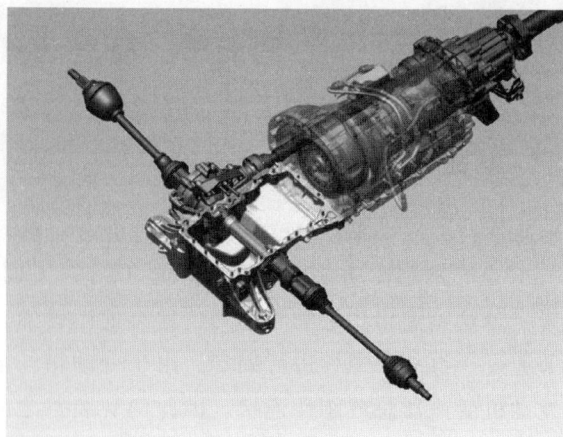

图 3-49   图 3-50

用于传动轴中端的支承轴承通过螺栓固定至发动机油底壳左侧，如图 3-50 所示。这种极为独特的结构可使发动机位于更靠近底盘后方的位置，对于车辆的总重量分配和车辆操控性均具有积极影响。

等速万向节在原始装配时填充有润滑脂，为免维护型。但在定期保养时应当着重仔细检查防护套是否损坏或破损。一旦受污或进水，万向节功能会快速退化。

二、莱万特车型差速器

后差速器（图 3-51 左图）和前差速器（图 3-51 右图），莱万特使用开放式前差速器，在后部使用机械限滑差速器。在其细分市场中，这是提供机械限滑差速器作为标配的唯一车型。两个差速器的主传动比相同，与轿车车型相比则更短。需要使用专用工具（p/n 900028636）才能拆下后差速器支承螺栓。后差速器技术参数如表 3-13 所示，前差速器技术参数如表 3-14 所示。

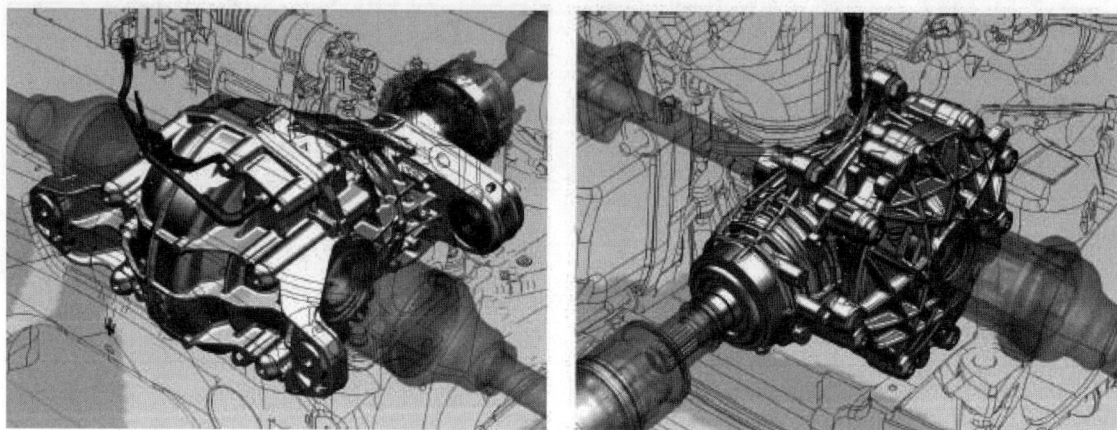

图 3-51

表 3-13

制造商	ZF
主传动齿轮	准双曲面齿轮组
主传动比	3.27：1（所有发动机类型）
限滑	带摩擦衬片的湿式多盘离合器组
加速锁定因数	24.5%
释放锁定因数	38.5%
机油量和规格	合成车桥润滑油 SAE 75W-85-FE 准双曲面齿轮润滑油（0.9L）
定期保养	无（终身免维护）

表 3-14

制造商	Magna	差速器类型	开放式（无限滑）
主传动齿轮	准双曲面齿轮组	机油量和规格	Shell TF0951B（0.45L）
主传动比	3.27：1（所有发动机类型）	定期保养	无（终身免维护）

三、莱万特传动轴（图 3-52）

1. 后传动轴

后传动轴与轿车车型上的模块化传动轴非常相似，由以下部件组成。

通过中央等速万向节连接的两个不同轴段。

连接到分动箱法兰的 Kevlar 强化橡胶接头。

连接到后差速器法兰的等速万向节。

通过橡胶阻尼环连接到底板的中央滚柱轴承支架。

需要通过已用于总裁和吉博力车型上的相同程序来平衡后传动轴。现在，对齐差速器法兰和传动轴法兰上的标记可以更快速地执行程序。这可使两个部件的不平衡相反，从而将需要在程序期间进行校正的不平衡降至最低。

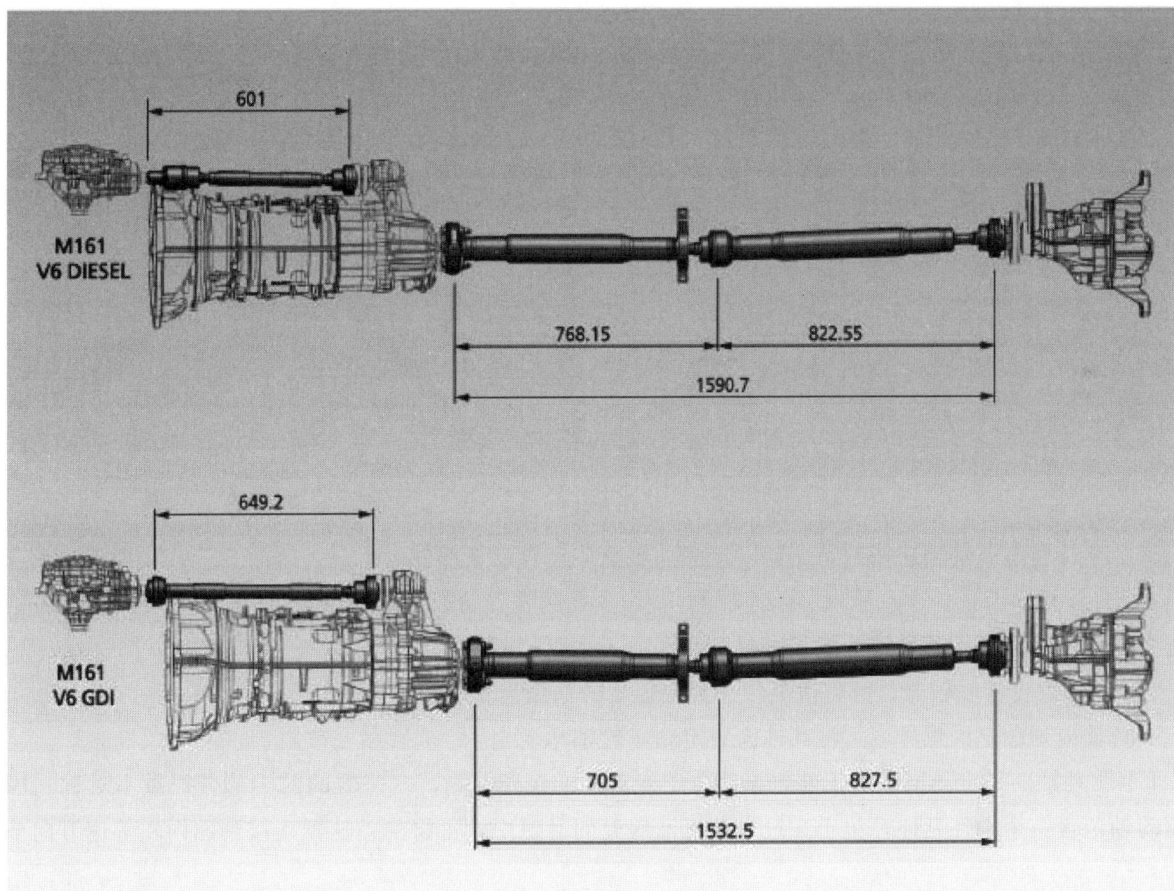

图 3-52

2. 前传动轴

前传动轴是特定用于柴油发动机（3-53 左图）和汽油发动机（3-53 右图）的。通过两个等速万向节将前传动轴连接到分动箱和前差速器。由于前差速器周围的空间有限，已经对到传动轴的连接进行了改装，现在由花键联轴器（类似于驱动轴，但是内螺纹侧在轴上）构成。在传动轴的分动箱侧上，保留传统的 6 螺栓法兰。需要使用特殊的导向工具（p/n 900028637）来安装汽油版本上使用的前传动轴防尘盖。

要执行传动轴动平衡操作程序，将需要玛莎拉蒂 Diagnosi Evo、MDVMM、专用工具包和专用程序（已安装在 MD Evo 上）。动平衡操作程序相当复杂，相对轿车车型进行了细微更改。

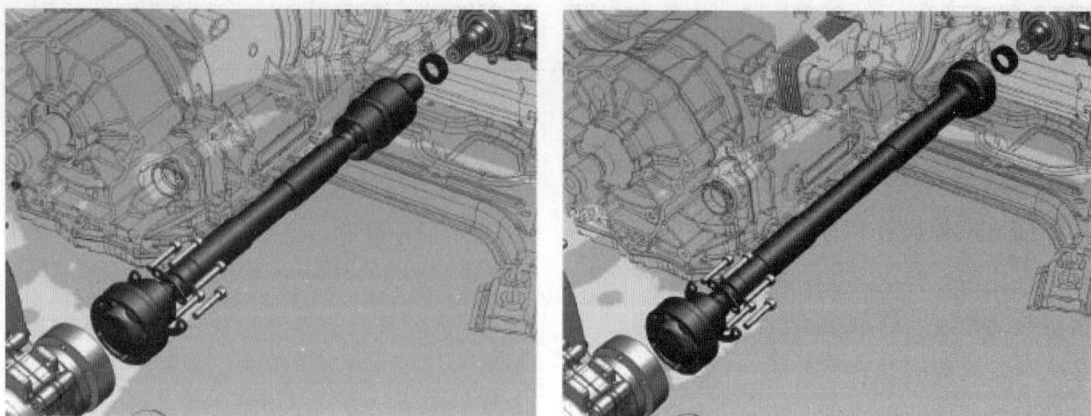

图 3-53

四、莱万特驱动轴

驱动轴如图 3-54 所示。

1—后差速器 2—后驱动轴 3—固定螺母 4—前差速器 5—发动机底壳 6—延伸轴 7—轴和等速万向节支架

图 3-54

每个车轮通过驱动轴连接到差速器，该驱动轴总成包含以下部件。

2 个等速万向节，一个在舱内（差速器侧），一个在舱外（轮毂侧）。等速万向节无须维护，仅需定期检查橡胶防尘罩以确保其保护功能和密封功能。

2 个外螺纹花键联轴器，可将扭矩传递到差速器的输出齿轮和车轮轴承。

驱动轴最外端上的螺母，可将其轴向锁定到车轮轴承。

4 个驱动轴的长度不同，由于前差速器位于发动机油底壳右侧，变速器的前半部分严重不对称。因此左驱动轴包含一个刚性延伸，位于穿过发动机油底壳的通道中，可将前差速器连接到舱内左等速万向节。

第六节　模块化传动轴

一、总裁车型

传动轴将驱动转矩传递至后差速器，如图 3-55 所示。它是由两部分长度不等的整体式传动轴组成。较短的前部通过一个挠性橡胶联轴节连接至变速器输出法兰，由一个中间轴承通过挠性配合方式在其后端进行支承，并固定至车辆底盘上。模块化传动轴的两部分通过一个等速万向节连接。传动轴的较长后部在其后端带有另一个等速万向节，后端使用 6 个螺栓固定在差速器法兰上。由于发动机轴线相对于后差速器轴线的定位不同，需要采用传动轴的模块化设计，它可补偿行驶过程中变速器和差速器之间出现的较小相对运动。两个等速万向节和一个挠性橡胶联轴节的组合使用可提供直接动力输送并消除传动系震动。挠性橡胶联轴节安装在变速器和传动轴之间，可减弱传动系振动，如图 3—56 所示。

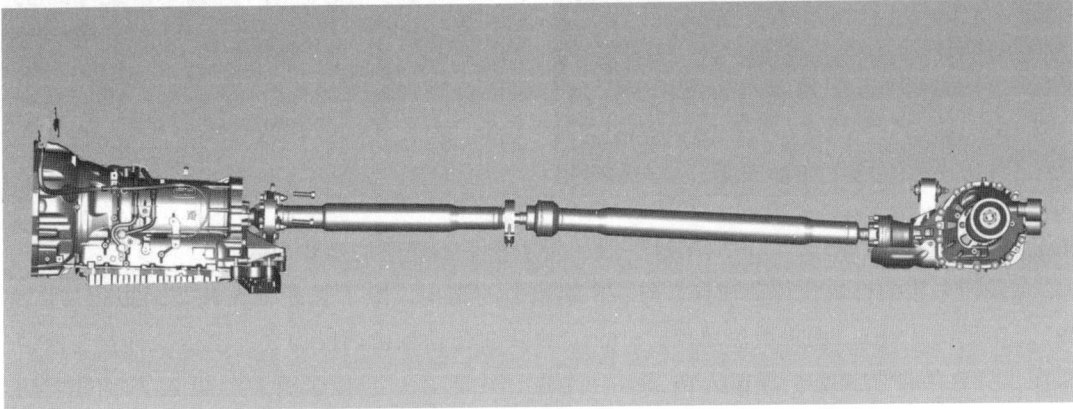

图 3—55

图 3—56

传动轴动平衡：变速器、模块化传动轴和差速器在出厂时作为一个完整总成已达到平衡。如果这些部件的其中一个已被拆下进行维修，即便未更换零部件，也需要执行轴平衡程序。轴平衡程序与装备自动变速器的前一代总裁所用程序非常相似。通过将已知重量的螺母安装在差速器端部连接法兰上实现轴的平衡。平衡是一个动态过程，需要通过使用玛莎拉蒂诊断和 MDVMM（Picoscope）的专用应用程序测量轴的不平衡度。原理与车轮平衡类似，但是对于车轮平衡，平衡重可安装在轮辋周长的任何位置，而对于轴平衡，必须使用法兰上的 6 个固定位置。在此过程中，测试仪装置将指示必须安装多少重量的平衡重和安装在什么位置。

平衡程序基于两个参数的使用。

轴转速，使用安装在轴上的光学传感器和反射条测量。

轴振动量，使用安装在差速器壳上的加速度计测量。

传动系通过可安装在差速器法兰螺柱上的各种配重螺母进行平衡，如图 3—57 所示。

需要使用专用平衡套件以及玛莎拉蒂诊断测试仪和 MDVMM 执行轴平衡程序。执行轴平衡程序之

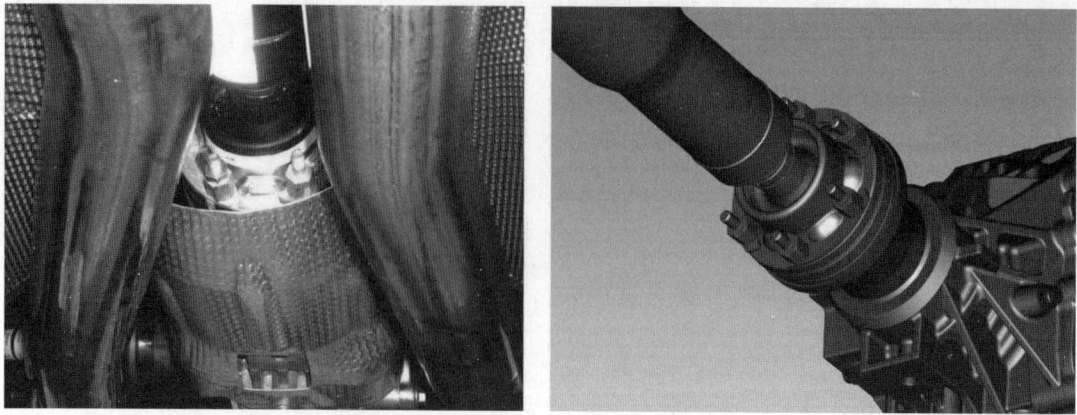

图 3-57

前，车辆必须做好适当准备。认真遵照维修手册的指示和平衡程序的步骤说明。

　　V6 款总裁所采用的模块化传动轴具有与 V8 款相似的结构，除了长度（在调节后以适应不同的动力系统配置）。参见图 3-58（图中数值单位：mm）。模块化传动轴由两段构成。该传动轴在变速器/分动箱法兰上采用了弹性缓冲器和 2 个等速万向节（一个位于中部，一个位于后差速器侧）。相比 V8 款，V6 RWD 车辆传动轴的前段略长，以对更靠前的变速器位置进行补偿。另一方面，V6 AWD 车辆上的前段传动轴被缩短，以为分动箱腾出额外的空间。

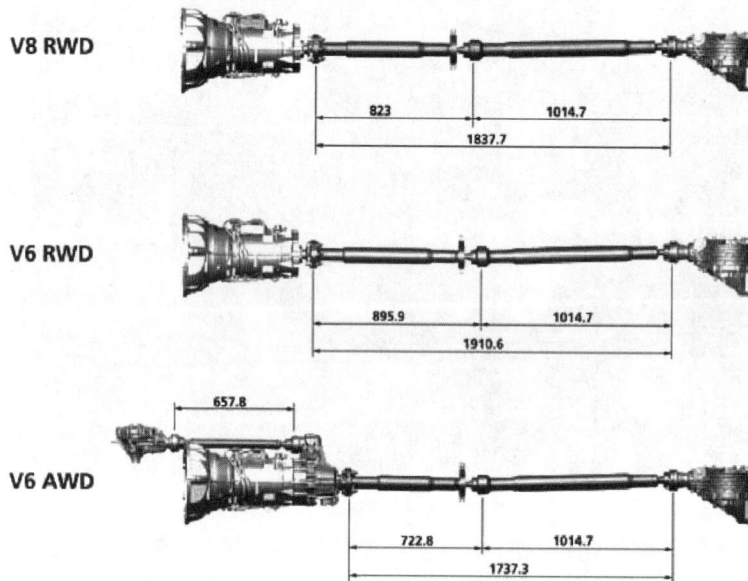

图 3-58

二、吉博力车型

　　传动轴可将驱动扭矩传递至后差速器，如图 3-59 所示。传动轴为模块型设计，未非对等两段式结构。较短的前部通过一个挠性橡胶联轴节连接至变速器输出法兰，由一个中间轴承通过挠性配合方式在其后端进行支承，并固定至车辆底盘上。模块化传动轴的两部分通过一个等速万向节连接。传动轴的较长后断在其后端带有另一个等速万向节，后端使用 6 个螺栓固定在差速器法兰上。由于发动机轴线相对于后差速器轴线的定位不同，需要采用传动轴的模块化设计，它可补偿行驶过程中变速器和差速器之间出现的较小相对运动。两个等速万向节和一个挠性橡胶联轴节的组合使用可提供直接动力输送并消除传动系震动。挠性橡胶联轴节安装在变速器和传动轴之间，可减弱传动系震动，如图 3-60 所示。

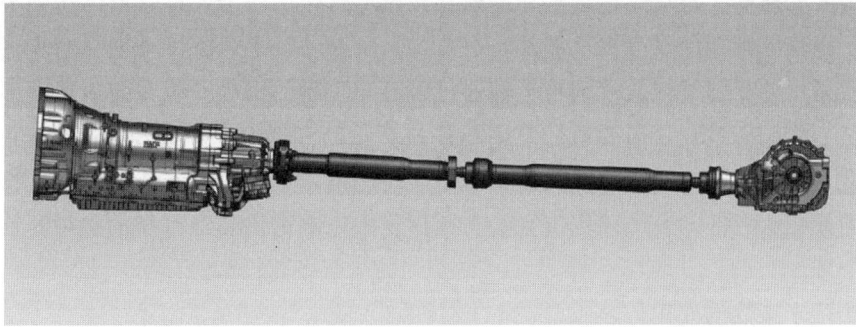

图 3-59

图 3-60

　　吉博力车辆所采用的模块化传动轴具有与总裁款相似的结构，除了长度（在调节后以适应更短的轴距），参见图 3-61（图中数值单位：mm）。模块化传动轴由两段构成。该传动轴在变速器/分动箱法兰上采用了弹性缓冲器和 2 个等速万向节（一个位于中部，一个位于后差速器侧）。相比 V8 款，V6 RWD 车辆传动轴的前段略长，以对更靠前的变速器位置进行补偿。另一方面，V6 AWD 车辆上的前段传动轴被缩短，以为分动箱腾出额外的空间。

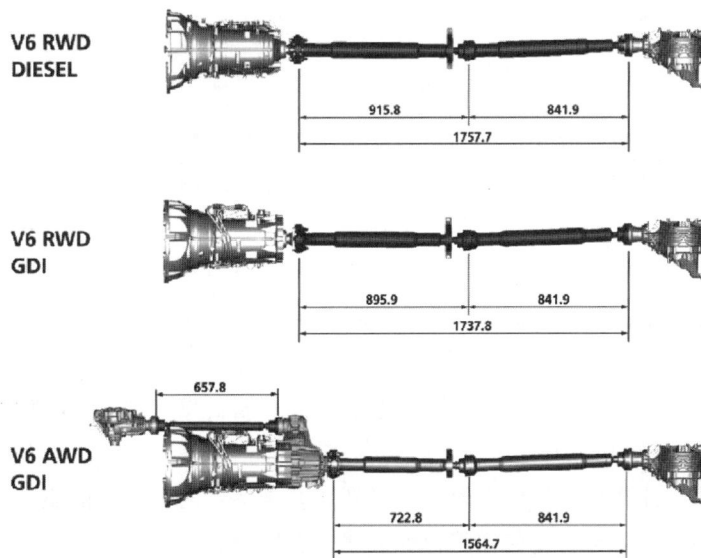

图 3-61

传动轴动平衡：变速器、模块化传动轴和差速器在出厂时作为一个完整总成已达到平衡。如果这些部件之一被拆除用于维修，则即使没有更换部件，也需要执行转动轴平衡。传动轴平衡步骤与配备自动变速器的前一代总裁所采用的步骤类似。传动轴平衡通过将已知重量的螺母安装在差速器端部连接法兰上的螺柱上进行。平衡是一个动态过程，需要通过使用玛莎拉蒂诊断和 MDVMM（Picoscope）的专用应用程序测量轴的不平衡度。原理与车轮平衡类似，但是对于车轮平衡，平衡重可安装在轮辋周长的任何位置，而对于轴平衡，必须使用法兰上的 6 个固定位置。在此过程中，测试仪装置将指示必须安装多少重量的平衡重和安装在什么位置。

平衡程序基于两个参数的使用。

轴转速，使用安装在轴上的光学传感器和反射条测量。

轴振动量，使用安装在差速器壳上的加速度计测量。

传动系通过可安装在差速器法兰螺柱上的各种配重螺母进行平衡，如图 3-62 所示。

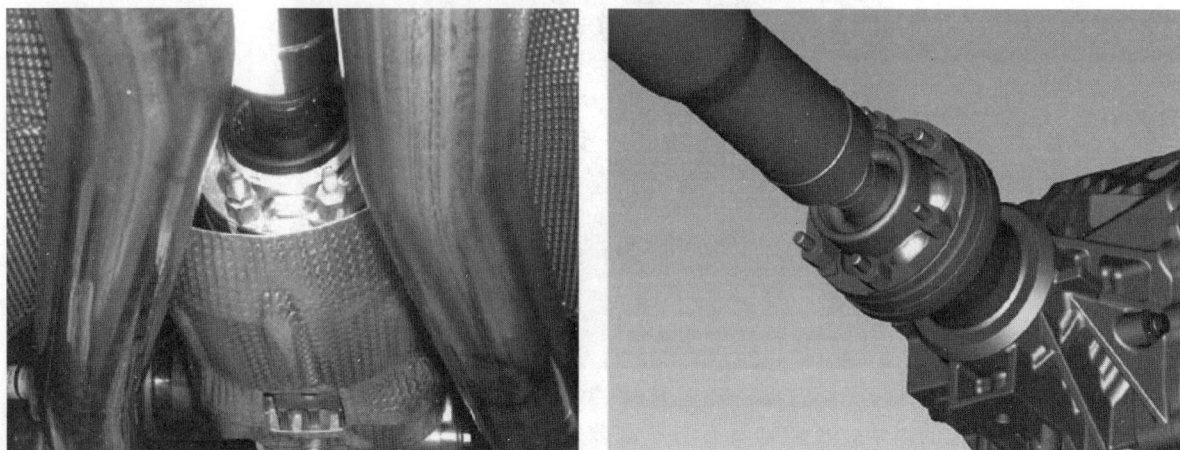

图 3-62

需要使用专用平衡套件以及玛莎拉蒂诊断测试仪和 MDVMM 执行轴平衡程序。执行轴平衡程序之前，车辆必须做好适当准备。认真遵照维修手册的指示和平衡程序的步骤说明。

第七节　后差速器及传动轴

一、总裁 V8 车型

新款总裁的后差速器为机械限滑式，如图 3-63 所示。它在每侧齿轮和差速器壳之间使用多片式离合器组件。每个离合器组件均带有 2 个不同类型的扁钢片，覆盖有摩擦衬片并在组件内交替排列。其中一种带内花键，与半轴齿轮压缩环上的花键相配合。另外一种带有驱动凸耳，位于壳体上的凹槽内。4 个差速器行星齿轮（行星齿轮）安装在 2 个驱动销上，彼此成直角，以使其与差速器半轴齿轮啮合。摩擦衬片的夹紧和差速器的限制扭矩取决于凸轮斜面总成。行星齿轮安装在驱动齿轮交叉轴上，交叉轴坐落在倾斜切口形成的凸轮斜面上。凸轮斜面为非对称式。两侧均呈斜角状态，但不对称。这种非对称设计影响负载（行驶）和超速（发动机制动）工况下的差速器锁止系数。全新总裁的差速器锁止系数在加速工况下为 35%，而在发动机制动工况下为 45%。限滑系数可在正常行驶条件下允许差速作用。但是，如果路况异常，则限滑差速器会减少差速作用，以使车轮无法滑转，并维持对两个车轮的驱动。更大的限制扭矩可在发动机制动工况下辅助提高稳定性。差速器特性如表 3-15 所示。

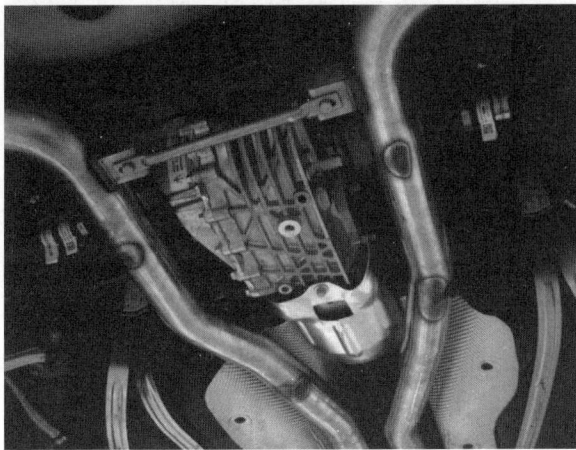

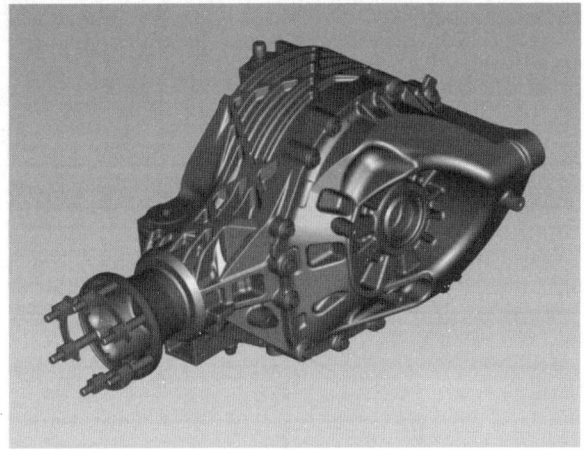

图 3-63

表 3-15

主减速器	34mm 轴偏置的准双曲面齿轮组
主传动比	2.93：1
限滑	带摩擦衬片的湿式多盘式离合器组件
加速工况下的锁止系数	35%
释放工况下的锁止系数	45%
机油量	1.3L
机油规格	预混合 CHEVRON Oil PN-225170（合成驱动桥润滑油 SAE75W-90-FE 准双曲面齿轮润滑油）（GM 9986226） 或混合 7% 添加剂 CHEVRON 2276 GM 合成齿轮油作为基础油 SAE 75W-90（同样是 GM PN-89021677） 添加剂：Lubrizol 6178 GM 限滑润滑油添加剂（同样是 GM PN-1052358）
计划保养	否（No）

半轴：驱动轴总成包括 1 根钢制轴和每端 1 个等速万向节，用于将驱动转矩从各差速器输出齿轮传递至后轮轮毂，如图 3-64 所示。由于差速器壳的非对称设计，两根轴的长度不同。右侧驱动轴比左侧驱动轴略长。等速万向节在原始装配时填充有润滑脂，为免维护型。但在定期维护时应当着重仔细检查防护套是否损坏或泄漏。一旦被污物或水污染，万向节功能会快速退化。

内侧等速万向节装备一个外花键定心轴，接合在差速器输出中心轮的内花键上，通过位于其端部的一个弹簧夹固定。差速器输出油封在等速万向节上移动。各驱动轴的外端安装有第二个等速万向节，其定心轴用于将轮毂通过轴端螺纹和 1 个固定螺母夹紧在车轮轴承和轮毂支架中。

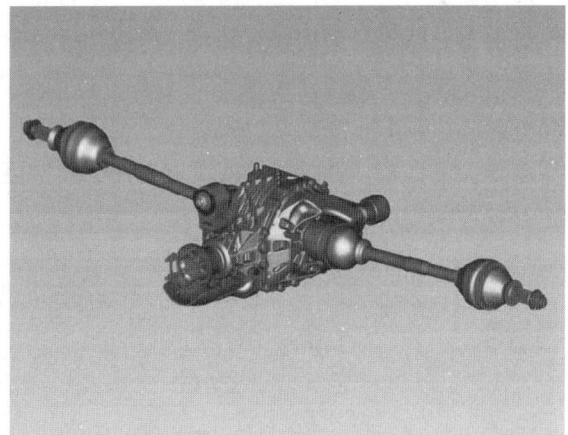

图 3-64

二、总裁 V6 车辆

V6 款总裁车辆所采用的 Getrag-GKN 后差速器与 V8 款所采用的完全相同，除了主减速比为 2.80：1。该减速比与 V8 款的 2.93：1 主减速比相比要略长。换言之，在挂入相同挡位并以同等速度行驶时，V6 款的运行转速相比 V8 款车辆要略低。该设计目的旨在使变速器能够符合 V6 发动机的比功率和扭矩传输特性。如同 V8 车辆，V6 和 V6 Q4 款总裁所采用的后差速器为限滑型。改型差速器在加速时具有 35%

493

的锁止系数及在发动机制动时为45％。限滑系数可在正常行驶条件下允许差速作用。但是，如果路况异常，限滑差速器会减少差速作用以使车轮无法滑转，并维持对2个车轮的驱动。更大的限制扭矩会在发动机制动工况下辅助提高稳定性。后差速器特性如表3－16所示。

表3－16

主减速器	34mm 轴偏置的准双曲面齿轮组
主减速比	2.80：1
限滑	带摩擦衬片的湿式多盘式离合器组件
加速工况下的锁止系数	35％
释放工况下的锁止系数	45％
润滑油量	1.3L
润滑油规格	预混合 CHEVRON Oil PN－225170（合成驱动桥润滑油 SAE 75W－90 － FE 准双曲面齿轮润滑油）（GM 9986226） 或混合 7％添加剂： CHEVRON 2276 GM 合成齿轮油作为基础油 SAE 75W－90（同样为 GM PN－89021677） 添加剂：Lubrizol 6178 GM 限滑润滑油添加剂（同样为 GM PN－1052358）
定期保养	无（终生使用）

三、吉博力车型

新款吉博力的后差速器为机械限滑式，如图3－65所示。它在每侧齿轮和差速器壳之间使用多片式离合器组件。每个离合器组件均带有2个不同类型的扁钢片，覆盖有摩擦衬片并在组件内交替排列。其中一种带内花键，与侧齿轮压缩环上的花键相配合。另外一种带有驱动凸耳，位于壳体上的凹槽内。4个差速器小齿轮（行星齿轮）安装在2个驱动销上，彼此成直角，以使其与侧齿轮啮合。摩擦衬片的夹紧和差速器的限制扭矩取决于凸轮斜面总成。行星齿轮安装在驱动齿轮交叉轴上，交叉轴坐落在倾斜切口形成的凸轮斜面上。凸轮斜面为非对称式。两侧均呈斜角状态，但不对称。非对称可在负荷（行驶）和超速（发动机制动）条件下获得差速器锁止系数。该型差速器在加速时具有35％的锁止系数及在发动机制动时为45％。限滑系数可在正常行驶条件下允许差速作用。但是，如果路况异常，限滑差速器会减少差速作用以使车轮无法滑转，并维持对两个车轮的驱动。更大的限制扭矩可在发动机制动工况下辅助提高稳定性。差速器特性如表3－17所示。

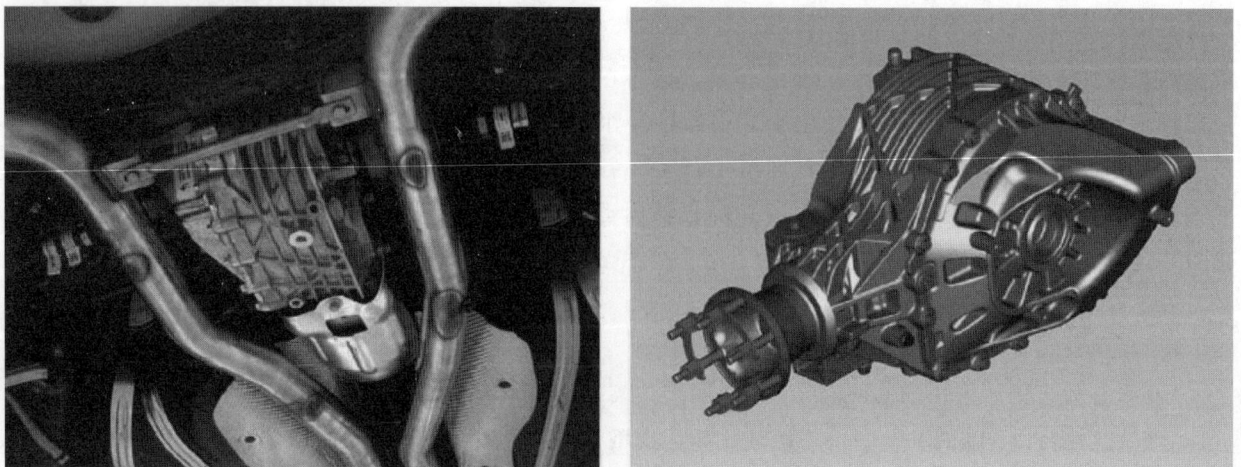

图 3－65

表 3-17

主减速器	34mm 轴偏置的准双曲面齿轮组
主减速比	2.80∶1
限滑	带摩擦片的湿式多盘式离合器组件
加速工况下的锁止系数	35%
释放工况下的锁止系数	45%
润滑油量	1.3L
润滑油规格	预混合 CHEVRON Oil PN-225170（合成驱动桥润滑油 SAE75W-90-FE 准双曲面齿轮润滑油）（GM 9986226） 或混合 7% 添加剂： CHEVRON 2276 GM 合成齿轮油作为基础油 SAE 75W-90（同样为 GM PN-89021677） 添加剂：Lubrizol 6178 GM 限滑润滑油添加剂（同样为 GM PN-1052358）
定期保养	否

传动轴：传动轴总成包括 1 根钢制轴和每端 1 个等速万向节，用于将驱动转矩从各差速器输出齿轮传递至后轮轮毂。如图 3-66 所示。由于差速器壳的非对称设计，两根轴的长度不同，右侧驱动轴比左侧驱动轴略长。等速万向节在原始装配时填充有润滑脂，为免维护型。但在定期维护时应当着重仔细检查防护套是否损坏或泄漏。一旦受污或进水，万向节功能会快速退化。内侧等速万向节装备一个外花键定心轴，与差速器输出太阳轮的内花键啮合，并由位于其端部的一个弹簧夹固定。差速器输出油封在等速万向节上移动。各传动轴的外端安装有第 2 个等速万向节，其定心轴用于将轮毂通过轴端螺纹和 1 个固定螺母夹紧在车轮轴承和轮毂支架中。

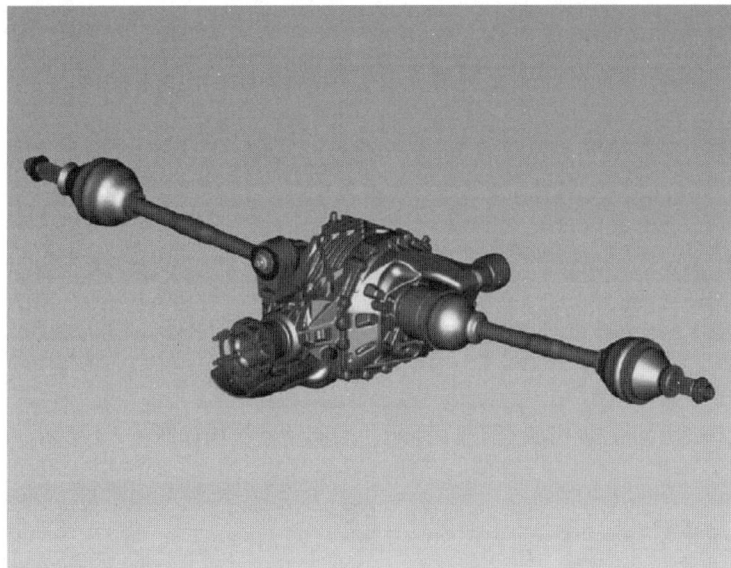

图 3-66

第四章　制动系统

第一节　总裁 V8

一、前言

作为标准配置，搭载 V8 发动机的总裁装备有与专业供应商 Brembo 联合开发而成的高性能制动系统，以配合双涡轮 V8 发动机的高性能水平，如图 4-1 所示。制动系统采用成对铸造工艺，使用大型一体式制动钳及位于前部的 6 个活塞和位于后部的 4 个活塞。该系统不仅具备高能制动功率，还具有更佳的热交换性，进而可实现运动目的下的高效冷却性和稳定性。系统的声学舒适性得到了特别关注。采用新一代 ABS 和电子车辆稳定系统（博世 ESP9），此系统具有前一代博世 ESP8 系统所经过验证和测试的特性，以及对辅助功能的部分全新改进。电子驻车制动器（EPB）是所有总裁标准配置的组成部分。除功能性之外，制动钳还具有玛莎拉蒂总裁的经典风格元素。制动钳可选用以下配色。

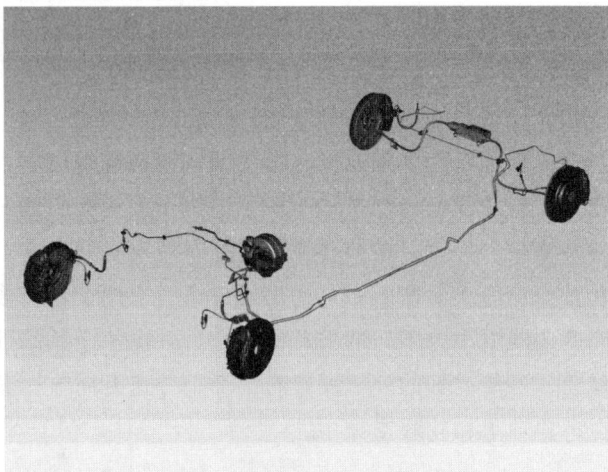

图 4-1

经典黑（标配）。

运动红（选配）。

优雅深蓝（选配）。

动感银灰（选配）。

独特镜面效应抛光铝（选配）。

二、车轮制动器

前制动器结构如图 4-2 所示，规格如表 4-1 所示。后制动器结构如图 4-3 所示，规格如表 4-2 所示。

图 4-2

图 4-3

制动盘	⌀380mm×32mm，钻孔和双材料铸造（Dual－Cast）
制动钳	Brembo 固定式单片制动钳，6 个活塞，⌀38mm/34mm/30mm
制动衬块有效表面面积	110cm²

表 4－2

制动盘	⌀350mm×28mm，铸铁式钻孔制动盘
制动钳	Brembo 固定式制动钳，4 个活塞，⌀32mm/28mm
制动衬块有效表面面积	65cm²

制动系统由通风式交叉钻孔环形制动盘和固定式 Brembo 前后制动钳组成，制动系统参数如表 4－3 所示。前制动钳共有 6 个活塞，即包括 3 对不等直径的活塞，直径 380mm 的前制动盘采用成对铸造工艺：铸铁摩擦环与制动盘的铝制中央毂共同模压而成。由于采用铝材料，这种工艺可显著地减小非悬挂质量并改善热耗散情况，同时还可维持铸铁在制动器的整个温度范围内的出色摩擦特性。后制动钳使用 4 个活塞，也具有 2 对不等直径的活塞，直径 350mm 的后制动盘由整体铸铁制成。后制动盘的中间部分用作驻车制动器摩擦片的制动鼓。前后制动盘在行驶轮和轮毂之间为夹层结构，装配时使用 1 个附加小螺钉固定制动盘。制动衬块具有较大的有效表面面积，分别为 110cm²（前）和 65cm²（后）。它们使用为全新总裁专门开发的特定复合材料制成，具有良好的退化和衬块磨损特性，设计用于在高速行驶时提高制动性能。衬块带有集成式磨损传感器，如果衬块磨损情况达到临界点，传感器将触发组合仪表上的警告灯。制动主缸为串联式并具有 X 形分离式制动回路。1 个半透明的制动液储液罐安装在主缸的顶部，带有 MIN 和 MAX 液位指示。如果液位位于较低的危险水平，液位开关将此情况通过警告灯通知驾驶员。作用在主缸上的力通过真空制动助力器进行伺服辅助，如图 4－4 所示。1 个压力传感器安装在真空助力器上，以便将来应用 Stop&Stop（停止 & 停止）技术。

表 4－3

回路类型	X 形分离式
制动液	合成液体：USA FMVSS no. 116 DOT 4，ISO 4925 4 级，JIS K 2233 5 级，AS/NZ 19603 级，SAE J1704，CU-NA NC 956－01 推荐制动液：壳牌 Donax UB（DOT4 Ultra）或壳牌制动器和离合器液 DOT 4 Ultra

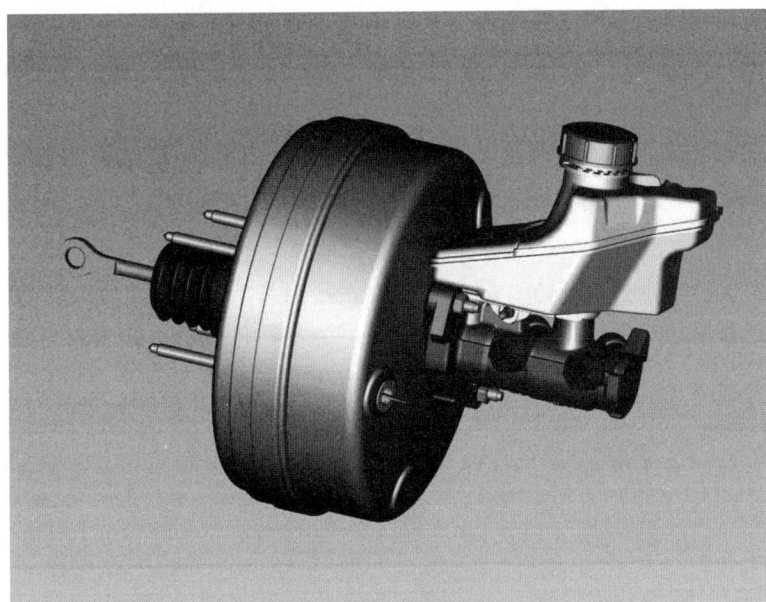

图 4－4

三、电子车辆稳定控制系统

（一）系统概述

博世开发的新一代电子稳定控制（ESC）系统，称为"增强型 ESP 9"，应用在全新总裁上。ESP9 与前一代 ESP8 类似，但其提供大量系统改善以及附加功能。ESP9 装置更加紧凑，使其具有更小的排量（1.340L，与 ESP8 的 1.620L 比较）和更轻的质量（1.6kg，与 ESP8 的 2.3kg 比较）。ESC 采用优化微处理器设计和基于印刷电路技术的控制单元。它集成有前一代系统（ESP8）的所有功能。新的稀土永磁直流电机工艺，使其功率－重量比得到显著改善。集成的动态惯性传感器和监测主缸压力的专用传感器可实现精确控制，即便在制动压力最低的情况下。ESC 装置连接至 CAN－C 总线，与其他系统进行数据交换并进行诊断。全新总裁使用博世新一代"增强型 ESP9"，其横摆率和加速度传感器集成在 HU－ECU 内，如图 4－5 所示。

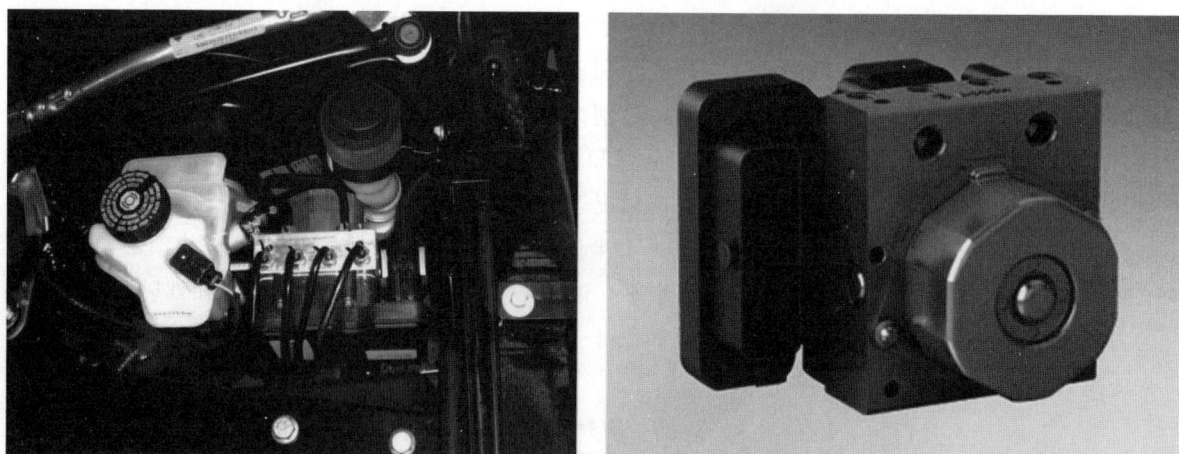

图 4－5

1. 带有附加 ECU 的液压单元

控制单元根据定义的数学程序（控制算法）处理从传感器接收到的信息。计算结果形成发送到液压调节器的控制信号的基础。液压调节器根据功能要求增加或降低车辆制动器的压力。本 ESP9 控制单元的一个新特点是集成在控制单元内测量横摆率和横向及纵向加速度的传感器。ESC 单元与高速 CAN－C 网络连接，用于与其他车辆系统进行数据交换以及用于诊断。

2. 横摆率和加速度传感器

横摆率传感器和加速度传感器的信号用来计算车辆的实际运动。如果驾驶员选择的目标方向与车辆的实际运动相差较大，ESC 功能试图通过选择性地进行制动来更正车辆运动。

3. 轮速传感器

车轮转速是控制系统一个重要的输入变量。轮速传感器检测车轮转速并将电气信号传送到控制单元。处理器根据转速信号计算车轮与路面之间的滑度。传感器为有源传感器（带有一体式微处理器），通过两根线、电源和信号与 ESC 单元相连。每个传感器采用一个集成到车轮轴承的磁圈作为转速脉冲轮。

4. 转向角度传感器

转向角度和方向盘转动速度作为确定驾驶员所选预期方向的重要输入。在全新总裁上，该传感器集成在 SCCM（转向柱控制模块）内并通过 CAN－C 网络与 ESC 单元进行通信。

5. 制动踏板开关

制动踏板开关与 ESC 单元和 BCM 连接。所有 3 个制动灯都由 BCM 激活。

（二）车速和车速里程表

在车辆的电气系统中，ESC 模块为车速信息的主机。ESC 装置根据来自各个轮速传感器的输入信号和作为车辆配置数据组成部分的轮胎周长计算车速。使用 2 个后轮的平均速度进行车速计算，而前轮的轮速传感器则作为备用。车速信息由 ESC 模块置于 CAN－C 线路上，而 BCM 用作 CAN－I 模块的网关。除了将车速信息置于 CAN 总线上，ESC 装置还生成一个模拟信号，称为车速里程表（VSO）。VSO 是一个 5V 方波信号，其可变频率随着行驶速度而增大。它用于某些无法访问 CAN 的模块，例如速度自适应动力转向模块（CSG）和天窗模块。

（三）系统功能

新的 ESP9 系统提供与前一系统（ESP8）相同的经过试验和证明的可靠功能，此外还具有某些增强功能。

1．防抱死制动系统（ABS）

ABS 的主要作用是在紧急制动期间最大限度地限制轮胎与路面的附着力，不仅使车辆在最短距离停车，还会在整个操纵期间提高车辆的方向稳定性。在制动期间，通过监测轮速传感器信号来检测一个或多个车轮的抱死倾向，必要时系统会降低个别分路的制动压力来防止车轮抱死，直至特定车轮与路面接触区域之间的抓地力最大化。与完全丧失抓地力（打滑）的轮胎相比，滚动的轮胎可以实现车辆转向。

2．电子制动力分配（EBD）

EBD 通过综合自学习过程不断地自动调整前后桥之间的制动偏差，确保在不同的路面情况和不同车载情况下都能保持最佳的制动平衡。校准好的 EBD 可以使制动性能最大化，并减少 ABS 干预的需求。

3．牵引力控制系统（TCS）

车辆加速期间，在给定抓地力条件下输出过大驱动扭矩时，TCS 通过防止被动轮空转来保持车辆稳定。这是通过分别制动空转车轮并减低发动机扭矩来实现的。车辆加速期间，通过监测轮速传感器信号来检测一个或多个被动轮是否空转。ESP 单元通过 CAN 将发动机扭矩降低请求发动给 ECM，此请求优先于驾驶员的油门请求。

注：驾驶员可通过按下"TCS 关闭"按钮来关闭 TCS。

4．发动机制动－扭矩控制（MSR）

MSR 来自发动机制动－扭矩控制。该功能可以在抓地力低的情况下，在降挡时通过负发动机扭矩保证车辆的稳定性。降挡待定过程中，当后轮抱死时，MSR 将命令发动机 ECU（ECM）打开节气门并降低发动机制动扭矩。

5．电子稳定控制系统（ESC）

本系统增强了车辆在各种驾驶条件下的方向控制和稳定性。ESC 功能在车辆行驶过程检测到与预期值的偏差时激活。ESC 功能检测车辆的旋转运动并对行驶偏差进行补偿。这个功能可以通过自动结合合适车轮的制动器矫正车辆的过度转向和不足转向。发动机动力也会降低，帮助抵消不稳定情况并保持正确的方向。ESC 模块对转向角传感器和集成式横摆率和加速传感器的信号进行对比。除了行驶车速和节气门位置等其他车辆动态参数，ESC 模块还对车辆的动态稳定性状态持续进行评估。当要求的行驶轨迹与实际轨迹之间存在偏差时，ESC 系统对合适车轮制动，抵消过度转向和不足转向状况。

转向过度——车辆转弯量大于方向盘输入。对前轮外侧制动。

转向不足——车辆转弯量小于方向盘输入。对后轮内侧制动。

6．坡道起步辅助系统（HSA）

HSA 系统的功能是在车辆坡道起步过程为驾驶员提供辅助。HSA 在制动踏板松开后的短时间（2s）内保持制动压力水平。如果在这个短时间内驾驶员没有踩下油门踏板，该系统将释放制动压力，车辆也会在重力作用下开始溜坡。在施加制动压力的时间段内，系统将按照车辆开始沿选定方向移动时施加的节气门开度/扭矩，以一定的比例释放制动压力。

注：这一功能也称作坡道保持功能。

坡道起步辅助系统（HSA）启用标准。若 HSA 系统要启用，必须满足以下条件：

车辆必须处于静止状态。

坡度必须大于或等于 6%。

挡位的选择与车辆上坡方向一致（即车辆面朝上坡，应挂入前进挡。车辆背朝上坡，应挂入倒挡）。

当符合启用条件时，HSA 将在"倒挡（R）"或所有前进挡内工作。如果车辆处于"空挡（N）"或"驻车挡（P）"，系统不工作。

7. 制动辅助系统（BAS）

该系统通过优化紧急制动时的车辆制动性能完善 ABS 系统。系统通过感应制动踏板施加的速度和力度来检测紧急制动情况，然后在制动器上施加最佳的压力以缩短制动距离。在紧急制动情况下，制动压力会升高到 ABS 制动压力，而不管驾驶员是否增大制动功率。一旦释放制动踏板，BAS 将不起作用。注：对于 M139 型总裁而言，这个功能曾被称作液压制动辅助功能（HBA）。

8. 预警式制动系统（RAB）

预警式制动系统可在紧急制动情况时缩短达到完全制动所需的时间。它通过监测驾驶员松开油门的快慢来预测紧急制动情况可能发生的时间。当油门松开非常快，RAB 将少量的制动压力施加到液压回路，以闭合制动衬块与制动盘之间的间隙，从而可缩短制动系统的压力建立时间并同时施加压力到所有车轮上的制动器。驾驶员不会注意到这少许制动压力。如果驾驶员随后踩下制动踏板，制动系统则利用该制动压力实施快速制动响应。

9. 液压衰减补偿（HFC）

若驾驶员施加最大制动力但仍然无法达到最大减速度时，HFC 将提供附加的制动力支持。例如在制动盘处于高温状态（热衰减）时。这是由制动盘高温（衰减）所导致的。

10. 制动式动态车轮扭矩控制（DWT-B）

DWT-B 或称作"扭矩引导"功能通过调节各随行车轮上施加的驱动扭矩减少转向不足状况，并提高驾驶灵活性。车轮扭矩的独立变化会在转向时影响车辆的性能。更为精确的是，在车辆曲线行驶时，如果出现未定的转向不足状况，后轮内侧将制动，而后轮外侧的驱动力矩将增大。这将增大横摆率和保证车辆的正常行驶状态。结构图如图 4-6 所示。

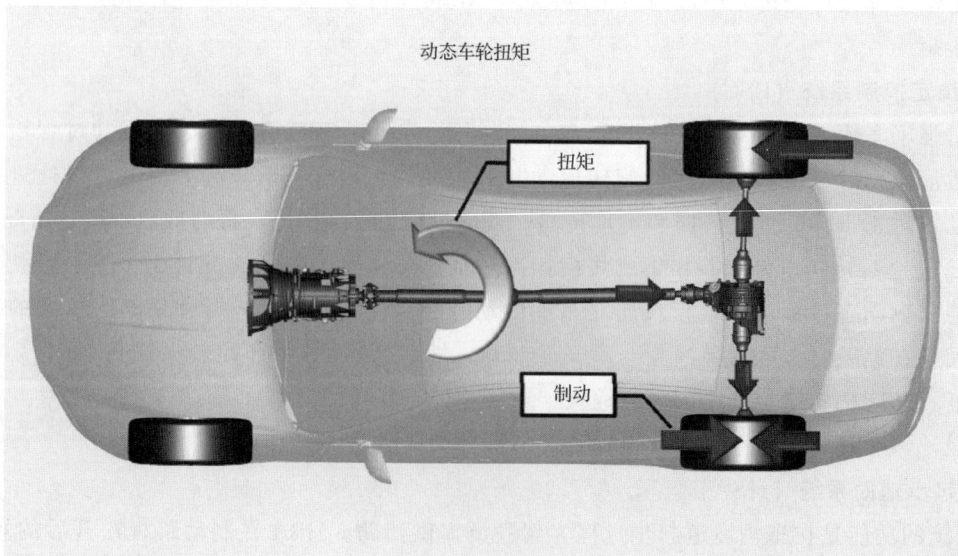

动态车轮扭矩

扭矩

制动

图 4-6

对用户来说，DWT－B具有下面几个优点。

在出弯加速时增大牵引力。

通过更好地利用所有随行轮的附着能力，增大了转向速度限制系数。

通过有效减小惯性力矩，对转向输入的响应情况更佳。

通过表4－4所示可以更好地理解ESC和DWT－B之间的区别。

表4－4

	ESC	DWT－B
目标	在临界状态下保持车辆的稳定性以改善安全性	消除转向不足以改善驾驶灵活性和提高转弯速度
激活	反应：在特定角度下检测车辆的不稳定性（转向不足和转向过度）	作用：作用于即将出现转向不足时
动作	通过制动一个车轮或所有车轮施加横摆力矩在被驱动的状况下，可减小发动机扭矩	通过制动一侧车轮并相应增大发动机扭矩施加横摆力矩
结果	降低车速，保持稳定性	不降低车速，改善驾驶灵活性和转向响应
驾驶员的感受	可能需要驾驶员干预，车辆操纵不舒适	不需要驾驶员干预

四、ESC工作模式

ESC系统具有3种工作模式，取决于驾驶员选择的驾驶模式，如表4－5所示。

表4－5

已选驾驶模式	ESC系统运行模式	已选驾驶模式	ESC系统运行模式
正常＋自动	ESC－正常	I. C. E.	ESC－正常
正常＋手动		ESC－关闭	ESC－关闭
运动＋自动	ESC－运动	ESC－运动减震器运动模式设置	对ESC运行无影响
运动＋手动			

1. ESC－正常

此模式在点火开关旋至开启（ON）位置后默认为启用。在此模式下，ESC系统的全部功能均可用。根据美国FMVSS126－Sine－With－Dwell（正弦停滞方法）要求调整ESC。

2. ESC－运动

ESC－运动模式的特点是它具有更加柔和的ESC干预、更高的启用阈值和更高的牵引力控制系统目标滑移率。根据玛莎拉蒂车辆动力学工程师的要求调整ESC。如果行驶期间车辆处于无法满足FMVSS126－Sine－With－Dwell（正弦停滞方法）要求的状态下，则ESC－关闭指示灯将启用。

3. ESC－关闭

可通过按下靠近选挡杆的ESC－关闭按钮进入ESC－关闭模式。ESC－关闭指示灯将启用。ESC－关闭模式用于获得更加动感的驾乘体验，但也适用于行驶在深雪、沙土或碎石路面上时。

ESC－关闭模式期间，系统设置如下。

ESC－关闭停用。例外：踩下制动踏板时允许进行临时ESC干预，为驾驶员提供协助。但是，这种干预不会通过仪表板上的指示灯进行指示。

TCS发动机扭矩干预停用。

TCS制动干预在ESC－运动模式临界点时启用。

ESC－关闭模式不受发动机转速或车辆速度的限制。

FMVSS126－Sine－With－Dwell（正弦停滞方法）要求无法满足。

注：ABS、EBD、MSR、HAS、BAS、RAB和HFC功能不受所选驾驶模式的影响，即对于ESC所

有 3 种工作模式，它们均可通过相同方式进行调整。

五、电子驻车制动器

（一）系统概述

作为标准装备，所有车辆均装备一个电子驻车制动器（EPB），如图 4-7 所示。EPB 为电子机械装置，可防止车辆在静止状态下移动。它取代传统的机械驻车制动器（手动制动器）的功能并进一步延伸。驻车制动器包括集成在后轮制动盘内的鼓式制动器（"盘中鼓式"结构），并通过拉线进行操纵。它们与 EPB 装置相连，设计为带集成式 ECU 的电控拉线操作。EPB 装置安装在后副车架的顶部，行李箱地板下方。驻车制动器启用开关安装在中控台上。此 EPB 装置与 M139 和 M145 车型上使用的装置类型不同，但其操作类似。与前一代车型 EPB 系统的另外一个区别是两个鼓式制动器的拉线直接来自于 EPB 装置，所以无须使用拉线分线器。

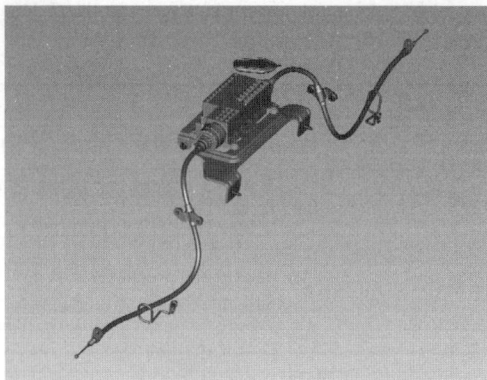

图 4-7

与传统的手动驻车制动器相比，电子驻车制动器可为用户提供多个优点：

①提供增强的功能（自动施加、汽车起步、动态制动）。

②可根据实际路况（道路坡度）始终施加适当数量的制动力。

③监测驻车制动器的效率，即便是在点火钥匙置于关闭位置后。

④将手动驻车制动操纵杆从中央通道区域内拆下，因此可提供更大空间并允许更加自由的内饰设计。

⑤提供更加高效和安全的紧急制动功能。

EPB 控制逻辑：EPB 单元与 CAN-C 线连接，用于与其他车辆模块通信并用于诊断，如图 4-8 所示。其工作与 ESC 单元密切相关。ESC 单元的作用是评估是否满足驻车制动器接合或断开的正确条件，并通过 EPB 单元来实现手刹功能。如果 EPB 系统存在任何可疑故障，其还可以用于检查 ESC 系统是否正确运行并检查是否存在故障码。

图 4-8

（二）EPB 运行逻辑

1. 辅助驻车制动

当通过拉动中控台上的 EPB 激活开关车辆静止时，可接合和断开驻车制动器。为确保 EPB 系统激活，拉住换挡杆中控台上的开关约 2s。可通过踩住制动踏板并拉动开关来关闭系统。当驻车制动器应用时，组合仪表上的警告灯点亮，相关信息显示 5s。在接合和断开程序期间，警告灯闪烁，直到达到所请求的状态。

2. 自动制动

车辆静止且点火开关关闭（默认条件）时自动进行驻车制动，该功能可通过组合仪表上的车辆设置菜单取消。选择的设置（自动制动开启/自动制动关闭）在点火开关随后关闭时存储，如图 4—9 所示。

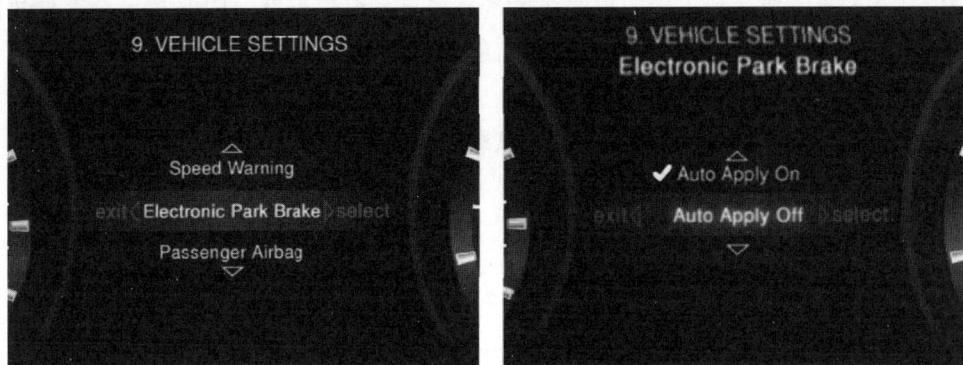

图 4—9

3. 起步

当起步（加速踏板位置传感器检测＞3％）时驻车制动器解除，此功能始终激活。

4. 预释放

在发动机运行，驾驶员侧车门关闭，以及同时踩下制动踏板并操作换挡杆时，驻车制动器自动断开。

5. 动态制动

凭借这一功能，可以使用驻车制动开关进行紧急制动。如果开关按下，车速尚未到 0，车辆将制动，直到开关松开，或车辆停下。这个功能由 ESC 管理。ESC 单元可使用 4 个制动卡钳，并通过预先设置的减速度使车辆减速。在动态制动过程，所有安全功能（ABS、EBD、ESC）将保持激活状态，停车灯也将继续工作。开关松开后，车辆立即停止制动。如果按下开关并持续到停车，EPB 将在车速达到 0 后接合驻车制动器，随后，ESC 单元将释放制动卡钳。这个功能可以让驾驶员以安全、可控的方式降低车速和停车。分离车辆蓄电池后，需要使用 EPB 开关执行一个 EPB 手动接合/分离循环。这样可以让 EPB 单元学习全部行程，这对于自动运行是必要的。

（三）EPB 维修操作

1. EPB 手动释放

在系统出现故障或蓄电池没电时，可以通过手动操作释放电动驻车制动器。为了实现这一点，可使用车辆应急工具箱中的专用工具。拆下行李舱地板保护罩即可对 EPB 单元进行操作。将专用工具的六方头插入 EPB 单元左侧的释放机构中并顺时针方向转动，直至完全释放，如图 4—10 所示。这样即完成驻车制动器的释放。注：进行这个操作前确认点火开关已关闭。手动释放 EPB 后，必须使用玛莎拉蒂诊断仪对系统进行校准，并检查是否出现故障码。

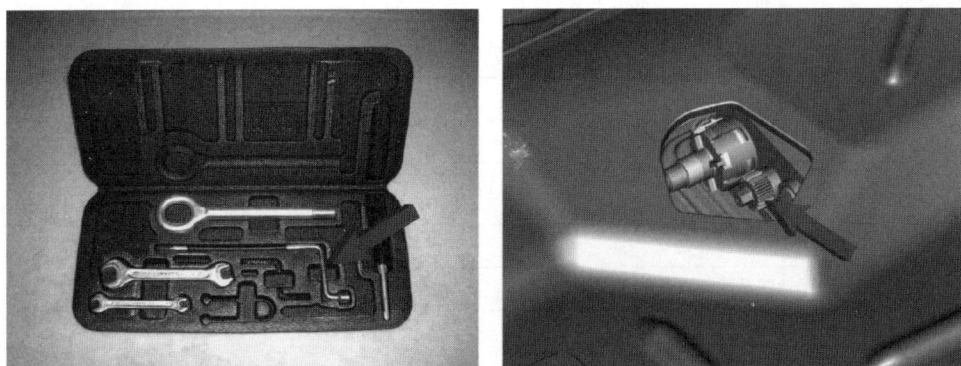

图 4—10

2. EPB 执行器校准

当拆卸或更换驻车制动系统的制动盘、拉线或 EPB 单元等部件后，或者执行 EPB 手动释放程序后，需要使用玛莎拉蒂诊断仪执行 EPB 执行器校准。校准程序需要设置执行器行程零位并将拉线行程校准到拉线张紧。EPB 正确校准需要达到正确的拉线张紧量。如果系统未校准，EPB 单元会存储故障码。务必在系统校准后或任何 EPB 维修操作后检查 EPB 单元是否存在故障码。

第二节　总裁 V6 & Q4

一、前言

V6 款总裁的制动系统具有与 V8 款类似的布局。该系统是与专业供应商布雷博公司联合开发而成的。V6 款总裁的制动系统具有两种配置，用于 246kW 版的是带有通风式制动盘的标准制动系统。306kW 版总裁配备了性能更为优越的制动系统：采用通风式交叉钻孔制动盘，并在前制动器中引入了合铸技术和更大尺寸的制动钳。除了功能性外，制动钳同样为玛莎拉蒂总裁的特有风格元素。

可为制动钳选择下列涂装色：

经典黑（标配）；

运动红（选配）；

优雅深蓝（选配）；

动感银灰（选配）。

还专门为 V8 款总裁提供了手工抛光铝合金制动钳选配件。所有车辆均使用 Bosch ESP9 稳定控制系统，并配备了电子驻车制动器（EPB）。

图 4－11

二、车轮制动器－246kW 版（图 4－11）

前制动器参数如表 4－6 所示。后制动器参数如表 4－7 所示。

表 4－6

制动盘	⌀345mm×28mm、整体铸铁	制动衬块有效面积	77cm²
制动钳	Brembo 浮动制动钳，4 活塞，⌀42mm/42mm		

表 4－7

制动盘	⌀320mm×22mm 整体铸铁	制动衬块有效面积	45cm²
制动钳	Brembo 浮动制动钳，单活塞，⌀42mm		

三、车轮制动器－306kW 版（图 4-12）

图 4-12

前制动器参数如表 4-8 所示。后制动器参数如表 4-9 所示。

表 4-8

制动盘	⌀360mm×32mm，钻孔和双材料铸造（Dual－Cast）
制动钳	Brembo 固定式单片制动钳，6 活塞，⌀38mm/34mm/30mm
制动衬块有效面积	90cm²

表 4-9

制动盘	⌀350mm×28mm，铸铁式钻孔制动盘
制动钳	Brembo 固定式制动钳，4 活塞，⌀32mm/28mm
制动衬块有效面积	65cm²

制动系统如表 4-10 所示。

表 4-10

回路类型	H－split
制动液	合成油：USA FMVSS n. 116 DOT 4、ISO 4925 Class 4、JIS K 2233 Class 5、AS/NZ 1960Class 3、SAE J1704、CUNA NC 956－01 推荐油液：壳牌动力施 UB（DOT 4 Ultra）或壳牌制动器和离合器油 DOT 4 Ultra。

四、电子车辆稳定控制系统

全新总裁采用了博世新一代"增强型 ESP9"，其横摆率和加速度传感器集成在 HU－ECU 内，如图 4-13 所示。

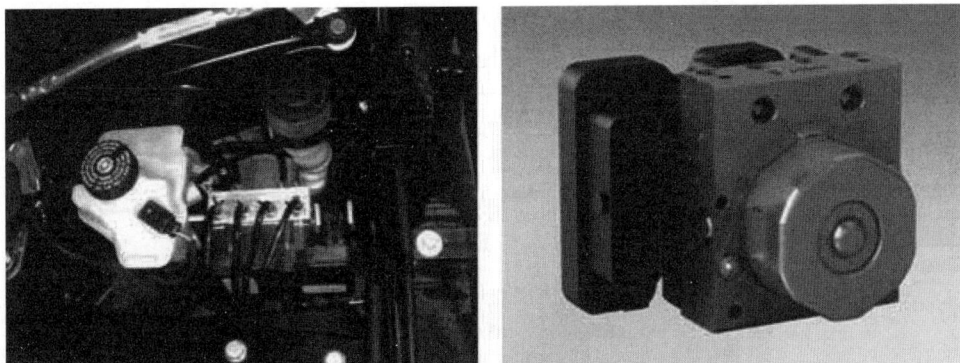

图 4-13

1. 系统功能

V6 版总裁采用了与 V8 版相同的博世"ESP9Enhanced"ESC 系统。该系统可提供相同的功能：ABS、EBD、TCS、MSR、ESC、HAS、BAS、RAB 和 HFC。主要差异在于 ESC 单元包含了专用校准软件，以适应不同的动力传动系配置。尤其对于 AWD 车辆，需要专用的 ESC 校准。

ESC 单元以下列方式与 AWD 系统联系。

ESC 可向 AWD 系统提供与车速、单个车轮转速、横摆率和横向加速度、制动作用、ABS 和 EXC 干预等相关信息。

ESC 会请求接合或分离分动箱离合器，以维持车辆稳定性。

在 ESC 系统位于 ESC－运动或 ESC－Off 模式以及由于过热或系统故障导致的 AWD 分动箱离合器临时或永久分离的情况下，ESC 系统会返回 ESC－正常模式。

2. ESC 工作模式

ESC 系统具有 3 种工作模式，取决于驾驶员选择的驾驶模式，如表 4－11 所示。

表 4－11

已选驾驶模式	ESC 系统运行模式	已选驾驶模式	ESC 系统运行模式
正常＋自动	ESC－正常	I. C. E.	ESC－正常
正常＋手动		ESC－关闭	ESC－关闭
运动＋自动	ESC－运动	硬减震器设置	对 ESC 运行无影响
运动＋手动			

（1）ESC－正常。此模式在点火开关旋至开启（ON）位置后默认为启用。在该模式下，可使用 ESC 系统的全部功能。根据美国 FMVSS126－Sine－With－Dwell 规定开启 ESC。

（2）ESC－运动。ESC－运动模式的特点是它具有更加柔和的 ESC 干预、更高的启用阈值和更高的牵引力控制系统目标滑移率。根据玛莎拉蒂车辆动力学工程师的要求调整 ESC。如果行驶期间车辆处于无法满足 FMVSS126－Sine－With－Dwell（正弦停滞方法）要求的状态下，则 ESC－关闭指示灯将启用。

（3）ESC－关闭。可通过按下靠近选挡杆的 ESC－关闭按钮进入 ESC－关闭模式。ESC－关闭指示灯将会开启 ESC 关闭模式用于更富激情的驾驶体验，但也适用于深雪、沙土或碎石路面。

ESC－关闭模式期间，系统设置如下。

ESC－关闭停用。例外情况：踩下制动踏板时允许进行临时 ESC 干预，为驾驶员提供协助。但是，这种干预不会通过仪表板上的指示灯进行指示。

TCS 发动机扭矩干预停用。

TCS 制动干预在 ESC－运动模式临界点时启用。

ESC－关闭模式不受发动机转速或车辆速度的限制。

FMVSS126－Sine－With－Dwell 要求无法满足。

注：ABS、EBD、MSR、HAS、BAS、RAB 和 HFC 功能不受所选驾驶模式的影响，即对于 ESC 所有 3 种工作模式，它们均可通过相同方式进行调整。

第三节　吉博力

一、前言

根据发动机配置，吉博力车型采用了两款不同的制动系统。246kW［吉博力］车辆采用了标准制动系统，而 306kW［吉博力 S＆S Q4］车辆采用了带双材质铸塑技术的高性能制动系统。该系统与专业制动器制造商布雷博公司联合开发，如图 4—14 所示。

图 4—14

标准系统的制动钳具有灰色金属涂装色，并在前制动器上印有黑色玛莎拉蒂字样。高性能系统的制动钳的涂装可依个性化定制经典黑（标准）、运动亮红、动感银或抛光铝。如同总裁，吉博力采用了新一代 ABS 和电子车辆稳定系统（Bosch ESP9）。该系统提供了前一代 Bosch ESP8 系统所具备的久经测试的功能，以及其他全新功能性改型。电子驻车制动器（EPB）是所有吉博力车辆的标准设备。

二、制动系统

1. 吉博力车轮制动器

吉博力采用了更轻和更紧凑的制动系统来确保优异的制动性能。该系统特点为在前轮配备了带 345mm×28mm 通风盘的 4 活塞铝制固定式卡钳，而在后轮配备了带 320mm×22mm 通风盘的浮动式卡钳，如图 4—15 所示。

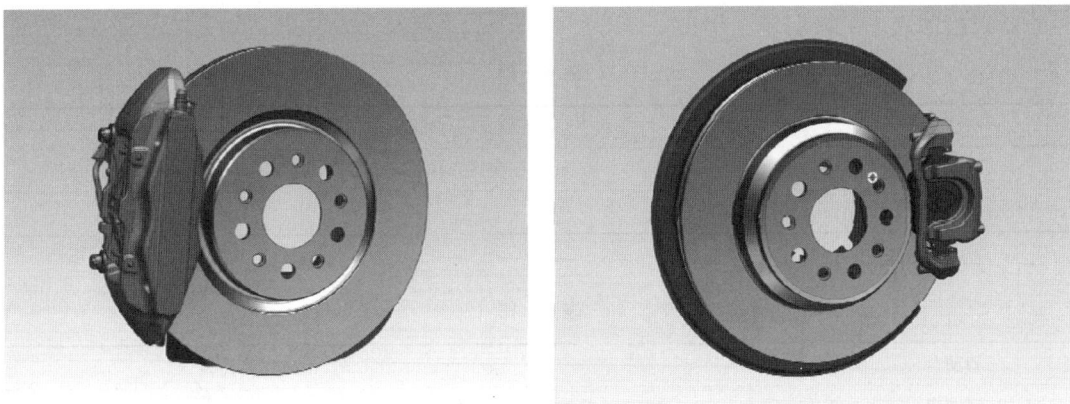

图 4—15

前制动器如表 4—12 所示。

表 4—12

制动盘	ø345mm×28mm，整体铸铁
制动钳	Brembo 固定式单体制动钳，4 活塞，ø38mm/42mm/42mm
制动衬块有效面积	77cm²

后制动器如表 4-13 所示。

表 4-13

制动盘	⌀320mm×22mm，整体铸铁
制动钳	Brembo 浮动式制动钳，单活塞，⌀42mm
制动衬块有效面积	45cm²

2. 吉博力 S & 吉博力 S Q4 车轮制动器

吉博力 S & 吉博力 S Q4 车型的性能系统配备通风式交叉钻孔制动盘和一体式固定 Brembo 卡钳。在前部，系统采用了 6 活塞大型铝制卡钳，并作用在复铸成形的 360mm×32mm 制动盘上。复铸技术［Brembo 于 2007 年首次在玛莎拉蒂总裁 Sport GT S 上采用］即指铸铁摩擦圈与制动盘铝制中心轮毂为共同模压制成。由于采用了铝材，因此该技术显著降低了簧下重量并改善了散热能力，而铸铁可在整个制动器温度范围内实现优异的摩擦特性。后桥配备了 4 活塞固定式铝制卡钳和 350mm×28mm 通风式穿孔制动盘。该系统不仅具有高效制动力，而且具备更佳的热交换能力，因此在运动应用中冷却效率更高，温度更稳定。吉博力版本上的制动衬块采用了专为吉博力开发的专用复合材料，具有良好的退化和衬块磨损特性，设计用于在高速行驶时提高制动性能，如图 4-16 所示。衬块带有集成式磨损传感器，如果衬块磨损情况达到临界点，传感器将触发组合仪表上的警告灯。系统的声学舒适性得到了特别关注。

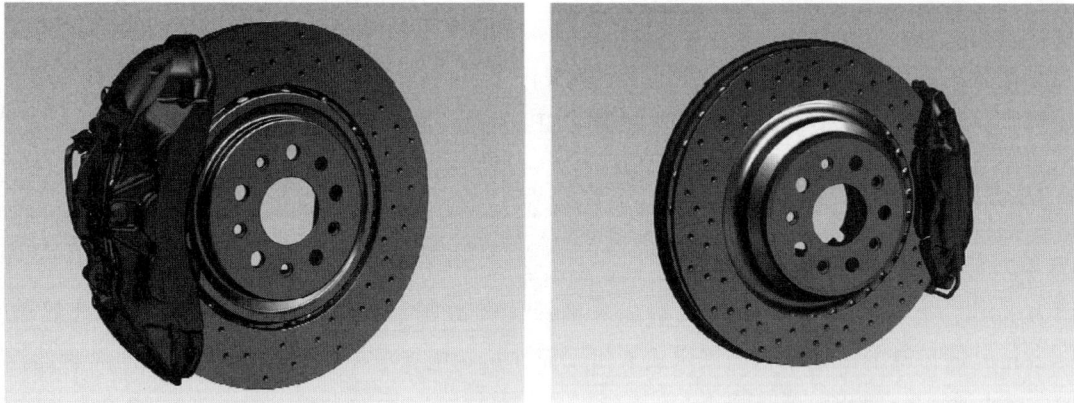

图 4-16

前制动器规格如表 4-14 所示。

表 4-14

制动盘	⌀360mm×32mm，钻孔和共铸（Dual-Cast）
制动钳	Brembo 固定式单体制动钳，6 活塞，⌀38mm/34mm/30mm
制动衬块有效面积	90cm²

后制动器规格如表 4-15 所示。

表 4-15

制动盘	⌀350mm×28mm，钻孔式整体铸铁
制动钳	Brembo 固定式制动钳，4 活塞，⌀32mm/28mm
制动衬块有效面积	65cm²

3. 制动管路

制动主缸为串联式并具有 H 形分离式制动回路，如图 4-17 所示。一个半透明的制动液储液罐安装在主缸的顶部，带有 MIN 和 MAX 液位指示。如果液位位于较低的危险水平，液位开关将此情况通过警告灯通知驾驶员。作用在主缸上的力通过真空制动助力器进行伺服辅助。一个压力传感器安装在真空助力器上，以便将来应用 Stop & Start（停止 & 启动）技术。

图 4－17

制动系统规格如表 4－16 所示。

表 4－16

回路类型	H－split
制动液	合成油：USA FMVSS n. 116 DOT 4、ISO 4925 Class 4、JIS K 2233 Class 5、AS/NZ 1960Class 3、SAE J1704、CUNA NC 956－01
	推荐油液：壳牌动力施 UB（DOT 4 Ultra）或壳牌制动器和离合器油 DOT 4 Ultra。

三、电子车辆稳定控制系统

吉博力（Ghibli）采用了博世新一代"增强型 ESP9"稳定控制系统，其横摆率和加速度传感器集成在 HU－ECU 内，如图 4－18 所示。

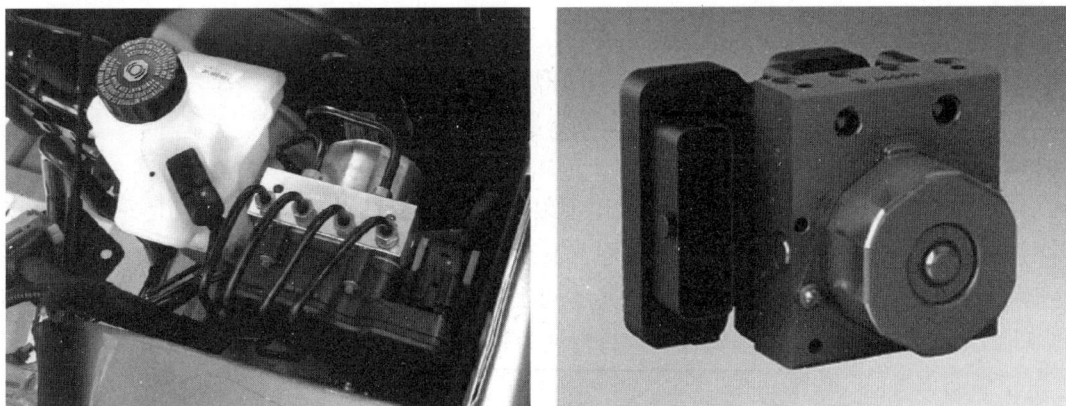

图 4－18

1. 系统概述

如同总裁，新款吉博力采用了博世新一代电子稳定控制（ESC）系统（称为 ESP 9Enhanced）。ESP9 与前代 ESP8 类似，但提供了多项系统改进以及其他功能。ESP9 装置更加紧凑，使其具有更小的排量（1.340L，对比 ESP8 的 1.620L）和更轻的质量（1.6kg，对比 ESP8 的 2.3kg）。ESC 采用优化微处理器设计和基于印刷电路技术的控制单元。它集成有前一代系统（ESP8）的所有功能。新的稀土永磁直流电机工艺，使其功率—重量比得到显著改善。动态惯性传感器和专用总泵压力传感器的整合实现了即使在制动压力最低的情况下的精确控制。ESC 单元连接至 CAN－C 总线，用于与其他车辆系统进行数据交换并进行诊断。

（1）带有附加 ECU 的液压单元。

控制单元根据定义的数学程序（控制算法）处理从传感器接收到的信息。计算结果形成发送到液压调节器的控制信号的基础。液压调节器根据功能要求增加或降低车辆制动器的压力。本 ESP9 控制单元的一个新特点是集成在控制单元内测量横摆率和横向及纵向加速度的传感器。ESC 单元与高速 CAN－C 网络连接，用于与其他车辆系统进行数据交换以及用于诊断。

（2）横摆率和加速度传感器。

横摆率传感器和加速度传感器的信号用来计算车辆的实际运动。如果驾驶员选择的目标方向与车辆的实际运动相差较大，ESC 功能试图通过选择性地进行制动来更正车辆运动。

（3）轮速传感器。

车轮转速是控制系统一个重要的输入变量。轮速传感器检测车轮转速并将电气信号传送到控制单元。处理器根据转速信号计算车轮与路面之间的滑度。传感器为有源传感器（带有一体式微处理器），通过两根线、电源和信号与 ESC 单元相连。每个传感器采用 1 个集成到车轮轴承的磁圈作为转速脉冲轮。

（4）转向角度传感器。

转向角度和方向盘转速作为确定驾驶员所选预期方向的重要输入。在吉博力上，该传感器集成在 SC-CM（转向柱控制模块）内并通过 CAN－C 网络与 ESC 单元进行通信。

（5）制动踏板开关。

制动踏板开关与 ESC 单元和 BCM 连接。所有 3 个制动灯都由 BCM 激活。

2. 车速和 VSO

在车辆的电气系统中，ESC 模块为车速信息的主机。ESC 装置根据来自各个轮速传感器的输入信号和作为车辆配置数据组成部分的轮胎周长计算车速。使用 2 个后轮的平均速度进行车速计算，而前轮的轮速传感器则作为备用。车速信息由 ESC 模块置于 CAN－C 线路上，而 BCM 用作 CAN－I 模块的网关。除了将车速信息置于 CAN 总线上，ESC 装置还生成一个模拟信号，称为模拟车速信号（VSO）。VSO 是一个 5V 方波信号，其可变频率随行驶速度而增大。它用于某些无法访问 CAN 的模块，例如速度自适应动力转向模块（CSG）和天窗模块。

3. 系统功能

新的 ESP9 系统提供与前一系统（ESP8）相同的经过试验和证明的可靠功能，此外还具有某些增强功能。

（1）防抱死制动系统（ABS）。

ABS 的主要作用是在紧急制动期间最大限度地限制轮胎与路面的附着力，不仅使车辆在最短距离停车，还会在整个操纵期间提高车辆的方向稳定性。在制动期间，通过监测轮速传感器信号来检测一个或多个车轮的抱死倾向，必要时系统会降低个别分路的制动压力来防止车轮抱死，直至特定车轮与路面接触区域之间的抓地力最大化。与完全丧失抓地力（打滑）的轮胎相比，滚动的轮胎可以实现车辆转向。

（2）电子制动力分配（EBD）。

EBD 通过综合自学习过程不断地自动调整前后桥之间的制动偏差，确保在不同的路面情况和不同车载情况下都能保持最佳的制动平衡。校准好的 EBD 可以使制动性能最大化，并减少 ABS 干预的需求。

（3）牵引力控制系统（TCS）。

车辆加速期间，在给定抓地力条件下输出过大驱动扭矩时，TCS 通过防止被动轮空转来保持车辆稳定。这是通过分别制动空转车轮并减低发动机扭矩来实现的。车辆加速期间，通过监测轮速传感器信号来检测一个或多个被动轮是否空转。ESP 单元通过 CAN 将发动机扭矩降低请求发动给 ECM，此请求优先于驾驶员的油门请求。驾驶员可通过按下"TCS 关闭"按钮来关闭 TCS。

（4）发动机制动—扭矩控制（MSR）。

MSR 来自德国 MotorSchleppmomentenRegelung 或发动机制动—扭矩控制。该功能可以在抓地力低的情况下，在降挡时通过负发动机扭矩保证车辆的稳定性。降挡待定过程中，当后轮抱死时，MSR 将命令发动机 ECU（ECM）打开节气门并降低发动机制动扭矩。

（5）电子稳定控制系统（ESC）。

本系统增强了车辆各种驾驶条件下的方向控制和稳定性。ESC 功能在车辆行驶过程检测到与预期值的偏差时激活。ESC 功能检测车辆的旋转运动并对行驶偏差进行补偿。这个功能可以通过自动结合对应车轮的制动器来修正车辆的过度转向和不足转向。发动机动力也会降低，以辅助抵消不稳定情况并保持正确方向。ESC 模块对转向角传感器、集成式横摆率和加速传感器的信号进行对比。除了行驶车速和节气门位置等其他车辆动态参数，ESC 模块还对车辆的动态稳定性状态持续进行评估。当要求的行驶轨迹与实际轨迹之间存在偏差时，ESC 系统对合适车轮制动，抵消过度转向和不足转向状况。

转向过度——车辆转弯量大于方向盘输入。对前轮外侧制动。

转向不足——车辆转弯量小于方向盘输入。对后轮内侧制动。

（6）坡道起步辅助系统（HSA）。

HSA 系统的功能是在车辆坡道起步过程为驾驶员提供辅助。HSA 在制动踏板松开后的短时间（2s）内保持制动压力水平。如果在这个短时间内驾驶员没有踩下油门踏板，该系统将释放制动压力，车辆也会在重力作用下开始溜坡。在施加制动压力的时间段内，系统将按照车辆开始沿选定方向移动时施加的节气门开度/扭矩，以一定的比例释放制动压力。这一功能也称作 Hill Holder。

（7）HSA 启用标准。

若 HSA 系统要启用，必须满足以下条件。

车辆必须处于静止状态。

坡度必须大于或等于 6%。

挡位的选择必须与车辆上坡方向一致（即车辆面朝上坡，应挂入前进挡；车辆背朝上坡，应挂入倒挡）。当符合启用条件时，HSA 将在"倒挡（R）"或所有前进挡内工作。如果车辆处于"空挡（N）"或"驻车挡（P）"，系统不工作。

（8）制动辅助系统（BAS）。

该系统通过优化紧急制动时的车辆制动性能完善 ABS 系统。系统通过感应制动踏板施加的速度和力度来检测紧急制动情况，然后在制动器上施加最佳的压力以缩短制动距离。

在紧急制动情况下，制动压力会升高到 ABS 制动压力，而不管驾驶员是否增大制动功率。一旦释放制动踏板，BAS 将不起作用。对于 M139 型总裁而言，这个功能曾被称作液压制动辅助功能（HBA）。

（9）预警式制动系统（RAB），全新。

预警式制动系统可在紧急制动情况时缩短达到完全制动所需的时间。

它通过监测驾驶员松开油门的快慢来预测紧急制动情况可能发生的时间。当油门松开非常快，RAB 将少量的制动压力施加到液压回路，以闭合制动衬块与制动盘之间的间隙，从而可缩短制动系统的压力建立时间并同时施加压力到所有车轮上的制动器。驾驶员不会注意到这少许制动压力。如果驾驶员随后踩下制动踏板，制动系统则利用该制动压力实施快速制动响应。

（10）液压衰减补偿（HFC），全新。

若驾驶员施加最大制动力但仍然无法达到最大减速度时，HFC 将提供附加的制动力支持。例如在制动盘处于高温状态（热衰减）时。这是由制动盘高温（衰减）所导致的。

四、ESC

ESC 系统具有 3 种工作模式，取决于驾驶员选择的驾驶模式，如表 4—17 所示。

表 4—17

已选驾驶模式	ESC 系统运行模式	已选驾驶模式	ESC 系统运行模式
正常＋自动	ESC—正常	I. C. E.	ESC—正常
正常＋手动	ESC—正常	ESC—关闭	ESC—关闭
运动＋自动	ESC—运动	硬减震器设置	对 ESC 运行无影响
运动＋手动	ESC—运动		

1. ESC—正常

此模式在点火开关旋至开启（ON）位置后默认为启用。在此模式下，ESC 系统的全部功能均可用。根据美国 FMVSS126—Sine—With—Dwell（正弦停滞方法）要求调整 ESC。

2. ESC—运动

ESC—运动模式的特点是它具有更加柔和的 ESC 干预、更高的启用阈值和更高的牵引力控制系统目标滑移率。根据玛莎拉蒂车辆动力学工程师的要求调整 ESC。如果行驶期间车辆处于无法满足 FM-VSS126—Sine—With—Dwell（正弦停滞方法）要求的状态下，则 ESC—关闭指示灯将启用。

3. ESC—关闭

可通过按下靠近选挡杆的 ESC—关闭按钮进入 ESC—关闭模式。ESC—关闭指示灯将会开启 ESC—关闭模式用于更富激情的驾驶体验，但也适用于深雪、沙土或碎石路面。

ESC—关闭模式期间，系统设置如下。

ESC—关闭停用。例外情况：踩下制动踏板时允许进行临时 ESC 干预，为驾驶员提供协助。但是，这种干预不会通过仪表板上的指示灯进行指示。

TCS 发动机扭矩干预停用。

TCS 制动干预在 ESC—运动模式临界点时启用。

ESC—关闭模式不受发动机转速或车辆速度的限制。

FMVSS126—Sine—With—Dwell 要求无法满足。

注：ABS、EBD、MSR、HAS、BAS、RAB 和 HFC 功能不受所选驾驶模式的影响，即对于 ESC 所有 3 种工作模式，它们均可通过相同方式进行调整。

五、EPB

1. 系统概述

作为标准装备，所有车辆均装备一个电子驻车制动器（EPB），如图 4—19 所示。EPB 为电子机械装置，可防止车辆在静止状态下移动。它取代传统的机械驻车制动器（手动制动器）的功能并进一步延伸。驻车制动器包括集成在后轮制动盘内的鼓式制动器（"盘中鼓式"结构）并通过拉线进行操纵。它们与 EPB 装置相连，设计为带集成式 ECU 的电控拉线操作。EPB 装置安装在后副车架的顶部，行李箱地板下方。驻车制动器启用开关安装在中控台上。此 EPB 装置与 M139 和 M145 车型上使用的装置类型不同，但其操作类似。与前一代车型 EPB 系统的另外一个区别是两个鼓式制动器的拉线直

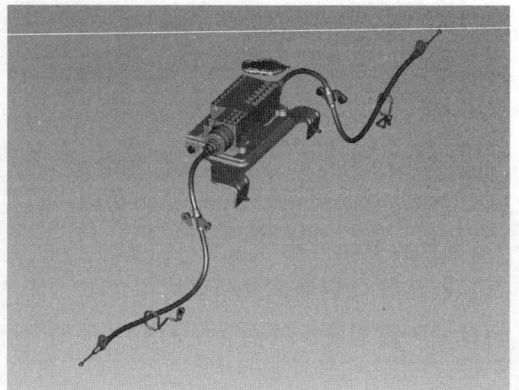

图 4—19

接来自 EPB 装置，所以无须使用拉线分线器。

与传统的手动驻车制动器相比，电子驻车制动器可为用户提供多个优点。

①提供增强的功能（自动施加、汽车起步、动态制动）。

②可根据实际路况（道路坡度）始终施加适当数量的制动力。

③监测驻车制动器的效率，即便是在点火钥匙置于关闭位置后。

④将手动驻车制动操纵杆从中央通道区域内拆下，因此可提供更大空间并允许更加自由的内饰设计。

⑤提供更加高效和安全的紧急制动功能。

EPB 控制逻辑：EPB 单元与 CAN－C 线连接，用于与其他车辆模块通信并用于诊断，如图 4－20 所示。其工作与 ESC 单元密切相关。ESC 单元的作用是评估是否满足驻车制动器接合或断开的正确条件，并通过 EPB 单元来实现手刹功能。如果 EPB 系统存在任何可疑故障，其还可以用于检查 ESC 系统是否正确运行并检查是否存在故障码。

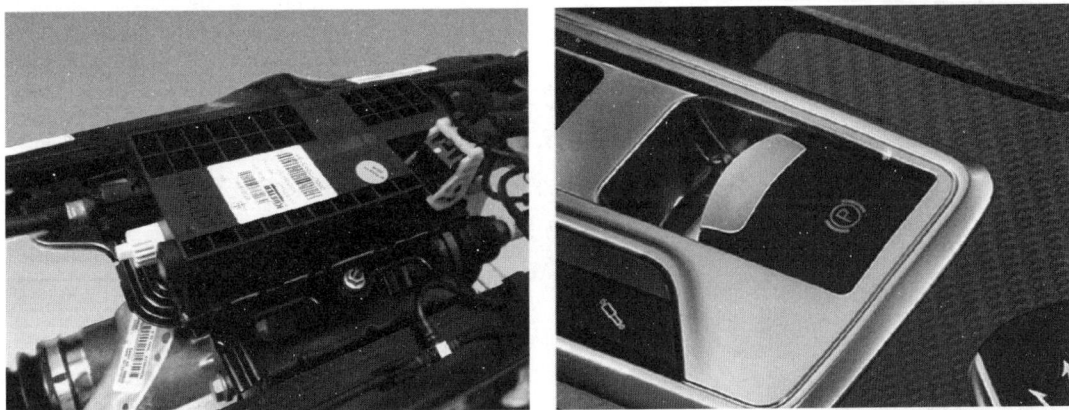

图 4－20

2. EPB 运行逻辑

（1）辅助驻车制动。

在车辆静止时，可通过抬起中控台上的 EPB 启用开关来接合和断开驻车制动器。要确保 EPB 系统激活，需拉住换挡杆控制台上的开关约 2s。可通过踩住制动踏板并拉动开关来关闭系统。当施加驻车制动器时，组合仪表上的警告灯点亮，相关信息显示 5s。在接合和断开程序期间，警告灯闪烁，直到达到所请求的状态。

（2）自动制动。

在车辆静止和点火开关关闭（默认条件）时，驻车制动器会自动接合；该功能可通过组合仪表的车辆设置菜单停用，如图 4－21 所示。选定设置（自动制动开启/自动制动关闭）会在点火开关关闭后维持存储。

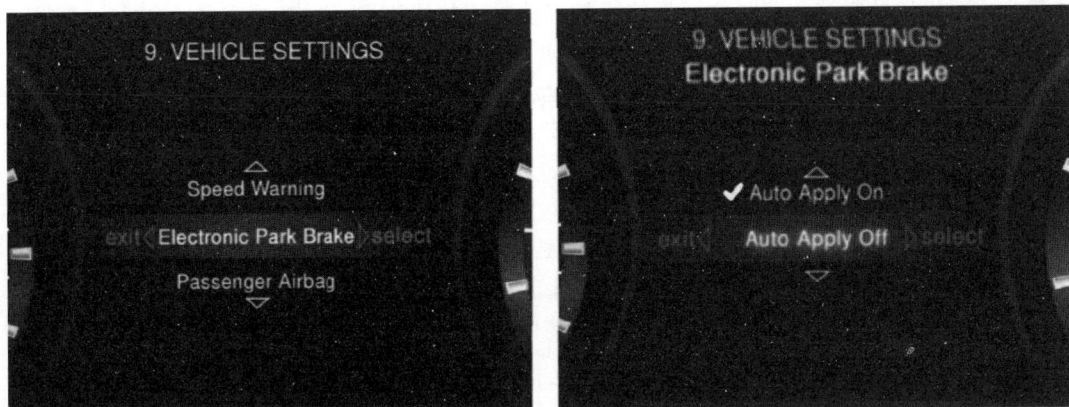

图 4－21

（3）起步。

当起步（加速踏板位置传感器检测＞3%）时驻车制动器解除，此功能始终激活。在发动机运行，驾驶员侧车门关闭，以及同时踩下制动踏板并操作换挡杆时，驻车制动器自动断开。

（4）动态制动

凭借这一功能，可以使用驻车制动开关进行紧急制动。如果开关按下，车速尚未到0，车辆将制动，直到开关松开或车辆停下。这个功能由ESC管理。ESC单元可使用4个制动卡钳，并通过预先设置的减速度使车辆减速。在动态制动过程，所有安全功能（ABS、EBD、ESC）将保持激活状态，停车灯也将继续工作。开关松开后，车辆立即停止制动。如果按下开关并持续到停车，EPB将在车速达到0后接合驻车制动器，随后，ESC单元将释放制动卡钳。这个功能可以让驾驶员以安全、可控的方式降低车速和停车。分离车辆蓄电池后，需要使用EPB开关执行一个EPB手动接合/分离循环。这样可以让EPB单元学习全部行程，这对于自动运行是必要的。

3. EPB维修操作

（1）EPB手动释放。

在系统出现故障或蓄电池没电时，可以通过手动操作释放电动驻车制动器。为了实现这一点，可使用车辆应急工具箱中的专用工具，如图4-22所示。拆下行李舱地板保护罩即可对EPB单元进行操作。将专用工具的六方头插入EPB单元左侧的释放机构中并顺时针方向转动，直至完全释放。这样即完成驻车制动器的释放。注：在操作期间，需确认点火开关已关闭。

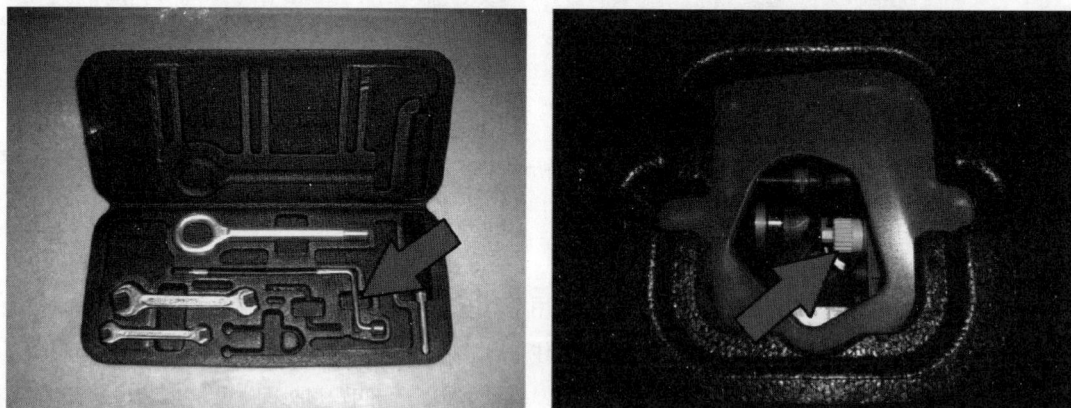

图4-22

手动释放EPB后，必须使用玛莎拉蒂诊断仪对系统进行校准，并检查是否出现故障码。

（2）EPB执行器校准。

当拆卸或更换驻车制动系统的制动盘、拉线或EPB单元等部件后，或者执行EPB手动释放程序后，需要使用玛莎拉蒂诊断仪执行EPB执行器校准。

校准程序需要设置执行器行程零位并将拉线行程校准到拉线张紧。

EPB正确校准需要达到正确的拉线张紧量。如果系统未校准，EPB单元会存储故障码。务必在系统校准后或任何EPB维修操作后检查EPB单元是否存在故障码。

第四节　莱万特

莱万特可配备带浮动制动钳的常规制动系统；作为321kW版本的专用方案，也可配备带交叉钻孔盘的性能制动系统和带固定制动钳的加大前盘。由于采用增加了车身稳定控制功能的新ESC装置，主动安全已得到提高。最后，莱万特是第1款在电机驱动卡钳设计中包含驻车制动器的玛莎拉蒂车型，如图4-23所示。

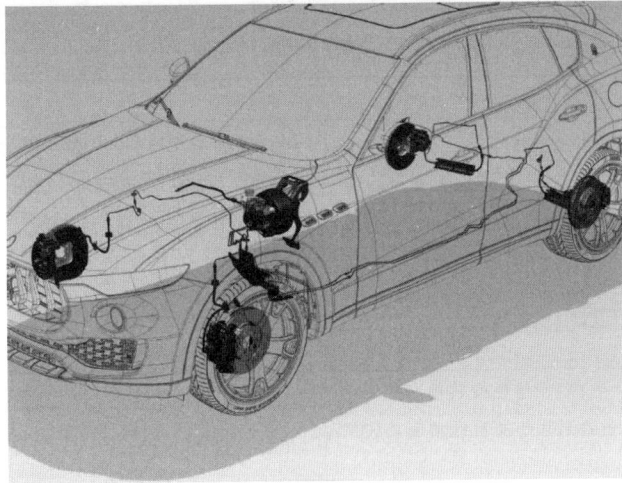

图 4-23

（一）制动系统

1. 制动盘与制动钳

莱万特可配备不同的制动系统，具体取决于发动机：柴油版本和261kW汽油版本配备基础制动系统，而321kW版本的一大特点是配备高性能系统。

基础系统的特点是采用浮动制动钳和通风盘，后制动钳集成MOC（电机驱动卡钳）类型驻车制动器。制动钳由Continental提供，制动盘由OMR提供，如图4-24所示。

性能制动系统对前制动器增加了几项改进，其中前制动器的特色是固定6活塞制动钳（Brembo）和更大的双材质铸造、交叉钻孔盘（SHW）。后制动器与基础版本的相同，唯一的区别是制动盘现在为交叉钻孔盘，如图4-25所示。

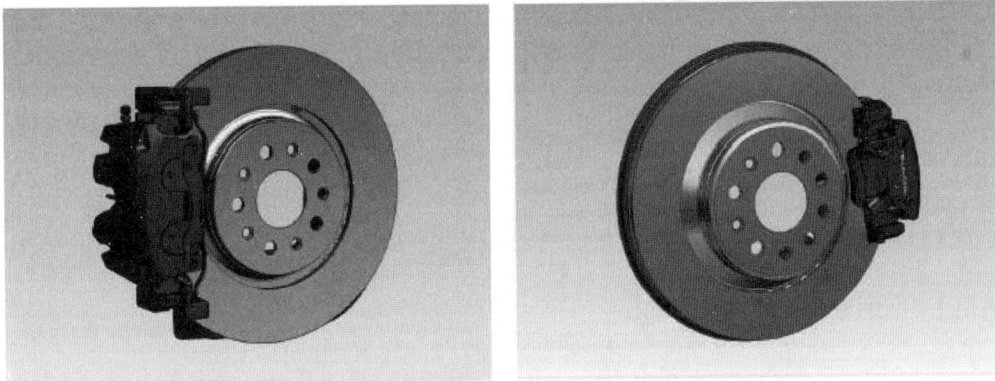

图 4-24

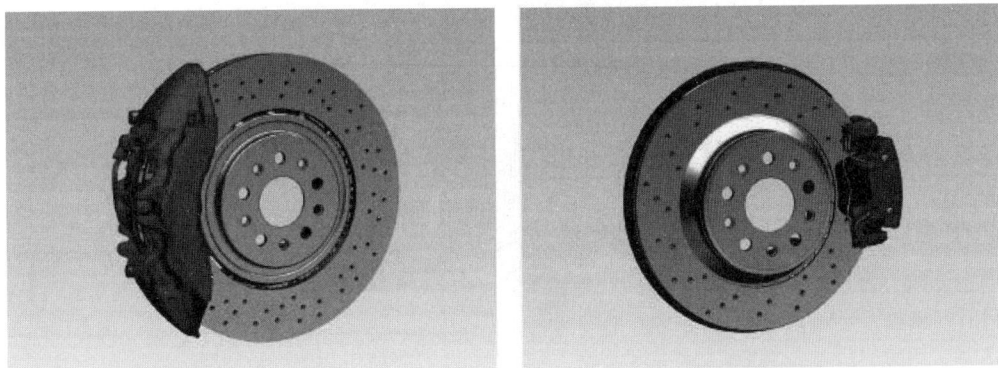

图 4-25

技术参数如表4-18所示。

技术参数	基础系统	性能系统
前制动盘	通风型 345mm×32mm	双合金铸造、通风和交叉钻孔型 380mm×32mm
后制动盘通风型	通风型 330mm×22mm	通风和交叉钻孔型 330mm×22mm
前制动钳和制动片	浮动双活塞（48mm）70.6cm² 制动片	固定、单片 6 活塞（30mm—34mm—38mm）109cm² 制动片
后制动钳和制动片	浮动单活塞（42mm）27.95cm² 制动片集成 MOC EPB	浮动单活塞（42mm）27.95cm² 制动片集成 MOC EPB
制动钳标配颜色	氧化灰色	黑色，带玛莎拉蒂标志
制动钳选配颜色	黑色、银色、红色、蓝色或黄色，带玛莎拉蒂标志（包含适用于所有浮动制动钳的装饰盖）	黑色、银色、红色、蓝色或黄色，带玛莎拉蒂标志（包含适用于所有浮动制动钳的装饰盖）

2. 制动系统液压回路

制动主缸为串联式，并且提供 H 分割制动液压回路。制动液储液罐安装在主缸顶部，储液罐上标有最低和最高油位，如图4-26所示。如果液位过低，液位开关可通过警告灯通知驾驶员。液压缸连接到由发动机的真空泵提供动力的真空型制动助力器上。压力传感器安装在制动助力器上，参与启停系统的管理。制动电路特性如表4-19所示。

图 4-26

表 4-19

电路分割	H 分割
制动液类型	合成液体，符合 U. S. A. FMVSS no. 116 DOT 4、ISO 4925 Class 4、JIS K2233 Class 5、AS/NZ 1960Class 3、SAE J1704、CUNA NC 956—01 推荐油液：PETRONAS Tutela TOP 4/S 或 Tutela TOP 5 FF（TT BFExtreme HT）
制动液量	0.8L±4%

（二）车辆稳定性控制

1. 带集成 ECU 的液压装置（图4-27）

图 4-27

系统核心部分的电动液压装置是新型博世 ESP 9Plus，这是 M156－7 车型上 ESP 9Enhanced 的升级版本。新装置的特点在于以下几项改进。

液压舱和机械舱已进行改进，以处理由于使用 ACC（自适应巡航控制）而造成的更加频繁的激活。

还对软件进行了重大更新，以允许装置与 ACC 和其他外部 ADAS 部件（高级驾驶辅助系统）相连接。

装置包含用于控制和诊断驻车制动器 MOC 执行器的电子元件。

扩展了车身稳定控制功能。

2．传感器

车身稳定控制最重要的输入是每个车轮的速度和转向角度，可由专用传感器进行采集。同样重要的是有关车辆运动的惯性信息，可通过内部加速度计以及现在集成在 ORC 模块中（而非 ESC 模块中）的横摆角速度传感器获得该信息。安装在前轮上的轮速传感器已经升级，现在可以识别车轮的旋转方向。这对于在 ACC（自适应巡航控制）所需非常低的速度下提供足够的控制至关重要，自适应巡航控制能够自动平缓地使车辆随前方车辆完全停止。ESC 装置掌管车辆速度信息，并在 CAN－C 总线上传输该信息。该装置还可以生成传统模拟 VSO 信号（5V 方波，频率与速度成正比）以将速度信息传送给非 CAN 模块（CSG 和天窗）。

3．系统功能：玛莎拉蒂稳定性程序

新 ESC 模块继承上一版本的所有现有功能，还引入一些新功能，详细信息继承的功能如表 4－20 所示和实现的新功能如表 4－21 所示。所有这些功能都已经过校准以适合莱万特的动力学特性。对这些功能进行整合和协调，从而形成整个玛莎拉蒂稳定性程序（MSP）。

表 4－20

ABS	防抱死制动系统。对施加到每个车轮上的制动力进行精细连续调节，从而不超过车轮滑转的最佳水平。这可使全力制动期间轮胎的附着力最大，并保证车辆的可控性
EBD	电子制动力分配。作为车辆负载和道路状况的函数，可自动连续调节前/后制动器偏差。TCS 通过制动驱动轮和请求发动机扭矩限制来防止急加速期间车轮打滑
MSR	发动机制动扭矩控制。向 ECM 请求扭矩限制（即打开更多节气门），从而在紧急情况（紧急降挡，在打滑道路上转弯）下发动机过度制动时保持车辆稳定
ESC	电子车身稳定控制。检测到不稳定情况（转向过度或转向不足）后，通过应用各制动器来恢复车辆的稳定
HSA	坡道起步辅助。当车辆上坡时，松开踏板后可保持制动压力，从而实现更轻松的坡道驾驶，不会回退
RAB	预警制动。通过评估加速踏板释放速度检测紧急情况，并在踩下制动踏板之前施加小的制动压力。可使制动片和制动盘完全接触，并提高制动系统的响应能力。注意：RAB 有时被称为 ABP（自动预制动）
HFC	液压衰减补偿。增加制动压力以补偿制动系统的问题，例如失去真空助力或者由于温度过高造成衰减。当减速显著低于制动液压回路压力的预期时将激活该策略
HBA	液压制动辅助。通过评估制动踏板踩下速度来识别驾驶员的紧急制动操作。如果检测到紧急制动情况，此功能可通过增加液压制动压力来缩短停车距离。注意：HBA 有时被称为 BAS（制动辅助系统）

表 4－21

HDC	陡坡缓降控制。下坡（甚至崎岖地形上）行驶时，施加适量的制动压力以维持恒定速度（通过巡航控制按钮进行调整）。踩下任一踏板可解除 HDC。可以通过方向盘上的专用键打开和关闭该功能
TSM	防拖车摇摆。通过施加侧偏制动力、稳定作为一个整体的车辆拖车组合来主动对比和最大限度减小拖车摇摆。只有安装了原装玛莎拉蒂牵引钩，才能启用该功能
DWT－B	通过制动器动态控制车轮扭矩。使用制动器在驱动轴左、右两侧之间形成发动机扭矩偏差。仅适用于运动模式
ROM	防翻滚。旨在增强高重心车辆（如 SUV）侧向稳定性的附加策略

4．ESC 操作模式

越野驾驶模式与 ESC 装置的新的专用操作模式相关联。通过以微小轮速变化进行分析，该装置可根

据表面的类型（砾石、雪、湿草等）优化牵引力。越野驾驶期间，该装置可根据需要降低车轮打滑限制，如表 4－22 所示。

表 4－22

所选驾驶模式和设置	关联的 ESC 操作模式	详细信息
正常	正常	所有车身稳定控制已启用
运动	运动	所有车身稳定控制已启用，但是干预阈值更高。仅限已启用 DWT－B 的驾驶模式
I. C. E.	正常	请参见上文
越野	越野	TSM 被禁用，所有策略都将具有更高的干预阈值（越野驾驶将受益于改善的车轮滑移性能）
ESC 关闭	ESC 关闭	ESC、TCS、HDC 与 TSM 均被禁用
手动换挡		对 ESC 操作无任何影响
硬阻尼设置		

（三）电子驻车制动器

与后制动钳整合在一起的直流电机驱动夹钳和中控台上的激活开关，如图 4－28 所示。莱万特车型的电子驻车制动器（EPB）是一种全新的紧凑型系统，该系统基于两个集成于后制动钳的电子执行器（电机驱动夹钳设置，或 MOC）。系统使用常规、液压制动操作所用的同一活塞与制动片进行制动。EPB 系统不具有专用 ECU；其控制单元集成于 ESC 模块中，同时夹钳仅集成了直流电机（无传感器或电子元件）。执行器的操作由 ESC 模块通过分析电流电压特性进行监控。如果测量结果指示未达到所需的夹紧力，则将保存特定的 DTC。与之前的鼓式制动系统相比，此系统完全不同，之前采用专用的制动蹄片作用于制动盘的内表面，并由单独的中央拉线收紧器（集成有 ECU）进行操控。

图 4－28

1. EPB 施加与释放

EPB 由驾驶员通过中控台上的开关进行操控。要释放 EPB，必须踩下制动踏板。除手动操作外，还可采用以下自动策略。

钥匙关闭时自动施加驻车制动。可从 IPC 禁用此操作。

在发动机运行、驾驶员侧车门关闭、踩下制动踏板以及将换挡杆移至 D 或 R 时进行预释放。

驶离（变速器处于 D 或 R，加速踏板踩下超过 3%）时自动释放。

动态制动：在车辆移动过程中持续拉动 EPB 开关，将使 ESC 单元向车辆施加相当大的稳定减速度。此功能可在制动踏板因任何问题而无法工作时作为紧急制动使用。在持续拉动此开关期间，车辆将维持该减速度，同时激活所有控制系统以保证车辆的稳定性。请注意，车辆使用 4 个行车制动器而非驻车制动器来实现动态制动功能。

2. 维修操作

由于两个执行器之间没有机械连接，因此无法像之前那样使用拉线收紧器来手动释放驻车制动器。如果因电池电压过低而无法释放 EPB，则需要连接外部电源以恢复足够电压。如果无法找到外部电源，或者发生了机械故障，则只能从夹钳处拆下执行器。要拆下执行器：

①放置止动块，以防车辆移动。

②断开执行器的电气连接。

③拧下用于将执行器固定在夹钳上的两个内六角螺钉。

④轻轻拧动，拆下执行器，使执行器输出齿轮与集成有螺钉驱动（用于推动夹钳活塞）的轴分离（轴仍与夹钳相连）。

⑤如果仍然无法完全释放制动器，则再将轴顺时针旋转 90°，以确保制动片与制动盘分开。重新组装后，需要在 ESC 模块中执行 DTC 清除操作并执行功能测试。在断开并重新连接车辆蓄电池后需要执行 EPB 循环（施加与释放）。

第五章　传动控制器

第一节　总裁 V8

一、前言

全新总裁的转向系统由玛莎拉蒂的底盘工程师开发设计，可给予汽车理想的操纵性能，并提供了精确控制力，如图 5-1 所示。由于与前一代总裁相比，转向传动比减小，因而车辆通过性能得以提高。动力转向系统为液压系统并保留前一代总裁上使用的速度自适应控制，但运用了新的标定曲线图。方向盘为多功能型，可搭载若干个性化选装件。转向柱为电动可调式，集成有电动锁止机构。一种新的装置为电动调节脚踏板。

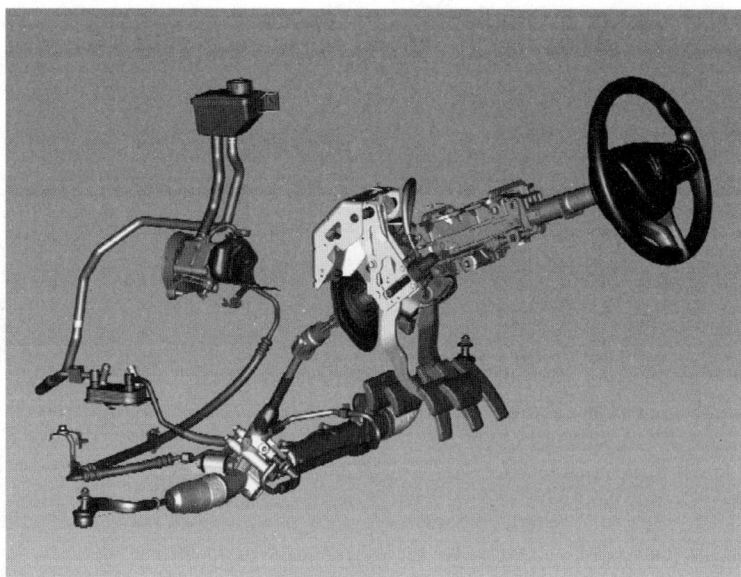

图 5-1

二、方向盘

带记忆功能的多功能和电动调节方向盘为全真皮精饰，作为标准装备。真皮有 5 种不同颜色可供选择，方向盘轮缘有木制镶嵌件和碳纤维镶嵌件可供选装，如图 5-2 所示。方向盘包含多种命令：用于巡航控制（左侧）、用于移动电话和语音控制及浏览组合仪表多功能显示屏（右侧）的控制开关、浏览轮辐背面 MTC 系统的控制开关以及集成在安全气囊装置中的喇叭开关。这些开关均以电子方式组合在一起并通过串联 LIN 线路连接至 SCCM（转向柱控制模块）。SCCM 安装在方向盘后面转向柱上，包括时钟弹簧、转向角传感器、用于雨刮器/清洗器控制的方向盘操纵杆和用于转向柱调节的控制手柄。作为选装件，可根据要求加装方向盘轮缘加热功能（仅可与带木制镶嵌件的方向盘搭配使用）。1 个电子加热元件集成在轮缘内部，帮助在寒冷天气条件下温暖驾驶员双手。加热式方向盘只带有 1 个温度设置。一旦开启，此功能将在运行 58~70min 后自动关闭。当方向盘已变暖时，加热式方向盘会提前关闭或不开启。方向盘加热功能由 CSWM（舒适型座椅和方向盘模块）启用，此模块控制前排座椅的加热/通风功能。如果需要，方向盘加热功能可通过 MTC 系统的设置菜单启用或停用。

注：发动机必须处于运转状态，加热式方向盘才能工作。

图5-2

三、带电动调节的转向柱

带记忆功能的转向柱电动调节是全新总裁的标准装备，如图5-3所示。一个电子机械执行器（直流电机和心轴机构）集成在转向柱中并由SCCM促动。调节手柄安装在转向柱的下部左侧。转向柱位置存储器链接至驾驶员座椅存储器。为此，SCCM通过CAN-I总线与MSM（记忆座椅模块）进行交互。

转向轴带有可溃缩部分，设计用于在发生强烈的正面碰撞时吸收能量并避免方向盘伸入驾驶舱空间内。

由于总裁装备无钥匙进入和无钥匙启动功能，方向盘锁电气促动。ESCL（电子转向柱锁）装置安装在转向柱的顶部。

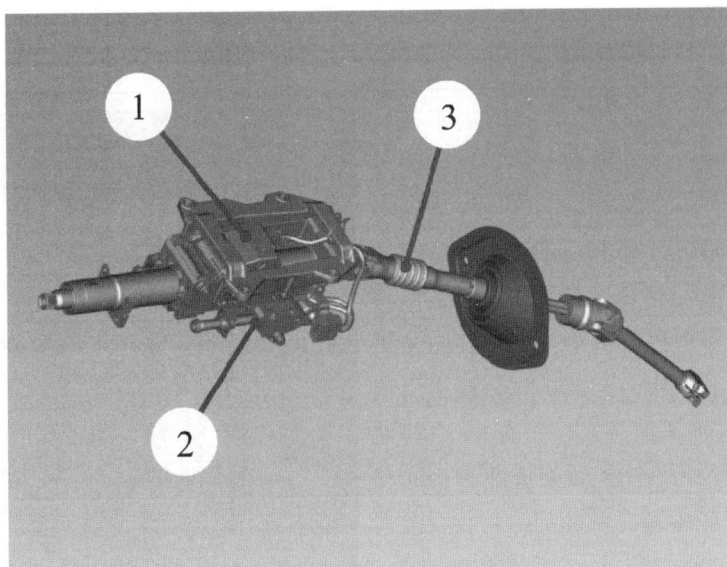

1-电子转向柱锁（ESCL）　2-转向柱电动调节执行器　3-伸缩式转向轴

图5-3

四、转向齿条和速度适应性动力转向

转向齿条和速度适应性动力转向组成如图5-4所示，技术参数如表5-1所示。

1—动力转向液控制阀　2—皮带驱动动力转向泵　3—动力转向液储液罐　4—温度传感器
5—动力转向液冷却器

图5-4

表5-1

人行道间的转向直径	12.32m
墙壁间的转向直径	14.28m
转向齿条比率	56mm/圈
方向盘圈数，总回转圈数	2.74
动力转向液压油	ATF DEXRON II D LEV, SAE 10W — ATF 类型 A—MB 236.2—ZF ML09/12—Shell Donax TM

TRW 转向齿条为整体铝制，安装在前副车架结构最后面的横梁上。转向齿条为前悬架的特定结构专门开发，以获得精确的几何结构控制，进而在进入弯道时实现精确转向和灵敏度。与前一代总裁相比，转向传动比减小（转向盘总回转圈数仅为2.74），使得其通过性能在同级别汽车中出类拔萃，同时转向角更大，使转向直径减小。动力转向为液压式，使用由前端附件传动皮带驱动的机械油泵。1个油液/冷却液热交换器安装在回路中。此热交换器集成在车辆的辅助冷却系统中，还可为变速器提供冷却。1个油温传感器安装在热交换器的出口管上。如果温度过高，ECM将启用辅助冷却回路的电气辅助水泵，提高冷

图5-5

却能力。1个动力转向油温度传感器安装在热交换器的出口管上，如图5-5所示。

1. 速度自适应控制

全新总裁的液压动力转向系统为速度感应型。此系统的操作方式与前一代总裁上安装的系统非常类似。此系统的目的是在操纵和低速行驶期间获得舒适和轻便的转向路感，而在高速行驶时提供适当的路感和一致性。为转向齿条提供助力的液压油的流量由安装在转向齿条上的油压控制阀调节。油液控制阀由 CSG 模块（中央伺服指南——动力转向 ECU）根据行驶速度控制。CSG 模块安装在驾驶员侧车辆前围板上，如图5－6所示。

CSG 模块接收开关控制的 12V 电源，因此只有在点火钥匙位于 On（开启）位置的条件下才可工作，它通过变化的电流信号（0～800mA）控制安装在转向齿条上的控制阀，如表5－2所示。CSG 模块基于行驶速度操作油压控制阀，因此它接收来自 ESC 单元的可变频率 VSO 信号。CSG 模块不连接至车辆的 CAN 网络，它使用串联 K 线进行诊断。如果出现系统故障，组合仪表上的专用警告灯将启用。

图 5－6

表 5－2

启用电流	油压控制阀	助力水平
0mA	静止位置	最小助力
800mA	完全启用	最大助力

2. 控制逻辑

驻车和低速行驶期间，电磁阀供应最大电流。这样可允许更大的液压流量并使转向路感更加轻便。行驶速度增加时，电磁阀的电流减小。助力值因此受到限制，而路感得以改善。系统以固定曲线的方式工作，而不受已选驾驶模式的影响，如图5－7所示。

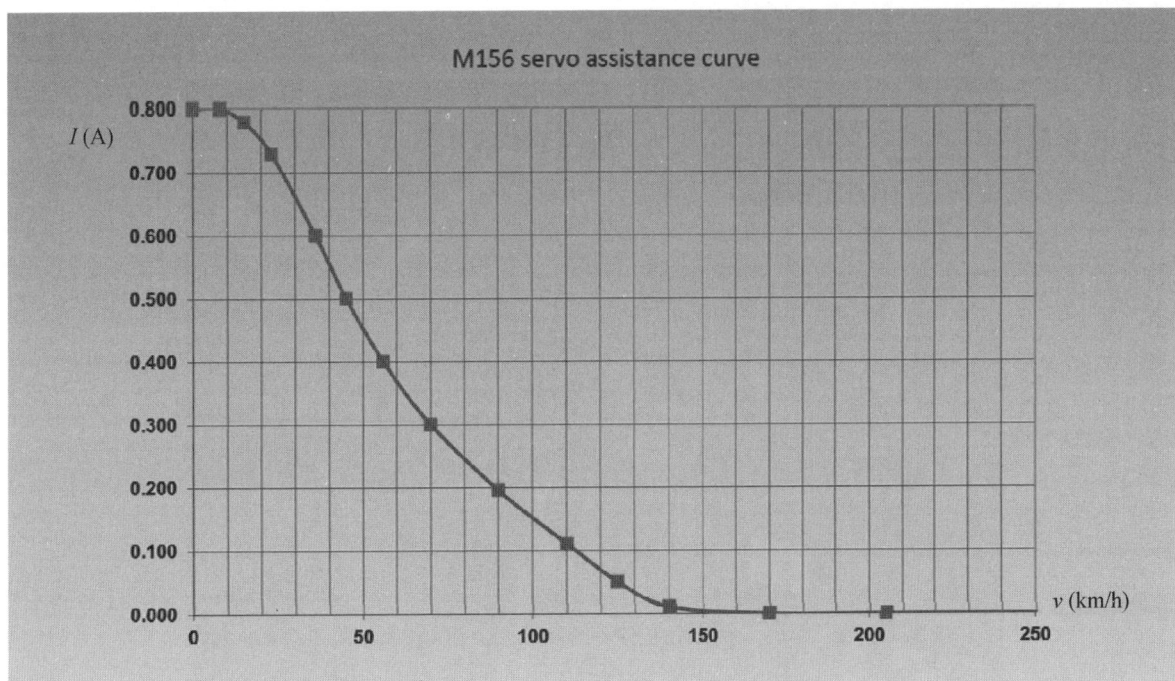

图 5－7

五、可调踏板装置

电动可调脚踏板在所有左舵驾驶（LHD）车辆上为标准装备，如图5-8所示。由于技术原因，此装置不可用于右舵驾驶（RHD）车辆。可调踏板系统设计用于提供更大范围的与方向盘倾斜度和座椅位置相关的驾驶员舒适性。此装置允许制动踏板和加速踏板朝向或远离驾驶员的脚部移动。控制开关位于驾驶员坐垫护罩的前面。可用选装装备有电刷不锈钢运动踏板和带较高抓持力橡胶嵌入件的左侧脚蹬。

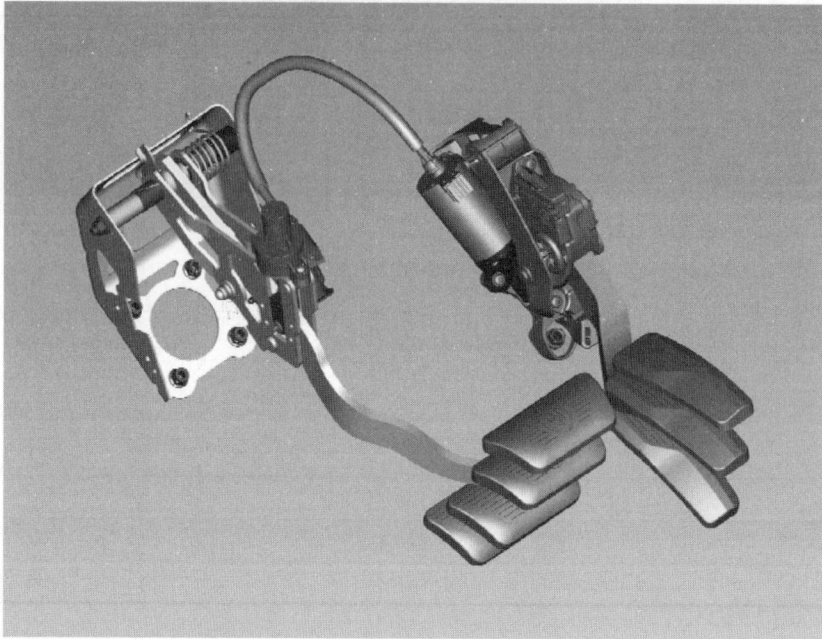

图5-8

直流（DC）电机集成在加速踏板装置中，可调节加速踏板的位置，如图5-9所示。直流电机还通过电缆连接至制动踏板总成上的心轴机构。制动踏板和加速踏板在电机运转时同时向前或向后移动。

踏板的电子调节由记忆座椅模块（MSM）控制，以使踏板位置链接至驾驶员座椅的编程位置。注：踏板只有在点火开关位于OFF（关闭）位置时才可调节。

图5-9

第二节　吉博力

一、前言

全新吉博力的转向系统由玛莎拉蒂的底盘工程师开发设计，可给予汽车理想的操纵性能，并提供了精确控制力，如图5-10所示。该具备车速自适应动力辅助功能的转向系统与新款总裁的系统完全相同。对比前一代总裁，转向器速比有所降低，以提高车辆的敏捷度。

车速自适应控制系统的标定曲线图为吉博力特有，并为选配型运动组件进行了专门调节，以改善转向反应性。吉博力的方向盘为多功能型，可搭载若干个性化选装件。可选功能包括电动调节式转向柱和脚踏板。转向柱锁为电动型。

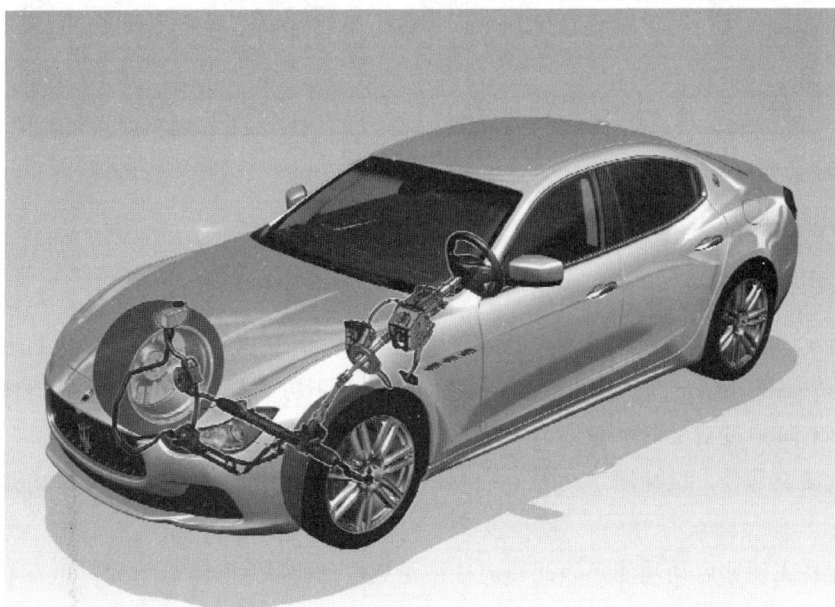

图 5-10

二、方向盘

吉博力的方向盘采用了全真皮作为标准配饰，如图5-11所示。方向盘皮革共有3种颜色：黑色、深灰和米黄色。选配型方向盘轮缘包括木制骨架或碳纤维骨架。方向盘包含多种命令：用于巡航控制（左侧）、用于移动电话和语音控制和浏览组合仪表多功能显示屏（右侧）的控制开关、位于轮辐背面用以浏览MTC系统的控制开关以及集成在安全气囊装置中的喇叭开关。这些开关均以电子方式组合在一起并通过串联LIN线路连接至SCCM（转向柱控制模块）。SCCM安装在方向盘后面转向柱上，包括时钟弹簧、转向角传感器、用于雨刮器/清洗器控制的方向盘操纵杆和用于转向柱调节的控制手柄。

作为选件，可根据要求加装方向盘轮缘加热功能（仅可与带木制骨架的方向盘搭配使用）。1个电子加热元件集成在轮缘内部，帮助在寒冷天气条件下温暖驾驶员双手。加热式方向盘只具有1个温度设置。一旦开启，此功能将在运行58~70min后自动关闭。当方向盘变暖时，加热式方向盘会提前关闭或不开启。方向盘加热功能由CSWM（舒适型座椅和方向盘模块）启用，此模块控制前排座椅的加热/通风功能（选配）。如果需要，方向盘加热功能可通过MTC系统的设置菜单启用或停用。注：发动机必须处于运转状态，加热式方向盘才能工作。

图 5-11

三、电动调节式转向柱

标准转向管柱为手动调节。带有记忆功能的转向柱倾度和高度电动调节系统为新款吉博力的选装设备，如图 5-12 所示。该功能与 8 向调节式记忆座椅配套。1 个电机执行器（DC 电机和主轴机构）集成在转向柱内，并由 SCCM 驱动。调节手柄安装在转向柱的左下方。转向柱位置存储器链接至驾驶员座椅存储器。为此，SCCM 通过 CAN-I 总线与 MSM（记忆座椅模块）进行交互。

转向轴带有可溃缩部分，设计用于在发生强烈的正面碰撞时吸收能量并避免方向盘伸入驾驶舱空间内。

由于吉博力配备无钥匙启动功能，因此转向柱锁受到电动驱动。ESCL 单元（电动转向锁）安装在转向柱顶部。

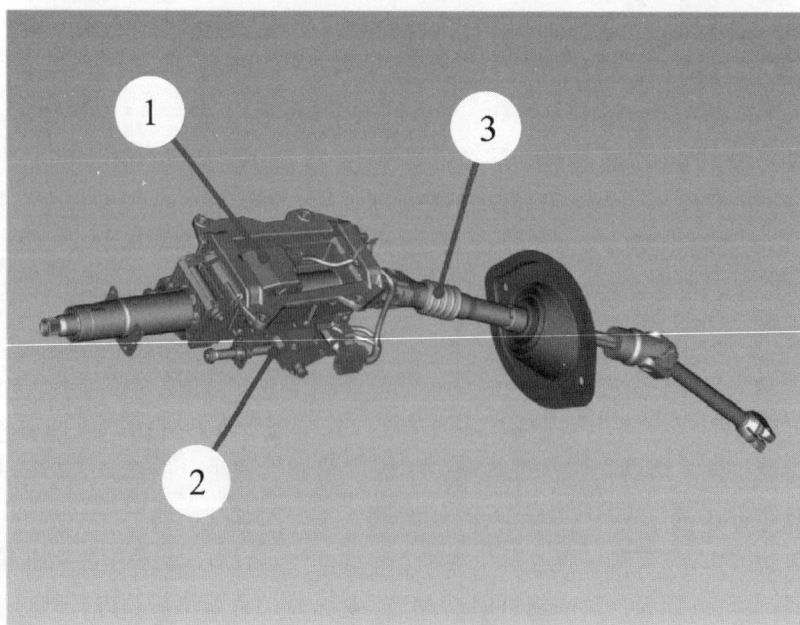

1-电子转向柱锁（ESCL）　2-转向柱电动调节执行器　3-可压溃式转向柱

图 5-12

526

四、转向器和车速自适应动力转向

转向器和车速自适应动力转向组成如图 5-13 所示，技术参数如表 5-3 所示。

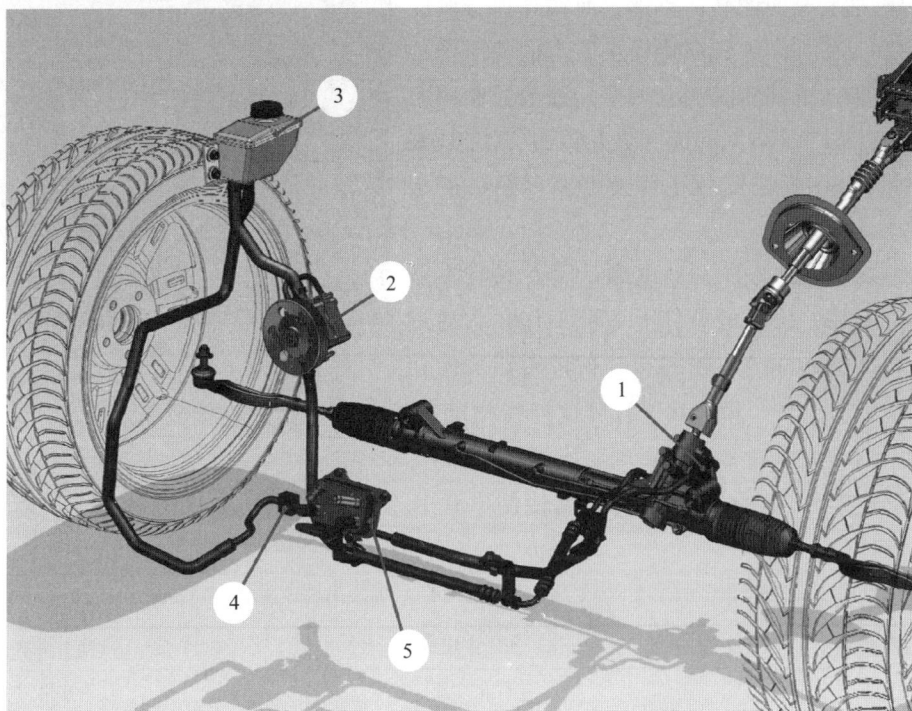

1—动力转向液控制阀　2—皮带驱动式动力转向泵　3—动力转向液储液罐　4—温度传感器　5—动力转向液冷却器

图 5-13

表 5-3

路侧转弯半径	11.7m
转向器速比	56mm/圈
方向盘转数	2.72
动力转向液压油	ATF DEXRON Ⅱ D LEV，SAE 10W—ATF 类型 A—MB 236.2—ZF ML09/12—Shell Donax TM

　　TRW 转向器为整体铝制，安装在前副车架结构最后面的横梁上。转向器为前悬架的特定结构专门开发，以获得精确的几何结构控制，进而在进入弯道时实现精确转向和灵敏度。转向器速比减少至仅为 2.72 转，使其灵活度高于同级车辆，而更大的转向角减少了转向圈数。对于吉博力车型，更短的轴距进一步改善了车辆灵活性，并减少了转向圈数。动力转向为液压式，使用由前端附件传动皮带驱动的机械油泵。1 个油液/冷却液热交换器安装在回路中。此热交换器集成在车辆的辅助冷却系统中，还可为变速器提供冷却。1 个油温传感器安装在热交换器的出口管上。如果温度过高，ECM 将启

图 5-14

用辅助冷却回路的电气辅助水泵，提高冷却能力。1 个动力转向油温度传感器安装在热交换器的出口管上，如图 5-14 所示。

1. 速度自适应控制

全新总裁的液压动力转向系统为速度感应型。该系统基本上与总裁所采用的相同。此系统的目的是在操纵和低速行驶期间获得舒适和轻便的转向路感，而在高速行驶时提供适当的路感和一致性。为转向器提供助力的液压油的流量由安装在转向器上的油压控制阀调节。油液控制阀由CSG模块（Centralina Servo Guida－动力转向 ECU）根据行驶速度控制。CSG 模块安装在驾驶员侧车辆前围板上，如图 5－15 所示。

CSG 模块接收开关控制的 12V 电源，因此只有在点火钥匙位于 On（开启）位置的条件下才可工作，它通过变化的电流信号（0～800mA）控制安装在转向器上的控

图 5－15

制阀，如表 5－4 所示。CSG 模块基于行驶速度操作油压控制阀，因此它接收来自 ESC 单元的可变频率 VSO 信号。

CSG 模块不连接至车辆的 CAN 网络，其使用串联 K 线进行诊断。如果出现系统故障，组合仪表上的专用警告灯将启用。

表 5－4

启用电流	油压控制阀	助力水平
0mA	静止位置	最小助力
800mA	完全启用	最大助力

2. 控制逻辑

驻车和低速行驶期间，电磁阀会受到最大电流供电。这样可允许更大的液压流量和更轻的转向感。行驶速度增加时，通往电磁阀的电流减小。动力辅助量会相应地受到限制，因此路面感增加。该系统通过固定曲线的方式运行，但不受所选行驶模式的影响。对比 RWD 车型，该系统校准曲线与 AWD 车辆［吉博力 S Q4］略有不同。再者，还专为带运动组件［吉博力柴油和吉博力 S Q4 车型选配］的车辆开发了动力辅助校准。该目的在于通过更快速地响应驾驶员转向输入来提高驾驶乐趣。参见如图 5－16 所示内的不同曲线。

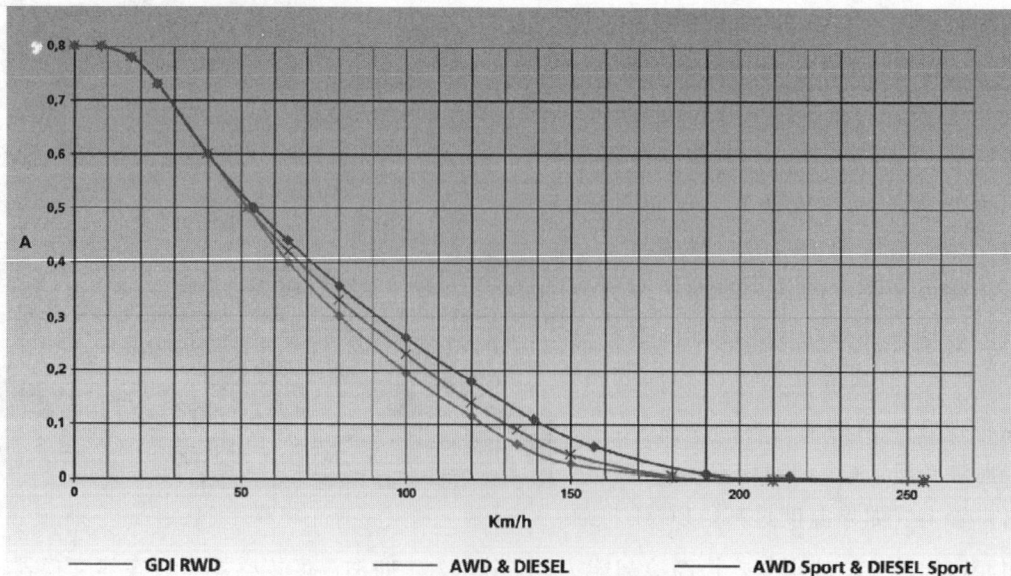

图 5－16

528

五、可调踏板装置

电动可调节脚踏板为所有左舵车辆的选装设备（与驾驶员记忆座椅配套），如图5－17所示。出于安装位置原因，该功能对于右舵车辆不做提供。可调踏板系统设计用于提供更大范围的与方向盘倾斜度和座椅位置相关的驾驶员舒适性。此功能允许制动踏板和加速踏板朝向或远离驾驶员的脚部移动。控制开关位于驾驶员坐垫侧护罩的前侧。选装件包括拉丝不锈钢运动型踏板和带高抓地力橡胶垫的左侧踏脚板。直流（DC）电机集成在加速踏板装置中，可调节加速踏板的位置。直流（DC）电机同样通过拉绳连接至制动踏板总成上的主轴机构。在电机运行时，制动踏板和加速踏板可同步向前或向后移动。踏板的电动调节由记忆座椅模块（MSM）控制，以使踏板位置链接至驾驶员座椅的编程位置。右舵车辆的标准脚踏板不具备电动调节功能，如图5－18所示。

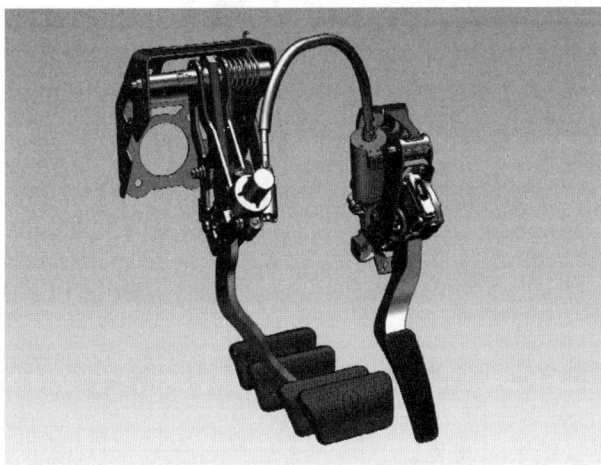

图 5－17

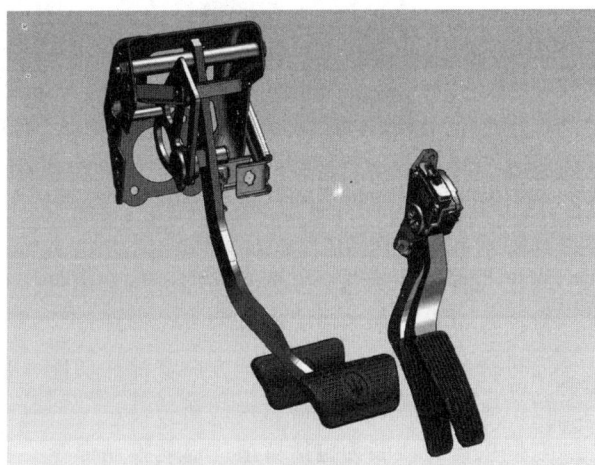

图 5－18

六、防侵入设计

新款吉博力的制动踏板采用了专用防侵入设计，以降低在剧烈正面碰撞中驾驶员下肢受到伤害的风险。制动踏板机构的设计可在正面碰撞导致防火墙变形时，使制动踏板从制动总泵顶杆分离，并折向车辆地板而非倾入车厢内。防侵入设计仅供满足欧洲新车评估测试的市场。制动踏板结构的防侵入设计如图5－19所示。

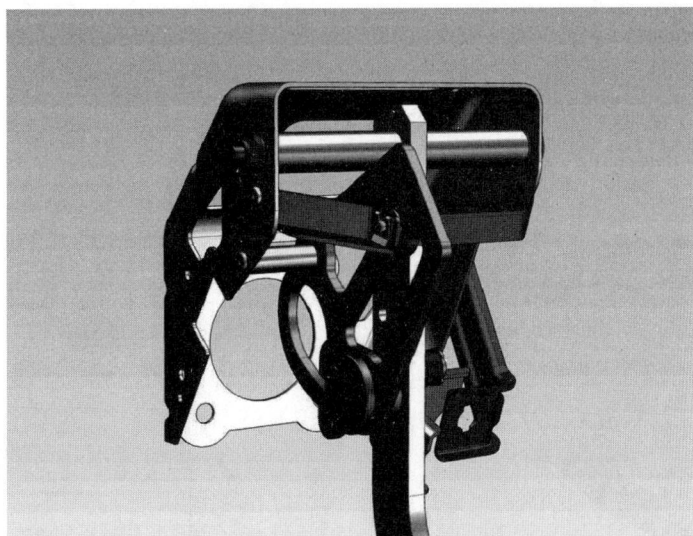

图 5－19

第三节　莱万特

一、方向盘

标准方向盘如图 5-20 左所示，全新运动款如图 5-20 右所示。

图 5-20

莱万特采用与吉博力和总裁车型非常相似的方向盘。以下为共同特性。

标配全真皮饰面。

真皮共有 3 种颜色：黑色、深棕色与米黄色。

方向盘可采用木质或碳纤维镶入式设计。

还可选装更高级的配置，即方向盘加热功能（仅可装备于木质镶入式设计的方向盘）。

以下则是莱万特方向盘引入的新特性。

左侧按钮组改装为包括自适应巡航控制命令。右侧按钮组未改装。

新款运动版方向盘具有更加动感的设计，并可升级为配置电气加热功能或碳纤维镶入式设计。

方向盘上的按钮与摇臂开关构成了方向盘开关模块（SWS），该模块通过专用的 LIN 连接至 SCCM（转向柱控制模块）。随后，SCCM 将驾驶员命令转送至车辆的 CAN-C。这样，选配的加热功能便由控制座椅电气功能一同由 CSWM 进行控制。

二、转向柱

转向柱控制模块（SCCM）位于方向盘右后部的机电组中，其中还包括以下部件。

时钟弹簧，用于提供转子（连接至方向盘）与定子（由仪表板支撑，并连接到其线缆）之间的电气连接。

转向角度传感器。

控制杆，控制转向指示灯与挡风玻璃雨刮器。

4 向摇杆，用于方向盘位置的电气控制（如果配备）。

SCCM 组如图 5-21 左图所示，与转向柱组件如图 5-21 右图所示。

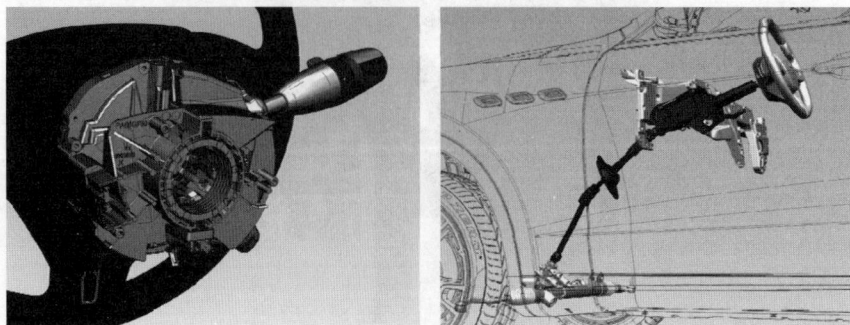

图 5-21

SCCM 负责控制所有电气功能，而方向盘则由转向柱组件提供机械支撑。此转向柱由镁合金支柱支撑，其中包含以下部件。

完整的 3 段可溃缩式转向柱，采用花键连接法与方向盘和转向齿条连接。

转向柱法兰，拴接在防火墙上。

用于方向盘电动调节的电机与连接（如果配有）。

用于位置调节的手动杆（若未配备电动调节选件）。

莱万特并未配备转向锁。

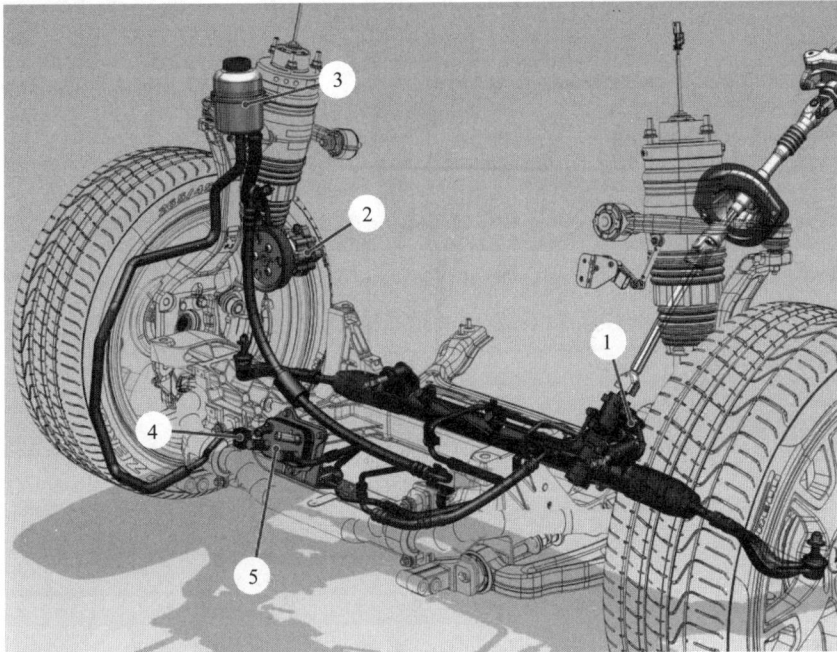

1—机油控制阀　2—皮带驱动泵　3—液压油储罐　4—助力转向液温度传感器　5—油—水热交换器

图 5-22

三、转向齿条与助力转向系统（图 5- 22）

该助力转向系统与总裁和吉博力车型所使用的助力转向系统类似，只是正转向比略大。安装于发动机上的泵采用全新的设计，最大的不同之处在于其皮带轮采用复合材料而非金属材料制成。除此之外，泵的功能与老款完全相同。助力转向系统技术规格如表 5-5 所示。

表 5-5

系统类型	液压辅助齿条与小齿轮转向系统。
制造商	TRW
转向齿条比	60mm/圈（M156—7 车型为 56mm/圈起）
方向盘从极左位置到极右位置的转动圈数	2.82
车辆在两条人行道之间的转向圆直径	11.7m
液压油	油液：ATFA 型 —MB 236.2 推荐机油：SHELL Spirax S1ATF TASA.
液压油冷却	汽油车型：次级冷却回路上的油—水热交换器 柴油车型：位于主散热器与空调冷凝器前部的专用油液散热器

柴油车型：采用专用散热器直接对液压油进行，而不是像汽油车型那样采用油—水热交换器进行冷却。但与 M1567 车型相反，助力转向液温度传感器同样应用于柴油车型（其位置如图 5-23 中箭头所

531

示）。

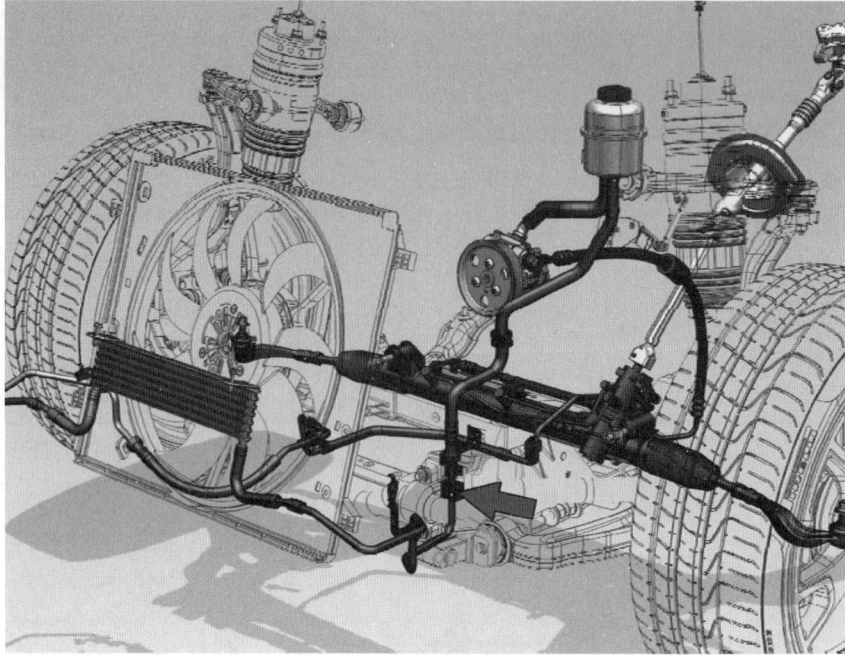

图 5-23

随速助力辅助系统：CSG 模块安装于驾驶员侧的车辆防火墙底部。如图 5-24 所示。

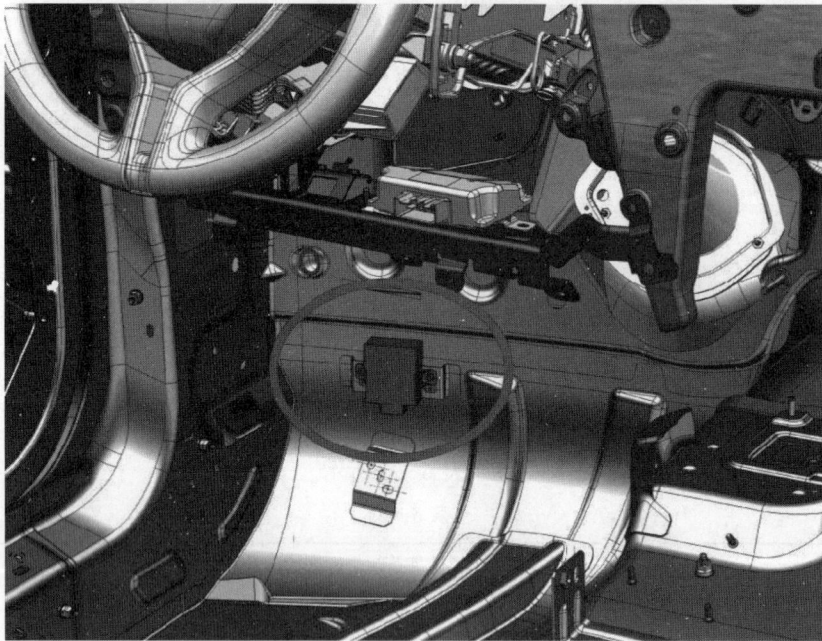

图 5-24

莱万特采用带有随速助力调节功能的助力转向系统，这点与轿车车型相同。其转向齿条上安装有电磁阀，用于调整助力强度并通过 CSG 模块进行控制（Centralina Servo Guida）。以下为 CSG 模块的主要特点。

该校准功能特定于莱万特车型，并根据所选择的发动机而有所不同。

该模块并不通过 CAN 总线进行通信。

该模块通过 ESC 模块生成的 VSO 信号（变频方波）接收车辆速度信息。

该模块通过用于诊断的 K 线直接连接到 DLC。

转向辅助与速度特性曲线如图 5-25 所示。该阀在接通 800mA 电流时可提供最大限度的辅助，在未施加电流时不会提供任何辅助。

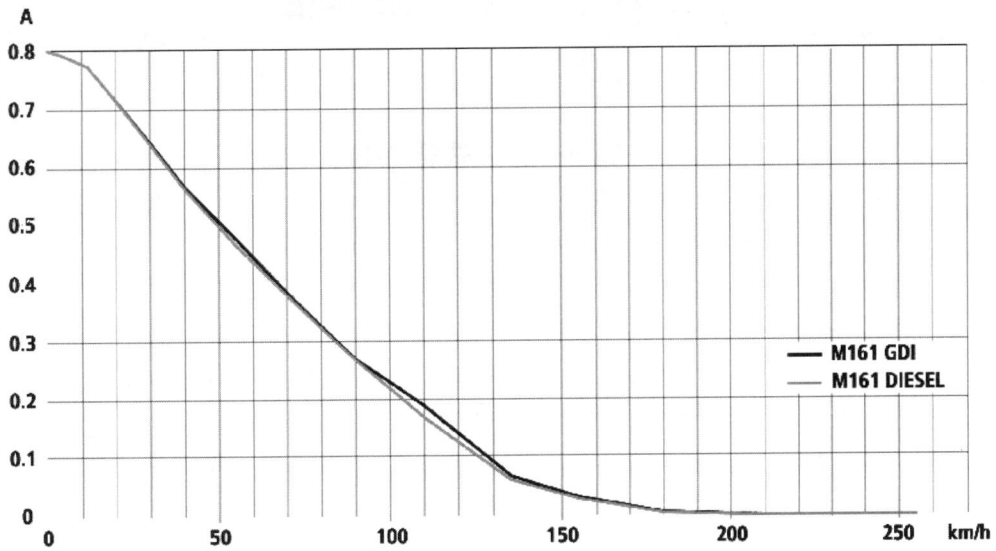

图 5-25

四、可调踏板单元

莱万特可配备双向动力调节踏板，如图 5-26 所示。加速踏板模块中集成的直流电机驱动调节机构，同时可通过线缆与轴机构驱动制动踏板的调节。踏板位置通过驾驶员座椅底座前方的开关进行控制。踏板位置及记忆由 MSM 模块进行管控。仅 LHD 车型上配有该选件，同时配有 8 向动力调节座椅。此外，还可选配运动型踏板。该选件采用金属拉丝表面配以高摩擦橡胶材质，一般用于制动踏板、加速踏板与侧面脚踏板。

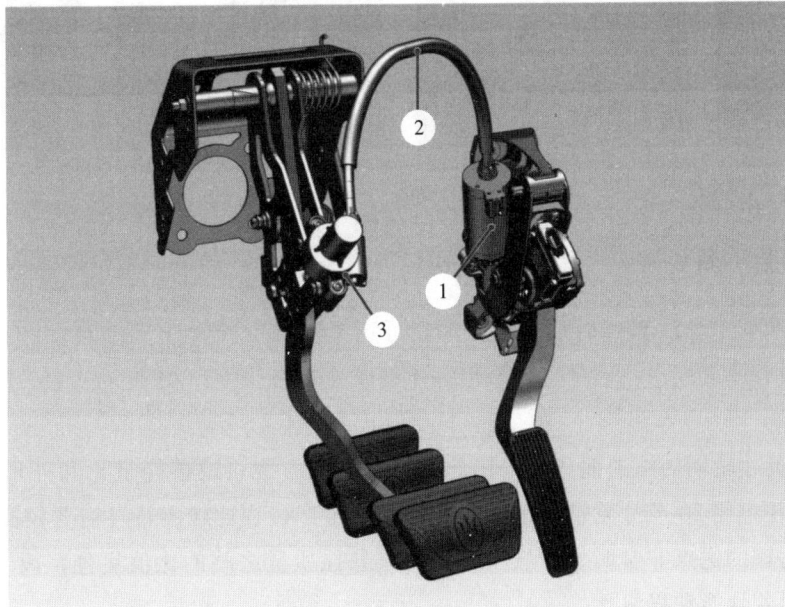

1—直流电机与加速踏板调节机构　2—连接线缆　3—轴与制动踏板调节机构

图 5-26

第六章　悬架和车轮

第一节　总裁 V8

一、前言

新一代总裁采用全新的悬架设计。玛莎拉蒂的底盘工程师决定从零做起，实现全新标准的驾乘平顺性、舒适性和车辆操控性。其成果是全新的高位四边形布局双横臂式前悬架和先进的多连杆后悬架。这是这种结构形式首次应用在玛莎拉蒂汽车上。整个悬架设计中大量应用锻造铝，有助于将非簧载质量维持在尽可能低的水平上，同时仍具有较大的刚度。总裁的先进悬架系统可使汽车像 GT 跑车行驶，同时在其同级汽车中展现出最佳水平舒适性和平顺性的驾乘体验。

底盘还装备计算车速更高的新一代 Skyhook 自适应阻尼控制系统，用户可独立于动力传动系设置之外选择减震器设置。最后，总裁在其发布时即有 4 种全新车轮设计可供选择，直径范围为 19～21 英寸（1 英寸＝2.54cm），所有汽车均配备 TPMS，作为标准装备。

图 6-1

二、车轮和轮胎（图 6-1）

全新总裁装备 19 英寸～21 英寸轻质合金轮辋，可选择 4 种不同设计。19 英寸和 20 英寸尺寸的轮胎采用旋压技术，其中心厚度减小，质量更轻，但并不影响刚度和强度。20 英寸 Q439 轮辋为配备 V8 发动机的总裁的标准装备。

选装的大型 21 英寸轮辋为锻造而成，采用此高科技解决方案可改善轻量化和外形风格，虽然尺寸较大，但 21 英寸轮辋并不比 20 英寸轮辋要重。锻造轮辋的生产过程比较漫长且需要较高的技术。与传统合金轮辋相比，锻造轮辋的优点非常明显：悬挂质量和非悬挂质量之间的比值更佳，改善悬架的工作情况，进而提高舒适性、附着性能和操纵性。

车轮尺寸的选择影响车辆工作特性和驾驶感觉，因此建议您遵照以下一般准则。

19 英寸：有利于在长途旅程中降低燃油消耗，并且，滚动噪声较低，驾驶舒适性较好。

20 英寸：运动、时尚和舒适的折中方案。

21 英寸：轻质、时尚。

1. 轮辋选择（表6-1）

Q431：这种19英寸轮辋的特点是其辐条设计，使优雅的玛莎拉蒂三叉载车标更加光彩夺目。细晶粒镀银处理和黑色清漆轮毂盖展现出特别高效和精致的效果。

Q439：此20英寸轮辋为较大微粒金属煤色；它采用7辐条设计，拥有非常动感的外观，与宝石精饰外表面相互映衬，带有一丝中庸的美感；先进技术的外观和精致是此轮辋特点的关键词。

Q433：此20英寸轮辋的暖金属煤色趋向于精饰青铜色，彰显出玛莎拉蒂品牌的优良传统。

Q421：此21英寸锻造合金轮辋采用"冶金"喷漆精饰，展现出冷焰液态金属质感，而不是金属微粒状。此轮辋彰显运动和先进工艺。

表6-1

车轮代码	车轮尺寸，前轮	车轮尺寸，后轮	结构	标配/选配
Q439	8.5英寸J×20英寸	10.5英寸J×20英寸	旋压铝	S
Q433	8.5英寸J×20英寸	10.5英寸J×20英寸	旋压铝	O
Q421	8.5英寸J×21英寸	10.5英寸J×21英寸	锻造铝	O
Q431	8.5英寸J×19英寸	10英寸J×19英寸	旋压铝	O

2. 轮胎（表6-2）

表6-2

车轮尺寸	前轮胎尺寸	后轮胎尺寸	原厂配件
19英寸	245/45 ZR19 98Y	275/40 ZR19 101Y	倍耐力/大陆/邓禄普
20英寸	245/40 ZR20 99Y	285/35 ZR20 100Y	倍耐力/大陆
21英寸	245/35 ZR21 96Y	285/30 ZR21 100Y	倍耐力/大陆
备胎	175/55-18 95P		弗雷德

3. 轮胎压力（表6-3）

表6-3

轮胎压力	部分负荷状态*	全负荷状态**	高速行驶***部分/全负荷
前轮压力，所有尺寸	220kPa（32 psi）	260kPa（38 psi）	270kPa（39psi）
后轮压力，所有尺寸	220kPa（32 psi）	260kPa（38 psi）	270kPa（39psi）
备胎	250kPa（36 psi）	250kPa（36 psi）	—

*：认为搭载2名乘客+行李。

**：认为搭载4或5名乘客+行李。

***：不适用于冬用轮胎。

4. 18英寸折叠式备用车轮

此备用车轮为18英寸轻铝轮辋和折叠式轮胎，仅限临时紧急使用，如图6-2所示。安装之前，必须使用提供的压气机将其充气至正常压力。此轮胎通过指示使用备胎时须遵照行驶速度限值的标签识别。备胎不得以超过80km/h的车速行驶。备胎的使用寿命有限。备用车轮可行驶最远3000km。

18英寸可折叠备胎和轮胎充气工具包是美国/加拿大、中东和中国技术参数车辆的标配，可根据要求或其他市场技术参数版本来选用。

5. "Tirefit"修理工具包

此工具包开发用于最大6mm的较小穿孔的快速修理，位于行李舱地板下面。轮胎漏气时，注入密封树脂，它在穿孔点周围硬化，进而堵住穿孔。异物（例如螺钉或钉子）不得从轮胎上移除，否则会影响修理。然后使用修理包中的压气机将轮胎充气至适当压力，然后

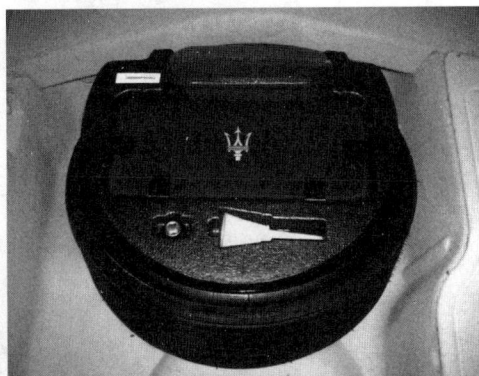

图6-2

才可恢复行驶。此修理包仅提供临时轮胎密封，允许以90km/h的最高车速驾驶车辆最远160km。谨记密封剂具有有效日期，印在瓶子标签上。当有效日期到期时，应将其更换为新的密封剂。使用Tirefit时遵照修理包随附的说明书。Tirefit修理包只在没有初始安装18英寸可折叠备用轮胎的车上提供。

6. 雪地防滑链

允许使用在胎面之外最大投射6mm、尺寸减小的雪地防滑链。防滑链仅可安装在19英寸驱动轮（后轮）上。装备防滑链时，建议最好停用ESC系统且车速不得超过50km/h。谨记雪地防滑链的使用应遵照各个国家的安全政策。注：玛莎拉蒂原厂附件辐条式雪地防滑链可安装在19英寸、20英寸和21英寸尺寸的车轮上。

三、TPMS

作为标准装备，全新总裁装备全新一代高级轮胎压力监控系统（TPMS）。与M139一代总裁上安装的系统相比，此系统更加简单。

系统由集成在车轮气门嘴（车轮单元）中的4个压力传感器和1个中央TPMS接收器组成。TPMS接收器解码由车辆的各车轮单元传输的射频（RF）信号。接收器在车辆单元传感器检测到压力损失时使用其预编程的压力阈值向驾驶员报警。接收器使用车辆网络通信任何TPMS或系统诊断信息。接收器监测车轮旋转和旋转方向（由车轮单元传输）及接收到的各传感器信号强度信息，如此使其可自动确定各个车轮单元在车辆上的位置。因此，在轮胎换位或更换后不需要对传感器进行重新编程。显示屏自动更新显示车辆上的新轮胎和传感器位置。

1. 驾驶员预警

驾驶员可在任意时刻通过选择驾驶员信息显示菜单中的右侧屏幕读取4个轮胎的精确压力值，如图6-3所示。如果检测到一个或多个轮胎的压力值过低，则组合仪表上的琥珀色TPMS指示灯将亮起并发出警告声，提醒驾驶员留意此状况。组合仪表将显示"轮胎压力低"信息和截图，截图报告各轮胎的压力值，其中低压力值闪烁。充气至正确压力后，只要系统接收到更新的轮胎压力，则系统将自动更新，仪表板上的图形显示将停止闪烁，TPMS指示灯将关闭。为使TPMS获取并处理更新的信息，需要以大于24km/h的车速驾驶车辆长达20min。

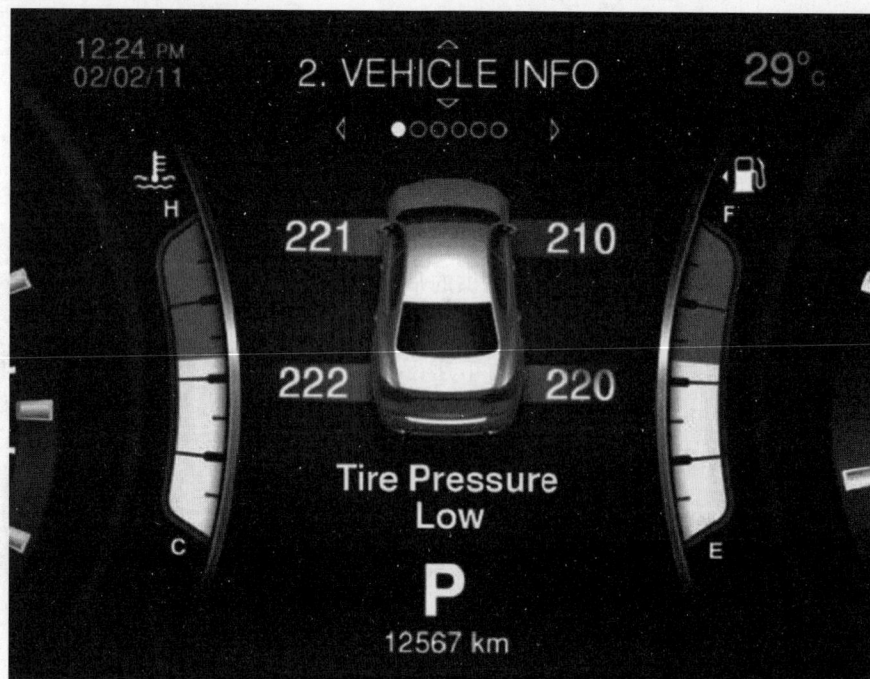

图6-3

536

2."维修轮胎压力监测系统"警告

如果检测到系统故障，TPMS 指示灯将闪烁 75s，然后保持长亮，随后响起蜂鸣声。然后，组合仪表将显示"维修轮胎压力监测系统"至少 5s，然后在压力值位置显示破折号，指示哪个传感器无效。如果循环点火开关，则上述循环重复出现，系统故障仍然存在。如果系统故障不再存在，TPMS 指示灯将不再闪烁，"维修轮胎压力监测系统"信息将不再显示，压力值显示在破折号位置处。

系统故障可能由于以下原因而出现。

由于电子装置或在发出与 TPMS 车轮单元相同的无线电频率的设施附近行驶而产生信号干扰。

安装的零件市场窗户贴膜含有可能阻碍无线电波信号的材料。

车轮或轮罩周围有积雪或积冰。

车辆上使用雪地防滑链。

使用未安装 TPMS 传感器的车轮/轮胎。

当检测到与传感器位置不当故障相关的系统故障时，组合仪表也将显示"维修轮胎压力监控系统"至少 5s。在这种情况下，还将显示"维修轮胎压力监控系统"信息并伴随带压力值的图形显示。这表明仍然可从车轮单元接收压力值，但传感器在车辆上的位置可能不正确。只要显示"维修轮胎压力监控系统"信息，则仍需维修系统。

3. 使用折叠式备用车轮

18 英寸折叠式备用车轮仅限紧急时使用且不装备 TPMS 传感器。如果由于车轮压力低于压力低警告限值而将其更换为折叠式备用车轮，则在下一次点火开关循环时，TPMS 指示灯将亮起，随后响起蜂鸣声。此外，组合仪表上的图形将在备用车轮的相应位置处显示一个闪烁的压力值。在以大于 24km/h 的车速驾驶车辆长达 20min 后，TPMS 指示灯将闪烁 75s，然后保持长亮。然后，组合仪表将显示信息"维修轮胎压力监控系统"至少 5s，然后在压力值位置显示破折号。

在随后每次点火开关循环时，TPMS 指示灯都将闪烁 75s，然后保持长亮，随后响起蜂鸣声。然后，组合仪表将显示"维修轮胎压力监控系统"信息至少 5s，随后在压力值位置显示破折号。

一旦车辆重新更换了带 TPMS 传感器的正常公路车轮，TPMS 将自动更新。TPMS 指示灯将关闭，组合仪表上的图形将显示新的压力值，而不再显示破折号，只要 4 个轮胎的任意一个轮胎压力不低于压力低警告限值。为使 TPMS 获取并处理更新的信息，需要以大于 24km/h 的车速驾驶车辆长达 20min。

4. TPMS 停用和校准

新 TPMS 可进行自我校准。如果车辆以 24～120km/h 之间的车速行驶 20min，它可自动校准 4 个车轮单元的位置和 4 个轮胎压力数值。如果更换带车轮和轮胎总成（无 TPMS 传感器）的所有 4 个车轮，例如雪地车轮和轮胎总成，则 TPMS 停用。更换带车轮和轮胎总成（未安装车轮单元）的所有 4 个车轮后，以大于 24km/h 的车速驾驶车辆 20min。TPMS 响起蜂鸣声，TPMS 指示灯闪烁 75 s，然后保持长亮，组合仪表显示"维修轮胎压力监测系统"信息，然后在压力值的位置显示破折号。从下一次点火开关循环开始，TPMS 将不再响起蜂鸣声或在组合仪表上显示"维修轮胎压力监测系统"信息，但是破折号仍将位于压力值位置处。要重新启用 TPMS，更换带有 TPMS 传感器的所有 4 个车轮和轮胎总成（公路轮胎）。然后，以大于 24km/h 的速度驾驶车辆 20min。TPMS 将响起蜂鸣声，TPMS 指示灯闪烁 75s，然后熄灭。然后，组合仪表显示"维修轮胎压力监控系统"信息。组合仪表还会在破折号的位置显示压力值。在下个点火循环，只要系统不存在故障，"维修轮胎压力监控系统"信息就将不再显示。

5. 轮胎压力模块（TPM）

轮胎压力模块（TPM）或 TPMS 接收器位于车辆下面，固定在右侧燃油箱前部区域内的车辆地板上。这个位置可使所有 4 个车轮单元都具有良好的接收能力，而无须使用独立的天线。TPM 接收来自 4 个车轮单元的射频（RF）信号并将轮胎压力有关信息通过高速 CAN－C 总线传输至组合仪表（ICP）。如果出现系统故障，可使用玛莎拉蒂 Diagnosi 直接诊断 NTP。新一代 TPMS 使用单个中央接收器，它位于右侧燃油箱前部区域内的车辆地板上，如图6-4所示。

图6-4

6. 车轮气压感应器

车轮单元监测行驶和静止时车辆的轮胎压力和温度。每个轮胎内各有1个电子单元（称为车轮单元），安装在压紧式气门杆上，定期测量实际的轮胎压力和温度。此压力和温度信息通过射频（RF）通信传输至车载接收器TPM。TPM解码接收到的RF信号，格式化数据并根据需要将数据传输至车辆上的CAN-C总线。系统还将自动检测车辆上各车轮单元的车轮位置。车轮单元通过旋转确定左右位置，而TPM控制单元确定车轮模块的前后位置。

车轮单元具有以下特性。

传感器监测轮胎压力和温度并检测车轮运动；

集成式电池具有10年的预计使用寿命；

在轮胎换位后自动再学习新的轮胎位置，所以在车轮/轮胎换位后无须重新编程；

在-40～100℃的温度范围内，压力测量精度为±5%。

TPM车轮单元必须执行的主要功能有：

监测并传输轮胎压力和温度；

传输车轮单元ID代码；

确定轮胎中是否存在压力变化；

确定车轮是顺时针旋转还是逆时针旋转；

检测车轮是否旋转并传输正常压力、温度和方向信息；

向ECU通知电池电量低状况。

TPM车轮单元使用调幅（AM）通过射频（RF）传输信息。使用两种类型的车轮单元。

433MHz，适用于日本以外的所有市场；

315MHz低功率版本，适用于日本市场。

每个车轮单元还包含一个低频（LF）（125kHz）天线和接收器（应答器线圈），在需要校准时接收来自TPM的定位命令。根据车轮单元的状态，它检测实际轮胎压力和温度，然后将此信息以规定格式传输至TPM。

车轮单元具有 3 种可能状态。

驾驶模式：此模式在车轮单元检测到运动时启动。在驾驶模式下，车轮单元定期（大约每 60s）传输轮胎压力和温度信息以及其自身的识别代码。驾驶模式的特殊状态为"定位模式"。在定位模式下，车轮单元尝试检测旋转方向（顺时针或逆时针），并将此信息传输至 TPM。定位模式在需要进行系统校准时根据 TPM 的请求启用。"定位模式"的条件是行驶速度介于 20～120km/h 之间。

静止模式：如果未检测到运动且静止时间已到期，则认为车轮单元处于静止模式。在静止模式下，车轮单元不会传输任何常规信息，但是继续执行常规压力和运动检测抽样。如果车轮单元移动，则退出静止模式，启用驾驶模式。

关闭模式：这是具有最低功率消耗的模式，主要在安装车轮前存放和运输时使用。在关闭模式下，车轮单元不传输任何信息。如果检测到轮胎充气（压力），则退出关闭模式。

四、前悬架设计

前桥采用双横臂叉臂设计，抬高横臂四边形，如图 6-5 所示。这意味着悬架上三角臂与轮毂支架的球节不再如 M139 一代总裁一样位于车轮内侧，而是位于车轮上面。轮毂支架由锻造铝制成，其上部较长，连接至位于车轮拱罩区域上部的上三角臂。

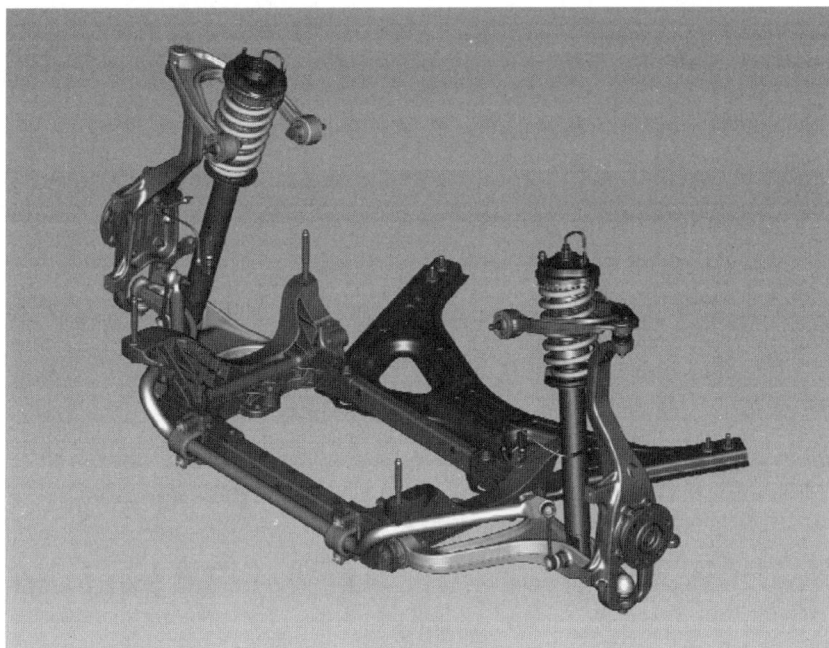

图 6-5

与传统的双横臂设计相比，这种结构具有特殊优势：由于轮毂支架下部和上部球节之间的距离增大，由这两个点确定的前轮转向轴线受到作用在车轮上的动态力的影响较小且更加稳定。悬架的横向刚度对于操纵性非常重要，而纵向刚度（恒定的主销后倾角）可避免制动期间意外反应。这种结构可提供最大的动态刚度，而同时它还使下部和上部三角臂的接头具有更大的挠度，而这是影响驾驶舒适性的重要因素。这种全新结构可提供更加优良的驾驶，已经被证明是全新总裁期望驾驶特性的理想选择。高四边形设计的另一个优点是它允许更广范围的转向角，如图 6-6 所示。这使得其操纵性能与前一代总裁相比得到显著提高（转向直径减小，虽然其轴距更长）。凭借其四边几何结构，通过精心设计转向角，玛莎拉蒂的车辆动力学工程师能够开发出带精准直接转向的全新总裁。悬架上、下连杆以及轮毂支架均由锻造铝制成。采用优化的全新前部防侧倾杆，可在转弯时提供优秀的通过性并降低车身侧倾风险。双筒式减震器完全由铝制成并包含电子控制 CDC 电磁阀，在各种路况和驾驶条件下均可提供稳定和实时的减振特性适应性。恒定弹性系数的螺旋弹簧由钢制成。

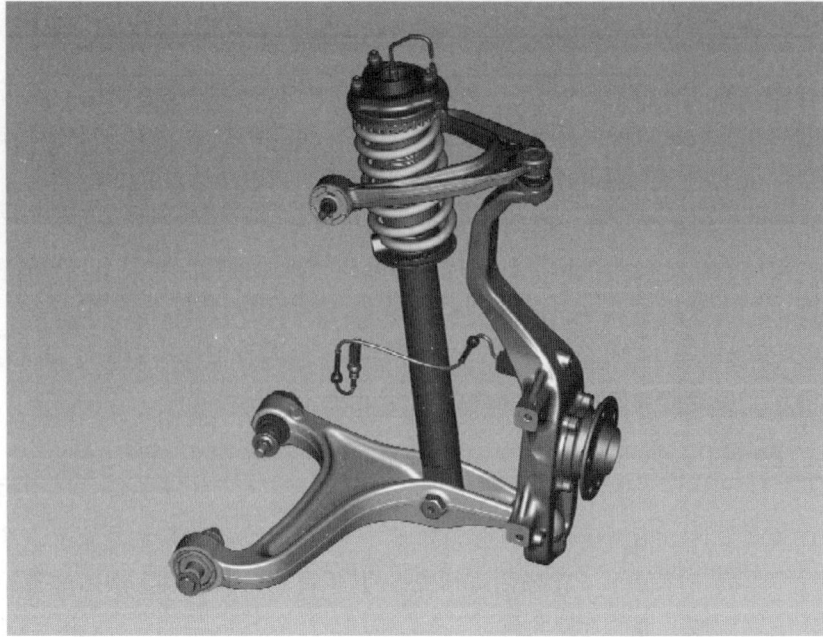

图 6-6

　　下叉形臂，连同防侧倾杆、转向齿条和发动机下悬置，均安装在由铸铝和模压铝组合制成的副车架上，如图 6-7 所示。为达到最大刚度，一个附加铝制横梁加强结构将下叉形臂下方区域与车身结构连接在一起。悬架上连杆和减振器安装在铸铝顶部固定拱座结构上，构成车身的整体式零件。

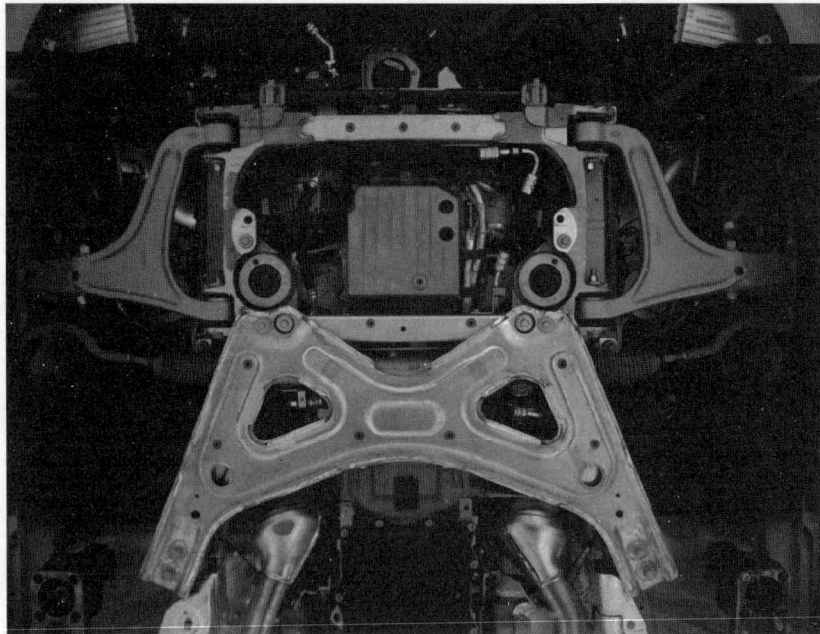

图 6-7

五、后悬架设计

　　在后部，全新总裁呈现杰出的悬架设计，如图 6-8 所示。采用的解决方案是带 4 个锻造铝连杆和 1 个由高强度钢制成的第 5 个连杆的多连杆结构，第 5 个连杆同时也发挥弹簧底板的作用。悬架拐角的所有 5 个连杆均可彼此独立工作，因为它们在底盘侧和轮毂侧均单独连接。这种结构可提供车轮运动的纯粹动力性控制，并允许精确的车轮角度设计。从上面可以看出，两个悬架上的连杆彼此交叉。其独特特点是可使后轮的实际转向桥更加向内运动，并使整个悬架行程上的车轮角度（外倾角和前束）最佳化。后轮前束由第5连杆控制，此连杆在副车架上的固定点可通过调整螺栓精确定位。正如前部一样，后悬架元件使用带集成式CDC电磁阀的双筒式减震器。增加一根防侧倾杆。后悬架安装在钢制副车架结构上，副车架同时还承载后差速器，如图6-9和图6-10所示。由于其形状比较复杂，后轮毂支架由铸铝制成。

图6-8

图6-9

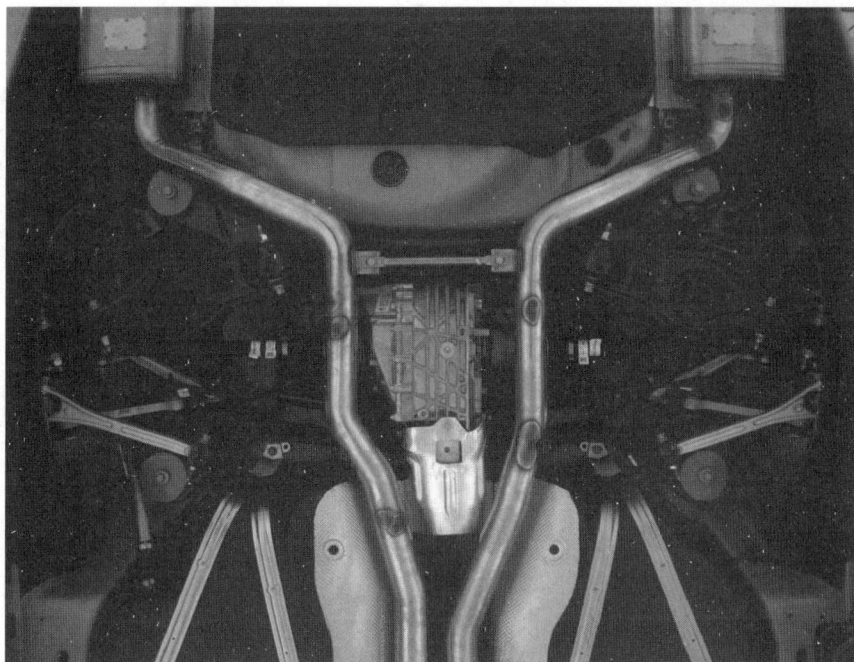

图6-10

六、Skyhook 连续阻尼控制系统

1. 系统概述

作为标准装备，所有总裁均装备与专业的ZF-Sachs共同开发的Skyhook连续阻尼控制（CDC）系统。每个车轮的阻尼力均可独立控制，以便车轮和车身定向运动。因此它们始终可为车身相对于静止中间位置的运动提供最佳的平衡。Skyhook设计理念使车身尽可能保持稳定，而与驾驶和道路状况无关。控制策略寻求使车身运动稳定而从容，如同运动车辆连接至固定在天空中的挂钩。Skyhook是一个电子阻尼系统，通过调节最适于每个车轮的阻尼力，可显著提高驾驶安全性、舒适性和动态性能。一个控制单元在数毫秒内即可计算出所需的阻尼力，然后尽快地调节减震器。车轮传感器监测各种数值，如车身、车轮和横向加速度，并使用这些数值持续生成每个车轮的理想阻尼力。

连续阻尼控制具有以下优点。

由于车轮阻尼最佳化，安全性更高；

驾驶舒适性和动态性能增强；

倾翻、纵倾和垂直运动的可能性降低；

由于轮胎与路面接触条件更佳，制动距离更短；

实时连续调节；

转向响应更快。

系统由以下主要部件组成。

1 个中央 Skyhook ECU，主动式阻尼控制模块（ADCM）；

4 个带集成式 CDC 阀的减震器；

3 个车身加速度传感器；

2 个底盘加速度传感器。

2. 系统部件

带集成 CDC 电磁阀的减震器。

前减震器（图 6－11 左图）后减震器（图 6－11 右图）都装配集成式 CDC 油控比例电磁阀。

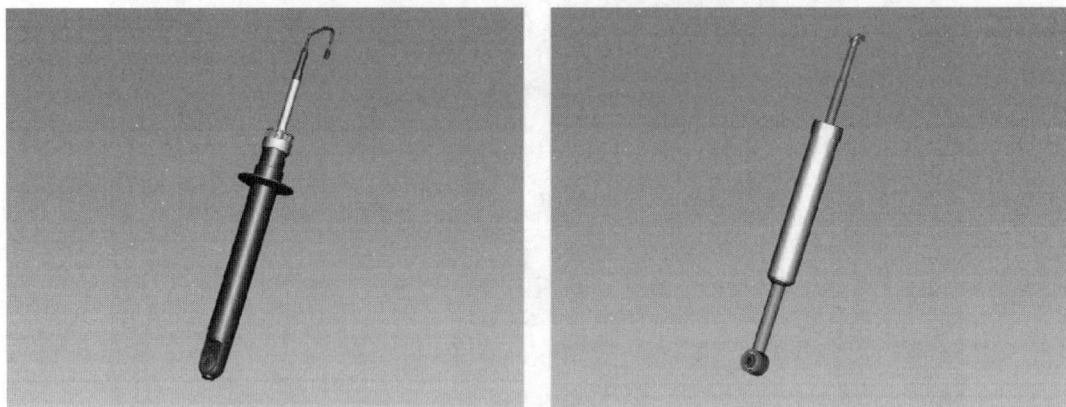

图 6－11

前后双管减震器中都装配比例电磁阀。电磁阀是减震器体的组成部分。电磁阀以微秒为间隔调节压缩和反弹过程的机油流量，从而改变减震器特性。ADCM 通过脉宽信号，以电流控制的方式控制电磁阀。工作电流为 0（脉宽 0%）对应于减震器最硬位置，随着电流的增大，减震器特性越来越软。在电磁阀的全激活工作状态（脉宽 100%），电流达到最大值 1.8A，减震器处于最软状态。

（1）底盘和车身垂直加速度传感器。

底盘和车身加速度传感器将两个前轮轮毂附近位置和车身上选定点处（前端两个，后端一个）测量得到的物理加速度输入转换为电信号。加速度传感器属于电容式传感器。底盘和车身传感器除感应范围不同外，其他方面相同，这是因为底盘加速度传感器所记录的加速度值比车身传感器的记录值大。

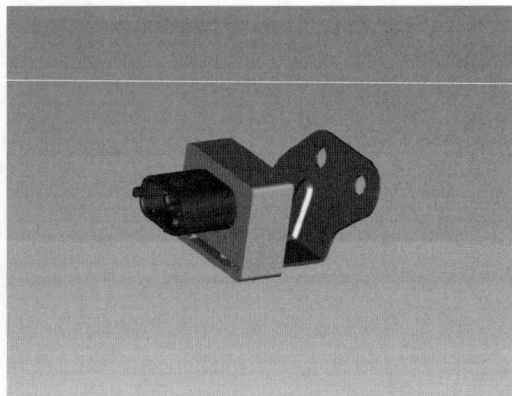

传感器由 ADCM 通过 5V 信号供电，并向 ADCM 提供与测量得到的加速值成正比的电压信号（0～5V）。车身垂直加速度传感器如图 6－12 所示。

车上总共安装了 3 个车身加速度传感器：前端的 2 个安

图 6－12

装在两侧悬架转台上（图6-13左图），后端的1个安装在行李舱中靠近舱盖铰链的位置（图6-13右图）。

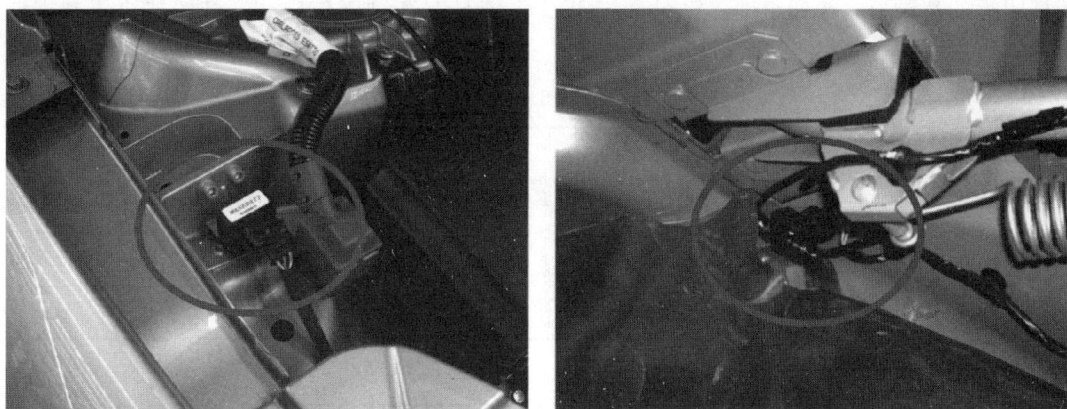

图6-13

两侧前轮轮毂各安装1个底盘垂直加速度传感器，如图6-14所示。

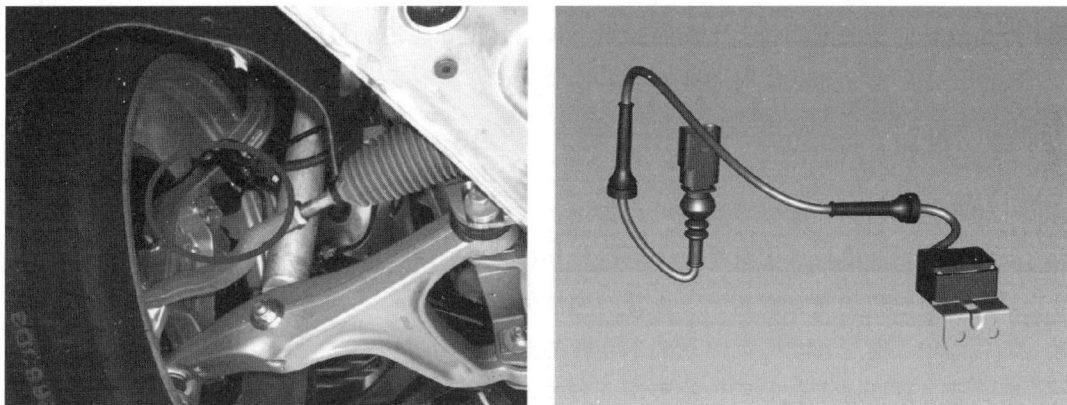

图6-14

安装传感器时，必须注意传感器上箭头所指的安装方向。这个箭头必须一直朝上。

（2）主动阻尼控制模块（ADCM）。

ADCM位于行李舱内右侧，如图6-15所示。接收来自5个加速度传感器的信号，并通过CAN接收其他车辆动态信息（行驶速度、制动压力、转向角度和车辆横摆以及纵向加速度）。ADCM根据这些信息实时连续评估路面状况和驾驶员的驾驶风格。然后，ADCM利用这个信息和驾驶员所选择的减震器设置（正常/恒定）分别实时激活各个减震器。ADCM与高速CAN-C总线连接，可实现与车辆其他系统之间的数据交换及诊断。

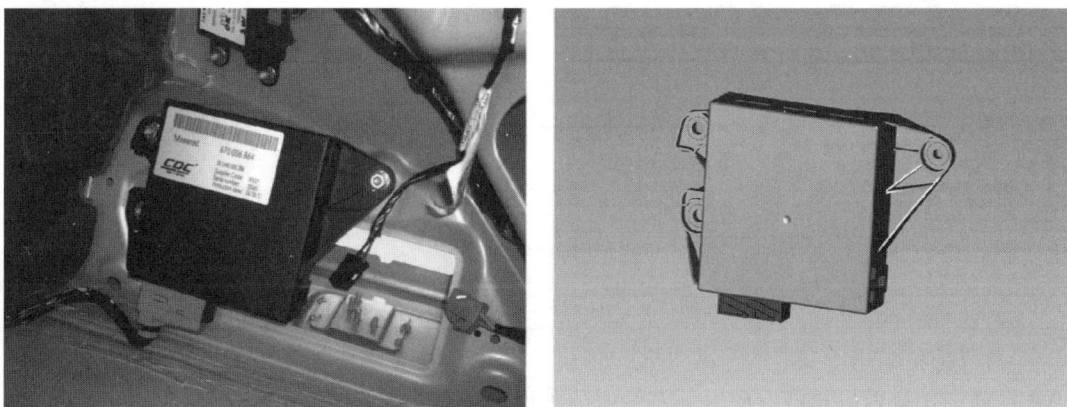

图6-15

3. Skyhook 工作模式

全新总裁的一个显著特点是可独立于其他已选驾驶模式之外选择减震设置。用于此目的的专用按钮添加在换挡杆附近的驾驶模式按钮组中。Skyhook CDC 系统具有 2 种工作模式，纯粹取决于减震器设置选择按钮，如表 6－4 所示。

表 6－4

已选驾驶模式	Skyhook 运行模式	已选驾驶模式	Skyhook 运行模式
手动	对 Skyhook 运行无影响	ESC－关闭	对 Skyhook 运行无影响
运动	对 Skyhook 运行无影响	减震器坚固设置关闭	正常（舒适）
I. C. E.	对 Skyhook 运行无影响	减震器坚固设置开启	坚固（操纵）

（1）正常（舒适）。

此模式在点火开关旋至开启（ON）位置后默认为启用。减震器采用较柔软的图谱最大限度地吸收路面凸凹导致的震动。此设置集中于驾驶舒适性。

（2）坚固（操纵）。

减震器采用较坚固的图谱以利于车辆的操纵。该设置是在轨道和极限条件下为促进高级运动驾驶模式而开发的，特点在于降低纵向和横向的荷载转移以及减少车身移动。

七、车轮几何和定位

与车辆车轮几何结构有关的以下参数可通过以下方式进行调整。

前轮前束：通过松开横拉杆固定螺母，然后转动横拉杆。

前轮外倾角：通过转动底盘侧悬架下连杆的两个偏心螺栓。

前轮主销后倾角：通过转动底盘侧悬架下连杆的两个偏心螺栓。

后轮前束：通过松开底盘侧的后轮轮距调节拉杆，调节调整螺栓。

后轮外倾角：通过转动底盘侧悬架上连杆的偏心螺栓。

车轮几何参数如表 6－5。

表 6－5

	20 英寸和 21 英寸车轮	19 英寸车轮
负荷状况	所有油液均位于正确液位，燃油箱加满，无驾驶员	
轮胎尺寸，前轮	245/40ZR20 － 245/35 ZR21	245/45 ZR19
轮胎尺寸，后轮	285/35 ZR20 － 285/30ZR21	275/40ZR19
轮胎压力，前轮和后轮	220kPa	
前轮轮距	1634mm	
后轮轮距	1647mm	
前束，前轮（每侧）	（0.30±0.2）mm	
外倾角，前轮	$-0°28'±0°10'$	
主销后倾角，前轮	$4°46'±0°30'$	$4°43'±0°30'$
前束，后轮（每侧）	（2.0±0.2）mm	
外倾角，后轮	$-0°58'±0°10'$	

表 6－5 所列的值只用于安装 V8 发动机的总裁，在发布时已确认完全正确。这些值仅供参考。最新正确值以及正确的车轮定位程序应始终参考车辆的维修手册。

通过前悬架下连杆的偏心螺栓可调整外倾角和主销后倾角，如图 6－16 所示。

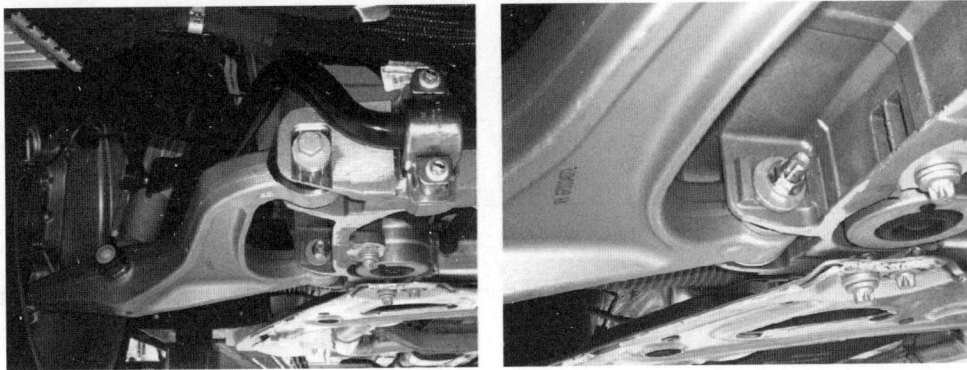

图 6-16

第二节　总裁 V6 & Q4

一、前言

V6 款总裁采用了与 V8 款相同的悬挂设计。相对于 V8 款，系统差异主要为下列几点：

19 英寸车轮为标配。

在 AWD 版中，对前悬挂部件（弹簧/减震器单元、轮毂和轴承）进行了改良，以实现 AWD 系统。

天钩（Skyhook）持续减震控制系统的专用校准软件（为所有总裁车型标配）可满足对于 V6 款的舒适性要求。

二、车轮和轮胎

新款 V6 总裁安装了 19 英寸"Tritone"合金轮辋作为标配，如图 6-17 所示。选择 19 英寸车轮的目的为在减少油耗的同时又可降低滚动噪声和提高长途行驶舒适度。两款 20 英寸轮辋（"Mercurio"和"Crono"）作为选配件提供。21 英寸"Titano"款轮辋由铸铝制造而成，可将风格与特性表现得淋漓尽致。19 英寸和 20 英寸轮辋为滚压成型。专门为总裁开发的标配轮胎由倍耐力、马牌或邓禄普提供。注意：特定车辆的轮胎制造商为随机选择，客户无法预定。

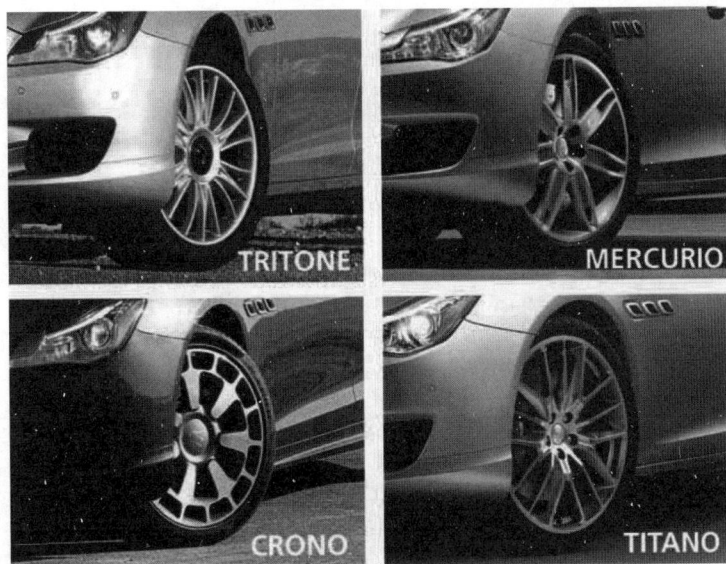

图 6-17

1. 轮辋（表 6-6）

车轮类型	车轮尺寸－前轮	车轮尺寸－后轮	结构	标配/选配
Tritone	8.5 英寸 J×19 英寸	10 英寸 J×19 英寸	旋压铝	S
Mercurio	8.5 英寸 J×20 英寸	10.5 英寸 J×20 英寸	旋压铝	O
Crono	8.5 英寸 J×20 英寸	10.5 英寸 J×20 英寸	旋压铝	O
Titano	8.5 英寸 J×21 英寸	10.5 英寸 J×21 英寸	锻造铝	O

2. 轮胎（表 6-7）

表 6-7

车轮尺寸	前轮胎尺寸	后轮胎尺寸	原厂配件
19 英寸	245/45 ZR1998Y	275/40 ZR19101Y	倍耐力/大陆/邓禄普
20 英寸	245/40 ZR2099Y	285/35 ZR20100Y	倍耐力/大陆
21 英寸	245/35 ZR2196Y	285/30 ZR21100Y	倍耐力/大陆
18 英寸备胎	175/55－18 95P		弗雷德

3. 轮胎压力（表 6-8）

表 6-8

轮胎压力	部分负荷状态*	全负荷状态**	高速行驶***部分/全负荷
前轮压力——所有尺寸	220kPa（32psi）	260kPa（38psi）	270kPa（39psi）
后轮压力——所有尺寸	220kPa（32psi）	260kPa（38psi）	270kPa（39psi）
备胎	250kPa（36psi）	250kPa（36psi）	—

＊：按搭载 2 名乘客＋行李。

＊＊：按搭载 4 或 5 名乘客＋行李。

＊＊＊：不适用于冬用轮胎。

三、悬挂布局

通过图 6-18 可查看 AWD 车辆前弹簧/减震器单元的独特设计。如图 6-19 显示了 RWD 车辆的前悬挂布局。前副车架特别为发动机支座的不同定位加工成型。

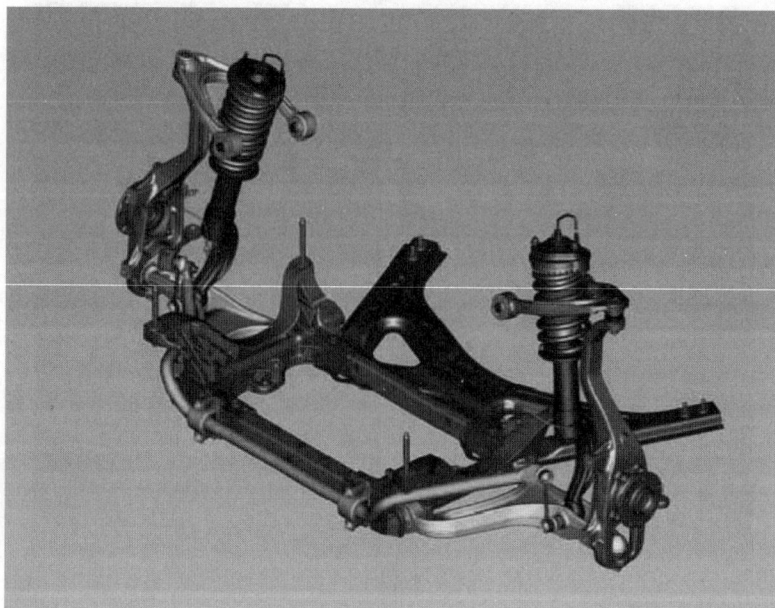

图 6-18

图 6-19

AWD 车辆采用了带 C 形底部结构的前减震器单元，如图 6-20 所示。

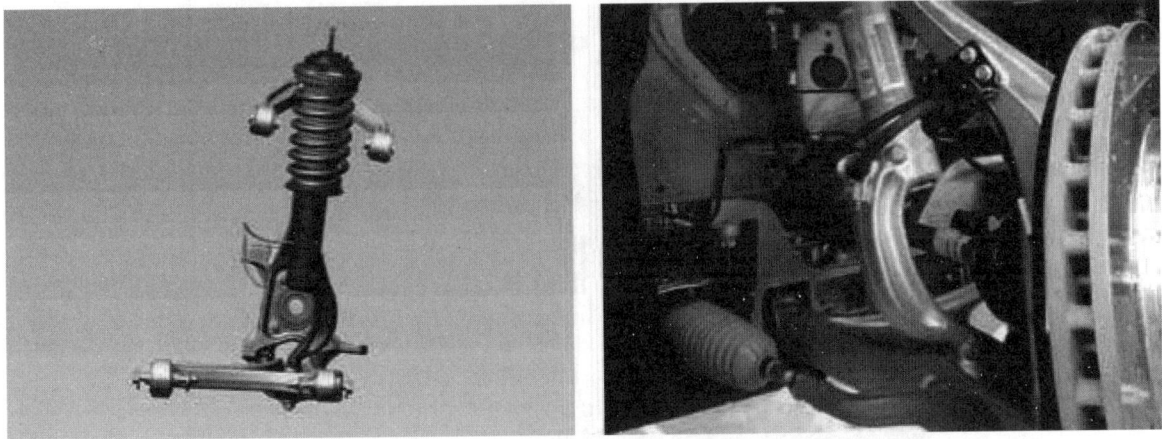

图 6-20

所有车型的后部悬挂布局均相同，如图 6-21 所示。

图 6-21

如要从车身上拆卸后部副车架总成，需要首先使用专用工具（p/n 900000225）压缩后部弹簧。这是因为上弹簧平台与车身相互固定，并会对副车架固定点施加荷载。获取相应程序，参见维修手册。

第三节 吉博力

一、前言

新一代 M156/M157 车辆采用了全新的悬架布局，如图 6-22 所示。除了与 M156 总裁平台显著的设计相似性外，玛莎拉蒂底盘工程师还给予了吉博力独特的操控特性，着重突出车辆运动内涵，并使其置身于轿跑车系的顶点。如同总裁，吉博力采用了高位四边形布局前悬架和先进的多连杆后悬架。设置和定位以及弹簧和减震器特性专为吉博力车型量身打造。整个悬架设计中大量应用锻造铝，有助于将非簧载质量维持在尽可能低的水平上，同时仍具有较大的刚度。吉博力的先进悬架系统可使车辆具备 GT 跑车性能，同时在其同级汽车中展现出最佳水平舒适性和平顺性的驾乘体验。吉博力车型系列标配单级悬架，而吉博力柴油和吉博力 S Q4 可配备带自适应阻尼和低行驶高度的运动悬架组件。对于追求最佳舒适性和操纵体验的用户来说，可为吉博力选配新一代 Skyhoo 自适应阻尼控制系统。该系统可允许驾驶员独立于动力传动系统设置之外选择减震器设置。在吉博力后期发布时可提供 5 款全新的轮辋设计（从 18 至 21 英寸）。所有车轮均标配高级 TPMS 系统。

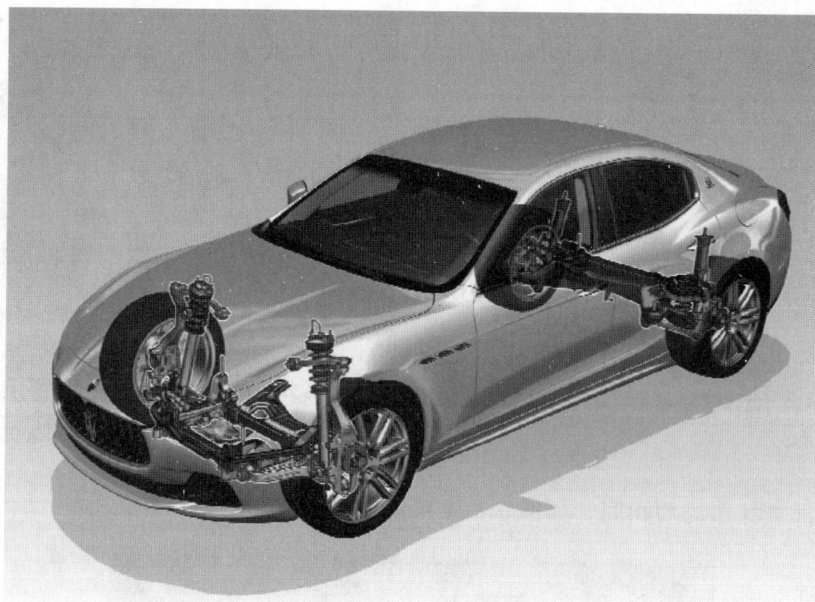

图 6-22

二、车轮和轮胎

吉博力提供了一套 5 个轻合金轮辋设计，尺寸范围为 18～21 英寸，如图 6-23 所示。尺寸为 18～21 英寸的 4 轮辋全新设计专为吉博力车型量身打造，如表 6-9 和表 6-10 所示。总裁同样采用了选配型铸铝 21 英寸轮辋。

前部和后部 18 英寸 Alfieri 轮辋均有相同的轮胎尺寸，为吉博力和吉博力柴油机版的标准配置。

18 英寸 Vulcano 轮辋具有类似设计，但后轮要更宽。该轮辋为吉博力 S 车型的标准配置。

带有独特 15 轮辐设计（Poseidone 和 Proteo）的 19 英寸轮辋增添了新潮与优雅的风格，并改善了吉博力的操控性。两款不同风格的轮辋选择可满足不同客户的品味。两款轮辋在前后轮均具有不同的宽度。

20 英寸轮辋（Urano）设计以单一的风格完美匹配运动性和舒适度。共提供了两种不同的涂装：喷漆和抛光（Diamond）。其前后轮的宽度不同。

21英寸 Titano 轮辋融合了重量轻、款式新颖和性能优异的特点。其金属亚黑涂装色形似液态金属，无明显颗粒感。与小尺寸轮辋不同，21英寸轮辋在开发时采用了锻造技术。高科技解决方案的引用将重量轻和高强度特点最大化，而21英寸轮辋的重量的确与20英寸轮辋不相上下。与传统合金轮辋相比，锻造轮辋的优点非常明显：悬挂质量和非悬挂质量之间的比值更佳，改善悬架的工作情况，进而提高舒适性、附着力和操纵性。

图 6-23

表 6-9

	吉博力 di-esel	吉博力	吉博力 S	吉博力 S Q4
Alfieri 18 英寸	S	S	—	—
Vulcano 18 英寸	—	—	S	S
Poseidone 19 英寸	O	O	O	O
Proteo 19 英寸	O	O	O	O
Urano 20 英寸	O	O	O	O
Titano 21 英寸	O	O	O	O

注：S=标配，O=选配。

表 6-10

车轮设计	车轮尺寸—前轮	车轮尺寸—后轮	结构
Alfieri 18 英寸	7.5 英寸 J×18 英寸	8.5 英寸 J×18 英寸	旋压铝
Vulcano 18 英寸	7.5 英寸 J×18 英寸	9.5 英寸 J×18 英寸	旋压铝
Poseidone 19 英寸	8.5 英寸 J×19 英寸	10 英寸 J×19 英寸	旋压铝
Proteo 19 英寸	8.5 英寸 J×19 英寸	10 英寸 J×19 英寸	旋压铝
Urano 20 英寸	8.5 英寸 J×20 英寸	10.5 英寸 J×20 英寸	旋压铝
Titano 21 英寸	8.5 英寸 J×21 英寸	10.5 英寸 J×21 英寸	锻造铝

1. 轮胎（表 6－11 和表 6－12）

表 6－11

车轮尺寸	前轮胎尺寸	后轮胎尺寸	原厂配件
18 英寸（Alfieri）	235/50ZR18 101Y	235/50ZR18 101Y	Pirelli/Continental
18 英寸（Vulcano）	235/50ZR18 101Y	275/45 ZR18 107Y	Pirelli/Continental
19 英寸	245/45 ZR1998Y	275/40ZR19101Y	Pirel－li/Continental/Dunlop
20 英寸	245/40ZR2099Y	285/35 ZR20100Y	Pirel－li/Continental/Dunlop
21 英寸	245/35 ZR2196Y	285/30ZR21100Y	Pirelli/Continental
18 英寸备胎	175/55－18 95P	Vredestein	

表 6－12

轮胎压力	部分负荷状态*	全负荷状态**	高速行驶***部分/全负荷
前轮和后轮，仅 18 英寸轮胎	230kPa（33psi）	270kPa（39psi）	280kPa（40psi）
前轮和后轮，所有其他尺寸	220kPa（32psi）	260kPa（38psi）	270kPa（39psi）
备胎	350kPa（51psi）		—

*：按 2 名乘客＋行李计算。

**：按 4 或 5 名乘客＋行李计算。

***：不适用于冬用轮胎。

2. 18 英寸备胎

此备用车轮为 18 英寸轻铝轮辋和备胎，仅限临时紧急使用，如图 6－24 所示。在安装前，必须使用提供的压气机将其充气至正确的气压。此轮胎上的标签标记有行驶速度限制，使用备胎时需要遵守此速度限制。备胎不得以超过 80km/h 的车速行驶。临时使用备胎的胎面寿命有限。备胎可行驶最大距离为 3000km。

图 6－24

18 英寸备胎和轮胎充气套件为美国/加拿大和中国规格市场的标准配置。其他市场可按需提供。

3. Tirefit 修理工具包

此工具包开发用于最大 6mm 的较小穿孔的快速修理，位于行李舱地板下面。轮胎漏气时，注入密封树脂，它在穿孔点周围硬化，进而堵住穿孔。异物（例如螺钉或钉子）不得从轮胎上移除，否则会影响修理。然后使用修理包中的压气机将轮胎充气至适当压力，然后才可恢复行驶。此修理包仅提供临时轮胎密封，允许以 90km/h 的最高车速驾驶车辆行驶最远 160km。谨记密封剂具有有效日期，印在瓶子标签上。当有效日期到期时，应将其更换为新的密封剂。使用 Tirefit 时遵照修理包随附的说明书。Tirefit 修理包只在没有初始安装 18 英寸可折叠备用轮胎的车上提供。

4. 雪链

允许在胎面之外最大 6 mm 凸缘处使用小尺寸雪地防滑链。防滑链仅可安装在 19 英寸驱动轮（后轮）上。在装备防滑链时，建议停用 ESC 系统且车速不得超过 50km/h。谨记，雪地防滑链的使用应遵照各个国家的安全政策。注：可在所有尺寸（18～21 英寸）车轮上安装玛莎拉蒂原厂雪地防滑链。

三、TPMS

所有吉博力车辆均标配全新一代高级轮胎压力监控系统（TPMS）。M156 总裁同样采用了该系统。系统由集成在车轮气门嘴（车轮单元）中的 4 个压力传感器和 1 个中央 TPMS 接收器组成。TPMS 接收器解码由车辆的各车轮单元传输的射频（RF）信号。接收器在车辆单元传感器检测到压力损失时使用其预编程的压力阈值向驾驶员报警。接收器使用车辆网络通信任何 TPMS 或系统诊断信息。接收器监测车轮旋转和旋转方向（由车轮单元传输）及接收到的各传感器信号强度信息，如此使其可自动确定各个车轮单元在车辆上的位置。因此，在轮胎换位或更换后不需要对传感器进行重新编程。显示屏自动更新显示车辆上的新轮胎和传感器位置。

1. 驾驶员警告

驾驶员可在任意时刻通过选择驾驶员信息显示菜单中的右侧屏幕读取 4 条轮胎的精确压力值，如图 6－25 所示。如果检测到一条或多条轮胎的压力值过低，组合仪表上的琥珀色 TPMS 指示灯将亮起并发出警告声以提醒驾驶员该状况。组合仪表将显示"轮胎压力低"信息以报告各轮胎的压力值，其中低压力值闪烁。充气至正确压力后，只要接收到更新的轮胎压力，系统会自动更新，仪表板上的图形显示将停止闪烁，TPMS 指示灯将关闭。为使 TPMS 采集并处理更新信息，需要车辆以高于 24km/h 的速度行驶 20min。

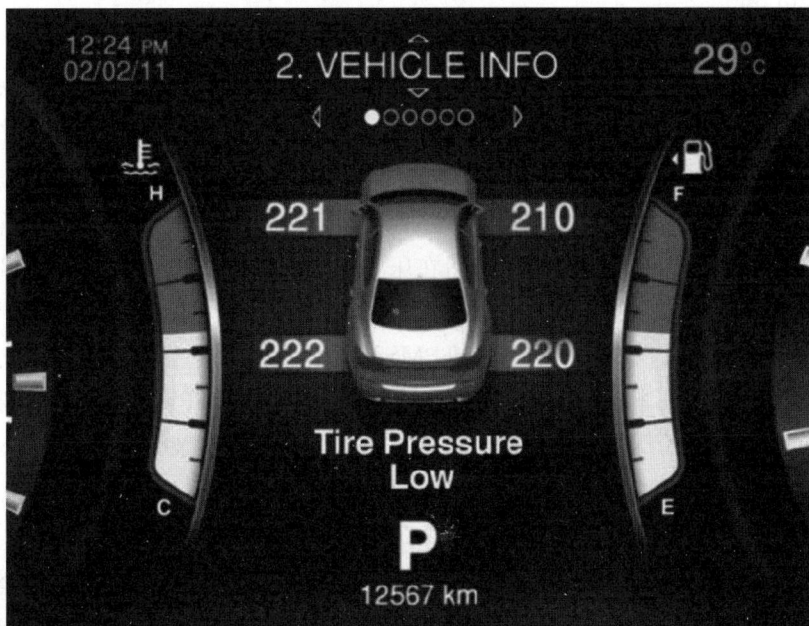

图 6－25

2. "维修轮胎压力监测系统"警告

如果检测到系统故障，TPMS 指示灯将闪烁 75s，然后保持长亮并跟随蜂鸣声。随后，组合仪表将显示信息"维修轮胎压力系统（Service Tire Pressure System）"至少 5s，然后在压力值的位置显示破折号，表明是哪个传感器失效。在下次点火循环时，如果系统故障仍然存在，将依次重复上述操作。如果系统故障不再存在，TPMS 指示灯将不再闪烁，"维修轮胎压力监测系统"信息将不再显示，压力值显示在破折号位置处。

可能由于以下情况造成系统故障。

由于电子装置或在发出与 TPMS 车轮单元相同的无线电频率的设施附近行驶而产生信号干扰；

张贴的售后市场车膜内含有阻碍无线电波信号的材料；

车轮或轮罩周围有积雪或积冰；

车辆上使用雪地防滑链；

使用未安装 TPMS 传感器的车轮/轮胎。

当检测到与传感器位置不当故障相关的系统故障时，组合仪表也将显示"维修轮胎压力监控系统"至少 5s。在此情况下，带压力值的图形屏幕会紧随信息"维修轮胎压力系统（Service Tire Pressure System）"后出现。此时说明仍然可从 TPMS 传感器接收到压力值，但传感器在车辆中的位置可能错误。只要显示"维修轮胎压力监控系统"信息，则仍需维修系统。

3. 使用备胎

18 英寸备胎仅限临时使用且不装备 TPMS 传感器。如果由于车轮压力低于压力低警告限值而将其更换为折叠式备用车轮，则在下一次点火开关循环时，TPMS 指示灯将亮起，随后响起蜂鸣声。此外，组合仪表上的图形将在备用车轮的相应位置处显示一个闪烁的压力值。在以大于 24km/h 的车速驾驶车辆长达 20min 后，TPMS 指示灯将闪烁 75s，然后保持长亮。然后，组合仪表将显示信息"维修轮胎压力监控系统"至少 5s，然后在压力值位置显示破折号。在随后每次点火开关循环时，TPMS 指示灯都将闪烁 75s，然后保持长亮，随后响起蜂鸣声。然后，组合仪表将显示"维修轮胎压力监控系统"信息至少 5s，随后在压力值位置显示破折号。一旦车辆重新更换了带 TPMS 传感器的正常公路车轮，TPMS 将自动更新。TPMS 指示灯将关闭，组合仪表上的图形将显示新的压力值，而不再显示破折号，只要 4 个轮胎的任意一个轮胎压力不低于压力低警告限值。为使 TPMS 获取并处理更新的信息，需要以大于 24km/h 的车速驾驶车辆长达 20min。

4. TPMS 校准

新 TPMS 可进行自我校准。如果车辆以 24～120km/h 的车速行驶 20min，它可自动校准 4 个车轮单元的位置和 4 个轮胎压力数值。如果更换带车轮和轮胎总成（无 TPMS 传感器）的所有 4 个车轮，例如雪地车轮和轮胎总成，则 TPMS 停用。更换带车轮和轮胎总成（未安装车轮单元）的所有 4 个车轮后，以大于 24km/h 的车速驾驶车辆 20min。TPMS 响起蜂鸣声，TPMS 指示灯闪烁 75s，然后保持长亮，组合仪表显示"维修轮胎压力监测系统"信息，然后在压力值的位置显示破折号。从下一次点火开关循环开始，TPMS 将不再响起蜂鸣声或在组合仪表上显示"维修轮胎压力监测系统"信息，但是破折号仍将位于压力值位置处。要重新启用 TPMS，更换带有 TPMS 传感器所有 4 个车轮和轮胎总成（公路轮胎）。然后，以大于 24km/h 的速度驾驶车辆 20min。TPMS 将响起蜂鸣声，TPMS 指示灯闪烁 75s，然后熄灭。然后，组合仪表显示"维修轮胎压力监控系统"信息。组合仪表还会在破折号的位置显示压力值。在下个点火循环，只要系统不存在故障，"维修轮胎压力监控系统"信息就将不再显示。

5. 轮胎压力模块（TPM）

轮胎压力模块（TPM）或 TPMS 接收器位于车辆下方，固定在右侧燃油箱前部区域内的车辆地板上。该位置可使所有 4 个车轮单元具有良好的接收性能，而无须使用独立天线。TPM 可从 4 个车轮单元接收 RF 信号，并将相关胎压信息通过高速 CAN－C 总线传递至组合仪表（ICP）。在系统发生故障时，可使用玛莎拉蒂诊断系统直接对 TPMS 进行诊断。新一代 TPMS 使用单个中央接收器，它位于右侧燃油箱前部区域内的车辆地板下方，如图 6－26 所示。

图 6-26

6. 车轮单元

车轮单元监测行驶和静止时车辆的轮胎压力和温度。每个轮胎内各有 1 个电子单元（称为车轮单元），安装在压紧式气门杆上，定期测量实际的轮胎压力和温度。此压力和温度信息通过射频（RF）通信传输至车载接收器 TPM。TPM 会对 RF 输入信号进行解码，将数据格式化并按要求将数据传送至车辆内的 CAN-C 总线。该系统同样会自动检测车辆各车轮单元的车轮位置。车轮单元通过旋转确定左右位置，而 TPM 控制单元确定车轮模块的前后位置。

车轮单元具有以下特性。

传感器监测轮胎压力和温度并检测车轮运动；

集成式电池具有 10 年的预计使用寿命；

在轮胎换位后自动再学习新的轮胎位置，所以在车轮/轮胎换位后无须重新编程；

在 -40~100℃ 的温度范围内，压力测量精度为 ±5%。

TPM 车轮单元必须执行的主要功能有如下。

监测并传输轮胎压力和温度信息；

传输车轮单元 ID 代码；

确定轮胎中是否存在压力变化；

确定车轮是顺时针旋转还是逆时针旋转；

检测车轮是否旋转并传输正常压力、温度和方向信息；

向 ECU 通知电池电量低状况。

TPM 车轮单元使用调幅（AM）通过射频（RF）传输信息。使用两种类型的车轮单元。

433MHz，适用于日本以外的所有市场；

315MHz 低功率版本，适用于日本市场。

每个车轮单元还包含一个低频（LF）（125kHz）天线和接收器（应答器线圈），在需要校准时接收来自 TPM 的定位命令。根据车轮单元的状态，它检测实际轮胎压力和温度，然后将此信息以规定格式传输至 TPM。

车轮单元具有以下 3 种可能状态。

行驶模式：此模式在车轮单元检测到运动时启动。在行驶模式下，车轮单元定期（大约每 60s）传输轮胎压力和温度信息以及其自身的识别代码。行驶模式的特殊状态为"定位模式"。在定位模式下，车轮

553

单元尝试检测旋转方向（顺时针或逆时针），并将此信息传输至 TPM。如果系统需要校准，定位模式会基于 TPM 的请求而激活。定位模式的条件为车速为 20～120km/h。

静止模式：如果未检测到运动且静止时间已到期，则认为车轮单元处于静止模式。在静止模式下，车轮单元不会传输任何常规信息，但是继续执行常规压力和运动检测抽样。如果车轮单元移动，则退出静止模式并启用行驶模式。

关闭模式：这是具有最低功率消耗的模式，主要在安装车轮前用于存放和运输。在关闭模式期间，车轮单元不会传递信息。如果检测到轮胎充气状态（压力），会退出关闭模式。

四、前悬架布局

前桥采用了"高位四边形"双横臂布局，如图 6—27 所示。这意味着悬架上三角臂与轮毂支架的球节不再如 M139 一代总裁一样位于车轮内侧，而是位于车轮上方。轮毂支架由锻造铝制成，其上部较长，连接至位于车轮拱罩区域上部的上三角臂。与传统的双横臂设计相比，这种结构具有特殊优势：由于轮毂支架下部和上部球节之间的距离增大，由这两个点确定的前轮转向轴线受到作用在车轮上的动态力的影响较小且更加稳定。悬架的横向刚度对于操纵性非常重要，而纵向刚度（恒定的主销后倾角）可避免制动期间意外反应。这种结构可提供最大的动态刚度，而同时它还使下部和上部三角臂的接头具有更大的挠度，而这是影响驾驶舒适性的重要因素。该全新结构可提供更加优良的驾驶性能，并已被证明是符合全新总裁和吉博力车型的驾驶特性的理想选择。对比 M156 总裁车型，吉博力的低位悬挂操纵杆布局已得到改良，如图 6—28 所示。其倾斜位置更大（前衬套安装位置降低 17mm），以使有效滚动中心更接近前轴。几何设计的改进更着重强调抗点头效应，从而在制动期间给予更佳的稳定性。

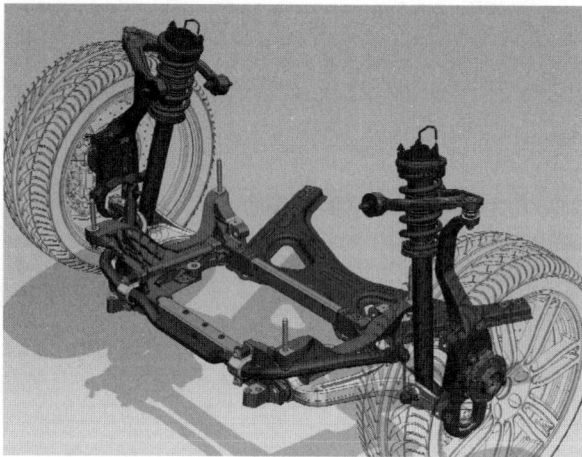

图 6—27

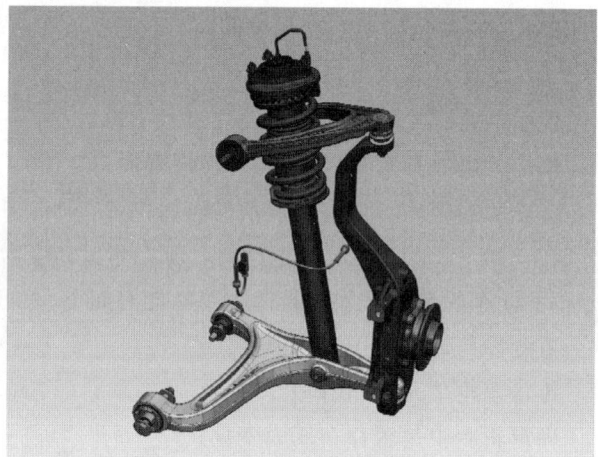

图 6—28

高四边形设计的另一项优势是它允许更充足的转向角。这使得其操纵性能与前一代总裁相比得到显著提高（转向直径减小，虽然其轴距更长）。凭借其物理四边几何结构和精心设计的转向角，玛莎拉蒂的车辆动力学工程师赋予了全新总裁和吉博力车型精确和直接的转向性能。悬架上、下连杆以及轮毂支架均由锻造铝制成。采用优化的全新前部防倾杆，可在转弯时提供优秀的通过性并降低车身侧倾风险。弹簧、减震器和防倾杆均专为吉博力车型设计，并专属不同车型版本。吉博力可选配数种弹簧减震器配置：标准悬挂、带自适应 Koni 减震器的运动悬挂和电控 Skyhook CDC 减震器。下叉形臂，连同防倾杆、转向器和发动机下支座一起均安装在由铸铝和模压铝组合制成的副车架上。为达到最大刚度，1 个附加铝制横梁加强结构将下叉形臂下方区域与车身结构连接在一起。悬架上连杆和减震器安装在铸铝顶部固定拱座结构上，构成车身的整体式零件。需使用专用工具（No. 900028152）将前轮毂支架从悬架上连杆上分离。

五、后悬架布局

如同新款总裁，吉博力的后悬架设计同样为一件杰作。采用的解决方案为带4根锻造铝连杆和1根由高强度钢制成的第5连杆的多连杆结构，第5连杆同时也作用为一个弹簧平台。由于分别连接至底盘侧和轮毂侧，因此悬挂的所有5根连杆均相互独立运行。该结构可赋予车轮运动最纯粹的运动控制性能，并有利于车轮角度的精确设计。从图6—29可见，2根悬挂上连杆为相互交叉。该设计特点使后轮的有效转向轴线更朝内移，并优化了悬架行程内的车轮转角（外倾角和前束）。后前束由第5连杆控制，此连杆在副车架上的固定点可通过调整螺栓精确定位。如同前部，吉博力车型后悬架同样可选装数种弹簧减震器配置。后悬架安装在钢制副车架结构上，副车架同时还承载后差速器，如图6—30所示。由于其形状比较复杂，后轮毂支架由铸铝制成。

图6—29 　　　　　　　　　　　　　　　　　　　　　　　　图6—30

如要拆卸或更换后悬架部件之一，需使用后轴支撑工具 No. 900000344 和 No. 900000336。这些工具设计用于在参考位置处支撑后轮轮毂。需使用专用工具（No. 900000225）拆除后弹簧。

六、弹簧和减震器组合

1. 标准悬挂设置

所有吉博力车辆均以弹簧和减震器组作为标配，该设计能够在舒适性和操纵性之间做出最佳平衡，如图6—31所示。

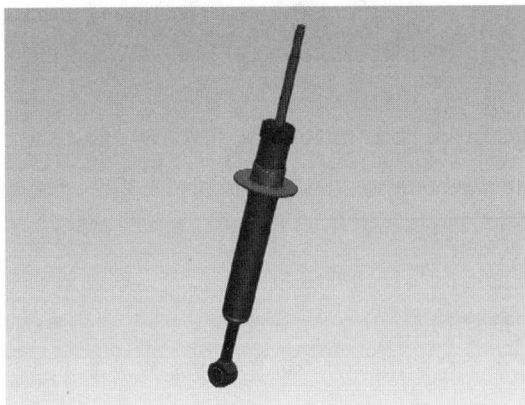 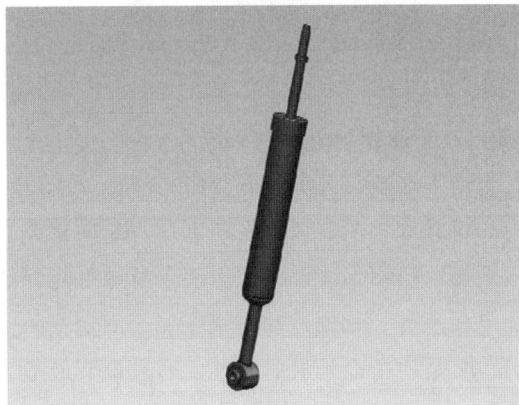

图6—31

2. 带自适应 KONI 减震器的运动悬架配置

带自适应 KONI 减震器的运动悬架配置可作为吉博力选配型运动组件的一部分提供〔在编写本书时，

运动组件仅提供给吉博力柴油和吉博力 S Q4 车型]。通过采用刚度更强的专用弹簧，这些车辆的车身高度下降了 10mm。运动悬架配置采用了带选频阻尼（FSD）技术的 KONI 液压减震器。FSD 为由 KONI 开发的创新型技术。FSD 减震器可根据应力频率自动调节阻尼特性，应力可分为两个区域：

在车身纵摇横摇运动时的典型低频（±1Hz）应力需要高阻尼，以实现车辆的最大稳定性和操纵性；

在路面障碍物导致车轮随动运动的典型高频（±10Hz）应力需要低阻尼，以实现最大舒适性。

FSD 系统为一套与减震器体集成的纯机械解决方案。其无须任何电子部件。KONI FSD 系统能够根据运动频率改变阻尼力水平，以解决在传统减震器中的舒适性和操纵性之间的矛盾。在标准减震器中，主要阻尼特性由进入活塞总成的油流（图 6-32 中 1）所界定。FSD 减震器所增加的专用阀门能够控制进入活塞的油流旁的并行油流（图 6-32 中 2）。并行油流由 FSD 功能关闭，以使阻尼力在几乎与活塞单向移动时间成线性的情况下增加。在高频率时，FSD 控制阀室内的油压上升时间会不足，因此通过 FSD 旁通阀的油流可自由流动。在此情况下，即实现低阻尼水平。在低频率时，FSD 控制阀室内的油压会上升，导致旁通阀关闭。在此情况下，通过 FSD 阀门的油流会被阻挡，并产生高阻尼水平。简而言之，FSD 即为一个可延迟压力增大的液压放大器。此时，会建立起额外的优化选项，以获取最佳的操作性和舒适性组合。FSD 代表了可改善车辆行驶和驾驶特性的最简方式。

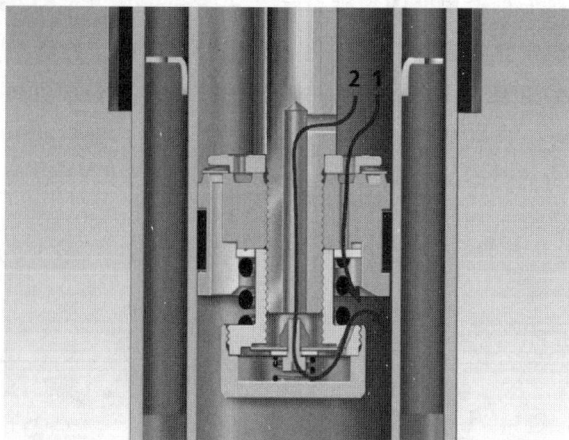

图 6-32

在高频运行（图 6-33 左图）和低频运行（图 6-33 右图）期间的 FSD 阀门动作见图 6-33。

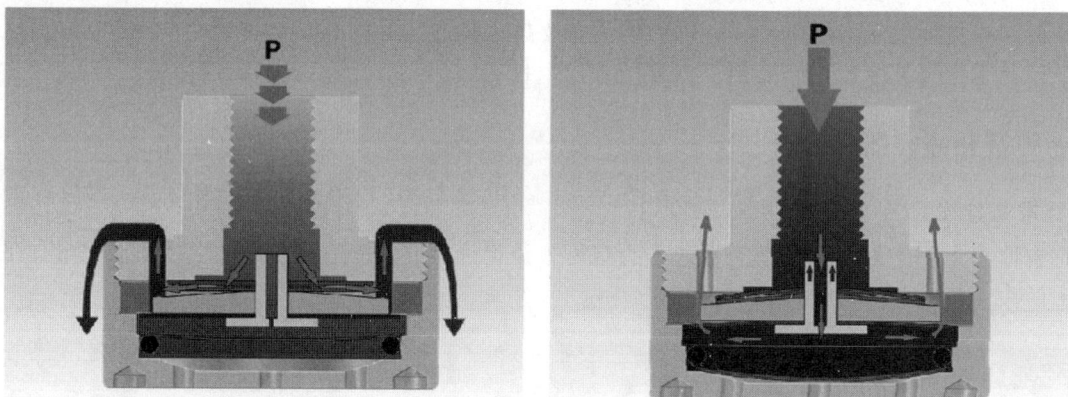

图 6-33

3. Skyhook 连续阻尼控制系统

所有吉博力车辆均可配备与 ZF-Sachs 共同开发的 Skyhook 连续阻尼控制（CDC）系统。每个车轮的阻尼力均可独立控制，以便车轮和车身定向运动。因此它们始终可为车身相对于静止中间位置的运动提供最佳的平衡。Skyhook 设计理念使车身尽可能保持稳定，而与驾驶和道路状况无关。控制策略寻求使车身运动稳定而从容，如同运动车辆连接至固定在天空中的挂钩。

Skyhook 是一个电子阻尼系统，通过调节最适于每个车轮的阻尼力，可显著提高驾驶安全性、舒适性和动态性能。一个控制单元在数毫秒内即可计算出所需的阻尼力，然后尽快地调节减震器。车轮传感器监测各种数值，如车身、车轮和横向加速度，并使用这些数值持续生成每个车轮的理想阻尼力。

连续阻尼控制具有以下优点。

由于车轮阻尼最佳化，安全性更高；

驾驶舒适性和动态性能增强；

倾翻、纵倾和垂直运动的可能性降低；

由于轮胎与路面接触条件更佳，制动距离更短；

实时连续调节；

转向响应更快。

系统由以下主要部件组成。

1 个中央 Skyhook ECU，主动式阻尼控制模块（ADCM）；

4 个带集成式 CDC 阀的减震器；

3 个车身加速度传感器；

2 个底盘加速度传感器。

（1）带集成 CDC 电磁阀的减震器。

前减震器（图 6－34 左图）后减震器（图 6－34 右图）都装配集成式 CDC 油控比例电磁阀。

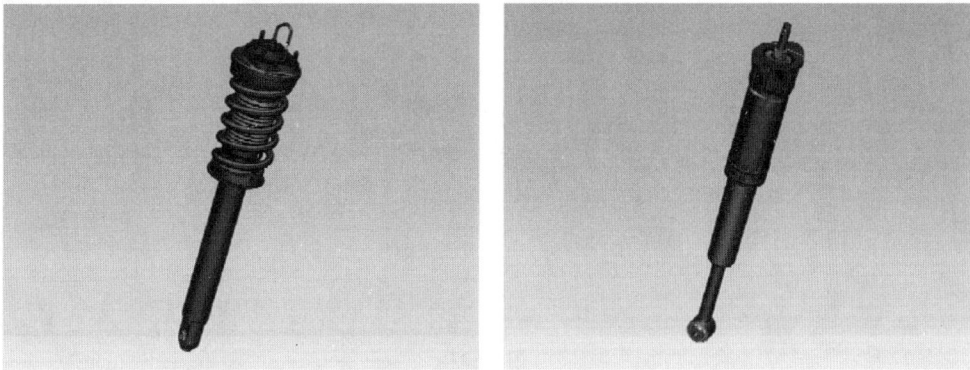

图 6－34

前后双管减震器中都装配比例电磁阀。电磁阀是减震器体的组成部分。电磁阀以微秒为间隔调节压缩和反弹过程的机油流量，从而改变减震器特性。ADCM 通过脉宽信号，以电流控制的方式控制电磁阀。工作电流为 0（脉宽 0％）对应于减震器最硬位置，随着电流的增大，减震器特性越来越软。在电磁阀的全激活工作状态（脉宽 100％），电流达到最大值 1.8A，减震器处于最软状态。在拆除或更换带集成 CDC 电磁阀的前减震器时，需使用专用工具（No. 900028171）拆除上紧固螺母。

配备 AWD 系统的车辆使用带专用本体的前减震器，以为前传动轴腾出必要空间，如图 6－35 所示。

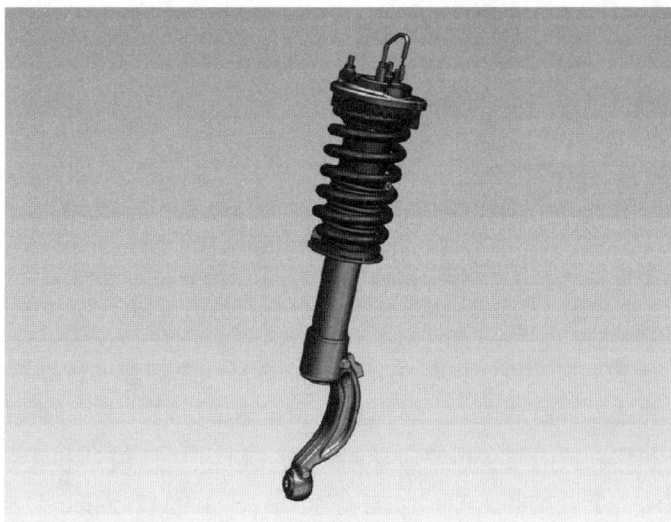

图 6－35

557

（2）底盘和车身垂直加速度传感器。

底盘和车身加速度传感器将 2 个前轮轮毂附近位置和车身上选定点处（前端 2 个，后端 1 个）测量得到的物理加速度输入转换为电信号（V）。加速度传感器属于电容式传感器。底盘和车身传感器除感应范围不同外，其他方面相同，这是因为底盘加速度传感器所记录的加速度值比车身传感器的记录值大。传感器由 ADCM 通过 5V 信号供电，并向 AD-CM 提供与测量得到的加速值成正比的电压信号（0～5V）。车身垂直加速度传感器，如图 6－36 所示。

车上总共安装了 3 个车身加速度传感器：前端的 2 个安装在两侧悬架转台上（图 6－37 左图），后端的 1 个安装在

图 6－36

图 6－37

行李舱中靠近舱盖铰链的位置（图 6－37 右图）。两侧前轮轮毂各安装 1 个底盘垂直加速度传感器，如图 6－38 所示。

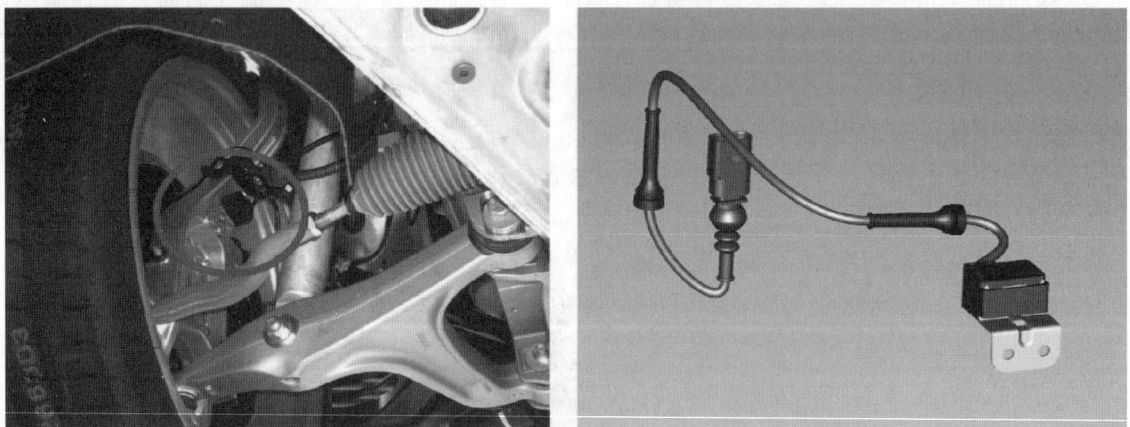

图 6－38

安装传感器时，必须注意传感器上箭头所指的安装方向。这个箭头必须一直朝上。

（3）主动阻尼控制模块（ADCM）。

ADCM 位于行李舱内右侧，如图 6－39 所示。其接收来自 5 个加速度传感器的信号，并通过 CAN 接收其他车辆动态信息（行驶速度、制动压力、转向角度和车辆横摆以及纵向加速度）。ADCM 根据这些信息实时连续评估路面状况和驾驶员的驾驶风格。然后，ADCM 利用该信息和驾驶员所选择的减震器设置（正常/恒定）分别实时激活各个减震器。ADCM 与高速 CAN－C 总线连接，可实现与车辆其他系统之间的数据交换及诊断。

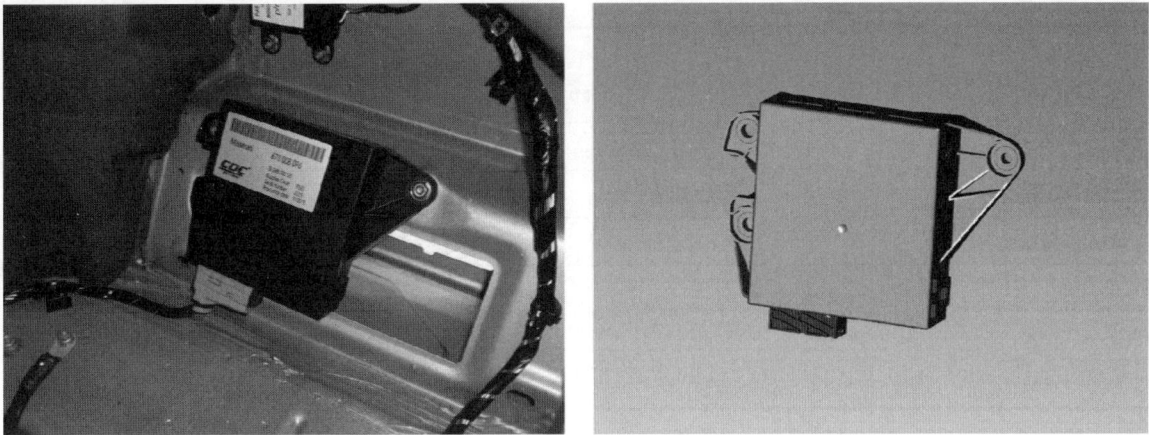

图 6-39

（4）Skyhook 工作模式。

在配备 Skyhook 持续减震控制系统的车辆上，驾驶员可独立于其他选定驾驶模式之外，选择减震设置。用于此目的的专用按钮添加在换挡杆附近的驾驶模式按钮组中。Skyhook CDC 系统具有 2 种工作模式，纯粹取决于减震器设置选择按钮，如表 6-13 所示。

表 6-13

已选驾驶模式	Skyhook 运行模式	已选驾驶模式	Skyhook 运行模式
手动	对 Skyhook 运行无影响	ESC—关闭	对 Skyhook 运行无影响
运动	对 Skyhook 运行无影响	硬减震器设置关闭	正常（舒适性）
I. C. E.	对 Skyhook 运行无影响	硬减震器设置开启	硬（操纵性）

（5）正常（舒适性）。

此模式在点火开关旋至 ON 位置后默认为启用。减震器采用较柔软的特性曲线，以最大限度地吸收路面不平顺度。该设置集中于驾驶舒适性。

（6）硬（操纵性）。

减震器采用较硬的特性曲线，以优化车辆操纵性。该设置可在赛道和极端条件下呈现高运动性驾驶风格，其特点为负荷转移降低（纵向和横向）和车身移动率降低。

七、四轮定位

与车辆车轮几何结构有关的以下参数可通过以下方式进行调整。

前轮前束：通过松开横拉杆固定螺母，然后转动横拉杆；

前轮外倾角：通过转动底盘侧悬架下连杆的两个偏心螺栓；

前轮主销后倾角：通过转动底盘侧悬架下连杆的两个偏心螺栓；

后轮前束：通过松开底盘侧的后轮轮距调节拉杆，调节调整螺栓；

后轮外倾角：通过转动底盘侧悬架上连杆的偏心螺栓。

表 6-14 显示了配备标准悬架配置的 246kW 吉博力车型的车轮定位参数。根据车辆版本和悬挂配置，车轮定位会有少量差异。

表 6-14

吉博力 246kW	18 英寸车轮	19 英寸车轮	20 英寸车轮	21 英寸车轮
负荷状况所有油液均位于正确液位	燃油箱加满	无驾驶员		
轮胎尺寸，前轮	235/50ZR18 101Y	245/45 ZR1998Y	245/40ZR2099Y	245/35 ZR2196Y
轮胎尺寸，后轮	235/50ZR18 101Y	275/40ZR19101Y	285/35ZR20100Y	285/30ZR21100Y

吉博力246kW	18英寸车轮	19英寸车轮	20英寸车轮	21英寸车轮
轮胎压力，前轮和后轮	230kPa（33psi）	220kPa（32psi）		
前轮距	1626mm			
后轮距	1634mm			
前束，前轮（每侧）	−0°3′			
外倾角，前轮	−0°13′			
主销后倾角，前轮	4°53′	4°47′	5°54′	4°50′
前束，后轮（每侧）	0.12′			
外倾角，后轮	0°−55′			

表6−14内的显示值在出版时为正确。这些值仅供参考。最新正确值以及正确的车轮定位程序应始终参考车辆的维修手册。

通过前悬架下连杆的偏心螺栓可调整外倾角和主销后倾角，如图6−40所示。需要使用异形扳手（专用工具号：900000228）调节后轮外倾角。

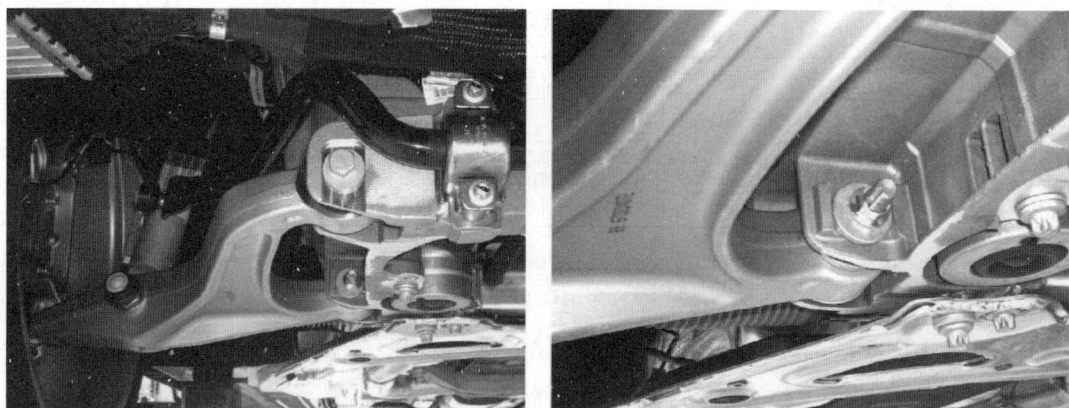

图6−40

第四节　莱万特

一、介绍

莱万特在悬架与车轮舱部分引入了大量创新型设计。轮辋在尺寸上的选择范围从18英寸到21英寸，且均采用全新的设计，专为莱万特的风格而定制，如图6−41所示。悬架设计采用了专为莱万特开发的重要技术更新：空气悬架系统。这不仅为车辆带来了无与伦比的灵活性，更可使车辆适应任何驾驶环境，无论是赛车道还是高艰的越野车道均可应对自如。最后，莱万特还融入了由Skyhook系统提供的连续可变阻尼控制功能。空气悬架与Skyhook系统将作为整个系列车型的标准配置。

图6−41

二、车轮和轮胎

莱万特车型自发布起，提供了 4 种车轮设计，其尺寸范围为 18～21 英寸，如图 6－42 所示。所有车轮均是专为莱万特车型打造的全新设计，同时采用铸铝轻质材料（18 英寸与 19 英寸轮辋）或旋压成形轻质合金（20 英寸与 21 英寸轮辋）制成。莱万特（261kW 汽油车型）与莱万特柴油车型的前后轮采用相同的车轮与轮胎尺寸，而莱万特 S（321kW 汽油车型）的前后轮则分别采用不同的车轮尺寸。请注意，更改车辆车轮尺寸时，也需要相应更改车辆配置数据中的车轮尺寸参数。

图 6－42

1. 车轮选择组合（表 6－15）

表 6－15

车轮设计	轮辋尺寸	莱万特（261kW）和莱万特柴油车型	莱万特 S（321kW）车型
Borea	18 英寸×8J	标配前轮＋后轮	不适用
Zefiro	19 英寸×8.5J	选配前轮＋后轮	标配前轮
	19 英寸×10.5J	不适用	标配后轮
Nereo	20 英寸×9J	选配前轮＋后轮	选配前轮
	20 英寸×10.5J	不适用	选配后轮
Anteo	21 英寸×9J	选配前轮＋后轮	选配前轮
	21 英寸×10.5J	不适用	选配后轮

2. 玛莎拉蒂原厂轮胎（MGT）

玛莎拉蒂认证的轮胎可为莱万特带来最高级的操控性与安全性，同时适用于公路驾驶与越野驾驶，如表 6－16 所示。这些玛莎拉蒂专用轮胎，在侧壁上标有"MGT"字样。

表 6－16

车轮设计	轮辋尺寸	轮胎规格*	供应商
Borea	18 英寸×8J	255/60 R18 100W	Pirelli、Bridgestone、Conti－nental、Goodyear
Zefiro	19 英寸×8.5J	265/50 R19100Y	Pirelli、Goodyear
	19 英寸×10.5J	295/45 R19100Y	

车轮设计	轮辋尺寸	轮胎规格 *	供应商
Nereo	20 英寸×9J	265/45 R20100Y	Pirelli、Continental、Goodyea
	20 英寸×10.5J	295/40 R20100Y	
Anteo	21 英寸×9J	265/40 R21100Y	Pirelli、Continental
	21 英寸×10.5J	295/35 R21100Y	

* ：所示速度与载重指数为最低规格，如表 6—17 所示。所供应 MGT 轮胎的规格会更高些。

表 6—17

前胎，所有车型	230kPa	备胎	350kPa
后胎，所有车型	250kPa		

* ：指考虑到承载两人及行李时的部分负载情况。在全负载情况下（4 或 5 人加行李），应将胎压增加 20kPa（21 英寸车轮为 40kPa）。

3. 紧凑型备胎

将根据不同市场需求，标配、选配或在原厂配件套件中提供带可折叠轮胎的 18 英寸备胎（Vredestein195/75 R18）。使用前，必须使用随附的 12V 压缩机为该轮胎充气。使用紧凑型备胎时，最高行驶速度与距离必须严格限制在 80km/h 与 3000km。

4. 轮胎维修套件

未配备紧凑型备胎的车辆，将随附一套轮胎维修套件（Fix&Go）作为替代。该套件包括 12V 压缩机、轮胎密封胶筒与空气软管，用户可借以修补 6mm 宽以内的破洞。轮胎修补完成后，车辆可以最高 80km/h 的速度行驶 20km。需要在中间 10km 处停车，然后必须重复充气操作。请注意，密封胶筒的标签上印有过期日期。过期后，应更换新的密封胶筒。请参阅套件随附的说明，以便正确使用。

三、TPMS

现在，TPM（轮胎压力模块）安装在新位置，即后保险杠横梁上方的中心位置，如图 6—43 所示。该模块直接接收来自全部 4 个胎压传感器（集成于车轮阀体中）的无线电信号。

图 6—43

所有莱万特车型均标配有轮胎压力监控系统。TPMS 自 M156—7 车型沿用至今，并无显著改动。胎压信息屏幕如图 6—44 所示。

图 6-44

四、前部悬架布局

莱万特车型的前部悬架布局为"高四边形"式，通过高上叉臂将上转向节置于车轮上边缘的上方，如图 6-45 所示。下叉臂与同时用于支撑发动机的前副车架相连。所有这些部件都采用轻质锻造铝制成，这在此区域特别重要，因为这样才能降低非弹簧承载的重量。总体设计与 M156-7 车型类似，旨在提供卓越的操控性能，但做出了以下改动。

增大并强化了防侧倾横杆（以补偿更高的车辆重心），将其连接到空气弹簧柱而不是下叉臂。

对所有部件进行了重新设计，以完美匹配新款空气悬架系统，即使驾驶高度很高也能限制不必要的几何变形。

得益于空气弹簧以及一贯采用的全轮驱动，这种重新设计还能满足更加严苛的空间要求。

前轮距为 1624mm，与采用同平台的吉博力车型相比，略有减小（少 11mm）。

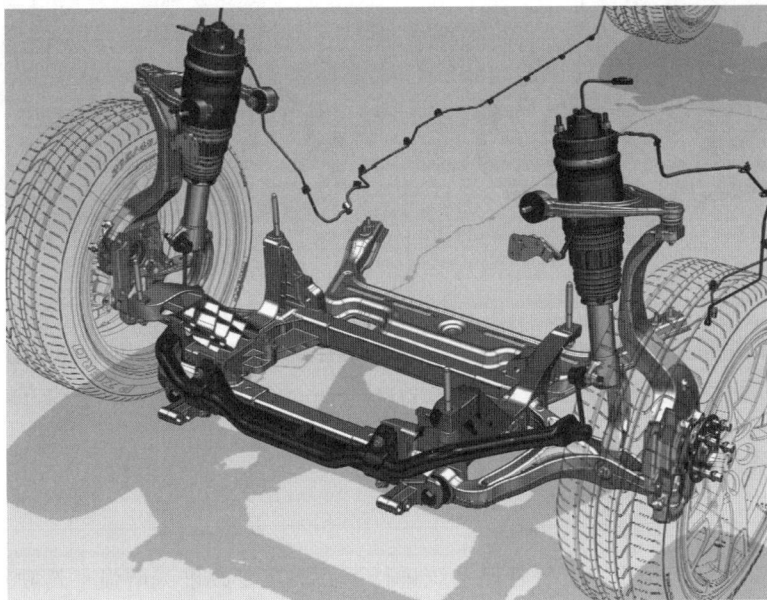

图 6-45

五、后部悬架布局

对前部悬架所做的设计考量（空气悬架集成和更高的重心）同样适用于后轴，如图 6－46 所示。此外，与吉博力车型相比，还存在以下不同之处。

下部主悬臂经过完全的重新设计，作为后部空气弹簧单元的基座。此悬臂现在采用铝材而非冲压钢制成。

后轮距略微增加到 1676 mm（多 23mm）。

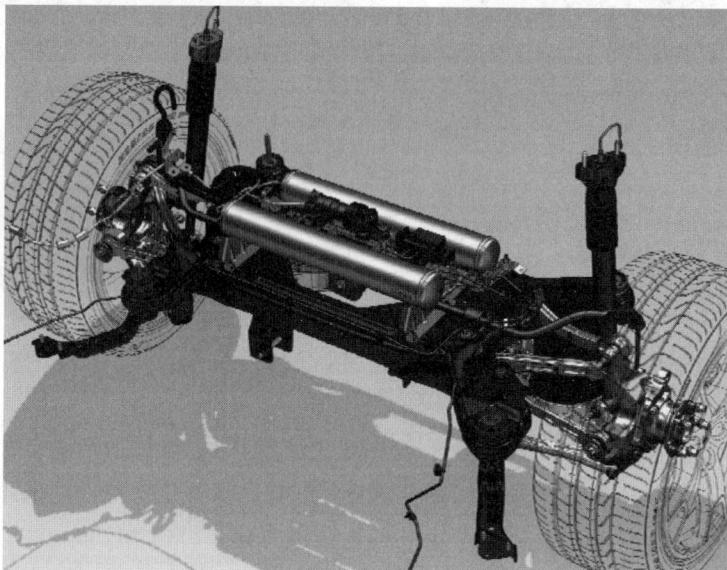

图 6－46

后部悬架拐角详图如图 6－47 和图 6－48 所示。注意下部主悬臂现在为铝材质。

图 6－47

图 6－48

在拆卸后轴或更换后部悬架部件时，必须使用后轴支撑工具套件。可以将专用工具套件（p/n TBC）与现有的 M156－7 车型支撑工具套件（p/n 900000344 与 900000336）搭配用于莱万特车型。

六、空气悬架系统

1. 综述

与传统的钢制弹簧式悬架相比，空气悬架系统进行了以下重要改进：增强了驾驶舒适性，允许在很大范围内调整驾驶高度，在后轴出现显著负载变化时，自动使车身保持完美水平。整个空气悬架系统由玛莎拉蒂与专业供应商 Continental 共同协作开发而成，其中包含以下部件。

4组空气弹簧；

2个汽缸（储气罐）；

1个压缩机；

1个阀组；

若干空气管路；

专用 ECU（ASCM）；

4个驾驶高度传感器；

驾驶员用于控制系统的摇臂开关。

前部空气弹簧如图 6-49 左图所示，后部空气弹簧如图 6-49 右图所示。

图 6-49

2. 空气弹簧

空气弹簧内部结构如图 6-50 所示。

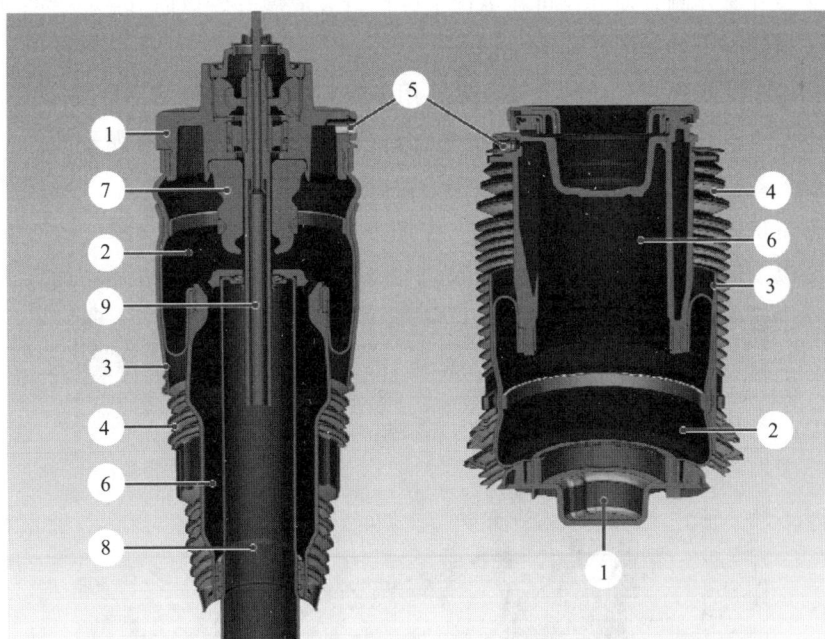

1—上盖 2—空气囊 3—空气囊导管 4—防护罩 5—连接至阀组空气管路接头 6—中空活塞 7—缓冲
块 8—阻尼器外管（内部零件未显示） 9—阻尼杆，其中含有用于阻尼控制线缆的导轨

图 6-50

（1）工作原理。

在空气弹簧内，上盖与活塞之间没有直接连接，弹簧通过这两部分连接到底盘与其中一个悬臂。车辆
的重量会压缩弹簧，这种作用力完全通过充满压缩空气的中间空气柱在这两个部件间进行传递。

与传统的螺旋弹簧相比，空气弹簧具有以下优势。

弹簧两端无刚性机构连接，对路感具有卓越的过滤性能。

压缩空气与弹簧的橡胶部件具有一定程度的自阻尼功效，这些是螺旋弹簧完全不具备的，同时还可提升驾驶质量。

压缩空气天然赋予了弹簧很高的非线性，强化弹性性能，这些特性很难通过钢质弹簧获得。某些弹簧部件的特性还可进一步优化弹簧的特性。

对于给定的车辆重量，可通过控制弹簧内部的空气量来改变悬架的静态位置（驾驶高度）。

反过来，弹簧内部气压的改变又可使车身保持所需的驾驶高度，即使车身载荷很大和/或不均匀，也可使其保持完美水平。

最后，弹簧刚度随气压增大而增加，这在车辆重载时十分有用。

最后请注意，弹簧内部的空气容积与其刚度成反比，这点与气压相反。

（2）部件。

在莱万特车型上安装的空气弹簧由以下主要部件构成。

上盖：上盖属于一种坚固平整的支撑件，弹簧通过此上盖连接到底盘（前部弹簧），或后部多连杆悬架的弹簧（后部弹簧）。

活塞：活塞相对上盖运动，通过阻尼器套管与下叉臂牢固连接（前部弹簧），或连接到底盘（后部弹簧）。活塞为中空式设计，以增加弹簧内压缩空气的容量。随着弹簧收缩，空气囊会折叠，进而封住部分活塞。

空气囊：空气囊为弹性中空部件，用于容纳压缩空气以支撑车辆重量，并促动弹簧操作。空气囊一侧与上盖相连，另一侧与活塞相连，使其内表面承受气压。因其弹性特性，空气囊在两部件之间不会有明显的力传递。

导管：导管附在空气囊外侧，使其仅可在纵向上弹性折叠或展开，以防其膨胀。在乘用车的悬架设计中，此部件是将空气弹簧应用到受限空间的关键。

附件部件包括：用于限制弹簧移动的硬橡胶塞；用于保护空气囊的暴露部分的防护罩；用于连接空气悬架系统其余部分以及负责对弹簧充气/放气的空气管路接头；用于保持所有弹簧部件密封的若干垫圈和夹具。

前部弹簧：当弹簧从完全展开位置（图6-51左图）到完全压缩位置（图6-51右图，止动塞未显示）时，空气囊形变以及活塞移动如图6-51所示。

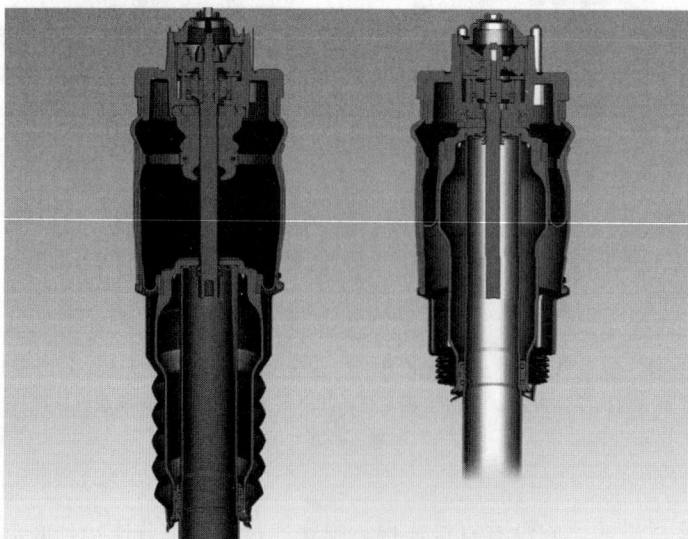

图6-51

空气弹簧不含任何用于调节气流或其压力的机械或电气部件。所有空气弹簧均为免维护的密封组件，需要时，必须进行整体（对于前部弹簧包括阻尼器）更换。技术参数如表 6-18 所示。

表 6-18

技术参数	前部空气弹簧	后部空气弹簧
平均刚度	73N/mm	70N/mm
车辆自重下的标称压力	1040kPa	720kPa
最大负载下的标称压力	1200kPa	1000kPa
最小空气容量	1.16 L	1.44 L
最大空气容量	2.30L	3.21L
最大行程	118mm（+61.3mm/−56.7mm）	123.6mm（+70.3mm/−53.3mm）
互换性	左侧和右侧弹簧需特别指定	无左右之分
无左右之分	空气囊结构强化橡胶（以氯丁二烯为基质，采用双层聚酰胺纤维交织）	

表 6-18 中所列的所有压力均为大概值，且指的是标称驾驶高度下得到的值。对于给定的车辆重量，提高驾驶高度需要更高的空气弹簧压力，而降低驾驶高度则需要更低的空气弹簧压力。这是因为橡胶空气囊的形变伴随悬架行程改变活塞与导管的形状而产生。这些截面的改变会影响气压为车辆提供支撑力的作用面积。支撑力等于气压乘以面积。因此，如果面积增大，则需要更少的气压来支撑给定重量（反之亦然）。因此，谨慎设计活塞与导管形状，可以更精细地调整中间气压、驾驶高度、弹簧刚度与车辆负载间的所有关系。后部空气弹簧的活塞与导管的截面变化如图 6-52 所示。

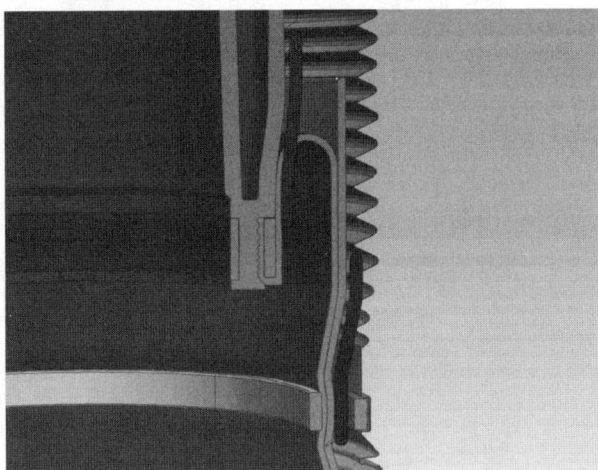

图 6-52

3. 系统部件

系统部件如图 6-53 所示。由于前部空气弹簧包含前部阻尼器，因此必须同时更换两者。

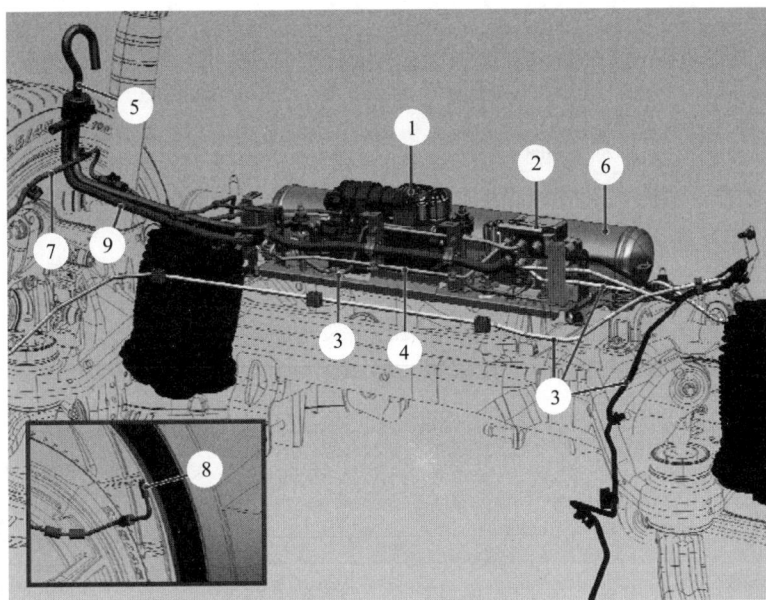

1—压缩机组　2—阀组　3—连接到弹簧的空气管路　4—压缩机阀组连接线路　5—外侧空气吸管与过滤器　6—储气罐（前部汽缸未显示）　7—压缩机到储气罐管路与外部充气软管　8—集成有止回阀的充气阀　9—排气软管

图 6-53

（1）阀组。

阀组将用于控制空气悬架系统大部分阀集成于一个独立单元中。阀组包括下列部件（图 6—54）。

弹簧阀：4 组常闭电磁阀，用于断开与接通每个空气弹簧与系统其余部件之间的连接。外部连接标有 LF（左前）、RF（右前）、LR（左后）及 RR（右后）。

排气阀：这是一种常闭电磁阀，该电磁阀可通过专用软管与标有"OUT"的接头相连，将系统中所含的空气排放到大气中。该阀在诊断界面中识别为"大气阀"（Ambience valve）。

压缩机接头：该接头标有"P"字母，并在内部连接到排气阀与弹簧阀。

压力传感器：阀组包含系统中唯一的压力传感器，用于读取连接到压缩机的常规流量压力。

电气插头：1 个 10 引脚插头。ASCM 通过该插头控制上述部件。

1—阀组（包含压力传感器）　2—压缩机组（包含换向阀与干燥器元件）　3—压缩机电源插头　4—换向阀插头
5—温度传感器与插头　6—后部副车架安装的支架

图 6—54

（2）压缩机组。

压缩机组连接在阀组与储气罐之间，其中含有以下部件。

1 个单缸往复式压缩机，通过 RDU 中的继电器供电

2 个换向阀，通过专用 3 引脚插头进行控制。这些滑阀可以让压缩机以任意方向装入到阀组与储气罐之间，甚至可以完全绕过压缩机，直接与阀组和储气罐相连。

1 个干燥器元件，用于除去系统中所含空气的水分。

1 个机械释压阀。

3 组橡胶衬套，压缩机通过它们安装到后副车架的支架上。

压缩机组为免维护与维修的密封组件。压缩机一般不能用于连续操作，在反复改变驾驶高度后，可能会将其暂时停用，以防温度过高。

在需要操作任何电磁阀时，ASCM 会通过受限制的工作回路为其供电，以限制电流进而防止温度过高。请勿将任何阀连接到 12V 直流电源上进行测试。

（3）储气罐。

系统储气罐由 2 组 7L 汽缸组成，它们用作补偿空气弹簧中所含空气变量的缓冲装置。汽缸横装于后部副车架上，一个在压缩机与阀组前部，另一个位于其后部。空气接头位于汽缸右端。

（4）驾驶高度传感器。

为了正确控制整个空气悬架系统，每个车轮均配有专用的驾驶高度传感器，并直接与 ASCM 相连。每个传感器均与其中一个悬臂相连（图 6—55），使用霍尔传感器通过专用内部回路将位置转换为 PWM 信号。与 M156—7 车型一样，这些信号同样用于自适应大灯系统（如果配备），以自动调节大灯高度，但它们连接至 ASCM，而不是 AFLS 模块。

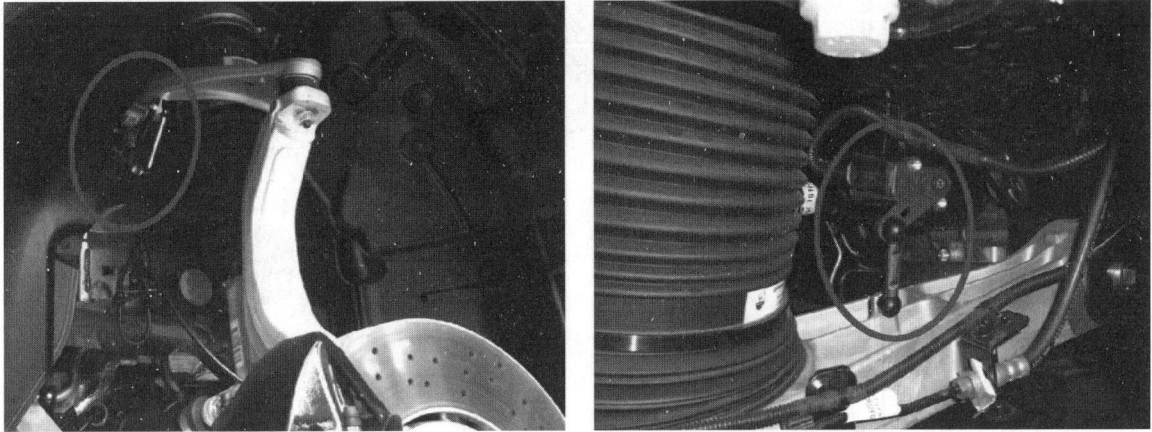

图 6—55

（5）空气悬架控制模块（ASCM）。

ASCM 位于行李舱右侧饰板后方。该模块控制空气悬架系统的所有部件，包括那些属于 Skyhook 连续可变阻尼控制系统的部件（加速计与阻尼器控制阀）。因此，ASCM 包含之前 ADCM 的所有功能。ASCM 连接到 CAN—C 总线。

4. 系统操作

系统为封闭型，例如，空气仅在弹簧与储气罐之间移动。压缩机可吸入外部空气，但通常只有为了补偿少量空气泄漏时才会这样做。因此，系统正常操作过程中，不会从大气中吸入或向其中排放大量空气。注意，几乎所有空气管路都是双向的，外部管路（吸气、排气及充气管路）除外。

（1）驾驶高度调节。

在需要对任何弹簧进行高度调节时，ASCM 会向阀组发送以下命令。

如果弹簧与储气罐之间的压差指示需要提升空气流量（即弹簧需要充气，内部压力较低，或弹簧需要放气，内部压力较高），ASCM 便会将压缩机中的换向阀设置为直接与弹簧和储气罐相连。

如果压差与所需气流方向相反，则转向阀将进行操作，以确保按正确的方向在弹簧与储气罐之间连接压缩机。随后，ASCM 会激活压缩机根据压差推动空气。

在这两种情况中，ASCM 均会通过闭环控制，保持空气流量，直至每个驾驶高度传感器都指示已达到所需驾驶高度。最多可同时对两个弹簧充气或放气。

（2）空气质量。

为了能够正确操作，封闭系统的部件内需要具有一定量的空气。此参数被称为"空气质量"。空气弹簧内部的压力仅与其伸展度（即行驶高度，由 ASCM 主动控制）以及所支撑的重量有关。因此，改变系统中所含空气质量，将会按比例改变储气罐汽缸中的压力。

空气质量过高将导致储气罐压力过高，在需要将空气从弹簧传送至储气罐时，会对压缩机施加应力。

相反，空气质量不足将导致储气罐压力过低，在弹簧需要增大压力（满负载车辆，提高驾驶高度）时，会提高压缩机的工作量。

ASCM 会通过一种兼顾弹簧压力与伸展度、储气罐压力与温度的算法定期估算空气质量。如果空气质量超出指定范围，ASCM 会从外部抽入空气或从储气罐排出空气进行补偿。其工作原理图如图 6—56 所示。

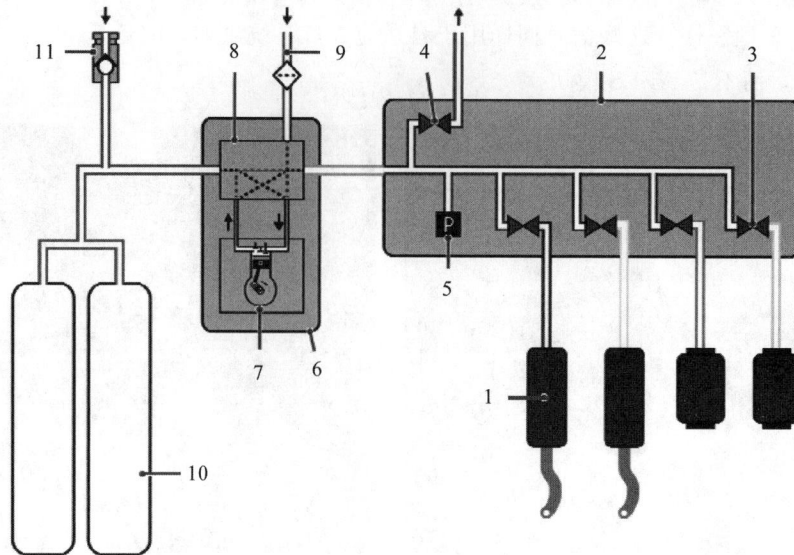

1—空气弹簧　2—阀组　3—弹簧阀　4—排气阀与软管　5—压力传感器　6—压缩机组　7—压缩机（集成有干燥器元件与释压阀）　8—换向阀组（可以任意方向连接压缩机端口、储气罐、阀组与外部进气口）　9—外侧空气吸管与过滤器　10—储气罐　11—外部充气阀

图 6-56

（3）高度调节逻辑。

ASCM 会持续监控驾驶高度传感器，并在车身的任何一角过度偏离目标位置时，执行所需调节。如果需要改变总体驾驶高度，则 ASCM 会执行所谓的"骆驼型"移动，此时车辆将分别而不是同时升高或降低前后轴，来循序通过所有中间驾驶高度设置。这样便可限制车身倾斜并始终保持车头下沉的方向，以在未装备自适应大灯时防止前大灯过度抬起。因此，升起车身时，会先升起后轴，而降低期间，则会先降低前轴。

（4）驾驶高度与行驶速度。

空气悬架系统提供 5 种不同驾驶高度用于行车，外加一种额外高度（降至最低）以便于上下车。

越野 2（+40mm）为最高高度设置，在涉水时或在越野道路上使用。出于稳定性考虑，只能在车速低于 40km/h 时使用此高度。

越野 1（+25mm）为与越野驾驶模式相关的默认高度。在车速超过 90km/h 时驾驶高度与驾驶模式会自动返回"正常"模式。

正常（参考高度）为适用于所有其他驾驶模式的默认高度。

运动 1（-20mm）降低驾驶高度以增强其空气动力学性能，可在车速超过 130km/h 时自动启用，也可手动启用。

运动 2（-35mm）是唯一不能由驾驶员选择的驾驶高度，在车速超过 185km/h 时将自动启用。

驻车（-45mm）为最低高度设置，同时也是方便上/下车策略的一部分。该模式可在速度低于 24km/h 时启用，同时也可在挂入 P 挡时自动启用（可通过 MTC+ 进行设置）。

在车速超过上述阈值时，将立即触发驾驶高度自动转换（图 6-57 中垂直箭头），或者在车速非常接近阈值时，延迟数秒转换（阴影区域）。这种控制也会有些许滞后，也就是说，阈值会因升速或降速而有所不同。

570

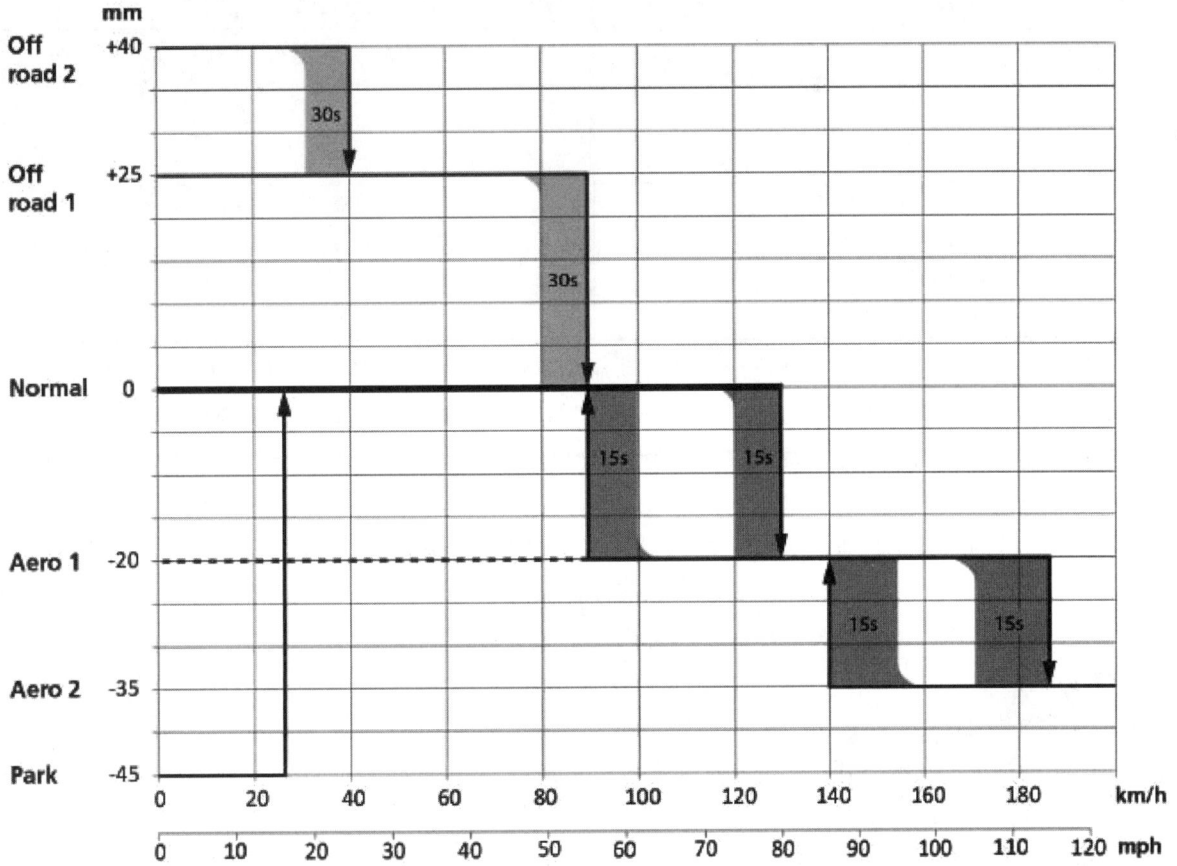

图 6-57

（5）驾驶高度选择：ASBM2。

驾驶员可通过标有 ASBM2（附件开关组模块 2）的中控台上的摇臂开关选择所需的驾驶高度（在当前车速允许的范围内进行选择），该模块负责执行驾驶模式按钮面板（ASBM1）的功能如图 6-58 所示。开关通过 LIN 连接到 BCM，其中含有 5 个 LED 灯，用于显示当前所选高度（常亮），或是将达到的目标高度（闪烁）。为保护车辆以及乘员，只能在所有车门、尾门都关闭时改变驾驶高度。

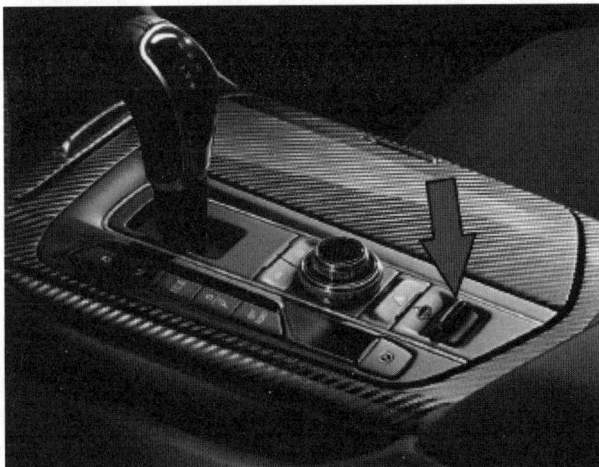

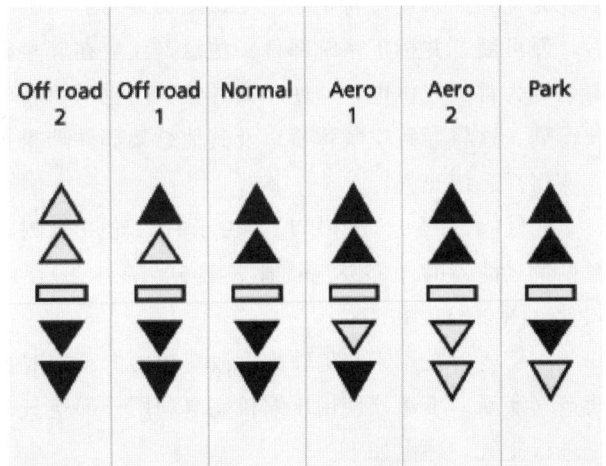

图 6-58

（6）驾驶高度与驾驶模式。

大部分驾驶高度都适用于所有驾驶模式，仅越野模式与相关高度例外，如表 6-19 所示。

表 6－19

驾驶模式	适用的驾驶高度	驾驶模式	适用的驾驶高度
越野	越野1（默认驾驶高度） 越野2	运动	正常（默认驾驶高度） 运动1 运动2 驻车
正常	正常（默认驾驶高度） 运动1 运动2 驻车	I. C. E.	正常（默认驾驶高度） 运动1 运动2 驻车

请注意，运动 2 驾驶高度仅在高速行驶时自动启用。如果通过 ASBM2 手动选择驾驶高度时，运动 2 将被直接跳过（系统直接在运动 1 与驻车之间切换）。如果驾驶高度设置不适用于当前所选驾驶模式，则将自动改变驾驶模式，以适应驾驶员请求的驾驶高度（例如，从"越野 1"切换到"正常"，反之亦然）。

（7）点火开关打开与关闭时的操作。

点火开关打开时，车辆将重置为"正常"驾驶模式与驾驶高度。但需要注意的是，如果车辆保持在"越野模式"，在打开点火开关后，车辆高度不会下降，以防车辆停在极不规则地形上时，因降低车身而损坏底盘与车底部件。也是出于同样的原因，越野模式是唯一不能适用"驻车"高度的驾驶模式。

5. 维修操作

（1）车辆举升与顶起。

在使用起重机举升车辆或顶起车辆来更换车轮时，最好通过 MTC＋"设置"菜单中指定的选项禁用自平衡系统。这样，系统才不会干扰维修作业。

（2）弹簧更换。

通过特定的主动诊断命令，可有选择性地对单个弹簧进行释压，以便安全地断开空气管路连接，这样便无须完全排空系统即可更换弹簧。在此操作期间，将由储气罐储存来自弹簧的压缩空气。通过特定的主动诊断命令可根据需要利用储气罐中空气以及系统压缩机来为弹簧充气，而无须利用外部空气对系统进行重新充气。按照此方法最多可同时为两个弹簧释压。

（3）系统排空。

对于任何比更换单个或两个弹簧更复杂的维修操作（例如，拆下或更换阀组或压缩机组），都需要对系统完全释压。通过特定的主动诊断命令可打开排气阀并排除系统中的空气来将系统排空。进行此操作后，便可断开并拆下系统部件。注意，仅应在起重机举起车辆且 4 轮离地的情况下，执行此程序。空气悬架系统为常火线供电，即使点火开关关闭也可执行驾驶高度调节。请勿在空气悬架系统已释压的情况下驾驶车辆。这将导致空气弹簧以及其他悬架部件严重损坏。

（4）系统充气。

充气阀（图 6－59 中 1），位于右后轮拱前侧。同时可看见带过滤器的外部吸气软管（图 6－59 中 2），以及排气软管（图 6－59 中 3）。

压缩机旨在用于与驾驶高度改变相关的不定时操作和补偿空气泄漏。不建议使用压缩机完全利用外部空气来对空系统进行充气，理由如下。

耗时过长，因为压缩机会出于热保护而不断在启动与关闭之间切换。

会缩短压缩机的使用寿命。

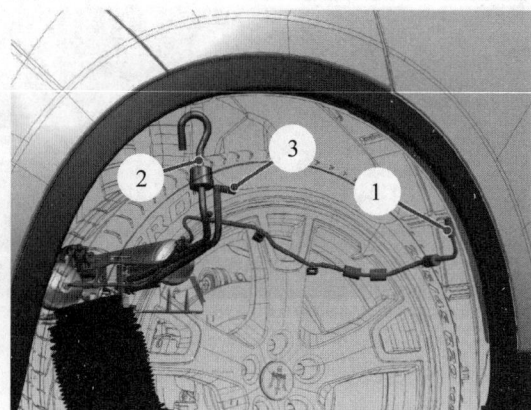

1－充气阀　2－带过滤器的外部吸气软管　3－排气软管

图 6－59

可能损坏干燥器元件，该元件为压缩机的一部分，而且不能单独更换。

最后，还会对外侧空气过滤器形成过度压力。

鉴于这些原因，在完成需要将系统完全排空的维修操作后，建议手动对其充入外部空气。必须将外部汽缸或压缩机连接到充气阀，必须使用压力调节器以确保储气罐充气压力不会超过1400kPa。为避免损坏系统，气体必须符合以下规格，如表6-20所示。

表6-20

要求	规格	要求	规格
空气质量等级	符合ISO 8573-1	水等级	在1100kPa压力下为2（绝对值）
微粒等级	3	油液等级	1

在对空气悬架系统进行任何维修操作之后，请勿驾驶车辆直到IPC显示屏确认已达到"正常"的驾驶高度为止。在弹簧未充气的情况下驾驶车辆将会对它们造成严重损坏。使用空气悬架重新加注配接组件（p/n900000473）以将来自外部的空气或无氧氮气连通到空气悬架重新加注阀处。

七、阻尼系统

ASBM1上的后部主动阻尼器与硬阻尼器选择按钮，现在与"运动"驾驶模式相结合，如图6-60所示。Skyhook主动阻尼系统作为所有莱万特系列车型的标配。这些主动阻尼器由ZF-Sachs生产，与M156-7车型所采用的阻尼器相似，每个阻尼器内都包含电控电磁阀，作为CDC系统（连续可变阻尼控制）的执行核心使用。唯一的相关区别在于前部阻尼器，该阻尼器集成在空气弹簧中，并且不可单独更换。

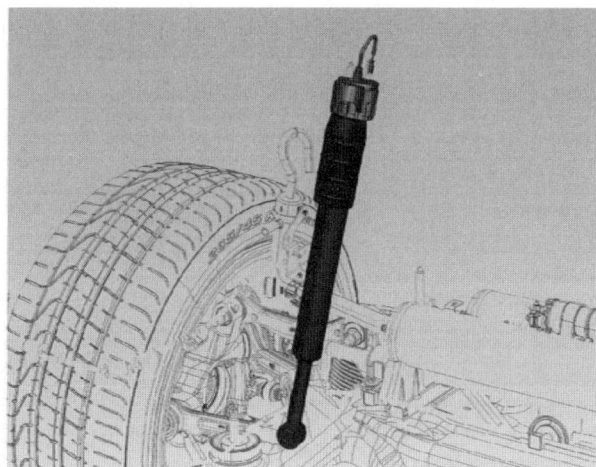

图6-60

但是，系统的电子管理方面却存在几处区别。

系统的控制，之前由专用电子模块（ADCM）管理，现在则属于空气悬架系统控制模块（ASCM）的一部分，该模块将ZF-Sachs软件集成在Continental提供的硬件中。

不能再孤立地考虑"硬阻尼器"驾驶设置和驾驶模式。只有在选择"运动"模式的前提下才能选择"硬阻尼器"驾驶设置。

驾驶高度传感器经过重新设计，同时作为Skyhok系统的输入使用。因此，在之前设置的基础上，新增了两种输入信号（后轮动作），同时升级了软件以利用它们的优势。

有鉴于此，无须再在前轮座上安装2个竖直加速传感器，因而已将它们移除。

但另一方面，仍然保留了底盘上安装的竖直加速计，并且其位置与M156-7车型上的安装位置相同。保留了3个车身加速传感器，分别位于两侧前悬架上部，以及后右侧悬架上部，如图6-61所示。

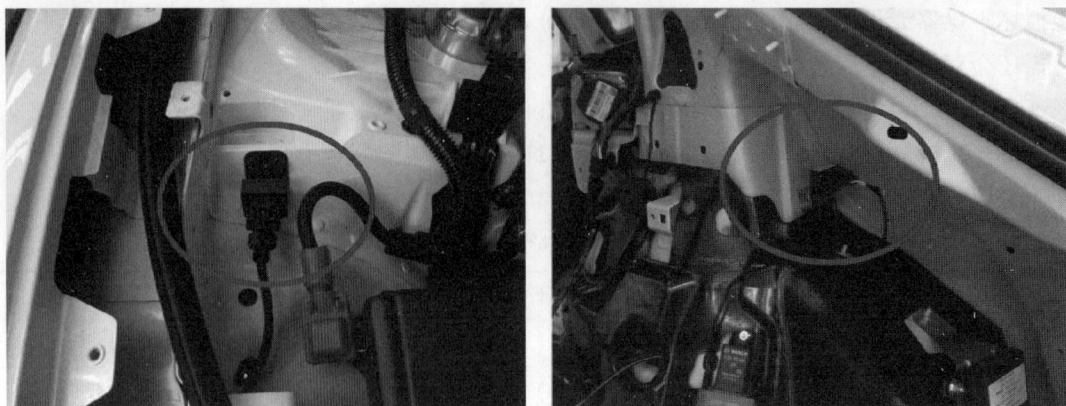

图 6-61

八、车轮几何与定位

可调整以下与车辆车轮几何相关的参数。

前轮束角：通过松开横向转向杆固定螺钉，然后转动横向转向杆进行调整。

前轮外倾角：通过旋动底盘侧下部悬架杆的两个偏心螺栓进行调整。

前轮主销后倾角：通过旋动底盘侧下部悬架杆的两个偏心螺栓进行调整。

后轮束角：通过松开底盘侧后轮距控制杆的螺栓，然后调整调节螺钉进行调整。

后轮外倾角：通过旋动底盘侧上部悬架连接件的两个偏心螺栓进行调整。

需要一对特殊工具来调整后轮外倾角：用于调节的特定扳手（p/n900028638），以及用于拧紧悬架杆螺栓的转接工具（p/n900000472）。

表 6-21 列出了莱万特悬架几何的一些参考值。

表 6-21

车辆状况	所有液体均位于正确液位，油箱半满，采用流线 1 驾驶高度，无驾驶员
前轮束角（每侧）	$-0°10'\pm4'$
前轮外倾角	$-0°46'\pm10'$
前轮主销后倾角	$6°16'\pm30'$
主销内倾角	$6°8'\pm40'$
后轮束角（每侧）	$0°14'\pm4'$
后轮外倾角	$-1°18'\pm15'$

表 6-21 所示值为文档发布时的正确值。仅供参考。请始终参阅在线技术文档获取有关最新的准确数值，以便正确执行四轮定位程序。

第七章　安全部件

第一节　总裁 V8

一、前言

全新总裁装备一个 6 安全气囊系统，提供最高的乘员安全性。在前部，方向盘和仪表板下隐藏有采用低风险展开（LRD）技术的大型双级安全气囊模块，保护乘员头部正面。前排乘员的胸部和髋部由集成在座椅靠背中并覆盖在座椅皮革下面的侧面安全气囊保护。头部侧面由安装在汽车顶部的安全气帘所保护，气帘从每侧 A 柱一直延伸至 C 柱。安全气帘在侧面碰撞时可保护前排和后排乘员的头部。前排座椅装备一个 Lear（李尔）公司开发的 ProTec 防挥鞭伤头枕防护系统，以便在发生事故时降低对乘员颈椎骨的创伤。如果汽车发生后部碰撞，这些主动式头枕可自动缩短至乘客头部的距离。前排和后排三点式座椅安全带装备带火药和负荷限制器的预紧器。每个前排座椅均装备 2 个预紧器，进一步提高安全性。预紧器在发生碰撞时启用，将乘员牢固地固定在位置上，进而降低伤害风险。

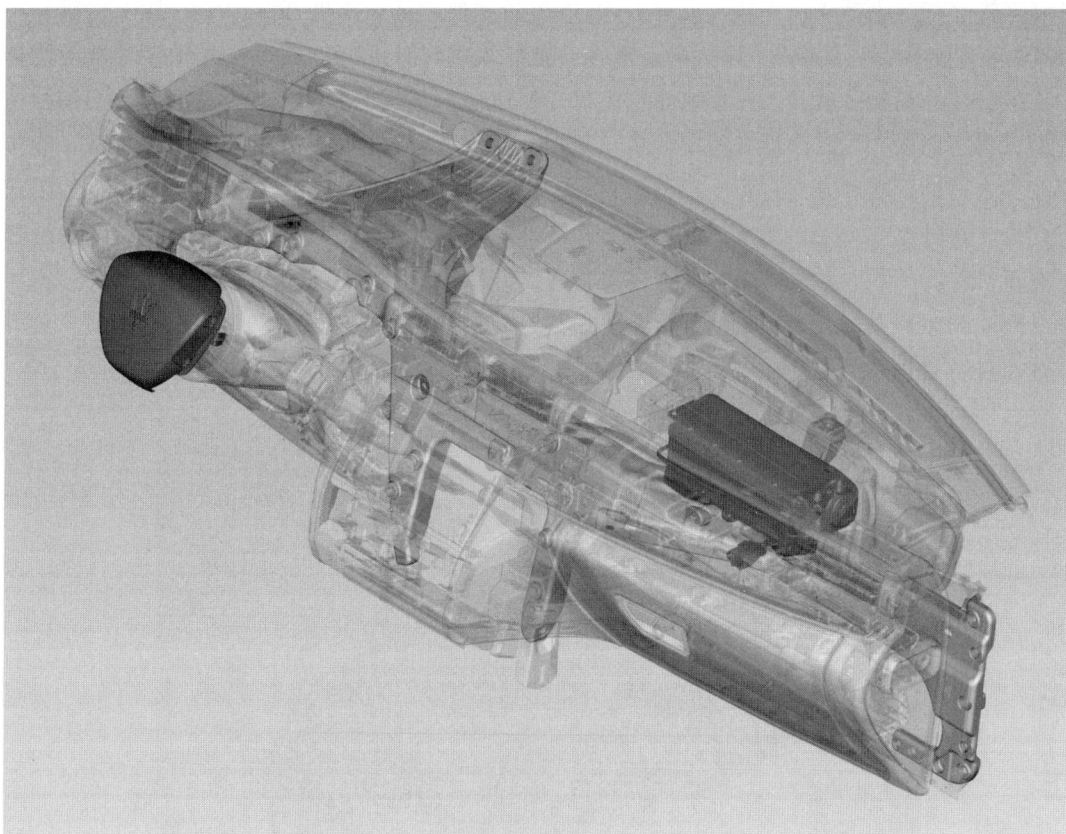

图 7－1

二、安全气囊（图 7－1）

1. 驾驶员前部安全气囊

双级驾驶员侧安全气囊具有 60L 的容量，集成在方向盘中，如图 7－2 所示。它通过两个侧面螺栓固定至方向盘框架上。安全气囊装置还包含喇叭开关。前部安全气囊的双火药由乘员防护控制器（ORC）激活，带有双级之间的点火延时策略（取决于碰撞类型与严重程度）。

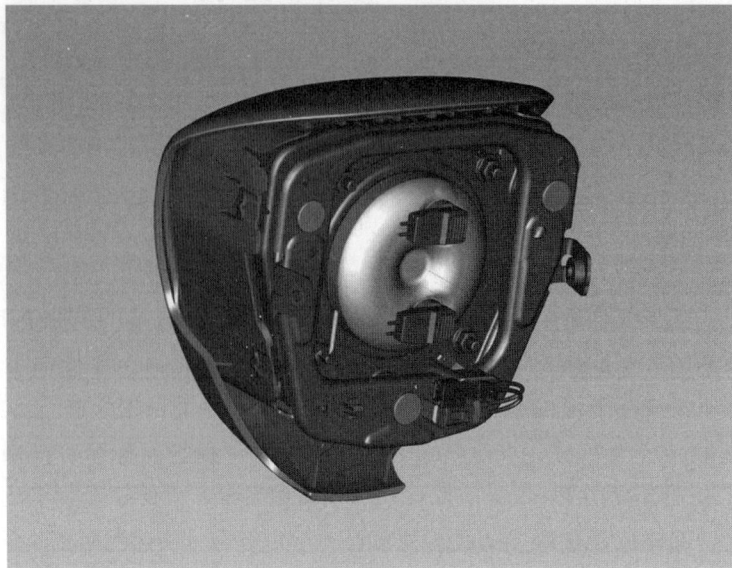

图7-2

2. 乘客前部安全气囊

前排乘客安全气囊也是双级气囊，具有110L的容量并使用低风险展开（LRD）技术，符合严格的美国 FMVSS 208 安全标准，如图7-3所示。乘客安全气囊的设计展开方式是在其展开时自动使其形状与其遇到的任何可能障碍物（成人、儿童或儿童座椅）相适应。其智能展开控制设计可实际上消除由气囊本身造成的潜在伤害风险。气囊设计有特定形状，并带有大量精心布置的排气孔。在气囊内部，皮带机构可确保展开按照合适的形状和方向进行。气囊上两个 50mm 直径的通风孔始终打开，确保气囊在充气后快速放气。此外，设计有一个专用通风总成，称为"被动安全通风"，其工作方式是如果气囊在没有接触到物体或不在正确位置下展开，则两个侧面通风口将在展开期间自动关闭且气囊完全充气。另一方面，如果气囊前部的障碍物阻碍其展开，则被动安全通风保持打开且充气气体从气囊两侧逸出。通过这种方式，根据各种特殊条件，自动调节充气强度。

图7-3

3. 无缝气囊盖板

安全气囊系统执行期间遇到的另一个挑战是需要消除与内部设计发生碰撞的任何可能，而不影响气囊系统的性能。其中一个要求是仪表板实现完全天然皮革覆面而不留下任何可见的安全气囊接缝。总裁仪表板的外表面不包括任何裂开条状痕迹，因此具有无缝外观。这个目标通过采用称为"Skimming"的新技术而实现：总裁仪表板天然皮革覆面的特定和规定区域的厚度减小至0.8mm（与其他区域大约1.2mm相比）。乘客安全气囊启用时，仪表板皮革沿着精确设置的路径裂开，以使气囊展开。仪表板下面的金属导向结构引导气囊进行初次展开。

4. 乘员侧安全气囊停用（PAD）

对于欧洲、英国、中国和印度技术参数的车辆，乘客安全气囊可由用户通过组合仪表多功能信息显示屏上的车辆设置菜单停用，如图7-4所示。但是没有如M139一代总裁上使用的按键启用式PAD开关。乘客安全气囊的停用状态通过MTC屏幕下面、HVAC控制面板上的琥珀色警告灯对驾驶员和乘客进行提示。乘客安全气囊的已选状态在点火开关关闭时存储和记忆。

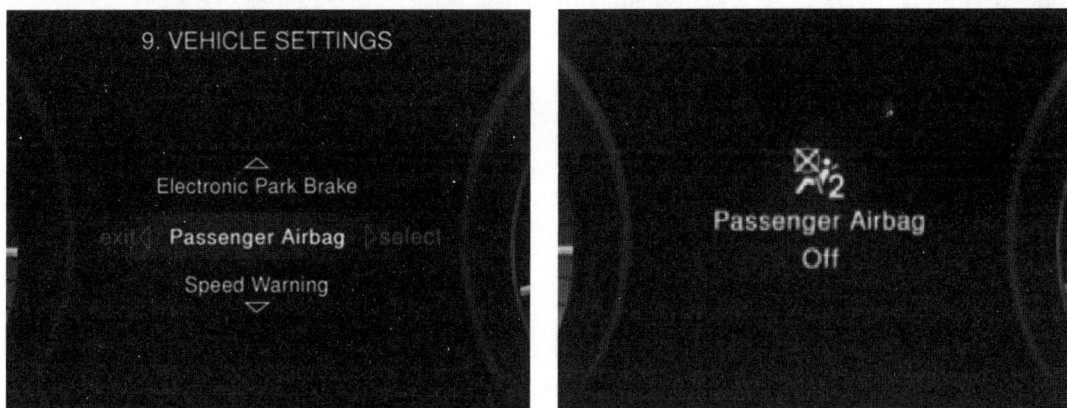

图7-4

注：基于法律认可的有关理由，乘客安全气囊停用功能在其他市场技术参数的车辆上不可用。

5. 侧气囊

侧气囊集成在前排座椅的靠背中，可在发生侧面碰撞时保护乘员的上身躯干。它们为单级展开并具有14L的容量。

6. 安全气帘

垂幕式侧面帘式气囊集成在车顶内衬中，在发生侧面碰撞时为前排和后排乘员提供头部保护。安全气帘从A柱一直延伸至C柱并具有35L的容量，如图7-5所示。

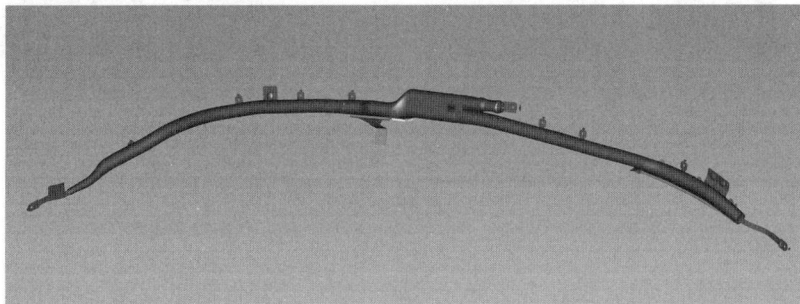

图7-5

三、座椅安全带和座椅安全带预紧器

所有座椅安全带均采用传统的三点式固定设计及前排座椅安全带手动高度调节。所有座椅安全带系统（驾驶员除外）都包含自动锁紧式卷收器（ALR），可通过使安全带一直向外伸长，然后将安全带调节至所需长度，以将座椅安全带织带锁紧在适当位置，以便将儿童座椅或大型物体固定在座椅中。

前、后座椅安全带预紧器均为火药装置，在检测到碰撞时由 ORC 启用。它们可在约束行为开始之前减小安全带松弛度，确保完美贴合乘员身体。预紧器适用于所有尺寸的乘员防护系统，包括儿童防护系统。

1. 前排座椅安全带预紧器

前排乘客采用一个增强型安全装置：每个座椅安全带均采用双预紧器。除集成在座椅安全带卷收器中（固定点 1）的预紧器之外，额外预紧器安装在位于 B 柱底部的第三座椅安全带固定点处，如图 7-6 所示。两个座椅安全带预紧器均由安全气囊 ECU 根据碰撞类型和严重程度通过特定双级策略启用。如果发生正面碰撞，则首先启用固定点 3 预紧器，将乘员拉回至座椅座垫上的正确位置。然后启用固定点 1 预紧器，将乘员上身拉回至座椅靠背。玛莎拉蒂起火延时两个预紧器启用之间的时间间隔由 ORC 根据动态参数的数量确定。通过这种方式，始终确保乘员身体位于正确的座椅位置上，并使安全气囊系统以最高效率工作。

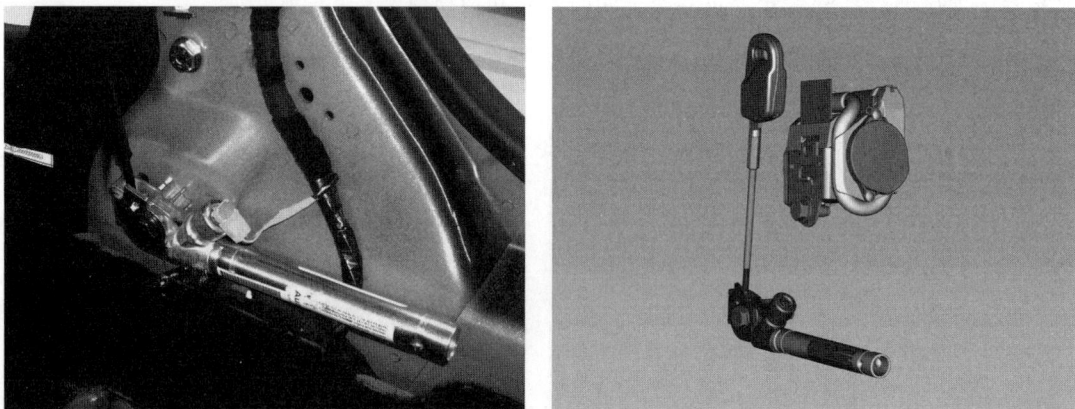

图 7-6

2. 后排座椅安全带预紧器

后排座椅安全带预紧器集成在后排座椅安全带卷收器中，如图 7-7 所示。注：后排中间座椅安全带（仅限 5 座配置的车辆）未装备预紧器。

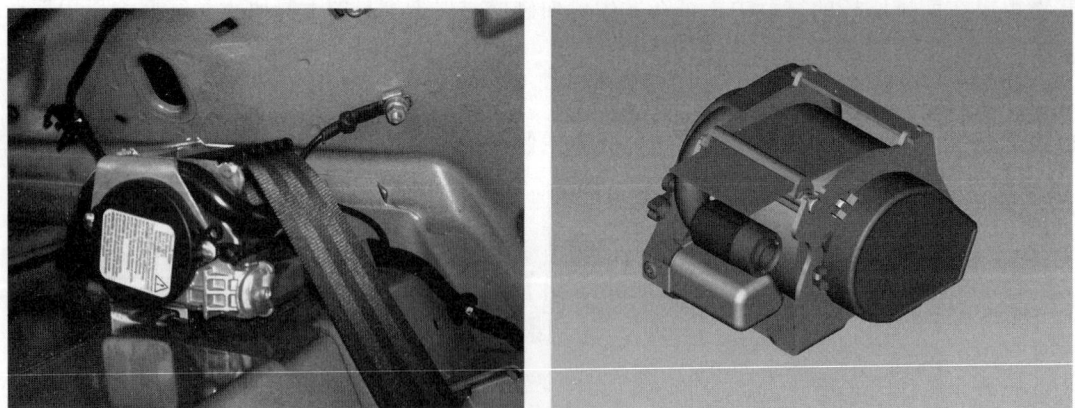

图 7-7

3. 座椅安全带预警

通过组合仪表上的警告灯、组合仪表多功能显示屏上的特定警告信息及警告蜂鸣声，可提醒驾驶员和前排乘客使用其座椅安全带。警告灯和信息在点火开启而座椅安全带未系紧时启用。当行驶速度超过 8km/h 时，警告顺序提供闪烁警告灯和信息并发出间歇蜂鸣声开始。此顺序直到座椅安全带系紧时才会停止。对于此功能，可使用两个前排座椅安全带上的安全带锁扣开关，一个乘员承载识别传感器集成在前排乘客座椅坐垫中。乘客座椅安全带预警只有在座椅承载时才可启用。

578

四、碰撞传感器

数个卫星碰撞传感器位于车身周围。它们与 ORC 模块内的加速度传感器一起帮助确定碰撞的角度和严重程度。总计使用 8 个传感器：6 个传统的碰撞传感器（2 个位于前部，车身每侧各有 2 个）和 2 个用于侧面柱碰报警的压力传感器。所有传感器均通过线路连接至 ORC，后者还检查其完整性。2 个正面碰撞传感器安装在左侧和右侧前部底盘结构上，前照灯组后面如图 7-8 所示。

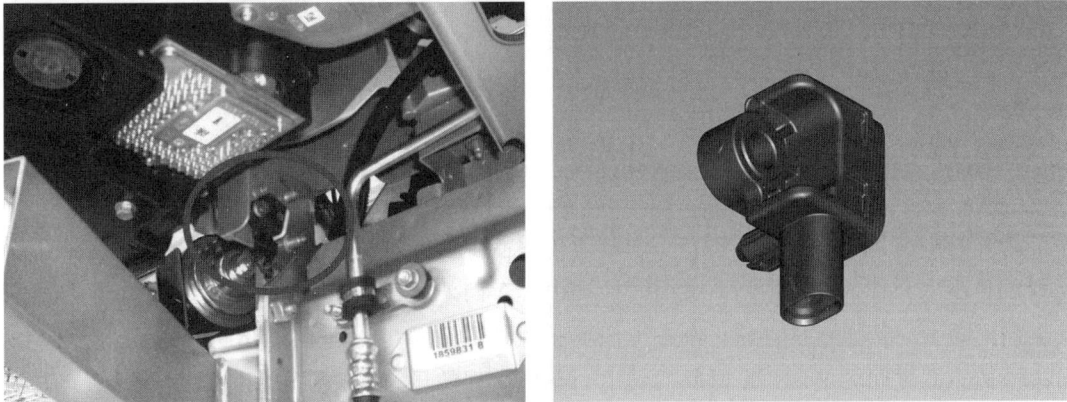

图 7-8

1 个侧向碰撞传感器位于左、右每侧 B 柱内，如图 7-9 所示。

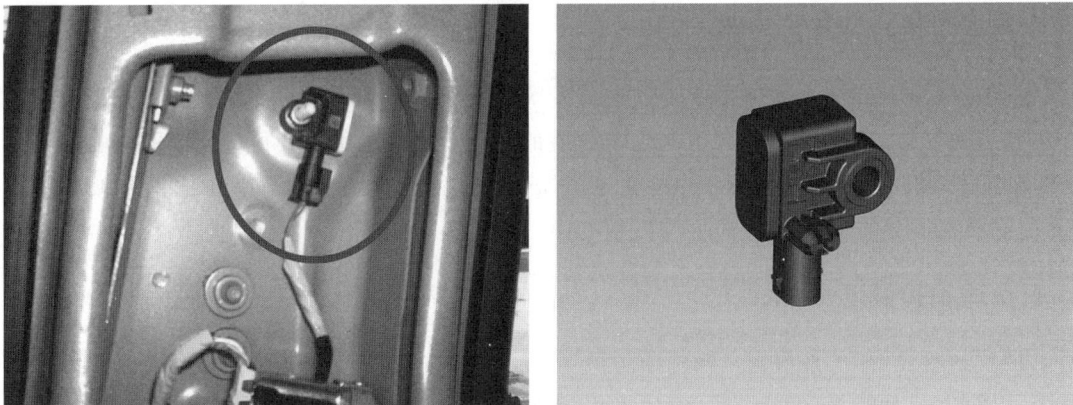

图 7-9

用于车辆后部分的附加侧向碰撞传感器位于两侧 C 柱下部，靠近后轮拱罩，如图 7-10 所示。

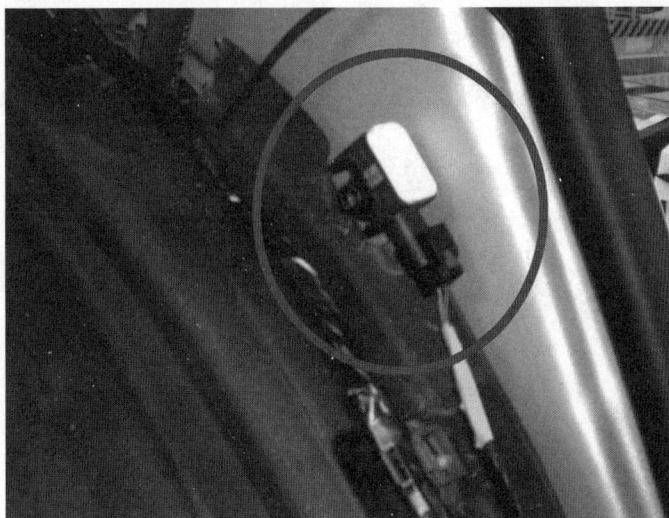

图 7-10

安装在每侧前车门内用于侧面柱碰的压电式压力传感器如图 7-11 所示。

图 7-11

除 6 个传统的碰撞传感器之外，还有 1 个压力传感器安装在每侧前车门的内部结构上。此传感器带有集成式处理器和压电元件，在发生侧面碰撞时检测由于车门外板变形而导致的压力波。如果与相对尖锐的障碍物发生侧向碰撞，例如路灯立柱，则在车门面板碰撞和碰撞通过车门槛结构传递至位于 B 柱和 C 柱上的侧向碰撞传感器之间会出现一定时间的延迟。车门内部的压力传感器可消除此时间延迟，并可更快地启用侧气囊，显著地提高乘员保护等级。内表面和车门装饰面板之间防水膜的完整性是压力传感器正确运行的关键。在对车门内的零部件进行维修操作后，请注意正确重装防水膜。

五、座椅调节滑轨位置传感器（STPS）

1 个专用传感器安装在 2 个前排座椅的座椅框架/总成内，将座椅位置信息发送至 ORC。这使得 ORC 可通过专用算法确定乘员的体形大小及其与前部气囊的距离。此信息用于获得最佳的双级前部气囊启用策略。STPS 为通过两根电线连接至 ORC 的可变电阻器传感器。注：座椅调节滑轨位置传感器仅装备在运用美国/加拿大技术参数的车辆上（"DOM"型 ORC）。

六、乘员防护控制器（ORC）

乘员防护控制器或 ORC 是控制车辆辅助防护系统（即所有安全气囊和座椅安全带预紧器）的中央电子控制单元（ECU），如图 7-12 所示。它位于传动通道上，收音机装置下面，车辆重心附近。ORC 连接至 CAN-C 总线，用于与其他车辆系统进行数据交换并进行诊断。它接收来自后 PDC 的开关式电源。

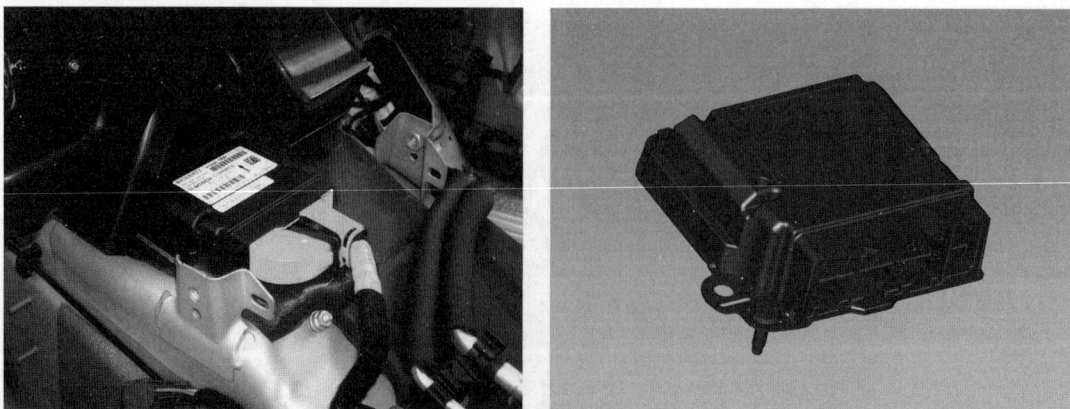

图 7-12

ORC 使用单一硬件和单一校准软件，以便所有市场技术参数的车辆能够满足世界上大多数的严格安全要求。但是，在项目终止（EOL）程序编制期间，可获取到两种配置的 ORC，取决于车辆的目标市场。

适用于美国/加拿大技术参数车辆的 DOM。

适用于其他所有车辆的 BUX。

DOM。

DOM－ECU 带有集成式事故数据记录器，它将记录碰撞时的状态。这是美国 FMVSS 的要求。

接收和处理来自 STPS（座椅调节滑轨位置传感器）的信息。

不带客户停用乘客安全气囊的功能。

BUX。

无 EDR。

无 STPS。

根据市场技术参数，乘客安全气囊可停用。

DOM/BUX 配置为存储在 BCM 内的车辆配置数据的组成部分。

ORC 执行以下任务。

基于来自其集成式加速度传感器和各卫星碰撞传感器的反馈，评估碰撞类型、角度和严重程度。

确定不同安全气囊装置和乘客的相应启用策略。

接收和处理 2 个 STPS 的信号，获得最佳的双级前部气囊（仅限 DOM ECU）启用策略。

检查整个 SRS 系统（部件和线束）的完整性并在检测到故障时存储 1 个 DTC。

在出现故障时，启用安全气囊故障警告灯。

如果适用（通过 CAN－C），启用乘客安全气囊停用警告灯。

记忆碰撞时的状态（"事故数据记录器"，仅限 DOM ECU）。

在发生碰撞时，启用电源切断开关。

在发生碰撞时，启用自动危险警告灯和车内灯（通过 CAN－C）。

在发生碰撞时，启用自动车门解锁功能（通过 CAN－C）。

进行任何辅助约束系统的维修操作之前，始终应先确认车辆蓄电池已经分离。这一点在将安全气囊单元、预紧器和 ORC 单元等元件断开和重新连接后尤其重要。

七、其他安全装置

除上述装置之前，全新总裁还提供以下安全装置。

紧急三角形在所有车辆上均为标准装备。

灭火器作为标准装备安装在中东技术参数的车辆，而对于其他国家车辆，则为选装装备。

后排座椅均装备 ISOFIX 固定装置，通用儿童防护系统。

烟火式装置在发生碰撞事故时可切断蓄电池电源。

发动机电源切断开关安装在蓄电池正极接线柱上。在发生碰撞事故时，此装置可由 ORC 启用并切断前 PDC 的电源，而后 PDC 的电源则不受影响。通过

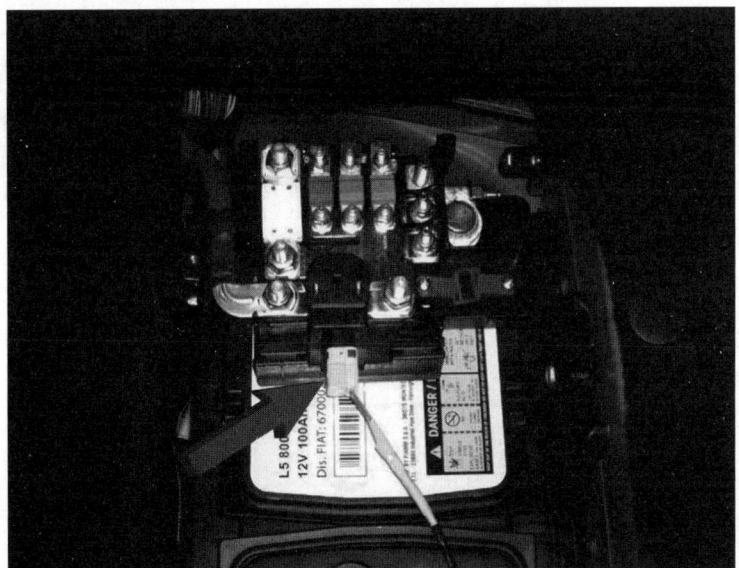

图 7－13

这种方式，在碰撞期间，发动机立即关闭且燃油供给中断，而车内系统，如门控灯和车门锁止/解锁系统，仍然可用。全新总裁未装备 M139 总裁使用的机械式惯性开关。

　　前 PDC 电源的完全中断还可避免碰撞期间由于线路短路而导致发生火灾。启用后，必须更换发动机电源切断开关。发动机电源切断开关如图 7—13 所示。

第二节　吉博力

一、前言

　　全新吉博力装备了一套 7 安全气囊系统，可提供最高的乘员安全性，如图 7—14 所示。在前部，方向盘和仪表板下隐藏有采用低风险展开（LRD）技术的大型双级安全气囊模块，以对乘员头部进行正面保护。前排乘员的胸部和髋部由集成在座椅靠背中并覆盖在座椅皮革下方的侧安全气囊保护。头部侧面由安装在车辆顶部的安全气帘所保护，气帘从每侧 A 柱一直延伸至 C 柱。安全气帘在侧面碰撞时可保护前排和后排乘员的头部。驾驶员膝部安全气囊可在正面碰撞中保护驾驶员的下肢。前排座椅装备了一套由 Lear（李尔）公司开发的 ProTec 防挥鞭伤头部防护系统，可在发生事故时降低对乘员颈椎骨的创伤。如果车辆发生后部碰撞，这些主动式头枕可自动缩短至乘客头部的距离。前排三点式座椅安全带配有带烟火发生器和负荷限制器的预紧器。每个前排座椅均装备 2 个预紧器，进一步提高了安全性。预紧器在发生碰撞时激活，可牢固约束乘员，从而降低了伤害风险。

图 7—14

二、安全气囊（图 7—15）

1. 驾驶员前部安全气囊

　　双级驾驶员侧安全气囊具有 60L 的容量，集成在方向盘中，如图 7—16 所示。它通过两个侧面螺栓固定至方向盘框架上。安全气囊装置还包含喇叭开关。前部安全气囊的双烟火发生器由乘员防护控制器（ORC）使用两级间的延时点火策略激活（取决于碰撞类型和严重度）。注：两侧前部安全气囊单元（驾

图 7 - 15

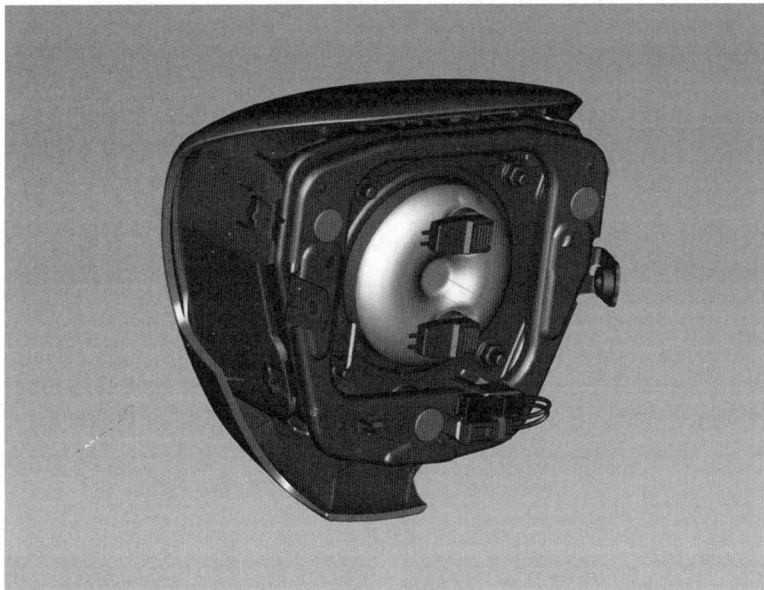

图 7 - 16

驶员＋乘客）与总裁车型所采用的完全相同。

2. 乘客前部安全气囊

前排乘客安全气囊，也是双级气囊，具有110L的容量并使用低风险展开（LRD）技术，符合严格的美国FMVSS 208安全标准，如图7－17所示。乘客安全气囊的设计展开方式是在其展开时自动使其形状与其遇到的任何可能障碍物（成人、儿童或儿童座椅）相适应。其智能展开控制设计可实际上消除由气囊本身造成的潜在伤害风险。气囊设计有特定形状，并带有大量精心布置的排气孔。在气囊内部，皮带机构可确保展开按照合适的形状和方向进行。气囊上两个50mm直径的通风孔始终打开，确保气囊在充气后快速放气。此外，设计有一个专用通风总成，称为"被动安全通风"，其工作方式是如果气囊在没有接触到物体或不在正确位置展开，则两个侧面通风口将在展开期间自动关闭且气囊完全充气。另一方面，如果气囊前部的障碍物阻碍其展开，则被动安全通风保持打开且充气气体从气囊两侧逸出。通过这种方式，根据各种特殊条件，自动调节充气强度。

3. 无缝气囊盖

在部署安全气囊系统时遇到的另一挑战是在不威胁系统性能的情况下消除任何对内饰设计的可能影响。挑战之一即为使仪表板覆盖天然皮革而无任何明显的安全气囊接缝。带选配型皮革内饰或全精细真皮

583

图 7-17

内饰的吉博力车辆的仪表板覆盖有天然皮革。如同总裁，吉博力仪表板的外表面不包括任何裂开条状痕迹，因此具有无缝外观。该目标通过采用称为"Skimming"的新技术而实现：吉博力仪表板天然皮革覆面的特定和规定区域的厚度减小至0.8mm（对比其他区域的约1.2mm）。乘客安全气囊启用时，仪表板皮革沿着精确设置的路径裂开，以使气囊展开。仪表板下面的金属导向结构引导气囊进行初次展开。

4. 乘员安全气囊停用（PAD）

对于欧盟、英国和印度规格车辆，用户可通过组合仪表多功能信息显示屏内的车辆设置菜单停用乘客安全气囊，如图7-18所示。如同M139总裁，还采用了无钥匙激活式PAD开关。乘客安全气囊的停用状态通过MTC屏幕下面、HVAC控制面板上的琥珀色警告灯对驾驶员和乘客进行提示。乘客安全气囊的已选状态在点火开关关闭时存储和记忆。

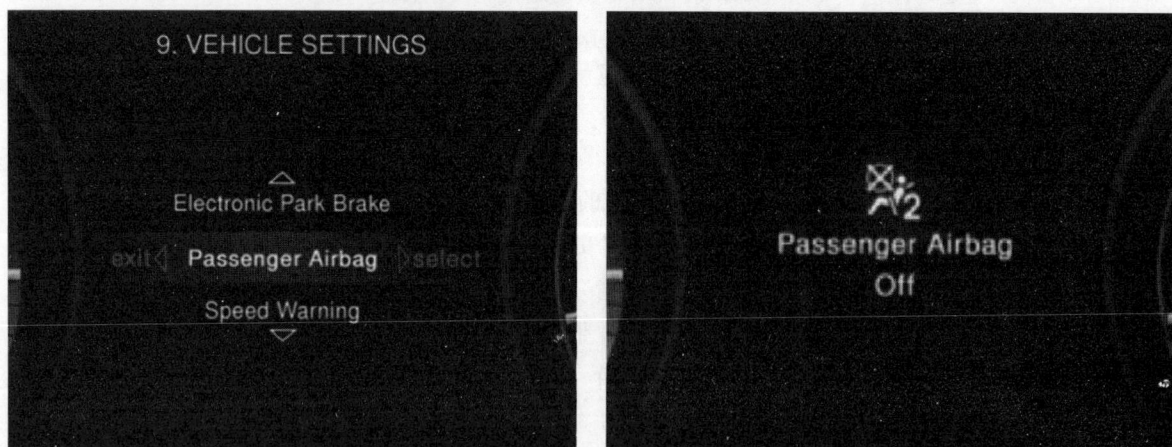

图 7-18

注：基于法律认可的有关理由，乘客安全气囊停用功能在其他市场技术参数的车辆上不可用。

5. 膝部气囊

低位膝部气囊安装在驾驶员侧，可在正面碰撞期间保护驾驶员的下肢。膝部气囊为单级展开并具有19L的容量。膝部气囊安装在仪表板下部结构内，如图7-19所示。

图 7-19

6. 侧气囊

侧气囊集成在前排座椅的靠背中，可在发生侧面碰撞时保护乘员的上身躯干。它们为单级展开并具有 21L 的容量。

7. 安全气帘

垂幕式侧面帘式气囊集成在车顶内衬中，在发生侧面碰撞时为前排和后排乘员提供头部保护。充气式气帘跨度从 A 柱到达 C 柱，并如同总裁车型一样具有 35L 的容量，尽管其外形独特，如图 7-20 所示。

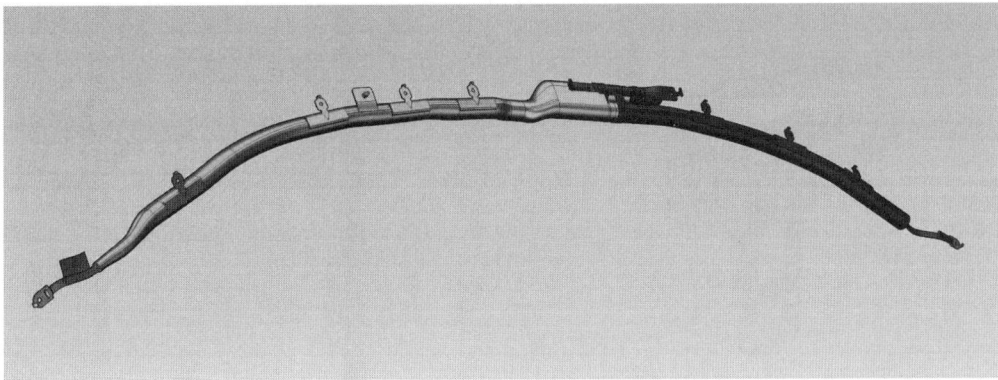

图 7-20

三、座椅安全带和座椅安全带预紧器

所有座椅安全带均采用传统的三点式固定设计，同时前排座椅安全带手动高度调节。所有座椅安全带系统（驾驶员除外）都包含自动锁紧式卷收器（ALR），可通过使安全带一直向外伸长，然后将安全带调节至所需长度，以将座椅安全带织带锁紧在适当位置，以便将儿童座椅或大型物体固定在座椅中。

座椅安全带预紧器（前）为一套烟火式装置，可在检测到碰撞时由 ORC 激活。这些装置可在约束作用开始前减小安全带松弛度，确保完美贴合乘员身体。预紧器适用于所有尺寸的乘员防护系统，包括儿童防护系统。

1. 前排座椅安全带预紧器

前排乘客采用一个增强型安全装置：每个座椅安全带均采用双预紧器。除集成在座椅安全带卷收器中（固定点 1）的预紧器之外，额外预紧器安装在位于 B 柱底部的第三座椅安全带固定点处，如图 7-21 所示。两个座椅安全带预紧器均由安全气囊 ECU 根据碰撞类型和严重程度通过特定双级策略启用。如果发生正面碰撞，则首先启用固定点 3 预紧器，将乘员拉回至座椅座垫上的正确位置。然后启用固定点 1 预紧器，将乘员上身拉回至座椅靠背。两个预紧器启用之间的延迟点火时间由 ORC 根据动态参数的数量确定。通过这种方式，始终确保乘员身体位于正确的座椅位置上，并使安全气囊系统以最高效率工作。

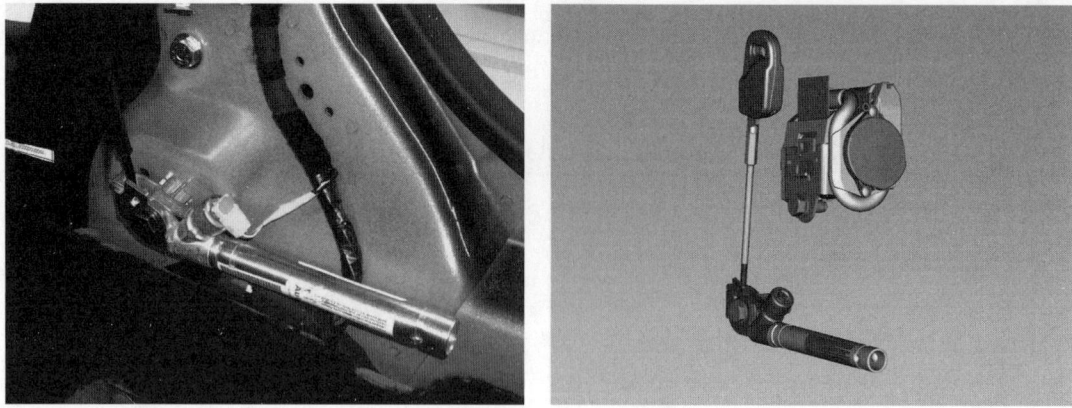

图 7-21

2. 碰撞锁舌（CLT）

吉博力的前排座椅安全带配备碰撞锁舌（CLT）。座椅安全带锁舌带有一个机械锁定装置，可在限制卷收器负荷时防止安全带带体从胸部移动至髋部。在碰撞期间，CLT 可显著降低胸部变形。在例如安装儿童座椅等需要长期负荷时，CLT 不受影响。注：在预紧器激活后，需要更换包括 CLT 在内的安全带总成。在正常使用时，CLT 的锁杆位于停止位（图 7-22 右图中 A），而在碰撞时，位于激活位（图 7-22 右图中 B）。

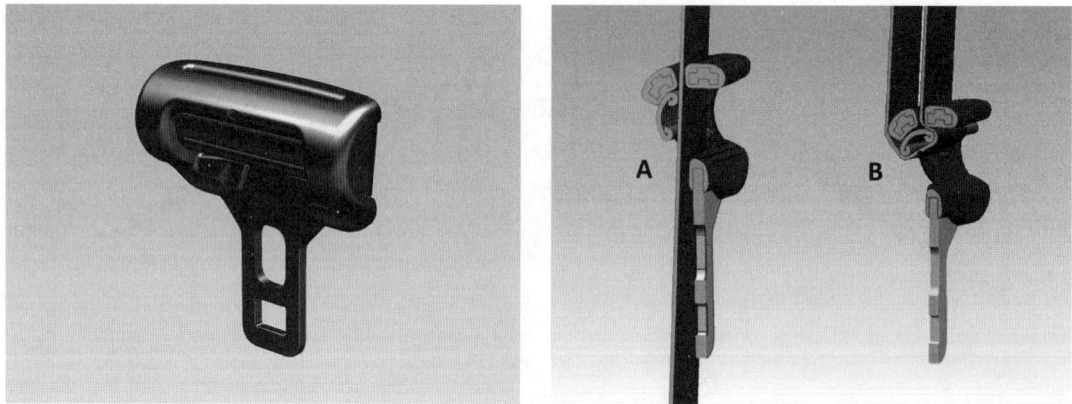

图 7-22

3. 座椅安全带警告

通过组合仪表上的警告灯、组合仪表多功能显示屏上的特定警告信息及警告蜂鸣声，可提醒驾驶员和前排乘客使用其座椅安全带。警告灯和信息在点火开关开启而座椅安全带未系紧时启用。当行驶速度超过 8km/h 时，警告序列以闪烁警告灯和信息开始并发出间歇蜂鸣声。此序列直到座椅安全带系紧时才会停止。

对于此功能，可使用 2 个前排座椅安全带上的安全带锁扣开关，1 个乘员承载识别传感器集成在前排乘客座椅坐垫中。乘客座椅安全带预警只有在座椅承载时才可启用。对于吉博力车型，可添加后排座椅安全带警告功能。所有 5 条座椅安全带的状态显示在多功能显示屏上（绿色＝系紧，红色＝未系紧）。后排座椅安全带采用了锁扣开关，但在坐垫内没有乘员承载识别传感器。在点火开关开启后的约 30s 后，屏幕上的安全带指示灯会自动消失。注：美国/加拿大车辆未配备后排座椅安全带警告功能。所有 5 条安全带的安全带指示器为 NCAP 规定之一，如图 7-23 所示。

四、碰撞传感器

数个卫星碰撞传感器位于车身周围。它们与 ORC 模块内的加速度传感器一起帮助确定碰撞的角度和严重程度。总计使用 8 个传感器：6 个传统碰撞传感器（2 个位于前部，车身每侧各有 2 个以上）和 2 个用于侧面柱碰报警的压力传感器。所有传感器均通过线路连接至 ORC，后者还检查其完整性。两个正面

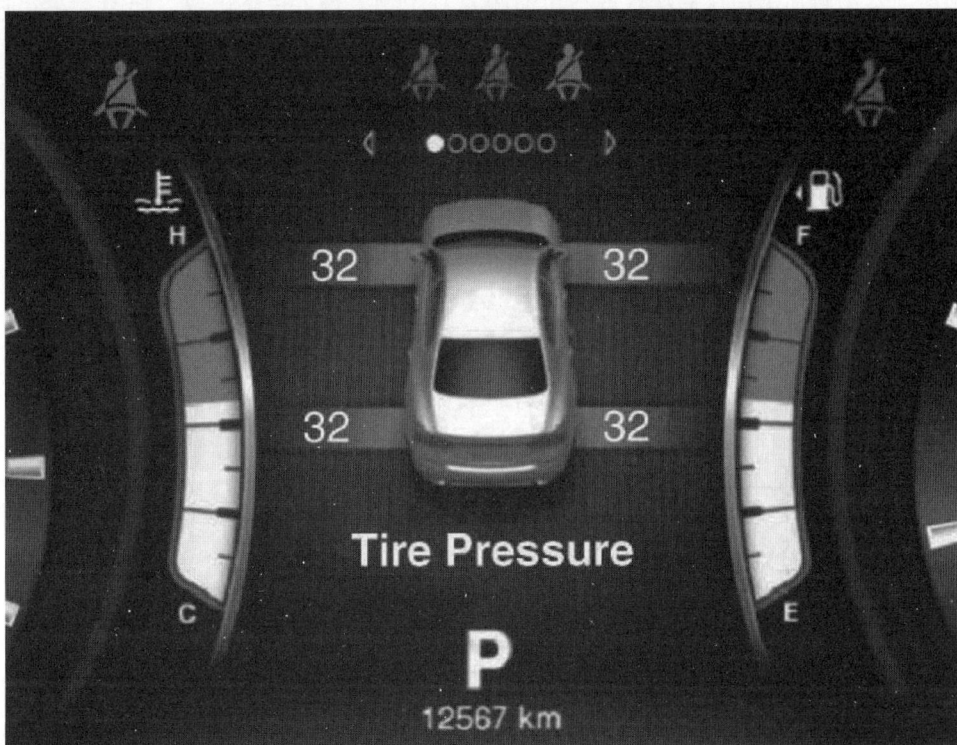

图 7 - 23

碰撞传感器安装在左侧和右侧前部底盘结构上，前照灯组后方，如图 7 - 24 所示。

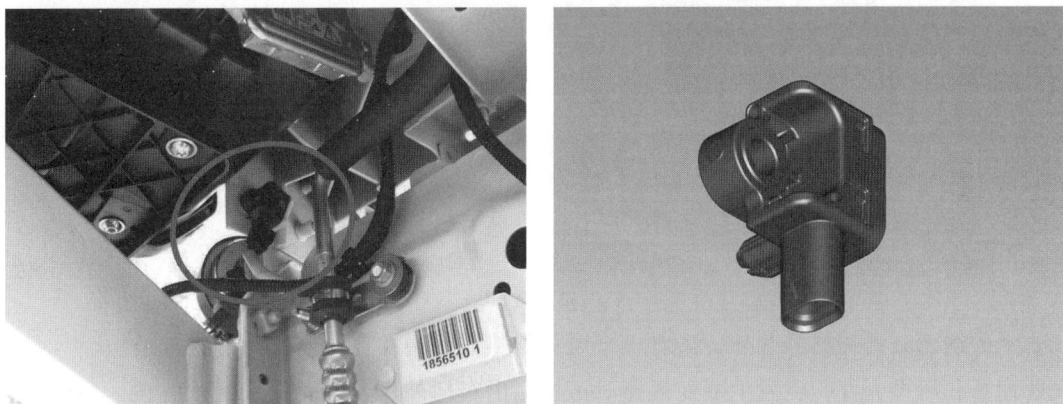

图 7 - 24

1 个横向碰撞传感器位于左、右两侧 B 柱内，如图 7 - 25 所示。

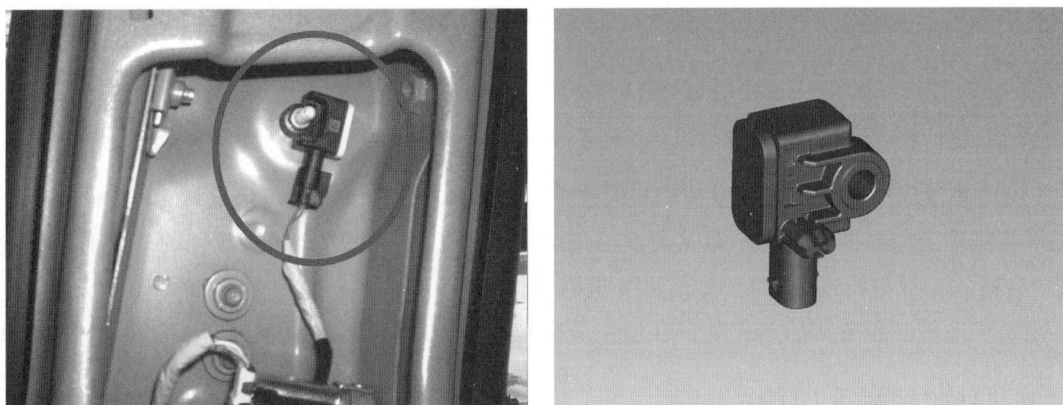

图 7 - 25

用于车辆后部分的附加横向碰撞传感器位于两侧 C 柱下部，靠近后轮拱罩，如图 7－26 所示。

图 7－26

用于侧面柱碰的压电式压力传感器安装在每侧前车门内，如图 7－27 所示。

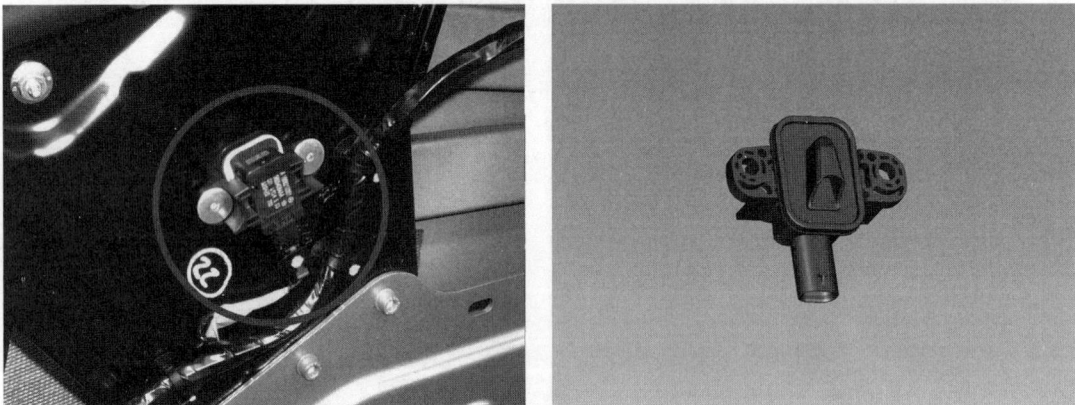

图 7－27

除了 6 个传统的碰撞传感器之外，还有 1 个压力传感器安装在每侧前车门的内部结构上。此传感器带有集成式处理器和压电元件，在发生侧面碰撞时可检测由车门外板变形而导致的压力波。如果与相对尖锐的障碍物发生侧向碰撞，例如路灯立柱，则在车门面板碰撞和碰撞通过车门槛结构传递至位于 B 柱和 C 柱上的侧向碰撞传感器之间出现一定时间的延迟。车门内部的压力传感器可消除此时间延迟，并可更快地激活侧安全气囊，显著地提高乘员保护等级。内表面和车门装饰面板之间防水膜的完整性是压力传感器正确运行的关键。在对车门内的零部件进行维修操作后，请注意正确重装防水膜。

五、座椅位置传感器（STPS）

1 个专用传感器安装在 2 个前排座椅的座椅框架/总成内，将座椅位置信息发送至 ORC。这使得 ORC 可通过专用算法确定乘员的体型大小及其与前部气囊的距离。此信息用于获得最佳的双级前部气囊启用策略。STPS 为通过 2 根电线连接至 ORC 的可变电阻器传感器。

注：座椅调节滑轨位置传感器仅装备在运用美国/加拿大技术参数的车辆上（"DOM"型 ORC）。

六、乘员防护控制器（ORC）

乘员防护控制器或 ORC 是控制车辆辅助防护系统（即所有安全气囊和座椅安全带预紧器）的中央电

子控制单元（ECU）如图 7－28 所示。其位于变速器通道上，收音机装置下方，车辆重心附近。ORC 连接至 CAN－C 总线，用于与其他车辆系统进行数据交换并进行诊断。它接收来自后 PDC 的开关式电源。

图 7－28

　　ORC 使用单一硬件和单一校准软件，以便所有市场技术参数的车辆能够满足世界上大多数的严格安全要求。但在离线（EOL）程序编制期间，可根据车辆目标市场进行两种 ORC 配置。

　　适用于美国/加拿大技术参数车辆的 DOM。

　　适用于其他所有车辆的 BUX。

　　DOM。

　　DOM－ECU 带有集成式事故数据记录器（EDR），用于记录碰撞时的状态。此设备为美国 FMVSS 强制规定。

　　接收和处理来自 STPS（座椅滑轨位置传感器）的信息。

　　无客户停用乘客安全气囊功能。

　　无后排座椅安全带警告。

　　BUX。

　　无 EDR。

　　无 STPS。

　　根据市场规定，乘客安全气囊可被停用。

　　配备后排座椅安全带警告。

　　DOM/BUX 配置为存储在 BCM 内的车辆配置数据的组成部分。

　　注意，与总裁车型采用的 ORC 相比，吉博力的 ORC 具有专用校准和不同的针脚输出。

　　ORC 执行以下任务。

　　基于来自其集成式加速度传感器和各卫星碰撞传感器的反馈，评估碰撞类型、角度和严重程度。

　　确定不同安全气囊装置和预紧器的相应激活策略。

　　接收和处理 2 个 STPS 信号，以优化双级前部气囊（仅限 DOM ECU）激活策略。

　　检查整个 SRS 系统（部件和线束）的完整性并在检测到故障时存储 DTC。

　　在出现故障时，启用安全气囊故障警告灯。

　　如果适用（通过 CAN－C），启用乘客安全气囊停用警告灯。

　　记忆碰撞时的状态（"事故数据记录器"，仅限 DOM ECU）。

　　在发生碰撞时，启用电源切断开关。

　　在发生碰撞时，启用自动危险警告灯和车内灯（通过 CAN－C）。

　　在发生碰撞时，启用自动车门解锁功能（通过 CAN－C）。

启用座椅安全带警告。

进行任何辅助约束系统的维修操作之前，始终应先确认车辆蓄电池已经分离。这一点在将安全气囊单元、预紧器和 ORC 单元等元件断开和重新连接后尤其重要。

七、其他安全装置

除上述装置之前，吉博力还提供以下安全装置。

在中东/非洲市场，三角警告牌和灭火器为标配，而对于其他市场车辆可作为原厂附件提供。

后排座椅均装备 ISOFIX 固定装置和通用儿童防护系统。

烟火式装置在发生碰撞事故时可切断蓄电池电源。

发动机电源切断开关安装在蓄电池正极接线柱上。在发生碰撞事故时，此装置可由 ORC 启用并切断前 PDC 的电源。而后 PDC 的电源则不受影响。通过这种方式，在碰撞期间，发动机立

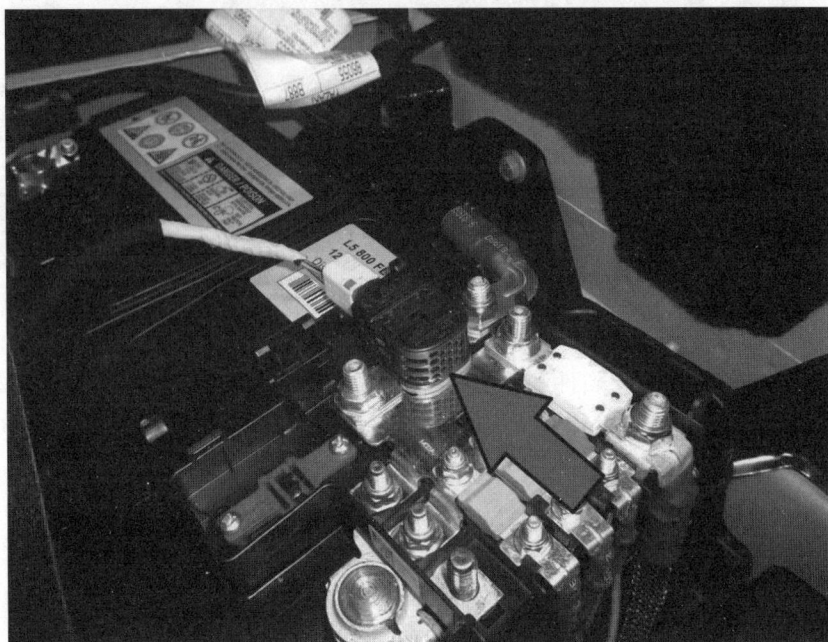

图 7-29

即关闭且燃油供给中断，而车内系统，如门控灯和车门锁止/解锁系统，仍然可用。全新吉博力未装备在前一代玛莎拉蒂车辆上使用的机械式惯性开关。前 PDC 电源的完全中断还可避免碰撞期间由于线路短路而导致发生火灾。启用后，必须更换发动机电源切断开关。发动机电源切断开关如图 7-29 所示。

第三节　莱万特

一、安全气囊（图 7-30）

安全气囊系统的布局与总裁车型的安全气囊布局非常相似，共有 6 个安全气囊。

2 个前部二级安全气囊，用于保护驾驶员与前排乘客，低风险部署气囊（LRD）用于保护前排乘客。

前排座椅靠背中的 2 个侧安全气囊。

前排车顶内衬中的 2 个气帘。与总裁和吉博力车型相比，这些属于气囊配

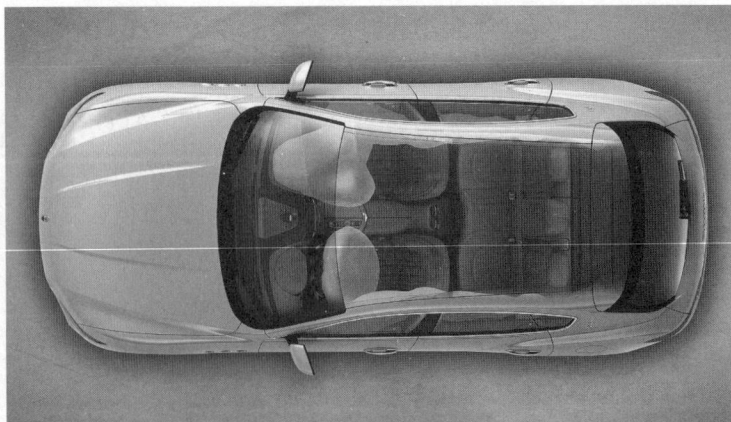

图 7-30

置方面仅有的明显改动，其原因在于乘员舱的头部空间存在显著区别。

可通过中央信息显示屏上的"车辆设置"菜单禁用乘客安全气囊（仅限某些市场）。现在，乘客安全气囊禁用警告灯位于顶棚控制台上。

对安全系统执行任何维修操作之前，应始终确保车辆蓄电池已断开连接。这一点在断开或重新连接安全气囊单元、预紧器和 ORC 单元等部件时尤其重要。

二、安全带与预紧器

前排安全带采用双预紧器设计，一个用于固定安全带固定点（图 7-31 中 1），另一个集成在收缩器机构（图 7-31 中 2）中。尽管安全气囊系统很大程度上与总裁车型相似，但其安全带却更像吉博力的设计：后排安全带未装备预紧器，前排安全带配备有双效预紧器以及碰撞锁紧卡舌锁扣。CLT 机构集成在安全带锁扣上，可防止安全带在预紧器操作期间出现打滑，进而提高负载限制效用。所有乘客安全带都配有自动锁紧收缩器（ALR），用于协助固定儿童座椅。

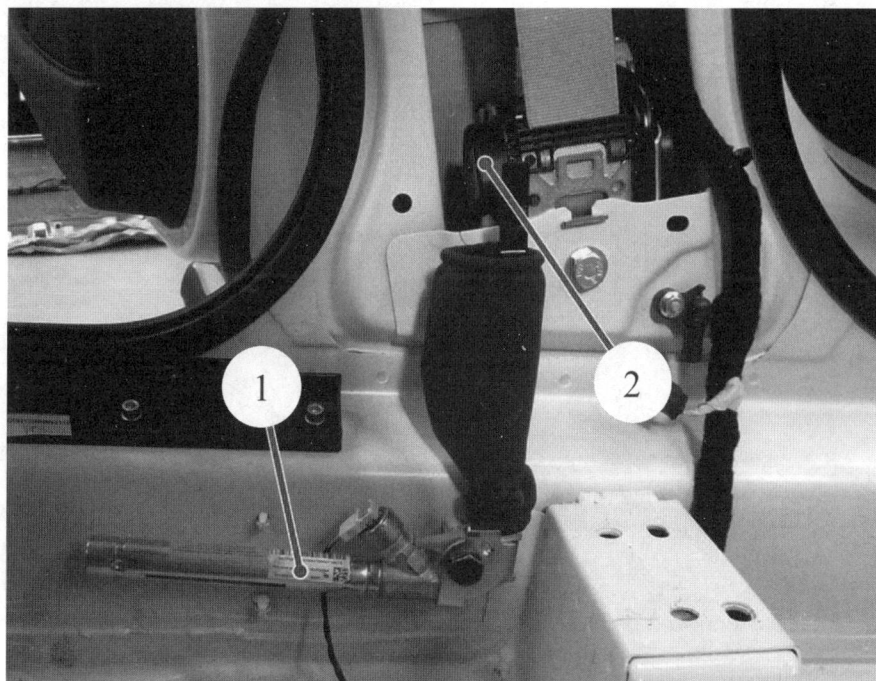

1—安全带固定点　2—收缩器机构

图 7-31

CLT 安全带锁扣（A＝正常情况；B＝锁紧情况）如图 7-32 所示。

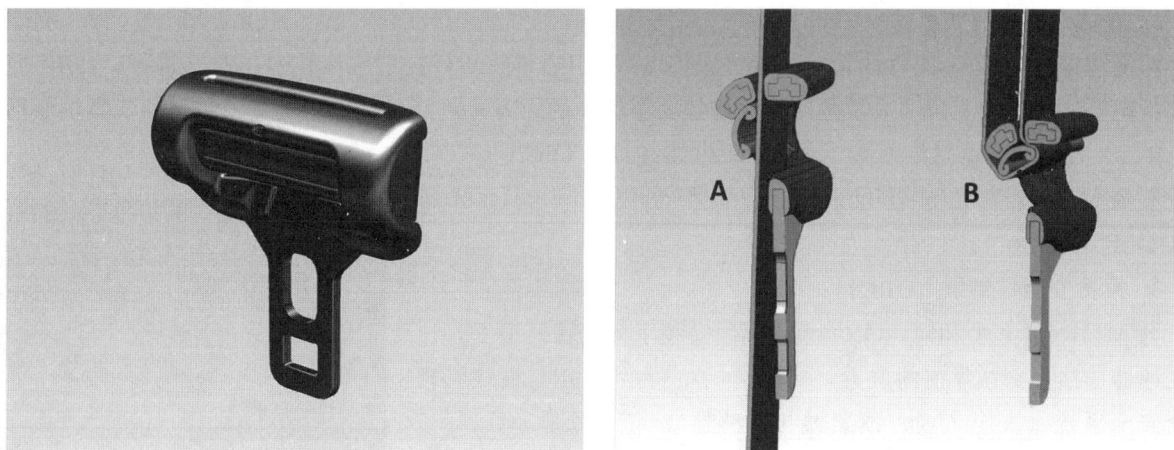

图 7-32

三、传感器与电子元件

1. 碰撞传感器

安全系统所用传感器与 M156-7 车型上所使用的传感器相同。它们的位置也极其相似，如图 7-33 所示。

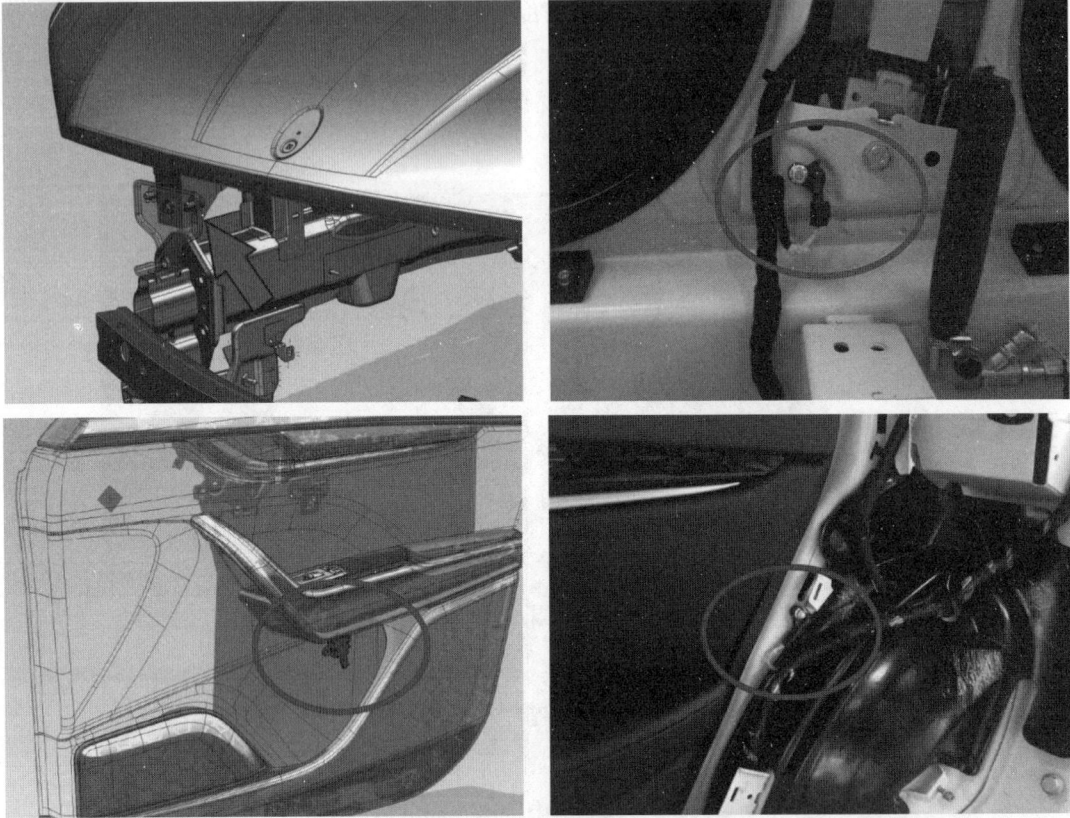

图 7-33

2 个加速传感器位于前部格栅后的支架上，与空气调节格栅非常接近（图 7-33 中左上位置）。

2 个加速传感器位于 B 柱底座上，与前排安全带卷收器同在一个支架上（图 7-33 中右上位置）。

2 个加速传感器位于后轮槽的正前部，非常接近后门外沿（图 7-33 中右下位置）。

2 个压力传感器（用于侧向撞击预警）位于前门内侧，由主饰板支撑（图 7-33 中左下位置）。

2. 座椅位置检测传感器（STPS）

两侧前排座椅框架/组件内均安装有特定传感器，用于向 ORC 提供座椅位置信息。这样，ORC 便可通过特定算法确定乘员尺寸以及他或她到前部安全气囊的距离。此信息可用于优化二级前部气囊的激活策略。STPS 为滑动式电阻传感器，通过两根电线连接到 ORC。

座椅位置检测传感器仅在美国/加拿大规格车辆上装备（"DOM"型 ORC）。

3. 乘员安全控制器（ORC）

与 M156-7 车型相同，ORC 模块牢固安装于传动轴通道上，位于变速器选挡杆稍微靠前的位置，如图 7-34 所示。ORC 模块管理整个安全系统（安全气囊、预紧器与传感器）。该模块在 M156-7 车型所用模块的基础上进行了升级，具有与莱万特所引入的明显结构区别相关的特定调整。显然，这包括实施针对翻车情况的特定安全气囊起爆策略。不过，保留了 DOM（北美市场）与 BUX（专供

图 7-34

出口，世界其他市场使用）之间的软件区别，DOM 版具有 EDR（事件数据记录器）与 STPS 输入，而 BUX 版同时还具有后排安全带锁紧感应开关输入。

4. 车载通信系统远端接收盒模块（TBM）

TBM 位于仪表板内部，转向柱下方稍微靠左的位置，如图 7-35 所示。

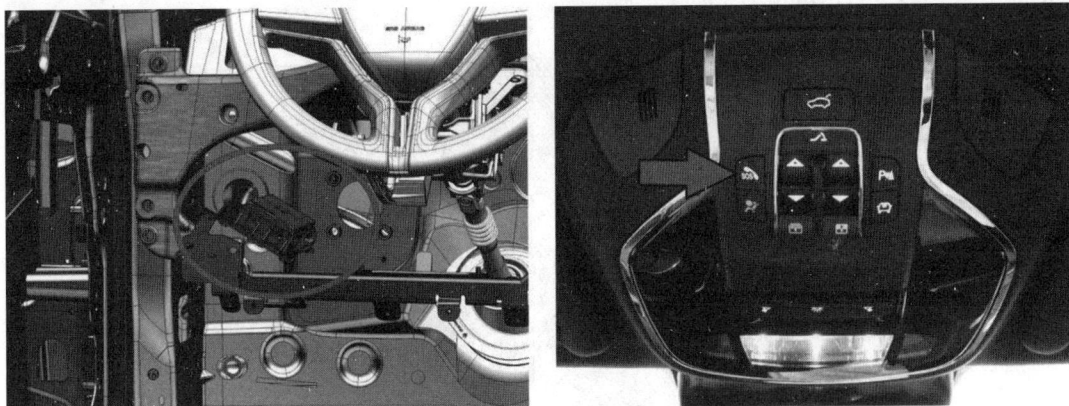

图 7-35

莱万特中引入了 eCall 系统，当 ORC 探测到严重撞击时，可自动呼叫紧急服务。ORC 通过 CAN-C 总线或专用的备用串行线向 eCall ECU（TBM，车载通信系统远端接收盒模块）发出自动呼叫请求。也可使用前车厢灯控制台处的"SOS"按钮，手动发出此呼叫。随后，用户便可与当地应急响应服务中心的工作人员取得联系，以确认紧急情况并提供有关处境的详细信息。

发出呼叫后，会自动将有用信息传送至应急服务中心。此信息包括 GPS 所探知的最后位置、行驶方向以及车辆品牌和型号。通过用于移动电话服务的同一网络传输语音与数据。因此，所有这些功能均取决于区域内的 3G 移动信号覆盖支持。该模块进行的所有通信都遵循 ERA-GLONASS 标准。

该系统包括下列部件。

TBM（车载通信系统远端接收盒模块）。

SOS 按钮，用于手动启用紧急呼叫。

绿色 LED 按钮背光灯（用于确认已连接到应急服务中心）。

红色 LED 按钮背光灯（用于警告系统故障，同时在点火开关打开进行系统自检时也会短暂亮起）。

专用扬声器，其位置非常接近 TBM。

麦克风（位于后视镜中，与信息系统共用）。

GPS 与 GSM 天线，位于车顶天线罩中。

TBM 内的备用 GSM 天线。

TBM 具有内置电池，在因撞击而导致车辆的电气与通信系统完全损坏后，可作为模块与上述外部部件的独立后备电源使用。如果车辆电池断开连接，但 ORC 未收到撞击报告，则 TBM 将在极短时间内关闭，以保存内置电池电量。

请特别注意，在车内进行操作时不要误按 SOS 按钮。若发生误按，请在出现自动语音信息提示您即将发出呼叫时，再次按下该按钮。此操作将取消急救请求，并断开呼叫。用户可通过仪表盘上的特定弹出消息和 SOS 按钮的红色背光灯，得知该单元出现了故障（例如，持续缺失 GPS/GSM 信号，内置电池故障）。

自莱万特开始发售起，该系统仅对俄罗斯市场提供，而且作为必备配置。但很快便会将这种应用推广到所有欧洲规格车辆上。

四、其他安全功能

莱万特（Levante）还具有以下附加的安全相关设备。

一个醒目的路边应急三角牌，将根据当地法规作为标配或选配。

数个 ISOFIX 连接件，以便于在后排外侧座椅上安全安装儿童座椅。

一个位于 BDU（电池配电装置）的烟火切断设备，如图 7－36 所示。发生碰撞后，该装置会立即切断连接到 FDU 的电源（确保发动机与燃油系统关闭），同时保持与 RDU 连接的所有安全相关系统（BCM、车门锁、车窗、车内灯以及 ORC 本身）通电。

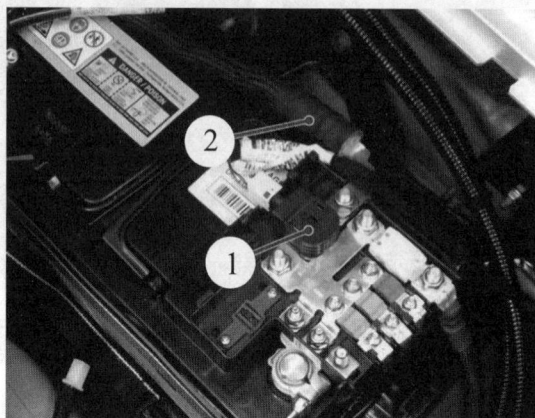

1－烟火电源切断设备（"Pyrofuse"）　2－FDU、交流发电机与启动电机的主供电线路

图 7－36

第八章 电气系统和装置

第一节 总裁 V8

一、车辆电力供应

1. 智能发电机模块（IAM）

Denso 200A 发电机安装在发动机右侧汽缸组下面，由前端附件驱动皮带驱动。发电机带有一个集成式智能发电机模块（IAM），它是一个智能电压调节器，通过一个串联 LIN 线连接至发动机 ECU（ECM）。ECM 根据车辆的耗电量和充电状态发送发电机充电命令。ECM 还可启用 IPC 上的充电警告灯。

2. 蓄电池

12V 100Ah 800A FIAM 铅酸蓄电池安装在行李舱地板下面，右侧。它是免维护蓄电池，如图 8-1 所示。

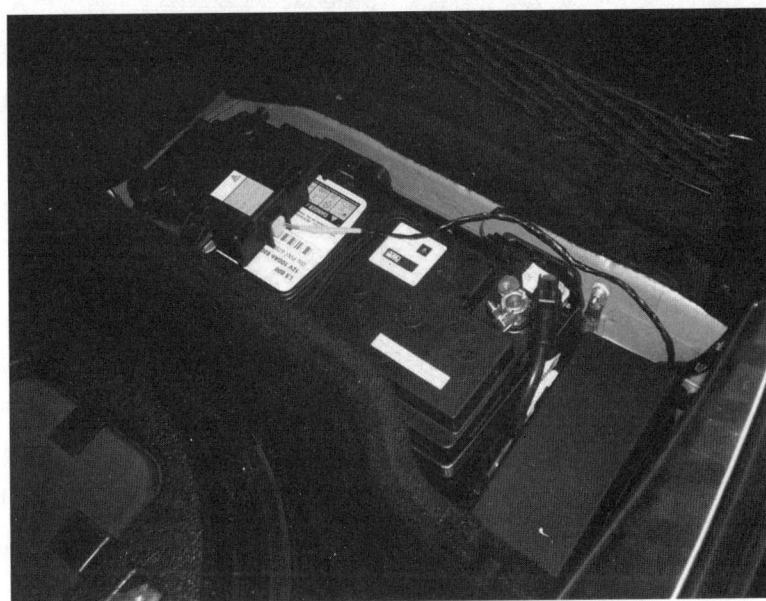

图 8-1

智能蓄电池传感器（IBS）集成在蓄电池负极接线柱夹上。IBS 持续监测蓄电池的充电状态和健康状况。IBS 通过一个串联 LIN 线连接至 BCM。一个发动机电源切断开关安装在蓄电池正极夹上，以便在出现事故时切断前 PDC 的电源。此装置由 ORC 控制。

（1）休眠电流。

当车辆处于完全休眠模式时，车辆的电流消耗小于 20mA。

（2）切断蓄电池后的车辆初始化。

断开车辆蓄电池并重新连接后，应执行下列操作。

点火开关循环开/关，执行节气门自学习程序。

在 MTC 中配置日期和时间设置。只在日期和时间设置为手动模式时需要进行这个操作。如果选择自动模式，系统将从 GPS 信号中恢复日期和时间信息。

通过使用中控台上的 EPB 杆循环进行 EPB 的激活/取消操作。

执行电动车窗升降器的开/关循环*。

执行后侧窗遮阳板的升/降循环*。

对驾驶员座椅进行一次的满行程的前进/后退运动*。

注：标有*的操作需要在全新总裁开始生产时执行。随着软件的发展，这些操作会变得多余。

3. 配电中心（PDC）

配电中心（PDC）是保险丝和继电器的中央位置，不包含内部逻辑或控制模块，如图8-2所示。总裁的电气系统带有两个PDC，前PDC位于发动机舱中，而后PDC安装在蓄电池附近行李舱地板下面。两个PDC的分离式电力分配允许装有更多保险丝，而减小电线截面。某些保险丝和继电器通过硬线连接至PDC。

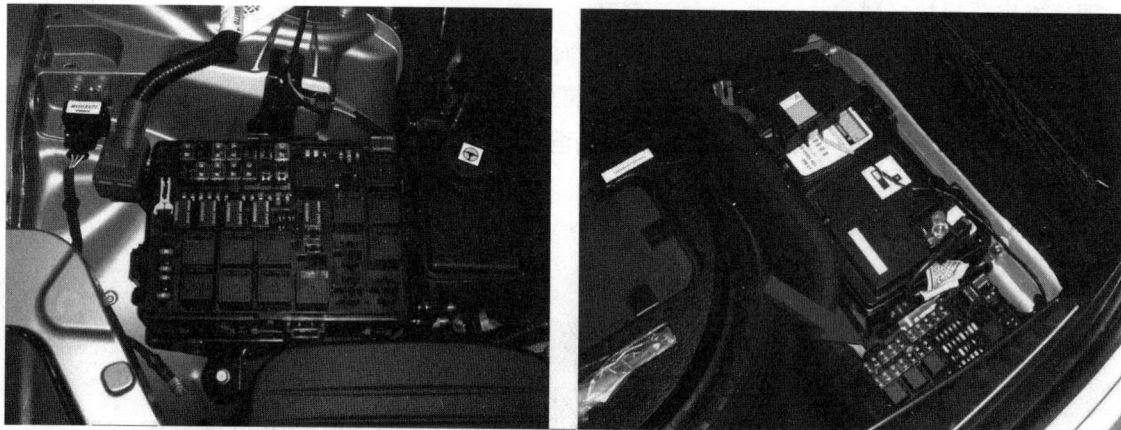

图8-2

二、PowerNet车辆电子系统结构

1. 星形网络拓扑结构

全新总裁采用全新形式的通信结构，称为PowerNet。与M139一代总裁上使用的Florence结构相比，其布置、结构和大多数模块都是全新的。PowerNet与Florence系统类似，均以CAN总线系统为基础，但是其结构是全新的。其中一个非常显著的区别是它采用星形网络拓扑结构，而Florence系统则采用"骨干"拓扑结构。星形网络与更加传统的骨干网络的区别在于所有模块（称为"模块/节点"）均连接至位于中央的一点，称为星形接插件。每个模块均具有单独的总线连接点，因此总线中某些模块中断时，其他模块不会受到影响。此外，由于总线上所有模块均使用简单连接点，星形结构可提供更为简单的网络通信故障检修方法。图8-3为骨干总线拓扑结构（左图）与星形总线拓扑结构（右图）对比。

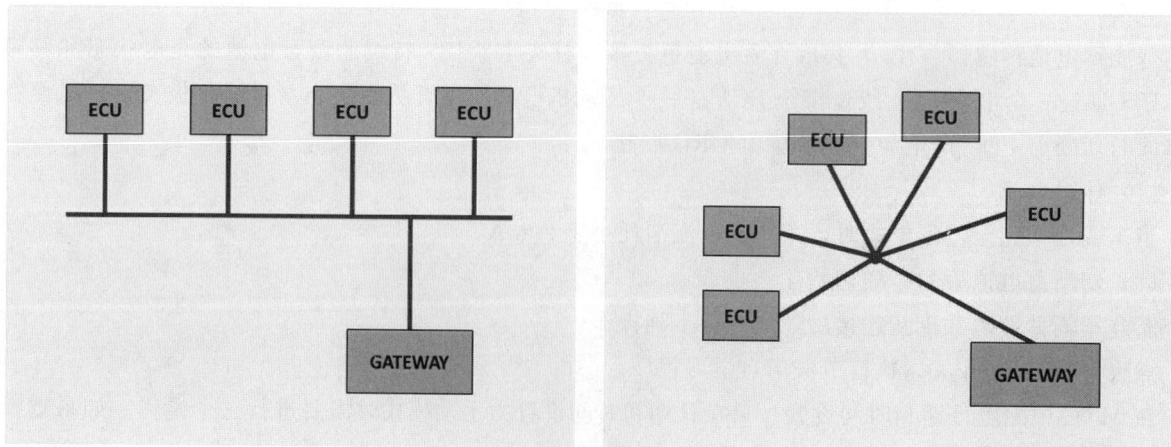

图8-3

2. PowerNet 结构（图 8-4）

随着技术的发展，模块的定位和诊断变得很重要，因而诞生了对于 PowerNet 的需求。PowerNet 系统使用车身控制模块（BCM）作为主网关，安装在车辆中部，减少了电路长度。PowerNet 使用两个主总线系统：CAN-C（底盘）和 CAN-I（车内）。这两个总线系统都使用双星形拓扑结构。也就是说，每个总线都有两个相互连接的中央星形节点，其他节点都连接在这两个节点上。BCM 用作两个总线系统之间的网关。另外，车辆还使用 CAN-A/T（音频/远程信息处理）总线连接车辆信息娱乐系统的多个节点。收音机和导航系统主机用作 CAN-I 和 CAN-A/T 总线之间的远程信息处理网关（TGW）。CAN-A/T 不使用星形拓扑结构。

PowerNet 由下列元件组成。

由双绞线组成，并使用星形拓扑结构的 CAN-C 和 CAN-I 总线。

共 4 个星形接插件，两个用于 CAN-C，两个用于 CAN-I。

专供音频和远程信息处理系统使用的 CAN-A/T 总线。

CAN-PT（动力传动系）：变速器和电子换挡模块系统的专用总线。

两个网关：一个主网关（BCM）和一个远程信息处理网关（TGW）。

多个节点。

两个配电中心（PDC），一个位于车辆前端，一个位于后端。

多个专用 LIN 线。

16 针 EOBD/OBD-II 诊断接插件（DLC）。

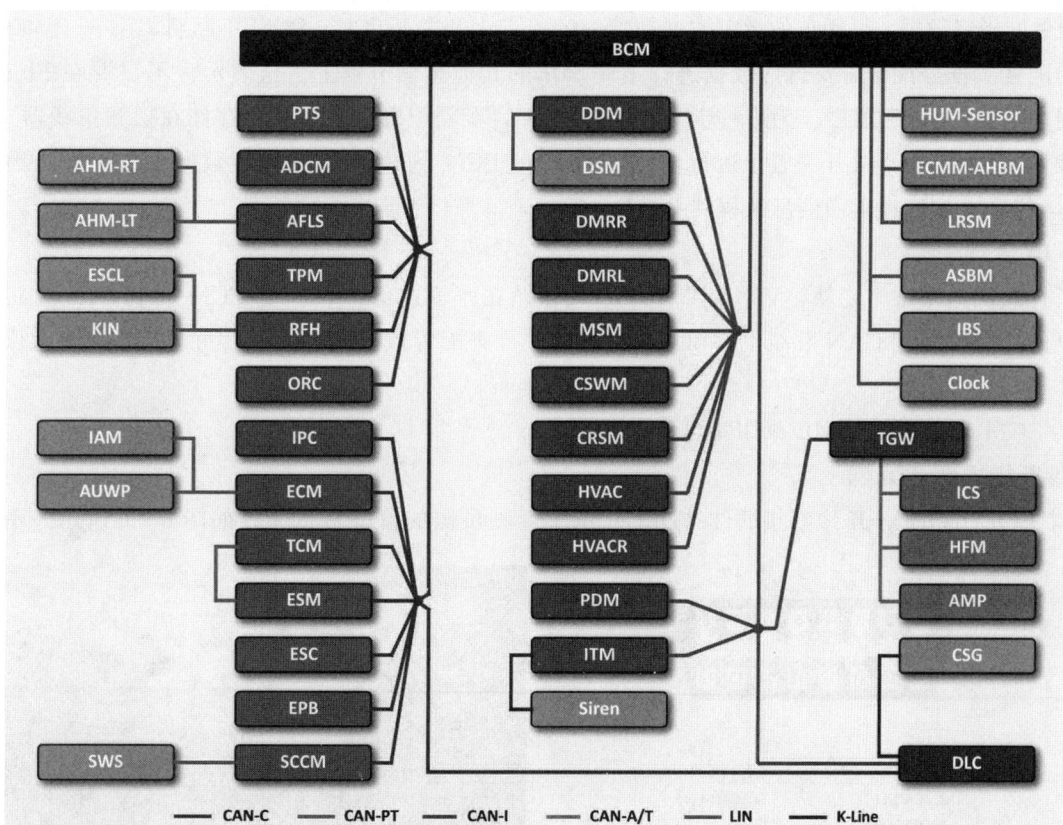

图 8-4

3. 网关

由于系统由多条网络组成，因而需要使用中央网关模块来实现网络之间的信息共享。

主网关是车身控制模块（BCM）。这个模块将 CAN-C 总线和 CAN-I 总线连接起来，实现两个网络之间的通信。次级网关是收音机和导航单元，这个网关称作远程信息处理网关（TGW）。这个网关连接

CAN—A/T 网络和 CAN—I 网络。TGW 可以实现 CAN—A/T 网络节点与其他 CAN 通信网络节点之间的通信。BCM 监测 CAN 通信网络故障，并在检测到故障时记录 DTC。在 PowerNet 中，BCM 位于车辆中心，减小了电路的长度。BCM 控制车锁及照明控制等功能的运行。BCM 中还包含车辆配置数据。而且，BCM 还用作多条 LIN 通信线的主控模块，连接各个子系统。BCM（车身控制模块）是 PowerNet 系统的中央网关，如图 8—5 所示。

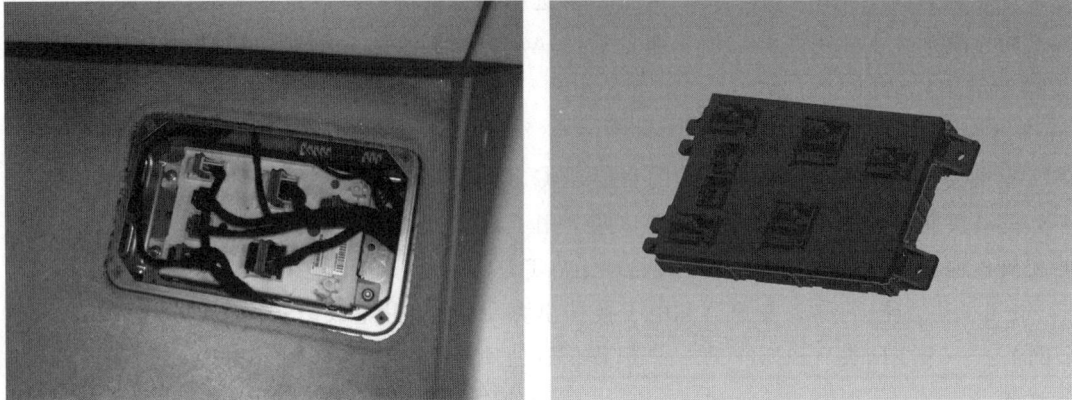

图 8—5

4. 车辆配置数据

在 PowerNet 系统中，BCM 包含车辆构造配置数据。车辆配置数据，即 Proxi，是在工厂或车间采用玛莎拉蒂诊断指定程序编程到 BCM 的 32 个数据串中的一个文件（EOL 编程）。它们包括与车辆技术参数和设备相关的指定数据。每辆车的指定数据是唯一的。点火开关开启时，BCM 不断将 CAN—C 和 CAN—I 总线上的配置数据分配给需要这些数据进行正确操作的其他车辆节点上。这表示，不需要在 Florence 系统上使用"Proxi 校准"程序。为进一步方便维修 BCM，车辆配置的备用副本存储在射频集线器（RFH）中。更换 BCM 时，将点火开关置于运行位置 15s，新的 BCM 从 RFH 学习配置数据。如果同时更换 BCM 和 RFH，必须用 MD 将车辆信息编程到 BCM。

5. VIN 管理

除了打到底盘横梁上之外，VIN 还以电子形式存储在车辆内部。VIN 受 ECM 控制，ECM 将其通过不断重复的消息输入到 CAN 总线上。BCM 利用 VIN 检查配置数据的有效性，并利用 RFH 确认车辆识别。

更换 ECM 时，必须用 MD 采用特定程序写入 VIN。

6. 诊断接插件（DLC）

16 针 EOBD/OBD—II 诊断接插件（DLC）位于驾驶员侧的仪表板下面，如图 8—6 所示。不需要打

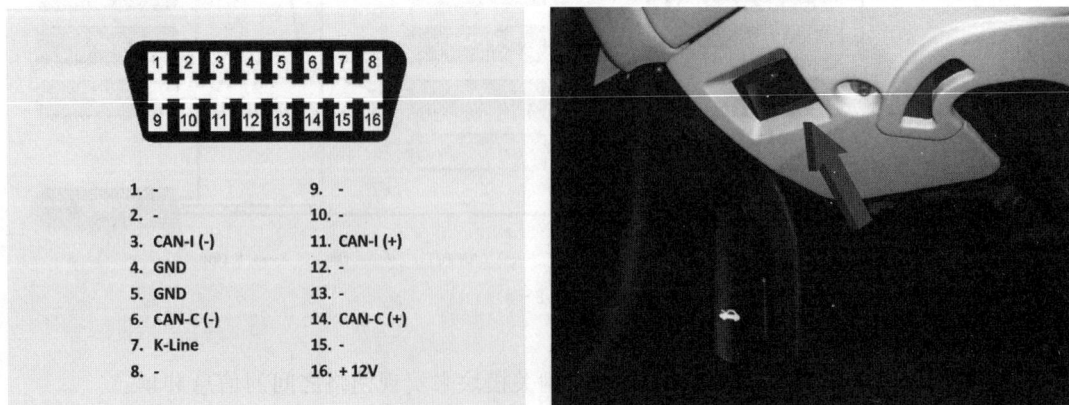

1. -
2. -
3. CAN-I (-)
4. GND
5. GND
6. CAN-C (-)
7. K-Line
8. -
9. -
10. -
11. CAN-I (+)
12. -
13. -
14. CAN-C (+)
15. -
16. + 12V

图 8—6

开盖板或任何面板即可直接使用此接插件。DLC 是一个独立的接插件与 Florence 系统不同，没有集成在任何节点中。CAN-C 和 CAN-I 网络包含位于 DLC 的接线端子。CAN-C 和 CAN-I 总线的诊断检测，如网络电压和电阻测量等，可以直接在 DLC 上操作。DLC 中还包含一个串行 K 线，用作助力转向系统控制单元（CSG）诊断线。音频和远程信息处理网络 CANA/T 不使用 DLC 中的接线端子。CAN-A/T 节点的诊断信息由 TGW 收集并通过 CAN-I 传输。

PowerNet 与 Florence 系统的一个重要区别在于，PowerNet 中玛莎拉蒂诊断仪能够通过向 BCM 发送激活命令激活车辆的电子系统。如果没有有效的遥控钥匙，则需要通过诊断模式或通过钥匙编程程序实现此功能。DLC 可在使用 DMM 或 PicoScope 测量总线时作为一个简单的接入点。在检查 CAN 总线电阻时，必须断开蓄电池。

7. 线束和星形接插件

PowerNet 的星形接插件，如图 8-7 所示。

星形拓扑结构使用专门的接插件。这种接插件中只有 2 根适用于 CAN（＋）和 CAN（－）的通信网络导线。之所以称作星形拓扑结构，是因为用于每个模块的网络连线都以中央节点为起点。星形接插件由一个单独的主接线毂和插入其中的多个接插件组成。每个星形接插件都包含 CAN（＋）和 CAN（－）电路，各节点通过这 2 个电路连接到星形接插件上。CAN 总线的导线通常使用双绞线。CAN-C 总线使用棕色（＋）和绿色（－）两种颜色的导线。CAN-I 总线使用白色（＋）和蓝色（－）两种颜色的导线。CAN-C 和 CAN-I

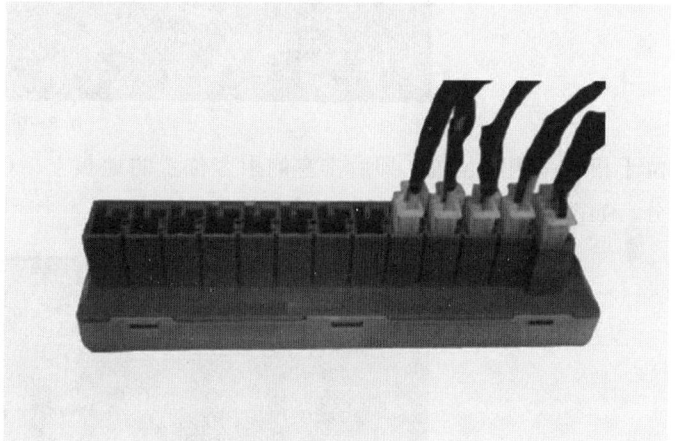

图 8-7

网络使用双星形配置。也就是说，每个网络都有两个星形接插件，一个位于前端，一个位于后端，车辆总共使用 4 个星形接插件。采取这种方案可以减少导线的长度，因为每个节点都连接在最靠近的接插件上。CAN-C 总线的前接插件靠近 BCM，而 CAN-I 总线位于前围板上手套盒后面靠近乘客安全气囊接插件的位置。2 个总线的后接插件都位于后排乘客搁脚位置的底盘横梁上。每个星形接插件都带有接地的附加电路。这个电路用于减少通信网络电路中的感应电压，保护星形接插件免受电磁干扰。三线接插件还将星形接插件与 DLC（诊断接头）连接，并与同网络的后星形接插件连接。

拆卸前排乘客搁脚区域的 BCM 盖板即可操作 CAN-C 网络的前星形接插件，如图 8-8 所示。

CAN-C 网络的后星形接插件位于后排右侧乘客位置的地板上，如图 8-9 所示。

CAN-I 网络的后星形接插件

图 8-8

图 8-9

位于相对一侧的位置，即后排左侧乘客位置的地板上。CAN-C 和 CAN-I 的星形节点通过导线颜色区分，如图 8-10 所示。

图 8-10

星形接插件是一个独特的元件，因而很方便诊断。安装的位置也出于方便接入的考虑。各个节点很容易从总线上分离开，只需要将其从星形接插件拔下即可。这样便大大简化了 CAN 总线故障的检测。

8. 端接电阻和滤波器

星形接插件配置了 CAN-C 和 CAN-I 总线的网络端接电阻器。在双星形接插件结构中，每个星形接插件的端接电阻在单独测量时是 120Ω，而由于 2 个星形接插件并联连接，因而电路的总电阻是 60Ω。由于端接电阻集成在星形接插件中，节点内没有电阻器。总线上连接的每个节点的内阻都很高（超过 50kΩ），这样可以避免对总线总电阻的影响。双星形接插件总线的 2 个星形接插件通过双绞线电路连接在一起。CAN-C 和 CAN-I 总线的星形接插件还含有用于各模块电路的集成电子过滤器。过滤器有两种作用：

网络电压高低变化时，可以减小电压突变峰值。电压突变与线圈电路在关闭时的馈电压相同。这种电压突变称作反射。过滤器可以减小反射，反射过大会导致网络中的信息崩溃。

如果网络电路断路，线束将产生天线的特性从而产生电磁干扰。过滤器还有助于防止电磁干扰导致网络上的信息崩溃。

9. CAN-C 的特性

PowerNet 中使用的 CAN-C 通信网络与 Florence 系统的 C-CAN 总线非常相似，如图 8-11 所示。最大的不同之处在于前者使用了星形拓扑结构。数据传输速度相同，都是 500kB/s，因而归于高速 CAN 总线。电压水平和端接电阻规格相同。

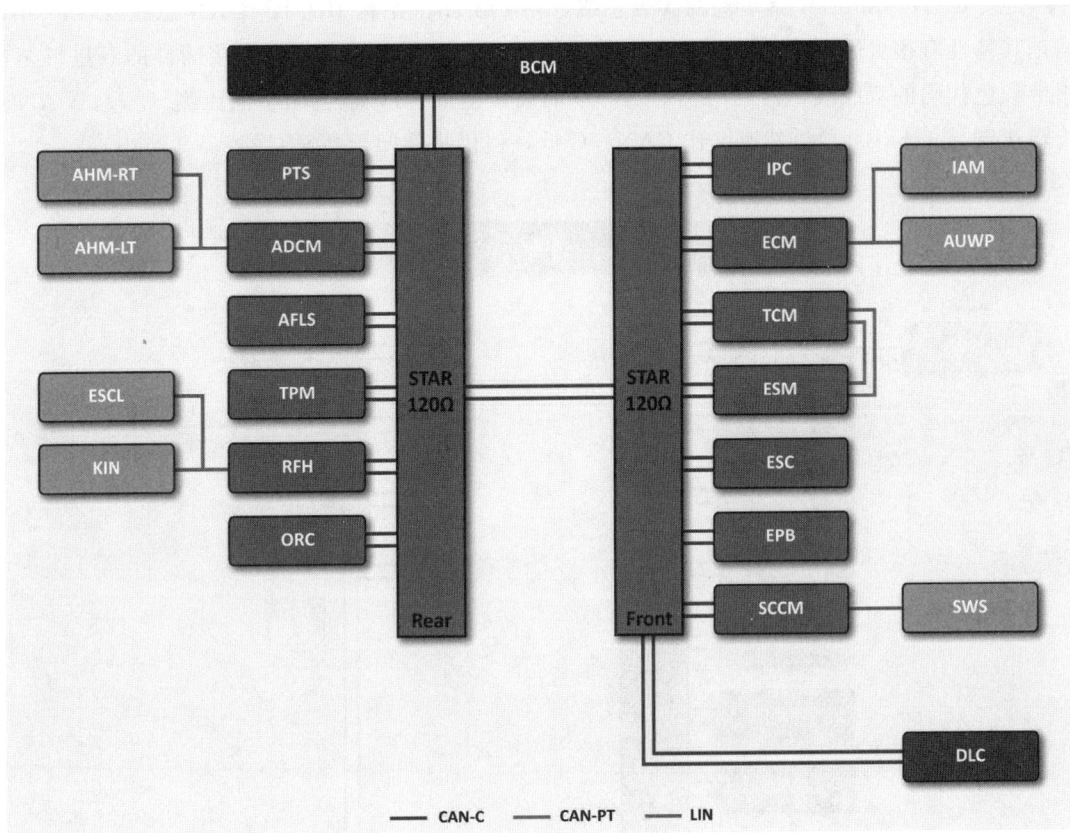

图 8-11

两个带有集成的端电阻器的星形接插件、DLC、多个节点以及铜芯双绞线构成了 CAN-C 网络。BCM 是 CAN-C 总线的中央主网关，使得信息能够在 CAN-C 和 CAN-I 网络之间直接传输。CAN-C 网络高压侧（＋）的导线为棕色，低压侧（－）的导线为绿色。

（1）电压电平。

使用 DMM 测量 CAN-C 上的网络电压时，常开总线的电压参数与 Florence 系统 C-CAN 总线相同。激活时，CAN-I（＋）推至 3.5V，CAN-I（－）推至 1.5V，此时空载电压为 2.5V。CAN 总线进入睡眠模式时，两条线路的电压降至 0。牢记这些读数可在 DLC 获得，或在 CAN-C 通信网络中其他接插件处通过向后探测 CAN-C（＋）或 CAN-C（－）电路获得。

（2）终端电阻。

星形通信网络 CAN-C 上的最佳总电路终端电阻为 60Ω，包括星形接插件中的全部电阻。PowerNet CAN-C 网络具有 2 个星形接插件，每个星形接头包含 1 个 120Ω 的电阻。并联电路允许的总电阻为 60Ω。两个总线都可在 DLC 处进行测量。为保证精确的电阻读数，必须断开车辆蓄电池。

（3）典型故障特性。

PowerNet CAN-C 故障容差与 Florence C-CAN 类似。根据故障类型，会失去通信及在个别节点内存储故障码。间歇故障导致故障码存储在多个节点，即使节点正在总线上进行通信。PowerNet CAN-C

发生故障时，可能会出现与 FlorenceC－CAN 相同的故障现象，例如无法启动、多个警告灯点亮或闪烁，并且 DTC 码存储于多个节点中。

10. CAN－PT

CAN－PT（CAN 动力系统）是一条专用 CAN 线路，位于变速器控制模块（TCM）和电子换挡杆模块（ESM）之间。这些节点也通过 CAN－C 总线互相通信；CAN－PT 为备用总线，相同信息在该总线上重复。CAN－PT 的数据速度和电压电平与 CAN－C 相同。

11. CAN－I 的特性

CAN－I 或 CAN－Interior 是车辆的次级总线，与 Florence 结构中的 B－CAN 总线兼容，如图 8－12 所示。但是其特性有很大区别。与 CAN－C 相似，CAN－I 也使用带有双星形接插件的双星形拓扑结构。总线使用带颜色代码的双绞线，白色用于 CAN－I 的高压侧（＋），蓝色用于低压侧（－）。CAN－I 总线的数据传输速度是 125kB/s。虽然速度比 CAN－C 低，但仍将其归于高速 CAN。

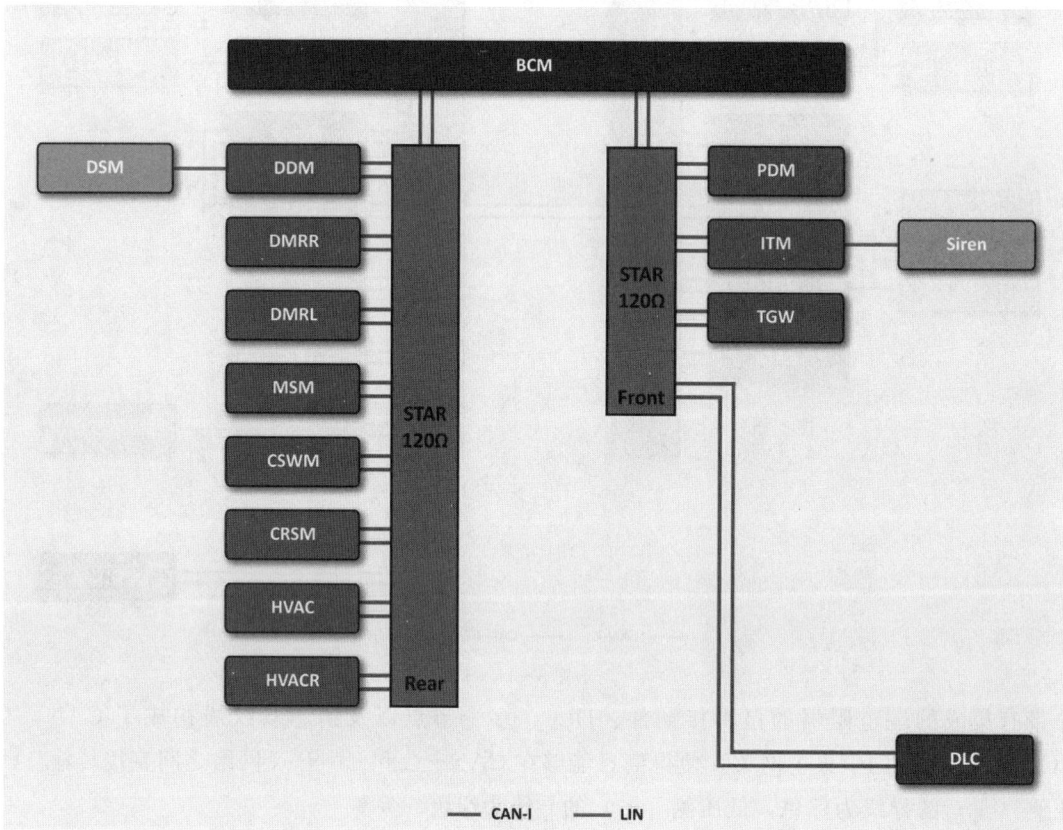

图 8－12

CAN－I 由下列原件组成：铜芯双绞线，2 个带有集成端接电阻的星形接插件，用作与 CAN－C 之间网关的 BCM，用作与 CAN－A/T 之间网关的 TGW，多个节点，以及 DLC。

（1）电压电平。

DMM 测得的 CAN－I 总线上的网络电压电平应与 CAN－C 上所测值相同。激活时，CAN－I（＋）推至 3.5V，CAN－I（－）推至 1.5V，此时空载电压为 2.5V。睡眠电压及特性与 CAN－C 相同。模块继续为网络提供其各自的偏压，以改变消息传输的电压电平。

（2）终端电阻。

最佳 CAN 总电路终端电阻持续为 60Ω。每个星形接插件包含 2 个串联 60Ω 电阻器。并联线路使总电路电阻为 60Ω。CAN－I 总电路电阻可在 DLC 处测量。为了得到精确的结果，确保蓄电池断开。

（3）典型故障特性。

CAN－I 故障容差与 CAN－C 网络类似。多数模块或电路故障会导致在网络上的完全失去通信。间歇故障一般会导致在多个模块内存储失去通信故障码。CAN－I发生故障时，可能会出现故障现象，例如风挡雨刮连续工作并在多个节点设置U－代码。

（4）总线唤醒信息。

当总线上的特定模块接收到直接或无线输入时，CAN－I能够唤醒总线。

12. CAN－A/T 的特性

CAN－A/T是一个新引进的网络，用于从CAN－I总线中隔离音频及远程信息处理模块，如图8－13所示。除结构和网关外，其他方面都与CAN－I相似。收音机用作CAN－A/T总线的网关，并用于CAN－A/T和CAN－I网络之间的通信。这个网关称作远程信息处理网关（TGW）。CAN－A/T使用网络骨干拓扑结构。也就是说，总线使用的是非星形的通信结构。CAN－A/T不直接与DLC连接。音响系统模块，包括TGW、放大器（AMP）、娱乐系统中央控制器（ICS）以及免提电话模块（HFM）构成CAN－A/T系统。ICS起到触屏控制面板的作用，其中包含收音机和车辆设置的所有控制器，以及暖风空调（HVAC）模块的冗余控制器。ICS是一个独立于收音机/TGW的模块。收音机/TGW位于HVAC控制面板后面，ICS位于中央控制台上。CAN－A/T通过绝缘铜芯双绞线连接在一起，由CAN（＋）电路和CAN（－）电路组成。CAN－A/T（＋）的导线为黄色，CAN－A/T（－）的导线为灰色。玛莎拉蒂诊断仪可对TGW进行操作，并通过CAN－I网络实现诊断操作。CAN－A/T网络上的其他模块与TGW通信。TGW对数据进行编译，然后将其置于玛莎拉蒂诊断仪的CAN－I网络中。

（1）电压电平和终端电阻。

CAN－A/T总线上的网络电压电平和数据速度与CAN－I总线相同。激活时，CAN－A/T（＋）推至3.5V，

CAN－A/T（－）推至1.5V，此时空载电压为2.5V。休眠电压和特性也与CAN－C和CAN－I相同。模块继续为网络提供其各自的偏压，以改变信息传输的电压电平。

由于不使用星形插头，所以CAN－A/T与CAN－C和CAN－I不同。与CAN－C和CAN－I类似，电路终端电阻仍为60Ω，但显性模块内为2个120Ω终端电阻器。总线上包含终端电阻的两个显性模块是TGW和ICS。

（2）典型故障特性。

CAN－A/T故障容差与CAN－I总线网络相同。任何形式的短路均会导致与整个网络失去通信。CAN A/T发生故障时，音响系统除了会丧失功能外，还会在多个模块内存储失去通信故障码。如果CAN－A/T网络存在故障，MD能够读取TGW，帮助排除故障。

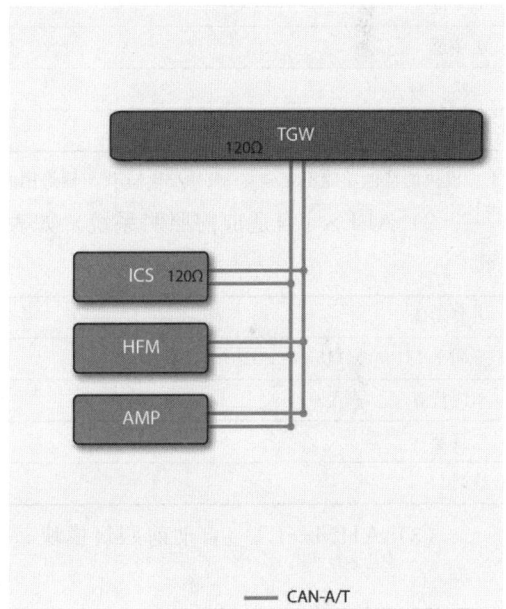

图8－13

13. LIN 线

局域接口网络（LIN）是一个用于车辆子系统的单线串行通信线。与CAN相比，LIN是一种更为简单的通信总线，使用的是与K线相似的通信协议。LIN不使用双绞线和端接电阻。LIN线上的数据传输速度很低（20kB/s），其怠速电压水平为12V，总线活动时电压会降低到0。

LIN线上通常只有两个用户，其中一个是主用户。有些情况下，同一根LIN线上可以连接多个用户。PowerNet使用了多根LIN线。在这些LIN线中，BCM、ECM、RF－Hub、AFLS和SCCM分别用作主控模块。

全新总裁（Quattroporte）的PowerNet系统使用下列LIN线。

ECM、智能发电机模块（IAM）以及辅助水泵（AUWP）之间。

BCM、智能蓄电池传感器（IBS）以及附件开关组模块（ASBM）之间。

BCM、湿度传感器、光线和雨水传感器模块（LRSM）、组合式防眩光后视镜模块（ECMM）和自动远光灯模块（AHBM）之间。

BCM 和模拟时钟之间。

RF－Hub 和无钥匙启动模块（KIN）之间。

RF－Hub 和电动转向柱锁（ESCL）之间。

14. K 线

K 线是一种与 LIN 类似的串行通信线。有时也被称为 ISO 9141 通信线。

全新总裁（Quattroporte）采用两条 K 线。

用于诊断速度适应式动力转向模块（CSG）。

在入侵收发器模块（ITM）与报警系统报警单元之间。

15. 节点和 ECU 概述

（1）ADCM（主动阻尼控制模块）如表 8－1 所示。

表 8－1

也叫作	Skyhook
主要功能	控制 Skyhook 连续阻尼控制系统
等同于 M139/M145*	NCS（Nodo Controllo Sospensioni）
车内位置	行李舱内，右侧
连接至	CAN－C
诊断	自诊断
电源	常电，后 PDC 供电

＊：模块的特性功能不完全与 M139/M145 代车辆采用的等效模块相关。

（2）AFLS（自适应前照明系统）如表 8－2 所示。

表 8－2

主要功能	控制前照灯旋转和对准功能
等同于 M139/M145	NFA（Nodo Fari Addattivi）
车内位置	前排乘客脚部区域
连接至	CAN－C、AHM－RT 和 AHM－LT，通过一条 LIN 线
诊断	自诊断

（3）AHM－LT（自动前照灯模块，左）如表 8－3 所示。

表 8－3

主要功能	激活左前照灯的对准与旋转功能
等同于 M139/M145	NFA（Nodo Fari Addattivi）
车内位置	左侧前照灯下（集成于单元内）
连接至	AFLS，通过 LIN 线
诊断	自诊断

（4）AHM－RT（自动前照灯模块，右）如表 8－4 所示。

表 8－4

主要功能	激活右前照灯的对准与旋转功能
等同于 M139/M145	NFA（Nodo Fari Addattivi）
车内位置	右侧前照灯下（集成于单元内）
连接至	AFLS，通过 LIN 线
诊断	自诊断

（5）AMP（放大器）如表8－5所示。

表 8－5

主要功能	车载音响系统音频放大器
等同于 M139/M145	DSP（数字信号处理器）
车内位置	行李舱内，左侧
连接至	M139/M145
诊断	通过 TGW
注释	存在两种变体：标配音响系统 8 通道，选配 Bowers&Wilkins 音响系统 16 通道

（6）ASBM（附件开关组模块）如表8－6所示。

表 8－6

主要功能	集合驾驶模式开关
等同于 M139/M145	—
车内位置	中控台上，换挡选挡杆附近
连接至	连接至 BCM，通过 LIN 线
诊断	自诊断

（7）AUWP（辅助水泵）如表8－7所示。

表 8－7

主要功能	激活辅助水泵
等同于 M139/M145	—
车内位置	集成于辅助水泵，安装在前副车架上
连接至	ECM，通过 LIN 线
诊断	通过 ECM
注释	也可激活冷却风扇

（8）BCM（车身控制模块）如表8－8所示。

表 8－8

主要功能	PowerNet 中的中央通信闸
等同于 M139/M145	NBC（Nodo Body Computer）
车内位置	前排乘客脚部区域
连接至	CAN－C、CAN－I、LIN 线
诊断	自诊断
电源	常电，后 PDC 供电
注释	控制车辆配置数据

（9）时钟如表8－9所示。

表 8－9

主要功能	仪表板中央上的模拟时钟
等同于 M139/M145	模拟时钟
车内位置	仪表板上
连接至	BCM，通过专用 LIN 线
诊断	自诊断
注释	无手动调节

（10）CRSM（舒适后排座椅模块）如表8-10所示。

表8-10

主要功能	控制后排座椅加热和通风功能
等同于 M139/M145	—
车内位置	车内位置左后座椅下
连接至	CAN-Ⅰ
诊断	自诊断

（11）CSG（Centralina Servo Guida）如表8-11所示。

表8-11

主要功能	控制速度自适应动力转向
等同于 M139/M145	CSG（Centralina Servo Guida）
车内位置	驾驶员脚部区域，防火墙上
连接至	诊断用 K 线
诊断	自诊断
注释	沿用 M139

（12）CSWM（舒适座椅和车轮模块）如表8-12所示。

表8-12

主要功能	控制前排座椅加热、通风功能和方向盘轮缘加热
等同于 M139/M145	—
车内位置	乘客座椅下方
连接至	CAN-Ⅰ
诊断	自诊断

（13）DDM（驾驶员车门模块）如表8-13所示。

表8-13

主要功能	控制所有驾驶员车门电子功能
等同于 M139/M145	NPG（Nodo Porta Guidatore）
车内位置	驾驶员车门面板内
连接至	CAN-Ⅰ
诊断	自诊断

（14）DMRL（左后车门模块）如表8-14所示。

表8-14

主要功能	控制所有左手侧后车门电子功能
等同于 M139/M145	—
车内位置	左手侧后车门面板内
连接至	CAN-Ⅰ
诊断	自诊断

（15）DMRR（右后车门模块）如表8-15所示。

主要功能	控制所有右手侧后车门电子功能
等同于 M139/M145	—
车内位置	右手侧后车门面板内
连接至	CAN－I
诊断	自诊断

（16）DSM（车门开关模块）如表 8－16 所示。

表 8－16

主要功能	将车窗和后视镜控制开关集成到驾驶员侧车门上
等同于 M139/M145	—
车内位置	驾驶员侧车门面板上，集成于开关组件
连接至	DDM，通过专用 LIN 线
诊断	通过 DDM

（17）ECM（发动机控制模块）如表 8－17 所示。

表 8－17

也叫作	博世 Motronic MED17
主要功能	控制发动机运行和诊断
等同于 M139/M145	NCM（Nodo Controllo Motore）
车内位置	发动机舱内，右悬架座后方
连接至	CAN－C
诊断	自诊断
注释	控制 VIN

（18）ECMM－AHBM（防眩光后视镜模块－自动远光灯模块）如表 8－18 所示。

表 8－18

主要功能	控制防眩光内后视镜和集成式远光光束控制器用摄像头
等同于 M139/M145	—
车内位置	集成在车内后视镜支架上
连接至	BCM，通过 LIN 线
诊断	自诊断
电源	15 号线，后 PDC 供电

（19）EPB（电子驻车制动系统）如表 8－19 所示。

表 8－19

主要功能	操纵电子驻车制动
等同于 M139/M145	NPB（Nodo Parking Brake）
车内位置	后副车架顶部
连接至	CAN－C
诊断	自诊断

（20）ESC（电子稳定控制系统）如表8-20所示。

表8-20

也叫作	博世 ESP 9
主要功能	控制防抱死制动器和电子车辆稳定系统
等同于 M139/M145	NFR（Nodo Frenante）
车内位置	雨刮器内，左侧
连接至	CAN-C
诊断	自诊断
电源	常电，前 PDC 供电
注释	包括一体式横摆和加速度传感器

（21）ESCL（电子转向柱锁）如表8-21所示。

表8-21

主要功能	操纵转向柱锁
等同于 M139/M145	—
车内位置	转向柱顶部
连接至	射频（RF）集线器，通过专用 LIN 线
电源	常电，前 PDC 供电

（22）ESM（电子换挡模块）如表8-22所示。

表8-22

主要功能	将驾驶员的换挡行为通知给 TCM
等同于 M139/M145	—
车内位置	中控台上
连接至	CAN-C、CAN-PT
诊断	自诊断
电源	常电，前 PDC 供电

（23）HFM（免提模块）如表8-23所示。

表8-23

主要功能	免提电话连接的蓝牙和声音命令接口单元
等同于 M139/M145	集成于 NIT
车内位置	驾驶员仪表板下
连接至	CAN-A/T
诊断	通过 TGW

（24）HUM-传感器（湿度传感器）如表8-24所示。

表8-24

主要功能	风挡玻璃除雾激活
等同于 M139/M145	—
车内位置	风挡玻璃上，靠近后视镜支架
连接至	BCM，通过 LIN 线
诊断	自诊断

（25）HVAC（暖通空调系统）如表 8－25 所示。

表 8－25

主要功能	控制 HVAC 系统
等同于 M139/M145	NCL（Nodo Clima）
车内位置	仪表板后，鼓风机电机附近
连接至	CAN－I
诊断	自诊断

（26）HVACR（后部加热、通风和空调单元）如表 8－26 所示。

表 8－26

主要功能	控制后 HVAC 系统
等同于 M139/M145	—
车内位置	位于中空台上，集成在后 HVAC 控制面板上
连接至	CAN－I
诊断	自诊断
电源	常电，后 PDC 供电
注释	仅用于配备选装型四区空调系统的车辆

（27）IAM（智能交流发电机模块）如表 8－27 所示。

表 8－27

主要功能	能控制交流发电机充电
等同于 M139/M145	—
车内位置	集成于交流发电机内
连接至	ECM，通过 LIN 线
诊断	自诊断

（28）IBS（智能蓄电池传感器）如表 8－28 所示。

表 8－28

主要功能	监测蓄电池的状态和充电情况
等同于 M139/M145	—
车内位置	蓄电池负极卡箍上
连接至	BCM，通过 LIN 线
诊断	自诊断

（29）ICS（娱乐系统中央控制器）如表 8－29 所示。

表 8－29

也称为	MTC 屏幕
主要功能	音响、导航、通信、HVAC 和车辆设置控制触摸屏用户接口
等同于 M139/M145	—
车内位置	集成在中控台
连接至	CAN－A/T
诊断	通过 TGW

（30）IPC（组合仪表）如表 8－30 所示。

表 8－30

主要功能	集合驾驶员仪表和多功能显示屏
等同于 M139/M145	NQS（Nodo Quadro Strumenti）
车内位置	集成于驾驶员仪表
连接至	CAN－C
诊断	自诊断
电源	常电，后 PDC 供电
注释	控制车辆里程，包括车辆保养次数和保养历史

（31）ITM（入侵收发器模块）如表 8－31 所示。

表 8－31

主要功能	报警系统模块和一体化倾斜传感器
等同于 M139/M145	－
车内位置	车顶控制台内
连接至	CAN－I
诊断	自诊断

（32）KIN（无钥匙启动模块）如表 8－32 所示。

表 8－32

主要功能	启动点火开关和发动机的电子按钮
等同于 M139/M145	－
车内位置	驾驶员侧仪表板上
连接至	射频（RF）集线器，通过专用 LIN 线
诊断	通过射频（RF）集线器

（33）LRSM（光线和雨量传感器模块）如表 8－33 所示。

表 8－33

主要功能	包括微光和雨量传感器
等同于 M139/M145	CSP（Centralina Sensore Pioggia）
车内位置	集成于车内后视镜支架内
连接至	BCM，通过 LIN 线
诊断	由 BCM 执行

（34）MSM（记忆座椅模块）如表 8－34 所示。

表 8－34

主要功能	控制驾驶员座椅、踏板和转向柱的调整和记忆
等同于 M139/M145	NAG（Nodo Assetto Guida）
车内位置	驾驶员座椅下方
连接至	CAN－I
诊断	自诊断
电源	常电，后 PDC 供电

（35）ORC（乘员保护控制器）如表8－35所示。

表8－35

主要功能	控制安全气囊系统
等同于 M139/M145	NAB（Nodo Airbag）
车内位置	变速器通道上，收音机单元下方
连接至	CAN－C
诊断	自诊断
电源	15 号线，前＋后 PDC

（36）PDM（乘客侧车门模块）如表8－36所示。

表8－36

主要功能	控制所有乘客侧车门电子功能
等同于 M139/M145	NPP（Nodo Porta Passeggero）
车内位置	乘客车门面板内
连接至	CAN－I
诊断	自诊断

（37）PTS（Parktronics 系统）如表8－37所示。

表8－37

主要功能	控制驻车传感器
等同于 M139/M145	NSP（Nodo Sensori Parcheggio）
车内位置	行李舱内，右侧
连接至	CAN－C
诊断	自诊断
电源	15 号线，后 PDC 供电

（38）RFH（射频集线器）如表8－38所示。

表8－38

主要功能	控制无钥匙进入 - 无钥匙启动功能
等同于 M139/M145	－
车内位置	在后置物板上
连接至	CAN－C；KIN、ESC，通过 LIN 线
诊断	自诊断
注释	记忆遥控钥匙，备份车辆配置数据；控制防盗功能

（39）SCCM（转向柱控制模块）如表8－39所示。

表8－39

主要功能	包括转向柱操纵杆和转向角传感器，控制方向盘
等同于 M139/M145	Devioguida & NAS（Nodo Angolo Sterzo）
车内位置	转向柱上
连接至	CAN－C、SWS，通过 LIN 线
诊断	自诊断
注释	不包括换挡拨片

（40）SIREN 如表 8-40 所示。

表 8-40

主要功能	报警系统警报器
等同于 M139/M145	CSA（Centralina Sirena Alarme）
车内位置	左前轮罩内
连接至	ITM，通过专用 K 线
诊断	通过 ITM
电源	常电，前 PDC 供电

（41）SWS（方向盘开关）如表 8-41 所示。

表 8-41

主要功能	集合方向盘控制
等同于 M139/M145	NVO（Nodo Volante）
车内位置	方向盘上
连接至	SCCM，通过专用 LIN 线
诊断	通过 SCCM

（42）TCM（变速器控制模块）如表 8-42 所示。

表 8-42

也叫作	Mechatronic
主要功能	控制变速器运行
等同于 M139/M145	NCA（Nodo Cambio Automatico）
车内位置	自动变速器内，机电装置
连接至	CAN-C、CAN-PT
诊断	自诊断
电源	常电，前 PDC 供电

（43）TGW（通信网关）如表 8-43 所示。

表 8-43

主要功能	控制收音机、导航和通信功能
等同于 M139/M145	NIT（Nodo Info Telematico）
车内位置	中控台内，ICS 后方
连接至	CAN-I、CAN-A/T
诊断	自诊断
电源	常电，后 PDC 供电
注释	作为 CAN-I 和 CAN-A/T 之间的网关；控制日期和时间信息

（44）TPM（胎压模块）如表 8-44 所示。

表 8-44

主要功能	控制 TPMS
等同于 M139/M145	NTP（Nodo Tire Pressure）
车内位置	车辆下方，与地板相连，右侧
连接至	CAN-C
诊断	自诊断
电源	常电，后 PDC 供电

三、驾驶员仪表

1. 组合仪表（IPC）

组合仪表（IPC）属于机电仪表组，配备大型模拟车速表和转速表、17.8cm（7英寸）的 TFT 故障显示屏、行程计算机、驾驶员警告和提醒系统，如图 8－14 所示。模拟仪表和故障显示屏中都配备多个警告灯。IPC 储存车辆的里程信息，并对来自车上其他模块的输入做出响应，但是除内部警告灯的开启和关闭之外无其他输出。它还会保存车辆的启用日期和保养历史。

图 8－14

仪表采用白色光进行背光照明。技术性的冷光设计与车内温暖明朗的气氛形成对比，甚至位于其他背光控制之上，使其在车内灯关闭或夜间驾驶时亦清晰可见。根据车辆规格的不同（米制/英制单位以及特定国家的警告灯），IPC 以不同的形式呈现，如图 8－15 所示。IPC 与 CAN－C 总线连接，实现与车辆其他节点的数据交换及诊断。

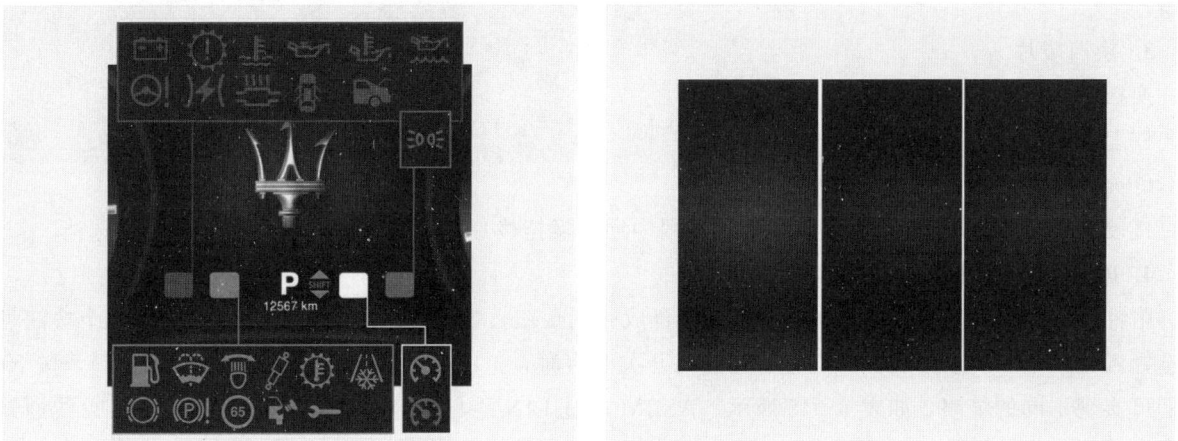

图 8－15

驾驶员可使用右侧方向盘轮辐上的导航按钮配置多功能显示屏的各种显示模式。开启后，屏幕分为不同的部分，包括菜单和子菜单、运行数据、警告灯和信息。屏幕的背景颜色根据所显示信息的类型而变化：正常为蓝色，低临界警告为黄色，高临界警告为红色。通过多功能显示屏可选择多个设置，如乘客安全气囊关闭（根据市场规格）、自动驻车开启/关闭以及车速警告。

2. 模拟时钟

玛莎拉蒂一如既往地将模拟时钟放在仪表板中部，如图 8－16 所示。该时钟通过专用 LIN 线由 BCM 激活，可自动与 MTC 内的时间设置同步，无须直接调节。

图 8－16

四、驾驶员命令

1. 方向盘开关（SWS）

方向盘包含多种命令：用于巡航控制（左侧）、用于移动电话、语音控制和浏览组合仪表多功能显示屏（右侧）的控制开关，浏览轮辐背面 MTC 系统的控制开关，以及集成在安全气囊装置中的喇叭开关。这些开关电子组合在一起并通过串行 LIN 线连接至 SCCM。

2. 转向柱控制模块（SCCM）（图 8－17）

SCCM 由下列元件组成。

转向角度传感器。

时钟弹簧。

雨刮器/洗涤器、转向灯和前照灯光束变化等所需要的转向柱操纵杆。

用于转向柱电力调节的操纵杆。

SCCM 还通过 LIN 接收来自方向盘开关（SWS）的输入，并与 CAN－C 总线连接，与车上其他节点进行数据交换和诊断。

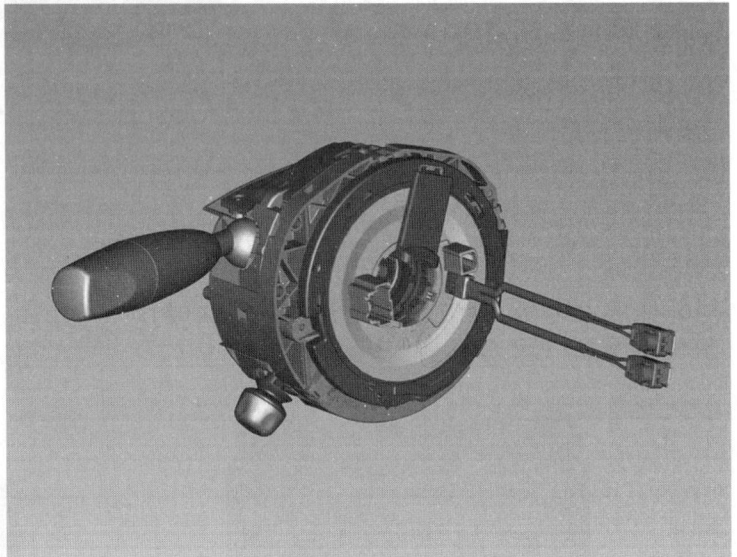

图 8－17

3. 换挡拨片

换挡拨片由压铸铝制成，直接安装在转向柱上。换挡拨片是搭载 V8 发动机总裁（Quattroporte）的标准配置。换挡拨片直接硬连接至 TCM，驾驶员可以在驾驶过程中通过换挡拨片在自动和手动模式时进行手动选挡。

4. 附件开关组模块（ASBM）

附件开关组模块（ASBM）在换挡杆旁集合成一列按钮，如图 8－18 所示。背光照明的 5 个按钮可用于选择驾驶模式、传动系和操纵配置。在点火开关开启时，这些命令默认在正常位置（未按下），按下时，它们可实现不同的策略，如表 8－45 所示。ASBM 通过 LIN 线与 BCM 连接，从而通过 CAN 总线通知不同车辆系统的相关模块。

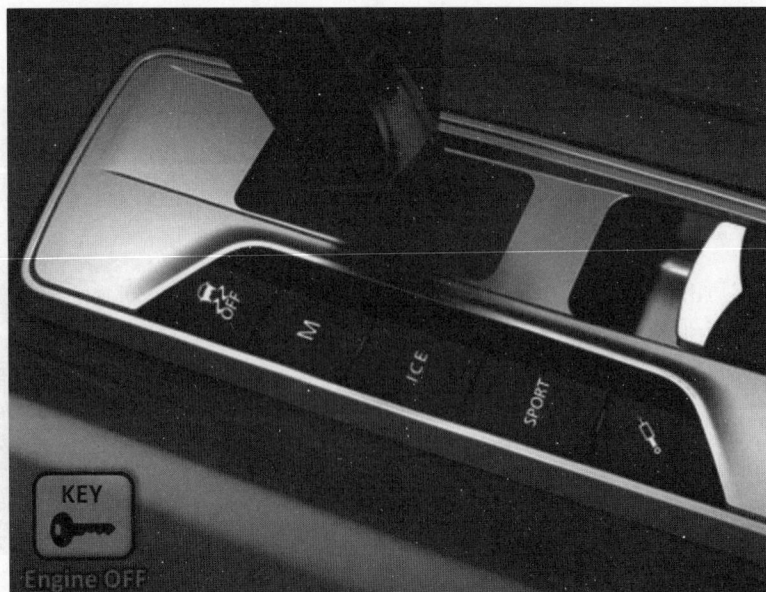

图 8－18

表 8－45

按钮	未按下	按下（LED 开启）
ESC 关闭	ESC 活动	ESC－关闭模式
手动	自动换挡模式	手动换挡模式
I. C. E.	强化控制和效率模式关闭	强化控制和效率模式开启
运动	正常驾驶模式	运动驾驶模式
减震器	软悬挂设置（舒适性）	硬悬挂设置（操纵性能）

关于可能选择的驾驶模式组合的说明。

ESC－关闭模式可独立于其他所有驾驶模式激活或取消。

硬悬挂模式可独立于其他所有驾驶模式激活或取消。

I. C. E. 模式和手动模式互不兼容（选择其中一个模式时另一个模式将取消，反之亦然）。

I. C. E. 模式和运动模式互不兼容（选择其中一个模式时另一个模式将取消，反之亦然）。

关于所选择的驾驶模式对车辆不同系统所产生影响的说明：

ESC－关闭模式只影响电子稳定性控制（ESC）系统的工作。

手动模式只影响变速器的运行。

I. C. E. 是一种用来充分确保行驶安全性和燃油经济性的驾驶模式。这个模式影响发动机控制系统、排气阀和变速器的运行。

运动模式是一种用于增强动力性和驾驶乐趣的驾驶模式。这个模式影响发动机控制系统、排气门、变速器和 ESC 系统的运行。

硬悬挂模式只影响 Skyhook CDC 系统的运行。

5. 娱乐系统中央控制器（ICS）

娱乐系统中央控制器（ICS）为一个 21.3cm（8.4 英寸）触摸屏，如图 8－19 所示。用户可通过该显示屏使用 MTC（玛莎拉蒂触控系统）程序控制大多数车载设备。MTC 包括对收音机、导航系统、DVD 播放器、蓝牙连接、外部连接（如移动手机及苹果设备）的控制。用户可使用 Aux－in 和 USB 插口或 SD 读卡器等播放音乐、观看视频或浏览图片。MTC 还可用于控制暖风空调系统、前排座椅加热功能和通风功能、方向盘加热功能以及后车窗遮阳板的运行。MTC 菜单中包括车辆主要设置的配置选项。系统

图 8－19

的各种菜单可通过屏幕底部显示的图标进行操作。ICS 还接收来自暖风空调系统前控制面板的输入信号。这个面板位于 ICS 正下方。该面板中的控制器与 MTC 中暖风和空调系统相同。ICS 通过带有护套的 LVDS 视频接插件与 TGW 连接，并且与 CAN－A/T 总线连接。TGW 在 ICS 和车上其他系统之间起网关作用。ICS 的诊断通过 TGW 进行，因为 CAN－A/T 总线未与 DLC 连接。

五、信息娱乐系统

1. 远程信息处理网关（TGW）

由松下提供的远程信息处理网关（TGW）是车辆信息系统的中央单元，如图 8−20 所示。该网关没有直接用户接口，而是通过 ICS 接收命令。TGW 与车内 CAN−I 总线连接，并且是音频和远程信息处理系统的专用总线：CAN−A/T。CAN−A/T 网络上连接的其他模块包括 ICS、音频放大器（AMP）和免提电话模块（HFM）。TGW 在 CAN−I 的节点和 CAN−A/T 网络上的其他节点之间起中央网关的作用。

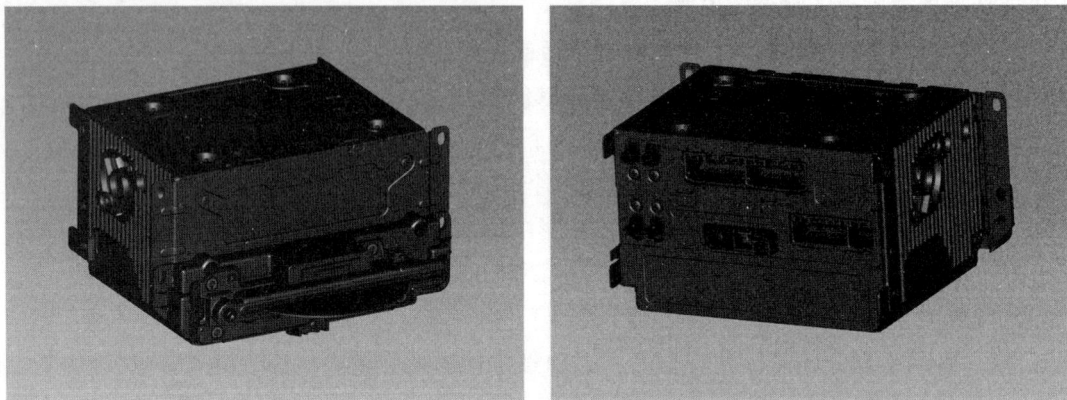

图 8−20

TGW 单元的前端带有集成的 CD/DVD 播放器和 SD 读卡器插槽。收音机既可接收传统的 AM/FM 波段，也可接收数字广播（数字音频广播−DAB）。收音机的两个天线集成在后车窗中：一个用于接收 AM/FM 波段，其放大器安装在左侧 C 柱饰板后部；另一个用于接收 FM2/DAB 波段，其放大器安装在右侧 C 柱饰板后部。两个天线放大器都与 TGW 连接。对于美国/加拿大市场销售的车型，TGW 内部集成了 SDARS 接收器和解码器（天狼星），还集成了导航单元，并使用 Garmin 提供的地图。车顶天线中带有卫星导航专用 GPS 天线、Sirius（天狼星）卫星收音机专用天线（如有）。通过外部设备（HFM）为音频数据流和移动电话提供无线蓝牙连接。TGW 还可以用作时间和日期设备。在自动模式下，可以通过接收 GPS 信息对这些数据进行更新，也可以在手动模式下由用户设置（手动模式）。注意：由于系统规格的不同，TGW 设备专用于一些特定的市场（美国/欧洲/日本）。

全新总裁（Quattroporte）的信息系统具有下列特性。

AM/FM 和 DAB 收音机。

CD/DVD 播放器。

SD 读卡器。

USB 端口（前）。

配型后 USB 端口。

AUX−IN 3.5mm 音频插孔输入。

兼容 iPod（通过 USB 和专用的连接线）。

通过蓝牙（BTSA）接收音频信息流。

天狼星 SDARS 卫星收音机（美国/加拿大）。

Garmin 提供的 GPS 导航功能。

蓝牙免提移动电话控制。

驻车用后摄像头。

通过 21.3cm（8.4 英寸）触屏（MTC）和方向盘控制器进行控制。

声控命令。

（1）USB 和 AUX－IN 端口。

中央扶手盖下面有 1 个 USB 端口（USB1），如图 8－21 所示。此端口具有多种用途。

从 USB 存储装置播放音乐、观看视频或浏览图片。

通过专用导线连接 iPod。

更新导航单元的软件和地图。

保存个人数据和设置备份。

保存 MTC 显示屏的屏幕截图。

还有 1 个后部中央 USB 端口（USB2）可选配。

（2）导航系统软件和地图的更新。

要更新导航系统软件，必须具有大容量的 USB 存储设备和互联网连接。执行下列软件更新步骤：

进入 www. garmin. com/玛莎拉蒂（Maserati）。

查找车型并选择"软件更新（SoftwareUpdates）"，然后选择"下载（Download）"。

阅读并接受软件许可协议的条款。

按照网站上的说明完成软件更新的安装。

要更新导航系统地图，必须具有大容量的 USB 存储设备和互联网连接。地图更新可一年购买一次。

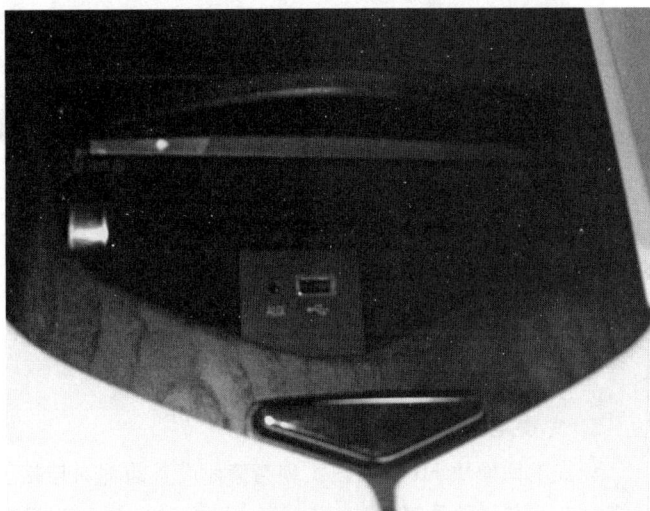

图 8－21

执行下列地图更新步骤：

进入 www. garmin. com/玛莎拉蒂。

选择适用于设备的"订购地图更新（Order Map Updates）"。

按照网站说明更新地图。

可通过 MTC 菜单查看当前地图版本：

触摸"设置（Settings）"软键。

触摸"地图（Map）"软键，然后触摸"信息（Info）"。

（3）经销商模式。

同时按住下列 3 个位于暖风空调控制面板上的按钮，即可进入车辆信息系统的"驾驶员模式"。

驾驶员侧温度升高（UP）。

驾驶员侧温度降低（DOWN）。

风挡玻璃除雾。

在经销商模式下，可以阅读各种系统相关数据，例如不同系统零部件的各种软件和硬件信息，以及导航地图相关数据，如图 8－22 所示。在经销商模式下，还可以进行用户数据和设置的备份。

（4）数据备份。

如果需要更换 TGW 单元，可以对用户数据和设置进行备份，以便在随后将其复制到新单元上。备份时按照下面的程序操作。

①插入 USB 存储设备。

②同时按住暖风空调控制面板上的"风挡玻璃除雾"和驾驶员侧温度"上升（UP）""下降（DOWN）"按钮进入经销商模式。

③在菜单中选择"复制用户数据"功能。

更换 TGW 单元后，将含有此前锁保存数据的 USB 存储设备插入 USB 端口，并选择"恢复用户数据"功能。

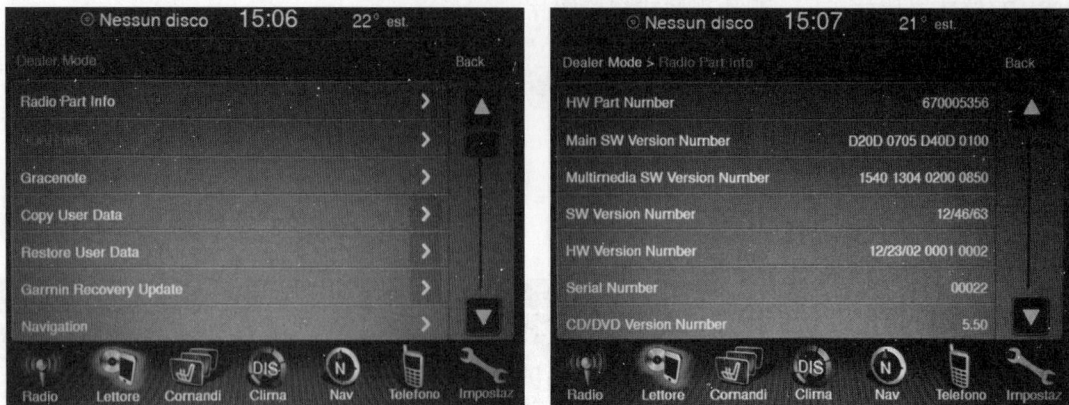

图 8-22

（5）截图保存功能。

截图保存功能始终可用，与 ICS 当前显示的屏幕无关。此功能允许用户保存截图，以备日后在电脑上查看或发送给技术支持人员。截图直接保存在 USB 存储设备中，存储设备必须先连接到 USB 端口上。当同时按下驾驶员侧的温度"上"和"下"以及 HVAC 控制面板上的"后窗除霜"按钮，即可保存截图。当截图保存后，会发出一声蜂鸣。

2. 免提电话模块（HFM）

免提电话模块 HFM 可以实现与蓝牙设备的配对连接，例如，可以将移动电话连接到车辆信息系统中。这个模块安装在驾驶员侧仪表板下面，通过 CAN-A/T 总线与 TGW 通信，如图 8-23 所示。HFM 上连接了 2 个麦克风，分别用于免提电话呼叫和声控命令功能；麦克风配置了噪音消除功能，位于车内后视镜顶端。使用免提电话呼叫功能时，HFM 接收来自麦克风的模拟信号，并通过蓝牙将这个信号发送到配对的移动电话中。使用声控命令功能时，发出的音频命令由 HFM 转换为通过 CAN 传输的信息并发送到 TGW 中。

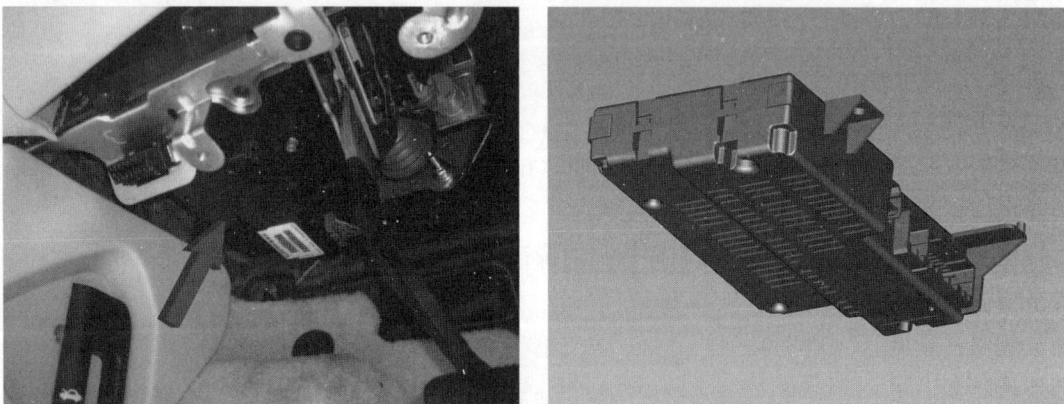

图 8-23

3. 后排座椅娱乐系统（RSE）

全新总裁有后排座椅娱乐系统可选。其特点是在前排座椅靠背的底座上安装了 2 个 25.9cm（10.2 英寸）的倾斜 LCD 显示屏。屏幕下面有 2 个 USB 端口，用户可通过这 2 个端口单独或同时连接外部资源，播放主流格式的图片、音频/视频文件（MPEG 1、MPEG 2、MPEG 4、WMV、Xvid、MP3、WMA、AAC 等），如图 8-24 所示。系统还配备功能强大的 A/V-IN 连接器，可用于进一步连接外部设备，例如视频游戏控制台、数字摄像头、摄像机、笔记本电脑等。两个显示器分别配备各自使用的遥控器和无线耳机。另外，系统还可以配备数字电视调谐器。只有按照欧洲、中国和日本技术参数的车辆配备了电视调谐器。车辆配置后排座椅娱乐系统时，其 RSE 中心控制单元以及视频显示器和数字电视调谐器（如有）

均连接在音频和远程信息处理 CAN－A/T 网络上。

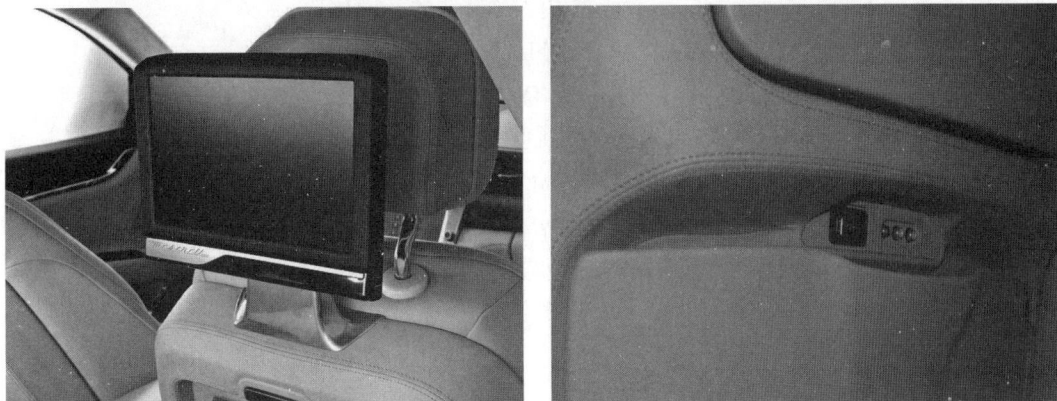

图 8－24

4. 车载 Wi－Fi 热点

全新总裁选配车载移动 Wi－Fi 热点连接模块。用于数据传输的带 SIM 卡的路由器连接至网络，允许在路上接入无线网络。不同无线设备可以同时连接，例如 1 台笔记本电脑和 2 部移动电话。车载热点系统支持以下通信格式：HSDPA、UMTS、EDGE 和 GSM。

六、音响系统

1. 高级系统

全新总裁配备的标准音响系统提供了超大功率和出色的音质。系统具有 10 个扬声器和 1 个 600W 放大器，与专业供应商哈曼国际合作专为总裁设计。结构包括仪表板上的 1 个 80mm 中音和 2 个 25mm 高音扩音器，每个车门上配有 1 个 165mm 低音扬声器，后排车门上另外配有 2 个 25mm 高音扬声器，后置物板上配有 1 个 180mm×250mm 超低音扬声器。

2. 宝华（B&W）高端音响系统

有宝华音响系统可选，能够提供最高标准的随车 Hi－Fi 功能。系统所使用的元件、15 个扬声器的配置以及绝佳的 QuantumLogic 环绕立体声配置都经过长时间严格的声学工程研究。宝华音响系统为总裁进行了专门设计和声学优化。通过对于音频来说至关重要的扬声器布置，并由音频业务领域最有经验的人员进行的长时间的听觉体验和调试过程，使得系统能够以最佳的效果再现音响的每一个细节，并具有最高水平的音响纯度和动态响

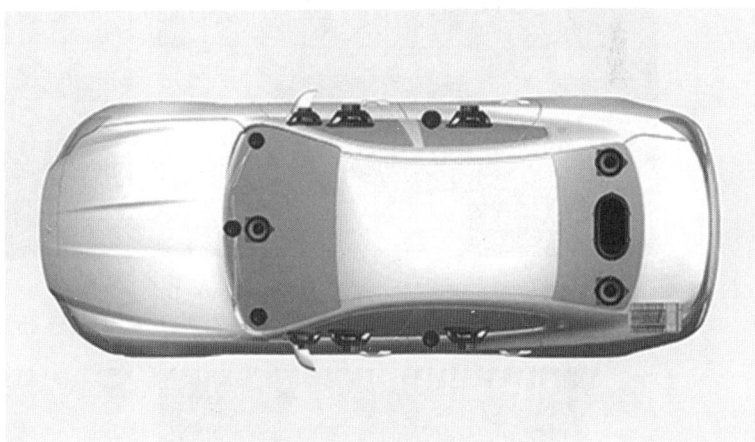

图 8－25

应，为您带来全新的旅途音乐体验。QuantumLogic 环绕立体声系统包括各声道的独立元件以对乐器、噪音和车内回音进行识别、分离和处理，使得环绕声音场格外真实和精确，提供了绝佳的音频效果。系统使用 D 级振幅的 15 个扬声器和 16 个渠道。车门和后部车顶的扬声器与基本系统的扬声器不同，具有完全独特的功能。结构包括位于中央仪表板和两侧仪表板上的 100mm 中央芳纶鼓膜中音扬声器和 3 个 25mm 的铝网高音扬声器。前门中安装了 1 个 165mm 低音扬声器和 1 个 100mm 芳纶中音扬声器（采用芳纶纤维编织振膜的中音扬声器），后门中安装了 1 个 165mm 芳纶鼓膜低音扬声器和 1 个 25mm 铝网高音扬声

器。后行李架上安装了 2 个 100mm 的芳纶中音扬声器和 1 个 350mm×200mm 的低音炮，如图 8-25 所示。这样便可以使乘员在玛莎拉蒂（Maserati）车内享受最佳的音频体验。

165mm CFR 低音扬声器：2×165mm，位于前门内。

165mm 黑色芳纶低音扬声器：2mm×165mm，位于后门内。

100mm 黄色芳纶中音扬声器：中央仪表板上 1 个，前门内 2 个，2 倍左/右环绕声。

25mmMMX 高音颜色：中央一个，仪表板左右共 2 个，后门内 2 个。

350mm×200mm 跑道型放电管双 VC：1 个，位于后行李架上。

16 通道 1280W D 级放大器位于行李舱中。

标准音响系统（左侧）和宝华音响系统（右侧）如图 8-26 所示。

图 8-26

标准音响系统（左侧）和宝华音响系统（右侧）如图 8-27 所示。

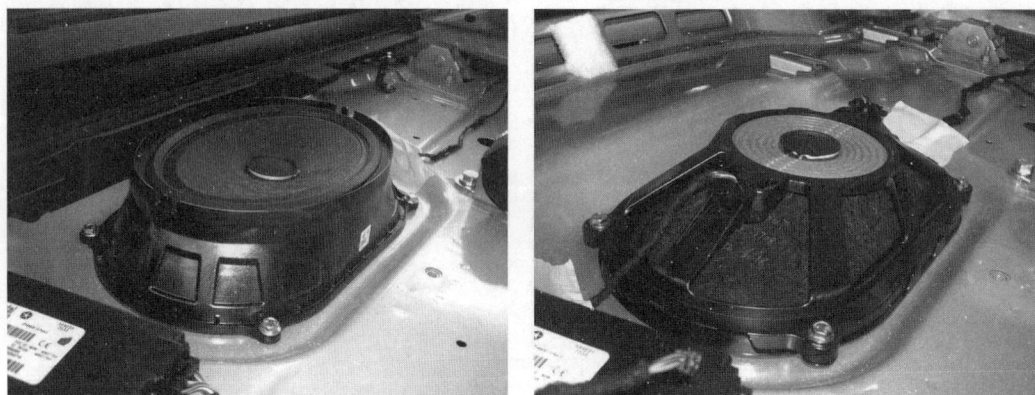

图 8-27

标准音响系统（左侧）和宝华音响系统（右侧）如图 8-28 所示。

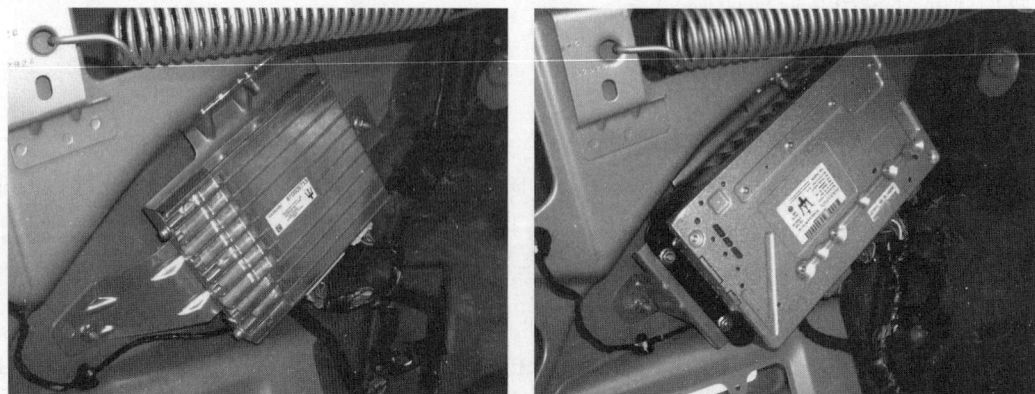

图 8-28

七、驻车辅助系统

1. 驻车传感器

全新总裁标配带有驻车辅助系统。系统使用 6 个前置和 4 个后置超声传感器。系统不仅使用蜂鸣声提示车辆与障碍物之间的距离，而且向仪表板组合中的多功能显示屏发送车辆与障碍物之间的图片。系统的中央单元称作 Parktronics 系统（PTS）位于行李舱内的右侧，如图 8-29 所示。系统与 CAN-C 总线连接，实现与仪表板组合（IPC）的通信以及诊断功能。

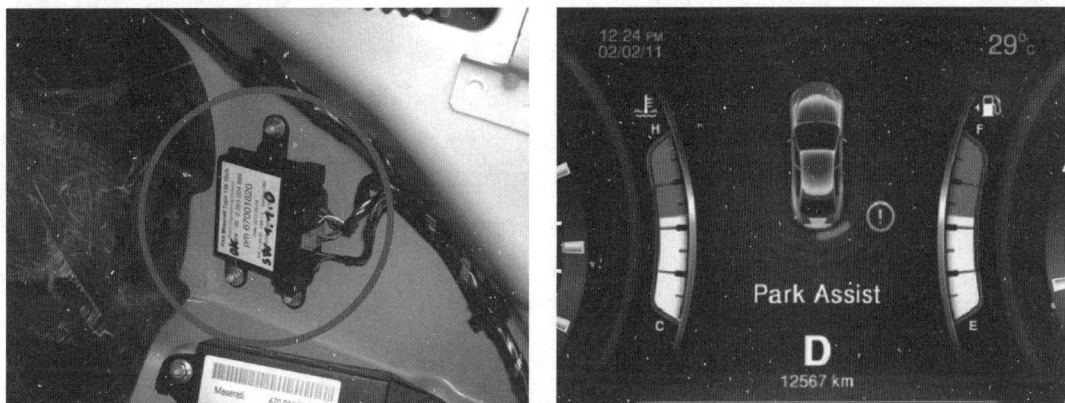

图 8-29

2. 视频驻车辅助

全新总裁标配有后视停车摄像头，在倒车时方便操控。1 个小型摄像头安装在行李舱释放按钮旁边，牌照上方。通过摄像头可以看到车辆后方区域，在选择倒车挡时将图像显示在 21.3cm MTC 显示屏上。摄像头通过屏蔽线与 TGW 相连。

八、无钥匙进入和无钥匙启动系统

1. 系统概述和功能

全新总裁系包含标配的无钥匙进入和无钥匙离开系统。车辆停放并锁上车门后，完全可以将钥匙放到衣兜里，将手放在车门把手或行李舱按钮上即可解锁车辆。无须使用遥控器，极大方便了进入车辆所需要的操作。系统还可以根据选择延伸到后门。按下仪表板上的启动按钮即可启动发动机，而不需要将钥匙插入点火开关。遥控点火和发动机启动功能已用在适合中东技术参数的车辆上。这个功能代替了遥控钥匙的外部车灯功能。在 150m 的距离内按下按钮即可启动发动机，同时还可以打开空调控制功能（根据设置制冷/加热），从而能够更轻松地进入驾驶舱。

系统具有下列功能和特性。

无钥匙进入：当触碰前车门手柄上，系统识别到有效的遥控钥匙后即自动解锁车门。

无钥匙进入功能可以延伸到后车门。

无钥匙离开：无须插入钥匙，只需要按下按钮即可打开点火开关，启动发动机。

集成式防盗锁止功能。

按下车门外把手上的按钮即可启动门锁。

离开后自动锁车门（用户设置）。

通过前后面板上的开关实现电动锁车/解锁。

使用遥控钥匙实现遥控锁车门/解锁和行李舱盖开启功能。

使用遥控钥匙实现定时遥控打开外部车灯功能。

使用遥控钥匙实现遥控打开/关闭车窗功能。

遥控报警功能（仅美国市场）。

使用遥控钥匙实现遥控（150m 以内）启动发动机功能（仅中东技术参数的车辆）。

无须车门锁或行李舱锁，当检测到遥控钥匙位于车内或行李舱内时，会发出音频警告。

系统故障时，可使用应急钥匙从外部手动锁车/解锁。

按下机械式锁按钮或拉动车门内把手，从车内手动锁车/解锁。

燃油过滤器盖开锁/解锁功能与中央锁车系统连接。

2．系统说明

无钥匙进入与无钥匙离开系统由中央基站（通常称作射频集线器或 RFH）控制。RFH 使用 RF 和 LF 无线通信功能与遥控钥匙通信。RFH 中有 1 个集成式遥控器专用射频接收器，并使用位于车上不同位置的 5 个 LF 天线来感应和检测遥控钥匙。位于前门把手和行李舱盖上的电容式传感器来感应和检测人手，并激活遥控钥匙存在性检测功能和有效性检查功能。无钥匙离开功能使用无钥匙点火开关［通常也称作无钥匙启动节点（KIN）］，该节点位于仪表板上，用于开启点火开关与启动发动机。按下 KIN 按钮后，系统在启动发动机前使用 LF 天线检查车内是否存在有效遥控钥匙。如果系统没有检测到有效遥控钥匙，发动机将无法启动，并向多功能显示屏发送一条驾驶员警告信息。系统进一步控制防盗功能和电子转向柱锁（ESCL）功能。

（1）射频集线器（RFH）。

RFH 是系统的中央单元，其中含有无钥匙进入和无钥匙离开功能的控制逻辑，并存储了遥控钥匙数据，如图 8-30 所示。RFH 位于车辆的后行李架上，通过串行 LIN 线与高速 CAN-C 总线以及 KIN 和 ESCL 单元连接。RFH 上连接 5 根 LF 天线以及电容式车门把手传感器和关闭开关。RFH 还起车辆无线接收器的作用，RFH 内的射频接收器响应遥控钥匙上的遥控按钮发出的命令。RFH 中还包含车辆配置数据的备份。

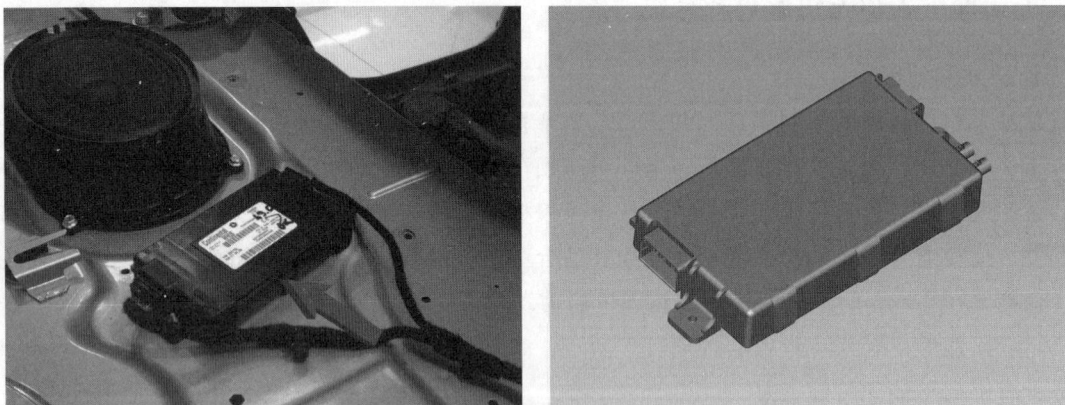

图 8-30

如果需要更换 RFH，必须同时更换电子转向柱锁（ESCL）。两个元件之间采用电子方式锁止，必须作为一套来更换。

（2）防盗功能。

车辆的防盗功能由 RFH 与发动机 ECU（ECM）共同来管理。防盗功能基于存储在 ECM（VIN 主模块）和 RFH 内的 VIN。当驾驶员按下 KIN 按钮启动发动机时，RFH 通过使用其存储的 VIN 产生编码启动信息并通过 CAN-C 总线发送到 ECM，然后 ECM 通过使用其存储的 VIN 解码接收到的信息。当信息正确解码时，ECM 启动发动机。因此，仅当 RFH 和 ECM 的 VIN 匹配时，发动机才会启动。当在车上安装新的"空白"RFH 时，在首次点火开关开启时，它会学习 ECM 的 VIN 并记忆 VIN，此后不能更改，所以车辆间不可能交换 RFH。

（3）LF 天线。

5 根 LF 天线安装在车上明确的位置，使得系统在用户想要打开车门和行李舱盖时，能够检测钥匙在车内以及车辆附近的出现。这 5 根天线分别位于如下位置。

后门内 1 个，安装在车门装饰板内，靠近 B 柱。

前中央扶手位置 1 个。

行李舱内 1 个。

后保险杠装饰板后面 1 个。

车门天线以及后保险杠饰板后面的天线与遥控钥匙相匹配，当电容式车门传感器被触发时，通过交换防盗信息，开启车门。2 个车内天线（分别布置在中央扶手处和行李箱中）可检测车内信号，以保证驾驶员可以打开点火开关或启动发动机。图 8-31 显示了后保险杠装饰板后面安装的 LF 天线。

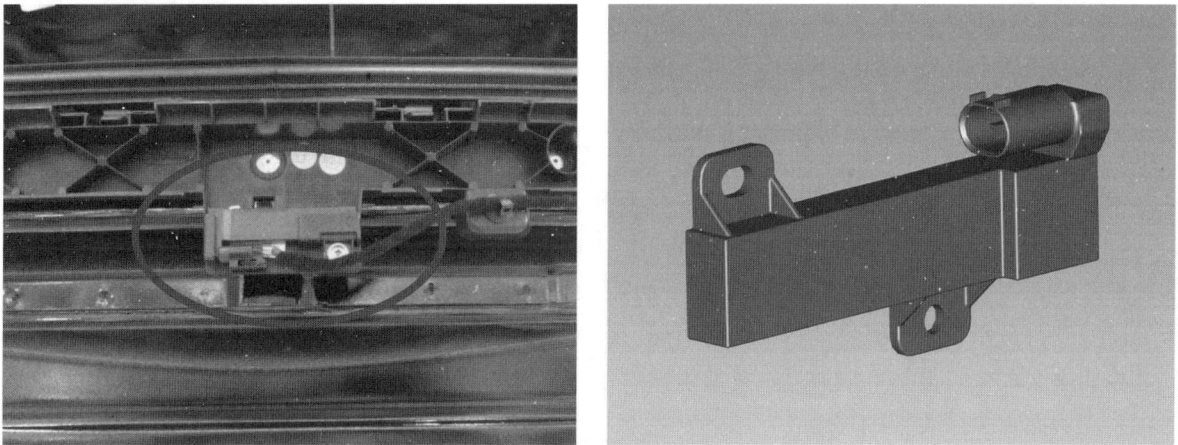

图 8-31

（4）带有开关和电容传感器的车门把手（图 8-32）。

位于前门把手和行李舱盖把手内的电容传感器检测是否有手伸入并通过使用 LF 天线来触发 RFH 检测是否存在有效的遥控钥匙。可使用前门把手上的按钮来关闭车辆，无须使用遥控钥匙。此系统可任选扩展至后门。

（5）遥控钥匙。

全新总裁车系采用了新型钥匙；钥匙壳体由硬质铝材制造，经过抛光，新型钥匙的设计风格与车辆相得益彰。遥控钥匙上有 4 个遥控按钮：车门闭锁、车门解锁、行李箱盖开启以及外部车灯遥控。对于销往美国的车辆，遥控车灯按钮由遥控报警按钮代替，按下该按钮时喇叭/蜂鸣器将响 2 次，4 个转向灯也会打开，该功能设计为在紧急情况下引起对车辆的注意。按住车门闭锁/解锁按钮还可以升起和降下 4 扇车窗。遥控钥匙还起着用户识别设备的作用，每把遥控钥匙都有自己的 ID 代码，并集成了 LF 收发器。与不同遥控钥匙配对的

图 8-32

ID 代码保存在 RFH 内。车辆标配为 2 把遥控钥匙，但也可以增加个数，如图 8-33 所示。

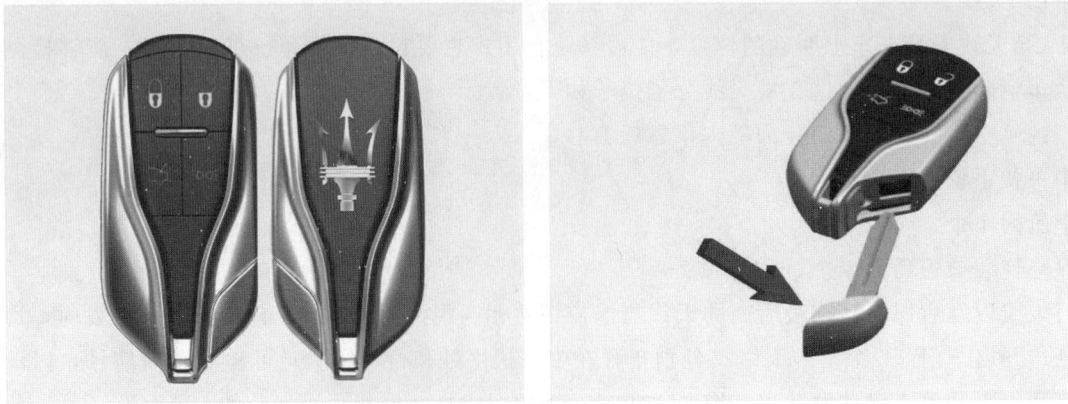

图 8-33

（6）机械应急钥匙。

可从遥控钥匙上抽出 1 把机械车门钥匙。该钥匙仅能在遥控钥匙电池没电或系统故障时打开驾驶员侧车门。机械钥匙不能启动车辆。

（7）遥控钥匙编程。

为编程遥控钥匙，需要通过输入 4 位 PIN 代码来解锁 RFH，只能使用玛莎拉蒂诊断仪进行。当 RFH 解锁后，最多可以对 7 把钥匙进行匹配。每辆车的 PIN 代码都存储在玛莎拉蒂主服务器中。当输入遥控钥匙编程菜单，当识别车辆 VIN（在线程序）后 MD 自动从服务器检索 PIN 代码或者可从玛莎拉蒂技术服务部门处获得。随车不再提供车辆钥匙码。同一台车辆的所有遥控钥匙必须同时进行编程。没有同时编程的遥控钥匙会失效，但是可以通过重复编程操作程序重新对所有钥匙组件编程。

（8）无钥匙点火开关（KIN）。

使用无钥匙点火开关（KIN）代替了传统系统使用的钥匙和点火开关机构。可以将 KIN 理解为 1 个电子按钮，通过这个按钮可以打开点火开关也可以启动发动机。KIN 靠近转向柱安装，如图 8-34 所示。KIN 通过串行 LIN 线与 RFH 连接，按下即能够触发 LF 天线，确认遥控钥匙是否有效。KIN 还含有备用发射应答天线。该天线可以在用户遥控钥匙没电时启动发动机。在使用钥匙组件上的按钮打开点火开关和启动发动机时，可以按下 KIN 上的按钮完成这些功能。遥控钥匙内部包含集成式应答器。

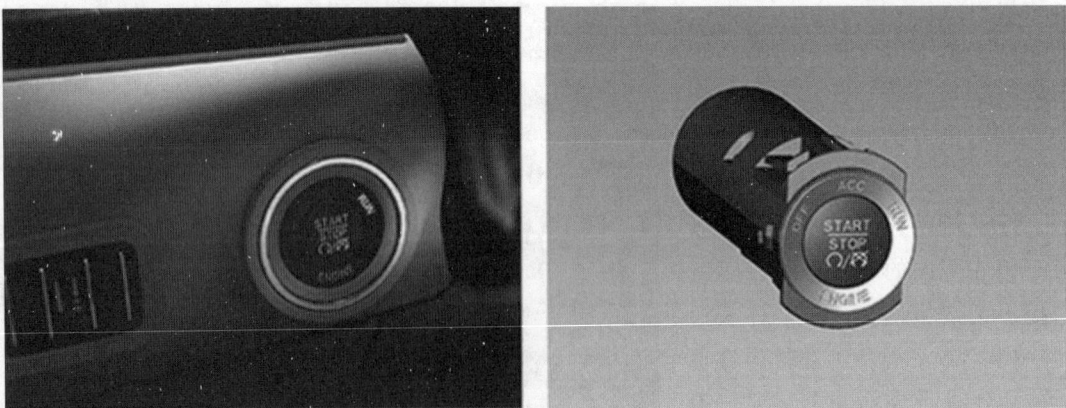

图 8-34

（9）电动转向柱锁（ESCL）。

由于不需要使用机械钥匙打开点火开关和启动发动机，因而使用电控单元 ESCL 代替了传统的转向柱锁。ESCL 单元是一个机电式锁执行器，安装在转向柱顶端，通过 RFH 激活和解锁。RFH 通过串行 LIN 线与 ESCL 通信，实现这个功能。ESCL 和 RFH 之间为电子"配对"：ESCL 只能由同一台车辆上的 RFH 解锁；反之亦然，RFH 只能解锁属于同一台车辆的 ESCL。因而，2 个元件必须同时更换。电动转向柱锁单元（ESCL），如图 8-35 所示。

624

图 8-35

九、警报系统

全新总裁装备一个带警报和防盗锁止功能的防盗系统，乘客舱容积传感器和车门开关检测车门是否开启并触发警报器。警报系统由集成在车顶控制台中的侵入收发器模块（ITM）控制。ITM 带有一个集成式倾角传感器，连接至车顶控制台中的 2 个容积式侵入传感器。此外，ITM 还连接至 CAN-I 网络并使用串联 K 线启用位于左前车轮拱罩上的警报器。仅限英国市场，车辆的警报系统配套有 GPS 跟踪装置。车顶控制台集成有 ITM 组件以及两个容积式侵入传感器，如图 8-36 所示。

警报器装置位于车辆左前车轮拱罩区域内并通过串联 K 线连接至 ITM，如图 8-37 所示。

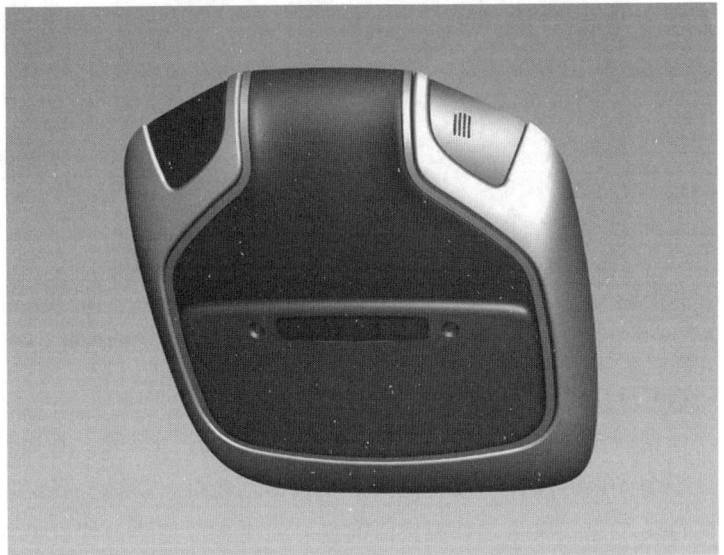

图 8-36

图 8-37

625

十、车外照明系统

作为标准装备，带集成式 LED 日间行车灯的双氙气大灯装备自适应前部照明系统（AFLS），由于前照灯深度的自动调节，此系统可提供出色的道路视野，而对对向车流具有非常低的眩光度。气体放电（氙气）前照灯采用带高压氙气的饱和电弧工作，而非白炽灯丝。从照亮区域的品质（更亮光线）以及跨度和定位的方面看，与传统灯泡相比，它产生的光线明显品质更高。全 LED 尾灯总成同样采用高度创新技术，它不仅可提供良好可见度，还有助于确定同款车型的外形风格。通过将次级功能集成在 LED 中，全新总裁的双氙气前照灯将一流技术与时尚外形完美融合在一起。

前照灯单元（图 8—38）包括如下部件。

LED 日间行车灯（DRL）在日间和夜间行驶时均可提供高识别度，同时还起到位置灯的作用。

带 AFLS 功能的双氙气前照灯具备更佳的光束自动控制功能及一个与前照灯设计融合的高压透镜清洗器喷嘴。

转向指示灯和 LED 示廓灯以及一个集成在前照灯注塑件中的侧反光板。

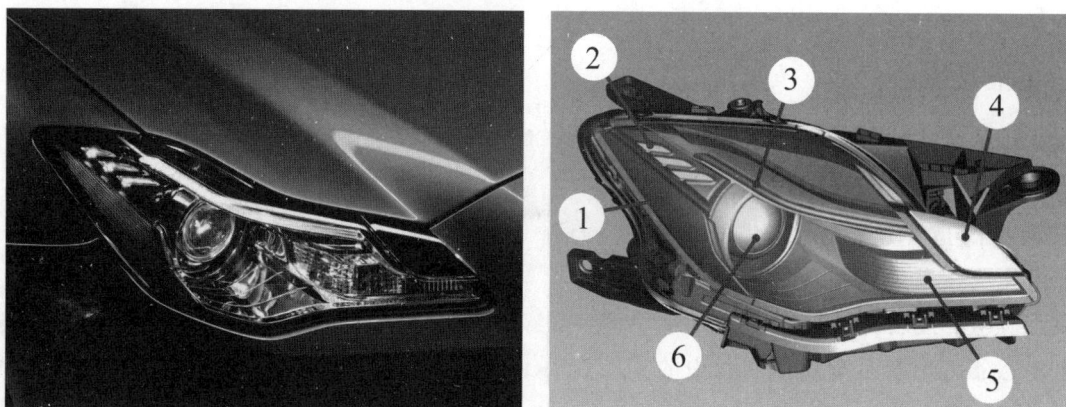

1—侧反光板　2—LED 示廓灯　3—LED 日间行车灯（DRL）　4—前照灯清洗器喷嘴　5—LED 转向指示灯　6—双氙气前照灯

图 8—38

1. 自适应前照明系统

全新总裁提供专门用于公路行驶的光束控制系统，其通过安装在后视镜支架上的视频摄像头，自动充分提高光束的深度，而不需要手动激活远光灯。摄像头持续监测路面，以检测其他车辆的光线。该系统监测行驶车速和风格，如果路面通畅，光束的深度会改变，并在回转的过程中结合前照灯的旋转，使视野达到最大的深度和广度。除智能控制光束深度和广度外，还有 4 种不同的光线散布模式。每种模式都会自动激活最佳路面照明的策略。

公路行驶光束：这种自动功能可根据车速和行驶条件将光束设置到远光光束和近光光束的适中位置；光束较深，但是不会在水平面内横穿，因而不会导致对面的驾驶员看得刺眼。由于光束集中在行驶车道内，因而这种模式专门用于公路上的持续高速行驶。在这种情况下，转向角旋转功能将得以保持。

城镇行驶光束：这种自动功能会在车速低于 45km/h 以及在典型的城镇中心行驶时打开，可以将光束设置得较宽、较浅，这样可在转向时能够更好地看到周围环境，并能够立即看到其他驾驶员（城镇行驶光束会取消前照灯旋转功能）。

雨天行驶光束（恶劣天气下行驶）：这个功能在雨刮片处于持续运行模式时打开。左、右光束采用不同的设置，确保照明效果最佳，反射光线最少。这些情况都是恶劣天气下行驶时的基本要求。外侧光束（人行道侧）设置得更宽、更高，从而可以有充足的可见和被见距离，道路中心一侧的光束设置得更宽、更高，从而减少了行驶方向上的反射光；这样还可以防止对面行人和车辆驾驶员看得刺眼（在雨天光束模式下，基于转向角的旋转功能关闭）。

旅行光束：此模式必须通过 MTC 菜单激活，以转换光束设置，适应当地驾驶侧的要求（左侧/右侧驾驶）。

在恶劣天气、雾天和/或因为路侧光线太亮而导致道路指示处于黑暗状态灯的条件下行驶时，以及公路行驶中特别容易觉察到 AFLS 所提供的优点。这无疑提高了驾驶安全性，因为降低了驾驶员的视疲劳并增强了其定向能力，能够更好地探测道路两侧的其他人员（行人、骑自行车的人和摩托车驾驶员）。另外，这种光线分配模式还适用于防止眩光，在车辆临时行驶于另一侧驾驶（LHD－RHD）的国家时可以提供最佳的照明。AFLS 前照灯系统结合具有转向角度（旋转功能）的光束和车速，确保在弯道行驶、转向或道路出现偏差时具有最佳的路面可见度。AFLS 前照灯在雨天光束模式下还可以用作雾灯系统设备。

美国/加拿大技术参数车辆不配备 AFLS 功能，这些车辆只保留了自动校平和旋转控制功能。

光束旋转功能和 4 种 AFLS 功能可通过 MTC 的菜单取消。

每当自适应前照灯系统开启时，前照灯将执行一个自调节循环。

自适应前照灯系统由 AFLS 模块管理，模块安装在乘客侧的前围板上，如图 8－39 所示。AFLS 模块与 CAN－C 总线连接，可以与其他节点交换信息，并能够实现诊断功能。AFLS 接收来自安装在右侧的前后悬架杆上的两个平衡传感器的信号，并通过 LIN 向两个前照灯执行器发送命令。两个前照灯执行器（左侧前照灯模块和右侧自动前照灯模块）位于前照灯下面，集成在前照灯单元中。灯光开关、微光传感器以及用户选择的系统设定将开启前照灯、位置灯、日间行车灯以及指示灯等。

图 8－39

AFLS 位于乘客侧 BCM 上侧的前围板上，如图 8－40 所示。

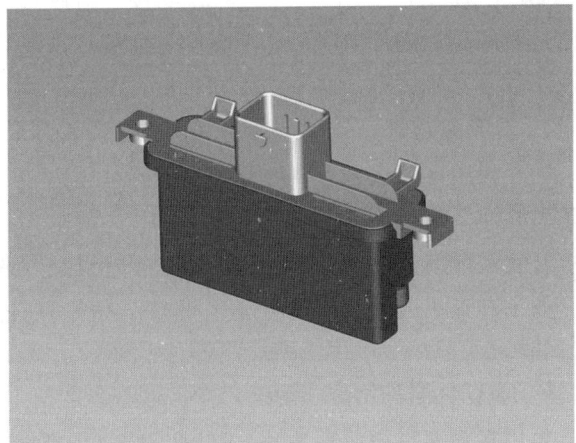

图 8－40

前行驶水平度传感器安装在右侧的上前悬架杆上，如图 8－41 所示。

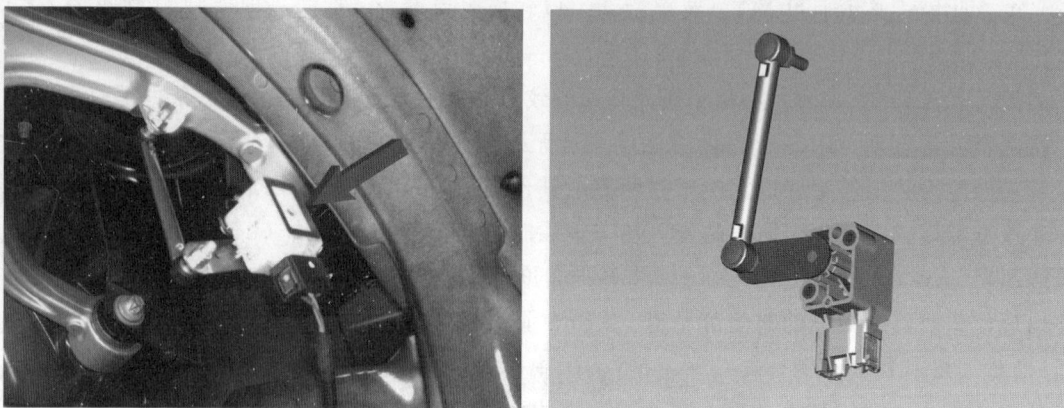

图 8-41

后行驶水平度传感器连接在右侧的后下悬架杆上，如图8-42所示。

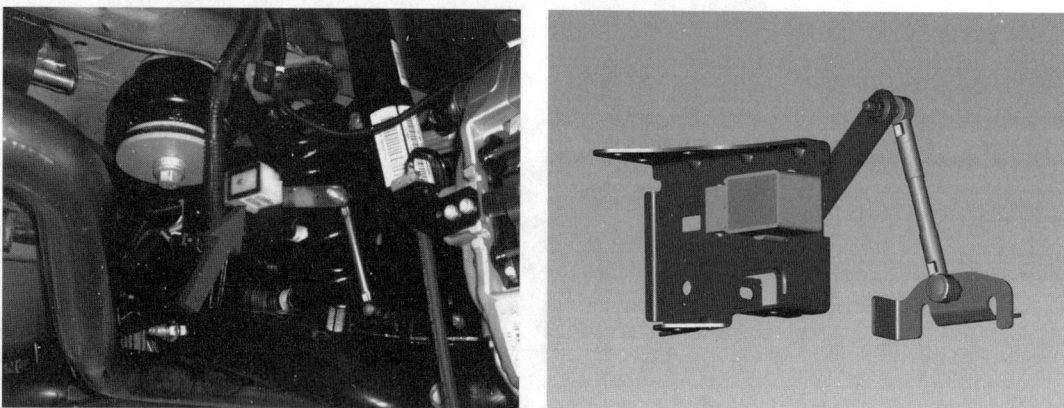

图 8-42

2. 自动远光控制

此系统利用安装在后视镜后面的数字摄像头通过自动远光控制在夜间提供更大范围的前方照明（自动远光模块或AHBM）。此系统检测车辆专用灯光并自动从远光切换至近光，直至驶近车辆或前方车辆离开视野范围（智能光束）。AHBM通过串行LIN线连接至BCM。此功能可使用MTC菜单开启或关闭。

3. 自动前照灯

此功能可根据微光传感器检测到的外部光线强度自动打开或关闭前照灯。微光传感器与雨水传感器一起安装在风挡玻璃上，位于车内后视镜后面的区域。这个组合传感器单元被称作灯光和雨水传感器模块（LRSM），通过串行LIN线与BCM连接。前照灯和尾灯的激活逻辑位于BCM内。自动前照灯工作时，前照灯时间延迟功能也激活。这意味着前照灯将在点火开关关闭后仍保留长达90s的开启状态。注：在开启前照灯自动模式前，必须让发动机运行。

4. 前照灯延时

当在黑暗区域离开车辆时，此功能提供长达90s（可编程）的前照灯照明。为激活延时功能，当前照灯仍点亮时，将点火开关置于关闭（OFF）或附件（ACC）位置，然后在45s内关闭前照灯。延时间隔在车灯开关关闭时开始。如果前照灯或驻车灯点亮，或点火开关置于运行（RUN）位置，则系统会取消延时。如果在点火之前关闭前照灯（"0"位置），它们将在正常模式下关闭。前照灯延时可通过MTC菜单进行编程。

5. LED日间行车灯（DRL）

集成在前照灯模块顶端的LED日间行车灯系统是总裁的另一亮点，该系统安全性高、易于识别且极具个性。这个车灯系统经过设计，可提供最大的亮度和区分度，无论夜间还是日间，都能营造优雅的氛围。光线为均匀的白光，给人的视觉效果是稳定、明净而连贯。除具有日间行车灯功能外，此系统还可以用作低设置时的驻车灯。日间行驶时，如果远光/近光光束关闭，日间行车灯会开启到最大亮度。在近光/远光光束打开时，日间行车灯使用较低的功率工作，但仍能保持很好的可见性。照明系统使用相同的高强度或低强度 LED 前照灯作为相应的日间行车灯和位置灯或驻车灯。当发动机运转且换挡杆从"驻车挡（P）"换挡，前照灯（"0"位置）和驻车制动器关闭时，日间行车灯打开。方向指示灯打开时，日间行车灯关闭。注：日间行车灯可根据不同国家的技术参数打开和关闭。使用 MTC 菜单可使日间行车灯停止运行。

6. 尾灯

为了提供最大程度的可见性和具有可辨识的风格而设计的尾灯。这些完全 LED 灯单元包括位置灯功能，有一光圈围绕尾灯。圈内是制动灯、转向灯、倒车灯和雾灯。此单元由外侧反光板和侧 LED 位置灯包围，如图 8－43 所示。BCM 激活并诊断尾灯。

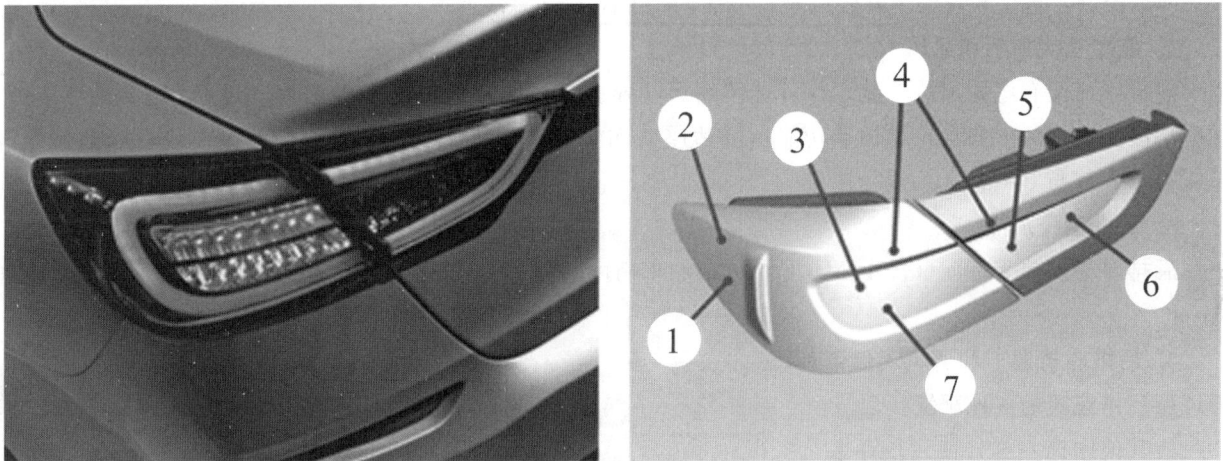

1—侧反光板　2—侧标志灯　3—制动灯　4—位置灯　5—倒车灯　6—雾灯　7—转向灯

图 8－43

十一、雨刮器—清洗器系统

汽车装备自动风挡玻璃雨刮器，它使用 1 个雨量传感器检测雨量强度，并自动开始擦拭和控制雨刮器擦拭速度。自动功能可通过 MTC 菜单取消。前风挡玻璃雨刮器装备加热式雨刮器，它隐藏在发动机舱盖下面。雨量传感器集成在 LRSM（光线和雨量传感器模块）中，此模块安装在车内后视镜后面风挡玻璃上。雨刮器和清洗器控制逻辑由 BCM 管理。

当雨刮臂位于停止位置时，无法检查或更换雨刮片，因为它们折合在发动机罩下面。为更换雨刮片，需要将多功能杆置于"关闭位置（OFF）"，并且将点火开关置于关闭位置。将控制杆在 15s 内置于"MIST"位置（旋钮开关逆时针旋转），然后松开。雨刮片进入启用雨刮臂打开和雨刮片变换的位置。在 2min 内最多可使用该位置 3 次，对应于风挡玻璃上的不同雨刮片位置。完成后，将点火开关置于运行（RUN）位置，雨刮臂将重新定位。

十二、后视镜

新款总裁的车外后视镜为电致变色型（自动防眩光），具备电动调节、电动除霜及选择倒挡时自动降下功能。最后一项功能有助于驾驶员在倒车时看清路沿和所有靠近车辆侧面的物体。在玻璃表面上，还带有集成式 LED 转向指示灯和门控灯。车外后视镜的位置由记忆座椅模块（MSM）存储和记忆并因此链接至座椅存储器。车内后视镜同样采用电致变色技术，这种技术可降低后方车辆前照灯的耀眼强光，以免使驾驶员看得刺眼。

十三、车内舒适性和功能性系统

1. 前排座椅的调整和存储

全新总裁的前排座椅具有 8 向电动调整功能，驾驶员座椅还有存储功能。座椅的 8 向电动调整功能可以让座椅在高度、广度、靠背和座椅角度各方面具有最佳的舒适性。腰部支撑还具有 4 个额外的全电动调整功能，由于支撑部位可以连续调节，座椅系统为驾驶员和乘客提供了绝佳的舒适度和支撑力。

位于座椅基座上的控制器按照座椅本身的轮廓设计，因而使其更易于理解。为了在驾驶员位置调整时为客户提全面的灵活性，踏板箱也配备了电动调整功能，使其能够上下翻转，并为下肢的摆放提供了绝佳的舒适性。踏板控制器位于驾驶员座椅前端下部。驾驶员座椅采用 2 个存储器，当客户选择首选座椅、踏板箱、转向柱和外后视镜设置，可将其存储，日后使用更加方便。位置存储器的功能由存储器座椅模块（MSM）控制，这个模块位于驾驶员座椅下面，与 CAN-I 总线连接。

2. 前排座椅加热和通风

前排座椅配有座椅加热功能，并可选装通风功能。前排座椅加热可 2 挡调节，通过 MTC 菜单选择。这些功能和选的方向盘轮缘加热功能由舒适座椅和方向盘模块（CSWM）控制，该模块位于前排乘客座椅下方，并与 CAN-I 总线相连。

3. 后排座椅加热

后排座椅加热为标配（仅出口印度和中东的车辆可选配）。可通过位于后中控台上的开关选择 2 级加热。

4. 后排座椅调节和通风（仅带有舒适型后排座椅的 4 座配置）

像其他内饰一样，使用皮革装饰两个后排座椅提高了后排乘员的舒适性，使车辆看起来极其奢华和优雅。后排座椅为环绕式，为乘客提供足够的脚部空间，并带有电动座椅和靠背调节，可达到完全放松的位置。该座椅配置包括加热和通风，以及非常柔软的多孔皮革。后排座椅设定功能的控件都集成到后中控台面板上。舒适型后排座椅始终与四区空调系统结合。后排座椅调节、加热和通风功能由舒适后排座椅模块（CRSM）控制，其位于左后座椅下方并与 CAN-I 网络连接。

图 8-44

5. 电动车窗

所有电动车窗都配备有自动防夹控制器。车窗升降电机通过监测电流消耗来检测机械阻力，并在检测到阻力时反转方向。车窗的自动开关功能还可以通过来遥控钥匙操作。车窗升降器由车门控制模块控制。车门控制模块位于车门内，通过 CAN-I 总线连接在一起。车门模块分别位于 4 扇车门内，如图 8-44 所示。

6. 电动遮阳板

配备 V8 发动机的全新总裁包含标配的后车窗电动遮阳板和 2 个后部侧面电动遮阳板。遮阳板提供私人空间，并能够避免阳光直射。后遮阳板可通过 MTC 菜单操作，也可以通过按下后中控台上的控制按钮直接操作。后部侧面遮阳板通过车窗升降器开关操作。遮阳板可以从车门面板上开始，沿着车窗玻璃表面滑动。按钮有 2 个操作位置，第 1 个用于升/降车窗，第 2 个用于对两者进行先后控制。控制逻辑可以防止车窗玻璃位于下面时遮阳板位于上面。后车窗遮阳板由 BCM 控制，而后部侧面遮阳板则由后车门模块（DMRR 和 DMRL）。控制后部侧面电动遮阳板装置，如图 8-45 所示。

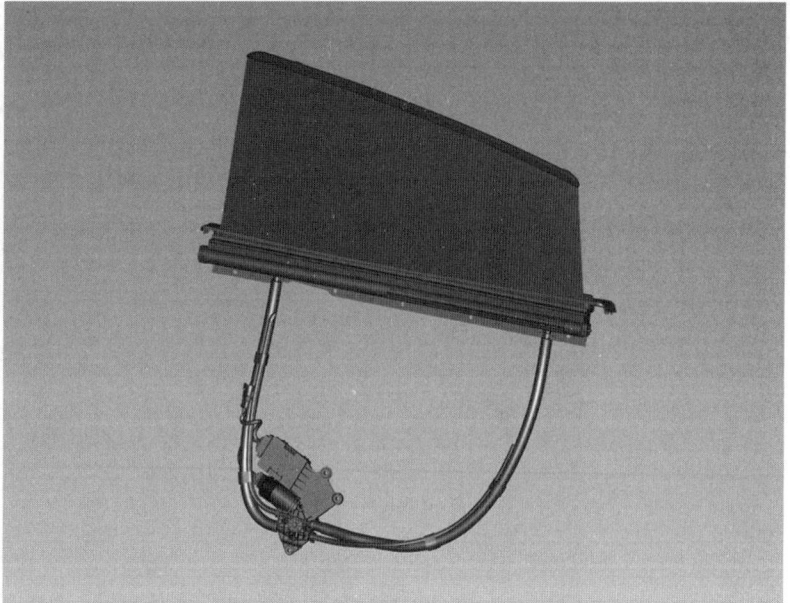

图 8-45

7. 电动天窗

为了给车内提供更多光线，全新总裁配备有单层茶色安全玻璃的天窗，带有手动遮阳板。天窗可以上翘或完全打开，完全打开时，天窗全部缩进车顶内。电动天窗具有防夹控制功能，也可从车辆外部通过使用遥控钥匙遥控（舒适关闭）进行关闭。电动天窗系统与上一代总裁的天窗系统非常类似。对于美国市场，电动天窗为标配；对于其他市场，电动天窗为选配。

8. 夜间设计环境照明

全新总裁的内饰不仅风格独特、材质尊贵，而且当夜间行车时还采用灯光进一步提升内饰的外观和驾乘体验。系统沿仪表板和车门以及车门把手和车门侧置物袋布置光纤，营造优雅、时尚的车内氛围。环境照明功能可通过转动外部车灯开关旁边的旋钮开关关闭，如图 8-46 所示。这个功能由 BCM 管理。

图 8-46

9. 电源插座

总裁车内配置了多个电源插座（图 8-47）。

中控台上有 1 个用于对移动设备充电的 USB 插座。

2 个前排座椅使用的 12V 电源插座：1 个位于带打火机的杯架上，1 个位于中央扶手内。

1 个用于后排座椅的 12V 插座，集成在配备有点烟器的扶手内。

行李舱中的 1 个 12V 插座。

后中控台上的 1 个 115V 的交流电源插座（可选，仅供美国市场，并且仅和 4 座椅配置组合使用）。

1 个后部 USB 充电插座（仅和 4 座椅配置组合使用）。

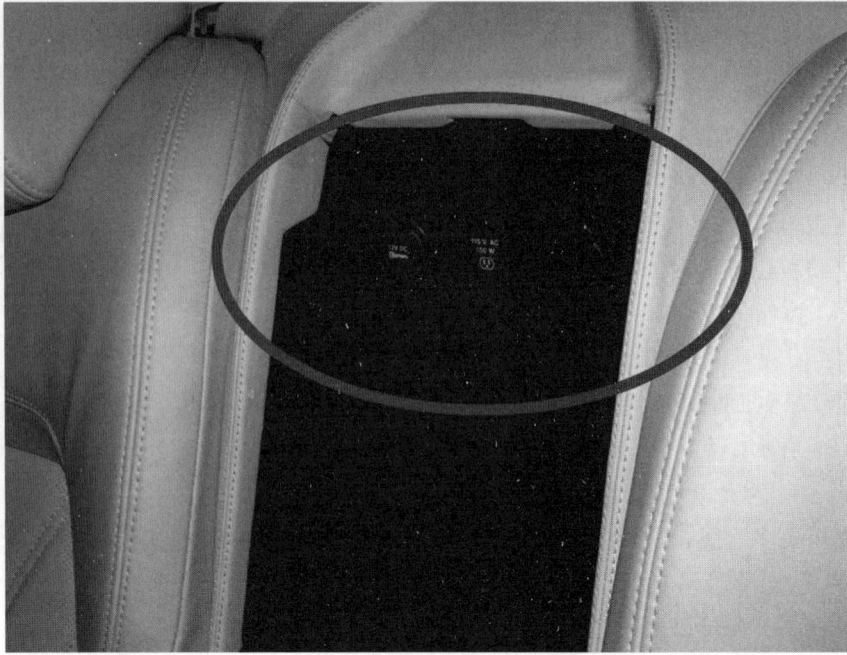

图 8－47

10．家庭链接（Home link）

系统能使用户直接通过车辆仪表上的远程控制器去往 3 个常用车库。Home Link 控制器集成在前车顶控制台上。Home Link 仅用于美国/加拿大车型。

十四、暖通空调（HVAC）

1．系统概述

双区标准自动空调系统，采用 13 个出风口（其中 4 个位于后部）实现强大的送风能力，提供了卓越的乘车舒适性，并能够高度保持于选定的条件，如图 8－48 所示。

图 8－48

分别用于驾驶员和乘客的温度调节功能既可以通过 MTC（玛莎拉蒂触控系统），也可以通过显示屏下方的物理控制面板控制。系统具有 $455m^3/h$ 的送风能力，因此具有比上一代设备更好的性能，冷风/暖风可以更快输送，并且很容易保持在设定条件。系统配备了电控可变排量外部控制式压缩机，该方案确保能耗与空调控制系统的实际要求相匹配。系统由多个车内传感器控制，湿度传感器检测到乘客舱的湿度百分比，并在需要时增大除霜/除雾口的送风流量。右侧的日光传感器根据日光和车外温度调节送风口输送的空气温度。

四区空调系统（选配）。四区自动空调系统大大提高了后排乘客的车载舒适性。中柱上的专用雾化器和2个辅助口增加了车内的气流，并提高了系统加热和制冷性能。通过后单元的控制面板可实现单独温度控制，还可用于改变气流分配，驾驶员还可使用车辆前部的MTC改变温度设置。本系统具有15个通风口，如下：1个除雾器位于风挡玻璃上，4个出风口位于仪表板上，2个位于前柱与上门框之间的接头处，2个位于前排乘员的脚步位置，2个中央口位于后单元上，2个位于中柱上，2个位于后排乘员的脚步位置。

2. 制冷剂管路（图8-49）

由于不同市场的技术参数不同，使用了2种不同的制冷剂。在对制冷系统进行维修和修理操作时，务必检查所使用的制冷剂类型是否正确。

全新总裁的制冷剂管路由下列元件组成。

带有电磁离合器的可变排量压缩机。

带有集成干燥瓶/过滤器的冷凝器。

蒸发器。

热膨胀阀（TXV）。

带集成热交换器的管道系统。

高低压检修阀。

高压侧压力传感器。

制冷剂R134A或R1234yf（根据不同车辆规格）。

除此之外，如果车辆搭载了选装型四区空调系统，则还需要在系统中添加下列部件。

带有相应管道的后蒸发器和电控TXV。

根据不同的目标市场，全新总裁有两种不同的规格。欧洲销售的车辆使用新型制冷剂R1234yf。该新式制冷剂的性能与传统的R134A相同，其优点是对环境影响很小。从2013年开始，欧洲车型审批要求使用该新式制冷剂。其他目的市场车辆仍可使用R134A制冷剂。无论使用哪种制冷剂，除少量特定部件外，系统的运行和性能都非常类似。事实上，两种管路系统之间的物理差异仅在于高低压检修阀形状和尺寸的不同，这样可避免误用。热膨胀阀的调节方式也不同。系统的主要元件如压缩机、冷凝器和蒸发器都相同。全新总裁使用的制冷系统与GranTurismo和上一代总裁所使用的相同。新车增加了两个新的特性，首先，使用压力

图8-49

图8-50

传感器替换了多水平度压力开关，传感器可向发动机 ECU（ECM）提供精确的系统压力信息。根据系统压力的变化，ECM 启动风扇并关闭空调压缩机，如图 8－50 所示。另一个新特性是在管路内安装了一个小型热交换器。该功能通过使部分高压和低压管道同轴得以实现，并使温度在该段内稳定。在管路两部分内的制冷剂温差降低可以改善系统的整体性能。

空调压缩机采用由 Delphi 公司提供的由外部控制的变排量压缩机。压缩机由发动机前端的附件传动皮带驱动。压缩机的电磁离合器通过专用继电器接收发动机 ECU（ECM）发出的命令。

压缩机还配置了集成式高压泄压阀。如果系统压力在故障情况下变得过高并达到危险水平，泄压阀会将制冷剂释放到大气中。该功能在部分国家属于安全规定。前蒸发器和加热器组件如图 8－51 所示。

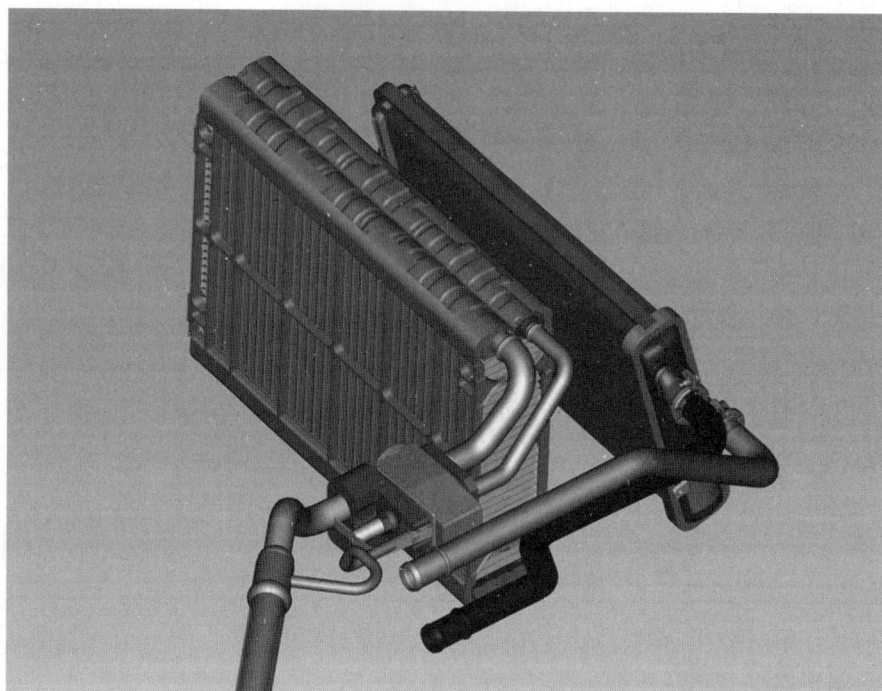

图 8－51

热膨胀阀（TXV）安装在蒸发器接头上，用于调节管路内的制冷剂流量。请注意根据所使用制冷剂的不同，系统使用不同类型的 TXV。如果车辆配备四区空调系统，由于后蒸发器有自身专用 TXV，因而朝向后蒸发器的管道在 TXV 正前方与主管路连接。根据所使用的制冷剂类型，检修阀具有特定外形和尺寸。如图 8－52 所示，可以看到在高压检修阀旁安装的压力传感器，以及发挥热交换器作用的同轴管道（图 8－52 中右图）。

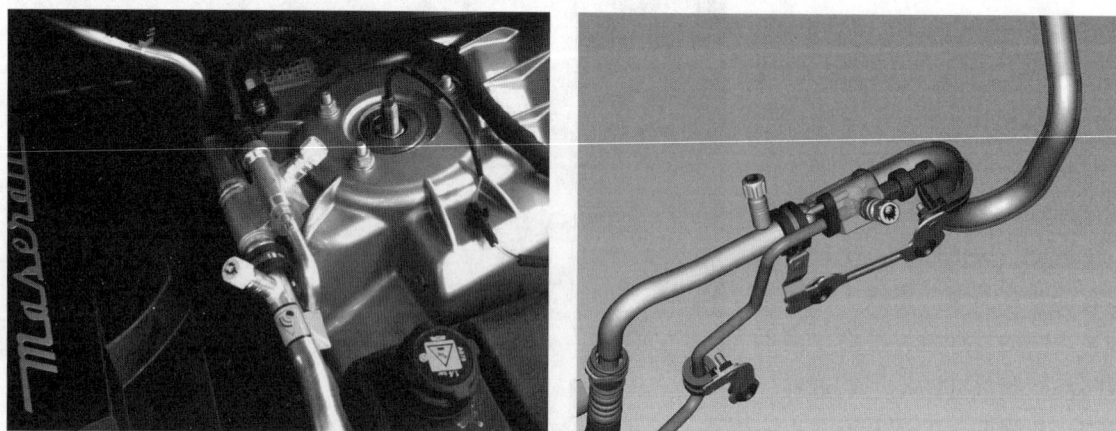

图 8－52

R1234yf 制冷管路技术参数如表 8－46 所示。

制冷剂规格	R1234yf
制冷剂数量，双区系统	(700±20) g
制冷剂数量，四区系统	(930±20) g
压缩机油规格	Idemitsu Ps－D1
压缩机油数量	180mL

R134A 制冷回路技术参数如表 8－47 所示。

表 8－47

制冷剂规格	R134A
制冷剂数量，双区系统	(700±20) g
制冷剂数量，四区系统	(930±20) g
压缩机油规格	Idemitsu Ps－D1
压缩机油数量	120mL

R1234yf 与 R134A 制冷剂的特性参数对比如表 8－48 所示。

表 8－48

	R134A	R1234yf
名称	四氟乙烯	四氟丙烯
化学成分	CH2FCF3	CH2CFCF3
沸点	－26.3℃	－29℃
潜在导致全球变暖*	1300	4

＊：这是一个温室气体热量与二氧化碳（CO_2）的比值，二氧化碳是导致全球变暖的头号温室气体，全球变暖效应的计算周期为 100 年。

R1234yf 是一种提议用于代替汽车空调系统所使用的 R134A 的新型制冷剂。之所以使用该制冷剂代替 R134A，是因为它对全球变暖的影响要比 R134A 低。欧盟首先要求汽车制造商使用。使用两种制冷剂的系统在运行和制冷性能方面非常相似，但 R1234yf 的制冷特性稍好（因为沸点更低），但对最终用户来说，其间的差别很小，几乎无法察觉。制冷回路的维护程序，例如回收、真空抽取和添加等都很相似。但是这两种制冷剂不兼容，需要使用不同的回收设备。不能改变 R134A 系统来与 R1234yf 相匹

图 8－53

配，虽然使用 R1234yf 的压缩机可以用于 R134A，但系统不能混用。在编写本书时，只有销往欧洲国家的车辆要求使用 R1234yf 制冷剂。但是不排除其他市场也引进这种新的制冷剂。对系统进行任何维修之

前，应始终检查系统参数。

3. 前空气分配单元

前空气分配单元包含加热器组件和蒸发器、鼓风电机单元、空气混合和分配风门及其步进电机执行器，以及集成的混风温度传感器，如图 8—53 所示。空气通过活性炭过滤器吸入车内，更换过滤器时，拆下发动机舱中的塑料盖板即可对其进行操作。系统具有 $455m^3/h$ 的送风能力，因而具有比上一代总裁性能更好的系统。前空气分配单元是双区式，通过 13 个出风口将空气分配到车内：9 个用于除雾和前排乘客出风口，4 个用于后排乘客。如果车辆搭载了选装

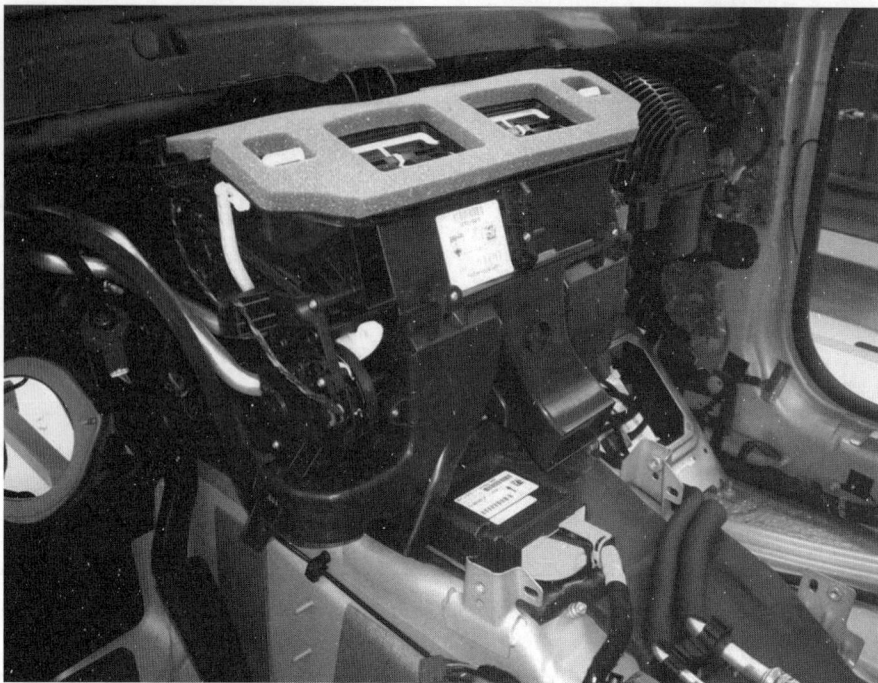

图 8—54

型四区空调系统，前空气分配单元只将空气分配到前面的 9 个出风口上。供后排乘客的另 6 个出风口由后空气分配单元供气。

前空气分配单元的加热器组件与上一代总裁系所使用的加热器不同，属于单基底类型。没有使用控制冷却液流量的 TGK 阀。在该情况下，双区温度控制系统由混风门调节。如图 8—54 和 8—55 显示了前空气分配单元内部的部分元件，例如空气分配和混合风门及其相应的执行器，鼓风机调速器（图 8—55 中右侧部分）。

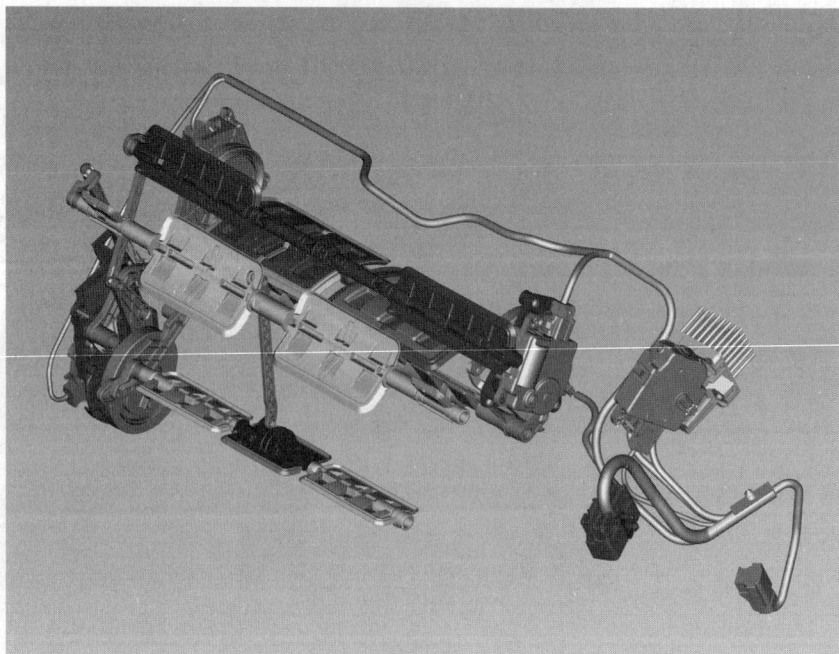

图 8—55

13 个出风口和风量为 455 m³/h 的鼓风机确保了车内空气快速高效的分配，如图 8-56 所示。

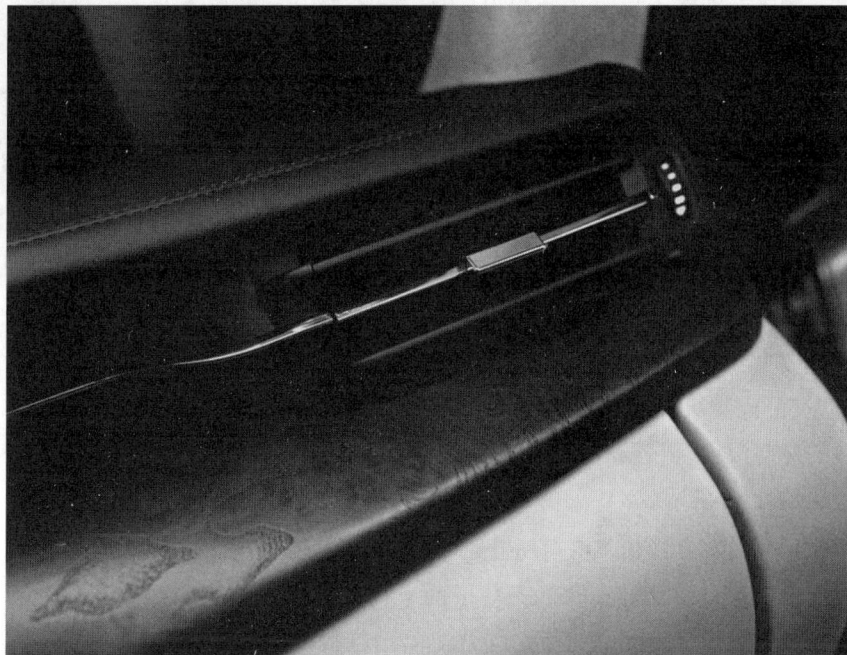

图 8-56

4. 后空气分配单元（仅四区空调系统）

如果车辆配置可选的四区空调系统，中央控制台内还会安装一个后空气分配单元，如图 8-57 和图 8-58 所示。这是一个完全独立的单元，由下列元件组成。

加热器组件。

带有 TXV 的蒸发器。

带有集成式调节器的无刷鼓风电机。

带有电动执行器的空气分配风门。

多个温度传感器。

装配集成控制模块的后暖风空调系统控制面板（HVACR）。

后空调控制系统借助下列部件得到了进一步完善。

辅助电动水泵。

后暖风管路电控截断阀（Bitron）。

用于后排乘客的专用空气分配通道，含 6 个出风口。

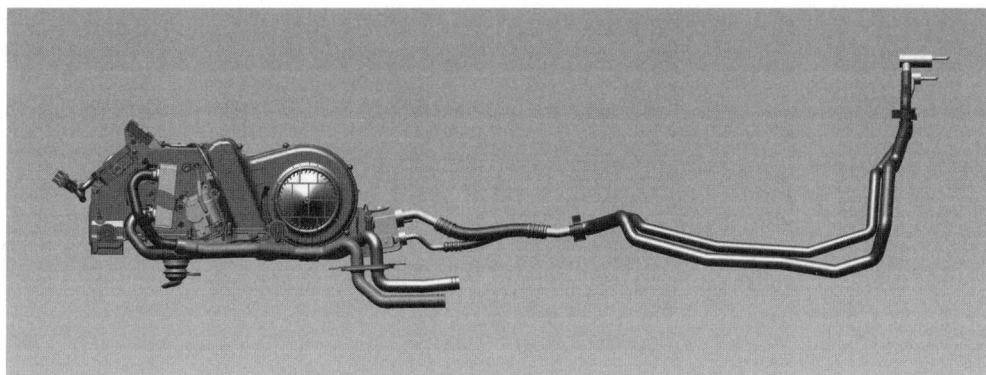

图 8-57

后部空气分配单元完全以四区系统的方式工作，具有独立的左、右温度控制器。单元内安装了 4 个出风口 NTC 传感器，可以将空气分配到 6 个出风口上：2 个位于中间，2 个位于后排乘客脚部，2 个位于 B

柱上。后空气分配单元的工作方式与传统（前）空气分配单元相同。主要差别在于后空气分配单元在工作时会吸入乘客舱内的空气并重新分配。后空气分配单元没有空气外循环功能。无刷型鼓风电机含有集成式调节器，可吸入前排座椅底部空气。为了使冷却液能够充分循环流动到后空气分配单元的加热器组件上，还采用一个电动水泵。该水泵位于发动机舱内，发动机左侧汽缸组后部，由开/关型控制器控制。

图 8-58

此外，管路中还安装了电控截断阀（Bitron阀）。该阀门在后空气分配单元未运行时可截断通往后加热器组件的冷却液循环。同样，流向后蒸发器的制冷剂也会由集成在后 TXV 中的电动阀门截断。这样，在后部没有制冷请求时可防止后蒸发器结冰而引起不必要的浪费。

对于选配型四区自动空调系统，B 柱上安装了两个额外的后排乘客出风口。如此便有 15 个出风口，其中用于后排乘客的 6 个出风口由独立的后空气分配单元控制，如图 8-59 所示。

后暖风空调单元的设计非常紧凑，整体集成在前中央扶手内，如图 8-60 所示。

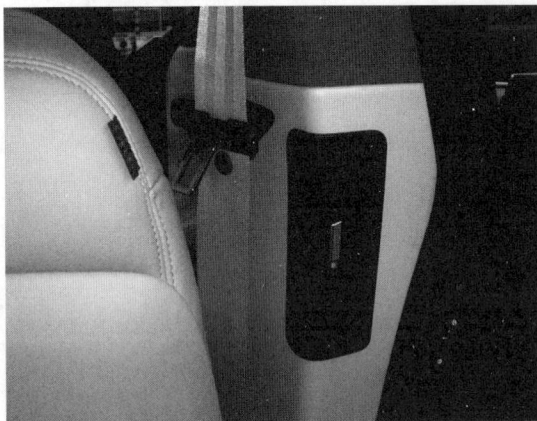

图 8-59

图 8-60

图 8-61 显示了后空气分配单元内的主要零部件：鼓风电机，蒸发器，电控 TXV，加热器组件以及 3 个风门执行器。

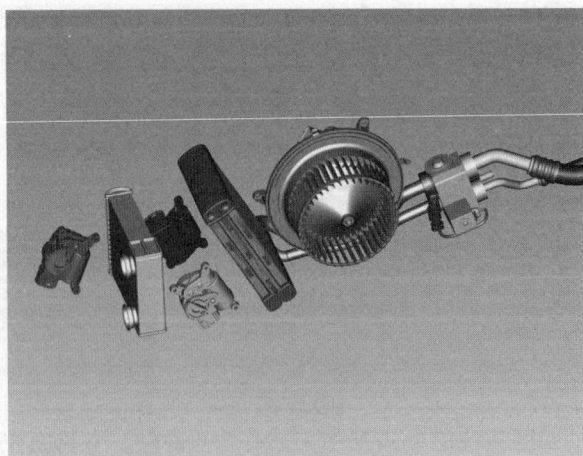

图 8-61

后蒸发器 TXV 中集成的电控截断阀在系统关闭时用于截断后部管路，如图 8—62 所示。

在左侧汽缸组后部安装的电动水泵可在后部空气分配单元请求加热时提供额外的冷却液循环，如图 8—63 所示。

图 8—62　　　　　　　　　　　　　　　　　　　图 8—63

一个电控截断阀（Bitron）位于变速器通道内。该阀门可以在没有后部加热要求时截断冷却管路后段，如图 8—64 所示。

图 8—64

5. 暖风空调（HVAC）模块

主 HVAC 模块位于乘客侧的仪表板后面，安装在鼓风电机壳体上，如图 8—65 所示。该模块与 CAN—I 总线连接，可以实现与车辆其他节点的信息交换，并能够实现诊断功能。

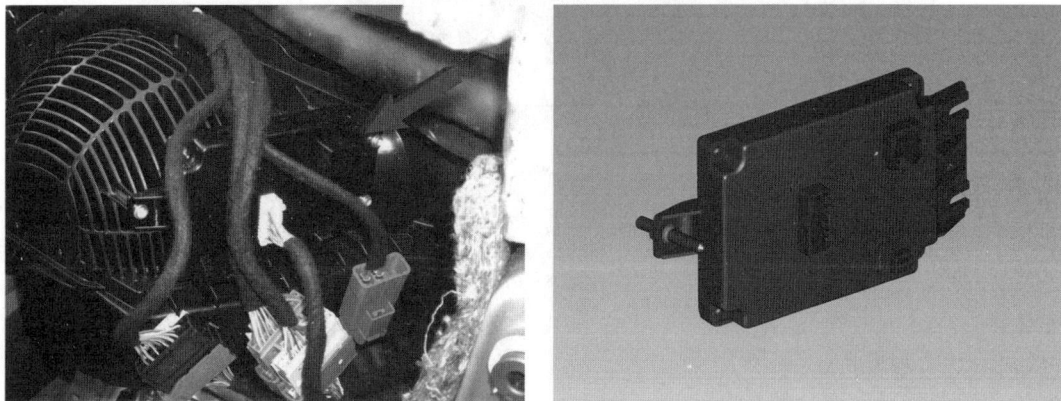

图 8—65

HVAC 模块向鼓风电机和各个风门执行器发送命令，并通过 CAN 向 BCM 发送打开压缩机的激活请求信号。用户可通过 MTC 触屏（一体式中控台）选择不同的温度和空气分配设置或通过位于显示单元下面并与 ICS 连接的独立控制面板选择。在这两种情况下，HVAC 模块都会通过 CAN 接收来自 ICS 的命令。HVAC 模块还通过继电器控制后车窗加热器和风挡玻璃喷嘴的加热功能。前 HVAC 控制面板与 ICS 触屏单元连接。该控制器为冗余控制，因为系统还接收来自触屏本身的命令。面板中还含有危险报警开关和乘客侧安全气囊取消警告灯（如适用），如图 8－66 所示。

图 8－66

后暖风空调模块（HVACR）独立控制后部空气分配单元。这个模块集成在后部暖风空调功能所使用的控制面板中。根据所选择的配置，控制面板有两个位置：在 5 座配置中，后暖风空调控制面板安装在前部中央扶手的后侧；在 4 座（选配）配置中，该控制面板安装在后部中央扶手上。与主暖风空调模块类似，HVACR 模块也和 CAN－I 总线连接，可以实现与车上其他节点的信息交换及诊断功能。

注：后暖风空调功能也可以通过 MTC 触屏来进行控制。后暖风空调模块（HVACR）集成在后暖风空调控制面板中，如图 8－67 所示。

图 8－67

6. 传感器

系统采用以下传感器。

内部温度传感器。

混合空气温度传感器。

外部温度信息（外部温度传感器与 BCM 连接）。

双区光线传感器。

湿度传感器。

湿度传感器安装在风挡玻璃上靠近外侧后视镜支架的位置。传感器根据下列 2 个参数计算风挡玻璃的露点以及湿度。

由安装在风挡玻璃上的 NTC 温度传感器测量得到的风挡玻璃表面温度。

通过半导体空气湿度传感器测量得到的乘客舱内空气相对湿度。

通过 LIN 与 BCM 连接的 HUM 湿度传感器。HVAC 节点通过 CAN－I 总线接收来自 BCM 的关于风挡玻璃湿度状况信息。

湿度传感器安装在风挡玻璃上，如图 8－68 所示。

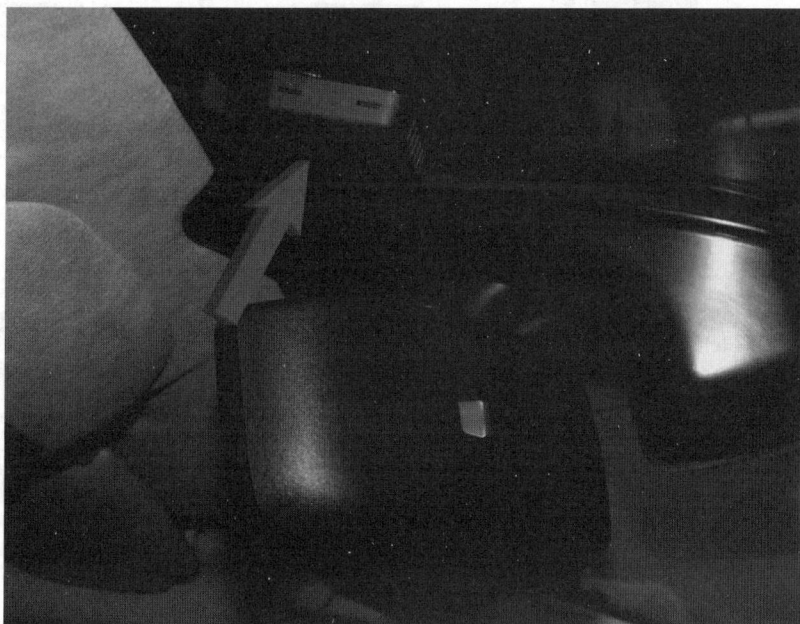

图 8－68

第二节　总裁 V6&Q4

一、PowerNet 车辆电子系统构架

新一代 M156 总裁采用了新型 PowerNet 车辆电子系统构架。PowerNet 系统采用了安装在车辆中部可做为主网关的新型车身控制模块（BCM），从而降低了线路长度。PowerNet 使用两套主总线系统，CAN－C（底盘）和 CAN－I（车内）均采用双星形拓扑结构。这就意味着各条总线具有两个相互连接和连接众多节点的中央星形点。BCM 用作两条总线之间的网关。此外，还引入了与众多车辆信息娱乐系统节点连接的 CAN－A/T（音频/远程信息处理）总线。收音机导航系统控制面板可作为 CAN－I 和 CAN－A/T 之间的远程信息处理网关。PowerNet 构架与 V6 和 V8 型完全相同。除了在全轮驱动车辆上用于激活分动箱离合器的 AWD 节点，均采用相同的节点和 ECU。

PowerNet 由下列元件构成。

由双绞线组成并使用星形拓扑结构的 CAN－C 和 CAN－I 总线。

共 4 个星形接插件，2 个用于 CAN－C，2 个用于 CAN－I。

专供音频和远程信息处理系统使用的 CAN－A/T 总线。

CAN－PT（动力传动系统）：用于变速器和电子换挡模块系统的专用总线。

两个网关：一个主网关（BCM）和一个远程信息处理网关（TGW）。

多节点。

两个配电中心（PDC）：一个位于车辆前端，一个位于后端。

多条专用 LIN 线。

16 针 EOBD/OBD－II 诊断接插件（DLC）。

图 8－69 显示了 V6 版总裁的 PowerNet 系统。该系统与 V8 版总裁的系统完全相同，除了在 AWD 车辆内增加了 AWD 模块。

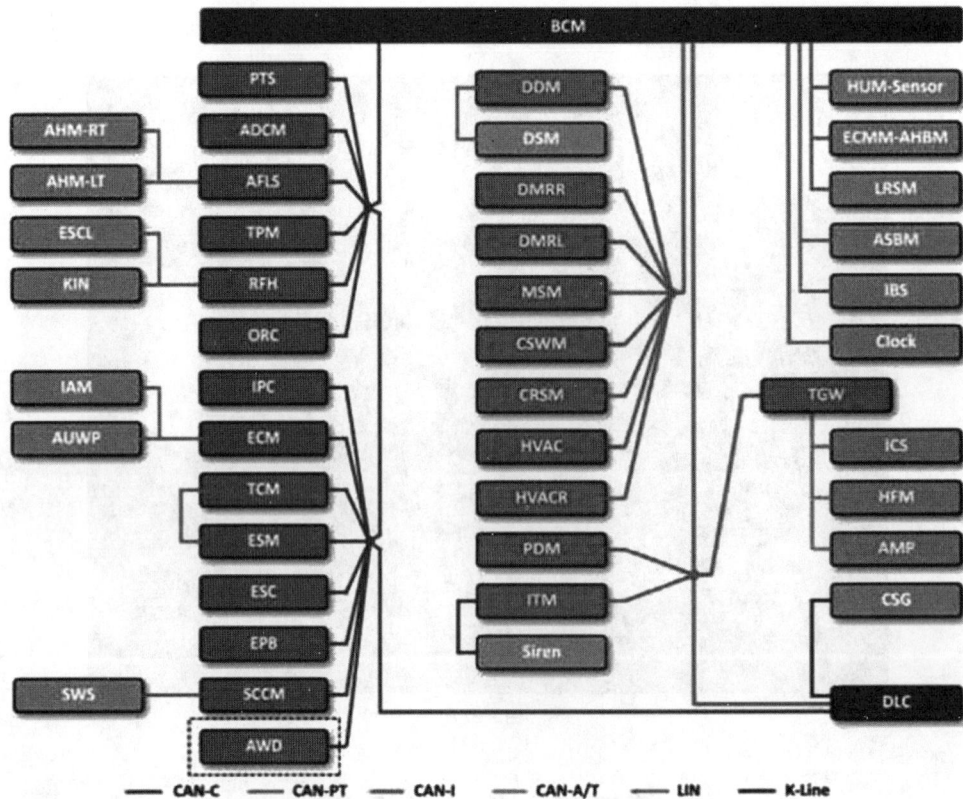

图 8－69

AWD 模块连接至 CAN－C 网络的前星形接插件，在拆除前排乘客搁脚区域内的 BCM 护盖后可找到，如图 8－70 所示。

图 8－70

V6 版总裁（Quattroporte）采用了带有双星型拓扑结构的高速 CAN－C 网络，如图 8－71 所示。

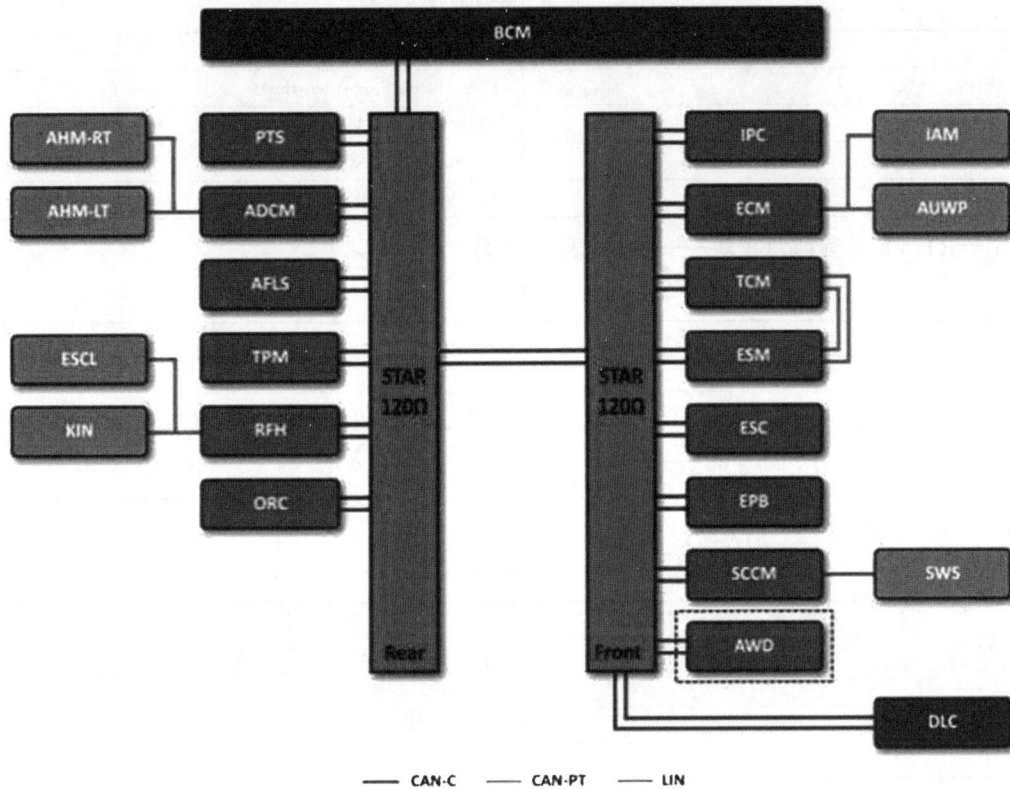

图 8－71

二、节点和 ECU 概述

1. ADCM（主动阻尼控制模块）（表 8－49）

表 8－49

也叫作	Skyhook
主要功能	控制 Skyhook 连续阻尼控制系统
等同于 M139/M145*	NCS（Nodo Controllo Sospensioni）
车内位置	行李舱内，右侧
连接至	CAN－C
诊断	自诊断
电源	电源常电

＊：目的仅在于方便理解，模块的特性和功能性不完全与 M139/M145 代车辆采用的同等模块一致。

2. AFLS（自适应前照明系统）（表 8－50）

表 8－50

主要功能	控制前照灯旋转和对准功能
等同于 M139/M145	NFA（Nodo Fari Addattivi）
车内位置	前排乘客脚部区域
连接至	CAN－C、AHM－RT 和 AHM－LT，通过一条 LIN 线
诊断	自诊断

3. AHM−LT（自动前照灯模块——左）（表8−51）

主要功能	激活左前照灯的对准与旋转功能
等同于 M139/M145	NFA（Nodo Fari Addattivi）
车内位置	左侧前照灯下（集成于单元内）
连接至	AFLS，通过 LIN 线
诊断	通过 AFLS

4. AHM−RT（自动前照灯模块——右）（表8−52）

表8−52

主要功能	激活右前照灯的对准与旋转功能
等同于 M139/M145	M139/M145 NFA（Nodo Fari Addattivi）
车内位置	右侧前照灯下（集成于单元内）
连接至	AFLS，通过 LIN 线
诊断	通过 AFLS

5. AMP（放大器）（表8−53）

表8−53

主要功能	车载音响系统音频放大器
等同于 M139/M145	M139/M145 DSP（数字信号处理器）
车内位置	行李舱内，左侧
连接至	CAN−A/T
诊断	通过 TGW
电源	常电，后 PDC 供电
注释	在两个版本：标配音响系统 8 通道，选配 Bowers&Wilkins 音响系统 16 通道

6. ASBM（附件开关组模块）（表8−54）

表8−54

主要功能	集合驾驶模式开关
等同于 M139/M145	—
车内位置	中控台上，换挡选挡杆附近
连接至	BCM，通过 LIN 线
诊断	由 BCM 执行

7. AUWP（辅助水泵）（表8−55）

表8−55

主要功能	激活辅助水泵
等同于 M139/M145	—
车内位置	集成于辅助水泵，安装在前副车架上
连接至	ECM，通过 LIN 线
诊断	通过 ECM
注释	也可激活冷却风扇

8. AWD（全轮驱动）（8−56）

表8−56

主要功能	控制前后桥之间的扭矩分配
等同于 M139/M145	—
车内位置	固定至分动箱
连接至	CAN−C
诊断	自诊断
注释	仅用于 AWD 车辆

9. BCM（车身控制模块）（表 8—57）

表 8—57

主要功能	PowerNet 内的中央通信网关，控制众多车身功能并作为众多子模块的主模块
等同于 M139/M145	NBC（Nodo Body Computer）
车内位置	前排乘客脚部区域
连接至	CAN—C、CAN—I、LIN 线
诊断	自诊断
注释	控制车辆配置数据

10. 时钟（表 8—58）

表 8—58

主要功能	仪表板中央上的模拟时钟
等同于 M139/M145	模拟时钟
车内位置	仪表板上
连接至	BCM，通过专用 LIN 线
诊断	由 BCM 执行
注释	无手动调节

11. 时钟 CRSM（舒适型后排座椅模块）（表 8—59）

表 8—59

主要功能	控制后排座椅加热功能
等同于 M139/M145	—
车内位置	左后座椅下
连接至	CAN—I
诊断	自诊断
电源	15 号线，后 PDC 供电

12. CSG（Centralina Servo Guida）（表 8—60）

表 8—60

主要功能	控制速度自适应动力转向
等同于 M139/M145	CSG（Centralina Servo Guida）
车内位置	驾驶员脚部区域，防火墙上
连接至	诊断用 K 线
诊断	自诊断
注释	沿用 M139

13. CSWM（舒适型座椅和车轮模块）（表 8—61）

表 8—61

主要功能	控制前排座椅加热和通风功能、方向盘轮缘加热
等同于 M139/M145	—
车内位置	乘客座椅下方
连接至	CAN—I
诊断	自诊断

14. DDM（驾驶员车门模块）（表 8—62）

表 8—62

主要功能	控制所有驾驶员车门电子功能
等同于 M139/M145	NPG（Nodo Porta Guidatore）
车内位置	驾驶员车门面板内
连接至	CAN—I
诊断	自诊断

15．DMRL（左后车门模块）（表8－63）

主要功能	控制所有左手侧后车门电子功能
等同于 M139/M145	—
车内位置	左手侧后车门面板内
连接至	CAN－I
诊断	自诊断

16．DMRR（右后车门模块）（表8－64）

主要功能	控制所有右手侧后车门电子功能
等同于 M139/M145	—
车内位置	右手侧后车门面板内
连接至	CAN－I
诊断	自诊断

17．DSM（车门开关模块）（表8－65）

主要功能	实现驾驶员车门车窗和后视镜控制器开关组合
等同于 M139/M145	—
车内位置	驾驶员侧车门面板上，集成于开关组件
连接至	DDM，通过专用 LIN 线
诊断	通过 DDM

18．ECM（发动机控制模块）（表8－66）

也叫作	博世 Motronic MED17
主要功能	控制发动机运行和诊断
等同于 M139/M145	NCM（Nodo Controllo Motore）
车内位置	发动机舱内，右悬架座后方
连接至	CAN－C
诊断	自诊断
电源	常电，前 PDC 供电
注释	控制 VIN

19．ECMM－AHBM（防眩光后视镜模块－自动远光灯模块）（表8－67）

主要功能	控制防眩光内后视镜和集成式远光光束控制器用摄像头
等同于 M139/M145	—
车内位置	集成在车内后视镜支架上
连接至	BCM，通过 LIN 线
诊断	由 BCM 执行

20．EPB（电子驻车制动系统）（表8－68）

主要功能	能操纵电子驻车制动
等同于 M139/M145	NPB（Nodo Parking Brake）
车内位置	后副车架顶部
连接至	CAN－C
诊断	自诊断

21. ESC（电子稳定控制系统）（表 8－69）

表 8－69

主要功能	控制防抱死制动器和电子车辆稳定系统
等同于 M139/M145	M139/M145 NFR（Nodo Frenante）
车内位置	雨刮器内，左侧
连接至	CAN－C
诊断	自诊断
注释	包括一体式横摆和加速度传感器

22. ESCL（电子转向柱锁）（表 8－70）

表 8－70

主要功能	操纵转向柱锁
等同于 M139/M145	－
车内位置	转向柱顶部
连接至	射频（RF）集线器，通过专用 LIN 线
诊断	通过射频（RF）集线器

23. ESM（电子换挡模块）（表 8－71）

表 8－71

主要功能	能将驾驶员的换挡行为通知给 TCM
等同于 M139/M145	－
车内位置	中控台上
连接至	CAN－C、CAN－PT
诊断	自诊断

24. HFM（免提模块）（表 8－72 所示）

表 8－72

主要功能	免提电话连接的蓝牙和声音命令接口单元
等同于 M139/M145	集成于 NIT
车内位置	驾驶员仪表板下
连接至	CAN－A/T
诊断	通过 TGW

25. HUM－传感器（湿度传感器）（表 8－73）

表 8－73

主要功能	风挡玻璃除雾激活
等同于 M139/M145	－
车内位置	风挡玻璃上，靠近后视镜支架
连接至	BCM，通过 LIN 线
诊断	由 BCM 执行

26. HVAC（暖通空调系统）（表 8－74）

表 8－74

主要功能	控制 HVAC 系统
等同于 M139/M145	NCL（Nodo Clima）
车内位置	仪表板后，鼓风机电机附近
连接至	CAN－I
诊断	自诊断

27. HVACR（后部加热、通风和空调单元）（表 8-75）

表 8-75

主要功能	控制后 HVAC 系统
等同于 M139/M145	—
车内位置	位于中空台上，集成在后 HVAC 控制面板内
连接至	CAN-I
诊断	自诊断
电源	常电，后 PDC 供电
注释	仅用于配备选装型四区空调系统的车辆

28. IAM（智能交流发电机模块）（表 8-76）

表 8-76

主要功能	控制交流发电机充电
等同于 M139/M145	—
车内位置	集成于交流发电机内
连接至	ECM，通过 LIN 线
诊断	通过 ECM

29. IBS（智能蓄电池传感器）（表 8-77）

表 8-77

主要功能	监测蓄电池的状态和充电情况
等同于 M139/M145	—
车内位置	蓄电池负极卡箍上
连接至	BCM，通过 LIN 线
诊断	由 BCM 执行

30. ICS（娱乐系统中央控制器）（表 8-78）

表 8-78

主要功能	主要功能音响、导航、车载通信系统、HVAC 和车辆设置控制触摸屏用户接口
等同于 M139/M145	—
车内位置	集成在中控台
连接至	CAN-A/T
诊断	通过 TGW

31. IPC（组合仪表）（表 8-79）

表 8-79

主要功能	集合驾驶员仪表和多功能显示屏
等同于 M139/M145	NQS（Nodo Quadro Strumenti）
车内位置	集成于驾驶员仪表
连接至	CAN-C
诊断	自诊断

32. ITM（入侵收发器模块）（表 8-80）

表 8-80

主要功能	报警系统模块和一体化倾斜传感器
等同于 M139/M145	CAV（Centralina Alarme Volumetrico）
车内位置	车顶控制台内
连接至	CAN-I
诊断	自诊断

33．KIN（无钥匙启动模块），如表 8－81 所示

表 8－81

主要功能	KIN（无钥匙启动模块）
等同于 M139/M145	—
车内位置	驾驶员侧仪表板上
连接至	射频（RF）集线器，通过专用 LIN 线
诊断	通过射频（RF）集线器

34．LRSM（光线和雨量传感器模块）（表 8－82）

表 8－82

主要功能	包括微光和雨量传感器
等同于 M139/M145	CSP（Centralina Sensore Pioggia）
车内位置	集成于车内后视镜支架内
连接至	BCM，通过 LIN 线
诊断	由 BCM 执行

35．MSM（记忆座椅模块）（表 8－83）

表 8－83

主要功能	控制驾驶员座椅、踏板和转向柱的调整和记忆
等同于 M139/M145	NAG（Nodo Assetto Guida）
车内位置	驾驶员座椅下方
连接至	CAN－I
诊断	自诊断
电源	常电，后 PDC 供电

36．ORC（乘员保护控制器）（表 8－84）

表 8－84

主要功能	控制安全气囊系统
等同于 M139/M145	NAB（Nodo Airbag）
车内位置	变速器通道上，收音机单元下方
连接至	CAN－C
诊断	自诊断

37．PDM（乘客侧车门模块）（表 8－85）

表 8－85

主要功能	控制所有乘客侧车门电子功能
等同于 M139/M145	NPP（Nodo Porta Passeggero）
车内位置	乘客车门面板内
连接至	CAN－I
诊断	自诊断

38．PTS（Parktronics 系统）（表 8－86）

表 8－86

主要功能	控制驻车传感器
等同于 M139/M145	NSP（Nodo Sensori Parcheggio）
车内位置	行李舱内，右侧
连接至	CAN－C
诊断	自诊断

39. RFH（射频集线器）（表8-87）

表8-87

主要功能	控制无钥匙进入-无钥匙启动功能
等同于 M139/M145	—
车内位置	在后置物板上
连接至	CAN-C；KIN、ESCL，通过 LIN 线
诊断	自诊断
注释	记忆遥控钥匙，备份车辆配置数据；控制防盗功能

40. SCCM（转向柱控制模块）（表8-88）

表8-88

主要功能	集成转向柱操纵杆和转向角传感器，用作方向盘控制器的主模块
等同于 M139/M145	Devioguida & NAS（Nodo Angolo Sterzo）
车内位置	转向柱上
连接至	CAN-C、SWS，通过 LIN 线
诊断	自诊断

41. SIREN（表8-89）

表8-89

主要功能	报警系统警报器
等同于 M139/M145	CSA（Centralina Sirena Alarme）
车内位置	左前轮罩内
连接至	ITM，通过专用 K 线
诊断	通过 ITM

42. SWS（方向盘开关）（表8-90）

表8-90

主要功能	集合方向盘控制
等同于 M139/M145	NVO（Nodo Volante）
车内位置	方向盘上
连接至	SCCM，通过专用 LIN 线
诊断	通过 SCCM

43. TCM（变速器控制模块）（表8-91）

表8-91

主要功能	控制变速器运行
等同于 M139/M145	NCA（Nodo Cambio Automatico）
车内位置	自动变速器内，机电装置
连接至	CAN-C、CAN-PT
诊断	自诊断

44. TGW（通信网关）（表8-92）

表8-92

主要功能	控制收音机、导航和通信功能
等同于 M139/M145	NIT（Nodo Info Telematico）
车内位置	中控台内，ICS 后方
连接至	CAN-I、CAN-A/T
诊断	自诊断
电源	常电，后 PDC 供电
注释	作为 CAN-I 和 CAN-A/T 之间的网关；控制日期和时间信息的主控单元

45. TPM（胎压模块）（表8—93）

表8—93

主要功能	控制 TPMS
等同于 M139/M145	NTP（Nodo Tire Pressure）
车内位置	车辆下方，与地板相连，右侧
连接至	CAN—C
诊断	自诊断

三、后排座椅娱乐系统(RSE)

全新总裁可选装新款后排座椅娱乐系统，如图8—72所示。其特点是在前排座椅靠背的底架上安装了两个25.9cm（10.2英寸）固定式LCD显示屏。屏幕下方的两个USB端口可允许用户单独或同时连接外部媒体源，用于播放大量主流格式（MPEG 1、MPEG 2、MPEG 4，WMV、Xvid、MP3、WMA、AAC等）的图片、音频/视频文件。系统还配备了通用输入接口（RCA A/V—IN），可进一步用于连接诸如视频游戏控制台、数码相机、摄影机等外部设备，如图8—73所示。两部显示器分别配备了各自独立的遥控器和无线耳机。此外，系统还可配备数字TV调谐器，但仅供欧洲、英国和中国版车型。

图8—72

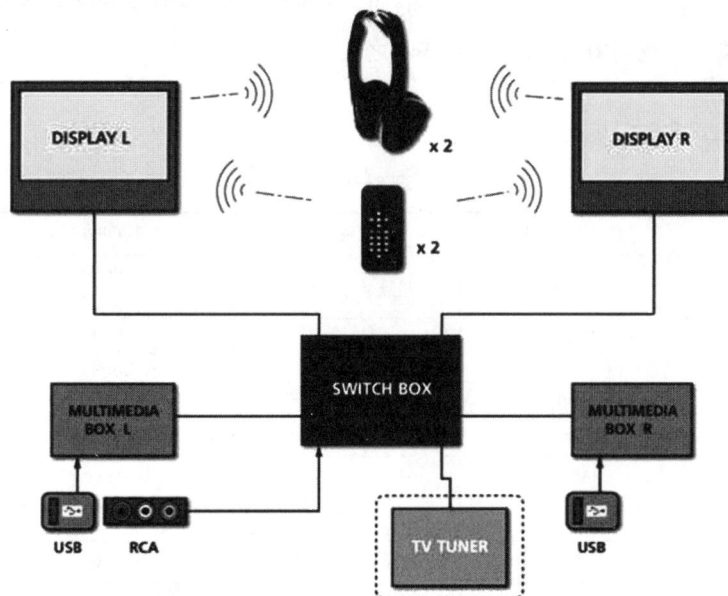

图8—73

RSE系统通过12V蓄电池电源和12V开关电源连接至车辆，为独立于车辆信息娱乐系统的一套系统。左侧显示屏多媒体盒与RSE开关盒均位于左前座椅的下方，而右侧显示屏的多媒体盒则安装在右前座椅的下方，如图8—74所示。选配型TV调谐器盒位于行李舱左侧内的音响系统放大器旁，TV天线位于车内，在后车窗与外置天线之间，车顶绒布后面。25.9cm（10.2英寸）宽屏LCD显示器仅能由遥控器操纵，而用于耳机通信的 IR 接收器和 IR 发射器位于显示屏底部控制面板上。

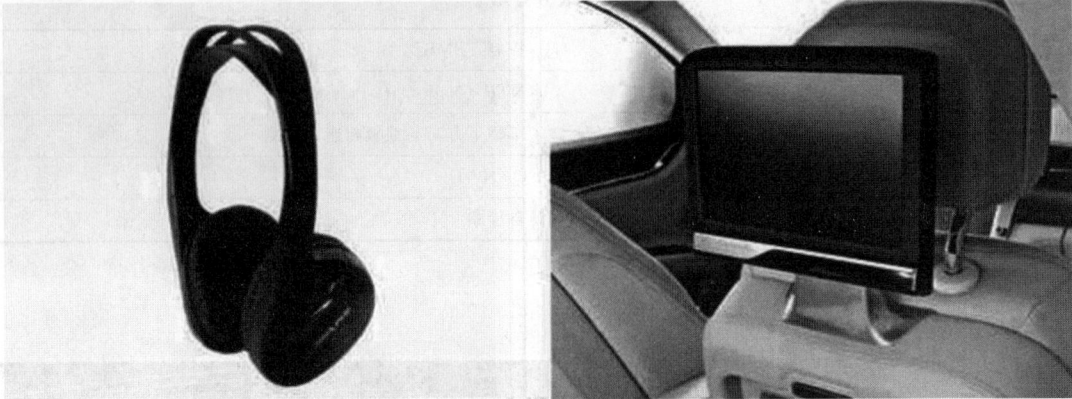

图 8-74

RCA A/V 输入接口位于左侧折叠式置物台下方的 USB 接口旁，如图 8-75 所示。

各套后排座椅娱乐系统的部件均由 Alpine 公司独家提供。双源 SHS-N205 无线耳机为可折叠式，可在不使用时便于存放。外壳为全透明式，即使在头部移动时也可提供广泛有效的红外线接收能力。专用开关可用于选择左侧或右侧显示器的音频源，采用标准"AAA"电池驱动。遥控器可控制每项功能（包括选配型数字 TV 接收器），并能同时或独立地控制每部显示屏。USB 2.0 接口位于两侧折叠式置物台的下方，而 RCA 音频和视频输入接口则位于左侧的 USB 接口旁。该系统可播放大多数的音频、视频和图片格式，USB 插口可支持单分区为 FAT32 格式的 USB 设备。根据源文件的标准，系统可在 PAL 和 NTSC 之间自动转换。

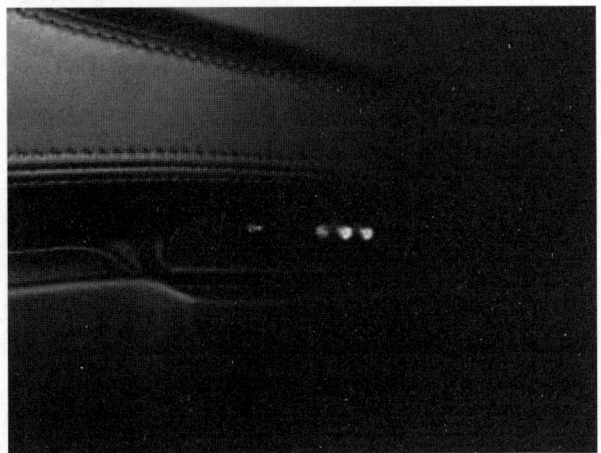

图 8-75

受支持格式如表 8-94 所示。

表 8-94

模式	编码解码器	最大比特率	最大解析度	文件扩展名	注释
视频	MPEG1	3Mbps	H×V=414720	*.mpg, *.mpeg	最大解析度 H×V=414720 例如：H720×V576=414720 H800×V518=414720
	MPEG2	3Mbps	H×V=414720	*.mpg, *.mpeg	
	MPEG4	3Mbps	H×V=414720	*.avi, *.mp4	
	iPod MPEG-4 Video	3Mbps	H×V=414720	*.mp4	
	DivX3	3Mbps	H×V=414720	*.avi	
	DivX4	1.5Mbps	H×V=414720	*.avi	
	DivX4	2.8Mbps	H×V=720x480	*.avi	
	DivX5	3Mbps	H×V=414720	*.avi	
	Xvid	3Mbps	H×V=414720	*.avi	
	MPC-Mpeg-2	3Mbps	H×V=414720	*.avi	
	WMV1（WMV v7）	2Mbps	H×V=414720	*.wmv	
	WMV2（WMV v8）	2Mbps	H×V=414720	*.wmv	
	WMV2（WMV v9）	2Mbps	H×V=414720	*.wmv	

652

模式	编码解码器	最大比特率	最大解析度	文件扩展名	注释
音频	MP2	320Mbps		＊．mp2	
	MP3	320Mbps		＊．mp3	
	MP3－标签和封面	320Mbps		＊．mp3	
	AC3	320Mbps		＊．ac3	
	AAC	320Mbps		＊．aac，＊．m4a	仅 iTunes 文件
	AAC－标签和封面	320Mbps		＊．m4a	
	WAV	320Mbps		＊．wav	
	WMA	320Mbps		＊．wma	
图片	BMP		H×V＝6144000	＊．bmp	最大解析度 H×V＝6144000 例如： H3200×V1920＝6144000
	JPG		H×V＝6144000	＊．jpg，＊．jpeg	
	GIF		H×V＝6144000	＊．gif	
	PNG		H×V＝6144000	＊．png	

四、车载 Wi-Fi 热点

全新总裁可选配车载移动 Wi-Fi 热点连接模块。用于数据传输的带 SIM 卡的路由器与互联网相连，允许在行驶中访问无线网络。不同无线设备可以同时连接，例如 1 台笔记本电脑和 2 部移动电话。车载热点系统支持以下通信格式：HSDPA、UMTS、EDGE 和 GSM。WLAN 路由器为由 Autonet 提供的独立设备，位于后置物架下方，如图 8-76 所示。要进入路由器，必须拆除后置物架。Autonet 移动平台基于嵌入式 Linux 操作系统，可提供可靠安全的连接并能自动搜索和切换至最强的网络信号。Wi-Fi 系统能够持续在线监测与排除网络连接故障和监控网络统计数据和信号，并会自动进行调节以提供最佳的网络连接。

图 8-76

WLAN 路由器在提供时未带 SIM 卡。用户必须自己购买 SIM 卡并在经销商处将其插入。

在系统运行前必须执行下列步骤。获取移动 Wi-Fi 系统的安装与激活详情，可查询玛莎拉蒂服务部门提供的相关服务信息。

1. 安装 Autonet WLAN 路由器

该步骤仅为客户购买了 Wi-Fi 附件。如厂方已配备，则无须以下步骤。

2. 安装 SIM

在完全插入时，会从路由器伸出约 14mm。小心不要以别的方法将 SIM 强行插入路由器内。如果强行受力，SIM 或路由器会受损。用户需要路由器序列号以完成设置程序。该 10 位数号码位于条形码的底部，SIM 卡插槽的左侧。在安装设备前和客户无法看见时，需将该号码抄写下来。

3．启动和测试路由器

①将点火开关转至 Acc 或 Run 位置，以接通路由器电源。

②开启移动设备上的无线网络列表，并连接至"autonet－XXXX"（最后 4 位数与路由器序列号的后 4 位数相同）。

（3）开启网络浏览器并尝试是否可进入任何网站。登陆屏幕会在浏览器内出现。点击登录按钮。

（4）如果 SIM 被识别和激活，随后会被引导进入 Autonet 设置页面。

4．自定义用户网络名（SSID）

客户可根据需要自定义网络名。

5．客户激活

要完全激活 Autonet 移动 Wi－Fi，用户必须完成设置程序。路由器会自动将用户引导进入设置页面，或者用户可随时进入 https：//signup．autonetmobile．com 以完成设置程序。用户需要路由器序列号以完成设置程序，因此在安装完成前需要记录序列号。注意：强烈建议用户在路由器上开启无线安全功能，否则客户数据会变得不安全和（或）未经授权的用户会使用无线热点，导致用户的 SIM 卡产生额外费用。

获取移动 Wi－Fi 系统的安装与激活详情，可查询玛莎拉蒂服务部门提供的相关服务信息。

第三节　吉博力

一、前言

如同 M156 总裁，吉博力采用了全新 PowerNet 车辆电子构架，如图 8－77 所示。因此，吉博力的电气系统与总裁车型极为相似。主要差异在于，某些在总裁中作为标配的电气功能和设备在吉博力的各种版本中为选配。因为，某些节点和 ECU 可能不存在于部分吉博力车辆中。在对车辆进行节点诊断时，应考虑到该情况。部分系统为全新并专用于吉博力：新型前照明系统（共两种不同版本）和由主机直接驱动的新型 8 扬声器基本音响系统。总裁中的某些功能在吉博力车型中未提供，例如后排座椅娱乐系统、后排侧遮阳帘、四区空调控制系统和带通风和信息功能的电动调节式后排座椅。

图 8－77

二、车辆供电

1. 智能发电机模块（IAM）

Denso 200A 发电机安装在发动机右侧汽缸组下面，由前端附件传动皮带驱动。该发电机具有集成式智能发电机模块（IAM），其为一个通过串行 LIN 线路连接至发动机 ECU（ECM）的智能型电子电压调节器。ECM 会根据车辆的电流消耗和蓄电池充电状态命令发电机充电。ECM 还可启用 IPC 上的充电警告灯。

2. 蓄电池

12V 100Ah 800A 铅酸蓄电池安装在行李舱地板的右侧下方。它是免维护蓄电池，如图 8-78 所示。

智能蓄电池传感器（IBS）集成在蓄电池负极接线柱夹上。IBS 持续监测蓄电池的充电状态和健康状况。IBS 通过串联 LIN 线连接至 BCM。一个发动机电源切断开关安装在蓄电池正极夹上，以便在出现事故时切断前 PDC 的电源。此装置由 ORC 控制。

（1）休眠电流。

当车辆处于完全休眠模式时，车辆的电流消耗小于 20mA。

（2）切断蓄电池后的车辆初始化。

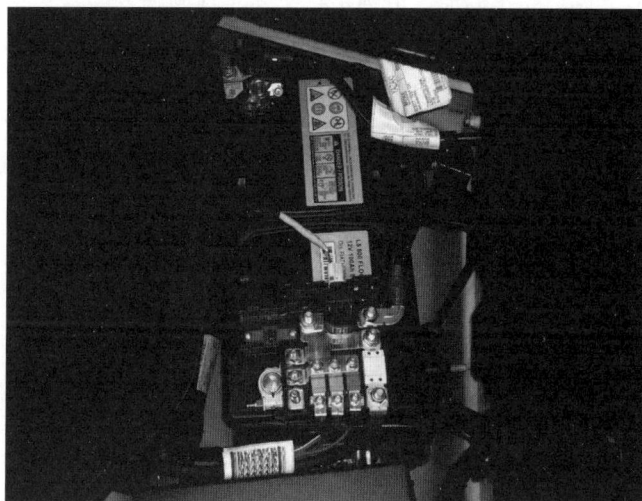

图 8-78

断开车辆蓄电池并重新连接后，应执行下列操作。

点火开关循环开/关，执行节气门自学习程序。

在 MTC 中配置日期和时间设置。只在日期和时间设置为手动模式时需要进行此操作。如果选择自动模式，系统将根据 GPS 信号恢复日期和时间信息。

通过使用中控台上的 EPB 控制杆循环进行 EPB 的激活/取消操作。

3. 配电中心（PDC）

配电中心（PDC）是保险丝和继电器的中央位置，不包含内部逻辑或控制模块，如图 8-79 所示。吉博力的电气系统带有两个 PDC，前 PDC 位于发动机舱中，而后 PDC 安装在行李舱地板下方的蓄电池附近。两个 PDC 的分离式电力分配允许装有更多保险丝，而减小电线截面。某些保险丝和继电器通过硬线连接至 PDC。

图 8-79

三、PowerNet 车辆电子系统构架

1. 星形网络拓扑结构

新款吉博力采用了首次引入 M156 总裁的全新 PowerNet 构架。与 M139/M145 一代车辆上使用的 Florence 结构相比,其布置、结构和大多数模块都是全新的。PowerNet 与 Florence 系统类似,均以 CAN 总线系统为基础,但是其结构是全新的。其中一个非常显著的区别是它采用"星"形网络拓扑结构,而 Florence 系统则采用"骨干"拓扑结构。星形网络与更加传统的骨干网络的区别在于所有模块(称为"模块/节点")均连接至位于中央的一点,称为星形接插件。每个模块均具有单独的总线连接点,因此总线中某些模块中断时,其他模块不会受到影响。此外,由于总线上所有模块均使用简单连接点,星形结构可提供更为简单的网络通信故障检修方法。图 8-80 为骨干总线拓扑结构(左)与星形总线拓扑结构(右)对比。

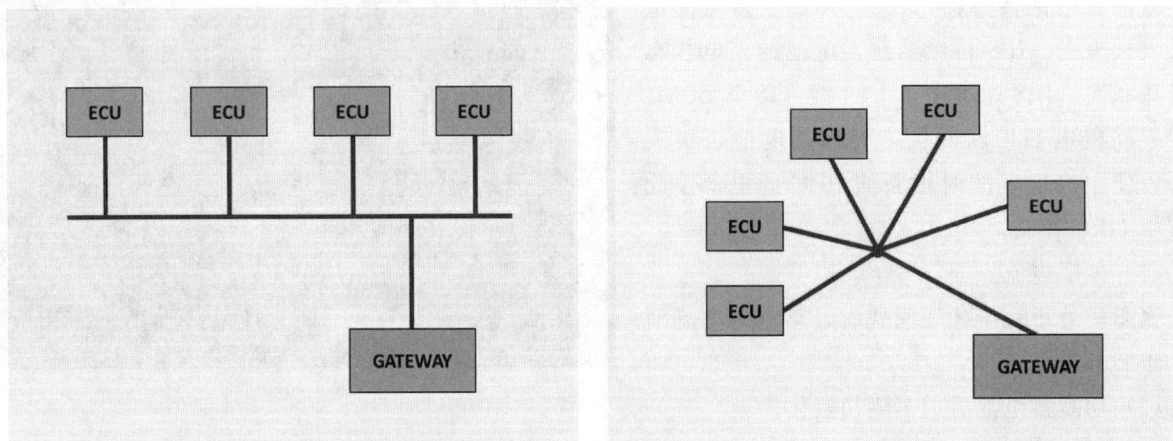

图 8-80

2. PowerNet 构架

随着技术的发展,模块的定位和诊断变得很重要,因而诞生了对于 PowerNet 的需求,如图 8-81 所示。PowerNet 系统采用了安装在车辆中部可作为主网关的新型车身控制模块(BCM),从而降低了线路长度。PowerNet 使用两套主总线系统,CAN-C(底盘)和 CAN-I(车内)均采用双星形拓扑结构。这就意味着各条总线具有两个相互连接和连接众多节点的中央星形点。BCM 用作两条总线之间的网关。此外,还引入了与众多车辆信息娱乐系统节点连接的 CAN-A/T(音频/远程信息处理)总线。收音机和导航系统主机用作 CAN-I 和 CAN-A/T 总线之间的远程信息处理网关(TGW)。CAN-A/T 不使用星形拓扑结构。

PowerNet 由下列元件构成。

由双绞线组成并使用星形拓扑结构的 CAN-C 和 CAN-I 总线。

共 4 个星形接插件,两个用于 CAN-C,两个用于 CAN-I。

专供音频和远程信息处理系统使用的 CAN-A/T 总线。

CAN-PT(动力传动系):变速器和电子换挡模块系统的专用总线。

两个网关:一个主网关(BCM)和一个远程信息处理网关(TGW)。

多节点。

两个配电中心(PDC):一个位于车辆前端,一个位于后端。

多条专用 LIN 线。

16 针 EOBD/OBD-II 诊断接插件(DLC)。

注:虚线环绕的节点为选配或视车辆版本而定。

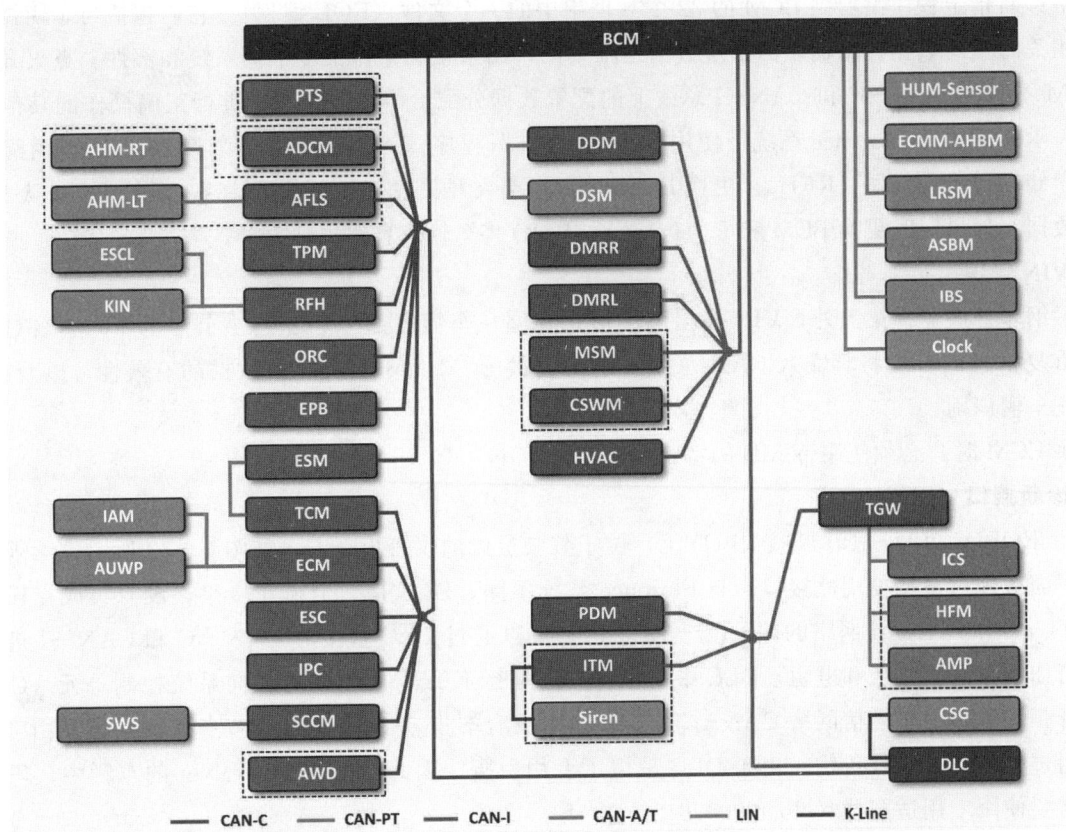

图 8-81

3. 网关

由于系统由多条网络组成，因而需要使用中央网关模块来实现网络之间的信息共享。

主网关是车身控制模块（BCM）。这个模块将 CAN-C 总线和 CAN-I 总线连接起来，实现两个网络之间的通信。次级网关是收音机和导航单元，这个网关称作远程信息处理网关（TGW）。这个网关连接 CAN-A/T 网络和 CAN-I 网络。TGW 可以实现 CAN-A/T 网络节点与其他 CAN 通信网络节点之间的通信。BCM 监测 CAN 通信网络故障，并在检测到故障时记录 DTC。在 PowerNet 中，BCM 位于车辆中心，减小了电路的长度。BCM 控制车锁及照明控制等功能的运行。BCM 中还包含车辆配置数据。而且，BCM 还用作多条 LIN 通信线的主控模块，连接各个子系统。BCM（车身控制模块）是 PowerNet 系统的中央网关，如图 8-82 所示。

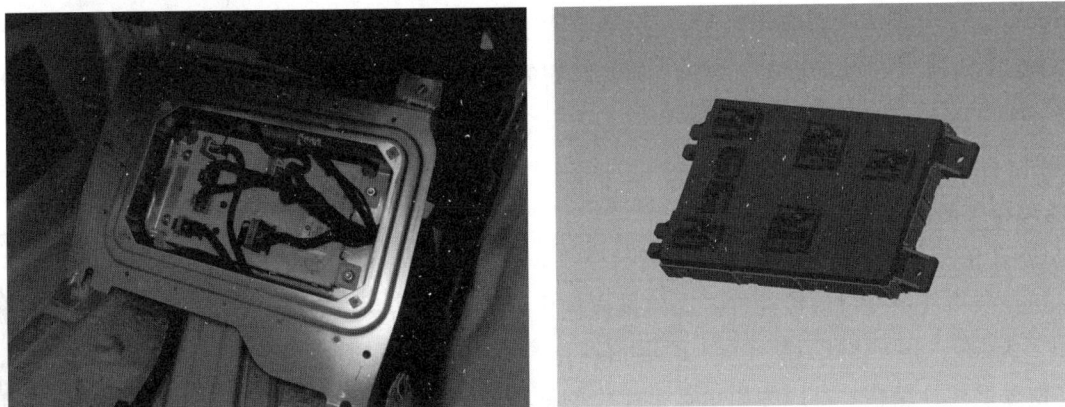

图 8-82

4. 车辆配置数据

在 PowerNet 系统中，BCM 包含车辆构造配置数据。车辆配置数据，即 Proxi，是在工厂或车间采用

657

玛莎拉蒂诊断指定程序编程到 BCM 的 32 个数据串中的一个文件（EOL 编程）。它们包括与车辆技术参数和设备相关的指定数据。每辆车的指定数据是唯一的，用来正确操作很多车辆系统和部件。点火开关开启时，BCM 不断将 CAN-C 和 CAN-I 总线上的配置数据分配给需要这些数据进行正确操作的其他车辆节点。这表示不需要在 Florence 系统上使用"Proxi 校准"程序。为进一步方便维修 BCM，车辆配置的备用副本存储在射频集线器（RFH）。更换 BCM 时，将点火开关置于运行位置 15s，新的 BCM 从 RFH 学习配置数据。如果同时更换 BCM 和 RFH，必须用 MD 将车辆信息编程到 BCM。

5. VIN 管理

除了钢印在底盘横梁上外，VIN 还以电子形式存储在车辆内部。VIN 的主节点为 ECM，ECM 会通过持续重复信息的方式将其输入 CAN 总线。VIN 会被 BCM 用于检查配置数据的有效性，以及被 RFH 用于验证车辆识别。

更换 ECM 时，必须使用带 MD 的特定程序写入 VIN。

6. 诊断接口（DLC）

16 针 EOBD/OBD-II 诊断接口（DLC）位于驾驶员侧的仪表板下方，如图 8-83 所示。无须打开盖板或任何面板即可直接使用此接口。与 Florence 系统不同，DLC 是一个独立接口，没有集成在任何节点中。CAN-C 和 CAN-I 网络的端子位于 DLC 内。可以通过 DLC 直接对 CAN-C 和 CAN-I 进行诊断测试，诸如测量网络电压和电阻。DLC 中还包含一条串行 K 线，用作动力转向系统控制单元（CSG）诊断线。音频和远程信息通信网络 CANA/T 在 DLC 中没有端子。CAN-A/T 节点的诊断信息由 TGW 控制，并通过 CAN-I 总线传输。由于 DLC 采用了专用引脚，因此在配备 PowerNet 的车辆中，玛莎拉蒂诊断仪需要使用专用适配器（No. 900028156）。

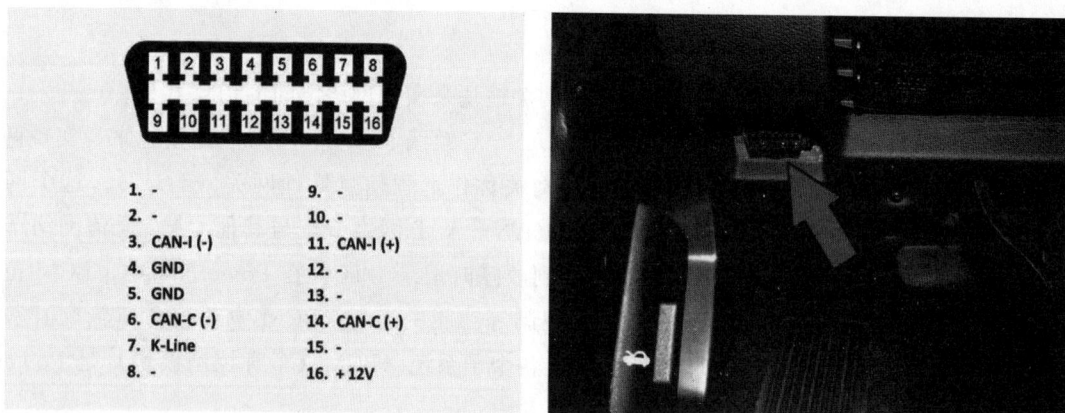

1. -
2. -
3. CAN-I (-)
4. GND
5. GND
6. CAN-C (-)
7. K-Line
8. -
9. -
10. -
11. CAN-I (+)
12. -
13. -
14. CAN-C (+)
15. -
16. +12V

图 8-83

与 Florence 系统的一个重要区别在于，玛莎拉蒂诊断仪能够在 PowerNet 中通过向 BCM 发送激活命令激活车辆的电子系统。如果没有有效遥控钥匙，则需要通过诊断模式或通过钥匙编程程序实现此功能。DLC 可在使用 DMM 或 PicoScope 测量总线时作为一个简单的接入点。在检查 CAN 总线电阻时，务必断开蓄电池！

7. 线束和星形接插件

PowerNet 的星形接插件，如图 8-84 所示。

星形拓扑结构使用专门的接插件。这种接插件中只有两根适用于 CAN（+）和 CAN（-）的通信网络导线。之所以称作星形拓扑结构，是因为用于每个模块的网络连线都以中央节点为起点。星形接插件由一个单独的主接线毂和插入其中的多个接插件组成。每个星形接插件都包含 CAN（+）和 CAN（-）电路，各节点通过这两个电路

图 8-84

连接到星形接插件上。CAN 总线的导线通常使用双绞线。CAN-C 总线使用棕色（＋）和绿色（－）两种颜色的导线。CAN-I 总线使用白色（＋）和蓝色（－）两种颜色的导线。CAN-C 和 CAN-I 网络使用双星形配置。也就是说，每个网络都有两个星形接插件，一个位于前端，一个位于后端，车辆总共使用 4 个星形接插件。采取这种方案可以减少导线的长度，因为每个节点都连接在最靠近的接插件上。CAN-C 总线的前接插件靠近 BCM，而 CAN-I 总线位于前围板上手套盒后面靠近乘客安全气囊接插件的位置。两个总线的后接插件都位于后排乘客搁脚位置的底盘横梁上。每个星形接插件都带有接地的附加电路。这个电路用于减少通信网络电路中的感应电压，保护星形接插件免受电磁干扰。三线接插件还将星形接插件与 DLC（诊断接头）连接，并与同网络的后星形接插件连接。拆卸前排乘客搁脚区域的 BCM 盖板即可进入 CAN-C 网络的前星形接插件，如图 8-85 所示。

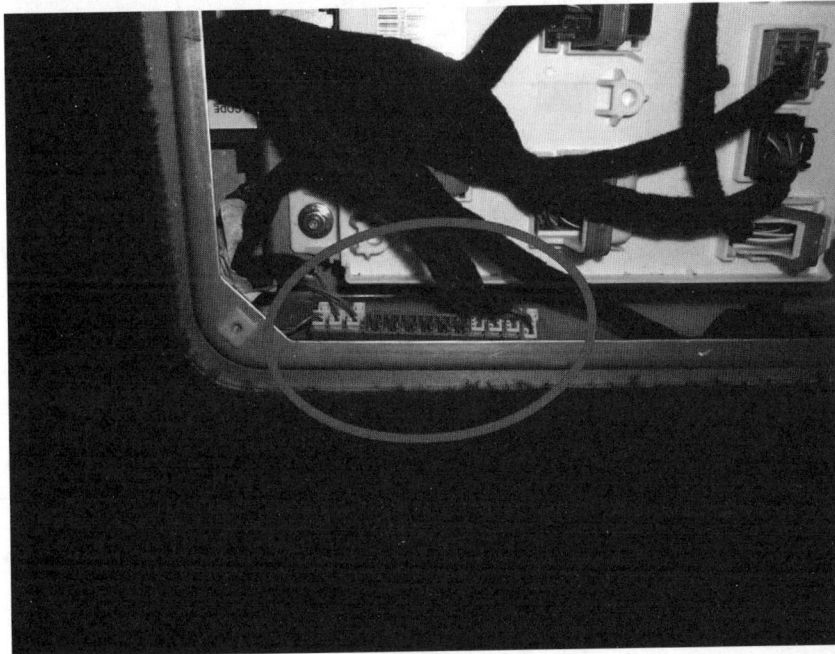

图 8-85

CAN-I 网络的前星形接插件位于手套箱后方，如图 8-86 所示。

图 8-86

659

CAN-C网络的后星形接插件位于后排右侧乘客位置的地板上，如图8-87所示。

图8-87

CAN-I网络的后星形接插件位于相对一侧的位置，即后排左侧乘客位置的地板上。CAN-C和CAN-I的星形节点通过导线颜色区分，如图8-88所示。

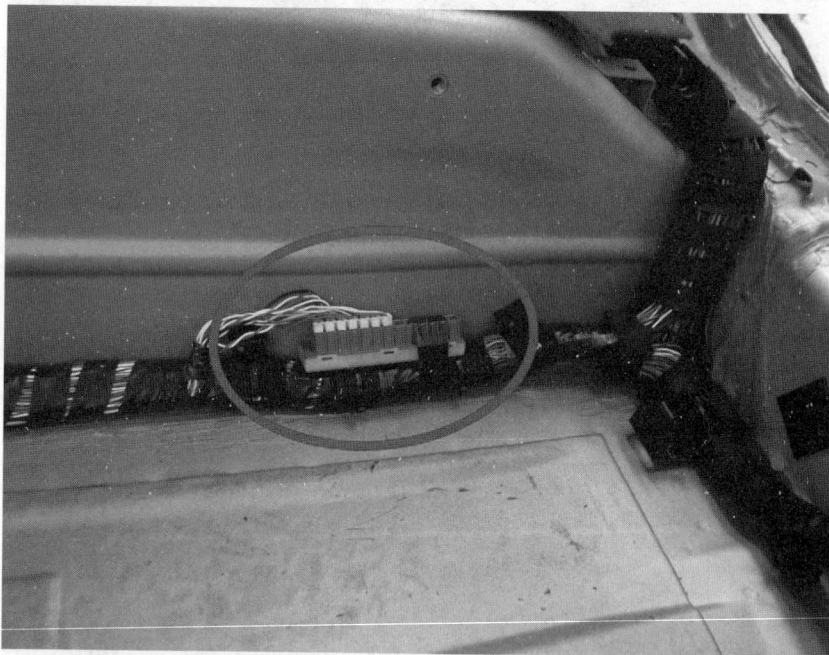

图8-88

星形接插件是一个独特的元件，因而便于诊断。安装的位置也出于方便接入的考虑。将各节点从星形接插件上拔除，即可容易地对节点进行隔离。该操作极大地方便了执行CAN故障诊断。

8. 终端电阻和滤波器

星形接插件配置了CAN-C和CAN-I总线的网络终端电阻器。

在双星形接插件配置中，各个星形接插件终端电阻的独立测量值为120Ω，但因为星形接插件为并联，因此总电路电阻值为60Ω。由于终端电阻器与星形接插件集成，因此节点内部无任何电阻器。

每个连接至总线的节点均具有高内部电阻（大于$50k\Omega$），以避免影响总线总电阻。专用双绞线电路将两个星形接插件在双星形接插件总线上相连。

CAN－C和CAN－I总线的星形接插件还含有用于各模块电路的集成电子滤波器。滤波器有两种作用。

网络电压高低变化时，可以减小电压突变峰值。电压突变与线圈电路在圈关闭时的馈电压相同。这种电压突变称作反射。滤波器可以减小反射，反射过大会导致网络中的信息崩溃。如果网络电路断路，线束将产生天线的特性从而产生电磁干扰。滤波器还有助于防止电磁干扰，防止网络信息崩溃。

9. CAN－C 特性

PowerNet 中使用的 CAN－C 通信网络与 Florence 系统的 C－CAN 总线非常相似。最大的不同之处在于前者使用了星形型拓扑结构，如图 8－89 所示。同样为 500kB/s 的数据传输速度使其成为高速 CAN 总线。电压水平和终端电阻参数均相同。

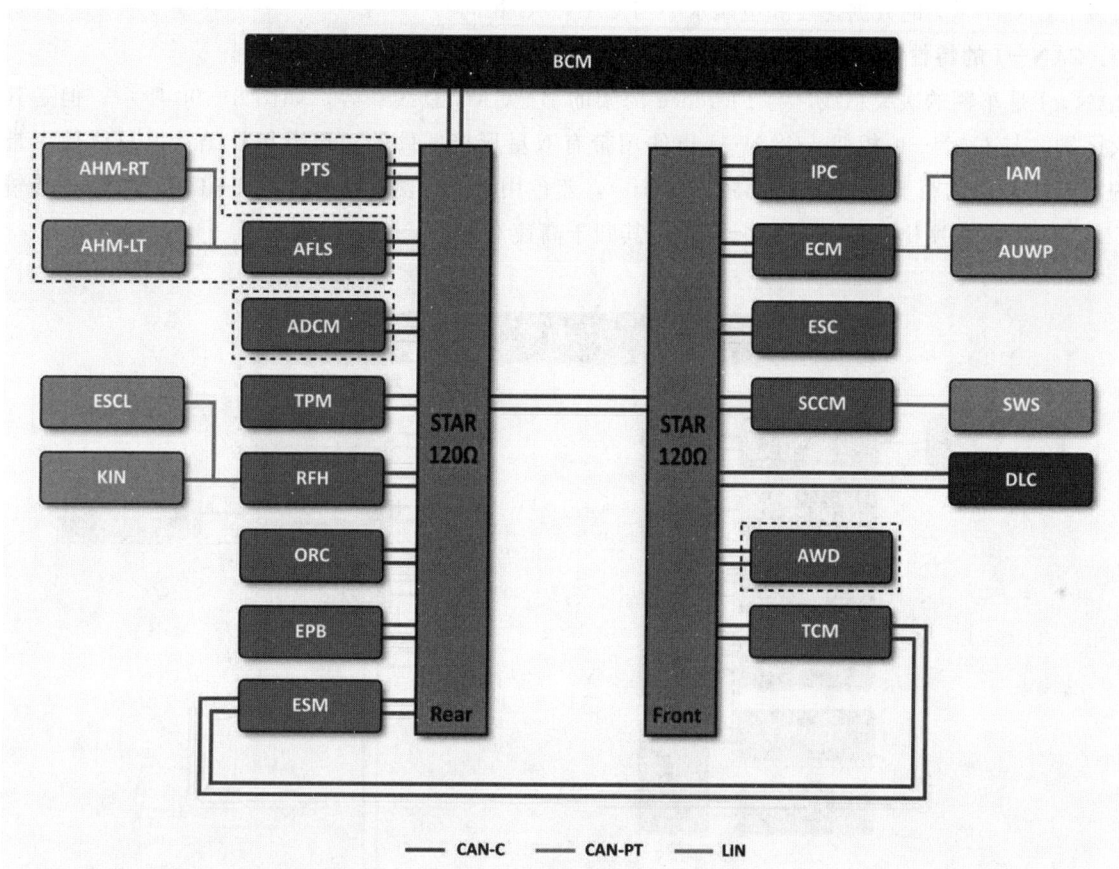

注：虚线环绕的节点为选配或视车辆版本而定

图 8－89

两个带有一体式终端电阻器的星形接插件、DLC、多个节点以及铜芯双绞线构成了 CAN－C 网络。BCM 为 CAN－C 的主中央网关，可允许信息直接在 CAN－C 和 CAN－I 之间通过。CAN－C High（＋）的电线颜色为棕色，而 CAN－C Low（－）为绿色。

（1）电压电平。

使用 DMM 测量 CAN－C 上的网络电压时，常开总线的电压参数与 Florence 系统 C－CAN 总线相同。激活时，CAN－C（＋）推至 3.5V，CAN－C（－）推至 1.5V，此时空载电压为 2.5V。当 CAN 总线进入休眠模式时，两条线路下降至 0。切记，这些读数可在 DLC 获得或在 CAN－C 通信网络中其他接插件处通过反查 CAN－C（＋）或 CAN－C（－）电路获得。

（2）终端电阻。

星形通信网络 CAN－C 上的最佳总电路终端电阻为 60Ω，包括星形接插件中的全部终端电阻。PowerNet CAN—C 网络具有两个星形接插件，每个星形接头包含一个 120Ω 电阻器。并联电路允许的总电阻为 60Ω。两条总线都可在 DLC 处进行测量。为保证精确的电阻读数，必须断开车辆蓄电池。

（3）典型故障特性。

PowerNet CAN—C 的容错性与 Florence C—CAN 类似。取决于故障类型，会发生失去通信的情况，并可能在单个节点内存储故障码。间歇性故障会在多个节点内设置历史故障码，即使节点当前正在总线上通信。当 PowerNet CAN—C 存在故障时，类似故障现象会在 Florence C—CAN 中出现，诸如无启动条件，数次警告灯开启或闪烁，以及在多个节点内存储了故障码。

10. CAN—PT

CAN—PT（CAN Powertrain）是一条专用 CAN 线路，位于变速器控制模块（TCM）和电子换挡杆模块（ESM）之间。这些节点也通过 CAN—C 总线互相通信。CAN—PT 为备用总线，相同信息在该总线上重复。CAN—PT 的数据速度和电压水平与 CAN—C 相同。

11. CAN—I 的特性

CAN—I 是车辆的次级总线，与 Florence 构架的 B—CAN 总线兼容，如图 8—90 所示，但是其特性有很大区别。与 CAN—C 相似，CAN—I 也使用带有双星形接插件的双星形拓扑结构。总线使用带颜色代码的双绞线，白色用于 CAN—I 的高压侧（＋），蓝色用于低压侧（－）。CAN—I 总线的数据传输速度是 125kb/s。虽然速度比 CAN—C 低，但仍将其归于高速 CAN。

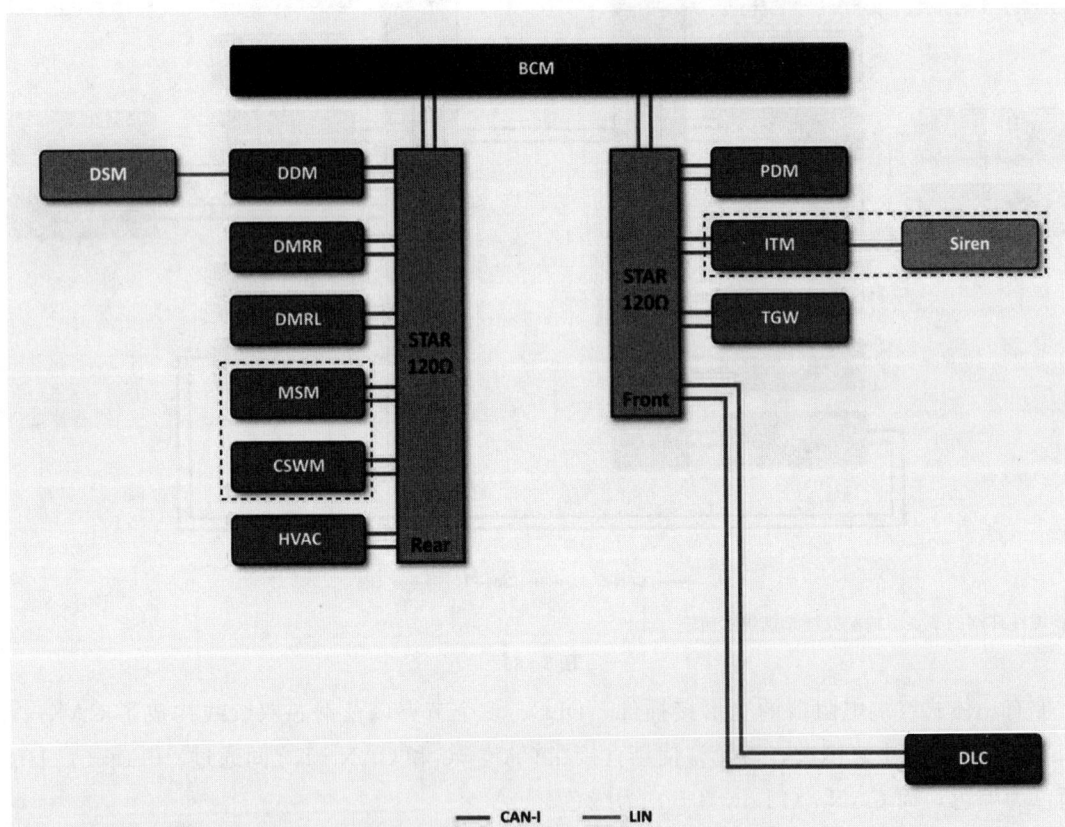

注：虚线环绕的节点为选配或视车辆版本而定

图 8—90

CAN—I 由下列原件组成：铜芯双绞线、2 个带有集成端接电阻的星形接插件、作为 CAN—C 网关的 BCM、作为 CAN—A/T 网关的 TGW、多个节点和 DLC。

（1）电压电平。

使用 DMM 在 CAN—I 总线上测量的网络电压电平与 CAN—C 上的相同。激活时，CAN—I（＋）推至 3.5V，CAN—I（－）推至 1.5V，此时空载电压为 2.5V。睡眠电压和特性与 CAN—C 相同。模块会持续向网络提供其自身变量数据，以改变电压电平来进行信息传递。

（2）终端电阻。

最佳 CAN 总电路终端电阻持续为 60Ω。各个星形接插件均包含 2 个 60Ω 串联电阻器。并联电路允许的总电阻为 60Ω。CAN－I 总电路电阻可在 DLC 处测量。为了得到精确的结果，确保蓄电池断开。

（3）典型故障特性。

CAN－I 的容错性与 CAN－C 网络类似。大多数模块或电路故障会造成在网络上失去通信。间歇故障一般会导致在多个模块内存储失去通信故障码。CAN－I 发生故障时，会出现诸如风挡玻璃清洗器持续运行和在多个节点内设置故障码等类似故障现象。

（4）总线唤醒信息。

当总线上的特定模块接收到直接或无线输入时，CAN－I 能够唤醒总线。

12. CAN－A/T 特性

CAN－A/T 为使音响和远程信息通信模块独立于 CAN－I 总线外的全新网络，如图 8－91 所示。除了构架和网关外，其在各方面与 CAN－I 类似。收音机为 CAN－A/T 总线的网关，可实现 CAN－A/T 和 CAN－I 之间的通信。其又称为远程信息通信网关或 TGW。CAN－A/T 使用骨干拓扑结构，即指总线类似非星形通信构架。CAN－A/T 不直接与 DLC 连接。音响系统模块，包括 TGW、放大器（AMP）、集成式中控面板（ICS）和免提电话模块（HFM）构成了 CAN－A/T 系统。ICS 起到触屏控制面板的作用，其中包含收音机和车辆设置的所有控制器，以及 HVAC 模块的冗余控制器。ICS 是一个独立于收音机/TGW 的模块。收音机/TGW 位于 HVAC 控制面板后面，ICS 位于中央控制台上。CAN－A/T 使用双绞绝缘铜线相互连接，包括 CAN（＋）和 CAN（－）电路。CAN－A/T（＋）的电线颜色为黄色，而CAN－A/T（－）为灰色。玛莎拉蒂诊断系统可通过 CAN－I 网络对 TGW 进行诊断。CAN－A/T 网络上的其他模块与 TGW 通信。TGW 对数据进行编译，然后将数据放在 CAN－I 网络上，以用于玛莎拉蒂诊断系统。

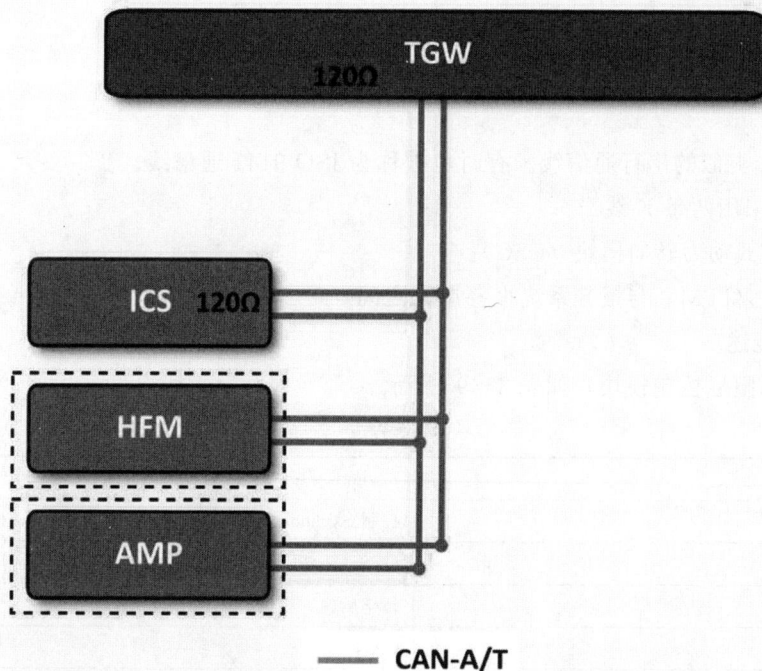

注：虚线环绕的节点为选配或视车辆版本而定

图 8－91

（1）电压电平和终端电阻。

CAN-A/T 总线上的网络电压电平和数据速度与 CAN-I 总线上的相同。激活时，CAN-A/T（+）推至 3.5V，CAN-A/T（-）推至 1.5V，此时空载电压约为 2.5V。睡眠电压和特性同样与 CAN-C 和 CAN-I 相同。模块会持续向网络提供其自身变量数据，以改变电压电平来进行信息传递。

由于不使用星形插头，所以 CAN-A/T 与 CAN-C 和 CAN-I 不同。与 CAN-C 和 CAN-I 类似，最佳总电路终端电阻仍为 60Ω，但显性模块内为两个 120Ω 终端电阻器。总线上包含终端电阻的两个显性模块是 TGW 和 ICS。

（2）典型故障特性。

CAN-A/T 的容错性与 CAN-I 总线网络类似。任何形式的短路均会导致与整个网络失去通信。CAN A/T 发生故障时，音响系统除了会丧失功能外，还会在多个模块内存储失去通信故障码。如果 CAN-A/T 网络存在故障，MD 能够读取 TGW，帮助排除故障。

13. LIN 线

局域接口网络（LIN）是一个用于车辆子系统的单线串行通信线。与 CAN 相比，LIN 是一种更为简单的通信总线，使用的是与 K 线相似的通信协议。LIN 不使用双绞线和端接电阻。LIN 线上的数据传输速度很低（20kb/s），其闲置电压水平为 12V，总线活动时电压会降低到 0V。

通常，LIN 线具有两个用户，其中一个作为主节点。在某些情况下，更多用户会被连接至相同 LIN 线。PowerNet 使用了多条 LIN 线。在这些 LIN 线中，BCM、ECM、RF-Hub、AFLS 和 SCCM 分别用作主控模块。

全新吉博力的 PowerNet 系统使用下列 LIN 线。

ECM、智能发电机模块（IAM）以及辅助水泵（AUWP）之间。

BCM、智能蓄电池传感器（IBS）以及附件开关组模块（ASBM）之间。

BCM、湿度传感器、光线和雨水传感器模块（LRSM）、组合式防眩光后视镜模块（ECMM）和自动远光灯模块（AHBM）之间。

BCM 和模拟时钟之间。

RF-Hub 和无钥匙启动模块（KIN）之间。

RF-Hub 和电动转向柱锁（ESCL）之间。

14. K 线

K 线是一种与 LIN 类似的串行通信线。有时也被称为 ISO 9141 通信线。

吉博力（Ghibli）采用两条 K 线。

用于诊断速度适应式动力转向模块（CSG）。

在入侵收发器模块（ITM）与报警系统报警单元之间。

15. 节点和 ECU 概述

（1）ADCM（主动阻尼控制模块）如表 8-95 所示。

表 8-95

也叫作	Skyhook
主要功能	控制 Skyhook 连续阻尼控制系统
等同于 M139/M145*	NCS（Nodo Controllo Sospensioni）
车内位置	行李舱内，右侧
连接至	CAN-C
诊断	自诊断
电源	常电，后 PDC 供电
注释	仅限配备选配型 Skyhook 悬架的车辆

*：目的仅在于方便理解，模块的特性和功能性不完全与 M139/M145 代车辆采用的同等模块一致。

（2）AFLS（自适应前照明系统）如表 8－96 所示。

表 8－96

主要功能	控制前照灯旋转和对准功能
等同于 M139/M145	NFA（Nodo Fari Addattivi）
车内位置	在驾驶员脚步区域内的防火墙上，CSG 的正下方
连接至	CAN－C、AHM－RT 和 AHM－LT，通过一条 LIN 线
诊断	自诊断
注释	仅供配备 AFS 前照灯的车辆

（3）AHM－LT（自动前照灯模块——左）如表 8－97 所示。

表 8－97

主要功能	激活左前照灯的对准与旋转功能
等同于 M139/M145	NFA（Nodo Fari Addattivi）
车内位置	左侧前照灯下（集成于单元内）
连接至	AFLS，通过 LIN 线
诊断	通过 AFLS
注释	仅供配备 AFS 前照灯的车辆

（4）AHM－RT（自动前照灯模块——右）如表 8－98 所示。

表 8－98

主要功能	激活右前照灯的对准与旋转功能
等同于 M139/M145	NFA（Nodo Fari Addattivi）
车内位置	右侧前照灯下（集成于单元内）
连接至	AFLS，通过 LIN 线
诊断	通过 AFLS
注释	仅供配备 AFS 前照灯的车辆

（5）AMP（放大器）如表 8－99 所示。

表 8－99

主要功能	车载音响系统音频放大器
等同于 M139/M145	DSP（数字信号处理器）
车内位置	行李舱内，左侧
连接至	CAN－A/T
诊断	通过 TGW
电源	常电，后 PDC 供电
注释	存在两个版本：高级音响系统 8 通道，Bowers&Wilkins 音响系统 16 通道。标准音响系统未配备

（6）ASBM（附件开关组模块）如表 8－100 所示。

表 8－100

主要功能	集合驾驶模式开关
等同于 M139/M145	－
车内位置	中控台上，换挡选挡杆附近
连接至	BCM，通过 LIN 线
诊断	由 BCM 执行

（7）AUWP（辅助水泵）如表 8－101 所示。

主要功能	激活辅助水泵
等同于 M139/M145	—
车内位置	集成于辅助水泵，安装在前副车架上
连接至	ECM，通过 LIN 线
诊断	通过 ECM
注释	也可激活冷却风扇

（8）BCM（车身控制模块）如表 8－102 所示。

表 8－102

主要功能	PowerNet 内的中央通信网关控制众多车身功能并作为众多子模块的主模块
等同于	M139/M145 NBC（Nodo Body Computer）
车内位置	前排乘客脚部区域
连接至	CAN－C、CAN－I、LIN 线
诊断	自诊断
电源	常电，后 PDC 供电
注释	控制车辆配置数据

（9）时钟如表 8－103 所示。

表 8－103

主要功能	仪表板中央上的模拟时钟
等同于 M139/M145	模拟时钟
车内位置	仪表板上
连接至	BCM，通过专用 LIN 线
诊断	由 BCM 执行
电源	常电，后 PDC 供电
注释	无手动调节

（10）CSG（Centralina Servo Guida）如表 8－104 所示。

表 8－104

主要功能	控制速度自适应动力转向
等同于 M139/M145	CSG（Centralina Servo Guida）
车内位置	驾驶员脚部区域，防火墙上
连接至	诊断用 K 线
诊断	自诊断
注释	沿用 M139

（11）CSWM（舒适型座椅和车轮模块）如表 8－105 所示。

表 8－105

主要功能	控制前排座椅加热和通风功能和方向盘轮缘加热
等同于 M139/M145	—
车内位置	乘客座椅下方
连接至	CAN－I
诊断	自诊断
电源	15 号线，后 PDC 供电
注释	仅限配备选配型座椅加热或座椅加热/通风的车辆

（12）DDM（驾驶员车门模块）如表 8－106 所示。

表 8－106

主要功能	控制所有驾驶员车门电子功能
等同于 M139/M145	NPG（Nodo Porta Guidatore）
车内位置	驾驶员车门面板内
连接至	CAN－I
诊断	自诊断

（13）DMRL（左后车门模块）如表 8－107 所示。

表 8－107

主要功能	控制所有左手侧后车门电子功能
等同于 M139/M145	－
车内位置	左手侧后车门面板内
连接至	CAN－I
诊断	自诊断

（14）DMRR（右后车门模块）如表 8－108 所示。

表 8－108

主要功能	控制所有右手侧后车门电子功能
等同于 M139/M145	－
车内位置	右手侧后车门面板内
连接至	CAN－I
诊断	自诊断

（15）DSM（车门开关模块）如表 8－109 所示。

表 8－109

主要功能	实现驾驶员车门车窗和后视镜控制器开关组合
等同于 M139/M145	－
车内位置	驾驶员侧车门面板上，集成于开关组件
连接至	DDM，通过专用 LIN 线
诊断	通过 DDM

（16）ECM（发动机控制模块）如表 8－110 所示。

表 8－110

也叫作	博世 Motronic MED17
主要功能	控制发动机运行和诊断
等同于 M139/M145	NCM（Nodo Controllo Motore）
车内位置	发动机舱内，右悬架座后方
连接至	CAN－C
诊断	自诊断
电源	常电，前 PDC 供电
注释	控制 VIN

（17）ECMM－AHBM（防眩光后视镜模块－自动远光灯模块），如表 8－111 所示。

表 8－111

主要功能	控制防眩光内后视镜和集成式远光光束控制器用摄像头
等同于 M139/M145	－
车内位置	集成在车内后视镜支架上
连接至	BCM，通过 LIN 线
诊断	由 BCM 执行
电源	15 号线，后 PDC 供电

（18）EPB（电子驻车制动系统）如表8-112所示。

表8-112

主要功能	操纵电子驻车制动
等同于 M139/M145	NPB（Nodo Parking Brake）
车内位置	后副车架顶部
连接至	CAN-C
诊断	自诊断
电源	常电，后 PDC 供电

（19）ESC（电子稳定控制系统）如表8-113所示。

表8-113

也叫作	博世 ESP 9
主要功能	控制防抱死制动器和电子车辆稳定系统
等同于 M139/M145	NFR（Nodo Frenante）
车内位置	雨刮器内，左侧
连接至	CAN-C
诊断	自诊断
电源	常电，前 PDC 供电
注释	包括一体式横摆和加速度传感器

（20）ESCL（电子转向柱锁）如表8-114所示。

表8-114

主要功能	操纵转向柱锁
等同于 M139/M145	—
车内位置	转向柱顶部
连接至	射频（RF）集线器，通过专用 LIN 线
诊断	通过射频（RF）集线器
电源	常电，前 PDC 供电

（21）ESM（电子换挡模块）如表8-115所示。

表8-115

主要功能	将驾驶员的换挡行为通知给 TCM
等同于 M139/M145	—
车内位置	中控台上
连接至	CAN-C、CAN-PT
诊断	自诊断
电源	常电，前 PDC 供电

（22）HFM（免提模块）如表8-116所示。

表8-116

主要功能	免提电话连接的蓝牙和声音命令接口单元
等同于 M139/M145	集成于 NIT
车内位置	驾驶员仪表板下
连接至	CAN-A/T
诊断	通过 TGW
注释	仅限配备选配型蓝牙的车辆

（23）HUM−传感器（湿度传感器）如表 8−117 所示。

表 8−117

主要功能	风挡玻璃除雾激活
等同于 M139/M145	—
车内位置	风挡玻璃上，靠近后视镜支架
连接至	BCM，通过 LIN 线
诊断	由 BCM 执行

（24）HVAC（暖通空调系统）如表 8−118 所示。

表 8−118

主要功能	控制 HVAC 系统
等同于 M139/M145	NCL（Nodo Clima）
车内位置	仪表板后，鼓风机电机附近
连接至	CAN−I
诊断	自诊断
电源	常电，后 PDC 供电

（25）IAM（智能交流发电机模块）如表 8−119 所示。

表 8−119

主要功能	控制交流发电机充电
等同于 M139/M145	—
车内位置	集成于交流发电机内
连接至	ECM，通过 LIN 线
诊断	通过 ECM
电源	—

（26）IBS（智能蓄电池传感器）如表 8−120 所示。

表 8−120

主要功能	监测蓄电池的状态和充电情况
等同于 M139/M145	—
车内位置	蓄电池负极卡箍上
连接至	BCM，通过 LIN 线
诊断	由 BCM 执行

（27）ICS（娱乐系统中央控制器）如表 8−121 所示。

表 8−121

也叫作	MTC 屏幕
主要功能	音响、导航、车载通信系统、HVAC 和车辆设置控制触摸屏用户接口
等同于 M139/M145	—
车内位置	集成在中控台
连接至	CAN−A/T
诊断	通过 TGW

（28）IPC（组合仪表）如表 8−122 所示。

表 8−122

主要功能	集合驾驶员仪表和多功能显示屏
等同于 M139/M145	NQS（Nodo Quadro Strumenti）
车内位置	集成于驾驶员仪表
连接至	CAN−C
诊断	自诊断
电源	常电，后 PDC 供电
注释	控制车辆里程，包括车辆保养次数和保养历史

（29）ITM（入侵收发器模块）如表8－123所示。

表8－123

主要功能	报警系统模块和一体化倾斜传感器
等同于 M139/M145	CAV（Centralina Alarme Volumetrico）
车内位置	车顶控制台内
连接至	CAN－I
诊断	自诊断
注释	仅限配备选配型容积式警报系统的车辆

（30）KIN（无钥匙启动模块）如表8－124所示。

表8－124

主要功能	启动点火开关和发动机的电子按钮
等同于 M139/M145	－
车内位置	驾驶员侧仪表板上
连接至	射频（RF）集线器，通过专用 LIN 线
诊断	通过射频（RF）集线器
电源	常电，后 PDC 供电

（31）LRSM（光线和雨量传感器模块）如表8－125所示。

表8－125

主要功能	包括微光和雨量传感器
等同于 M139/M145	CSP（Centralina Sensore Pioggia）
车内位置	集成于车内后视镜支架内
连接	至 BCM，通过 LIN 线
诊断	由 BCM 执行

（32）MSM（记忆座椅模块）如表8－126所示。

表8－126

主要功能	控制驾驶员座椅、踏板和转向柱的调整和记忆
等同于 M139/M145	NAG（Nodo Assetto Guida）
车内位置	驾驶员座椅下方
连接至	CAN－I
诊断	自诊断
电源	常电，后 PDC 供电
注释	仅限配备选配型8向电动前排座椅的车辆

（33）ORC（乘员保护控制器）如表8－127所示。

表8－127

主要功能	控制安全气囊系统
等同于 M139/M145	NAB（Nodo Airbag）
车内位置	变速器通道上，收音机单元下方
连接至	CAN－C
诊断	自诊断
电源	15 号线，前＋后 PDC 供电

（34）PDM（乘客侧车门模块）如表8－128所示。

表8－128

主要功能	控制所有乘客侧车门电子功能
等同于 M139/M145	NPP（Nodo Porta Passeggero）
车内位置	乘客车门面板内
连接至	CAN－I
诊断	自诊断

（35）PTS（Parktronics 系统）如表 8－129 所示。

表 8－129

主要功能	控制驻车传感器
等同于 M139/M145	NSP（Nodo Sensori Parcheggio）
车内位置	行李舱内，右侧
连接至	CAN－C
诊断	自诊断
电源	15 号线，后 PDC 供电
注释	仅限配备选配型 Parktronics 系统的车辆

（36）RFH（射频集线器）如表 8－130 所示。

表 8－130

主要功能	控制无钥匙进入 - 无钥匙启动功能
等同于 M139/M145	—
车内位置	在后置物板上
连接至	CAN－C，KIN、ESCL，通过 LIN 线
诊断	自诊断
注释	记忆遥控钥匙，备份车辆配置数据，控制防盗功能

（37）SCCM（转向柱控制模块）如表 8－131 所示。

表 8－131

主要功能	集成转向柱操纵杆和转向角传感器，用作方向盘控制器的主模块
等同于 M139/M145	Devioguida & NAS（Nodo Angolo Sterzo）
车内位置	转向柱上
连接至	CAN－C、SWS，通过 LIN 线
诊断	自诊断
注释	不包括换挡拨片

（38）SIREN 如表 8－132 所示。

表 8－132

主要功能	报警系统警报器
等同于 M139/M145	CSA（Centralina Sirena Alarme）
车内位置	左前轮罩内
连接至	ITM，通过专用 K 线
诊断	通过 ITM
电源	常电，前 PDC 供电
注释	仅限配备选配型容积式警报系统的车辆

（39）SWS（方向盘开关）如表 8－133 所示。

表 8－133

主要功能	集合方向盘控制
等同于 M139/M145	NVO（Nodo Volante）
车内位置	方向盘上
连接至	SCCM，通过专用 LIN 线
诊断	通过 SCCM

（40）TCM（变速器控制模块）如表 8－134 所示。

表 8-134

也叫作	Mechatronic
主要功能	控制变速器运行
等同于 M139/M145	NCA（Nodo Cambio Automatico）
车内位置	自动变速器内，机电装置
连接至	CAN-C，CAN-PT
诊断	自诊断
电源	常电，前 PDC 供电

（41）TGW（通信网关）如表 8-135 所示。

表 8-135

主要功能	控制收音机、导航和通信功能
等同于 M139/M145	NIT（Nodo Info Telematico）
车内位置	中控台内，ICS 后方
连接至	CAN-I、CAN-A/T
诊断	自诊断
电源	常电，后 PDC 供电
注释	作为 CAN-I 和 CAN-A/T 之间的网关，控制日期和时间信息的主控单元

（42）TPM（胎压模块）如表 8-136 所示。

表 8-136

主要功能	控制 TPMS
等同于 M139/M145	NTP（Nodo Tire Pressure）
车内位置	车辆下方，与地板相连，右侧
连接至	CAN-C
诊断	自诊断
电源	常电，后 PDC 供电

四、驾驶员仪表

1. 组合仪表（IPC）

组合仪表（IPC）属于机电仪表组，包括大型模拟车速表和转速表、17.8cm（7 英寸）的 TFT 故障显示屏、行程电脑、驾驶员警告和提醒系统，如图 8-92 所示。模拟仪表和多功能显示屏均带有众多警告灯。IPC 可存储车辆里程数，并对来自车辆各个模块的输入进行响应，但不会控制除车内灯调光外的任何输出。它还会保存车辆的起用日期和保养历史。

图 8-92

仪表以白色光为背光照明，技术性的冷光设计与车内温暖明朗的气氛形成对比，甚至位于其他背光控制之上，使其在车内灯关闭抑或夜间驾驶时亦清晰可见，如图8-93所示。根据车辆规格的不同（米制/英制单位以及特定国家的警告灯），IPC以不同的形式呈现。IPC与CAN-C总线连接，实现与车辆其他节点的数据交换及诊断。

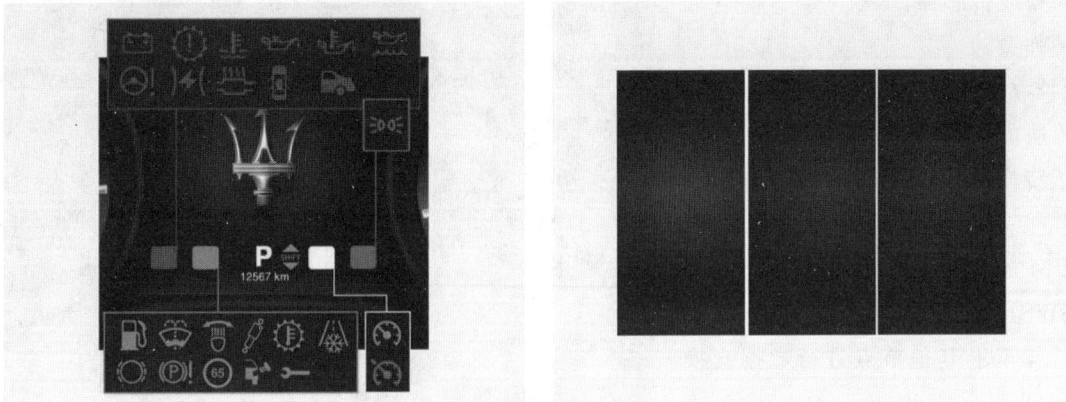

图8-93

驾驶员可使用右侧方向盘轮辐上的导航按钮配置多功能显示屏的各种显示模式。开启后，屏幕分为不同的部分，包括菜单和子菜单、运行数据、警告灯和信息。屏幕的背景颜色根据所显示信息的类型而变化：正常为蓝色，低临界警告为黄色，高临界警告为红色。通过多功能显示屏可选择多个设置，如乘客安全气囊关闭（根据市场规格）、自动驻车开启/关闭以及车速警告。

2. 模拟时钟

玛莎拉蒂一如既往地将模拟时钟放在仪表板中部，如图8-94所示。该时钟通过专用LIN线由BCM激活，可自动与MTC内的时间设置同步，无须直接调节。

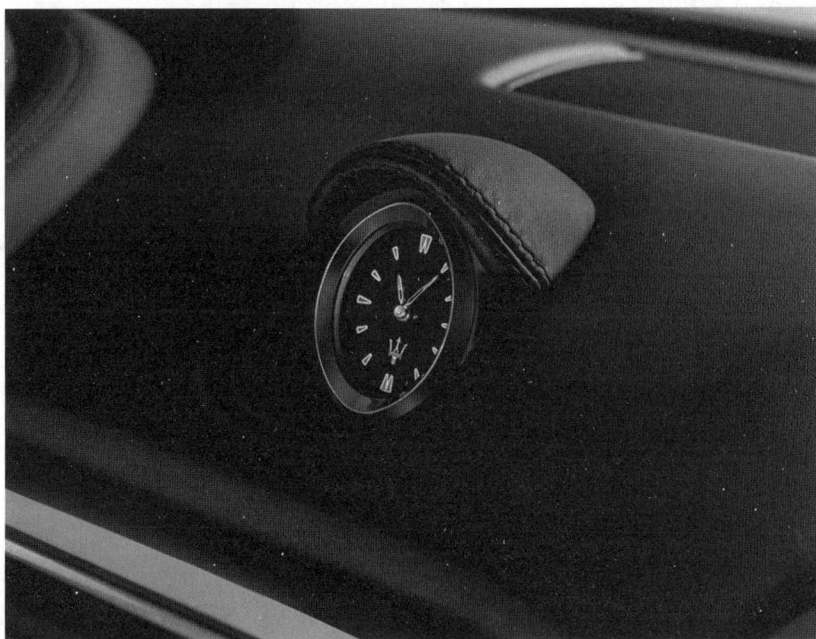

图8-94

五、驾驶员命令

1. 方向盘开关（SWS）

方向盘包含多种命令：用于巡航控制（左侧）、用于移动电话和语音控制和浏览组合仪表多功能显示屏（右侧）的控制开关，位于轮辐背面用以浏览 MTC 系统的控制开关，以及集成在安全气囊装置中的喇叭开关。这些开关电子组合在一起并通过串行 LIN 线连接至 SCCM。

2. 转向柱控制模块（SCCM）（图 8—95）

SCCM 由下列元件组成。

转向角度传感器。

时钟弹簧。

雨刮器/洗涤器、转向灯和前照灯光束变化等所需要的转向柱操纵杆。

用于转向柱电动调节（选配）的操纵杆。

SCCM 还通过 LIN 接收来自方向盘开关（SWS）的输入，并与 CAN—C 总线连接，与车上其他节点进行数据交换和诊断。

图 8—95

3. 换挡拨片

选配型换挡拨片由压铸铝制成，直接安装在转向柱上。换挡拨片直接硬连接至 TCM，驾驶员可以在驾驶过程中通过换挡拨片在自动和手动模式时进行手动选挡。

注：换挡拨片需要与选配型带记忆功能的 8 向调节式前排座椅和选配型电动转向柱调节功能一同配备。

4. 附件开关组模块（ASBM）

附件开关组模块（ASBM）在换挡杆旁集成一列按钮，如图 8—96 所示。背光照明的 5 个按钮可用于选择驾驶模式、传动系和操纵配置。在点火开关开启时，这些命令默认在正常位置（未按下）；按下时，它们可实现不同的策略，如表 8—137 所示。ASBM 通过 LIN 线与 BCM 连接，从而通过 CAN 总线通知不同车辆系统的相关模块。

图 8—96

表 8-137

按钮	未按下	按下（LED 开启）
ESC-关闭	ESC 活动	ESC-关闭模式
手动	自动换挡模式	手动换挡模式
I. C. E.	强化控制和效率模式关闭	强化控制和效率模式开启
运动	正常驾驶模式	运动驾驶模式
减震器*	软悬挂设置（舒适性）	硬悬挂设置（操纵性能）

*：仅限配备选配型 Skyhook 悬架系统的车辆。

关于可能选择的驾驶模式组合的说明。

ESC-关闭模式可独立于其他所有驾驶模式激活或取消。

硬悬挂模式可独立于其他所有驾驶模式激活或取消。

I. C. E. 模式和手动模式互不兼容（选择其中一个模式时另一个模式将取消，反之亦然）。

I. C. E. 模式和运动模式互不兼容（选择其中一个模式时另一个模式将取消，反之亦然）。

关于所选择的驾驶模式对车辆不同系统所产生影响的说明。

ESC-关闭模式只影响电子稳定性控制（ESC）系统的工作。

手动模式只影响变速器的运行。

I. C. E. 是一种用来充分确保行驶安全性和燃油经济性的驾驶模式。该模式可影响发动机控制系统、排气门和变速器的运行。

运动模式是一种用于增强动力性和驾驶乐趣的驾驶模式。该模式可影响发动机控制系统、排气门、变速器和 ESC 系统的运行。

硬悬挂模式只影响 Skyhook CDC 系统运行。

5. 娱乐系统中央控制器（ICS）

娱乐系统中央控制器（ICS）为一个 21.3cm（8.4 英寸）触摸屏，如图 8-97 所示。用户可通过该显示屏使用 MTC（玛莎拉蒂触控系统）程序控制大多数车载设备。

图 8-97

MTC 包括对收音机、导航系统、DVD 播放器、蓝牙连接、外部连接（如移动手机及苹果设备）的控制。用户可使用 Aux-in 和 USB 插口或 SD 读卡器等播放音乐、观看视频或浏览图片。MTC 还可用于控制暖风空调系统、前排座椅加热功能和通风功能、方向盘加热功能以及后车窗遮阳板的运行。MTC菜单中包括车辆主要设置的配置选项。系统的各种菜单可通过屏幕底部显示的图标进行操作。

ICS还接收来自暖风空调系统前控制面板的输入信号。这个面板位于ICS正下方。该面板中的控制器与MTC中暖风和空调系统相同。ICS通过带有护套的LVDS视频接插件与TGW连接。并且与CAN—A/T总线连接。TGW在ICS和车上其他系统之间起网关作用。ICS的诊断通过TGW进行，因为CAN—A/T总线未与DLC连接。

六、信息娱乐系统

1. 远程信息处理网关（TGW）

由松下提供的远程信息处理网关（TGW）是车辆信息系统的中央单元，如图8—98所示。该网关没有直接用户接口，而是通过ICS接收命令。TGW与车内CAN—I总线连接，并且是音频和远程信息处理系统的专用总线——CAN—A/T。其他连接至CAN—A/T网络的模块为ICS、音频放大器（AMP）和免提模块（HFM）。TGW同样作用为CAN—I节点和CAN—A/T网络中其他节点之间的中央网关。

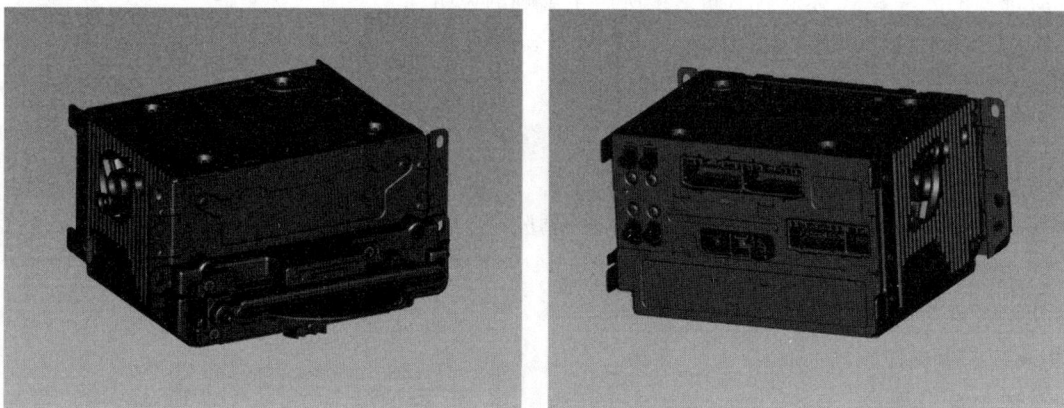

图8—98

TGW在前端带有一体式CD/DVD播放器和SD读卡器插槽。收音机既可接收传统AM/FM广播，也可接收数字广播（数字音频广播—DAB）。收音机的两个天线集成在后车窗中：一个用于接收AM/FM波段，其放大器安装在左侧C柱饰板后部；另一个用于接收FM2/DAB波段，其放大器安装在右侧C柱饰板后部。两个天线放大器都与TGW连接。对于美国/加拿大市场销售的车型，TGW内部集成了SDARS接收器和解码器（天狼星）。还集成了导航单元，并使用Garmin提供的地图。车顶天线中带有卫星导航专用GPS天线、Sirius（天狼星）卫星收音机专用天线（如有）。通过外部设备（HFM）为音频数据流和移动电话提供无线蓝牙连接。TGW还进一步作为时间和日期的主控单元，这些数据可以通过接收GPS信息进行更新（自动模块），也可以由用户设置（手动模式）。

注意：由于系统规格不同，TGW设备专用于某些特定市场（美国/欧洲/日本）。

吉博力（Ghibli）的信息娱乐系统具有下列特性。

AM/FM和DAB收音机。

CD/DVD播放器。

SD读卡器。

USB接口。

AUX—IN 3.5mm音频插孔输入。

兼容iPod（通过USB和专用的连接线）。

蓝牙音频流（BTSA）（选配/根据版本）。

天狼星SDARS卫星收音机（美国/加拿大）。

Garmin GPS 导航（选配/根据版本）。

蓝牙免提移动电话控制（选配/根据版本）。

后驻车摄像头（选配/根据版本）。

通过 21.3cm（8.4 英寸）触屏（MTC）和方向盘控制器进行控制。

语音命令（用于免提移动呼叫和导航控制，仅配备选配项）。

（1）USB 和 AUX－IN 端口。

中央扶手盖下面有一个 USB 端口（USB1），如图 8－99 所示。此端口具有多种用途。

从 USB 存储装置播放音乐、观看视频或浏览图片。

通过专用导线连接 iPod。

更新导航单元的软件和地图。

保存个人数据和设置备份。

保存 MTC 显示屏的屏幕截图。

注：后排中央 USB 端口（USB2）仅用于移动设备充电。

（2）导航系统软件和地图更新。

①要更新导航系统软件，您必须具有大容量的 USB 存储设备和互联网连接。执行下列软件更新步骤。

a. 转至 www. garmin. com/玛莎拉蒂。

b. 查找您的车型并选择"软件更新（SoftwareUpdates）"，然后选择"下载（Download）"。

c. 阅读并接受软件许可协议的条款。

d. 按照网站上的说明完成软件更新的安装。

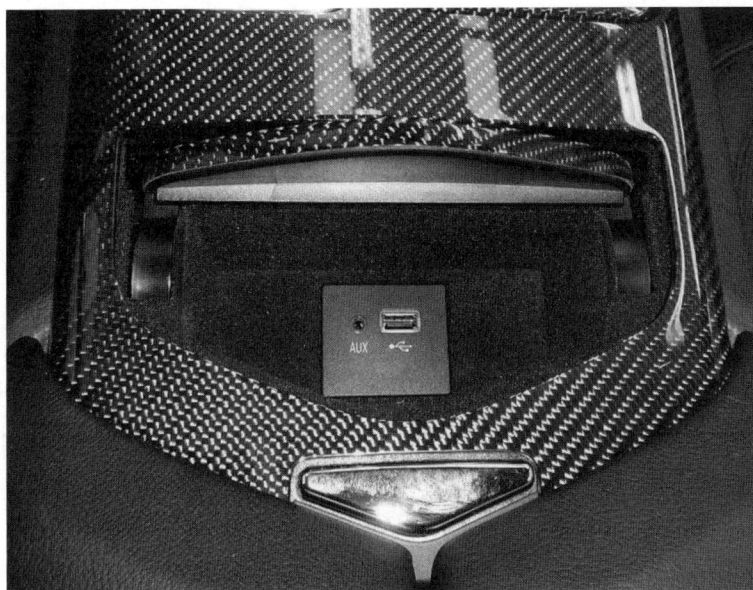

图 8－99

②要更新导航系统地图，必须具有大容量的 USB 存储设备和互联网连接。地图更新可一年购买一次。执行下列地图更新步骤。

a. 转至 www. garmin. com/玛莎拉蒂（Maserati）。

b. 选择适用于您设备的"订购地图更新（Order Map Updates）"。

c. 按照网站说明更新地图。

③可通过 MTC 菜单查看当前地图版本。

a. 触摸"设置（Settings）"软键。

b. 触摸"地图（Map）"软键，然后触摸"信息（Info）"。

（3）经销商模式。

同时按住下列 3 个位于暖风空调控制面板上的按钮，即可进入车辆信息系统的"经销商模式"。

驾驶员侧温度升高（UP）。

驾驶员侧温度降低（DOWN）。

风挡玻璃除雾。

在经销商模式下，可以阅读各种系统相关数据，例如不同系统零部件的各种软件和硬件信息，以及导航地图相关数据，如图 8－100 所示。在经销商模式下，还可以进行用户数据和设置的备份。

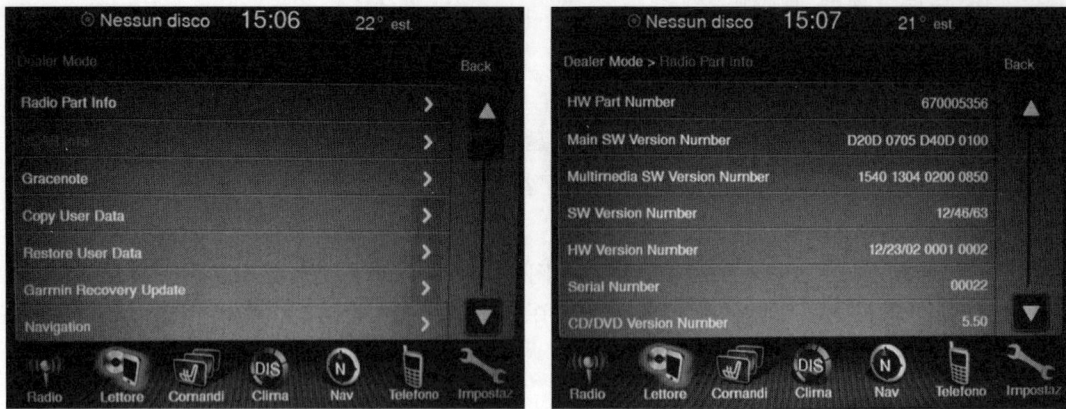

图 8-100

（4）数据备份。

如要更换 TGW 单元，可以对用户的个人数据和设置进行备份，以便在随后将其复制到新单元上。备份时按照下面的程序操作。

①插入 USB 存储设备。

②同时按住暖风空调控制面板上的"风挡玻璃除雾"和驾驶员侧温度"上升（UP）""下降（DOWN）"按钮进入经销商模式。

③在菜单中选择"复制用户数据"功能。

更换 TGW 单元后，将含有此前所保存数据的 USB 存储设备插入 USB 端口，并选择"恢复用户数据"功能。

（5）截图保存功能。

截图保存功能始终可用，与 ICS 当前显示的屏幕无关。此功能允许用户保存截图，以备日后在电脑上查看或发送给技术支持人员。截图直接保存在 USB 存储设备中，存储设备必须先连接到 USB 端口上。当同时按下驾驶员侧的温度"上"和"下"以及 HVAC 控制面板上的"后窗除霜"按钮，即可保存截图。当截图保存后，会发出一声蜂鸣。

2. 免提电话模块（HFM）

免提电话模块（HFM）可以实现与蓝牙设备的配对连接，例如可以将移动电话连接到车辆信息系统。HFM 安装在驾驶员侧仪表板下方，并通过 CAN－A/T 总线与 TGW 通信，如图 8-101 所示。2 个麦克风同样连接至 HFM，用于免提呼叫和语音命令功能；这些麦克风带有降噪技术，位于内后视镜的顶部。使用免提电话呼叫功能时，HFM 接收来自麦克风的模拟信号，并通过蓝牙将这个信号发送到配对的移动电话中。使用声控命令功能时，发出的音频命令由 HFM 转换为通过 CAN 传输的信息并发送到 TGW 中。

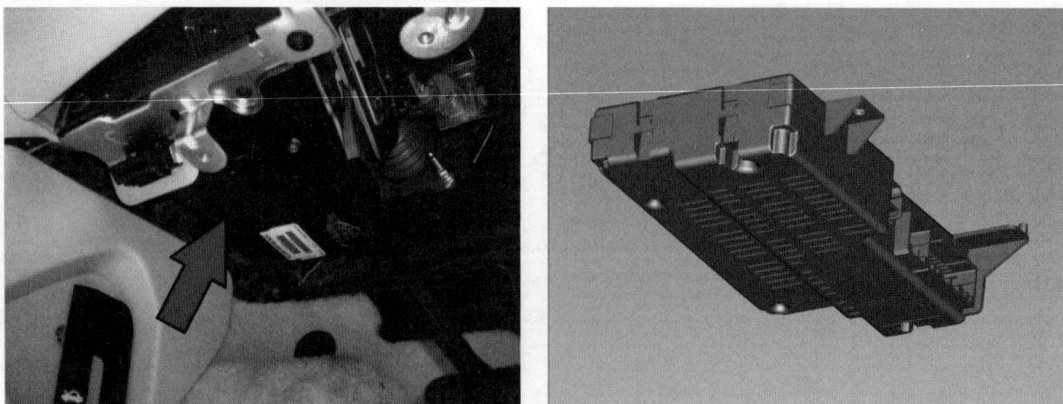

注：HFM 仅供配备蓝牙的车辆

图 8-101

678

3. 车载 Wi-Fi 热点

吉博力可选配车载移动 Wi-Fi 热点连接模块，如图 8-102 所示。用于数据传输的带 SIM 卡的路由器与互联网相连，允许在行驶中访问无线网络。不同无线设备可以同时连接，例如 1 台笔记本电脑和 2 部移动电话。车载热点系统支持以下通信格式：HSDPA、UMTS、EDGE 和 GSM。WLAN 路由器为由 Autonet 提供的独立设备，位于后置物架下方。要进入路由器，必须拆除后置物架。Autonet 移动平台基于嵌入式 Linux 操作系统，可提供可靠安全的连接并能自动搜索和切换至最强的网络信号。Wi-Fi 系统能够持续在线监测与排除网络连接故障和监控网络统计数据和信号，并会自动进行调节以提供最佳的网络连接。

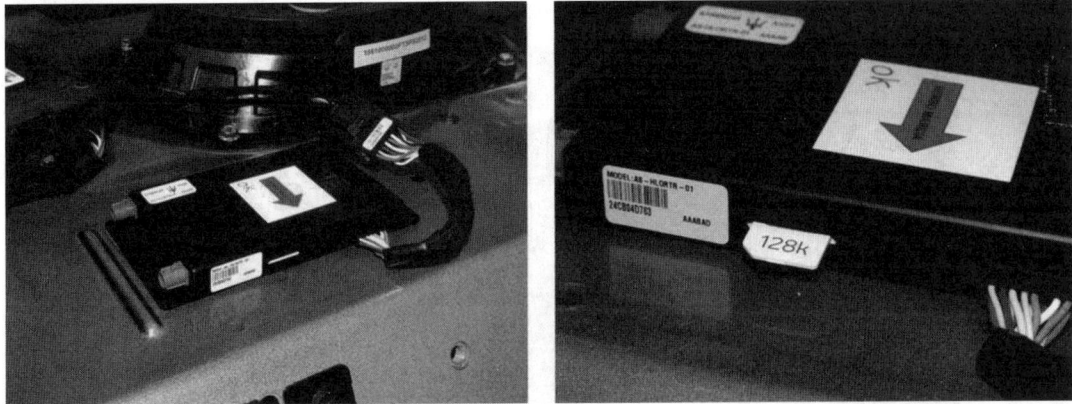

图 8-102

获取移动 Wi-Fi 系统的安装与激活详情，可查询玛莎拉蒂服务部门提供的相关服务信息。

七、音响系统

1. 标准音响系统

标准音响系统具有由主机（TGW）驱动的 8 个扬声器。该构架包括两个在仪表板上的 19mm 高音扬声器、在各车门上的 165mm 低音扬声器和两个在后门上的额外 19mm 高音扬声器。

2. 高级音响系统

吉博力配备的选配型高级音响系统提供了超大功率和出色的音质。系统具有 10 个扬声器和一个 600W 放大器，与专业供应商哈曼国际合作专为吉博力设计。结构包括仪表板上的 1 个 80mm 中音和 2 个 25mm 高音扬声器，每扇车门各 1 个 165mm 低音扬声器，后排车门上另外配有 2 个 25mm 高音扬声器，后置物板上配有一个 180mm×250mm 超低音扬声器。高级音响系统的 8 通道 600W 放大器，如图 8-103 所示。

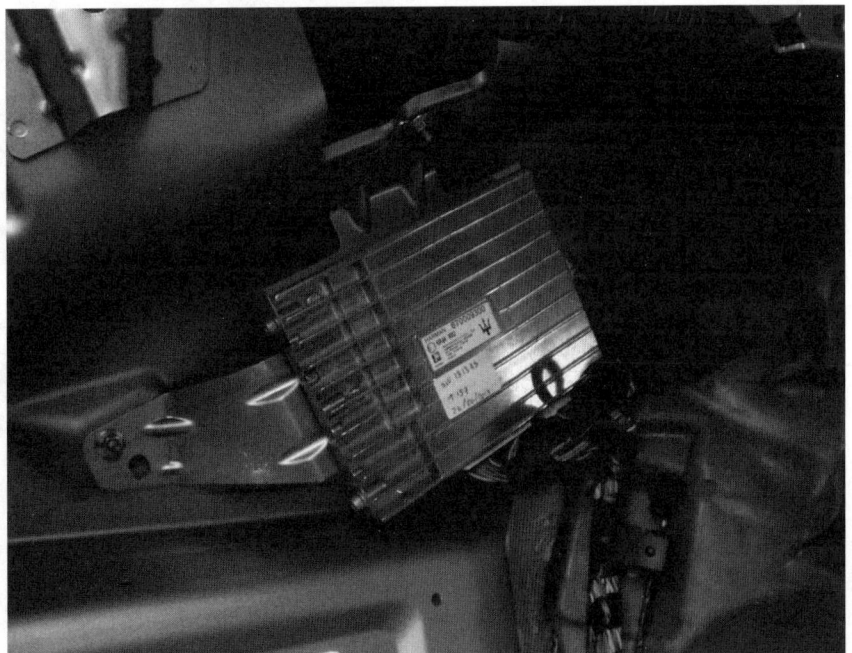

图 8-103

3. Bowers & Wilkins 高级音响系统

选配型 Bowers & Wilkins 音响系统能够提供最高标准的车载 Hi-Fi 功能，如图 8-104 所示。系统所使用的元件、15 个扬声器的配置以及绝佳的 QuantumLogic 环绕立体声配置都经过长时间严格的声学工程研究。在首次引入新款总裁后，Bowers & Wilkins 高级音响系统的各个细节均为吉博力车型进行了专门设计和声学优化，通过对于音频来说至关重要的扬声器布置，并由音频业务领域最有经验的人员进行的长时间的听觉体验和调试过程，使得系统能够以最佳的效果再现音响的每一个细节，并具有最高水平的音响纯度和动态响应，为驾乘人员带来全新的旅途音乐体验。QuantumLogic 环绕立体声系统包括各声道的独立元件；对乐器、噪音和车内回音进行识别、分离和处理，使得环绕声音场格外真实和精确，提供了绝佳的音频效果。

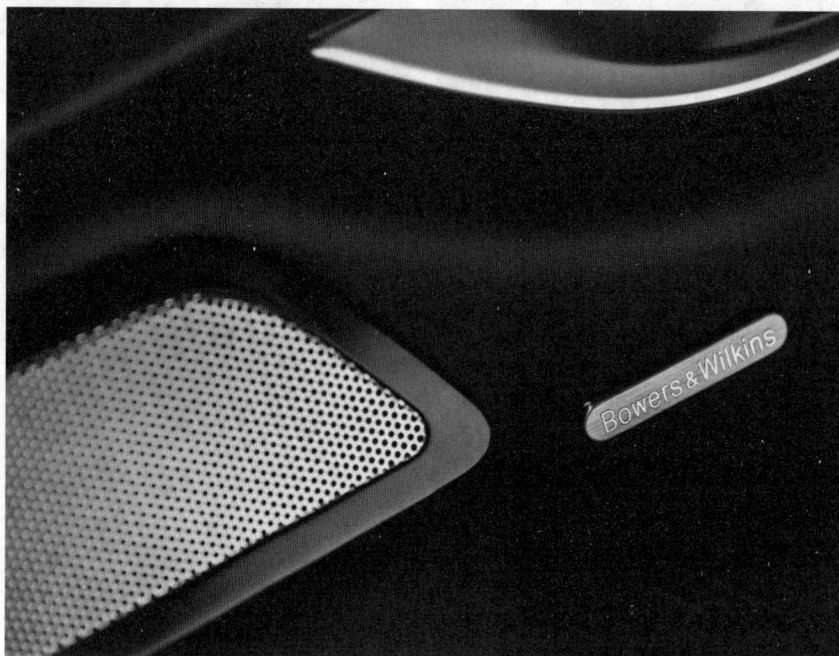

图 8-104

系统使用 D 级振幅的 15 个扬声器和 16 个渠道，振幅达 1280W，如图 8-105 所示。车门和后部车顶的扬声器与基本系统的扬声器不同，具有完全独特的功能。结构包括位于中央仪表板和两侧仪表板上的 100mm 中央芳纶鼓膜中音扬声器和 3 个 25mm 的铝网高音扬声器。前门中安装了 1 个 165mm 低音扬声器和 1 个 100mm 芳纶中音扬声器（采用芳纶纤维编织振膜的中音扬声器），后门中安装了 1 个 165mm 芳纶鼓膜低音扬声器和 1 个 25mm 铝网高音扬声器。后行李架上安装了 2 个 100mm 的芳纶中音扬声器和 1 个 350mm×200mm 的低音炮。这样便

图 8-105

可以让驾乘人员在玛莎拉蒂（Maserati）车内享受最佳的音频体验。

165mm CFR 低音扬声器：2×165mm（前门）。

165mm 黑色凯芙拉低音扬声器：2×165mm（后门）。

100mm 黄色凯芙拉中音扬声器：1（仪表板中部）、2（前门）、2（左/右环绕声）。

25mm MMX 低音扬声器：1（中部）、2（仪表板左/右）、2（后门）。

350mm×200mm Racetrack Sub Dual VC：1（后置物台）

16 通道 1280W D 级放大器位于行李舱中。

Bowers & Wilkins 高级音响系统 16 通道，1280W 放大器，如图 8—106 所示。

图 8—106

八、驻车辅助系统

1. 驻车传感器

吉博力可选配驻车辅助系统，该系统使用 6 个前置和 4 个后置超声传感器。

系统不仅使用蜂鸣声提示车辆与障碍物之间的距离，而且向仪表板组合中的多功能显示屏发送车辆与障碍物之间的图片。系统的中央单元称作 Parktronics 系统（PTS），位于行李舱内的右侧，如图 8—107 所示。系统与 CAN—C 总线连接，实现与仪表板组合（IPC）的通信以及诊断功能。

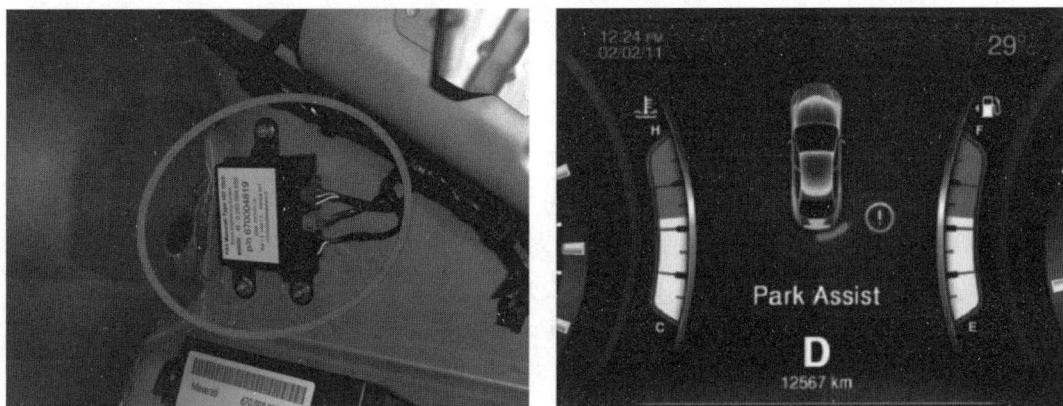

图 8—107

2．视频驻车辅助

吉博力可选配后视驻车摄像头，以辅助倒车操控。一个小型摄像头安装在行李舱释放按钮旁边，牌照上方。通过摄像头可以看到车辆后方区域，在选择倒车挡时将图像显示在 21.3cm（8.4 英寸）MTC 显示屏上。摄像头通过屏蔽线与 TGW 相连。

九、无钥匙进入和无钥匙启动系统

1．系统概述和功能

吉博力标配无钥匙启动系统，可选配作为无钥匙进入功能的延伸功能。按下仪表板上的启动按钮即可启动发动机，而不需要将钥匙插入点火开关。借助无钥匙进入功能，在车辆停放和车门闭锁时，只需将钥匙放在衣兜里，即可通过将手放在车门把手或行李舱按钮上解锁车辆。无须使用遥控器，极大方便了进入车辆所需要的操作。

遥控点火和发动机启动功能可用于中东和美国/加拿大规格车辆和部分其他市场（俄罗斯、乌克兰、阿塞拜疆和哈萨克斯坦）。该功能代替了遥控钥匙的外部车灯功能。在一定距离内按下按钮即可启动发动机，同时还可开启空调控制功能（制冷/制热），从而在进入车辆时具有更舒适的环境。

系统具有下列功能和特性。

无钥匙进入（选配）：当触碰前车门把手时，在系统识别到有效遥控钥匙后即自动解锁车门。

无钥匙启动：无须插入钥匙，只需要按下按钮即可打开点火开关，启动发动机。

集成式防盗锁止功能。

按下车门外把手上的按钮即可启动门锁（带无钥匙进入）。

离开后车门自动闭锁（用户设置）。

使用前后门饰板上的开关实现电动车门闭锁/解锁。

使用遥控钥匙实现遥控车门闭锁/解锁和行李舱盖开启。

使用遥控钥匙实现定时遥控外部车灯激活。

使用遥控钥匙实现遥控打开/关闭车窗功能。

遥控报警功能（仅美国市场）。

使用遥控钥匙实现遥控发动机启动（150m 以内）（仅供中东和美国/加拿大规格车辆选配）。

当检测到遥控钥匙位于车内或行李舱内时，无车门闭锁或行李箱闭锁操作和音频警告。

在系统发生故障时，可使用应急钥匙从外部手动闭锁/解锁车门。

按下机械锁止按钮或拉动车门内把手，从车内手动闭锁/解锁车门。

燃油加注口盖闭锁/解锁功能与车辆中控门锁系统连接。

2．系统说明

无钥匙进入与无钥匙启动系统由中央基站（通常称作射频集线器或 RFH）控制。RFH 同时使用 RF 和 LF 无线通信与遥控钥匙通信。RFH 具有一个用于遥控的 RF 接收器，并使用 5 根位于车辆不同位置的 LF 天线来检测是否存在遥控钥匙。位于前门把手和行李舱盖上的电容式传感器来感应和检测人手，并激活遥控钥匙存在性检测功能和有效性检查功能。

无钥匙启动功能使用无钥匙点火开关［又称为无钥匙点火节点（KIN）］，该节点位于仪表板上，用于开启点火开关与启动发动机。按下 KIN 按钮后，系统在启动发动机前使用 LF 天线检查车内是否存在有效遥控钥匙。如果系统没有检测到有效遥控钥匙，发动机将无法启动，并向多功能显示屏发送一条驾驶员警告信息。系统进一步控制防盗功能和电子转向柱锁（ESCL）。

（1）射频集线器（RFH）。

RFH 是系统的中央单元，其中含有无钥匙进入和无钥匙启动功能的控制逻辑，并存储了遥控钥匙数据。RFH 位于车辆的后行李架上，通过串行 LIN 线与高速 CAN－C 总线以及 KIN 和 ESCL 单元连接，如图8−108所示。RFH上连接5根LF天线，以及电容式车门把手传感器和关闭开关。RFH还起车辆无线接收器的作用：RFH内的射频接收器响应遥控钥匙上的遥控按钮发出的命令。RFH中还包含车辆配置数据的备份。注意，RFH软件和校准专用于两种配置（仅无钥匙启动，或无钥匙进入和无钥匙启动）。

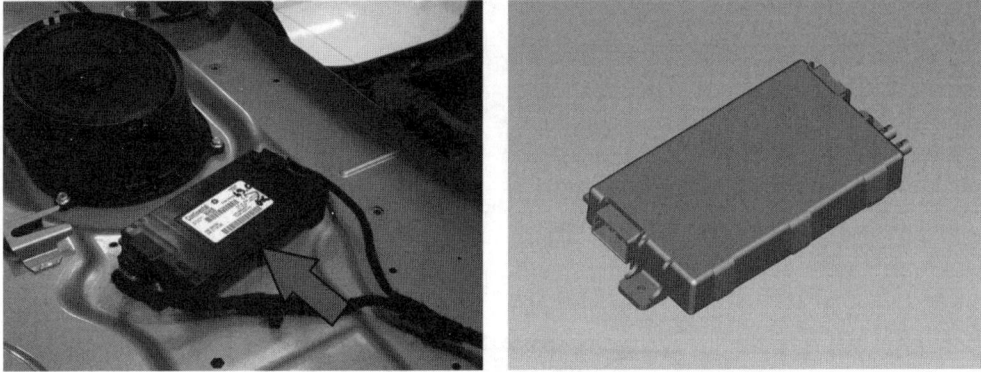

图8−108

如果需要更换RFH，必须同时更换电子转向柱锁（ESCL）。两个元件之间采用电子方式锁止，必须作为一套来更换。

（2）防盗功能。

车辆的防盗功能由RFH与发动机ECU（ECM）共同来管理。防盗功能基于存储在ECM（VIN主节点）RFH内的VIN。在驾驶员按下KIN按钮启动发动机时，RFH会通过使用存储的VIN生成编码启动信息，并将其通过CAN−C总线发送至ECM。ECM随后会使用其自身存储的VIN对接收到的信息进行解码。当信息正确解码时，ECM启动发动机。因此，如果RFH的VIN与ECM的VIN不匹配，发动机不会启动。在车辆安装了新的原始RFH时，其会在首次开启点火开关时学习ECM内的VIN，并随后在不可修改的情况下将VIN存储。所以车辆间不可能交换RFH。

5根LF天线安装在车上的特定位置，使得系统在用户想要打开车门和行李舱盖时，能够检测钥匙是否在车内以及车辆附近。这5根天线分别位于如下位置。

各扇后门内1根，安装在车门饰板内，靠近B柱（用于无钥匙进入）。

前中央扶手位置1根。

行李舱内1个。

1根位于后保险杠后方（用于无钥匙进入）。

车门天线以及后保险杠后方的天线与遥控钥匙相匹配，当电容式车门传感器被触发时，通过交换防盗信息，开启车门。2根车内天线（分别布置在中央扶手处和行李箱中）可检测车内信号，以保证驾驶员可以打开点火开关，或启动发动机。

图8−109显示了安装在后保险杠后方的LF天线。

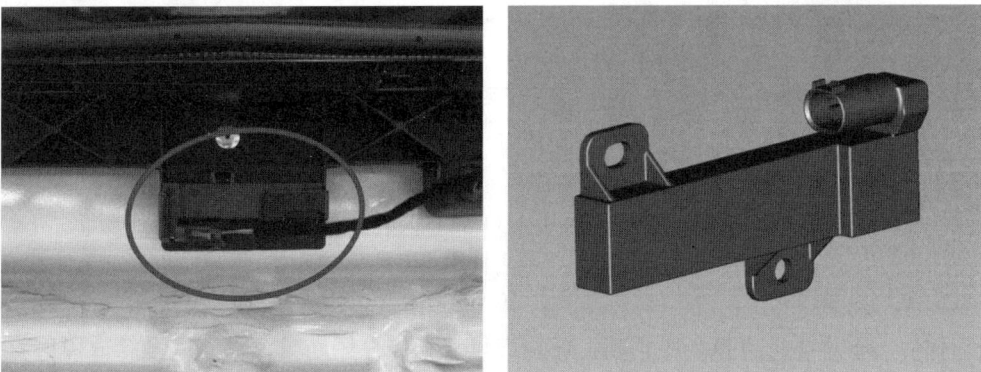

图8−109

（3）带有开关和电容传感器的车门把手。

对于配备无钥匙进入系统的车辆，前门把手和行李箱盖把手内的电容传感器可检测到是否已将手插入，并促使 RFH 通过 LF 天线检测是否存在有效遥控钥匙。前门把手上的按钮可用于关闭车辆，而无须使用遥控器，如图 8－110 所示。

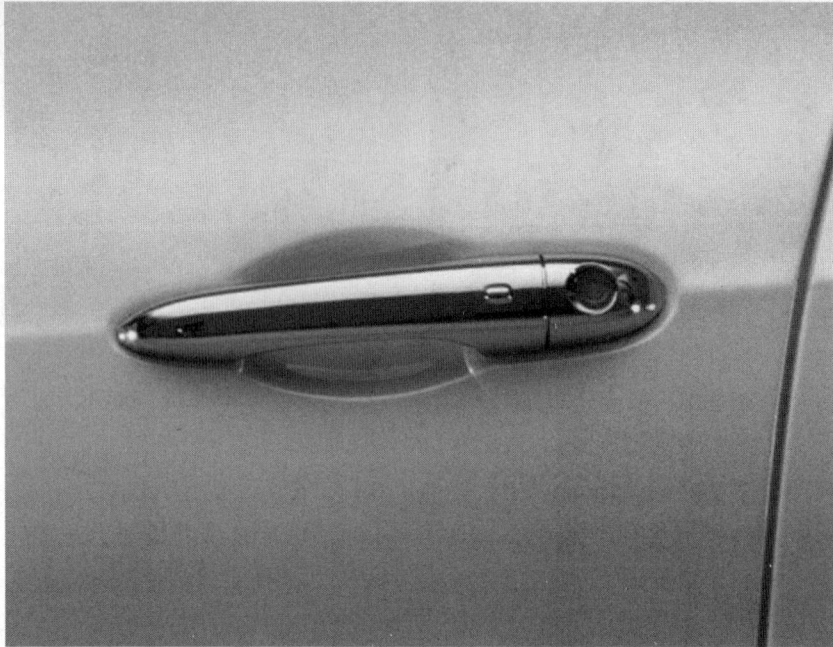

图 8－110

（4）遥控钥匙。

如同总裁，全新吉博力采用了新型钥匙。钥匙壳体由硬质铝材制造，经过抛光，新型钥匙的设计风格与车辆相得益彰，如图 8－111 所示。遥控钥匙上有 4 个遥控按钮：车门闭锁、车门解锁、行李箱盖开启以及外部车灯遥控。对于销往美国的车辆，遥控车灯按钮由遥控报警按钮代替，按下该按钮时喇叭/蜂鸣器将响两次，4 个转向灯也会打开，该功能设计为在紧急情况下引起对车辆的注意。按住车门闭锁/解锁按钮还可以升起和降下 4 扇车窗。遥控钥匙作用为用户识别装置，每把遥控钥匙均有其独自的识别码和一体式 LF 接收器/收发器。不同配对钥匙的识别码存储在 RFH 内。车辆标配为两把遥控钥匙，但也可以增加个数。

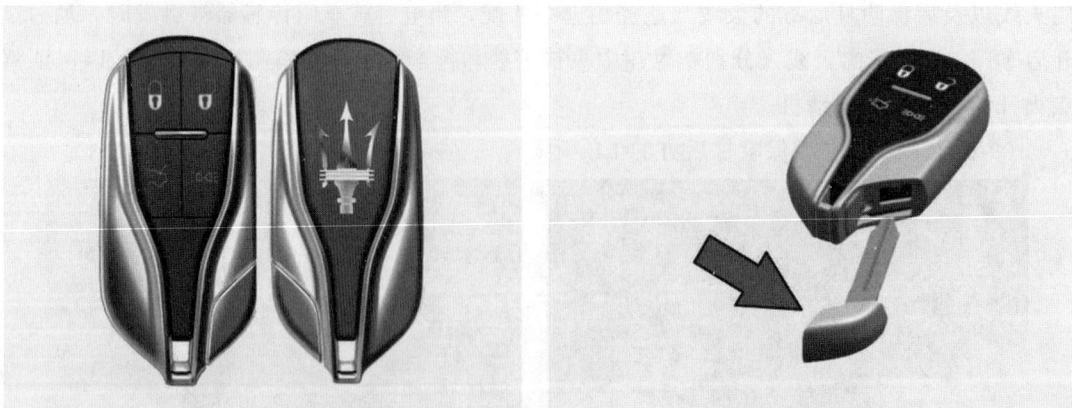

图 8－111

（5）机械应急钥匙。

可从遥控钥匙上抽出 1 把机械车门钥匙。该钥匙仅能在遥控钥匙电池没电或系统故障时打开驾驶员侧车门。机械钥匙不能启动车辆。

684

（6）遥控钥匙编程。

为编程遥控钥匙，需要通过输入 4 位 PIN 码来解锁 RFH。只能使用玛莎拉蒂诊断仪进行。当 RFH 解锁后，最多可以对 7 把钥匙进行匹配。每辆车的 PIN 码都存储在玛莎拉蒂主服务器中。当输入遥控钥匙编程菜单，当识别车辆 VIN（在线程序）后，MD 自动从服务器检索 PIN 码，或者可从玛莎拉蒂技术服务部门处获得。随车未提供 PIN 码卡。同一台车辆的所有遥控钥匙必须同时进行编程。没有同时编程的遥控钥匙会失效。但是可以通过重复编程操作程序重新对所有钥匙组件编程。

（7）无钥匙点火节点（KIN）。

无钥匙点火节点（KIN）代替了传统系统的钥匙和点火开关机构，如图 8-112 所示。可以将 KIN 理解为 1 个电子按钮，通过这个按钮可以打开点火开关也可以启动发动机。KIN 安装在转向柱旁。KIN 通过串行 LIN 线与 RFH 连接，按下即能够触发 LF 天线，确认遥控钥匙是否有效。KIN 同样包含 1 个备用应答器天线，可在用户遥控钥匙电池没电时允许发动机启动。在此情况下，可使用遥控钥匙的上部并按下 KIN 按钮来开启点火开关和启动发动机。遥控钥匙内部包含集成式应答器。

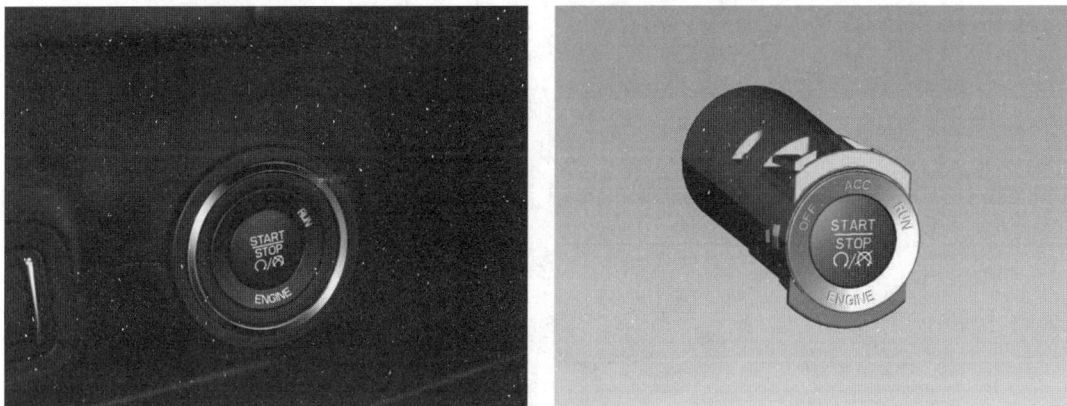

图 8-112

（8）电子转向柱锁（ESCL）。

由于不需要使用机械钥匙打开点火开关和启动发动机，因而使用电控单元 ESCL 代替了传统转向柱锁，如图 8-113 所示。ESCL 单元是一个机电式锁执行器，安装在转向柱顶端，通过 RFH 激活和解除。RFH 通过串行 LIN 线与 ESCL 通信，以实现该功能。ESCL 和 RFH 之间为电子配对，ESCL 只能由同一台车辆上的 RFH 解锁，反之亦然，RFH 只能解锁属于同一台车辆的 ESCL。从而，2 个元件必须同时配套更换。

注：ESCL 被锁定在休止位置。

图 8-113

电子转向柱锁（ESCL）单元安装在转向柱的顶部（绿色部分）。

685

十、警报系统

1. 容积式警报系统

吉博力可选装容积式警报系统。乘客舱容积传感器和车门开关可检测车门是否被开启并触发警报器。

警报系统由集成在车顶控制台中的侵入收发器模块（ITM）控制。ITM带有一个集成式倾角传感器，连接至车顶控制台中的两个容积式侵入传感器。此外，ITM还连接至CAN-I网络并使用串联K线启用位于左前车轮拱罩上的警报器。仅限英国市场，车辆的警报系统配套有GPS跟踪装置。车顶控制台集成有ITM组件以及两个容积式侵入传感器，如图8-114所示。

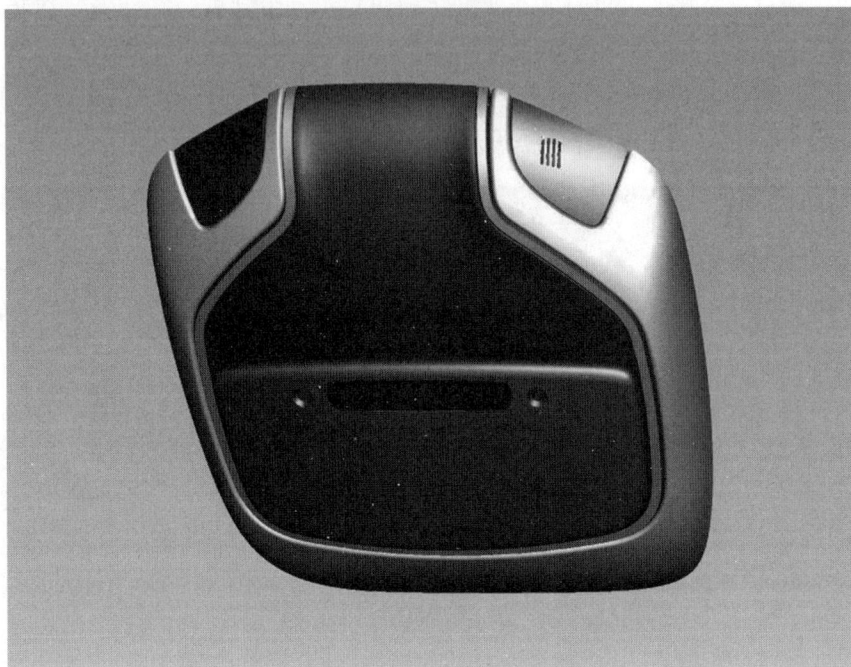

图 8-114

警报器装置位于车辆左前车轮拱罩区域内并通过串联K线连接至ITM，如图8-115所示。

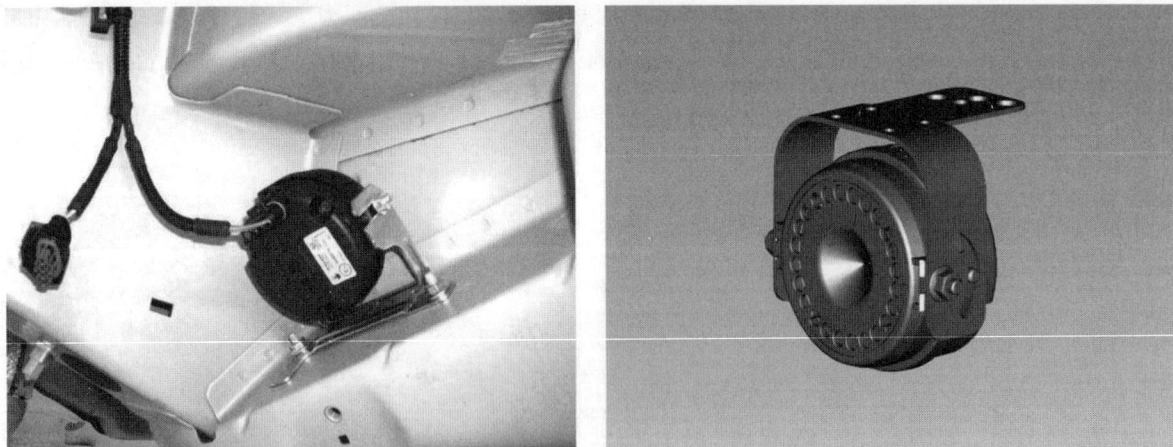

图 8-115

2. 基本警报系统

带周界防护功能的基本警报系统用在未配备选配型容积式警报系统的车辆上，如果车门之一、发动机舱盖或行李箱盖在车辆被锁定后开启，车辆喇叭会被激活。该功能由BCM管理。

十一、车外照明系统

1. 前照灯（图 8-116）

吉博力可配备两种不同类型的前照明系统。

25W 双氙气前灯。

带自适应前照明系统（AFLS）的 35W 双氙气前灯（吉博力为选配，吉博力 S 和 S Q4 为标配）。

两套前照灯系统同样具有下列功能。

LED 日间行车灯（DRL）在日间和夜间行驶时均可提供高识别度，同时还起到位置灯的作用。

一体式 LED 转向指示灯。

LED 侧示廓灯，以及 1 个集成在前照灯注塑件中的侧反光板。

自动远光控制。

自动前照灯启用。

前照灯延时。

带 AFLS 的 35W 双氙气前灯辅助有高压镜片清洗器喷嘴和 5L 风挡玻璃/前照灯清洗器储液罐（配备标准前照灯的车辆为 3.5L）。气体放电（氙气）前照灯采用带高压氙气的饱和电弧工作，而非白炽灯丝。从照亮区域的品质（更亮光线）以及跨度和定位的方面看，与传统灯泡相比，所产生光线的品质明显更高。由于前照灯深度（35W 前照灯）的自动调节，因此可在低眩光的条件下为迎面交通提供极佳的道路视野。标准前照灯（25W）具有手动调平功能，其仪表板指轮开关有三种水平设置。该功能由 BCM 管理，BCM 可直接激活前照灯调平执行器。

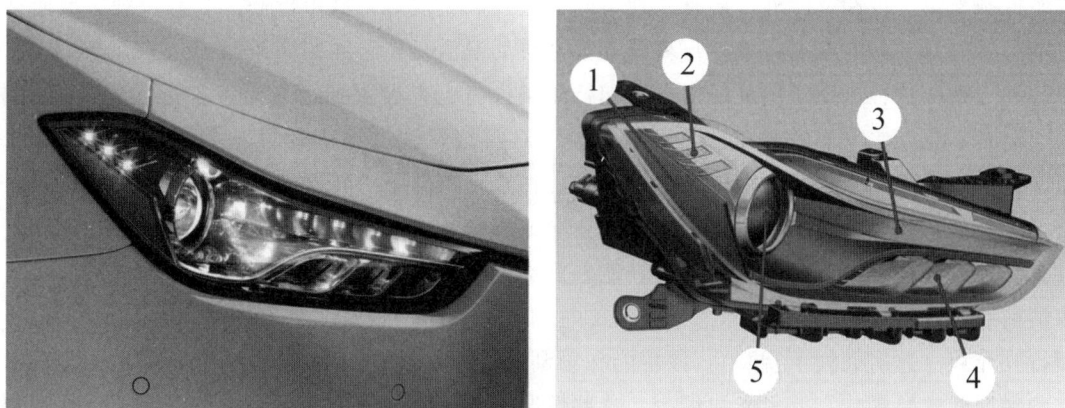

1—侧反光板　2—LED 示廓灯　3—LED DRL 和位置灯　4—LED 转向指示灯　5—双氙气前照灯

图 8-116

（1）自动远光控制。

此系统利用安装在后视镜后面的数字摄像头（自动远光模块或 AHBM）通过自动远光控制在夜间提供更大范围的前方照明。此系统检测车辆专用灯光并自动从远光切换至近光，直至驶近车辆或前方车辆离开视野范围（智能光束）。AHBM 通过串行 LIN 线连接至 BCM。此功能可使用 MTC 菜单开启或关闭。该功能为两款前照灯的标准配置。

（2）自动前照灯激活。

此功能可根据微光传感器检测到的外部光线强度自动打开或关闭前照灯。微光传感器与雨水传感器一起安装在风挡玻璃上，位于车内后视镜后面的区域。该组合传感器单元称作光线和雨量传感器模块（LRSM），通过串行 LIN 线与 BCM 连接。前照灯和尾灯的激活逻辑位于 BCM 内。自动前照灯工作时，前照灯时间延迟功能也激活。这意味着前照灯将在点火开关关闭后仍保留长达 90s 的开启状态。注：在开启前照灯自动模式前，必须让发动机运行。

（3）前照灯延时。

当在黑暗区域离开车辆时，此功能提供长达 90s（可编程）的前照灯照明。要激活延时功能，当前照灯仍开启时，将点火开关置于 OFF 或 ACC 位置。然后在 45s 内关闭前照灯。延时间隔在车灯开关关闭时开始。如果前照灯或驻车灯点亮，或点火开关置于运行（RUN）位置，则系统会取消延时。如果在点火之前关闭前照灯（"0"位置），则前照灯将在正常模式下关闭。前照灯延时可通过 MTC 菜单进行编程。

（4）LED 日间行车灯（DRL）。

风格独特的吉博力前照灯（安全性进一步提高）所配备的 LED 日间行车灯集成在前照灯体的顶部。由于其亮度水平，日间行车灯可在日间和夜间使车辆前部释放出空前的运动和高雅气息。灯光呈现出的独特白色营造了一种恒定、简洁的灯光视觉效果。除具有日间行车灯功能外，此系统还可以用作低设置时的驻车灯。

日间行驶时，如果远光/近光光束关闭，日间行车灯会开启到最大亮度。在近光/远光光束打开时，日间行车灯使用较低的功率工作，但仍能保持很好的可见性。照明系统使用相同的高强度或低强度 LED 前照灯作为相应的日间行车灯和位置灯或驻车灯。当发动机运转且换挡杆从"驻车挡（P）"换挡，前照灯（"0"位置）和驻车制动器关闭时，日间行车灯打开。在转向指示灯激活时，DRL 维持开启但变暗。

2. 自适应前照明系统（仅 35W 双氙气前照灯）

带 AFLS 的前照灯可借助安装在后视镜支架上的摄像头提供专用于公路行驶的光束控制系统，该系统可自动将光束深度最大化，而无须使用手动激活远光。在摄像头持续监测道路以探测其他车辆灯光的同时，该系统会检测行车速度和风格，如果道路畅通，会改变光束深度以提供最大的视野深度和宽度，并同时在过弯时结合前照灯自动转向。

除智能控制光束深度和宽度外，还有 4 种不同的光线散布模式：城市行驶、公路行驶、低能见度行驶以及在与本国反侧行驶的国家内行驶。每种模式都会自动激活最佳路面照明策略。

公路行驶光束：这种自动功能可根据车速和行驶条件将光束设置到远光光束和近光光束的适中位置；光束较深，但是不会在水平面内横穿，因而不会导致对面的驾驶员觉得刺眼。由于光束集中在行驶车道内，因而这种模式专门用于公路上的持续高速行驶。在这种情况下，转向角旋转功能将得以保持。

城镇行驶光束：这种自动功能会在车速低于 45km/h 以及在典型的城镇中心行驶时打开，可以将光束设置得较宽、较浅；这样可在转向时能够更好地看到周围环境，并能够立即看到其他驾驶员。（城镇行驶光束会取消前照灯旋转功能。）

雨天行驶光束（恶劣天气下行驶）：该功能在雨刮片处于持续运行模式时打开。左、右光束采用不同的设置，确保照明效果最佳，反射光线最少。这些情况都是恶劣天气下行驶时的基本要求。外侧光束（人行道侧）设置得更宽、更高，从而可以有充足的可见和被见距离，道路中心一侧的光束设置得更宽、更高，从而减少了行驶方向上的反射光；这样还可以防止对面行人和车辆驾驶员觉得刺眼。（在雨天光束模式下，基于转向角的旋转功能关闭。）

旅行光束：此模式必须通过 MTC 菜单激活，以转换光束设置，适应当地驾驶侧（左侧/右侧驾驶）的要求。

在恶劣天气、雾天和/或因为路侧光线太亮而导致道路指示处于黑暗状态灯的条件下行驶时，以及公路行驶中特别容易觉察到 AFLS 所提供的优点。这无疑提高了驾驶安全性，因为它可降低驾驶员的眼睛疲劳并增强其定向能力，更好地观察道路两侧的其他人员（行人、骑自行车的人和摩托车驾驶员）。另外，这种光线分配模式还适用于防止眩光，并在以相反侧行驶的国家中临时驾驶时提供优化照明。

AFLS 前照灯系统结合具有转向角度（旋转功能）的光束和车速，确保在弯道行驶、转向或道路出现偏差时具有最佳的路面可见度。AFLS 前照灯在雨天光束模式下还可以用作雾灯系统设备。

美国/加拿大规格车辆未配备 AFLS 功能，这些车辆只保留了自动校平和旋转控制功能。

光束旋转功能和 4 种 AFLS 功能可通过 MTC 的菜单取消。

每当自适应前照灯系统开启时，前照灯将执行一次自调节循环。

自适应前照灯系统由 AFLS 模块管理，模块安装在乘客侧的前围板上，如图 8-117 所示。AFLS 模块与 CAN-C 总线连接，可以与其他节点交换信息，并能够实现诊断功能。AFLS 接收来自安装在右侧的前后悬架杆上的两个水平传感器的信号，并通过 LIN 向两个前照灯执行器发送命令。两个前照灯执行器（左侧前照灯模块和右侧自动前照灯模块）位于前照灯下面，集成在前照灯单元中。灯光开关、微光传感器以及用户选择的系统设定将开启前照灯、位置灯、日间行车灯以及指示灯等。注意，尽管功能类似，但吉博力的自适应前照灯系统与在总裁车型上的不同。吉博力的系统为与专业供应商 Automotive Lighting［总裁为 Valeo］联合开发。

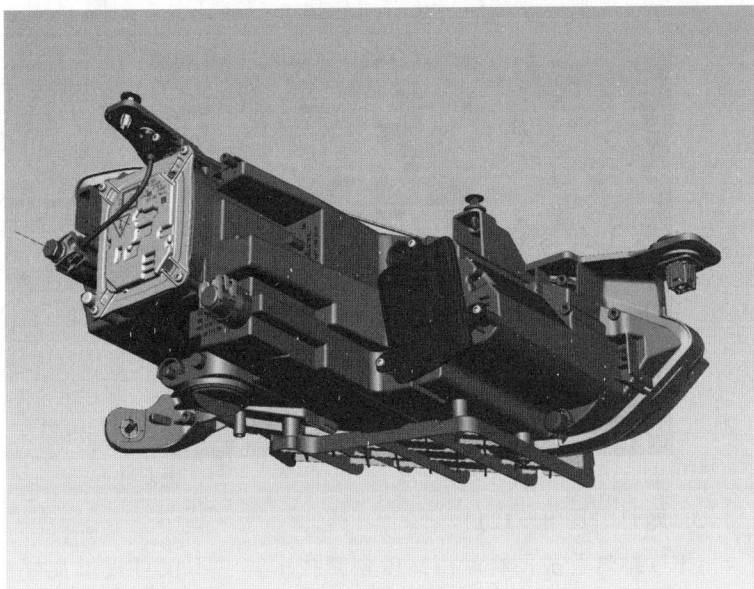

图 8-117

AFLS 模块位于驾驶员侧防火墙上的驾驶员踏脚板附近和 CSG 模块正下方，如图 8-118 所示。

图 8-118

前行驶水平传感器安装在右前悬架上控制杆上，如图 8-119 所示。

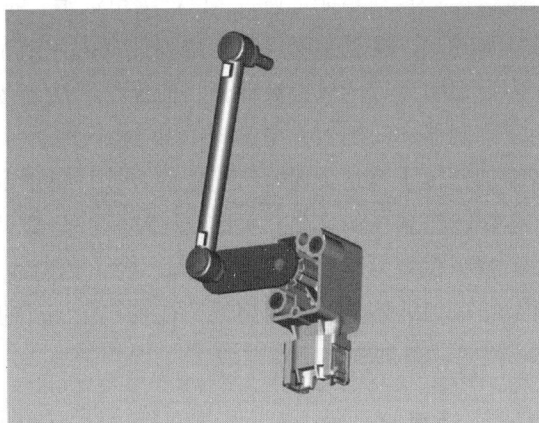

图 8-119

后行驶水平传感器连接在右后悬架下控制杆上，如图8-120所示。

图 8-120

3. 尾灯（图 8-121）

LED 尾灯总成同样采用高度创新技术，它不仅可提供良好可见度，还有助于确定同级车型的外形风格。后灯采用了光导 LED 技术用于尾灯功能。制动灯功能采用了带专用光学系统的独立 LED 光源。倒车和后雾灯采用了传统灯泡。尾灯由 BCM 激活和诊断。

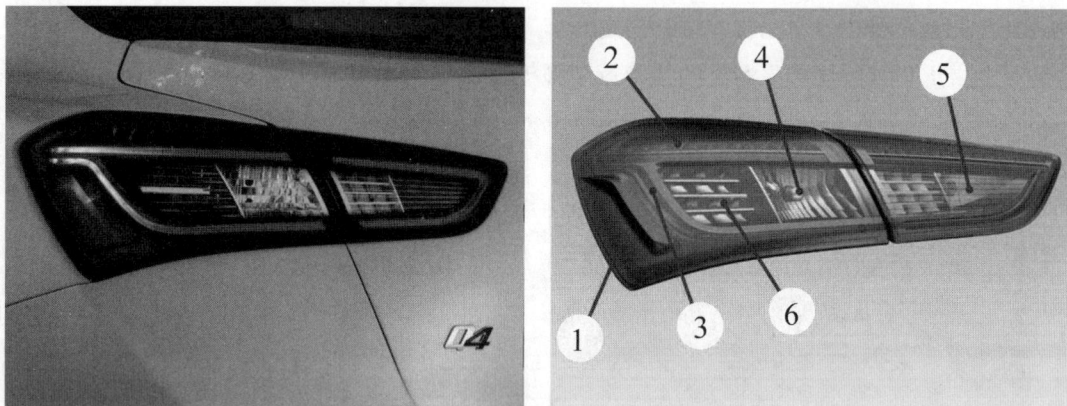

1—侧反光板　2—LED 制动灯　3—LED 位置灯　4—倒车灯（灯泡）　5—雾灯（灯泡）　6—LED 转向指示灯

图 8-121

十二、雨刮器-清洗器系统

本车装备有自动风挡玻璃雨刮器，其采用了 1 个雨量传感器检测降雨强度，并自动开始擦拭和控制雨刮器擦拭速度。自动功能可通过 MTC 菜单取消。前风挡玻璃雨刮器配备了隐藏在发动机舱盖下方的清洗器喷嘴。加热式清洗器喷嘴可作为选装件提供。雨量传感器集成在 LRSM（光线和雨量传感器模块）内，安装在内后视镜后方的风挡玻璃上。前照灯清洗器喷嘴（仅限配备 35W AFLS 前照灯的车辆）集成在保险杠内。雨刮器和清洗器控制逻辑由 BCM 管理。

当雨刮臂位于停止位置时，无法检查或更换雨刮片，因为它们折合在发动机罩下面。要维修雨刮片，必须将多功能控制杆切换到"关闭（OFF）"位置并将点火开关置于 OFF 位置。将控制杆在 15s 内切换至 MIST 紧急位置（旋钮开关逆时针旋转），然后松开。将雨刮片置于方便打开雨刮臂和更换雨刮片的位置。对应于风挡玻璃上的不同雨刮片位置，在 2s 内最多可使用该应急位置 3 次。完成后，将点火开关置于 RUN 位置，雨刮臂将重新定位。

十三、后视镜

吉博力的外后视镜具备电动调节和电除霜功能，并带有一体式 LED 转向指示灯。电子防眩光（自动调光）后视镜作为选配件提供。作为与 8 向调节式记忆座椅配套提供的外后视镜具有位置记忆功能，并可在挂入倒挡时自动下降。后者有助于驾驶员在倒车时看清路沿和所有靠近车辆侧面的物体。外后视镜位置由记忆座椅模块（MSM）存储，并因此链接至座椅存储器。内后视镜也同样可选配电子防眩光型，该技术可以减少由后方车辆前照灯导致的眩光，避免导致驾驶员觉得刺眼。

十四、车内舒适性和功能性系统

1. 前排座椅调节和记忆

吉博力的标准前排座椅可为驾驶员提供 6 向电动坐垫调节和手动靠背调节，以及为乘客提供 4 向手动调节。

注意：右舵车辆的乘客座椅采用了与驾驶员座椅相同的配置（6 向电动坐垫调节和手动靠背调节）。标准座椅不带记忆功能。带记忆功能的驾驶员 8 向电动调节座椅为吉博力 S 车型的标准设备，为吉博力的选装设备。8 向电动调节功能可以使座椅在高度、深度、靠背和座椅角度方面具有最佳的舒适性。腰托还具有 4 个额外的全电动调整功能，由于支撑部位可以连续调节，座椅系统为驾驶员和乘客提供了绝佳的舒适度和支撑力。位于座椅底部的控制器具有仿形设计，因此便于理解。为在驾驶员位置调节方面向用户提供全面灵活性，同样可定制带电动调节功能的踏板箱，该踏板箱可作上下运动，以完美配合下肢（仅左舵车辆）。踏板控制器位于驾驶员座椅前端下部。驾驶员座椅采用两个存储器：当客户选择首选座椅、踏板箱、转向柱和外后视镜设置，可将其存储，方便日后使用。位置记忆功能由记忆座椅模块（MSM）控制，该模块位于驾驶员座椅下方，与 CAN－I 总线连接。

注意，下列可用功能需要配备 8 向前排电动调节座椅。

带记忆功能的电动转向柱调节。

带记忆功能的电动脚踏板调节。

外后视镜记忆功能和倒车时自动下降。

前排座椅便捷进入功能。

转向柱换挡拨片。

前后座椅加热。

前排座椅通风。

方向盘轮缘加热。

电动后遮阳帘。

Poltrona Frau 全真皮内饰。

Bowers & Wilkins 环绕声音响系统。

2. 前排座椅加热和通风

同样可配备带座椅加热和通风功能的 8 向电动调节前排座椅。通过在 MTC 菜单中选择，可两挡调节前排座椅加热功能。这些功能和选配的方向盘轮缘加热功能由舒适座椅和方向盘模块（CSWM）控制，该模块位于前排乘客座椅下方，并与 CAN－I 总线相连。

3. 后排座椅加热

后排座椅加热为配备 8 向前排电动调节加热式座椅的选装设备。可通过位于后中控台上的开关选择两级加热。后排座椅加热由 CSWM 控制。

4. 电动车窗

所有电动车窗均配备防夹控制功能。电动升降电机可通过监测电流消耗来检测是否存在机械阻力，并在检测到障碍物时反转运动方向。电动车窗具有自动开启和关闭功能，该功能同样可通过遥控钥匙进行操作。车窗升降器由车门控制模块（每扇车门 1 个）控制，所有模块均通过 CAN－I 总线相连。车门模块分别位于 4 扇车门内，如图 8－122 所示。

5. 电动后遮阳帘

后窗电动遮阳帘为吉博力车型的选配设备。后遮阳帘可通过 MTC 菜单进行操作，也可以通过按下后中控台上的控制按钮直接操作。

6. 电动天窗

为了给车内提供更多光线，吉博力可配备带有手动遮阳板的茶色安全玻璃天窗。天窗可以上翘或完全打开，完全打开时，天窗全部缩进车顶内。电动天窗具有防夹控制功能，也可从车辆外部通过使用遥控钥匙遥控（舒适关闭）进行关闭。电动天窗系统与上一代总裁的天窗系统非常类似。电动天窗为选配功能（在部分车辆版本和市场中为标配）。

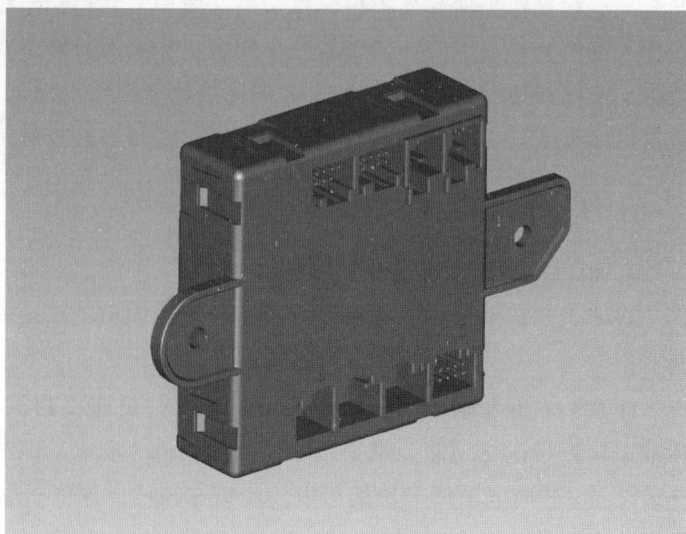

图 8 - 122

7. 电源插座

吉博力车内配置了多个电源插座。

前中控台内的 1 个用于移动设备的 USB 充电插座。

供前排乘员使用的 2 个 12V 电源插座：1 个位于带点烟器的杯托内，1 个位于中央扶手舱内。

供后排乘员使用的 1 个 12V 插座：位于扶手内。

行李舱内的 1 个 12V 插座。

后排扶手内的 1 个后 USB 充电插座。

8. 家庭链接（Home Link）

该系统可允许用户直接在车辆仪表内为遥控器分配多达 3 个频率。Home Link 控制器集成在前车顶控制台上。Home Link 为美国/加拿大规格车辆的标准设备，在其他市场车辆中为选配。

十五、暖通空调系统（HVAC）

1. 系统概述

所有吉博力车辆均标配全自动双区空调系统，与 M156 总裁车型所采用的系统基本相同。由于采用 13 个出风口（其中 4 个位于后部），因而实现了强大的送风能力。该系统提供了卓越的乘车舒适性，并能够高度维持设定条件。分别用于驾驶员和乘客的温度调节功能既可以通过 MTC（玛莎拉蒂触控系统）和显示屏下方的物理控制面板控制，如图 8－123 所示。该系统具备 455m³/h 的送风能力，因此呈现出优异的性能和出色的设定条件维持能力。系统配备了电控可变排量外部控制式压缩机，该方案确保能耗与空调控制系统的实际要求相匹配。系

图 8 - 123

统由多个车内传感器控制，湿度传感器检测到乘客舱的湿度百分比，并在需要时增大除霜/除雾口的送风流量。右侧的日光传感器根据日光和车外温度调节送风口输送的空气温度。

2. 制冷管路（图8-124）

由于不同市场的技术参数不同，我们使用了2种不同的制冷剂。在对制冷系统进行维修和修理操作时，务必检查所使用的制冷剂类型是否正确。

吉博力的制冷管路由下列元件组成。

带有电磁离合器的可变排量压缩机。

带有集成干燥瓶/过滤器的冷凝器。

蒸发器。

热膨胀阀（TXV）。

带集成热交换器的管道系统。

高低压检修阀。

高压侧压力传感器。

制冷剂R134A或R1234yf（根据不同车辆规格）。

根据目标市场的不同，吉博力（Ghibli）的制冷管路具有两种不同的规格。对于欧洲销售车辆，采用了新式制冷剂R1234yf。该新式制冷剂的性能与传统的R134A相同，其优点是对环境影响很小。从2013年开始，欧洲车型审批要求使用该新式制冷剂。其他目的市场车辆仍可使用R134A制冷剂。

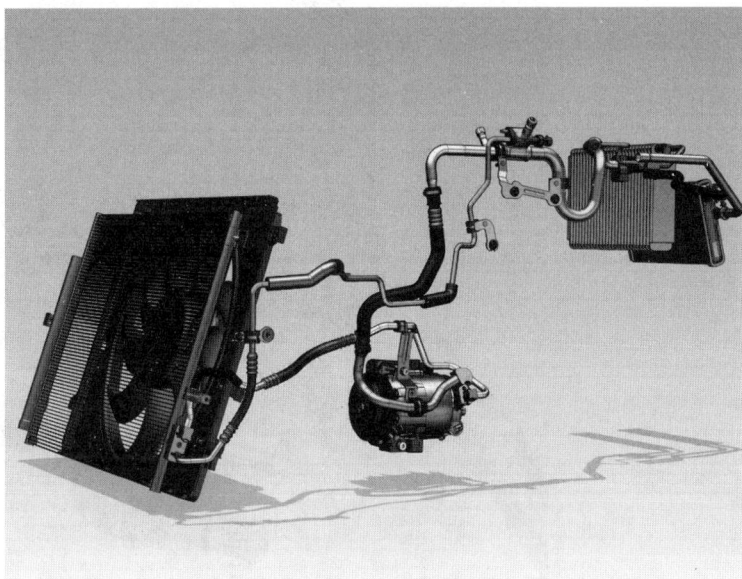

图8-124

无论使用哪种制冷剂，除少量特定部件外，系统的运行和性能都非常类似。事实上，两种管路系统之间的物理差异仅在于高低压检修阀形状和尺寸的不同，这样可避免误用。热膨胀阀的调节方式也不同。系统的主要元件如压缩机、冷凝器和蒸发器都相同。

对比前代管路，实现了两种全新特性。

首先，使用压力传感器替换了多水平度压力开关，传感器可向发动机ECU（ECM）提供精确的系统压力信息。根据系统压力的变化，ECM启动风扇并关闭空调压缩机。另一个新特性是在管路内安装了一个小型热交换器。该功能通过使部分高压和低压管道同轴得以实现，并使温度在该段内稳定。在管路两部分内的制冷剂温差降低可以改善系统的整体性能。

空调压缩机采用由Delphi公司提供的由外部控制的变排量压缩机，如图8-125所示。

图8-125

压缩机由发动机前端的附件传动皮带驱动，通过电磁离合器开关。压缩机的电磁离合器通过专用继电器接收发动机 ECU（ECM）发出的命令。压缩机还具有 1 个集成式高压安全阀。如果管路压力因系统故障（如电磁离合器卡滞）达到危险高压水平，该安全阀会将制冷剂释放到大气中。该功能在部分国家属于安全规定。前蒸发器和加热器组件如图 8－126 所示。

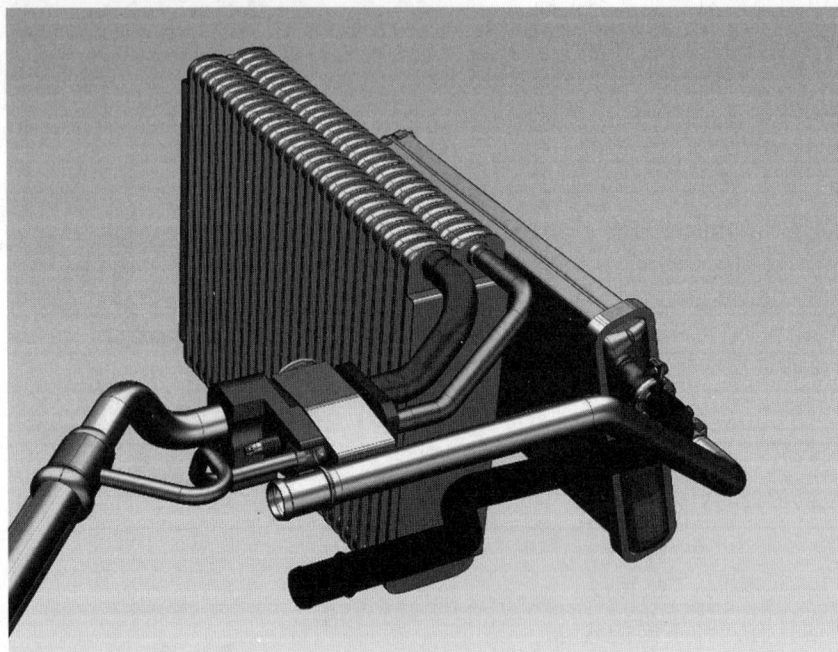

图 8－126

热膨胀阀（TXV）安装在蒸发器接头上，用于调节管路内的制冷剂流量。根据所使用制冷剂的不同，系统使用不同类型的 TXV。根据所使用的制冷剂类型，检修阀具有特定外形和尺寸。如图 8－127 所示，可以看到在高压检修阀旁安装的压力传感器以及发挥热交换器作用的同轴管道（右侧部分）。

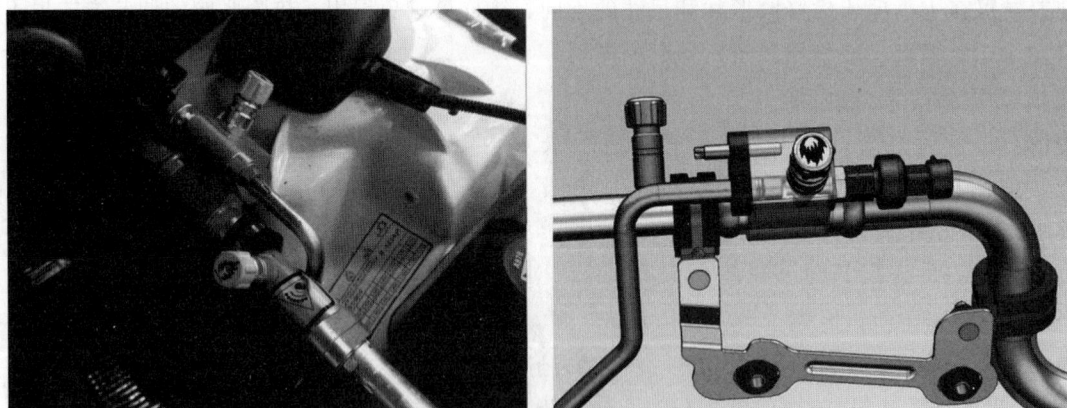

图 8－127

R1234yf 是一种提议用于代替汽车空调系统所使用的 R134A 的新型制冷剂。之所以使用该制冷剂代替 R134A，是因为它对全球变暖的影响要比 R134A 低。

使用这两种制冷剂的系统在运行和制冷性能方面非常相似，但 R1234yf 的制冷特性稍好（因为沸点更低），但对最终用户来说，其间的差别很小，几乎无法察觉。制冷管路的维护程序，例如回收、真空抽取和添加等都很相似。但是这两种制冷剂不兼容，需要使用不同的回收设备。不能将 R134A 系统改装与 R1234yf 相匹配，虽然使用 R1234yf 的压缩机可以用于 R134A，但系统不能混用。

在编写本书时，只有销往欧洲国家的车辆要求使用 R1234yf 制冷剂。但是不排除其他市场也引进这种新的制冷剂。对系统进行任何维修之前，应始终检查系统参数。

3. 前空气分配单元

前空气分配单元包含加热器组件和蒸发器、鼓风电机单元、空气混合和分配风门及其步进电机执行器，以及集成的混风温度传感器，如图 8-128 所示。空气通过活性炭过滤器吸入车内，更换过滤器时，拆下发动机舱中的塑料盖板即可对其进行操作。因具备 455m³/h 的送风能力，该系统因而具有比上一代总裁更好的性能。前空气分配单元为双区型，可通过 13 个出风口将空气导入车厢内部。9 个用于除雾和前排乘客，4 个专用出风口用于后排乘客，如图 8-129 所示。前空气分配单元的加热器组件为单列型。双区温度控制系统由混风门调节。

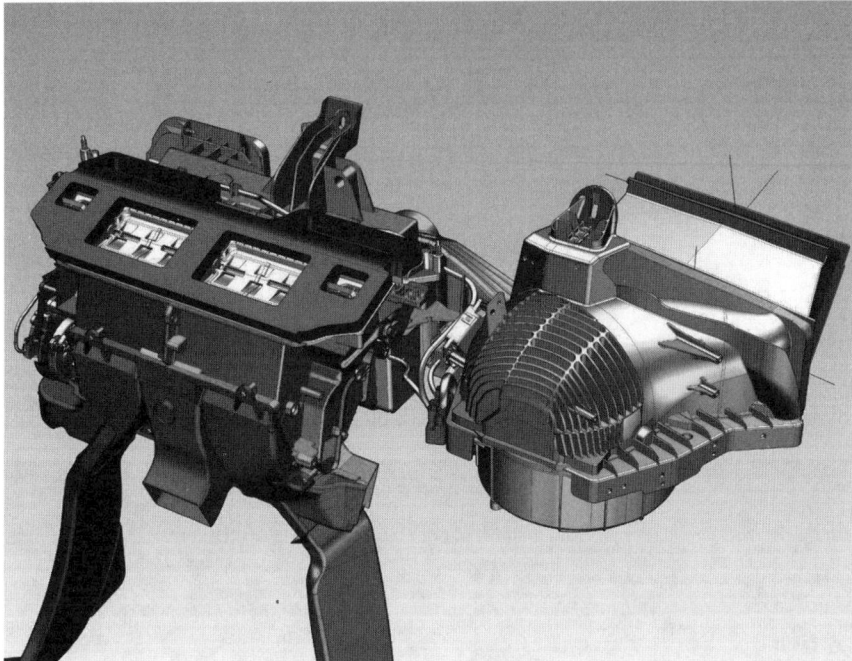

图 8-128

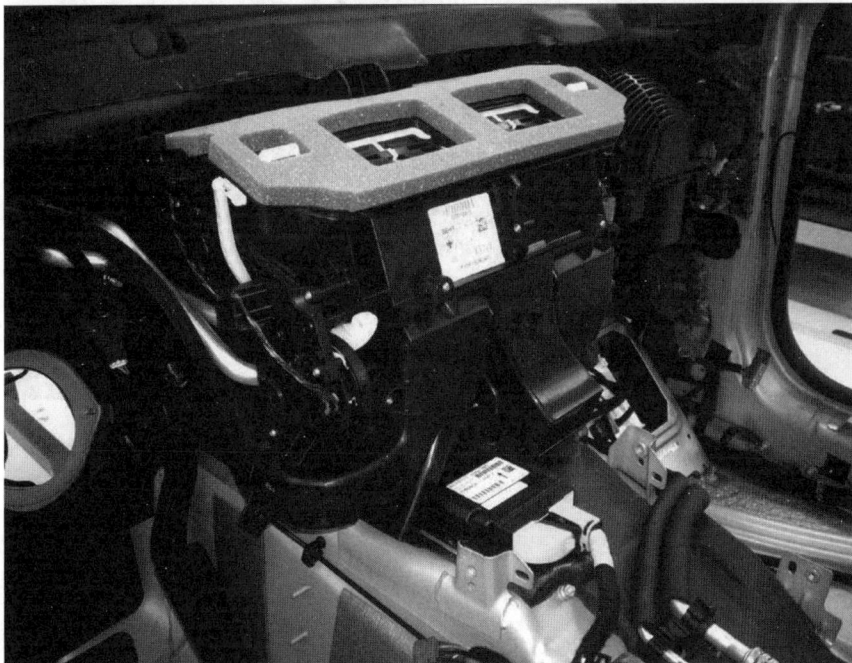

图 8-129

图 8-130 显示了前空气分配单元内部的部分元件，例如空气分配和混合风门及其相应的执行器，以及鼓风机的半导体型调速器（图 8-130 中右侧部分）。

695

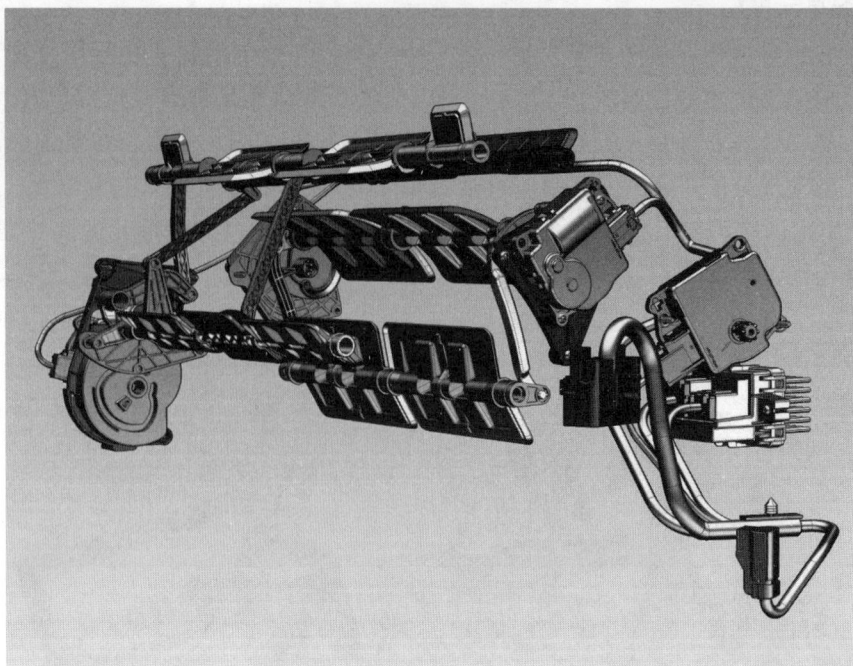

图 8-130

13 个出风口和 455m³/h 鼓风机排量可确保在车辆内部实现快速有效的空气分配,如图 8-131 所示。

图 8-131

4. 传感器

系统采用以下传感器。

内部温度传感器。

混合空气温度传感器。

外部温度信息(外部温度传感器与 BCM 连接)。

双区光线传感器。

湿度传感器。

湿度传感器安装在风挡玻璃上靠近外侧后视镜支架的位置。传感器根据下列 2 个参数计算风挡玻璃的露点以及湿度。

由安装在风挡玻璃上的 NTC 温度传感器测量得到的风挡玻璃表面温度。

通过半导体空气湿度传感器测量得到的乘客舱内空气相对湿度。

湿度传感器（HUM 传感器）通过 LIN 线与 BCM 连接。HVAC 节点通过 CAN－Ⅰ 总线接收来自 BCM 的风挡玻璃湿度状态信息，湿度传感器安装在风挡玻璃上，如图 8－132 所示。

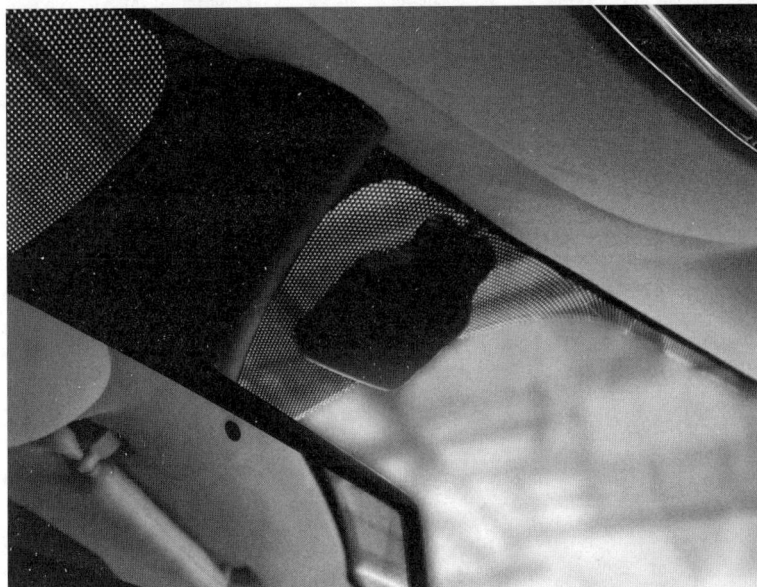

图 8－132

第四节　莱万特

一、介绍

莱万特的电气与电子车舱沿用了 2016 年轿车车型的几个新功能，同时又进一步拓展新的内容，例如全景影像系统、高级驾驶辅助系统并同时在软件与用户界面方面显著改进了主机。同时对车辆的通信网络进行了部分改动，如图 8－133 所示。

介绍完车载供电与通信网络相关内容后，将按驾驶员与乘客接近车辆并准备驾驶时所采用的操作顺序介绍所有电气与电子功能：

（1）车辆进入（无钥匙进入与启动，警报系统）以及相关附件功能（例如，电动行李箱箱盖，拖车连接）。

（2）车辆内部（信息系统、内部舒适性与功能性）。

（3）驾驶准备（驾驶员仪表、灯与后视镜、全景影像、驻车传感器）。

图 8－133

（4）驾驶（驾驶辅助系统）。

二、电源

电力的生成与配送与总裁和吉博力车型所使用的基本相同，仅针对一些部件的位置做出极小的改动。

1. 蓄电池与 IBS

莱万特的备胎仓旁边配有 AGM 型（可溶性玻璃纤维垫）、免维护 95Ah 850A 蓄电池。蓄电池由 IBS（智能电池传感器）管控，该传感器可持续测量电压与电流，以评估蓄电池的 SOC、SOF 与 SOH。测量结果将通过 LIN 传送到 BCM，如图 8－134 所示。

图 8－134

IBS，内置于负极蓄电池夹钳中。启停系统操作与 SAM 策略均会涉及 IBS。将蓄电池充电器连接到所指示的螺栓上，会使电流绕过 IBS，这会改变测量结果并禁用启停系统。而应将充电器连接到车辆中的其他接地点，如图 8－135 所示。

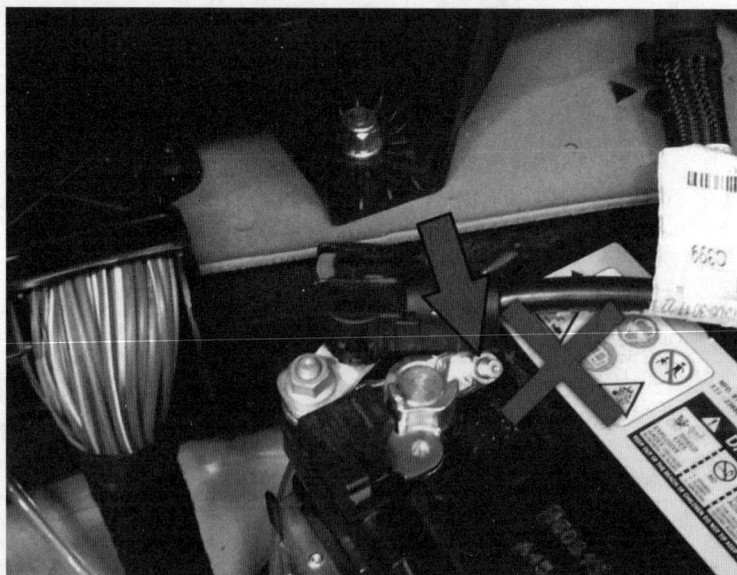

图 8－135

在断开并重新连接车辆电池后，应执行以下操作。

进行点火开关开/关循环，以用于节气门自学习。

配置 MTC 中的日期与时间设置。只有日期与时间以手动模式设置，才需要进行此操作。如果选择自动模式，系统将通过 GPS 信号恢复日期与时间信息。

通过中控台上的 EPB 杆，执行启动/关闭 EPB 循环操作。

2. 交流发电机，IAM 与 SAM 控制逻辑

交流发电机在其电子元件中嵌入了 IAM（智能交流发电机模块），如图 8－136 所示。IAM 将根据通过 LIN 收到的来自 ECM 的请求动态调节交流发电机的输出电压。与 MY16 轿车车型相同，SAM 策略（智能交流发电机管理）已在 ECM 中实施。

除非是特定系统要求（例如发动机温度或 HVAC 要求），SAM 根据以下逻辑调节交流发电机电压。

在正常操作期间，电池保持在 80％ SOC（充电状态）并且电压调节为与电池相匹配（稍高于 12V）。这使交流发电机的功率输出符合车

图 8－136

辆的实际需求，使通过电池的电流以及相关的能量损耗与使用寿命损失最小化。

在减速期间，将显著提高目标电压（高达 15V，持续 10s），使用部分能量快速地为电池充电。这将恢复一些能量，若不恢复此部分能量，则将被制动（再生制动）消耗掉，并且将能量存储以作后续之用（通过限制交流发电机中的电流消耗来改进燃油经济性）。

若检测到 SOC 过低（低于 73％），则将升高目标电压（大约 14V），快速为电池充电，以免影响到启停系统功能。

3. 配电装置

电源通过配电装置配送到车辆周身的电气元件，集中管理大部分保险丝与继电器，以便轻易进行维修。与 M156－7 车型中相同，主配电装置为如下。

FDU（前部配电装置），位于发动机舱右侧。

RDU（后部配电装置），位于备胎舱右侧。

虽然几乎所有的保险丝与继电器都位于 FDU 与 RDU 内部，但仍有少数几个位于车辆的其他位置，如图 8－137 所示。

图 8－137

4. 稳压器

因所有发动机类型上都采用了启停系统，所以稳压器单元（VSU）也同时成为标准配置。两个相同

的 400W 稳压器通过 LIN 线路连接到 BCM。稳压器在电压过低时升高来自电池的电压（主要是在启动期间）。经过稳定处理的电压用于为对电压降比较敏感的电气部件供电。前部稳压器（VSU1）位于仪表板内部的金属支架上，处于转向柱正下方。后部稳压器（VSU2）位于行李舱右饰板后方，如图 8—138 所示。

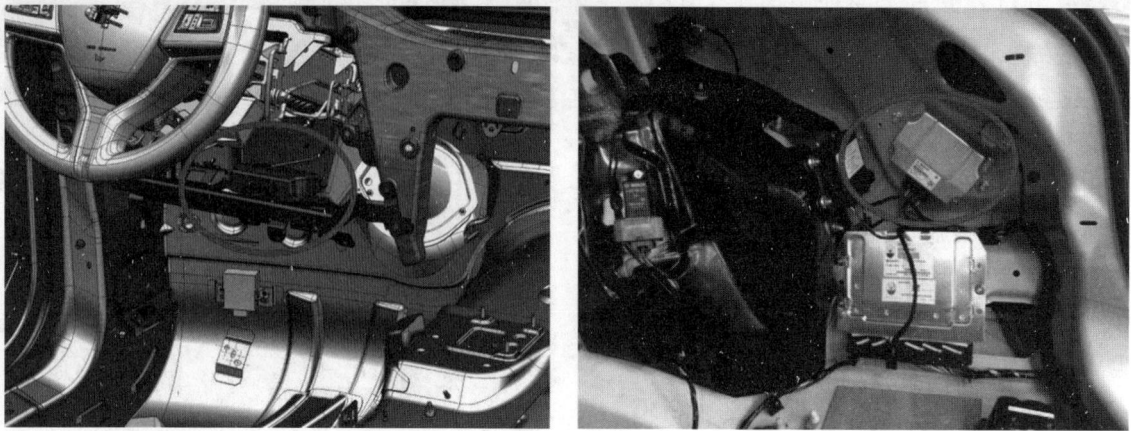

图 8—138

三、通信网络：PowerNet 架构

莱万特采用率先使用在总裁 M156 车型上的 PowerNet 升级版构架。通信网络的总体结构是相同的，基于使用双星拓扑的两个主要 CAN 总线。明显区别为使用局域 CAN 总线与已连接模块数增加。

1. CAN 总线

（1）主要总线：CAN—C 与 CAN—I。

PowerNet 架构基于两个主要 CAN 总线，称为 CAN—C 与 CAN—I。两个总线在物理层面使用双星集中式拓扑：每个电子模块都连接到星形插头，该星形插头创建单独普通导体，可用于所有模块的数字通信。ECU 到星形插头的接线简图，从而构成了通信总线，如图 8—139 所示。此接线图适用于 CAN—C 与 CAN—I。

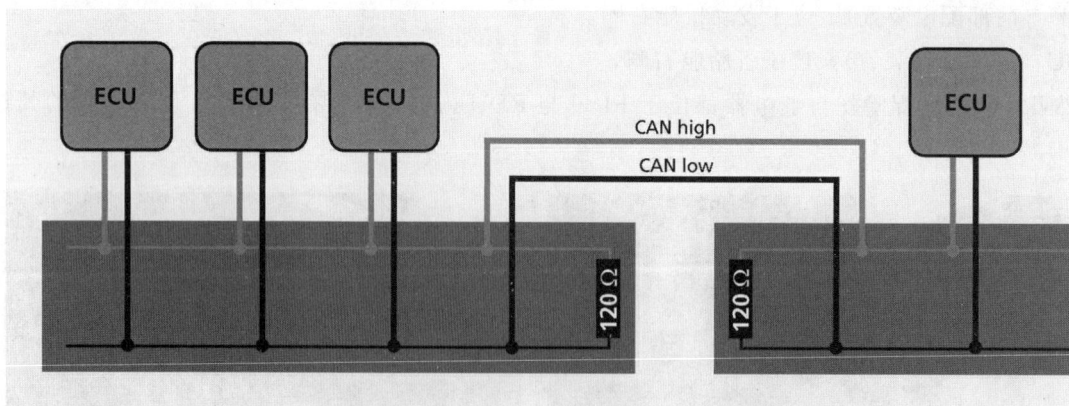

图 8—139

（2）星形插头。

CAN 总线由两根电线成对扭在一起配置组成，一个称为"高压"，另一个称为"低压"，两根电线之间的电压差将形成编码数据。星形插头借此将所有高压线与所有低压线连接在一起，并在两股电线之间加入经过校准的 120Ω 终端电阻。因为每个总线（CAN—C 与 CAN—I）有两个形成并联配置的星形插头，所以在两根电线之间测得的电阻将减半（60Ω）。通过允许任何电子模块选择性地从 CAN 总线断开或隔离，星形插头可为诊断过程提供重要支持。相对于 M156—7 车型，CAN—C 总线的后部星形插头已移动

至地板饰板的左侧下面，稍微靠近 B 柱后部的位置。相反，前部星形插头仍位于 BCM 旁，如图 8－140 所示。

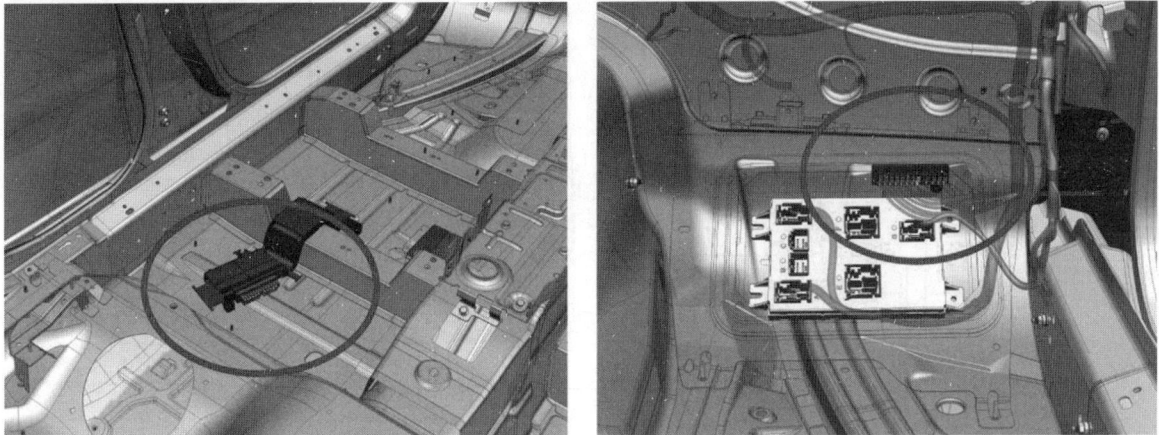

图 8－140

与 CAN－C 相同，CAN－I 总线的前部星形插头仍位于仪表板横梁上（手套箱后），而后部插头位于地板饰板右半部分下方，如图 8－141 所示。

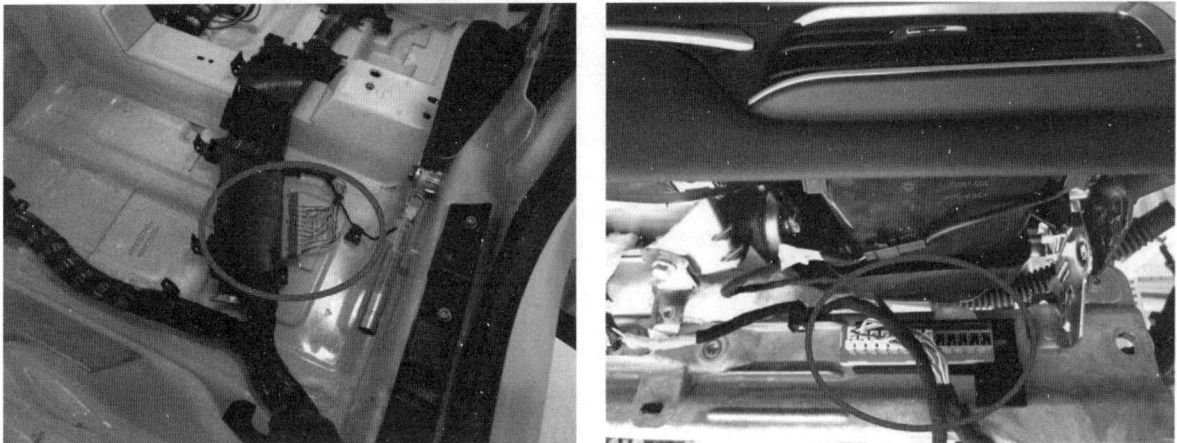

图 8－141

在两个星形插头之间的桥接，与 CAN－C 的物理构造有微小差别，采用 BCM 内置的方式取代简单的线对（与 CAN－C 不同，将同时连接到两个星形插头）。相对于 M156－7 车型所采用的 PowerNet 架构，除后部星形插头的位置以外，CAN－C 或 CAN－I 在特性（传输速度、电压电平、电线颜色、总线故障时的处理方式）上没有明显区别。莱万特的 PowerNet 架构完整图显示多个 ECU 与通信线路。虚线内模块为选配或版本特定，如图 8－142 所示。

（3）局域 CAN 总线。

局域 CAN 总线出于安全性及冗余的原因仅连接有限的几个模块。请谨记有关莱万特的局域 CAN 总线的以下几点。

局域 CAN 总线直接连接到电子模块，并不需要使用星形插头。

已断开用于音频和远程信息处理（CAN－A/T）的局域 CAN 总线。在 M156－7 车型上的连接到 CAN－A/T 的模块，在莱万特上将直接连接到 CAN－I 总线。

添加了在两个 ADAS 模块（DASM 与 HALF）之间的局域 CAN 总线，以便在两者之间进行协调。

柴油 ECM 使用局域 CAN 总线来管理 SCR 系统，现已应用在 MY16 总裁和吉博力柴油车型上。

同时保留了在变速器和选择杆之间的局域 CAN 总线（TCM 和 ESM），在 CAN－C 发生故障时，作为备用使用。

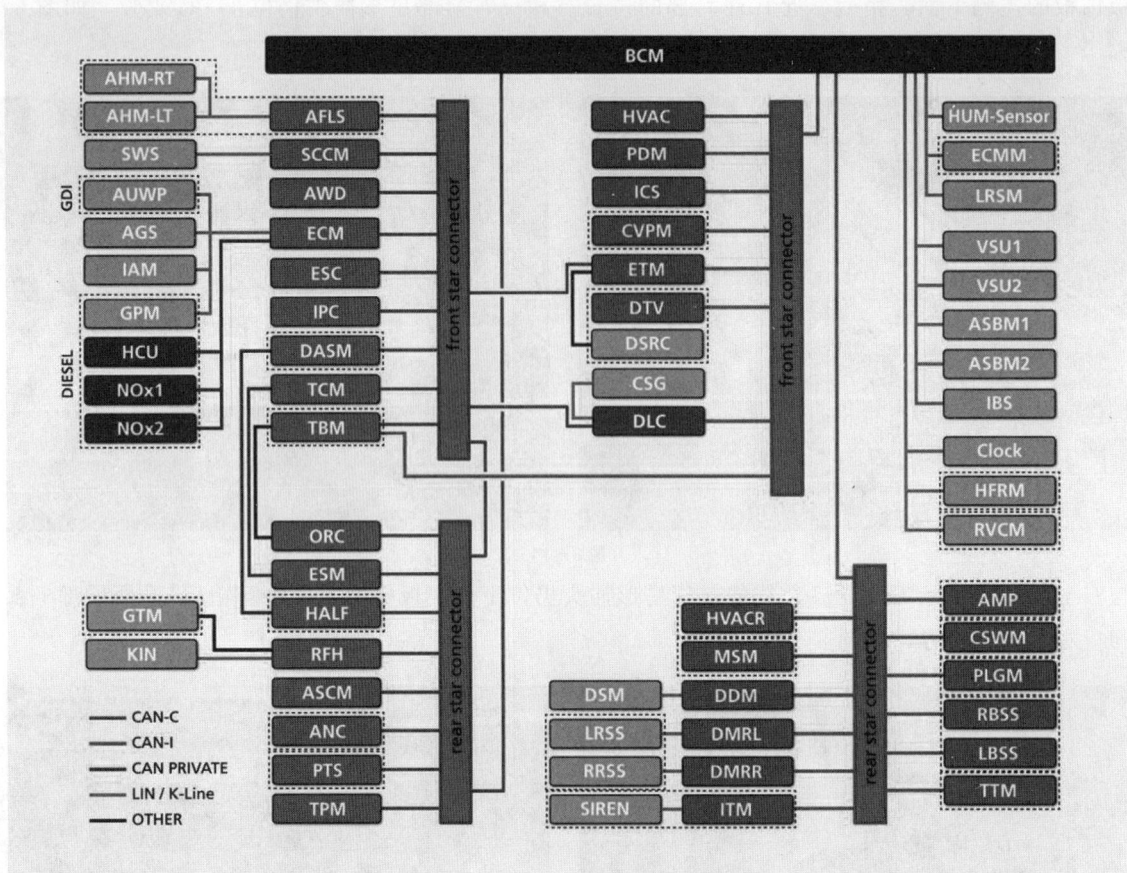

图 8-142

2. 其他通信线路

与 CAN 相比，LIN（局域互联网络）与 K 线成本更低、更简单（单线，直接连接），但速度更慢（1020kB/s）。LIN 用于连接有限数量的模块（通常为两个）以创建小型子网络，这些子网络提供与从属模块的通信，这些模块功能无须在 CAN 总线上进行持续的数据交换。与从属模块的诊断通信，将始终通过 CAN，将子网络主模块（总是连接到 CAN 总线的模块）作为网关执行。CSG 模块是一个明显的例外，它不从属于其他模块，但是通过 DLC 使用其 K 线创建了与诊断设备的直接连接。

3. VIN 与车辆配置数据

车辆识别与车辆配置数据的管理相对于 M156-7 车型未做改动。ECM 作为 VIN 主模块工作，而车辆配置数据则存储于 BCM 中（在 RFH 中存有备份）。

4. 诊断连接插头（图 8-143）

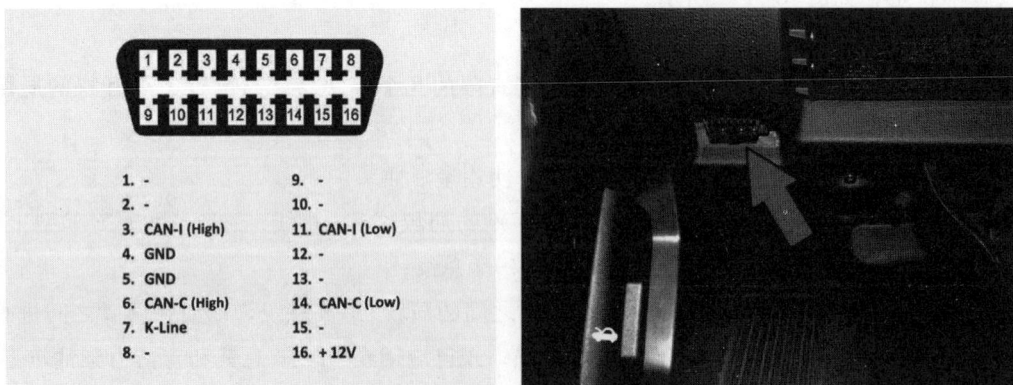

图 8-143

莱万特是首款不再兼容上一代玛莎拉蒂 Diagnosi 平台的车型。所有电子诊断操作必须使用新的玛莎拉蒂 DiagnosiEvo 诊断工具执行。用于车辆与诊断计算机之间无线通信的 MDVCI 依然不变，并且仅需要一次快速的固件更新。VCI 必须连接到车辆的 DLC，采用与在 M156-7 车型上已经用过的相同接头（p/n900028156）。

5. ECU 列表

莱万特沿用了很多 M156-7 车型上所使用的 ECU，同时采用了几款新型 ECU。以下为装备于 M156-7 车型但莱万特并未沿用的 ECU（图 8-144）。

ADCM：Skyhook 系统的管理现在纳入到空气悬架控制模块（ASCM）中。

CRSM：仅装备于 M156 车型（用于后排座椅舒适性控制），未装备于莱万特车型。

EPB：驻车制动器现在由 ESC 模块进行控制。

ESCL：与新款 M156-7 车型相同，均未配备转向锁。

TGW：主机现在称作 ETM。

HFM：蓝牙功能现在为标准功能，并内置于 ETM 中。

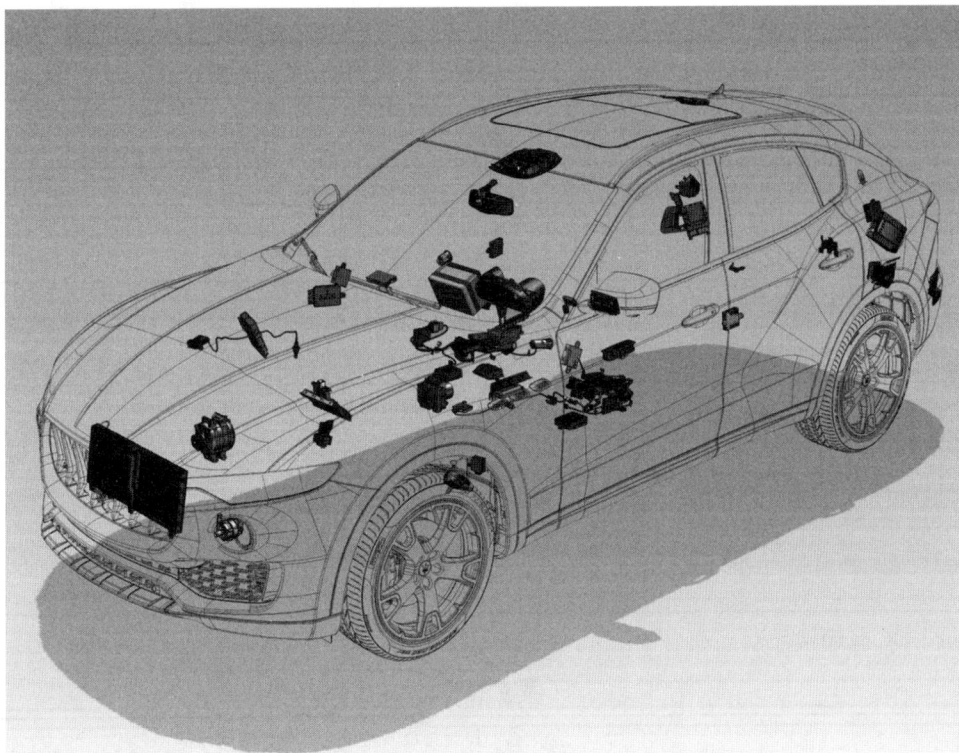

图 8-144

莱万特车型最多可包含大约 70 个 ECU。大概一半连接到 CAN 总线，并被称为"节点"。

（1）AFLS（自适应前侧照明系统）如表 8-138 所示。

表 8-138

主要功能	控制大灯旋转与高度调节功能
车辆中的位置	地板饰板下方，BCM 护盖正上方
连接到	CAN-C（前部星形插头），通过 LIN 的大灯模块
电源	从 FDU 中持续供电
备注	仅适用于带自适应大灯的车辆

（2）AGS（主动格栅调节门）如表 8-139 所示。

表 8-139

主要功能	空气调节阀翻版的位置
车辆中的位置	集成在空气调节阀执行器中
连接到	ECM（通过 LIN）
电源	从 FDU 中持续供电

（3）AHM-LT（自动大灯模块，左）如表 8-140 所示。

表 8-140

主要功能	激活左侧大灯的水平调节与旋转功能
车辆中的位置	车辆中的位置集成在左侧大灯中
连接到	AFLS（通过 LIN）
电源	从 FDU 中持续供电

（4）AHM-RT（自动大灯模块，右）如表 8-141 所示。

表 8-141

主要功能	激活右侧大灯的水平调节与旋转功能
车辆中的位置	集成在右侧大灯中
连接到	AFLS（通过 LIN）
电源	从 FDU 中持续供电
备注	仅适用于带自适应大灯的车辆

（5）AMP（功放）如表 8-142 所示。

表 8-142

主要功能	用于车载音响系统的音响功率放大器
车辆中的位置	行李舱，左侧饰板后
连接到	CAN-I（后部星形插头）
电源	从 RDU 中持续性供电
备注	仅装备于高端品牌与环绕音响系统，采用不同硬件

（6）ANC（有源噪声控制）如表 8-143 所示。

表 8-143

主要功能	控制排放系统中的有源音响扬声器
车辆中的位置	位于地板饰板下，左前座椅下方
连接到	CAN-C（后部星形插头）
电源	从 RDU 中持续性供电
备注	仅限柴油车型

（7）ASBM1（附件开关组模块 1）如表 8-144 所示。

表 8-144

主要功能	用于驾驶模式选择的按钮面板
车辆中的位置	位于中控台上，变速器控制杆左侧
连接到	BCM（通过 LIN）
电源	从 RDU 中持续性供电

（8）ASBM2（附件开关组模块 2）如表 8-145 所示。

主要功能	摇臂开关用于空气悬架控制、接收和传输用户命令，并通过 5 个 LED 显示当前驾驶高度
车辆中的位置	位于中控台上，变速器控制杆旁
连接到	BCM（通过 LIN）
电源	从 RDU 中持续性供电

（9）ASCM（空气悬架控制模块）如表 8－146 所示。

表 8－146

主要功能	控制整个空气悬架系统，包括 Skyhook 主动阻尼器
车辆中的位置	在行李舱中，右侧饰板后
连接到	CAN－C（后部星形插头）
电源	从 RDU 中持续性供电

（10）AUWP（辅助水泵）如表 8－147 所示。

表 8－147

主要功能	管理次级冷却液回路（变速器和助力转向冷却系统）的电动水泵
车辆中的位置	集成在位于发动机前部前副车架上的泵中
连接到	ECM（通过 LIN）
电源	从 FDU 中通过钥匙进行开关
备注	仅适用于汽油发动机。可以请求激活冷却风扇

（11）AWD（全轮驱动）如表 8－148 所示。

表 8－148

主要功能	控制产生前车轮牵引力的离合器组件
车辆中的位置	集成在分动箱执行器中（ITA）
连接到	CAN－C（前部星形插头）
电源	从 RDU 中持续性供电

（12）BCM（车身控制模块）如表 8－149 所示。

表 8－149

主要功能	CAN－C 和 CAN－I 之间的中央网关，控制多项车身功能
车辆中的位置	乘客脚部区域中舱口的下方
连接到	CAN－C（后部星形插头）、CAN－I（两个星形插头）
电源	从 RDU 中持续性供电
备注	管理车辆配置数据

（13）时钟如表 8－150 所示。

表 8－150

主要功能	模拟时钟
车辆中的位置	在仪表板顶部，位于中央
连接到	BCM（通过 LIN）
电源	从 RDU 中持续性供电
备注	无手动调整

（14）时钟 CSG（Centralina Servo Guida）如表 8－151 所示。

主要功能	控制速度自适应助力转向
车辆中的位置	驾驶员脚部区域中的防火墙上
连接到	DLC（诊断连接插头）［通过车辆速度（VSO 信号）的传统 K 线路 ESC 模块］
电源	从 RDU 中
备注	从 M139/M145 保留下来

（15）CSWM（舒适型座椅和车轮模块）如表 8－152 所示。

主要功能	控制前排座椅、后排座椅和方向盘的加热功能以及前排座椅通风
车辆中的位置	乘客座椅下坐垫下方
连接到	CAN－I（后部星形插头）
电源	从 RDU 中持续性供电
备注	所有功能均是选配功能。如果未配备任何功能，则 CSWM 不存在

（16）CVPM（中央视觉处理模块）如表 8－153 所示。

主要功能	接收和处理来自 4 个环车影像的信号
车辆中的位置	车舱地板下方、右前方座椅下方
连接到	CAN－I（前部星形插头）、摄像头模块（LVDS）、ETM（模拟视频）
电源	从 RDU 中持续性供电
备注	仅显示环绕视图选项

（17）DASM（驾驶员辅助系统模块）如表 8－154 所示。

主要功能	控制自适应巡航控制和前方碰撞警告
车辆中的位置	雷达装置的一部分，前格栅上三叉戟边框后方
连接到	CAN－C（前部星形插头）、HALF 模块（通过局域 CAN 总线）
电源	从 FDU 中通过钥匙进行开关
备注	选配

（18）DDM（驾驶员车门模块）如表 8－155 所示。

主要功能	控制所有驾驶员车门电动功能
车辆中的位置	驾驶员车门面板内部
连接到	CAN－I（后部星形插头）、DSM（通过 LIN）
电源	从 RDU 中持续性供电

（19）DLC（诊断连接插头）如表 8－156 所示。

主要功能	提供带有接到 CAN 总线和 K 线路并且因此可与所有车辆模块的电子诊断设备连接
车辆中的位置	在转向柱下面的仪表板面板上、在车外侧（直接可见）
连接到	CAN－C（前部星形插头）、CAN－I（前部星形插头）、CSG（通过 K 线路）
电源	从驾驶员脚部区域中的保险丝盒中持续性供电（到诊断设备）
备注	不是实际电子模块，只是插头

（20）DMRL（左后车门模块）如表 8－157 所示。

主要功能	能控制所有左后车门电动功能
车辆中的位置	左后车门面板内部
连接到	CAN－I（后部星形插头）
电源	从 RDU 中持续性供电

（21）DMRR（右后车门模块）如表 8－158 所示。

表 8－158

主要功能	控制所有右后车门电动功能
车辆中的位置	右后车门面板内部
连接到	CAN－I（后部星形插头）
电源	从 RDU 中持续性供电

（22）DSM（车门开关模块）如表 8－159 所示。

表 8－159

主要功能	车门上的车窗和后视镜控件的开关分组
车辆中的位置	嵌入按钮面板中
连接到	DDM（通过专用 LIN 线路）
电源	从 RDU 中持续性供电

（23）DSRC（专用短距离通信）如表 8－160 所示。

表 8－160

主要功能	管理 DSRC 远程支付系统并包括 VICS 接收器
车辆中的位置	手套箱上，塑料盖后方
连接到	ETM（通过私人串行线路、DSRC 和 VICS 天线）
电源	从驾驶员脚部区域中的保险丝盒中
备注	仅用于日本规格的车辆

（24）DTV（数字电视）如表 8－161 所示。

表 8－161

主要功能	数字电视接收器
车辆中的位置	仪表板内，转向柱下方
连接到	CAN－I（前部星形插头）
电源	从驾驶员脚部区域中的保险丝盒中
备注	仅用于日本规格的车辆

（25）ECM（发动机控制模块）如表 8－162 所示。

表 8－162

主要功能	控制发动机运行和诊断以及一些辅助功能
车辆中的位置	在发动机舱的右后区域，小塑料盖下方
连接到	CAN－C（前部星形插头）、通过局域 CAN 网络连接 SCR（仅限柴油机）
电源	从 FDU 中通过钥匙进行开关
备注	管理 VIN

（26）ECMM（电致变色后视镜模块）如表 8－163 所示。

主要功能	由于使用随附的后置光线传感器，可以控制电致变色后视镜
车辆中的位置	集成在后视镜中
连接到	BCM（通过 LIN）
电源	从 RDU 中通过钥匙进行开关
备注	不包括 AHBM 功能（自动调节前照灯），现在通过 HALF 摄像头进行管理

（27）ESC（电子稳定性控制）如表 8－164 所示。

表 8－164

主要功能	控制每个制动器中的压力以执行车辆稳定性策略（ABS、EBD、MSP 等），控制 EPB
车辆中的位置	发动机舱左后角
连接到	CAN－C（前部星形插头）
电源	从 RDU 中持续性供电
备注	电液装置：博世 ESP 9plus

（28）ESM（电子换挡杆模块）如表 8－165 所示。

表 8－165

主要功能	将驾驶员的换挡动作通知 TCM，控制换挡杆的电气功能
车辆中的位置	集成在换挡杆装置中
连接到	CAN－C（后部星形插头）、TCM（通过局域 CAN 总线）
电源	从 RDU 中持续性供电

（29）ETM（娱乐远程信息处理模块）如表 8－166 所示。

表 8－166

主要功能	运行 MTC＋软件和为用户提供卫星导航、智能手机界面、多媒体
车辆中的位置	在仪表板中部的触摸屏
连接到	CAN－C（前部星形插头）、CAN－I（前部星形插头）
电源	从 RDU 中持续性供电
备注	更换 M156－7 车型上的 TGW 模块。包括触摸屏（以前的 ICS 模块）和蓝牙发射器（以前的 HFM）

（30）GPM（电热塞模块）如表 8－167 所示。

表 8－167

主要功能	控制柴油发动机的电热塞
车辆中的位置	发动机舱的左侧
连接到	柴油 ECM（通过 LIN）
电源	FDU 中通过钥匙进行开关
备注	仅限柴油型号

（31）GTM（GPS 跟踪模块）如表 8－168 所示。

表 8－168

主要功能	检测盗车尝试，向运营中心发送跟踪信息
车辆中的位置	在行李舱的左装饰盖后方
连接到	RFH（通过私人防盗锁止装置硬线、GPS 和 GSM 天线）
电源	从 RDU 中持续性供电
备注	仅用于英国规格的车辆

（32）HALF（触碰车道反馈）如表 8－169 所示。

主要功能	管理车道偏离警告系统，协助 ACC 和 FCW 功能的 DASM
车辆中的位置	内部后视镜后方塑料盖的内部
连接到	CAN－C（后部星形插头）、DASM（通过局域 CAN 总线）
电源	从 RDU 中持续性供电
备注	选配

（33）HCU（加热器控制单元）如表 8－170 所示。

表 8－170

主要功能	管理 AdBlue 油箱内部和从油箱到定量阀的管路上的 PTC 加热器
车辆中的位置	在右后轮罩上，行李舱饰板后方
连接到	ECM（通过 SCR 系统的局域 CAN 总线）
电源	从 RDU 中持续性供电
备注	备注仅限柴油型号

（34）HFRM（感应式自动启闭尾门后部模块）如表 8－171 所示。

表 8－171

主要功能	控制电容式近距离传感器以触发行李舱的感应式自动启闭尾门打开
车辆中的位置	集成在传感器中，后保险杠后面
连接到	BCM（通过 LIN）
电源	从 RDU 中持续性供电
备注	选配

（35）HUM 传感器如表 8－172 所示。

表 8－172

主要功能	评估前风窗起雾风险并请求激活除雾模式
车辆中的位置	连接到前风窗
连接到	BCM 通过（LIN）线路
电源	从 RDU 中通过钥匙进行开关

（36）HVAC（暖通空调系统）如表 8－173 所示。

表 8－173

主要功能	控制 HVAC 系统
车辆中的位置	仪表板乘客侧内部，由鼓风机上的再循环进风口格栅进行支撑
连接到	CAN－I（前部星形插头）
电源	从 RDU 中持续性供电
备注	同时也控制后窗除雾功能和雨刮喷水口加热功能。

（37）HVACR（后部暖通空调系统）如表 8－174 所示。

表 8－174

主要功能	控制后部 HVAC 装置
车辆中的位置	后部 HVAC 控制面板内部
连接到	CAN－I（后部星形插头）
电源	从 RDU 中持续性供电
备注	仅在配备有选配四区空调控制系统时存在

（38）IAM（智能交流发电机模块）如表 8－175 所示。

表 8-175

主要功能	控制交流发电机运行
车辆中的位置	集成在交流发电机中
连接到	ECM（通过 LIN 线路）
电源	自供电

（39）IBS（智能电池传感器）如表 8-176 所示。

表 8-176

主要功能	通过执行电压和电流测量监控电池的 SOC、SOH 和 SOF
车辆中的位置	在电池负极接线柱与其快速接头之间
连接到	BCM（通过 LIN 线路）
电源	BDU 中持续性供电（电池配电装置）

（40）ICS（集成式中控面板）如表 8-177 所示。

表 8-177

主要功能	控制仪表板中央的 HVAC 控制面板和来自双旋钮旋转控制的输入
车辆中的位置	嵌入控制面板中
连接到	CAN-I（前部星形插头）
电源	从 RDU 中持续性供电
备注	电源备注请勿控制触摸屏（与 M156-7 车型一样）

（41）IPC（组合仪表）如表 8-178 所示。

表 8-178

主要功能	控制驾驶员仪表和多功能显示屏
车辆中的位置	集成在驾驶仪表组中
连接到	CAN-C（前部星形插头）
电源	从 RDU 中持续性供电

（42）ITM（入侵收发器模块）如表 8-179 所示。

表 8-179

主要功能	控制声控报警系统
车辆中的位置	集成在顶棚控制台中
连接到	CAN-I（后部星形插头）、SIREN（通过 K 线路）
电源	从 RDU 中持续性供电
备注	集成倾角传感器。仅在配备集成式警报系统时存在

（43）KIN（点火开关）如表 8-180 所示。

表 8-180

主要功能	用于点火和发动机启动的电子按钮
车辆中的位置	仪表板上，转向柱左侧
连接到	RFH（通过 LIN 线路）
电源	从驾驶员脚部区域中的保险丝盒中持续性供电

（44）LBSS（左侧盲点传感器）如表 8-181 所示。

主要功能	左后盲点中车辆的雷达检测
车辆中的位置	后保险杠左角内部
连接到	CAN－I（后部星形插头）
电源	从 RDU 中通过钥匙进行开关
备注	选配

（45）LRSM（光线和雨量传感器模块）如表 8－182 所示。

表 8－182

主要功能	用于自动调节大灯激活的微光传感器，用于自动前风窗雨刮器控制的雨量传感器
车辆中的位置	内部后视镜支架内部
连接到	BCM（通过 LIN）
电源	从 RDU 中通过钥匙进行开关
备注	电源备注

（46）LRSS（左后方遮阳板）如表 8－183 所示。

表 8－183

主要功能	控制左后方遮阳板
车辆中的位置	集成在遮阳板执行器中
连接到	DMRL（通过 LIN）
电源	从 RDU 中通过钥匙进行开关
备注	选配

（47）MSM（记忆座椅模块）如表 8－184 所示。

表 8－184

主要功能	控制驾驶员座椅、方向盘、外部后视镜和踏板的位置调整和记忆
车辆中的位置	驾驶员座椅下坐垫下方
连接到	CAN－I（后部星形插头）
电源	从 RDU 中持续性供电
备注	选配

（48）NO_x1（NO_x 上游传感器）如表 8－185 所示。

表 8－185

主要功能	测量发动机 NO_x 排放
车辆中的位置	FDU 旁金属盖下方的 ECU，DOC 进口处的集成传感器
连接到	ECM（通过 SCR 系统的局域 CAN 总线）
电源	从 FDU 中通过钥匙进行开关
备注	仅限柴油型号

（49）NO_x2（NO_x 下游传感器）如表 8－186 所示。

表 8－186

主要功能	从 SCR 反应器测量下游的 NO_x 浓度（尾气排放）
车辆中的位置	地板底盘下的 ECU、排气管中的集成传感器、SCR 反应器的下游
连接到	ECM（通过 SCR 系统的局域 CAN 总线）
电源	从 FDU 中通过钥匙进行开关
备注	仅限柴油型号

（50）ORC（乘员约束控制器）如表 8－187 所示。

主要功能	能控制气囊和安全带预紧器
车辆中的位置	在变速器通道上，挡位选择杆与仪表板之间
连接到	CAN－C（后部星形插头）、TBM（通过私人串行线路）（如果配备）
电源	从 FDU 和 RDU 中通过钥匙进行开关
备注	向 ESC 模块提供偏航信息

（51）PDM（乘客车门模块）如表 8－188 所示。

主要功能	控制所有乘客车门电动功能
车辆中的位置	乘客车门面板内部
连接到	CAN－I（前部星形插头）
电源	从 RDU 中持续性供电

（52）PLGM（电动尾门模块）如表 8－189 所示。

主要功能	控制电动尾门操作（控制按钮、执行器和闩锁）
车辆中的位置	在行李舱中，左侧饰板后方，略高于放大器
连接到	CAN－I（后部星形插头）
电源	从 RDU 中持续性供电
备注	选配

（53）PTS（驻车电子系统）如表 8－190 所示。

主要功能	控制驻车传感器
车辆中的位置	在行李舱的右饰板后方
连接到	CAN－C（后部星形插头）
电源	电源从 RDU 中通过钥匙进行开关
备注	选配

（54）RBSS（右侧盲点传感器）如表 8－191 所示。

主要功能	右后盲点中车辆的雷达检测
车辆中的位置	车辆中的位置后保险杠右角内部
连接到	CAN－I（后部星形插头）
电源	从 RDU 中通过钥匙进行开关
备注	选配

（55）RFH（射频中心）如表 8－192 所示。

主要功能	控制无钥匙进入和无钥匙启动功能
车辆中的位置	在顶棚内部，外部天线稍稍偏右
连接到	CAN－C（后部星形插头）、KIN（通过安全 LIN）
电源	从 RDU 中持续性供电
备注	识别授权的电子钥匙及其位置 控制发动机防盗锁止系统功能与使发动机能够启动 存储车辆配置数据的备份

（56）RRSS（右后方遮阳板）如表8－193所示。

表 8－193

主要功能	控制右后方遮阳板
车辆中的位置	集成在遮阳板执行器中
连接到	DMRR（通过 LIN）
电源	从 RDU 中通过钥匙进行开关
备注	选配

（57）RVCM（后视摄像头模块）如表8－194所示。

表 8－194

主要功能	铺设后视影像的动态转向线路并将视频信号传输到 ETM
车辆中的位置	高于后牌照
连接到	BCM（通过 LIN）、ETM（模拟视频输出）
电源	从 RDU 中通过钥匙进行开关
备注	如配备环绕摄像头系统，则不存在此模块

（58）SCCM（转向柱控制模块）如表8－195所示。

表 8－195

主要功能	包含转向柱和转向角传感器并且用于管理方向盘控件
车辆中的位置	在转向柱上，方向盘右后方
连接到	CAN－C（前部星形插头）、SWS 的 LIN 总线
电源	从驾驶员脚部区域中的保险丝盒中持续性供电
备注	并不包含选配的换挡拨片

（59）SIREN 如表8－196所示。

表 8－196

主要功能	警报系统警报器
车辆中的位置	左前车轮拱罩后方，吸声衬垫与底盘之间
连接到	ITM（通过 K 线路）
电源	从 FDU 中持续供电
备注	选配。如控制 K 线被切断或切断电源时，将触发警报。该警报器自带电源

（60）SWS（方向盘开关）如表8－197所示。

表 8－197

主要功能	将方向盘按钮分组
车辆中的位置	在方向盘上
连接到	SCCM（通过 LIN）
电源	持续性

（61）TBM（车载通信系统远端接收盒模块）如表8－198所示。

表 8－198

主要功能	撞击后自动联系急救服务中心
车辆中的位置	仪表板内，转向柱下方
连接到	CAN－C（前部星形插头）、CAN－I（前部星形插头）、ORC（通过私有串行线）
电源	从驾驶员脚部区域中的保险丝盒中持续性供电
备注	仅限俄罗斯市场（发售时）

（62）TCM（变速器控制模块）如表8－199所示。

表 8-199

主要功能	控制变速器操作
车辆中的位置	变速器内，集成于机电组
连接到	CAN-C（前部星形插头）、ESM（通过局域 CAN 总线）
电源	从 FDU 中通过钥匙进行开关

（63）TPM（轮胎压力模块）如表 8-200 所示。

表 8-200

主要功能	控制 TPMS
车辆中的位置	后保险杠横梁上方
连接到	CAN-C（后部星形插头）
电源	从 RDU 中持续性供电

（64）TTM（拖车牵引模块）如表 8-201 所示。

表 8-201

主要功能	控制拖车的电气接口
车辆中的位置	位于后保险杠左半部分后
连接到	CAN-I（后部星形插头）
电源	从 RDU 中持续性供电
备注	仅与牵引钩配合使用

（65）VSU1（稳压器单元 1）如表 8-202 所示。

表 8-202

主要功能	在启动期间，为灵敏部件提供稳定电压
车辆中的位置	转向柱下方支架上
连接到	BCM（通过 LIN）
电源	从 RDU 中持续性供电

（66）VSU2（稳压器单元 2）如表 8-203 所示。

表 8-203

主要功能	在启动期间，为灵敏部件提供稳定电压
车辆中的位置	位于右侧行李舱饰板后
连接到	BCM（通过 LIN）
电源	从 RDU 中持续性供电

四、车门、门锁与车辆安全

1. 无钥匙进入－无钥匙启动系统

无钥匙进入－无钥匙启动系统主要由 RFH 模块（射频中心）管理。因未配备固定的后部置物板，RFH 现在位于车顶的最后部区域，非常接近天线罩的位置。该模块与 M156-7 车型所使用的完全不同，但其绝大部分功能均未做改动。RFH 模块如图 8-145 左图所示，KIN 如图 8-145 右图所示。执行以下功能。

其接收通过电子钥匙按钮发出的 RF 用户命令（车门及尾门上锁与解锁、灯光控制、远程发动机启动或恐慌功能，具体取决于配备的选件）。

其可识别出存在已授权的电子钥匙，以及电子钥匙在车辆中或周围的位置。

作为发动机防盗锁止系统进行工作，仅在检测到已授权的电子钥匙位于车厢内时，方可操纵 ECM 启动发动机（通过 CAN-C 传输的加密信息）。

其可存储车辆配置数据的备份信息（主要拷贝在 BCM 中）。

电子钥匙与 KIN 模块是沿用自 M156-7 车型的。

RFH 仅可与车辆注册一次。更换时，请谨慎执行 MDEvo 所示程序，并确保车辆和诊断测试仪同时都连接到安全并稳定的电源。中断注册程序通常会导致 RFH 单元不可使用且不可恢复。

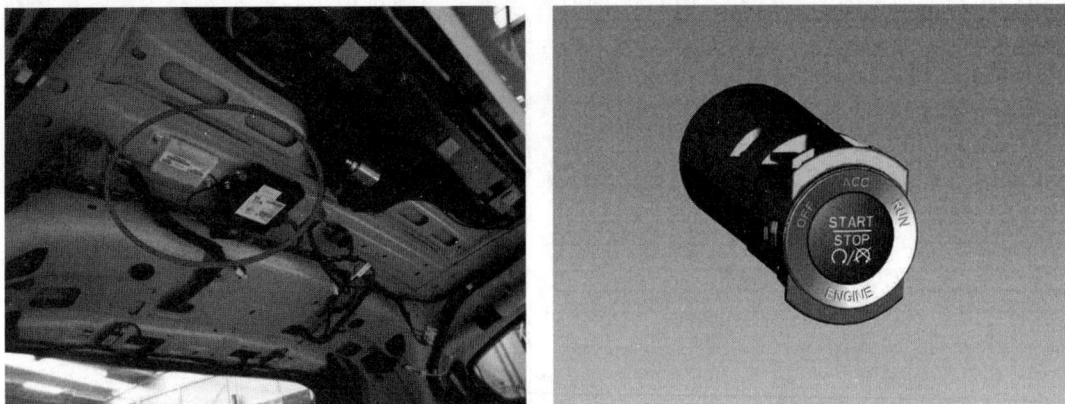

图 8-145

（1）天线与传感器。

RFH 可通过 5 根 LF 天线在车辆周围识别电子钥匙的位置。

2 根天线位于后门内部，靠近 B 柱的位置

1 根位于行李舱内，重低音喇叭单元（如果配备）下方。

1 根位于车厢中，中央扶手内部。

1 根位于后保险杠后面的横梁上。

3 根中央 LF 天线的位置，如图 8-146 所示。

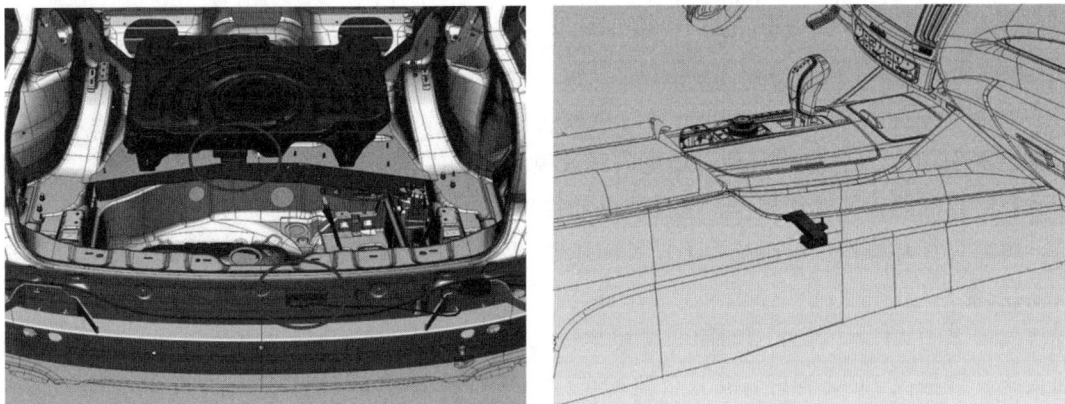

图 8-146

RFH 搜索电子钥匙的行为由电容式传感器触发，在手尚未直接接触到传感器前即可检测到手的靠近。这些传感器安装在前门把手上，同时可作为可选配件安装于后门与尾门打开按钮上。

（2）收音机与手套箱锁。

用户可设置 4 位数字密码，每次打开点火开关时，必须输入密码以允许使用。

手套箱，其闩锁包括由 ETM 控制的电子锁。

所有 MTC＋多媒体功能（即除控件、HVAC 与设置屏幕外的所有功能）。

2. 电动尾门与感应式自动启闭功能

与 MY16 总裁和吉博力车型相同，莱万特可配装具有电动开启及关闭功能的行李舱盖，如图 8-147 所示。此功能可依次升级为感应式自动启闭功能，使用户可通过脚部在后保险杠下的扫动开启尾门。与 M156-7 车型上的系统相比，具有以下区别。

使用两个电动执行器（电动撑杆），而不是单个，采用不同设计，专用于操纵两厢类型车门。

沿尾门横向边缘增加了防夹传感器。现在也具备了负载感应防夹功能。

执行器由 PLGM（电动尾门模块）直接驱动，PLGM 直接接收来自行李舱左侧面板上按钮或通过 CAN－I 总线接收（对于来自电子钥匙或车厢内接线到 BCM 的按钮的命令）的用户命令。PLGM 位于行李舱左手边饰板后，放大器的正前方。PLGM 同时控制束紧闩锁机构。与轿车车型相同，电动执行器为拉线收紧器，安装于盖架内，与闩锁机构隔开一段距离。

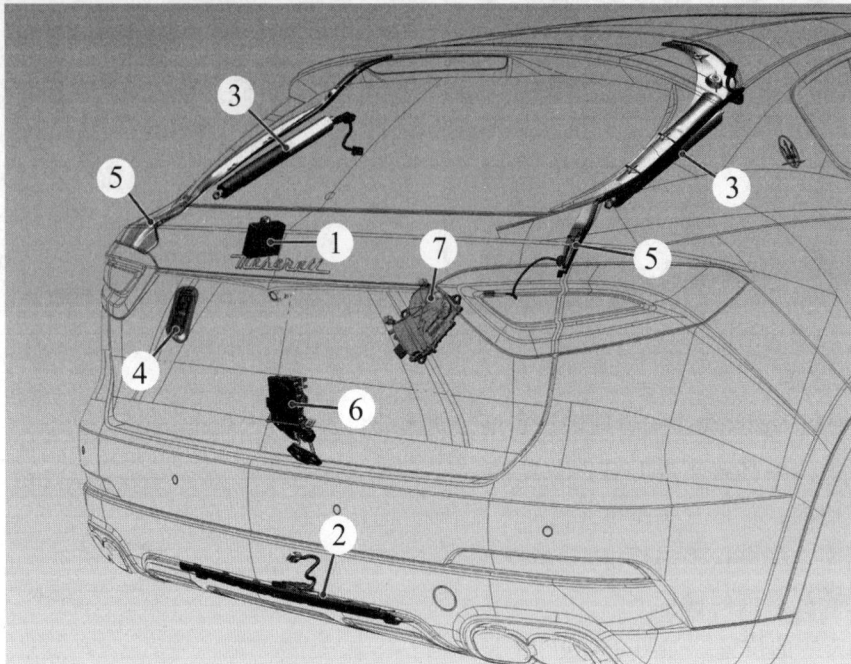

1－PLGM　2－感应式自动启闭尾门释放模块（HFRM）　3－电动撑杆装置　4－控制面板：关闭与上锁按钮
5－防夹传感器　6－机械锁紧机构　7－束紧闩锁拉线收紧器装置
图 8－147

最后，如果也配备了感应式自动启闭尾门释放选件，则将在后保险杠面板后方安装电容式接近传感器。传感器集成 HFRM（感应式自动启闭尾门释放模块），HFRM 通过 LIN 连接到 BCM，当检测到脚部扫过动作时，将控制舱盖的电动操作。电源或电动撑杆发生故障时，可手动移动尾门，并无损坏风险。断开电池后，可通过循环操作重置系统（手动关闭舱盖，然后再次以电动方式开启并关闭）。

3. 警报系统

莱万特保留了与 M156－7 车型相同的警报系统选项。

基础系统：警报由 BCM 管理，并且仅监控车门、尾门及发动机罩闩锁。如果车辆上锁后这些闩锁之一被打开，警报将被触发，并且将喇叭用作警报器。

容积警报系统：该警报由专用模块（ITM，入侵收发器模块）管理，该模块激活后，也利用容积传感器监控车厢，并利用集成的倾斜传感器监控整个车辆状况。ITM 与左侧车轮拱罩中的专用警报器模块配对。

GPS 追踪：此高级功能仅（强制性）装备于英国规格车辆，由专用模块（GTM、GPS 追踪模块）管理。警报器模块如图 8－148 左图所示，GTM 如图 8－148 右图所示。ITM 及其传感器集成在前部车顶控制台中。

GTM 具有专用 GPS 天线，位于前风窗下方，除雾出风口面板之下。GTM 通过 GSM 数据连接与操作中心连接，在操作中心中可利用 GTM 与 RFH 之间的发动机防盗锁止系统线路禁用车辆点火。此外，GTM 未连接到车辆中的任何其他模块或总线，并且仅依靠其自身传感器来检测并通报盗窃尝试情况。在以下情况下，将发出警告。

车辆电池断开连接（模块有内部备用电池）。

内部加速计被触发。

发动机已启动，但在车辆附近并未（无线）检测到车主的 ADR 卡（自动驾驶员识别）。

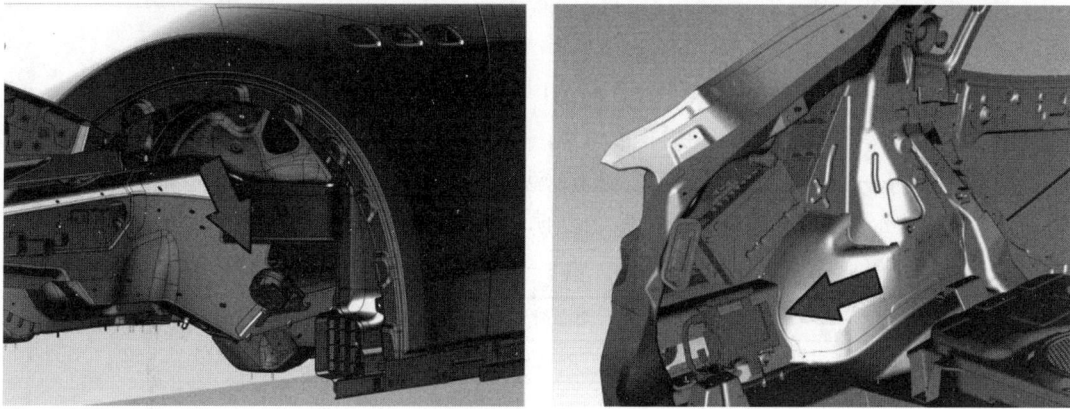

图 8-148

五、拖车牵引

牵引钩不仅影响车辆的结构，同时也影响其电气系统。特定电气模块（TTM，拖车牵引模块）与电气接头配对，为拖车的外部照明供电。TTM 已连接到 CAN－I 总线，并通知其他 ECU，正在牵引拖车。多个模块将特别对此信息做出响应（例如 ESC、AWD）。模块也执行拖车后部车灯的诊断，在发生故障时，通过 IPC 通知驾驶员（与莱万特自身的外部车灯一样）。

拖车照明插头见图 8-149、表 8-204。

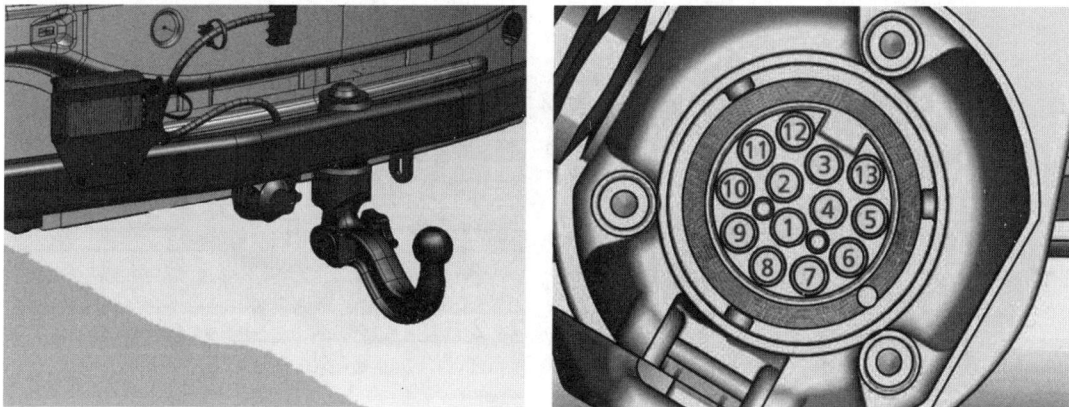

图 8-149

表 8-204

插脚编号	功能	电线颜色
1	左侧转向灯	黑色－白色
2	后雾灯	白色
3	接地（车灯）	棕色
4	右侧转向灯	黑色－绿色
5	左侧单元，包括位置灯、侧面标志灯与牌照灯	绿色－红色
6	停车灯	黑色－红色
7	右侧单元，包括位置灯、侧面标志灯与牌照灯	绿色－黑色
8	倒车灯	蓝色－红色
9	永久电源（+12V）	红色
10	由点火开关控制的电源（+12V）	黄色
11	接地（点火开关驱动）	黄色－棕色
12	—	—
13	接地（电池驱动）	红色－棕色

六、内饰舒适性与功能性

1. HVAC 系统

莱万特车型的 HVAC 系统与总裁车型的非常相似，包括选配的四区空调控制系统。保留了差异化制冷剂，大多数车辆采用传统的 R-134a 制冷剂，同时按照当前法规，在欧洲规格车辆上配备更新型的 R-1234yf。制冷剂用量稍低于 M156-7 车型的建议用量，如表 8-205 所示。

表 8-205

气候控制系统	制冷剂类型	制冷剂用量
双区系统	R-134a	700g
	R-1234yf	620g
四区系统	R-134a	850g
	R-1234yf	760g

（1）气流分配更新：前部鼓风机与后部管道。

前部气流分配装置带有改进过的鼓风机与速度调节器，如图 8-150 所示。

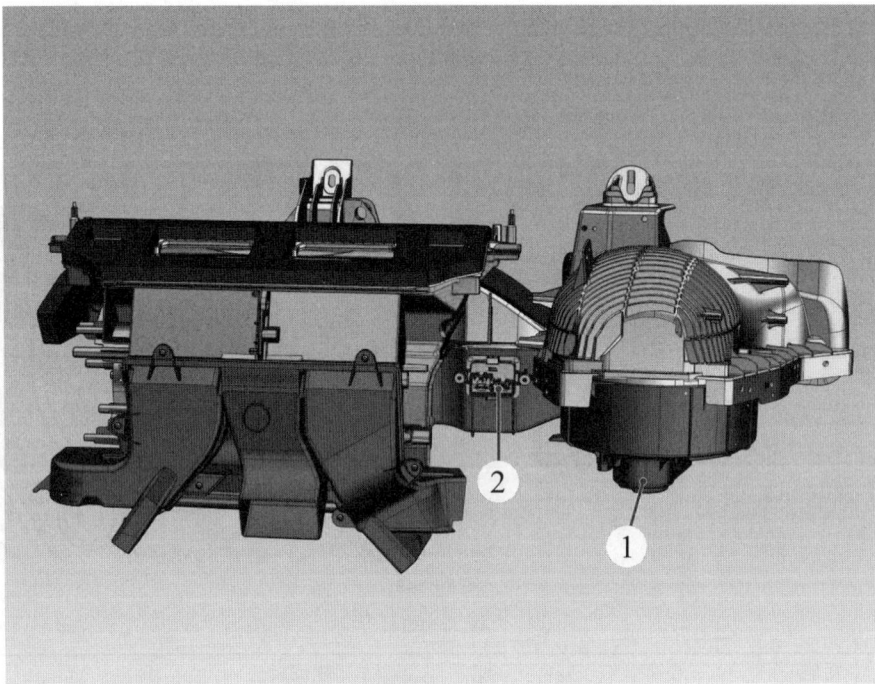

1-改进过的鼓风机　2-速度调节器

图 8-150

前部气流分配装置与 M156-7 车辆上所使用的基本相同。仅对鼓风机进行了改进，现在可提供更强劲气流，以符合明显增加的车厢体积与玻璃面积要求。因此，鼓风机的电子速度调节器（LPM）也同样做出改动。相反，莱万特的后排配备有选配的四区域空调控制，在气流分配系统中进行了几处改动，与具有相同选件的总裁相比较，具有以下区别。

未配备 B 柱出风口。

未配备地板出风口。

由中控台侧面的小型气流出口替代地板出风口（因此，未配备地板下方的气流管道）。

而后部气流分配装置则未做任何改动。与总裁车型相同，该装置占用了中控台中的大部分空间，限制了中央储物箱的容量。该装置由 HVACR 模块控制，集成于后部 HVAR 控制面板内，如图 8-151 所示。

（2）空气质量传感器（AQS）与再循环控制。

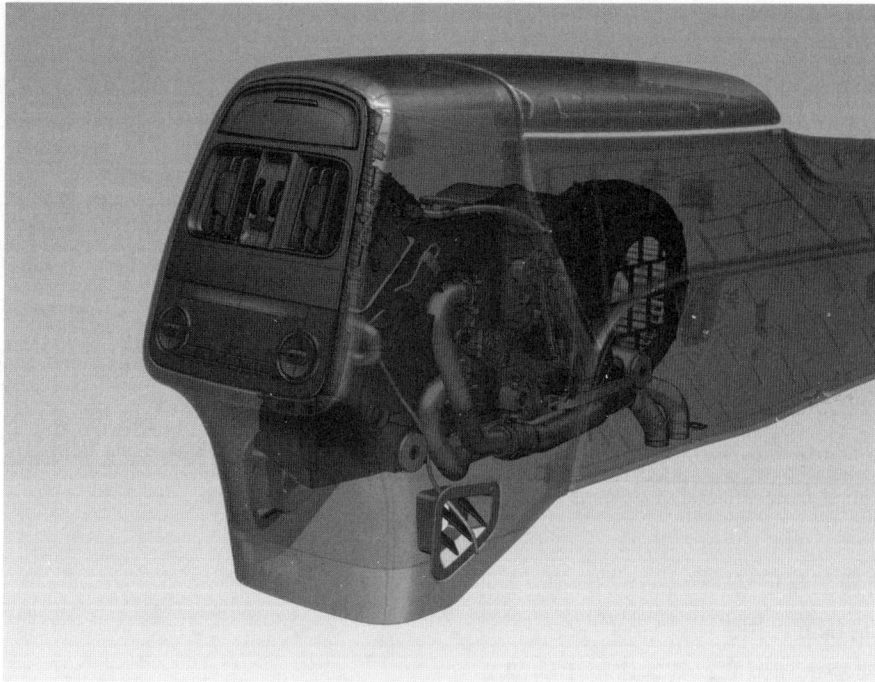

图 8-151

　　莱万特重新采用了空气质量传感器（AQS），该传感器使 HVAC 模块能够基于测得的外部空气污染等级来动态调节车厢空气再循环。AQS 位于车厢空气花粉过滤器外壳的前壁上，直接接线到 HVAC 模块，它通过 PWM 信号与该模块进行通信。传感器具有集成的微控制器，并且基于半导体化学传感器制成，当感应到氧化或还原性气体时，将改变其阻值。空气质量传感器技术参数如表 8-206 所示。

表 8-206

采样率	1Hz
CO 测量范围	1～50ppm
NO$_2$ 测量范围 通信	50～500ppb 5Hz PWM 信号，工作周期从 40%（最高污染浓度）～90%（清洁空气）

　　从用户角度来看，可通过再循环控制命令进行额外 AQS 操作：物理与软按钮都不只是具有简单的开启关闭开关功能，同时还包含第三个"自动"位置。在自动管理时，再循环通常为完全关闭状态（仅外部空气）。此行为具有以下例外情况：由于 AQS 测得的污染浓度过高或车厢内温度与用户所要求的差异过大（关闭外部空气进气口以缩短降温和加热时间）。反过来，出于安全性考虑，与空气质量相比，将优先进行除雾操作：在激活除雾模式后，将始终停用再循环系统（手动或由湿度传感器自动进行）。空气质量传感器如图 8-152 所示。

图 8-152

　　（3）新款 ICS 模块。

　　ICS 模块（集成式中控面板）嵌入到 HVAC 控制面板中（图 8-153），与之前所采用的设计有以下区别：

其直接连接到 CAN－I 总线（莱万特车型取消了 CAN－A/T 私有总线）。

不控制触摸屏（在 M156－7 车型上可控制触摸屏），现在由主机（ETM）的物理部分所替代，并直接进行控制。

其控制旋转控制旋钮的操作（与在 M156－7 车型上的屏幕侧面旋钮相同），接收用户输入命令然后转发给 CAN－I 总线。

出风口的气流分配可以通过按键来控制（之前仅可通过触摸屏进行控制）。

其外形经过完全的重新设计，以符合莱万特车型的内饰要求。

图 8－153

2．前排座椅调节与记忆

以下电动座椅配置可用。

6 向驾驶员座椅电动调节，乘客座椅手动调节。

扩展的 6 向乘客座椅调节（右舵车型的标准配置）。

8 向（带腰部支撑的车型会多 4 向调节）座椅调节带记忆功能。

系统的管理与 M156－7 车型相同，带调节与方便进入策略，由 CSWM 控制，并由 MSM 进行记忆，两者同时连接到 CAN－I。

3．座椅加热与通风

座椅的舒适性功能与轿车车型所使用的相同。

前排座椅加热。

前排座椅通风（配有打孔真皮饰面）。

后排外侧座椅加热。

所有功能由 CSWM 控制，并可通过 MTC＋"控制"（Controls）页面进行两种不同等级的调节（或通过后排座椅的专用按键）。

4．电动车窗与后方遮阳板

电动车窗由车门模块管理，具有防夹手功能（通过分析电流的工作曲线获得），并且包含自动升起和降低功能，该功能也可通过电子钥匙操作，如图 8－154 所示。用于后车窗的电动遮阳板已经应用在总裁车型上，在莱万特车型上则为选配配置。遮阳板电机集成专用电子模块（LRSS 与 RRSS），由各自车门模块（DMRL 与 DMRR）通过 LIN 控制。因未配备固定的后部置物板，莱万特车型并未配备后方遮阳板。

5．全景天窗

莱万特车型备有全景天窗，作为选配配置，如图 8－155 所示。此天窗尺寸明显大于轿车车型天窗，具有无比的空中视野以及乘客车厢内的自然光照。在天窗配置上与 M156－7 车型相比，另一项改进有：天窗玻璃下的遮阳板现在是电动操作的。遮阳板电

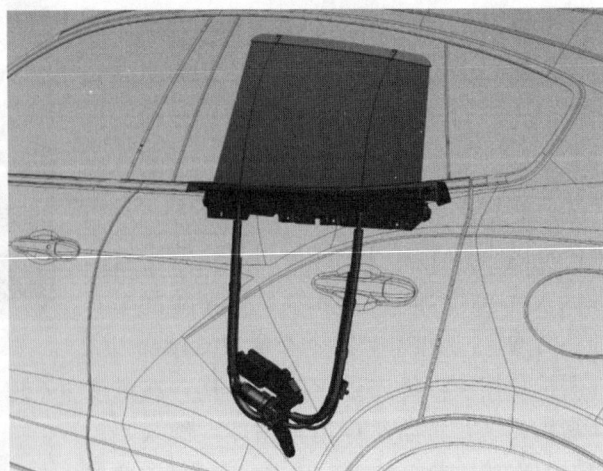
图 8－154

机位于天窗后部区域，而驱动车窗的电机位于前部区域。两个电机都由 RDU 供电，并通过位于车顶控制台的开关直接进行控制。同时配有与 BCM 的连接，以便通过电子钥匙发出关闭车窗与天窗的命令。

6. 电源插座：12V 电源插口与 USB 端口

莱万特车型配有多达 4 个 12V 电源插口，每个插口最多提供 13A 供电。

1 个位于前部杯座内（如果选配了吸烟者套件，则也将用于点烟器）。

1 个位于杯座旁，主储物箱内（若选配四区空调控制系统，则无此插口）。

1 个位于中控台后侧的封盖后。

1 个位于行李舱右侧饰板内。

备有以下 USB 端口，以便为电子设备充电。请注意，唯一可传输数据的 USB 端口位于触摸屏正下方的储物箱中。

2 个位于手套箱内。

2 个位于中控台后侧的封盖后。

钥匙开关控制所有这些插口的电源。

图 8-155

7. HomeLink

莱万特车型可配备与 M156-7 车型相同的 HomeLink 系统。在特定市场作为选件提供。HomeLink 控件现在集成到车顶控制台中，不再位于驾驶员遮阳板上。

七、信息娱乐系统

1. 娱乐远程信息处理模块（ETM）（图 8-156）

信息娱乐系统的首个显著更新是取消了局域 CAN 总线-A/T 总线。所有之前由 CAN-A/T 总线服务的模块现在直接连接到 CAN-I。不再具有在两个网络之间作为网关的功能，主机名称已从 TGW（远程信息处理网关）更名为 ETM（娱乐远程信息处理模块）。

（1）功能与特性。

新款 ETM 沿用了之前 TGW 模块的所有功能，并扩展出以下功能。

现在作为标配提供集成的蓝牙连接（未配备专用外部 HFM）。

内置 21.3cm（8.4 英寸）触摸屏（之前为 ICS 模块的一部分），现在更灵敏（电容屏技术）并具有多点触控输入功能。

图 8-156

可视化通过智能电话（屏幕镜像）或通过中央视觉处理模块（CVPM）输入的高清视频流。

ETM 不包含之前 TGW 配备的光盘驱动器，但显著提高了处理速度与内存容量，特别是在管理全新 3D 导航界面上，并且已经添加了几种新功能。ETM 同时与 CAN－C 和 CAN－I 连接。但是，几乎所有通信（包括诊断命令）仅通过 CAN－I 传输。ETM 不可充当两个总线之间的网关。

（2）连接集线器。

所有供用户使用的物理数据接口都位于触摸屏正下方的储物箱中，如图 8－157 所示。此处，一个单独的集线器直接连接到 ETM，为用户提供 SD 卡插槽、3.5mm 立体声 AUX－IN 音频输入插口以及全唯一可传输数据的 USB 端口，该端口可用于连接外部存储设备与智能电话。

（3）玛莎拉蒂 Touch Control Plus。

用户界面经过全面的重新设计，并采用大量更新，其中最主要更新如下。

完全重新设计的导航界面，具有高清 3D 图像与多点触控缩放控制功能。导航系统为选配配置。

智能电话屏幕镜像基于 Android Auto 和 Apple CarPlay 系统，允许直接从 ETM 触摸屏使用驾驶相关的智能电话功能。为 Apple 设备标配了 SIRI 智能个人协助。

可定制的主菜单栏，该主菜单栏可由驾驶员进行修改以包括最常用的功能。与第一代玛莎拉蒂 Touch Control 相比，这些功能所示具有明显的进步。

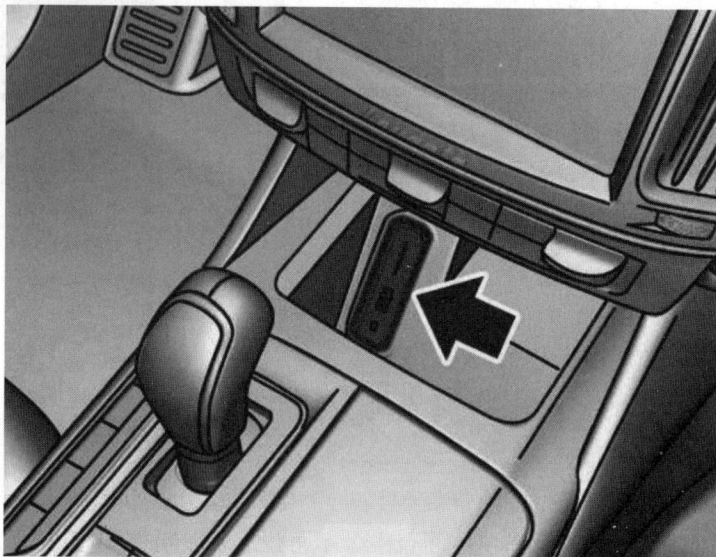

图 8－157

（4）用户控件。

2 个屏幕侧面旋钮被替换为带有扩展功能的命令板，位于中控台上，具有以下控制功能。

顶部旋钮，主要用于音量控制，如图 8－158 所示。

稍大的底部旋钮，主要用于在屏幕上所显示的所有可用软按钮之间切换。在多媒体屏幕中，此旋钮也用于收音机电台调频与滚动选择音轨。

1 个位于旋钮中心"确定（OK）"按钮，用于确认通过底部旋钮所做的选择（也可通过触摸屏直接进行控制）

1 个后退按钮，用于在多层菜单中导航。

1 个浏览按钮，用于查看选定功能的项目/选项

图 8－158

的详细信息。此按钮在选择电话菜单时，也可用做显示电话本的快捷键，或是在选择导航菜单时，用做显示收藏夹的快捷键。

警示灯按钮。

与之前使用的屏幕侧面旋钮相同，命令板完全从属于 ICS，由 ICS 将用户命令通过 CAN－I 转发给 ETM。出于安全原因，警示灯按钮直接接线到 BCM。请注意，位于方向盘后的几个按键，也具有与音量和收音机调频控件相同的功能。

（5）经销商模式与截屏。

可通过 ICS 物理按钮进入经销商模式，按住驾驶员温度上升与前部除雾按钮 5s。新款 ETM 装置不允

许将截屏保存到外部 USB 存储设备上。

2. 音响系统

与 MY16 吉博力车型类似，可选配 3 种音响系统：没有单独放大器的非品牌基础音响系统、Harman/Kardon 提供的高级音响以及 Bowers&Wilkins 提供的顶级环绕声音响系统。但是，与 M156－7 车型相比，高级系统的放大器数量从 10 增加到 14（对于 Harman/Kardon 系统），从 15 增加到 17（对于 Bowers&Wilkins 系统）。图 8－159 展示了不同音响系统的放大器位置。

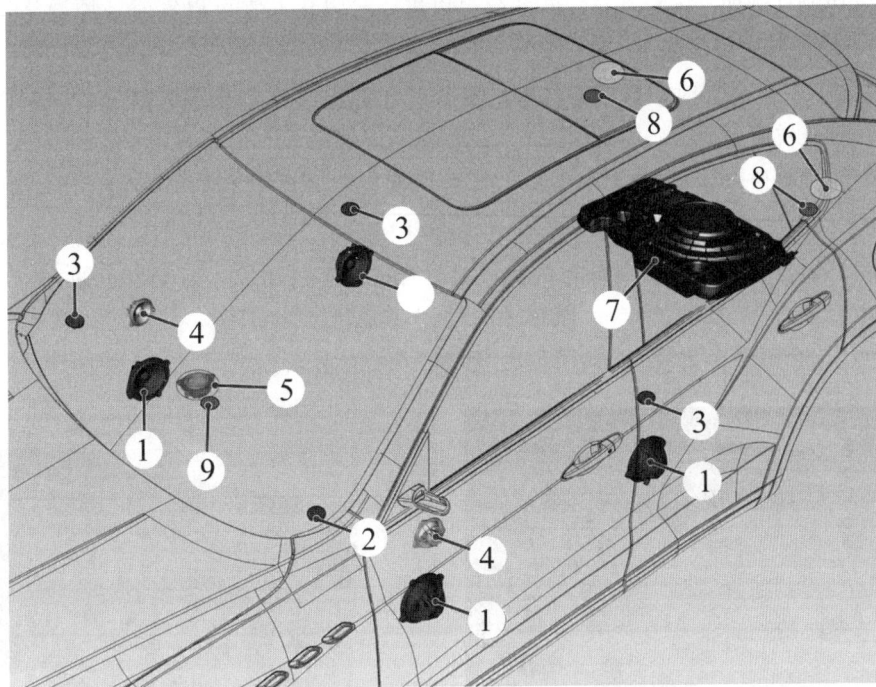

1—车门低音扬声器（所有系统）　2—A 柱高音扬声器（所有系统）　3—后侧车门高音扬声器（所有系统）　4—前侧车门中频扬声器（仅限 H/K 和 B&W 系）　5—仪表板中频扬声器（仅限 H/K 和 B&W 系统）　6—后侧中频扬声器　7—低音箱（仅限 H/K 和 B&W 系统）　8—后侧高音扬声器（仅限 B&W 系统）　9—仪表板高音扬声器（仅限 B&W 系统）

图 8－159

（1）标准音响系统。

标准音响系统配备 8 个扬声器，由 ETM 内的 29W 放大器直接驱动。系统由以下部件组成。

4 个 165mm 的低音扬声器，每个车门 1 个。

4 个 19mm 的高音扬声器：后侧的集成在后侧车门内，前侧的位于 A 柱内。

（2）Harman/Kardon 高级音响系统。

借助 14 个扬声器以及 1 个独立式 900W 放大器（AMP 模块），Harman/Kardon 高级音响系统显著改进了基础音响系统的性能：

4 个 25mm 的高音扬声器，位置与标准音响系统中的高音扬声器位置相同

5 个 80mm 的中频扬声器（1 个中央扬声器位于仪表板中，2 个位于前侧车门内，另外 2 个位于后侧角窗下）。

4 个 165mm 的低音扬声器，位置与标准音响系统中的低音扬声器位置相同。

20L 重低音扬声器，位于行李箱地板下。

（3）Bowers&Wilkins 环绕声音响系统。

Bowers&Wilkins 顶级环绕声音响系统可提供最出众的车内 hi－fi 音质。该系统配备了一个 1280W 的放大器，能驱动车舱内多达 17 个不同的扬声器。

7 个 25mm 的 MMX 高音扬声器：1 个位于仪表板中央，2 个位于 A 柱内，2 个位于后侧车门内，2

个位于后侧角窗下。

5个100mm的黄色Kevlar中频扬声器：1个位于仪表板中央，2个位于前侧车门内，2个位于后侧角窗下。

2个165mm的碳纤维/Rohacell低音扬声器位于前侧车门内。

2个165mm的黑色Kevlar低音扬声器位于后侧车门内。

20L重低音扬声器，位于行李箱地板下。

凭借一些高级功能（例如Clari－Fi），该系统得以进一步强化，它可以实时还原数字压缩过程中丢失的音频详细信息。Clari－Fi功能如下。

实时分析：Clari－Fi会实时扫描所有类型的丢失音乐详细信息的压缩音频文件（MP3文件、AAC、卫星广播、回放和音乐流服务）。

重新建立丢失的详细信息：确定后，Clari－Fi会根据现有音乐信息与音频源质量，智能修正波形缺陷。

还原高保真度：重新捕获缺失的高音与低音。对声音进行本色还原。恢复真正的立体声音质。

去除不必要的失真。

Bowers&Wilkins顶级扬声器格栅和放大器，如图8－160所示。

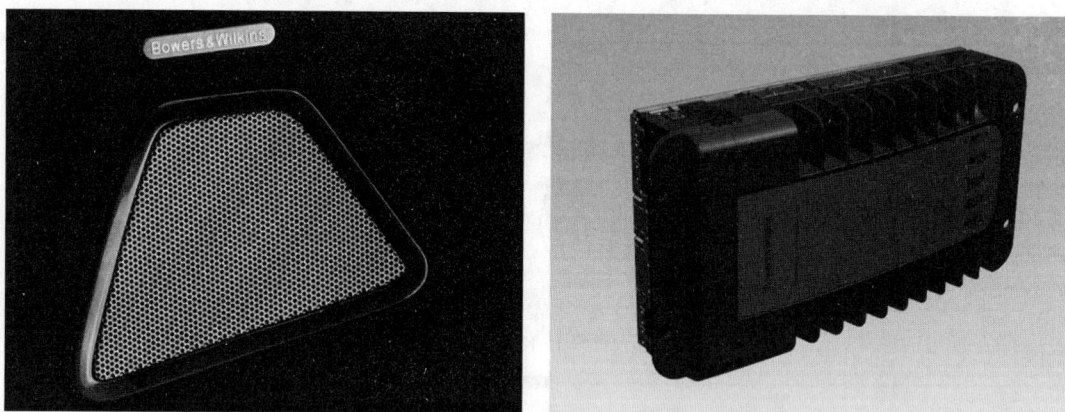

图8－160

3. 日本市场专用的其他内容

针对日本市场制造的所有车辆包含以下特定内容。

（1）数字电视（DTV模块）。

DTV模块通过安装在后侧天窗框架后侧车窗正上方的2根天线和2个信号放大器接收和解码电视信号传输。该模块位于仪表板内转向柱下（对于符合俄罗斯市场规范的车辆而言，即是能固定TBM的支架）。

解码的视频信号会转发到ETM。日本市场专用的ETM软件将显示该视频信号并提供TV相关的命令。该DTV模块会与CAN－I总线相连。

（2）专用短距离通信（DSRC模块）。

DSRC系统允许用户远程使用预付卡进行自动支付（例如过路费、停车费）。DSRC模块安装在手套箱上侧的塑料盖后。该模块包含读卡器且与同样位于仪表板内的专用DSRC天线相连。该模块不与CAN总线相连。

（3）车辆信息和通信系统（VICS）。

莱万特能够通过专用天线与日本VICS相连。车辆信息和通信系统会连续传输关于交通的信息以及对于道路使用者有用的任何其他信息。VICS天线与DSRC模块相连，可将接收到的数据通过USB连接转发到ETM，从而进行显示。

八、驾驶员仪表和命令

1. 组合仪表（IPC 模块）

IPC 的外观与 M156-7 车型上的非常相似（包括更换步骤），且执行相同的功能：驾驶员信息、掌管里程数和保养日期，如图 8-161 所示。唯一明显的差别是车厢内部照明的控件。前大灯旋钮附近取消了灯光控制旋钮，因此所有相关命令现在均显示在 IPC 的"车辆设置"（Vehicle settings）菜单中。

17.8cm（7 英寸）多功能显示屏界面中，最显著的更新即是"驾驶模式（Drive mode）"屏幕，该屏幕可将各种车辆相关信息集中到一个屏幕中。

实时前后扭矩分配，之前在"车辆信息（Vehicle info）"组中通过专用页面显示。

当前选定的驾驶高度，通过莱万特图像前的箭头报告。此信息还会通过右上角的指示器永久显示。

选定的驾驶模式：如果动力系统、阻尼器和车轮（代表 ESC 系统）的操作受当前选定的驾驶模式影响，则它们会变为彩色。与驾驶模式有关的颜色包括灰色（正常）、绿色（运动）、浅蓝色（I.C.E.）和棕色（越野）。

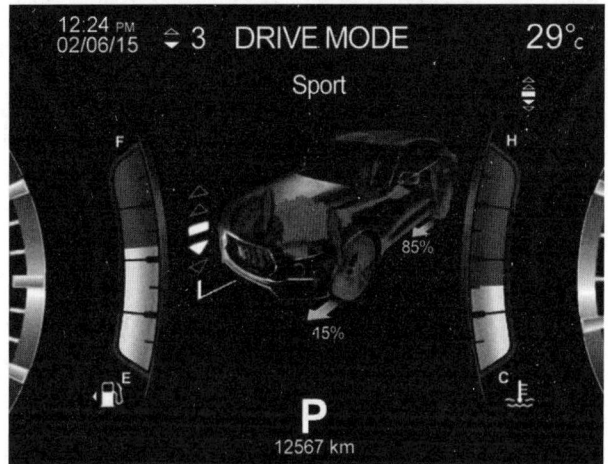

图 8-161

将通过燃油和发动机温度指示器旁曲线的颜色显示关于当前选定驾驶模式的信息，同样，也以 ASBM1 按钮面板上各个按钮旁的 LED 颜色进行显示。

多功能显示屏界面中增加的其他功能将与其关联的系统（例如驾驶辅助系统）一起介绍。

2. 附件开关组模块（ASBM1 和 ASBM2）

莱万特具有两个 ASBM，二者均通过 LIN 连接到 BCM。

ASBM1：此模块已应用于 M156-7 车型，它位于换挡杆一侧，可用于设置驾驶模式和相关设置。专为莱万特车型改造的按钮面板现包含"越野"驾驶模式，且将硬阻尼器设置与运动模式集为一组。

ASBM2：此模块内嵌在能控制驾驶高度（由空气悬架系统提供）的摇臂开关中，且集成了可指示当前设置的 LED 灯光组合。

3. 集成式中控面板（ICS 模块）

ICS 模块仅用于控制 HVA 控制系统的按钮，因为触屏现集成在顶部单元中。

1—LED 位置灯和 DRL　2—双氙气投影器模块（远光灯和近光灯）　3—LED 转向指示灯　4—LED 轮廓灯　5—侧反射器　6—高压前大灯清洗器

图 8-162

九、外部照明（图8-162）

1. 基础系统

基础版前大灯具有双氙气投影器，并配备25W的灯泡。前大灯组不含任何电气调节装置，因为光束（和整个车辆）的正确调平可通过空气悬架系统予以保证。其余所有灯源均为LED式灯源。

当前大灯控制旋钮处于"自动（Auto）"位置且发动机处于启动状态时，BCM会根据LRSM（光线和雨量传感器模块）检测的环境光强度等级自动打开和关闭前大灯。莱万特标配了LED雾灯，其集成安装于前保险杠中，且与主前大灯组单独使用，如图8-163所示。

2. 自适应前大灯

如果配备了自适应前大灯选件，则升级后的前大灯将具有以下额外特征。

35W双氙气灯。

高压前大灯清洗器。

M156-7车型中早已安装了自动操作各种光束控制策略（高速公路、城镇、雨天和旅行光束）的专用ECU（AFLS）。

连续的自动光束高度调节（SmartBeam系统），可在不使对面方向驾驶员觉得刺眼的情况下，尽可能保持最亮光束和最高能见度。

图8-163

自动旋转功能。

与M156-7车型明显不同的是，SmartBeam功能现可通过HALF摄像头模块进行管理，且仅在配备了车道偏离警告（或任何其他ADAS选件）的情况下可用。M156-7车辆上安装的ECMM-AHBM（电致变色后视镜模块-自动前大灯光束模块）仅用于管理电致变色后视镜，因此仅被视为ECMM。

管理前大灯组的AFLS模块与总裁（Quattroporte）上安装的相同，位置也相同（位于支撑BCM盖的支架顶部，但是仅打开盖本身无法直接触及）。

3. 全LED尾灯（图8-164）

十、前风窗和后侧车窗雨刮器与清洗器

莱万特标配了能利用LRSM（光线和雨量传感器模块）读数，并在遇到冰雹时自动激活前风窗雨刮器。清洗喷嘴位于雨刮器旁发动机舱盖下方，可选配电动除霜器。总裁和吉博力车型上不具备的莱万特新功能包括后车窗雨刮器，该雨刮器还配有专用清洗喷嘴。

当作用于挡风玻璃的雨刷臂处于静止位置时，无法检查或更换雨刷片（维修位置），因为它们折叠在发动机罩下方。要维修雨刷片，需要将多功能杆切换到OFF位置并将点火开关切换到OFF位置。在15s内将控制杆切换到MIST位置（向前旋转多功能控制杆的端部），然后释放。随后，雨刷片将处于能够张开雨刷臂并更换雨刷片的位置。此步骤仅适用于前侧雨刮器，而后侧雨刮器可被直接触及。

以上详细介绍的所有功能均由BCM管理。

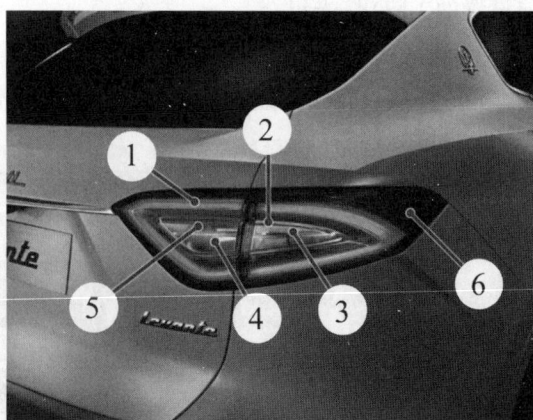

1—后位置灯/驻车导光板　2—制动灯　3—转向指示灯
4—倒车灯　5—后雾灯　6—侧反射器

图8-164

十一、后视镜

莱万特的后视镜具有以下标准特征。

电动调节具有与座椅位置记忆（如果配备）一起存储的位置。

电动折叠（车门锁闭后，手动或自动操作）。

电动除霜。

集成式 LED 侧转向指示灯。

后视镜脚灯。

右手侧车门镜安装有外部温度传感器，该传感器与 BCM 相接。

后视镜还可以集成以下可选功能。

车内后视镜的自动调光，可降低后车造成的眩光，如图 8－165 所示。

车外后视镜也可以选配自动调光功能。

与盲点警报系统相关联的警告灯。

与全景系统相关联的侧摄像头。

所有后视镜的电致变色功能均依赖于 ECMM（电致变色后视镜模块），即一个集成在车内后视镜中的后向光传感器。该模块通过 LIN 连接到 BCM。可通过车内后视镜上的 on－off 按钮或 MTC＋界面禁用自动调光功能。

十二、全景系统

选配的全景影像系统使操控如莱万特车型般超大尺寸车辆更为简便安全。该系统由 4 个相同的摄像头模块组成。

前部摄像头位于前格栅上，三叉戟边框的正上方。

后部摄像头位于后牌照板的上方。

两个侧面摄像头位于侧面后视镜的下部。

全景影像摄像头模块技术规格如表 8－207 所示。摄像头模块之一与 CVPM，如图 8－166 所示。

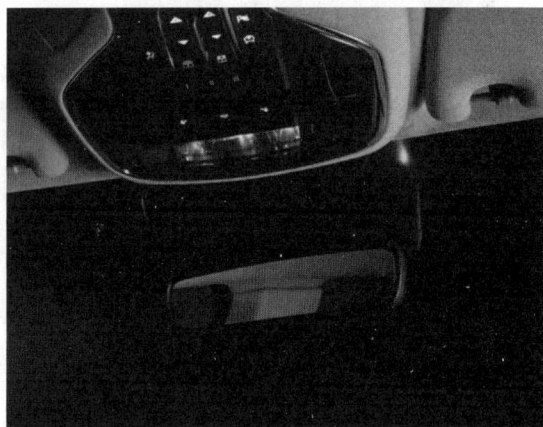

图 8－165

表 8－207

视频分辨率	1280×800
视频传送	同轴电缆上的 LVDS

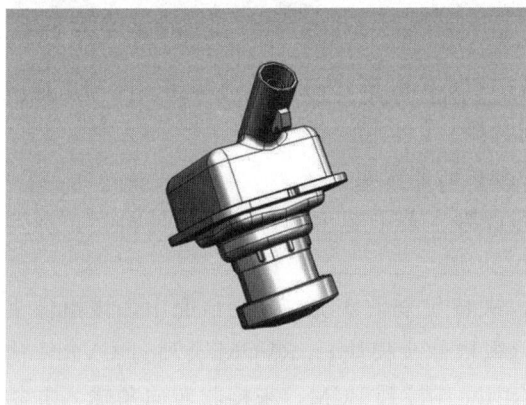

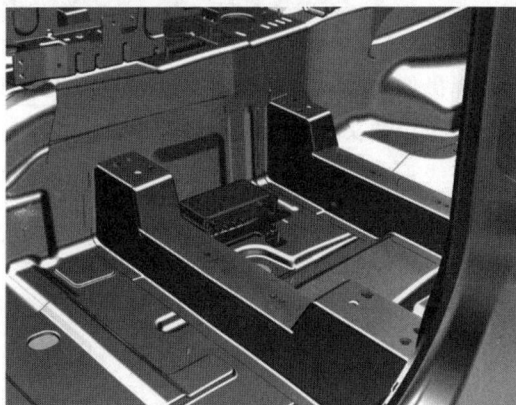

图 8－166

系统由特定的模块（CVPM，中央视觉处理模块）管理。CVPM 位于地板饰板之下，右侧前排座椅下方，并执行以下操作。

为 4 个摄像头模块供电，并接收每个摄像头模块的 LVDS 类型信号（低压差分信号）。两个功能均通过同一同轴电缆执行。

其结合 4 个视频信号创建一个 360°全景影像图像，可占据 ETM 屏幕上所显示的全景影像框一半的位置。

框的另一半则显示来自单独摄像头（前部或后部，根据挂入的挡位或用户手动选择）的信号。

绘制并重叠动态操控线，基于当前转向角度在屏幕上追踪车轮轨迹。

将合成的视频转换为模拟 NTSC−M 格式，并传输给 ETM 以便显示在中控台屏幕上。

在拆除或更换过系统部件（CVPM 或任一摄像头）之后，需要对全景功能的图像进行校准。可以通过 MDEvo 测试仪启动校准程序，启动后需要几分钟行驶循环。

ETM 在专用页面上为驾驶员提供视频流。当挂入倒挡时，将自动打开页面，或是从控件（Controls）命令组中手动访问页面。出于安全性与可用性考虑，该系统仅可以非常低的速度启动，如图 8−167 所示。

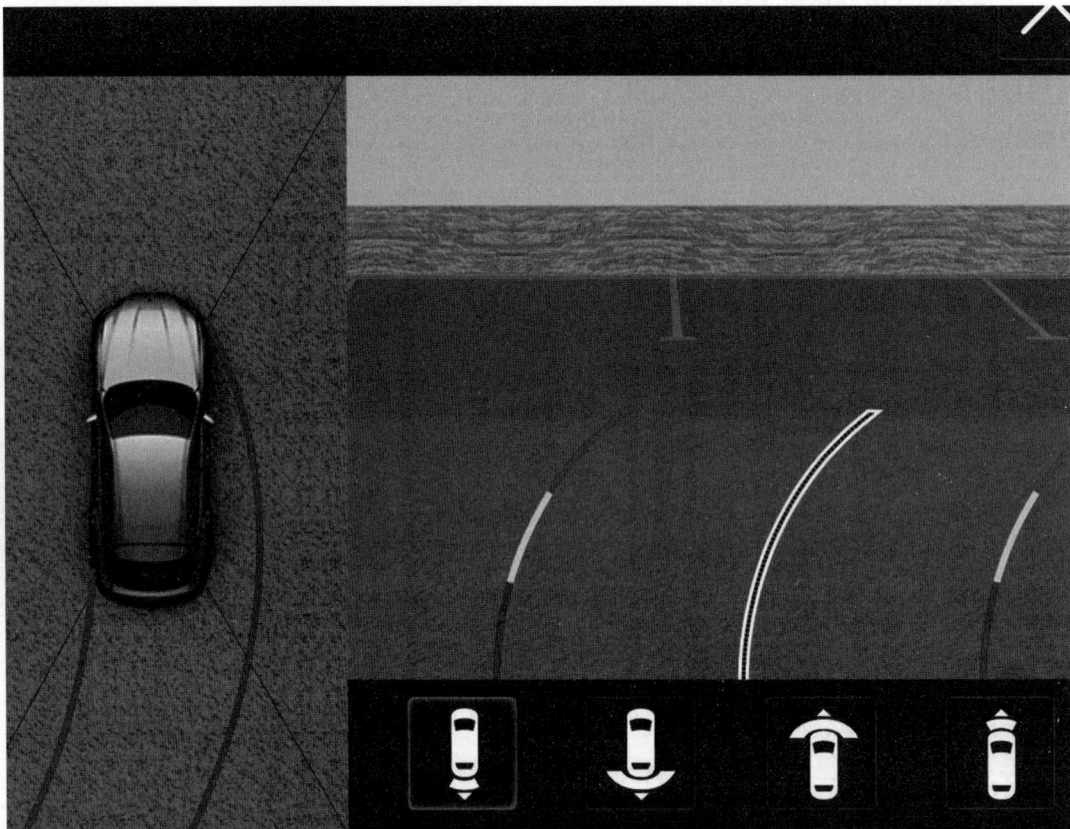

图 8−167

用户选择摄像头的输入命令将通过 CAN−I 总线从 ETM 传输至 CVPM，两者都同时与之连接。对于前部与后部影像摄像头，驾驶员可在两个影像角度之间选择。

带有动态线重叠的默认小角度在停车与狭窄空间中操控时非常实用。

宽角度盲点影像，换句话说，将选定摄像头的全部视野（差不多 180°）缩放到屏幕上。当驾驶员驾车通过视野受限路段时，这非常实用。

还可以仅配备后视摄像头（M156−7 车型已配备）来替代全景系统。在此情况中，该摄像头与全景摄像头不同，前者包含一个专用电子模块（RVCM，后视摄像头模块）。RVCM 会通过 CVPM 使用的协议将视频流传送到同一引脚上的 ETM。RVCM 还通过 LIN 连接到 BCM，来接收转向角输入并相应地覆盖其视频流上的动态驻车线。独立式后视摄像头（RVCM）技术规格如表 8−208 所示。

表 8-208

视频分辨率	640×480
视频传送	屏蔽双绞线电缆上的 NTSC-M

十三、驻车传感器，车尾盲点监测系统与盲点检测

莱万特车型配备以下辅助系统（选配）。

1. 驻车传感器

驻车传感器系统为选配配置，是沿用自 M156-7 车型的配置。其使用超声波传感器进行检测，6 个在前保险杠上，4 个在后保险杠上，以及位于行李舱右侧饰板后的一个 PTS（驻车电子系统）模块，如图 8-168 所示。MTC＋界面具有数个选项，用于设置警报的类型与音量、限制前部检测区域或是禁用系统。

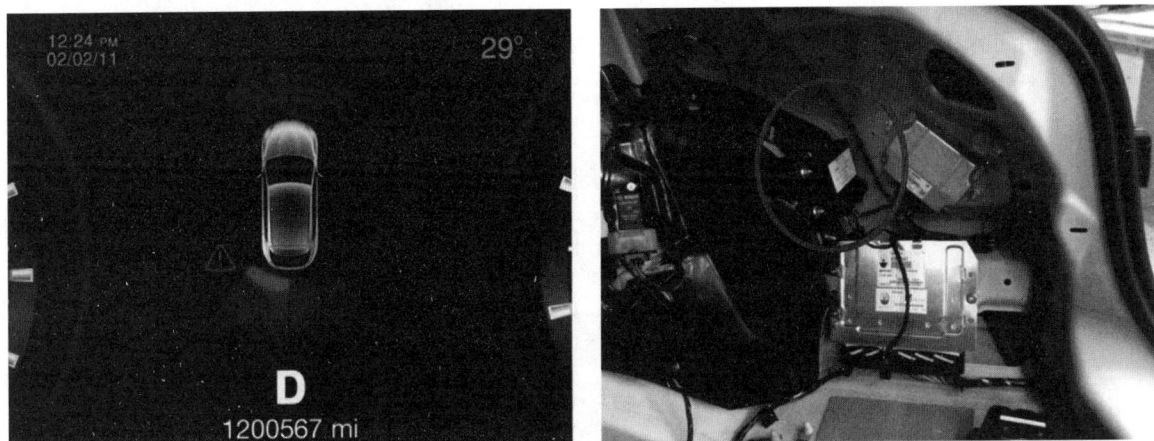

图 8-168

2. 车尾盲点监测系统与盲点警报（图 8-169）

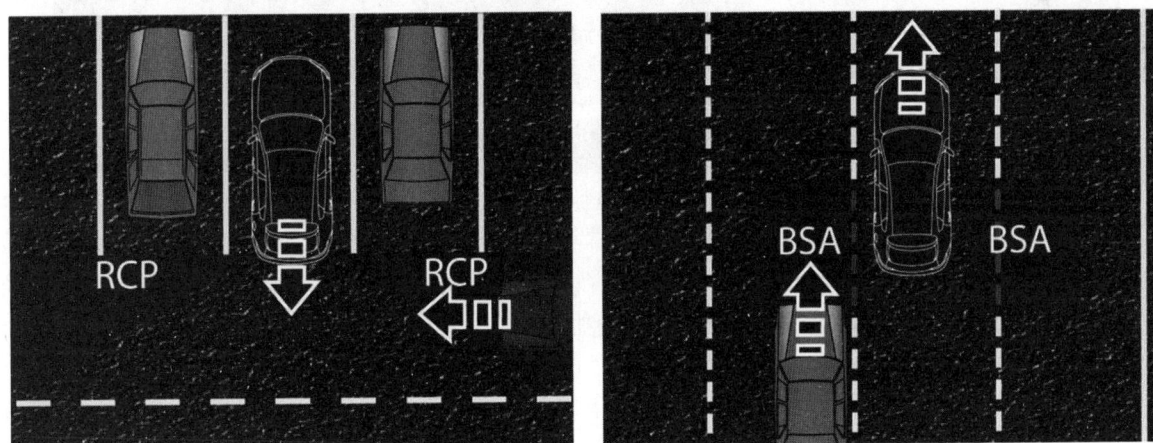

图 8-169

配备沿用自 MY16 总裁车型与吉博力车型的 RCP 和 BSA 功能，可在以下情况中启用。

RCP：变速器为 R 挡，同时速度在 2～16km/h 之间。

BSA：变速器为 D 挡，同时速度超过 10km/h。若在车尾盲点处检测到车辆，则将亮起同侧后视镜中的警报灯，如果驾驶员开启同侧转向灯，则同时发出声音警报。

两个功能均由 LBSS 和 RBSS（左侧和右侧盲点传感器）管理，根据功能具有不同的车辆检测范围。电子模块连接到 CAN-I 并集成在位于后保险杠面板两侧角内的雷达传感器中，如图 8-170 所示。

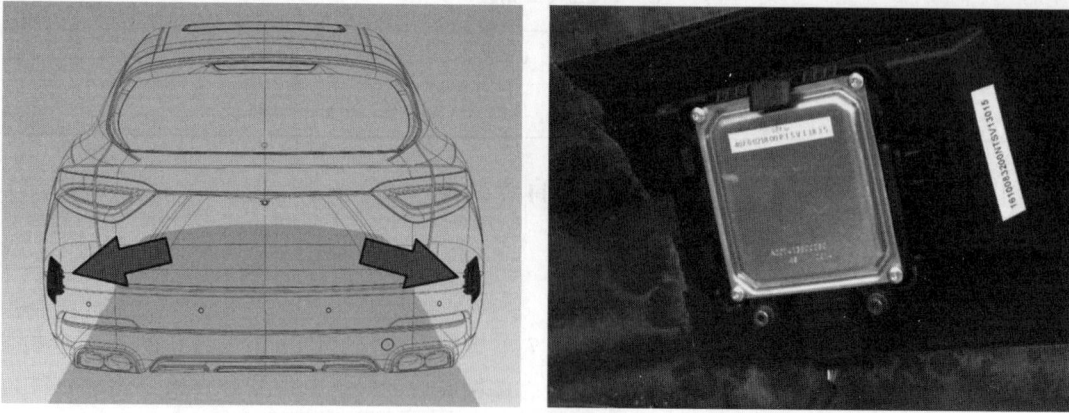

图 8-170

十四、高级驾驶辅助系统(ADAS)

莱万特车型引入了数款尚未在玛莎拉蒂车型上使用的标志性高级驾驶辅助系统。以下将详细介绍这些系统的功能与操作原理。

1. 自适应巡航控制（ACC）

自适应巡航控制同时提升常规巡航控制系统的舒适性与安全性，可根据前方车辆的速度对车速进行动态调节，而无须在每次需要改变车速时，都重置该系统，如图 8-171 所示。由位于前格栅三叉戟标志后的长距离雷达传感器测量目标车辆的车速与距离。系统所保持的距离，由车速与用户的设置同时决定。

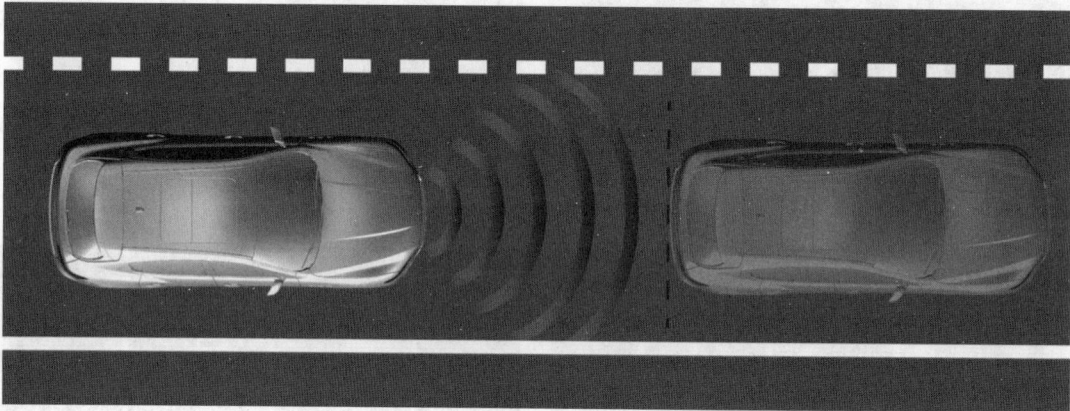

图 8-171

ACC 由 DASM（驾驶员辅助系统模块）进行管理，DASM 可分析雷达信号然后通过 CAN-C 与 ECM（常规巡航控制系统）和 ESC 模块进行通信。在发动机制动不足以维持与前车的安全距离时，将主动对车辆施加制动力。当然，在两种情况下都会点亮制动灯，与踩下制动踏板的效果相同。

ACC 根据以下逻辑工作。

可在速度高于 30km/h 时启动。

为保持不超过限速，就算在前车提速时，ACC 也不会将车速提高至超过驾驶员的设置速度。如果驾驶员需要保持跟随前车的状态，可使用方向盘上的常规摇臂开关手动提高设置速度。

也配备有自动停止功能，可持续跟随目标车辆直至它完全停止。

如果目标车辆保持停止超过 2s，则需要驾驶员介入（踩一下加速踏板或动一下速度控制摇杆开关）方可再次启动。保留之前的速度设置。

传统定速巡航控制系统仍然可用：按住距离设置按钮 2s 可将其激活。

2. 前方碰撞警告（FCW）

前方碰撞警告是 ACC 的安全相关扩展功能，如图 8-172 所示。使用相同方法（雷达与摄像头）来识别并准确定位车辆与其他障碍物，但其旨在避免（或至少是减轻）碰撞，以下为其工作方式。

通过音响系统与仪表板向驾驶员发出声音与视觉警告。

将以突然施加制动力的形式发出进一步的警告。

如果驾驶员仍然未做出反应，而有很大可能即将要发生碰撞，则自动施加制动力以减轻碰撞后果。

FCW 始终与 ACC 同时装备。驾驶员可通过 MTC＋设置（Settings）页面设置 FCW 的灵敏度、禁用自动制动功能或关闭全部系统。

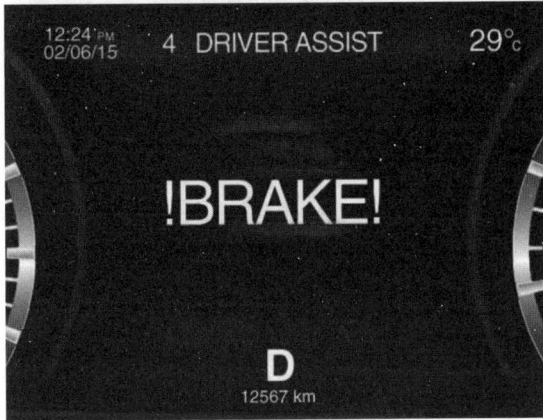

图 8－172

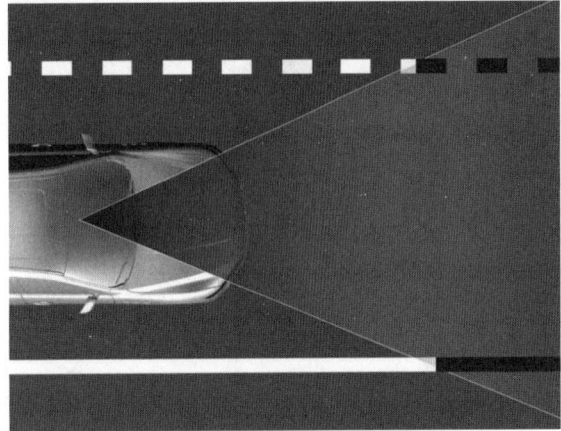

图 8－173

3. 车道偏离警告（LDW，车道感应）

车道偏离警告是唯一只依赖摄像头模块（HALF）的 ADAS 系统，如图 8－173 所示。如果仅配备了此系统，则不会安装雷达传感器。

在速度超过 70km/h 时，摄像头模块识别车道分隔线，如果车辆无意中跨过了任一条线，则将向驾驶员发出声音与视觉警告。为在无意的横向偏移与主动的变道之间做出区分，仅在以下情况中开启警报。

未开启同侧转向指示灯。

车辆正以恒定速度巡航行驶（无明显加速或制动输入）。

车辆逐渐跨过车道线，而驾驶员未在该方向有相应的方向盘动作。

视觉警告由 IPC 屏幕左上角的小图标构成。但是，在 ADAS 专用页面上，可显示有关在程式化道路两侧所画线的更多详细信息。

灰线：系统无法检测道路上的车道标志，或是速度低于 70km/h。

白线：系统识别出车道标志并主动进行监控。

黄线：系统警告驾驶员可能发生车道偏离。

可从 IPC 屏幕的此页面上关闭系统，但每次打开点火开关时系统都会自动重新启用。可从 MTC＋"设置（Settings）"菜单禁用警告声音。在 IPC 显示器上的 ADAS 屏幕：ACC 可设置、启动并识别前方车辆（图 8－174 中 1）。用户所设置的距离为最大距离，以四格的方式显示（图 8－174 中 2）。LDW 启用并识别道路上的车道标志（白线，图 8－174 中 3），并且也警告驾驶员可能发生向左的车道偏离（黄线，图 8－174 中 4）。在指示器（图 8－174 中 5）中重复提示的所有信息，将独立于当前启用的屏幕进行显示。所有 ADAS 功能专为在常规公路上驾驶所设计和校准。因此，在选择越野模式后，将自动禁用它们。

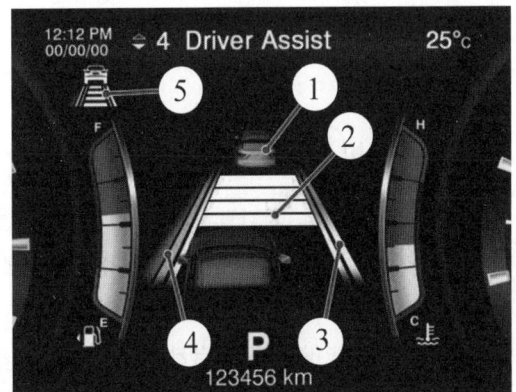

图 8－174

4. 传感器与电子模块：DASM 和 HALF

图 8－175 左图为 DASM（驾驶员辅助系统模块）集成于雷达传感器中，与 ACC－FCW 选件一同装备于车辆。图 8－175 右图为 HALF 摄像头模块，始终与所有 ADAS 选件一同装备（ACC－FCW 和LDW）。

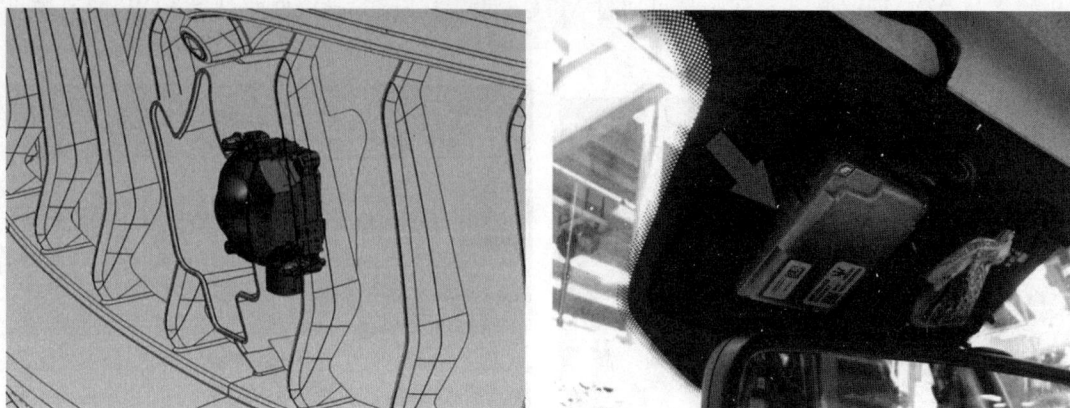

图 8－175

驾驶员辅助系统主要由两个电子模块控制，模块集成于各自的传感器中。

DASM（驾驶员辅助系统模块）控制长距雷达传感器（位于前格栅上三叉戟边框后）。该模块集束发射高频（77GHz）射电波束，接收由固体表面返回的反射波，同时进行分析以评估前方车辆的位置与速度，以及车前方的其他障碍物。在最佳条件下，传感器可检测到 250m 以外的车辆。

HALF 模块（触觉车道反馈）控制前置摄像头（位于前风窗与后视镜之间）。主要用于 LDW 系统，但同样在由 DASM 执行的雷达测量确认中扮演重要角色。最后，HALF 模块同样协助执行来往车辆识别，用于自动调节大灯角度。

在恶劣驾驶环境中 ADAS 功能可能无法正常工作或被禁用，例如拥挤且混乱的交通状况、强降雨以及不规则的路面。此外，DASM 易受高电波反射环境影响，例如积雪、结冰或一些隧道的内衬层。

两个模块都连接到 CAN－C 总线，并借此与其他模块（主要为 ECM、ESC 以及 IPC）进行通信，以操作 ADAS 功能。两个模块也共用一条私有 CAN 总线，用于交换、对比并确认有关每模块所执行测量的所有信息。仅将由大量数据分析得出的最终结果（例如驾驶员警告、发给 ECM 和 ESC 模块的命令）分享到 CAN－C 总线。为了正确和安全地操作，两个传感器前部的表面必须保持清洁。如果因灰尘或冰雪干扰了传感器的操作，则将在多功能显示器上显示特定警告信息。更具体地说，HALF 模块依靠雨刮器来保持前风窗上该部位的清洁，所以这两个部件的正确操作是紧密关联在一起的。

第五节　2016 年总裁和吉博力

一、蓄电池

在 MY16，所有 M156 和 M157 车辆均将 Fiamm 公司的 12V 95Ah 850A 吸附式玻璃纤维板（AGM）蓄电池作为初始配备，如图 8－176 所示。此种蓄电池已经开始在柴油车辆中应用。选择该款蓄电池，以承受因驾驶过程中出现的多次启停循环所产生的重负荷。在重负载条件下，AGM 型蓄电池能更好地保持其电压电平并能够改善其启动能力。AGM 电池是铅酸蓄电池，但它是密封式而非富液式铅酸蓄电池。电解液封固在不会溢出的玻璃纤维板内。因此，与传统的铅酸蓄电池相比，更易于储存和运输。该电池免维护。

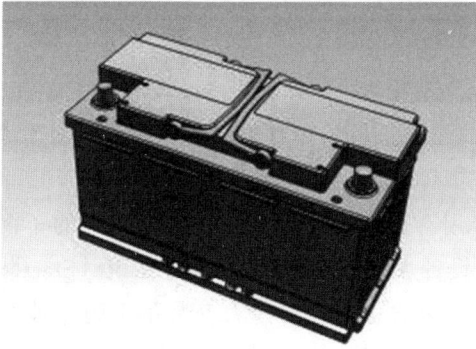

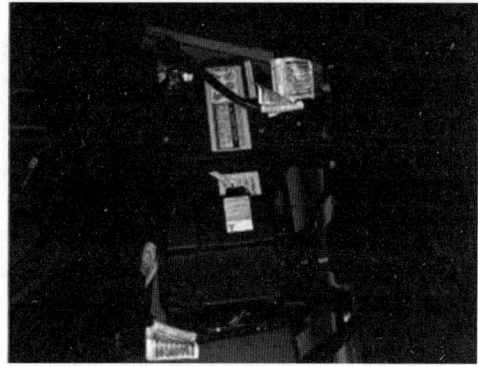

图 8-176

二、智能交流发电机管理(SAM)

符合欧 6 标准的发动机采用称之为智能交流发电机管理（SAM）的全新智能蓄电池充电策略，如图 8-177 所示。其目标是使蓄电池的充电状态（SOC）保持在 80%。SAM 最大限度地减小了流经蓄电池的电流，并在减速阶段优化了充电。电压目标值由 ECM 负责管理，因此在高载荷运行期间，不会增加发动机与蓄电池的压力。充电电压在启动/制动阶段会增大，而在要求高发动机功率输出时会降低。该策略具有以下益处。

提高燃油经济性。

改善发动机效率。

延长蓄电池使用寿命。

通过控制交流发电机转子励磁电流，获得目标电压设定点。通过 ECM 计算请求的励磁电流，并通过 LIN 线路进行通信。SAM 控制策略在某些情况下（例如检测到故障时）会被禁用。在此情况下，目标电压固定为 14.4V。以下概述了 SAM 控制策略。

在冷态发动机条件（0～35℃之间）下，目标电压约为 13V。

一旦达到 SOC 目标，则设置交流发电机的电压设定点，以便仅提供所需的电流负载，而无须为蓄电池充电。这最大限度地减小了流经蓄电池的电流。目标电压约为 12V。

图 8-177

在减速期间，最初 10s 的目标电压设定为 15V；此后，目标电压设定为最大极限电压（约为 14.6V，这取决于蓄电池温度），持续时间不超过 120s。该策略允许利用减速能量为蓄电池充电。

当 SOC 降至 73% 以下时，启用快速充电模式，并且目标电压设定为最大极限电压。这样，即使启用了启停功能，也可以为蓄电池快速充电。

在发动机高负载的暖机工况下，调整交流发电机的电压设定点，以便仅提供所需的电流负载，而无须为蓄电池充电。这最大限度地减小了流经蓄电池的电流。目标电压约为 12V。

当冷却风扇命令工作周期超过 70% 时，最低电压极限增至 13.2V。

HVAC 可禁用 SAM 策略，以使目标电压固定为 14.2V。

三、启停系统

使用启停系统不仅可使配备有 F160 V6 发动机或 F154 V8 发动机的车辆进一步降低燃油消耗，此外，还可以降低多达 7% 的 CO_2 排放量。启停系统的原理是在汽车停止后关闭发动机，并在踩下加速踏板后自动启动发动机。

Start & Stop 会在运动模式和 ESC 关闭模式下自动禁用。也可在组合仪表中央显示屏的车辆设置菜单中将此功能进一步禁用。安装启停系统需要添加或重新设计大量车辆部件。"启停系统（Start&Stop）"会令一些部件承受比平时更高的应力。配备"启停系统"功能的总裁和吉博力安装了吸附式玻璃纤维板（AGM）蓄电池，其电学可靠性要高于传统富液式铅酸蓄电池。此外，启动电机采用了专门设计，其所能承受的发动机启动次数要比未配备 S&S 车辆的电机高出 10 倍。驾驶员可在车辆设置菜单中禁用"启停系统"功能，如图 8-178 所示。

1. 自动停止

启停系统将发动机关闭后，车辆仍处于运行模式，同时所有安全设备均保持在警戒状态。如需激活启停系统，车辆必须处于完全静止状态，且驾驶员必须踩下制动踏板。

请注意，如果施加在制动踏板上的压力不够，即使车辆是静止的，启停系统也可能不被激活。一旦发动机自动关闭，仪表板上的自动停止指示灯将会亮起。

2. 自动启动

松开制动踏板时，发动机会自动启动。自动停止期间，可将换挡杆置于变速器的驻车挡位（P）：此时松开制动踏板不会触发自动启动。如需重新自动重启发动机，踩下制动踏板并将挡位挂到前进挡（D）或倒挡（R）即可。驾驶员可在车辆设置菜单中禁用"启停系统"功能。

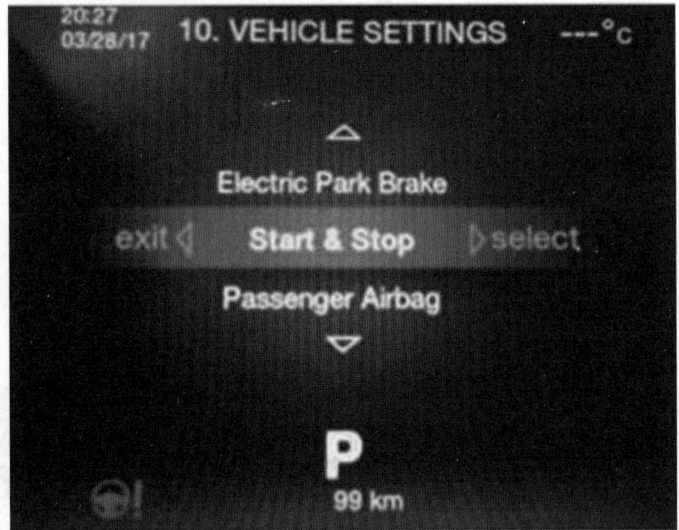

图 8-178

3. 禁用自动停止功能

以下情况会禁用自动停止功能。

选中运动模式时。

选中 ESC 关闭模式时。

从仪表板车辆设置菜单中禁用启停功能时。

4. 自动停止限制条件

为保证安全性、舒适性以及最佳的发动机和车辆功能，只要满足以下任一条件，启停系统即停止运行。

驾驶员未系好安全带。

车辆在陡坡上（坡度超过 10%）。

方向盘转动角度超过 90°。

换挡杆位于倒挡（R）位置。

出入车位操作期间（几秒钟前使用过倒挡）。

车内温度与空调控制系统设定温度不匹配（驾驶舱内温度与所选温度的差值大于 ±5℃）。

"除霜"（DEFROST）功能开启。

发动机油和冷却液的温度不在最佳范围内。

车外温度低于-5℃。

电池状态（SOC、SOH、SOF）不符合启停系统功能需求。

数秒钟前刚完成自动停止。

之前未达到阈值行驶速度（10km/h）。

发动机舱盖开启或没有正确关闭。

启停系统相关部件出现故障。

显示"启停系统"状态的仪表板信息，如图8-179所示。

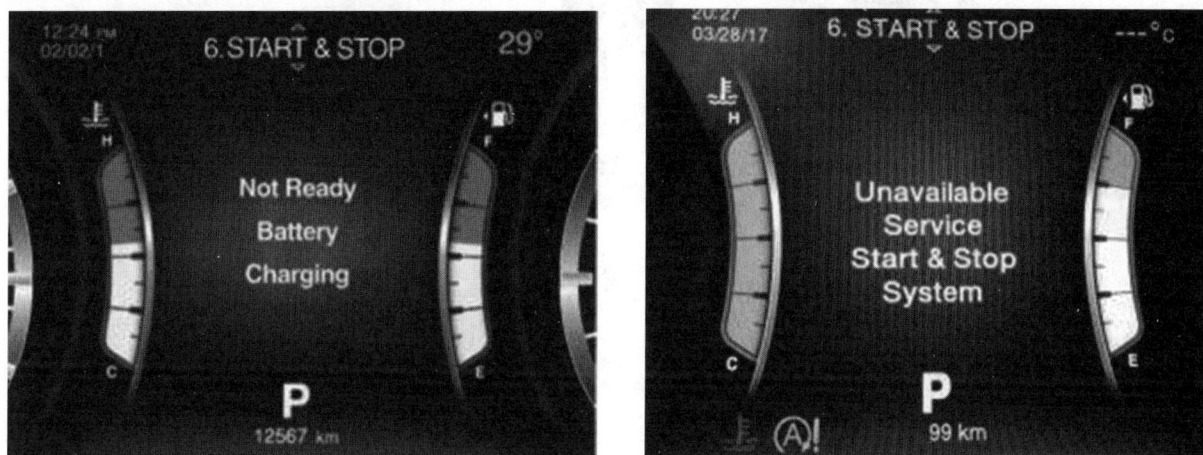

图8-179

5. "自动启动（AutoStart）"触发条件

激活"启停系统"功能后，当出现下列情况之一时，发动机会在松开制动踏板之前自动启动。

选择了运动模式或ESC关闭模式。

驾驶员在车辆设置菜单中关闭了S&S功能。

挂倒挡。

向方向盘施力且方向盘转动。

车内温度条件与空调控制设定温度不符。

更改了空调控制设定点温度。

启动了"除霜（DEFROST）"功能。

蓄电池充电状态降至75%以下（此为近似值，实际充电曲线会随温度而变化）。

真空度不足，无法支持最佳的制动助力器功能。

加速踏板被踩压（与制动踏板一起）。

发动机自动关闭后时间过长。

6. 安全功能

出于安全考虑，可在自动停止过程中禁用"启停系统"功能。出现下列情况时自动启动将被禁用，发动机将保持关闭状态，变速器将换至驻车挡（P）。

驾驶员解开安全带并松开制动踏板。

驾驶员开启驾驶员侧车门并松开制动踏板。

驾驶员解开安全带并开启驾驶员车门。

发动机舱盖处于解锁或开启状态。

四、"启停系统"相关部件（部件如图 8-180 所示，功能表如图 8-209 所示）

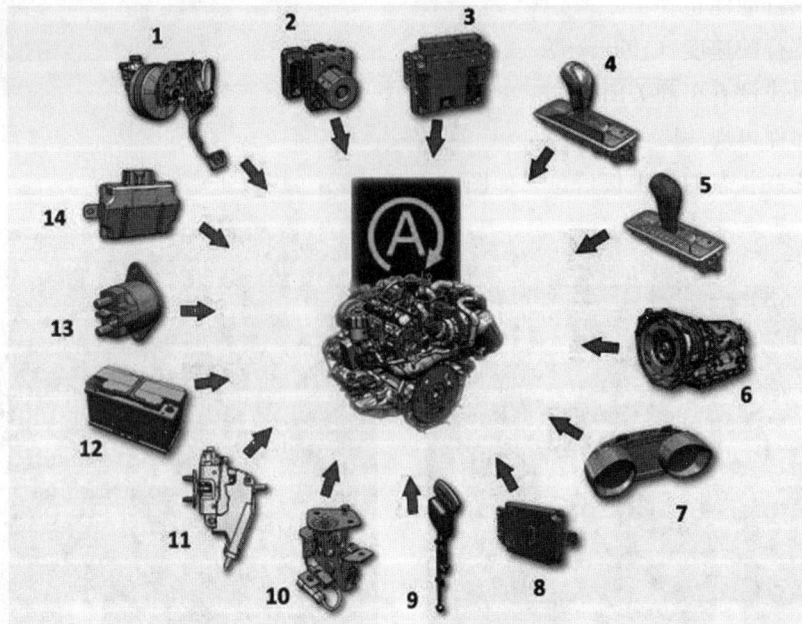

图 8-180

表 8-209

No.	部件	功能	备注
1	制动助力器的压力传递器	控制制动助力真空器	当真空度不足时，发动机会重启
2	ESC	道路坡度 制动压力 行驶速度	坡度＜10％
3	ECM	记忆发动机位置	根据发动机位置优化燃油喷射策略，以便快速重启发动机
4	ASBM	通知驾驶模式	驾驶模式≠运动模式＆ESC 关闭模式
5	ESM	通知挡位状态	挡位≠操纵过程中不可用的倒挡自动停止
6	变速器	存储变速器油压，以便快速重启	柴油发动机专用变速器配备液压脉冲存储（HIS）装置，以支持 S&S 功能
7	IPC	通知驾驶员	
8	HVAC＋HVACR*	通知温度设置，控制车舱温度	舱内温度＝设定温度±5℃，"除霜（DEFROST）"功能关闭
9	驾驶员安全带扣开关	安全装置	安全带扣上
10	发动机罩开关	安全装置	发动机罩关闭
11	驾驶员车门开关	安全装置	车门关闭
12	IBS	蓄电池状态监测	SOC、SOH 和 SOF 在自动启动功能范围内
13	ICR	启动机峰值电流保护、减少电压降	配有短路电阻的 NC 继电器
14	DC/DC 转换器	减少电压降	配有 NC 继电器的稳压器

＊：仅适用于带有四区空调控制的总裁。

　　制动助力器上放置压力传感器，用来监测"启动系统"操作过程中的真空度是否足够，如图 8-181 所示。

1. 配有 ICR 继电器的启动电机

应用了"启停系统"技术的发动机所采用的启动电机使用寿命很长：其耐久性相当于传统启动电机的 6～10 倍。启动电机在运转时会从车辆的蓄电池中消耗很大的电流。这种电流消耗会造成电压降，驾驶员和其他车辆乘员会感觉到这一现象（如车灯变暗、仪表闪烁）。

电流限制器（ICR）的本质是一个与启动电机电枢串联的、配有集成电阻的继电器。通常条件下，该电阻处于被短路状态。激活 ICR 之后，集成电阻会在发动机启动第一阶段（小于 200ms）中减少从启动电机消耗电流，从而削弱电压降现象。这同时保护了启动电机在每个重启循环中免遭峰值电流的损害。ICR 继电

图 8-181

器安装在启动电机机架上，由 ECM 在发动机"自动启动（AutoStart）"过程中进行控制。制动助力器上放置有压力传感器，用来监测"启停系统"操作过程中的真空度是否足够。

2. 智能电池传感器（IBS）

集成在负极蓄电池充电夹的智能蓄电池传感器（IBS），通过串行 LIN 线路连接至 BCM，如图 8-182 所示。IBS 对启停策略至关重要，这是因为必须提供 SOC、SOH 和 SOF 状态以进行 AutoStop 验证。蓄电池断开后，智能电池传感器（IBS）需要车辆行驶 4h，且发动机至少启动 5 次。这样 IBS 就能计算出蓄电池的充电状态（SOC）、健康状态（SOH）和功能状态（SOF），这些都是向"启停系统"提供精确信息的必要参数。如果没有得到这 3 个参数的计算结果，IBS 将禁止使用"启停系统"，自动停止功能也因此无法激活。

3. 稳压器

发动机重启过程中的供电电压变化，一直困扰着配有自动"启停系统"的车辆。玛莎拉蒂总裁柴油版和吉博力柴油版配备了博世生产的双 400W DC/DC 转换器（即稳压器）。一个位于行李舱内备胎区域下方靠近后保险杠处；一个位于乘客侧仪表板下方，手套箱与 A 柱之间。为了便于诊断，将稳压器通过串行 LIN 连接到 BCM，并通过蓄电池电压供电。子供电网络对于用户能够察觉到的电压变化（如仪表闪烁、车灯变暗）十分敏感，稳压器的作用就在于稳定子供电网络的负载。点火信号和启动机信号激活后，稳压开始进行。发动机启动时，根据蓄电池

图 8-182

的电压电平，输出供电电压提升并稳定至一个目标值。如果电压在发动机启动前就已超过了转换电压的范围，则输出电压将被旁通，如果出现电压降，输出电压将会提升至转换电压范围上限。如果未激活 LIN 线路上的启动信号，则稳压工作无法启动。并且，一旦稳压器发生故障，负载将由非稳压蓄电池电压提供。一个稳压器安装在乘客侧的 A 柱上，另一个位于行李舱内，如图 8-183 所示。

如果电流未经过稳压处理，则输入电压会由常闭的继电器触点从功率输入端旁通（即连接）至功率输

图 8-183

出端。如果蓄电池断开，则在重新连接电池后的第一次发动机启动过程中，稳压器旁通模式处于启用状态。也就是说稳压器会跳过发动机的第一次启动。采用"启停系统"技术的车辆上共配有两个稳压器装置，如图 8-184 所示。

五、电动行李舱盖和行李舱感应式自动启闭功能

MY16 的总裁和吉博力车辆可配置具有行李舱感应式自动启闭功能的电动行李舱盖（某些车辆版本和某些市场的标准配置）。电动行李舱盖功能可自动启闭行李舱盖，而行李舱感应式自动启闭功能指的是用户将脚在后保险杠下方移动就能启闭行李舱盖。

可通过以下方式启闭行李舱盖。

使用遥控钥匙组件进行远程控制。

按下驾驶员车门上的按钮（仅用于开启行李舱盖）。

按下外部把手上的开关，该开关位于牌照上方（仅用于开启行李舱盖）。

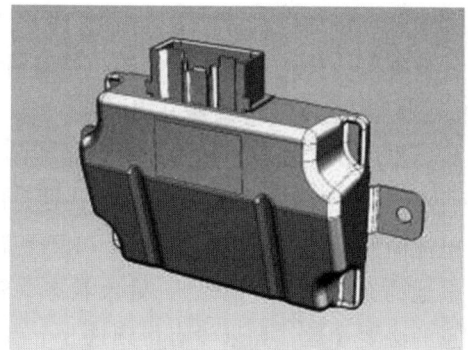

图 8-184

按下行李舱盖下缘的按钮（仅用于关闭或关闭/上锁行李舱盖）。

用脚在后保险杠下方扫动（踢腿）。

有关运行逻辑的一些附加说明。

任何时候均可通过重复指令（按下遥控钥匙组件或行李舱盖下缘上的按钮，或通过脚部移动）来中断和恢复开启/关闭动作。

要启用行李舱感应式自动启闭功能，车辆必须处于静止状态，且后保险杠周边区域必须检测到有效的遥控钥匙组件。

必须通过 MTC 菜单来启用/禁用行李舱感应式自动启闭功能。

如果在系统检测到遥控钥匙组件在行李舱内时关闭了行李舱盖，则行李舱盖不会上锁，而是会再次自动开启。

请参阅车辆用户手册，获取有关电动行李舱盖和行李舱感应式自动启闭功能的完整、详细描述。

1. 系统部件

电动行李舱盖和行李舱感应式自动启闭系统由以下部件组成。

中央 ECU（PLGM - 电动举升门模块）。

电动撑杆装置。

行李舱盖上的关闭按钮。

电动锁紧机构。

738

束紧闩锁。

电容式接近传感器（HFRM－感应式自动启闭尾门后部模块）。

2. 电动举升门模块（PLGM）

该模块为系统中心模块，负责控制行李舱盖的启闭以及上锁和解锁。PLGM 位于行李舱区域内左后轮拱罩附近，如图 8－185 所示。PLGM 与 CAN－I 总线连接，用于与其他车辆模块通信以及直接使用玛莎拉蒂 Diagnosi 进行诊断。

3. 电动撑杆装置（图 8－186）

电动撑杆装置用来驱动行李舱盖的实际开启与关闭动作。装置中含有主轴驱动式电机，该电机位于行李舱盖左侧铰链处，用来代替没有电动行李舱盖功能车辆上的弹簧装置。请注意，M156/M157 车辆上仅使用了单个电动撑杆装置。右侧铰链处仍保留了传统弹簧装置。电动撑杆装置由 PLGM 直接驱动。

图 8－185

4. 行李舱盖上的关闭按钮

行李舱盖下缘装有一个两路开关：按下"关闭（Close）"按钮可关闭行李舱盖，如图 8－187 所示。按下"关闭/上锁（Close&Lock）"按钮可关闭行李舱盖，随后全车上锁并启动车辆报警系统。开关的线路与 PLGM 直接相连。请注意，驾驶员车门上的行李舱开启按钮与 BCM 相连。

图 8－186

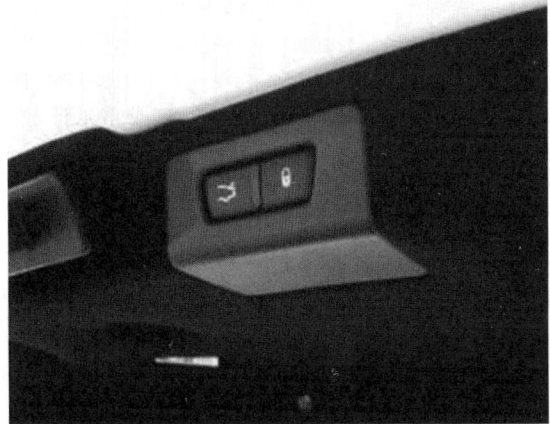

图 8－187

5. 电动锁紧机构

电动锁紧机构会在手动关闭行李舱盖（撞针撞到闩锁）或激活束紧闩锁时，动用机械装置将行李舱盖锁紧。该机构中包含由 BCM 控制的电子解锁执行器，以及可检测闩锁位置的微型开关。后者采用了多路开关设计，可将闩锁状态发送至 BCM 和 PLGM。锁紧机构上安装了配有把手的应急拉线，可从行李舱内侧手动解锁行李舱盖。某些国家的法律中要求车辆配置该功能。

6. 束紧闩锁

束紧闩锁实际上是一种电动拉线收紧器，启动该装置可将锁紧机构固定在完全锁紧位置，如图 8－188 所示。该装

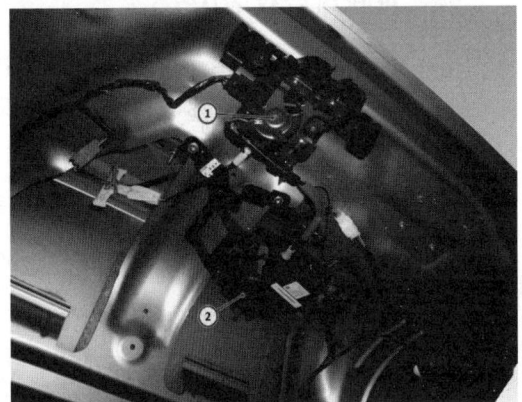

1－电动锁紧机构　2－束紧闩锁
图 8－188

置安装在行李舱盖内侧，通过博登拉线与锁紧机构相连。束紧闩锁由 PLGM 激活，可在行李舱盖自动关闭时将其上锁（软关闭功能）。

7. 感应式自动启闭尾门后部模块（HFRM）（图 8－189）

该模块中含有一个电容式接近传感器（踢动传感器），用于探测触发行李舱盖启闭的脚部移动。传感器位于后保险杠面板后视线不可及的地方。电容式传感器可以探测到任何导电的事物，或电介质不同于空气的事物。在经过正确的校准和设置之后，该传感器能够识别脚部的横扫动作，并能够与其他可能出现在后保险杠区域下方的物体进行区分。要启动该功能，请将脚伸向后保险杠下方的中间位置，然后收回，动作类似于踢腿，但请不要真的踢到保险杠。HFRM 通过 LIN 线路与 BCM 相连。BCM 会通过 I－CAN 总线定期与 PLGM 通信。

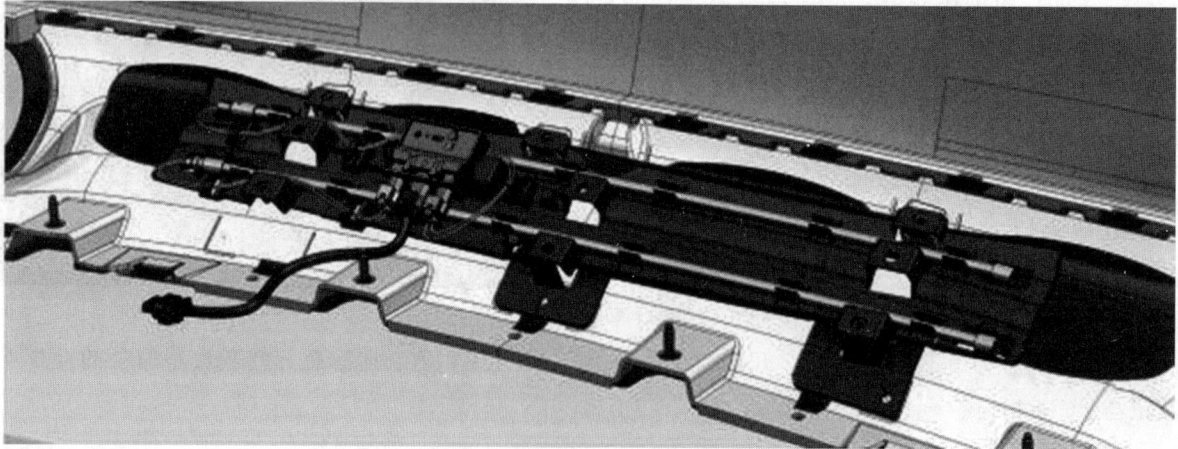

图 8－189

8. 障碍物检测

PLGM 根据电子算法观察电流和/或霍尔计数器的变化，仅具备间接障碍物检测功能。如果行李舱盖在电动运行过程中受到障碍物的阻挡，驱动器将停止并反向移动。

9. 手动开启/关闭

任何情况下（比如车辆蓄电池断开或系统发生故障时），行李舱盖都能手动启闭。如果系统发生故障，则在恢复自动运行之前，需要对系统进行设置。按照如下步骤进行。

连接车辆蓄电池/恢复系统。

手动关闭行李舱盖。

使用自动程序启闭行李舱盖。

六、更新组合仪表(IPC)

由于以下原因，MY16 的组合仪表（IPC）中将安装一款新的软件。

为了给"启停系统"（汽油车辆）和 AdBlue 喷射系统（柴油车辆）等全新的车辆系统提供驾驶员专用信息。

多功能显示屏上燃料液面指示灯和发动机冷却液温度指示灯对调了位置。

多功能显示屏采用了新的布局，换挡指示灯和巡航控制功能应用了新的图标。

七、盲点警报和车尾盲点检测

MY16 引入了盲点警报（BSA）、车尾盲点检测（RCP）两项监测功能。对于总裁车型，这是其下所有车辆的标准配置，而对于吉博力车型则为选装配置，因为后者还需具备自动调光后视镜与驻车传感器。请注意，BSA/RCP 功能可通过 MTC 菜单关闭（熄火时记忆开/关位置）。

1. 盲点警报

除了发出声音警报（蜂鸣音）并调低收音机音量（在收音机处于播放状态时）之外，BSA系统还会通过启动位于车门外部后视镜上的BSA警告灯通知驾驶员检测区中出现的车辆或物体。BSA检测区覆盖了该车辆两侧大约一个车道的范围。该区域约自外部后视镜处开始，延伸至车辆后方大约6m的位置。在车辆行驶时，BSA系统会从3个不同的进入点（侧面、后方、超车）监测检测区域，以判定是否需要发出警告，如图8-190所示。

车辆启动时，位于两侧车门后视镜上的BSA警告灯会暂时亮起，以提示驾驶员系统处于工作状态。当系统以BSA"灯光/蜂鸣（Lights/Chime）"模式运行时，如果BSA系统检测到车辆或物体，则会在特定侧的后视镜内显示视觉提醒。若此时转向灯开启，并且此灯对应车辆在该侧的提醒，则蜂鸣音会同时响起。一旦亮起的转向灯与检测到的车辆或物体同时出现在同一侧，则系统会同时发出视觉和听觉提醒。

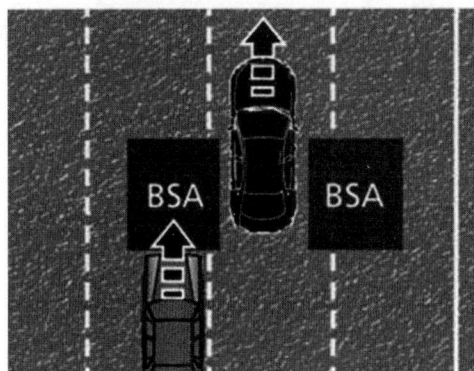

图8-190

2. 车尾盲点监测系统

RCP监测功能旨在帮助驾驶员在其观察临近车辆的视线受到遮挡时倒车驶出停车位。RCP系统会对车辆两侧的后方检测区进行监测。该系统可检测向本车辆侧面驶来且最低速度大约为2km/h、最高速度大约为16km/h这一范围内的所有车辆或物体，如在停车场中。

要使用该功能，请慢速且小心地驶出停车位，直至车辆的尾端适度露出。此时，RCP系统则会清晰显示交叉路口情况，如图8-191所示。若检测到即将有车辆驶来，RCP系统则会通过视觉和听觉警报的方式提醒驾驶员。若收音机处于播放状态，该系统会调低其音量。

3. 系统描述

两个雷达传感器位于后保险杠面板的两侧，每侧一个。雷达已经过校准，可以检测到车辆左右两侧设定区域内的移动物体。这两套装置分别称为RBSS（右盲点传感器）和LBSS（左盲点传感器）。雷达装置位于与保险杠护罩相连的塑料支架上，装置的塑料一侧朝向保险杠，以便雷达能够通过塑料向外发射信号。装置的内侧配备有金属护罩。请注意，雷达传感器所能探测的区域取决于车辆的行驶方向，因此需视启用的功能而定。

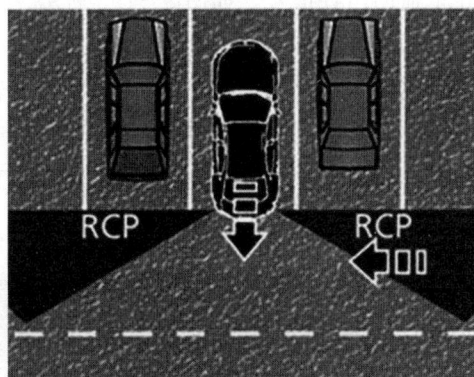

图8-191

变速器为D挡（$v>10km/h$且指示灯亮起）："盲点警报"被启用。

变速器为R挡（$2km/h<v<16km/h$）："车尾盲点监测"被启用。

与BSA和RCP功能相关的其他车辆部件如下。

用于提示驾驶员消息的ICP。

镜面玻璃内配有三角形LED警示灯的两侧后视镜（新增）。

用于发出声音警告信号的TGW。

RBSS和LBSS内集成有电子控件和CAN驱动器；它们经由后部的CAN-I星形连接器与CAN-I总线相连，并可直接通过CAN-I总线进行通信。BCM充当与ICP通信的网关。请注意，2个装置在技术方面完全相同，仅通过各自连接器中特定的接地和电源引脚编号来区分左右。

应注意有关BSA/RCP系统的以下几点。

如果车辆中该传感器所在的区域曾发生过损坏，则该传感器可能发生错位。传感器错位将使BSA/

RCP 功能不按照规程工作。如果存在疑似损坏，请确认传感器是否正确定位。

雷达传感器所在的后保险杠面板区域必须始终保持无冰雪和尘土/道路污染物。该区域不可被任何异物遮挡。

BSA/RCP 系统仅可用作检测盲点区域内驶近车辆的辅助手段，并不适合检测行人、骑自行车者或动物，也不适合检测静止的物体。

LBASS 和 RBSS 装置分别位于后保险杠面板的两侧，如图 8-192 所示。

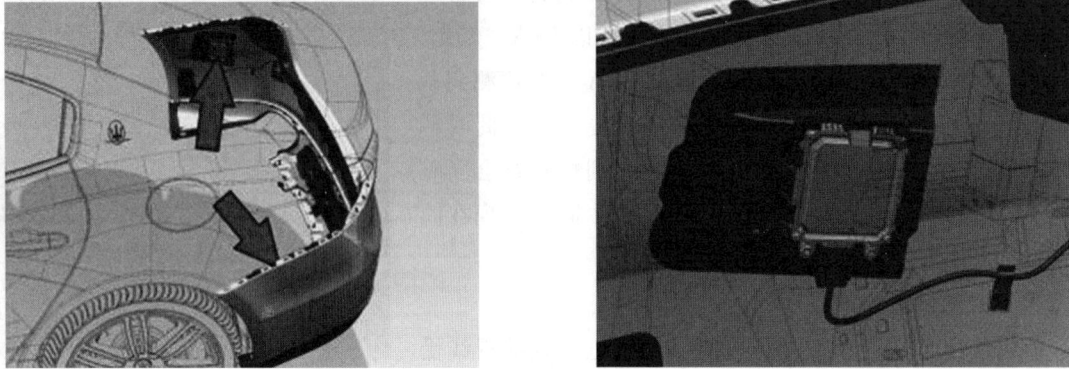

图 8-192

八、驻车辅助音量

MY16 的新增亮点在于可将由驻车辅助系统发出的声音信号音量设置为不同级别。将驻车传感器发出的声音信号音量默认设置为中级。MTC 系统中有不同级别的音量可供选择。

可使用方向盘后的音频控制或在 MTC 屏幕侧面的旋钮，临时降低或完全关闭传感器触发时所发出的驻车辅助声音信号，如图 8-193 所示。在某些情况下，如当没有发生实际碰撞事故但驻车传感器声音信号仍然持续发出声音时，此功能是非常有用的。此类情况通常发生在行驶于车辆队列中，或被交通队列中一侧或两侧的摩托车/其他车辆超车时。若要启用此功能，在传感器声音信号处于激活状态时操作音频控制器。将声音调低或静音仅会影响驻车传感器声音信号。收音机或其他连接到该车辆声音系统的装置不会受到影响。此驻车传感器声音信号的低音量设置不是永久的。当驻车传感器下次被触发时音量将恢复至其标准设置。

图 8-193

九、SIRI 智能个人协助（图 8-194）

对于 MY16，其车辆信息娱乐系统所包括的 Siri 应用程序具有可在 Apple 设备上进行简易检索的功能。当支持 Siri 语音识别功能且相兼容的 Apple iPhone 或 iPad 与车辆配对成功时，方向盘右侧的语音命令按钮会启用"Siri 智能个人协助"功能。Siri 需要访问移动互联网，其功能可能会随地理区域而改变。

使用简单的语音命令，不必将视觉离断路面，就可以发送消息、打电话、创建笔记和提示等。

关键功能：

Siri 使用户可以通过语音命令来进行 iPhone 任务，以及做出打电话、音乐、发信息、日历、提醒、备注、网络搜索、电子邮件、导航、Facebook、Twitter 等操作请求。

Siri 可理解使用下列自然语言发出的命令：英语、中文（粤语/普通话/台湾方言）、德语、法语、意大利语、日语、韩语以及西班牙语。

Siri 免视模式（驾驶时）：包含视觉信息或需要与用户互动的响应均会被锁定。Siri 将仅对适当的音频反馈和语音命令进行响应。

与 iPhone5 及更高版本兼容。

需要具备蓝牙选项。

十、Harman/Kardon 高级音响系统

MY16 曾使用的非品牌高保真音响系统已被全新的 Harman/Kardon 高级音响系统所取代，如图 8－195 所示。此全新系统对于总裁（Quattroporte）车型为标准配置，对于吉博力（Ghibli）车型则为选装配置。新系统中音质的提升得益于以下几方面的改进：

目前的 8 声道放大器替换为全新的 12 声道装置。

10 个音质更佳的 900W（过去为 600W）扬声器。

目前的重低音扬声器替换为高性能重低音扬声器。

引入经改良的车门模块，避免音响短路和车门音箱硬化。

图 8－194

十一、Bowers & Wilkins 环绕声系统

由 15 个 1280W 的扬声器组成的 Bowers&Wilkins 环绕声系统现已包括新增的"Clari－Fi"功能，可在播放压缩文件时为驾乘人员提供更为出色的音质。Clari－Fi 可还原数字压缩音乐中所丢失的艺术效果。总裁车型和吉博力车型均可选配 Bowers&Wilkins 系统。

关键功能：

Clari－Fi 会实时扫描所有无详细信息的压缩音频文件类型，支持 MP3、AAC、卫星广播、回放和流媒体音乐服务。

图 8－195

Clari－Fi 会根据现有音乐信息与音频源质量，智能修正识别出的波形问题。

还原高保真：重新捕获缺失的高音与低音，对声音进行本色还原。去除失真与加工效果，恢复真正的立体声音质。

十二、更新 HVAC 系统

新版 HVAC 软件，可管理"智能交流发电机管理"（SAM）功能。

取消了配备有可选四区温度控制系统的总裁车辆后部蒸发器上的截止阀。

此套全新的高级音响系统可通过 4 个车门扬声器格栅上的 Harman/Kardon 标志加以辨识。

第九章　经典实例与技术通报

玛莎拉蒂车系共有总裁、吉博力、GranTurismo、GranCabrio 和莱万特目前在市面上销售。

第一节　发动机系统

一、玛萨拉蒂总裁怠速急加油收油严重时熄火

车型：玛萨拉蒂总裁（M156B）。

行驶里程：52 164km。

故障现象：怠速急加油收油严重时熄火。

故障诊断：客户进店保养时说在等红绿灯时怠速不稳，严重时还有熄火现象，但仪表上故障灯报警，用诊断仪也未读取出任何故障。发动机是 M156B，如图 9—1 所示。

图 9—1

保养完之后试车确实在急加速收油时有抖动，转速会直接降到 200~300r/min。由于车子一直都在这维修，之前也出现过这种情况怠速时抖动，查阅了一些资料，喷油器确实容易出现问题，就更换了一侧的喷油器，但故障依然存在，进一步对该故障进行检查。

(1) 检查火花塞。

(2) 检查进气量。

(3) 检查喷油量和喷油器。

拆下火花塞之后发现火花塞上面有些轻微积炭而且有很大的汽油味，为了验证问题就把火花塞上积炭清洗干净，装车还是不行。这种情况也不像是点火燃烧不好，好像有漏气的感觉，然后检查各个管道和接口处都未发现有漏气情况，就直接把空气流量计拔掉试试，拔掉之后急加速收油的时候没有了那种想要熄火的现象。因该故障一般都是在凉车的状态下容易出现，等到第二天再试车。到第二天拔掉空气流量传感

器后故障现象就没有了，就直接怀疑空气流量传感器坏掉了。将试乘试驾车辆的空气流量传感器拆下两台车对换，故障还是一样，现在只有检查喷油器了，但是拆装比较复杂，时间也较长，就暂时没拆。又重新整理一下思路，火花塞电极湿润，淹缸了也应该在怠速时一直抖动，并不是像现在这样只有急加速收油的时候会熄火，之前验证的拔掉空气流量传感器应该是错误的，因为发动机控制单元监测到空气流量传感器没信号就处于一种应急的模式，所有的进气和喷油都会按照应急的状态来进气和喷油，节气门拆下也没发现有什么问题，清洗干净之后装复，故障依旧，并没有好转的迹象。上网查阅了资料依旧没什么进展。没啥头绪了，检查一下涡轮增压器，拆掉涡轮增压的隔热板，从外观上没发现任何毛病，就用手晃动了一下，感觉泄压阀的那根连杆晃动量比较大，这个泄压阀就是在急加速的时候由真空的吸力拉着，这个阀处于关闭状态，当我们收油时，节气门开度迅速减小直至处于关闭的怠速状态，也就是说发动机不需要进气了，或者说进气管中的气流会在节气阀处受阻。现在可以想象，此时的空气仍然继续被源源不断地压缩进入进气管中，如果在进气管中这部分高压空气不能被及时排走，就会使进气管中压力迅速升高，轻则出现加速拖滞、加速不畅，重则有可能造成节气门损坏或进气管爆裂。我们就用一根铁棍把泄压阀给固定起来不让它起作用，试车故障就不再出现，松开恢复原车的状态后故障就依旧存在。最后我们检查才知道原来是真空罐连接杆到泄压阀的连接处有很大间隙非常旷动（图9-2），本来是应该在急加速收油的同时它应该立即打开，把多余的一些增压空气给排出去的，但由于真空罐连接杆到泄压阀的连接处间隙较大，在收油的同时不能及时地打开才会出现急加速收油，同时会出现发动机抖动严重时熄火现象。最后更换两侧的增压器装复试车，故障消失。回访时客户也很满意。

图9-2

745

二、玛莎拉蒂总裁发动机故障灯亮

VIN：ZAM……G1097020。

车型：玛萨拉蒂总裁（M157）。

行驶里程：1000km。

故障现象：客户反映发动机故障灯亮，跑高速跑不起来，低速还可以。

故障诊断：陪同客户试车确实如此，跑到60km/h就加不上油了，并伴随故障灯亮，现象跟客户描述的一样。回厂连接诊断仪读取故障码，发动机报氧传感器故障，如图9-3所示。

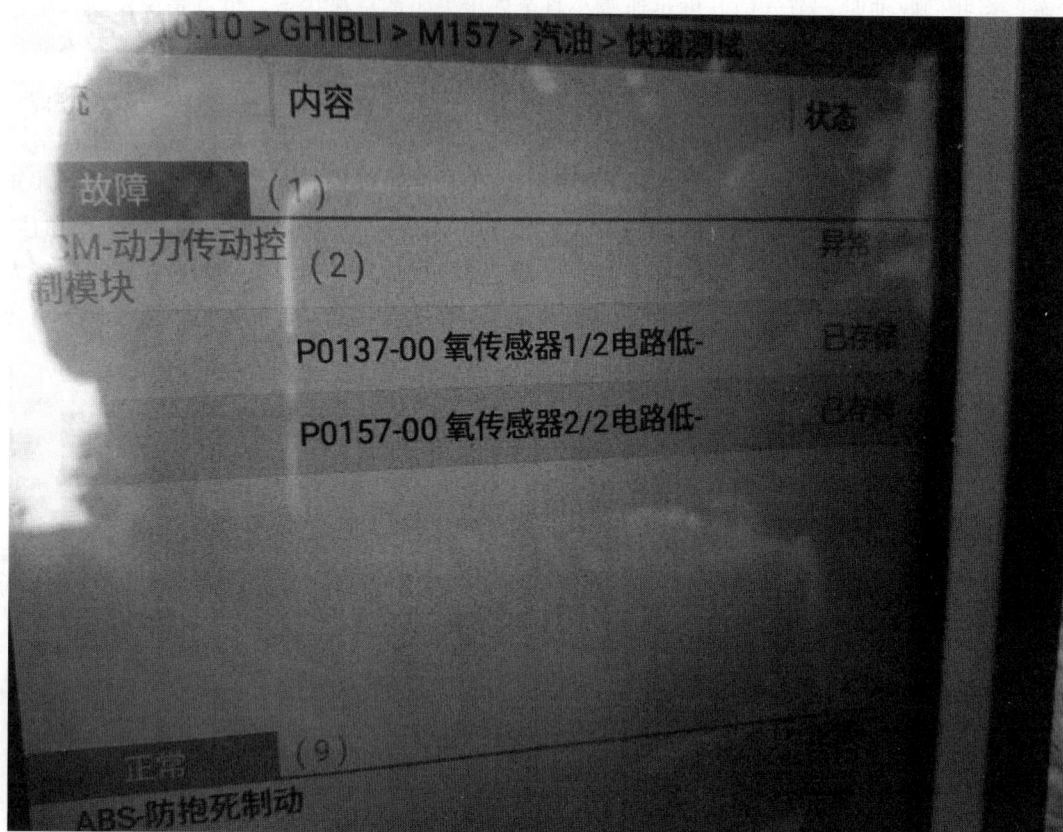

状态	内容	状态
故障	(1)	
CM-动力传动控制模块	(2)	异常
	P0137-00 氧传感器1/2电路低-	已存储
	P0157-00 氧传感器2/2电路低-	已存储
正常	(9)	
ABS-防抱死制动		

图 9-3

此车是一辆进水车，就是室内进水，拆装地毯座椅等晾晒，更换全车机油和冷却液，别的没有更换任何配件，想着可能是其他地方进水了。发动机方面都没有进水，查看火花塞点火线圈正常，空气流量传感器数据正常，考虑到是新车，线路方面更不会有问题。于是重点放在检查氧传感器方面，量取电压正常，供电搭铁都正常，可是为什么还会报电路低故障？刚好旁边有一辆相同的玛莎拉蒂车，于是就将两个传感器对换了一下，发现故障码消失了，于是便肯定是氧传感器问题，跟客户说需更换两个后氧传感器，客户同意。货到之后装车，故障消失，于是交车。可是刚开出去两天，客户又反映跑不起来了，于是救援回来，读取故障码如图9-4所示。

还是报氧传感器故障，难道是氧传感器有问题？可是传感器是新的啊，于是拆掉查看，发现装的和原车的有一点不同，如图9-5所示。

故障代码	故障码描述	状态
P0137-00	氧传感器1/2电路低-	已存储
P0036-00	氧传感器1/2加热器电路-	已存储
P0056-00	氧传感器2/2加热器电路-	已存储
P0300-00	多缸失火-	已存储
P0303-00	气缸3失火-	已存储

玛莎拉蒂 V10.10 > GHIBLI > M157 ...统选择 > PCM-5...

图 9-4

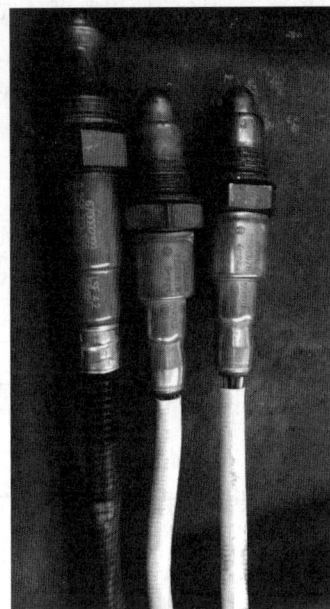

图 9-5

新的好像比原车的长一点，和配件核实，原来定的新的是美规车的，而此车是中规车，虽然看着差不多，但是实际上是不一样的，于是又重新订货。

更换中规的两个后氧传感器，故障消失，反复试车，故障现象没有出现，当时进水虽然看着氧传感器没有问题，但是电器元件故障不是当时都表现出来的，可能是内部进水，是潜在隐患。

故障总结：此案例是典型的不细心造成的，在更换配件的时候一定要细心，配件可能不专业，我们维修人员一定要有意识，不能配件订啥就装啥，同时报价一定要分清车的型号，好多配件都是因为国家、年款而不同，今后一定要注意。

三、玛萨拉蒂 M156 /M157 V6 330HP 减速顿挫

针对 M156 /M157 V6 330HP 车型减速顿挫问题，目前已经有新的 ECM 和 TCM 软件，经过工厂的测试和少数国内车辆的测试，相关问题已经得到较好解决。但是因为实际天气情况的原因，为了保证良好的客户满意度，接到类似车辆的进场，不要给客户一个明确的保证。如果在炎热的气候条件下实际测试以后没有问题，我们会在后续的会议上或通过其他方式来告知各位经销商。

四、玛萨拉蒂 M156 和 M 157 机油消不正常

在两次正常的定期保养之间，如果机油液位灯未曾点亮，则该车机油消耗量就是正常的。根据车主车辆的实际运行情况，不同车辆的机油消耗量并不相同，要根据单独案例判断是否正常；同时还需要考虑其他因素，比如驾驶风格、发动机健康状况、机油和燃油的质量等，没有绝对确定的答案。此外，还应考虑国家或地区相关行业标准，如部分地区对于机油消耗量的定义就区分了新车（5000 km 以内）和已经磨合较好的车辆，新车的机油消耗量应小于每 1000km 1L，而已经磨合较好的车辆的机油消耗量则应有所降低。一旦有客户对机油消耗量提出异议，当在对车辆尤其是发动机进行充分检查并确认没有任何异常时，请重新按照标准加满机油，在客户使用一段里程（如 1000~2000 km）后，再次进店检查机油液位并计算此段时间的机油消耗量，以获得比较客观的数据。

五、关于防冻液冰点的检查(Coolant Freezing Temperature Check)

鉴于部分 M156/M157 车辆在生产过程中所添加的防冻液中水和乙二醇的配比可能使防冻液的冰点无

法达到较寒冷地区的使用要求，现提醒各经销商对 VINList ＿ Coolant Check 中的车辆进行防冻液组分检查。请使用酒精计对防冻液中乙二醇的含量进行检查，请务必对防冻液水壶两个腔体中的防冻液组分分别进行检查。乙二醇含量与防冻液冰点的关系（鉴于酒精计精度的差异，5％的乙二醇含量差异可以被忽略）如表 9－1 所示。

表 9－1

防冻液中的乙二醇含量	防冻液冰点
40%	−32℃
50%	−39℃
58%	−45℃

请根据检查结果，并参照车辆使用区域在冬季的最低环境温度，适当提升防冻液中乙二醇的含量，玛莎拉蒂推荐的防冻液品牌为壳牌长效或 Petronas Paraflu up F02（可通过 MODISCS＋进行推荐产品的查询）。

操作建议：如果防冻液当前的冰点与目标冰点不同（各地区不同，50℃），则可通过补充一定的防冻液以达到目标冰点。

六、关于 M156/M157 V6 汽油发动机高压油泵的更换须知

在 MD 中分别对两种高压油泵及高压油管所适用的发动机总成号进行了标注（图 9－6 中框所示），请在订购配件时注意。

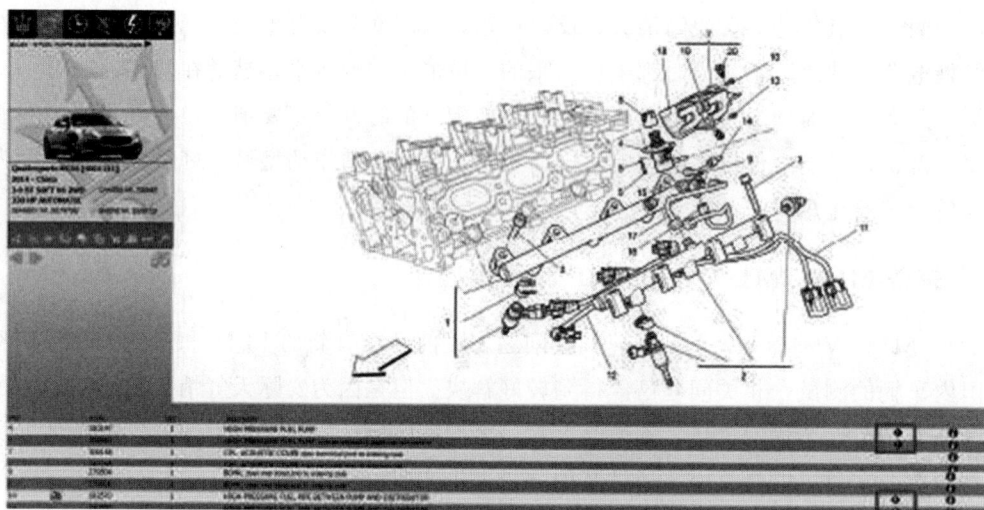

图 9－6

此外，两种高压油泵配对适用的碗座（Bowl）、隔音罩（Acoustic Cover）也略有不同，它们的对应关系如下。高压油泵 P/N 308863：用于替代高压油泵 P/N 299268，与碗座 P/N 279504 及隔音罩 P/N 309158 配对使用，适用于发动机总成号小于或等于 242390 的 M156/M157 V6 汽油发动机。高压油泵 P/N 310147：与碗座 P/N 270601 及隔音罩 P/N 312245 配对适用，适用于发动机总成号大于 242390 的 M156/M157 V6 汽油发动机，如图 9－7 所示。

Pos	Code	Qty	Description
4	310147	1	HIGH PRESSURE FUEL PUMP
4	308863	1	HIGH PRESSURE FUEL PUMP ordered separately additional part 282570
7	309158	1	CPL. ACOUSTIC COVER open PHD ticket prior to ordering code
7	312245	1	CPL. ACOUSTIC COVER open PHD ticket prior to ordering code
8	279504	1	BOWL open PHD ticket prior to ordering code
8	270601	1	BOWL open PHD ticket prior to ordering code
14	282570	1	HIGH-PRESSURE FUEL PIPE BETWEEN PUMP AND DISTRIBUTOR
14	310550	1	HIGH-PRESSURE FUEL PIPE BETWEEN PUMP AND DISTRIBUTOR

图 9－7

一般情况下，进行高压油泵的更换时，无须更换碗座及隔音罩，以上信息仅作为特殊情况下配对订购配件的提示。图 9—8 中，左侧为高压油泵 P/N 308863，右侧为高压油泵 P/N 310147a。

图 9—8

图 9—9 中，左侧为碗座 P/N 279504，右侧为碗座 P/N 270601a。

图 9—9

七、关于 M157　TPM 模块软件更新

如果车辆出现胎压报警，且故障代码显示 "551de00—tire pressure sensor location undetermined" 或 "55810—front/rear tire pressure sensor location undetermined"，请检查 TPM 模块的软件是否为最新软件，最新软件版本为 14.15.00 a。

如果已经是最新版本软件并通过 MD 中的主动诊断功能（重新写入传感器旧，信号增强测试等）仍不能解决胎压报警的故障，则请提交 BOL 报告。

八、玛萨拉蒂 M156/M157 车型车辆热交换器冷却液管安装的注意事项

对于此冷却管的破损原因，我们正在进行调查，初步判断为此冷却管在安装过程中使用的润滑剂（如

冷却液、润滑脂、凡士林）使得冷却管的分子结构发生了变化，进而引起冷却管破损，甚至在热交换器端口出现变质的胶质，如图9-10所示。

因此我们已同意了冷却管路的索赔，在安装冷却管时请尽量减少润滑剂的使用量，以避免上述现象的发生；另外，我们会尽快推出专用的润滑剂型号。

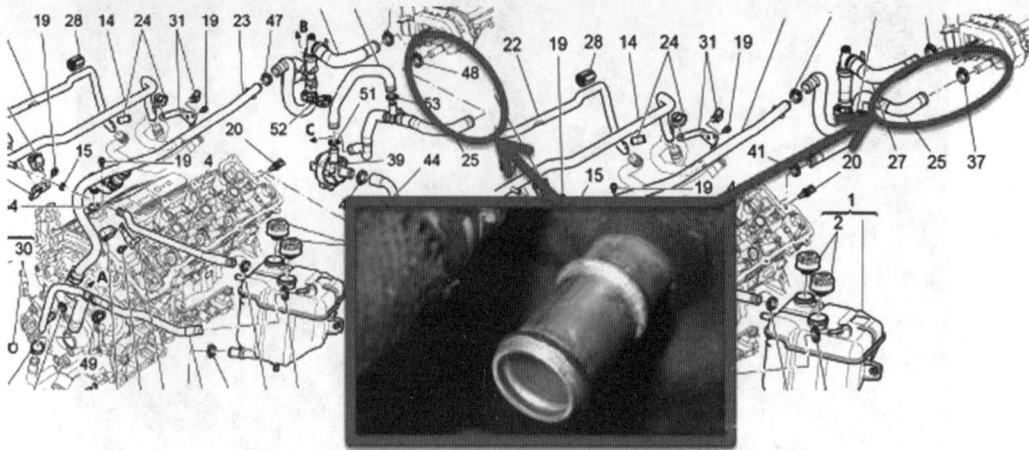

图9-10

九、玛萨拉蒂M156和M157车型电子风扇的说明

对于库存配件，生产日期（以电机壳体上的生产日期为准）为2014年12月18日之前的电子风扇，请勿在车辆维修过程中使用。对在车上安装的电子风扇，如果没有出现故障，即使其生产日期在2014年12月18日之前，也请不要提交BOL报告。因为目前尚未确认导致问题出现的批次。如图9-11所示，生产日期信息标识于标签条形码的右边。

图9-11

十、关于玛萨拉蒂M156/M157车型排气歧管密封不严导致异响的维修

此前发现M156/M157 V6发动机，在冷态时（怠速运行，温度低于50℃时）出现异响，此异响特点如下。

（1）在发动机处于冷态下出现，一般持续2min左右，即发动机缸体温度升高，症状现象消失。

（2）此异响存在时，异响的频率会随着发动机转速的提升而增加。

（3）症状的存在，不会导致加速无力或者闯车等故障，不影响发动机性能的发挥。经过分析，我们已确定故障点在于排气歧管和缸体之间的密封失效。如图9-12框所示，排气歧管和缸体的结合面上已经没有密封胶，而且颜色变黑。

图 9-12

维修时应注意，排气歧管和缸体的连接使用全螺纹的螺杆，由于此螺杆工作条件恶劣（反复的温度变化冲击），因此在拆卸前，请务必确保发动机已经完全冷却至室温，并在拆卸紧固螺母前在其附近应用一定的松锈剂。然后再缓慢拧松紧固螺母，请不要使用气动工具，以免造成螺杆的损伤；如果螺杆本身已经变形，则需要小心将其取出并更换。如果无法取出，请联系技师，我们将判断是否加大力矩。图 9-13 展示了两侧螺杆、螺母的位置和零件号。

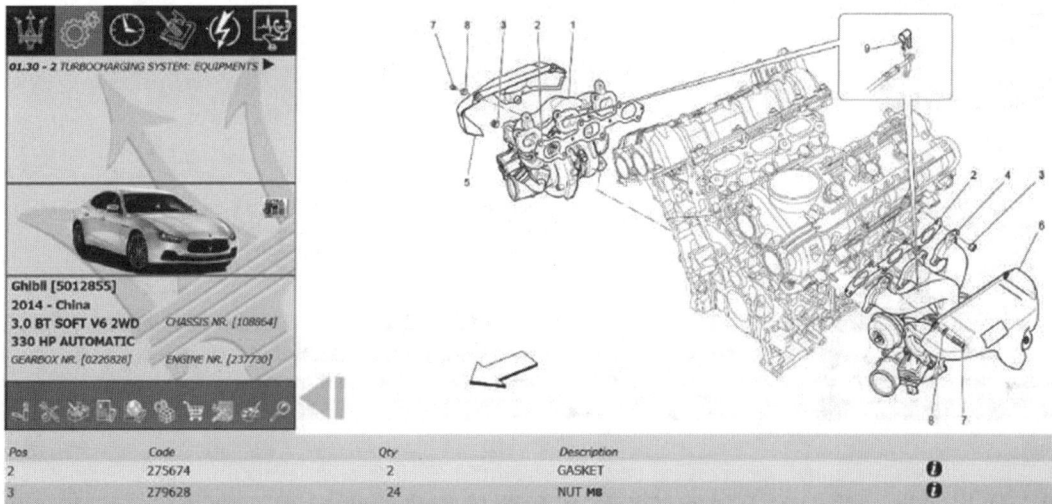

Pos	Code	Qty	Description	
2	275674	2	GASKET	𝕚
3	279628	24	NUT M8	𝕚

图 9-13

十一、关于发动机故障码 P304B(油轨压力过高)的提示

通过对已经收到的案例的调查，我们发现，除了发动机本身的问题外，目前发动机故障码 P304B 出现的一种可能的人为原因为：在对 ECM 进行软件升级后，操作人员没有对 ECM 进行故障码删除。因此，请各位经销商务必注意我们多次强调的注意事项，不论是对何种功能的 ECU 进行升级，请务必确保：升级前 MD 或 MDEVO 已经为最新的版本，且车辆所有 ECU 均无故障码存储；如果存在故障码，请在动态采集后将其删除；在升级过程中，不要对车辆进行任何无关操作（如开关门、连接 USB 进行音乐播放），应严格执行升级程序要求的操作；升级后，不论是否有故障码存在，请执行一次整车故障码删除的操作。

十二、因天气变暖产生的问题

天气变暖后，发现 M156 和 M157 车辆在隔夜以后没有转速冲高再降低的过程。启动后直接达到 800r/min 的怠速。用诊断仪检查无任何故障。请问冷启动是否有温度限制（为什么没有转速冲高和降低的过程）？

我们通常所说的冷启动，是指发动机水温与环境温度保持一致时的启动，且发动机系统中的相关部件

（如氧传感器、三元催化器等）没有经过任何的预热。一般来讲，我们常见的冷启动时，发动机转速首先会冲高（喷油加浓），随后降低直至怠速（等待整个系统达到设定温度后减少喷油），以上都是由 ECM 通过识别相关传感器传递的信号后选择对应的数据库进行的。因此，如果传感器探测到的相关信息指向无须特别加浓的控制数据，则转速冲高幅度不大。因而上述的现象是正常的。

十三、玛萨拉蒂 M156/M157 车型发动机的曲轴后油封

目前有两种。一种为铝制，一种为铁制。该如何区分它们的使用？如何正确订购？

请在订购曲轴后油封的时候，注意通过 MODIS 中的技术文档进行查询，不同的发动机对应不同的曲轴后油封，以发动机序列号所在区间为准。

如图 9—14 的截屏所示，以 M156 车型为例，在查到发动机曲轴后油封的时候，会显示两个配件号：275289（铁制）和 327702（铝制），请点击其后面的红色叹号注释，以确认对应车辆的发动机序列号的曲轴后油封。

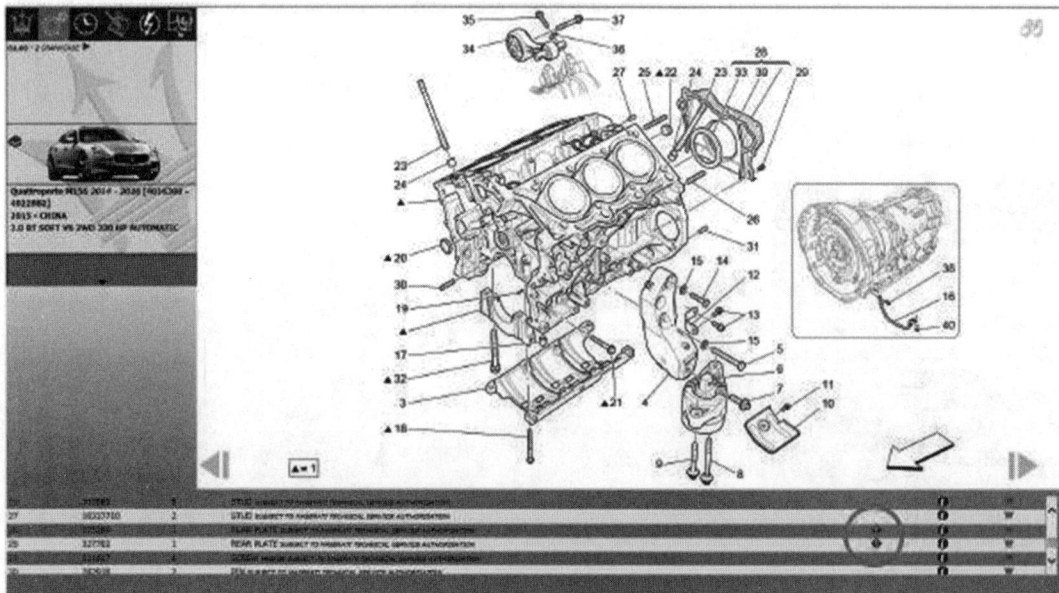

图 9—14

十四、通报主题：关于关于加速踏板饰罩和前排脚垫的更换

车型：玛莎拉蒂总裁（M156）和吉博力（M157）。

加速踏板饰罩和前排脚垫的更换，如图 9—15 所示。

（一）描述

为避免加速踏板可能在任意位置出现卡滞状态，必须执行此操作。导致这一状态发生的原因包括。

（1）车辆地毯安装不规范。

（2）脚垫未被固定（包括因固定附件丢失或破损引起的）。

（3）驾驶员脚部空间可能存在的可移动异物。

由于上述原因，加速踏板可能会被卡在任意工作位置，严重时甚至会卡在全油门位置。但是，所涉及车辆均具备"制动优先"控制逻辑，即当制动踏板被踩下时，任何因加速踏板输入引起的发动机扭矩需求都将被禁止，因此当出现加速踏板卡滞的情况时，驾驶员可以通过操作制动踏板将车辆安全减速直

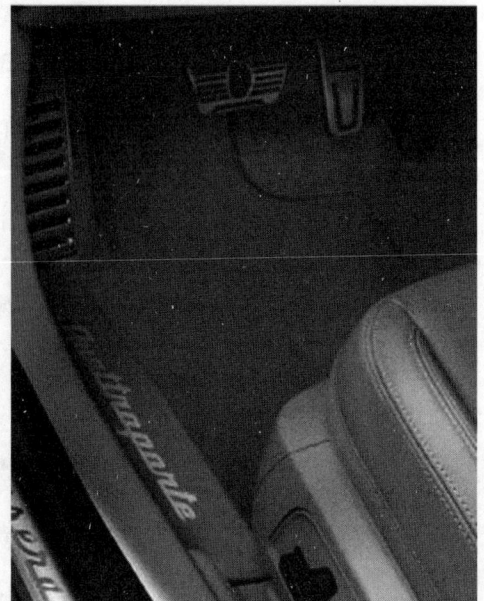

图 9—15

至静止。

（二）操作程序

（1）核对车辆是否涉及本活动，且本活动是否尚未执行。

（2）对于附件车架号列表中，"仅限加速踏板饰罩"的车辆，请仅根据下列程序 A 进行操作。

（3）对于附件车架号列表中，"加速踏板饰罩和脚垫"的车辆，请根据下列程序 A 和程序 B 进行操作，如适用，还需要执行子程序 B1 和/或 B2。

1．程序 A，更换加速踏板饰罩

（1）请根据维修手册更换加速踏板饰罩。

（2）程序 A 完毕。

2．程序 B，更换前排脚垫

（1）更换两个前排脚垫（更换副驾驶脚垫仅为了保持与驾驶员脚垫新旧程度的统一）。

（2）在更换前排脚垫过程中，如果在地毯上发现一个或多个脚垫固定扣出现破损则请继续进行子程序 B1，否则请继续执行本程序的步骤（3）。

（3）若车辆为左舵驾驶，则请继续执行本程序的步骤（4）和（5），否则程序 B 至此完毕。

（4）如果车辆配有踏板位置可调功能，则首先应该将踏板组调节至最低位置；然后踩下或按下加速踏板直至到底，然后检查踏板与其右侧地毯之间的距离，如图 9-16 所示。

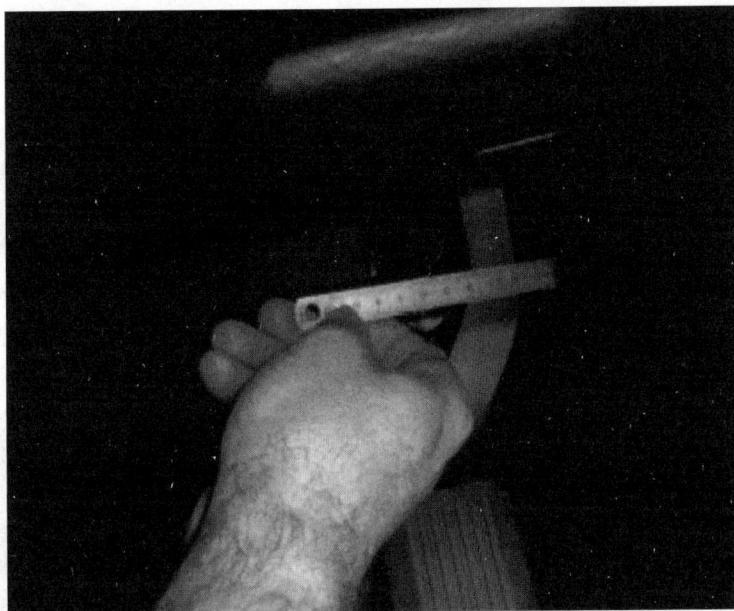

图 9-16

（5）如果发现加速踏板与其右侧地毯存在接触，则请继续执行子程序 B2，否则程序 B 至此完毕。

（6）程序 B 完毕。

3．程序 B1，更换脚垫固定扣

（1）仅当在地毯上发现一个或多个脚垫固定扣出现破损时，通过玛莎拉蒂零件部订购相关固定扣（零件编号为 673002372）。

（2）如图 9-17 所示方向，使用合适的工具，轻轻拉动并扭动脚垫固定扣以将其拆下。

图 9－17

（3）以与本程序步骤（2）中相反的方式安装新的脚垫固定扣。

（4）返回程序 B 的步骤（3）。

4．程序 B2，横向凸起和地毯裁剪

（1）如果发现加速踏板与其右侧地毯存在接触，则请根据车间手册第 9.50.104.00 部分，拆除驾驶员侧仪表台下方盖板。

（2）根据车间手册第 9.51.003.00 部分，拆除"左侧中控台盖板"。

（3）如图 9－18 所示，断开加速踏板电位计插接件。

图 9－18

（4）移除 3 个固定螺母（图 9－19 中 1），并将加速踏板移到一旁。

（5）打印附件中的模板，然后使用尺子检查所打印出来的模板的尺寸是否与模板上标示的一致（如果不一致，则请调整打印设置）。

（6）如图 9－20 所示，模板放置在地毯角落上方。

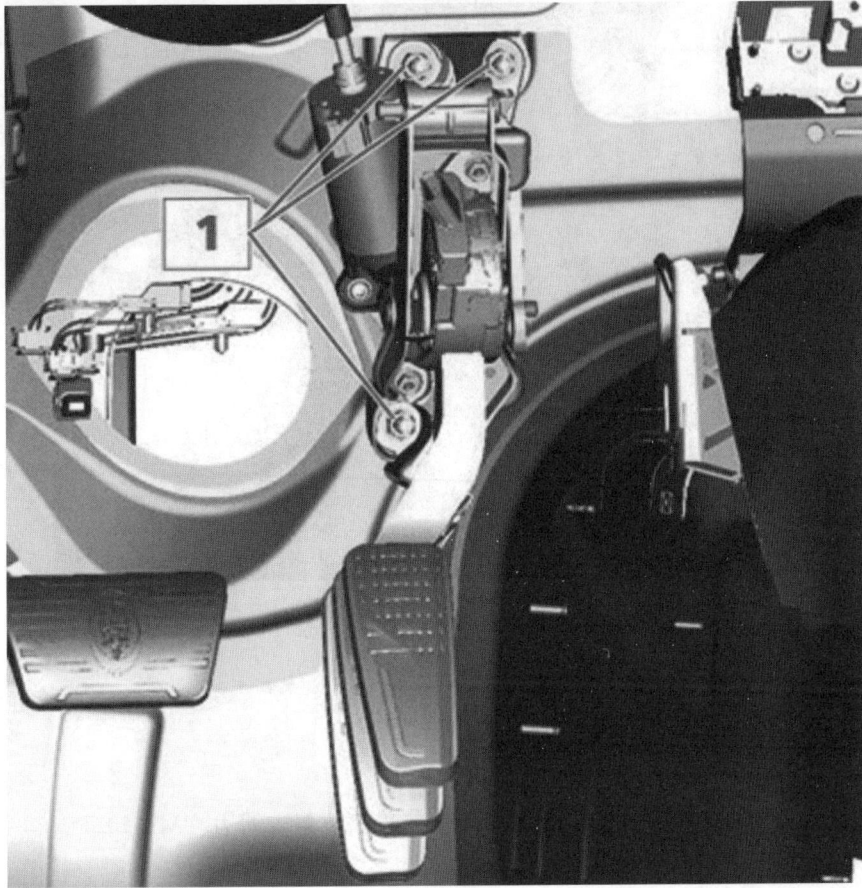

1—固定螺母

图 9－19

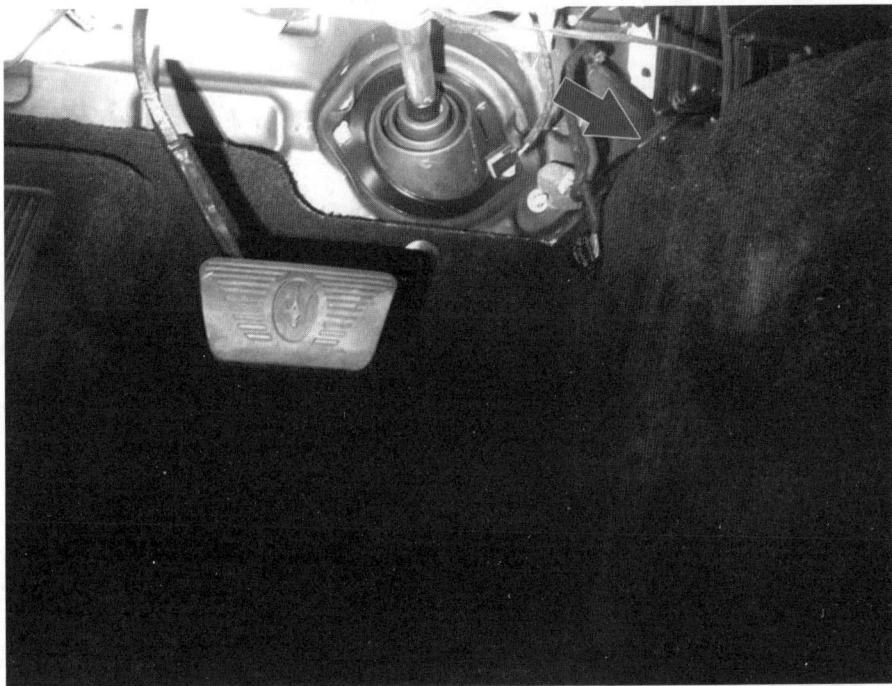

图 9－20

（7）沿红线进行剪切，如图 9－21 所示。

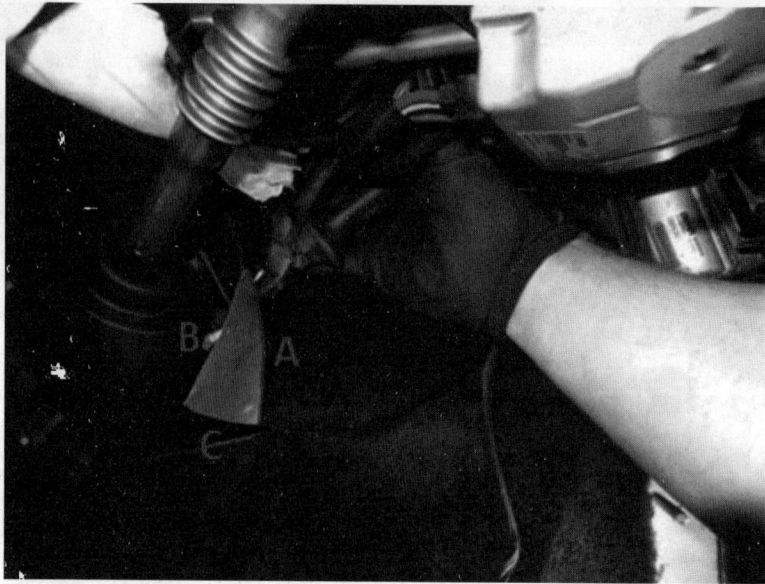

图 9－21

（8）重新安装之前拆卸的部件。

（9）返回程序 B 的步骤。

十五、通报主题：关于暖风系统水管的更换

车型：2014 年新玛萨拉蒂总裁（M156），2014 年新玛萨拉蒂吉博力（M157）。

（一）描述

搭载 V6 汽油发动机的新玛莎拉蒂总裁（M156）和吉博力（M157）车辆，涉及"更换暖风系统水管"的服务活动。

需要更换的水管如下。

（1）对于吉博力（双区暖风系统）车辆，如图 9－22 中的第 25 号水管。

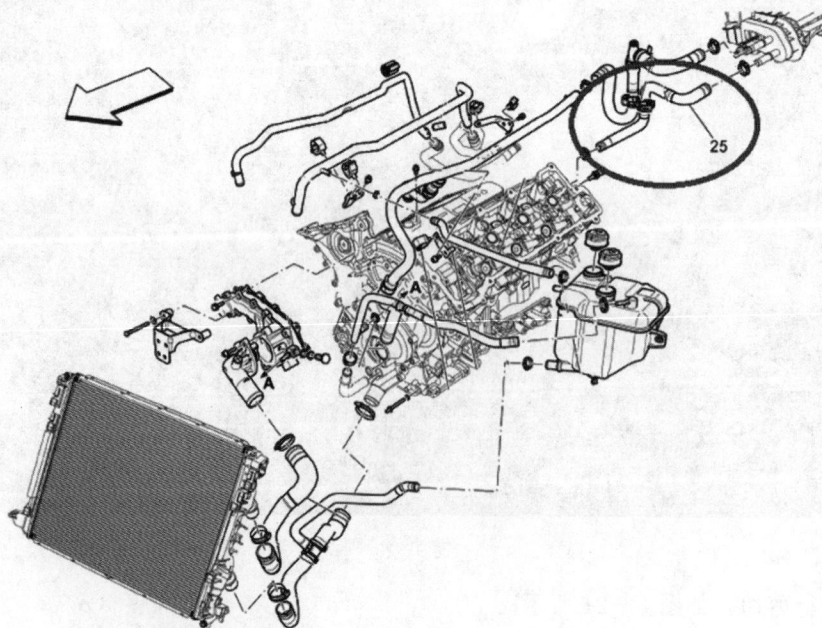

图 9－22

（2）对于新总裁（四区暖风系统）车辆，如图9—23中的第25、37和38号水管。

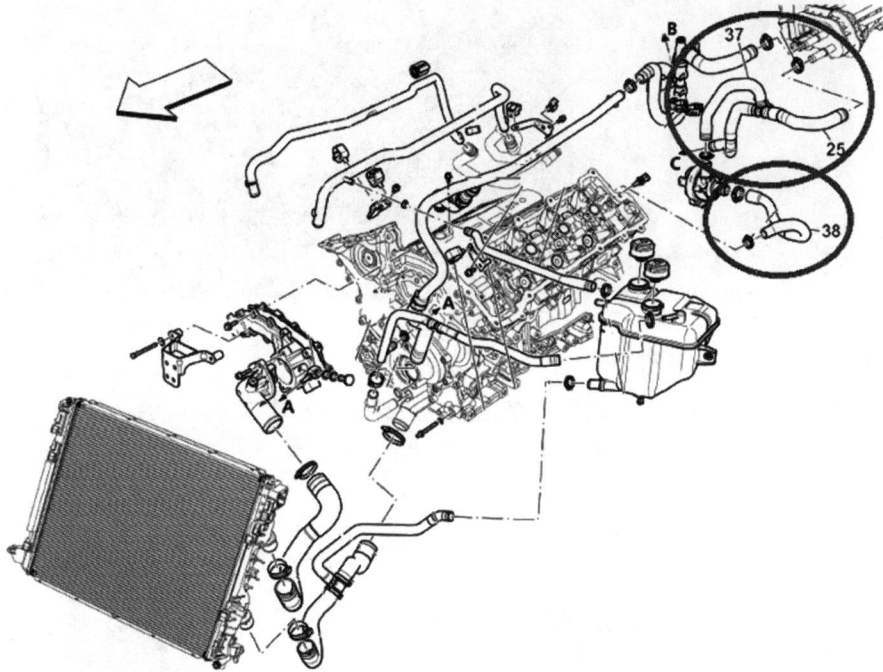

图9—23

所涉及车辆的暖风系统水管可能不符合要求，因此必须更换。

（二）维修所需零件

针对本活动，请通过玛莎拉蒂配件部按照下面的要求订购水管及卡箍。

（三）操作程序

（1）核对车辆是否涉及本活动，且本活动是否尚未执行。

（2）对于吉博力（双区暖风系统）车辆：更换热交换器输送水管；对于新总裁（四区暖风系统）车辆：更换热交换器输送水管（循环泵至热交换器之间的水管以及出水管至循环泵之间的水管）。

（3）程序完毕。

十六、通报主题：关于炭罐升级套件的安装

车型：2014年新玛萨拉蒂总裁（M156）3.8 BT V8 530HP。

（一）描述

搭载V8发动机的新玛莎拉蒂总裁（M156）车辆，涉及"安装炭缸各级套件"服务活动，如图9—24所示。此次升级可避免由炭罐电磁阀的过度工作而产生的噪声传入乘员舱，因此必须执行。

（二）操作程序

（1）核对车辆是否涉及本活动，且本活动是否尚未执行。

（2）将车辆停置于桥上。

（3）断开电池连接。

（4）移除燃料蒸气过滤器。

（5）安装工具包中的燃料蒸气过滤器60030586。

图 9-24

（6）更换工具包中的电阻电缆组 60007155（操作 8.60.080）。

（7）更换工具包中后备箱隔间右侧出风口格栅 673002767（操作 9.61.073）。

（8）创建保险杠钻模，如图 9-25 所示。

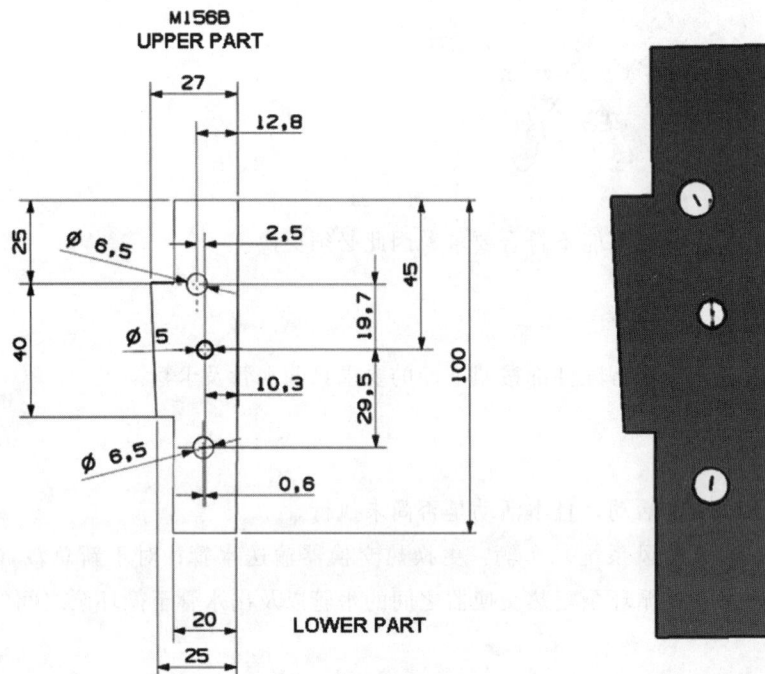

图 9-25

（9）保险杠钻模如图 9-26 所示。

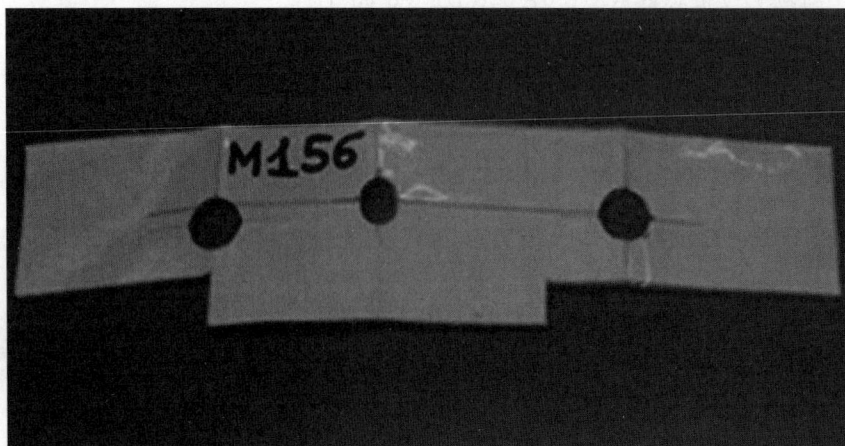

图 9-26

（10）将保险杠钻模放置在保险杠上，并用适当的螺丝将其固定，如图9-27所示。

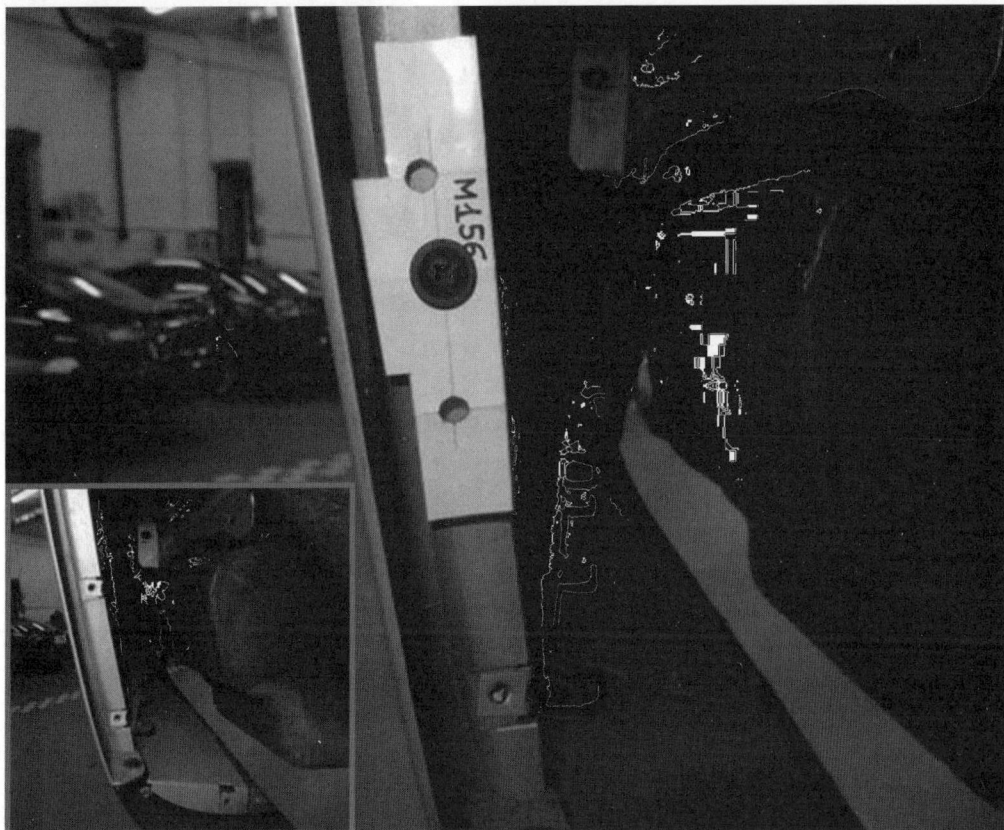

图9-27

（11）用适当的画线工具在保险杠上标示出需钻孔的位置，然后移除模块，如图9-28所示。

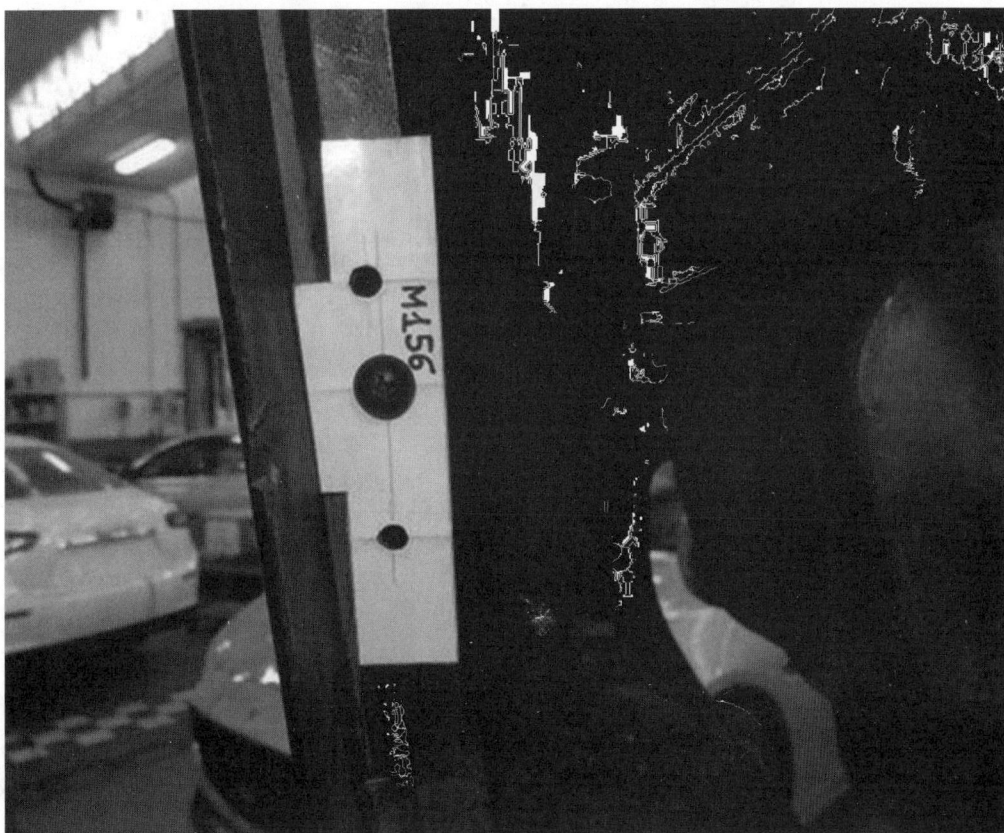

图9-28

（12）按照生产图纸中标示的直径钻出这两个孔，如图9—29所示。

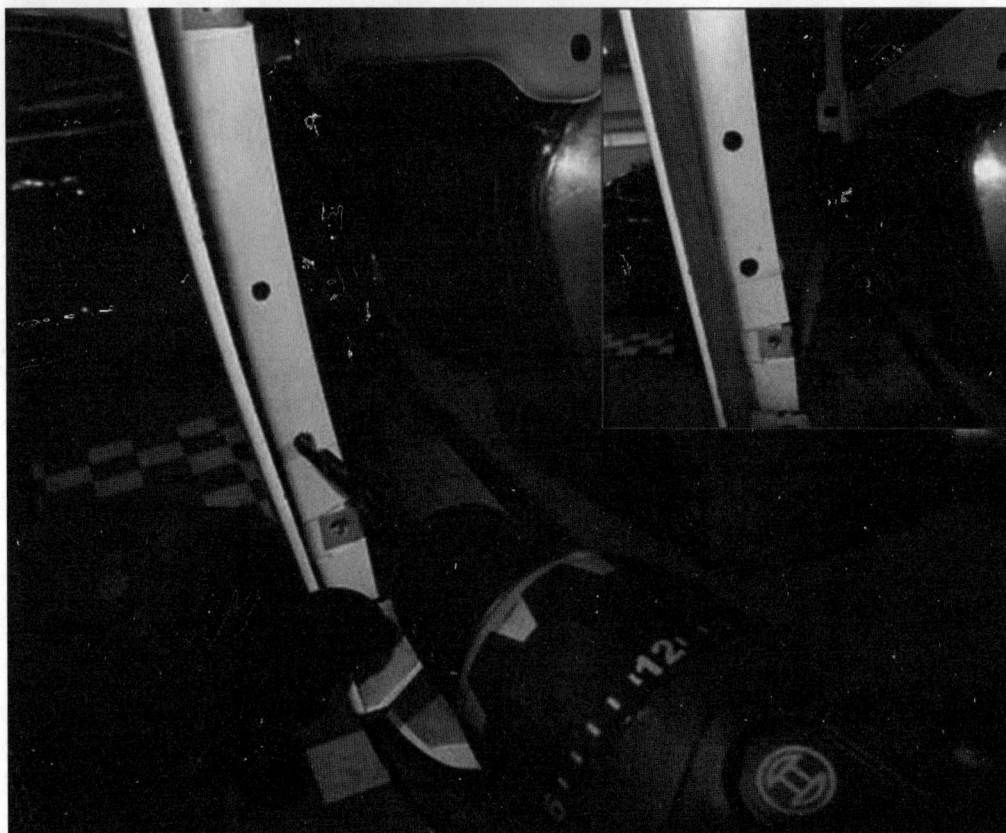

图9—29

（13）取出过滤器固定架 P/N34000804，并将其安装固定在炭罐空气过滤器上，如图9—30所示。

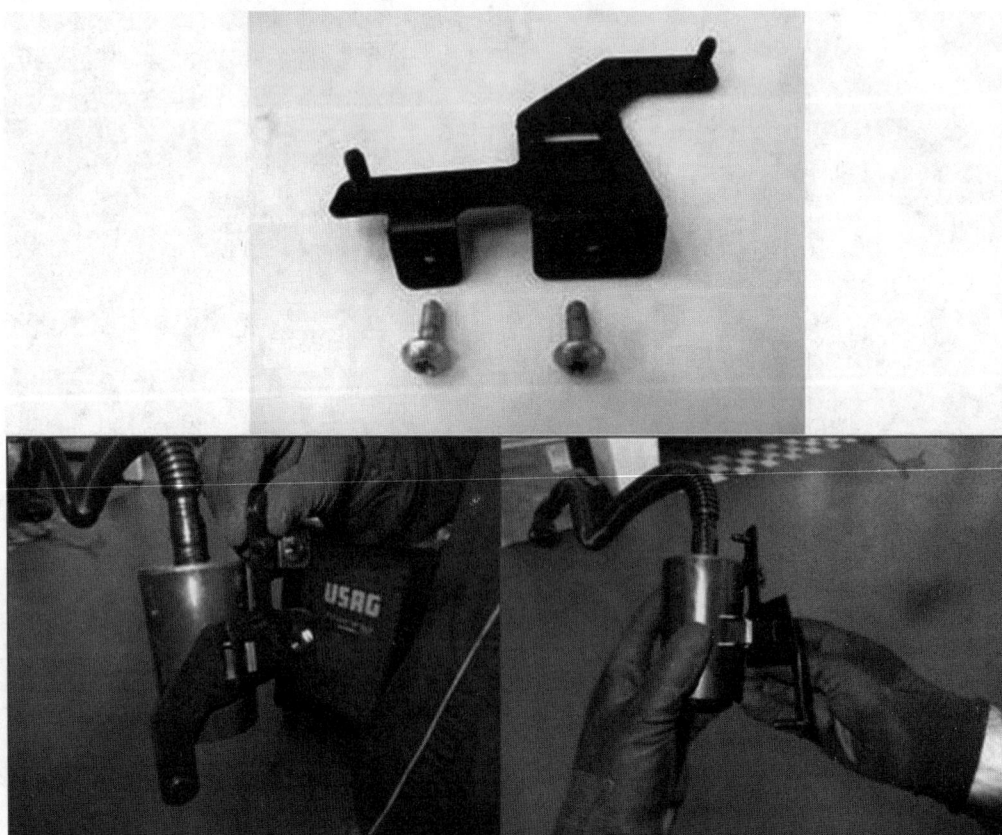

图9—30

（14）将过滤器固定架 P/N34000804 安装至保险杠，如图 9－31 所示。

图 9－31

（15）取出过滤器的热屏蔽罩 P/N34000805，将其安装在如图 9－32 中所示的位置上，并拧紧两个螺母（图 9－32 中 1）。

1－螺母

图 9－32

（16）将炭罐空气过滤管连接至炭罐，取出软管支撑架 P/N670030588，并用两个螺母将其紧固在指定的两个夹头（图9－33中1）上。将软管固定至固定夹上。

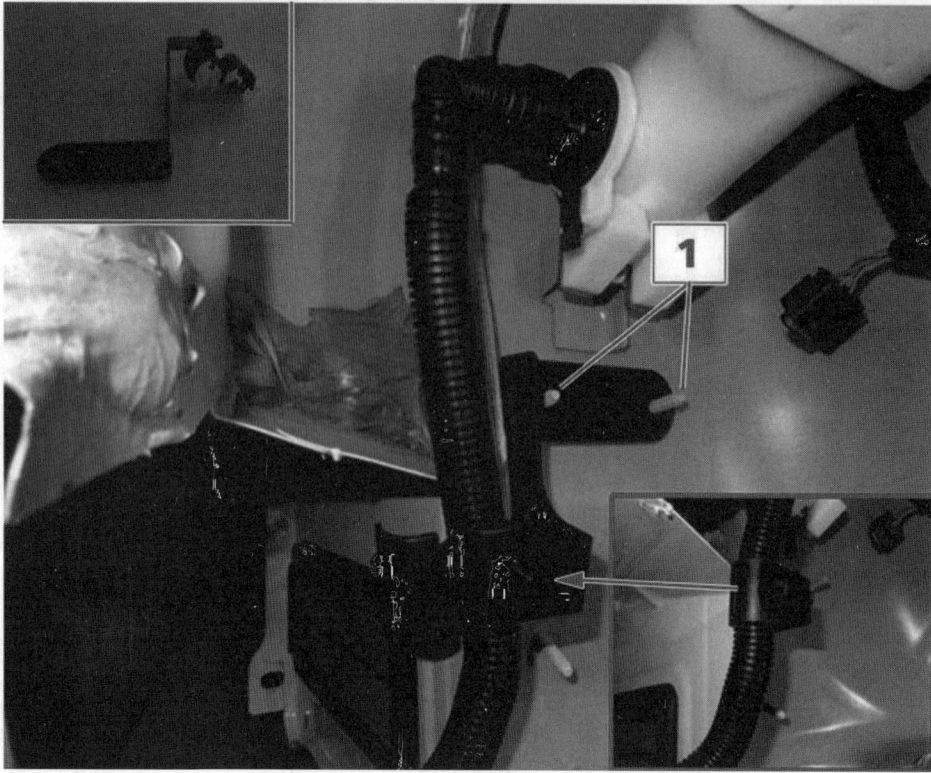

1—夹头

图9－33

（17）断开两个快速接头（图9－34中1），并将排气管从蒸气过滤器处移除。

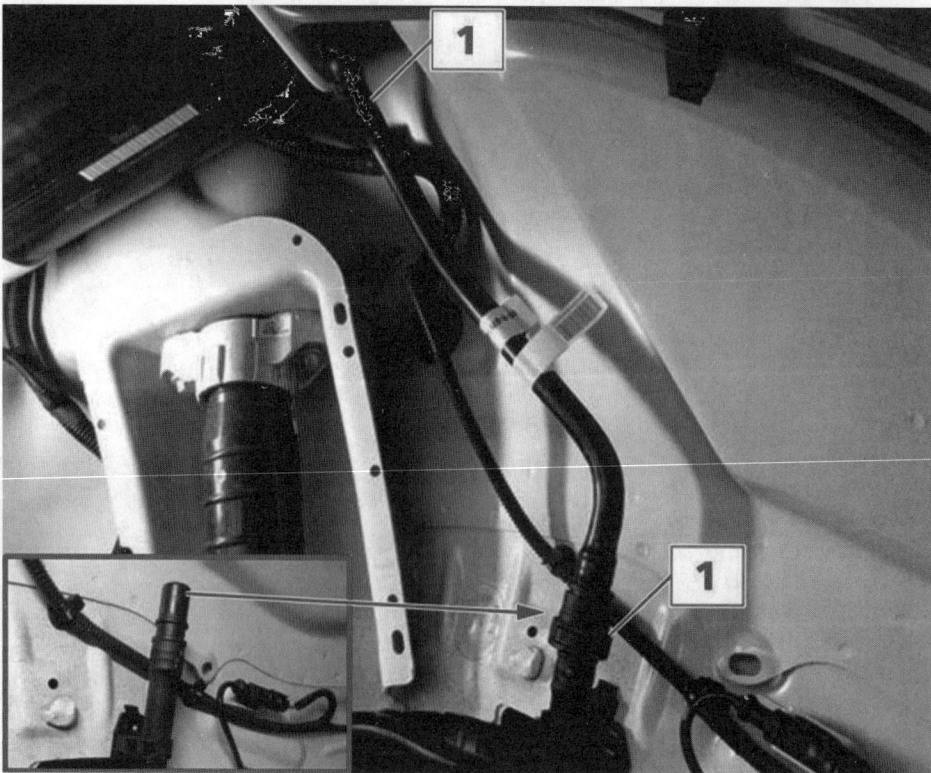

1—快速接头

图9－34

（18）将软管夹从蒸气过滤器处移除，如图 9-35 所示。

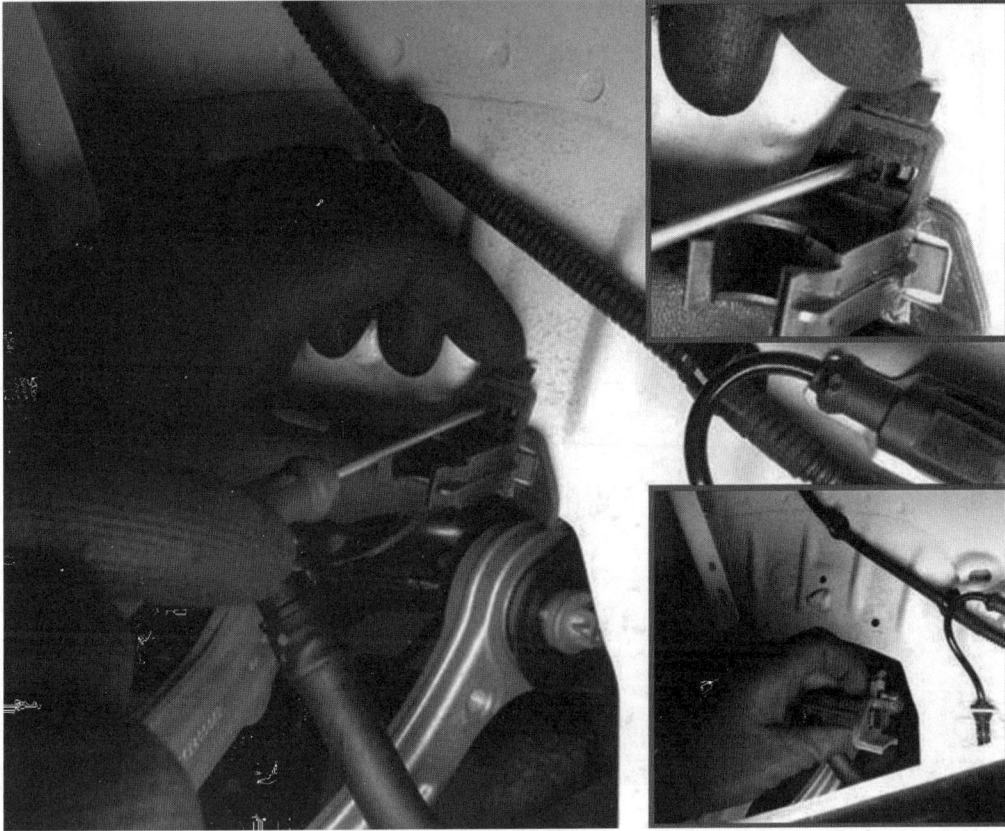

图 9-35

（19）拧下燃料箱支撑带上所指定的固定螺丝，如图 9-36 所示。

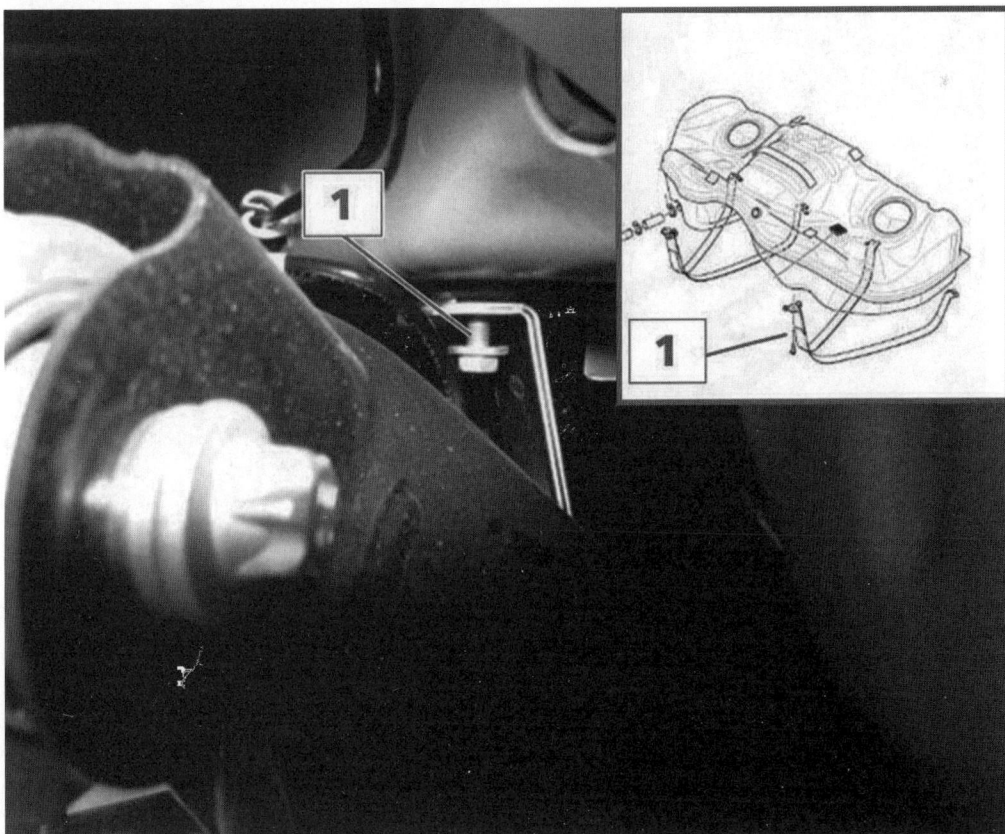

图 9-36

（20）断开快速接头，并将排气管从蒸气过滤器处移除，如图9—37所示。

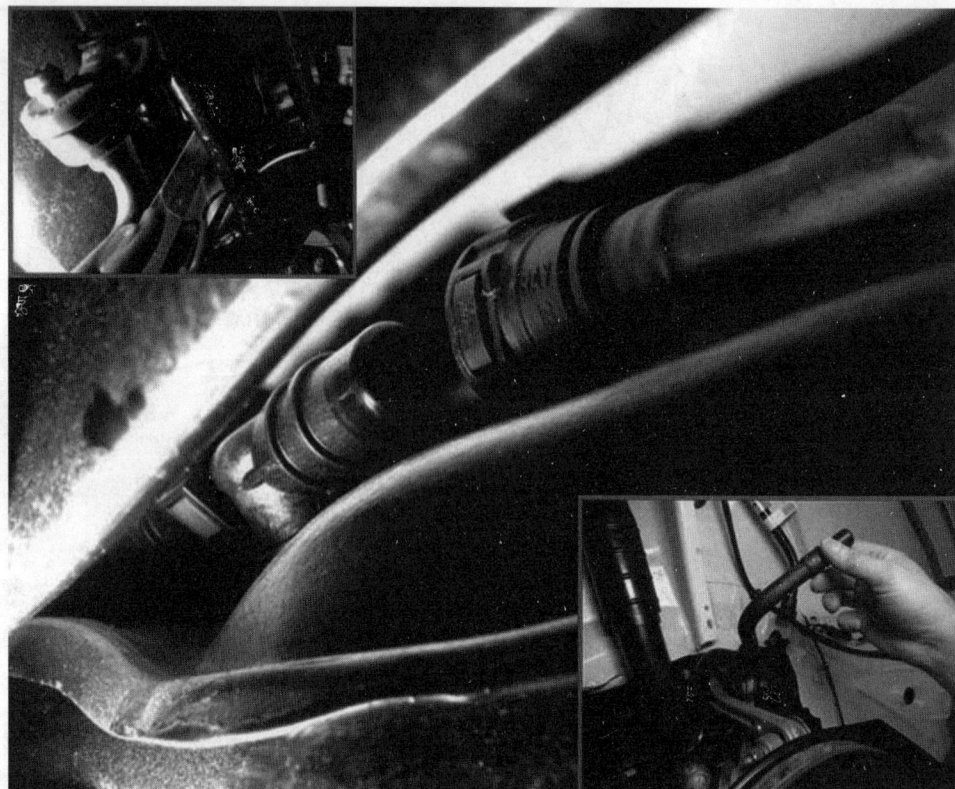

图9—37

（21）将软管支撑夹从燃料箱处取出放置于炭罐处 P/N670030850，并将其插入车身上的孔洞中，如图9—38所示。

图9—38

764

（22）安装新的燃油蒸气通气管 P/N670030557，安装顺序与拆除旧通气管的顺序相反，如图 9－39 所示。

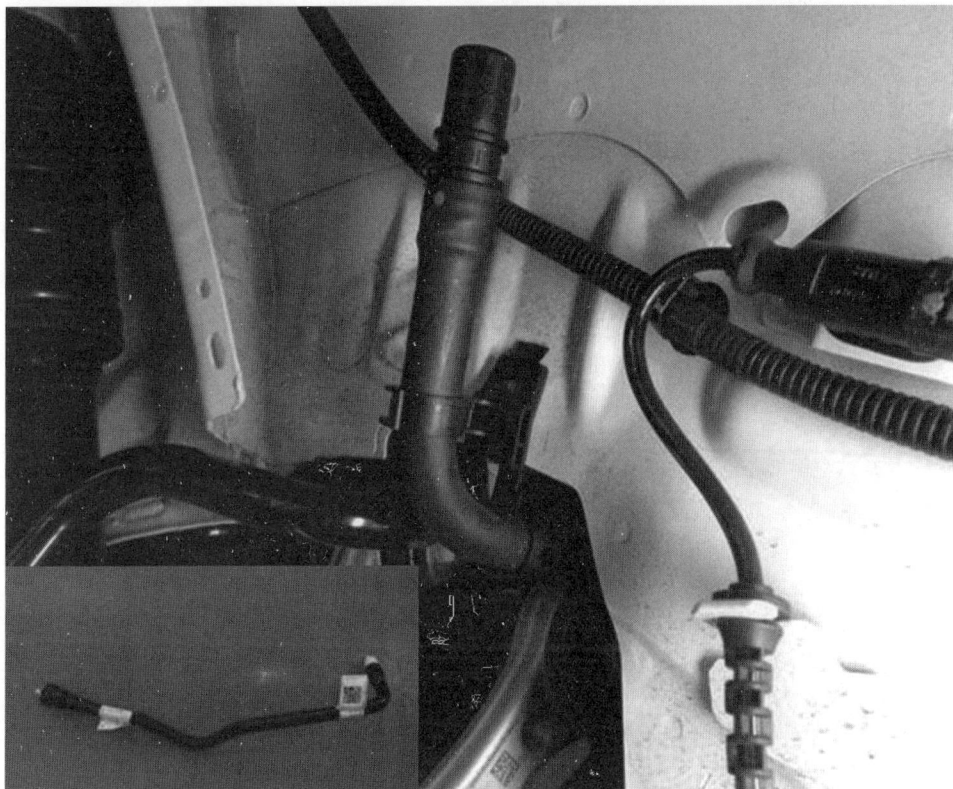

图 9－39

（23）取出带有拆分器的软管 P/N670030581，将其安置在如图 9－40 所示位置，并且将其连接到分别来自燃料箱和炭罐的两条软管上。

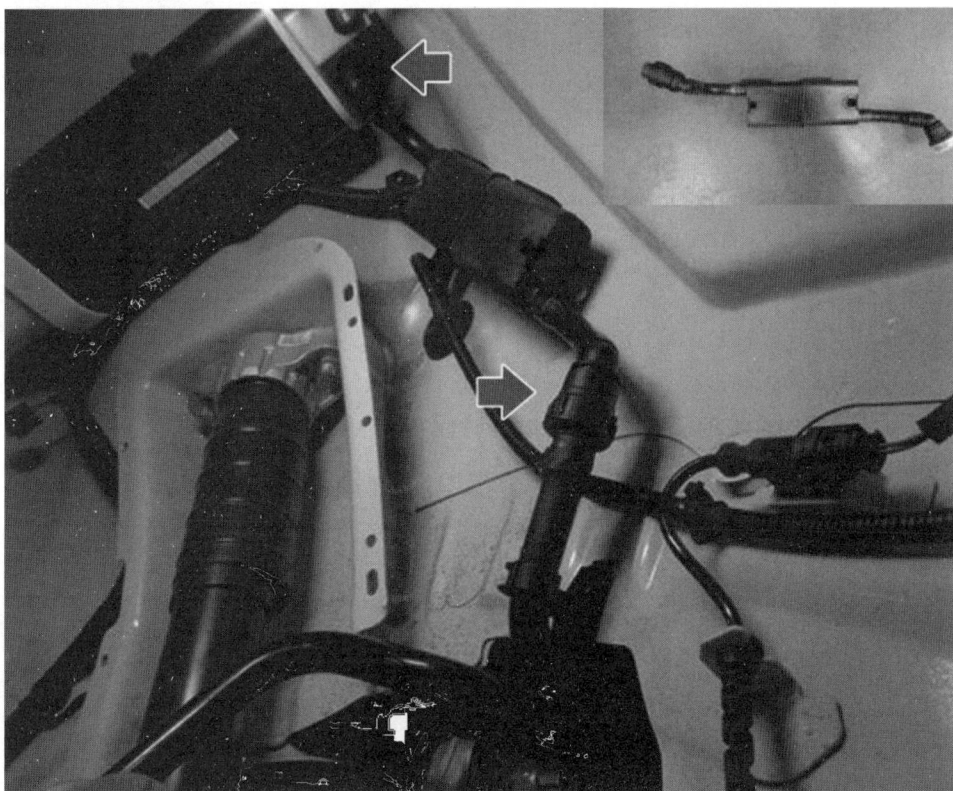

图 9－40

（24）先将卡子一端固定在车身钣金上，然后用卡子另一端的孔带绑紧橡胶带 P/N34001052，如图 9－41 所示。

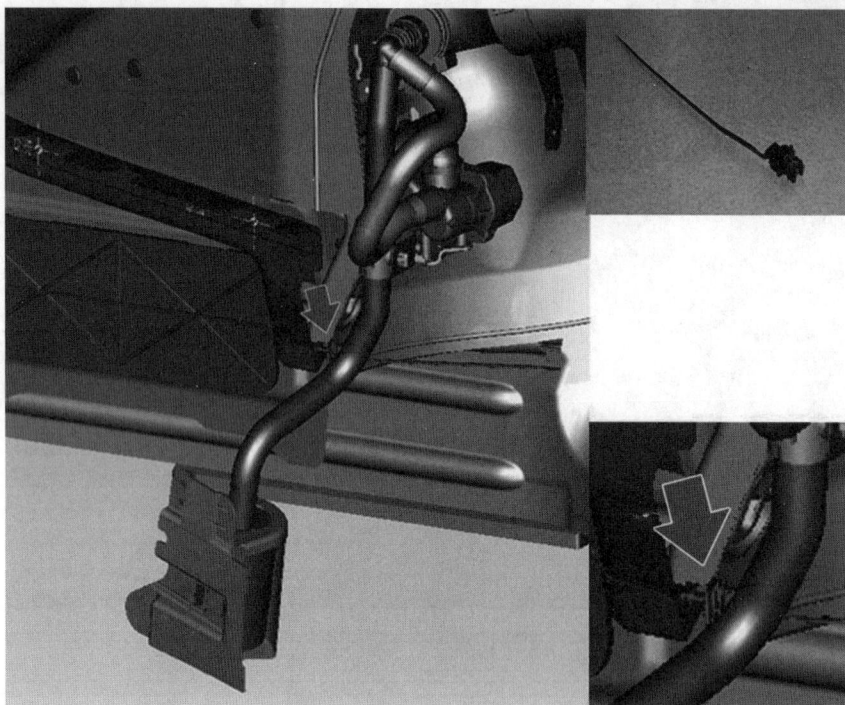

图 9－41

（25）重新安装右后轮舱的前罩。

（26）重新安装右后车轮。

（27）重新连接蓄电池。

（28）使用 MD，使用执行发动机 ECU（ECM）软件升级。请升级 ECU 软件至如下版本：670030187 或以上版本。

（29）程序完毕。

十七、通报主题：关于涡轮增压器排气旁通阀的升级

车型：2014 年新玛萨拉蒂总裁（M156），2014 年新玛萨拉蒂吉博力（M157）。

（一）描述

装有 V6 汽油发动机的新玛莎拉蒂总裁（M156）和吉博力（M157）车辆，涉及在两个涡轮增压器排气旁通阀的驱动销处加装限位卡的服务活动，如图 9－42 所示。

图 9－42

此操作可以避免排气旁通阀多余工作间隙的产生以及由此带来的工作噪声，因此必须执行。若满足下述相应条件，附加装限位卡外，还可能需要根据下述流程更换一个或者两个涡轮增压器。

（二）升级操作所需零件

针对本活动，请通过玛莎拉蒂配件部订购如下编号和数量的限位卡。

（三）操作程序

（1）核对车辆是否涉及本活动，且本活动是否尚未执行。

（2）根据车辆的状态，执行下述相关操作。

情况 1：根据后述操作程序加装 2 个限位卡。

情况 2：根据车间手册第 1.30.001 部分，更换右侧涡轮增压器，并根据后述操作程序安装 2 个限位卡。

情况 3：根据车间手册第 1.30.001 和 1.30.002 部分，分别更换右侧和左侧涡轮增压器，并根据后述操作程序安装 2 个限位卡。

（3）程序完毕。

（四）加装限位卡的操作程序

（1）拆下发动机罩。

（2）左侧，拆下如图 9－43 中箭头所指的 3 个螺丝，移除隔热罩（图 9－43 中 1）。

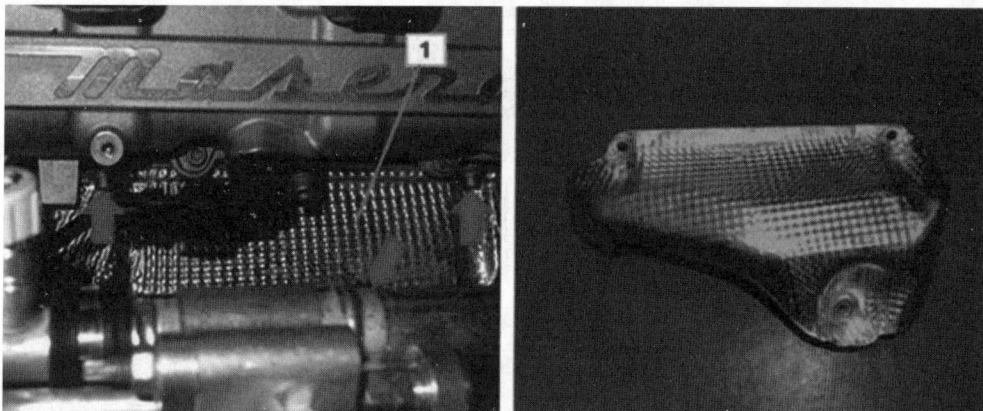

1—隔热罩

图 9－43

（3）左侧，将左侧排气旁通阀驱动销限位卡套在左侧排气旁通阀的传动杆上，并按照如图 9－44 所示位置将其固定。

图 9－44

注意：请确保限位卡定位臂（图 9－45 中圈）的正确位置，并确保其不会绕自身旋转。

图 9－45

（4）右侧，将右侧排气旁通阀驱动销限位卡套在右侧排气旁通阀的传动杆上，再将其旋转 90°，并按照如图 9－46 所示位置将其固定。

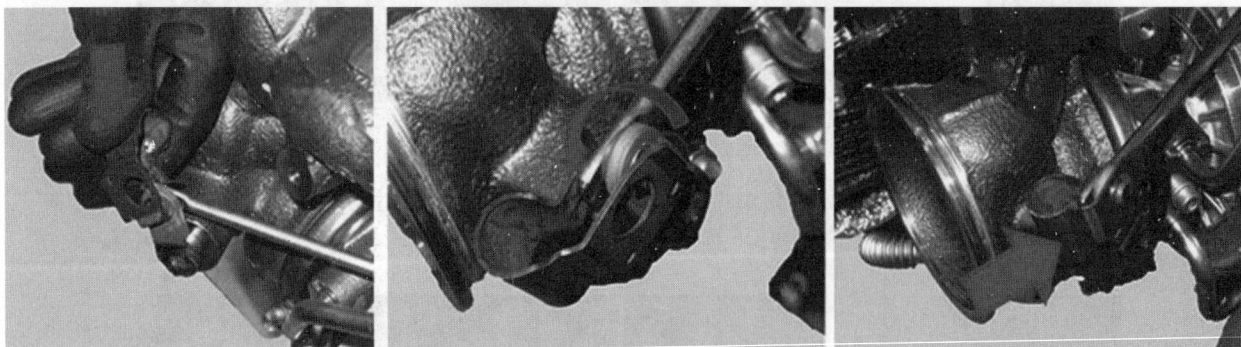

图 9－46

注意：请确保限位卡定位臂（图 9－47 中圈）的正确位置，并确保其不会绕自身旋转。

（5）将之前拆卸的所有零部件重新安装。

（6）程序完毕。

图 9-47

十八、通报主题：关于 ECM 软件的升级

车型：2014 年新玛萨拉蒂总裁（M156），2014 年新玛萨拉蒂吉博力（M157）。

（一）描述

装有汽油发动机的 2014 款新玛莎拉蒂总裁（M156）和吉博力（M157）车辆，涉及"ECM（发动机控制单元）软件升级"的服务活动，如图 9-48 所示。

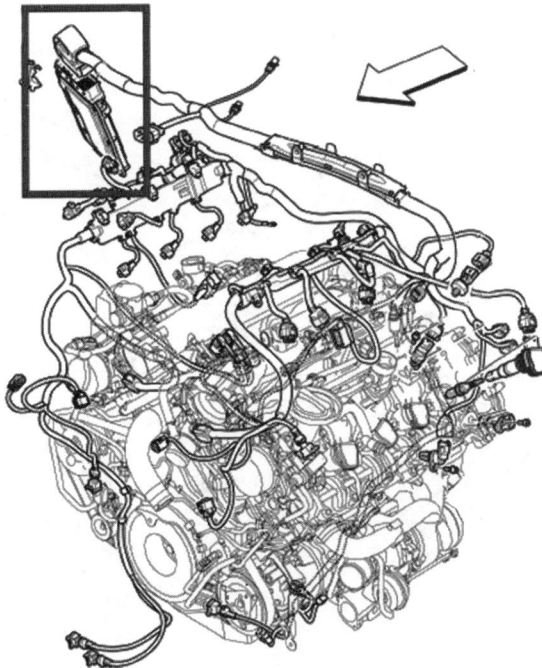

图 9-48

此次软件升级可以避免车辆在低转速和高负荷状态下出现的不平顺驾驶表现，因此必须进行。

相应的软件升级版本为：

总裁 V8 395kW（530hp）车型（美国市场）：670032485 或以上版本软件。

总裁 V8 395kW（530hp）车型（欧洲及中国市场）：670033446 或以上版本软件。

总裁和吉博力 V6 306kW（410hp）全驱车型（美国市场）：670032778 或以上版本软件。

总裁和吉博力 V6 306kW（410hp）全驱车型（欧洲及中国市场）：670032779 或以上版本软件。

总裁和吉博力 V6 306kW（410hp）全驱车型（欧洲及中国市场）：670032780 或 670032782 或以上版本软件。

总裁和吉博力 V6 306kW（410hp）全驱车型（欧洲及中国市场）：670032781 或 670032783 或以上版本软件。

吉博力 V6 306kW（410hp）后驱车型（美国市场）：670032777 或以上版本软件。

（二）操作程序

（1）核对车辆是否涉及本活动，且活动是否尚未执行。

（2）使用 MD 对 ECM 进行升级。

（3）程序完毕。

十九、通报主题：关于在油气分离器中加装限流阀

车型：新玛莎拉蒂总裁（M156）和吉博力（M157）。

（一）描述

新玛莎拉蒂总裁（M156）和吉博力（M157）车辆，涉及"在油气分离器中加装限流阀"的服务活动，如图 9－49 所示。

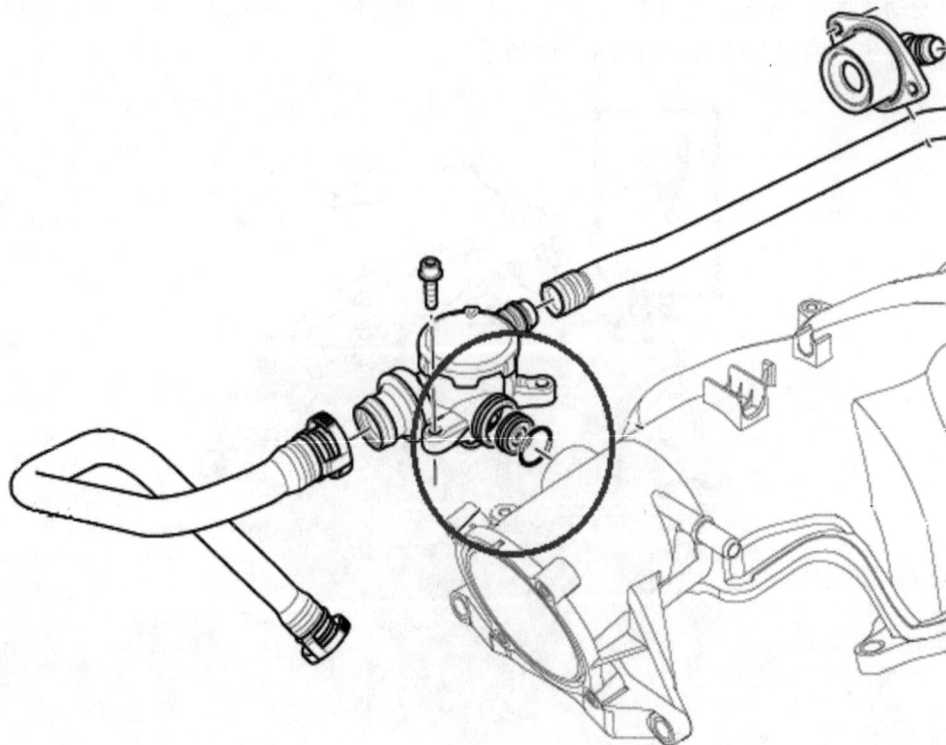

图 9－49

由于气流在油气分离器内反射回流，可能会产生噪声，因此必须加装限流阀。

（二）维修所需零件

针对本活动，请通过玛莎拉蒂配件部每一辆涉及车辆订购 1 个限流阀和 1 个垫圈。零件号为 304309（限流阀）和 130295（垫圈）。

（三）操作程序

（1）核对车辆是否涉及本活动，且本活动是否尚未执行。

（2）松开油气分离器的两颗固定螺丝，使油气分离器与进气歧管分离。

（3）使用发动机机油润滑垫圈，然后将垫圈（图 9—50 中垫圈）套在限流阀上。最后将限流阀按照图 9—50 所示方向装入油气分离器。

（4）将油气分离器装回。

（5）程序完毕。

图 9—50

第二节　变速器系统

玛萨拉蒂 M156 和 M157 车型在停车时，P 档很难挂。有多种原因可以造成此问题。除了常规的检查制动开关、ESM 模块的通信等方法外，还不应忽视检查 P 档的拉锁是否过短或者存在锈蚀的现象。

第三节 底盘系统

一、玛莎拉蒂踩制动后左侧甩尾

车型：玛萨拉蒂总裁 M156

VIN：ZAM56RRA8E1×××××。

故障现象：踩制动后左侧甩尾。

故障诊断：根据客户故障描述，试车确实有甩尾现象，初步判断故障原因有几点。

（1）支臂变形。

（2）元宝梁变形。

首先举升车辆检查后部悬架，发现左后减震器变形，于是就订了一台减震器，更换减震器后进行试车，故障依旧。然后就对此车进行定位，定位数据显示左后悬架数据错得多，重新定位调整后依然是左后悬架数据不对，考虑是左后悬架变形。轻微的变形外观是看不出来的，就用卷尺测量，左后悬架尺寸与右后悬架尺寸差不多，看不出哪里变形。因为此车是事故车，当时左后悬架支臂都更换的是新的，换了新的配件为什么左后悬架数据不对呢？左侧悬架和右侧悬架的支臂是否一样呢？在询问配件库后得知两侧悬架一样可以互换，在互换的时候把两侧的每一根支臂都进行了对比，无明显的变形弯曲。互换完毕后进行定位，定位调整后发现车辆数据可以调节过来了，一切都在范围之内。上高速试车后发现车辆还是有甩尾现象，但比以前好多了，没那么严重了。剩下的就只有元宝梁了，因为元宝梁是大件，也不会轻易变形，当时事故只是左后轮有点外撇，元宝梁应该不会变形，把后桥拆掉后用卷尺测量元宝梁，并没有发现哪里变形。无法判定故障原因就是元宝梁引起的，几个人商量过后决定再找个一样的车把两个车的后桥对换下。对换后定位数据都正常，然后去高速试车，甩尾现象消失了，然而另一辆车开始甩尾，可以确定就是元宝梁引起的甩尾。让配件库订了一个新的元宝梁，新的元宝梁更换后高速试车故障解决。

故障总结：在以后类似的维修工作中一定要认真大胆地检查每一个细节，将有可能造成故障的原因一一排查，才能快速解决故障。

二、玛萨拉蒂 M156/M157 车型小尺寸制动系统涂抹隔音胶的要求

小尺寸制动系统定义：前制动盘直径为 345mm，后制动盘直径为 320mm 的制动系统，其前部为固定式 4 活塞制动钳，后部为浮动式单活塞制动钳。

前部制动片使用配件包装内的管状 Bremb 隔音胶，如图 9-51 所示。

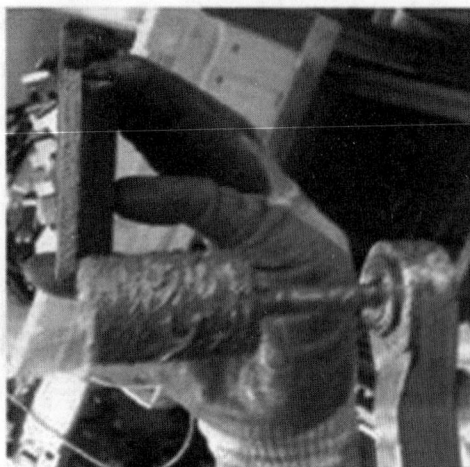

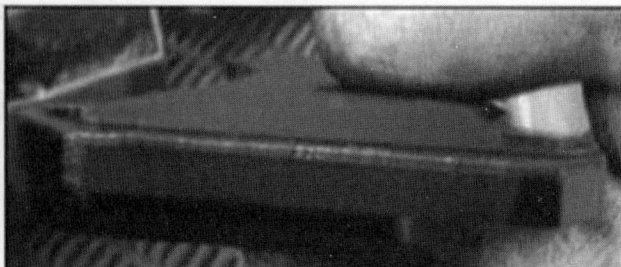

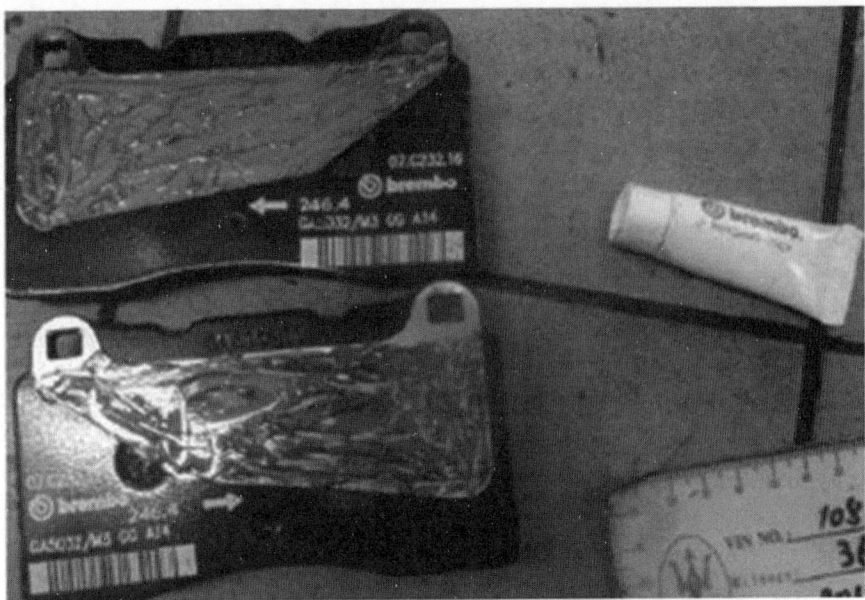

图 9-51

后部制动片使用配件包装内的白色半透明袋装的 Brembo 隔音胶，如图 9-52 所示。

图 9-52

三、关于 EPB 检查表的进一步说明

通过许多 BOL 报告的实际检验，发现很多经销商还是不能正确使用 EPB 检查表，现在进行如下进一步说明。

（1）如果驻车制动部件完全抱死或损坏，致使无法进行驻车制动间隙调整，请在"驻车制动间隙调整齿数"部分，使用英文表述相应驻车制动器侧抱死，如 Left side/Right side/Both sides parking brakes block。

（2）对于驻车制动衬片已经完全损坏或是出现异常磨损的状况，检查表最后的第 3/4/5 项无须填写；但是第 2 项必须按照 EPB 的实际版本信息选择 OK 或是 NO，如图 9-53 所示。

四、关于 M56 和 M157 车辆的轮胎在冷态下转向时出现异响的现象

上述状况的出现基于以下两个因素：首先，由于玛莎拉蒂车辆基于赛道使用的设计，前轮定位中的前束、外倾值均偏向运动；其次，为了在激烈驾驶时保证轮胎的抓地性能，四季通用轮胎材质较硬，造成了在冷启动后胎温低、路面湿滑的情况下原地转向时前轮轮胎出现异响的情况。此现象在车辆行驶较短里程、胎温上升后即自行消失。

我们也推荐在寒冷地区使用车辆的客户在冬季选用相对较软的雪地专用轮胎，在消除该异响的同时，提高在湿滑路面行驶的安全性。

五、关于玛萨拉蒂 M156 和 M157 车辆冬季制动异响的问题

玛莎拉蒂工厂对于中国市场和中国客户的用车感受一向非常重视。对于客户所反映的冬季制动异响的问题，一方面，玛莎拉蒂工厂正在不断研究和探索提高驾乘舒适性（冬季制动异响方面）的方法；另一方面，由于玛莎拉蒂的车辆基于赛道使用的设计（在不更换轮胎和制动器的状况下，车辆即可应对严酷的赛道驾驶，并很难出现制动器热衰退的现象），因此制动衬片和制动盘均较硬，在冬季寒冷的情况下可能会产生硬点，造成制动时的异响，这是制动器的物理特性和车辆的运动设计造成的必然。其他运动品牌的竞争车型也存在类似问题。

六、玛萨拉蒂 M156 和 M157 后减震器在搓板路有工作异响，要怎么处理

首先应检查减震器上的插头是否插接牢固；其次，应判断出现异响的减震器是左侧还是右侧。如果是单侧异响，建议对换减震器，判断是否减震器本身的问题；如果是双侧异响，则推荐至少与其他车辆对换一个减震器进行判断。此外，请在 BOL 报告中提交异响减震器的生产序列号照片。

七、玛萨拉蒂 M156/M157 后轮轴承老是会有铁屑吸附在上面并导致 ABS 灯亮。有什么好的解决方法

请首先测试故障点的位置，若不确定传感器是否有问题，请使用示波器测试波形，并在清洁

后再次测试波形，以验证传感器是否存在故障。同时应询问客户是否在特殊路况（如金属制品、粉尘较多的工厂等）下使用车辆，车辆应减少或避免在此类环境下的使用。此外，一旦确认问题由轴承被粉尘覆盖而引起，请通过更换轴承进行维修，简单地清洁可能无法彻底解决相关问题。

八、减速冲击故障

故障现象是制动过程车子即将停下时猛地向前冲击一下。TCM 升级之后故障依旧甚至比升级前的情况更严重了。现在有没有新的解决方案？

此问题应该按照减速顿挫问题的解决方法进行解决。对于 2014 年款的 M156 和 M157 车辆，连接 MD，连接时显示的 TCM 和 ECM 的软件版本并不一定是最新的，请务必按照 BOL 提交相关数据，并申请开通对 TCM 和 ECM 进行升级。请注意，升级过程会删除模块中的自适应值，升级后的车辆需要适应各种路况和驾驶员的驾驶习惯，因此应务必做好升级后的自适应，否则可能会因为自适应值缺失导致驾驶的不舒适，让客户误认为问题并未解决。

九、关于玛萨拉蒂 M156/M157 更换 AFLS 模块后的操作

对于 M156 车型，更换 AFLS 模块后，请按照如下操作步骤的顺序进行操作，M 157 车型在更换 AFLS 模块后，无须进行任何特殊设置：

（1）使用 MD 连接车辆，进入 AFLS 模块，选择 Specific Functions 中的 AFLS 并执行，如图 9-54 所示。

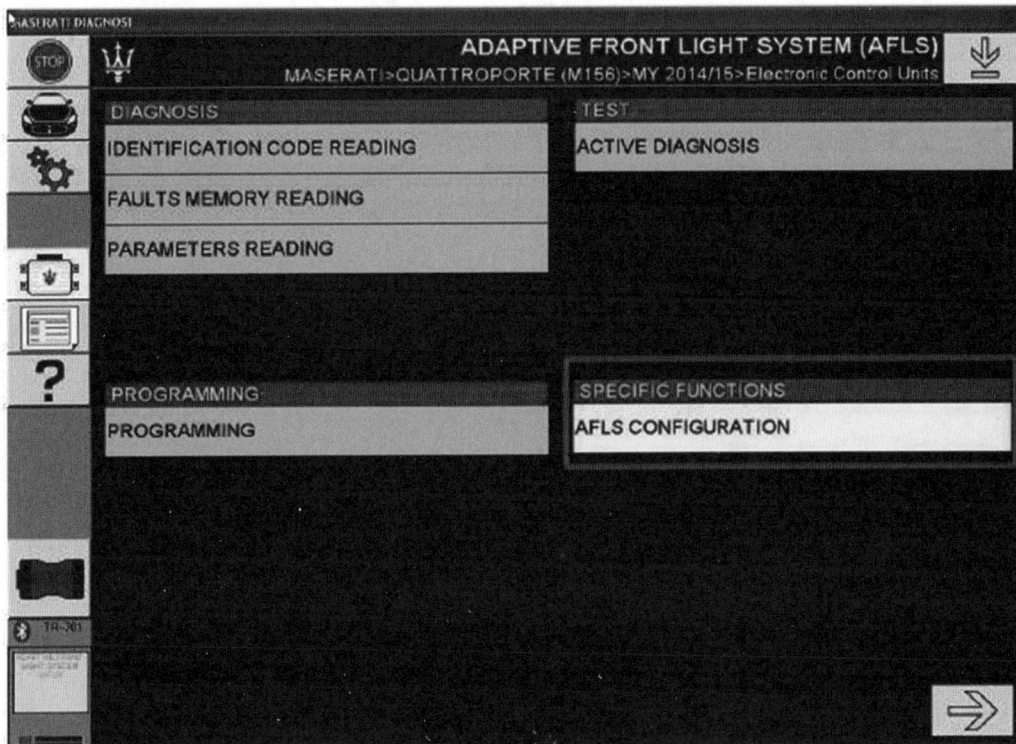

图 9-54

（2）成功完成 AFLS 配置后，进入 Active Diagnosis，如图 9-55 所示。

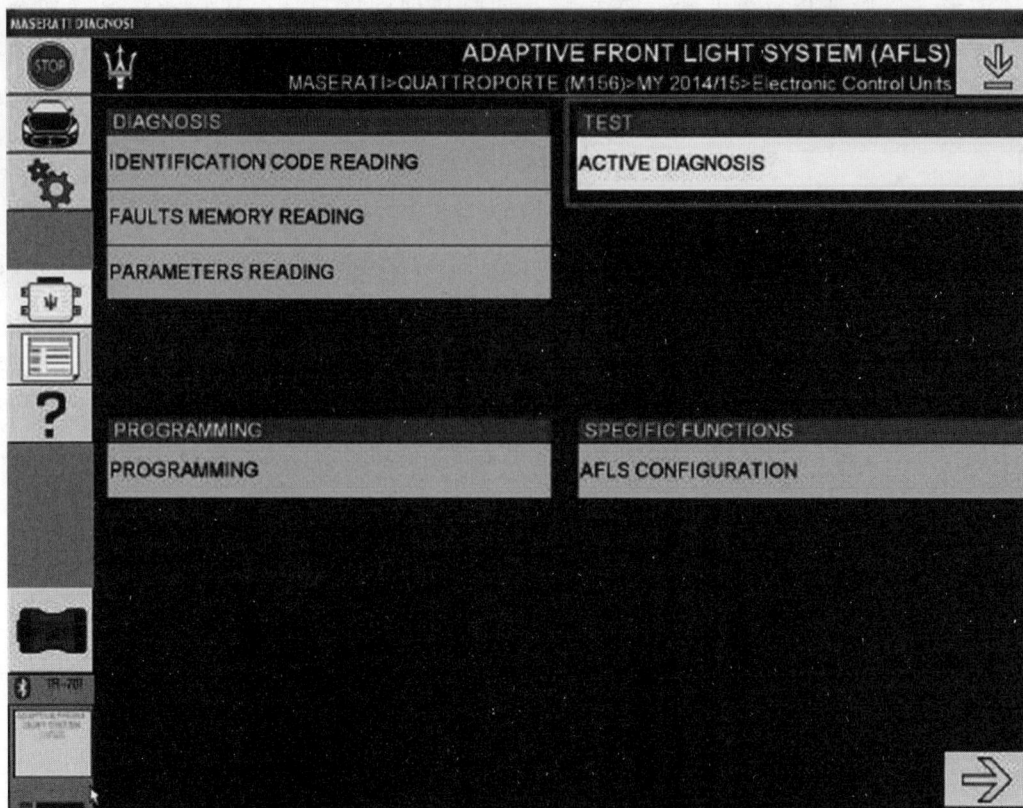

图 9-55

（3）选取 Calibration of height sensor，如图 9-56 所示。

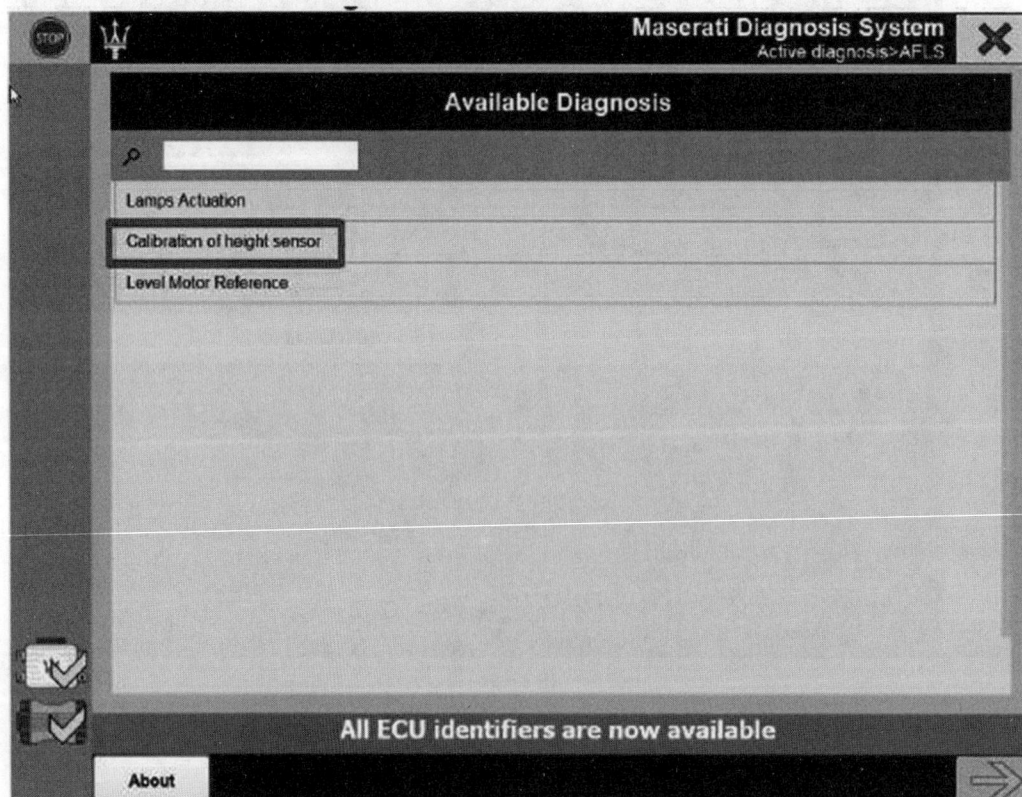

图 9-56

（4）在弹出的对话框下拉菜单中，选取 Calibration，并执行，如图 9－57 所示。

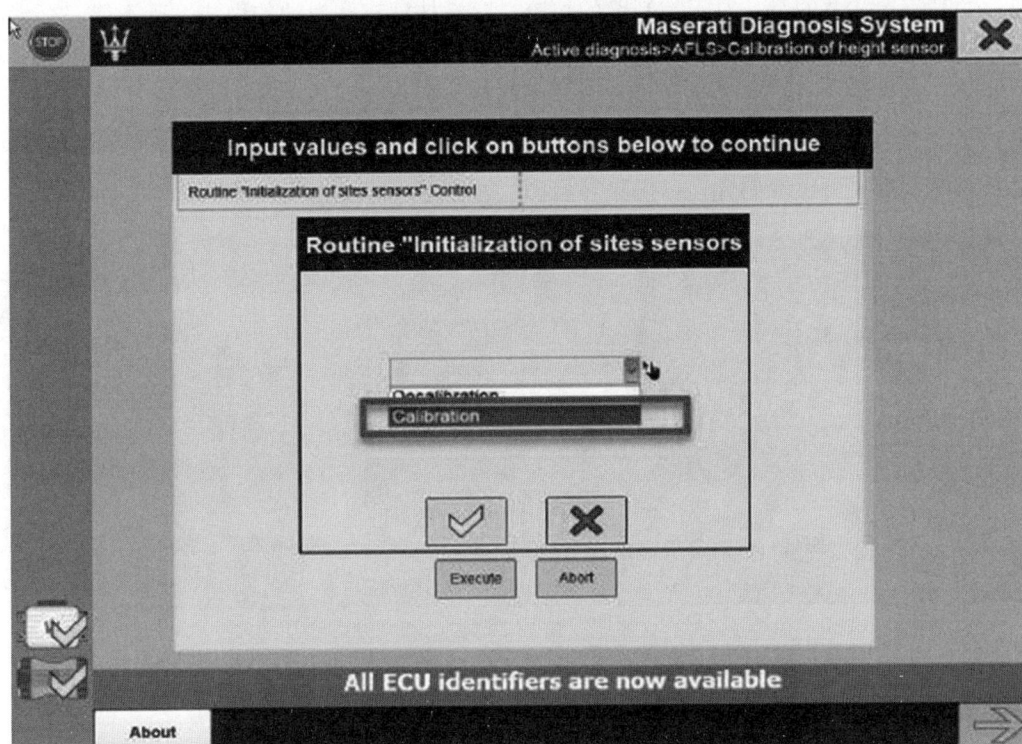

图 9－57

如图 9－58 所示，前差速器标识上共有 3 行数字：第 1 行数字为配件号；第 2 行数字的左边部分为供应商代码，右边部分为序列号；第 3 行数字为生产日期，其中后两位数字表示年份，前 3 位数字表示在此年份中的天数序数。对于其他重要部件，同样需要在更换后在 Modis 上更新配置文件。

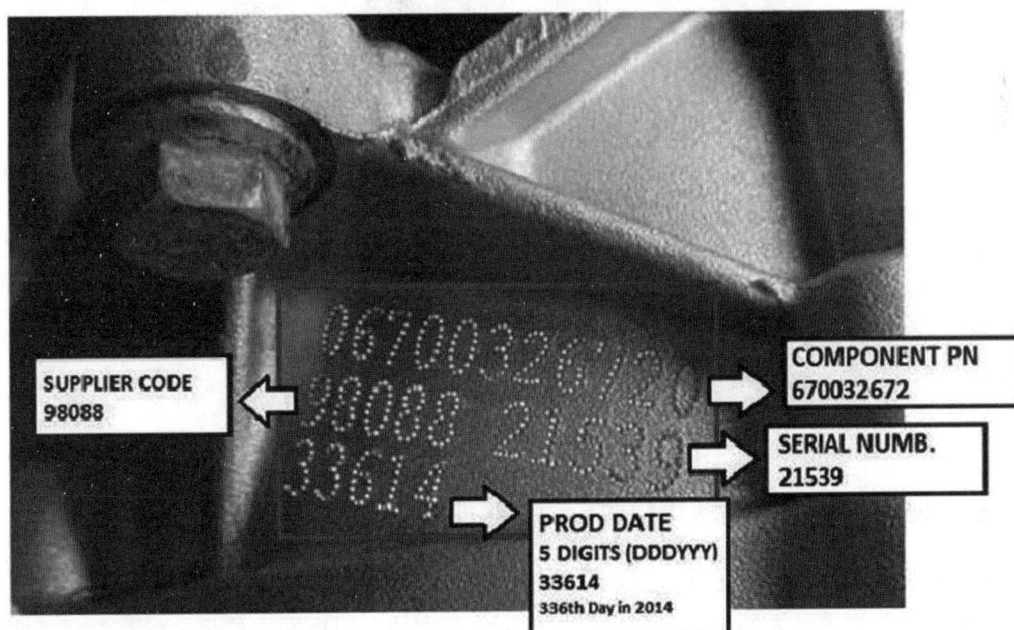

图 9－58

十、关于玛萨拉蒂 M156/M157 悬架控制臂衬套的异响

目前，发现部分经销商在处理 M156/M157 前后悬架控制臂衬套出现异响的问题时，在诊断过程中采

用对橡胶衬套涂抹液态润滑油的方式，此种方法可以短时间缓解此症状，但是车辆行驶一段时间后，症状会再次出现。尤其需要注意的是，对于控制臂的橡胶衬套涂抹液态润滑油的做法，既不能完全消除相关异响，而且也不利于厂方分析故障的成因，还有可能因为润滑油对橡胶衬套的腐蚀造成橡胶衬套老化。

因此，请在处理类似故障时，不要在衬套处涂抹任何液态润滑油或是固态润滑脂。只需按照实际症状特点，提供相关症状视频/受损部位的图片/受损件备件信息照片，如图9-59所示。BOL帮助平台将根据实际情况判断是否需要更换控制臂，以消除异响。

图9-59

此外，在提供下控制臂橡胶衬套的信息时，请务必提供一张下图所示的照片，以便于我们区分该橡胶衬套上是否有黄色的标记，如图9-60所示。

图9-60

十一、有吉博力车辆更换制动片行驶后，焦味明显

更换制动衬片和制动盘之后要进行磨合，以加速衬片与盘接触面的更好贴合。如果不磨合直接使用，则可能由于新的衬片与新的盘表面材质的摩擦产生焦味。在确认卡钳活塞回位正常的前提下，此情况应属正常。

十二、通报主题：关于后轮前束调整拉杆的固定螺钉的更换

车型：玛莎拉蒂总裁（M156）、吉博力（M157）

（一）介绍

玛莎拉蒂总裁（M156）、吉博力（M157）车辆，涉及"更换后轮前束调整拉杆的固定螺钉"的安全召回活动，如图9-61所示。

图 9-61

由于拉杆固定螺钉上施加的紧固扭矩不足，必须执行本公告中的操作。上述情况将会影响车辆后轮的定位设定，并可能导致车辆在行驶过程中后部（悬挂部分）出现异响。如果持续激烈驾驶，在极限状况下可能会导致车辆失控。针对本活动，请通过玛莎拉蒂配件部订购两个后轮前束调整拉杆的固定螺钉及其垫圈。螺钉的零件编号为 67037235（每辆车需订购 2 个），垫圈的零件编号为 67002856（每辆车需订购 2个）。同时，需要订购专用工具"后轮前束调整拉杆定位工具套件"。该专用工具套件用于更换拉杆固定螺钉，同时避免对车轮定位产生影响。上述专用工具套件的零件编号为 900028610（每个经销商订购 1 个），该工具套件包含两个工具。

用于车辆左侧的专用工具，其零件编号为 900028609。

用于车辆右侧的专用工具，其零件编号为 900028608。

请参阅操作程序及随附视频，了解有关该专用工具的使用说明。

此外，在特定情况下（具体参见下述操作程序中的说明），还需要更换后轮轴承支架和后轮前束调整拉杆。玛莎拉蒂配件部为相关更换提供了两个专用套件（请注意此套件已经包含了螺钉和垫圈，请勿重复订购），分别如下。

"左后套件（轴承支架/前束拉杆＋螺钉/垫圈套件）"，零件编号为 673005574。

"右后套件（轴承支架/前束拉杆＋螺钉/垫圈套件）"，零件编号为 673005575。

请参阅下述操作程序，以便在必要时更换相关部件。

（二）操作程序

（1）核对车辆是否涉及本活动，且本活动是否尚未执行。

（2）举升车辆，直至车辆离地。

（3）卸下两侧后轮。注意：仅在下列操作程序中涉及轴承支架和前束调整拉杆更换时，才需进行完整的车轮定位操作。如果仅需要更换拉杆固定螺钉，在使用前束专用工具的前提下，不必拆除拉杆，也不必进行车辆定位。以下为左后侧的维修。

（4）检查能否手动旋转左后轮前束调整拉杆的垫圈。

如果垫圈能被手动旋转：请转至第（17）步。

如果垫圈不能被手动旋转：请继续执行第（5）步。

（5）使用记号笔，按照下图所示标记出螺钉和拉杆的相对位置，如图9-62所示。

图 9-62

（6）以 100N·m 的力矩拧紧螺钉。

（7）检查螺钉是否能旋转及其旋转角度。

如果螺钉旋转超过 30°：请转至第（17）步。

如果螺钉不能旋转或旋转小于 30°：请更换拉杆固定螺钉，并继续进行第（8）步。

（8）如图 9-63 所示，拆下螺丝（图 9-63 中 1）。

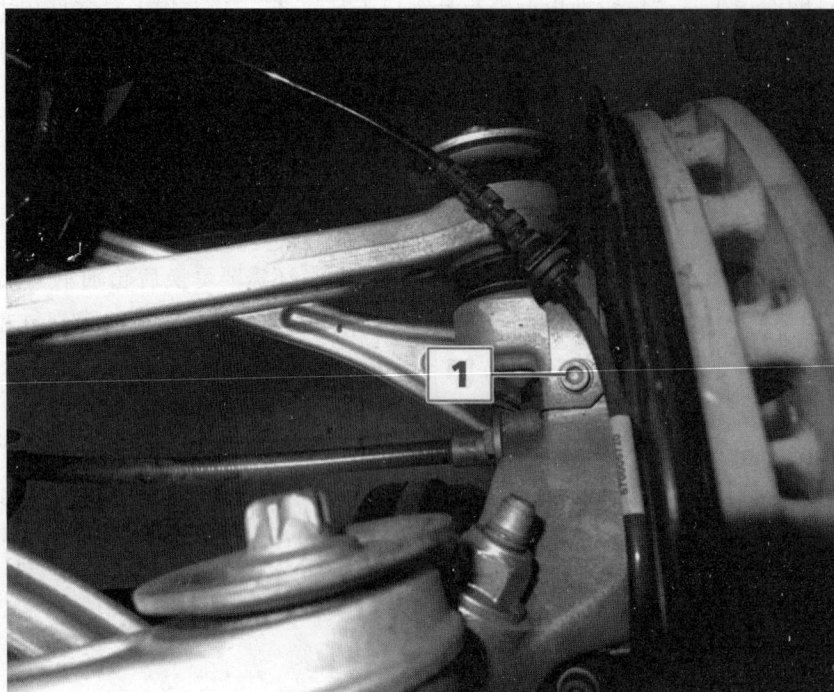

1—螺丝

图 9-63

（9）按照下列步骤，在车辆上安装专用工具 900028608（包含在套件 900028610 中）。请注意：该工具的两个组成部分在安装时应紧密贴合，不得留有间隙，如图 9-64 所示。

图 9-64

（10）将螺栓（图 9-65 中 1）按照 20N·m 的力矩拧紧。

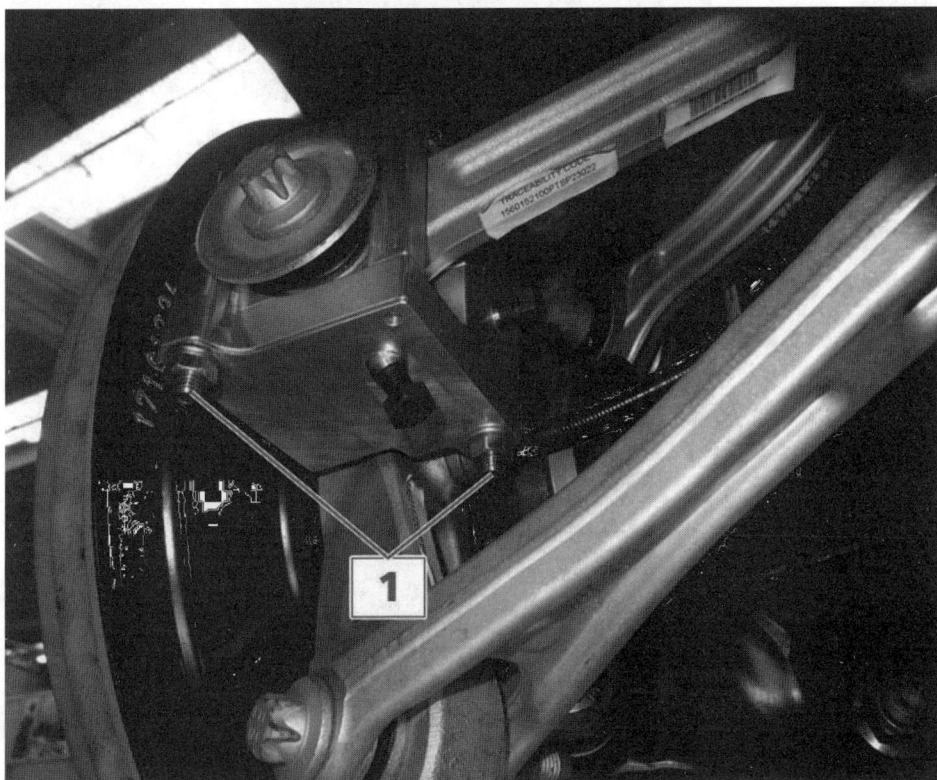

1—螺栓

图 9-65

（11）将螺栓（图 9-66 中 1）按照（10±1）N·m 的力矩拧紧。

1—螺栓

图 9-66

注意：应确保两个组成部分间不存在任何间隙，如图 9-67 所示。

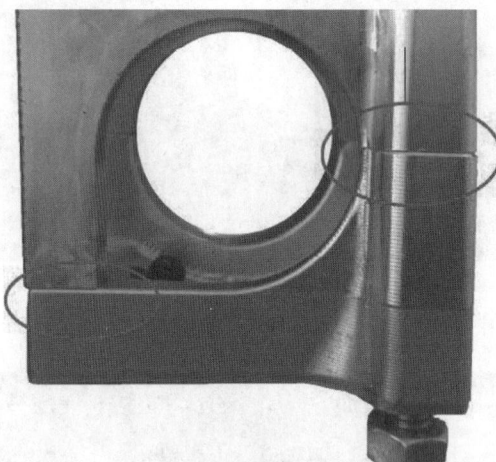

图 9-67

（12）从后轮前束调整拉杆上卸下固定螺钉和垫圈，如图 9-68 所示。

图 9-68

782

注意：如果内衬套的表面存在图9-69所示的磨损，请转至第（17）步。

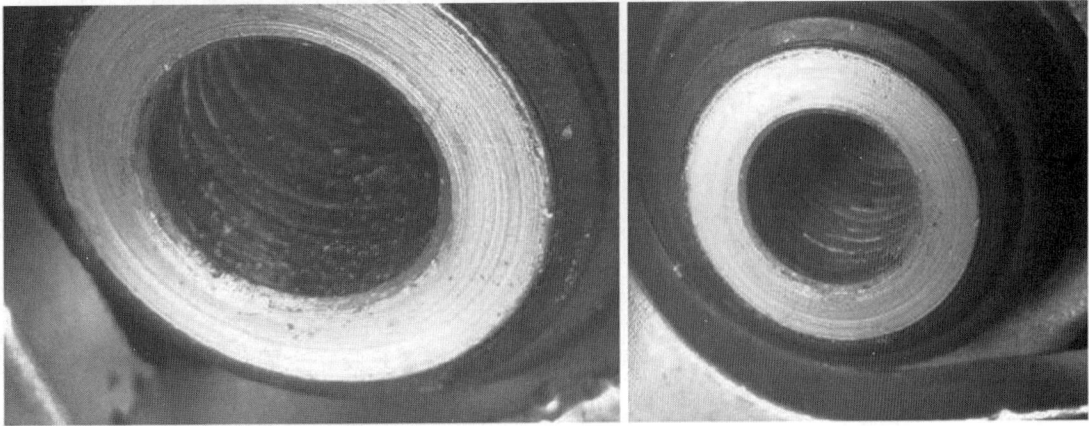

图9-69

（13）用压缩空气清理螺钉安装孔，放入新垫圈和新螺钉，如图9-70所示。使用100N·m+45°的力矩拧紧螺钉。

图9-70

注意：如果发现专用工具上的孔位无法与螺钉安装孔对齐，导致无法放入新螺钉，请转至第（17）步。

（14）卸下专用工具900028608（包含在专用工具套件900028610中）。

（15）重新安装第（8）步图示中的螺丝。

（16）完成左后侧操作程序，转至右后侧进行维修。

（17）在此情况下，使用零件编号为673005574的专用套件，参考车间手册的相关内容更换下列零件。左后轴承支架。

左后轮前束调整拉杆。

拉杆固定螺钉和垫圈已包含在上述专用套件中。使用 100N·m＋45°的力拧紧螺钉。

（18）转至右后侧进行维修。

以下为右后侧的维修。

重复第（4）至（17）步操作。

在第（9）步，使用右侧专用工具 900028609 来替代左侧专用工具 900028608。

如果需要按照第（17）步操作，使用零件编号为 673005575 的右侧专用套件（代替号为 673005574 的左侧专用套件），并按照车间手册第 6.20.00700 部分（用于右后轴承支架）和 6.20.19600（用于右后轮前束调整拉杆）部分进行操作。

警告：在进行任何道路测试和/或交车给客户之前，请等待螺纹胶完全固化。固化时间为全部操作结束后 2h，上述列举所有操作程序全部适用此要求。

十三、通报主题：关于前差速器的升级

车型：

（1）新玛莎拉蒂总裁（M156），2014 年，Automatic 4WD，3.0 BT V6 4WD 410 HO。

（2）新玛莎拉蒂总裁（M156），2015 年，Automatic 4WD，3.0 BT V6 4WD 410 HO。

（3）Ghibli（M157），2014 年，Automatic 4WD，3.0 BT V6 4WD 410 HO。

（4）Ghibli（M157），2015 年，Automatic 4WD，3.0 BT V6 4WD 410 HO。

（一）描述

新玛莎拉蒂总裁（M156）和吉博力（M157）车辆，涉及"在前差速器和前传动轴间安装一个止动片"的服务活动。安装此止动片可确保止动卡簧不发生位移，从而不会对齿轮轴密封造成损坏，进而避免整个前差速器的损坏，如图 9－71 所示。

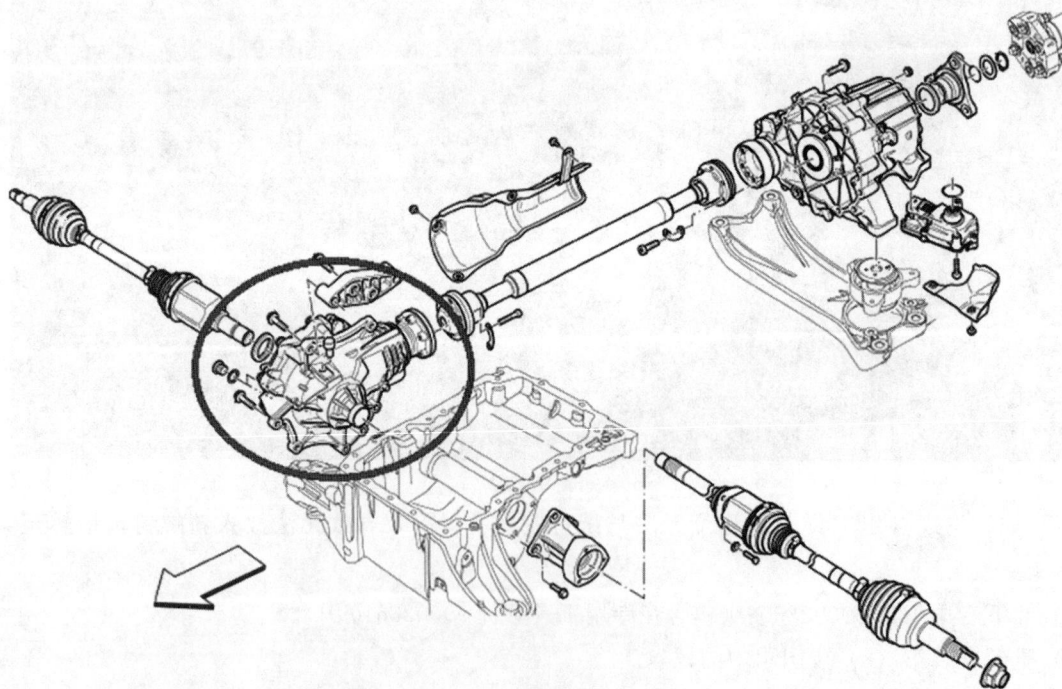

图 9－71

（二）维修所需零件

请通过玛莎拉蒂配件部订购止动片（零件编号673003748，每辆车一个）和用于止动片定位及安装的专用工具（零件编号673003835，每个经销商一个）。在一定概率的情况下，止动卡簧可能已经发生形变，导致止动片无法正确地安装。针对这种情况，需要订购并更换整套前差速器。前差速器的零件编号为670007722。

安装前差速器（零件编号670007722），必须同时安装止动片（零件编号673003748）。

在前差速器（零件编号670007722）的包装中已经含有止动片（零件编号673003748），请勿重复订购。

前差速器（零件编号670032672）已经预装止动片，请勿单独订购止动片。

（三）操作程序

（1）核对车辆是否涉及本活动，且本活动是否尚未执行。

（2）使用举升机将车辆举起，并确认其完全冷却。

（3）移除前车架加强护板。

（4）移除前传动轴前法兰上的6个紧固螺栓。操作前请务必用记号笔标记前传动轴前法兰和前差速器法兰的相对位置，以便再次安装时保证准确定位，如图9-72所示。

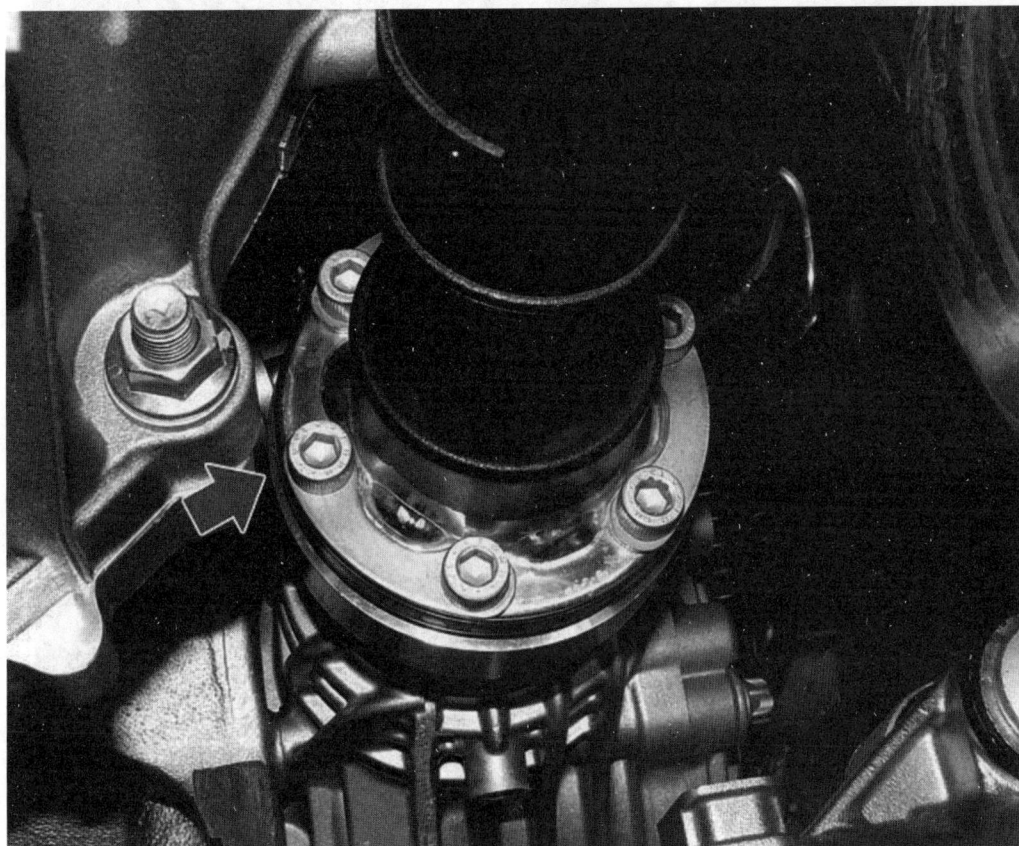

图9-72

（5）用一个合适的夹具吊住前传动轴，如图9-73所示。

图9-73

（6）按照上面同样的方法移除前传动轴后法兰的6个紧固螺栓，注意进行标记，如图9-74所示。

图9-74

（7）用适当的杆或撬棒极其小心地将前传动轴的前法兰从前差速器的法兰中移出，最终将前传动轴移出，如图9－75所示。

图9－75

（8）用手顺时针旋转前差速器法兰，直到止动卡簧有孔的一侧指向正上方，即两个孔的中心连线的垂直平分线垂直于地面，如图9－76所示。

图9－76

787

（9）取出专用工具（零件编号673003835），并将少量的油脂涂覆到其滑动面上（外表面及内表面，油脂带的宽度约为10mm），如图9-77所示。

图9-77

（10）将该专用工具（图9-78中1）安装到前差速器的法兰（图9-78中2）中。

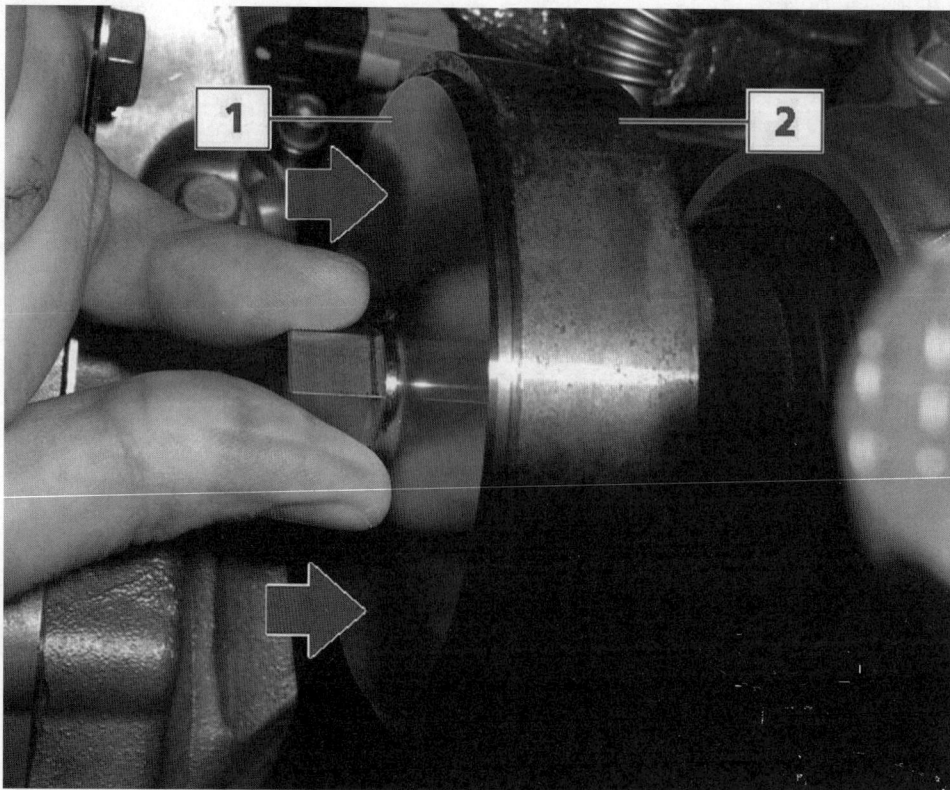

1-专用工具　2-法兰

图9-78

（11）使用专用工具检查止动卡簧是否安装正确及是否被损坏。确保专用工具正确地安装在前差速器中；应确保专用工具端面与法兰端面达到平齐；如果安装错误，则应通过旋转专用工具直至达到正确的安装位置（如图9—79所示，左图安装错误，右图安装正确）。

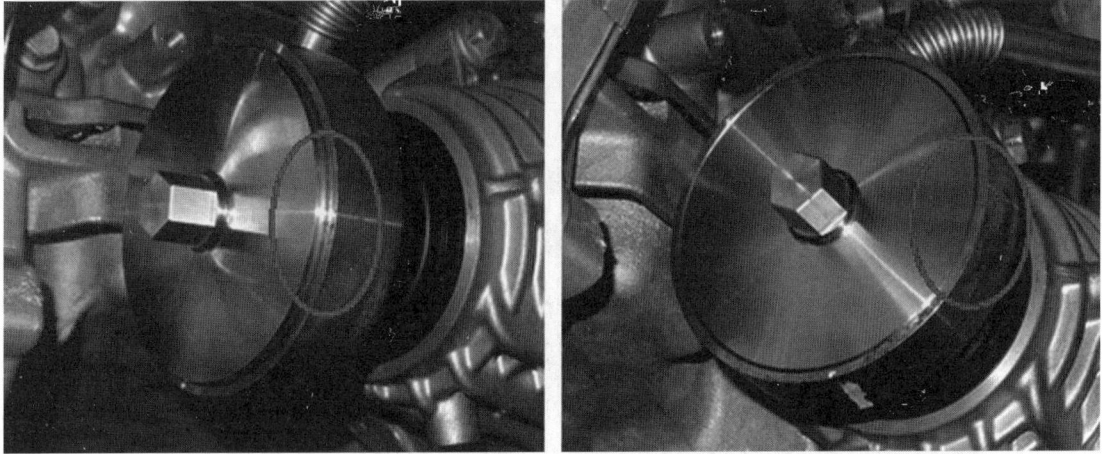

图9—79

（12）为了将止动卡簧定位，用扭力扳手极其小心地扳动专用工具末端的六角形突起，力矩应限定在30N·m，将插在前差速器法兰中的专用工具完整地做3个360°顺时针旋转，同时应有其他操作人员注意保持两个前轮及前差速器法兰的锁定，如图9—80所示。

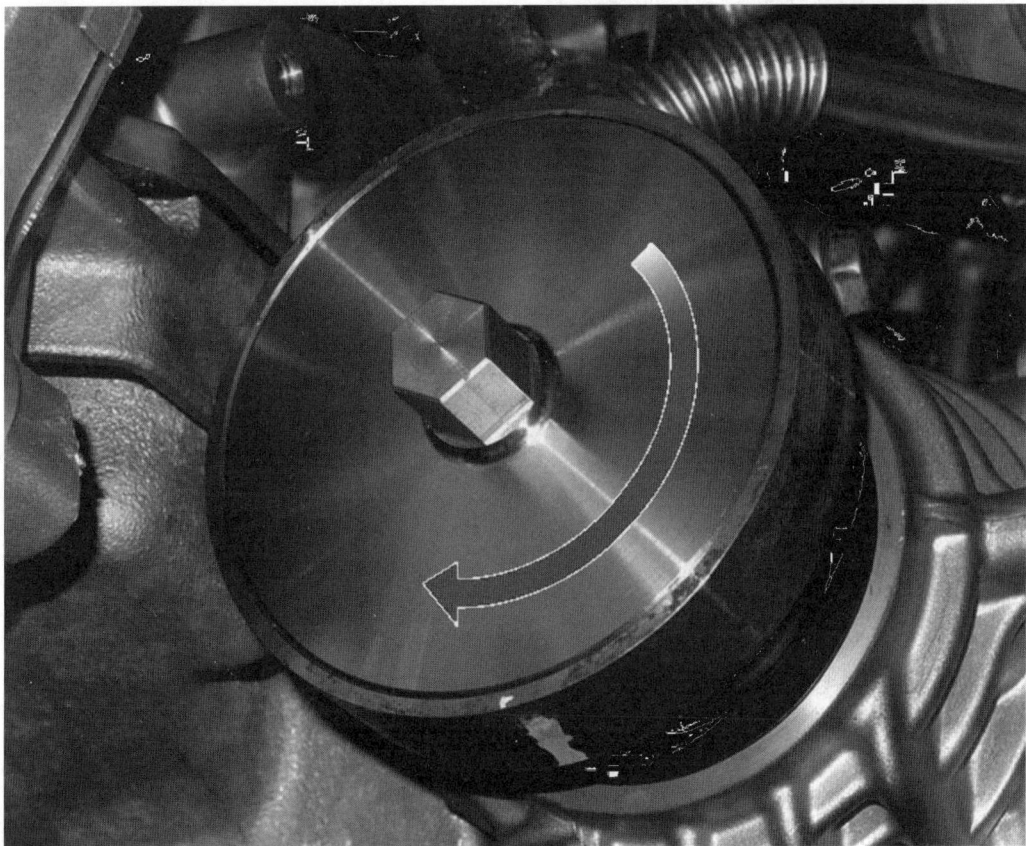

图9—80

如果无法令专用工具实现上述旋转，则必须订购并更换整套前差速器。

如果收到零件编号为670007722的前差速器，在更换完成后，应继续按照本服务活动操作程序进行操作［自第（8）步开始，至第（21）步结束］。

如果收到零件编号为670032672的前差速器，在更换完成后，应继续按照本服务活动操作程序进行操作［自第（18）步开始，至第（21）步结束］。

（13）将专用工具从前差速器的法兰中移除。

（14）取止动片（零件编号673003748），检查并确认密封圈固定在止动片上；如有必要，并涂抹一些油脂，如图9—81所示。

图9-81

注意：在止动片上设计有一个开槽，用于与止动卡簧正确配合（图9—82）。图9—82仅为示意图，在整个操作过程，请勿取下止动卡簧。

图9-82

（15）将止动片放入前差速器法兰中，覆盖住止动卡簧，并确保止动片与差速器齿轮轴端面处于同一平面（没有如图 9-83 左图所示的明显高度差）。

图 9-83

（16）检查并确保能通过止动片上的开槽看到止动卡簧的两个孔，以确认配合准确，如图 9-84 所示。

图 9-84

（17）安装完毕后，检查并确认止动片在顺时针方向上不能有过大转动（用手小心地顺时针旋转止动片，可转动角度应不能大于 10°），如图 9-85 所示。

图 9-85

791

如果止动卡簧变形太大，那么它就不能与止动片正确配合（贴合面处不吻合）。如果出现这种情况，则应多次尝试第（15）（16）（17）的操作步骤。如果仍不能成功安装止动片，则应提交一个"技术支持"类型的 BOL 报告，报告中应提供不能成功安装止动片的照片，并在经同意后，订购并更换前差速器。

（18）小心地将前传动轴装回原位。

（19）根据之前所做的标记，将前传动轴法兰和前差速器法兰定位，以 35（1±5％）N·m 的力矩拧紧法兰的紧固螺栓。

（20）将之前拆卸的零部件重新安装好。

（21）程序完毕。

十四、通报主题：关于 EPB 软件升级

车型：2014 年和 2015 年新玛莎拉蒂总裁（M156），2014 年和 2015 年吉博力（M157）。

（一）描述

新玛莎拉蒂总裁（M156）和吉博力（M157）车辆，涉及"EPB（电子驻车制动）的软件升级（如有需要，还需要对制动间隙进行调整）"的服务活动，如图 9—86 所示。

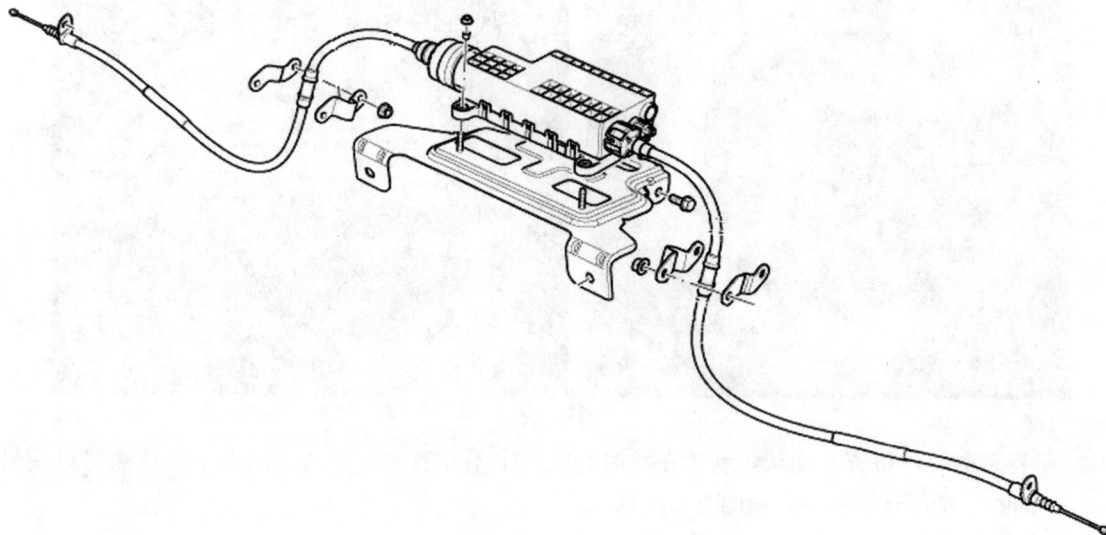

图 9—86

（二）操作程序

（1）核对车辆是否涉及本活动，且本活动是否尚未执行。

（2）根据附件车架号列表中的标识，执行"程序 A"（进行制动间隙调整和软件升级）或"程序 B"（仅进行软件升级）。

（3）程序 A（制动间隙调整和软件升级）

①将车辆驶入举升工位。

②车辆蓄电池连接充电器。

③根据车间手册第 3.02.018 部分，拉动应急拉索松开 P 挡锁。注意：可使用螺丝刀向下压如图 9—87 中箭头所示的卡子，同时提起布带以松开 P 挡锁，如图 9—88 所示。

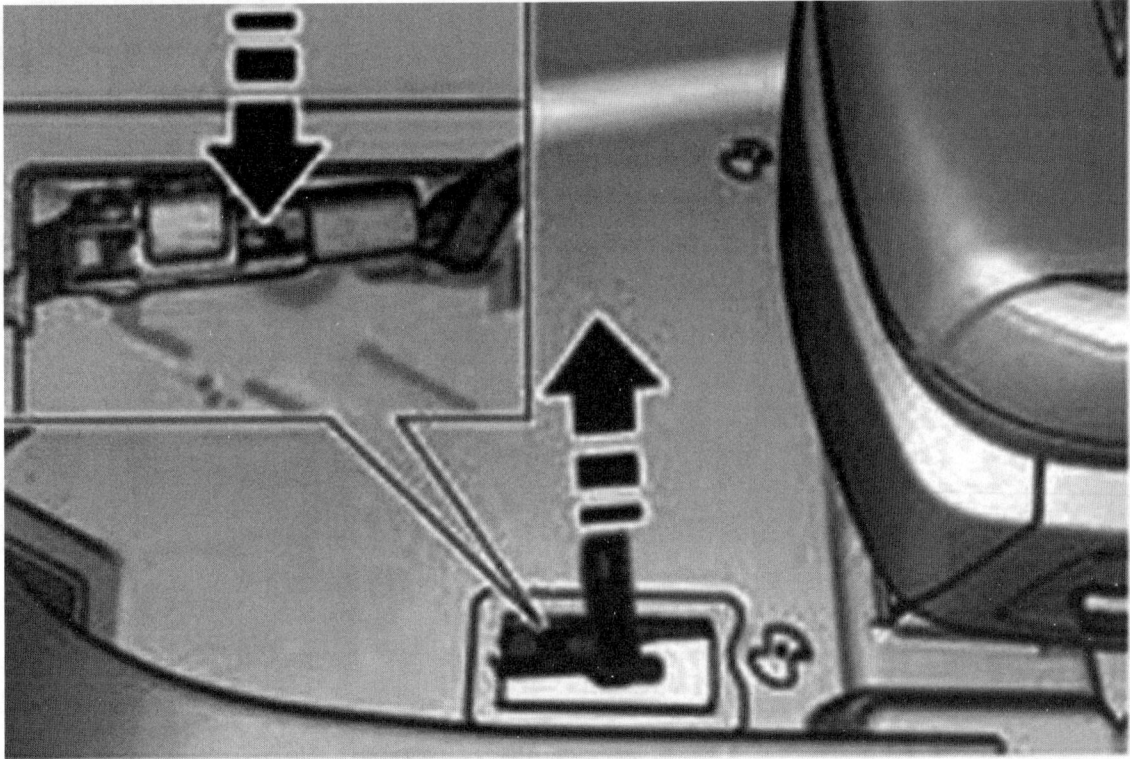

图9-87

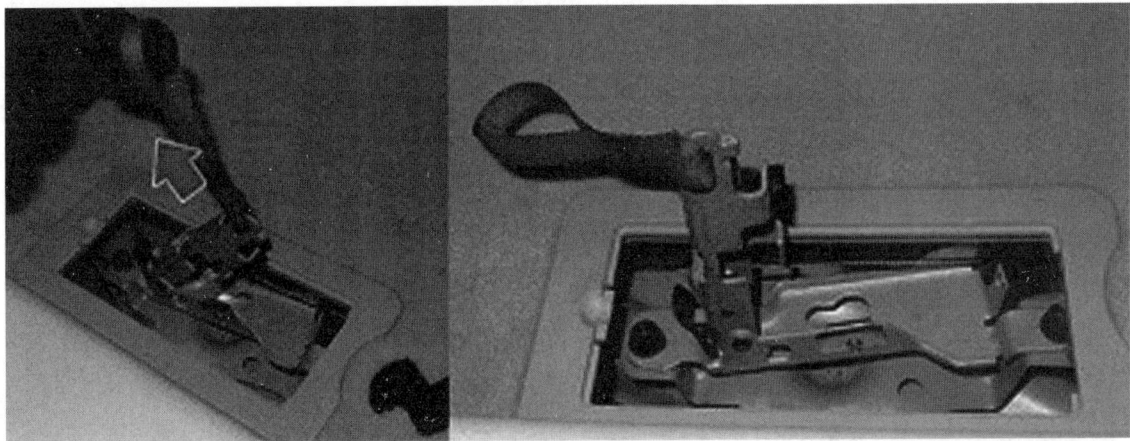

图9-88

④松开车辆螺栓，拆下左后和右后车轮。

⑤使用玛莎拉蒂诊断仪 MD 与车辆建立连接。

⑥在"Braking System（制动系统）"菜单下，选择"Electrical Parking Brake（EPB）（电子驻车制动）"中的"Active Diagnosis（激活诊断）"，选择"RUN TO MOUNTING POSITION（运行至安装位置）"程序（以便释放 EPB 拉线）。请确保制动盘可平顺转动，无卡滞。

⑦转动制动盘直至检查孔与调整制动蹄片的齿形螺母对齐，如图9-89所示。

图 9-89

⑧使用合适的螺丝刀按照图 9-90 中箭头指示方向拨动齿形螺母，直至制动蹄片完全锁死且制动盘无法转动为止。

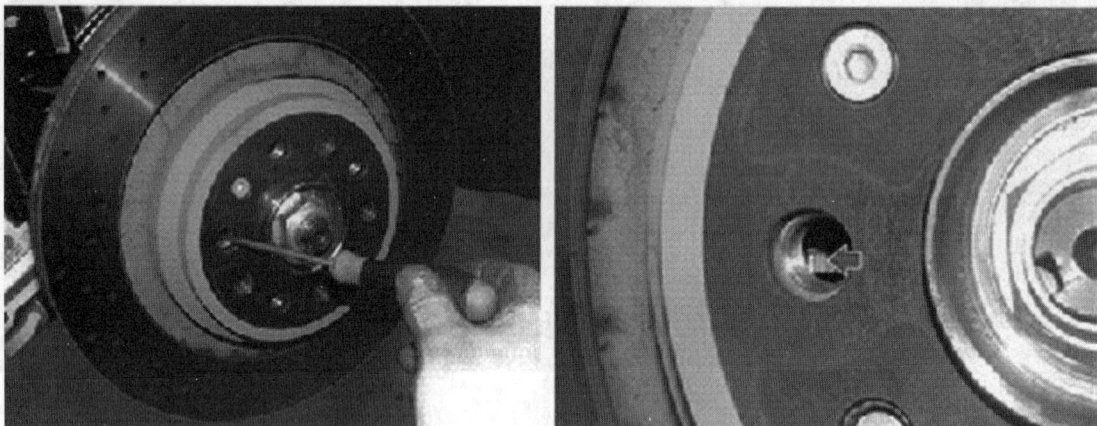

图 9-90

⑨使用记号笔在通过检查孔能够看到的齿形螺母的最外侧齿上进行标记，并在检查孔对应的位置进行标记，如图 9-91 所示。

⑩然后反向拨动齿形螺母 10 个齿，直到第⑨步中在齿形螺母上进行的标记与检查孔上的标记再次对齐。如果在拨动 10 个齿之后，标记不能对齐，则请重复自第⑧步开始的操作。左、右两侧车轮的操作完全相同。请确保制动盘可平顺转动，无卡滞。

⑪根据车间手册第 06.00.003 部分，重新安装两个后轮，然后将车辆降至地面。

⑫使用 MD，通过"OEM FACTORY CALIBRATION（OEM 出厂校准）"程序，重新校准 EPB 系统。

⑬退出"Active Diagnosis（激活诊断）"界面，并忽略此处的"Key off"操作要求（请勿实际进行"Key off"操作）。

⑭踩下制动踏板，并操作 EPB 开关一次，以施加电子驻车制动。注意：此时仪表板上应出现驻车制

图 9-91

动警告灯，并应出现提示信息（电子驻车制动已启用），并确认制动盘不能被转动（此步骤用于确认 EPB 可正常启用）。

⑮踩下制动踏板，并 EPB 开关一次，以释放电子驻车制动。注意：此时仪表板上的驻车制动警告灯应熄灭，并确认制动盘能够被转动。此步骤用于确认 EPB 可正常释放。至此，请勿再对制动间隙进行任何调整。

⑯请确保 MD 已经联网并与车辆建立连接。

⑰在"Braking System（制动系统）"菜单下，选择"Electrical Parking Brake（EPB）"，选择"Programming（编程）"。

⑱准备进行 EPB 软件升级（根据屏幕提示逐步操作）。

⑲点击"Continue（继续）"以下载新软件：14.47.0 或以上版本。如图 9-92 所示。

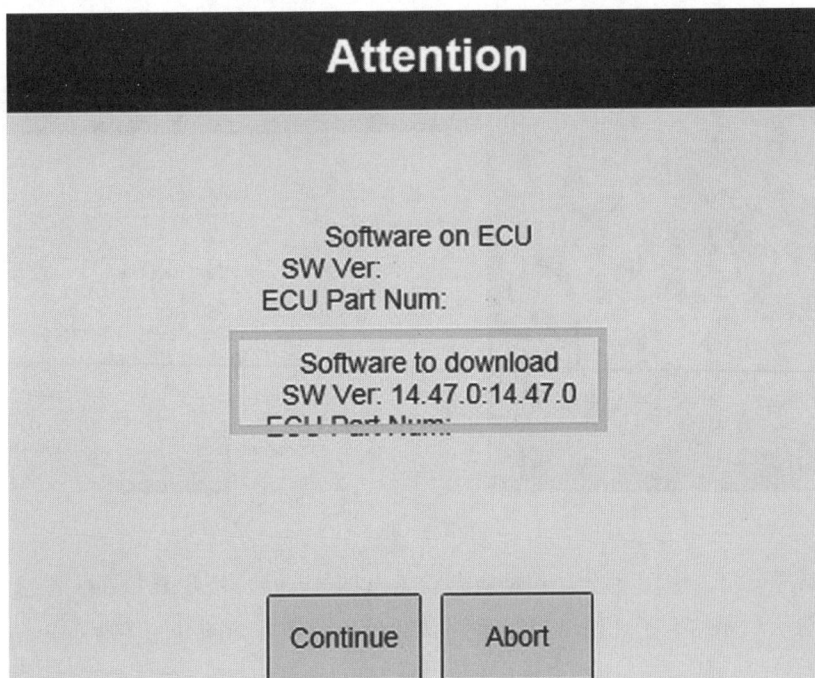

图 9-92

795

注意：软件升级需要大约 4min 时间，如图 9－93 所示。

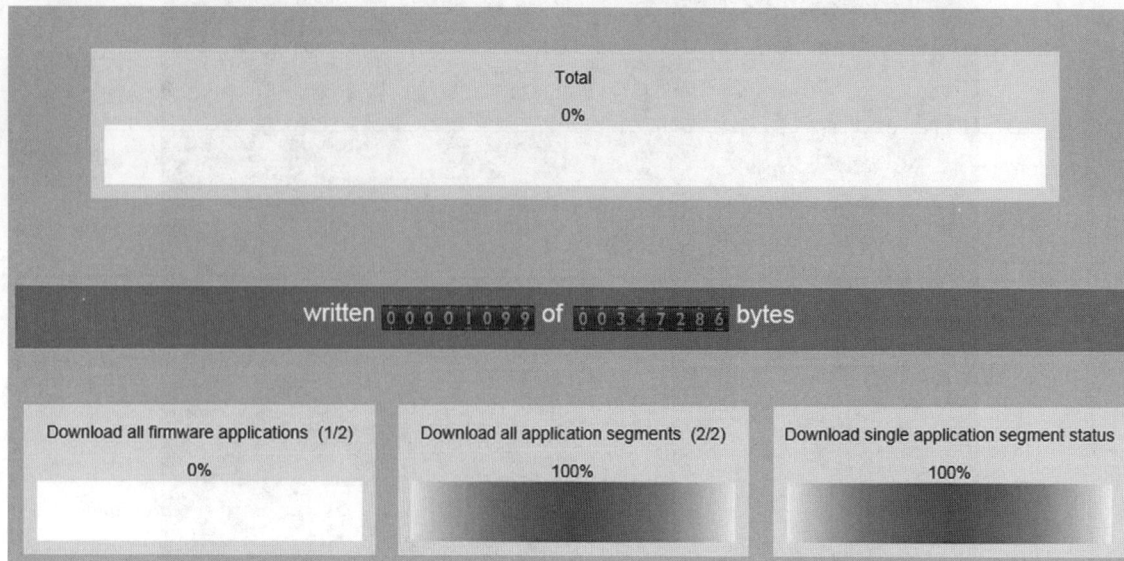

图 9－93

⑳释放应急拉索并确认变速器已经挂入驻车挡（P挡），如图 9－94 所示。

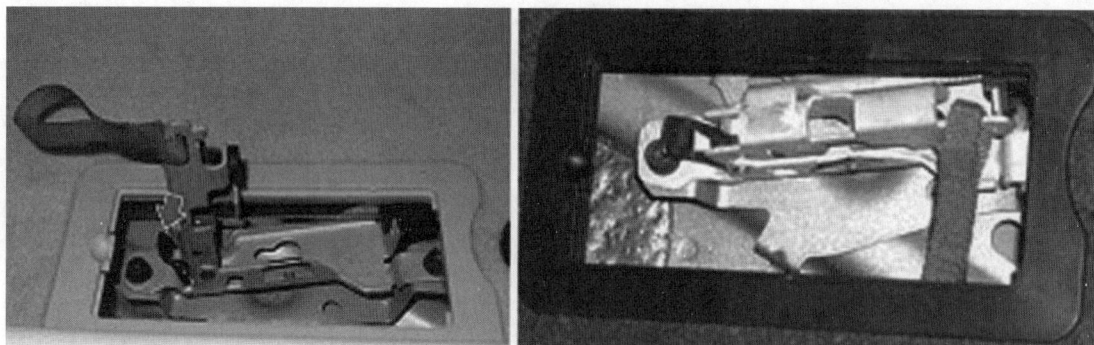

图 9－94

㉑根据屏幕提示，将点火开关置于"OFF"，再点击"OK"，如图 9－95 所示。

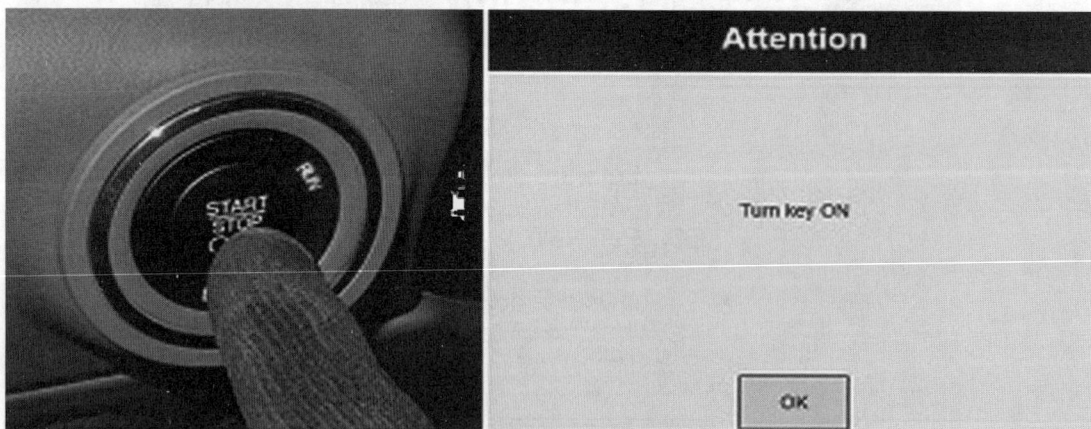

图 9－95

㉒根据车间手册第 3.02.018 部分，拉动应急拉索（图 9－96）松开 P 挡锁。注意：可使用螺丝刀向下压如图 9－96 中箭头所示的卡子，同时担起布带以松开 P 挡锁，如图 9－97 所示。

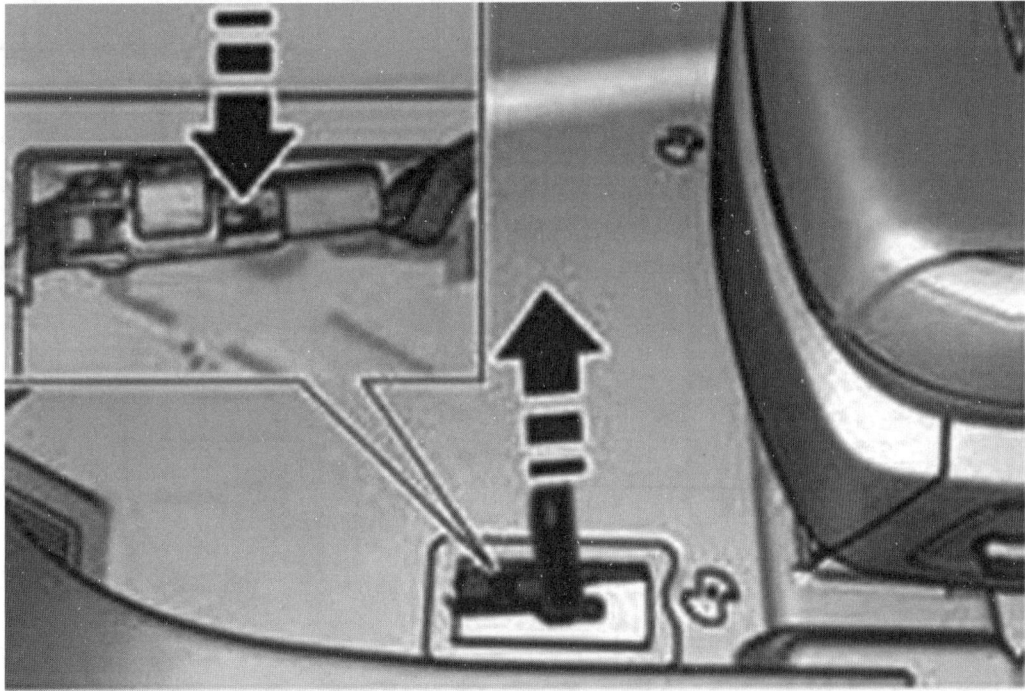

图 9-96

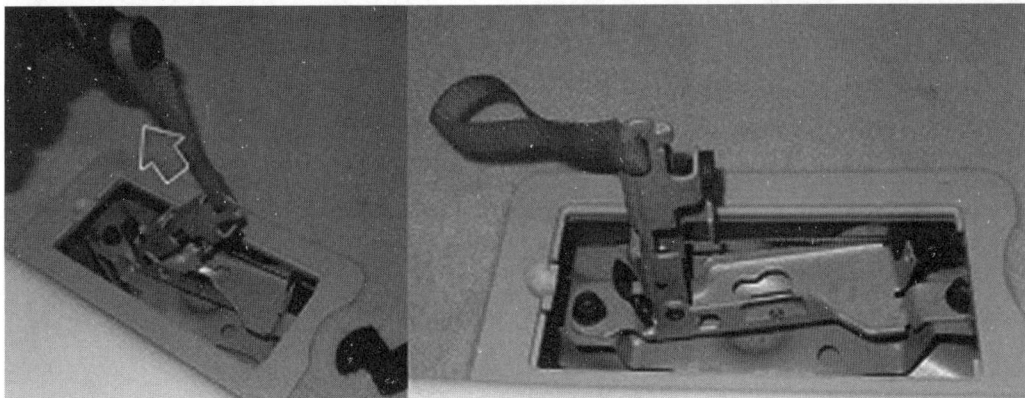

图 9-97

㉓根据屏幕提示（图 9-98），将点火开关置于"RUN"，再点击"OK"。

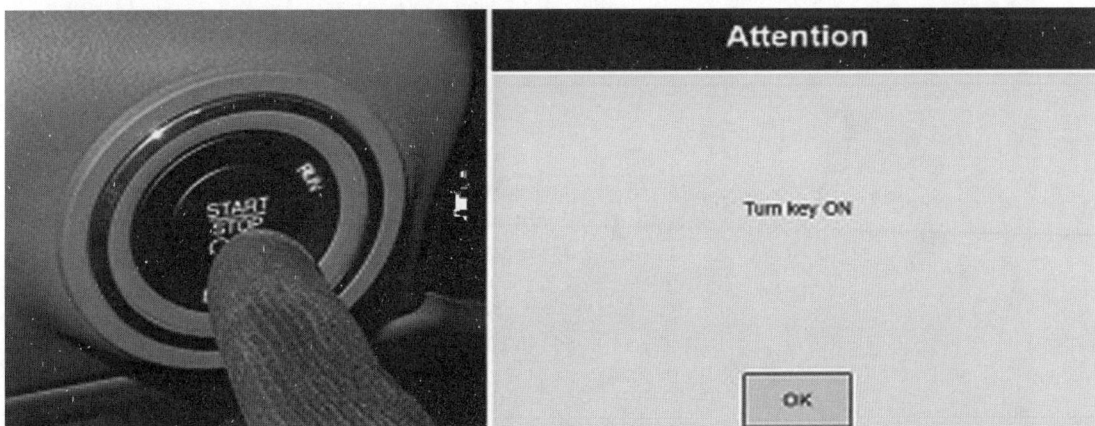

图 9-98

注意：点火开关置于"RNB"位置，但发动机处于熄火状态。

㉔点击"Execute（执行）"以进行下一步操作，如图9－99所示。

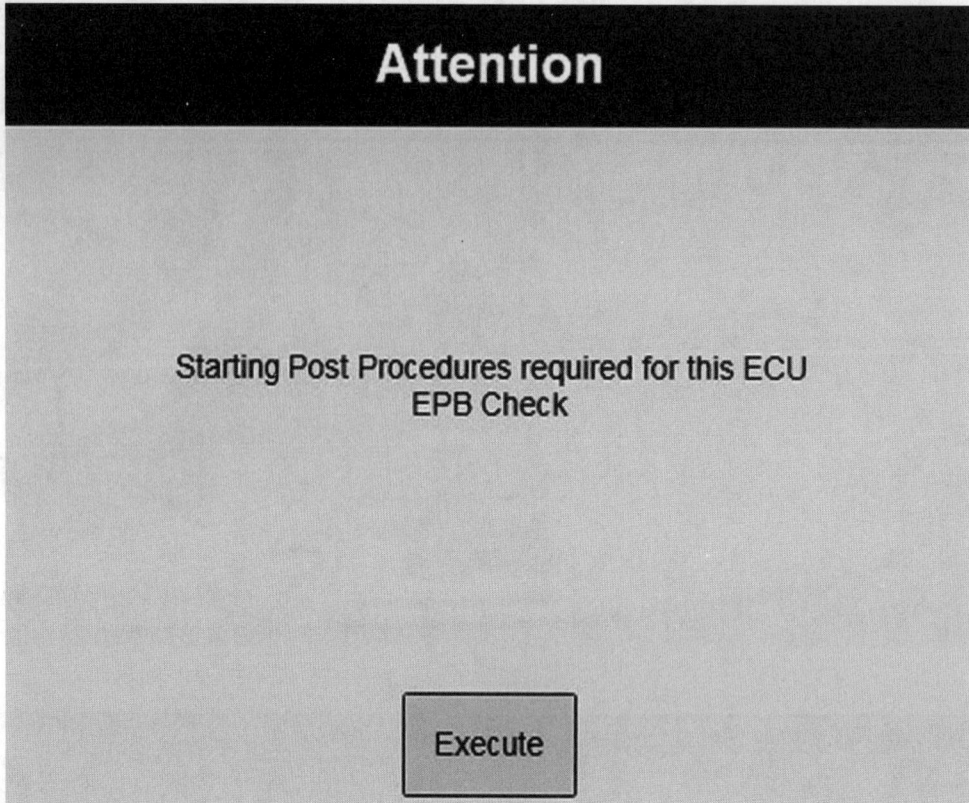

Attention

Starting Post Procedures required for this ECU
EPB Check

Execute

图9－99

㉕确保点火开关置于"RUN"，根据屏幕提示进行下一步操作，如图9－100所示。

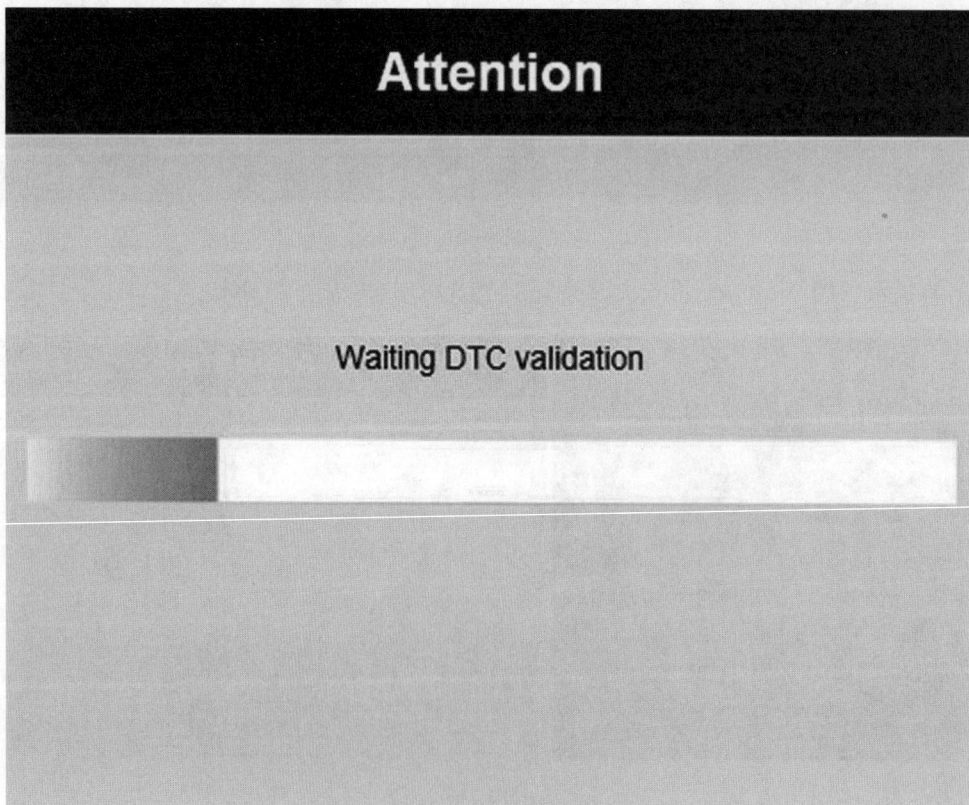

Attention

Waiting DTC validation

图9－100

㉖确保点火开关置于"RUN"，点击"OK"然后等待至少11min，如图9−101所示。

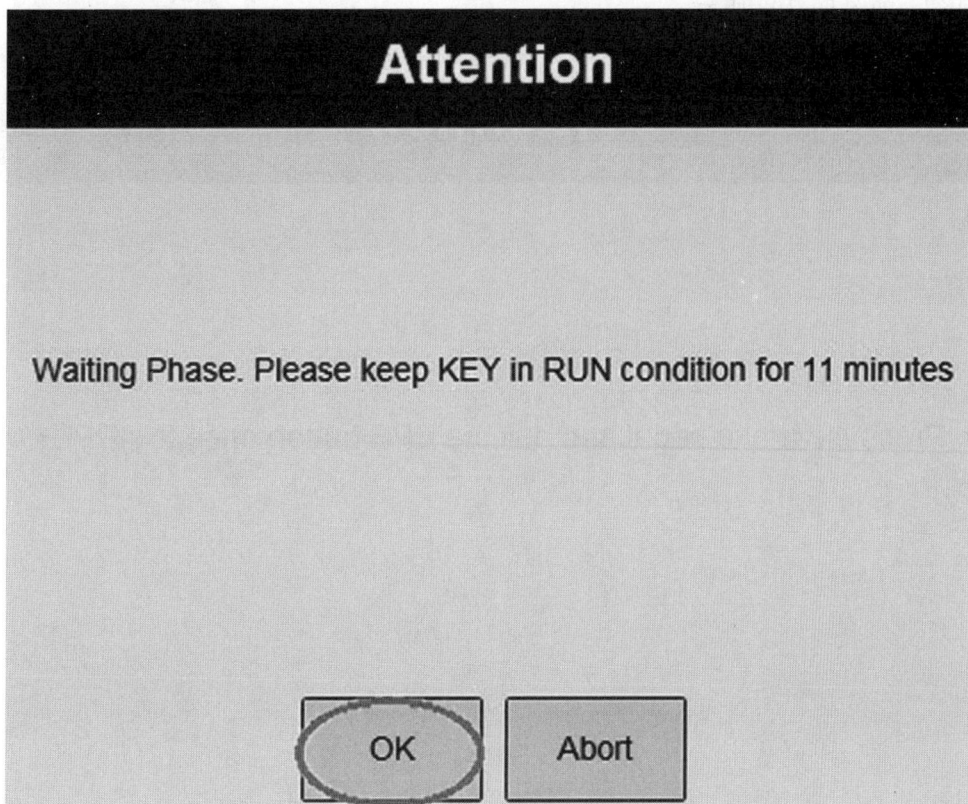

Attention

Waiting Phase. Please keep KEY in RUN condition for 11 minutes

OK   Abort

图9−101

㉗确保点火开关一直置于"RUN"。

㉘根据屏幕提示点击"OK"，以执行"RUN TO MOUNTING（运行至安装位置）"，如图9−102所示。

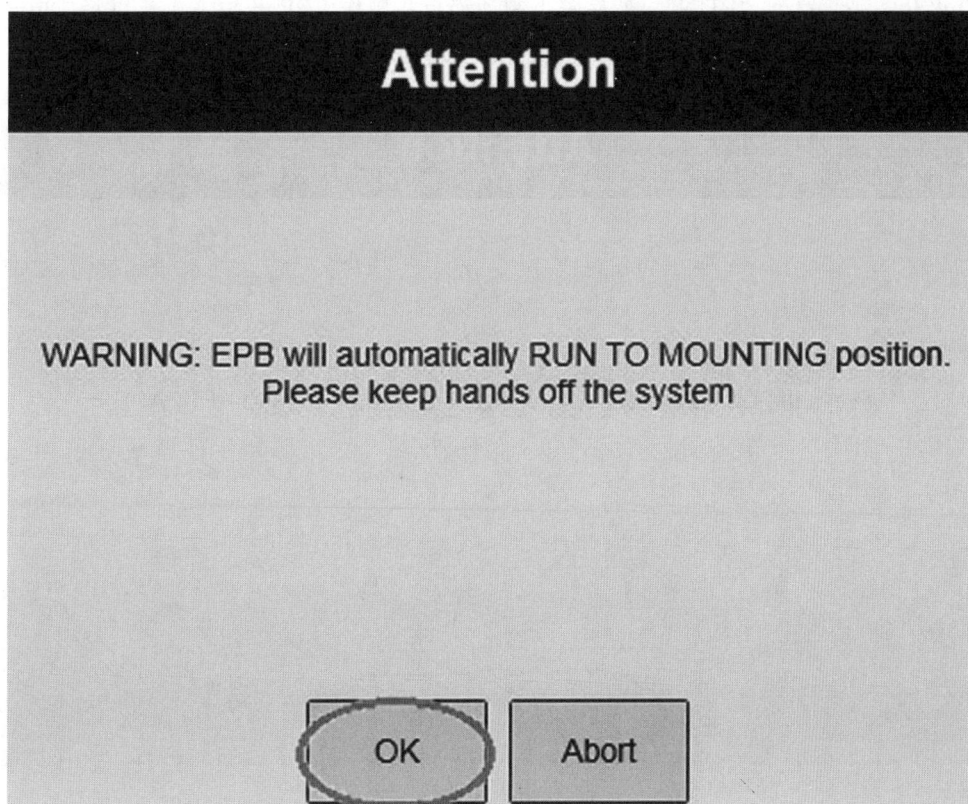

Attention

WARNING: EPB will automatically RUN TO MOUNTING position.
Please keep hands off the system

OK   Abort

图9−102

㉙确保点火开关一直置于"RUN"，然后踩下制动踏板并操作 EPB 开关一次，以施加电子驻车制动。然后点击"OK"，如图 9－103 所示。

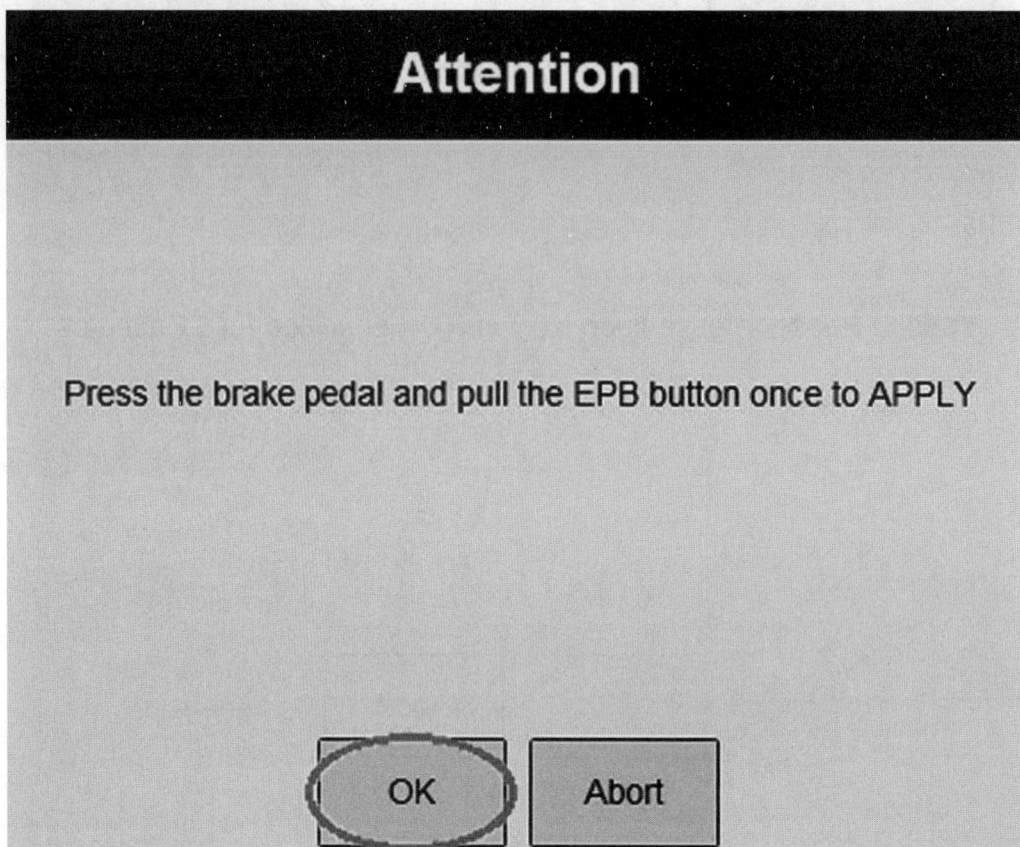

Attention

Press the brake pedal and pull the EPB button once to APPLY

OK   Abort

图 9－103

㉚确保点火开关一直置于"RUN"，然后踩下制动踏板并操作 EPB 开关一次，以释放电子驻车制动，然后再点击"OK"，如图 9－104 所示。

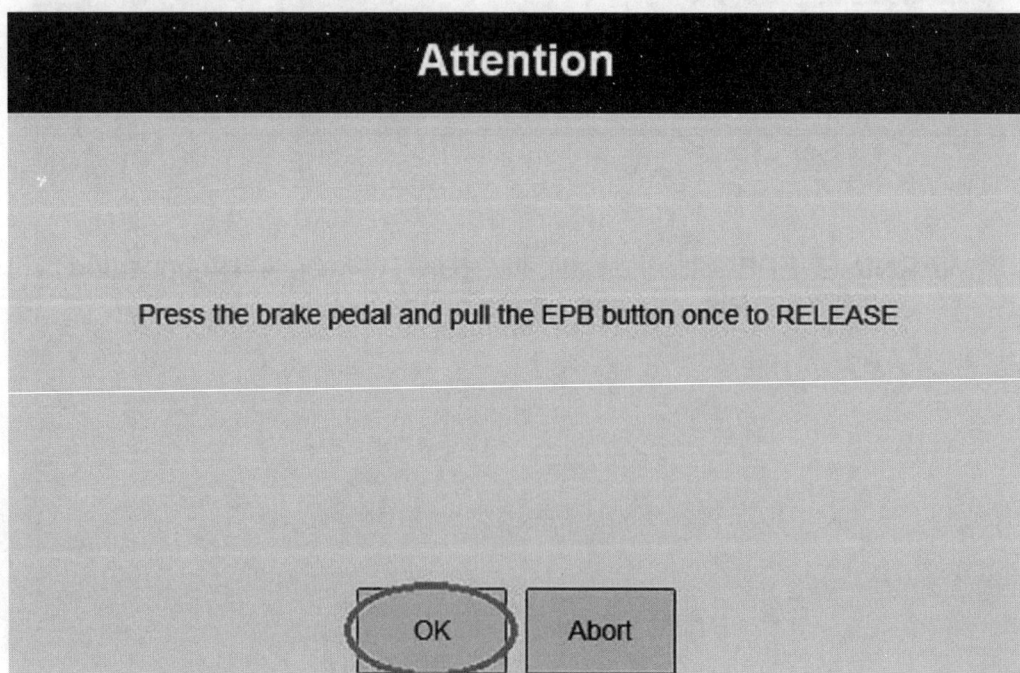

Attention

Press the brake pedal and pull the EPB button once to RELEASE

OK   Abort

图 9－104

㉛出现以下界面时，表示上传和功能检查已完成，如图9—105和图9—106所示。

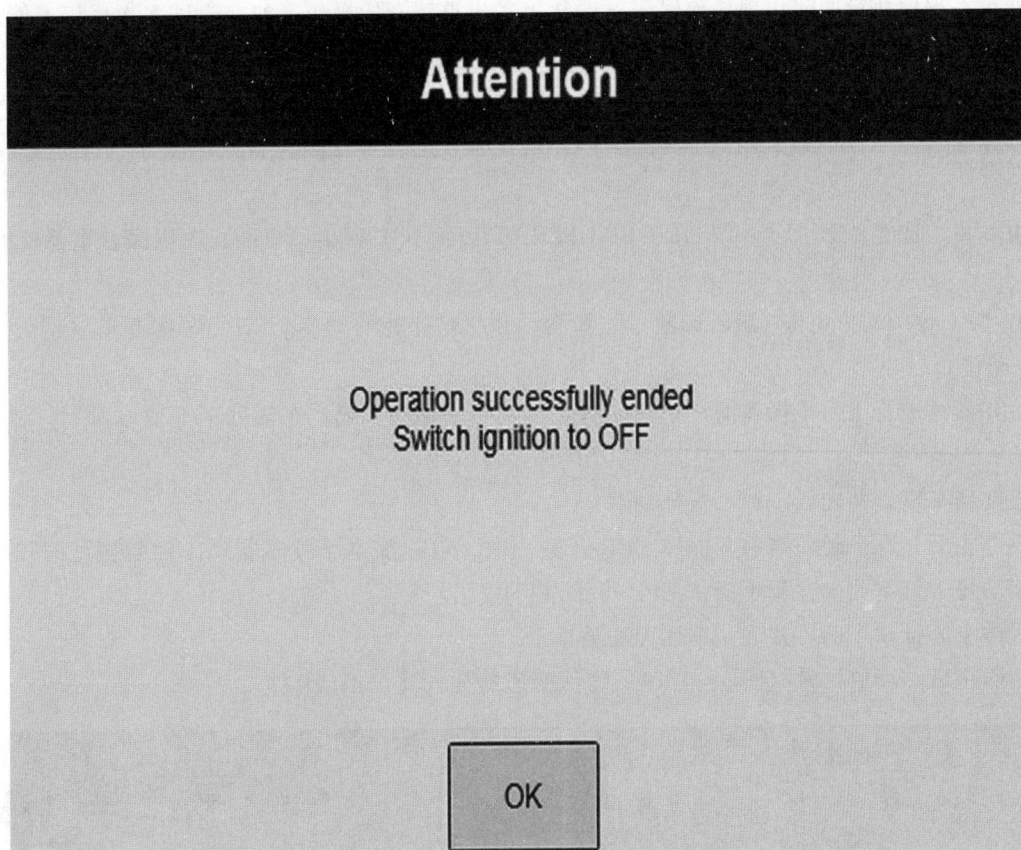

图9—105

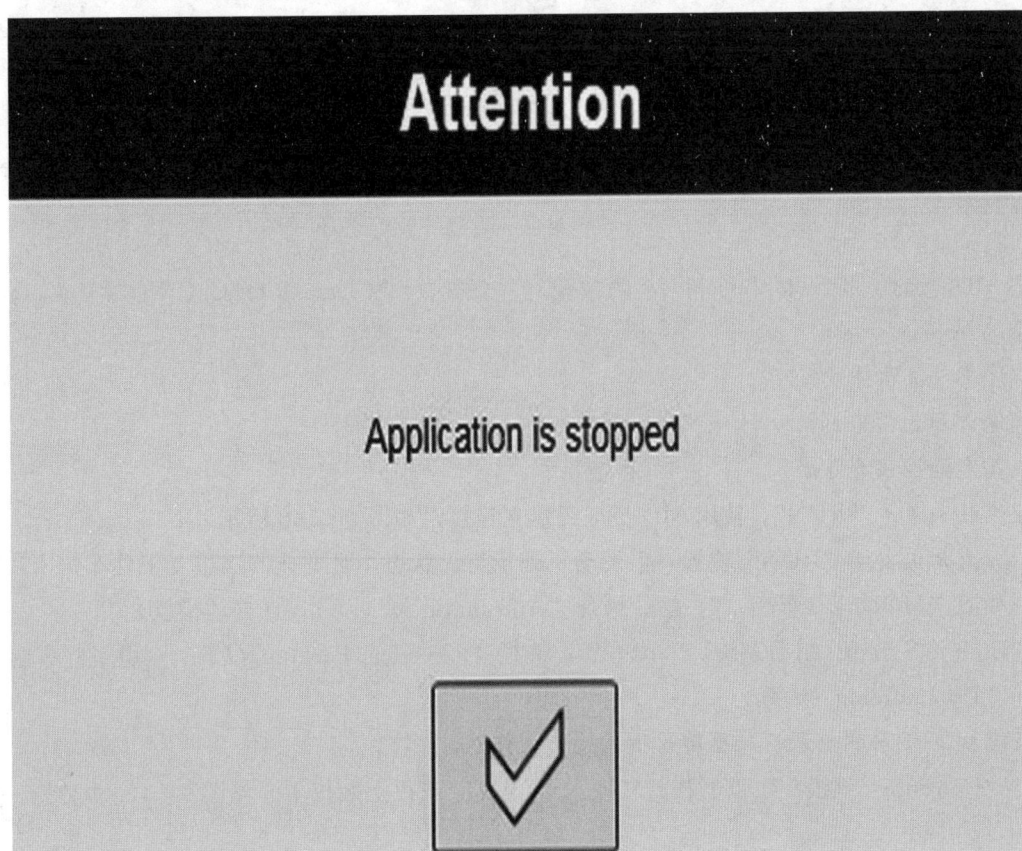

图9—106

㉜忽略第㉚步中的"Key off"操作要求（请勿实际进行"Key off"操作）。

㉝如果在本程序执行期间出现任何错误，请从第⑮步重新开始操作，如在尝试多次后仍不能成功，请联系技术支持人员获取帮助。

㉞在"Braking System（制动系统）"菜单下，选择"Electrical Parking Brake（EPB）电子驻车制动（EPB）"，选择"RUN TO MOUNTING POSITION（运行至安装位置）"程序（以便释放 EPB 拉线）。

㉟使用 MD，通过"OEM FACTORY CALITRATION（OEM 出厂校准）"程序，重新校准 EPB 系统。

㊱退出"Active Diagnosis（激活诊断）"界面，并忽略此处的"Key off"操作要求（请勿实际进行"Key off"操作）。

注意：在继续进行下一步操作前，请确认有足够空间来移动车辆；车辆处于平整地面上；制动系统工作正常。

㊲小心推动车辆，并确认车辆可被推动。

㊳车辆静止后，踩下制动踏板并操作 EPB 开关一次，以施加电子驻车制动。注意：此时仪表板上应出现驻车制动警告灯（此步骤用于确认 EPB 可正常启用）。

㊴然后再小心推动车辆，并确认车辆无法被推动。

㊵车辆静止后，释放拉索（图 9－107），确认变速器挂入驻车挡（P 挡）。

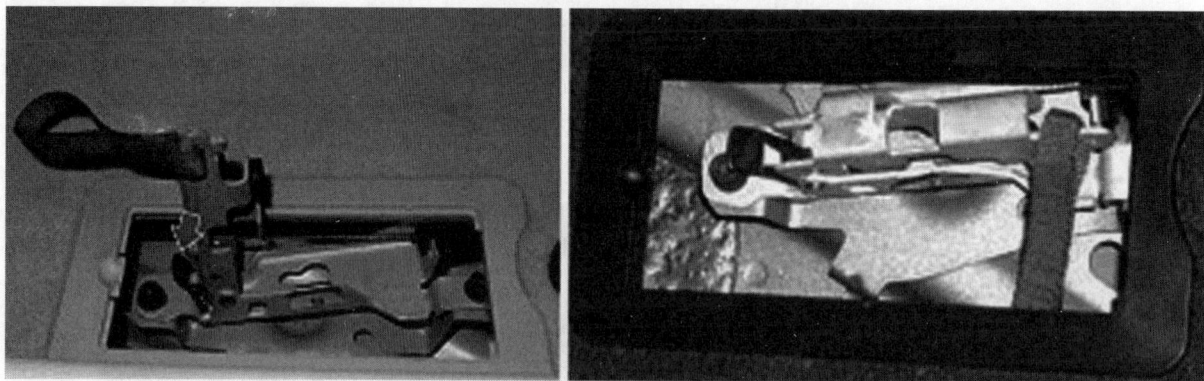

图 9－107

㊶使用 MD，选择"Check Vehicle（车辆检查）"，并执行"Clear all DTC（清除所有故障码）"。

㊷程序 A 完毕。

（4）程序 B（仅软件升级）。

①请确保 MD 已经联网。

②车辆蓄电池连接充电器。

③将点火开关置于"RUN"。使用 MD 与车辆建立连接，如图 9－108 所示。

注意：点火开关置于"RUN"位置，但发动机处于熄火状态，且变速器挡位置于驻车挡（P 挡）。

④选择相应"MODEL（车型）"，然后执行"Automatic Acceptance（自动检验）"。

⑤在"BrakingSytem（制动系统）"菜单下，选择"Electrical Parking（EPB）（电子驻车制动）"。

⑥选择"Progamming（编程）"。

⑦准备进行 EPB 软件升级（根据屏幕提示逐步操作）。

⑧点击"Continui（继续）"以下载新软件：14.47.0 或以上版权本。如图 9－109 所示。

图 9－108

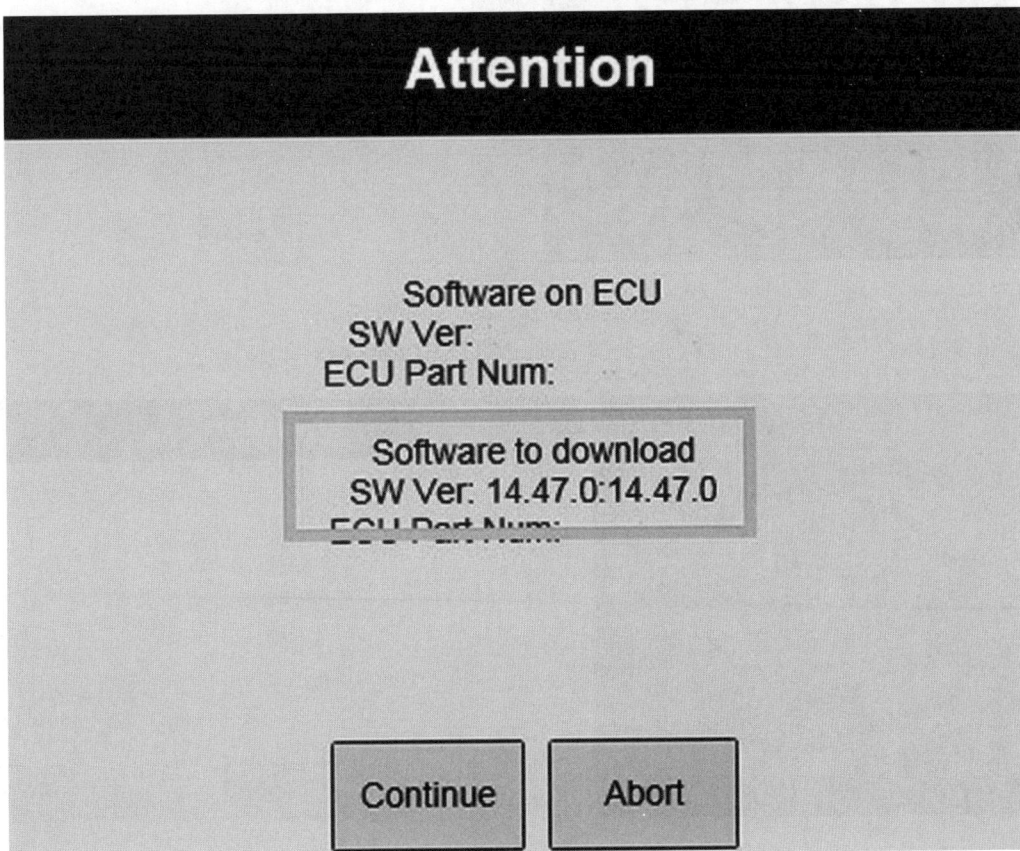

图 9－109

803

注意：软件升级需要大约 4min，如图 9-110 所示。

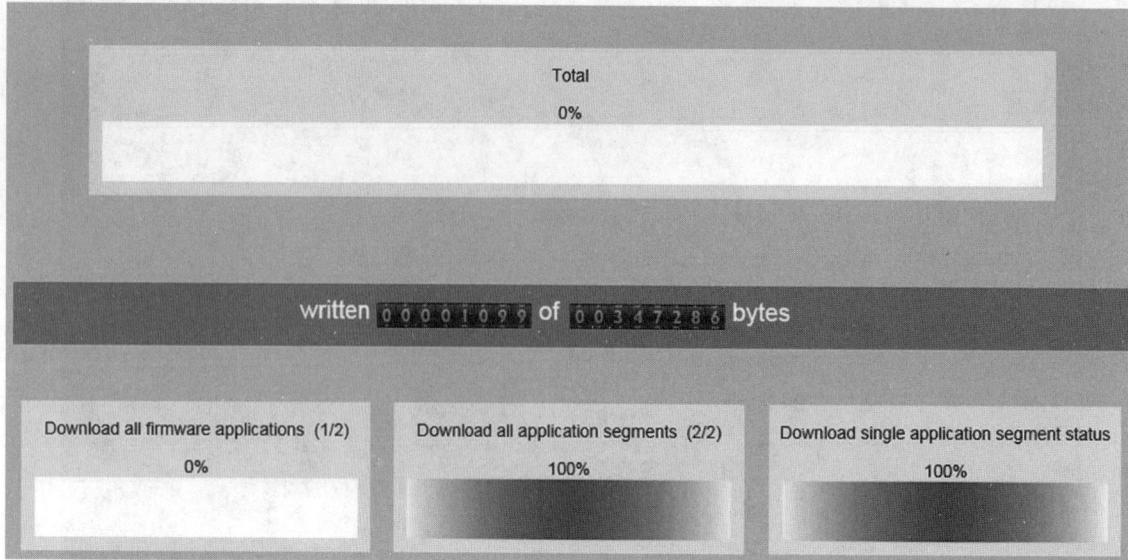

图 9-110

⑨根据屏幕显示（图 9-111），将点火开关置于"OFF"，再点击"OK"。

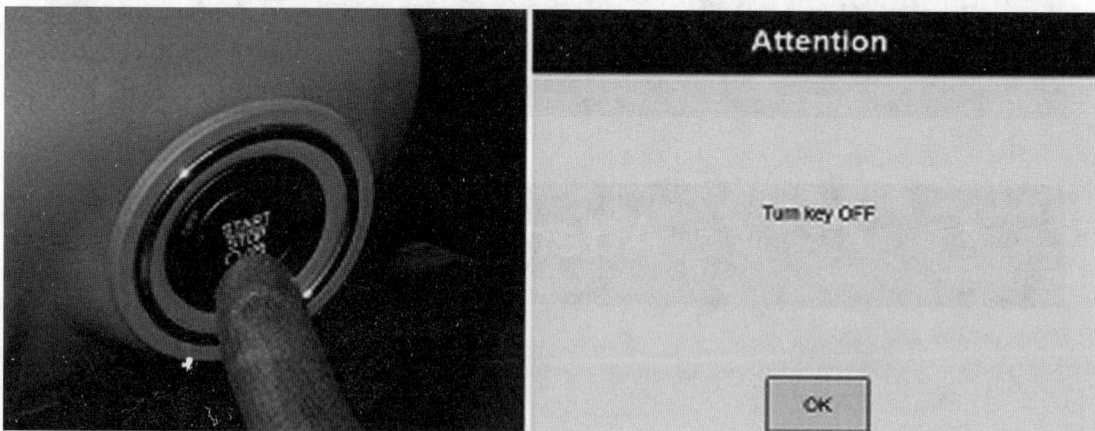

图 9-111

⑩根据屏幕提示（图 9-112），将点火开关置于"RUN"，再点击"OK"。

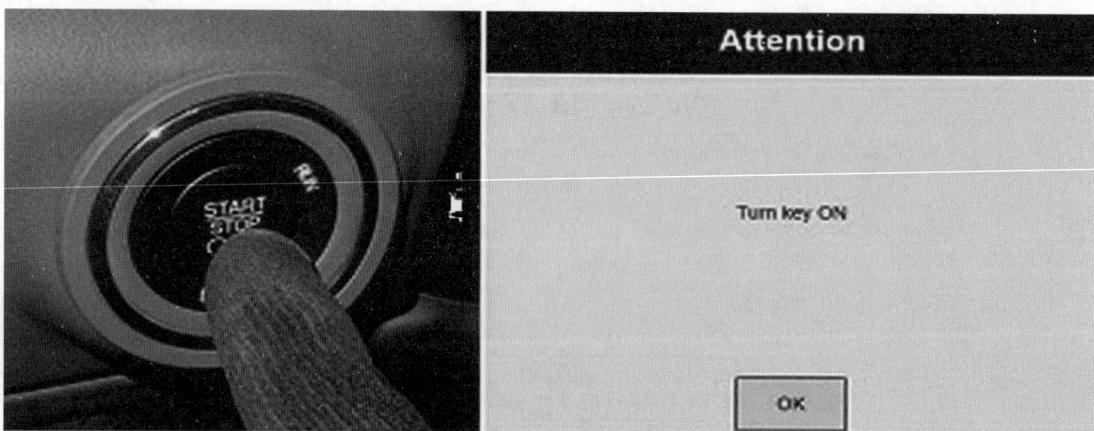

图 9-112

注意：点火开关置于"RUN"位置，但发动机处于熄火状态，且变速器挡位置于驻车挡（P 挡）。

⑪点击"Execute（执行）"以进行下一步操作，如图9－113所示。

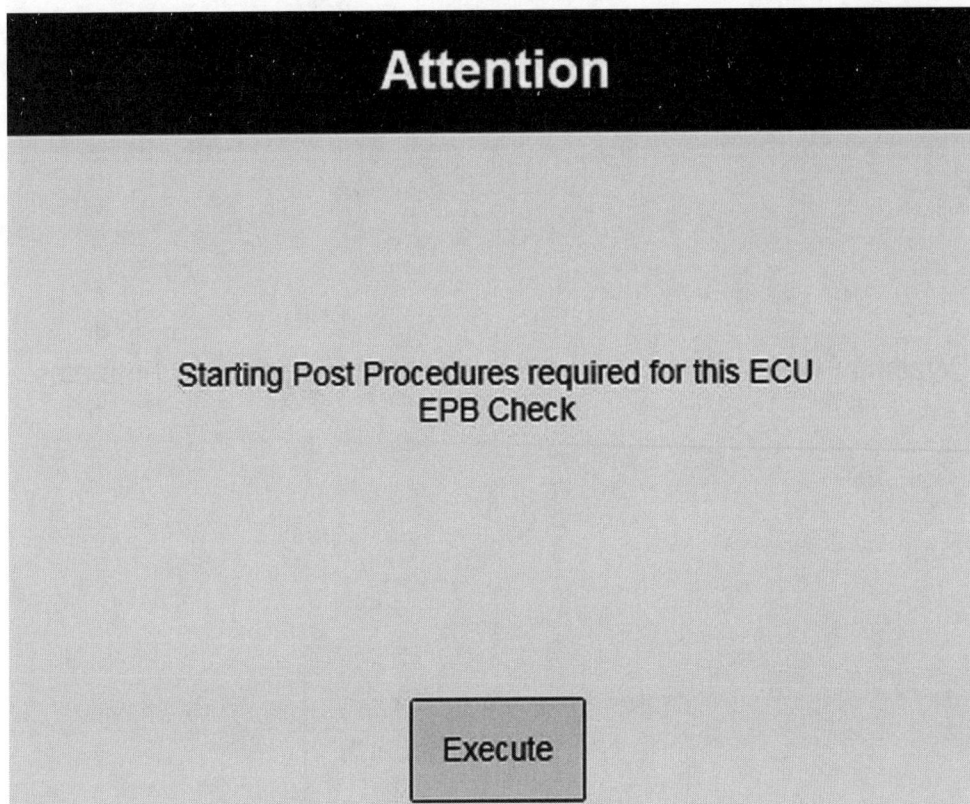

Attention

Starting Post Procedures required for this ECU
EPB Check

Execute

图9－113

⑫确保点火开关置于"RUN"，根据屏幕提示进行下一步操作，如图9－114所示。

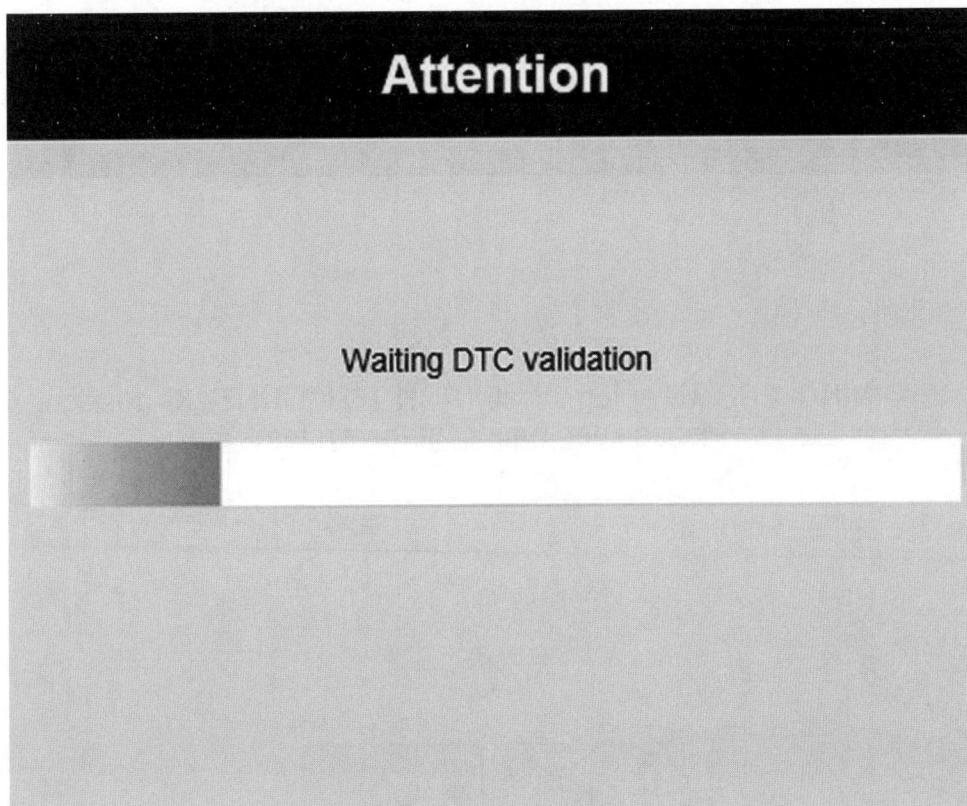

Attention

Waiting DTC validation

图9－114

⑬确保点火开关置于"RUN",点击"OK"然后等待至少 11min,如图 9－115 所示。

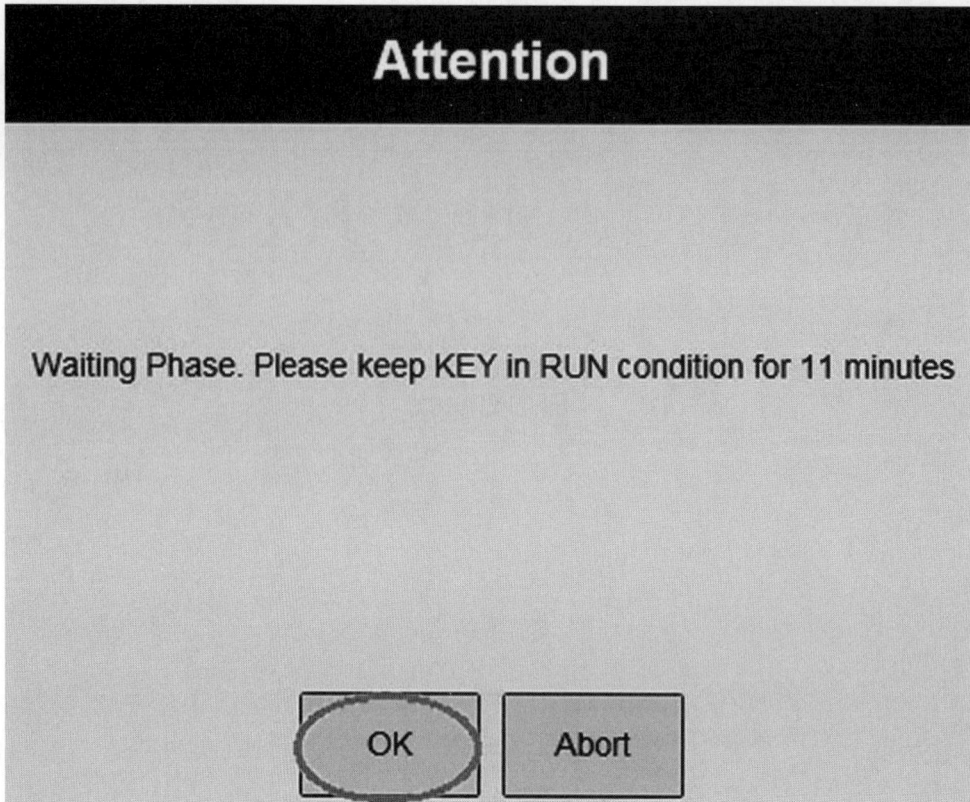

Attention

Waiting Phase. Please keep KEY in RUN condition for 11 minutes

OK   Abort

图 9－115

⑭根据屏幕提示点声明"OK",以执行"RUN TO MOUNTING(运行至安装位置)",如图 9－116 所示。

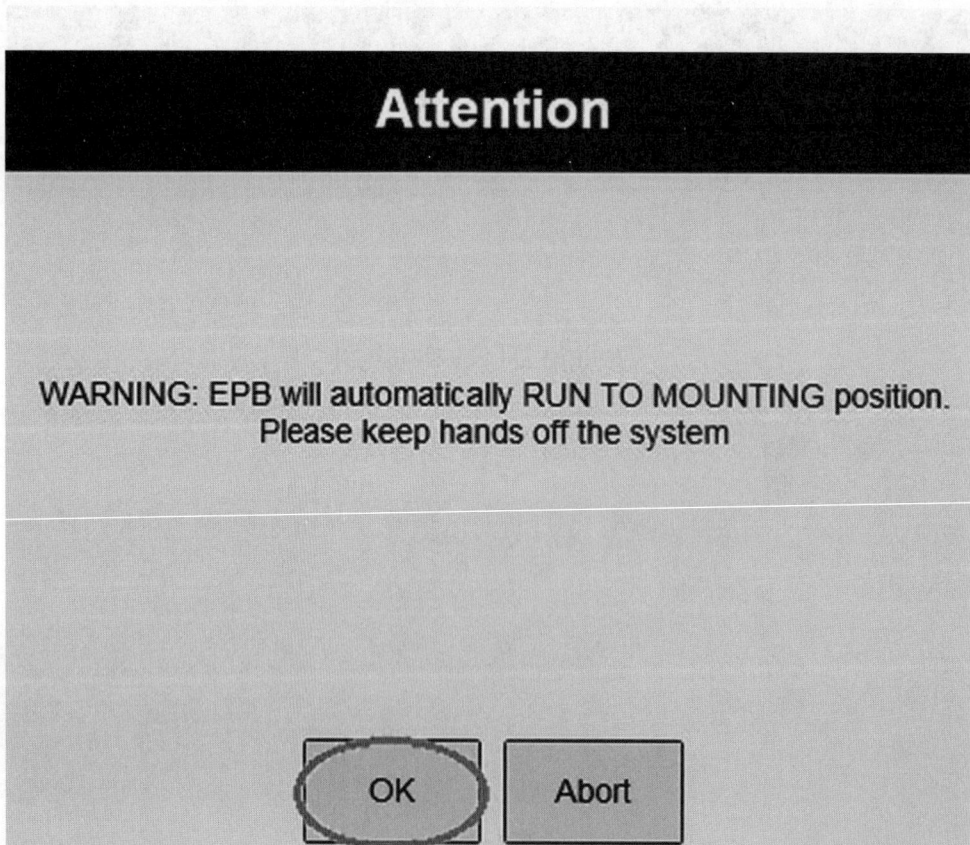

Attention

WARNING: EPB will automatically RUN TO MOUNTING position.
Please keep hands off the system

OK   Abort

图 9－116

⑮确保点火开关一直置于"RUN"，然后踩下制动踏板并操作 EPB 开关一次，以施加电子驻车制动。然后点击"OK"，如图 9－117 所示。

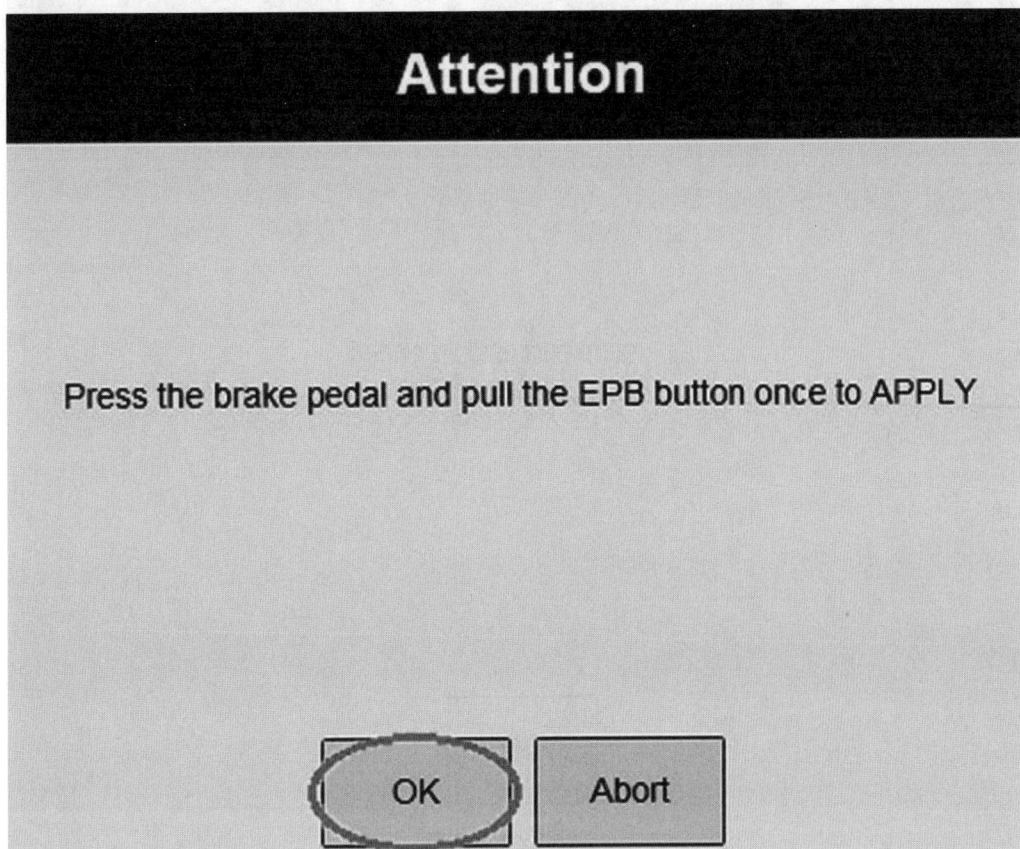

Attention

Press the brake pedal and pull the EPB button once to APPLY

OK   Abort

图 9－117

⑯确保点火开关一直置于"RUN"，然后踩下制动踏板并操作 EPB 开关一次，以释放电子驻车制动。然后点击"OK"，如图 9－118 所示。

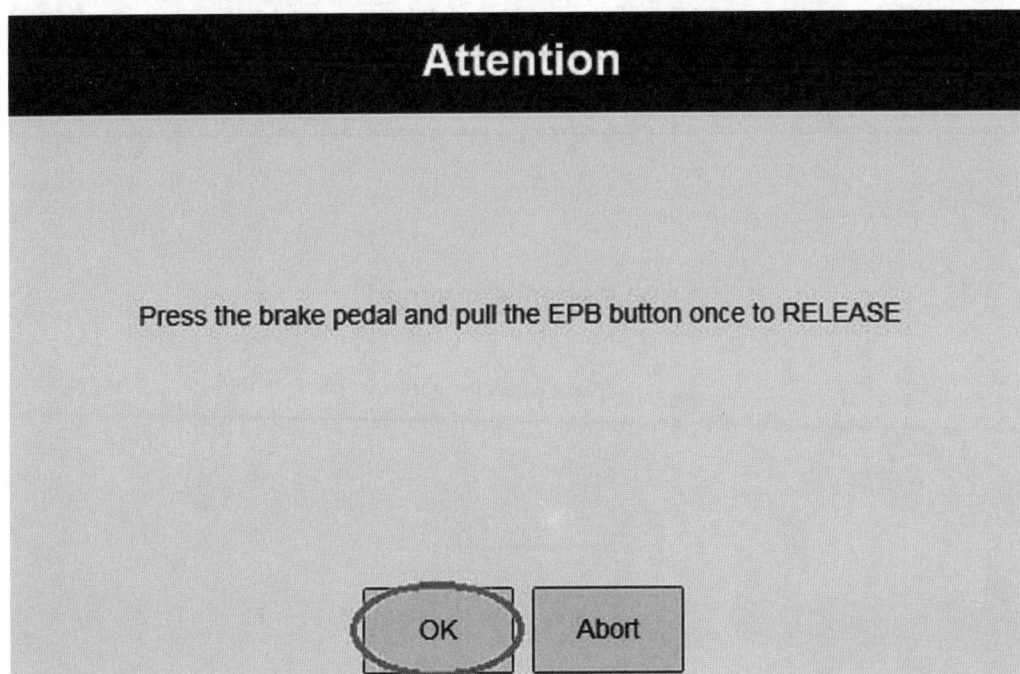

Attention

Press the brake pedal and pull the EPB button once to RELEASE

OK   Abort

图 9－118

⑰出现以下界面时，表示上传和功能检查已完成，如图 9－119 和图 9－120 所示。

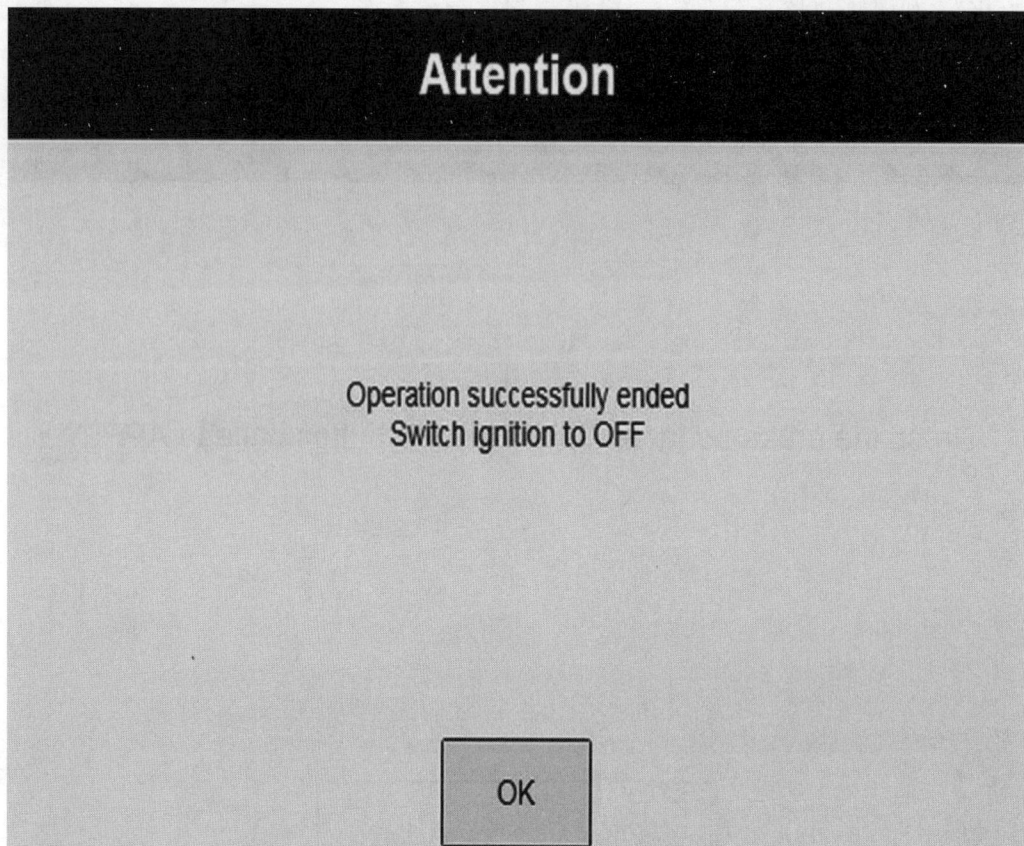

图 9－119

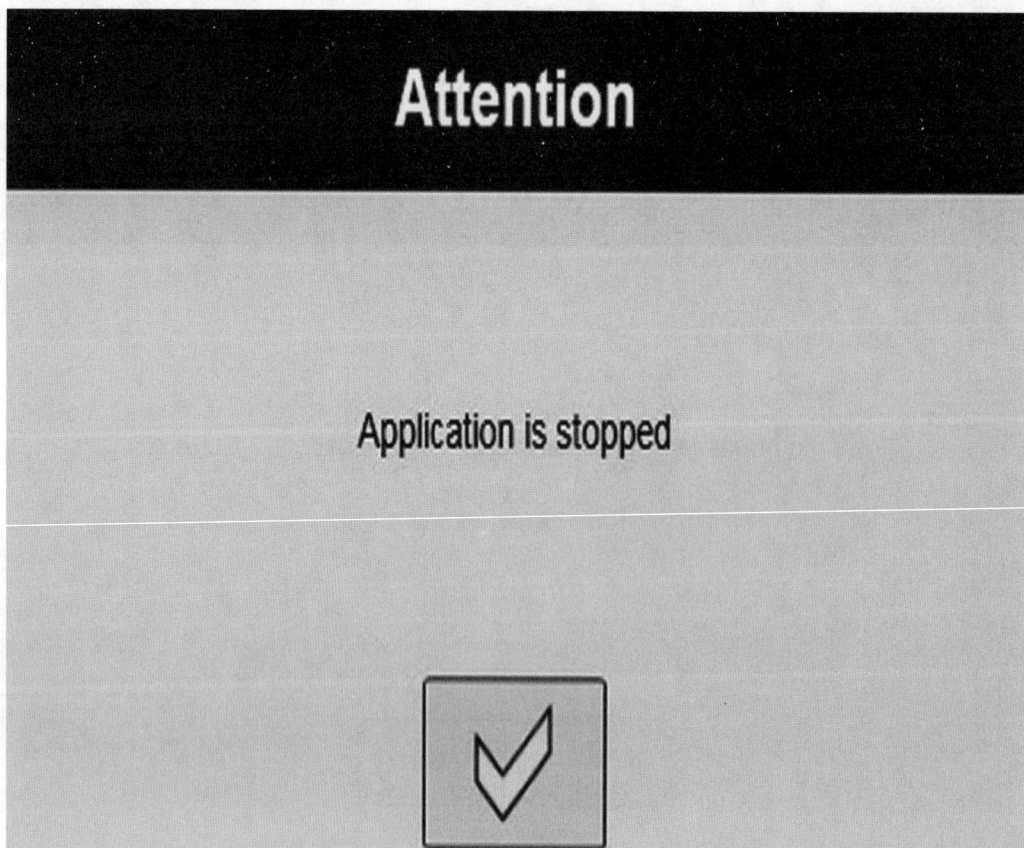

图 9－120

⑱如果在本程序执行期间出现任何错误，请从第①步重新开始操作。如在尝试多次后仍不能成功，请联系技术支持人员获取帮助。

⑲在"BrakingSytem（制动系统）"菜单下，选择"Electrical Parking Brake（EPB）（电子驻车制动）"，选择"RUN TO MOUNTING POSITION（运行至安装位置）"程序（以便释放 EPB 拉线）。

⑳使用 MD，通过"OEM FACTORY CALIBRATION（OEM 出厂校准）"程序，重新校准 EPB 系统。

㉑断开 MD 与车辆的连接。注意：在继续进行下一步操作前，请确认：有足够空间来移动车辆；车辆处于平整地面上；制动系统工作正常。

㉒根据车间手册第 3.02.018 部分，拉动应急拉索（图 9-121）松开 P 挡锁。

注意：可使用螺丝刀向下压如图 9-121 中箭头所示的卡子，同时提起布带以松开 P 挡锁，如图 9-122 所示。

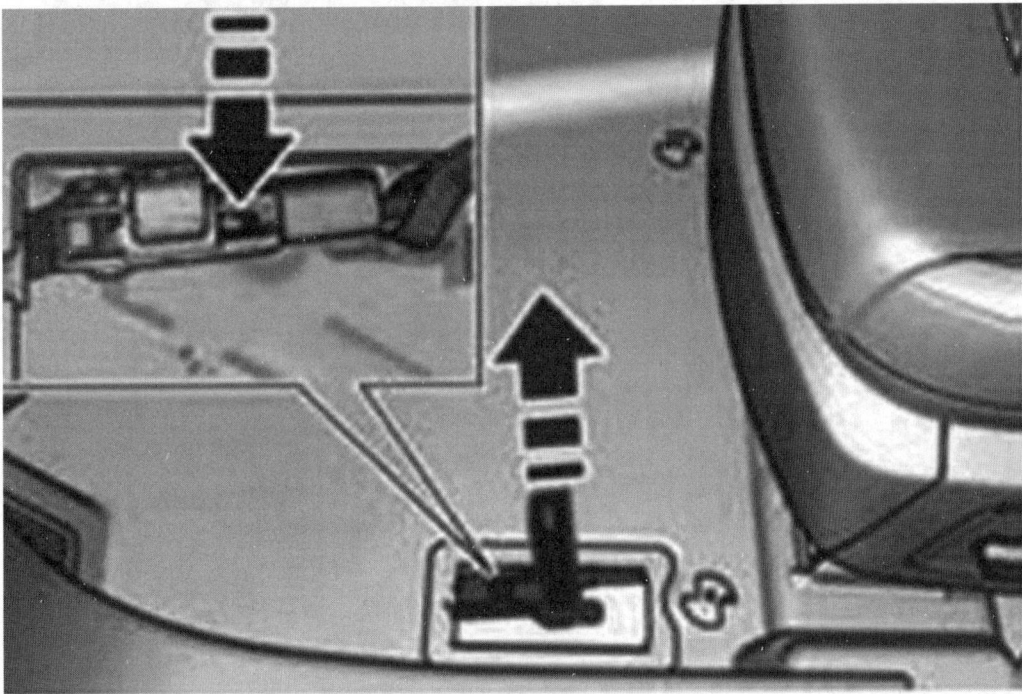

图 9-121

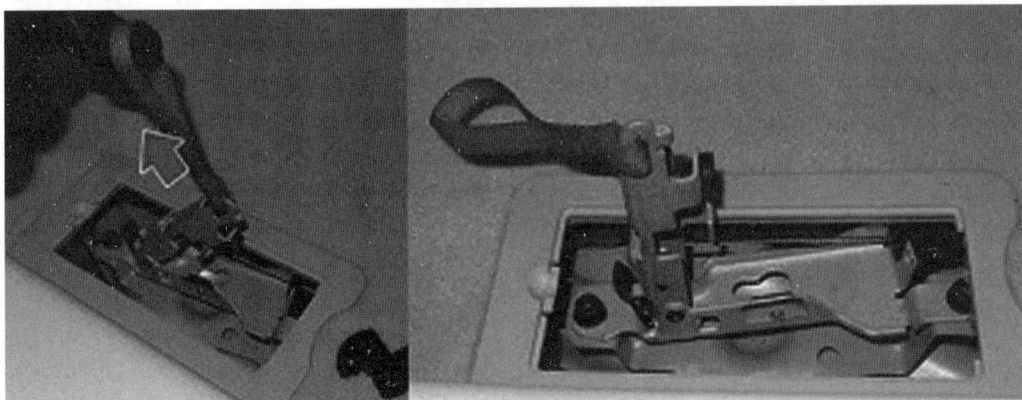

图 9-122

㉓小心推动车辆，并确认车辆可被推动。

㉔车辆静止后，踩下制动踏板并操作 EPB 开关一次，以施加电子驻车制动。注意：此时仪表板上应出现驻车制动警告灯（此步骤用于确认 EPB 可正常启用）。

㉕然后再小心推动车辆，并确认车辆无法被推动。

㉖车辆静止后，释放应急拉索（图 9－123），将变速器挂入驻车挡（P 挡）。

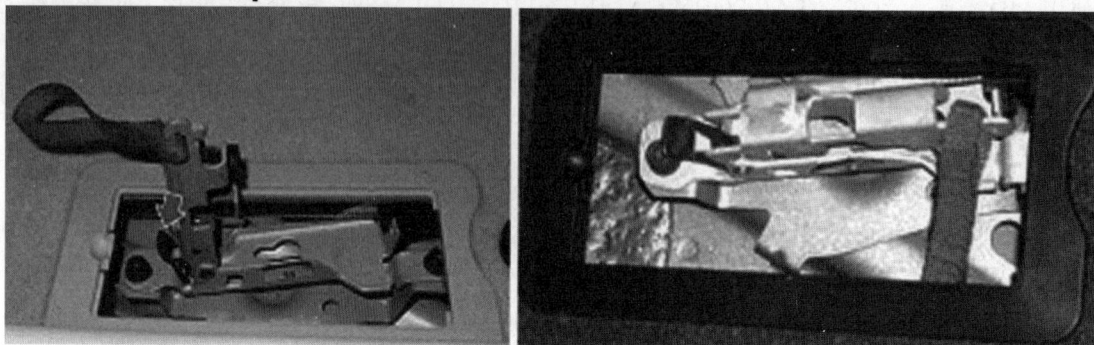

图 9－123

㉗使用 MD，选择"Check Vehicle（车辆检查）"，并执行"Clear all DTC（清除所有故障码）"。

㉘程序 B 完毕。

第四节　电气系统

一、玛莎拉蒂总裁后备箱打不开

车型：2011 年玛莎拉蒂总裁。

行驶里程：56 738km。

故障现象：白天的时候后备箱可以打开，第二天早上后备箱就打不开了。

故障诊断：遥控器解锁后备箱不能打开，车内按键解锁还是一样不能打开，跟客户描述的一样。根据客户反映的问题，首先用机械钥匙打开后备箱，对后备箱锁电机的电源进行初步的检测。检测发现后备箱锁电机的供电没有电压。初步判断可能是以下几个地方出现的问题：

（1）后备箱锁电机的保险损坏。

（2）线路有问题。

（3）后备箱锁有问题。

（4）后尾门模块有问题。

首先查找下电路图查看电机的供电如图 9－124 所示。

保险丝为后备箱左后 65 号 20A 的保险丝，检测正常。然后车打着，手动上锁，再用尾门开关打开，检测电机的供电是否正常，电机依然没有供电。但是突然发现，在用手动上锁以后，仪表里依旧显示尾门是打开的状态。反复几次测试发现仪表一直显示后尾门是在开启的状态，那这样的话，电机没有供电那就是正常了，因为仪表一直显示开启的状态，所以模块一直没有电源输出，电机也就不工作，尾门就打不开。于是就拆掉锁块检查电机，电机上有 7 根线如图 9－125 所示。

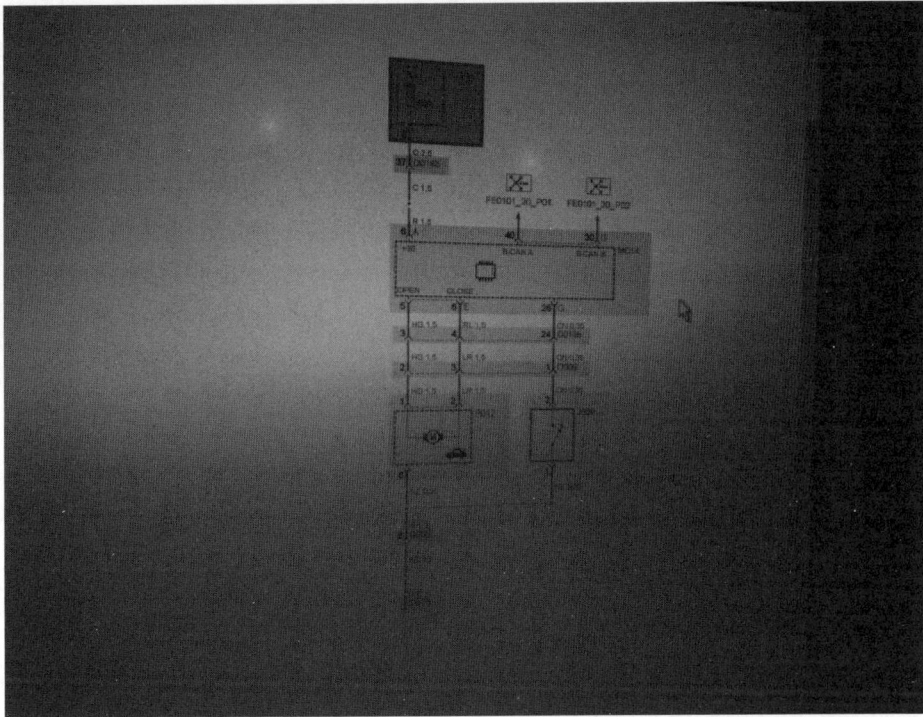

图 9－124

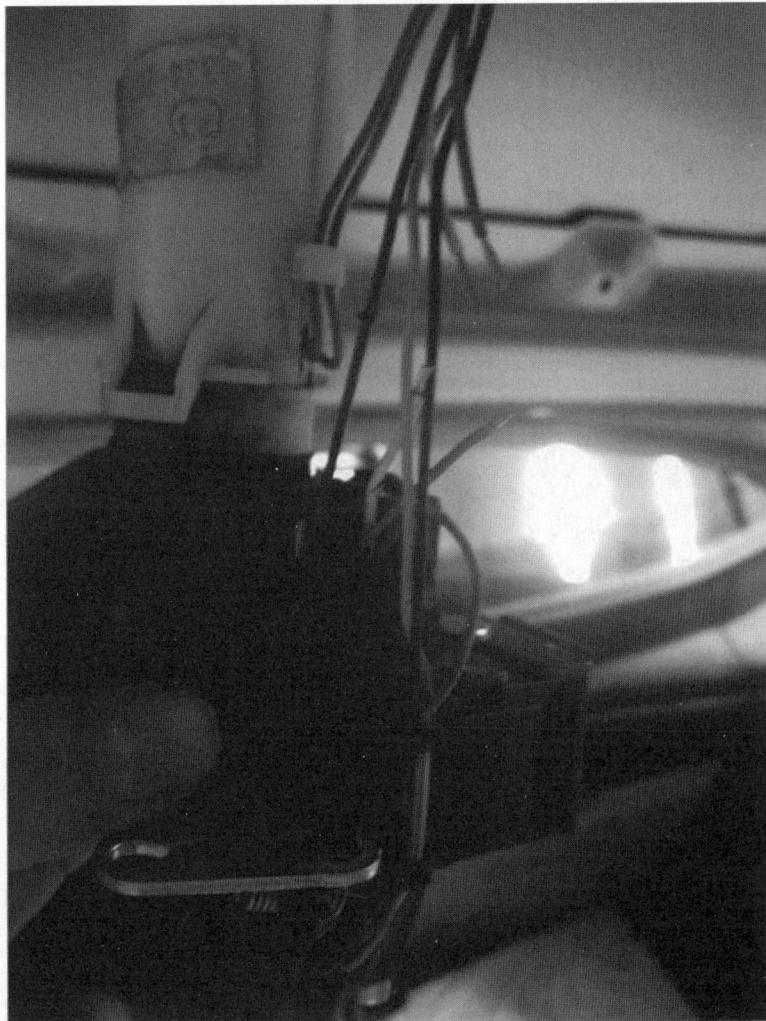

图 9－125

811

由于玛莎拉蒂的资料上没有介绍锁块电机上的 7 根线的具体作用，只能我们自己研究。首先对最容易检测的电机的电阻进行测量，测得电机的电阻是 3.8Ω，这说明电机是没有问题的。锁块上的其他 5 根线我们先简单地分析下，其他的线就是在锁块上锁或者解锁后的位置信号线，简单地说应该是 1 个带有阻值的开关，我们只需要检测下电阻就行。经过反复的测试发现在上锁的时候黄色和黑色的 2 根线有 1.7Ω 的电阻，然而在解锁的状态下始终没有发现哪两根线有阻值，一直是不通的状态，那现在也明白仪表为什么一直显示尾门开启的状态了。既然是 1 个阻值开关，那么我们就可以在两根线之间加 1 个 2Ω 的电阻代替开关的位置进行确定问题。最后发现在红色线和蓝色线之间加上电阻再手动上锁，这时发现仪表没有显示尾门开启的状态。

解决方案：更换后备箱锁块装好试车，问题解决。

故障总结：在检查这次故障时，忽略了一个十分微小的细节但同时也是一个很重要的信息，造成开始走了一段的弯路，所以在以后的维修中一定要抓住每一个细节不放过。

二、TGW 自动重启，行驶过程中黑屏，属于偶发现象，无法进行视频记录

如果经销商无法监测到相关的故障，请建议客户尝试在用车过程中捕捉故障现象，利用行车记录仪或手机，录下相关视频，提供第一手资料。如果始终无法记录到故障，则请按照 BOL 提交指导对导航软件进行升级。并务必在升级前注意以下事宜：按照 BOL 提交指导提交 BOL 报告。如果 TGW 的软件版本等于或高于 14.24.111，则不能自行进行软件升级，请务必提交技术支持类型的 BOL 报告，获取技术支持，自行对此版本的 TGW 进行升级将会影响我们对该问题的分析。

如果升级后仍不能解决相关问题，请检查 TGW 本身硬件、相关线束（与屏幕、IPC、仪表、RFH 连接的线束等），避免客户投诉的升级。如果还是很难发现问题，可以利用排除、对换法（对换线束或其他硬件）找到故障点。

三、玛萨拉蒂 M156/M157 车型车辆前照灯氙气灯泡破损提供信息要求

对于 M156/M157 车型部分车辆出现的前照灯氙气灯泡破损，除进行电路检查、前照灯完整度检查等必要检查外，请务必在 BOL 报告中提供氙气灯泡单元后部的配件标识信息的清晰照片（图 9-126），以供工厂质量分析所用。在更换时，请务必彻底清除大灯壳体内部的破损玻璃屑（使用压缩空气）以避免大灯内部元件的二次损坏，例如氙灯光栅调整机构和随动调整机构。

图 9-126

四、导航定位不准确，但信号良好，怎么解决

如果导航定位不准确是指导航系统中的车辆偏离了显示的道路或者显示的道路与实际道路相比有所偏移，这属于正常现象，请确定周围是否有较高的建筑物、遮挡物，是否有电磁干扰，是否处于天文禁区，天气是否恶劣等，上述环境因素将会影响到车辆导航系统与卫星的通信，影响导航精度。如果导航显示的地点明显错误，则应怀疑车辆与卫星通信过程中的硬件问题，应检查 GPS 接收器（天线）及其线路是否存在故障，同时也应该检查 TGW 本身是否存在故障。

五、玛萨拉蒂 M156/M157 多个客户反映晚上倒车时：后视摄像发蓝。 请问，是什么原因？是由于后视摄像像素不高引起的吗

后视摄像头周边的光照不足或光源颜色特殊可能会造成此现象发生，请尝试使用辅助照明，观察是否改善。如果确认为摄像头的个体问题，则请通过对调摄像头后对比。

六、左侧大灯灯泡为什么总坏？每次都是左侧的

这可能与车辆所在市场的通行制有关，也就是说，在使用左舵车辆（右侧通行制）的国家，由于驾驶员位于车辆的左侧，为了减少会车时左侧大灯发出的灯光对对向驾驶员造成的干扰，大灯智能调节（自动远光控制）将会频繁控制左侧大灯的水平位置和远近光切换，这就有可能造成左右侧灯泡的使用频次不对等。以上仅为目前的推测，感谢经销商对于此问题的总结，我们将对数据进行进一步的统计和分析，以便得出进一步的结论。

七、玛萨拉蒂 M156 车辆前部空调制冷效果良好，但后部空调不制冷

在拆除马鞍后观察到，在后部空调关闭的情况下，温度执行电机会回到制冷位置。但在控制面板上调到低温，其电机不会运行至低温处。通过重新安装电机、执行主动测试及 EV 阀学习、对换 HVACR 模块均不能消除故障，请问还有什么好的维修建议？

经与经销商沟通，此问题已经解决。造成问题的原因是，经销商在拆装车辆扶手箱时，拔掉了后部空调控制信号的某插头，导致后空调失效保护，在连接了该插头后，问题即消除。

八、关于 MDEVO 诊断软件无法加载的解决办法

如果在使用 MDEVO 时，无法成功加载 MDEVO 诊断软件，即 MDEVO 软件冻结在加载界面，请按照下述方法操作。

（1）关闭冻结在加载界面的诊断软件。

（2）进入电脑的 C 盘，找到文件夹：C：\ SU P PO RT，找到 . EXE 结尾的文件（图 9－127）。

（3）运行此文件。

（4）运行成功结束后，再次运行 MDEVO 诊断软件以确认能否成功加载。

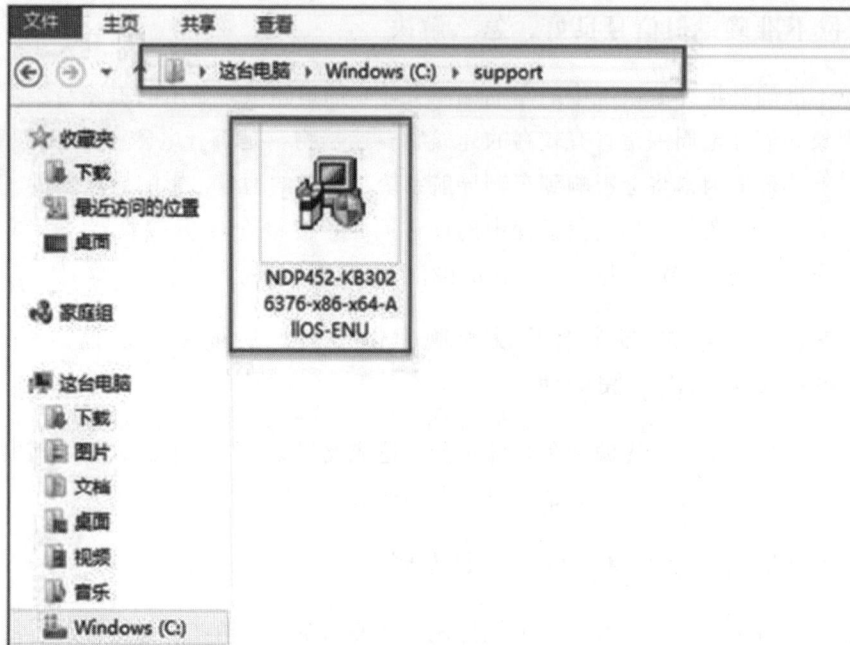

图 9-127

九、通报主题：HVAC 空气流于除霜位置处受阻

车型：左侧行驶的玛莎拉蒂总裁和吉博力。

左侧行驶的装配号小于或等于 4020664 的玛莎拉蒂总裁（M156）车辆，以及左侧行驶的装配号小于或等于 5032711 的玛莎拉蒂吉博力（M157）车辆上会发生 HVAC 空气流于除霜位置处受阻的现象。

在某些情况下，在空调杠杆机构和仪表盘下横梁连线之间可能会有干扰，如图 9-128 所示。

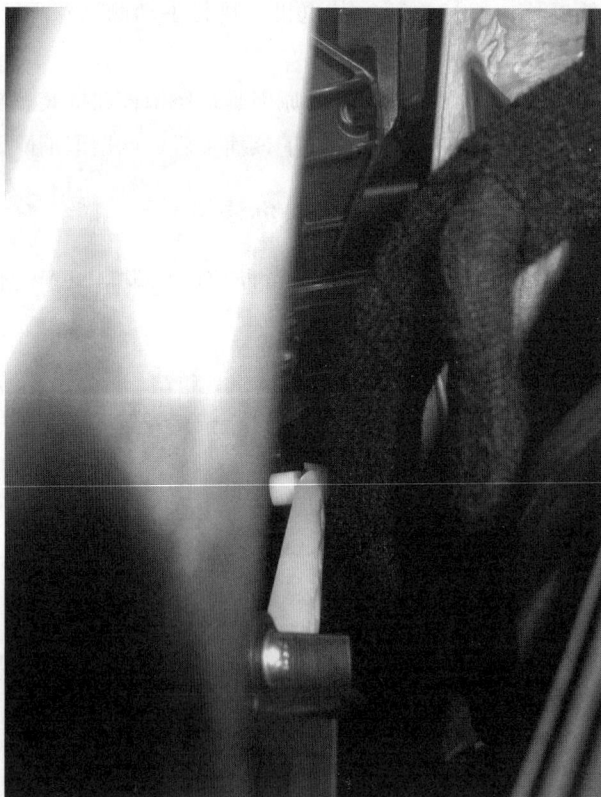

图 9-128

814

针对这种情况，须执行以下程序。要进行这个程序，必须订购固定夹 P/N238902。

（1）移除驾驶侧仪表下盖。

（2）移除转向柱下盖。

（3）移除固定夹，如图 9－129 所示。

图 9－129

（4）取固定夹 P/N238902，如图 9－130 所示。

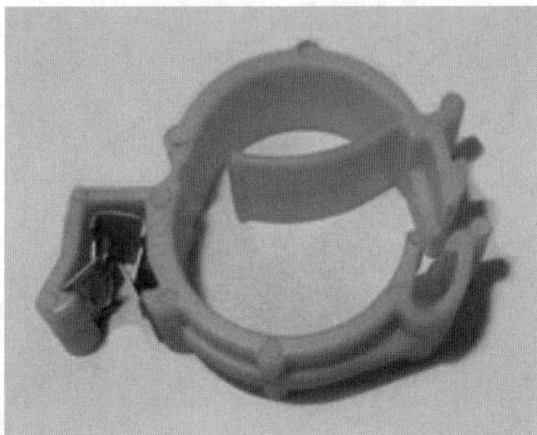

图 9－130

（5）把固定夹置于仪表盘横梁上，如图 9-131 所示。

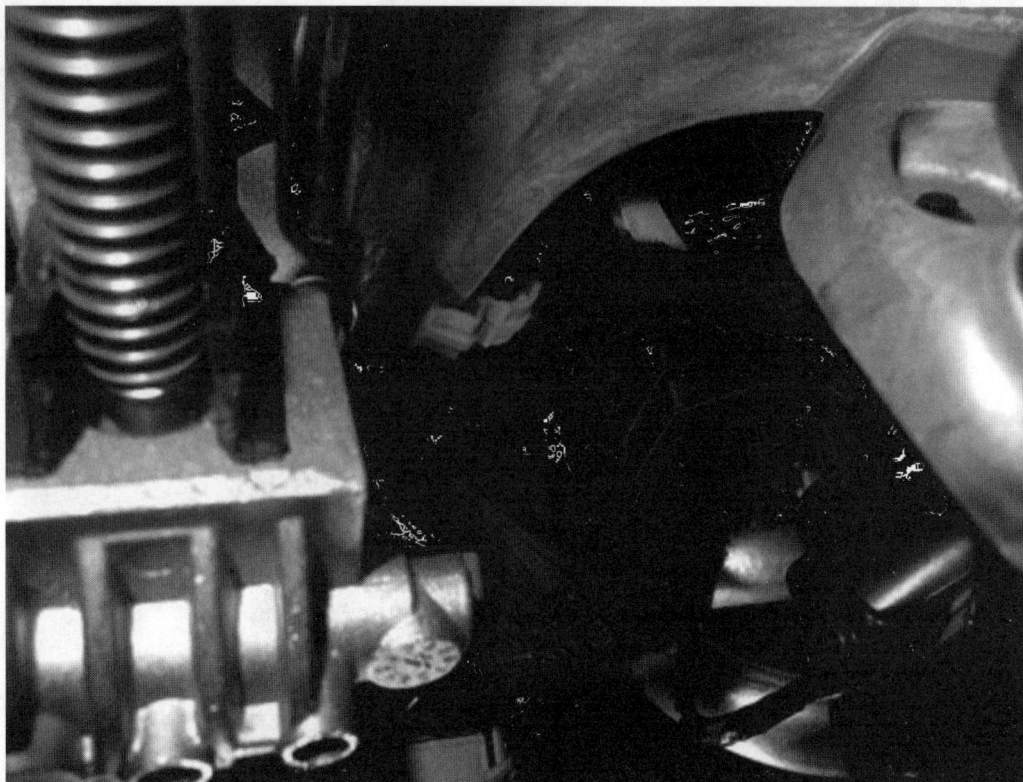

图 9-131

（6）把电线固定到固定夹上，如图 9-132 所示。

图 9-132

图 9-133 拍摄于安装仪表盘的过程中，图中显示了安装发动机侧固定夹的位置。

图 9-133

（7）检查确保电线被固定在固定夹中且远离空调组的驱动杆，如图 9-134 所示。

图 9-134

（8）执行功能测试。

（9）将卸下的所有零件重新安装好。

（10）检查确保 HVAC 控制系统软件是最新版本，如果不是，则更新 HVAC 控制系统软件。

（11）维修完成。

十、通报主题：关于 HFM 的软件升级

车型：新玛莎拉蒂总裁（M156）和吉博力（M157）。

（一）描述

新玛莎拉蒂总裁（M156）和吉博力（M157）车辆，涉及"升级 HFM（免提电话模块）软件"的服务活动。在一定情况下，使用免提电话功能进行通话时，通话质量可能会不太理想，因此必须执行此升级，如图 9－135 所示。

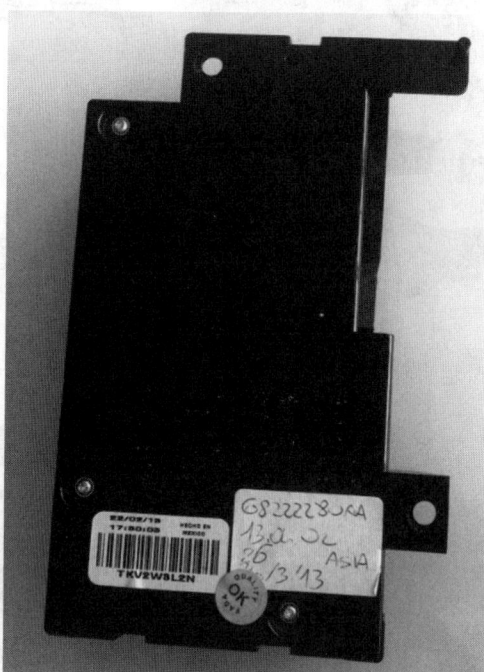

图 9－135

（二）维修所需零件

请通过玛莎拉蒂配件部订购一根升级专用连接线（每个经销商一根），零件号为 900028348。作为专用工具，该连接线用于连接 HFM 系统和玛莎拉蒂诊断仪 MD，以对 HFM 系统进行升级，如图 9－136 所示。

图 9－136

818

注意：为进行相关操作和检查，还需额外准备 1 部具备蓝牙功能的手机。如果所使用的诊断仪为 MD，请参照下面"玛莎拉蒂诊断仪 MDEVO 的更新方法"。如果所使用的诊断仪为 MDEVO，请参照下面的"玛莎拉蒂诊断仪 MDEVO 的更新方法"。

（三）玛莎拉蒂诊断仪 MD 的更新方法

本程序描述了玛莎拉蒂诊断仪 MD 的更新方法（升级专用连接线驱动的安装）。对于每一个 MD，本程序仅需执行一次（仅适用于第一次使用 MD 与连接线连接时）。

（1）检查并确保 MD 已连接到网络。

（2）运行 EAUS 程序，检查是否存在未下载和未安装的更新。如有，则务必下载并安装相关更新。

（3）在车辆上，将启动按钮置于"OFF"挡。

（4）断开蓄电池桩头。

（5）对于左舵（方向盘位于车辆左侧）车辆，无须拆除任何部件或断开任何线束，即可使用连接线连接到 HFM 模块。

（6）对于左舵车辆，将连接线（零件编号 900028348）的一端连接到如图 9－137 所示的 HFM 模块对应模插槽中。

图 9－137

重要提示：对于左舵车辆，虽然连接 HFM 模块无须拆除任何部件，但在移除连接线的时候，必须格外小心；仅当插头完全解除锁止状态（插头完全从插槽中拔出）时，才能将连接线从 HFM 模块中拉出，否则将会对连接线插头和 HFM 模块插槽造成损伤。

（7）对于右舵车辆，参照车间手册第 8.71.192 部分，使用连接线连接 HFM 模块，但不要断开任何线路连接。

（8）对于右舵车辆，将连接线（零件编号 900028348）的一端连接到如图 9－138 所示的 HFM 模块对应插槽中。

（9）将连接线的另外一端连接到 MD。

（10）重新连接蓄电池桩头。

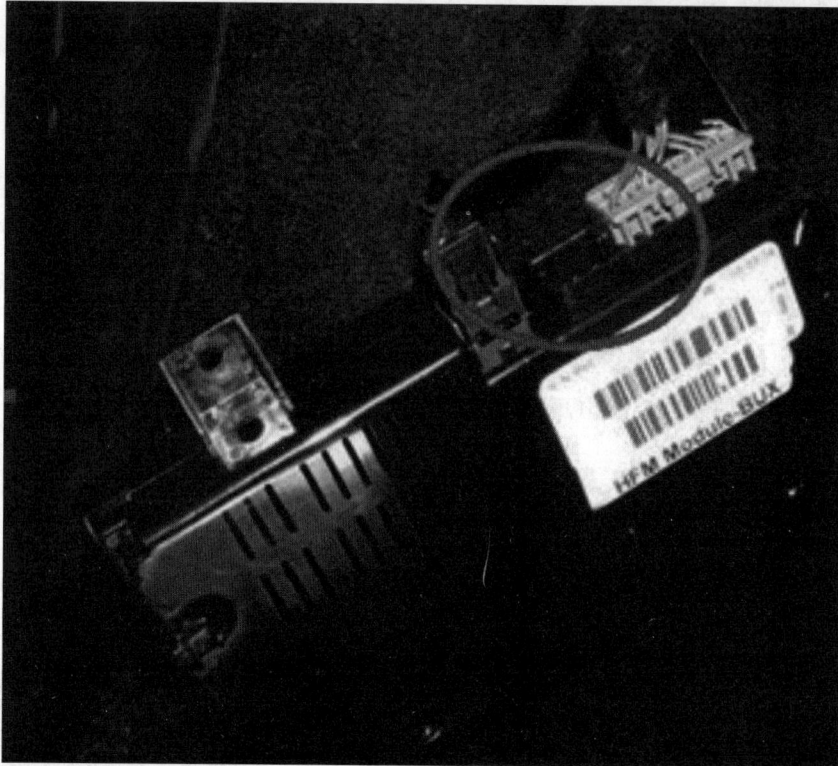

图 9-138

（11）MD 检测仪会检测到新硬件并显示如下的页面。选择选项"不，此次不（No，not now）"，然后点击"下一步（Next）"，如图 9-139 所示。

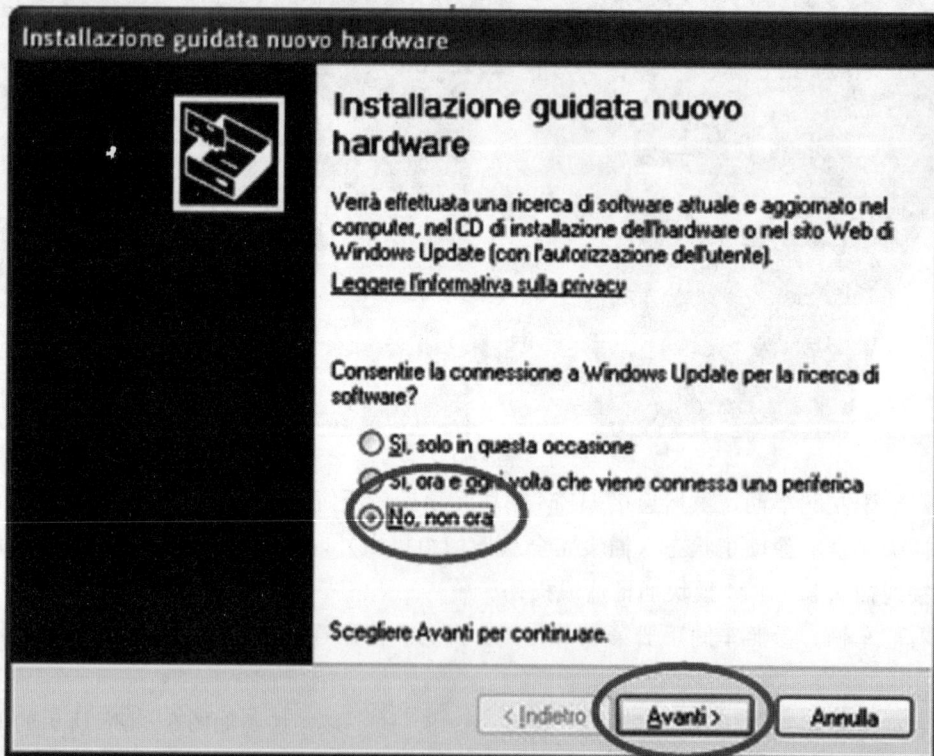

图 9-139

（12）选择"从列表或指定路径安装硬件（Install the Hardware That I Manually Select From a

List）"，然后点击"下一步（Next）"，如图 9－140 所示。

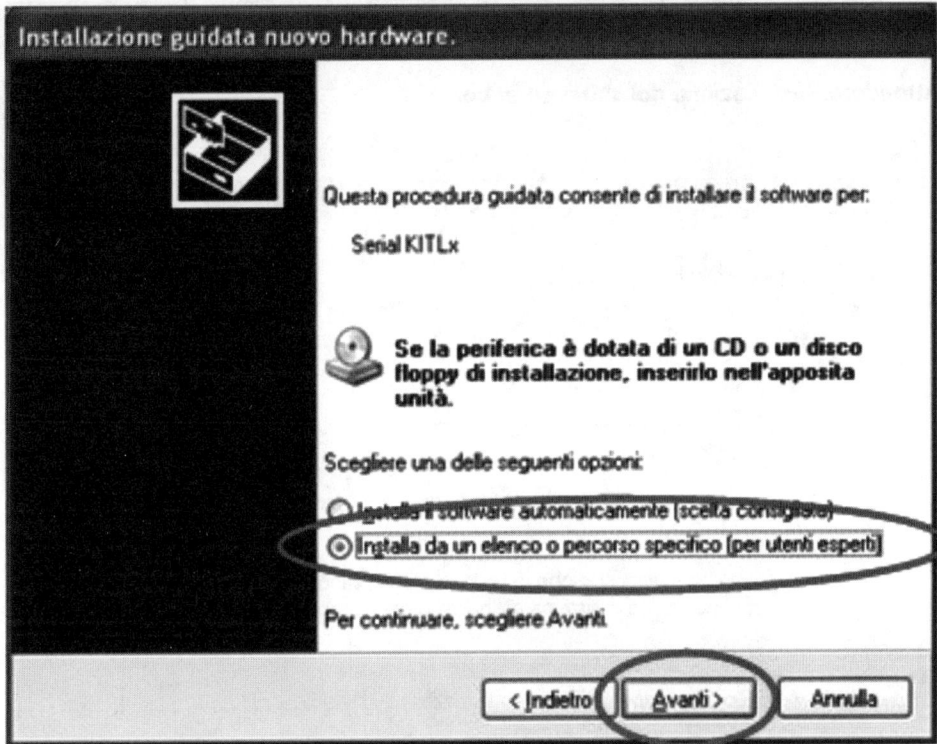

图 9－140

（13）点击"浏览（Browse）"，并选择路径 C：\ Tool Flash HFM \ MLoader3. 2 \ driver，然后点击"下一步（Next）"，如图 9－141 所示。

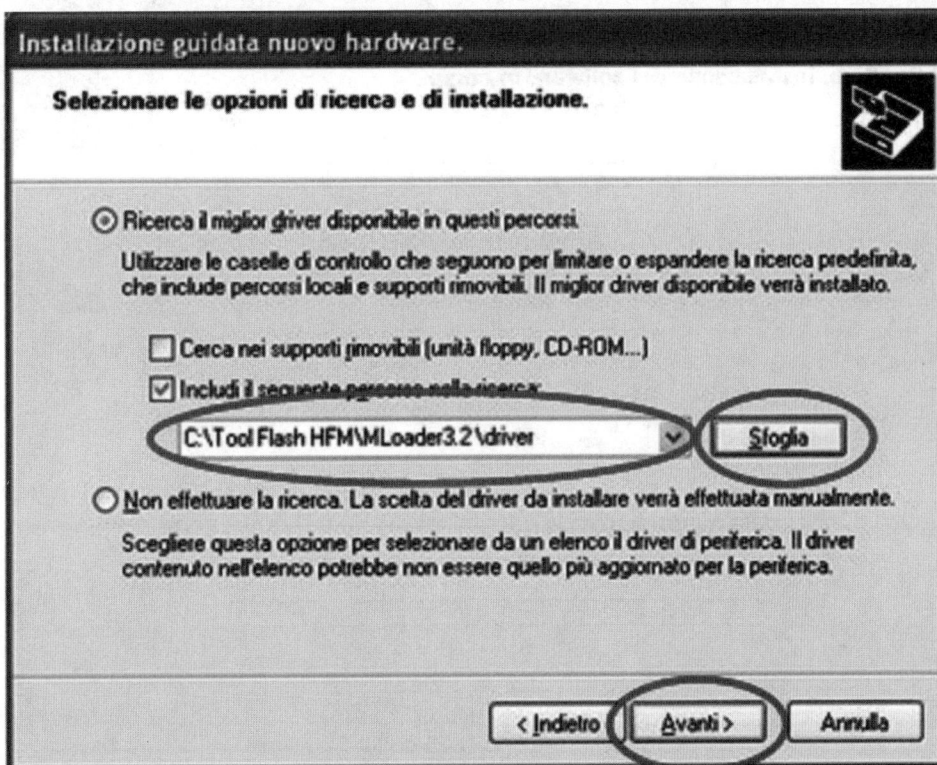

图 9－141

注意：如果无法找到以上路径，则请检查 MD 是否已经更新到了最新版本。

（14）新硬件将按照如下页面所示进程进行安装，如图 9－142 和图 9－143 所示。

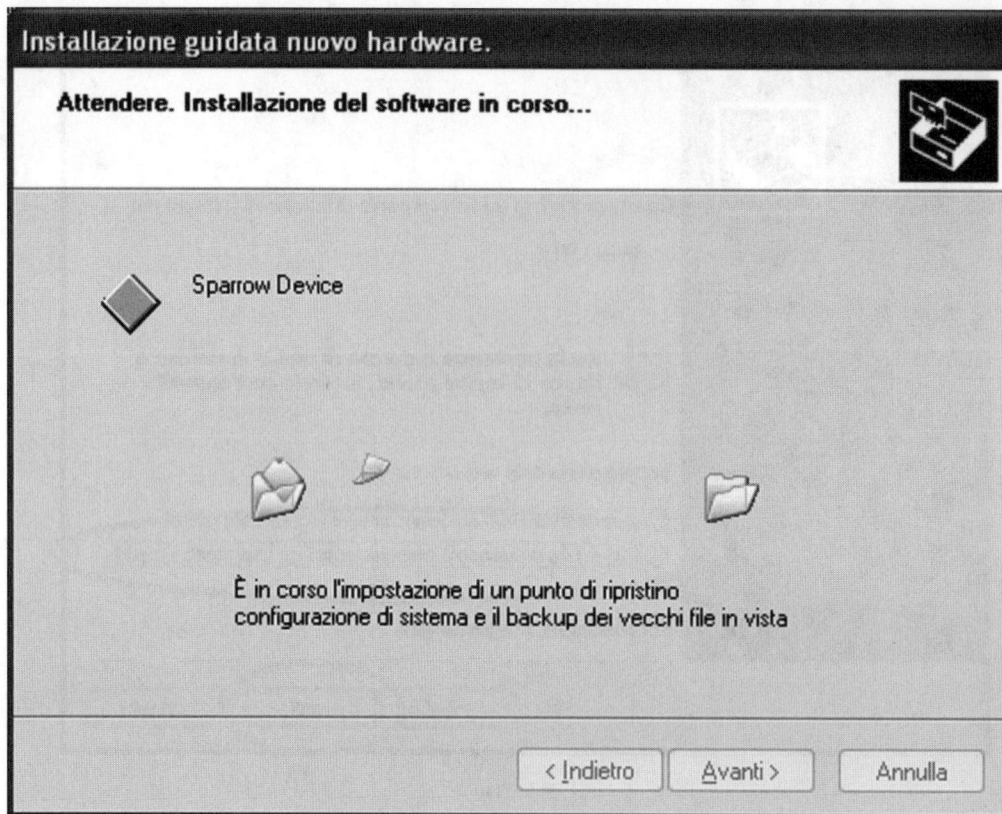

图 9－142

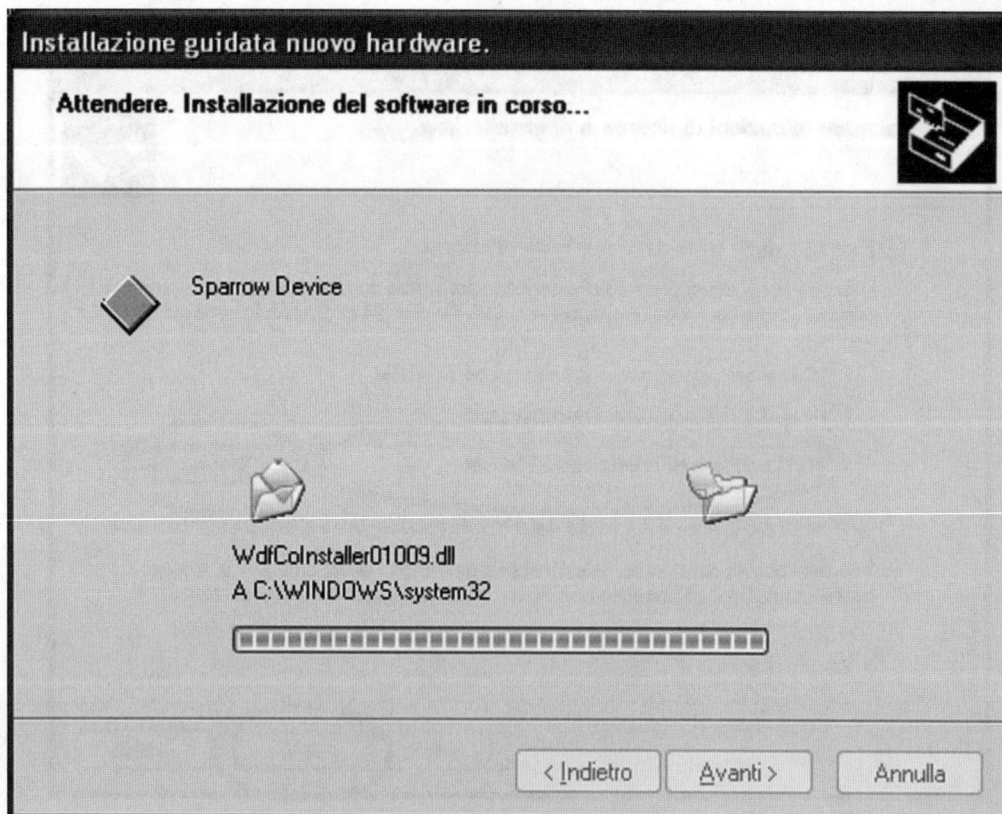

图 9－143

（15）点击"完成（Finish）"按钮，新硬件安装成功，如图9-144所示。

图 9-144

（16）重新启动 MD。

（四）玛莎拉蒂诊断仪 MDEVO 的更新方法

本程序描述了玛莎拉蒂诊断仪 MDEVO 的更新方法（升级专用连接线驱动的安装）。对于每一个 MDEVO，本程序仅需执行一次（仅适用于第一次使用 MDEVO 与连接线连接时）。

（1）检查并确保 MDEVO 已连接到网络并已经更新至最新。

（2）在车辆上，将启动按钮置于"OFF"挡。

（3）断开蓄电池桩头。

（4）对于左舵（方向盘位于车辆左侧）车辆，无须拆除任何部件或断开任何线束，即可使用连接线连接到 HFM 模块。

（5）对于左舵车辆，将连接线（零件编号 900028348）的一端连接到图9-145所示的 HFM 模块对应插槽中。

重要提示：对于左舵车辆，虽然连接 HFM 模块无须拆除任何部件，但在移除加接线的时候，必须格外小心；仅当插头完全解除锁止状态（插头完全从插槽中拔出）时，才能将连接线从 HFM 模块中拉出，否则将会对连接线插头和 HFM 模块插槽造成损伤。

（6）对于右舵车辆，参照车间手册第8.71.192部分，使用连接线连接 HFM 模块，但不要断开任何线路连接。

（7）对于右舵车辆，将连接线（零件编号 900028348）的一端连接到图9-146所示的 HFM 模块对应插槽中。

823

图 9-145

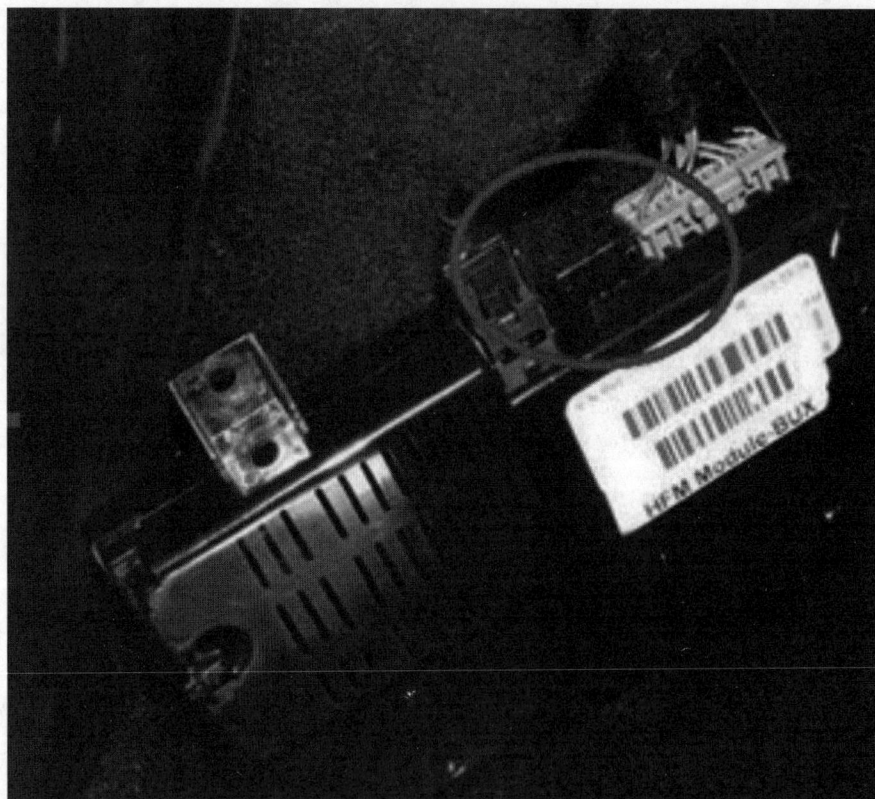

图 9-146

（8）将连接线的另外一端连接到 MDEVO。

（9）重新连接蓄电池桩头。

（10）MDEVO 检测仪会检测到新硬件并开始自动为该硬件安装驱动程序（如图 9-147 所示），但请注意，该自动安装将不能成功。

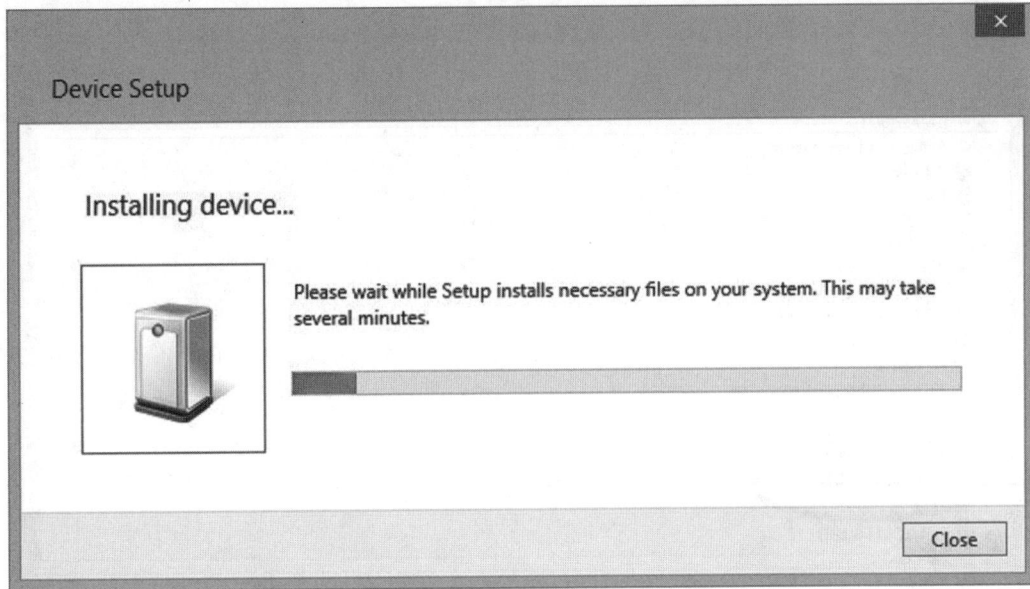

图 9－147

（11）根据图 8－148 所示，使用搜索栏搜索"设备管理器（Device Manager）"，然后运行"设备管理器（Device Manager）"，如图 9－148 所示。

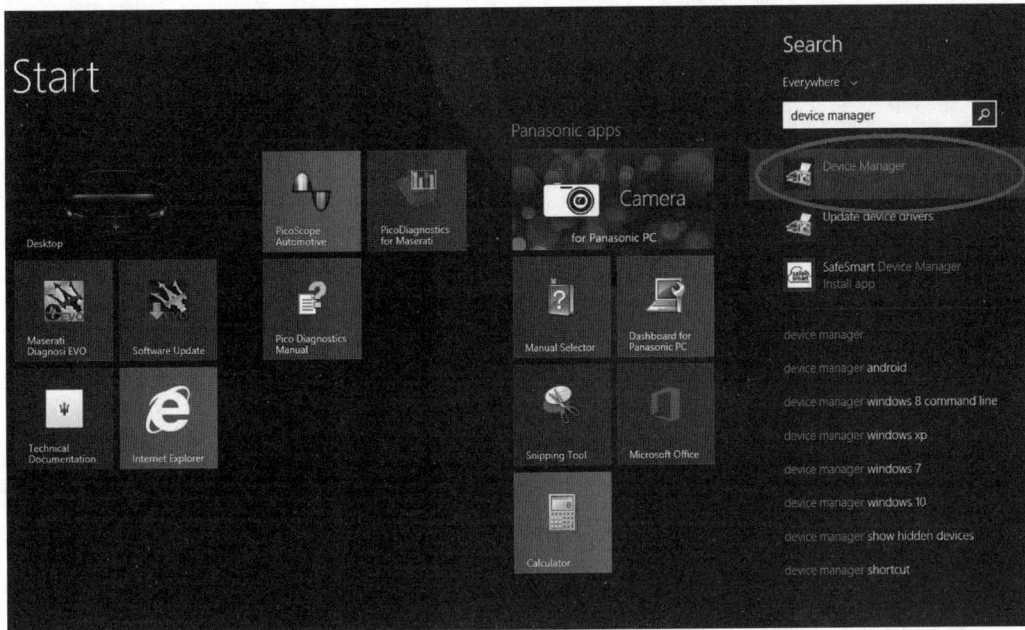

图 9－148

（12）如图 9－149 所示，在"设备管理器（Device Manager）"页面中，将看到"未知设备（Unknown device）"。

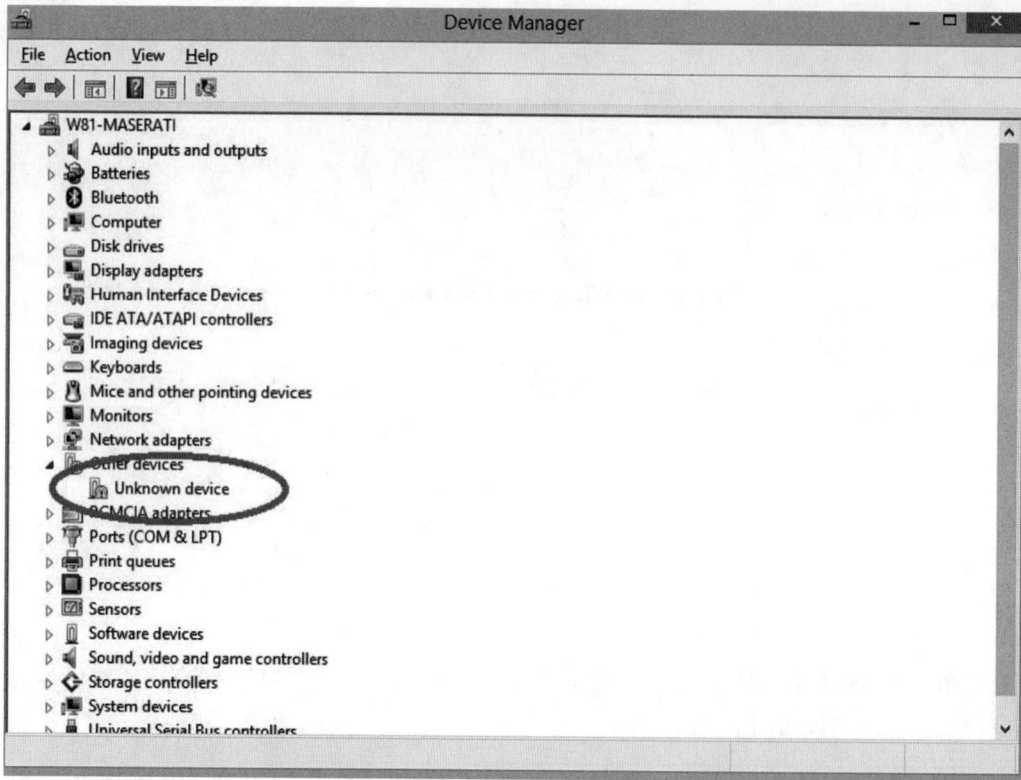

图 9-149

（13）选中并常按（或使用鼠标右键单击）"未知设备（Unknown device）"，在打开的选项卡上选择"属性（Properties）"，如图 9-150 所示。

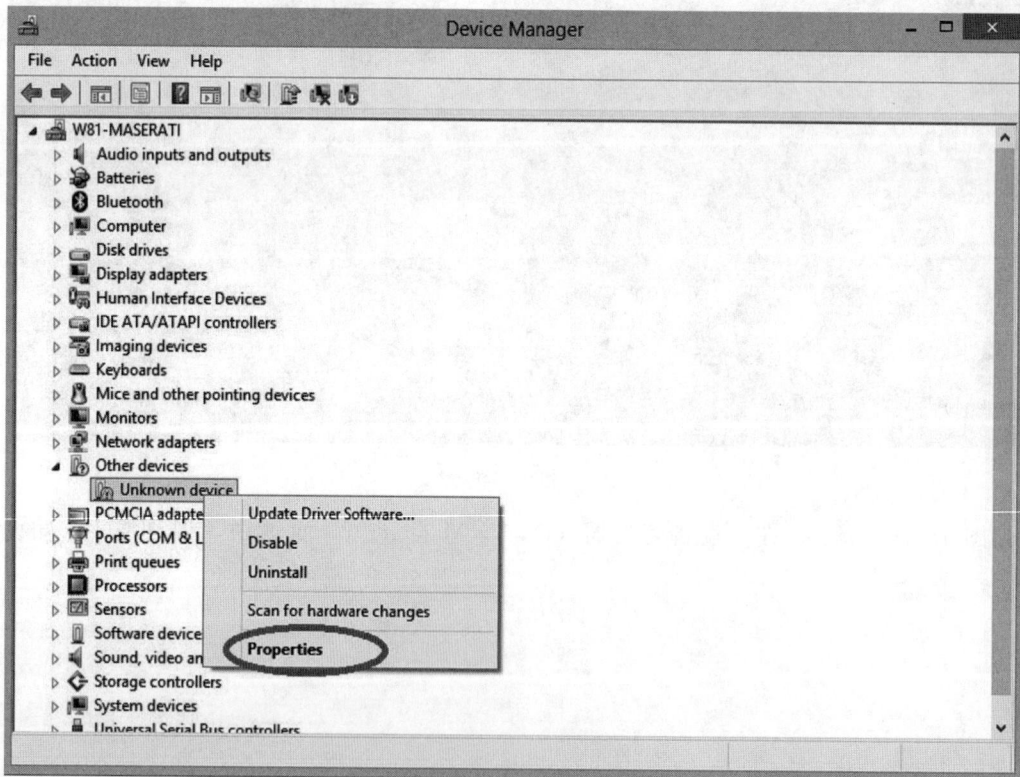

图 9-150

（14）将会展示如图9－151所示的"通用（General）"选项卡。

图 9－151

（15）如图9－152所示，选择"驱动程序（Driver）"选项卡。

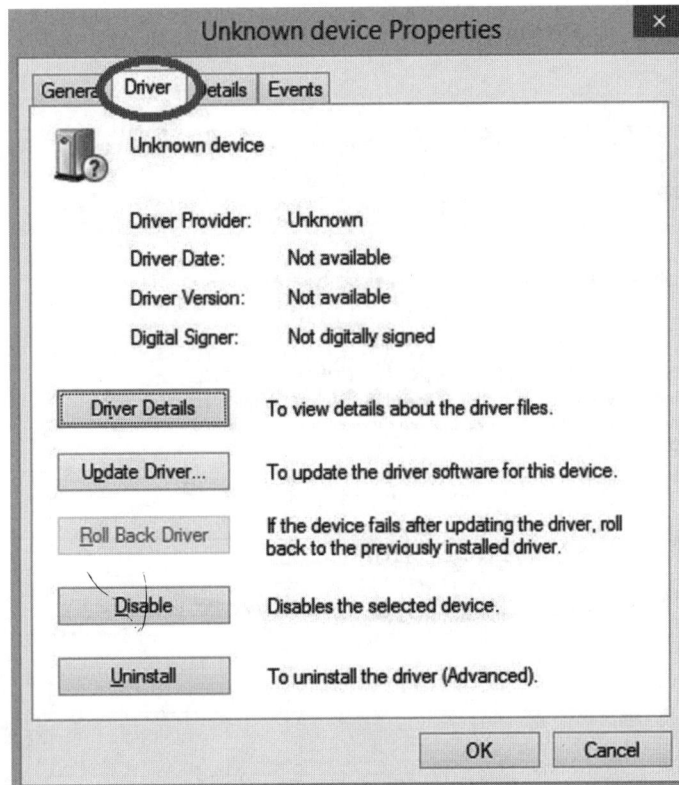

图 9－152

（16）如图 9－153 所示，选择"升级驱动程序（Update Driver）"。

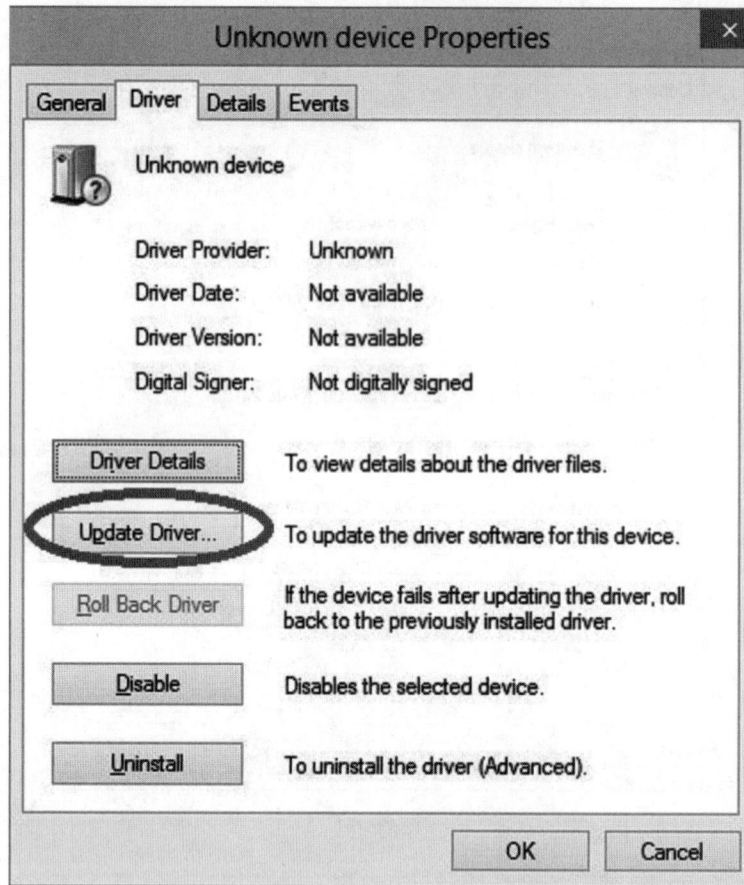

图 9－153

（17）如图 9－154 所示，选择"浏览我的电脑查找驱动程序（Browse my computer for driver soft-ware）"。

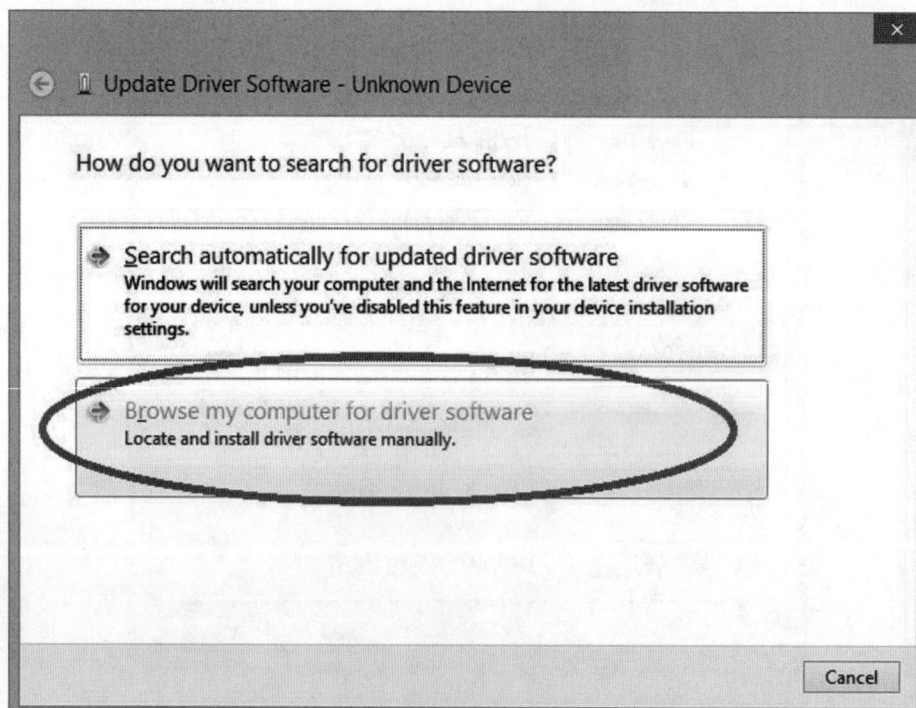

图 9－154

（18）如图 9－155 所示，点击"浏览（Browse）"，并选择路径：C：\ Tool Flash HFM \ MLoader3. 2 \ driver，然后点击"下一步（Next）"。

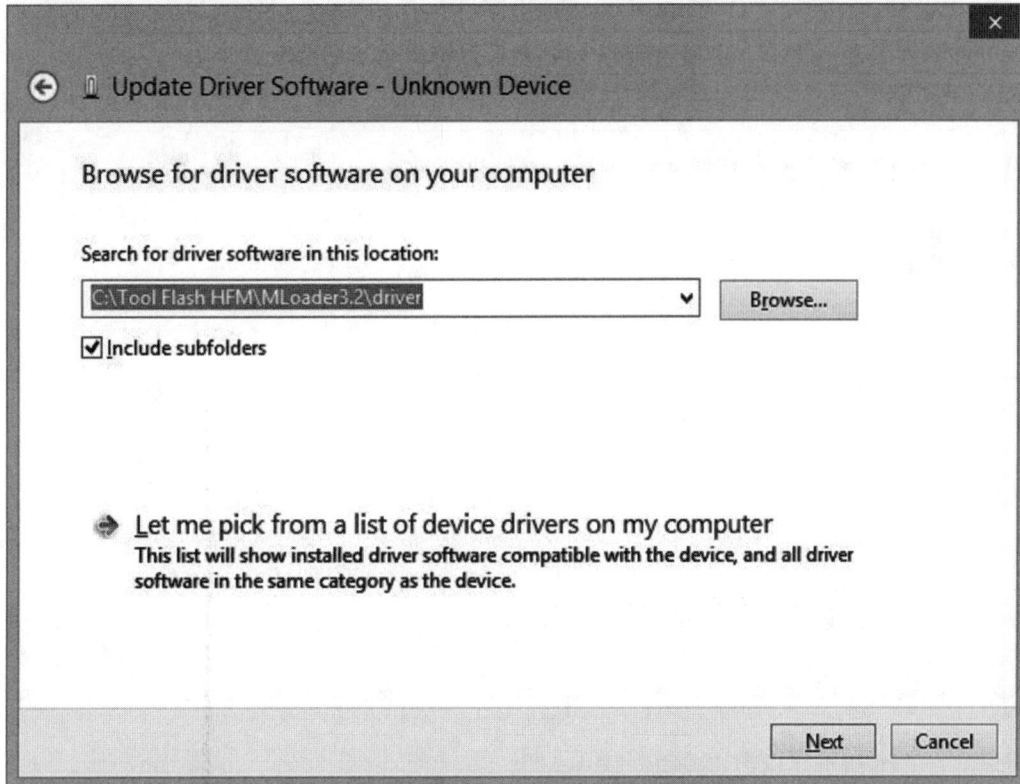

图 9－155

（19）在如图 9－156 所示的安全警告页面中，点击"安装（Install）"。

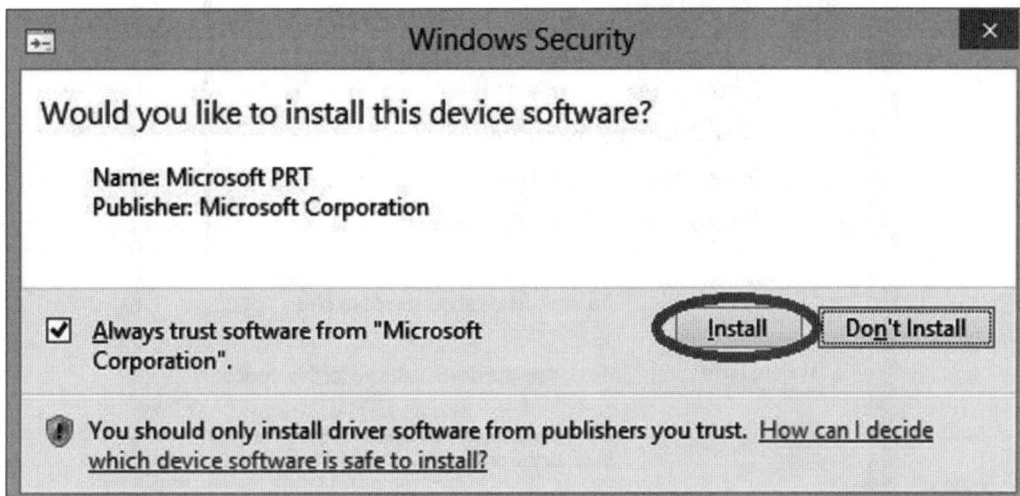

图 9－156

（20）安装成功后，将显示如图 9－157 所示界面，点击"关闭（Close）"。

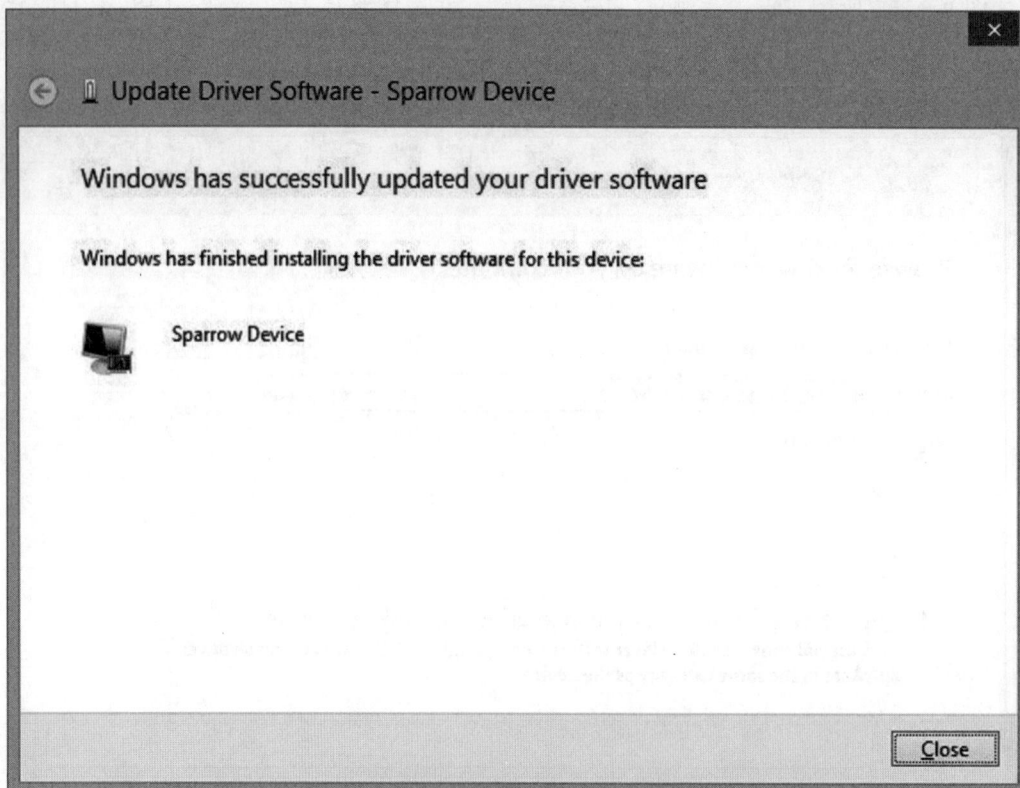

图 9－157

（21）如图 9－158 所示，点击"关闭（Close）"。

图 9－158

（22）在"设备管理器（Device Manager）"页面中，将能够看到如图9-159所示的"Sparrow Device"。

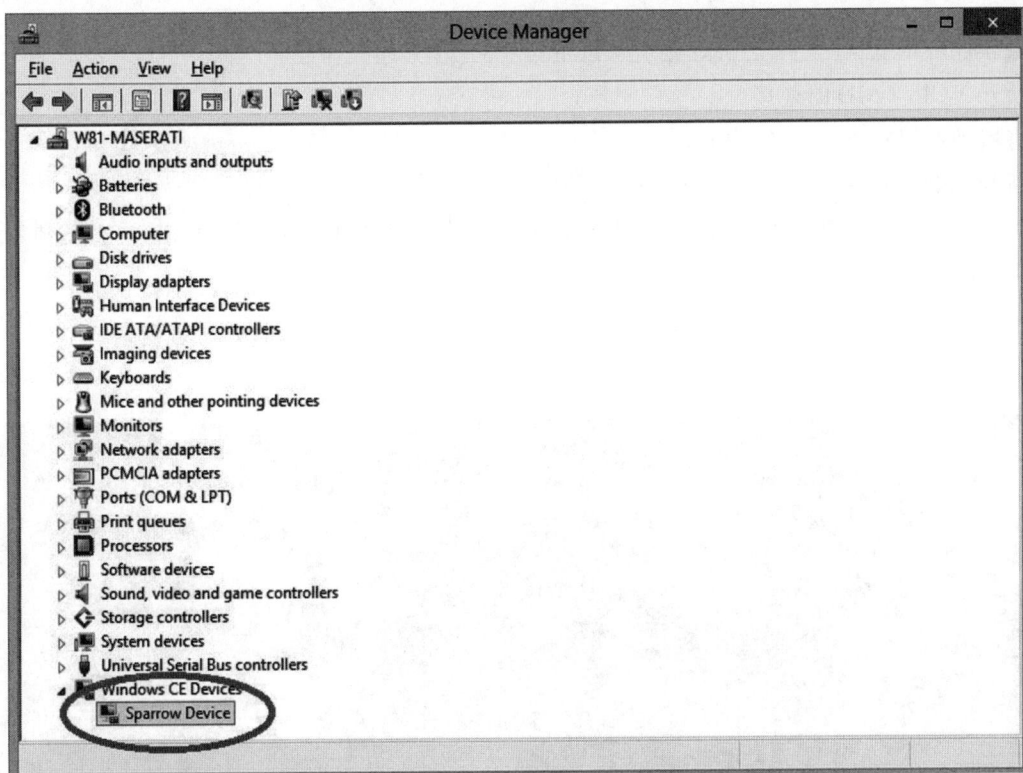

图 9-159

（23）重新启动 MDEVO。

（五）下载升级文件的方法

本程序描述了从 ModisCS+中下载 HFM 升级所需文件的方法。

（1）检查并确保 MD 或 MDEVO 已连接到网络。

（2）登录 ModisCS+系统，进入 AFTERSALES－－＞TECHNICAL ASSISTANCE－－＞SOFTWARE DOWNLOAD，选择"ECU SOFTWARE"，然后点击"Search"，并下载适用于对应车辆市场的文件压缩包：HFM_SW_USA_14_35_03. bin、HFM_SW_ASIA_14_35_03. bin、HFM_SW_OTHER_14_35_03. bin。

（3）将适用文件保存在 MD 或 MDEVO 的以下文件夹中，C：\ Tool Flash HFM \ Sw \ 。

（4）在上述文件夹中，解压缩已下载的". zip"的文件，将产生的". bin"文件保存到该文件夹根目录下。对应文件解压缩产生的文件对应有：HFM_SW_OTHER_14_35_03. bin、HFM_SW_ASIA_14_35_03. bin、HFM_SW_USA_14_35_03. bin。

注意：请保存适用的". bin"文件，以减少重复下载的工作。

（六）操作程序

（1）核对车辆是否涉及本活动，且本活动是否尚未执行。

（2）完成 MD（或 MDEVO）、VCI 与车辆的连接。

（3）通过 MD（或 MDEVO）确认整个车辆系统没有任何故障码存在。如果有故障码，则应先解决相关故障，彻底消除相关故障码，再执行后续操作。

（4）读取 HFM 模块的 ID 信息并保存相关文件，尤其需要关注以下信息：软件版本－SW VER-

SION、ECU 零件编号—ECU PART NUMBER。

①如果软件版本等于或者高于 14.35.03，则 HFM 模块的软件已经是最新的，本操作程序至此结束。

②如果软件版本低于 14.35.03，则应从以下第（5）步开始操作。

（5）断开 VCI 与 MD 的连接。

（6）将启动按钮置于"OFF"挡。

（7）断开蓄电池桩头。

（8）对于左舵（方向盘位于车辆左侧）车辆，无须拆除任何部件或断开任何线束，即可使用连接线连接到 HFM 模块。

（9）对于左舵车辆，将连接线（零件编号 900028348）的一端连接到如图 9－160 所示的 HFM 模块对应插槽中。

图 9－160

重要提示：对于左舵车辆，虽然连接 HFM 模块无须拆除任何部件，但在移除连接线的时候，必须格外小心；仅当插头完全解除锁止状态（插头完全从插槽中拔出）时，才能将连接线从 HFM 模块中拉出，否则将会对连接线插头和 HFM 模块插槽造成损伤。

（10）对于右舵车辆，参照车间手册第 8.71.192 部分，使用连接线连接 HFM 模块，但不要断开任何线路连接。

（11）对于右舵车辆，将连接线（零件编号 900028348）的一端连接到如图 9－161 所示的 HFM 模块对应插槽中。

（12）将连接线的另外一端连接到 MD（或 MDEVO）。

（13）在 MD（或 MDEVO）检测仪，通过路径 C：\ Tool Flash HFM \ MLoader3.2 \ Mloader.exe，找到并双击 Mloader 应用程序，将显示以下窗口，如图 9－162 所示。

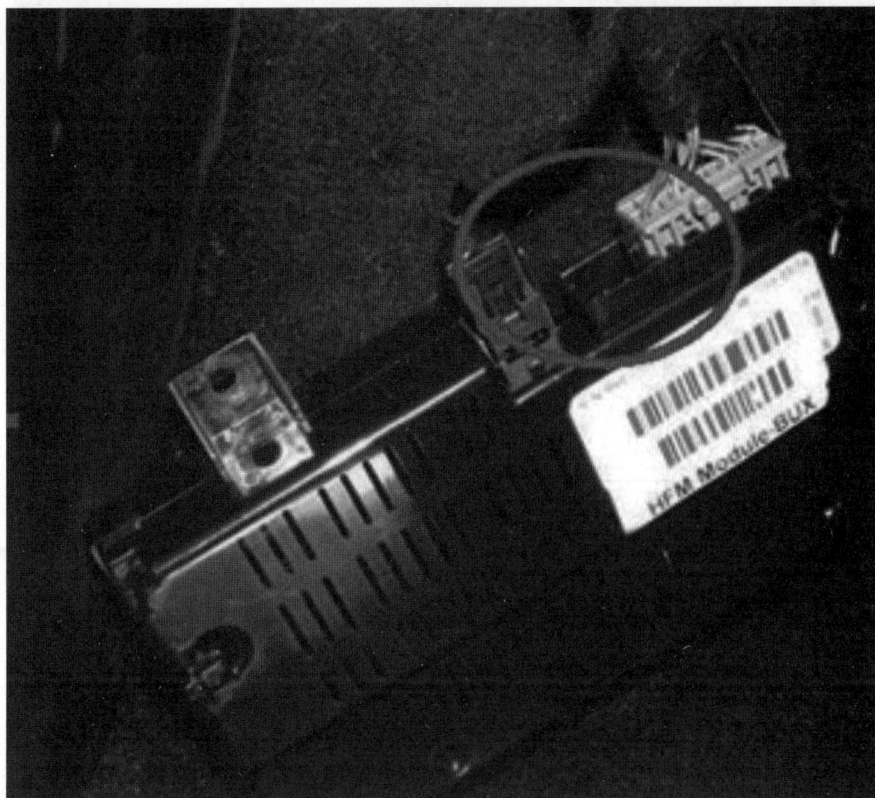

图 9-161

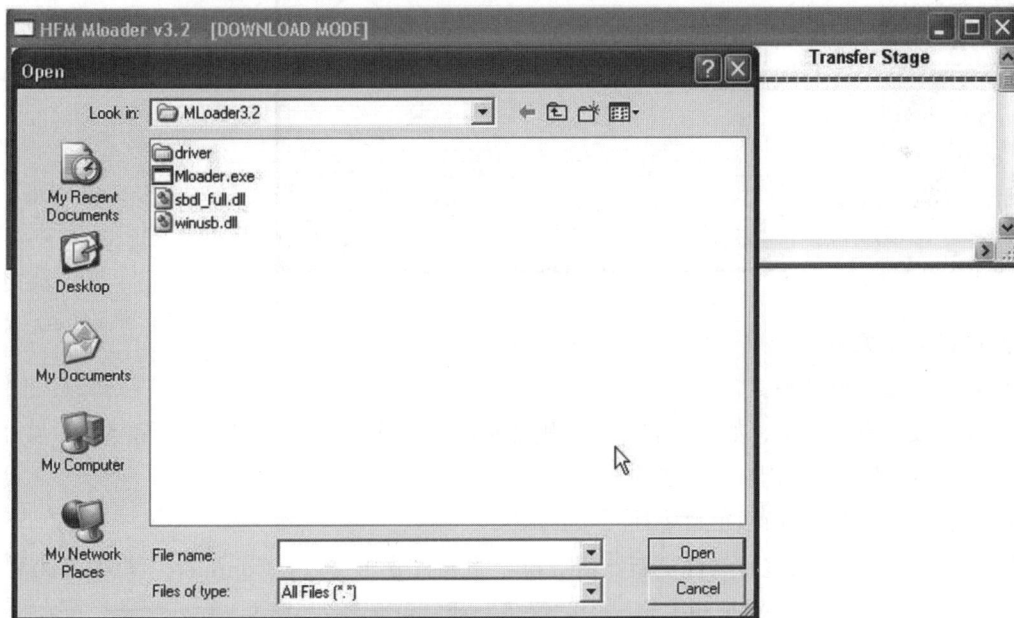

图 9-162

（14）通过该窗口，浏览至文件夹 C：\ Tool Flash HFM \ Sw，然后找到之前解压缩在此文件夹内的
".bin"文件。

（15）基于表 9-2 所示，根据车辆上安装的实际的 HFM 模块的零件编号，选择需要使用的".bin"
文件。

ECU 零件编号	可选择的升级文件
68209685AB	
05064986A1	HFM＿SW＿USA＿14＿35＿03. bin
05064986A1	
68237059AA	
68212765AB	
68146056AA	HFM＿SW＿ASIA＿14＿35＿03. bin
68146056AA	
68209686AB	
05064987A1	HFM＿SW＿OTHER＿14＿35＿03. bin
05064987A1	

（16）点击"Open（打开）"按钮。注意：图 9－163 所示的文件仅作为示例。

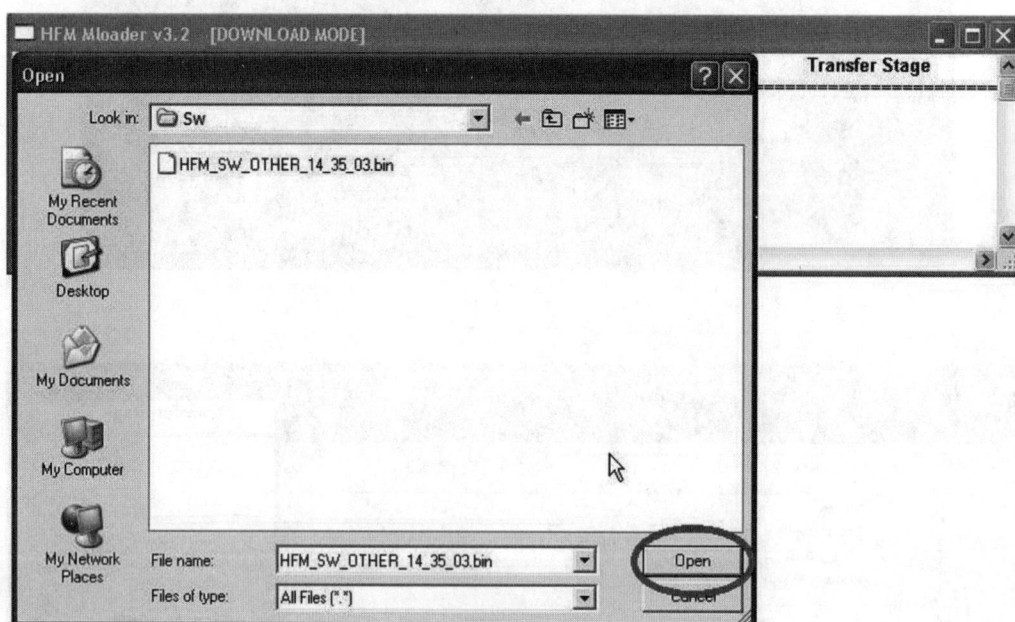

图 9－163

（17）窗口将自动关闭。

（18）重新连接蓄电池桩头。

（19）软件升级将自动开始。如果没有开始，则请重新检查连接线与 HFM 模块和 MD（或 MDEVO）的连接，并从本程序的第（11）步重新操作。

升级开始后，将出现以下所示窗口中的一个；

①黄色进度条。表明正在进行软件更新。请等待"完成百分比（％，Complete）"自 100％开始减少至 0％结束。之后，进度条将会根据相关情况为"绿色"或"红色"，如图 9－164 所示。

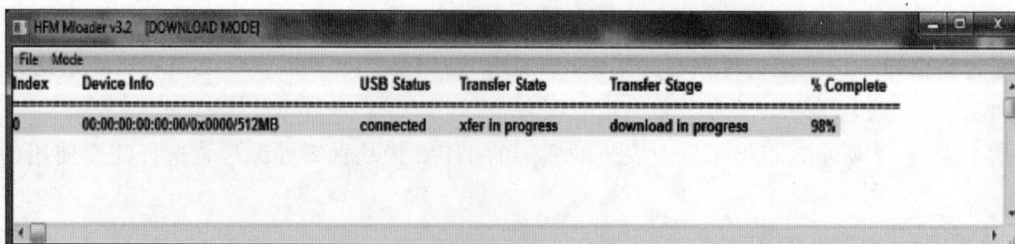

图 9－164

834

②红色进度条如图9-165所示。表示软件更新失败，该情况出现在升级过程中或升级结束时。在这种情况下，要从本程序第（11）步开始重新操作。

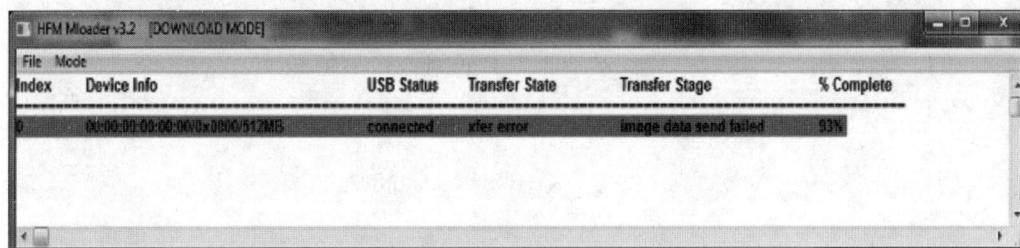

图9-165

③无进度条如图9-166所示。表示有故障。检查连接状况并从本程序第（11）步开始重新操作。

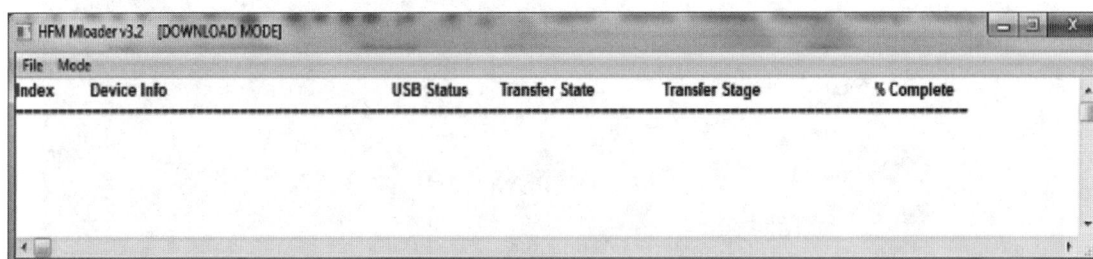

图9-166

④绿色进度条如图9-167所示。表示软件升级成功。

注意：一旦软件升级程序成功完成，则应立即把连接线（零件编号900028348）从MD（或MDEVO）上断开。如果在升级结束后，连接线与MD（或MDEVO）的连接持续超过5s，则升级程序会再次自动重新执行。在这种情况下，必须等待该升级过程再次成功结束，不得强行中断。

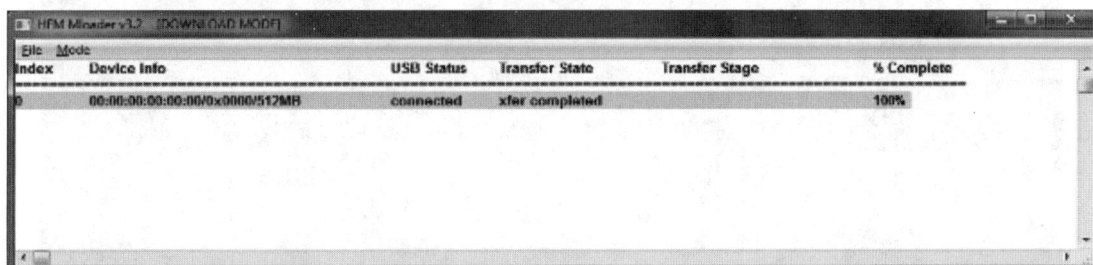

图9-167

（20）升级成功后，请断开并重新连接蓄电池桩头。

（21）将启动按钮置于"RUN"挡，但不要启动发动机。

（22）将收音机保险丝从保险丝盒中移除并保持断开状态至少2s。对于没有启停功能的车辆来说，该保险丝是F37；对于有启停功能的车辆来说，该保险丝是F06（请注意参照技术文档中的电路图）。对于保险丝F06，建议移除驾驶员侧仪表盘底盖（9.50.104）并部分拆下转向柱下盖（9.50.100）。

（23）将保险丝重新安装回原位。

（24）关闭所有车门。

（25）将启动按钮置于"OFF"挡。

（26）打开并立即关闭驾驶员侧车门，直到启动按钮背光灯熄灭（车辆休眠）。注意：此过程至少需要5min。

（27）将启动按钮置于"RUN"挡，但不要启动发动机。

（28）在TGW（MTC模块）上更改语言设置：设置→显示→设置语言→要求的语言（比如中文），如图9-168、图9-169和图9-170所示。注意：如果当前设置已经为"要求的语言"，那么请先选择其

835

他语言，然后重新改变到"要求的语言"。因为该操作需要语言必须更改至少一次。

图 9－168

图 9－169

图 9-170

（29）打开手机的"蓝牙"功能。

（30）在 TGW 上选择"手机"，然后进行车辆与手机的配对，如图 9-171 和 9-172 所示。

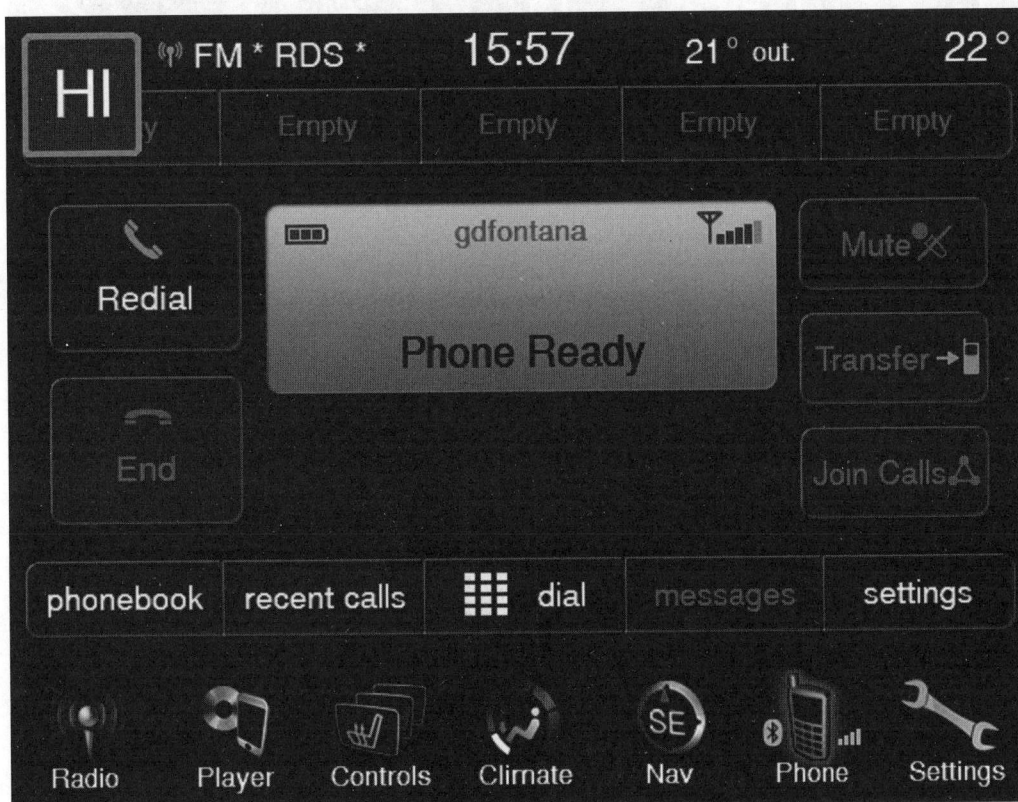

图 9-171

图 9-172

注意：如果未显示以上所示页面，则请选择"添加手机"，如图 9-173 和 9-174 所示。

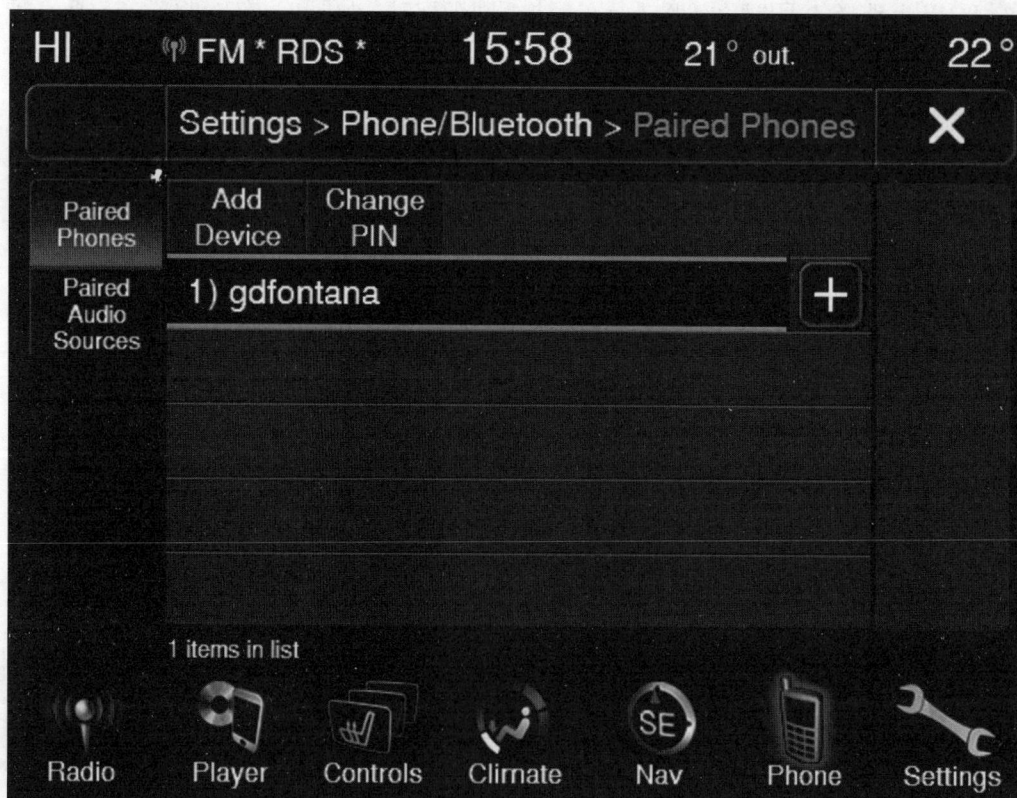

图 9-173

图 9-174

（31）一旦开始进行配对，就会显示以下页面，如图 9-175 所示。

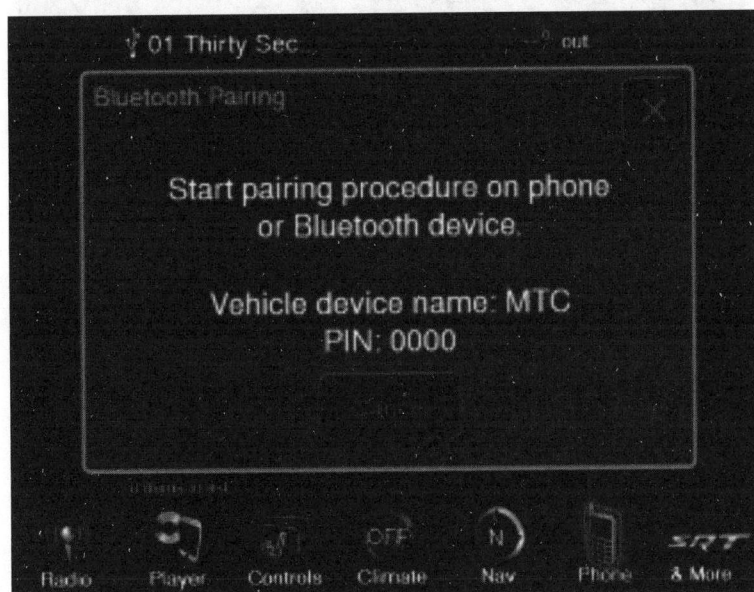

图 9-175

　　如图 9-176 所示，如果页面中出现"MTC"字样，则该操作成功结束。如果出现"Uconnect"字样，则该操作失败，请从本程序第（18）步重新开始操作，如图 9-177 所示。

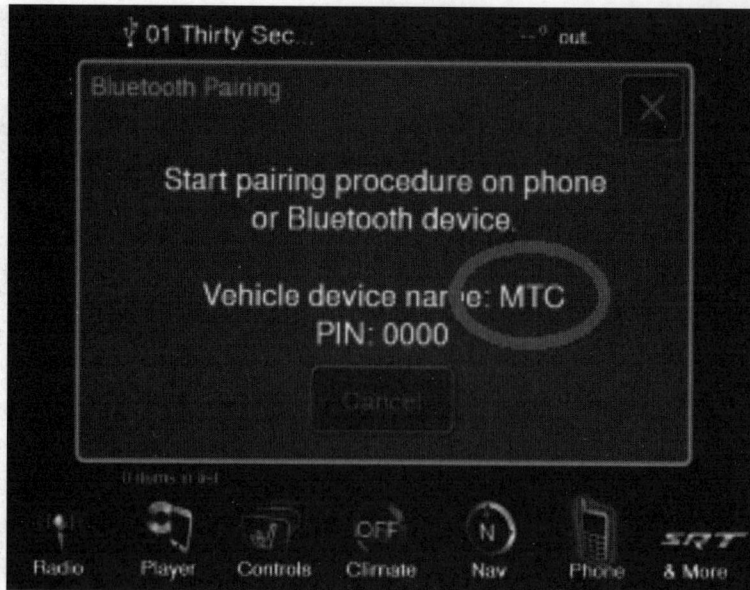

图 9－176

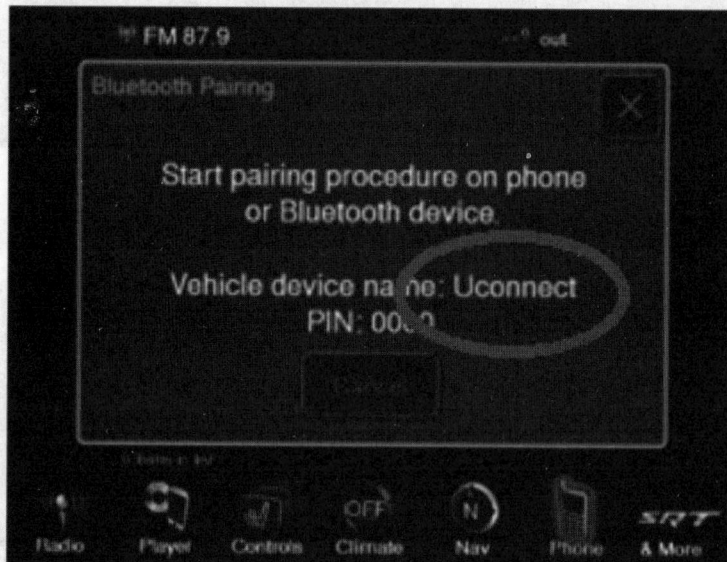

图 9－177

（32）将之前拆卸的零部件重新安装好。

（33）程序结束。

十一、通报主题：关于音频功率放大器的软件升级

车型：2014 年新玛萨拉蒂总裁（M156），2014 年新玛萨拉蒂吉博力（M157）。

（一）描述

新玛莎拉蒂总裁（M156）和吉博力（M157）车辆，涉及"升级音频功率放大器（功效）软件"的服务活动，如图 9－178 所示。本活动不适用于装配有高配音响系统（R&W 功放）的车辆。

此次软件升级可以解决如下问题，因此必须执行。

（1）音响系统偶尔无声。

（2）后置物板可能会在音响系统工作时产生震动。

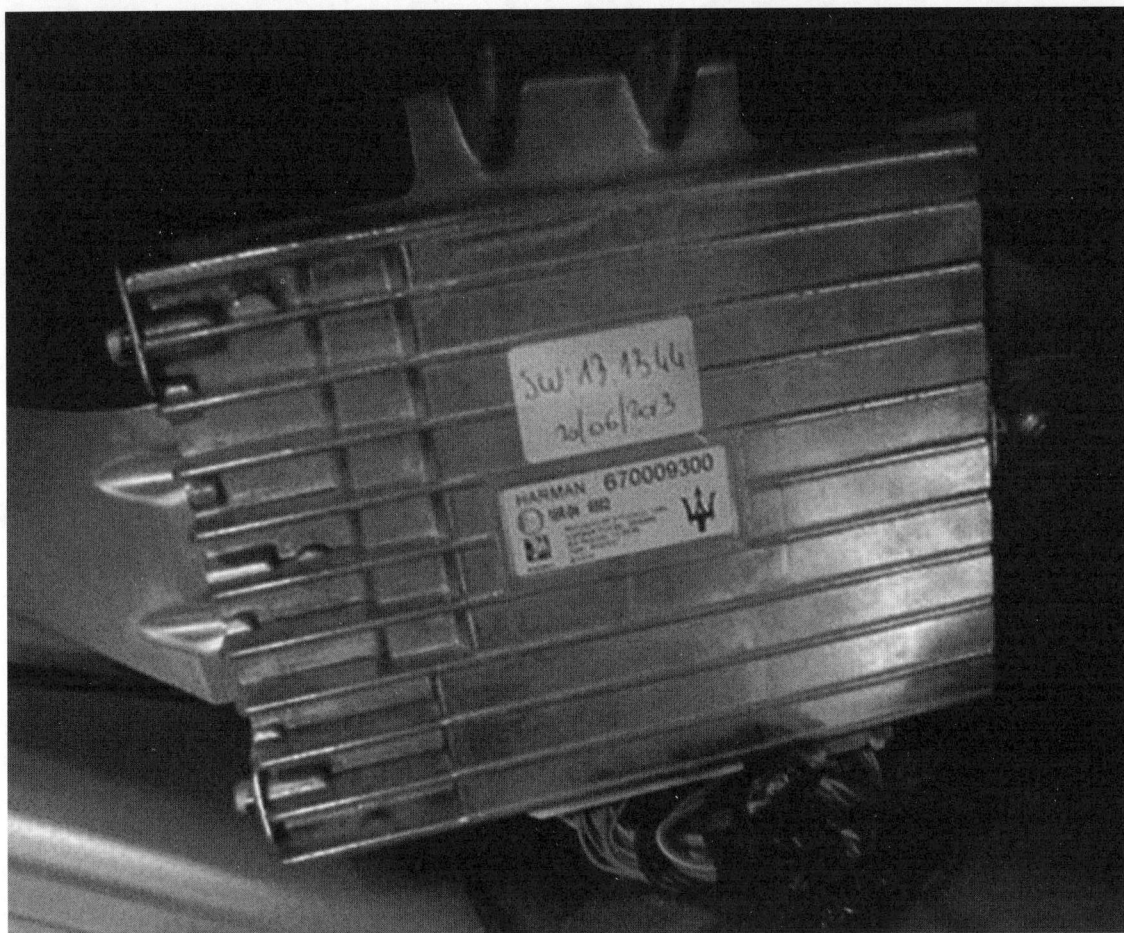

图 9—178

（二）维修所需零件

请通过玛莎拉蒂配件部订购一根升级专用连接线（每个经销商一根），零件号为 900028353。作为专用工具，该连接线用于连接功放和玛莎拉蒂诊断仪 MD，以对功放进行升级。

（三）操作程序

（1）核对车辆是否涉及本活动，且本活动是否尚未执行。

（2）确保 MD 已更新到最新版本，否则可能无法进行本次升级。

（3）参照车间手册第 8.71.005 部分执行功放的拆除操作，仅进行到第（2）步即可，不要断开任何线路连接。

（4）重新连接蓄电池桩头。

（5）启动 MD 检测仪，并把连接线（零件号 900028353）连接到 MD 的 USB 端口，如图 9—179 所示。

（6）在第一次使用该连接线与 MD 检测仪连接时，会在 MD 检测仪上自动出现如图 9—180 所示的安装线驱动的对话框。请确保 MD 已连接至网络，并选择图 9—180 中画圈的选项以实现驱动的自动搜索；然后点击"Next（下一步）"开始搜索驱动。如果之前已经执行过上述操作（即驱动已安装），则可以直接跳至本程序第（8）步描述的操作。

（7）驱动安装将在几秒钟内完成，完成后将出现如图 9—181 所示对话框，请点击"Next（下一步）"开始搜索驱动。

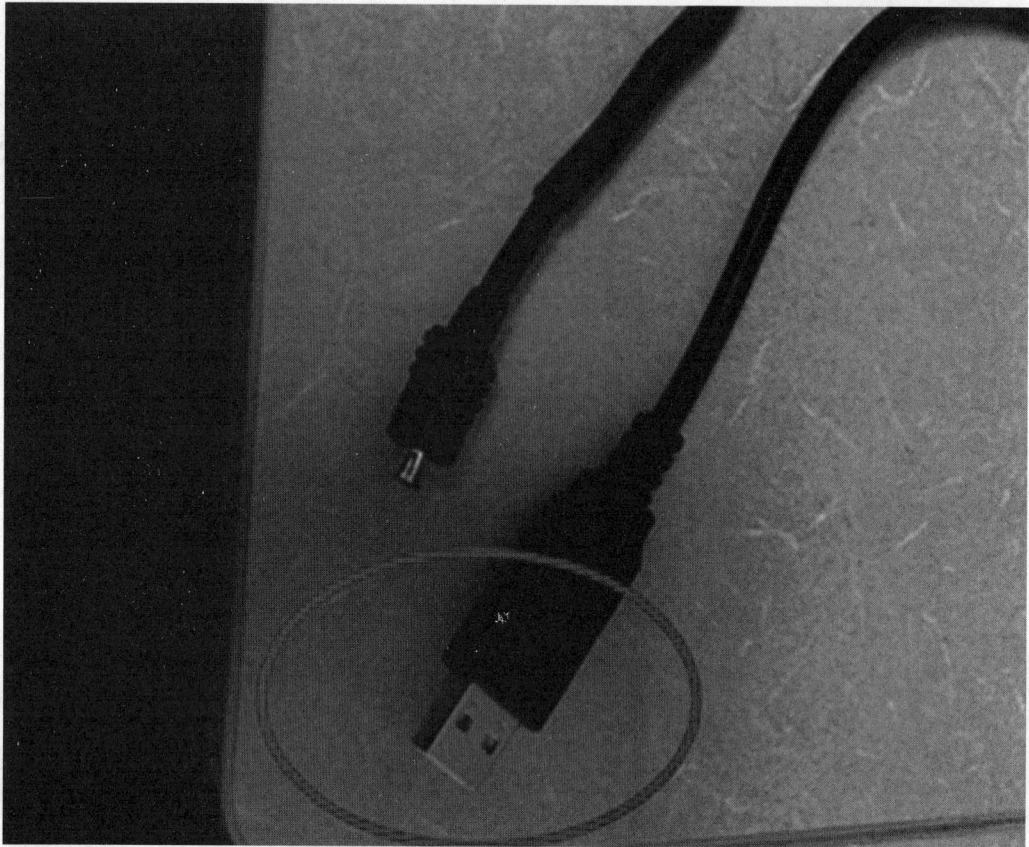

图 9 — 179

图 9 — 180

图 9-181

（8）将连接线（如图 9-182 中左侧图中圈所示）的另外一端插入功放上的对应端口（图 9-182 中右侧图中圈所示的位置）。

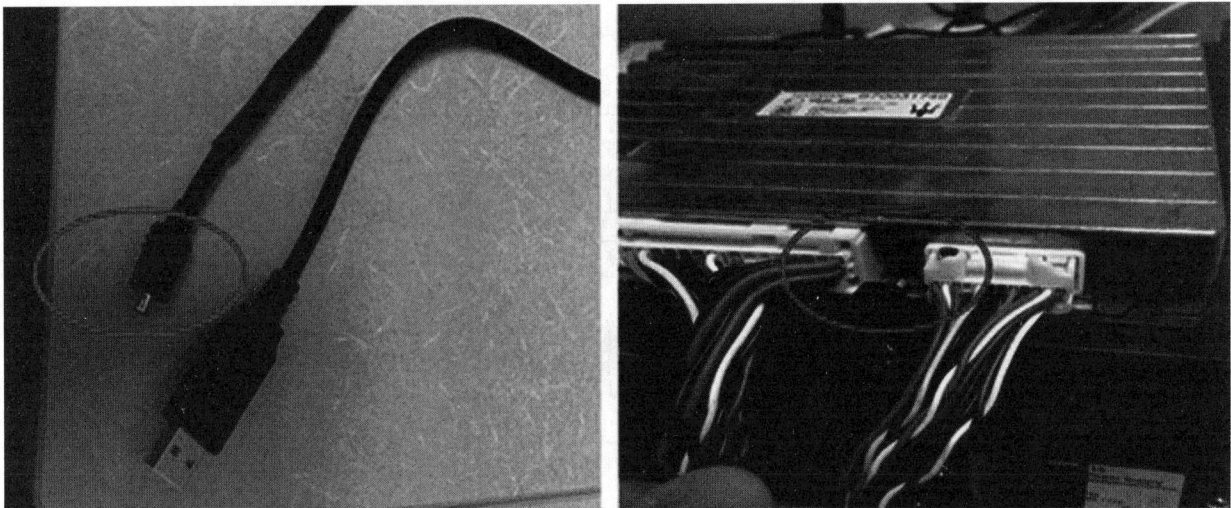

图 9-182

注意：请确保该接头完全插入功放并保持良好接触；在软件升级过程中请勿断开功放和 MD 之间的连接。

（9）将车辆启动开关置于"ACC"位置。

（10）运行程序"MaseratiAmpUpgradeTool. exe"，然后出现对话框（该程序会在 MD 进行最新升级包下载时被自动下载到 MD 检测仪的如下路径 C：\ Tool Flash AMP \ MaseratiAmpUpgradeTool. exe）。

（11）点击"Browse（浏览）"按钮并选择用于升级的软件，如图 9－183 所示。

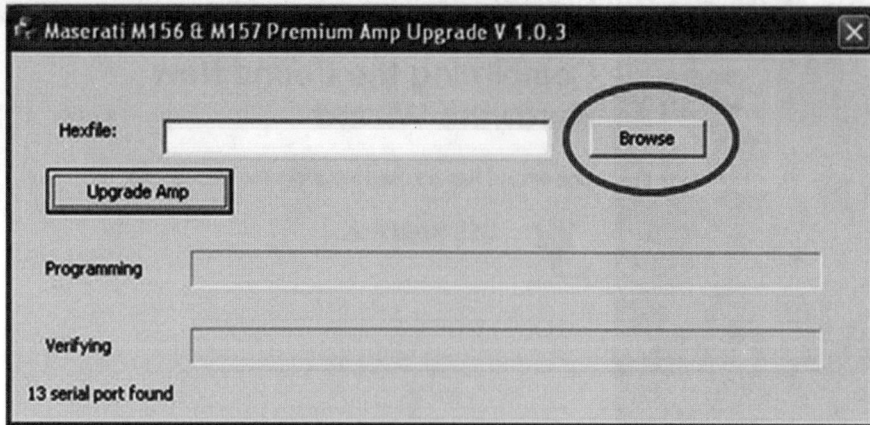

图 9－183

可用的软件如下。

C：\ Tool Flash AMP \ SW \ AMP _ SW _ 14 _ 48 _ 64 _ 7dB. s。应用该软件后，功放可调节的音范围将变为±7dB。因此仅当客户抱怨后置物板在使用音响系统过程中会震动时，才应用此软件。

C：\ Tool Flash AMP \ SW \ AMP _ SW _ 14 _ 47 _ 62 _ 10dB. s。应用该软件后，功放可调节的低音范围将变为±10dB。因此此软件仅适用于从未抱怨过后置物板在使用音响系统过程中震动的客户。

（12）选择需要使用的软件并点击"Update Amp（更新功放）"按钮，如图 9－184 所示。

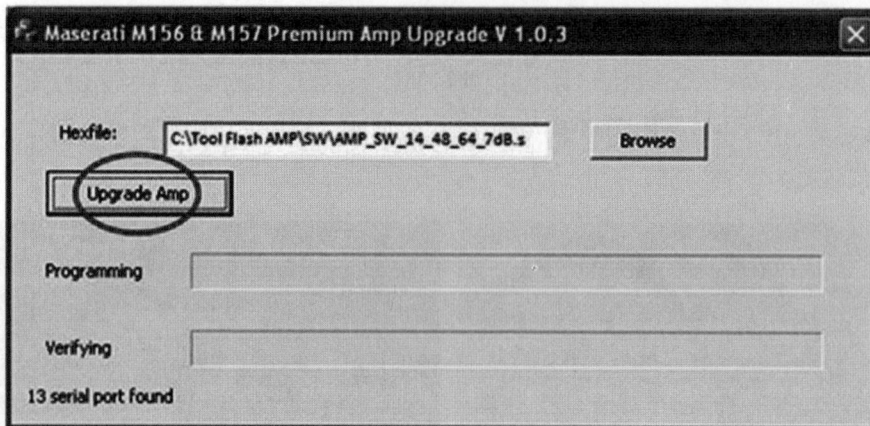

图 9－184

（13）等待显示安装状态的进度条达到 100%（该过程将大致持续 1min），如图 9－185 所示。

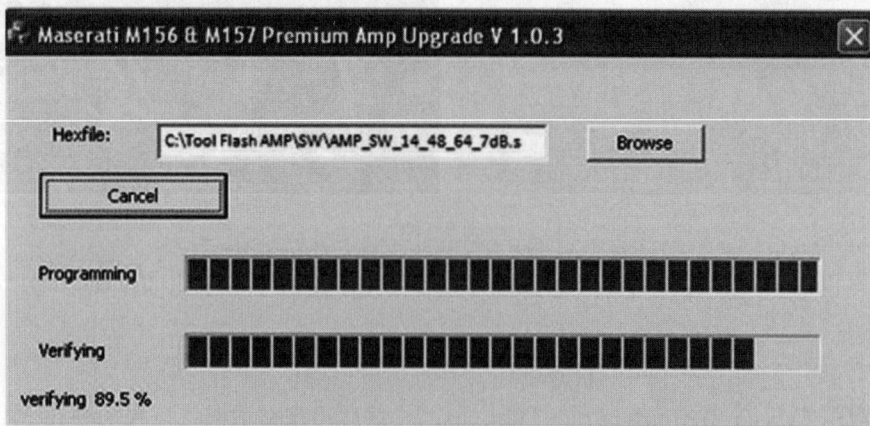

图 9－185

844

（14）升级成功后，将显示以下对话框，如图9-186所示。

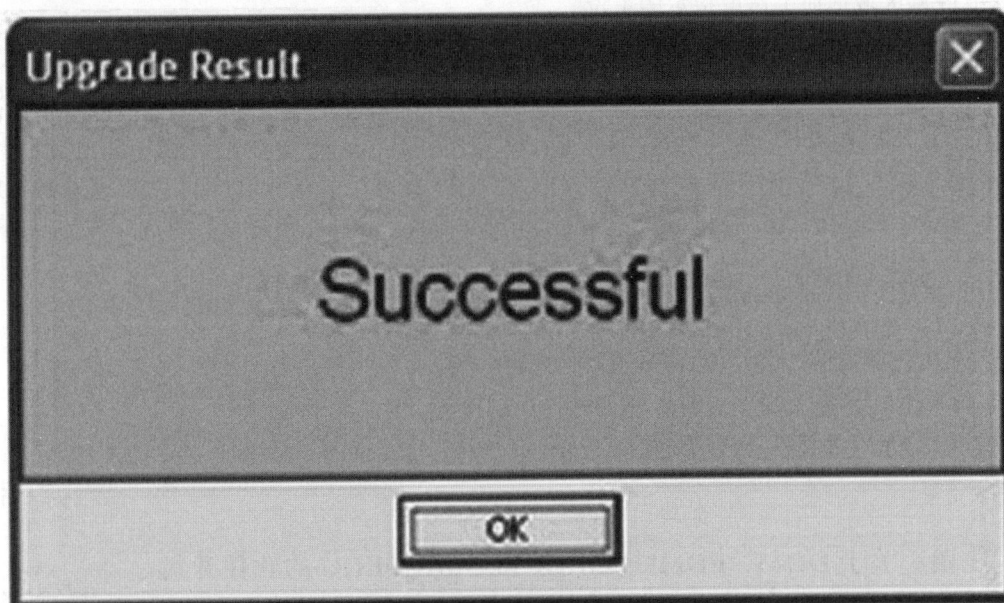

图9-186

注意：如果升级未成功，则请关闭该应用程序，并从本程序的第（10）步重新开始操作。如果在多次尝试后仍未成功执行升级，请联系玛莎拉蒂中国售后技术服务部。

（15）关闭该应用程序，然后断开 MD 检测仪和功放之间的连接（移除连接线）。

（16）将之前拆卸的所有零件重新安装好。

（17）程序完毕。

十二、通报主题：IPC 软件升级

车型：2014 年新玛莎拉蒂总裁（M156），2014 年新玛莎拉蒂吉博力（M157）。

（一）描述

新玛莎拉蒂总裁（M156）和吉博力（M157）车辆，涉及"IPC（仪表盘）软件升级"的服务活动，如图9-187所示。

图9-187

通过本次软件升级，实现了如下新特征或修正，因此必须执行本活动。

（1）TFT 屏幕区域增加了速度指示的单位。

（2）在车辆启动前或熄火后，IPC 屏幕区域增加了一条新的提示信息。

（3）在保养信息的存储过程中，IPC 与 MD 的通信连接得到优化。

（4）对中文及斯拉夫文字进行了修正。

软件升级包的版权本为：对于日本和韩国，14.05.00 及以后版本；对于世界其他国家和地区，13.51.00 及以后版本。

（二）操作程序

请注意：在执行下列操作前，务必将 MD 升级至最新版本。

（1）核对车辆是否涉及本活动，且本活动是否尚未执行。

（2）使用 MD，对 IPC 进行软件升级。

（3）程序完毕。

十三、主题：关于 DDM、PDM、DMRR 和 DMRL ECU 的软件升级

车型：新玛莎拉蒂总裁（M156）。

（一）描述

新玛莎拉蒂总裁（M156）车辆，涉及"DDM（驾驶员侧车门模块）、PDM（乘客侧车门模块），DMRR（右后车门模块）和 DMRL（左后车门模块）ECU 软件升级"的服务活动，如图 9－188 所示。

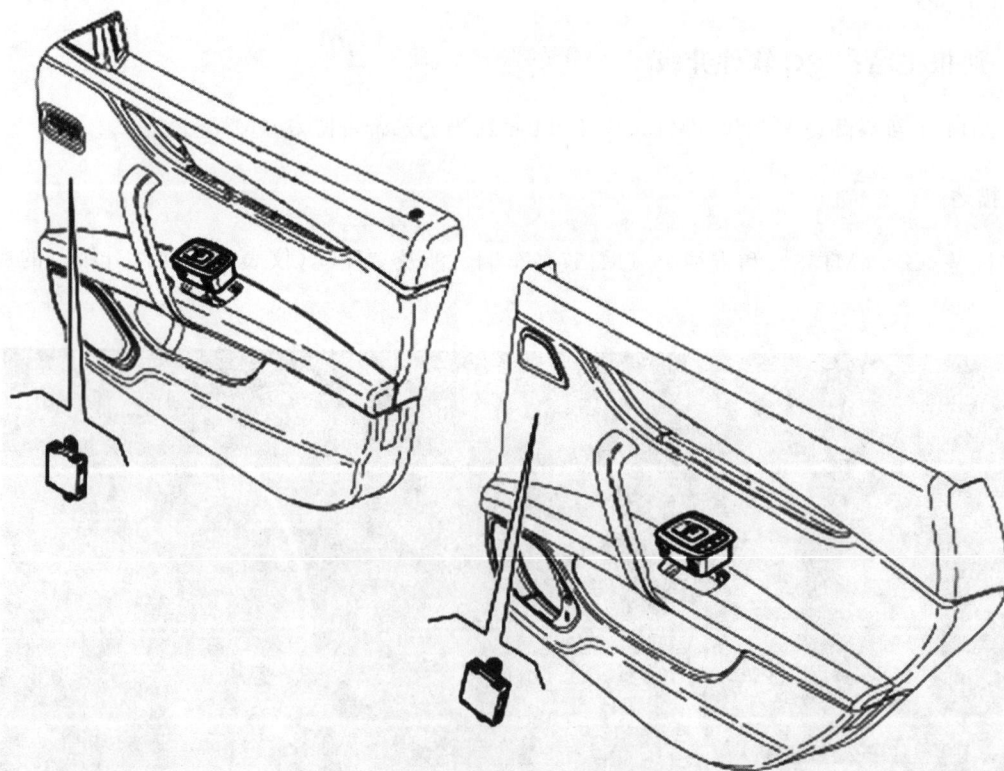

图 9－188

所涉及车辆上的前车门车窗，其自动小幅下降功能（当客户接近前车门把手时车窗应自动小幅下降）不能正常工作，因此必须对其 ECU 进行升级。

（二）操作程序

（1）核对车辆是否涉及本活动，且本活动是否尚未执行。

（2）通过 Maserati Diagnosi，升级 DDM、PDM、DMRR 和 DMRL ECU 软件。

（3）程序完毕。

注意：对于 DDM 和 PDM ECU，请使用 13.17.00 以上版本的软件；对于 DMERR 和 DMRL ECU，请使用 13.17.01 以上版本的软件。请确保使用最新版本的软件。

十四、通报主题：关于 TGW ECU 的软件升级

车型：新玛莎拉蒂总裁（M156）。

（一）描述

新玛莎拉蒂总裁（M156）车辆，涉及"TGW（车载通信网关）ECU 软件升级"的服务活动，如图 9－189 所示。

图 9－189

软件升级后，用户可以在车辆行驶时，在导航系统中更改其设定的目的地。

（二）操作程序

（1）核对车辆是否涉及本活动，且本活动是否尚未执行。

（2）使用 13.17.67 版本以上软件升级 TGW ECU。

（3）程序完毕。

（三）升级程序

升级软件位于 ModisCS 系统：售后 \ 技术支持 \ 软件下载。

（1）下载软件（软件名称为 CTPMY13. KWI）。

（2）在一个空白 U 盘的根目录下解压缩该软件。

（3）将请 U 盘插入 USB 口（位于换挡杆后面的翻转面板下）。

（4）根据 TGW 屏幕上的提示进行操作。

（5）通过 Maserati Diagnosi 完成"车辆配置文件"写入。

注意：如果使用某个 U 盘不能成功上传软件，请使用其他品牌的 U 盘或使用 CD 上传。